《西安城市史》编委会

主　任

李炳武

副主任

甘　晖　党怀兴　侯甬坚

编　委

（以姓氏笔画为序）

王子今　王双怀　王社教　王学理　尹夏清
尹盛平　田　野　史红帅　吕卓民　朱士光
朱永杰　任云英　刘庆柱　刘淑虎　安介生
孙家洲　李　浩　李令福　李健超　李裕民
李毓芳　杨恒显　肖爱玲　邹　贺　张晓虹
周宏伟　赵世超　荣新江　胡　戟　侯海英
耿占军　徐卫民　郭雪妮　黄留珠　萧正洪
梁克敏　韩光辉

主　编

侯甬坚

陕西师范大学西北历史环境与经济社会发展研究院、
陕西师范大学中国史一流学科建设基金资助出版

"十三五"国家重点图书出版规划项目

国家出版基金项目
NATIONAL PUBLICATION FOUNDATION

陕西出版资金资助项目

主编 侯甬坚

西安城市史

隋大兴城
唐长安城卷

王双怀
梁克敏 著

陕西师范大学出版总社

图书代号：SK20N2357

图书在版编目（CIP）数据

西安城市史.隋大兴城、唐长安城卷/王双怀，梁克敏著；侯甬坚主编.—西安：陕西师范大学出版总社有限公司，2020.12
"十三五"国家重点图书出版规划项目 国家出版基金项目
ISBN 978-7-5695-2050-7

Ⅰ.①西… Ⅱ.①王… ②梁… ③侯… Ⅲ.①城市史—西安—隋唐时代 Ⅳ.①K294.11

中国版本图书馆CIP数据核字（2020）第271116号

西安城市史·隋大兴城、唐长安城卷
Xi'an Chengshi Shi · Sui Daxing Cheng Tang Chang'an Cheng Juan

王双怀　梁克敏　著

出 版 人/刘东风
选题策划/侯海英
责任编辑/王丽敏　谢勇蝶　赵荣芳
责任校对/熊梓宇
出版发行/陕西师范大学出版总社
　　　　（西安市长安南路199号　邮编 710062）
网　　址/http://www.snupg.com
电　　话/（029）85307864
印　　刷/中煤地西安地图制印有限公司
开　　本/787 mm×1092 mm　1/16
印　　张/46.5
插　　页/2
字　　数/820千
版　　次/2020年12月第1版
印　　次/2020年12月第1次印刷
书　　号/ISBN 978-7-5695-2050-7
审 图 号/陕S（2019）035号
定　　价/330.00元

读者购书、书店添货或发现印刷装订问题，请与本公司营销部联系、调换。
电话：（029）85307864　85303629　　传真：（029）85303879

目录

绪论 ·· 001

第一章 隋大兴城的营建 ··· 011

第一节 隋大兴城的设计 ·· 013
一、大兴城的设计思想 ··· 013
二、宇文恺与大兴城 ··· 017

第二节 隋大兴城的建设 ·· 019
一、前期准备 ··· 019
二、营建过程 ··· 020
三、驾移新都 ··· 021

第三节 隋大兴城的结构与规模 ··································· 022
一、城市结构 ··· 022
二、城市规模 ··· 023

第二章 从大兴城到长安城 ······································ 025

第一节 大兴城改为长安城 ·· 027
一、李渊攻占大兴城 ··· 027

二、李渊改大兴为长安·································028
第二节　唐长安城的扩建与维修·································029
　　一、长安城的扩建·································029
　　二、长安城的维修·································030
第三节　唐长安城的基本结构·································032
　　一、宫城·································033
　　二、皇城·································034
　　三、外郭城·································035
　　四、城门·································036
　　五、街道·································038

第三章　皇家宫苑与神圣空间·································043

第一节　三大内·································045
　　一、大兴宫与太极宫·································045
　　二、大明宫·································047
　　三、兴庆宫·································060
第二节　离宫别馆·································070
　　一、仁寿宫与九成宫·································070
　　二、温泉宫与华清宫·································071
　　三、玉华宫·································074
第三节　苑囿池沼·································076
　　一、大内三苑·································076
　　二、芙蓉苑·································079
　　三、曲江池·································080
　　四、昆明池·································083
第四节　神圣空间·································086
　　一、宗庙·································087

二、圜丘与方丘⋯⋯⋯⋯⋯⋯⋯⋯⋯⋯⋯⋯⋯⋯⋯⋯⋯⋯⋯⋯⋯⋯091
　　三、社稷⋯⋯⋯⋯⋯⋯⋯⋯⋯⋯⋯⋯⋯⋯⋯⋯⋯⋯⋯⋯⋯⋯⋯⋯⋯093
　　四、先农坛与先蚕坛⋯⋯⋯⋯⋯⋯⋯⋯⋯⋯⋯⋯⋯⋯⋯⋯⋯⋯⋯⋯093
　　五、文宣王庙与武成王庙⋯⋯⋯⋯⋯⋯⋯⋯⋯⋯⋯⋯⋯⋯⋯⋯⋯⋯095

第四章　百官衙署与城市管理⋯⋯⋯⋯⋯⋯⋯⋯⋯⋯⋯⋯⋯⋯⋯⋯097

第一节　中枢机构⋯⋯⋯⋯⋯⋯⋯⋯⋯⋯⋯⋯⋯⋯⋯⋯⋯⋯⋯⋯⋯⋯099
　　一、中书省⋯⋯⋯⋯⋯⋯⋯⋯⋯⋯⋯⋯⋯⋯⋯⋯⋯⋯⋯⋯⋯⋯⋯099
　　二、门下省⋯⋯⋯⋯⋯⋯⋯⋯⋯⋯⋯⋯⋯⋯⋯⋯⋯⋯⋯⋯⋯⋯⋯100

第二节　政务机构⋯⋯⋯⋯⋯⋯⋯⋯⋯⋯⋯⋯⋯⋯⋯⋯⋯⋯⋯⋯⋯⋯103
　　一、尚书都省⋯⋯⋯⋯⋯⋯⋯⋯⋯⋯⋯⋯⋯⋯⋯⋯⋯⋯⋯⋯⋯⋯103
　　二、六部二十四司⋯⋯⋯⋯⋯⋯⋯⋯⋯⋯⋯⋯⋯⋯⋯⋯⋯⋯⋯⋯106

第三节　事务机构⋯⋯⋯⋯⋯⋯⋯⋯⋯⋯⋯⋯⋯⋯⋯⋯⋯⋯⋯⋯⋯⋯119
　　一、九寺⋯⋯⋯⋯⋯⋯⋯⋯⋯⋯⋯⋯⋯⋯⋯⋯⋯⋯⋯⋯⋯⋯⋯⋯119
　　二、五监⋯⋯⋯⋯⋯⋯⋯⋯⋯⋯⋯⋯⋯⋯⋯⋯⋯⋯⋯⋯⋯⋯⋯⋯135
　　三、三省⋯⋯⋯⋯⋯⋯⋯⋯⋯⋯⋯⋯⋯⋯⋯⋯⋯⋯⋯⋯⋯⋯⋯⋯144
　　四、十二卫⋯⋯⋯⋯⋯⋯⋯⋯⋯⋯⋯⋯⋯⋯⋯⋯⋯⋯⋯⋯⋯⋯⋯150

第四节　监察机构⋯⋯⋯⋯⋯⋯⋯⋯⋯⋯⋯⋯⋯⋯⋯⋯⋯⋯⋯⋯⋯⋯155

第五节　地方机构⋯⋯⋯⋯⋯⋯⋯⋯⋯⋯⋯⋯⋯⋯⋯⋯⋯⋯⋯⋯⋯⋯158
　　一、京兆府⋯⋯⋯⋯⋯⋯⋯⋯⋯⋯⋯⋯⋯⋯⋯⋯⋯⋯⋯⋯⋯⋯⋯158
　　二、万年、长安二县⋯⋯⋯⋯⋯⋯⋯⋯⋯⋯⋯⋯⋯⋯⋯⋯⋯⋯⋯160

第六节　城市管理制度⋯⋯⋯⋯⋯⋯⋯⋯⋯⋯⋯⋯⋯⋯⋯⋯⋯⋯⋯⋯164
　　一、禁夜制度⋯⋯⋯⋯⋯⋯⋯⋯⋯⋯⋯⋯⋯⋯⋯⋯⋯⋯⋯⋯⋯⋯164
　　二、坊里团保制度⋯⋯⋯⋯⋯⋯⋯⋯⋯⋯⋯⋯⋯⋯⋯⋯⋯⋯⋯⋯166
　　三、市场管理制度⋯⋯⋯⋯⋯⋯⋯⋯⋯⋯⋯⋯⋯⋯⋯⋯⋯⋯⋯⋯167

第五章　城内诸坊与郊县乡里……171

第一节　长安诸坊……173
一、宫城西侧诸坊……173
二、皇城西侧诸坊……182
三、朱雀门街西侧第一列诸坊……196
四、朱雀门街西侧第二列诸坊……204
五、朱雀门街西侧第三列诸坊……215
六、朱雀门街西侧第四列诸坊……232
七、朱雀门街西侧第五列诸坊……239

第二节　万年诸坊……247
一、宫城东侧诸坊……247
二、皇城东侧诸坊……260
三、朱雀门街东侧第一列诸坊……274
四、朱雀门街东侧第二列诸坊……284
五、朱雀门街东侧第三列诸坊……298
六、朱雀门街东侧第四列诸坊……322
七、朱雀门街东侧第五列诸坊……333

第三节　郊县乡里……352
一、万年县乡里……353
二、长安县乡里……367

第六章　帝王陵墓与陵墓制度……379

第一节　帝陵概况……381
一、地理分布……381
二、陵园结构……382
三、石刻艺术……386

第二节　前期诸陵·····················390
　　一、献陵·······················390
　　二、昭陵·······················393
　　三、乾陵·······················397
　　四、定陵·······················401
　　五、桥陵·······················403
　　六、泰陵·······················405

第三节　中期诸陵·····················407
　　一、建陵·······················407
　　二、元陵·······················408
　　三、崇陵·······················408
　　四、丰陵·······················409
　　五、景陵·······················410

第四节　后期诸陵·····················412
　　一、光陵·······················412
　　二、庄陵·······················413
　　三、章陵·······················413
　　四、端陵·······················414
　　五、贞陵·······················414
　　六、简陵·······················415
　　七、靖陵·······················416

第五节　陵墓制度·····················418
　　一、帝陵管理制度····················418
　　二、祭祀礼仪制度····················419
　　三、上陵制度······················421

第七章　社会生产与百姓生活················425

第一节　社会生产·····················427
　　一、农业························427

二、手工业……432
　　三、商业……438
　　四、旅馆、酒店……443
第二节　衣食住行……449
　　一、服饰……449
　　二、饮食……460
　　三、宅第……465
　　四、交通……472
第三节　精神生活……485
　　一、宗教信仰……485
　　二、文苑风尚……499
　　三、艺术追求……503
　　四、旅游娱乐……520

第八章　城市人口与粮食供应……533

第一节　城市人口的发展……535
　　一、前期人口……536
　　二、中期人口……539
　　三、后期人口……541
第二节　粮食供需……544
　　一、粮食需求……544
　　二、粮食供应……547
第三节　供需矛盾……556
　　一、供需矛盾的变化……556
　　二、影响供需矛盾变化的因素……563
第四节　应对措施……568
　　一、发展关中经济……568

二、加大漕运力度·················571

第九章　唐长安城的毁灭与国都位置的转移·················575

第一节　战乱对长安城的破坏·················577
一、藩镇军队对长安城的破坏·················577
二、朱温对长安城的毁灭·················579

第二节　关中环境的变化·················581
一、城市规模的缩小·················581
二、郊区村落的衰败·················583
三、自然环境的恶化·················584

第三节　国都位置的转移·················585
一、长安国都地位的丧失·················585
二、长安失去国都地位的原因·················585
三、失去国都地位后的长安·················588

第十章　隋大兴城、唐长安城的历史地位·················589

第一节　隋唐政治中心·················591
一、长安作为政治中心的表现·················591
二、长安政治中心地位的变化·················594

第二节　中外文化交流中心·················595
一、与东亚诸国的交流·················596
二、与东南亚诸国的交流·················600
三、与西域诸国的交流·················602

第三节　世界著名都市·················605
一、规模宏大·················605

二、特色鲜明 ································· 606
　　三、影响深远 ································· 609

结语 ······································· 611

参考文献 ··································· 623

大事记 ····································· 649

索引 ······································· 715

后记 ······································· 721

Introduction /001

Chapter 1
The Construction of Daxing City in Sui Dynasty /011

Section 1   The Design of Daxing City in Sui Dynasty /013
            1. The Design Idea of Daxing City /013
            2. Yuwen Kai and Daxing City /017
Section 2   The Construction of Daxing City in Sui Dynasty /019
            1. Preparation /019
            2. Construction Process /020
            3. The Emperor Moved to the New Capital /021
Section 3   The Structure and Scale of Daxing City in Sui Dynasty /022
            1. Structure /022
            2. Scale /023

Chapter 2
From Daxing City to Chang'an City /025

Section 1   The Change of Name from Daxing City to Chang'an City /027
            1. Li Yuan Captured Daxing City /027
            2. Li Yuan Changed Daxing as Chang'an /028
Section 2   The Expansion and Maintenance of Chang'an City in Tang Dynasty /029
            1. The Expansion of Chang'an City /029
            2. The Maintenance of Chang'an City /030

Section 3　The Basic Structure of Chang'an City in Tang Dynasty /032
　　　1. The Palace City /033
　　　2. The Imperial City /034
　　　3. Outer City Wall /035
　　　4. Gates /036
　　　5. Streets /038

Chapter 3
Royal Palace and Sacred Space /043

Section 1　The Three Palaces /045
　　　1. The Daxing Palace and the Taiji Palace /045
　　　2. The Daming Palace /047
　　　3. The Xingqing Palace /060
Section 2　The Provisional Imperial Palaces and Residences /070
　　　1. The Renshou Palace and the Jiucheng Palace /070
　　　2. The Wenquan Palace and the Huaqing Palace /071
　　　3. The Yuhua Palace /074
Section 3　The Parks and Ponds /076
　　　1. Three Famous Parks /076
　　　2. The Lotus Park /079
　　　3. The Qujiang Pond /080
　　　4. The Kunming Pond /083
Section 4　The Sacred Space /086
　　　1. Ancestral Temple /087
　　　2. The Yuanqiu Altar and the Fangqiu Altar /091
　　　3. She Ji /093
　　　4. The Xiannong Altar and the Xiancan Altar /093
　　　5. The Wenxuan Temple and the Wucheng Temple /095

Chapter 4
Hundreds Officials' Government Offices and the Urban Management /097

Section 1　Pivot Mechanism /099
　　　1. The Secretariat /099
　　　2. The Chancellery /100

Section 2　Administration Organization /103
　　　　1. The Executive Office of the Department of State Affairs /103
　　　　2. Six Ministries and Twenty-four Offices /106
Section 3　Transaction Agency /119
　　　　1. Nine Departments /119
　　　　2. Five Directorates /135
　　　　3. Three Departments /144
　　　　4. Twelve Guards /150
Section 4　Agency of Supervision /155
Section 5　Local Agency /158
　　　　1. Metropolitan Prefecture /158
　　　　2. Wannian County and Chang'an County /160
Section 6　Urban Management Systems /164
　　　　1. The Regulation on Curfew /164
　　　　2. Neighbourhood Adiministrative Systems /166
　　　　3. Market Management Systems /167

Chapter 5
The Workshop All Over the City, Suburb and the Countryside /171

Section 1　The Districts of Chang'an County /173
　　　　1. The Districts on the West Side of the Palace City /173
　　　　2. The Districts on the West Side of the Imperial City /182
　　　　3. The Districts on the West Side of the First Row of Zhuque Gate Street /196
　　　　4. The Districts on the West Side of the Second Row of Zhuque Gate Street /204
　　　　5. The Districts on the West Side of the Third Row of Zhuque Gate Street /215
　　　　6. The Districts on the West Side of the Fourth Row of Zhuque Gate Street /232
　　　　7. The Districts on the West Side of the Fifth Row of Zhuque Gate Street /239
Section 2　The Districts of Wannian County /247
　　　　1. The Districts on the East Side of the Palace City /247
　　　　2. The Districts on the East Side of the Imperial City /260
　　　　3. The Districts on the East Side of the First Row of Zhuque Gate Street /274
　　　　4. The Districts on the East Side of the Second Row of Zhuque Gate Street /284
　　　　5. The Districts on the East Side of the Third Row of Zhuque Gate Street /298
　　　　6. The Districts on the East Side of the Fourth Row of Zhuque Gate Street /322
　　　　7. The Districts on the East Side of the Fifth Row of Zhuque Gate Street /333

Section 3　Li of Suburb /352
   1. Li of Wannian County /353
   2. Li of Chang'an County /367

Chapter 6
Imperial Mausoleum and the System of Imperial Tombs /379

Section 1　General Situation of the Emperor's Mausoleum /381
   1. Geographical Distribution /381
   2. Mausoleum Structure /382
   3. Rock Carving Art /386
Section 2　Mausoleum in Early Time of Tang Dynasty /390
   1. Xianling /390
   2. Zhaoling /393
   3. Qianling /397
   4. Dingling /401
   5. Qiaoling /403
   6. Tailing /405
Section 3　Mausoleum in Mid-term of Tang Dynasty /407
   1. Jianling /407
   2. Yuanling /408
   3. Chongling /408
   4. Fengling /409
   5. Jingling /410
Section 4　Mausoleum in Late Tang Dynasty /412
   1. Guangling /412
   2. Zhuangling /413
   3. Zhangling /413
   4. Duanling /414
   5. Zhenling /414
   6. Jianling /415
   7. Jingling /416
Section 5　The Mausoleum System /418
   1. Management System of the Imperial Tombs /418
   2. The Ritual System of Sacrifice /419
   3. Regular Pilgrimage System of the Imperial Tombs /421

Chapter 7
Social Production and Public Life /425

Section 1　Social Production /427
　　　　　　1. Agriculture /427
　　　　　　2. Handicraft Industry /432
　　　　　　3. Business /438
　　　　　　4. Hotel /443
Section 2　Basic Necessities of Life /449
　　　　　　1. Costume /449
　　　　　　2. Diet /460
　　　　　　3. House /465
　　　　　　4. Transportation /472
Section 3　Spiritual Life /485
　　　　　　1. Religious Belief /485
　　　　　　2. A Prevailing Phenomenon in the Literary World /499
　　　　　　3. Artistic Pursuit /503
　　　　　　4. Tourism and Entertainment /520

Chapter 8
Urban Population and Food Provisionment /533

Section 1　Development of the Urban Population /535
　　　　　　1. Population in Early Time of Tang Dynasty /536
　　　　　　2. Population in Mid-term of Tang Dynasty /539
　　　　　　3. Population in Late Tang Dynasty /541
Section 2　The Supply and Demand of Grain /544
　　　　　　1. Food Demand /544
　　　　　　2. Food Supply /547
Section 3　The Contradiction between Supply and Demand /556
　　　　　　1. The Change in the Contradiction between Supply and Demand /556
　　　　　　2. The Factors Affecting the Contradiction between Supply and Demand /563
Section 4　Solutions /568
　　　　　　1. Developing Guanzhong Economy /568
　　　　　　2. Increasing the Intensity of Grain Transportation /571

Chapter 9
The Devastation of Chang'an and the Migrate of the Capital of Tang Dynasty /575

Section 1   The Destruction of Chang'an City by War /577
        1. The Destruction of Chang'an City by the Vassal Army /577
        2. The Destruction of Chang'an City by Zhu Wen /579
Section 2   Environmental Changes in Guanzhong Region /581
        1. Downsizing of Cities /581
        2. Decay of Suburban Villages /583
        3. Deterioration of the Natural Environment /584
Section 3   The Change of the Country's Capital Position /585
        1. Chang'an Lost the Status of Capital /585
        2. Reasons for Chang'an wasn't a Capital Any Longer /585
        3. Chang'an after Losing Its Capital Status /588

Chapter 10
The Historical Position of Daxing and Chang'an /589

Section 1   Political Center of Sui and Tang Dynasties /591
        1. The Performance of Chang'an as Political Center /591
        2. The Status Change of Chang'an as Political Center /594
Section 2   Centre of International Cultural Exchange /595
        1. Exchanges with East Asian Countries /596
        2. Exchanges with Southeast Asian Countries /600
        3. Exchanges with Countries in the Western Regions /602
Section 3   World Famous Metropolis /605
        1. Large Scale /605
        2. Distinctive Features /606
        3. Profoundly Influence /609

Conclusion /611

References /623

Chronology /649

Index /715

Postscript /721

插图目录

图1-1　六爻与隋大兴城的规划布局示意图 / 016

图1-2　隋大兴城、唐长安城实测图及模数区块分析图 / 018

图1-3　隋大兴城结构布局图 / 023

图1-4　隋唐长安城、五代宋金元长安城、明清西安府城区范围示意图（改绘）/ 024

图2-1　唐（开元）长安城平面结构示意图 / 032

图2-2　唐长安宫城示意图 / 033

图2-3　唐长安皇城布局示意图 / 035

图2-4　明德门遗址考古实测图（上平面图，下立体图）/ 037

图2-5　唐长安城安定坊内小十字街位置示意图 / 040

图3-1　唐大明宫平面分布示意图 / 049

图3-2　唐长安大明宫丹凤门复原效果图 / 050

图3-3　唐大明宫含元殿遗迹平、剖面图 / 052

图3-4　唐大明宫含元殿复原图 / 053

图3-5　唐大明宫麟德殿复原图 / 058

图3-6　唐兴庆宫平面示意图 / 061

图3-7　唐兴庆宫勤政务本及花萼相辉之楼南、西、东立面图 / 064

图3-8　唐兴庆宫花萼相辉楼复原图 / 065

图3-9　唐华清宫九龙殿御汤复原平面图 / 073

图3-10　唐华清宫贵妃汤复原平面图 / 074

图3-11　唐西内苑含光殿石志拓本 / 077

图3-12　唐昆明池遗址钻探试掘平面图 / 084

图3-13　唐代长安礼制建筑分布示意图 / 087

图3-14　唐圜丘遗址复原示意图 / 092

图4-1　唐长安国子监布局推测示意图 / 136

图5-1　太平坊遗址示意图 / 204

图5-2　实际寺出土残石纹饰拓本（左为飞天线画残石，右为束腰佛坐残石）/ 205

图5-3　唐长安城兴化坊钻探实测复原图 / 209

图5-4　西明寺遗址发掘范围图 / 224

图5-5　公元710—740年平康坊空间划分结构示意图 / 299

图5-6　唐代长安城东南隅坊里分布示意图 / 334

图5-7　虾蟆陵遗址位置示意图 / 337

图5-8　唐长安青龙寺遗址考古发掘平面图 / 344

图6-1　关中唐陵分布示意图 / 383

图6-2　乾陵中的祥鸟石刻 / 388

图6-3　乾陵中的天马石刻 / 388

图6-4　唐高祖献陵平面图 / 391

图6-5　唐太宗昭陵平面图 / 393

图6-6　唐昭陵六骏石刻图 / 396

图6-7　唐高宗、武则天乾陵平面图 / 401

图6-8　唐桥陵华表 / 404

图6-9　唐桥陵石人 / 405

图6-10　唐德宗崇陵平面图 / 409

图6-11　唐武宗端陵平面图 / 414

图7-1　唐代长安附近水道及灌溉网络示意图 / 428

图7-2　唐长安东市文献与考古对比示意图 / 440

图7-3　唐长安西市文献与考古对比示意图 / 442

图7-4　《历代帝王图》（局部）/ 450

图7-5　唐文官俑（袴褶服）/ 452

图7-6　唐代巾子 / 453

图7-7　唐代软脚幞头 / 453

图7-8　唐代硬脚幞头 / 453

图7-9　唐代麻鞋 / 453

图7-10　初唐上穿衫、下着长裙侍女像 / 455

图7-11　唐代葵形金钗 / 456

图7-12　《簪花仕女图》（局部）/ 456

图7-13　捧盆景仕女图 / 460

图7-14　敦煌莫高窟壁画中的唐代宅第结构图 / 470

图7-15　唐三彩庭院模型 / 470

图7-16　唐代西京长安馆驿分布示意图（改绘）/ 474

图7-17　唐李寿墓中的牛车壁画 / 479

图7-18　《虢国夫人游春图》（局部）/ 481

图7-19　《步辇图》（局部）/ 482

图7-20　大秦景教流行中国碑 / 494

图7-21　唐代家庙建筑平面图 / 496

图7-22　敦煌壁画中的唐代胡旋舞 / 507

图7-23　西安东郊唐苏思勖墓东壁壁画中的胡腾舞 / 507

图7-24　《游春图》（局部）/ 509

图7-25 《历代帝王图》（局部）/510

图7-26 《天王送子图》（局部）/512

图7-27 唐代乐舞图/515

图7-28 《九成宫醴泉铭》（局部）/517

图7-29 《自叙帖》（局部）/519

图7-30 唐章怀太子墓壁画中的马球运动/522

图7-31 唐墓出土的女子骑马击球陶俑/522

图8-1 唐李寿墓壁画牛耕图/570

图9-1 黄巢起义图/578

图9-2 后梁太祖朱温/579

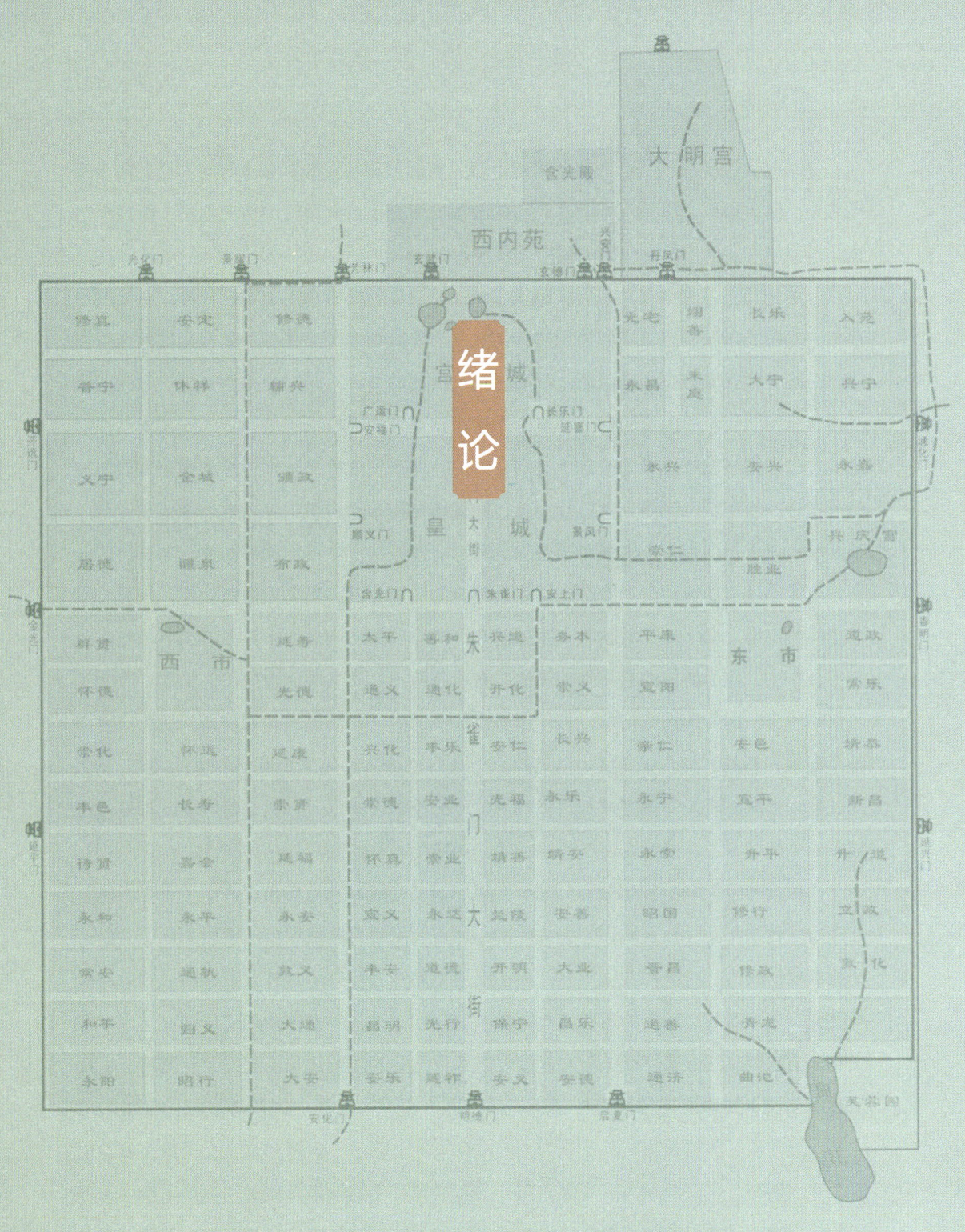

绪论

一、历史特征

城市是人类生活和生产的重要聚落形态,它的形成与发展存在于时间和空间两个维度之中。隋大兴城、唐长安城既在纵向的中国城市史中占有独特的历史地位,又在6—9世纪世界城市发展中具有广泛的横向关联性。

从纵向历史发展的视角来看,隋大兴城、唐长安城具有承上启下的特征。在西安城市史中,隋大兴城、唐长安城处于魏晋南北朝长安城和宋金京兆城、元奉元城两个阶段之间,既是西安城市在周秦汉唐"都城时代"发展的高峰,同时也是西安进入宋元明清"西北重镇时代"的历史起点。从整个中国城市史来看,隋大兴城、唐长安城既是在继承魏晋以来都城发展成果的基础上规划建设的,城市规划者又根据地形和国家发展的战略需求进一步在城市规划方面进行创新,使城市结构布局、组织管理更加规范、合理。整个城市以朱雀门街为中轴线东西对称,宫城、皇城居于城市的北部中央,与居民区区别开。无论城市功能和规划设计还是礼仪建筑的建设方面,长安城被圣化为一座拥有崇高境界的宇宙之都。外郭城被笔直宽敞的东西向十四条、南北向十一条大街纵横交错分为百余个坊,作为城市的基层管理组织;东、西两市位于皇城之南居民区中间,改变了"前朝后市"的传统都城格局,方便了城市居民的生活;居民居住和交易的坊、市占据整个城市面积的87%,长安城生活着近百万人口,成为一座名副其实的生活之都。①因此,隋大兴城、唐长安城遂成为后世都城建设的圭臬,宋、元、明、清等朝代都城建设或多或少都借鉴了其城市规划与管理制度,使其在中国城市史上占有重要的地位。

从横向相互关联的视角来看,隋大兴城、唐长安城对其他城市也产生了重要影响。在隋唐三百余年间,长安城作为关中的中心城市,引领着区域城市的发展方向,又是全国最重要的政治、经济和文化中心。由于隋唐王朝开放包容的对外政策和四通八达的对外交通,东面新罗、日本的遣唐使、留学生和学问僧乘舟越海前往长安传递友谊、学习文化,同时既有西方粟特商人沿着丝绸之路穿过戈壁沙漠到达长安进行商业贸易,也有从长安出发不畏艰险西行取经的僧侣,来自北方草原的突厥、回鹘等政权的使者沿着"参天可汗道"前往长安,长安成为当时欧亚大陆上政治、经济和文化交流最重要的中心之一。同时,长安城宏大的规模、整齐的布局和有序的城市管理对周边国家产生了强烈的吸引力,日本以及新罗等在建设他们自己的都城时都借鉴了唐长安城,引领着东亚

---

① [日]妹尾达彦:《长安的都市规划》,高兵兵译,三秦出版社,2012年,第87—235页。

都城时代的诞生。①从更为广阔的空间来看，与同时期世界其他城市比较，不论是在城市的规划建设、人口规模、社会管理方面，还是在经济生产、文化多样性方面，隋大兴城、唐长安城都远超其他城市，在世界城市发展史上具有重要地位，是当之无愧的世界名都。

二、研究的基础条件

长安城是6—9世纪东亚世界重要的政治、经济和文化中心，受到古今许多学者的关注。他们对长安城做了详细的记录和研究，形成了丰富的资料，是我们研究的必要基础。

（一）基本史料

早在唐代，李林甫奉敕修撰的《唐六典》和韦述的《两京新记》对隋大兴城、唐长安城就有记载。宋元时期，关于唐都长安城的文献记载更加丰富，既有《旧唐书》《新唐书》《资治通鉴》《太平广记》《册府元龟》等文献及笔记小说中零散的记载，又有《长安志》《游城南记》《雍录》《长安志图》《类编长安志》等专门记录。清代，又出现了《关中胜迹图志》《长安县志》《咸宁县志》《唐两京城坊考》等专著。其中，史料价值较高的几部古籍尤其值得关注。

《两京新记》五卷，唐韦述著，是现存有关长安城的一部较早著作，但宋时全书已亡，唯日本镰仓时代所抄尊经阁卷子本第三卷残存，保存了长安城西半部长安县所领诸坊和西市的资料，主要记述坊内的寺观、官舍、府宅等建筑。

《长安志》二十卷，北宋宋敏求著，记述了长安城区和郊区的山川分野、坊里街市、宫室官邸、政区沿革、河渠水利、名胜古迹等。《四库全书总目提要》评价说："是编皆考订长安古迹，以唐韦述《两京记》疏略不备，因更博采群籍，参校成书，凡城郭、官府、山川、道里、津梁、邮驿，以至风俗、物产、宫室、寺院，纤悉毕具，其坊市曲折，及唐盛时士大夫第宅所在，皆一一能举其处，粲然如指诸掌，司马光尝以为考之韦记，其详不啻十倍。今韦氏之书久已亡佚，而此志精博宏赡，旧都遗事，借以获传，实非他地志所能及。"②故此书被认为是研究长安历史的必备著作。

《雍录》十卷，南宋程大昌撰，以专题的形式考述长安史迹，并附绘若干地图，注重与政治制度、军事活动有关的地理位置。《四库全书总目提要》称："是编考订关中古迹，以《三辅黄图》、《唐六典》、宋敏求《长安志》、吕大防《长安图记》及《绍

---

① [日]妹尾达彦：《东亚都城时代的诞生》，见杜文玉主编：《唐史论丛》第14辑，陕西师范大学出版总社有限公司，2012年，第298页

② [清]永瑢等：《四库全书总目提要》卷七〇《史部·地理类三》，商务印书馆，1931年，第88页

兴秘书省图》诸书，互相考证。于宫殿、山水、都邑，皆有图有说。"①然而不少内容仅是转引资料而无考辨，所绘地图也粗疏简略，参考价值有限。

《长安志图》三卷，元李好文编撰。李好文曾在长安为官，对长安史迹进行过实地考察。此书分为上、中、下三卷，上卷有图十四幅（今存十一幅），内容以唐长安宫室为主；中卷有图四幅，内容为《咸阳古迹图》《唐昭陵图》《唐肃宗建陵图》和《唐高宗乾陵图》，另有图志杂说十八篇；下卷为《泾渠总图》和《富平县境石川溉田图》。

《类编长安志》十卷，元骆天骧撰。骆天骧是长安人，曾任京兆路儒学教授，对关中旧事比较熟悉。此书是对《长安志》进行分类改编，并增加了一些金、元时期的资料，其中卷一〇增补了元代长安地区碑刻存佚情况。黄永年先生指出："今本宋志因转辗抄刻而颇多脱讹，有赖骆氏此书订正，如宋志朱雀街西第一街第一、二坊的坊名久已脱失，徐松《唐两京城坊考》臆补为光禄、殖业，据骆氏此书才知道是善和和通化。"②此书对研究隋唐长安城有较高的价值。

《唐两京城坊考》五卷，清徐松撰。此书长安部分的图虽是据《长安志图》和《雍录》的图重新绘制，文字照录宋敏求《长安志》原文，但徐松将唐人诗、文、小说以及碑志中的有关史实摘出补入有关城坊之中，丰富了关于唐长安坊里的内容，故此书被称为"关于长安与洛阳的资料具有绝对权威而集大成的书籍"③。但此书仍有遗漏和错误，故李健超先生多次对此书进行增订。

除传世的文献资料外，中华人民共和国成立以来西安周边也出土了大量的碑刻墓志、墓室壁画，其中包含隋唐长安城市发展状况的大量信息，是我们开展研究的第一手宝贵资料。

（二）前人研究成果

20世纪以来，国内外史学界采用现代史学研究的理论和方法，结合考古新发现，对隋唐长安城进行了深入的研究，取得了丰硕的成果。

20世纪初，日本学者就开始对隋唐长安城进行调查、研究。足立喜六《长安史迹研究》④是清末他在陕西高等学堂任教习期间，对唐长安大明宫、兴庆宫、华清宫、曲江、佛寺、道观、碑石等名胜古迹进行实地考察的记录和研究；那波利贞《中国都城规划史论——以唐都长安城为例》⑤对唐长安城的发展历程和历史价值进行了论述；加藤

---

① 《四库全书总目提要》卷七〇《史部·地理类三》，第89页。
② 黄永年、贾宪保：《唐史史料学》，陕西师范大学出版社，1989年，第100页。
③ ［日］平冈武夫：《唐代的长安与洛阳·资料》，京都大学人文科学研究所，1956年，第2页。
④ ［日］足立喜六：《长安史迹研究》，王双怀、淡懿诚、贾云译，三秦出版社，2003年。
⑤ ［日］那波利贞：《中国都城规划史论——以唐都长安城为例》，见《桑原博士还历纪念东洋史论丛》，弘文堂，1931年。

繁《唐宋时代的市》①揭示出唐代长安城中坊与市严格区分，商业交易限定在市内，并规定严格的交易时间，而到唐末有所松弛，认为这一变化与城市人口增长、商业繁荣、财富增加等相关联；此外，还有石田幹之助的《长安之春》②。在国内，向达《唐代长安与西域文明》③主要对唐代长安城在服饰、饮食、宫室、乐舞、绘画、宗教、游乐等方面出现的"胡化"现象进行了详尽的考察，探讨了西域文化对长安社会的影响；陈寅恪在《隋唐制度渊源略论稿》④中探讨了隋大兴城、唐长安城规模制度的北魏洛阳、北齐邺都南城和西域及河西建筑工艺的三大渊源。而阎文儒的《唐西京考》⑤是国内第一部关于唐长安城研究的专著。

50—70年代，关于隋唐长安的研究日益增多。日本学者平冈武夫《关于唐代长安城》⑥和《唐代的长安与洛阳》⑦资料篇、地图篇和索引篇主要是资料的整理研究，而佐藤武敏《唐代的市制与行——以长安城为中心》⑧以唐代长安为中心考察了唐代市的设置与构造、市制的衰退与行的推移等问题，他还出版《长安》⑨、《长安——古代中国与日本》⑩等有关长安城的研究著作。这一时期，欧美汉学界也开始对唐代长安城研究产生兴趣，主要有美国学者爱德华·谢弗《长安的最后岁月》⑪、芮沃寿《象征主义与功能——关于长安和其他大城市的思考》⑫、熊存瑞 *Sui-Tang Chang'an: a Study in the Urban History of Medieval China*⑬等运用多学科交叉的手段研究隋唐长安城。

80—90年代，日本学者关于隋唐长安城的研究成果主要有町田章《隋唐都城论》⑭、布目潮沨《关于唐代长安的王府与王宅》、爱宕元《隋唐长安城都市规划中的中轴线》⑮等。被称为日本"中国城市史研究第一人"的妹尾达彦《唐代长安城的街

---

① [日] 加藤繁：《唐宋时代的市》，见《福田德三博士追忆论文集》，1933年
② [日] 石田幹之助：《长安之春》，创元社，1941年
③ 向达：《唐代长安与西域文明》（《燕京学报》1933年专号之二），哈佛燕京社，1933年
④ 陈寅恪：《隋唐制度渊源略论稿》，商务印书馆，1946年
⑤ 阎文儒：《唐西京考》，新中国出版社，1948年
⑥ [日] 平冈武夫：《关于唐代长安城》，载《东洋史研究》1952年第11卷第4号
⑦ [日] 平冈武夫：《唐代的长安与洛阳》，京都大学人文科学研究所，1956年
⑧ [日] 佐藤武敏：《唐代的市制与行——以长安城为中心》，载《东洋史研究》1966年第25卷第3号
⑨ [日] 佐藤武敏：《长安》，近藤出版社，1971年
⑩ [日] 佐藤武敏：《长安——古代中国与日本》，朋友书店，1974年
⑪ [美] 爱德华·谢弗：《长安的最后岁月》，载《远东》1963年第2期
⑫ [美] 芮沃寿：《象征主义与功能——关于长安和其他大城市的思考》，载《亚洲研究杂志》1965年第4期
⑬ Victor Cunrui Xiong, *Sui-Tang Chang'an: a Study in the Urban History of Medieval China*, Center for Chinese Studies, University of Michigan, 1968.
⑭ [日] 町田章：《隋唐都城论》，见《东亚世界中的日本古代史讲座》第5卷，学生社，1981年
⑮ [日] 爱宕元：《隋唐长安城都市规划中的中轴线》，载《唐代史研究》2000年第3号

西》《唐代长安城中的热闹场所》《唐代长安店铺的选择与街西致富潭》《唐代的长安与洛阳城的都市社会构造研究》《唐长安城的官人居住地》《唐都长安城的人口数与城内人口分布》《唐代长安东市的民间印刷业》《唐代长安城与关中平原的生态环境变迁》①等论文系统地研究了长安城的经济、社会结构、人口、文化、生态环境等问题,他的专著《长安的都市规划》从全球史的宏观角度,把唐长安城放在欧亚大陆及世界文明发展史中进行考察,富有启发性。

自1957年起,中国科学院考古研究所西安唐城发掘队对唐长安城的宫城、皇城、大明宫、兴庆宫以及外郭坊里、两市、城门、街道、寺观等进行了考古发掘,取得了丰硕的成果②,为我们提供了大量直接的资料,使我们对隋唐长安城的结构布局有了直观的了解。许多学者纷纷利用考古成果,深化对隋唐长安城的研究,涌现出一大批成果。譬如张永禄《唐都长安》③、辛德勇《隋唐两京丛考》④、李健超《增订唐两京城坊考》⑤、杨鸿年《隋唐两京坊里谱》⑥等。宿白依据考古发掘探讨了隋唐时期长安城和洛阳城的宫城、坊里、街道的形制。⑦傅熹年借助历史文献记载和考古实测数据,通过建立数模的方式,对隋唐长安城市规划手法进行了探讨,发现长安城的规划是以宫城、皇城之广、长为模数,先划分大的区块,区块内再分里坊。⑧马正林从关中地区的地形与长安城的选址、横贯东西的六条高坡、冈原之间的低洼地带的利用等三个方面论证了唐长安在总体布局上的地理特征。⑨史念海在考古资料的基础上,对唐长安外郭城的轮廓、坊里分布、规模和形制以及诸街道、寺观的变迁进行了研究。⑩李令福从街道、沟

---

① [日]妹尾达彦:《唐代长安城的街西》,载《史说》1984年第25号;《唐代长安城中的热闹场所》,载《史流》1986年第27号,1989年第30号;《唐代长安店铺的选择与街西致富潭》,见《布目潮沨博士古希纪念论集——东亚的法律与社会》,汲古书院,1990年;《唐代的长安与洛阳城的都市社会构造研究》,日本文部省科学研究经费一般研究,研究成果报告书,1995年;《唐长安城的官人居住地》,载《东洋史研究》1996年第55卷第2号;《唐都长安城的人口数与城内人口分布》,见中国古都学会编:《中国古都研究》第12辑,山西人民出版社,1998年,第179—189页;《唐代长安东市的民间印刷业》,见中国古都学会编:《中国古都研究》第13辑,山西人民出版社,1998年,第226—234页;《唐代长安城与关中平原的生态环境变迁》,见史念海主编:《汉唐长安与黄土高原》,陕西师范大学中国历史地理研究所,1998年,第202—222页。
② 中国社会科学院考古研究所、西安市隋唐长安城遗址保护中心、西安市世界遗产监测管理中心编:《隋唐长安城遗址(考古资料编)》,文物出版社,2017年。
③ 张永禄:《唐都长安》,西北大学出版社,1987年。
④ 辛德勇:《隋唐两京丛考》,三秦出版社,1991年。
⑤ [清]徐松撰,李健超增订:《增订唐两京城坊考》,三秦出版社,1996年。
⑥ 杨鸿年:《隋唐两京坊里谱》,上海古籍出版社,1999年。
⑦ 宿白:《隋唐长安城和洛阳城》,载《考古》1978年第6期,第409—425页。
⑧ 傅熹年:《隋唐长安洛阳城规划手法的探讨》,载《文物》1995年第3期,第48—63页。
⑨ 马正林:《唐长安城总体布局的地理特征》,见中国地理学会历史地理专业研究会、《历史地理》编辑委员会编:《历史地理》第3辑,上海人民出版社,1983年,第67—77页。
⑩ 史念海:《唐代长安外郭城街道及里坊的变迁》,载《中国历史地理论丛》1994年第1辑,第1—39页。

渠、皇宫、苑囿、池园、寺观、宅第等方面论述了唐长安城绿化的特点。①尚民杰、王维坤分别从不同角度探讨了隋唐长安城的规划设计思想和布局。②

近二十余年来，随着国内外学术交流的深入，一些新的理论、方法应用到隋唐长安城的研究中，扩大了研究范围，研究方法也更加多样化。

（1）关于隋唐长安城市空间的研究。宁欣对唐代长安城中的"街"和"场"两个社会公共空间的作用进行了重新认识，分析了它们在唐宋城市社会变迁中的作用。③肖爱玲强调皇权对隋唐长安城等级差异施加影响，使都城空间构成秩序化，形成一套等级森严的城市空间等级规范。④余蔚、祝碧衡则分析了唐代长安外郭城内官府用地、寺观和私人住宅园地三种土地利用形式的互相转换，指出由私宅向寺观的转换，大部分在长安外郭城的北部，从而促使长安城重心转移，导致整个城区格局发生变化。⑤

（2）关于隋唐长安坊市制度的研究。徐畅通过对唐长安城郭内外的聚落形态的综合考察，探讨了乡里村坊制在唐长安的实施情况，认为唐代长安外郭城内只存在里坊/坊里一元构造，并不再进行另外的户口编制，坊已由单纯的聚落、社区演变为兼具治民、治安等多重职能的基层统治单位，坊正之外并无其他乡里管理人员的设置。⑥唐代后期，长安城严格的坊市制度受到商品经济发展的冲击，逐渐瓦解。呼琳贵根据唐长安礼泉坊三彩作坊遗址的考古发现以及唐代长安城中其他烧造砖瓦建筑材料窑址的存在，指出至迟在天宝年间，唐长安城严格的坊里制度已被商贸活动的逐步扩大突破。⑦李永、张春兰对唐代长安城中的逾制造舍、侵街造舍、私造偏铺楼阁等违章建筑进行探讨，指出城市违章建筑的集中出现，既是日益增长的城市人口与有限的城市空间资源之间矛盾的反映，又逐步带来城市中建筑空间结构的改变，进而发展成城市新格

---

① 李令福：《唐都长安的绿化》，见中国古都学会编：《中国古都研究》第11辑，山西人民出版社，1994年，第173—180页。
② 尚民杰：《隋唐长安城的设计思想与隋唐政治》，载《人文杂志》1991年第1期，第90—94页；王维坤：《试论隋唐长安城的总体设计思想与布局——隋唐长安城研究之二》，载《西北大学学报》（哲学社会科学版）1997年第3期，第69—74页。
③ 宁欣：《街：城市社会的舞台——以唐长安城为中心》，载《文史哲》2006年第4期，第79—86页；宁欣：《唐宋城市社会公共空间形成的再探讨》，载《中国史研究》2011年第2期，第77—89页。
④ 肖爱玲：《隋唐长安城空间秩序及其价值》，载《陕西师范大学学报》（哲学社会科学版）2009年第5期，第113—118页。
⑤ 余蔚、祝碧衡：《唐代长安城内土地利用形式的转换》，载《中国历史地理论丛》2001年第4辑，第38—42页。
⑥ 徐畅：《城郭内外：乡里村坊制在唐长安的实施再探》，见荣新江主编：《唐研究》第21卷，北京大学出版社，2015年，第303—326页。
⑦ 呼琳贵：《由礼泉坊三彩作坊遗址看唐长安坊里制度的衰败》，载《人文杂志》2000年第1期，第89—90页。

局。①牛来颖注意到在严格的市制管理下,唐代长安的市内也有身份多样化的居住者,否定了市区不得居住的传统看法,认为市内的居住功能是商品经济发展的产物,进一步探讨了唐代长安城市内的空间结构与形态的变迁。②

（3）关于隋唐长安城市经济的研究。薛平拴从长安市场的繁荣、货币流通与金融、商人三个方面,对隋唐长安商业的发展做了全面系统的论述。③宁欣、韩香、牛来颖分别探讨了唐代长安城中的商业与商人、旅舍、城市营修与居民赋税。④另外,唐长安城两市的考古发掘也早已开始,1959—1960年中国科学院考古研究所西安唐城发掘队对长安西市内的道路、排水沟道、房址等进行了考古发掘,出土了许多钱币、生活用具等遗物;2015年,该队又对唐东市进行了局部发掘,出土陶器、三彩器、玉器、玻璃器等文物共计450余件和许多重要的商业遗迹。这为我们进一步研究唐长安城东、西两市打下了基础。

（4）关于唐代长安城人口的研究。大多数学者都认为唐代长安城有百万人口。陕西省博物馆编《西安历史述略》一书中就认为"唐长安城人口在一百万左右,大致是可以相信的"⑤。严耕望甚至认为唐代长安人口至少有一百七十万,将近二百万。⑥ "长安人口百万"说也受到不少质疑。李之勤认为若依《长安志》所记唐代长安、万年两县有8万多户,京兆府平均每户5.4口计算,唐代长安城内的总人数不到50万。⑦郑显文认为唐诗中"长安城中百万家"的描述,"数字都是笼而统之的说法,是没有经过实际统计,经不起仔细推敲的,有的干脆是为了符合诗文的押韵而作,因而可信程度不大",唐代长安城的实际人口数在50万至60万之间,远未达到百万。⑧王社教认为7世纪中期长安城人口约有69万,8世纪中期约有69.9万,9世纪中期约有70.3万,处于不断增长之中。⑨隋

---

① 李永、张春兰:《"中世纪城市革命"与唐宋时期城市违章建筑研究》,见姜锡东主编:《宋史研究论丛》第17辑,河北大学出版社,2015年,第20—34页
② 牛来颖:《唐代都城规划市区内部形态再探》,载《中国经济史研究》2015年第6期,第41—50页
③ 薛平拴:《古都西安·长安商业》,西安出版社,2005年
④ 宁欣:《文本的阐释与城市的舞台——唐宋笔记小说中的城市商业与商人》,韩香:《唐代长安的旅舍》,牛来颖:《论唐长安城的营修与城市居民的税赋》,见荣新江主编:《唐研究》第15卷,北京大学出版社,2005年,第51—110页
⑤ 陕西省博物馆编:《西安历史述略》,陕西人民出版社,1959年,第88页
⑥ 严耕望:《唐代长安人口数量之估测》,原录于中国唐代学会编辑委员会主编:《第二届唐代文化研讨会论文集》,台湾学生书局,1995年,后收入《严耕望史学论文集》下,上海古籍出版社,2009年,第1069—1097页
⑦ 李之勤:《西安古代户口数目评议》,载《西北大学学报》(哲学社会科学版)1984年第2期,第48页
⑧ 郑显文:《唐代长安城人口百万说质疑》,载《人文杂志》1991年第2期,第9页
⑨ 王社教:《论唐都长安的人口数量》,见史念海主编:《汉唐长安与关中平原》,陕西师范大学中国历史地理研究所,1999年,第88—116页

唐长安城是一个五方荟萃的大都市，拥有大量的外来人口。戴禾①、宁欣②、葛承雍③分别研究了唐长安城内的日本人、举选人、西域胡人等外来人口。韩香通过出土墓志碑铭及文献资料，分析了隋唐长安的中亚移民及其后裔的来源、姓氏、职业、婚姻、丧葬、宗教信仰等方面的变化，探讨了他们的汉化过程。④

（5）关于隋唐长安城市生活的研究。刘章璋《唐代长安的居民生计与城市政策》探讨了唐长安城市居民的生活与城市政策。张萍⑤、曹尔琴⑥等分别从饮食、居住等方面对唐长安城市生活进行了探讨。

（6）关于隋唐长安文化的研究。史向军通过唐长安城选址所应和的天人关系、城市建筑的主题文化内涵以及内外文化交往和融合的程度来分析唐长安城市文化的主流特征。⑦耿占军系统地探讨了唐代长安城休闲娱乐文化的发展状况。⑧曹尔琴从唐代长安寺观与里坊、寺观的园林和建筑艺术、寺观内的书法和绘画、寺观著名的缁流与黄冠、诗人与寺观等方面探讨了长安寺观文化。⑨孙英刚则根据笔记小说和佛、道相关文献将唐长安居民思想中存在的冥界世界在长安坊里中复原，指出鬼异事件多数发生在东、西两市周边，反映了一定的社会图景及其在唐人思想上的对应。⑩

（7）关于隋唐长安城的管理的研究。杨月君⑪、张春兰⑫对唐代长安城治安、市场管理制度进行了探讨。肖爱玲、周霞探讨了唐长安城门的管理制度，分析了其在治安管理中的作用。⑬宁欣指出唐代城市建设与管理是相辅相成的，都城管理核心问题包括对

---

① 戴禾：《唐代来长安日本人的生活、活动和学习》，载《陕西师大学报》（哲学社会科学版）1985年第1期，第111—124页。
② 宁欣：《唐代长安流动人口中的举选人群体——唐代长安流动人口试析之一》，载《中国经济史研究》1998年第1期，第93—100页。
③ 葛承雍：《论唐代长安西域移民的生活环境》，载《西域研究》2005年第3期，第1—7页。
④ 韩香：《隋唐长安与中亚文明》，中国社会科学出版社，2006年。
⑤ 张萍：《唐代长安的饮食生活》，见史念海主编：《唐史论丛》第6辑，陕西人民出版社，1995年，第289—305页。
⑥ 曹尔琴：《唐长安住宅分布》，见《汉唐长安与关中平原》，第65—81页；曹尔琴：《唐代长安住宅的规模》，见《中国古都研究》第13辑，第222—225页。
⑦ 史向军：《唐长安城市文化特征探究》，载《人文杂志》2006年第5期，第144—146页。
⑧ 耿占军：《唐代长安的休闲娱乐文化》，西安地图出版社，2000年。
⑨ 曹尔琴：《唐长安的寺观及有关的文化》，见中国古都学会编：《中国古都研究》第1辑，浙江人民出版社，1985年，第144—168页。
⑩ 孙英刚：《想象中的真实——隋唐长安的冥界信仰与城市空间》，见《唐研究》第15卷，第139—170页。
⑪ 杨月君：《唐代京畿地区治安管理研究》，中国社会科学出版社，2014年。
⑫ 张春兰：《城市发展与权力运作：唐代都城管理若干问题研究》，人民出版社，2018年。
⑬ 肖爱玲、周霞：《唐长安城城门管理制度研究》，载《陕西师范大学学报》（哲学社会科学版）2012年第1期，第65—71页。

空间的布局和管理、对居民时间的管理、社会治安管理等。①

经过几代学人的不懈耕耘，隋唐长安城研究的范围不断扩展，研究程度不断深化，甚至形成了"长安学"，为我们系统研究隋大兴城、唐长安城奠定了坚实的基础。目前的研究也存在一些不足之处。对隋大兴城的研究重视不够，大多数仅是表象性的笼统描述，缺乏深入的学术研究；对唐长安城的研究有碎片化的危险，多是对具体问题的考证，缺乏系统的整体研究；对唐代长安城的研究处于一种平面、静态的认知状态，缺乏对城市生活多维度、动态的研究；研究对象多聚焦在城墙内，而忽视了与长安城市生活密切相关的近郊地区。

三、章节结构及特点

本卷采用历史学、历史地理学、考古学、社会学和生态学等多学科交叉的方法，在《西安城市史·东汉—北朝长安城卷》的基础上对西安城市在隋唐时期的发展状况进行深入系统的研究，又为《西安城市史·宋金京兆城、元奉元城卷》的写作做铺垫。

全书内容共分为十章：第一章"隋大兴城的营建"，探究了隋文帝营建大兴城的原因、宇文恺规划设计大兴城的思想和大兴城的营建过程以及大兴城的结构与规模。第二章"从大兴城到长安城"，论述了王朝更迭后大兴城改为长安城的过程、唐王朝对长安城的扩建与维修，以及唐长安城的基本结构。第三、四、五、六章对长安城内的皇家宫苑、百官衙署、城坊郊里、陵墓庙坛等进行了深入分析，揭示了隋唐长安城的政治空间、神圣空间和生活空间以及城市管理制度。第七、八章论述了隋唐长安城的农工商业、衣食住行和精神文化生活及人口发展与粮食供需。第九章"唐长安城的毁灭与国都位置的转移"，主要对唐长安城毁灭的前因后果进行了分析。第十章归纳总结了隋唐长安城作为国家政治中心、中外交流中心和世界著名都市的历史地位。

基于这些章节结构，本卷试图呈现出三个特点：一是动态的发展史观。本卷不仅论述了隋大兴城营建的原因、规划、建设，还研究了王朝更替后城市的扩建、维修、基本结构和发展繁荣，以及唐末长安城毁灭的前因后果，从而构建起隋唐长安城从建设、发展到毁灭的完整过程。二是多维度的社会史观。本卷对长安的皇家宫苑、城坊郊里、城市管理、城市物质和精神生活都进行了深入研究，从而揭示了隋唐长安城的政治、经济、文化和礼仪空间以及城市的管理运行。三是全局性的大长安史观。本卷没有将视野仅局限在长安城墙内，而是将长安周边与城市发展关系密切的离宫别苑、郊县乡里、帝王陵墓、农业生产、粮食供需等纳入研究范围，企图构建出一个完整的"大长安"。

---

① 宁欣：《唐代长安的城市建设与管理》，载《人民论坛》2020年第Z1期，第166—168页。

第一章 隋大兴城的营建

公元581年，杨坚即位，建立隋朝，次年就弃旧长安城，而新建新都大兴城。对于隋文帝新建大兴城的原因史载不一，有人认为是隋文帝梦到都城被洪水淹没，才移都大兴城，①但这是人们的无端猜测、唐人的杜撰，无甚依据。兴建新都作为国家的一项重要政治决策，必定经过慎重考虑，有其必然性。隋文帝在兴建大兴城的诏书中就提到：旧长安城"从汉，凋残日久，屡为战场，旧经丧乱"，已经比较残破；其宫室"事近权宜，又非谋筮从龟，瞻兴揆日"，没有进行合理规划设计，制度狭小，"不足建皇王之邑，合大众所聚"，不能满足将来作为统一帝国都城的需要；②再加上旧长安城地下水环境的恶化，导致"水皆咸卤，不甚宜人"③。因此，在与宰相苏威、高颎共议之后，才最终做出决策，经过认真勘测，选定在长安城东南龙首原南坡兴建新都，称之为大兴城。

---

① 〔唐〕刘悚：《隋唐嘉话》卷上，程毅中点校，中华书局，1979年，第3页。
② 〔唐〕魏徵等：《隋书》卷一《高祖纪上》，中华书局，1973年，第17页。
③ 〔宋〕司马光：《资治通鉴》卷一七五，陈宣帝太建十四年六月，中华书局，2011年，第5560页。

第一节
隋大兴城的设计

兴建新都的决策做出后,需要认真执行,毕竟营国建都对任何一个政权而言都是一件大事。隋大兴城是一座经过周密规划设计而兴建的大都市。这座城市的实际设计者是宇文恺,他借鉴中国传统的营国建都的优秀思想,并利用了一些外来的先进技术,[1]故其设计理念是相当先进的。

一、大兴城的设计思想

大兴城规划的主导思想源自中国传统的营国制度。具体来讲,主要有三:一曰《周礼·考工记》的礼制思想,二则《周易》的"象天法地"思想,三为《管子》因地制宜的思想。此外还有宇文恺等人对建都新理念的巧妙运用。

《周礼·考工记》中记载的营国制度是中国最早系统的都城规划制度,更是后世王朝兴都建城遵循的经典范式。它规定:"匠人营国,方九里,旁三门。国中九经九纬,经涂九轨。左祖右社,面朝后市,市朝一夫。"[2]这就确定了中国传统都城基本的布局模式,方正的城市外围轮廓,城内笔直的街道将城市按照井田制的原则划分为大小基本相同的区块,政治中心"朝"与祭祀礼仪场所太庙和社处于城市的核心位置,"朝"和经济中心"市"位置相对固定。这种都城规划礼制化的追求是源于礼制给予封建政权合法性的内在诉求,通过礼制的象征性赋予"君权神授"的权力来源。日本学者妹尾达彦在《唐长安城的礼仪空间——以皇帝礼仪的舞台为中心》中认为:"中国的种种传统思

---

[1] 陈寅恪:《隋唐制度渊源略论稿》二《礼仪 附:都城建筑》,商务印书馆,2011年,第88页。
[2] 李学勤主编:《十三经注疏·周礼注疏》卷四一《冬官·考工记下·匠人》,北京大学出版社,1999年,第1149—1151页。

想投影到国都的建筑中。国都具有国家礼仪舞台的功能,并努力于使成立不久的王朝正统化。这时,皇帝的礼仪将宇宙秩序与地上秩序连结起来,与超自然的诸神交互感应,以此来企求王朝的正统化。这样一种宇宙论式的礼仪,是皇帝礼仪的核心。"①宇文恺在规划大兴城时,就继承了这一套营国制度。大兴城外郭每面三门,整个城市以朱雀门街为中轴线东西对称,城内宫城和皇城等政治中心位于中轴线最北端,经济中心东、西二市则位于朱雀门街两侧,"郭中南北十四街,东西十一街,其间列置诸坊"②,同时太庙、社稷坛等祭祀礼仪建筑也无一不备。这与《周礼·考工记》规划的都城非常相似,只是根据时代需要进行了一些变通,但基本是按照《周礼》的礼制要求来布局设置的。

中国古代城市规划中的"象天法地"思想历史悠久,人们将自己观察到的天地万物的秩序运用到城市的规划中。早在春秋时期,伍子胥建设吴都城时就有成功的运用③。古代帝王自称天子,天被视作其权力的源泉,因而模仿天,建立人间秩序就成为其权力合法化的另一重要来源。作为一座封建都城,大兴城也必然会通过象天法地来满足隋文帝证明权力合法性的渴求。妹尾达彦形象地将隋唐长安城称作天空秩序投影于地上的"宇宙之都",是"站在地上的一个人物,受上天之命做了天子,成为天命的代言人。……受命天子以皇帝的身份来统治天下。作为宫城中心的太极殿(隋大兴殿),通过宇宙轴与北极星相连,天空的秩序与地上的秩序,以天子皇帝为媒介将两者同王都长安紧紧相连。连接宫城两仪殿、太极殿、承天门与外郭城明德门的都市平面的中轴线,与天的子午线相对,也成为每年举行确认受命国家仪礼的神圣仪礼线。……凭借这种象征力,是想超越建国当初行政力的界线"。④《长安志》就记载:隋大兴城的外郭城布局"皇城之东,尽东郭东西三坊。皇城之西,尽西郭东西三坊。南北皆一十三坊,象一年有闰。每坊皆开四门,有十字街四出趣门。皇城之南东西四坊,以象四时"⑤。在现代人看来,通过都城规划的象天法地来获得政权的合法性并不可取,但是不可否认宇文恺在大兴城规划设计中对这种思想的运用,不仅使大兴城获得了一种秩序感,也提高了城

---

① [日]沟口雄三、[日]小岛毅主编:《中国的思维世界》,孙歌等译,江苏人民出版社,2006年,第492页。
② [宋]宋敏求:《长安志》卷七《唐京城一》,辛德勇、郎洁点校,三秦出版社,2013年,第255页。
③ 具体见周生春:《吴越春秋辑校汇考》卷四《阖闾内传》,上海古籍出版社,1997年,第39—40页。
④ [日]妹尾达彦:《宇宙の都生活の都》,载《月刊》1996年9月号,大修馆书店。
⑤ 《长安志》卷七《唐京城一》,第256页。

市的精神境界。

地理环境是城市存在和发展的客观基础，中国古人就认识到，城市规划要遵循因地制宜的原则，因地利而重人用，以实用目的为出发点。《管子·乘马》中提出"凡立国都，非于大山之下，必于广川之上，高毋近旱而水用足，下毋近水而沟防省。因天材，就地利，故城郭不必中规矩，道路不必中准绳"[1]。宇文恺在规划大兴城时，十分注意对龙首原风水的利用。龙首原南坡到终南山之间的宽阔区域，地形有一定的起伏，形成六道地势较高的高坡[2]。宇文恺借用"乾卦六爻"理论对这六条高坡进行巧妙的布局，起到了画龙点睛之效。《元和郡县图志》载："隋氏营都，宇文恺以朱雀街南北有六条高坡，为乾卦之象，故以九二置宫殿以当帝王之居，九三立百司以应君子之数，九五贵位，不欲常人居之，故置玄都观及兴善寺以镇之。"[3] 而且，大兴城总体地势呈南高北低，特别是东南隅是地势高耸之地，在古人看来，这对城市的防御和王朝的气数都是非常不利的。因而，宇文恺在规划新都时，用堪舆、厌胜思想，故意在此地挖凿成池，隔于城外。《雍录》就认为："隋营京城，宇文恺以其地在京城东南隅，地高不便，故阙此地不为居人坊巷，而凿之以为池，以厌胜之。"[4] 这样，不仅将代表黄旗紫盖的东南王气用术数的办法加以镇压和摧毁，而且将其改造为城市的风景胜地，为帝王提供一处游乐之地，也改善了城市的环境。（见图1-1）

当然，隋大兴城的规划，不仅是继承了前代城市规划的优秀传统，同时也结合实际需要和地理条件进行了大胆创新。如将政治中心宫城和皇城与居民宅第分开，《长安志》载："自两汉以后，至于晋齐梁陈，并有人家在宫阙之间。隋文帝以为不便于事，于是皇城之内，唯列府寺，不使杂人居止。公私有辨，风俗齐肃，实隋文新意也。"[5] 同时，二者也由城市中心改居于城市北部正中的位置，由此"面朝后市"就改为市场位

---

[1] 黎翔凤：《管子校注》卷一《乘马第五》，梁运华整理，中华书局，2004年，第83页
[2] 据马正林教授考察研究，第一条高坡（九一）大致从今西安城西北的红庙坡向东去，沿龙首原南麓穿过自强东路以北的二马路；第二条高坡（九二）即今西安城北墙一线，大致沿400米等高线呈东西走向；第三条高坡（九三）即今西安城内的东西大街一线，与410米等高线吻合；第四条高坡（九四）大致是从小雁塔折向东北的高地；第五条高坡（九五）就是今兴善寺公园与草场坡一线呈西南—东北走向的高地；第六条高坡（九六）是从大雁塔折向东北去的高地。参见马正林：《唐长安城总体布局的地理特征》，见《历史地理》第3辑，第66—77页
[3] [唐]李吉甫：《元和郡县图志》卷一《关内道一·京兆府》，贺次君点校，中华书局，1983年，第1—2页
[4] [宋]程大昌：《雍录》卷六《唐曲江》，黄永年点校，中华书局，2002年，第132页
[5] 《长安志》卷七《唐京城一》，第248页

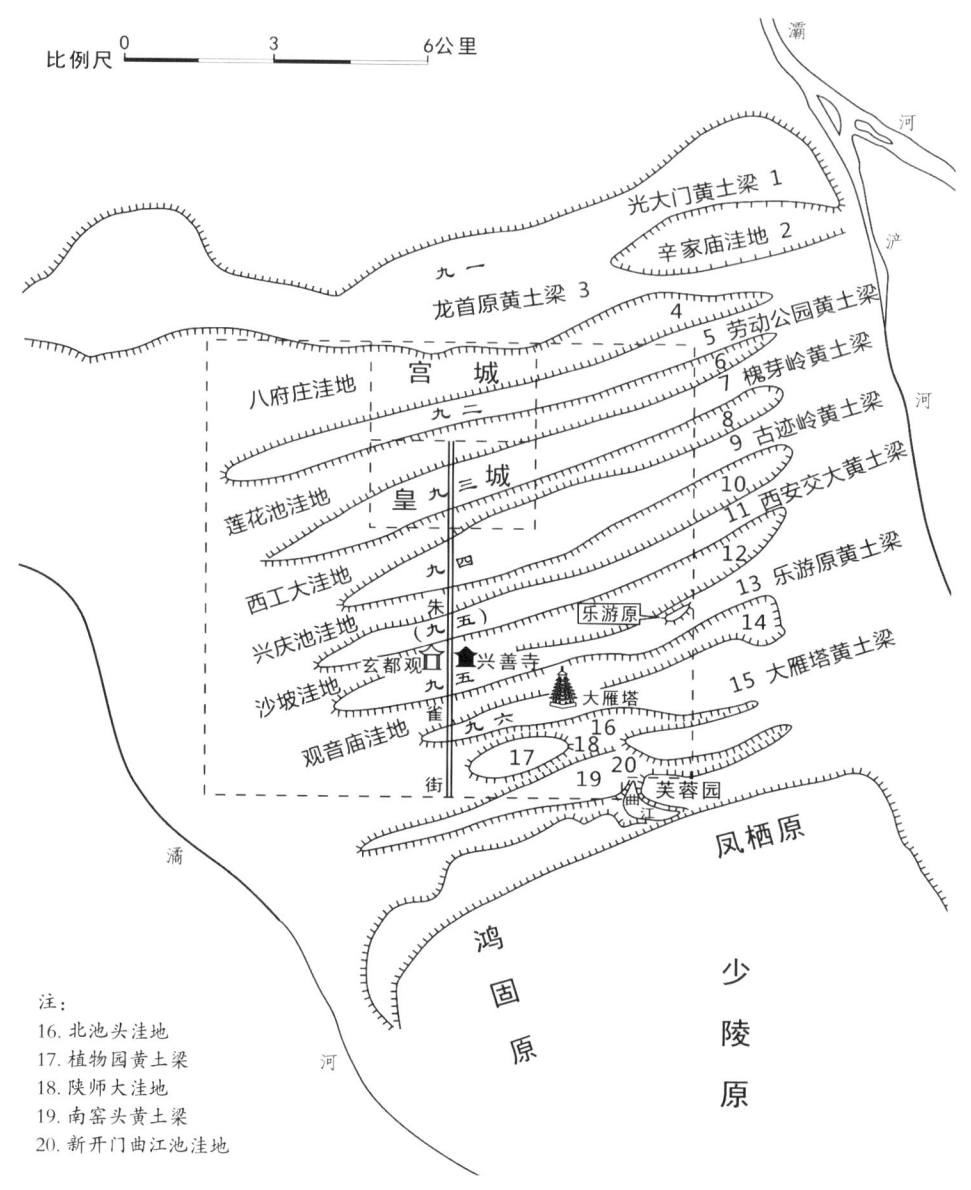

图 1-1 六爻与隋大兴城的规划布局示意图

（选自李令福：《古都西安城市布局及其地理基础》，人民出版社，2009年，第68页）

于宫城之南。正是因为这种继承与创新的结合，大兴城在规划制度上，成为我国古代规划布局最为规范的一座都城，由唐王朝继承后其规划布局未有大的改变，基本上适应了隋唐三百余年城市发展的需要；同时，也开创了一代都城建筑的新制，为中国都城规划的发展树立了典范。

二、宇文恺与大兴城

宇文恺是隋代著名的建筑工程学家。宇文恺虽出身武将世家，但他"博览书记，解属文，多伎艺"，"有巧思"，故隋文帝任命其为营新都副监，高颎虽以宰相身份为总监，总大纲，但"凡所规画，皆出于恺"。①因此，宇文恺才是隋大兴城的真正规划设计者。

宇文恺在规划大兴城之前，曾认真做过两方面的工作：一是亲自到汉魏洛阳城和邺城进行考察，借鉴前代都城规划设计的有益经验。陈寅恪先生就认为："隋创建新都大兴城……其市朝之位置所以与前此之长安殊异者，实受北魏孝文营建之洛阳都城及东魏、北齐之邺都南城之影响"②。二是对大兴城的地理基础和周边环境进行全面研究，不仅考察了终南山北麓的台塬地貌和泾、渭、浐、灞、潏、滈诸水的特征，而且还仔细地考察了龙首原一带的地形地貌和风水情况。在此基础上，根据隋文帝的都城理想和建筑技术进行了具体的设计与规划。

宇文恺具体是怎样规划大兴城的？对于这个问题，文献中没有明确记载。有学者研究认为，大兴城的规划是运用模数区块分区法，具体步骤是：首先，按实际需要确定宫城之广长，并划定宫城东西侧道路的宽度，从宫城画对角线，下端向西南（或东北）延长，同时自宫城东西侧道路外侧之北端向外画45°线，与宫城对角延长线相交，此相交点即为外郭西（或东）墙的位置和皇城南墙之位置，这样，就确定了宫城、皇城南北总长3335.7米和外郭东西广9721米，并使宫城、皇城东西侧长度也为3335.7米。其次，在皇城之南留出东西横街（春明门至金光门街）的宽度，于其南部再从横街东（或西）端交外郭东（或西）墙处画与宫城对角线平行之斜线，与对面之外郭西（或东）墙相交，此点即为外郭南墙之位置，这样就以宫城为基准划定皇城和外郭的轮廓。最后，再以宫城的宽度和宫城与皇城的南北总长为模数将外郭城划分成几大区块，并通过区块间所留东西向横街的调节使区块在外郭内部均匀布置。③（见图1-2）经过这样的规划，既满足了城市的实际需要，又处理好了各城市功能分区之间的关系。

---

① 《隋书》卷六八《宇文恺传》，第1587—1588页。
② 《隋唐制度渊源略论稿》二《礼仪 附：都城建筑》，第69页。
③ 傅熹年：《隋唐长安洛阳城规划手法的探讨》，载《文物》1995年第3期，第53—56页。

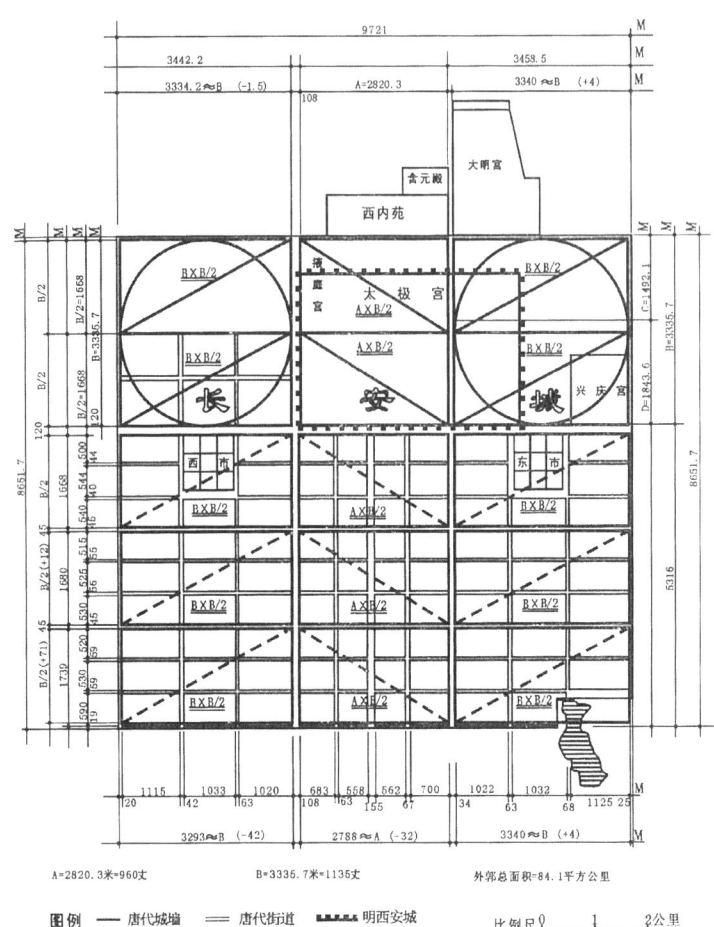

图1-2 隋大兴城、唐长安城实测图及模数区块分析图

(选自傅熹年:《隋唐长安洛阳城规划手法的探讨》,载《文物》1995年第3期,第53页)

第二节
隋大兴城的建设

城市的兴建是一个巨大而复杂的工程，但是隋大兴城的建设异常迅速，从隋文帝下诏动工到建成，前后不过一两年时间。这在中国古代都城建筑史上不能不说是一个奇迹。

一、前期准备

完成一个庞大的城市营建工程，首先要有一个有力而高效的建设团队。隋文帝"诏左仆射高颎、将作大匠刘龙、巨鹿郡公贺娄子干、太府少卿高龙叉（义）等创造新都"①。可见，大兴城的兴建除宇文恺负责规划设计之外，还有一个强大的建设团队，设置有营新都大监、总监、副监、监丞等职，其成员有高颎、李询、虞庆则、贺娄子干、刘龙等。大监，先后由高颎和李询担任。高颎为左仆射，以宰相身份兼任营新都大监，史载："隋文帝开皇二年夏自故都移今所。……左仆射高颎总领其事，太子左庶子宇文恺创制规模。谓之大兴城。"②另西安出土的《邛州别驾陇西公李（绍）君墓志》载：李绍的祖父李询"隋上柱国，营新都大监"③，可能是由于高颎作为左仆射政务繁忙，无暇顾及，后来由李询接任大监之职。彭城郡公、京兆尹虞庆则任营新都总监④，副监除宇文恺外，还有贺娄子干、刘龙。《隋书·贺娄子干传》载：开皇二年（公元582年）册贺娄子干为上大将军，后"征授营新都副监，寻拜工部尚书"，但其年由于突厥入寇，他又很快去职，转任行军总管，跟从窦荣定北上抗敌，⑤并未真正参与新都建设。将作大匠刘龙"迁都之始，与高颎参掌制度，代号为能"⑥，辛德勇先生推测他也应当任副监⑦。此外，还有监丞张煚、高龙义，初由太

---

① 《隋书》卷一《高祖纪上》，第18页。
② 〔唐〕韦述撰，辛德勇辑校：《西京新记辑校》卷一《西京》，三秦出版社，2006年，第1—2页。
③ 周绍良、赵超主编：《唐代墓志汇编续集》贞观○三三，上海古籍出版社，2001年，第27页。
④ 《隋书》卷四○《虞庆则传》，第1174页。
⑤ 《隋书》卷五三《贺娄子干传》，第1352页。
⑥ 《隋书》卷六八《何稠传附刘龙传》，第1598页。
⑦ 《隋唐两京丛考》上篇《西京·隋东西两京修建工程诸主事人》，第2页。

府少卿张煚"领营新都监丞",但由于"丁父忧去职",①而由高龙义接任太府少卿并兼领营新都监丞②。在这个团队中,大监是负总责,协调各施工部门的工作;宇文恺主要负责都城的规划设计,总监虞庆则负责工程的监督;而将作大匠刘龙和先后任太府少卿的张煚、高龙义负责调配工役、财物等工程实施的具体事务。他们利用各自的特长和职务便利相互配合,从而使新都建设顺利进行。

由于大兴城规模宏大,需要大量的人力、物力。从相关资料来看,营建大兴城的工匠,以就近征发的关中地区民夫为主,此外还远调山东广大地区的丁夫前来助役。这就增加了百姓的负担,开皇四年(公元584年)关中发生旱灾,有人就将此与建都征发大量劳役联系起来,称"迁都龙首,建立宫室,百姓劳敝,亢阳之应也"③。而《隋书·食货志》则记载:兴建新都"发山东丁,毁造宫室",仍依照北周制度,一般役丁分为十二番,技术工匠分为六番,轮流工作。④而建造宫殿所用木材,大部分是从各地山林中采伐的上等木料。贞观四年(公元630年),张玄素就对唐太宗说:"隋室造殿,楹栋宏壮,大木非随近所有,多从豫章采来。"⑤为了节省成本,也从旧长安城中宫殿上拆卸一些仍可利用的木材。开元四年(公元716年),姚崇就说:"太庙殿本是苻坚时所造,隋文帝创立新都,移宇文朝故殿造此庙"⑥,韦述也曾说:修真坊"南门门扉,即周之太庙门板也"⑦。

二、营建过程

关于大兴城营建的具体过程,文献中有些记载,如《长安志图》载:"隋开皇二年六月,诏规建制度,先筑宫城,次筑皇城,次筑外郭城。"⑧由此可知,大兴城的建设是分步进行的,先筑宫城,再筑皇城,最后才建外郭城,这些说明为什么隋文帝能在次年的正月就入新都,其实当时指的是宫城、皇城,外郭城只建成了短垣,直到大业九年(公元613年)隋炀帝还"发丁男十万城大兴"⑨,到了唐代还在增修外郭城墙。对于新都旧有建筑的拆迁,《通志》载:开皇二年(公元582年),隋文帝在开始兴建新都时,诏令"新置都处,坟墓令悉迁葬设祭,仍给人功;无主者,命官为殡葬"⑩。《长

---

① 《隋书》卷四六《张煚传》,第1262页。
② 《隋唐两京丛考》上篇,第3页。
③ 《隋书》卷二二《五行志上》,第636页。
④ 《隋书》卷二四《食货志》,第680页。
⑤ [后晋]刘昫等:《旧唐书》卷七五《张玄素传》,中华书局,1975年,第2640页。
⑥ 《旧唐书》卷九六《姚崇传》,第3025页。
⑦ [清]徐松:《唐两京城坊考》卷四《西京·外郭城》,张穆校补,方严点校,中华书局,1985年,第122页。
⑧ [元]李好文:《长安志图》卷上,辛德勇、郎洁点校,三秦出版社,2013年,第17页。
⑨ 《隋书》卷四《炀帝纪下》,第84页。
⑩ [宋]郑樵:《通志》卷一八《隋纪·文帝》,中华书局,1987年,第345页。

安志》中亦载：新昌坊内隋开皇二年（公元582年）本立灵感寺，是"文帝移都，徙掘城中陵墓，葬之郊野，因置此寺，故以灵感为名"①，以慰藉亡灵。而外郭城内坊里宅第则是由百姓自己修筑的，《两京新记》载：金城坊就是在移都之初，设置为坊，"百姓分地板筑，土中见金聚，欲取便没"，隋文帝以为"此朕之金城之兆"，故名之以金城坊。②这些记载为我们揭示了大兴城营建的基本情况。

三、驾移新都

从开皇二年（公元582年）六月，隋文帝下诏开始营建新都，经过建设团队各成员的通力合作，再加上参与建设的广大劳动者的辛勤付出，工程建设迅速。到十二月，隋文帝下诏命名新都为大兴城；三年春正月庚子，为庆祝新都建成，又大赦天下；三月丙辰，隋文帝服常服，率领文武百官正式入住新都。③

对于新都为什么命名为"大兴"而不是原来的长安，史书记载不一，可归结为三种观点：其一，因隋文帝初封为大兴公，故命名新都为大兴城，唐人韦述所撰《两京新记》就载："西京俗曰长安城，亦曰京城。……谓之大兴城。隋文帝初封大兴公，及登极，县、门、园、池多取其名。"《长安志》沿袭此说。④其二，有人认为是因为隋文帝梦见洪水淹没都城而改名。《雍录》载："大兴立名之由……或曰：隋文梦洪水浸没都城，故改营大兴"⑤。这其实可能是隋文帝迁都的原因而不是名新都为大兴的原因，《隋唐嘉话》就记载："隋文帝梦洪水没城，意恶之，乃移都大兴。"⑥其三，认为是新都所在地原为大兴村，故名。其实这更是一种误解，新都所在地原应为"杨兴村"而非"大兴村"，《西京记》就载："长安朝堂，即旧杨兴村，村门大树今见在。初周代有异僧，号为枨公……时村人于此树下集言议，枨公忽来逐之曰：'此天子坐处，汝等何故居此？'及隋文帝即位，便有迁都意。"⑦《朝野佥载》也记载："西京朝堂北头有大槐树，隋曰唐兴村门首。文皇帝移长安城，将作大匠高颎常坐此树下检校。"⑧因此，我们认为新都命名为"大兴城"，是因为隋文帝曾被封为大兴公，这种说法比较可靠。

---

① 《长安志》卷九《唐京城三》，第310页。
② 《两京新记辑校》卷三，第45页。
③ 《隋书》卷一《高祖纪上》，第17—19页。
④ 《两京新记辑校》卷一《西京》，第1—2页；《长安志》卷七《唐京城一》，第254页。
⑤ 《雍录》卷三《大兴城》，第49—50页。
⑥ 《隋唐嘉话》卷上，第3页。
⑦ [宋]李昉等编：《太平广记》卷一三五《隋文帝》，中华书局，1961年，第969页。
⑧ [唐]张鷟：《朝野佥载》卷一，赵守俨点校，中华书局，1979年，第8页。按：隋时此村应为"杨兴村"，"唐兴村"是唐时所改。

第三节
隋大兴城的结构与规模

隋大兴城是一座重新设计、建造的新都城,城市结构与以往的周丰镐、秦咸阳、汉长安城有很大的不同。其面积达到80多平方公里,也比这些城市大得多。

一、城市结构

隋大兴城的结构体现了一种继承与创新相结合的布局特征。

一方面,新都内仍按照功能分为政治功能区、经济功能区和居民生活区三大块,但是在这三大功能区的位置布局上展示出规划设计者的高超技术:政治功能区——太极宫在外郭城北部正中,体现了帝王的统治地位,政权机构皇城紧靠宫城而居于其南;同时又将皇城、宫城与居民区区分开来,"皇城之内,唯列府寺,不使杂人居止",改变了以往都城中政治功能区与居民宅第杂居的混乱局面,既有助于保障宫城和皇城的安全,又便于管理城市居民;而东、西二市布置在皇城以南居民区所在的外郭城,不再是传统的"面朝后市",这就方便了城市居民日常生活,也扩大了城市商业的经营范围。

另一方面,新都的布局东西对称,排列整齐。从昭阳门〔初名广阳门,仁寿元年(公元601年)改;唐武德元年(公元618年)改曰顺天门,神龙元年(公元705年)改为承天门〕经朱雀门南向明德门,向北经过宫城的中轴线,构成了整个城市的对称轴,宫城内的宫殿、门和皇城内的三省六部诸官衙都以此对称轴东西对称布列。外郭城被笔直宽阔的街道分为一个个方块状的坊,这些坊也以朱雀门街为界分为二县,街东五十四坊及东市属大兴县①,街西五十五坊及西市属长安县。坊里的布局也是东西对称,皇城之东尽东郭东西三坊,皇城之西尽西郭东西三坊,皇城之南南北九坊,东西四坊。整个外郭城笔直的街道,纵横交错,相互交织,与方正的坊相参,排列整齐,难怪唐代诗人

---

① 街东本应建五十五坊,因曲江池占去一坊之地,故为五十四坊。

白居易在《登观音台望城》中称长安城:"百千家似围棋局,十二街如种菜畦。"①整个城市看起来,棋布栉比,街衢绳直,整齐划一,给人一种愉悦的秩序感。(见图1-3)

图1-3 隋大兴城结构布局图

二、城市规模

隋大兴城不仅结构合理有序,而且规模在世界古代城市史中也是独一无二的。大兴城"东西一十八里一百一十五步,南北一十五里一百七十五步,周六十七里"②,全城面积达84平方公里,不仅是我国古代,也是当时世界上规模最大的一座都城。它的面积是35平方公里的汉长安城的2.4倍,是73平方公里的北魏洛阳城的1.2倍,也是45平

---

① 〔清〕彭定求等编:《全唐诗》卷四四八,中华书局,1960年,第5041页。
② 《唐西京城坊考》卷二《西京·外郭城》,第33页。

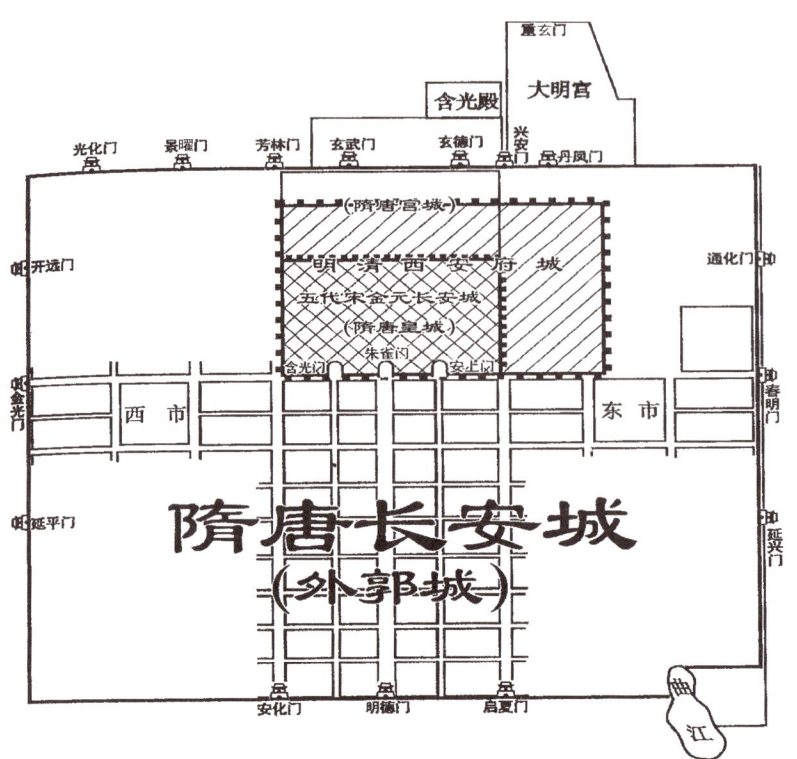

图1-4 隋唐长安城、五代宋金元长安城、明清西安府城区范围示意图（改绘）
（选自吴宏岐、严艳：《古都西安历史上的城市更新模式与新世纪城市更新战略》，载《中国历史地理论丛》2003年第4辑，第28页）

公里的隋唐洛阳城的1.8倍，是后来50平方公里的元大都的1.7倍，是43平方公里的明南京城的1.9倍，是60平方公里的明清北京城的1.4倍；与大约同时的世界其他地区的都城相比较，大兴城是447年所建面积为11.99平方公里的拜占庭的7倍，是800年所建面积为13.68平方公里的巴格达的6.2倍。①（见图1-4）

隋大兴城城墙高大，街道宽阔。宫城城墙高三丈五尺，外郭城城墙亦有一丈八尺之高。大兴城内宽阔的街道令人惊叹：皇城之南的朱雀门街，亦称天门街，南直明德门，长达九里一百七十五步，宽百步；城南各横向街宽四十七步，皇城左右横向街各广六十步；宫城与皇城之间的横街联结安福门、延喜门，宽百步。而考古实测朱雀门街南部街宽155米，北部在朱雀门以南200余米处宽为150米，两侧又有宽达3米的水沟；西市南北长1031米，东西广927米，市内有南北向和东西向的平行街道各两条，宽皆16米；东市的形制大致与西市相同。②

由此可见，隋大兴城的规模之大，在世界城市发展史上都是比较罕见的。如此规模的都城能够在短时间内就顺利建成，充分体现了隋代完善的政治制度、高效的组织动员能力，以及参与者高超的规划设计技术。

---

① 《唐都长安》，第20—21页。
② 中国科学院考古研究所西安唐城发掘队：《唐代长安城考古纪略》，载《考古》1963年第11期，第600—607页。

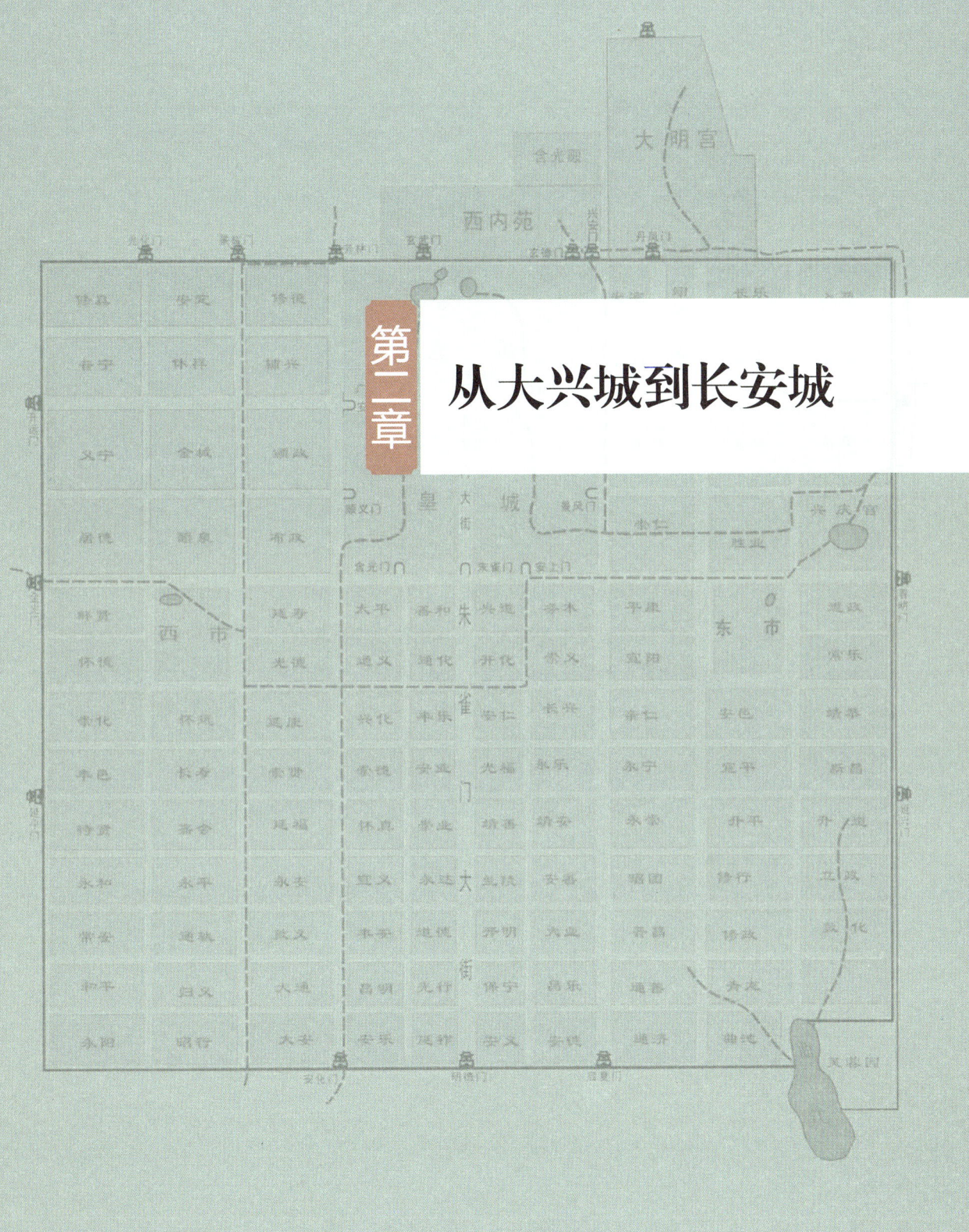

第二章 从大兴城到长安城

隋末，由于隋炀帝的横征暴敛，各地反隋义军蜂起，隋王朝岌岌可危。在这个过程中，隋太原留守唐国公李渊起兵，占领隋都大兴，建立唐朝。随着王朝的更替，都城也发生了变化。

第一节
大兴城改为长安城

隋朝末年，李渊从太原出发，一路攻城略地向关中进军，占领大兴城。随着李唐代替杨隋，唐高祖李渊改大兴为长安，并继续定都于此，开启了延续近三个世纪的唐王朝的历史。

一、李渊攻占大兴城

在隋末各地反隋起兵风起云涌的形势下，大业十三年（公元617年）六月，太原留守李渊于晋阳（太原）起兵，建立大将军府，并置三军，组建领导机构。任命长子建成为左领军大都督，领左三统军；任命次子李世民为右领军大都督，领右三统军；任命裴寂为大将军府长史，刘文静为司马，殷开山、刘政会、武士彟、温大雅、唐俭等为掾属、记室参军等官，长孙顺德、窦琮、刘弘基等为左、右统军、副统军。[①]七月壬子（初四），以四子李元吉为太原留守，李渊正式率军向关中进发，但是进军并不是一帆风顺，在霍邑和河东分别受到隋将宋老生和屈突通的顽强抵抗。九月丙辰（初八），李渊渡过黄河，进入关中，受到关中人民的欢迎，"三秦士庶、衣冠子弟、郡县长吏、豪族弟兄，老幼相携，来者如市"[②]，纷纷归降。十月辛巳（初四），李渊至灞上，二十万大军围困大兴城。当时隋炀帝被农民困在江都，大兴城由京师留守刑部尚书卫文升、右翊卫将军阴世师和京兆郡丞骨仪等辅佐代王杨侑镇守。为了尽量减少伤亡，李渊希望通过和平的方式解决问题，多次"遣使至城下，谕以匡复之意"[③]，但阴世师等置

---

① 〔唐〕温大雅：《大唐创业起居注》卷一，李季平、李锡厚点校，上海古籍出版社，1983年，第13页。
② 《大唐创业起居注》卷二，第33页。
③ 《旧唐书》卷一《高祖本纪》，第4页。

若罔闻，拒不投降。于是，李渊下令攻城，但仍约令"毋得犯七庙及代王、宗室，违者夷三族"①，李建成、李世民分别从东南、西北方向发起猛攻。十一月丙辰（初九），军头雷永吉率先登城，遂攻克大兴城。

李渊在攻克大兴城后，仅将负隅顽抗、贪婪苛酷的阴世师、骨仪等人斩首，其余无所问，并且与民"约法为十二条，惟制杀人、劫盗、背军、叛逆者死，余并蠲除之"②，废除隋炀帝的一切苛令。李渊并没有立即代隋而立，而是立代王侑为天子，遥尊炀帝为太上皇，自己则以假黄钺、使持节、大都督内外诸军事、大丞相，总揽军政大权，成为大兴城的实际统治者。

二、李渊改大兴为长安

在"尊隋"的幌子下，李渊精心地进行了代隋的准备。一方面，以武德殿为丞相府，设置长史、司录以下官僚，封长子李建成为世子，次子李世民为秦公，四子李元吉为齐公，以心腹之人出任朝廷重臣，加强政权建设，牢牢控制了朝政；另一方面，"以书谕诸郡县"，招抚东自商洛、南到巴蜀的郡县长吏、氐羌酋长和农民起义领袖，打击入侵关中的金城豪强薛举，着手向东方进军，扩大统治区域，借此巩固自己在关中的统治地位。

义宁二年（公元618年）三月，隋炀帝被杀的消息传到大兴城，追随李渊起兵的元老功臣，纷纷上表劝进；在时势的逼迫下，隋恭帝也表示愿意让位给李渊。五月，隋恭帝正式禅让帝位，甲子（二十）李渊即皇帝位于太极殿，改国号为唐，改义宁二年为武德元年，从而建立了唐朝，仍以大兴为都，改名"长安"。史载："隋都亦在长安，实汉城东南十三里，隋文名其城为大兴城。唐高祖因之，遂以为都，凡其宫朝城市，悉用隋旧第，稍更易故名而已。"③由此可见，随着王朝的更迭，"大兴城"改为"长安城"。

---

① 《资治通鉴》卷一八四，隋恭帝义宁元年十月，第5870页。
② 《旧唐书》卷五〇《刑法志》，第2133页。
③ 《雍录》卷一《五代都雍总说》，第2页。

第二节
唐长安城的扩建与维修

虽然经过了隋唐易代，但唐初长安城中的建置基本上因袭了隋朝之旧，没有进行大的改作，只是对宫殿、门、县、苑的名称有所改动。到唐太宗时，随着政权的巩固和社会经济的恢复，原有的城市已难以满足新形势的需要，唐王朝开始对长安城进行一系列的扩建和维修。

一、长安城的扩建

唐王朝对长安城的扩建，主要是大明宫的修建。大明宫初建于贞观八年（公元634年），名为永安宫，是唐太宗为其父太上皇李渊修建的避暑行宫，次年改成大明宫，但不久李渊即去世，修建工程随即停止。直到龙朔三年（公元663年），唐高宗才下令在原址上重新修建大明宫。关于为什么修建大明宫，一般认为是因为唐高宗患风痹之症，而太极宫内潮湿。《新唐书·地理志一》载："大明宫……高宗以风痹，厌西内湫湿，龙朔二年始大兴葺"[①]，高宗的身体原因或许在其中有一定的影响，但这样说不免夸大了个人因素在城市发展中的作用。还有人认为是因为武则天害死王皇后和萧淑妃后，常做噩梦而不愿居住在太极宫中，这更是无稽之谈。实际上，修建大明宫是唐代政治、经济发展的需要。经过高祖、太宗两代的努力，到高宗时，唐代的社会经济已逐渐从隋末动乱中恢复过来，并逐渐走向繁荣，人口增长迅速，国家收入也大幅增加，这些为大明宫的修建奠定了坚实的物质基础，而且经济的繁荣也助长了统治者追求享受的欲望。同时，随着政权的巩固，唐王朝开始对外扩张，太宗时灭突厥、高昌，高宗时又东灭百济、高丽，西平西域，疆域大大扩展，对外政治、文化交流更加频繁，出现了万国来朝

---

① 〔宋〕欧阳修、宋祁：《新唐书》卷三七《地理志一》，中华书局，1975年，第961页。

的盛世局面。这时统治者有意展示大唐帝国的繁荣昌盛，而原有的太极宫不仅地势低洼，而且过于朴素，已经不能满足形势的需要，大唐帝国需要的是一座能够与其繁荣的经济、崇高的国际地位相匹配的新皇宫。因此，修建大明宫就成为必然了。

大明宫的修建由司农少卿梁孝仁担任工程总负责人。为了修筑大明宫，龙朔三年（公元663年）二月，唐高宗诏令税雍、同、岐、豳、华、宁、鄜、坊、泾、虢、绛、晋、蒲、庆等州率口钱，并减京官一月俸禄，以作为工程经费；同时，从各地征调数十万民夫工匠。此宫初曰蓬莱宫，咸亨元年（公元670年）改为含元宫，长安元年（公元701年）复曰大明宫。四月，唐高宗就急切地移仗蓬莱宫，是月始御紫宸殿听政，百官奉贺。[①]大明宫位于长安城东北龙首原南坡，地势高敞，"北据高原，南望爽垲"，每当天气晴朗，站在含元殿甚至能够看到南边的终南山，京城内的坊市街道俯视如在槛内，清晰可见。[②]

除修建大明宫外，唐长安城的改建活动还有兴庆宫的修建。兴庆宫所在本为隆庆坊之地，大足元年（公元701年），武则天赐给睿宗诸子为五王子宅，李隆基居住于此，他即位以后，改坊名为兴庆坊；开元二年（公元714年），玄宗旧宅改为宫，因本坊名为兴庆宫，其后宁王、岐王亦以旧宅并入宫内；十四年（公元726年），又取邻近的永嘉坊、胜业坊之半增广之；二十年（公元732年），又毁东市东北角及道政坊西北角以广花萼楼前广场。[③]由于大明宫位于城外东北方，太极宫也偏北，对城内控制有鞭长莫及之感，而兴庆宫因位于太极宫、大明宫之南，又称南内，能够对日益增长的城市经济生活以及不法活动进行有效监控。

二、长安城的维修

由于隋修大兴城之初，主要是修建了宫城、皇城等，外郭城城墙只修了短垣，再加上战乱的破坏，城市中的城门、城墙及坊市墙等已比较破旧，因此到唐代又对城墙、城门等陆续进行了维修。规模较大的维修主要是在高宗、玄宗、德宗和宪宗统治时期进行的。

唐初，高祖、太宗忙于统一战争，巩固政权，无暇顾及，再加上当时的经济条件也

[①] 〔宋〕王钦若等编：《册府元龟》卷一四《帝王部·都邑二》，中华书局，1960年，第157页。
[②] 《长安志》卷六《宫室四·唐上》，第239页。
[③] 《长安志》卷九《唐京城三》，第305—306页。

不允许，故当时"因隋之旧，无所改创"①。到了永徽五年（公元654年）十一月，唐高宗任命工部尚书阎立德为使，和雇雍州丁夫四万一千人，修京罗城郭，九门各施观，明德观正门，用时三十天完工；②开元十八年（公元730年）四月，唐玄宗又下令对京城建筑进行修补，"筑京城，九十日毕"；③二十年（公元732年），为了便于玄宗秘密前往曲江芙蓉园游乐，又命范安及修建夹城，"自大明宫夹东罗城复道，由通化、安兴门次经春明门、延喜门又可以达曲江芙蓉园，而外人不知也"；④二十三年（公元735年）七月，又敕："两京城皇城及诸门，并助铺及京城守把捉兵之处，有城墙若门楼舍屋破坏须修理者，皆与所司相知，并量抽当处职掌卫士，以渐修营"；天宝十三载（公元754年），又和雇华阴、扶风、冯翊三郡丁匠及京城人夫一万三千五百人修筑兴庆宫城，并起楼，四十九日完工。⑤

安史之乱后，长安城受到战乱的创伤。唐德宗在政局稳定之后，开始致力于长安城的修复。贞元四年（公元788年）十月，户部侍郎班宏奉敕修延喜门，筑夹城；八年（公元792年），新作玄武门。⑥宪宗即位，以中兴之主自居。元和二年（公元807年）六月，诏左神策军，新筑夹城，置玄化门晨辉楼；十二年（公元817年）四月，又诏右神策军二千人修筑夹城，自云韶门过芳林门，西至修德里，以通于兴福佛寺。⑦

隋唐长安城从建成到最终毁灭三百余年，对其进行一定扩建和维修既维护了城市功能的正常运转，也适应了城市社会日益增长的发展需求与城市有限空间之间矛盾的不断变化，是十分必要的。

---

① 《雍录》卷一《龙首山龙首原》，第21页。
② ［宋］王溥：《唐会要》卷八六《城郭》，上海古籍出版社，2006年，第1876页。
③ 《唐会要》卷八六《城郭》，第1877页。
④ 《雍录》卷四《兴庆宫说》，第79页。
⑤ 《唐会要》卷八六《城郭》，第1877页。
⑥ 《唐会要》卷三〇《杂记》，第654页；卷八六《城郭》，第1877页。
⑦ 《唐会要》卷三〇《杂记》，第655页。

第三节
唐长安城的基本结构

唐代长安城的结构与隋大兴城基本相同：城垣方正，街道平直，城内建筑以宫阙为核心，呈东西对称状态；宫城坐落在全城北部正中，体现出帝王至高无上的地位；皇城位于宫城之南，与太极宫紧紧相连，是辅助帝王治理天下的权力中心；外郭城则是官吏百姓的生活区域和工商业生产交易的主要经济区。（见图2-1）

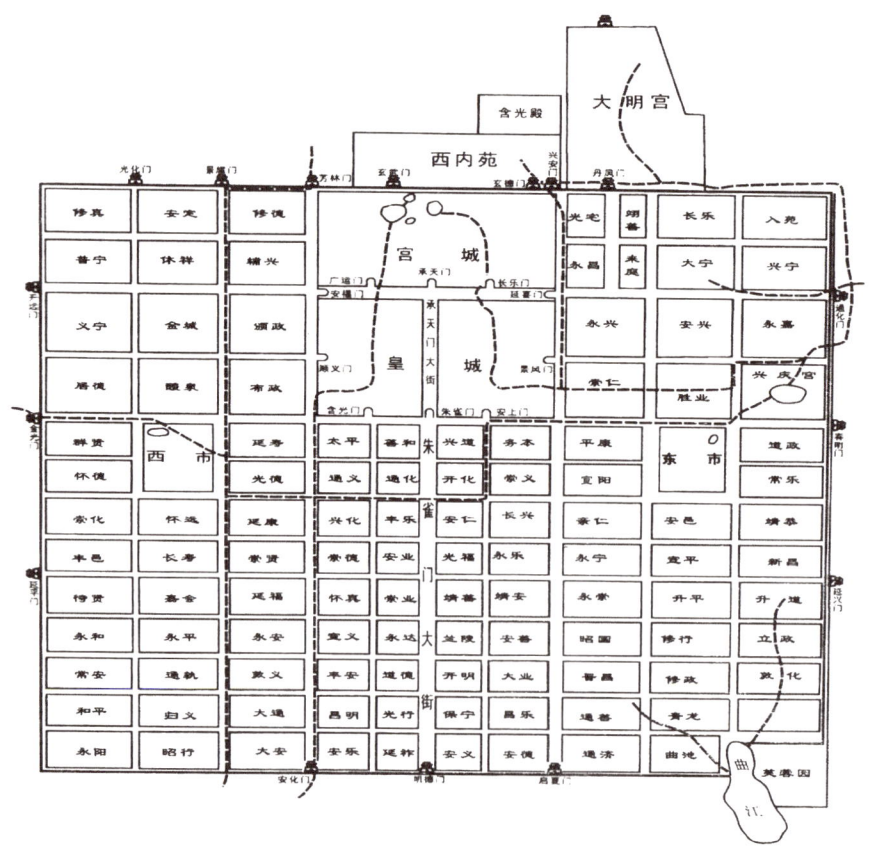

图2-1　唐（开元）长安城平面结构示意图

一、宫城

唐代宫城初建于隋朝，唐初是京师正宫，有"京大内"之称，因位置在大明宫西，又被称作"西内"，是唐前期最主要的政治中心，唐高祖和太宗、高宗、中宗、睿宗都在这里处理军国政务。宫城故址在今西安市北部，考古实测东西2820.3米，南北1492.1米，面积约4.2平方公里，相当于明清故宫的2.7倍。

宫城属内城，为长安城的第三重城。按照我国古代"内之为城，外之为郭""筑城以卫君，造郭以守民"的都城建设传统，宫城是皇帝居住生活的地方。宫城之内分为太极宫、东宫、掖庭宫三部分。太极宫位于宫城中部，是专供皇帝居住和处理朝政的主要地方，宫中主要有太极殿、两仪殿、甘露殿、凌烟阁等殿阁亭院三十余所。正南门承天门、太极殿、两仪殿是所谓的三朝，是皇帝举行朝会、召见大臣的主要场所，是王朝的政治中心所在。在两仪殿之后主要是一些园林池沼、亭台楼阁，是皇帝及其妃嫔的休闲娱乐区。（见图2-2）东宫主要是皇太子居住的地方，其结构与太极宫大致相同。太极

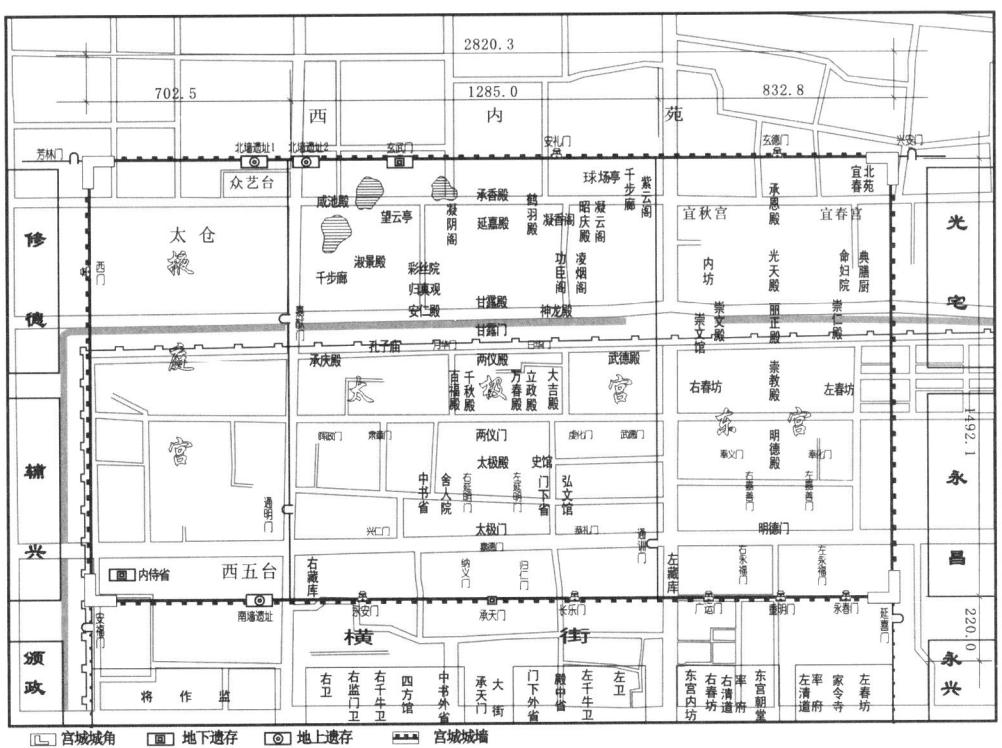

图 2-2　唐长安宫城示意图

宫西为掖庭宫，是为宫廷服务的太监、宫人居住的地方。在三部分中，太极宫是主体，掖庭宫是太极宫和东宫的生活辅助区。

二、皇城

在都城的结构布局上，隋文帝将中央政府官署和居民居住的坊分隔，集中办公，这是城市规划史上重要的变化。

皇城，又称子城，是唐代中央国家机构集中所在地。皇城整体呈长方形，文献记载：东西五里一百一十五步，约2815.5米，南北三里一百四十步，约1793.4米。[①]考古实测东西长2820.3米，与宫城同，从南城墙的外侧至宫城南墙的南侧测量南北长1843.6米，[②]和文献记载大致吻合。

皇城南面三门：正门曰朱雀门，北当宫城之承天门，二门之间的街道将皇城分为东西对称的两部分，朱雀门东为安上门，西为含光门。东面二门：南曰景风门，北曰延喜门。西面二门：南曰顺义门，北曰安福门。左宗庙，右社稷，百僚廨署列于其间，凡尚书六部二十四司，九寺、御史台、四监、十二卫及东宫十率等皆左右分布其间。（见图2-3）

皇城东、西、南三面皆有城墙，而朝向宫城的北面无墙，只有一条宽阔的横街横亘在二者之间。城中东西向七街，南北向五街。横街的宽度，文献记载为"三百步"（合441米），考古实测横街的宽度，在距西城墙200余米处宽达220余米，在承天门东侧100余米处，已被破坏，只残存100余米，它是长安城中最宽的街道。实际上，它不仅是一条宽广的大街，而且成为皇城与宫城之间的一个广场。其他街道，南北向的街只探得"安上门街"宽94米，不过《云麓漫钞》卷八所引吕图题记说："纵五街（南北向的），横七街……各广百步"[③]，今实测安上门街的宽度是不足百步的，所谓"各广百步"可能是虚数而已。[④]"独柳树"是唐代京城处死政治要犯的一个刑场，它原本指长在这个

[①] 〔唐〕李林甫等：《唐六典》卷七《尚书工部》，陈仲夫点校，中华书局，2014年，第216页。
[②] 中国科学院考古研究所西安唐城发掘队：《唐代长安城考古纪略》，载《考古》1963年第11期，第598页。
[③] 〔宋〕赵彦卫：《云麓漫钞》卷八，傅根清点校，中华书局，1996年，第141页。
[④] 中国科学院考古研究所西安唐城发掘队：《唐代长安城考古纪略》，载《考古》1963年第11期，第599页。

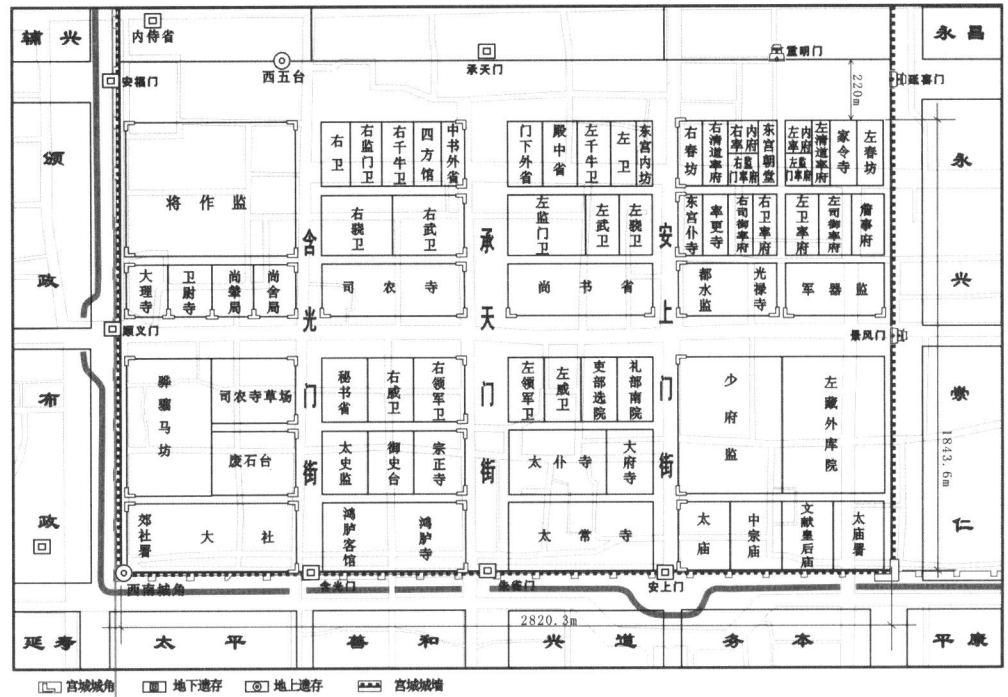

图 2-3 唐长安皇城布局示意图

刑场中的一棵树，而后约定俗成，逐渐地变为地名，其具体地点是在皇城西南角内侧的丁字路口。①

三、外郭城

唐长安外郭城基本承袭隋大兴城，外部轮廓无改，"东西一十八里一百一十五步，南北一十五里一百七十五步，周六十七里"。城中东西向十四街，南北向十一街，其间列置诸坊，佛寺、道观、官邸、宅第，错落其间。

整个外郭城以朱雀门街为中轴线，分属万年、长安二县，东西对称。万年领街东五十四坊及东市②，长安领街西五十五坊及西市。皇城之东，尽东郭东西三坊；皇城之西，尽西郭东西三坊，南北皆十三坊。皇城之南东西四坊，南北九坊。不管是文献记载，还是考古发掘都证实坊四周有坊墙，据考古工作者对金光门内南侧之群贤、怀德

---

① 赵望秦：《"独柳树"地点考实》，载《中国历史地理论丛》1999年第1辑，第173页。
② 唐代长安外郭城街东万年县坊里数有所变化，详见第五章"城内诸坊与郊县乡里"论述。

二坊的探测发现,坊墙墙基厚2.5~3米左右,坊墙都临近各街的排水沟,距离沟边1.5~2米。①坊内居民一般不允许临坊外大街开门,只能从坊内街道出入。皇城之东西诸坊,每坊开四门,有十字街联通四门以供居民出入;而皇城之南三十六坊,因害怕"开北街洩气以冲城阙"②,因而一般只有东西向横街,开二门,以供坊内居民出入。一坊只开二门或四门出入,必然给居民的日常生活带来不便,因而有人就在坊墙上违法私自开门。大和五年(公元831年)七月,左、右巡使奏称:"伏准令式及至德、长庆年中前后敕文,非三品以上,及坊内三绝,不合辄向街开门……伏见诸司所有官宅,多是杂赁,尤要整齐,如非三绝者,请勒坊内开门,向街门户,悉令闭塞,请准前后除准令式各合开外,一切禁断。"③可见,由于唐王朝对城市控制力的减弱和城市社会的发展,原有严格的坊市制度也遭浸坏,向街开门逐渐增多;唐王朝从维护城市治安的角度出发,多次颁布法令禁止这种行为,但从实际来看效果并不明显,侵街造舍、临街破墙开门的现象仍不断出现。然而,若从城市发展的长时段演变来看,这种对旧制度的突破,正是社会经济发展新形势的需要,孕育着中国古代城市管理体制在宋代的新变革。

四、城门

唐长安城中不管是宫城、大明宫和皇城,还是外郭城四周,都是被城墙合围起来的,这样为了城内外人员的出入就需要开城门。唐长安城四周的城墙上就按照古制各开有三座城门,宫城、皇城以及大明宫的城门前文已有所论,兹不赘述。在此重点谈谈外郭城的城门。在外郭城的四面,每面各有三座城门、三个门洞,一般是按照左入右出通行的。明德门是唐代长安城正南门,位于今西安市南郊杨家村西南,有五个门洞,每个门洞宽6.5米,城门东西52.5米,南北16.5米,面积866.25平方米,在长安诸门中规模最大。据考古发掘,五个门道中,只有东西两端的两个门道有车辙,或是从中间三个门道前绕至两端的门道,据此推测中间三门不准行车,车马只能从两端的二门通行,其次二门为行人通行出入,中间一门是不准普通人通行,专供皇帝每年南郊"郊祀"和其他出行时通行的。除北面三门与禁营相通,规模较小外,东、西、南三面九门均有高大的城

---

① 中国科学院考古研究所西安唐城发掘队:《唐代长安城考古纪略》,载《考古》1963年第11期,第603页。
② 《长安志》卷七《唐京城一》,第256页。
③ 《唐会要》卷八六《街巷》,第1867—1868页。

门楼。除明德门规模较大外,其他各门面积大小不等,一般都在400平方米以上。(见图2-4)

四面十二门与城内街道联通,是出入城市的主要通道,在城市交通中发挥了重要作用。南面三门,正中明德门,东为启夏门,西为安化门。贞观二十三年(公元649年),唐太宗去世于翠微宫,太子先行还京,"发六府甲士四千人,分列于道及安化门",太宗灵柩就是从安化门进入长安城的;①大和九年(公元835年),发生甘露之变,宰相舒元舆为了躲避宦官的追杀,"易服单马出安化门",但还是被擒杀。②东面三门最北通化门,中为春明门,南即延兴门。景龙三年(公元709年)八月,唐中宗亲送朔方军总管张仁亶于通化门外,并制序赋诗送别;③元和十二年(公元817年)八月庚申,裴度出发赴蔡州行营,唐宪宗亲自在通化门为其送行;④延兴门位于城东南较偏远处,门外多为墓葬区,故此门多为送葬出入所用,咸通十二年(公元871年)春正月,卫国公主出殡,唐懿宗与郭淑妃在延兴门哭送。⑤西面三门,北为开远门,中为金光门,南为延平门。尤其是开远门,"西土夷夏,自远而至者"大多数都是从此门入城,

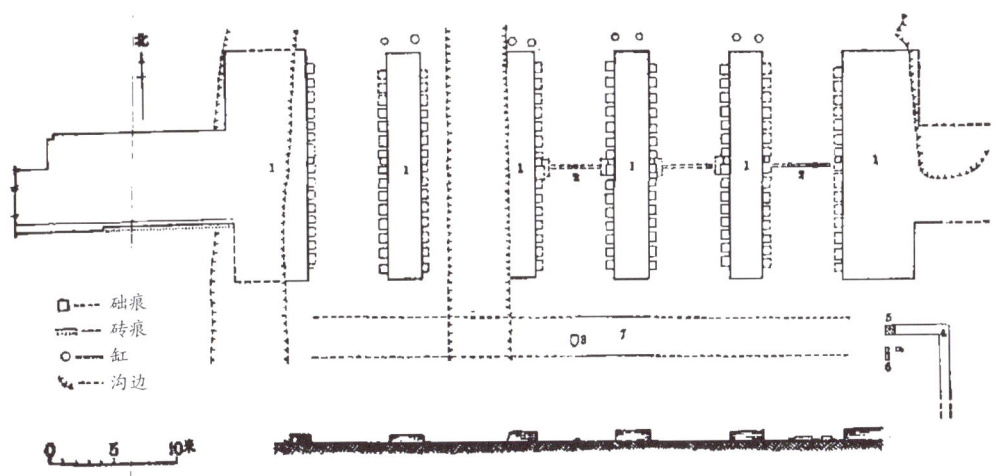

1.夯土城门墩 2.残石门槛 3.石龟 4.房址残墙 5.柱础 6.铺地砖 7.唐代壕沟

图2-4 明德门遗址考古实测图(上平面图,下立体图)

(选自中国科学院考古研究所西安工作队:《唐代长安城明德门遗址发掘简报》,载《考古》1974年第1期,第34页)

---

① 《旧唐书》卷三《太宗本纪下》,第62页。
② 《旧唐书》卷一六九《舒元舆传》,第4409页。
③ 《旧唐书》卷七《中宗本纪》,第148页。
④ 《旧唐书》卷一五《宪宗本纪下》,第460页。
⑤ 《旧唐书》卷一九上《懿宗本纪》,第677页。

故此门"车马往来，实为繁会"，①是来自西域的使节、胡商进入长安城的主要通道。贞观时，"唐太史李淳风……尝奏曰：'北斗七星当化为人，明日至西市饮酒，宜令候取。'太宗从之，乃使人往候。有婆罗门僧七人，入自金光门，至西市酒肆"，登楼饮酒。②至德二载（公元757年）十二月，唐玄宗自成都还长安，肃宗至望贤宫奉迎，玄宗即自开远门入城。③北面三门，东为芳林门，中为景曜门，西为光化门。

当然，城门不仅仅是交通设施，唐王朝还实行严格的门籍制度，并定时启闭，由此城门又具有控制城市人口流动和维护城市治安的功能。城门的钥匙由门下省的城门郎掌管，根据晨昏鼓声定时启闭，开门时先外后内，关门时则先内后外。《宫卫令》明确规定："诸承天门击晓鼓，听击钟后一刻，鼓声绝，皇城门开。第一咚咚声绝，宫城门及左右延明、乾化门开；第二咚咚声绝，宫殿门开；夜第一咚咚声绝，宫殿门闭；第二咚咚声绝，宫城门闭，及左右延明门、皇城门闭。其京城门开闭，与皇城门同。"④而承天门鼓则根据宫中漏刻契至开始击鼓，待漏刻所牌到，鼓声停止。如果是特殊情况需要启闭城门，则由城门郎奉皇帝诏旨、合符而开阖。

此外，由于城门是人流密集之地，因此也成为王朝举行朝贺大赦、献俘、册礼等特殊仪式，进行政治宣示的重要场所。《唐六典》就载："若元正、冬至大陈设，燕会，赦过宥罪，除旧布新，受万国之朝贡，四夷之宾客，则御承天门以听政。"⑤元和十四年（公元819年），唐宪宗御兴安门受魏博节度使田弘正所献贼俘，并授淄青兵马使刘悟义成军节度使。⑥开元十六年（公元728年），唐昌公主出降，经有司奏请，"于光顺门外，设次行礼"⑦，此后公主出降也多在光顺门行礼。通过在城门进行这些活动，借助于快速流动的人流，能迅速、广泛地向天下传达朝廷的威德和意图。

五、街道

唐代长安城中街道众多，笔直宽阔，相互交织。其中，皇城中有五条南北向大街，

---

① 《两京新记辑校》卷三，第30页。
② 《太平广记》卷七六《李淳风》，第479页。
③ 《旧唐书》卷一〇《肃宗本纪》，第249页。
④ ［日］仁井田陞：《唐令拾遗》，栗劲等编译，长春出版社，1989年，第274页。
⑤ 《唐六典》卷七《尚书工部》，第217页。
⑥ 《唐会要》卷一四《献俘》，第373页。
⑦ 《唐会要》卷三〇《大明宫》，第645页。

七条东西向大街，纵横交错，将皇城划分为若干网格状地段；外郭城中有东西向大街十四条，南北向大街十一条，垂直分布，将外郭城划分为百余个坊里。无论是皇城中的街道还是外郭城中的街道，都是宽广平直的大街。据文献记载，朱雀门街东西广百步，约合147米，自皇城朱雀门至明德门，长达九里一百七十五步；大明宫丹凤门前的丹凤门街也宽达170多米，其他与城门相通的大街，宽度也都在100米以上，最狭窄的顺城街，也有20多米宽。根据考古发掘，在84平方公里的唐长安城中，外郭城中已勘探出的皇城以南的东西向十条街道和南北向的街道位于皇城以南的部分总面积大约是10平方公里，占外郭城总面积的11.9%。

除东西、南北向的通衢要道外，坊内还有南北、东西向的大街十字交叉，直通四门，供居民出入。根据考古工作者对唐长安城怀德坊的发掘，中央大十字街东西向和南北向的街道的宽度都在15米左右[1]。除大的十字街外，各坊的四隅之内又有小十字街，街道较窄小，这些小街将每个坊划分为十六个小方块。考古工作者先后已经在永宁坊、怀德坊、安定坊发现了这种小型十字街的存在（见图2-5），其东西向的小街残存宽已不足3米，这足以说明小十字街在长安城各坊内不是孤例，是具有普遍意义的。[2]这些小的街道，称为"曲"或"巷"，都比较狭窄，唐人称之为"狭斜"。卢照邻《长安古意》诗就云："长安大道连狭斜，青牛白马七香车。"[3]长安县有高丽曲，因高丽人聚居而名；[4]靖恭坊有毡曲[5]，胜业坊有古寺曲、薛曲[6]。这些大小十字街的广泛存在，方便了居民出入。

为了雨雪天气及时排掉路面积水，唐代长安街道的路面一般设计成中间高、两边低，形成一定的坡度，且路的两侧或一侧多修有排水沟。据考古发掘的情况，街道两侧或一侧的排水沟宽度均在2.5米以上，都是口宽底窄，两壁倾斜。譬如，朱雀门街两侧的排水沟，沟上口宽3.3米，底宽2.34米，沟东壁深2.1米，沟西壁深1.7米，断面呈上宽下

---

[1] 中国科学院考古研究所西安唐城发掘队：《唐代长安城考古纪略》，载《考古》1963年第11期，第603页
[2] 中国社会科学院考古研究所西安唐城工作队：《唐长安城安定坊发掘记》，载《考古》1989年第4期，第323页
[3] 《全唐诗》卷四一，第518页
[4] [宋]张礼撰，史念海、曹尔琴校注：《游城南记校注》，三秦出版社，2003年，第127页
[5] [唐]段成式：《酉阳杂俎·续集》卷五《寺塔记上》，方南生点校，中华书局，1981年，第250页
[6] 《太平广记》卷四八七《霍小玉传》，第4006页；《雍录》卷七《薛曲韦曲社曲》，第157页

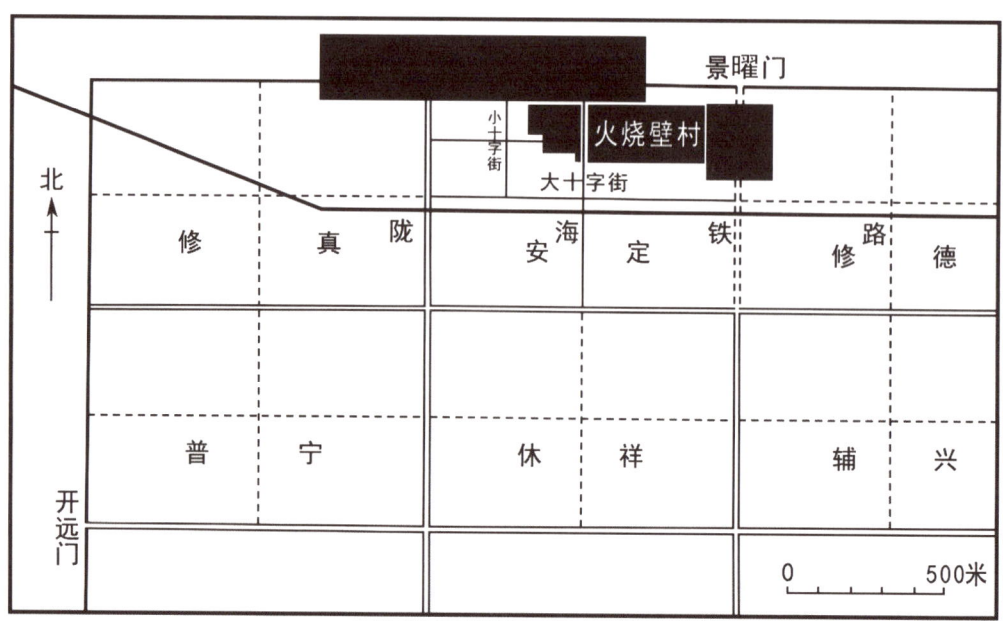

图 2-5　唐长安城安定坊内小十字街位置示意图

（选自中国社会科学院考古研究所西安唐城工作队：《唐长安城安定坊发掘记》，载《考古》1989年第4期，第319页）

窄的梯形，沟两壁均呈76°的坡度。沟壁修制得很光整，未加木板或砌砖，沟底很平，有0.2～0.3米厚的淤沙，再上填的都是淤土，内部夹杂有砖瓦及瓷片等唐代的遗物。① 从传世文献记载中，也可看到街道两侧的排水沟。开元十九年（公元731年），唐玄宗下诏："修理两都街市、沟渠、桥道。"②《旧唐书·裴度传》记载：元和十年（公元815年），裴度从通化坊前往大明宫早朝，途中被刺客刺杀，裴度受伤坠马，"堕沟中"③，这里的"沟"就是长安街道两侧的排水沟。东、西两市内的街道两侧也有排水沟。在对长安西市南大街东端路段的发掘中，发现了属唐晚期的路面，两侧各有一宽30厘米的截面呈半圆形的明沟，用以排水；排水沟有土筑和砖砌两种，土筑排水沟主要是沿早期路面两侧，宽0.3米，砖砌排水沟壁及底均以长方形砖横铺直砌而成，沟底宽约1.1米，残存沟口宽约1.2米，沟最深0.65米。④2015年，考古工作者在东市东部发现了三

---

① 中国科学院考古研究所西安唐城发掘队：《唐代长安城考古纪略》，载《考古》1963年第11期，第601页。
② 〔清〕顾炎武：《历代宅京记》卷六《关中四》，中华书局，1984，第101页。
③ 《旧唐书》卷一七〇《裴度传》，第4414—4415页。
④ 中国科学院考古研究所西安唐城发掘队：《唐长安城西市遗址发掘》，载《考古》1961年第5期，第249页。

条唐代排水沟遗迹，沟内的填土底部大多为浅灰色的细淤土，考古专家推测此处应为东市内曲巷道路两旁的引排水设施。①2016年至2017年，又在东市东北部遗址中发现唐代道路两侧的排水沟八条，其中南区沟宽2.2～2.4米，深1.18米，北区沟宽2～2.5米。②这些排水沟渠在城市内部形成网状的排水系统，将城市街道上的雨水和生活污水从各个坊里收集并输送到城市之外，以维持城市内部的清洁。当然，由于当时技术水平的限制，唐代长安城的街道路面除个别路段铺沙石外，大部分都还是土路面，遇到下雨就泥泞难行。

唐人还非常重视长安街道的绿化，诸街道两侧多栽植有槐、柳等树木。开耀元年（公元681年），太平公主出嫁，迎亲队伍"自兴安门南至宣阳坊西，燎炬相属"，结果"夹路槐木多死"。③《新唐书·五行志一》记载：景云中，右威卫营东街有槐树。④唐诗中也描写长安城"绿槐十二街"⑤。这些都说明唐长安城内街道两侧多种植槐树，故时人常直呼长安街道为"青槐街""绿槐道"⑥。即便在一些小街曲巷的两侧也种植有柳树、榆树。《太平广记》记载："五月初，长安盛飞榆荚。"⑦《唐两京城坊考》载：宝历二年（公元826年），万年县靖恭坊南街柳树上降甘露。⑧唐政府对街道两侧的绿化树木的树种、形状都是有要求的，树行不正者去之⑨，因而长安城街道两侧的树木栽种都是非常整齐的。朱雀门街两畔的槐树，俗号为"槐衙"；曲江池畔多柳，也号称"柳衙"。⑩由于唐政府对街道绿化的重视，长安城成为当时世界绿化最好的城市之一。9世纪中叶，阿拉伯商人苏莱曼旅居长安时，看到"城市很大，人口众多，一条宽阔的长街把全城分成了两半。……沿街开凿了小河，淌着潺潺流水；路

---

① 张佳：《唐长安城东市重要考古成果公布 或有商铺七万多间》，载《西安晚报》2015年11月19日第2版。
② 李春林、龚国强：《西安隋唐长安城东市遗址考古发掘取得新收获》，载《中国文物报》2018年5月4日第8版。
③ 《资治通鉴》卷二〇二，唐高宗开耀元年七月，第6517页。
④ 《新唐书》卷三四《五行志一》，第882页。
⑤ 《全唐诗》卷三四二《南内朝贺归呈同官》，第3834页。
⑥ 《全唐诗》卷四二九《寄张十八》，第4738页；卷八二一《长安少年行》，第9267页。
⑦ 《太平广记》卷二四三《窦义》，第1876页。
⑧ 《唐两京城坊考》卷三《西京·外郭城》，第86页。
⑨ 《朝野佥载》卷一，第8页。
⑩ ［南唐］尉迟偓：《中朝故事》卷上，夏婧点校，中华书局，2014年，第225页

旁，葱茏的树木整然有序，一幢幢邸宅鳞次栉比"①。长安街道经过绿化，形成了一条条带状绿色长廊，连接着城市的不同空间，构成城中纵横交错的绿色景观，美化了长安的城市环境。

至于东、西二市内的街道，下文有详述，兹不赘述。

从大兴城到长安城的过程，是一座城市在由隋到唐的政权更迭、政治斗争过程中的浴火重生，也是城市结构、社会经济文化不断更新的过程。

---

① 穆根来、汶江、黄倬汉译：《中国印度见闻录》卷二，中华书局，1983年，第107页。

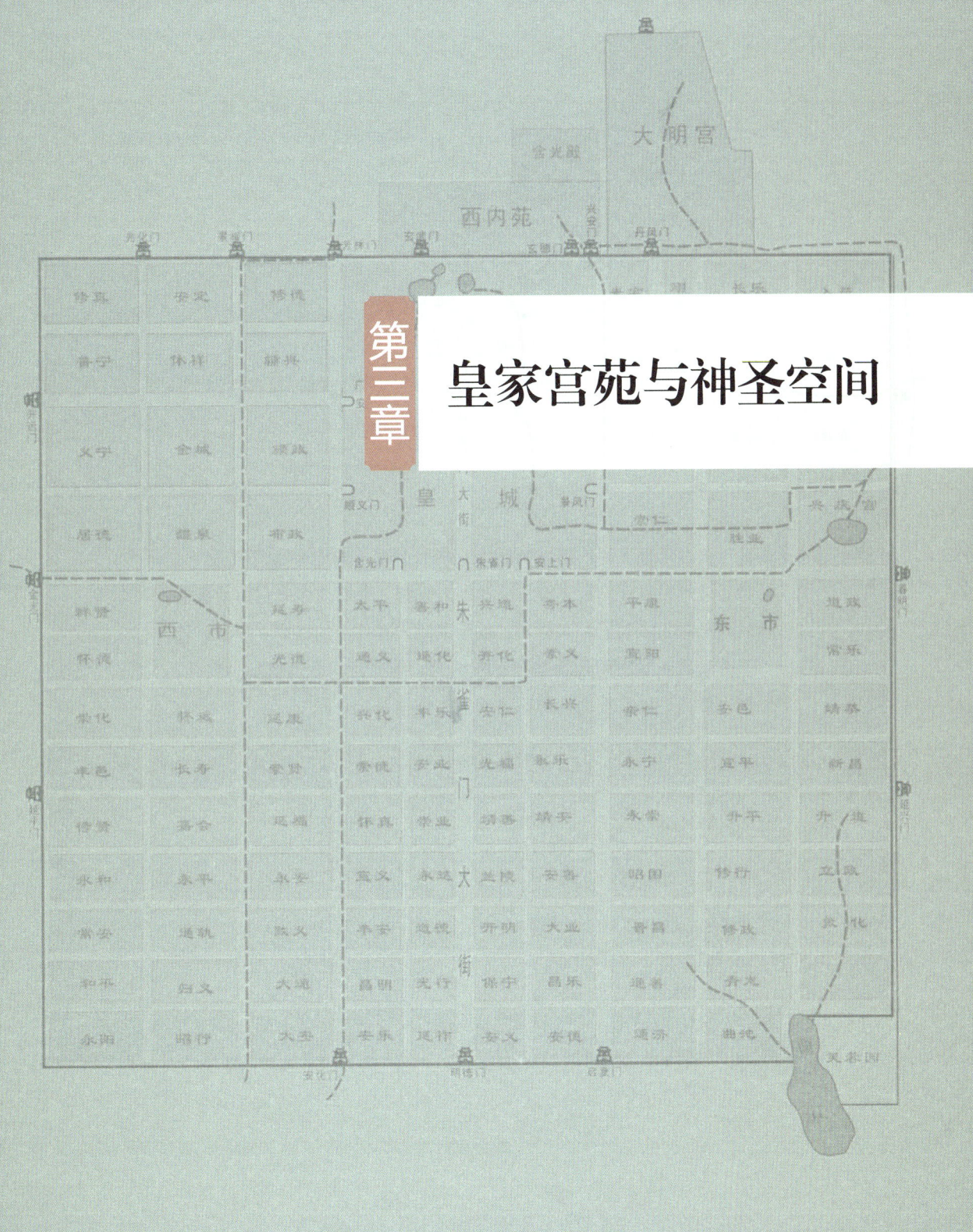

第三章 皇家宫苑与神圣空间

作为隋唐王朝的都城，隋大兴城、唐长安城自然少不了皇宫禁苑。隋代的皇宫只有一座，那就是大兴宫。唐初改大兴宫为太极宫，后来又修了大明宫和兴庆宫，从而形成三宫并立的格局。皇宫之外，又有禁苑。隋唐两代的禁苑都在城北，地方相同，没有多少变化。皇宫禁苑是皇家重地，对百姓而言，相当神秘。

第一节
三大内

在唐都长安，核心区域是皇帝所居的大内。有唐二百九十年间，以皇帝为核心的王朝政治经历了一次从太极宫、兴庆宫到大明宫的空间转移。故太极宫、大明宫、兴庆宫就成为唐朝的三大内。

一、大兴宫与太极宫

太极宫是三大内中修建最早的宫殿群，营建于隋初，时称"大兴宫"，唐朝建立后但称"京大内"，睿宗景云元年（公元710年）十月改称"太极宫"。太极宫位于宫城的正中央，南面是皇城，北面是西内苑，东边是太子所居东宫，西边是掖庭宫，其故址大约在今陕西省西安市北部。据考古实测，太极宫南北长约1492.1米，东西广1967.8米，总面积约2.94平方公里，平面形制呈长方形。①太极宫的宫内布局也相当讲究，《西安的历史变迁与发展》一书的作者认为："宫内主体建筑采用'前朝后寝'的原则，以朱明门、肃章门、虔化门等宫院墙门为界，把宫内划分为'前朝'和'内廷'前后两个部分。"②这种说法有一定的合理成分，但是并不完全准确。在该书所附的《唐长安城太极宫图》中，作者并未给出朱明门的位置，与肃章门、虔化门一线平行的是两仪门。《关中胜迹图志》明确指出："太极殿北曰朱明门，左曰乾化门，右曰肃章门""朱明门北曰两仪门"。③由此可见，在这条分界线上的诸门，从西向东依次应是：晖政门、

---

① 中国科学院考古研究所西安唐城发掘队：《唐代长安城考古纪略》，载《考古》1963年第11期，第597页。
② 朱士光主编、吴宏岐副主编：《西安的历史变迁与发展》，西安出版社，2003年，第271页。
③ ［清］毕沅：《关中胜迹图志》卷五，张沛点校，三秦出版社，2004年，第153页；《唐六典》卷七、《长安志》卷六略同。

肃章门、朱明门、虔化门、武德门，《西安的历史变迁与发展》一书中弄错了朱明门与两仪门的位置。

（一）外朝——承天门

承天门是宫城的正南门，修建于隋开皇二年（公元582年），初名曰"广阳门"，仁寿元年（公元601年）改"昭阳门"，唐武德元年（公元618年）改曰"顺天门"，神龙元年（公元705年）改为"承天门"。①承天门相当于外朝，"若元正、冬至大陈设，燕会，赦过宥罪，除旧布新，受万国之朝贡，四夷之宾客，则御承天门以听政"②。如会昌五年（公元845年）正月，南郊祭天礼毕后，唐武宗御承天门，大赦天下。由是可知，承天门是一处举行大规模礼仪活动的场所。其遗址在今西安市莲湖公园内。

（二）中朝——太极殿

自承天门往北，入太极门即是太极殿，隋代称"大兴殿"，唐高祖武德元年（公元618年）五月改为"太极殿"。太极殿在三大内中地位最为尊崇，虽然高宗以后诸帝徙居大明宫和兴庆宫，但登基、丧葬等大的礼仪活动仍多在太极殿举行。贞观二十三年（公元649年）五月，唐太宗去世，"六月甲戌朔，殡于太极殿"③，太子李治遵遗诏即位于柩前。太极殿也是唐前期皇帝举行"中朝"的听政之地，凡朔（初一）、望（十五）日，皇帝均会亲临太极殿听朝视事（若有重大事件，朝会亦可罢）。为方便皇帝随时顾问咨询，太极殿的东侧是门下内省、弘文馆、史馆，西侧设有中书内省等。

（三）内朝——两仪殿

过朱明门往北，两仪门内即为两仪殿，它是太极宫中的第二大建筑，是皇帝召见少数亲近重臣举行"内朝"之处。"内朝"没有烦琐的礼仪，大臣的举止也相对随意，气氛不那么刻板庄严，更加融洽。两仪殿，隋代称中华殿，贞观五年（公元631年）改称"两仪殿"，但其旧名一直到高宗朝还行用不废，如"高宗初嗣位，留心政道，尝召宰臣及弘文馆学士于中华殿而问"④。唐中叶以后，帝后丧，多殡于此殿。

在上述外、中、内三朝中，哪个才是西内的正殿呢？高祖、太宗两朝以及高宗朝的前期，太极殿是西内的正殿，宋人程大昌认为"太极殿即朔望受朝之所，盖正殿也"⑤，即是指此。到高宗时情况有所变化。永徽三年（公元652年）正月，高宗因数月

---

① 《长安志》卷六《宫室四·唐上》，第232页。
② 《唐六典》卷七《尚书工部》，第217页。
③ 《旧唐书》卷三《太宗本纪下》，第62页。
④ 《旧唐书》卷七三《令狐德棻传》，第2598页。
⑤ 《雍录》卷三，第64页。

不雨，遂"诏避正殿，御东廊以听政"，"二月壬寅大雨雪，乙巳，复御两仪殿南面视事"。① 可见，高宗时的正殿已指两仪殿而非太极殿。龙朔三年（公元663年）后，高宗移居大明宫，正殿随之亦改。

当然，太极宫内除承天门与太极殿、两仪殿之外，还有其他宫门和殿阁。南面承天门东有长乐门，承天门西有永安门。太极宫东邻东宫，有一门与之相通，隋曰建春门，后改为通训门，玄宗时有凤凰集于此处，故又改称凤凰门；西边是掖庭宫，有二门以通往来，南曰通明门，北曰嘉猷门；宫之北面有二门，正北为玄武门，因皇家禁军多驻守于此，故唐前期多次政变的成败与对此门的争夺有密切的关系，玄武门东为安礼门。太极宫中的主要建筑，长乐门内有东左藏库，广运门内有西左藏库；太极殿东过左延明门有门下内省、弘文馆和史馆，西过右延明门有中书内省；两仪殿东有立政殿、大吉殿，西有百福殿；两仪殿北为甘露门，门东有武德殿，西有承庆殿；过甘露门向北为园林生活区，有甘露殿、神龙殿、安仁殿和凌烟阁、紫云阁、凝香阁以及归真观等建筑。

二、大明宫

大明宫在长安城的东北，被称作"东内"，是唐初新建的宫殿区。大明宫初建于贞观八年（公元634年），名永安宫，是唐太宗为其父高祖所建的避暑行宫，次年改曰大明宫，但这一年唐高祖去世，工程即停建。唐高宗因患"风痹"，以"宫内湫湿"，龙朔二年（公元662年）四月又命司农少卿梁孝仁开始重新兴建，② 次年四月丙午，含元殿即建成，高宗"始移仗居之"，戊申"始御紫宸殿听政"。③ 建成之初称"蓬莱宫"，咸亨元年（公元670年）三月，改称"含元宫"，长安元年（公元701年），改为"大明宫"，此后沿用无改。关于大明宫的范围，传世文献所载不一，如下表：

表 3-1 大明宫的规模统计表

文献	东西	南北
《长安志》卷六	三里	五里
《云麓漫钞》卷八	二里一百四十八步	四里九十五步
《长安志图》卷上《唐大明宫图》	二里百四十八步	四里九十五步
《说郛》卷四二（《四库全书》本，上海古籍出版社，1987年，总第878册，第321页）	一千八十步	一千八百步

---

① 《册府元龟》卷二六《帝王部·感应》，第279页。
② 《唐两京城坊考》卷一《西京·大明宫》，第18页。
③ 《资治通鉴》卷二〇一，唐高宗龙朔三年四月，第6449页。

续表

文献	东西	南北
《关中胜迹图志》五	千八十步	千八百步
《陕西通志》卷七二（1985年据陕西师范大学图书馆藏雍正十三年刻本复印）	千八十步	千八百步
《唐两京城坊考》卷一引《考古图》	二里一百四十八步	四里九十五步
《唐两京城坊考》卷一	三里	五里

上述几种文献共计给出了两组数据：东西与南北分别为三里（千八十步）与五里（千八百步）、二里一百四十八步与四里九十五步，差距是比较大的。而据考古实测，测得西城南北长为2256米，北城的城基最完整全长为1135米，东城墙由城东北角向南（偏东）1260米，转折向正东，再304米又折向正南，至1050米处即与南城相接；南城即京城的北墙，在大明宫范围内的一段，长为1674米。若按照唐代每步合1.47米、每里三百六十步（唐大程里）进行换算，南北四里九十五步的记载与考古实测的数据（2256米）最为接近，仅多0.45米。①但东、西墙之间的距离与上述数据有比较大的差距。其北墙最短，为1135米，以1.47米一步折算，合约七百七十二步（二里五十二步），南墙最长，为1674米，合约一千一百三十九步（三里五十九步）。综上所述，唐代大明宫总体上南宽北窄，略呈楔形，南北直线距离四里九十五步（约2256米），南墙东西宽达三里五十九步（约1674米），北墙东西宽二里五十二步（约1135米），总面积约3.3平方公里，在三大宫殿群中规模最大。（见图3-1）

（一）诸宫门

大明宫四周共有十三座宫门②。南面五门：正南丹凤门，其东望仙门、延政门，其西建福门、兴安门；东面二门：南为太和门，北为左银台门；西面三门：南有日营门，北为右银台门，右银台门之北又有九仙门；北面三门：中玄武门，东有银汉门，西有凌霄门。③限于篇幅，此处仅重点介绍丹凤门。

丹凤门为大明宫正南门，遗址位于今西安市新城区二马路与自强东路之间的革新街南口。其丹凤之名，来自"丹凤朝阳"之说。《诗经·大雅·卷阿》曰："凤凰鸣矣，于彼高冈。梧桐生矣，于彼朝阳。"周文王曾见凤凰鸣于岐山，认为预示了周室之兴，此后凤凰在中国传统文化中成为一种神鸟，天下和平，凤鸟即现。《春秋感精符》就

---

① 马得志：《唐大明宫发掘简报》，载《考古》1959年第6期，第296—299页。
② 《长安志》卷六《宫室四·唐上》"东内大明宫"条漏载，只记有八门。
③ 《唐两京城坊考》卷一《西京·大明宫》，第18—19页。

说:"王者上感皇天,则鸾凤至。"同时,《春秋孔演图》曰:"凤为火精,在天为朱雀。"丹凤即朱雀,代表了南方。① 丹凤门初建于高宗龙朔二年(公元662年),肃宗至德年间曾改称"明凤门",不久又复原名。丹凤门上建有城楼,考古发掘结果表明:丹凤门址是用黄土夯筑成的,由东、西墩台和五个门道、四道隔墙,以及东、西两侧的城墙和马道组成。整个门址基座东西长74.5米,南北宽33米,与含元殿中轴线的方向一致,五个门道的形制及大小相同,净宽皆为8.5米,南北进深为33米。② 由此可见,丹凤门是一座非常宏伟壮丽的城门。丹凤门南本对长安外郭翊善坊北门,置宫后分翊善、永昌各为二坊,当中开街,称丹凤门街,此街宽一百二十步,约合176.4米,南抵永兴坊北门而止。③

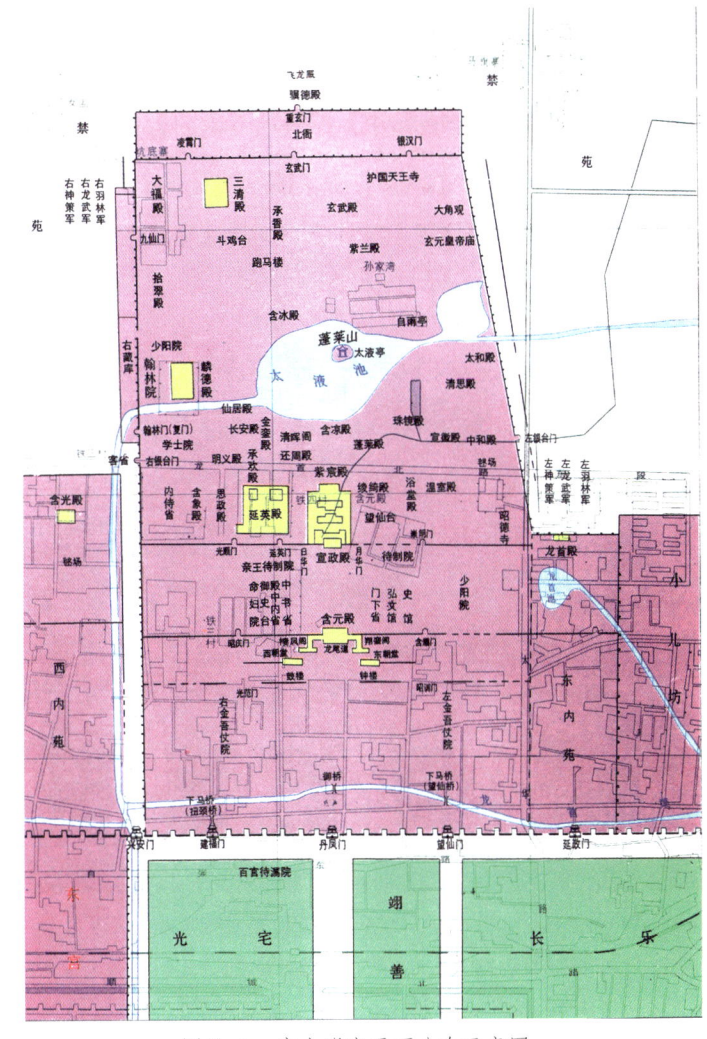

图 3-1　唐大明宫平面分布示意图
(选自史念海主编:《西安历史地图集》,西安地图出版社,1996年,第89页)

丹凤门相当于太极宫之承天门,不但是高宗以后的唐朝皇帝出入大明宫的主要通道,也是宣布改元及举行观戏与大阅、颁制与宴会等外朝大典的重要场所。开元十八

---
① 李英:《大明宫外宫墙诸宫门名称考》,载《丝绸之路》2010年第24期,第40页。
② 中国社会科学院考古研究所西安唐城队:《西安市唐长安城大明宫丹凤门遗址的发掘》,载《考古》2006年第7期,第41—42页。
③《长安志》卷六《宫室四·唐上》,第230页。

年（公元730年），突骑施使者至京师，唐玄宗御丹凤楼设宴，而突厥使者同日亦来预宴，于是二使因座次问题还发生了"争长"事件。① 丹凤门还是皇帝宣布大赦的重要场所。大历十四年（公元779年），唐德宗初即位，"六月己亥朔，御丹凤楼，大赦天下"②。唐代诗人王建的《宫词》中就有描写皇帝在丹凤门进行大赦的场景："楼前立仗看宣敕，万岁声长拜舞齐。日照彩盘高百尺，飞仙争上取金鸡。"③这表明丹凤门承担了部分外朝的功能。（见图3-2）

图3-2 唐长安大明宫丹凤门复原效果图

（选自杨鸿勋：《唐长安大明宫丹凤门复原研究》，载《中国文物科学研究》2012年第3期，第57页）

（二）含元殿

距丹凤门北四百余步的含元殿④，位于今西安市新城区含元殿社区之南约300米的龙首原南沿上。含元殿是大明宫的第一大殿，龙朔二年（公元662年）开始动工兴建，从"（龙朔三年夏四月）丙午，幸蓬莱宫新起含元殿"⑤的记载来看，营修工程持续了约一年。关于含元殿的名称渊源，唐人李华在《含元殿赋》中解释得很清楚："含元建名，易乾坤之说，曰：含宏光大，又曰：元亨利贞，括万象以为尊"⑥，长安元年（公

---

① 《旧唐书》卷一九四下《突厥传下》，第5191页。
② 《旧唐书》卷一二《德宗本纪上》，第321页。
③ 《全唐诗》卷三〇二，第3440页。
④ 《长安志》载四十余步，据《两京新记辑校》《唐两京城坊考》辛可知，宋氏误。
⑤ 《旧唐书》卷四《高宗本纪上》，第84—85页。
⑥ [清]董诰等编：《全唐文》卷三一四，中华书局，1983年，第3185页。

元701年）曾改称"大明殿"，神龙元年（公元705年）又复旧称。含元殿位于丹凤门正北，此地为龙首原的南部边缘，海拔418米，而含元殿又建在一个三层高台上，文献中记"划盘冈以为址，太阶积而三重"，"太阶"即指这一高台，又称"玉阶"。《唐六典》等文献只记"阶上高于平地四十余尺"①，而考古发掘揭示了其具体形制。第一层大台南壁下散水标高为11.85米，含元殿殿阶基壁下散水标高18.88米，高出第一层大台南壁下散水7.03米，第三层大台即殿堂的殿阶基台面高出第二层大台台面3.46米，高出第一层大台南壁下散水10.5米。②含元殿在此台最高处，高出周围平地10余米，因而给人一种高入云霄、巍峨高大的感觉，衬托出皇权的至高无上。李华就在《含元殿赋》中记载自己仰视含元殿时的感受：

> 划盘冈以为址，太阶积而三重；因博厚而顺高明，筑陵天之四墉。四墉既列，太阶如截，下土相崁，愕视沈沈。……崇高之制，灵邱上盘；邻斗极之光耀，迩天汉之波澜。察凿枘之吞吐，吸山丛而水攒；建升龙之大旆，邈不至于阶端。峥嵘屏颜，下视南山；照烛无间，七耀回环。歘欻赫以突兀，㨔闾宏以萧揪；捧帝座于三辰，衔天街之九达。进而仰之，骞龙首而张凤翼；退而瞻之，岌树颠而崒云末。嶷兮峨峨，巨鳌戴仙山而出沧波；划兮煌煌，烛龙折穹穴而临北方。排层城而廓帝居，谿阊阖而面苍苍。左翔鸾而右栖凤，翘两阙而为翼；环阿阁以周墀，象龙行之曲直。③

而殿阶基台的台面大致呈长方形，东西长55米，南北宽20米。含元殿的建筑形制为唐代最高等级的三出阙形制，殿堂面阔十一间，中间九个开间大小相同，都是东西长5.35米（础中—墙中）。两个梢间稍窄，东西长5米（础中—础中）。④为了百官朝见方便，在殿前修了三条平行的斜坡砖石阶道，直达地面，共长70余米，中间为御道，专供皇帝通行，宽达25.5米，两侧道各宽4.5米，⑤像两条巨龙一样，故称为"龙尾道"。含元殿东西有两阁，左曰翔鸾阁，右曰栖凤阁，有飞廊与殿相接，阁下即朝堂、肺石、登闻鼓。（见图3-3）

---

① 《唐六典》卷七《尚书工部》，第218页。
② 中国社会科学院考古研究所西安唐城工作队：《唐大明宫含元殿遗址1995—1996年发掘报告》，载《考古学报》1997年第3期，第363—364页。
③ 《全唐文》卷三一四，第3185—3186页。
④ 中国社会科学院考古研究所西安唐城工作队：《唐大明宫含元殿遗址1995—1996年发掘报告》，载《考古学报》1997年第3期，第352—353页。
⑤ 《唐都长安》，第89页。

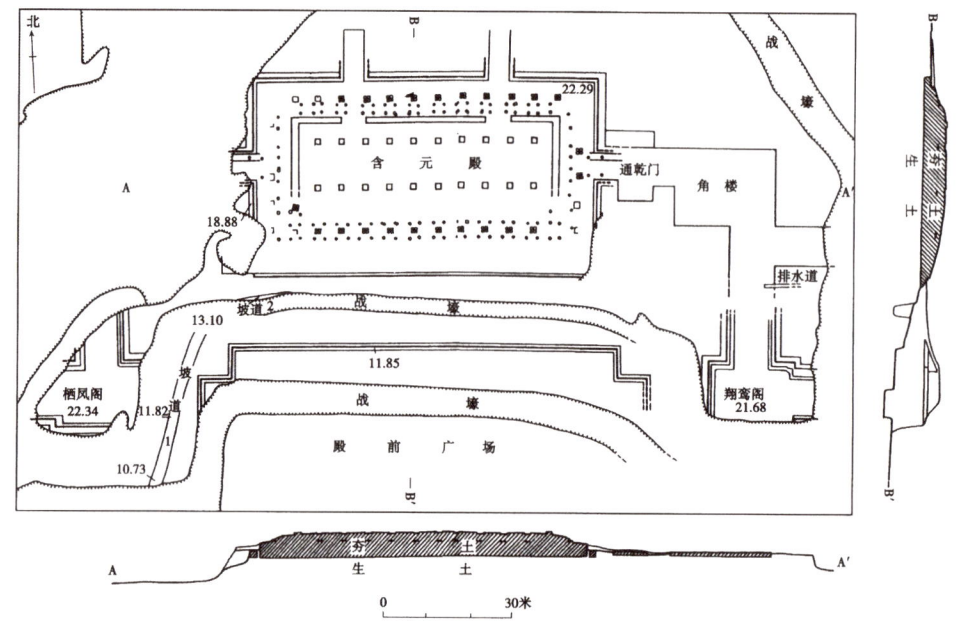

图 3-3 唐大明宫含元殿遗迹平、剖面图

（选自中国社会科学院考古研究所西安唐城工作队：《唐大明宫含元殿遗址 1995—1996 年发掘报告》，载《考古学报》1997 年第 3 期，第 349 页）

含元殿是大明宫的正殿，是皇帝举行外朝大典最主要的场所，特别是《大唐开元礼》颁行后，元正、冬至朝贺都在此举行。诗人王维的"九天阊阖开宫殿，万国衣冠拜冕旒"[1]，就描写了开元年间在含元殿举行朝贺大典时万国来朝的盛大场景。而白居易的诗"阊阖晨开朝百辟，冕旒不动香烟碧。步登龙尾上虚空，立去天颜无咫尺"[2]，则描写的是元和四年（公元809年）他以右拾遗、翰林学士身份供职于大明宫翰林院，早晨朝见皇帝的场景。大中十一年（公元857年）正月一日，含元殿元日朝贺，太子太师卢钧年八十，称贺上前，举止中礼，受到士大夫赞叹；而次年正月朔，唐宣宗又御含元殿受朝，太子少师柳公权亦年八十，步行至殿下，力已委顿，及上尊号"圣敬文思和武光孝皇帝"，柳公权误曰"光武和孝"，而被御史弹劾失礼，罚一季俸。[3] 此外，皇帝、皇后等受尊号、受册以及宴乐与进献祥瑞、制举、献俘、阅军等重要活动亦常在此殿举行。广明元年（公元880年）十二月，黄巢即皇帝位于大明宫含元殿，建

---

[1]《全唐诗》卷一二八《和贾舍人早朝大明宫之作》，第1296页。
[2]〔唐〕白居易著，朱金城笺校：《白居易集笺校》卷一二《醉后走笔酬刘五主簿长句之赠兼简张大贾二十四先辈昆季》，上海古籍出版社，1988年，第637页。
[3]〔宋〕王谠撰，周勋初校证：《唐语林校证》卷四《容止》，中华书局，1987年，第349页。

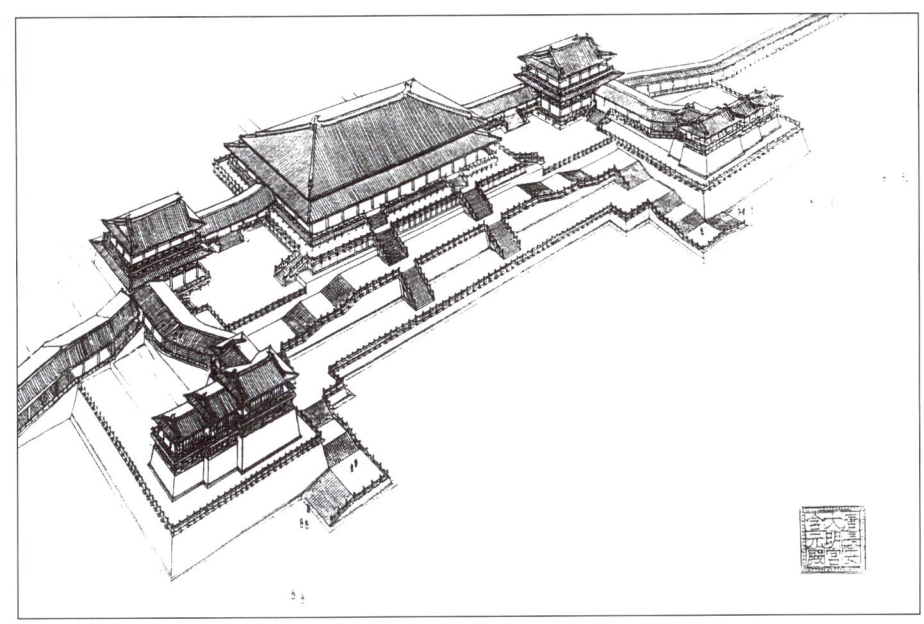

图 3-4　唐大明宫含元殿复原图

［选自杨鸿勋：《唐长安大明宫含元殿复原研究报告（下）——再论含元殿的形制》，载《建筑学报》1998年第10期，第59页］

立大齐政权。①（见图3-4）

（三）宣政殿

宣政殿位于含元殿以北300米②，亦建于高宗龙朔二年（公元662年）。就规模而言，考古发掘宣政殿殿址东西长近70米，南北宽40余米，与含元殿的形制相同。③殿东有东上阁门，殿西有西上阁门。殿前东廊曰日华门，东有门下省，省东弘文馆，次东史馆；西廊曰月华门，西有中书省，省北曰殿中内省。④

就用途而言，宣政殿是大明宫的正殿，是唐代后期举行中朝朝会的场所，地位相当于太极殿。宣政殿"即正衙殿也，朔望大册拜则御之"⑤，其主要功能是举行朔望朝和常朝。开元中，萧嵩奏请："每月朔望，皇帝受朝于宣政殿"，玄宗令以常式，故《唐会要》载："故事，朔望日御宣政殿见群臣，谓之大朝。"⑥此外，有时也在宣政

---

① 详见杜文玉：《大明宫研究》，中国社会科学出版社，2015年，第49—65页。
② 马得志：《唐大明宫发掘简报》，载《考古》1959年第6期，第300页。
③ 中国科学院考古研究所编著：《唐长安大明宫》，科学出版社，1959年，第30页。
④ 此据《唐六典》卷七，《长安志》卷六，《西安历史地图集》第89页《唐大明宫图（文献）》将日华门绘在西边，将月华门绘在东边，疑误。
⑤ 《西京新记辑校》卷一《西京·大明宫》，第6页。
⑥ 《唐会要》卷二四《朔望朝参》，第541、546页。

殿进行读时令、朝集使朝见皇帝、受册和上尊号、大赦和改元、谢官、宴饮与召见四夷等活动，甚至举行过制举考试。开元二十六年（公元738年），唐玄宗每孟月视日御宣政殿，命太常卿韦绍坐而读月令，诸司官长升殿列座而听之。乾元元年（公元758年）立春，唐肃宗御宣政殿，命太常卿于休烈读春令。① 大和八年（公元834年），中书门下奏："请从来年正月，依开元礼读时令。陛下御宣政殿，如朝朔之礼，兼请太常卿先撰仪注，务于简便，以酌时宜，所冀简而易从，行之可久。"唐文宗从之。② 建中元年（公元780年），朝集使及贡使见于宣政殿。③《翰林志》载有："凡赦书、德音、立后、建储、大诛讨、免三公宰相、命将……百寮立班于宣政殿，枢密使引案，自东上阁门出，若谪宰相，则付通事舍人矩步而宣之。"④ 可见，唐代后期军国大事的商议、决定多在此殿进行，宣政殿在唐代政治生活中的地位之重要可见一斑。

（四）紫宸殿

宣政殿往北约35米为紫宸门，紫宸门又北60米处为紫宸殿，与宣政殿相距95米余。由于此殿破坏严重，考古发现甚少，仅有东西向的部分残存夯土基，殿基南北宽近50米。⑤

紫宸殿是皇帝日常工作的场所，故又称"内朝正殿"或"天子便殿"。⑥ 由于入紫宸殿必须经过宣政殿的东、西上阁门，所以进入紫宸殿又称"入阁"。皇帝经常在此殿召集大臣商议政务。宋人叶梦得就认为：

> （唐）以紫宸殿为便殿，谓之"上阁"，即古之燕朝也……方其盛时，宣政盖常朝，日见群臣，遇朔望陵寝荐食，然后御紫宸；旋传宣唤仗入阁，宰相押之，由阁门进，百官随之入，谓之"唤仗入阁"。紫宸殿言"阁"，犹古之言"寝"，此御朝之常制也。中世乱离，宣政不复御正衙，立仗之礼遂废；惟以只日常朝，御紫宸而不设仗。敬宗始复修之，因以朔望陈仗紫宸以为盛礼，亦谓之"入阁"。⑦

紫宸殿作为便殿，在此召见大臣没有那么严格的礼仪，大臣在讨论发言时比较随意。对于有些不便于让群臣知晓的军国大事，皇帝即在此殿召见宰相或心腹重臣商

---

① 《旧唐书》卷二四《礼仪志四》，第914页。
② 《册府元龟》卷五六四《掌礼部·制礼二》，第6775—6776页。
③ 《旧唐书》卷一二《德宗本纪上》，第327页。
④ 〔唐〕李肇：《翰林志》，清知不足斋丛书本。
⑤ 《唐长安大明宫》，第32页。
⑥ 具体见《唐六典》卷七《尚书工部》，第218页；《西京新记辑校》卷一《西京·大明宫》，第7页；《唐两京城坊考》卷一《西京·大明宫》，第22页。
⑦ 〔宋〕叶梦得：《石林燕语》卷二，宇文绍奕考异，侯忠义点校，中华书局，1984年，第19页。

议。开元初，姚崇为辅弼重臣，玄宗"雅尊遇崇，每见便殿，必为之兴，去辄临轩以送"①。除召见重臣外，紫宸殿也举行制举考试、宴见外族使者、庆贺皇帝降诞日等活动。大历二年（公元767年）十月，唐代宗"御紫宸殿，策试茂才异行、安贫乐道、孝悌力田、高蹈不仕等四科举人"②。《册府元龟》记载：安史之乱以后，肃宗、代宗、懿宗在此多次宴见回纥、新罗、吐蕃、室韦等使者。③长庆元年（公元821年）七月，穆宗降诞日，百僚于紫宸殿称贺。宝历元年（公元825年）六月，有敕称："降诞日文武百寮于紫宸殿称贺，及诣光顺门奉贺皇太后，自今已后宜停。"④这说明此前大臣经常在紫宸殿庆贺皇帝生日。由此可知，紫宸殿主要是大明宫中举行内朝即"入阁"的主要场所，唐后期由于朔望朝不在宣政殿举行，唐敬宗开始在紫宸殿举行朔望朝礼仪，反而使入阁之仪超过了宣政殿的正衙之礼，而在紫宸殿举行的宴见四夷使者、朝集使等活动，或出于一时之宜，而非长期固定为之。

（五）其他主要建筑

大明宫内除含元殿、宣政殿、紫宸殿这三朝宫殿之外，还有许多其他殿阁、寺观、池台亭榭、国家机构等建筑。如紫宸殿之后有蓬莱殿、金銮殿、含凉殿、玄武殿，左银台门之北又有太和殿、清思殿、珠镜殿等，宗教信仰场所有三清殿、大角观、昭德寺、护国天王寺等，国家机构则有中书省和门下省、殿中内省、御史台、翰林院、弘文馆、史馆等，休闲娱乐设施有太液池、梨园、斗鸡台、诸球场等。在这些建筑中，延英殿、麟德殿和太液池也是非常值得关注的。

延英殿是中唐以后内廷议事的主要场所，僖宗乾符年间曾改名"灵芝殿"，但不久复旧。关于延英殿的具体方位，史籍所载有所不同。宋敏求《长安志》曰："（紫宸殿）后有蓬莱殿。次东有含象殿。后有延英门，内有延英殿"⑤，认为延英殿在紫宸殿之东。宋氏此说至少有两点讹误：其一，含象殿并不在蓬莱殿次东。《唐六典》载："次西曰延英门，其内之左曰延英殿，右曰含象殿"⑥，已明确指出含象殿当位于延英门内之右。其二，从"元和十五年，于西上阁门西廊西畔开便门，以通宰臣，自阁中赴

---

① 《新唐书》卷一二四《姚崇传》，第4387页。
② 《旧唐书》卷一一《代宗本纪》，第287—288页。
③ 详参《册府元龟》卷九七六《外臣部·褒异三》，第11460—11467页。
④ 《册府元龟》卷二《帝王部·诞圣》，第23—24页。
⑤ 《长安志》卷六《宫室四·唐上》，第240页。
⑥ 《唐六典》卷七，第218页；《陕西通志》卷七二、《关中胜迹图志》卷五同；《唐两京城坊考》卷一载含象殿在延英门内左，亦误。

延英路"①的记载来看，延英殿位于紫宸殿之西是毫无疑问的。除了宋敏求，宋人程大昌《雍录》、王应麟《玉海》和清人徐松《唐两京城坊考》都赞成延英殿在紫宸殿之西，傅熹年主编的《中国古代建筑史》第2卷中所绘的《陕西西安唐长安大明宫平面实测图》和史念海主编的《西安历史地图集》中所绘的《唐大明宫图》等也都将延英殿置于紫宸殿之西偏南的位置。此外，杨希义根据前人的研究和史志中关于大明宫内建筑的位置分布以及中科院考古工作队的两次考古发掘结果，认为延英殿的位置当在紫宸殿西南50米处。②从唐代宗起，皇帝开始召集大臣在延英殿议论国事，称"延英召对"，初仅限于宰相参加，后来范围不断扩大，延英殿成为唐代中后期内廷议事的主要场所。关于"延英召对"的起始，有两种不同的说法：一种说法认为始于常衮为宰相时，"政事堂有后门，盖宰相时过舍人院，咨访政事，以自广也。常衮塞之，以示尊大。凡内有公事商量，即降宣付阁门，开延英。阁门翻宣申中书，并榜正衙门。如中书有公事敷奏，即宰臣入榜子，奏请开延英"。另一种说法认为起自苗晋卿，称："苗晋卿居相，以足疾，上每于此待之。宰相对小延英，自此始也。"③《旧唐书》记载："大历十二年三月庚辰，仗下后，上御延英殿，命左金吾大将军吴凑收载、缙于政事堂，各留系本所"④。常衮任相是在元载被铲除后的次月，在此之前皇帝已经开始在延英殿坐朝了，因此前一种说法就值得怀疑了。而苗晋卿历仕玄宗、肃宗、代宗三朝，代宗即位初，已任宰相，"时年老蹇甚，乞间日入政事堂，帝优之，听入阁不趋，为御小延英召对。宰相对小延英，自晋卿始"⑤。因此，正如杜文玉所讲："皇帝在延英殿召见群臣应始于肃宗时期，将其发展成为皇帝召对宰相，共议国事的一种制度，应始于代宗即位之初优待苗晋卿时。"⑥"延英召对"作为一种皇帝与重臣商议国事的方式，其程序一般为：若皇帝有事需要与宰相商量，就降宣头付阁门开延英，阁门再宣申诏敕于中书门下，并设榜于正衙门；若是中书门下有公事需要单独向皇帝上奏，由宰臣入榜子，奏请开延英，只是宰臣赴对。贞元三年（公元787年），唐德宗欲废太子，召宰相李泌商议，"间一日，上开延英殿独召泌"⑦。《东观奏记》就载：唐宣宗时，"每宰臣延英

---

① 《关中胜迹图志》卷五《西安府·古迹》，第156页。
② 杨希义：《唐延英殿补考》，载《文博》1987年第3期，第50页。
③ 〔宋〕钱易：《南部新书》卷乙，黄寿成点校，中华书局，2002年，第23页。
④ 《旧唐书》卷一一八《元载传》，第3412页。
⑤ 《新唐书》卷一四〇《苗晋卿传》，第4643页。
⑥ 《大明宫研究》，第131页。
⑦ 《资治通鉴》卷二三三，唐德宗贞元三年八月，第7621页。

奏事，唤上阶后，左右前后无一人立，才处分，宸威不可仰视"，因此令狐绹虽十年持政柄，但每次延英奏对时，仍战战兢兢，"虽严冬甚寒，亦流汗洽背"。①然而随着宦官权力的膨胀，高级宦官也逐渐参与"延英召对"。大中年间，"凡宰相对延英，两中尉先降，枢密使候旨殿西，宰相奏事已毕，枢密使案前受事"。但此时宦官只是殿西候旨，待皇帝与宰相决策后宣旨而已，尚未真正参与决策过程。到了昭宗时，"宰臣延英奏事，枢密使侍侧，争论纷然"，②宦官已经参与国家事务的决策讨论过程。宦官加入"延英召对"，参与军国大政的决策是唐后期宦官专权的重要表现。除"延英召对"外，延英殿的功能还有：臣下向皇帝问起居，内外命妇向太后、皇后问起居，延英奉觞，延英奉慰，延英中谢，召见其他官员，面授官职，召见外国外族使者，举办宴乐等活动。

麟德殿位于紫宸殿西北、仙居殿之后、太液池正西隆起的高地上，西距宫城西墙仅90米。此殿建在一个由夯土筑成的两层重台上，据考古发掘，台基的平面呈长方形，南北长130.41米，东西宽77.55米，由上、下两层构成，第一层高出当时地面1.4米，第二层台高1.1米，整个台基高出当时地面2.5米，周围砌有砖壁。关于麟德殿的结构形制，文献中有"三殿""三面"之说，《两京新记》载："麟德殿。此殿三面，故以三殿名。"③而从殿堂的门址、隔墙及柱础的间隔等的考古发掘来看，殿堂是相联并列，分前（南）、中、后（北）三殿，以中殿为主殿。中殿东西广九间，共为47.7米（山墙厚度除外），进深五间，19.7米，两侧的边间较窄，为2.3米多，中部的三间宽度均为5米；前殿与中殿隔一间通道，前后无墙，东西长与中殿同，除两侧的两间进深为四间外，中部七间进深为三间，约18.5米。④张十庆推测：所谓的"三面"之说，是宋人或根据传闻旧籍，以前殿的"三面"之说附会唐人的"三殿"之说。⑤"前、中两殿的地面都铺着磨制整齐而光滑的大理石，后殿则全铺方砖"⑥。从前期到后期，唐代帝王常在此殿召见大臣或外夷使臣，"凡蕃臣外夷来朝，率多设宴于此，至臣下亦多召对于此也"⑦。长安元年（公元701年），日本遣唐使粟田真人贡方物，武则天就宴之于麟德殿；⑧元和

---

① 〔唐〕裴庭裕：《东观奏记》卷上，田廷柱点校，中华书局，1994年，第91页。
② 《资治通鉴》卷二六二，唐昭宗天复元年正月，第8665页。
③ 《两京新记辑校》卷一《西京·大明宫》，第7页。另见：《南部新书》丙，第36页；《长安志》卷六《宫室四·唐上》，第241页；《雍录》卷四《唐翰苑位置》，第71页。
④ 《唐长安大明宫》，第33—35页。
⑤ 张十庆：《麟德殿"三面"说试析》，载《考古》1992年第5期，第455页。
⑥ 马得志：《唐大明宫发掘简报》，载《考古》1959年第6期，第300页。
⑦ 《雍录》卷四《唐翰苑位置》，第71页。
⑧ 《新唐书》卷二二〇《日本传》，第6209页。

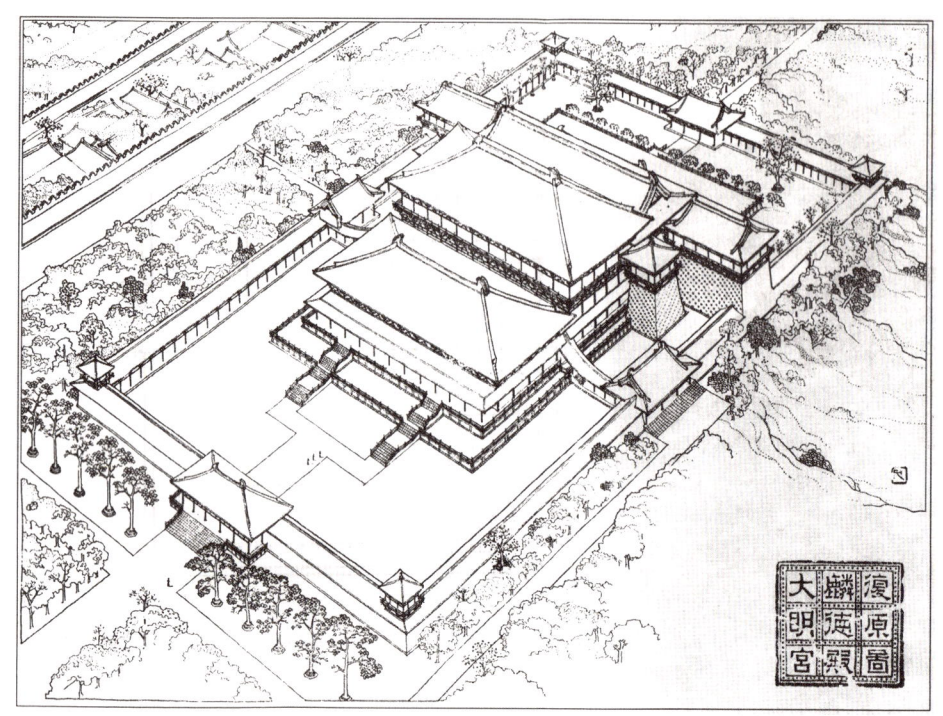

图 3-5　唐大明宫麟德殿复原图

（选自刘敦桢主编：《中国古代建筑史》，中国建筑工业出版社，1984 年第 2 版，第 121 页）

十五年（公元 820 年）正月，义成军节度使刘悟来朝，宪宗于麟德殿召见。①（见图 3-5）

太液池位于紫宸殿正北含凉殿后，其遗址现位于西安市未央区大明宫街道孙家湾社区南，地处龙首原北坡下的低地上。太液池遗址分为东、西两部分。其中，西池较大，平面略呈椭圆形，东西最长 484 米，南北最宽 310 米，面积约 14 万平方米；东池较小，平面略呈圆形，南北长 220 米，东西宽 150 米，面积约 3.3 万平方米。池底最深处距现代地表达 5 米多。池内有人工岛屿，在 1998 年勘探和 2000 年、2003 年的考古钻探与试掘中于太液池遗址北部新发现一座岛屿，此岛原是向池中伸出的半岛的一部分，后因开挖人工沟渠而与北岸分离。岛的平面略呈长方形，南北长 70 米，东西宽 50 余米。太液池内有太液亭，穆宗时曾命侍讲韦处厚等入此亭讲《毛诗》《尚书》，文宗又命纂集《尚书》中君臣事迹，令工匠刊于亭子中。②此外，考古发掘还在池岸的建筑基址上发现有水井、大小排水沟等遗存，表明当时规划有较为完善的给排水系统，特别是在南岸龙首原北沿低地上清理出的六口水井，多为圆形，直径多为 1 米多，最深者可达 7 米以上。除水井以

---

① 《旧唐书》卷一五《宪宗本纪下》，第 471 页。
② 《长安志》卷六《宫室四·唐上》，第 240 页。

外，还清理出由大小排水沟（明沟和暗沟）配套使用的排水设施遗迹。每条大排水沟的规模在长度、宽度和深度上都比较大，两边都有若干条小排水沟汇流其中，沟中两壁多用砖垒砌；小排水沟则较短、窄、浅，或砖砌，或用筒瓦铺接，或用石刻水槽、陶水管相连。在2002年秋对太液池遗址西北水渠的发掘清理中，考古人员在多处位置上对渠下游的淤泥层做了解剖并进行了水平高程的测量，结果表明该水渠的底部由西北向东南方向逐渐降低，由此可确定太液池西北角的水道为进水渠，而20世纪60年代发掘的东北角的水道应为出水渠。在太液池的东南岸、南岸、西岸边，还发现有与池岸走向基本一致的道路痕迹，主要是车辙和路土面，西岸边的道路宽15~25米左右。2001—2002年，在西岸清理出廊庑建筑基址两座，其中一座保存情况稍好，基本与池西岸平行，略呈东北—西南走向，清理长度达70余米，单开间，据残存的廊柱础石和较厚的夯土墙推测，该廊庑类型为单面空廊。① 太液池及其周边的建筑是唐大明宫中一处比较集中的人工园林景区，通过设置广阔的水池、堆筑的假山以及其他园林建筑景观来模拟天然风景，为皇帝家族创造一个理想的休憩环境，因而成为唐后期皇帝休闲娱乐的主要场所。天宝中，秋八月"太液池有千叶白莲数枝盛开，帝与贵戚宴赏焉"②。由于大面积水体的存在，太液亭是唐朝皇帝夏季避暑的佳处，大中年间，夏季盛暑，唐宣宗在太液池中宣翰林学士韦澳、孙宏，"既赴召，中贵人颇以绤绤为讶。初殊未悟，及就坐，但觉寒气逼人"③。李绅就有诗描写太液池的景色："宫莺晓报瑞烟开，三岛灵禽拂水回。桥转彩虹当绮殿，槛浮花鹢近蓬莱。"④ 从太液池景区因地制宜的规划设计，周岸各种建筑物错落有致、疏密有序的合理配置，到给排水设施的完善以及通过地势和周围宫殿院落来造景、借景的手法，都体现出唐代造园技艺的成熟、高超。

　　大明宫从龙朔三年（公元663年）建成到唐末被毁，存在了二百余年，由于自然的和人为的因素遭受多次毁坏，唐朝统治者也不断对其进行维护修缮。如：贞元四年（公元788年）正月，长安发生地震，含元殿殿阶及栏槛三十余间，无故自坏；元和三年（公元808年）四月，"大风毁含元殿西阙栏槛二十七间"；十二年（公元817年）六月，长安暴雨，"含元殿一柱陷"；大和九年（公元835年）四月二十六日夜，长安

---

① 中国社会科学院考古研究所、日本独立行政法人文化财研究所奈良文化财研究所联合考古队：《西安市唐长安城大明宫太液池遗址》，载《考古》2005年第7期，第29—33页。
② 〔五代〕王仁裕：《开元天宝遗事》卷下《解语花》，曾贻芬点校，中华书局，2006年，第49页。
③ 〔五代〕王定保撰，姜汉椿校注：《唐摭言校注》卷一五《杂记》，上海社会科学院出版社，2003年，第294页。
④ 王仲镛：《唐诗纪事校笺》卷三九《李绅》，巴蜀书社，1989年，第1061页。

大风，吹落含元殿四鸱吻，坏金吾仗舍，废楼观内外城门等数处。① 受损后的含元殿当然要及时维修。其实早在开元元年（公元713年）时就有"修大明宫"的记载②；《酉阳杂俎》记载："大历中，修含元殿，有一人投状请瓦"③；贞元三年（公元787年），唐德宗作玄英门及观于大明宫北垣；十九年（公元803年）二月，又修含元殿④。此后，宪宗、敬宗诸朝又多次修葺。元和十二年（公元817年）"闰五月，新造蓬莱池周廊四百间。十三年（公元818年）二月，诏六军使创修麟德殿之右廊。是月，浚龙首池，起承晖殿，雕饰绮焕，徙植佛寺之花木以充焉"⑤。宝历二年（公元826年）正月，"甲戌，以诸军丁夫二万入内穿池修殿"⑥。而大明宫的彻底毁坏则是在唐末的战乱中。黄巢起义军于中和三年（公元883年）从长安退出，而入城的官军"争货相攻，纵火焚剽，宫室居市闾里，十焚六七"⑦。光启元年（公元885年）十二月，沙陀李克用又率军攻入长安，大明宫再遭兵燹，含元殿、麟德殿均被焚毁。文德元年（公元888年）僖宗回到长安时，大明宫已残破不堪，"宫阙萧条，鞠为茂草"，已无法居住，只得住在太极宫。天祐元年（公元904年），朱全忠胁迫昭宗迁都洛阳，下令毁拆长安宫室，对大明宫进行彻底毁坏，给已破败不堪的大明宫最后致命一击。

三、兴庆宫

兴庆宫在春明门内，因位于大明宫之南，被称作"南内"。此宫始建于开元二年（公元714年），至天宝十二载（公元753年）再筑宫城。经过数十年的营建和修葺，兴庆宫逐渐成为唐长安城内一处规模较大的宫殿群，成为唐玄宗开元、天宝年间的政治中心。兴庆宫位于唐长安城春明门内稍偏北的隆庆坊，即今西安城东郊，东至亢家堡西106米，西至经九路东90米，南至纬十街北84米，北至东窑坊，⑧现在的兴庆公园就是其遗址的一部分。据考古探测，兴庆宫城址南北长1250米，东西宽1080米，总面积130余万平方米，呈长方形。⑨兴庆宫修建于盛唐时期，所以极其宏大奢华，但由于它是因宅

---

① 《旧唐书》卷三七《五行志》，第1348、1362、1360、1362页
② 《资治通鉴》卷二一〇，唐玄宗开元元年五月，第6799页
③ 《酉阳杂俎·前集》卷一九《广动植四·草篇》，第184页
④ 《册府元龟》卷一四《帝王部·都邑二》，第160页
⑤ 《唐会要》卷三〇《杂记》，第655—656页
⑥ 《旧唐书》卷一七上《敬宗本纪》，第518页
⑦ 《旧唐书》卷一九下《僖宗本纪》，第722页
⑧ 陕西省文物管理委员会：《唐长安城地基初步探测》，载《考古学报》1958年第3期，第85—86页
⑨ 马得志：《唐长安兴庆宫发掘记》，载《考古》1959年第10期，第550页

为宫，逐次建成的，其修建没有经过整体规划，因而既没有呈中轴对称，也没有因循"前朝后寝"的古制，建筑布局没有明显的规律。兴庆宫西面的兴庆门为宫之正门，南面有通阳门，北门曰跃龙门。兴庆宫中的建筑有殿、楼、亭、阁二十多所，亦多

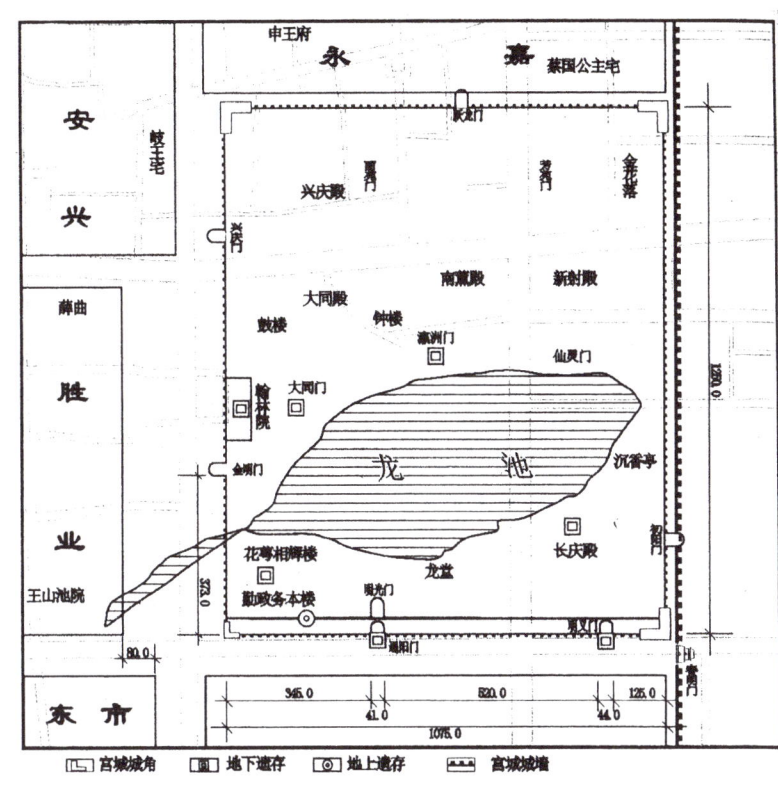

图 3-6　唐兴庆宫平面示意图

鬼斧神工，雄伟壮丽。宫殿多集中于北部，著名的宫殿有兴庆殿、大同殿、南薰殿等。南部为园林区，有勤政务本楼、花萼相辉楼和沉香亭等。此外，还有被称作"龙池"的小湖。（见图3-6）

（一）兴庆殿

兴庆殿是兴庆宫内的正衙，位于西面兴庆门内，通阳门北。唐玄宗曾数次在兴庆殿受尊号，如：天宝七载（公元748年）五月，玄宗御兴庆殿，受册尊号曰"开元天宝圣文神武应道皇帝"[1]；十三载（公元754年）二月甲戌，玄宗又御兴庆殿，受册尊号为"开元天地大宝圣文神武证道孝德皇帝"[2]。

（二）勤政务本楼

勤政务本楼始建于开元八年（公元720年），元和十四年（公元819年）宪宗曾征发左、右神策军健卒三千人对它进行了修葺。[3]关于勤政务本楼的位置，传世文献记载其

---

[1]《旧唐书》卷二四《礼仪志四》，第927页。
[2]《册府元龟》卷八六《帝王部·赦宥五》，第1027页。
[3]《长安志》卷九《唐京城三》，第306页。

位于兴庆宫西南隅。1958年西安市文物管理委员会、陕西省文管会、中国科学院考古研究所唐城发掘队先后对兴庆宫进行了考古发掘，根据考古发掘结果，马得志先生将"位置于宫城的南墙处，西距西墙125米"的一处编为一号的建筑遗址认定为勤政务本楼[1]，此后三十余年，这种观点一直被人肯定。1994年秦建明发表《唐兴庆宫勤政务本楼位置考》一文，提出了不同的见解，认为："一号建筑遗址并非勤政务本楼遗址，而真正的勤政务本楼应是位于一号遗址西北的'六号建筑遗址'"[2]。对此，马先生撰文进行了辩驳，坚持原来的判断是正确的[3]。笔者也以为"楼址东西广5间（26.5米），进深3间（19米）"的一号遗址过于卑狭，没有广阔的空间举行宴会、献俘等大规模的活动，而秦先生所考"六号基址南北有92米，东西有63米之巨，是一处大型建筑，其面积超过一号遗址十倍"，此处当是勤政务本楼所在。由此可知，勤政务本楼位于兴庆宫西南隅，南距兴庆宫南墙10米，西距兴庆宫西墙亦10多米，是一座有高台基的大型建筑。传世文献对勤政务本楼形制的记载也有矛盾之处：宋吕大防石刻兴庆宫图所展示的勤政务本楼是一座二楼一体的转角楼；清徐松《唐两京城坊考》及《陕西通志》的兴庆宫图中，勤政务本楼和花萼相辉楼是两座独立的楼宇。作为1958年兴庆宫发掘工作的主持者，马得志先生也是以"二楼说"来勘定勤政务本楼和花萼相辉楼的。杨鸿勋先生也是"二楼说"的支持者之一，"花萼楼在其（勤政楼）西北50米，两楼之间是供节日、庆典表演活动的一个大广场"[4]。若如上说，则两楼之间最多只有50米的空地，这样的一个广场在唐代有何"大"可言？尤其重要的是这样一个狭小空间根本不能满足大型文艺演出的需要。如《新唐书》中有一段关于在勤政务本楼前进行文艺演出的记载：玄宗曾"以马百匹，盛饰分左右，施三重榻，舞《倾杯》数十曲，壮士举榻，马不动。乐工少年姿秀者十数人，衣黄衫、文玉带，立左右。每千秋节，舞于勤政楼下，后赐宴设酺，亦会勤政楼。其日未明，金吾引驾骑，北衙四军陈仗，列旗帜，被金甲、短后绣袍。太常卿引雅乐，每部数十人，间以胡夷之技。内闲厩使引戏马，五坊使引象、犀，入场拜舞。宫人数百衣锦绣衣，出帷中，击雷鼓，奏《小破阵乐》，岁以为常"[5]。可以看出，这次演出有乐工（数十人）和马（百匹）、象、犀等体型硕大的动物参加，区区50米的空地

---

[1] 马得志：《唐长安兴庆宫发掘记》，载《考古》1959年第10期，第551页。
[2] 秦建明：《唐兴庆宫勤政务本楼位置考》，载《考古》1994年第2期，第171页。
[3] 马得志：《再论唐兴庆宫勤政务本楼的位置——兼与秦建明同志商榷》，载《考古》1994年第6期，第559—563页。
[4] 杨鸿勋：《宫殿考古通论》，紫禁城出版社，2001年，第476页。
[5]《新唐书》卷二二《礼乐志十二》，第477页。

根本没有充足的空间承载这样大规模的演出。可见，以"二楼说"来定位勤政务本楼和花萼相辉楼并不能自圆其说，值得商榷。1999年，李百进先生在广泛收集考古、文献资料的基础上撰文指出："根据上述分析勤政楼和花萼楼应是二楼一体的转角楼，勤政楼底层面宽9间，间宽5.8米，第7间与宫墙门楼相对，二层面宽7间。花萼楼底层面宽7间，间宽4米，二层面宽5间，与'吕氏兴庆宫图'，勤政楼基本相同。"①如前所述，既然马先生所认为的一号遗址并非勤政务本楼的真正遗址，那么他所持"二楼说"自然很有可能也是不正确的。若从"又于宫西南置楼，题其西曰花萼相辉之楼，南曰勤政务本之楼"②的记载来看，李百进先生的观点是比较科学的。（见图3-7）

勤政务本楼相当于兴庆宫的正殿，玄宗于开元十六年（公元728年）正月移仗兴庆宫后，以勤于政事取名为勤政务本楼，常在此处听政，开元、天宝年间常在此举行改元、大赦、献俘等重大庆典以及举行宴会、会见外国使节、欢送将帅出征等活动。《类编长安志》就称："西南隅曰勤政务本楼……每岁中秋节，酺饮于楼前"③。开元二十八年（公元740年）正月壬寅、天宝四载（公元745年）春三月甲申、天宝十四载（公元755年）春三月丙寅三次在此大宴群臣。④玄宗曾御勤政务本楼举行宴会，在御座东为安禄山设一大金鸡帐，前置一榻，入座时卷去其帘，以示对他的荣宠。⑤天宝元年（公元742年）正月，唐玄宗"御勤政楼受朝贺，赦天下，改元"⑥；七载（公元748年）五月，玄宗受册尊号毕，御勤政务本楼，大赦天下；十三载（公元754年）二月，玄宗在御兴庆殿受册尊号后，又在勤政务本楼大赦天下。⑦可见，勤政务本楼是当时宣布大赦的重要场所。在此，也举行过几次献俘仪式。天宝十载（公元751年）正月，安西四镇节度使高仙芝生擒突骑施可汗、吐蕃大首领及石国王并可敦及杰师来献，玄宗御勤政务本楼引见；十三载（公元754年）三月，北庭都护程千里生擒阿布思，又献于楼下。⑧朝廷的重大决策也多是在此做出的。安禄山叛乱发生后，唐玄宗命高仙芝率军平叛，"御勤政楼送之"；潼关失陷后，"上御勤政楼，下制，云欲亲征"。⑨而且，玄

---

① 李百进：《唐兴庆宫平面布局和勤政务本楼遗址复原研究》，载《古建园林技术》1999年第1期，第31页。
② 《历代宅京记》卷六《关中四》，第100页；《资治通鉴》卷二一一同。
③ 〔元〕骆天骧：《类编长安志》卷二《南内宫殿》，黄永年点校，三秦出版社，2006年，第65页。
④ 《旧唐书》卷九《玄宗本纪下》，第212、219、229页。
⑤ 〔唐〕姚汝能：《安禄山事迹》卷上，曾贻芬点校，中华书局，2006年，第78页。
⑥ 《资治通鉴》卷二一五，唐玄宗天宝元年正月，第6966页。
⑦ 《册府元龟》卷八六《帝王部·赦宥五》，第1021、1027页。
⑧ 《册府元龟》卷一三一《帝王部·延赏二》，第1571页；《旧唐书》卷九《玄宗本纪下》，第228页。
⑨ 《旧唐书》卷九《玄宗本纪下》，第230页；《资治通鉴》卷二一八，唐肃宗至德元载五月，第7089页。

图 3-7　唐兴庆宫勤政务本及花萼相辉之楼南、西、东立面图

(选自李百进:《唐兴庆宫平面布局和勤政务本楼遗址复原研究》,载《古建园林技术》1999年第1期,第33—34页)

宗还在此举行过制举考试。天宝十载（公元751年）九月,玄宗"御勤政楼试怀材抱器举人,命有司供食";十三载（公元754年）八月,玄宗又亲御勤政务本楼策试四科制举人,策外加诗赋各一首。①

（三）花萼相辉楼

花萼相辉楼位于宫城西南隅靠近西墙处,如上文所述,与勤政务本楼本是"一楼两面",故亦初建于开元八年（公元720年）。花萼相辉楼因与胜业坊宁王宪宅、薛王业宅,安兴坊岐王范宅、申王㧑宅,毗邻相望,取《诗经·小雅·棠棣》②中的花复萼,

---

① 《册府元龟》卷六四三《贡举部·考试一》,第7711页；《旧唐书》卷九《玄宗本纪下》,第229页。
② 《诗经注析》："常（棠）棣之华,鄂不韡韡。凡今之人,莫如兄弟。死丧之威,兄弟孔怀。原隰裒矣,兄弟求矣。脊令在原,兄弟急难。每有良朋,况也永叹。兄弟阋于墙,外御其务。每有良朋,烝也无戎。丧乱既平,既安且宁。虽有兄弟,不如友生。傧尔笾豆,饮酒之饫。兄弟既具,和乐且孺。妻子好合,如鼓瑟琴。兄弟既翕,和乐且湛。宜尔室家,乐尔妻帑。是究是图,亶其然乎?"见程俊英、蒋见元:《诗经注析》,中华书局,1991年,第448—452页。

萼承花，相互辉映之意，故题名为"花萼相辉楼"，以敦兄弟友悌之义。其楼修建得极其奢华，高盖《花萼楼赋》："攒画拱以交映，列绮窗以相薄；金铺摇，吹以玲珑，珠缀含烟而错落。饰以粉绘，涂之丹腰；飞梁回绕于虹光，藻井倒垂乎莲萼。"王谌《花萼楼赋》："于城之陬建此飞楼，横逦迤而十丈，上峻嶒而三休。仰接天汉，俯瞰皇州。"①（见图3-8）

图 3-8 唐兴庆宫花萼相辉楼复原图

[选自窦培德、罗宏才：《唐兴庆宫勤政务本楼花萼相辉楼复原初步研究》（下），载《文博》2006年第6期，第12页]

　　花萼相辉楼最初修建是为了联络兄弟感情、宴饮。《新唐书·三宗诸子传》载：长安年间，武则天回到长安，睿宗五子皆赐第隆庆坊，号"五王宅"，玄宗被立为太子后，仍与诸兄弟关系融洽，及即位后，原隆庆旧邸改为兴庆宫，而赐宁王宪及薛王业第于胜业坊，申、岐二王居安兴坊，环列宫侧，玄宗于宫西南置楼，其西署曰"花萼相辉之楼"，南曰"勤政务本之楼"，"帝时时登之，闻诸王作乐，必亟召升楼，与同榻坐，或就幸第，赋诗燕嬉，赐金帛侑欢。诸王日朝侧门，既归，即具乐纵饮，击球、斗鸡、驰鹰犬为乐，如是岁月不绝，所至辄中使劳赐相踵"②。开元十七年（公元729年）八月，玄宗以

---

① 〔宋〕李昉等：《文苑英华》卷四九，中华书局，1966年，第220、221页
② 《新唐书》卷八一《三宗诸子传·让皇帝宪传》，第3597页。

降诞日，宴百僚于花萼楼下。①随着开元二十四年（公元736年）的扩建，花萼楼又逐渐具备举行大型宴会、组织文武举人考试的功能。②开元二十七年（公元739年）安西都护盖嘉运擒获西突厥大首领都摩度和突骑施可汗吐火仙，诣阙献俘，唐玄宗"御花萼楼以宴之"③。玄宗有时在此宴见外国入唐使节。天宝元年（公元742年）九月，玄宗御花萼楼，"宴毗伽可汗妻可登及男女等，赏赐不可胜纪"，十月庚辰，又御花萼楼，宴蕃客。④唐玄宗也在花萼楼举行过科举考试，天宝元年（公元742年）九月，"御花萼楼试文武举人，命有司供食"；二年（公元743年）春，因科举考试出现舞弊问题，玄宗又大集登科举人，御花萼楼亲自重新策试，"登第者十无一二"，结果主考官被贬。⑤

（四）龙池

龙池位于兴庆殿后，大致在整个兴庆宫中部偏南的位置。龙池本是唐中宗景龙年间（公元707—710年），在长安隆庆坊南由于地势较低，长期积水而形成的一处小湖泊，当时称作"隆庆池"。这里曾是唐玄宗李隆基的居住地，而且"隆"不仅与"龙"音同，还与玄宗名字中的"隆"字相同，所以玄宗登基后被附会为其龙兴的征兆，称为"龙池"。后来又引龙首渠支渠水作为主要水源，故湖面有所扩大，"弥亘数顷，澄澹皎洁，深至数丈，常有云气"⑥。龙池不仅是兴庆宫内一处较大的水体景区，而且也是当时一处重要的祈雨祭祀场所。早在开元二年（公元714年）二月，玄宗就"诏令祠龙池"；十六年（公元728年），又置坛及祠堂，每年仲春祭之；十八年（公元730年）十二月，又祭祀龙池，并有龙见，因敕令太常卿韦绦草拟祭祀礼仪，韦绦奏请二月祭祀，池旁设坛，设笾豆如祭雨师之仪，牲用少牢，诏从之；二十三年（公元735年）五月，宗子请率月俸于兴庆宫建龙池圣德颂。⑦《明皇杂录》也记载了开元中，三辅大旱，玄宗于龙池祈雨之事。⑧

（五）沉香亭

沉香亭是兴庆宫内著名的休闲娱乐建筑，位于龙池东北。据说，沉香亭当时是用

---

① 《旧唐书》卷八《玄宗本纪上》，第193页。
② 辛龙：《花萼相辉楼的功能性质研究》，载《文博》2011年第2期，第52页。
③ 〔唐〕杜佑：《通典》卷一九九《边防十五·突厥下》，王文锦、王永兴等点校，中华书局，1988年，第5464页。
④ 《旧唐书》卷九《玄宗本纪下》，第215页；《册府元龟》卷一一〇《帝王部·宴享二》，第1311页。
⑤ 《册府元龟》卷六四三《贡举部·考试一》，第7711页；《旧唐书》卷一一三《苗晋卿传》，第3350页。
⑥ 《长安志》卷九《唐京城三》，第306页。
⑦ 《唐会要》卷二二《龙池坛》，第503—504页。
⑧ 〔唐〕郑处诲：《明皇杂录》卷上，田廷柱点校，中华书局，1994年，第17页。

沉香木建成，故而得名。沉香亭周围遍植各种名花异草，特别是各色牡丹、芍药，其中有红、紫、浅红、通白四种，还有晨为纯赤、午为浓绿、暮为深黄、夜为粉白，一日四变其色的珍贵名花。在繁花盛开之时，唐玄宗与杨贵妃在沉香亭赏月，诏选梨园弟子演奏，歌手李龟年欲歌之，玄宗曰："赏名花，对妃子，焉用旧乐词为？"因命李龟年持金花笺宣召翰林学士李白，李白若苦宿醒未解，援笔立成，进《清平调》三首，其词曰："云想衣裳花想容，春风拂槛露华浓。若非群玉山头见，会向瑶台月下逢。"又曰："一枝红艳露凝香，云雨巫山枉断肠。借问汉宫谁得似，可怜飞燕倚新妆。"再曰："名花倾国两相欢，长得君王带笑看。解释春风无限恨，沉香亭北倚阑干。"① 天宝以后，虽然唐朝皇帝不经常在兴庆宫居住，但还是很重视对其进行维护。长庆四年（公元824年），唐敬宗即位初，要修沉香亭，波斯商人李苏沙表示愿意进献所需木材。②

综上所述，虽然唐代的三大内有各自的营修背景，也适应了不同时期的不同需求，作为皇帝的主要居住地，随着皇帝在三大内的移动，王朝的政治中心也在三大内之间做出相应的移动，但是三大内之间总体上有相对明确的分工，各有其主要职能。笔者将以下表为例对此观点做进一步的阐发。

表 3-2 唐代诸帝与三大内关系表

皇帝	即位之地		听政之地①			驾崩之地	
	即位地点	文献出处	听政地点	时间	备注	驾崩地点	文献出处及备注
高祖	太极殿	《旧唐书》卷一	太极宫	约八年	逊位后仍居此宫约三年	大安宫（即弘义宫）	《新唐书》作垂拱前殿；《资治通鉴》作垂拱殿
太宗	东宫显德殿	《旧唐书》卷二	东宫	约三年	公元626—629年	含风殿（在翠微宫）	《资治通鉴》，发丧太极殿
			太极宫	约二十年	公元629—649年五月		
高宗	柩前	《新唐书》卷三	太极宫	约九年	公元649—663年，幸洛阳除外	贞观殿（在东都）	《旧唐书》作真观殿，查无此殿，据《新唐书》改
			大明宫	约十一年	公元663年起，幸洛阳除外		
武则天			大明宫	不详	公元663年入大明宫，临朝后多居东都，在长安则于大明宫	上阳宫仙居殿	

---

① 〔唐〕李濬：《松窗杂录》，见上海古籍出版社编：《唐五代笔记小说大观》（下），丁如明、李宗为、李学颖等校点，上海古籍出版社，2000年，第1213页。
② 《旧唐书》卷一七上《敬宗本纪》，第512页。

续表

皇帝	即位之地		听政之地			驾崩之地	
	即位地点	文献出处	听政地点	时间	备注	驾崩地点	文献出处及备注
中宗	柩前	《旧唐书》卷七	太极宫	约四年	神龙二年（公元706年）自东都返，常居西内	神龙殿（在西内，在神龙门内）	《资治通鉴》，发丧太极殿
	通天宫②	《旧唐书》卷七					
睿宗	承天门	《新唐书》卷五	太极宫	约二年	公元712年八月逊位后仍居西内	百福殿（在西内，在百福门内）	
玄宗			太极宫	约二年	公元712—714年	神龙殿	
			大明宫	约八年	公元714—728年		
			兴庆宫	约二十七年	公元728—760年		
肃宗	灵武	《旧唐书》卷一〇	大明宫	约五年	公元757—762年	长生殿（在大明宫）	《资治通鉴》，发丧太极殿
代宗	柩前	《旧唐书》卷一一	大明宫	约十七年	公元762—779年	紫宸内殿	《资治通鉴》，发丧太极殿
德宗	太极殿	《旧唐书》卷一二	大明宫	约二十六年	公元779—805年	会宁殿	《资治通鉴》，灵柩停太极殿
顺宗	太极殿	《旧唐书》卷一四	大明宫	约半年	公元805年八月逊位，移居南内	咸宁殿（在兴庆宫）	
宪宗	宣政殿③	《旧唐书》卷一四	大明宫	约十五年	公元805—820年	中和殿（在大明宫）	
穆宗	太极殿④	《旧唐书》卷一六	大明宫	约四年	公元820—824年	寝殿	《新唐书》作清思殿
敬宗	柩前	《旧唐书》卷一七上	大明宫	约二年	公元824—826年	大明宫	遇弑
文宗	宣政殿	《旧唐书》卷一七上	大明宫	约十四年	公元826—840年	太和殿（在大明宫）	
武宗	宣政殿	《旧唐书》卷一八上	大明宫	约六年	公元840—846年	不详	因其常年居东内，似也应崩于大明宫
宣宗	柩前	《旧唐书》卷一八下	大明宫	约十三年	公元846—859年	大明宫	《新唐书》卷八作咸宁殿
懿宗	柩前	《新唐书》卷九	大明宫	约十四年	公元859—873年	咸宁殿	
僖宗	柩前	《新唐书》卷九	大明宫	约十三年	公元873—888年	咸宁殿	
昭宗	柩前	《新唐书》卷一〇	太极宫	约十四年	公元888—898年，公元900—904年，公元904年后被迫迁都	椒殿（在东都）	遇弑
			大明宫	二年	公元898—900年		

注：
① 表中关于听政地点、时间的内容部分引自张永禄《唐都长安》，第77—78页（太极宫）、第93—94页（大明宫）、第102页（兴庆宫）。
② 通天宫即武则天于天册万岁二年（公元696年）所造明堂；《唐会要》卷一、《册府元龟》卷一〇作端扆殿，当在通天宫内。
③ 《新唐书》卷七作太极殿，第207页。
④ 《新唐书》卷八作枢前，第221页。

如上表所示，三大内都曾是唐王朝的正殿，三处宫殿群在形成一定规模后，随着时间的推移，其功能也有所变化，分工协作、互为一体的特点非常明显。首先，太极宫是作为唐代唯一的正宫而存在的，重大的礼仪活动如皇帝即位礼、皇帝驾崩后的殡葬礼多在这里举行。太宗即位于东宫当与高祖逊位后仍居于太极宫有关；中宗第二次即位于东都明堂、肃宗即位于灵武都是由当时的客观政治形势决定的；除宪宗、文宗、武宗即位于宣政殿外，其余诸帝或于太极殿或于枢前或于承天门即位，据《雍录》"诸帝梓宫皆殡太极"[①]之言，枢前亦相当于太极宫，都在西内。其次，大明宫是中唐以后最主要的听政场所。从上表可以看出，高宗以后的二百二十余年间，曾在太极宫听政的皇帝仅有四位（中宗、睿宗、玄宗、昭宗），总时间只有二十二年，在兴庆宫听政的皇帝仅一位（玄宗），时间也只有二十七年。这当与太极宫"湫湿"，不及大明宫高大轩敞有关。最后，兴庆宫主要是宴乐场所。兴庆宫修建于盛唐时期，其殿、楼、亭、阁等都极尽高大奢华之能事，是个非常理想的宴乐之地。玄宗及以后诸帝亦多于兴庆宫宴乐。纵观历史，作为唐代诸帝居住生活、治国听政的主要场所，三大内地位的变化，既与皇权重心在三大内之间的转换密不可分，同时又反映了长安城内政治空间变迁的轨迹。

---

① 《雍录》卷三《唐宫总说》，第53页。

第二节
离宫别馆

除三大内之外,隋唐关中地区还有许多专供皇帝游幸的离宫别馆,作为临时政治中心,众星拱月般环列在长安城周围,对长安城的都城政治功能起到辅助补充作用。史籍可考的关中唐代行宫约有十九座。长春宫、兴德宫、凤泉宫、九成宫、太平宫、琼岳宫、金城宫、神台宫等八座绍继杨隋。唐代另创新建了翠微宫、玉华宫、华清宫、万全宫、游龙宫、望春宫、望贤宫等十一座,包括庆善宫、龙跃宫是由高祖故居改置的行宫。[1] 从功用上看,这些行宫大致可分为消夏避暑的避暑宫、冬春疗养的温泉宫、两京道行宫和其他行宫等类型。[2]

一、仁寿宫与九成宫

九成宫原为隋文帝开皇十三年(公元593年)修建的仁寿宫,位于唐凤翔府麟游县西五里(今陕西麟游县城西五里天台山)。仁寿宫在隋末荒废,贞观五年(公元631年)唐太宗重修,改名九成宫,言其高峨九重之意;永徽二年(公元651年),改称万年宫;至乾封二年(公元667年)二月,又改回九成宫。[3] 据《新唐书·地理志》和《唐会要》的记载,九成宫有排云殿、九龙殿、延福殿、咸亨殿等宫殿,有永光门、玄武门等宫门,并置禁苑、府库及官寺,周垣一千八百步,外围还有马坊、南坊、北坊、西坊等羽林军宿营地和牧马的地方。九成宫北依天台山,襟带杜水,"炎景流金,无郁蒸之气;微风徐动,有凄清之凉"[4],是隋至唐前期著名的避暑行宫,许多皇帝早在二、

---

[1] 介永强:《关中唐代行宫考》,载《中国历史地理论丛》2000年第3辑,第207页。
[2] 吴宏岐:《西安历史地理研究》,西安地图出版社,2006年,第264页。
[3] 《唐会要》卷三〇《九成宫》,第647页。
[4] 〔清〕王昶辑:《金石萃编》卷四三《九成宫醴泉铭》,北京市中国书店,1985年,第5页。

三月就到这里躲避长安夏季炎热的天气，直到九月以后秋高气爽才回到长安。据《隋书·高祖纪下》记载，隋文帝于开皇十五年（公元595年）三月、开皇十七年（公元597年）二月、开皇十八年（公元598年）二月、开皇十八年（公元598年）十二月、仁寿二年（公元602年）三月、仁寿四年（公元604年）正月前后六次前往仁寿宫。①据《旧唐书·太宗本纪》和《旧唐书·高宗本纪》，唐太宗曾经六次、唐高宗曾经八次到九成宫避暑疗养。前后三位帝王二十次来这里避暑，累积时间达九年之多。隋唐皇帝之所以选择九成宫作为避暑之地，主要有三方面的原因：其一，九成宫地理条件优越，气候凉爽。此地"东望嵩华，千林结影；西瞻陇阪，派水分流；南俯荼原，风云交暎；北临石柱，川岳相萦……复涧澄阴，扇炎风而变冷；重峦潜暑，韬夏景而翻寒……可以陶莹心灵，澄清耳目"②。其二，九成宫规模宏大，功能设施较为齐备。经过隋唐两代的营建，九成宫"冠山抗殿，绝壑为池，跨水架楹，分岩竦阙。高阁周建，长廊四起，栋宇胶葛，台榭参差……至于炎景流金，无郁蒸之气；微风徐动，有凄清之凉。信安体之佳所，诚养神之胜地"③。其三，九成宫周边形势相对安全，有严密的管理体系。史载：唐代九成宫总监，设置有监、副监、丞、主簿、录事各一人，府三人，史五人。宫监掌"修完宫苑，供进炼饵之事"④，负责九成宫的日常维护和管理，副监为其助手。此外，九成宫周边还驻扎有一定数量的军队，以确保帝王的安全。⑤

二、温泉宫与华清宫

华清宫位于京兆府新丰县（今陕西西安市临潼区），是唐代最大的一座行宫。史载，秦始皇时，就曾在此"砌石起宇"修建汤池及房舍，名"骊山汤"；汉武帝又在秦汤基础上大加修造，扩建为离宫，此后历代帝王大都在此因温泉而建行宫。贞观十八年（公元644年），唐太宗诏将作大匠阎立德营建宫殿、御汤，赐名汤泉宫；咸亨二年（公元671年），高宗更其名为温泉宫；天宝六载（公元747年），玄宗又征发冯翊、华阴等郡丁夫，筑会昌罗城于温汤，"宫治汤井为池，环山列宫室，又筑罗城，置百司及

---

① 《隋书》卷二《高祖纪下》，第40、41、43、44、47、52页。
② 《全唐文》卷一五《万年宫碑铭并序》，第180—181页。
③ 《全唐文》卷一四一《九成宫醴泉碑铭》，第1433页。
④ 《新唐书》卷四八《百官志三》，第1262页。
⑤ 王双怀：《隋唐帝王与九成宫》，见王双怀：《古史新探》，陕西人民出版社，2013年，第71—77页。

十宅"①，并取"温泉沸涌而自浪，华清荡邪而难老"②之意，定名华清宫；八载（公元749年）四月，又作观风楼。③据《长安志·临潼》和《长安志图·唐骊山宫图》所记，华清宫北向，以北门津阳门为正门，门外左有修文馆，右有弘文馆。与津阳门相对的缭墙北门外有左、右朝堂，北缭墙外设有舞马台、大球场、小球场等娱乐场所。津阳门东为瑶光楼，楼南的飞霜殿西有杨妃赐浴汤海棠汤；宫城东门为开阳门，在开阳门与东缭墙之间有宜春亭、四圣殿、重明阁、斗鸡台等建筑；宫城西门为望京门，它与西缭墙之间有芙蓉园、粉梅坛、看花亭、西瓜园等；宫城南门为昭阳门，门外就是登山便道玉辇路。华清宫背靠骊山，面对清渭，山光水色极尽其美。唐代诗人杜牧《过华清宫》诗曰："长安回望绣成堆，山顶千门次第开"④，就描写了骊山上华清宫亭台楼榭鳞次栉比、百司廨署错落其间的壮丽情形。

华清宫是一处以温泉汤池为中心的宫殿群落，在唐玄宗时期达到鼎盛，玄宗几乎每年十月都要游幸华清宫，岁尽始还长安。开元二年（公元714年）至天宝十四载（公元755年），玄宗游幸华清宫三十六次⑤，微行间出不计其数。宫内数量众多的大小汤池星罗棋布，供排水设施完善，装饰奢华，以供来此的帝王嫔妃、皇亲贵戚、文武重臣们沐浴驱寒。唐玄宗专用的"御汤"（见图3-9），又称"莲花汤"，《明皇杂录》记载："玄宗幸华清宫，新广汤池，制作宏丽。安禄山于范阳以白玉石为鱼龙凫雁，仍为石梁及石莲花以献，雕镌巧妙，殆非人工。上大悦，命陈于汤中，又以石梁横亘汤上，而莲花才出于水际。……又尝于宫中置长汤屋数十间，环回甃以文石，为银镂漆船及白香木船置于其中，至于楫橹，皆饰以珠玉。又于汤中垒瑟瑟及沉香为山，以状瀛洲方丈。"⑥1983年8月至1986年6月，华清宫考古队对唐华清宫汤池遗址进行了发掘，发现一处保存基本完好的上下两层台式汤池遗址。上层台深0.8米，东西长约10.6米，南北正中宽6米，平面呈对称的莲花形状；下层台深0.7米，宽0.2~0.4米，平面呈较规整的八边形。池壁分为内外两层，内层砌石，外层用双层绳纹条砖堆砌，池底用青石板平铺，外呈莲花形，内为八边几何图形，在东、西、北三面各有一个两层的台阶可供上下。池

---

① 《新唐书》卷三七《地理志一》，第962页。
② 〔宋〕叶廷珪：《海录碎事》卷四下《地部下·宫殿门》，李之亮校点，中华书局，2002年，第140页。
③ 《唐会要》卷三〇《华清宫》，第651页。
④ 〔唐〕杜牧：《樊川文集》卷二《过华清宫绝句三首》，上海古籍出版社，1978年，第28页。
⑤ 吴宏岐《西安历史地理研究》第八章"隋唐两京周围行宫与园林研究"认为有三十七次，第268页。
⑥ 《明皇杂录》卷下，第28—29页。

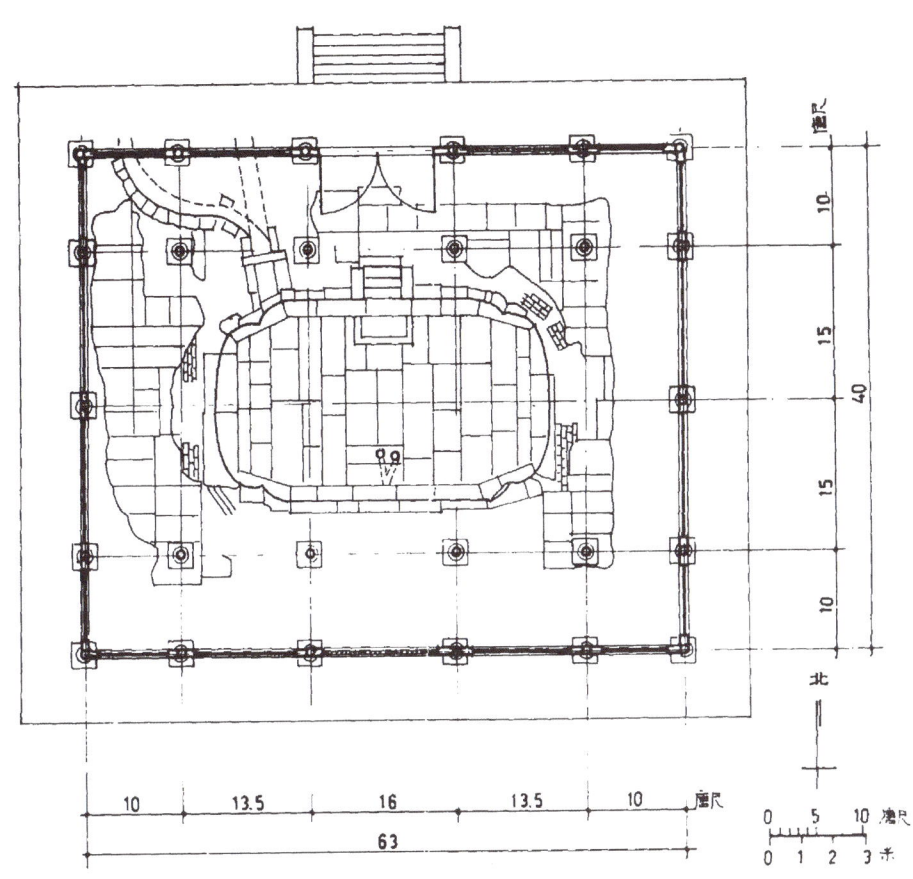

图 3-9 唐华清宫九龙殿御汤复原平面图
（选自张铁宁：《唐华清宫汤池遗址建筑复原》，载《文物》1995 年第 11 期，第 66 页）

底靠近南壁处有两个直径 15 厘米的圆形进水孔，西北角有双出水口。整个汤池以青石砌成。①这些与《明皇杂录》的描述基本吻合，可以认定就是唐玄宗专用的莲花汤。除皇帝专用汤池外，华清宫内还有供妃嫔洗浴的汤池十六所。杨贵妃专用的"海棠汤"，又称"贵妃汤"（见图 3-10），白居易《长恨歌》中有句："春寒赐浴华清池，温泉水滑洗凝脂。"②上述考古发掘中还发现一处呈海棠花形的石砌两层台式汤池。从上向下第一层深 0.72 米，东西长约 3.6 米，南北宽约 2.9 米，第一层台东西两端各有四层台阶；第二层深 0.55 米，长 3.1 米，宽 2.1 米。池底平铺青石板，正中有一直径 10 厘米的圆形进水口，与青石板下的陶质管道连接，这些进水管道位于汤池南正中地下 1.47 米处，往南逐渐升高，呈斜坡状。排水口在西北角，半椭圆形，短径 5 厘米，长径 18 厘米，与地下的陶水

---

① 唐华清宫考古队：《唐华清宫汤池遗址第二期发掘简报》，载《文物》1991 年第 9 期，第 1—2 页。
② 《白居易集笺校》卷一二《长恨歌》，第 659 页。

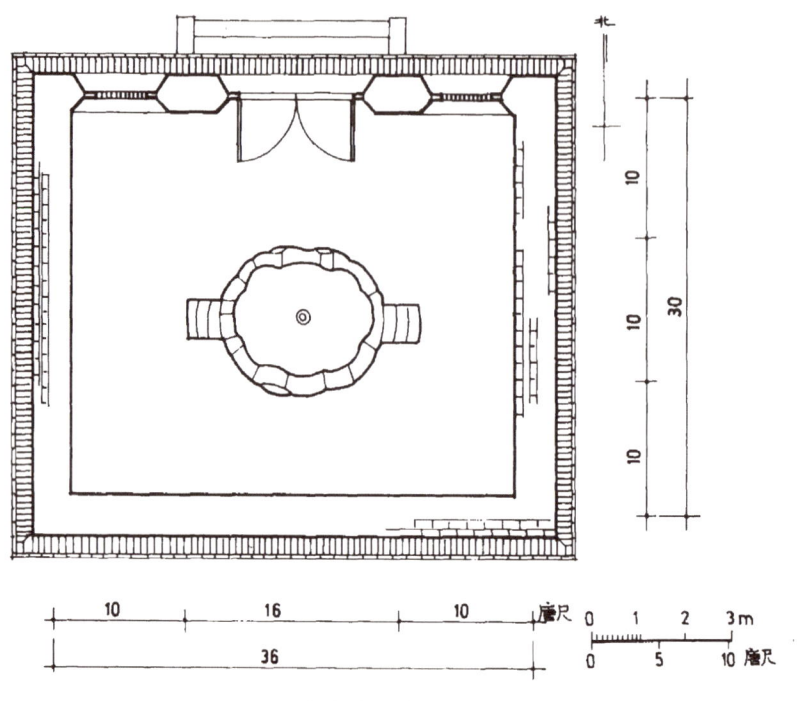

图 3-10 唐华清宫贵妃汤复原平面图

(选自张铁宁:《唐华清宫汤池遗址建筑复原》,载《文物》1995年第11期,第69页)

道连接,在距排水口约2.95米处有挡水闸门。此外,华清宫内也有皇室贵戚使用的"太子汤""星辰汤"和"尚食汤"等,《旧唐书·玄宗杨贵妃传》记载:"玄宗每年十月幸华清宫,国忠姊妹五家扈从"[①];另据史料记载,李林甫、安禄山也在华清宫内有洗浴汤池。安史之乱后,唐代帝王很少游幸华清宫。因此,华清宫非但没有得到应有的保护修建,而且还遭到严重的人为破坏。大历二年(公元767年),宦官鱼朝恩为修章敬寺就拆毁了华清宫的部分建筑。[②] 后晋天福年间,华清宫改为灵泉观,赐给道士。至宋代,华清宫汤所馆殿,已鞠为茂草,彻底荒废了。

三、玉华宫

玉华宫原名仁智宫,位于宜州宜君县的凤凰谷(今陕西铜川市金锁关镇玉华山)。武德七年(公元624年)五月,始造仁智宫于宜州宜君县;[③] 贞观二十一年(公元647

---

① 《旧唐书》卷五一《玄宗杨贵妃传》,第2179页。
② 《新唐书》卷二〇七《鱼朝恩传》,第5865页。
③ 《唐会要》卷三〇《诸宫》,第652页。

年）七月，唐太宗颁布《建玉华宫于宜君县凤凰谷诏》，将作大匠阎立德奉敕营造，"匠人以为层岩峻谷，玄览遐长，于是疏泉抗殿，包山通苑"①，大兴土木，在仁智宫基础上建成初有九殿五门的玉华宫。玉华宫跨山越岭，占据了凤凰谷、珊瑚谷、兰芝谷三谷之地。正门曰南风门，正殿曰玉华殿；正殿北有排云殿和庆云殿；正门之东有太子宫，其门名嘉礼门，殿名晖和殿；正殿之外又有肃成殿、庆福殿等别殿。此外，唐太宗还令王孝积于显道门内兴建紫微殿十三间，"文甍重基，高敞宏壮"。为了保障玉华宫的安全，在其西北庆州至宜州的要道上，还夯土筑墙，建成防备突厥、拱卫行宫的"遮奴障"。贞观二十二年（公元648年）四月，唐太宗御制《玉华宫铭》，诏令皇太子以下并和；永徽二年（公元651年）九月，唐高宗废玉华宫，设为佛寺，苑内旧是百姓田，并还本主。②

隋唐两代在关中地区营建了众多的离宫别馆，这些行宫多建在长安附近依山傍水、风景优美之地，但其具体的地理分布则因功用不同而有所差异。这些行宫为隋唐两代帝王提供了避暑休闲的绝佳场所，也为隋唐王朝的政治活动提供了多样化的地理空间，但同时其修建、维护又加重了劳动人民的负担。行宫也多有兴盛和荒废的变迁，其中原因是多方面的，既与帝王的喜好有关，又受到自然环境、社会政治环境等因素的深刻影响。

---

① 《册府元龟》卷一四《帝王部·都邑二》，第155页
② 《唐会要》卷三〇《玉华宫》，第646—647页

第三节
苑囿池沼

隋唐长安城及周边郊区，还有不少苑囿池沼，比较重要的有大内三苑、芙蓉苑、曲江池、昆明池等。这些苑囿池沼构成了唐代帝王休闲娱乐的重要场所和长安城生态环境的重要屏障。

一、大内三苑

大内三苑，即西内苑、东内苑和禁苑三个皇家狩猎场，都在长安城北面。

（一）西内苑

西内苑在西内太极宫之北，亦曰北苑，自玄武门外北至重玄门一里，西与宫城齐，东至大明宫右银台门。东、西外垣门为日营门、月营门，北为重玄门，亦曰鱼粮门，其南门即宫城北之玄武门。玄武门北以东有观德殿，是唐之射殿。永徽三年（公元652年），高宗幸观德殿，赐文武群官大射。[1]观德殿东有含光殿，《唐两京城坊考》记为"口光殿"，并注曰："旧本《长安志》'光'上一字似'合'字、'金'字。若作'含'，则与禁苑复，俟考。"[2]1956年冬，中国科学院考古研究所发掘队因建设宿舍掘土时，在此地发现了一块建筑"含光殿及毬场"的石志，石上刻文为"含光殿及毬场等，大唐大和辛亥岁乙未月建"（见图3-11），据此可知此地为含光殿无疑。按"大和"为唐文宗年号，"辛亥岁"当是大和五年（公元831年），"乙未月"为十一月，据此志可知于文宗大和五年（公元831年）十一月，在这一带建筑了"含光殿及毬场等"。但从发掘的情况来看，含光殿之下压有唐代早期的建筑，因此推测石志所记大和

---

[1] 《旧唐书》卷四《高宗本纪上》，第70页。
[2] 《唐两京城坊考》卷一《西京·三苑》，第28页。

图 3-11 唐西内苑含光殿石志拓本
（选自中国科学考古研究所编著：《唐长安大明宫》，科学出版社，1959年，第52页）

五年（公元831年）建含光殿，很可能是重建含光殿，而不是初建，在下面所压之唐代早期遗址或即高宗时的含光殿遗址的一部分。"吕图和长安志图唐禁苑图，在西内苑的南边近京城北垣处，有一含光殿，而长安志禁苑图，同时在禁苑北边鱼藻宫附近还有一含光殿，前者可能就是我们所发掘的含光殿遗址"。①总章元年（公元668年），唐灭高丽，李勣"献俘于含光殿"②，从两殿的位置来看，这次献俘的含光殿，可能是西内苑之含光殿，而不是鱼藻宫附近的含光殿。玄武门以西有广达楼，再西为永庆殿，其北东为冰井台，西为通过楼，西出西云龙门而北，则为大安宫。冰井台之北有樱桃园，《旧唐书·中宗本纪》记载：景龙四年（公元710年）四月，中宗与诸大臣、学士游樱桃园，令马上口摘樱桃，饮酒为乐。③园内有拾翠殿、看花殿，园之西有祥云楼，北至重玄门，重玄门东有歌武殿，西为翠华殿。又有永安殿、宝庆殿。④

（二）东内苑

东内苑在东内大明宫东南，南北二里，东西尽一坊之地。南门即大明宫之延政门，北门即左银台门，东门为太和门。苑中有龙首殿、龙首池。龙首池的水源即来自龙首渠。⑤《玄宗实录》载：先天二年（公元713年）三月，玄宗以旱，亲往龙首池祈雨，有赤蛇自池飞出，云雾四布，应时而雨。元和十三年（公元818年）二月，宪宗令疏浚龙首池，在其旁筑承晖殿。大和九年（公元835年）十月，为了修建鞠场，文宗曾诏左神策军二千人填龙首池。⑥但这次只是填塞一部分以造地，并不是完全填平，因为开成元

---

① 《唐长安大明宫》，第51—55页。
② 《唐会要》卷一四《献俘》，第372页。
③ 《旧唐书》卷七《中宗本纪》，第149页。
④ 《唐两京城坊考》卷一《西京·三苑》，第28—29页。
⑤ 《雍录》卷三《汉唐宫殿据龙首山》，第56页。
⑥ [宋]王应麟：《玉海》卷一七一《宫室·池沼·唐龙首池》，江苏古籍出版社、上海书店，1987年，第3147页。

年（公元836年），文宗又幸龙首池，观内人赛雨，甘泽屡降，文宗即兴赋《暮春喜雨诗》。会昌元年（公元841年），在龙首池东新造灵符应圣院。此外，还有看乐殿、小儿坊、内教坊、御马坊、球场亭子殿等设施。①

（三）禁苑

唐禁苑即隋大兴苑，开皇元年（公元581年）初置，东距浐水，北枕渭河，西包汉长安城，南接长安外郭城。东西二十七里，南北二十三里，四周达一百二十里。由于其南、宫城之北有西内苑，故南面三门偏于西苑之西，邻西内苑之门为芳林门，次西景曜门，又西光化门；西面二门，南者延秋门，次北玄武门；北面三门，西为永泰门，次启运门，次饮马门；东面二门，北者昭远门，次光泰门。苑中四面设四监进行管理，在东西者曰东监、西监，南面长乐监，北面旧宅监，又置苑总监统领，诸监隶属于司农寺。苑中殿、亭共有二十四所，有南望春亭、北望春亭（即望春宫）、坡头亭、柳园亭、月坡、球场亭子，桥有青城桥、龙鳞桥、栖云桥、凝碧桥、上阳桥。天宝二年（公元743年），韦坚引浐水抵苑东望春楼下为潭，名广运潭，在长安城东九里。另有鱼藻宫，元和十五年（公元820年）九月辛丑，穆宗"观竞渡、角抵于鱼藻宫，用乐"②。鱼藻宫东偏北有九曲宫。苑东有蚕坛亭、祯兴亭、神皋亭、七架亭、青门亭、桃园亭、临渭亭等。其隶属于旧宅监的原汉长安城建筑有七所：咸宜宫、未央宫、西北角亭、南昌国亭、北昌国亭、流杯亭、明水园。光化门北苑内又有梨园，内有球场。景云中，唐朝皇家马球队与吐蕃马球队在此比赛，中宗于梨园亭子观球。中宗还曾在清明日御梨园球场，命侍臣为拔河之戏。③梨园附近又有蒲萄园，有昭德宫、光启宫、含光殿、飞龙院、骥德殿、虎园、白华殿、会昌殿、西楼等位置不明的建筑。④

隋大兴城、唐长安城北部的大内三苑，不仅是皇帝休闲娱乐的重要场所，而且对城市的安全防御和生态环境都有非常重要的意义。由于宫城居于北部中央，其北即为城墙，大明宫更是直接建在城外，若无三苑则宫城背部就将直接暴露在城外威胁面前。三苑以广阔的无人空间环绕在宫城和大明宫北、东、西三个方向，建立起城市安全的隔离带，如同巨大的屏风，拱卫着宫城和皇城，而且北衙禁军也多驻屯于苑中，这样就从空间上和制度上保障了宫城和长安城的安全。宋人程大昌也认为："凡此三苑也者，地广

---

① 《唐两京城坊考》卷一《西京·三苑》，第29页。
② 《新唐书》卷八《穆宗本纪》，第222页。
③ [唐]封演撰，赵贞信校注：《封氏闻见记校注》卷六，中华书局，2005年，第53—55页。
④ 《唐两京城坊考》卷一《西京·三苑》，第29—32页。

而居要，故唐世平定内外祸难，多于苑中用兵也。太宗武德六月四日之变，建成、元吉皆死苑中……中宗之诛二张，元宗之平韦氏，则皆自玄武门资禁军为困（用）。……李晟自东渭桥入禁苑之东，逐出朱泚，而入屯于苑经宿，市人远者有不及知，即此足以见苑之阔远也矣。"①苑墙和苑门除具有保护禁苑内部建筑设施的功能外，还是国家内乱时皇帝西逃的专用安全通道。天宝十五载（公元756年），安史叛军兵逼长安，唐玄宗就是从禁苑的延秋门向西逃走的。②此外，大内三苑的设立对于改善城市的气候环境也有积极作用。禁苑内禁止采伐林木，植被覆盖率非常高，苑内还有不少自然池沼和人工池潭。这些在夏季除湿润空气之外，还可以有效地缓解人口聚集带来的城市局部温度较高，起到降温润湿的作用，在冬季可以抵御来自北方草原的沙尘，净化空气。同时，这些池沼也是长安城密布的水网系统的一部分，有利于长安城内部的水循环，有效地改善了长安城的小气候，为长安城市民提供了一个良好的生态用水环境和居住环境。综合言之，大内三苑不单单是唐朝皇室的休闲娱乐场所，而且起着保护长安城市安全和生态环境的作用。③

二、芙蓉苑

芙蓉苑本名曲江园，隋文帝改为芙蓉园④，又称芙蓉苑，位于曲江池东北部，二者相连，是唐长安城内一处风景胜地。《景龙文馆记》称："芙蓉园在京师罗城东南隅，本隋世之离宫也。青林重复，绿水弥漫，帝城胜景也。"⑤《大唐新语》载：贞观末，天旱，太宗"幸芙蓉园以观风俗"。⑥盛唐时，曾修建自大明宫至芙蓉苑的夹城复道。"开元二十年，筑夹城，通芙蓉园，自大明宫夹东罗城复道，由通化、安兴门次经春明门、延喜门又可以达曲江芙蓉园，而外人不知也。"⑦杜甫有诗云："六龙南下芙蓉苑，十里飘香入夹城"⑧，描写的就是玄宗从夹城前往芙蓉苑游赏的场景。随着唐朝皇

---

① 《雍录》卷九《唐三苑说》，第196页。
② 《旧唐书》卷九《玄宗本纪下》，第232页。
③ 王建国：《略论隋唐长安禁苑的作用》，载《三门峡职业技术学院学报》2009年第1期，第47页。
④ 《隋唐嘉话》卷上，第2页。
⑤ 《唐两京城坊考》卷三《西京·外郭城》，第92页。
⑥ 〔唐〕刘肃：《大唐新语》卷一一《褒锡第二十四》，徐德楠、李鼎霞点校，中华书局，1984年，第162页。
⑦ 《雍录》卷四《兴庆宫图说》，第79页。
⑧ 《类编长安志》卷三《芙蓉苑》，第80页。

帝的频繁巡幸，芙蓉苑就逐渐具有皇家御园的性质①，称为"南苑"。北宋张礼在《游城南记》中就说："芙蓉园在曲江之西南，隋离宫也。……园内有池，谓之芙蓉池，唐之南苑也。"②杜甫在《哀江头》诗中也曾写道："少陵野老吞声哭，春日潜行曲江曲。……忆昔霓旌下南苑，苑中万物生颜色。"③既称"南苑"，当是与北面的禁苑相对，其性质也应属皇家专享，王公大臣、平民百姓非经允许不得入内，所以李绅在《忆春日曲江宴后许至芙蓉园》中才言道："春风上苑开桃李，诏许看花入御园。"④这些都表明了芙蓉苑皇家御园的性质。

三、曲江池

曲江池地处少陵原与乐游原之间，以"江流屈曲"而得名，本是在历史时期逐渐形成的天然池沼。唐人欧阳詹在《曲江池记》中说：曲江池在先秦时期是"空山之㳇，旷野之湫"⑤。经过实地考察后，发现曲江池属于少陵原上带状分布的小型盆地之一，其底部有2~3米深的淤泥，再往下可挖出泥沙，有时还会挖出贝壳。从考察结果和文献记载来看，欧阳詹的说法是可靠的，曲江池在先秦时期确实呈现出比较原始的风貌。但从秦汉时期开始，人为的改造开始增多。隋代在修建大兴城时，由于曲江一带地势低洼潮湿，不宜兴建住宅，故宇文恺建议将曲江池辟为皇家园林，并动用大量的人力、物力对曲江池进行了修复改造，扩大了曲江池的水域面积。当时，曲江池盛产芙蓉，隋文帝遂下令将曲江池改名为"芙蓉池"。经过隋代的经营，曲江池的自然景观和人文景观都有了改善。到了唐初，曲江风景区便逐渐形成。唐玄宗开元年间，又对曲江池进行了大规模的修凿。一方面，挖掘池边的淤泥，疏通曲江风景区各洼地间的水道；另一方面，开凿黄渠引南山义谷水流入池中，使曲江池有了稳定的水源。此外，还在曲江周围修建了许多亭、台、楼、阁及其他游乐设施。这些人文景观或高大雄伟，或小巧玲珑，与自然景观和谐统一，相得益彰，使曲江风景区成为长安城最有名的游览胜地。

唐代曲江风景区以曲江池为中心，由曲江池、芙蓉苑、慈恩寺、杏园等一批重要景

---

① 耿占军：《关于曲江池与芙蓉园、芙蓉池的关系问题》，载《西安教育学院学报》2003年第3期，第11页。
② 《游城南记校注》，第81页。
③ 《全唐诗》卷二一六，第2268页。
④ 《全唐诗》卷四八〇，第5461页。
⑤ 《全唐文》卷五九七，第6033页。

点组成。故宫博物院藏的唐李昭道的《曲江图》生动形象地展现了唐代曲江的壮丽景色和繁盛场面。从史书记载和唐人诗文来看，唐代曲江池的水域面积广大，"东西三里而遥，南北三里而近"。池中不少地方水深不见底，有大量的鱼类生长。池东西两岸的大片浅水区域，生长着芙蓉，四周岸边则生长着许多杨柳、松柏、槐、柿、梅竹、菰蒲和各种各样的花卉。每当春和景明，曲江一带鸟歌枝头，鱼翔浅底，湖光山色，美不胜收。大慈恩寺在曲江池的西北，寺中的花木十分繁茂，春有杏花牡丹，夏有碧荷红莲，秋有金菊柿树，四季修竹长青，是曲江风景区中的一个重要景点。杏园位于大慈恩寺之南，以杏为主景，每至阳春日，各种树木花草发芽，"异香飘九陌，丽色映千门"[1]。

在欧阳詹看来，曲江池的存在有许多好处。首先，它美化了长安城的环境，"流恶含和，厚生蠲疾"，可以消除污秽，减少疾病，有益于人们的身体健康。其次，它改善了长安一带的空气，"涵虚抱景，气象澄鲜"，使长安城具有良好的生态环境。再者，它可以"洗虑延欢，俾人怡悦"，使人消除疲劳和忧虑，保持愉快的心情。此外，它还可以"栖神育灵，与善惩恶"，使人们的生活得到安宁。王棨更认为曲江池的好处超过了长安西南的昆明池和皇宫中的太液池。他在《曲江池赋》中说：曲江池"嘉树环绕，珍禽雾集。阳和稍近，年年而春色先来；追赏偏多，处处之物华难及。……岂无昆明而在乎畿内，岂无太液而在乎宫中。一则但畜龟龙之瑞，一则犹传战伐之功，曷若轮蹄辐凑，贵贱雷同，有以见西都之盛，又以见上国之雄"[2]。

由于唐代曲江风景区的环境优美，所以唐人十分喜欢曲江风景区，常到曲江一带游乐。史书记载，唐朝的许多皇帝都曾到过曲江，其中唐玄宗去的次数最多。为了方便前往曲江游乐，唐玄宗专门让人在长安城的东墙边修筑了"夹城"。他常与杨贵妃一同前往曲江赏花，随行大臣作诗唱和。有时，唐玄宗还要举行曲江大会。《唐摭言》载："逼曲江大会，则先牒教坊请奏，上御紫云楼，垂帘观焉。时或拟作乐，则为之移日。……曲江之宴，行市罗列，长安几于半空。"[3]

新科进士游赏曲江，参加杏园宴后，还要到大雁塔下题名。曲江流饮及雁塔题名是当时的盛事，故与宴之人多赋诗抒怀。如刘沧《及第后宴曲江》诗云："及第新春选胜游，杏园初宴曲江头。……霁景露光明远岸，晚空山翠坠芳洲。归时不省花间醉，绮陌

---

[1]《全唐诗》卷四六六《曲江亭望慈恩寺杏园花发》，第5299页
[2]《全唐文》卷七七〇，第8027页
[3]《唐摭言校注》卷三《散序》，第47页

香车似水流。"①除进士之外，皇亲国戚、文武官员、僧尼道士等亦多前往曲江。尤其是春季，百花盛开，风和日丽，游人最多。王涯《游春辞二首》其一云："曲江丝柳变烟条，寒骨冰随暖气销。才见春光生绮陌，已闻清乐动云韶。"②林宽《曲江》诗云："曲江初碧草初青，万毂千蹄匝岸行。"③杜甫《丽人行》也说："三月三日天气新，长安水边多丽人。"④由此可见曲江春游之盛。

曲江风景区在唐玄宗开元、天宝年间进入极盛时期。但是，安史之乱发生以后，曲江风景区遭到了很大的破坏。天宝十四载（公元755年），叛军西入关中，唐玄宗逃往四川，曲江沿岸的宫殿亭阁多被烧毁。大历二年（公元767年），鱼朝恩亦曾"坏曲江亭馆"以修章敬寺。安史之乱平息以后，唐王朝对曲江风景区进行了修复。到唐文宗时，又对曲江池进行疏浚改造。文宗见杜甫《哀江头》中"江头宫殿锁千门，细柳新蒲为谁绿"⑤的诗句，知天宝以前曲江四岸有楼台、行宫、廨署，"即命左右神策军差人淘曲江、昆明二池，仍许公卿士大夫之家于江头立亭馆，以时追赏。时两军造紫云楼、彩霞亭，内出楼额以赐之"⑥。经过这次疏浚修葺，来曲江游赏者再度增多。皇帝也经常在三月三日或九月九日在曲江赐宴游园。唐末战乱之后，曲江风景区遭到更大的破坏，迅速走向衰落。天祐元年（公元904年），朱温强迫唐昭宗迁都洛阳，对长安城进行了彻底破坏，"毁长安宫室百司及民间庐舍，取其材，浮渭沿河而下，长安自此遂丘墟矣"⑦。到北宋前期，曲江风景区已变得相当荒凉。宋人张礼在《游城南记》中描述了当时的情况："（大雁）塔自兵火之余，止存七层。长兴中，西京留守安重霸再修之，判官王仁裕为之记。长安士庶，每岁春时，游者道路相属。熙宁中，富民康生遗火，经宵不灭，而游人自此衰矣。""倚塔，下瞰曲江宫殿，乐游燕喜之地，皆为野草，不觉有《黍离》《麦秀》之感。"⑧曲江风景区是以自然景观为主、以人文景观为辅的著名风景区，其盛衰是与曲江池一带的环境演变息息相关的。汉唐时期，曲江一带的自然环境和社会环境较好，曲江风景区逐渐兴盛；五代以后，曲江一带的自然环境和社会环境急剧恶化，曲江风景区便走上了衰落的道路。曲江风景区环境的演变有自然的

---

① 《全唐诗》卷五八六，第6791页。
② 《全唐诗》卷二三，第298页。
③ 〔清〕李调元：《全五代诗》卷八六，清函海本。
④ 《全唐诗》卷二五，第336页。
⑤ 《全唐诗》卷二一六，第2268页。
⑥ 《旧唐书》卷一六九《郑注传》，第4401页。
⑦ 《资治通鉴》卷二六四，唐昭宗天祐元年正月，第8746页。
⑧ 《游城南记校注》，第23、42页。

因素，也有社会的因素，而社会的因素往往起着决定性的作用，隋唐时期曲江风景区的合理开发，在一定程度上改善了曲江一带的环境，而唐末五代的战乱使曲江一带的环境遭受了很大的破坏。①

四、昆明池

昆明池，位于隋唐长安城西郊十八里，即今西安市长安区斗门街道一带。其原为汉武帝时，为征讨西南地区的昆明国所开凿的练习水战之所，故曰昆明池。唐朝建立后，曾先后三次对昆明池进行修浚。第一次在贞观年间，《括地志》曰："丰、镐二水皆已堰入昆明池，无复流派。"②第二次是唐德宗贞元十三年（公元797年）八月，"诏京兆尹韩皋修昆明池石炭、贺兰两堰兼湖渠"③。第三次是唐文宗大和九年（公元835年）正月，"辛卯，发左、右神策千五百人浚曲江及昆明池"④。昆明池的面积，《三辅故事》载"池周三百二十顷"⑤，唐代修浚后，有所扩大。据考古发掘知，其东西约4.25公里，南北约5.69公里，周长约17.6公里，面积约16.6平方公里。⑥（见图3-12）

水战操练是昆明池最原始的功能，到唐初这种功能依然有所发挥。武德九年（公元626年）三月，唐高祖亲幸昆明池，以观习水战。⑦由此看来，当时的昆明池还发挥着操练水军的功能。同时，昆明池后来也逐渐衍生出水产养殖的功能。唐中宗时，安乐公主欲将昆明池据为己有，中宗"以百姓蒲鱼所资"，不许。⑧《刘宾客嘉话录》亦载："昆明池者，汉孝武所制，蒲鱼之利，京师赖之。"⑨但是，隋唐时期，昆明池最主要的还是风景游玩之地。唐代昆明池经过几次的浚修，更是湖光绿树连天，洲渚莲叶环绕，水色碧蓝鉴人，成为帝王将相游宴娱乐、文人雅士泛舟题咏和黎民百姓观赏的风景胜地。唐中宗时还在昆明池主持了一次赛诗会，"中宗正月晦日幸昆明池赋诗，群臣应制百余篇"，由上官婉儿选择一首作为新翻御制曲，最后沈佺期和宋之问二诗不相上

---

① 王双怀：《曲江风景区的环境变迁》，载《西北大学学报》（自然科学版）2000年第6期，第536页。
② 〔唐〕李泰撰，贺次君辑校：《括地志辑校》卷一《雍州·长安县》，中华书局，1980年，第11页。
③ 《旧唐书》卷一三《德宗本纪下》，第386页。
④ 《资治通鉴》卷二四五，唐文宗大和九年正月，第8023页。
⑤ 《雍录》卷六《昆明池》，第128页。
⑥ 中国社会科学院考古研究所汉长安城工作队：《西安市汉唐昆明池遗址的钻探与试掘简报》，载《考古》2006年第10期，第54页。
⑦ 《新唐书》卷一《高祖本纪》，第19页。
⑧ 《资治通鉴》卷二〇九，唐中宗景龙二年七月，第6740—6741页。
⑨ 〔唐〕韦绚：《刘宾客嘉话录》，见《唐五代笔记小说大观》（上），第811页。

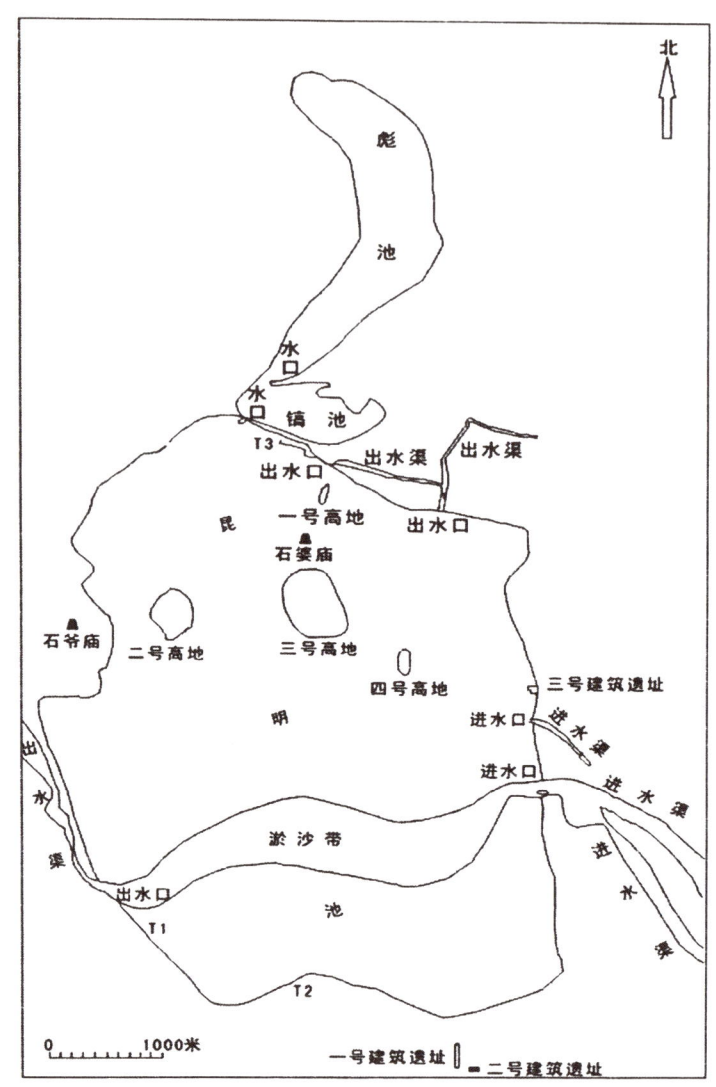

图 3-12 唐昆明池遗址钻探试掘平面图

（选自中国社会科学院考古研究所汉长安城工作队：《西安市汉唐昆明池遗址的钻探与试掘简报》，载《考古》2006 年第 10 期，第 54 页）

下，最终上官婉儿选择了宋诗，认为："二诗工力悉敌，沈诗落句云：微臣雕朽质，羞睹豫章材，盖词气已竭。宋诗云：不愁明月尽，自有夜珠来，犹陟健举。"[①]现存吟咏昆明池的诗作有宋之问、沈佺期、李峤三人的昆明池侍宴应制诗，以及杜甫的《秋兴八首》（其七）、白居易的《昆明春》、王维的《春日与裴迪过新昌里访吕逸人不遇》、温庭筠的《昆明池水战词》、贾岛的《昆明池泛舟》、苏颋的《昆明池晏坐答王兵部珣

---

① 《唐诗纪事校笺》卷三《上官昭容》，第 50 页。

三韵见示》、无名氏及朱庆馀的《省试晦日与同志昆明池泛舟》、范灯的《忆长安·九月》、李百药的《和许侍郎游昆明池》、胡曾的《咏史诗·昆明池》、储光羲的《同诸公秋日游昆明池思古》、任希古的《和东观群贤七夕临泛昆明池》、童翰卿的《昆明池织女石》、韩偓的《乱后春日经野塘》等。此外,由于唐代科举考试以诗赋取士,所以还出现了以咏叹昆明池为主题的赋作,如宋之问的《上巳泛舟昆明池宴宗主簿席序》、李子卿的《昆明池石鲸赋》、王起的《汉武帝游昆明池见鱼衔珠赋》《昆明池习水战赋》、张仲素的《涨昆明池赋》、宋俊的《涨昆明池赋》等。可见,昆明池作为长安游乐饮宴胜地,给人们带来水乡的乐趣。杜甫的《秋兴八首》歌咏了盛唐帝都长安有代表性的风光胜迹,其中第七首为咏叹昆明池,其诗曰:"昆明池水汉时功,武帝旌旗在眼中。织女机丝虚月夜,石鲸鳞甲动秋风。波漂菰米沉云黑,露冷莲房坠粉红。关塞极天唯鸟道,江湖满地一渔翁。"①唐末,随着社会的动荡和自然环境的恶化,昆明池逐渐淤积荒废。贾岛的《昆明池泛舟》反映了当时昆明池的实际状况,诗云:"一枝青竹榜,泛泛绿萍里。不见钓鱼人,渐入秋塘水。"②到了宋代,昆明池彻底干涸,成为民田。③

昆明池的兴衰,与长安城的政治环境和经济状况有着密切的关系。昆明池是西汉鼎盛时期为训练水军而开凿的,后来逐渐发展出供水、养殖等功能,至唐代成为长安城重要的风景区,因其优美的风景和厚重的文化积淀,留下了文人墨客大量的吟咏文字,成为大唐盛世良好的诠注。

---

① 《全唐诗》卷二三〇,第2510页。
② 《全唐诗》卷五七三,第6675页。
③ 《长安志》卷一二《县二·长安》,第391页。

第四节
神圣空间

中国自古就是一个礼仪之邦，以礼治国是古代国家重要的治国原则，举行各种礼制活动就成为古代国家治理的重要内容，因而作为国家治理中心的都城就成为各种礼仪集中展示的空间。中国古代都城礼制经过商周时的初建和春秋战国时期的礼崩乐坏、魏晋南北朝时期的南北对立，到隋唐时期统治者都非常重视礼在国家治理中的作用，多次组织大臣、学者修礼，根据时代的发展需要，对前代遗留下来的礼制进行简化，先后出现了贞观礼、显庆礼和开元礼①，为长安城礼仪空间的运作提供了规范化指导。但同时唐代长安城作为王朝政治活动的中心，都城礼制逐步沦为政治附庸，礼制建筑与宫殿建筑的分化日益明显，礼制场所逐步沦为政治斗争的舞台。②

在中国古代，礼是人们重要的日常行为规范，大致可分为吉礼、凶礼、军礼、宾礼、嘉礼，涉及国家政治和人们生活的方方面面。在五礼中，关于祭祀的吉礼尤为重要，"凡治人之道，莫急于礼；礼有五经，莫重于祭"③。故人们常说"国之大事，在祀与戎"，把祭祀看作与国家安全同等重要的大事。"凡帝王徙都立邑，皆先定天地社稷之位，敬恭以奉之。将营宫室，则宗庙为先，厩库为次，居室为后。"④古代都城既有祭祀天地神祇的圜丘、方丘，也有祭祀祖先的太庙。同时，在农业社会中，与祭祀和农桑生产密切相关的社稷坛、先农坛和先蚕坛也是必不可少的，众多的佛寺、道观和私人家庙也是都城中祭祀空间的一部分。而在都城的祭祀建筑中，以国家身份进行祭祀的礼仪建筑是主要的。故本节以此类礼仪建筑为例，对唐长安城中的神圣空间

---

① 《旧唐书》卷二一《礼仪志一》，第816—819页。
② 姜波：《汉唐都城礼制建筑研究》，文物出版社，2003年，第250—255页。
③ 〔清〕孙希旦：《礼记集解》卷四七《祭统第二十五》，沈啸寰、王星贤点校，中华书局，1989年，第1236页。
④ 〔晋〕陈寿：《三国志》卷二五《高堂隆传》，〔刘宋〕裴松之注，中华书局，1959年，第711页。

进行探讨。（见图3-13）

一、宗庙

在"家天下"的时代，天子具有双重身份，他不仅是世俗政权的最高统治者，也是皇族的最高族长，祭祖活动是帝王提倡孝道、彰显"亲亲"之意的重要手段，太庙则是帝王祭祀祖先的重要场所。按古礼，天子有七庙，"曰考庙、王考庙、皇考庙、显考庙、祖考庙，

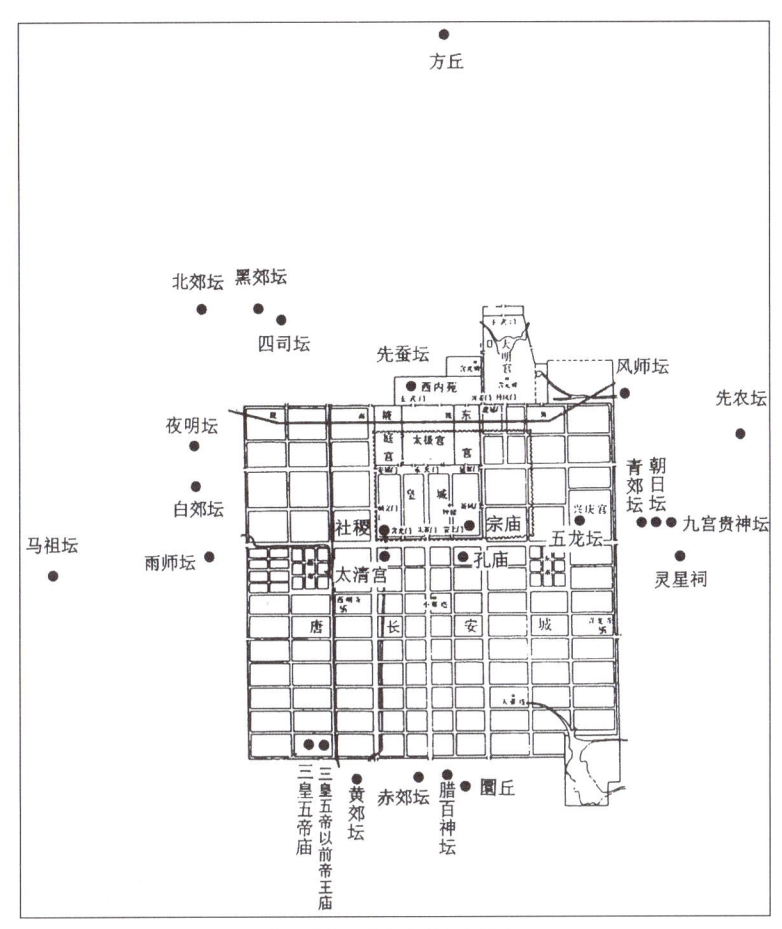

注：武成王庙在皇城含光门内

图3-13 唐代长安礼制建筑分布示意图

（选自姜波：《汉唐都城礼制建筑研究》，文物出版社，2003年，第187页）

有二祧远庙"[①]。隋文帝时，崇建宗庙，但"宗庙未言始祖，又无受命之祧，自高祖已下，置四亲庙，同殿异室而已。一曰皇高祖太原府君庙，二曰皇曾祖康王庙，三曰皇祖献王庙，四曰皇考太祖武元皇帝庙"。祭祀之礼以孟月飨以太牢，四时荐新于太庙，有司行事，而不出神主。祔祭之礼，并准时飨。其司命、户以春，灶以夏，门以秋，行以冬，各于享庙日祭祀，中霤（室中央）则以季夏祀黄郊日命有司于庙西门道南以少牢祭之。三年一祫，以孟冬；五年一禘，以孟夏。禘祫之月，则停时飨，而陈诸瑞物及伐国所获珍奇于庙庭。隋炀帝即位初，欲遵周法，营设七庙，诏有司详定礼仪。礼部侍郎、摄太常少卿许善心与博士褚亮等商定："太祖、高祖各一殿，准周文武二祧，与始祖

---

① 〔晋〕范宁：《春秋穀梁传注疏》卷八，清嘉庆二十年（公元1815年）南昌府学重刊宋本。

而三。余并分室而祭。始祖及二祧之外，从迭毁之法。"隋炀帝诏可，但未及创设，迁都洛阳，只在东都固本里设天经宫，四时致祭高祖衣冠而已，①终隋一代未立天子七庙之制。

武德初，唐代宗庙之制沿袭隋制立四庙。贞观九年（公元635年），高祖崩，太宗诏有司定议祔庙之制，谏议大夫朱子奢请立七庙，尚书八座最后议定："《礼》曰：'天子，三昭三穆，与太祖之庙而七。'晋、宋、齐、梁皆立亲庙六，此故事也。"于是祔弘农府君及高祖为六室。二十三年（公元649年），太宗崩，弘农府君以世远毁，藏夹室，祔太宗神主入庙。及高宗崩，宣皇帝迁于夹室，而祔高宗，始终仅六室。武则天改唐为周，改长安李氏太庙为享德庙。神龙元年（公元705年），中宗复位后，恢复长安的唐太庙，又于东都立太庙，议立七庙，以景皇帝为始祖，而不祔宣皇帝神主，以孝敬皇帝为义宗祔于庙，由是为七室，长安太庙亦为七室。中宗崩，义宗另立庙于东都，祔中宗，而光皇帝不迁，遂为七室。睿宗崩，又于太庙之西为中宗立别庙祔神主，而祔睿宗以继高宗。开元十年（公元722年），诏宣皇帝复祔于正室，谥为献祖，并谥光皇帝为懿祖，又以中宗还祔太庙，于是太庙为九室。宝应二年（公元763年），又祧献祖、懿祖，祔玄宗、肃宗，"自是之后，常为九室"。此后，有皇帝崩，则依次迁，终唐之世，形成九庙十一室的宗庙制度。②

关于唐太庙设立的位置和时间，宋敏求《长安志》记在皇城承天门街之东第七横街之北、安上门街之东，自注曰："其地本隋太府寺玉作坊。……先天中置庙废坊焉。"③认为唐太庙是先天年间新建。然《旧唐书·姚崇传》却载：开元五年（公元717年）正月，玄宗将巡幸东都，而太庙屋毁，姚崇对曰："太庙殿本是苻坚时所造，隋文帝创立新都，移宇文朝故殿造此庙，国家又因隋氏旧制，岁月滋深，朽蠹而毁。"④玄宗令重修太庙，十月"京师修太庙成"。⑤从上可知，唐玄宗以前李唐太庙是继承杨隋太庙殿室，开元五年（公元717年）太庙坏后，玄宗命人重新修建，故宋氏"其地本隋太府寺玉作坊"和"先天中置庙"之说明显有误。

唐代太庙，初由太常寺下的太庙署管理。开元二十四年（公元736年），废太庙

---

① 《隋书》卷七《礼仪志二》，第136—139页。
② 《新唐书》卷一三《礼乐志三》，第339—341页。
③ 《长安志》卷七《唐京城一·皇城》，第251页。
④ 《旧唐书》卷九六《姚崇传》，第3025—3026页。
⑤ 《旧唐书》卷八《玄宗本纪上》，第177—178页。

署,令少卿一人知太庙事。若要祭祀于宗庙,由太常少卿率太祝、斋郎入荐香烛,整拂神幄,出入神主;将享,则与良酝令实樽罍。①太庙内九室,每室有长三人,掌管室内樽、罍、篚、幂、锁钥,又有罍洗二人。②太庙的祭祀,按唐礼制:四时以孟月享太庙,每室用太牢;季冬腊祭之后,以辰日腊享于太庙,用牲如时祭;三年一祫,以孟冬;五年一禘,以孟夏;时享之日,修七祀于太庙西门内之道南,司命、户以春,灶以夏,门、厉以秋,行以冬,中霤则于季夏迎气之日祀之;若品物时新堪进御者,所司先送太常,与尚食相知,简择精好者,以滋味与新物相宜者配之。③祭祀的过程有六个步骤:一曰卜日,"凡大祀、中祀无常日者卜,小祀则筮,皆于太庙"④;二曰斋戒;三曰陈设;四曰省牲器;五曰奠玉帛;六曰进熟。

安史之乱,长安沦陷,太庙为叛军所焚,肃宗收复京师后,设次光顺门外,缞庙而哭,辍朝三日,重建太庙,搜寻神主。唐末,黄巢再陷京师,"焚毁宗庙。而僖宗出奔,神主法物从行,皆为贼所掠"。⑤光启三年(公元887年)六月,太常礼院奏请"先葺宗庙神主,然后还宫",于是唐僖宗诏修太庙,使宰相郑延昌修奉太庙,但由于当时"宫室未完,国力方困,未暇举行旧制",故郑延昌请暂时以少府监大厅为太庙,太庙共十一室二十三间,每间十一架,少府监有五间,增改成十一间,以备十一室之数。⑥此后,长安城又数遭战乱,太庙也毁于战火之中。

另外,出于政治的需要,借"拥真人之阀阅"以提高李唐皇室的地位,唐代统治者追认道家创始人老子为先祖,因此祭祀老子的太清宫就也具有宗庙的性质。武德初,有晋州人吉善行于羊角山,见一老叟,自称唐天子祖,唐高祖为其立庙;乾封元年(公元666年),高宗追尊老子为太上玄元皇帝,初次将老子追封为皇帝;此后,天宝年间,玄宗又前后三次给老子加皇帝尊号。而对老子的祭祀,天宝元年(公元742年)正月,初置玄元皇帝庙于大宁坊西南角,采太白山砥石为玄元皇帝圣容,采白石为玄宗圣容,侍立于玄元皇帝之右,衣以王者衮冕服饰。二月,敕:自今以后,每有荐新,先献玄元庙;其缘告享所奏乐,令所司详定奏闻,并差宗正寺官一员及差户洒扫;每祠享所斋郎,以崇玄学学生充当。九月,敕改玄元庙为太上玄元皇帝宫。至二年(公元743

---

① 《唐六典》卷一四《太常寺》,第394、395页。
② 《新唐书》卷四八《百官志三》,第1242页。
③ 《旧唐书》卷二五《礼仪志五》,第941页。
④ 《新唐书》卷一一《礼乐志一》,第311页。
⑤ 《新唐书》卷一三《礼乐志三》,第342页。
⑥ 《旧唐书》卷一九下《僖宗本纪》,第728页。

年)三月,又改长安玄元宫为太清宫。二年(公元743年)二月,敕:太清宫委崇玄馆大学士都检校;三月,敕:自今以后,每圣祖宫有昭告,改用卯时以前行礼。四载(公元745年)四月,敕:太清宫行礼官,改用朝服,停用祝版,改为青词于纸上,其告献辞、新奏乐章,由玄宗自修撰,所司具议仪注奏闻。十三载(公元754年)正月,令有司每至春日,修荐献上香之礼于太清宫,永为常式。兴元元年(公元784年)十二月,诏太清宫祭祀以太常卿亚上香,光禄卿终上香,改三礼拜为再拜。会昌元年(公元841年),敕:太清宫荐告,皆用朝谒之仪。①从唐玄宗置庙之后,唐朝历代皇帝都十分重视太清宫的祭祀,皇帝亲自朝献太清宫的记载不绝于史。

表3-3 唐代帝王朝献太清宫情况统计表

皇帝	次数	朝献太清宫情况	
		时间	文献出处
玄宗	四	天宝元年二月辛卯	《新唐书》卷五,第142页
		天宝八载闰六月丙寅	《新唐书》卷五,第147页
		天宝十载正月壬辰	《新唐书》卷五,第147页
		天宝十三载二月壬申	《新唐书》卷五,第149页
肃宗	一	元年建子月己酉	《新唐书》卷六,第164页
代宗	一	广德二年二月癸酉	《新唐书》卷六,第170页
德宗	三	建中元年正月己巳	《新唐书》卷七,第185页
		贞元六年十一月戊辰	《新唐书》卷七,第197页
		贞元九年十一月癸未	《新唐书》卷七,第199页
宪宗	一	元和二年正月己丑	《新唐书》卷七,第209页
穆宗	一	长庆元年正月己亥	《新唐书》卷八,第223页
敬宗	一	宝历元年正月己酉	《新唐书》卷八,第228页
文宗	一	大和三年十一月壬辰	《新唐书》卷八,第232页
武宗	二	会昌元年正月己卯	《新唐书》卷八,第240页
		会昌五年正月己酉	《新唐书》卷八,第244页
宣宗	二	大中元年正月壬子	《新唐书》卷八,第246页
		大中七年正月丙午	《新唐书》卷八,第250页
懿宗	二	咸通元年闰十月乙亥	《新唐书》卷九,第256页
		咸通四年正月戊辰	《新唐书》卷九,第258页
僖宗	一	乾符二年正月己丑	《新唐书》卷九,第265页
昭宗	一	龙纪元年十一月丁未	《新唐书》卷一〇,第285页

① 《唐会要》卷五〇《尊崇道教》,第1013—1017页。

二、圜丘与方丘

圜丘又称圆丘、天坛,是古代帝王进行祭天活动的场所;方丘是帝王祭祀地祇的场所。隋文帝营建大兴城,设置圜丘于国之南,太阳门外道东二里,方丘于宫城北十四里。圜丘之制,分四层,各层高八尺一寸,最下层周长二十丈,第二层周长十五丈,第三层广十丈,第四层广五丈。其祭祀之礼,每年冬至日,祀昊天上帝于其上,以太祖武元皇帝配;五方上帝、日月、五星、内官四十二座、次官一百三十六座、外官一百一十一座、众星三百六十座从祀,其中上帝、日月在丘之第二等,北斗五星、十二辰、河汉、内官在丘第三等,二十八宿、中官在丘第四等,外官在内壝之内,众星在内壝之外;祭祀所用牲,上帝、配帝用苍犊二,五帝、日月用方色犊各一,五星以下用羊豕各九。而方丘之制,分二层,每层高五尺,下层周长十丈,上层周长五丈。其祭礼为夏至之日,祭皇地祇于其上,以太祖配,神州、迎州、冀州、戎州、拾州、柱州、营州、咸州、阳州九州山、海、川、林、泽、丘陵、坟衍、原隰从祀;其祭牲地祇及配帝在坛上,用黄犊二,神州九州神座于第二等八陛之间,按方位排列,各用方色犊一;九州山、海以下,各依方面八陛之间;其冀州山、林、川、泽、丘陵、坟衍,于坛之南,少西,加羊豕各九。[①]

武德初,圜丘与方丘的建筑和祭祀礼仪基本继承了隋制。唐圜丘位于长安城正南门明德门(即隋大兴城太阳门)外道东二里[②],形制也与隋代坛制一样,仅在祭祀礼仪上做了必要的改革。每岁仍以冬至,祀昊天上帝于此,祭祀时昊天上帝及配帝设位于平座,"藉用稿秸",祭器用陶匏;五方上帝、日月、内官、中官、外官及众星皆从祀,祭牲如隋制。孟夏之月,再次雩祀昊天上帝于圜丘,亦以景帝配,牲用苍犊二,五方上帝、五人帝、五官并从祀,用方色犊十。只是唐代圜丘祭祀昊天上帝所配祀者前后有所变化,唐高祖时以景皇帝配,太宗时以高祖配,高宗时以高祖、太宗同配,武则天临朝称制时以高祖、太宗、高宗并配,开元二十一年(公元733年)罢三祖并配之仪,仅以高祖配,宝应二年(公元763年)又改以太祖景皇帝配。[③]经过几次改易,唐代圜丘祭天最终形成以始封之君配祀之制。1999年3月至7月,中国社会科学院考古研究所西安唐城工作队对唐长安城圜丘遗址及其附属建筑进行了考古发掘,其遗址位于西安市雁塔

---

① 《隋书》卷六《礼仪志一》,第116—117页。
② 据考古发掘得知,唐圜丘位于长安城明德门遗址东去约950米处,与文献记载基本吻合。
③ 《旧唐书》卷二一《礼仪志一》,第820—843页。

区吴家坟陕西师范大学南区体育场以东,南邻该校体育系中专部学生宿舍,北依该校自考中心女生宿舍,东以砖墙与瓦胡同村相隔,西南距陕西广播电视发射塔650米。圜丘主体部分是以黄土夯筑而成的圆形高台式坛体建筑,平面呈四重同心圆形,四层圆形夯土台基叠置而起,圆台面径自下往上逐层均匀递减,第一层为52.45~53.15米,第二层为40.04~40.89米,第三层为28.35~28.48米,第四层为19.74~20.59米;各层台高也大致相近,第一层为1.85~2.1米,第二层约1.7~1.85米,第三层为1.45~1.75米,第四层为1.75~2.25米。从残存状况推测,圜丘总高最大可达8.12米。环绕每层圆台,以30°夹角均匀设置十二个陛阶,陛阶宽1.8~4米,四层共置四十八个。①(见图3-14)据《大唐郊祀录》记载,自北始按顺时针方向依次称为子陛、丑陛、寅陛、卯陛、辰陛、巳陛、午陛、未陛、申陛、酉陛、戌陛和亥陛。其中子陛、卯陛、午陛和酉陛因所处方位又可称为北陛、东陛、南陛和西陛。②

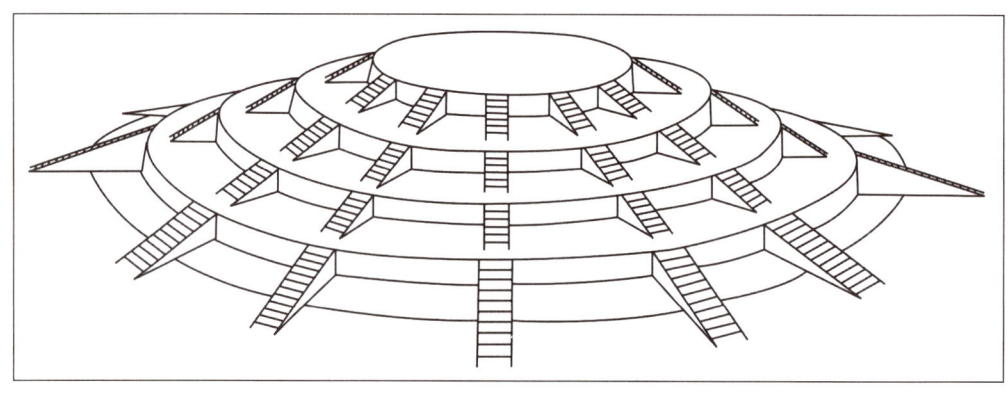

图 3-14 唐圜丘遗址复原示意图
(据唐天坛遗址保护工程图片清绘)

唐代方丘位于宫城北十四里禁苑内。③其祭礼,唐初《武德令》主要还是继承隋制,规定:祭祀时间为夏至日,祭祀对象以皇地祇为主,也以景皇帝为配帝,二者设位于坛上;以神州、五岳、四镇、四渎、四海、五方、山林、川泽、丘陵、坟衍、原隰等从祀,神州位在坛下层,五岳以下三十七座在坛下外壝之内,丘陵等三十座在壝外;

---

① 中国社会科学院考古研究所西安唐城工作队:《陕西西安唐长安城圜丘遗址的发掘》,载《考古》2000年第7期,第31页。
② 〔唐〕王泾:《大唐郊祀录》卷四《冬至祀昊天上帝》,见〔唐〕中牧:《大唐开元礼》,民族出版社,2000年,第757页。
③ 《大唐郊祀录》卷八(第782页)称"其坛长安在宫城北四里",今据《旧唐书》卷二一(第820页)可知,《大唐郊祀录》"北四里"当为"北十四里"之误。

祭祀之牲，地祇、配帝用牛犊二，神州用黝犊一，岳镇以下加羊、豕各五头。[1]经过百余年的发展，唐王朝逐渐形成了一套自己的方丘祭祀体系，成书于贞元九年（公元793年）的《大唐郊祀录》中就记载从祀对象增加到了六十八座[2]，比唐初有所增加。

三、社稷

在古代农业社会，民以食为天，土地是万物生长之本，是农业生产最基本的生产资料，谷物是最重要的粮食作物，因而祭祀土地神和谷物神，祈求丰收，就成为封建国家重要的职责。正所谓"人非土不立，非谷不生……保其社稷而和其民人。但土地广博不可遍敬，五谷众多不可遍祭，故立社稷，别报祭之"。社稷祭祀是对土地神和谷神最重要的祭祀。唐代的社稷祭祀就分为大社和大稷两种。按"左祖右社"的古制，唐代大社坛在长安皇城承天门街西，第七横街之北，含光门内道西，大稷坛在大社坛之西。关于其建筑形制，《大唐开元礼》载：

> （大社坛）其制广五丈，五色土为之。稷坛如社之制。又社坛之上以石为主，如钟形，长五尺，方二尺，剡其上，方其下，埋其半，以根在土。其神座皆向北，配居左而东向。其社稷，四面宫垣，华饰，各依方色。面各一屋三门，每门二十四戟。四隅皆连饰浮思，如庙之制。其中树槐，其坛三分宫之一，在南，无屋。[3]

唐代社稷的祭祀主要在仲春、仲秋上戊日，祭大社以后土配祀，祭大稷以后稷配祀，祭牲各用太牢一，牲色并黑，簋、豆、簠、篚各二，铏、俎各三。[4]

四、先农坛与先蚕坛

传统农业社会中，农耕与饲蚕是基本的社会生产活动。先农坛和先蚕坛是祭祀农神和蚕神以祈求丰收的重要场所。

先农祭祀，古已有之。汉谓之官稷，北齐及隋皆称先农。唐初称为帝社，武则天改为先农；至神龙元年（公元705年），中宗复曰帝社；至开元时，又采齐隋之义，复先

---

[1] 《旧唐书》卷二一《礼仪志一》，第820页。
[2] 《大唐郊祀录》卷八《夏至祭皇地祇》，见《大唐开元礼》，第782页。
[3] 《大唐郊祀录》卷八《祭大社大稷》，见《大唐开元礼》，第784、785页。
[4] 《旧唐书》卷二四《礼仪志四》，第910页。

农之名。"飨先农。设神农氏座于坛上,近北南向,以后稷氏配于左而右向。"①传世文献对先农坛位置的记载颇为不同。《长安志》:"(启夏)门外西南二里有圜丘、先农、籍田三坛。"②《大唐郊祀录》:"其坛长安在东华门外十五里,浐水东,道北五里。"③按:武则天垂拱年间,改籍田坛为先农坛。中宗神龙元年(公元705年),礼部尚书祝钦明等礼官认为"先农与社,本是一神,频有改张,以惑人听",故奏改先农坛为帝社坛,更于帝社坛西置帝稷坛,可见籍田坛、先农坛本是一坛,此宋氏一误。贞观三年(公元629年),给事中孔颖达议籍田之礼,曰:"礼,天子藉田于南郊,诸侯于东郊。晋武帝犹于东南。今于城东置坛,不合古礼",但太宗以为"礼缘人情,亦何常之有",遂定于东郊。④另外,从籍田礼的实施细况来看,至少太宗朝到肃宗朝的籍田礼都是在东郊举行的。因此,先农坛位于东郊是毫无疑问的,此宋氏二误。《唐两京城坊考》卷二、《关中胜迹图志》卷五照录《长安志》原文,与之同误。《大唐郊祀录》所记的先农坛方位虽在东郊,但《长安志》《唐两京城坊考》都没有关于"东华门"的记载,今参照"风师坛。青帝坛。先农坛。以上并在县东北一十五里浐水东"⑤的记载,疑《大唐郊祀录》之"东华门"为"通化门"之误。坛高五尺,周回四十步。每年的孟春吉亥飨祭先农于其坛,以后稷配祭。若皇帝躬耕则乘金根车,亲执耒耜于坛南,修千亩而行三推之礼,为天下农民做出从事农耕的表率。乾元二年(公元759年),唐肃宗亲耕千亩,因看到耒耜"有雕刻文饰",就对左右大臣曰:"农人执之,在于朴素,岂贵文饰乎?"令撤之,令有司依农用常式。神席上列置莞酒樽等礼器,各设牺樽二、象樽二、山罍二,陈列于东南隅北向,西上。礼神币皆以青色,祭祀有祝文,盖以祈求风调雨顺之词。祭祀时还要奏乐,降神奏丰和之舞,送神有乐,神其上升。⑥唐代凡有作为的帝王都非常重视先农祭祀,太宗贞观三年(公元629年)、睿宗太极元年(公元712年)、玄宗开元二十三年(公元735年)、肃宗乾元二年(公元759年)皆亲祭先农,行籍田之礼。⑦

祭祀先蚕,汉代已有皇后亲自在苑中蚕室祭蚕神之事,北魏、北齐有于季春谷雨后

---

① 《大唐郊祀录》卷一〇《飨先农》,见《大唐开元礼》,第797页。
② 《长安志》卷七《唐京城一》,第254—255页。
③ 《大唐郊祀录》卷一〇《飨先农》,见《大唐开元礼》,第798页。
④ 《旧唐书》卷二四《礼仪志四》,第913、912页。
⑤ 《长安志》卷一一《县一·万年》,第358页。
⑥ 《大唐郊祀录》卷一〇《飨先农》,见《大唐开元礼》,第797—798页。
⑦ 《旧唐书》卷二四《礼仪志四》,第912—913页。

吉日，遣公卿以太牢祠先蚕黄帝轩辕氏于坛上，因祭先蚕西陵氏，无配祀。隋制，季春上巳日，祭先蚕于坛，无配。唐代，长安先蚕坛在宫城北禁苑内，坛高四尺，周回三十步。其祭祀之礼，于季春吉巳日飨先蚕，设先蚕氏神座于坛上靠北南向；皇后亲蚕则乘厌翟车，载钩筐，行公桑三采之礼；神席亦陈设樽罍，如帝社正座之仪，币用青色，有祝文、乐舞。①贞观元年（公元627年）三月癸巳，太宗皇后长孙氏亲蚕；显庆元年（公元656年）三月辛巳，武则天作为皇后也亲祀先蚕于北郊。②

五、文宣王庙与武成王庙

自从汉武帝"罢黜百家，独尊儒术"，使儒学成为王朝正统思想之后，作为儒家创始人的孔子就受到历代帝王、文士的推崇，对孔子的祭祀之礼也是日益隆盛。汉魏时，释奠先圣，祀孔子于辟雍。及唐王朝建立，大兴儒教。武德二年（公元619年），唐高祖下令国子学立周公、孔子庙③；贞观二十二年（公元648年），唐太宗又诏封孔子为先圣；乾封元年（公元666年），唐高宗追赠为太师；天授元年（公元690年），武则天又追封为隆道公；开元二十七年（公元739年），唐玄宗追谥孔子为文宣王，并令三公持节册命，神座南向，从宫内出王者衮冕之服以衣之，其后嗣世袭为文宣王，以为恒典。而祭祀孔子的地方从此就定为文宣王庙。唐文宣王庙在长安外郭城安上门街道东务本坊国子监内。其庙屋四柱七间，前面两阶，堂高三尺五寸，四周有垣墙环绕，南面开门，一屋三间，门外立有十戟，东面亦有一屋一门。文宣王庙的祭祀称为释奠，于春秋仲月上丁日，由皇帝本人或皇太子释奠于太学文宣王庙。贞观十四年（公元640年），唐太宗幸国学，亲释奠。此后，总章元年（公元668年）、景云二年（公元711年）、开元七年（公元719年）则由皇太子释奠国子学。④祭祀孔子时，以兖公颜子配座于左而西向，稍前以闵子骞等十一人素像侍坐于左右。开元八年（公元720年），国子司业李元瓘上言称："先圣孔宣父庙，先师颜子配座，请以十哲弟子为坐像从祀，其七十弟子请准都监庙，当图形于壁上，兼为立赞。"诏可其议。至二十七年（公元739年），又以邃伯

---

① 《大唐郊祀录》卷一〇《飨先蚕》，见《大唐开元礼》，第798—799页。
② 《旧唐书》卷二《太宗本纪上》，第32页；卷四《高宗本纪上》，第75页。
③ 《长安志》卷七中宋敏求自注曰：务本坊半以西国子监，"监中有孔子庙，贞观四年立"。而《大唐郊祀录》和《旧唐书·高祖本纪》均记于武德二年（公元619年）于国子学立周公、孔子庙，今从之。宋氏"贞观四年"恐误。
④ 《旧唐书》卷二四《礼仪志四》，第916—919页；《新唐书》卷五《睿宗本纪》，第118页。

玉等十八人图形于庙堂四壁，每行释奠也都从祭。至建中时，形成四十六人在东壁、北壁之上，四十二人在西壁、北壁之上。其先圣牺樽、象樽、山罍各二，陈列在前楹间北向，先师酒樽之数亦如之，在先圣酒樽之东，俱西上。释奠之礼，亦有祝文、乐章。①

武成王庙祭祀，前代无之。唐贞观中，始于磻谿置祠；开元十九年（公元731年），始诏令于长安置太公尚父庙；天宝六载（公元747年），诏诸州武举人上省先谒太公庙，拜将出师亦先告之；至上元元年（公元760年）闰四月，肃宗又追封为武成王。其庙在长安子城南含光门行道西太平坊，形制一如文宣王庙。春、秋二仲月上戊日各祭祀一次。其配祀，初仅以汉留侯张良配坐于右而东向，上元元年（公元760年）又选白起等古代良将为十哲，令有司祭；建中四年（公元783年），又诏令选范蠡等名将六十四人图形于庙堂西壁，每因释奠皆从祭焉。安史之乱中，太公庙倾，暂废祭，屋宇倾摧。但是，从天宝年间开始，唐王朝的边疆形势骤紧，安史之乱的爆发及其以后的战乱，使唐王朝认识到武备建设的重要性，因而对武成王的祭祀就更加重视。建中二年（公元781年），唐德宗诏有司重新缮葺武成王庙，再修祀事，差太尉充献，祝版御署；至贞元四年（公元788年）八月，兵部侍郎李纾上疏以敬过礼，请以太常卿以下充三献，祝版请罢亲署之礼；德宗诏令百官商议，至九月，敕以上将军以下充献官，余依李纾奏。其设樽奠之数，亦如文宣王庙。②

除上述祭祀建筑外，唐长安城中由国家祭祀的礼仪建筑还有南北坛、五郊坛、朝日夕月坛、腊百神坛、九宫贵神坛和皇帝、皇后、太子等诸庙以及寺观等祭祀建筑，限于篇幅，兹不详论。这些祭祀礼制建筑构建了唐长安城中神圣空间的重要部分，也是唐代帝王以礼制程序宣示王朝君权神授合法性的重要场所。

---

① 《大唐郊祀录》卷一〇《文宣王庙》，见《大唐开元礼》，第799—801页。
② 《大唐郊祀录》卷一〇《武成王庙》，见《大唐开元礼》，第801—805页。

第四章

百官衙署与城市管理

国家自产生就与城市紧密地结合在一起，各级政权机构集中在大小城市中。长安城作为隋唐两代的都城，是各类政治机构最为集中的城市。为了改变以往城内政府机构与民居市肆杂处的混乱状况，兴建大兴城时，设计者就将中央官署集中布置，"皇城之内，唯列府寺，不使杂人居止"①。这样，不仅保障了国家政权的安全，而且完善了城市的布局规划，有利于城市的管理。

　　城市管理是以政府为主导的管理者通过决策、组织、规范等机制，运用行政、法律、经济等手段，对城市这个复杂的巨系统中的一切活动进行控制、规范的行为。在中国古代农耕社会，城市主要是作为政治、经济中心，缺乏自己独立的经济支撑，因而城市与乡村的管理呈现出一元化的管理体制。国家的统治机构不仅是王朝控制天下的机器，也是城市管理的机构；王朝颁布的诏敕法令既适用于全国臣民，也是城市管理的规则，这就使王朝国家的城市管理分为显性的和隐性的。所谓显性管理，即指那些专门针对城市的统治机构和诏敕法令；而隐性管理则指管辖范围和适用范围不分城乡的统治机构和诏敕法令。隋唐王朝对大兴城和长安城的管理也存在显性和隐性两类管理。隋唐长安城的管理机构分为两个系统：一是中央政府相关管理机构，二是地方政府管理机构。在隋大兴城、唐长安城的城市管理中，中央政府相关机构主要是从全国统治着眼的宏观管理，属于隐性管理；大部分具体事务则由地方政府直接负责，属于显性管理。其中，中书省和门下省作为诏敕的起草和审核机构，是城市管理中枢机构；尚书省及下辖的吏、户、礼、兵、刑、工六部作为政令执行机构，是城市管理政策的主要制定者；九寺、五监等国家事务性机构和专为皇室服务的殿中省、秘书省和内侍省及军事机构十二卫则负责具体执行，御史台负责城市管理的监督监察。此外，长安城里还有地方政权机构京兆府、长安县、万年县以及坊等基层管理组织。这样，隋唐长安城就形成了中央和地方双层机构共存共管的局面。

---

① 《长安志》卷七《唐京城一》，第248页。

第一节
中枢机构

一、中书省

中书省，源自秦朝的中书谒者，历经魏晋南北朝的演变，至隋文帝改置内史省，专门负责起草皇帝诏敕；炀帝时，改称内书省；唐朝建立后，复称内史省，武德三年（公元620年）改为中书省。高宗龙朔年间改为西台，武则天改称凤阁，中宗复称中书省，开元元年（公元713年）又改为紫微省，五年（公元717年）恢复旧名，沿用至唐亡而无改。中书省俗称"凤池"，杜甫诗曰："宫中每出归东省，会送夔龙集凤池。"①

中书省有内省和外省之别。中书外省位于皇城承天门街之西，从北第二横街以北，从东第一即是；②中书内省初在太极宫太极殿西右延明门外，龙朔二年（公元662年）大明宫建成后，唐王朝的权力中心转移至大明宫，内省也迁到大明宫宣政殿之西的月华门外。中书省因为位于承天门街之西和宣政殿之右，所以又称为西省或右省。③中书内省东、西、南、北四面各有一门。元和元年（公元806年），宪宗"命宰相阁中书四门"④；大和五年（公元831年），唐文宗召宰相到延英殿奏对，"路随、李宗闵、牛僧孺等既至中书东门"⑤。

中书省的长官，隋初设置监、令各一人，后来废监，置令二人，唐改为中书令，仍为二员。中书令之职，"掌佐天子执大政，而总判省事"，凡有"制诏文章献纳，以授

---
① 《雍录》卷八《政事堂》，第169页。
② 《唐两京城坊考》卷一《西京·皇城》，第14页；《长安志》卷七《唐京城一》，第251页。
③ 《雍录》卷八《唐两省》，第168页。
④ 《资治通鉴》卷二三七，唐宪宗元和元年八月，第7757页。
⑤ 《旧唐书》卷一六七《宋申锡传》，第4370页。

记事之官"起草。①唐初，中书令与门下省之侍中、尚书省之仆射，同为宰相，共同商议决策军国大政和长安城市管理中的重大事务于门下省的政事堂；高宗永淳时，裴炎任中书令，将政事堂迁到中书省；开元初，张说为相，又改政事堂为中书门下，并设置吏房、枢机房、兵房、户房、刑礼房五房于堂后，以协助宰相"分曹以主众务"②。中书令之下有侍郎二人，为令之副职，也可参议朝廷大政；若册命大臣，以侍郎为使授以册书；外邦蕃国来朝，侍郎受其表疏和贡物，并报告给皇帝。而真正负责起草诏令的是中书舍人，共有六人，负责"侍奉进奏，参议表章"，诏书草拟完成，要联名附署，在诏书执行过程中，若发现问题要及时上奏改正。同时，中书舍人还要负责接收朝会时各地朝集使的表状及大臣所上贺表，或持节宣读任命大臣册书，慰劳有功将帅及外国宾客；与给事中及御史三司共同审理重大案件，参与百司奏议和文武官员考课的裁定；六舍人还要分押尚书六曹，协助宰相"判案"。可见，中书舍人官位虽卑，但所掌却任重繁杂，在唐代长安城市管理的中枢机构发挥着重要作用。开元初，开始以他官掌诏敕策命的起草，称为"兼知制诰"；肃宗时，又以他官知中书舍人事，以分中书舍人之权。③另有起居舍人二人，为记言之史，负责记录皇帝之言，"录天子之制诰德音"和"记时政损益"，每季末送史馆，以便修撰实录、国史之用；通事舍人十六人，负责大臣"朝见引纳及辞谢者，于殿廷通奏"，引导觐见人员进退、拜起出入。④还有右散骑常侍、右常侍、右补阙、右拾遗等谏言之官。垂拱元年（公元685年），武则天设置铜匦，以方便臣民上书言事，经常以左散骑常侍、谏议大夫及补阙、拾遗一人为知匦使，负责收纳诉状。

二、门下省

门下省，始于秦汉时的侍中寺，晋时给事黄门侍郎与侍中，共管门下事，因谓"门下省"⑤。隋文帝改革官制，完善了门下省的设置，使之与内史省、尚书省共同参决军国大政，成为朝廷三大中枢机构之一。龙朔二年（公元662年），改称东台；光宅时，

---

① 《新唐书》卷四七《百官志二》，第1210页。
② 《新唐书》卷四六《百官志一》，第1183页。
③ 《新唐书》卷四七《百官志二》，第1211页。
④ 《旧唐书》卷四三《职官志二》，第1850—1851页。
⑤ 《通典》卷二一《职官三·门下省》，第544页。

又改称鸾台；神龙初复称门下省；开元元年（公元713年），改为黄门省，开元五年（公元717年）又恢复旧称。

与中书省相类，门下省亦有内、外之别。皇城承天门街之东，第二横街之北，从西第一即为门下外省；内省在太极宫左延明门东南，后来又迁移到大明宫宣政殿东廊日华门东。①门下省因地居殿庑之左，故又称左省或东省。②

门下省长官，本为侍中，隋时避讳"忠"字，改称纳言；大业十二年（公元616年），又改纳言为侍内；唐初称纳言，武德四年（公元621年）改为侍中，共二人，此后又先后改称左相、黄门监，至德初恢复其侍中之号。侍中之职"掌侍从，负宝，献替，赞相礼仪，审署奏抄，驳正违失，监封题，给驿券，监起居注，总判省事"③。具体来说有以下几项：一是与中书令、尚书仆射共同辅佐皇帝处理军国大政。二是参与一些礼仪活动。皇帝外出巡幸，侍中则携带皇帝玺宝随行，以备使用；皇帝进行斋戒、国学释奠、祭祀宗庙、籍田，侍中都要参与；有外邦朝见，侍中则奉诏对其进行劳问。三是审驳诏敕及臣下给皇帝的上书，其中奏抄、奏弹、露布，侍中先审理，再上奏皇帝，其他的议、表、状等"覆奏，画制可"，然后交由尚书省执行。四是有慰问、聘召，则亲自封题。五是发驿遣使，颁发鱼符信物。六是督导其属下起居郎修撰起居注。侍郎二人，为侍中之副职，辅助其处理省务，侍中有阙，则暂代其职。左散骑常侍、左谏议大夫负责讽谏朝政得失、侍从顾问。建中二年（公元781年），以谏议大夫为知匦使，有人投匦，使其先验副本，再呈递皇帝，负责铜匦收纳递送。给事中四人，"百司奏抄，侍中既审，则驳正违失。诏敕不便者，涂窜而奏还"④，对侍中就其他事情做出的决定也有审查驳正、覆奏署名之权。左补阙、左拾遗各六人，也有讽谕进谏之责，大事交由廷议决定，小事直接上封事。起居郎二人，负责记录皇帝之行，记事以事系日，以日系月，以月系时，以时系年，主要包括"朔日甲乙以纪历数，典礼文物以考制度，迁拜旌赏以劝善，诛伐黜免以惩恶"⑤。城门郎四人，掌管京城、皇城和宫城各殿门的钥匙，按时启闭。每天早晨，承天门晓鼓第一声起，由外而内，依次打开外郭城、皇城和宫城

---

① 《长安志》卷六《宫室四·唐上》，第233、240页。
② 《雍录》卷八《唐两省》，第168页。
③ 《通典》卷二一《职官三·门下省》，第549页。
④ 《新唐书》卷四七《百官志二》，第1205—1206页。
⑤ 《唐六典》卷八《门下省》，第248页。

各门；傍晚时分暮鼓声响，由内而外依次关闭宫城、皇城和外郭城各门；若需非时开启，则要有皇帝的诏令，并勘验鱼符，方能开启。符宝郎四人，负责保管天子八宝（神宝、受命宝、皇帝行宝、皇帝之宝、皇帝信宝、天子行宝、天子之宝、天子信宝）和各种符节（铜鱼符、传符、随身鱼符、木契、旌节）。

隋至唐前期，中书省以献纳制册、敷扬宣劳，起草长安城市管理的诏敕法令，门下省以侍从献替、规驳非宜，审核城市管理的法令政策，从而构成了长安城市管理的中枢决策机构，因而只有二省的长官中书令、侍中被称为"真宰相"[1]。这种将诏令的起草权和奉驳权分别授予不同部门的做法，既有利于减少城市管理政策制定的失误，提高效率和科学性，又将决策权一分为二，使其相互制衡，防止大权旁落，加强了皇权，有利于政局的稳定，从而为长安城的长期发展提供了良好的顶层制度支撑。

---

[1] 《通典》卷二一《职官三·宰相》，第540页。

第二节
政务机构

中书、门下二省草拟、审驳诏令，而具体政务则由尚书省及其下辖六部二十四司等机构执行。因此，尚书省是全国最高的政务执行机关，是长安城市管理的关键。

一、尚书都省

尚书省，始于秦少府发书属吏尚书，汉成帝置五人，一人为仆射，其余四人分曹理事。东汉光武帝设置尚书台，有尚书令一人，尚书仆射一人，尚书左、右丞各一人，六曹尚书、侍郎各一人，负责出纳王命，辅助处理军国大事，"政令之所由宣，选举之所由定，罪赏之所由正"①皆归尚书台。南朝刘宋，称为尚书寺或尚书省；梁、陈之际，形成了机要决策悉在中书，献纳之权归门下，尚书但听命受事而已的局面。隋唐时期，尚书省成为国家最高政务机关，龙朔二年（公元662年），尚书省改为中台。光宅元年（公元684年）改称文昌台，神龙初又复称尚书省。唐代，尚书省因位于宫城之南，又称为南省。

尚书省，位于承天门街之东，第四横街之北，从西第一。省门额本睿宗所书，开元初，改为右庶子魏华所题。省内中间为尚书令厅事——都堂，都堂南门道东有一株古槐，传说夜深时分听到丝竹之音，省郎就有入相者，故被称作音声树。六部二十四司分列都堂东西两旁，户部本在礼部后，武则天改从天地六官之名，以户部为地官，因移到前面，"兵部、吏部为前行，刑部、户部为中行，工部、礼部为后行"②，即都堂东面从南到北依次为吏部、户部、礼部，西面从南到北依次为兵部、刑部、工部。据《因话

---
① 《通典》卷二二《职官四·尚书省》，第588页。
② 《新唐书》卷四六《百官志一》，第1185页。

录》记载，尚书省东南隅有桥，相传为拗项桥，因侍御史及殿中久次者，到此必拗项而回望南宫，故名。①

尚书省，置尚书令一员，总领百官，"凡庶务，皆会而决之"②。武德时，太宗曾任尚书令，"其后人臣莫敢当"③，实际上是因为尚书令位高权重，为了防止其权力过大，威胁皇权，唐太宗不愿轻易授人。到龙朔二年（公元662年），废除尚书令。④尚书令之下有左、右仆射各一员，龙朔二年（公元662年）改为左、右匡政，光宅元年（公元684年）改为文昌左、右相，开元元年（公元713年）改为左、右丞相，天宝元年（公元742年）复为左、右仆射。仆射掌统理六官，纲纪庶务，本为尚书令之副手，但自从不置令后，仆射就成为尚书省长官，总判省事。御史纠劾官员不当，仆射可弹之。左、右仆射，初与中书令、侍中并为宰相，然而仆射品秩尊崇，亦不轻易授人，常以其他官员假以他名为宰相。贞观时，杜淹以吏部尚书参议朝政，魏徵以秘书监参议朝政，此后又有"参议得失""参知政事""平章事""同三品"之名，高宗以后只有加"同中书门下三品"才是真正的宰相。豆卢钦望被任命为左仆射，而未加"同中书门下三品"，就不敢参议政事；景云二年（公元711年），韦安石拜左仆射、东都留守，没有带同三品，就只是东都留守。自此以后，只任仆射就不是宰相，成为惯例。⑤

左、右丞各一员，龙朔时改为左、右肃机，咸亨时复故称。左丞掌纠正省内官员，勾检吏部、户部、礼部十二司，通判都省事；右丞管兵部、刑部、工部十二司。御史有纠劾不当之处，得弹之。若仆射阙，则由左、右丞判省事。贞观元年（公元627年），左仆射萧瑀免官，右仆射封德彝去世，唐太宗就对左丞戴胄说："尚书省天下纲维，百司所禀，若一事有失，必受其弊。今无令、仆，系之于卿，当称朕所望也。"⑥

左、右司郎中各一员，大业三年（公元607年）初置左、右司郎二人，贞观二年（公元628年）改称郎中。左司郎中辅助左丞管诸司事，省署抄目，勘查稽失，负责省

---

① 〔唐〕赵璘：《因话录》卷五《徵部》，见李肇等：《唐国史补 因话录》，上海古籍出版社，1979年，第101页。
② 《旧唐书》卷四三《职官志二》，第1815页。
③ 《通典》卷二二《职官四·尚书令》，第594页。
④ 关于废除尚书令的时间，传世文献记载不一。《新唐书·百官志一》《唐会要·尚书省诸司上》皆记为"龙朔二年"，而《通典·职官四》记为"龙朔三年，制废尚书令"。而查其他诸文献，据《资治通鉴》卷二〇〇记载，龙朔二年二月甲子，改百官名，侍中为左相，中书令为右相，仆射为匡政等，已无尚书令之名，故可推知：废除尚书令当在龙朔二年。
⑤ 《唐会要》卷五七《左右仆射》，第1161页。
⑥ 《唐会要》卷五八《左右丞》，第1169页。

内宿直之事。若右司郎中阙,则代行其职。左、右司员外郎各一员,永昌元年(公元689年)武则天增置,以侍御史顾琮为左司员外郎,洛州司户参军元怀贞为右司员外郎;①神龙初省废,后复置。左、右司郎中和员外郎各掌副十二司之事,以举正稽违,省署符目。

都省管理诸司之纲纪与官员办事之程序,以正邦理、宣邦教;内外诸司所受理之事,要署上日期,限期办理;尚书省施行制敕,案成则给程以抄之,如若需急速办理,当日就要完成;京兆府上奏朝廷之事,量事之大小与缓急,设定期限;中央诸司向京兆府下达符、移、关、牒必须由都省遣送;凡办理完成的事,勾画记其年月日,归档储藏;所有公文要加盖官印,监印之官审查其事目有无差错,然后加盖印记,并记录日期,每月终纳诸库;尚书省官,每日一人宿直,日出而视事,中午而退,有事向直省官请假,若政务繁忙,则不在此例。天下制敕计奏之数,省符宣告之节,以年为限,京师诸司以四月一日送交都省,京兆府则本司推校,交授勾官,勾官审核后,联署封印,附计账后,于每年六月一日纳送于都省,都事集诸司令史对覆,以作为对官员考核的依据。

尚书省作为隋唐两代中央最高行政机构,其长官左、右仆射总理政务,督导吏、户、礼、兵、刑、工等政府部门按照分工对长安城的各个方面进行管理。史载:开皇初,隋文帝"将迁都,夜与高颎、苏威二人定议"②,而当时高颎任尚书左仆射,苏威任吏部尚书;在营建大兴城初期,隋文帝又任命高颎为营建新都大监,"总领其事"③。可见,尚书省在迁都决策和新都建设过程中都发挥了重要作用。贞观十五年(公元641年),尚书左仆射房玄龄路遇少府少监窦德素,就向他询问:"北门近何营缮?"唐太宗责怪房玄龄:"君但知南牙政事,北门小营缮,何预君事!"但魏徵认为:左仆射作为皇帝的股肱耳目之臣,中外大小之事理应知之,"使所营为是,当助陛下成之;为非,当请陛下罢之",房玄龄作为左仆射"问于有司,理则宜然"。④而且,尚书省对长安城的所有修造也拥有最高审批权。《营缮令》规定:"诸新造州镇城郭役功者,计人功多少,申尚书省,听报,始合役功。诸别敕有所营造,及合雇造

---

① 《唐会要》卷五八《左右司员外郎》,第1177页。
② 《隋书》卷七八《庾季才传》,第1766页。
③ 〔宋〕李昉等:《太平御览》卷一五六《州郡部二·叙京都下》,中华书局,1960年,第759页。
④ 《资治通鉴》卷一九六,唐太宗贞观十五年十二月,第6286页。

作之类,所司皆先录所须总数,申尚书省。"①对于"应言上而不言上,应待报而不待报",擅自开工的行为,根据工程量大小,按坐赃罪减一等处罚。②如元和四年(公元809年),长安县令因擅自在永平坊开渠而被贬为汴州刺史,京兆尹杨凭以不闻奏、左巡使和殿中侍御史李建不觉察而都被罚俸。③

二、六部二十四司

尚书省下辖吏、户、礼、兵、刑、工六部,各部又分四司,共二十四司。六部二十四司,根据职责分工,分别管理着长安城乃至全国相关的经济、文化方面的大小事务。

(一)吏部

吏部,尚书一人,为部门最高长官。高宗曾将其改称司列太常伯,武则天更其名曰天官尚书,神龙元年(公元705年)复称吏部尚书。又有侍郎二人,作为尚书副手。尚书、侍郎执掌全国官吏的选授、勋封、考课,负责长安城市管理者的选拔、考核。唐代官员的选授办法是:每年孟冬各地待选官员集中到京师长安,分别由尚书和二侍郎按照身、言、书、判四才和德行、才用、劳效三实进行考察,根据考核结果决定是进赏还是罢黜;五品以上由中书、门下授官,六品以下则自行量资任定。所有技术性官员的选任,先由本司举荐,再送吏部附甲。吏部铨选一般在季春结束,参加铨选的军人,则由军中试书、判,然后封送吏部即可。吏部下设吏部、司封、司勋、考功四司。

吏部,郎中、员外郎各二员。郎中一人掌管文官阶品、朝集、禄赐,给其告身(即任官凭证)、假使。唐代文官品阶九品,有正,有从,自正四品以下,有上、下,共三十等,正一品,为三师、三公,不置官署,不领政事,多为褒赠功臣的虚职,其余文散阶共二十九等④,分赏百官。品阶赏赐,或因封爵,或因皇室宗亲,或以祖父资荫,

---

① 天一阁博物馆、中国社会科学院历史研究所天圣令整理课题组:《天一阁藏明钞本天圣令校证 附唐令复原研究》下册《附:唐营缮令复原清本》,中华书局,2006年,第672页
② 〔唐〕长孙无忌等:《唐律疏议》卷一六《擅兴》,刘俊文点校,中华书局,1983年,第312页
③ 《册府元龟》卷一五三《帝王部·明罚二》,第1851页
④ 唐代文散阶二十九等:从一品曰开府仪同三司,正二品曰特进,从二品曰光禄大夫,正三品曰金紫光禄大夫,从三品曰银青光禄大夫,正四品上曰正议大夫,正四品下曰通议大夫,从四品上曰太中大夫,从四品下曰中大夫,正五品上曰中散大夫,正五品下曰朝议大夫,从五品上曰朝请大夫,从五品下曰朝散大夫,正六品上曰朝议郎,正六品下曰承议郎,从六品上曰奉议郎,从六品下曰通直郎,正七品上曰朝请郎,正七品下曰宣德郎,从七品上曰朝散郎,从七品下曰宣议郎,正八品上曰给事郎,正八品下曰征事郎,从八品上曰承奉郎,从八品下曰承务郎,正九品上曰儒林郎,正九品下曰登仕郎,从九品上曰文林郎,从九品下曰将仕郎。

或因德才品优，或因功勋劳考，皆循法以申之。凡应授三品、五品者，都要待皇帝特制批准；内外官员有清白著闻，五品以上由中书、门下量加升进，六品以下由吏部量等第迁转。另一郎中，掌管选补流外官①，根据其书、计、时务，即以书法、会计与实际工作能力三项而定，通过三次铨选后，量其才能而擢进。②

司封，郎中一员，隋代称主爵郎，龙朔二年（公元662年）改为司封大夫，光宅时改定司封郎中。郎中负责国家的爵位封赏③，对贵族妇女内、外命妇的册封④。皇家五等亲及诸亲三等，存亡升降，都要造册登记，每三年一造。

司勋，郎中一员，隋代称司勋郎，武德初称司勋郎中，龙朔时改为司勋大夫，咸亨时复称郎中。郎中掌管官员的勋级评定⑤。有功勋，符合授勋官之人，司勋郎中要认真覆定，然后奏拟。

考功，郎中一员，龙朔二年（公元662年）改为司绩大夫，咸亨初又改称郎中。郎中负责文武官吏的考课。需要考核的官员，都要书写本人当年功过行能，先由本司及本州长官当众宣读，评价其优劣，定为九等考第，再由所司准额校定，然后由朝集使送至尚书省。郎中负责考察京官，京官亲自到场对读签字确认。考课之法有四善："一曰德义有闻，二曰清慎明著，三曰公平可称，四曰恪勤匪懈"，善状之外，有二十七最："其一曰献可替否，拾遗补阙，为近侍之最。其二曰铨衡人物，擢尽才良，为选司之最。其三曰扬清激浊，褒贬必当，为考校之最。其四曰礼制仪式，动合经典，为礼官之最。其五曰音律克谐，不失节奏，为乐官之最。其六曰决断不滞，与夺合理，为判事之

---

① 唐代职官分为流内、流外两大系统。简而言之，流外官就是流内九品以外的职官。唐代数量众多的流外官如令史、书令史、府、史、亭长、掌固、典事、谒者、楷书手等，广泛设置于中央到地方各级行政机构中，担负着重要的行政职能。对流外官的考核，是唐代官吏管理的重要内容。因他们在九流之外，故对他们的铨选称为流外铨，也称为小选。其校试铨注办法，与流内铨略同。
② 《新唐书》卷四六《百官志一》，第1186—1187页。
③ 唐代爵有九等：王，正一品，食邑万户；郡王，从一品，食邑五千户；国公，从一品，食邑三千户；郡公，正二品，食邑二千户；县公，从二品，食邑一千五百户；县侯，从三品，食邑一千户；县伯，正四品，食邑七百户；县子，正五品，食邑五百户；县男，从五品，食邑三百户。
④ 唐代外命妇制：皇姑，封大长公主；皇帝姊妹，封长公主；皇帝之女，封公主，皆视正一品。皇太子女，封郡主，视从一品。王女，封县主，视正二品。王母妻，为妃。一品及国公母妻，为国夫人。三品以上母妻，为郡夫人。四品母妻，为郡君。五品若勋官三品有封，母妻为县君。勋官四品有封，母妻为乡君。内命妇制：一品母，为正四品郡君；二品母，为从四品郡君；三品、四品母，并为正五品县君。
⑤ 勋官，北朝时期本以封赏有功将士，后来逐渐扩大到朝中大臣，成为评判官员品阶高低的标准。武德七年（公元624年），唐高祖颁布法令，定为十二等，从正二品到从七品：十二转为上柱国，比正二品；十一转为柱国，比从二品；十转为上护军，比正三品；九转为护军，比从三品；八转为上轻车都尉，比正四品；七转为轻车都尉，比从四品；六转为上骑都尉，比正五品；五转为骑都尉，比从五品；四转为骁骑尉，比正六品；三转为飞骑尉，比从六品；二转为云骑尉，比正七品；一转为武骑尉，比从七品。

最。其七曰都统有方,警守无失,为宿卫之最。其八曰兵士调习,戎装充备,为督领之最。……其二十五曰市廛不扰,奸滥不作,为市司之最。其二十六曰牧养肥硕,蕃息孳多,为牧官之最。其二十七曰边境肃清,城隍修理,为镇防之最。"① 获得一最以上好评,又有四善,考核等级为上上;获得一最以上,有三善,或无最而有四善,等级为上中;获得一最以上,有二善,或无最而有三善,为上下;获得一最以上,而有一善,或无最而有二善,为中上。依次递减,若居官谄诈,贪浊有状,考核最末为下下。在郎中、员外郎考核官员的时候,有给事中、中书舍人各一人监督考核过程;定京官位望高者二人对考核结果进行校对。

(二)户部

户部,隋初称为度支,开皇三年(公元583年)改为民部,唐初沿用;贞观二十三年(公元649年)六月,为避唐太宗名讳,改为户部;显庆元年(公元656年)又改回度支;武则天改为地官,神龙元年(公元705年)复称户部。有尚书一员,其名也随户部名称的变化而多次改变;侍郎二员,为尚书副官。尚书、侍郎执掌全国田户、均输、钱谷之政令,负责长安城市人口、土地、仓库及漕运运输的管理。户部下属有户部、度支、金部、仓部四司,具体负责各项事务。

户部,郎中二员,员外郎二员,管理长安户口登记、籍账造册、赋役征发、孝义旌表、优复蠲免、婚姻继嗣以及百姓的住宅、口分田、永业田的分配等事务。每年一造计账,三年一造户籍,长安、万年二县户籍呈送给京兆府,京兆府呈递给尚书省,由户部司负责管理。天宝以前,户部事务繁杂,郎中、员外郎各有二人;安史之乱后,随着使职的大量出现,"尚书侍郎多奏请诸行郎官判钱谷文案,遂令本司郎吏束手闲居,至于厅事,皆为他官所处"②,因而郎中、员外郎各减一人;建中三年(公元782年),杜佑又奏请各增加一人③;元和二年(公元807年),宰相武元衡兼判户部事④,户部使正式出现。⑤ 有人甚至认为"唐后期户部使司与原户部司同时存在,但一闲一剧"⑥。陈明光、何汝泉两位先生已考证了这种观点缺乏事实根据,不能成

---

① 《旧唐书》卷四三《职官志二》,第1823—1824页。
② 《唐会要》卷五九《户部员外郎》,第1195页。
③ 《通典》卷二三《职官五·户部尚书》,第637页。
④ 《旧唐书》卷一四《宪宗本纪上》,第421页。
⑤ 何汝泉:《唐代户部使的产生》,载《历史研究》1995年第3期,第177页。
⑥ 杜梭:《唐代户部使司与原户部司异同辨》,载《历史研究》1990年第2期,第84页。

立。①但不可否认的是，唐代后期户部郎中、员外郎之财政职权已不断遭到侵夺。

度支，郎中一员，管理"租赋多少之数，物产丰约之宜，水陆道途之利"②。每年统计赋税收入，计划使用多少；根据各地物价高低进行和籴、和市，以平衡市场物价；赋税征收中的金银、宝货、绫罗都折成庸调来计算；从全国各地向长安的货物水陆运输，根据物品轻重贵贱、距离长安道路远近险易来折算运输费用。

金部，郎中一员，掌管长安库藏钱帛收入和支出，度量衡的制定、校准和监督。唐代度量衡有大小之分，国家有关部门调整钟律、观测晷影、配置汤药，以及冠冕的测量用小尺，其他内外官私，用大者。凡库藏出纳，都要行文公示，一季度汇总；若是承命出纳，则要有中书、门下省复审署名才能执行；百官的月俸，要有符牒，木契与应出物之司相合；宫人、王妃、官奴婢等按规定给的衣服，也是由金部司从国库中支付；官私互市，商品的大小多少，都要按规定买卖，缣帛类物品有长短、广狭、端匹、屯绠之别。

仓部，郎中一员，管理长安及周边仓库受纳租税、出给禄廪事务。文武官根据品秩等级，每年赏赐的要置木契一百枚，以与出给之司合。官员俸禄以米支付，致仕之官五品以上及解官充侍者各给一半的禄米。义仓所存物资用于灾荒赈济，常平仓所存物资用于平衡物价。

（三）礼部

礼部，尚书为其最高长官，龙朔时改称司礼太常伯，光宅年中改为春官尚书，神龙年间复旧称；侍郎一员。尚书、侍郎的职责为掌管天下礼仪、祭享、贡举政令，负责长安城内外宗庙社坛、帝王陵墓的祭祀和日常维护以及科举考试等文化事务的管理。科举考试，本属吏部主管，开元二十四年（公元736年），考功员外郎李昂主考，被举人李权诋诃，玄宗以员外郎官卑望轻，于是将科举之事改为由礼部负责，以侍郎主管，"礼部选士自此始"。③表面上看，科举考试由吏部改为礼部负责，是由考功员外郎官卑望轻难以服众所致，实际上其深层次的原因，与隋唐统治者设立科举的动机和择人标准的变化有密切关系。隋文帝初以考试方式选拔官吏，科举由吏部主管。"开皇七年，制诸

---

① 陈明光：《唐代后期并存着两个户部司吗——对〈唐代户部使司与原户部司异同辨〉的质疑》，载《历史研究》1992年第6期，第67—69页；何汝泉：《从会昌元年〈中书门下奏〉看唐后期户部的使职差遣》，载《中国社会经济史研究》1994年第3期，第13—18页。
② 《旧唐书》卷四三《职官志二》，第1827页。
③ 《新唐书》卷四四《选举志上》，第1164页。

州岁贡士。十八年，又诏京官五品已上、总管、刺史以志行修谨、清平干济二科举人，皆吏部主之。"①隋至唐初，面对新形势，百废待兴，国家急需有真才实学，"对国家实际的政事具有清晰的认识并且有能力对实际政务进行处理的人才。也就是说，科举所录取的人才都是国家官吏的储备"，"贡举作为选拔官吏的制度，它所注重的是人才实际的品质与能力，而并非当时人认为华而不实的文辞。因而贡举考试最初由吏部主持，除却已经谈到的习惯上的原因外……以吏部选官的标准衡量贡举之士，所得到的人才应符合他们所认可的标准"；随着唐王朝统治的巩固和社会经济的繁荣，王朝已经选拔了一大批人才，官吏缺乏的矛盾大大缓解，选拔人才处理日常政务能力的要求已非急迫，而这时统治者更需要文学之士为其"润色宏业"，歌颂盛世，因此，具有华丽辞学的文学士子更受统治者欢迎，贡举取士的标准也逐渐开始变化。显庆三年（公元658年）九月，废书、算、律学，诗词歌赋成为进士考试的重要内容，"希望通过贡举选拔文质彬彬的人才，并进一步造就更多具有文人人格的社会成员，而已经发生巨大转变的贡举继续由吏部掌管显然已不再合适。在举子被视为'宾从'的玄宗朝，由礼部执掌贡举考试是必然的结果"。②礼部下属有礼部、祠部、膳部、主客四司。

礼部，郎中、员外郎各一员，管理礼乐、学校、衣冠、符印、表疏、图书、册命、祥瑞、铺设以及百官、宫人丧葬赠赙的数量。在元日大朝会、皇帝临轩册命、千秋节御楼、接见蕃国使臣等场合，郎中、员外郎都要率领所属按照礼制准备、摆放礼器仪仗；在祭祀、朝会时演奏的乐舞，礼部司也要负责陈四悬之度，分二舞之节；内外所有官员都颁发铜印、鱼符；一定官品的职事官去世，也由礼部司按照制度规定赠赙、柳翣、碑碣等。

祠部，郎中一人，掌管与祠祀、享祭、天文、漏刻、国忌、庙讳、卜筮、医药、僧尼相关的事务。唐代的国家祭祀有四种：祀天神、祭地祇、享人鬼、释奠于先圣先师，有三等：祭祀昊天上帝、皇地祇、神州、宗庙为大祀，祭祀日月星辰、社稷、先代帝王、岳镇海渎、帝社、先蚕、孔宣父、齐太公、诸太子庙为中祀，祭祀司中、司命、风师、雨师、众星、山林、川泽、五龙祠及州县社稷、释奠为小祀。管理官员私人家庙的建立，唐代私家立庙之制规定：二品以上官员可以立四庙祭祖，五品以上立三庙，六品以下至平民百姓只能祭祖祢。控制天下佛寺的总数，每寺立三纲，以行业高者担任，上

---

① 《册府元龟》卷六三九《贡举部·总序》，第7661页。
② 唐雯：《由吏部到礼部——试探开元二十四年贡举考试改革的深层原因》，载《兰州学刊》2006年第1期，第67—69页。

座一人，寺主一人，都维那一人。祠部对佛教事务的管理权，随着唐人对佛教的认识而变化。起初，唐人认为佛教来自天竺，为外来宗教，所以对僧尼以外国宾客待之，由负责对外事务的鸿胪寺管理。延载元年（公元694年）五月，武则天颁敕规定："天下僧尼隶祠部，不须属司宾。"①为了控制寺院经济过度膨胀，唐朝政府严禁私度出家，必须由祠部颁发度牒。《唐律》规定："私入道及度之者，杖一百；已除贯者，徒一年。本贯主司及观寺三纲知情者，与同罪。……监临之官，私辄度人者，一人杖一百，二人加一等。"②度牒也称为祠部牒，用绫素、锦素、钿轴制成，度牒上详载僧尼的本籍、俗名、年龄、所属寺院、师名以及官署关系者的连署。僧尼执此度牒，便有了合法的身份，游方行脚不受留难，同时还可以免除赋役等。而且还规定每三年一造僧籍，一份留在本地，一份上交祠部保管。到唐代后期，随着使职常态化，崇玄署、祠部对佛、道的管理权不断受到功德使的侵夺，长安曾出现过"京城功德使""京城诸寺观修功德使""京城诸寺观功德使"等③。元和二年（公元807年）二月，"诏僧、尼、道士同隶左街右街功德使"，祠部对僧尼的管理权被两街功德使侵夺。但是，会昌五年（公元845年），唐武宗命祠部检括全国寺院和僧尼人数，六年五月又规定："僧、尼依前令，两街功德使收管，不要更隶主客。所度僧、尼，令祠部给牒。"④这说明，祠部仍保留部分对佛教僧尼的管理职权。

膳部，郎中一员，隋称膳部郎，唐代改为郎中，龙朔二年（公元662年）改称司膳大夫，咸亨元年（公元670年）复故称。郎中管理国家祭器、牲豆、酒膳及藏冰食料之事。皇帝祭祀天地百神及宗庙时，所需牛、羊、豕以及笾、豆、簠、簋、鉶、俎等器物都由膳部来供应。

主客，郎中一人，隋大业五年（公元609年）称司蕃郎，武德时改为主客郎中，龙朔年间改为司蕃大夫，咸亨时复称主客郎中。郎中主要掌诸蕃朝贡聘使之事。主客司是负责外交政令的专门机构，与鸿胪寺共同构成中央外交主管部门。具体来讲，主客郎中的职责是"统彼行人之家，绥其外臣之务。朝聘则定位，宴会则辨仪。穆我四门，深于

---

① 《通典》卷二三《职官五》。《通典》卷二六《职官八·鸿胪卿》记载："光宅初改为司宾，神龙初复旧。卿一人，掌宾客、凶仪之事及册诸蕃。"
② 《唐律疏议》卷一二"私入道"条，第235页。
③ 查明昊：《从唐五代功德使一职的变迁看宦官势力的消涨》，载《宗教学研究》2009年第3期，第68页。
④ 《唐会要》卷四九《僧尼所隶》，第1006—1007页。

九译,用委藁街之政,克资粉署之贤"①。就是说,主客司主管外交政令,指导鸿胪寺的工作,有一定的外交职能。

(四)兵部

兵部,尚书一员,龙朔时改为司戎太常伯,咸亨初复故称;侍郎原为一人,总章二年(公元669年)、长寿二年(公元693年)各增加一名,长安二年(公元702年),又减一员,终成为二人。尚书、侍郎掌武官的选授及地图、甲仗。兵部是国家军事行政机关,但没有统兵、调兵权。武官的选拔考核办法与吏部选授文官的办法相类似,每年孟冬集中于兵部,亦分为尚书中铨及二侍郎东铨、西铨等三铨。考试的科目有五项:长垛、马射、马枪、步射、应对。根据参选者的特长,选拔骁勇、材艺及可为统兵行军三类人,选拔有才之人,奖拔有功之将,量为注拟,五品以上的送中书门下定夺,六品以下的兵部可自行量资注定。开元二十六年(公元738年),兵部侍郎专知武举考试,敕曰:"所设武举……比来所试,但委郎官,品位既卑,焉称其事。自今以后,应武举人等,宜令侍郎专知。"②兵部下属有兵部、职方、驾部、库部四司。

兵部,郎中二员。一人掌判账及武官阶品、卫府多少、校考、给告身。唐代武官散阶自从一品的骠骑大将军到从九品下的陪戎副尉、归德执戟长上共四十五等。③四品以下要到兵部登记,入诸卫番上宿卫,唐代前期亦由其登记管理。另一人掌判簿及登记军队调遣之名数,武官的朝集、赐禄、假告等事务。员外郎二员,是尚书、侍郎的助手。一人辅助侍郎主管武举考试;一人负责武官考核,覆核解状簿书、资历等。兵部司还负责从三品以上职事官子孙、四品清官子中选拔可充千牛备身左右及太子千牛备身之人,选择资荫从高到低的人分别充任亲卫、勋卫、率府亲卫、翊卫、率府勋卫、诸卫、率府翊卫等。从两京附近的京兆、河南、蒲、同、华、岐、陕、怀、汝、郑等州选拔的要亲

---

① 《全唐文》卷五九九《授主客郎中制》,第6061页。
② 《唐会要》卷五九《兵部侍郎》,第1210页。
③ 唐代武官散阶共四十五等:从一品曰骠骑大将军,正二品曰辅国大将军,从二品曰镇军大将军,正三品上曰冠军大将军、怀化大将军,正三品下曰怀化将军,从三品上曰云麾将军、归德大将军,从三品下曰归德将军,正四品上曰忠武将军,正四品下曰壮武将军、怀化中郎将,从四品上曰宣威将军,从四品下曰明威将军、归德中郎将,正五品上曰定远将军,正五品下曰宁远将军、怀化郎将,从五品上曰游骑将军,从五品下曰游击将军、归德郎将,正六品上曰昭武校尉,正六品下曰昭武副尉、怀化司阶,从六品上曰振威校尉,从六品下曰振威副尉、归德司阶,正七品上曰致果校尉,正七品下曰致果副尉、怀化中候,从七品上曰翊麾校尉,从七品下曰翊麾副尉、归德中候,正八品上曰宣节校尉,正八品下曰宣节副尉、怀化司戈,从八品上曰御侮校尉,从八品下曰御侮副尉、归德司戈,正九品上曰仁勇校尉,正九品下曰仁勇副尉、怀化执戟长上,从九品上曰陪戎校尉,从九品下曰陪戎副尉、归德执戟长上。这种计算是把冠有"怀化""归德"字样的名号也算在内的,而这是专门授给少数部族首领的。不计这些名号则为二十九等。

自番上。十二卫士兵从六品以下官吏的子孙及白丁无职役者中选任，三年简点一次，成丁选入，六十免除。

职方，郎中一员，掌管全国的地图、城隍、镇戍、烽堠数目。所有地图要及时更新，每五年重修一次；有外国使臣前来，鸿胪寺要访讯其国家的山川地理、人物风俗，绘制成地图，副本送交职方郎中。

驾部，郎中一人，掌长安及附近地区舆辇、车乘、传驿、厩牧、官私马牛杂畜簿籍。唐代官道以长安为中心通向全国各州府，官道上每三十里设一驿站，共有一千六百三十九个驿站，由驾部统一管理。陆驿备有马、驴，水驿有船，驿站每年都要汇报马、驴死损的数目。诸卫承直的马匹和诸司备运的牛，都由驾部根据需要确定其数目。

库部，郎中一员，掌管军用兵器和卤簿仪仗。元正、冬至陈设，并祠祭丧葬所需之物，都由库部供应；所有库藏兵器，根据类别分开储藏，定期命卫尉幕士晾晒。

（五）刑部

刑部，尚书一员，隋初称都官尚书，开皇三年（公元583年）改为刑部尚书，唐朝沿用，龙朔二年（公元662年）改为司刑太常伯，光宅年间改为秋官尚书，神龙初复称刑部尚书，天宝中曾改为宪部尚书，至德初复旧。侍郎一员，隋炀帝时设置。尚书、侍郎掌天下刑法及徒隶、勾覆、关禁之政令，负责长安城的司法和部分监察事务的管理。各地判决的死刑案件，都需要上报刑部覆审，以避免冤假错案的发生。隋炀帝因暴政而亡，唐初的统治者注意精简刑罚，特别是对死刑的判定非常慎重。贞观初，唐太宗就说："死者不可再生，用法须务存宽简。"并说："自今以后，大辟罪皆令中书、门下四品已上及尚书九卿议之。如此，庶免冤滥。"① 《唐律》也明确规定："诸决大辟罪，在京者，行决之司五覆奏；在外府，刑部三覆奏。"②《文苑英华》载有刑部覆审判文："甲为市贾，为胡货物有犯禁者。大理以阑出边关论罪至死。刑部覆云：贾人不知法，以误论罪，免死从赎。"③ 死刑覆奏制度既缓和了阶级矛盾，有利于社会的稳定，也体现了唐代统治者慎刑的人文主义关怀，是社会文明进步的标志。刑部下属有刑部、都官、比部、司门四司。

刑部，郎中二员，隋初置刑部侍郎，掌刑法，隋炀帝时改为宪部郎，武德三年（公

---

① 〔唐〕吴兢撰，谢保成集校：《贞观政要集校》卷八《论刑法》，中华书局，2003年，第428、429页。
② 《通典》卷一六八《刑法六·考讯附大唐律》，第4349页。
③ 《文苑英华》卷五三〇《市贾为胡货判》，第2713页。

元620年）改称刑部郎中，龙朔二年（公元662年）改为司刑大夫，咸亨、光宅、神龙并随曹改复。郎中协助尚书、侍郎，掌律法，按覆大理寺及各地所奏的重要案件。对于在京诸司所关押的囚犯，每月二十五日以前，本司录其案发时间及囚禁日期上报刑部。

都官，郎中一员，掌分配役隶，登记俘囚，以给衣粮药疗，以理诉竞雪冤。因谋反连坐，家属被没为官奴婢的，初免为蕃户，再免为杂户，三免为良民。年六十及废疾，虽赦令不该，亦并免为蕃户，七十则免为良人，任所乐处而居。被没有技艺者分配到相关部门劳动，妇人工巧者分给掖庭，其余无能者都分到司农寺。

比部，郎中一员，掌勾诸司百官俸料、公廨、赃赎、调敛、徒役、课程、逋悬数物，以周知内外经费而总勾之。在隋代，比部只负责勾检诏令的执行而不审计。如开皇元年（公元581年），隋文帝诏比部侍郎李谔参与制定新律。① 唐代建立以后，由于社会发展的客观需要，比部由原来勾检诏书律令改为勾覆会计账簿，成为财务勾检系统的中央领导机构。② 比部勾检审计的内容归纳起来有以下几个方面：①中央各部门和京兆府、万年和长安二县的赋税收入。建中元年（公元780年）实行两税法，规定"其黜陟使每道定税讫，具当州府应税都数及征纳期限，并支留合送等钱物斛斗，分析闻奏，并报度支、金部、仓部、比部"。③ ②中央和地方的财政支出，包括官吏俸禄、行政经费、军用物资、工程营造、赏赐等支出。大和四年（公元830年）九月，比部奏："准大和三年十一月十八日敕文，天下州府两税，占留支用有定额，其残欠羡余钱物，并合明立条件，散下诸州府者。……又诸州应有城郭，及公廨、屋宇、器械、舟车、什物等，合建立修理，须创制添换。又当州或属将校所由，有巡检非违，追捕盗贼，须行赏劝，合给程粮者。又当州或百姓贫穷，纳税不逮，须矜放要添货额者。又当州遇年谷丰熟，要收籴贮，备以防灾歉者。"④ 具体事项经办应由州县负责，比部只对其完成情况进行检核纠察。比部对地方州府的羡余钱物、官员送故迎新所需招待费用等都明确要求："其所费用者，并须立文案，以凭勘验。"⑤ ③仓库物资的出纳。可见，唐代比部的审计范围非常广泛，从中央到地方，从行政经费到军事开支，直到皇帝的赏赐支出都

---

① 《隋书》卷二五《刑法志》，第710页。
② 王永兴：《唐勾检制研究》，上海古籍出版社，1991年，第66页。
③ 《唐会要》卷八三《租税上》，第1818—1819页。
④ 《唐会要》卷五九《比部员外郎》，第1219页。
⑤ 《唐会要》卷六八《刺史上》，第1425页。

在审计之列。除勾检财政收支之外，勾覆图书经籍也在比部管辖范围之内。文明元年（公元684年）十月，武则天下敕："两京四库书，每年正月，据旧书闻奏；每三年，比部勾覆具官典，及摄官替代之日，据数交领。如有欠少，即征后人。"①随着社会形势的变化、各种使职的出现，比部的勾检职能渐失。早在高、武时期，就出现了"东都留守御史兼敕勾大使""置句使"②，勾检已设专使执行，因而中宗在敕文中说："设官固须量才称职，比来委任，稍亦乖方……营造无取于将作，勾勘罕从于比部。多差别使，又著判官，在于本司，便是旷位。"③安史之乱后，唐王朝的中央集权严重削弱，官制紊乱，比部的勾检职能被侵夺得更为严重。建中初，比部状称："天下诸州及军府赴句帐等格……其一年句获数，及句当名品，申比部。……又准大历十二年六月十五日敕，诸州府请委当道观察判官一人，每年专按覆讫，准限比部者。自去年以来，诸州多有不到。"④自建中以来，中央一直试图恢复比部勾检职能，但其削弱乃至丧失，已是大势所趋，无法挽回了。比部勾检职能虽失，但比部郎中逐渐兼职知制诰。元和十四年（公元819年），王起就"以比部郎中知制诰"⑤；咸通十一年（公元870年），杨知至也"以比部郎中知制诰"⑥。由此可见，晚唐以来比部的主要职能已由勾检天下财政收支转为"知制诰"。

司门，郎中一员，职责在于管理长安城门及关中四周关隘出入往来的登记勘察。唐代全国有关二十六处，分为上、中、下三等，京城周边的关隘为上关。"关所以限中外，隔华夷，设险作固，闲邪正禁者也。凡关呵而不征，司货贿之出入，其犯禁者，举其货，罚其人。"⑦所有过关的人，无论公私官民、商贾、僧道都要携带过所，在京城诸司由尚书省颁发，在外地则由州府衙门颁发。对私自度关者，《唐律》有严厉的惩罚："私度关者，徒一年。越度者，加一等（不由门为越）。"⑧综合来看，唐代《卫禁律》有关过所专门条款的规定，中央主管关隘过所的部门——刑部司门司的设置，全

---

① 《唐会要》卷三五《经籍》，第751页。
② 详见周绍良主编：《唐代墓志汇编》咸亨〇九六，上海古籍出版社，1992年，第579页；《新唐书》卷二〇六《武攸宁传》，第5840页。
③ 《全唐文》卷一七中宗《即位敕文》，第207页。
④ 《唐会要》卷五九《比部员外郎》，第1218页。
⑤ 《旧唐书》卷一六四《王播传附王起传》，第4278页。
⑥ 《新唐书》卷一七五《杨虞卿传附杨知至传》，第5250页。
⑦ 《旧唐书》卷四三《职官志二》，第1839页。
⑧ 《唐律疏议》卷八"私度及越度关"条，第172页。

国州县申请、颁发过所的《过所式》的制定,"标志着唐代过所制度的高度发展,并已臻完善化了"①,有利于维护长安治安稳定和巩固军事安全。

(六)工部

工部,尚书一员,龙朔年间改为司平太常伯,光宅中又改称冬官尚书,神龙初复旧;侍郎一员。尚书、侍郎之职,掌天下百工、屯田、山泽之政令,对长安城的城市营建、礼制建筑、帝王陵墓等大型工程建设的领导监督。开皇二年(公元582年),隋文帝下令营建大兴城,工部尚书贺娄子干被任命为"营新都副监",参与领导大兴城的建设;②贞观二十三年(公元649年),唐太宗去世,工部尚书阎立德"摄司空,营护太宗山陵"③;永徽五年(公元654年),阎立德领民夫四万人修筑长安城罗郭④。工部下属有工部、屯田、虞部、水部四司。

工部,郎中一员,主要负责国家大型公共工程的兴建修造事务,包括城池的修浚、土木建筑的缮葺、工匠之程序都由工部司制定相关规定、发布政令。京师长安需要营缮则由工部向少府监、将作监下达命令,供应工匠、材料。《唐六典》卷七《尚书工部》"工部郎中"条,在叙述了工部郎中、员外郎的品秩、职能之后,又用大量篇幅详细记述唐西京的建制、布局、沿革等,其原因就在于工部司与两京的营建修缮关系密切。

屯田,郎中一员,掌管天下屯田之政令,根据当地土壤的肥沃贫瘠、水利灌溉的便利与否、所费劳动力多少、收获产量来决定屯田的等级。屯田有屯官、屯副。另外,京城文武职事官和京兆府与京县官的职分田及在京诸司公廨田的分配亦由屯田司视其品秩分配。这样,唐代的屯田经营就形成了屯田郎官—屯监—屯主、屯副的管理体系。屯田司是全国屯田的最高政令机关,屯田的废置、等级及配丁与配牛数量,均由屯田郎中决定。之所以将屯田事务归于工部,"这可能是因为屯田曹所掌类似于公产的性质,而户部曹所掌为天下屯田户口及据井田户口征发的赋税"⑤。屯田管理不仅仅是简单的农业生产,很多时候它与国家的政治策略、军事战略有密切的联系,内地屯田又涉及逃户、屯田与均田的关系以及中央与地方藩镇的关系等诸多问题,是一项

---

① 程喜霖:《唐代过所研究》,中华书局,2000年,第58页
② 《隋唐》卷一《高祖纪上》,第18页
③ 《旧唐书》卷七七《阎立德传》,第2679页
④ 《旧唐书》卷四《高宗本纪上》,第72页。
⑤ 李锦绣:《唐代财政史稿》上卷,北京大学出版社,1995年,第129页

非常复杂的工作。因此，屯田的管理需要最高决策者统筹兼顾、合理安排，有关屯田设置之类的重大政务实际上是由皇帝直接决定，工部、屯田司、司农寺更多的时候只是遵照诏敕具体处理日常屯田管理事务。开元以后，随着节度使、支度使、营田使的设置，原有的管理体系被逐渐打破。到唐代后期，实际上形成了皇帝—尚书省、屯田郎官—道营田使—军州、城营田使—屯官的管理体系，并由监察御史对尚书省以下各机构的屯田经营进行监察。

虞部，郎中一员。对于其职责，文献记载有所差异。《唐六典》记载："掌天下虞衡、山泽之事，而辨其时禁。凡采捕、畋猎，必以其时。冬、春之交，水虫孕育，捕鱼之器，不施川泽；春、夏之交，陆禽孕育，餧兽之药，不入原野；夏苗之盛，不得蹂藉；秋实之登，不得焚燎。若虎豹豺狼之害，则不拘其时，听为槛阱，获则赏之，大小有差。凡京兆、河南二都，其近为四郊，三百里皆不得弋猎、采捕。凡五岳及名山能蕴灵产异，兴云致雨，有利于人者，皆禁其樵采，时祷祭焉。凡殿中、太仆所管闲厩马，两都皆五百里供其刍藁。其关内、陇右、西使、北使、南使诸牧监马、牛、驼、羊皆贮藁及茭草。其柴炭、木橦进内及供百官、蕃客，并于农隙纳之。"①比起《唐六典》，《旧唐书》所不同的是增加了"京城街巷种植"和"山泽苑囿"两项②，而《新唐书》记载又增加了供应"时蔬"和"山泽有宝可供用者，以闻"两项职责③。综合来看，虞部司的职责主要可以归纳为六个方面：一为辨时禁，按照动植物生长规律，制定采伐捕猎的法令；二为鼓励除虎豹豺狼之害；三为绿化长安城及保护其四郊三百里的生态环境，不得弋猎、采捕；四为保护五岳及名山，禁止樵采；五为掌管百官、蕃客蔬菜、薪炭的供应；六为勘察上报山泽之宝。唐代有较为完善的环境保护法规，虞部是隋唐中央机构中涉及长安城及周边动植物保护、城市绿化等生态环境管理主要部门。

水部，郎中一员，"掌天下川渎陂池之政令，以导达沟洫，堰决河渠。凡舟楫溉灌之利，咸总而举之"④，负责长安及关中地区河湖陂池及水利工程、桥梁、水运的管理。唐代在长安附近地区的灞水、渭河之上建有多座大型桥梁，这些桥梁都是水部司派"国工"修建和维护的。作为一个农业国家，唐代长安城市经济的繁荣离不开农业

---

① 《唐六典》卷七《尚书工部》，第224—225页。
② 《旧唐书》卷四三《职官志二》，第1841页。
③ 《新唐书》卷四六《百官志一》，第1202页。
④ 《旧唐书》卷四三《职官志二》，第1841页。

的发展，而农业发展的关键是水利建设。正如马克思所说："气候和土地条件……使利用渠道和水利工程的人工灌溉设施成了东方农业的基础。……这种用人工方法提高土地肥沃程度的设施靠中央政府办理，中央政府如果忽略灌溉或排水，这种设施立刻就荒废下去"①。唐代统治者是非常重视关中地区水利建设和管理的，设置专门管理农田水利的机构，详细调查水资源，颁布我国第一部水利法《水部式》②，而水部司就是唐朝政府专门设立的管理水利的机构。武德八年（公元625年），水部郎中姜行本奏请"于陇州开五节堰，引水以通运漕，诏许之"③。《唐六典》卷七"水部郎中"条有："凡水有溉灌者，碾硙不得与争其利"，农田灌溉时节，关闭碾硙斗门，优先灌溉农田；仲春时"命通沟渎，立堤防，孟冬而毕"；如若发生洪涝灾害，水渠有被冲坏的，要"不待其时而修葺"。④另外，堤堰、沟洫、渔捕、漕运、碾硙等水资源的利用也都由水部司管理。可见，水部司是唐代最高水利管理的行政机构，在制定水利法规、兴修水利方面发挥了重要作用，有力推动了唐代水利事业的发展，为唐代农业的发展奠定了基础。

---

① 马克思：《不列颠在印度的统治》，见《马克思恩格斯选集》第2卷，人民出版社，1972年，第64页。
② 《古史新探》十四《唐代水利三题》，第150—158页。
③ 《册府元龟》卷四九七《邦计部·河渠二》，第5950页。
④ 《唐六典》卷七《尚书工部》，第226页。

第三节
事务机构

隋唐时期，中央机构除了三省六部等核心权力机关，还有九寺、五监、十六卫等具体事务机构及专门为皇室服务的秘书省、殿中省、内侍省等服务机构，在大兴城、长安城的城市管理中也发挥了一定作用。

一、九寺

（一）太常寺

太常寺，位于皇城承天门街之东，第七横街之北，从西第一。寺内有"崔公望省楼"，《国史异纂》记载：崔日知历职中外，却未居八座，出任太常卿后，他在都寺厅事后盖了一座楼，正与尚书省相望，时人谓之"崔公望省楼"。[1]太常寺有卿一员，龙朔二年（公元662年）改称奉常，光宅时改为司礼卿，神龙时复为太常卿。又有少卿，隋初置二人，武德时置一人，贞观时增加一人。太常卿之职，负责参与国家礼乐和郊庙、社稷祭祀礼仪的制定及相关具体事务，少卿为其佐贰。开皇年间，牛弘任太常卿，受命"集南北仪注，定《五礼》一百三十篇"[2]。国家有大的礼仪活动，太常寺相关官员都要赞相礼仪，提供活动所需的音乐、服饰、礼器等，并要参与具体的礼仪流程。太常寺下属有郊社、诸陵、太乐、鼓吹、太医、太卜、廪牺等署。

两京郊社署，令各一人，丞一人。郊社令负责五郊、社稷、明堂的摆设及其祠祀祈祷的礼仪事务。有大的祭祀活动则按不同的位置摆设神座于祭坛上，立燎坛而先积柴。若合朔日期有变化，则置五兵于太社，以朱丝萦之以俟变，过时而罢。

---

[1] 《唐两京城坊考》卷一《西京·皇城》，第14页。
[2] 《旧唐书》卷二一《礼仪志一》，第816页。

诸陵署，令一人。各陵的陵户也属诸陵署管辖，其中乾、桥、昭三陵各有四百人，献、定、恭三陵各有三百人。平时由署令率陵户维护帝陵；朔望、元正、冬至等节日要祭享诸陵。

太乐署，令、丞各一人。太乐令调合钟律，以备皇家祭祀、享宴时使用。大宴会则设十部伎，大祭祀、朝会用乐，排列不同章服的先后顺序；太庙祭祀，每室酌献各用舞；祭祀昊天上帝、五方大帝、日和月的音乐，都用六曲，祭地祇、神州、社稷的音乐，都用八曲。

鼓吹署，令一人，丞三人。鼓吹令掌鼓吹施用调习之节，以备卤簿之仪。皇帝大驾行幸，卤簿则分前、后二部，法驾则三分减一，小驾则减大驾之半；皇太后、皇后出幸，如皇帝小驾之例，皇太子鼓吹有前、后二部；亲王以下根据等级各不相同。若合朔日期有变化，则率乐工设五鼓于太社；大傩，则率鼓角手为侲子唱歌伴奏。

太医署，令、丞各二人。太医署是唐代皇家最高医疗机构，令为其长官，主要负责为皇帝及嫔妃诊病开药。下属有四科：医师、针师、按摩师、咒禁师。医师、医工、医正为人治病，以其治愈多少为准考课；药园师按时种植和采集药材。四科均有博士收徒授业，另有助教、师、工、生等人员若干。对各科生徒，按照国子学的方式进行考试，根据结果录用。

太卜署，令、丞各一人。太卜令掌皇家卜筮之事。卜筮的方法有四种，即龟、五兆、易、式，都要辨别象数，通晓其中所传达的信息，以定吉凶。在国家祭祀前，率卜正、占者，卜日于太庙南门外。每年冬季第三个月晦日，率侲子入宫中堂舞侲子，送走不祥的事物。

廪牺署，令、丞各一人。令掌荐牺牲及粢盛之事。祭祀的牲牢各有名数，大祭祀则与太祝牵牲牢到榜位，太常卿查看牲牢，则北面报告肥壮，并牵牲牢授太官。另外，齐太公庙署负责长安太公庙的开合、洒扫以及春秋仲月的释奠祭祀。

太常寺作为隋唐时期国家最高的礼仪事务机构，根据礼部的指令，负责具体的、事务性的工作。从高宗、武后开始，随着国家礼仪事务的增多和官制的变化，或由他官"知礼仪事"，甚至出现专职礼仪的礼仪使。开元九年（公元721年），韦绍除授国子司业，"知太常礼仪事"；天宝九载（公元750年），正式设置礼仪使，专门负责礼仪事务；至德二载（公元757年），御史中丞崔器兼户部侍郎、知礼仪事。至乾元元年（公元758年）四月，王玙除中书侍郎、同中书门下平章事，充礼仪、祠祭等使；次年九月，于休烈除工部侍郎，充礼仪使。①太常寺的礼仪职能逐渐受到侵夺。

安史之乱不仅打乱了唐王朝的政治秩序，而且还造成了礼仪制度的混乱，家礼散佚和私家礼仪逾制的问题越来越突出，南郊祭天的圜丘和皇室太庙也在战火中被毁，导致国家大陵寝之礼和郊祀之礼的停废和紊乱。②另外，在统治者看来，安史之乱的爆发与玄宗纵容安禄山在礼制上的逾制有很大关系。因此，整顿礼仪制度不仅是约束日益坐大的地方势力，加强皇权的需要，更是恢复帝国统治秩序的必要手段，成为国家政治生活中的一项重要内容。由皇帝派使检校礼仪、祭祀之事的做法得以沿用，掌管礼仪之事的机构也逐渐由礼部和太常寺转变为以礼仪使为首，以整顿礼制、制定仪注为主的太常礼院。③尽管大历五年（公元770年）三月，代宗"敕停礼仪使事，归太常"，有意恢复太常寺的礼仪职能，但正如王夫之所说"国之大事，在祀与戎。夫祀既宗伯之所司矣，而礼部之外必设太常，盖以礼统邦礼，职既繁委，分心力以事神，则恪恭不挚，专责之大常，而郊庙之事乃虔"④，因时势的需要，不得不在大历七年（公元772年）再次恢复礼仪使。⑤大历十四年（公元779年），颜真卿为礼仪使，"先自元宗以来，此礼仪注废阙，临事徐创，实资博古练达古今之旨"⑥。建中元年（公元780年）又停常设礼仪使，只在南郊大礼，临时置使，礼毕即废。

（二）光禄寺

光禄寺，位于皇城承天门街之东，第四横街之北，安上门街东第二，紧邻都水监。⑦对于光禄寺的起源，传世文献多记载为源自秦郎中令、汉光禄勋⑧，许多学者也都沿用此说⑨。但是，一些学者从光禄寺负责的具体职务上来分析，认为隋唐光禄寺从职能上与秦郎中令、汉光禄勋截然不同，而与夏朝的庖正、西周的膳夫职掌却非常相

---

① 《唐会要》卷三七《礼仪使》，第784页。
② 姜伯勤：《唐贞元、元和间礼的变迁——兼论唐礼的变迁与敦煌元和书仪文书》，见《敦煌艺术宗教与礼乐文明——敦煌心史散论》，中国社会科学出版社，1996年，第443—446页。
③ 吴宗国：《中国古代官僚政治制度研究》，北京大学出版社，2004，第174页。
④ [清]王夫之：《读通鉴论》卷二五《宪宗》，中华书局，1975年，第2017页。
⑤ 《唐会要》卷三七《礼仪使》，第785页。
⑥ 《全唐文》卷五一四《颜鲁公行状》，第5230页。
⑦ 《唐两京城坊考》卷一《西京·皇城》，第13页。
⑧ 可参见《旧唐书》卷四四《职官志三》、《新唐书》卷四八《百官志三》、《唐六典》卷一五《光禄寺》、《通典》卷二五《职官七·光禄卿》等。
⑨ 如：史云贵先生在《外朝化与边缘化：中国古代光禄勋研究——以秦汉魏晋为主体》（载《求索》2006年第1期）中，认为光禄寺的发展脉络为"郎中令—光禄勋—光禄寺"；袁刚先生在《中国古代政府机构设置沿革》（黑龙江人民出版社，2003年，第329页）一书中也认为"光禄寺即汉光禄勋，也是秦汉九卿之一"，是由掌宫廷守卫转化为掌管膳食的。

近。①笔者认为,任何一个事物的产生发展都是一个非常复杂的演变过程,不能简单地看待,光禄寺的起源也是如此。从掌管宫廷膳食的职能来看,从夏王朝建立之始,就可能已经存在管理国王饮食的职官,之后一直存在;而从名称上来看,就如文献所记载的是由秦郎中令、汉光禄勋逐渐发展而来。这二者就是一种"旧瓶装新酒"的关系,最初光禄寺(郎中令、光禄勋等)只是掌管宫殿门户,但随着王朝官制的演变,包括宫廷饮食在内的一些职能就被并入光禄寺,掌管宫廷膳食逐渐成为光禄寺的主要职能,原来的职能反而退居次要,甚至完全转移到其他部门了。这种变化就是到了隋唐时期也仍然没有停止。如开皇三年(公元583年),隋文帝废光禄寺,并入司农寺,到十二年(公元592年)又重置;隋炀帝时,又增加少卿一人;龙朔二年(公元662年),唐高宗又改为司宰寺,光宅元年(公元684年)改为司膳寺,中宗时复旧称。

光禄寺,卿一员,掌管宫廷酒醴、膳羞事务;少卿二人。国家有大的祭祀要准备牲镬,检查器皿是否干净;若三公代祭,则光禄卿为终献;朝会宴享时,则根据宴会的等级、人数需要,来供应各种菜肴酒醴。景云二年(公元711年)三月,睿宗下敕:"每御承天门楼,朝官应合食,并蕃客辞见,并令光禄准旧例,于朝堂廊下赐食。"②寺下设太官、珍羞、良酝、掌醢四署。

太官署,令二人,丞四人,负责宫廷膳食的制作。此外,祭祀、朝会设宴、国子监释奠、宿卫当上及命妇朝参宴会,根据参加人员品秩供应不同的食物。

珍羞署,令一人,丞二人,负责进献各种美味佳肴。陆产的品种有榛、栗、脯、脩,水产的品种有鱼、盐、菱、芡,分辨这些食材的名称和数量,妥善存储,以供祭祀、朝会宴请时所需。

良酝署,令、丞各二人,主要负责供奉祭祀所用五斋、三酒的事情。郊祀时,率本署人员往酒器中注酒;享祭太庙,要供应香醇的好酒;一年中应按季节向宫廷进献春暴、秋清、酴醾、桑落等酒。

掌醢署,令一人,丞二人,负责供应用盐腌制的鱼肉等肉酱。祭神祇、享宗庙时,

---

① 如:王永平先生在《论唐代的宫廷饮膳管理》(载《饮食文化研究》2005年第3期)一文中就光禄寺掌管宫廷膳食这一角度来追溯以前历朝历代掌管膳食的机构部门;韩雪在《唐朝光禄寺起源初探》(载《艺术科技》2016年第12期)一文中也认为光禄寺是由周朝(或者更早时候的夏朝)掌管宫廷膳食的食官转化而来的,夏、周时期掌管宫廷饮食工作的食官才是唐朝光禄寺的真正起源。

② 《唐会要》卷六五《光禄寺》,第1344—1345页。

豆里面放上菹醢；宴宾客、会百官时，用醯酱来和羹。

（三）卫尉寺

卫尉寺，位于皇城承天门街之西，第四横街之北，含光门街西第三。卫尉原为秦代九卿之一，"掌宫门卫屯兵"[1]；北齐时，为卫尉寺，有卿及少卿各一人；开皇三年（公元583年），隋文帝废卫尉寺，并入太常及尚书省，十三年（公元593年）复置，管理军器、仪仗、帐幕等，以监门卫掌宫门屯兵；唐初沿用隋制，龙朔二年（公元662年）改卫尉为司卫，神龙初复旧。太极元年（公元712年）增设少卿一人。[2]

卫尉寺，卿一人，少卿二人。卫尉寺的基本职责为"掌邦国器械、文物之政令"[3]，而实际上它所掌管的国家甲仗只包含京师及东都武库内的，即所谓"凡天下兵器入京师者，皆籍其名数而藏之"，并对其登名造册和入库收藏，是长安城军械管理的主要机构之一。供给宿卫兵士使用的武器，每年至少要检查两遍，若有损坏的，则送到少府监或金吾卫修理。卫尉寺还领导武库、武器、守宫三署。

武库署，初仅设于长安[4]。令、丞各一人，驻守长安，掌管保藏国家的兵仗、器械，登记其种类、数量，以备国家使用。皇帝亲征或大田巡狩，杀羝羊、貑猪、雄鸡祭鼓；太子亲征或大将出师，则用貑狲祭鼓；若有大赦，先建金鸡，并置鼓于宫城正门右侧，看到大理及府县囚徒走到跟前，就击鼓。

武器署，令一人，丞二人。虽说"掌在外戎器，辨其名物，会其出入"，但从其主要供应"大祭祀大朝会及巡幸""王公百官婚葬之礼"[5]仪仗所使用的武器，可知它也是管理京师武器的机构。

守宫署，令一人，丞二人，掌管理、供应祭祀、朝会及巡幸时所需要的供帐，辨别其名称、用途，登记借出和收回的使用情况。

（四）宗正寺

宗正寺，位于皇城承天门街之西，第六横街之北，从东第一。秦汉时，宗正卿为九卿之一，掌皇家属籍；梁武帝天监年间，改为宗正寺。隋唐亦设宗正寺，龙朔二年

---

[1] ［东汉］班固：《汉书》卷一九上《百官公卿表上》，中华书局，1962年，第728页。
[2] 《通典》卷二五《职官七·卫尉卿》，第700页。
[3] 《唐六典》卷一六《卫尉寺》，第459页。
[4] 《唐会要》卷六五《卫尉寺》，第1345页。
[5] 《旧唐书》卷四四《职官志三》，第1880页。

（公元662年）改为司宗寺，光宅元年（公元684年）改为司属寺，神龙初复为宗正寺。

宗正寺，卿一人，少卿二人。宗正寺掌管皇帝九族六亲之属籍，辨别昭穆亲疏，是隋唐王朝中央负责皇室宗族事务的专职机构，宗室的附籍、除籍都归其管理。武德元年（公元618年），唐高宗以李袭誉、李孝常"我之同姓，派别支分"，下诏允许他们合谱宗正，属籍宗正寺；二年（公元619年），幽州总管燕郡王罗艺赐姓李氏，亦令属籍宗正寺。①安史之乱中，李唐宗室多有死伤，谱籍也毁于战火。战后，皇室宗谱多阙，唐肃宗敕令：宗正卿李琬"录其名实，具状闻荐"，"重申旧制，昭辨等序，即宜勘造图籍，宣示中外"。②唐王朝十分重视宗正卿、少卿的任命，多由德高望隆、戚属尊贵的宗室担任。开元二十五年（公元737年），玄宗下诏："宗正卿、丞及主簿，择宗室中才行者补授。"③如李拭"明皇而下，其属未远。……睿宗而上五十余族，长幼秩序，尽委之于大宗正。苟非能贤，不敢轻授"④。宗正寺下属有崇玄署。

崇玄署，令一人，丞一人。崇玄署的设置源自北朝，至隋崇玄署设有令、丞，隋炀帝改佛寺称道场，改道观称玄坛，置监、丞管理。唐朝继承隋制，设崇玄署令，又置诸寺、观监，初隶属于鸿胪寺，每寺、观各监一人。开元二十五年（公元737年），玄宗下敕曰："道本玄元皇帝之教，不宜属鸿胪。自今已后，道士、女道士并宜属宗正，以光我本根"，改崇玄署隶属宗正寺，而僧、尼则由祠部管辖。⑤崇玄署就由管理佛、道二教的部门转变成了专门执掌两京诸道观名数、道士账籍及其斋醮事务的机构。唐代规定：两京度僧、尼、道士、女官，必须有御史一人亲自监临；州、县三年编造一次僧、道籍账，共三份，一份留县，一份上交州，另外一份僧、尼上祠部，道士、女官上宗正。开元二十五年（公元737年），唐玄宗又置崇玄学于玄元皇帝庙，也由崇玄署管辖，两京崇玄学置博士、助教各一员，学生百人，学习的内容主要是《道德经》《庄子》《文子》《列子》等道教经典，学生可以参加道举。开元二十九年（公元741年）五月，诏令："诸色人等，有明道德经及庄、列、文子等，委所繇长官访择，具以名闻，朕当亲试，别加甄奖"，设立"道举"；九月，玄宗御兴庆门"数亲试明道德经及

---

① 《唐会要》卷六五《宗正寺》，第1348页。
② 《全唐文》卷四四《甄叙皇属敕》，第484页。
③ 《唐会要》卷六五《宗正寺》，第1349页。
④ 《全唐文》卷六四九《授李拭宗正卿韦虚度殿中监制》，第6575页。
⑤ 《唐六典》卷一六《宗正寺》，第467页。

庄、文、列子举人问策",姚子彦、靳能、元载等人及第,"各授之以官"。①元和二年(公元807年),宪宗又下令:道士、女官隶左、右街功德使。

此外,宗正寺还领有诸陵台,废置无常。太庙署原属太常寺,开元二十五年(公元737年),太常少卿韦绍奏请废除,玄宗下敕:"宗正设官,实司属籍。而陵寝崇敬,宗庙惟严,割隶太常,殊乖本系奉先之旨,深所未委。自今已后,诸庙置并隶宗正寺。"②从此,太庙署就归宗正寺管辖。

(五)太仆寺

太仆寺,位于皇城承天门街之东,第六横街之北,从西第一;寺西北隅有乘黄署,署内有指南车、记里鼓及辇辂等礼仪器物。③隋代太仆寺有骅骝、乘黄、龙厩、车府、典牧、牛羊等署,炀帝将骅骝署并入殿内省尚乘局,改龙厩为典厩署,又增加左、右驳皂二厩,加置主乘、司库、司廪等官,废牛羊署;唐初又有所改革,省除驳皂等诸官。④龙朔二年(公元662年),改称司驭寺,咸亨时复旧名,光宅中又改为司仆寺,神龙元年(公元705年)复称太仆。

唐初,出于建设骑兵和发展生产的需要,十分重视马、牛等畜牧养殖,由太仆寺统一领导。太仆寺有卿一员,"掌邦国厩牧、车舆之政令"⑤,主要负责马匹和其他牲畜的牧养与管理。少卿二人,丞四人,主簿二人,以及兽医、兽医博士、学生若干。太仆寺下有乘黄、典厩、典牧、车府四署及分布于各地的牧监和沙苑监,是唐代前期最重要的畜牧业管理机构,向国家提供了大量的军马、驿马、御马以及官员的乘马和大量的牛、羊、驴、骡、驼等,为唐代长安交通运输和军事发展提供了充足的畜力支持。太仆寺还掌管国家举行大礼或帝王行幸所需的五辂属车等;所有监牧的羊马都要登记籍账,每年造册上呈尚书省驾部,作为官吏考课的依据;此外,四月要祭祀马祖、马步、先牧、马社等畜牧神。

乘黄署,令一人,丞一人,掌天子车辂,分辨名数以及驾驭的方法。乘舆五辂有副车,又有十二车(即指南车、记里鼓车、白鹭车、銮旗车、辟恶车、皮轩车、耕根车、

---

① 《册府元龟》卷五三《帝王部·尚黄老一》,第595—596页。
② 《通典》卷二五《职官七·宗正卿》,第705页。
③ 《唐两京城坊考》卷一《西京·皇城》,第14页。
④ 《唐六典》卷一七《太仆寺》,第479页。
⑤ 《唐六典》卷一七《太仆寺》,第479页。

安车、四望车、羊车、黄钺车、豹尾车），属车也有十二；乘舆有大驾、法驾、小驾三等，各有差别。若有大礼就以辂车进奉，仪式结束收回保藏。

典厩署，令二人，丞四人，负责饲养马牛、给养杂畜等事务。

典牧署，令二人，丞四人，负责牧养杂畜、造酥酪脯腊等以供朝廷之需；群牧所送的羊犊肉制品都经典牧署供给廪牺、尚食使用。

车府署，令一人，丞一人。根据品秩高低给王公以下官员提供车辂，公以下爵位给四辂车，兼给车辆驾驶员。

此外，掌管分布于各地的诸牧监和沙苑监。所谓牧监，即国家养马机构。"马者，兵之用也；监牧，所以蕃马也"。牧监的设置始于唐代，是隶属太仆寺的基层畜牧经营机构。唐初，从突厥买马二千匹，又在赤岸泽缴获隋官马三千匹，后将这些马移到陇右，专人牧养，"监牧之制始于此"。贞观时，太仆少卿张万岁领群牧，牧监获得较快发展，又在关中的岐、豳、泾、宁等州设置了八坊四十八监，牧监规模很大，牧场广大，所养马匹达七十多万匹。由于马匹的供应增加，马匹的价格也下降了，以一匹缣就可换一匹马。①唐代牧监分为三等：养马五千匹及其以上的为上监，三千匹为中监，一千匹以上为下监，都设有牧监、副监、丞、主簿、录事等官吏管理，牧监掌牲畜的放牧饲养，马群有牧长、牧尉，左、右监以辨别马粗良，统计数量。

随着社会的发展，唐代原有牧监管理制度逐渐不能适应多样化的需要，太仆寺的职权逐渐被群牧使、监牧使等使职侵削。仪凤三年（公元678年）十月，太仆少卿李思文"检校陇右诸牧监使，自兹始有使号"②。至此，太仆寺和群牧在实质上已完全脱离隶属关系，群牧使与太仆无必然联系，"标志着从张万岁开始的马牧官员专职化过程的完成，并且已经形成制度"。③此后，诸牧监官员的任命、考课尽归群牧使。开元三年（公元715年）四月敕："诸道牧监官有阙紧要者，委本使简择明闲牧养者，奏付选司勘实补拟。……牧尉有阙，亦委使司差补，申牒所由，如不足，并申省司速访补拟。"④唐后期的闲厩使、飞龙使则彻底削夺了太仆寺畜牧生产与管理的职权。⑤群牧使

---

① 《新唐书》卷五〇《兵志》，第1337页。
② 《唐会要》卷六六《群牧使》，第1354页。
③ 马俊民、王世平：《唐代马政》，西北大学出版社，1995年，第12页。
④ 《唐会要》卷六六《群牧使》，第1354页。
⑤ 王政军：《唐代畜牧业领导机构太仆寺研究》，载《农业考古》2016年第4期，第168页。

也不再由太仆寺派出，而是由最高中枢领导者掌握。

（六）大理寺

大理寺，位于皇城承天门街之西，第四横街之北，从西第一，西即顺义门。秦代九卿之一的廷尉，执掌刑罚，有正、左、右监，汉景帝时更名为大理，到隋代始定名为大理寺，唐朝因之，龙朔二年（公元662年）又改为详刑寺，光宅元年（公元684年）改为司刑寺，神龙元年（公元705年）复称大理寺。

大理寺，卿一人，史书多言其"掌邦国折狱详刑之事"①，但实际上它只是京师司法审判机构之一，与京兆府共享长安地区司法政务的处理权，其主要职能是审理中央官吏徒刑以上的案件和天下疑狱以及奉旨遣使推勘地方案件等。大理寺没有流刑和死刑的终审权，要上报刑部，并由中书、门下复核，并不是唐代全国最高的审判机关，也不是唯一的中央审判机关。②少卿二人，永徽六年（公元655年）初置一员，神龙元年（公元705年）又增加了一人。由于大理卿、少卿在诸多重案、要案审理中的重要作用，唐代统治者仍很重视大理卿的人选，对于其任命都比较谨慎认真。贞观元年（公元627年），唐太宗认为"大理之职，人命所悬，此官极须妙选"，任命"忠正清直，每事用心"的戴胄为大理少卿；开成四年（公元839年），唐文宗敕文也说："刑法之官，人命所系。顷频有诏旨，命择才能，每当朔望，须备顾问。宜令中书门下更加选择。"③正二人，掌参议刑辟判定、详正科条之事，六丞断罪有不当之处，则以法纠正。丞六人，分判寺事，正刑之轻重，判处徒刑以上的，要告知家属判决结果，询问其是否认罪。另有主簿、狱丞、狱吏等若干人。

在唐前期，由于政治清明，大理寺受到重视，有效地发挥了其审判职能，成为唐朝重要的中央审判机构，为稳定长安城社会秩序起到了积极的作用。唐朝中后期，皇权削弱，宦官与地方节度使干扰，司法秩序混乱，大理寺的效率与地位逐渐下降，司法职能无法正常履行，逐渐成为"闲司"。贞元四年（公元788年）十月，大理卿于顾奏称："诸处推事不尽，须重勘覆，或有诬告等，每失程期。稽滞既多，冤滥难息。诸司及诸馆驿，多以大理为闲司，文牒递报，颇至稽滞失望。"元和四年（公元809年）九

---

① 《旧唐书》卷四四《职官志三》，第1884页；《唐六典》卷一八《大理寺》，第501页。
② 石冬梅：《唐代大理寺职能辨析》，载《许昌学院学报》2011年第4期，第87页；张雨：《大理寺与唐代司法政务运行机制转型》，载《中国史研究》2016年第4期，第81页。
③ 《唐会要》卷六六《大理寺》，第1356、1359页。

月，唐宪宗下敕指责：大理寺"覆断系囚，过为淹滞"，要求"自今以后，大理寺检断，不得过二十日。……如刑部覆有异同，寺司重断，不得过十五日。省司重覆，不得过七日。如有牒外州府看勘节目，及于京城内勘，本推即以报牒到后计日数，被勘司却报，不得过五日"。由于大理寺地位的下降，其官员的俸禄也越来越少，"曹司贫迫，无肯任者"，许多人不愿任职大理寺，官员玩忽职守，挑肥拣瘦。开成四年（公元839年），大理司直张黔牟在寺宿直，竟然以婢自随。大理寺"当寺司直、评事从前不循公理，到官便求分司，回避出使。致令官职失守，劳逸不均"①。面对这种状况，统治者采取措施，要求限期审理案件，扩大大理寺审判职能的地域范围，大理寺不再仅作为在京法司参与司法政务的处理，形成了"天下刑狱，须大理正断，刑部详覆"的新机制，逐渐成为全国刑狱的具体审断机关，与地方府、州在司法审判处理中的联系密切了起来。②

（七）鸿胪寺

鸿胪寺，位于皇城承天门街之西，第七横街之北，从东第一；寺内有客馆，四夷慕化及朝献者多居住在此。③中国古代很早就出现了负责外交事务的专职官员，如周有大行人，秦有典客，汉代改典客为鸿胪。北齐时置鸿胪寺；开皇三年（公元583年），隋文帝废鸿胪寺并入太常，十二年（公元592年）重置；唐龙朔时，改为同文寺，光宅初改为司宾寺，神龙初复称鸿胪寺。

鸿胪寺，卿一人，执掌外蕃朝贡、吉凶表仪及出使册封诸蕃的事务；少卿本只有一员，景云二年（公元711年）增加一员；丞二人，主簿一人等。对于周边夷狄君长朝见者，鸿胪寺要分辨其高下等位，以宾礼接待。大业初，突厥启民可汗请朝，炀帝遣鸿胪卿史祥前往迎接。④若册封诸蕃人酋长，则受册而出使其国。贞观七年（公元633年），唐太宗遣鸿胪少卿刘善因出使西突厥，册授咄陆可汗泥孰为吞阿娄拔奚利邲咄陆可汗；⑤开元二十五年（公元737年），新罗国王去世，其子即位，唐玄宗派赞善大夫邢璹摄鸿胪少卿，"往其国行吊祭册立之礼"。⑥诸蕃朝贡时，鸿胪寺要派人对其朝贡之

---

① 《唐会要》卷六六《大理寺》，第1357—1360页。
② 张雨：《大理寺与唐代司法政务运行机制转型》，载《中国史研究》2016年第4期，第86页。
③ 《唐西京城坊考》卷一《西京·皇城》，第17页。
④ 《册府元龟》卷六二一《卿监部·司宾》，第7475页。
⑤ 《旧唐书》卷一九四下《突厥传下》，第5183页。
⑥ 《唐会要》卷九五《新罗》，第2028—2029页。

物进行查验，根据其贡物的多少、品质，来决定回赐物品的种类和数量。另外，还负责部分丧礼事务，协助皇帝、太子为五服之亲及大臣发哀临吊。皇帝下诏葬大臣，一品则鸿胪卿亲自护持其丧事，二品则少卿，三品丞一人往。鸿胪寺下辖典客、司仪二署及礼宾院。

典客署，令一人，丞二人，掌客十五人，掌二王后之版籍及四夷归化在蕃者之名数，负责蕃客的接待、迎送等事务。诸蕃朝贡、宴享、送迎都要参与，辨其等位，供其职事。酋渠首领朝见者，提供宿馆居住；如有疾病死丧，根据情况给予帮助；使者回国，要欢送上路，佐其辞谢之节。天宝八载（公元749年），唐玄宗敕令：九姓、坚昆诸蕃客等使者入朝时死亡，"使给一百贯充葬，副使及妻，数内减三十贯。其墓地，州县与买，官给价值。其坟墓所由营造"。①

司仪署，令一人，丞一人，掌凶丧之仪式和丧葬用具，负责有关官员丧葬的事务。京官职事三品以上、散官二品以上、京官四品以上死亡的，根据其品秩高低供应葬仪所用葬具赠祭葬。

此外，鸿胪寺还下辖礼宾院，是负责接待、宴请诸蕃使者的具体部门。礼宾院始置于何时，史无明载。天宝十三载（公元754年）二月，唐政府规定："礼宾院自今后，宜令鸿胪勾当检校。应缘供拟，一物已上，并令鸿胪勾当。"②可见，至少在天宝时礼宾院已经存在，十三载以前隶属于何部，尚不得而知。《资治通鉴》载：安史之乱后，吐蕃攻陷河陇地区，滞留在长安的安西、北庭奏事及西域使人，"人马皆仰给于鸿胪，礼宾委府、县供之"，胡三省在注中也说："鸿胪掌四夷之客，有礼宾院。"③礼宾院还是鸿胪寺宴请外国使节的主要场所，大历二年（公元767年）三月，宴吐蕃使于礼宾院。④元和九年（公元814年）六月，专门在长兴坊北新置礼宾院。⑤十四年（公元819年），唐宪宗迎法门寺佛骨入长安，刑部侍郎韩愈上表进谏时就说："佛者，夷狄之一法耳。……假如其身尚在，奉国命来朝京师，陛下容而接之，不过宣政一见，礼宾一设"，胡注曰："唐有礼宾院，凡胡客入朝，设宴于此。……宋白曰：属鸿胪寺。"⑥

---

① 《唐会要》卷六六《鸿胪寺》，第1361页
② 《唐会要》卷六六《鸿胪寺》，第1361页
③ 《资治通鉴》卷二三二，唐德宗贞元三年六月，第7613页
④ 《册府元龟》卷九七六《外臣部·褒异三》，第11461页
⑤ 《唐会要》卷六六《鸿胪寺》，第1361页
⑥ 《资治通鉴》卷二四〇，唐宪宗元和十四年正月，第7881页

鸿胪寺还曾辖左、右威远营，具体执掌不详，不过从其"威远"之名及隶属于鸿胪寺，可以推知：威远营可能是在外国使臣觐见时，充当仪仗，展示大唐帝国军威、威服蕃夷的仪仗队。唐代宗时，贾耽"为鸿胪卿，时左右威远营隶鸿胪，耽仍领其使"①。阳济墓志记载："皇上登极，追念旧勋，拜鸿胪卿兼威远营使。"②根据墓志中"建中末，巨猾构衅，天子狩于梁祥"推测为建中四年（公元783年），因"泾原兵变"，唐德宗先后逃往奉天、梁州等地，由此前文"皇上登极"极有可能是指大历十四年（公元779年）五月德宗即位之初，那么可以推知：阳济拜鸿胪卿兼威远营使也在这稍后。到建中元年（公元780年）七月，左、右威远营转隶金吾卫。③

隋唐时期是我国封建社会的鼎盛时期，政治、经济和文化繁荣，与当时的法兰克王国、拜占庭帝国和阿拉伯帝国相比，处于世界领先地位，吸引着许多国家和地区的人们，外交使节纷纷入唐，到达长安。当时"四夷大小君长争遣使入献见，道路不绝，每元正朝贺，常数百千人"④。而唐朝统治者也以一种积极开放的对外政策，发展与各国的友好关系，长安城发展成为当时中外政治、经济和文化交流的中心。鸿胪寺作为负责外交事务的中央专职机构之一，其全方位和专业化的外交管理在当时日渐突出，有力地把我国古代外交推进到一个崭新的阶段，使以中国为中心的东亚外交圈更进一步向四外辐射、拓展。⑤

（八）司农寺

司农寺，位于皇城承天门街之西，第四横街之北，从东第一。汉初，有治粟内史，汉景帝改为大农，武帝改为大司农；南朝梁时，置十二卿，司农卿为其一，以署为司农寺；隋为司农卿，唐龙朔二年（公元662年）改为司稼卿，咸亨时复旧。

司农寺，卿一人，少卿二人，掌管长安和周边仓储委积事务，总上林、太仓、钩盾、导官四署与诸监之官属。京师百官俸禄及薪炭、食菜等都由司农寺发放；孟春时皇帝亲耕籍田，祭祀先农，司农要进供耒耜；季冬藏冰，以供仲春颁冰及祭司寒所用。景云二年（公元711年）敕曰："中书门下、御史台、尚书省造食户衣粮，令司农每季给

---

① 《旧唐书》卷一三八《贾耽传》，第3783页。
② 《唐代墓志汇编》贞元〇七〇，第1887页。
③ 《唐会要》卷六六《鸿胪寺》，第1361页。
④ 《资治通鉴》卷一九八，唐太宗贞观二十二年二月，第6366页。
⑤ 黎虎：《汉唐外交制度史》，兰州大学出版社，1998年，第267页。

付。"大和七年（公元833年）又敕："司农寺每年供宫内及诸厨各藏菜，并委本寺自供。……更不得配京兆府和市，太仓出给纳。"① 丞六人，掌判寺事。各地租赋及折造转运到京都的，要查验后存放到太仓，以供国家需用。主簿二人，掌印，省署抄目，勾检稽失。置木契二十只，出纳库物时，木契与署符合才能实行。

上林署，令二人，丞四人，主要负责京城苑囿园池事务。宫城苑囿空闲地方要种植果树、蔬菜，以供应朝会、祭祀所用。尚食所进、诸司常料以及季冬藏冰，都由上林署储藏。

太仓署，令三人，丞二人，主管太仓九谷储藏，挖窖置屋为库，粮食入库时要在砖上刻上存贮之数和时间及受领官吏姓名，并立牌如其铭。

钩盾署，令二人，丞四人，掌管供应朝廷薪刍事务。每当祭祀、朝会、宾客享宴之时，随差降供应。

导官署，令二人，丞四人，掌管导择米麦事务。凡九谷之用，随其精粗、差其耗损而供之。

司竹监，隋代就有，唐代因袭。所属竹园主要分布在京兆鄠县、盩厔县等地。唐高祖太原起义时，平阳公主在鄠县起兵以应之，"有胡贼何潘仁聚众于司竹园"②，这里的司竹园就是隋代司竹监下辖之竹园。司竹监有监、副监各一人，掌种植园竹事务。宫掖及百司所需帘、笼、筐、篚等竹制品，都由司竹监命工人加工制作。如水部修葺蒲津桥需要竹索，"令司竹监给竹，令津家、水手自造"③。园中竹笋则供给宫廷食用。年终以产竹多少为考课依据。

温泉监，监一人，丞二人，掌汤池宫禁事务。我国古代很早就利用温泉洗浴疗疾，最早见于辛氏《三秦记》，书中记秦始皇曾经在骊山温泉洗浴，"以浇洗疮"④。后来，人们对温泉能够治愈疾病的认识越来越多。到隋唐时期，帝王公主、达官显贵都流行洗温汤。据《封氏闻见记》记载，当时，"海内温汤甚众，有新丰骊山汤，蓝田石门汤，岐州凤泉汤，同州北山汤……此等诸汤，皆知名之汤也。并能愈疾"。由于骊山温汤距离长安近便，帝王经常到此游幸，唐太宗、高宗、武后及中宗等都到过关中的温泉

---

① 《唐会要》卷六六《木炭使》，第1362—1363页。
② 《旧唐书》卷五八《柴绍传附平阳公主传》，第2315页。
③ 《唐六典》卷七《尚书工部·水部郎中》，第226页。
④ 刘庆柱辑注：《三秦记辑注》五《山水·骊山温泉》，三秦出版社，2006年，第93页。

游幸沐浴，唐玄宗为此在骊山置华清宫，"每年十月车驾自京而出，至春乃还"。①唐代政府专门设立温泉监管理这些温泉。每当皇帝驾幸温汤，其各种用物，都由温泉监供应；温泉周围的防堰若有损坏，温泉监要及时维修；对于王公以下至于庶人，汤泉馆室的设置根据其贵贱是有差别的，禁止逾越；温泉附近的农人用温泉水灌溉作物，生产反季节蔬菜或早熟瓜果，成熟后苞匦而进奉，以荐陵庙。②

京都苑总监，监各一人，副监一人，掌管京城宫苑内馆园池诸杂事，苑中的禽鱼果木都由其管理。总监所属的人畜出入宫苑，都要登记。

京都苑四面监，监各一人，副监一人，掌长安诸宫苑、宫馆、园池的修缮以及苑内禽鱼果木的蕃养事务。

九成宫总监，隋文帝命杨素修建仁寿宫，置监管理；武德初，改为九成宫监。有监一人，副监一人，执掌检校九成宫的修缮、绿化树木的种植、供进炼饵等事务。

（九）太府寺

太府寺，位于皇城承天门街之东，第六横街之北，从西第二，原为都水监之地。隋代沿用北齐旧制，设太府寺，掌左、右藏及尚方、司染、甄官等署；隋炀帝增置少卿二人，又分太府寺置少府监，而太府寺只管京都诸市及平准、左藏、右藏。唐龙朔年间，改太府寺为外府寺；光宅元年（公元684年），改为司府寺，神龙元年（公元705年）复旧。

太府寺，卿一人，掌管长安城内外的仓库、市场管理等事务，领导京都四市、平准、左藏、右藏、常平八署。又有少卿为之贰，武德初置二人，贞观元年（公元627年）省，龙朔二年（公元662年）设一员，检校京城。太府寺以二法平物，主要负责京都度量衡的校准。武德八年（公元625年）九月敕："诸州斗秤经太府较之。"《关市令》也规定：京都官、私斗尺秤度，每年八月，都要送到金部、太府寺平校，并印署，然后听用。大历十年（公元775年）三月再次颁敕："自今以后，应付行用斗秤尺度，准式取太府寺较印，然后行用。"③开元初，杨隆礼为太府卿，善于理财，"时御府财物羡积如丘山，隆礼性详密，出纳虽寻尺皆自按省，凡物经杨卿者，号无不精丽，岁常

---

① 《封氏闻见记校注》卷七《温汤》，第70页。
② 《唐六典》卷一九《司农寺·温泉汤》，第529页。
③ 《唐会要》卷六六《太府寺》，第1364—1365页。

爱省数百万"①。

两京诸市署,隋初市令、丞隶属司农寺,隋炀帝时改隶太府寺,唐代因袭。长安有东、西两市,分别设市署管理。市署有令一人,丞二人。魏伶曾为西市丞,养一只赤嘴乌,常于人众中乞钱,日收数百,时人号为魏丞乌。②京都市令管理市场交易秩序。市场内建标立候,陈肆辨物,以秤、斗二物平市,根据物价上、中、下三等变化状况来均衡调节市场价格。

平准署,隋初隶属司农寺,隋炀帝时改隶太府,唐代沿用。有令二人,管理官府交易事务,百司不用之物可以出卖,所需之物要及时购买。

左、右藏署,分左藏署、右藏署。唐代左藏,有东库、西库、朝堂库;置藏署令三人,掌库藏钱、布帛、杂彩等物的储藏;丞五人,府九人,史十八人,监事九人,典事一人,掌固八人。全国各地输送到京师的赋调先在输场由卿及御史监阅,查验合格,然后纳于库藏,并要题写所产州县、年月。左藏署各库有木契,与太府主簿之木契合,要支付出给,先勘木契,然后录其名数,请人姓名,署印送监门,才允许带出。藏院内禁止燃火及无故进入,白天库藏士兵看守,夜晚由守夜人击柝分更巡逻。右藏署令二人,主要保管铜铁、毛角、金玉、珠宝、香、画、彩色以及诸方贡献等杂物。右藏库物出纳,如左藏制度。

常平署,唐代置,隶太府寺。开皇三年(公元583年),在京师置常平监。武德五年(公元622年)废监,六年(公元623年)又在长安东、西市置常平仓,九年(公元626年)又下诏置常平监官:

> 朕祗膺灵命,抚字氓黎……宜置常平监官,以均天下之货。市肆腾踊,则减价而出;田稼丰美,则增籴而收。触类长之,去其泰甚。庶使公私俱济,家给人足,抑止兼并,宣通拥滞。③

贞观十三年(公元639年)十月,唐太宗又下诏:秦、蒲州等产粮富裕的八州设置常平仓,"粟藏九年,米藏五年,下湿之地,粟藏五年,米藏三年,皆著于令"。④显

---

① 《新唐书》卷一三四《杨慎矜传》,第4562页。
② 《太平广记》卷四六二《魏伶》,第3796页。
③ 〔宋〕宋敏求编:《唐大诏令集》卷一一一《置常平监官诏》,中华书局,2008年,第579—580页。
④ 《新唐书》卷五一《食货志一》,第1344页。

庆三年（公元658年），废监于两京置常平署。①署有令一人，掌仓钥匙，出纳粜籴事务。高宗以后，常平仓"稍假以给他费，至神龙中略尽"；因此，到开元二年（公元714年），唐玄宗"以岁稔伤农，令诸州（除江、岭、淮、浙、剑南等地潮湿，不堪贮积之外）修常平仓法"。②七年（公元719年），又敕令："关内、陇右、河南、河北五道，及荆、扬、襄、夔、绵、益、彭、蜀、汉、剑、茂等州，并置常平仓"，其中上州以三千贯、中州以二千贯、下州以一千贯作为本钱。③经过唐玄宗的大力推广和建设，常平仓制度逐步完善，仓储规模也增长很快。据《通典·食货十二》统计，到天宝八载（公元749年），关内道常平仓存有粮食375570石，河北道1663778石，河东道535386石，河西道31090石，陇右道42850石，剑南道70740石，河南道1212464石，淮南道81152石，山南道49190石，全国常平仓共计储藏有粮食4602220石。④这个数字非常可观，是唐代前期社会经济发展的体现。唐前期建立健全常平署及常平仓制度在"稳定自耕农民来调节和维持封建经济中农业、手工业和商业三个部门之间的平衡，以保证社会再生产的连续性"⑤方面发挥了一定的积极作用。

安史之乱的爆发，不仅削弱了唐朝中央集权，也打乱了原来的常平仓等财政体系。唐王朝因频繁的战争，军费等各项开支增加，而赋税收入却大幅缩水，导致财政紧张，常平仓常被挪为他用。建中三年（公元782年），户部侍郎赵赞就说："伏以旧制，置仓储粟，名曰常平。军兴已来，此事浸废，因循未齐，垂三十年。"常平仓制度的颓废混乱已是不争的事实，遇到灾荒，粮价飞涨，导致百姓流散，饿死相食者，不可胜纪。因而，叛乱平定后，唐朝统治者就积极重建常平仓，以稳定社会。广德二年（公元764年），第五琦奏称："每州置常平仓及库使，自商量置本钱，随当处米物时价，贱则加价收籴，贵则减价粜卖。"建中元年（公元780年）七月，唐德宗敕："夫常平者，常使谷价如一，大丰不为之减，大俭不为之加，虽遇灾荒，民无菜色。自今已后，忽米价贵时，宜量出官米十万石，麦十万石，每日量付市行人，下价粜货。"建中三年（公元782年），户部侍郎赵赞奏请："于两都并江陵、成都、扬、汴、苏、洪等州府，各置

---

① 《唐会要》卷六六《太府寺》，第1364页。《旧唐书》卷四四《职官志三》记载为垂拱初两京置常平署，但应该是在两京分别置署，而常平署的初次设置应是显庆三年（公元658年）。
② 《资治通鉴》卷二——，唐玄宗开元二年九月，第6823页。
③ 《唐会要》卷八八《仓及常平仓》，第1913页。
④ 《通典》卷一二《食货十二》，第293—294页。
⑤ 张弓：《唐朝仓廪制度初探》，中华书局，1986年，第103页。

常平轻重本钱，上至百万贯，下至数十万贯，随其所宜，量定多少。唯置斛斗、匹段、丝、麻等，候物贵则减价出卖，物贱则加价收籴，权其轻重，以利疲民。"①但是，在封建社会中，由于常平仓平价安人的宗旨同地主阶级的剥削本性是相矛盾的，官府真正关注的是借常平敛财，常平仓所谓的"足财"与"安人"无法兼顾，常平仓制度在唐代后期难以真正实行。②刘晏改革财政，"因平准法，斡山海，排商贾，制万物低昂，常操天下赢赀"，改善了当时的财政状况，但其改革仍以敛财为主要目的，根本还在于"以佐军兴"③，常平仓的财政功能比平准调节功能更为突出，是为封建统治服务的。

二、五监

（一）国子监

国子监，位于长安外郭城朱雀门街东第二街务本坊西部，监中有孔子庙，又领国子学、太学、四门学、律学、书学、算学六学。开皇十三年（公元593年），隋文帝将国子寺从太常寺中独立出来，又改寺为学；仁寿元年（公元601年），废除国子学，只立太学一所，置太学博士，总知教育事务；隋炀帝即位，不仅恢复了国子学，而且改为国子监，"国子郡县之学，盛于开皇之初"④；唐武德初，国子学又隶属太常寺；贞观元年（公元627年）五月，改为监；龙朔时改称司成馆；光宅元年（公元684年），改国子监为成均监；神龙元年（公元705年）复称国子监。⑤（见图4-1）

国子监，祭酒一人为最高学官，司业二人，主掌学校教育事务，是长安城学校教育的最高管理机构，下设国子、太学、广文、四门、律、书、算七学⑥。天子视学和皇太子齿冑时由国子祭酒亲讲经义，举行释奠则由国子祭酒执经论议，京城文武七品以上都要前往观礼；年终国子祭酒要对各学官进行考核。丞一人，掌判监事，每岁若学生修完学业，与司业、祭酒亲自测试，合格登第者报礼部。学生不听从师教的，举发并免除其学习资格。

国子学，博士五人，又有助教五人协助博士分经教授；直讲四人，掌佐博士、助

---

① 《唐会要》卷八八《仓及常平仓》，第1914—1915页。
② 《唐朝仓廪制度初探》，第122—123页。
③ 《新唐书》卷一四九"赞曰"，第4806页。
④ 《隋书》卷七五《儒林传序》，第1707页。
⑤ 《通典》卷二七《职官九·国子监》，第763—764页。
⑥ 《旧唐书》卷四《高宗本纪上》记载：龙朔三年（公元663年）二月，唐高宗曾一度下诏"以书学隶兰台，算学隶秘阁，律学隶详刑寺"。另外，天宝中，国子学增置广文馆。

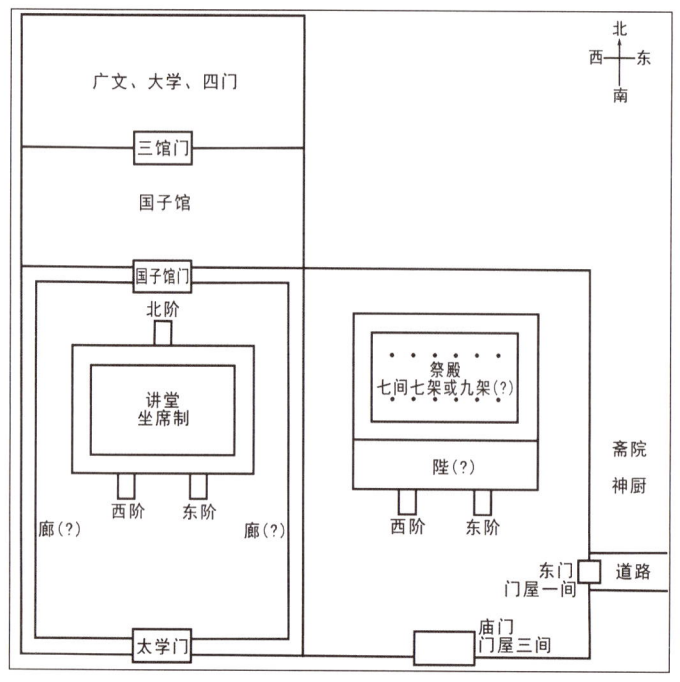

图 4-1　唐长安国子监布局推测示意图

(选自沈旸:《唐长安国子监与长安城》,载《建筑师》2010 年第 3 期,第 39 页)

教以经术讲授;五经博士各二人,以其经教授学生。国子学的学生主要是在三品以上官员及国公的子孙、从二品以上官员的曾孙中选拔,共有八十人。学习的内容为儒家经典《周礼》《仪礼》《礼记》《毛诗》《春秋左氏传》等;此外,还学习吉、凶二礼,《周易》《尚书》《毛诗》《春秋》《礼记》为五经,《论语》《孝经》《尔雅》不立学官,附中经;闲暇时还要学习隶书、《国语》、《说文》、《字林》、《三仓》、《尔雅》等内容,每年要通晓两种经;如有学生业成、欲求仕做官的,上报国子监,通过考试。其他六学束脩之礼、督课、试举,都和国子学之法类似。

太学,博士六人,助教六人,典学四人,掌固六人。学生主要是五品以上官员及郡县公的子孙、从三品官员的曾孙,长安共有七十人,以五经分为五个专业。

广文馆,始设于天宝九载(公元 750 年),在国子学西北角[①];有博士四人,助教二人。学生主要是国子学中学习进士考试科目者,长安有学生六十人。后来,因"雨坏庑舍,有司不复修完"[②],只好寄居在国子学内,广文馆便逐渐衰落了。但是,广文馆并未废弃。在唐后期,广文馆生仍有贞元时欧阳詹、李观等人及第,到大中末,直至咸通、乾符年间及第者仍不乏其人。[③]

四门学,博士六人,助教六人,直讲四人,典学四人。学生主要是七品以上官员、

---

① 《唐两京城坊考》卷二《西京·外郭城》,第 40 页。
② 《新唐书》卷二○二《郑虔传》,第 5766 页。
③ 《唐摭言校注》卷一《广文》,第 19 页。

侯伯子男之子，以及庶人子为俊士生者，长安有学生三百人。

律学，博士三人，助教一人，典学二人。学生是八品以下官员及平民子弟，以学习律令为主，兼习格、式、法例。隋代律学隶大理寺，武德初隶国子监，后屡经废置；龙朔二年（公元662年）复置。长安有学生二十人。

书学，贞观二年（公元628年）始置，显庆三年（公元658年）废，龙朔二年（公元662年）复置；有博士二人，助教一人，典学二人。学生亦是来自八品以下官员及庶人子。学习内容主要为《石经》《说文》《字林》，兼习其他相关书籍。长安有学生十人。

算学，显庆元年（公元656年）置，三年废，龙朔二年（公元662年）恢复；有博士二人，助教一人，典学二人。学生主要是一些八品以下官员及庶人子，学习内容有《九章算术》《海岛算经》《孙子算经》《五曹算经》《张丘建算经》《夏侯阳算经》《周髀算经》《五经算术》《缀术》《缉古算经》等前代数学著作，兼习《数学记遗》《三等数》。长安有学生十人。

在唐代，国子监不仅是当时中央教育管理机构，还是国家最高学府。它具有教育行政权的独立性、学制的成长性、施教机关的多元性、学科设置的完整性、教育思想的突破性、官学学生与官僚体系的脱钩性、课程规划的合理性、学生选课的自由性、教师施教的灵动性、学生修业年限的灵活性、医药分业的细密性、假期的长多性等诸多特点，因而被认为是"最早的现代大学"，[1]可视之为当时的"国立中央大学"，培养了大批政治、文化和科技方面的优秀人才。国子监及所辖六学也是重要的文化创造者和传播者。国子监的监官和学官们都积极参与礼法的讨论与制订以及具体的礼制活动。[2]高宗初，"以贞观礼节文未尽"，下诏修礼，参与修礼者就有太学博士史道玄；武周时，国子博士祝钦明及韦叔夏，每有仪注，皆令参定；开元十年（公元722年），诏国子司业韦縚为礼仪使，专掌五礼。[3]此后朝廷多次讨论封禅礼仪时，国子博士刘伯庄、国子司业李行伟、国子博士侯行果等也都参与其中，提出了好的建议。[4]唐代国子监学官，为

---

[1] 任育才：《析论唐代中央官学教育的特性》，见杜文玉主编：《唐史论丛》第11辑，三秦出版社，2009年，第91—109页。
[2] 廖健琦：《试论唐代国子监在国家文化礼制建设中的作用》，载《河南师范大学学报》（哲学社会科学版）2005年第1期，第129—132页。
[3]《旧唐书》卷二一《礼仪志一》，第817—818页。
[4]《旧唐书》卷二三《礼仪志三》，第882、889、892页。

唐代书籍的编撰做出了积极的贡献。贞观时，唐太宗以儒学经籍出自多门，章句繁杂，诏国子祭酒孔颖达撰定《五经义疏》。从《新唐书·艺文志一》中可清楚地看到，在参与《五经正义》编纂修订的官员中以国子监学官为最多，参与《尚书正义》编纂的除孔颖达外，国子监学官有"太学博士王德韶、四门助教李子云等奉诏撰。四门博士朱长才苏德融、太学助教隋德素、四门助教王士雄赵弘智覆审。……太学博士贾公彦范义頵齐威、太常博士柳士宣孔志约、四门博士赵君赞、右内率府长史弘文馆直学士薛伯珍、国子助教史士弘、太学助教郑祖玄周玄达、四门助教李玄植王真儒与王德韶、隋德素等刊定"①。天宝三载（公元744年），国子学生芮挺章选编《国秀集》三卷，共收唐诗二百二十首；②另有太学博士李商隐编著《金钥》二卷，分为帝室、职官、岁时、州府四部。③而且唐代国子监在当时还招收和培养来自周边许多部族和国家的留学生，承担了唐朝文化思想的传播与输出的工作。

（二）少府监

少府监，位于皇城承天门街之东，第六横街之北，安上门街街东第一。少府本为秦官，掌征收山海池泽之税，以供养皇帝私人开支。正所谓"少府者，天子之私府，所以供奉之职皆在"④，是作为皇帝私人仓库的机构。大业五年（公元609年），隋炀帝分太府置少府监，统左尚、右尚、内尚、司织、司染、铠甲、弓弩、掌冶等署，后又改监为令，并司织、司染为织染署，废铠甲、弓弩二署。武德初，一度废少府监，诸署隶太府寺。贞观元年（公元627年）复置。龙朔二年（公元662年）改称内府监，光宅元年（公元684年）称尚方监，神龙元年（公元705年）复旧。

少府监，有监一人，少监二人，主要掌管百工技巧之政令。天子器御、后妃服饰及郊庙圭玉、百官仪物都由少府监制作供应；武库所需袍襦都由其制作、储备。所需要的原材料主要来自诸州贡献和从市场上购买。《旧唐书》记载：中尚署"所用金玉齿革毛羽之属，任土以时而供送之"。⑤景龙二年（公元708年）敕："少府季别先出钱二千贯，别库贮。每别敕索物，库内无者，即令市进。皆须对主付值，不得且令供物，于后

---

① 《新唐书》卷五七《艺文志一》，第1428页。另外也可参看《全唐文》卷一四六，孔颖达《易正义序》《尚书正义序》《毛诗正义序》《礼记正义序》《春秋正义序》，第1472—1478页。
② 傅璇琮：《唐人选唐诗新编》，陕西人民教育出版社，1996年，第209页。
③ 《玉海》卷五五《艺文》，第1049页。
④ 《唐六典》卷二二《少府监》，第571页。
⑤ 《旧唐书》卷四四《职官志三》，第1893页。

还钱",有些还是从外国商人手中进口而来。① 而对各种工匠的技术培训和管理也是少府监的重要职责。镶嵌刻镂的工匠,培训四年而成;修造车辆乐器的工匠,三年而成;平漫刀稍之工,仍需二年;矢镞竹漆屈柳之工要半年;冠冕弁帻之工,九个月即可。各种工匠技艺都是父子传授,每一季由令、丞测试,年终由监测试,所造之物,都要刻上工匠姓名,以监督产品质量。五署所用工役多少各有等差,均其劳逸。总领中尚、左尚、右尚、织染、掌冶五署及诸冶、铸钱、互市等监。少府监还掌握不少工匠,有短蕃匠五千二十九人,绫锦坊巧儿三百六十五人,内作使绫匠八十三人,掖庭绫匠一百五十人,内作巧儿四十二人,配京都诸司诸使杂匠一百二十五人。

中尚署,令一人,丞二人,负责供应郊祀所用的圭璧以及天子各种器玩、后妃服饰上的雕文错彩之物。有金银作坊院,主要负责制造皇家所用金银器物。开元以后,另置中尚使,以检校进奉杂作,多以少府监及诸司高品兼任。②

左尚署,令一人,丞五人,负责供应皇帝所用的翟扇、盖伞、五路、五副、七辇、十二车,以及皇太后、皇太子、公主、王妃、内外命妇、王公所用的车辆。所有器物上的画素、刻镂和宫中的蜡炬、杂作,都由其负责。

右尚署,令二人,丞四人,负责供应十二厩马所用的嚼子和缰绳。每年从京兆府获取原材料,加工后供送。其他五品三部所用的帐幕、刀剑、斧钺、甲胄、纸笔、茵席、履舄以及皮毛之工也由右尚署负责。

织染署,令一人,丞二人,负责皇室所用的冠冕、组绶及各种服饰的织纴、染色等。稀有的绫锦文织,禁止向民间展示。高品官员一人专门负责,每年奏报用度及所织多少。

掌冶署,令一人,丞二人,负责金银铜铁各种金属的熔炼铸范,以及全国的矿业开采等。

诸冶监,令各一人,丞各一人,负责铸造兵器和农具,以供应军士、屯田居民,兴农冶专供陇右监牧。

诸铸钱监,监各一人,副监二人,丞一人,以所在都督、刺史兼任。隋代的铸钱机构称"炉"和钱坊。在铜矿产地的称为"炉",主要是利用开采的铜矿,就近冶炼铸

---

① 《唐会要》卷六六《少府监》,第1366页。
② 《唐会要》卷六六《少府监》,第1366页。

造；而在城市内的称为钱坊，则是利用收缴上来的私铸恶钱和熔合各种铜器再行铸造。隋文帝时，"以天下钱货轻重不等"，下令重新铸造"五铢"钱。唐代的铸钱机构有"炉""监"两种。武德四年（公元621年），铸"开元通宝"。①其后，私铸渐起，官府多次通过出售米粟来回收恶钱，再由少府监熔毁。此后，许多产铜地区都先后置监铸钱，当时全国铸钱炉达到九十九个之多②，每炉一年铸钱3300缗，全国一年共铸326700缗。开元之前，唐王朝对钱监的管理，尚未设立专门的官署，而是由尚书省（或他省）属官兼管和少府监属官铸钱监职官共同负责。元和十五年（公元820年）八月，中书、门下奏称："当开元以前，盐铁使未置，亦令州郡勾当铸造。"③开元以后，由于商品经济的发展对钱币的需求量大增，民间私铸严重，恶钱泛滥，导致通货膨胀，影响到唐王朝的财政收入，因此开始设置诸道铸钱使或盐铁使专门管理钱币铸造。开元二十五年（公元737年），监察御史罗文信充任诸道铸钱使，这是第一次出现专职铸钱的使职。此后，诸道铸钱使或铸钱使就接连不断地出现④，不断加强对钱监的管理。

综合来看，少府从秦代帝王私人仓库的性质发展成为隋唐时期官营手工业的最高事务管理机构，其所属的五署中，除掌冶署外，其他四署都为中央政府直接在京师长安经营的手工业的主要机构，这些手工业机构在技术工艺的传承与规范及学习和吸收外来工艺技术方面，与前代相比都有很大的进步，一定程度上促进了当时长安城手工业的发展。如1970年在西安市何家村发现的千余件唐代窖藏金银器、玉器等各类文物，有专家推测应属于少府监下的铸钱院、中尚署等机构，其制造地点可能是少府监下属铸钱院所在的崇德坊，通过研究金银器工艺，可发现少数器物纹饰和工艺可能是来自波斯、大秦、粟特甚至吐蕃等地。"少府监是为皇室和国家打造和管理金银器的主体部门，同时负责对外贸易，大量收藏和打造兼有中外文化元素的器皿，是金银器成为丝路交流的重要载体的必然结果，客观上促进丝路贸易和文化交流，具有世界性意义。"⑤然而，若从产品交换的性质来看，唐代少府监官营的手工业主要是为了满足皇室需要和国家统治

---

① 《新唐书》卷五四《食货志四》，第1384页。
② 这九十九个铸钱炉主要分布为：绛州三十，扬、润、宣、鄂、蔚皆十，益、邓、郴皆五，洋州三，定州一。
③ 《唐会要》卷八九《泉货》，第1936页。
④ 《唐会要》卷五九《铸钱使》，第1199—1200页。
⑤ 梁子、程云霞：《何家村窖藏：制作机构及其世界性意义》，载《西北大学学报》（哲学社会科学版）2016年第1期，第32页。

需要，实质上是一种产品经济、财政经济，可视为政治经济、权力经济，而不是商品经济。这种垄断形态的官营手工业，被纳入为国家财政、国家政治服务的轨道，其生产投入和回报，不是由商品经济的运行法则决定，而是主要依靠超经济的政治权力和强制性的垄断获得，扰乱了价值规律的正常运行，又损害了社会经济的健康发展。①

（三）将作监

将作监，位于皇城承天门街之西，第三横街之北，含光门街西、安福门之南。秦有将作少府，执掌宫室营建，至北齐改为将作寺；隋开皇二十年（公元600年），改寺为监；龙朔二年（公元662年），改为缮工监；咸亨元年（公元670年），又改为营缮监；天宝十一载（公元752年），改大匠曰大监，少匠曰少监。

将作监，监一人，少监本一人，大足元年（公元701年）二月，增加一人②。负责长安宫殿、城郭、陵寝以及道路、河渠等土木工程的营建和工匠管理，总左校、右校、中校、甄官署等及百工等监。在唐代，土木工程的修建分为内作和外作，大明、兴庆、上阳宫及中书、门下、六军仗舍、闲厩等的营修称为内作，郊庙、城门、省、寺、台、监、十六卫、东宫、王府诸廨等的修缮称为外作。"凡有建造营葺，分功度用，皆以委焉。"③凡外作营缮，大事则听制敕，小事则须省符。征发民夫服役分长功、中功和短功，自四月距七月为长功，二月、三月、八月、九月为中功，自十月距正月为短功；长上匠，由各州出钱雇佣。隋唐两代，将作监和少监通常是选拔技术优异或善于管理的人充任，并且都要求政绩卓著。如隋朝的刘龙、宇文恺都是"有巧思"，唐初的阎立德也是"早传家业"，继承其父阎毗的工艺技术，这些人都属于技术型官员，他们的营建技术在参与的宫殿、陵寝的修建中都已得到了认可。④隋初，刘龙任将作大匠，与高颎参掌隋大兴城的制度设计，"代号为能"。唐前期的将作大匠阎立德负责了太和宫、玉华宫和献陵、昭陵的营建等。另一类是富有管理才能的地方官。开元初，姜师度为河中尹开拓安邑盐池疏决水道，置为盐屯，"公私大收其利"，后迁同州刺史，又在朝邑、河西二县界引雒水及堵堰黄河水进行灌溉，种植水稻"二千余顷，内置屯十余所，收获

---

① 刘玉峰：《唐朝官营工商业的经营管理》，载《学习时报》2008年6月16日第9版
② 《唐会要》卷六六《将作监》，第1367页
③ 《唐六典》卷二三《将作监》，第594页
④ 参看《隋书》卷六八《宇文恺传》《刘龙传》，第1587—1588、1598页；《旧唐书》卷七七《阎立德传》，第2679页

万计"，因而迁将作大匠。①襄州刺史陈正观"在公有甄综之能，临事有靖恭之誉"，因而被授予将作少监之职。②将作监所属工匠有短蕃匠一万二千七百四十四人，明资匠二百六十人。

左校署，令二人，丞一人，掌营构梓匠和建材诸事。凡乐悬、簨虡、兵械、丧葬仪物和诸司什物都由它供应。宫殿屋室的修建也由左校署负责。

右校署，令二人，丞三人，掌营建宫室时的板筑、涂泥、丹垩、圂厕事务。所需材料根据需要多少购买。

中校署，开元二年（公元714年）置③，令一人，丞三人，供应皇家所用舟车、兵械、杂器等物。皇帝巡幸则供竿柱，闲厩系秣供行槽，祷祀供棘葛及供内外营作所需相关材料；监牧运送刍豆则供应车辆。

甄官署，令一人，丞二人，掌琢石、陶土之事，供应石磬、石人、石兽、碑碣、石柱、碾硙、瓶缶等器，皇帝下敕供葬则供明器。

此外，还有百工、就谷、库谷、斜谷、太阴。武德初，置百工监，负责制造舟车及营造杂作；贞观中，废百工监；高宗置百工署，掌京城修建土木瓦石供应；开元十五年（公元727年）为监。监各一人，副监一人，职掌采伐材木。

（四）军器监

军器监，位于皇城承天门街之东，第四横街之北，景风门西北。隋唐以前，历代兵器、甲胄的制造多由少府监负责或私人制造，北周时初置军器监；隋炀帝时，少府监有铠甲、弓弩二署，负责制造兵器、铠甲，后又废二署；唐武德初，以兵革未定，又置军器监；贞观元年（公元627年）省监，设甲弩坊，隶少府监；开元初，置军器使，至三年（公元715年）以使为监，并置弩坊等署；十一年（公元723年），又罢之，复隶少府为甲弩坊；天宝六载（公元747年），复于旧所置军器监；乾元元年（公元758年）六月，军器监又改为军器使。

军器监，监一人，武德初有少监一人，贞观时省。军器监负责制造、修缮军队所用甲胄和弓弩、刀剑等，按时输送到武库，总领弩坊、甲坊二署。

---

① 《旧唐书》卷一八五下《姜师度传》，第4816页。
② 《全唐文》卷二五一《授陈正观将作少监制》，第2542页。
③ 《唐会要》卷六六《将作监》，第1367页。

弩坊署，令一人，丞一人，掌出纳矛矟、弓矢、排弩、刃镞、杂作及工匠。贞观六年（公元632年），改弓弩署为弩坊署，改甲铠署为甲坊署。①

甲坊署，令一人，丞一人，掌出纳甲胄、绶绳、筋角、杂作及工匠。

（五）都水监

都水监，位于承天门街之东，第四横街之北，安上门街东第一。汉武帝时有都水长丞；晋武帝时，置都水台，有使者一人；隋初，都水台有使者二人，开皇三年（公元583年），省都水入司农寺，十三年（公元593年）复置，仁寿元年（公元601年）改都水台为都水监；大业初又改为使者，大业五年（公元609年）重新改使者为监，后又改监为令；武德初，改都水监为都水署，八年（公元625年）改为都水台，后又改为署，隶将作监；贞观六年（公元632年），改为都水监，置使者；龙朔二年（公元662年），改为司津监；咸亨元年（公元670年），复为都水监；光宅元年（公元684年），改为水衡监，神龙元年（公元705年）复旧，不再隶属于将作监。

都水监，使者二人，掌川泽、津梁、渠堰、陂池之政，领导河渠、诸津、舟楫三署。朝廷颁布的禁屠钓令由都水监执行；负责关中水渠的农田灌溉，从远处开始，先溉稻田，后溉旱田；每渠设渠长、斗门长负责节制溉田多少，以保证每家都能灌溉；京畿地区诸水，禁止偷灌浪费；水入宫城多余的，均分给王公百官宅第用水。另外，在京兆府的诸渡津都隶属于都水监；朝廷祭祀献享以及宴请宾客，所需要的鱼类，也由都水监供应。大历六年（公元771年）敕："应祠祭干鱼鲅，宜令都水监依样每年起十月造掌，随祭供用。其醢鱼肉，据用数依限送光禄寺，令供造。"②

河渠署，令一人，丞一人，掌京畿地区河渠、陂池、堤堰的建设和修葺以及捕鱼之事。开凿沟渠，发布禁止捕鱼都由其具体执行；祭享宗庙则供应鱼鲅，祀昊天上帝则供腥鱼，每日要供鱼给尚食及中书、门下省的官员，每年还要供应诸司及东宫冬天的储藏鱼类；渭河三百里内渔钓者，五坊捕治之；从便桥至东渭桥河段禁止百姓捕鱼；三元日除供祠之外，其他人也不得捕鱼。唐有河堤使者，贞观初改为河堤谒者，有六人，掌修缮堤堰、疏利沟渎、渔捕之事，泾、渭、白渠则由京兆少尹督视。

诸津署，令各一人，丞二人，管理天下渡口舟船摆渡和主要桥梁。其中灞桥，以勋

---

① 《新唐书》卷四八《百官志三》，第1275页。
② 《唐会要》卷六六《都水监》，第1377页。

官散官一人亲自管理。舟渠储备，都先准备一半，棚塞、竹篙，所在供应。每处津桥有津尉，唐改曰令，有津吏五人，桥丁各三十人，匠各八人。京兆诸津隶都水监；便桥、渭桥、万年三桥，设有丞一人，府、史、典事、掌固等若干人。贞观中废。

舟楫署，隋初都水使者领船局，隋炀帝改为舟楫署，唐代因之。令一人，丞二人，掌舟楫、运漕事务；监漕一人，"诸州转运至京、都者，则经其往来，理其隐失，使监漕监之"①。开元二十六年（公元738年），舟楫署废。

唐朝统治者非常重视水利事业，为了加强全国水利事业的建设、维护和管理以及对水资源的利用，在中央设有专门的管理机构——都水监，职掌全国的河流湖泊和舟船桥梁事务，与工部水部司合作，共同促进了关中水利建设事业的发展，进而也推动了农业经济的发展繁荣。

三、三省

（一）秘书省

秘书省，位于皇城承天门街之西，第五横街之北，从东第三。正中有监院厅，厅前有陨星石，隋自咸阳移置于此。监院东有书阁，储藏古今图籍。隋代秘书省领著作、太史二曹，隋炀帝改监为令；武德初，改为秘书监；龙朔二年（公元662年），改称兰台，天授初改为麟台，神龙初复旧。

秘书省，监一人，少监二人，主要负责管理皇家经籍图书。从隋代开始，士族门阀的衰落，使秘书省主要官员中门阀因素逐渐衰退，学术的重要性不断增长，②唐代则完全以才识为主要任命依据。郎三人，掌管甲、乙、丙、丁四部图籍，每种书都有正本、副本以及贮本三部。又有校书郎，负责校勘、整理典籍，"为文士起家之良选"③。开成二年（公元837年）李商隐登进士第，释褐初就为秘书省校书郎。④关于唐代秘书省校书郎人数，诸书记载多有出入，可分为两种：一是《唐六典》《通典》《旧唐书·职

---

① 《唐六典》卷二三《都水监》，第600页。
② 刘啸：《从门第到学问的转变——隋代秘书省官员的任职条件析论》，载《福建师范大学学报》（哲学社会科学版）2012年第5期，第112页。
③ 《通典》卷二六《职官八》，第736页。
④ 《旧唐书》卷一九〇下《李商隐传》，第5077页。

官志二》所记的秘书省直属校书郎八人，著作局校书郎二人；①一是《新唐书·百官志二》所记的秘书省直属校书郎十人，著作局校书郎二人。②综合分析来看，秘书省直属校书郎八人，著作局校书郎二人是比较可靠的，而著作局也属于秘书省，若将二者加在一起，秘书省校书郎即为十人，《新唐书》之误就是没有将二者分清楚。开元二十六年（公元738年），校书郎又减四员；贞元八年（公元792年），割校书郎四员属集贤院。③正字四人，掌雠校典籍，刊正文章。④陈子昂于文明元年（公元684年）上书论政，被武则天授予麟台正字之职。领有著作、太史二局。

著作局，郎二人，佐郎二人，校书郎二人，正字二人。隋至唐初，著作局主要负责国史和前代史的修撰，到贞观二十三年（公元649年），在门下省设置史馆，由宰相监修，"自是著作罢史任"⑤，只剩下掌撰碑志、祝文、祭文了。

太史局，武德初改太史监曰太史局，隶秘书省；龙朔二年（公元662年），改太史局曰秘书阁局；光宅元年（公元684年），改曰浑天监，不隶秘书监；后又改浑仪监，长安二年（公元702年）复曰太史局，隶秘书省如故；天宝元年（公元742年），太史局复为监，自是不隶秘书省。乾元元年（公元758年），称司天台，置通玄院。司天台有监一人，少监二人。太史局负责观察天文星象，修撰历书。若日月星辰、风云气色发生异象，要占卜求其因果吉凶；每季录祥眚送门下、中书省，记录在起居注中，岁终上送史馆；每年初颁历于天下。春官、夏官、秋官、冬官、中官正各一人，副正各一人，掌司四时，各司其方之变异。

隋唐秘书省制度集汉魏六朝以来发展之大成，图籍职责逐渐明朗，藏书制度完善。开皇初，牛弘任秘书监，请开献书之路，隋文帝下诏：献书一卷，赏缣一匹，因此"一二年间，篇籍稍备"。⑥著作郎王劭"雅好著述，久在史官，既撰《齐书》，兼修隋典"⑦。隋唐之际，天下丧乱，书籍散佚。武德初，令狐德棻任秘书丞奏请重金购

---

① 《唐六典》卷一〇《秘书省》，第298、302页；《通典》卷二六《职官八·秘书监》，第736页；《旧唐书》卷四三《职官志二》，第1855页。
② 《新唐书》卷四七《百官志二》，第1215页。
③ 《唐会要》卷五六《秘书省》，第1327—1328页。
④ 《新唐书》卷四七《百官志二》，第1214页。
⑤ 《唐会要》卷六五《秘书省》，第1328页。
⑥ 《隋书》卷四九《牛弘传》，第1297、1230页。
⑦ 《隋书》卷六九"史臣曰"，第1613页。

募遗书，增置楷书手缮写，"数年间，群书略备"。①贞观二年（公元628年），魏徵迁秘书监，"奏引学者校定四部书。数年之间，秘府图籍，粲然毕备"。②秘书省不仅积极收藏古籍，而且还经常组织人手编撰书籍。贞观时，虞世南为秘书监，"于省后堂集群书中奥义，皆应用者，号《北堂书钞》"。③唐太宗曾"以经籍去圣久远，文字讹谬"，令秘书少监颜师古于秘书省考定五经。④魏徵也曾"以戴圣《礼记》编次不伦"，因此以类相从，削其重复，采先儒训注，择善从之，撰成类例二十卷，唐太宗令藏之秘府。⑤由此可见，作为掌管皇家图书的校勘和保藏的机构，秘书省在修撰和保存古代典籍方面做出了巨大的贡献。

（二）殿中省

殿中省，位于皇城承天门街之东，宫城之南第二横街之北，门下外省东。⑥殿中省是为皇帝的衣食住行服务而设置的专门机构。隋初为殿内局，大业三年（公元607年）改为殿内省；武德初仍称殿内省，三年（公元620年）改为殿中省；龙朔二年（公元662年），称中御府，咸亨初复旧称。

殿中省，设监、少监，均为一人，上元元年（公元674年），少监加一人。监掌天子乘舆服御之事，少监副之。皇帝听朝则率所属执伞扇列于左右；大祭祀则列大珪、镇珪到墙门外；行幸则侍奉仗内，骖乘侍从；元正、冬至大朝会时，则跪而进爵；若合和御药，则监视并亲自尝试。其属有尚食、尚药、尚衣、尚舍、尚乘、尚辇六局。

尚食局，又名奉膳局，奉御二人，奉御掌供奉天子常膳，根据四季的禁忌，来搭配不同的口味；宴飨百官宾客则与光禄视品秩而供。神龙元年（公元705年）八月敕："内宴王公日，尚食局进供客食于阁门，付品官将入"，没有特别敕令，不得私自进献食物。⑦诸陵每月的享祭须要供食，差殿中省主膳三十人分番值班，每季差官至陵所监察，于陵所造食供献。食医负责调和食物之宜忌。主食负责率主膳制作食物。

尚药局，又称奉医局，奉御二人，直长二人，掌制御药，为皇帝治病。凡制供皇

---

① 《旧唐书》卷七三《令狐德棻传》，第2597页。
② 《旧唐书》卷七一《魏徵传》，第2548页。
③ 《大唐新语》卷八《聪敏》，第117页。
④ 《旧唐书》卷七三《颜师古传》，第2594—2595页。
⑤ 《旧唐书》卷七一《魏徵传》，第2559页。
⑥ 《唐两京城坊考》卷一《西京·皇城》，第11页。
⑦ 《唐会要》卷六五《殿中省》，第1331页。

帝吃的药物，中书、门下长官及诸卫上将军各一人，与监、奉御亲自监临。药成后，医佐以上先尝，并写上药方和进药日期，监临者署名。皇帝吃药时，奉御先尝，殿中监次之，皇太子又次之，然后进奉给皇帝。每季给羽林军、飞骑、万骑有病的发送药物。侍御医四人，掌供奉诊候；司医五人，医佐十人，负责给皇室其他人或王公重臣看病。主药、药童主要通过刮、削、捣、筛来治病，按摩师、咒禁师则通过按摩和巫术来治病。开元五年（公元717年）敕："尚药局医官，王公已下，不得辄奏请将外医疗。"①进一步强化了尚药局医官作为宫廷御医的地位。

尚衣局，奉御二人，主要根据礼制进供天子冕服和几案。祭祀时进奉镇圭给殿中监，再进给皇帝；大朝会则设御案，朝毕而撤。

尚舍局，奉御二人，负责宫殿张设、汤沐、灯烛、洒扫。皇帝行幸则设三部帐幕，其外则蔽以排城；举行大朝会则设黼扆，施蹋席、熏炉；朔望受朝仅设幄。

尚乘局，奉御本二人，高宗加置四人，分掌六闲，掌内外闲厩之马。左右六闲：飞黄、吉良、龙媒、騊駼、駃騠、天苑。凡外地诸牧监所进奉的良马，都印上三花、"飞"、"凤"等字样。飞龙厩每日以八马列宫门之外，号南衙立仗马，仗下后就退回。奉乘掌饲习御马，习驭掌饲养、调教六闲之马，典事掌管六闲饲料，司廪、司库掌六闲藁秸出纳。万岁通天元年（公元696年），置仗内六闲：飞龙、祥麟、凤苑、鹓鸾、吉良、六群，也号称"六厩"，以殿中丞检校，以中官为内飞龙使；圣历中，置闲厩使，专掌舆辇牛马。②开元二年（公元714年），以尚乘局左右六闲及官吏并隶属于闲厩使③，从此尚乘局名存实亡。

尚辇局，奉御二人，主管舆辇、伞扇事务，大朝会则陈于庭，大祭祀则陈于庙，皆伞二翰一扇一百五十六；常朝则去扇，左右各留三柄；掌辇率主辇以供其事。

（三）内侍省

内侍省，位于宫城掖庭宫西南。《唐两京城坊考》记载："掖庭宫，传宫城之西，北与宫城齐，南至通明门。有西门、众艺台。内侍省在宫西南。"④这已被考古发现所印证。1978年西安第二机床厂在基建施工中发现了唐重修内侍省碑，出土的位置西距今

---

① 《唐会要》卷六五《殿中省》，第1331页。
② 《新唐书》卷四七《百官志二》，第1217页。
③ 《旧唐书》卷四四《职官志三》，第1866页。
④ 《唐两京城坊考》卷一《西京·宫城》，第9页。

西安城西墙,即唐长安城皇城西墙约240米,北距今西五台,即唐长安城宫城南墙遗址仅6米,恰在掖庭宫西南,①与《唐两京城坊考》所载的内侍省位置是相符的。内侍省内有紫兰亭。宦官制度由来已久,自秦汉以来名称不一。隋初,称内侍省,隋炀帝改为长秋监,置令一人,少令一人,丞二人,皆用士人担任;唐初用开皇之制,称内侍省;龙朔时改为内侍监,光宅元年(公元684年)为司宫台,神龙元年(公元705年)复旧。

内侍省,内侍四人,内常侍六人,内侍掌在宫内侍奉、出入宫掖以及宣传皇帝制令等事。季春皇后亲蚕,内侍、内常侍等升坛执仪;中宫大驾出入则有内侍、内常侍、内给事各二人及内谒者四人并骑分列左右,为之导引。内给事处理省内杂事,主事二人。元正、冬至百官朝贺,内给事、主事则出入传达皇帝诏令;宫人的衣服以及其他杂费,根据其品级供应,都要登记账簿,春、秋两次报请中书省。内谒者监六人,职掌宫内传达制命;有内命妇朝会,列具本司人数,送内侍省,以供调遣。内谒者负责内命妇下车,引入朝堂正确的位置。内典引负责内命妇朝参出入时的监引。内寺伯掌纠察省内诸人不法之事。寺人掌皇后出入时拿着御刀侍从。内侍省总领掖庭、宫闱、奚官、内仆、内府五局。

掖庭局,令二人,丞三人,掌宫人簿账、女工事务,管理宫人植桑养蚕事务。被罚为官奴婢,有擅长缝巧的则配属掖庭,如上官婉儿"西台侍郎(上官)仪之孙也。父庭芝,与仪同被诛,婉儿时在襁褓,随母配入掖庭"②。计史二人,掌料功程。隋有宫教博士十三人,唐代置二人,负责教授宫人学习书、算、众艺等。武周时,设习艺馆,有内教博士十八人,经学五人,史、子、集缀文三人,楷书二人,庄老、太一、篆书、律令、吟咏、飞白书、算、棋各一人,教授宫人,开元末,馆废。

宫闱局,令二人,丞二人,掌侍奉宫闱,出入管钥。享祭太庙则率其属出皇后神主,置于舆座;总小给使学生名籍,给以粮禀。内阁史掌承传诸门,出纳管钥;内掌扇掌中宫伞扇;宦官无品者,称为内给使,掌诸门进物、出物之历。

奚官局,令二人,丞二人,典事四人,掌奚隶、工役、宫官品命。宫人生病则供应医药,死亡的据其品秩给衣服;有品可陪葬帝陵者,由将作给匠户、卫士营冢,无品者以松棺五钉入殓,以輂车送葬,由监门校尉、直长莅临;内命妇五品以上无亲戚者,以

---

① 保全:《唐重修内侍省碑出土记》,载《考古与文物》1983年第4期,第42页。
② 《旧唐书》卷五一《中宗上官昭容传》,第2175页。

近冢同姓中男一人主祭于墓，无同姓者，春、秋祠以少牢。

内仆局，令二人，丞二人，掌中宫车乘①。皇后出行，则令居左、丞居右，夹引。典事掌检校车乘；驾士掌调习马匹，驾驶车舆、杂畜。

内府局，令二人，丞二人，掌宫禁所藏宝货给纳之数。朝会时五品以上及有功将士、蕃酋告辞回去，赏赐绢及杂彩、金银器于殿庭的，则供应之。

又有太子内坊，初隶属于东宫，开元二十七年（公元739年），唐玄宗下敕："义方之训，固在亲承，太子既绝外朝，中官自通禁省。有何殊异，别立主司，其内坊宜复内侍省为局。"②将内坊从东宫官署划归内侍省，改典内为令，置丞二人。令、丞掌东宫阁门之禁令以及宫人衣食供应事务。

为防止宦官专权，隋至唐初内侍省或由士人管理，即使宦者担任长官，也有文士参掌，官品普遍不高，且宦官不得参与政事。贞观时，唐太宗定制："内侍省不置三品官，内侍是长官，阶四品。"③时人也认为："内竖者，给宫掖之事，供扫除之役"④，只是一些仆隶而已，是不应当授官职的。然而，中宗时内侍省开始膨胀，宦官已达三千余人，超授七品以上员外官者千余人。玄宗时，宦官开始有授三品左、右监门将军，得门施棨戟，品官黄衣以上三千人，衣朱紫者千余人。但由于皇权强固，政治比较清明，宦官参与政事被控制在很小范围内，还未成患。安史之乱中，肃宗、代宗、德宗先后外逃，文武大臣多不能及时扈从，而宦官则往往成为皇帝身边可依靠之人，填补了出现的权力真空。李辅国随从肃宗至灵武，被委以心腹，至德二载（公元757年），加开府仪同三司，进封郕国公，食实封五百户，权势大增，"宰臣百司，不时奏事，皆因辅国上决。……府县按鞫，三司制狱，必诣辅国取决，随意区分，皆称制敕，无敢异议者"。⑤代宗时，程元振有拥戴之功，拜飞龙副使、右监门将军、上柱国，知内侍省事，代替李辅国为元帅行军司马，专制禁兵，"元振之权，甚于辅国"。⑥自此之后，宦官势力大增，开始公开干预朝廷政事。泾原兵变发生后，德宗"召禁军御贼，志

---

① 唐代，皇后之车有六种：重翟、厌翟、翟车、安车、四望车、金根车。场合不同，使用的车辆也不相同。
② 《唐会要》卷六五《内侍省》，第1336页。
③ 《旧唐书》卷一八四《宦官传序》，第4754页。
④ 《唐会要》卷六五《内侍省》，第1338页。
⑤ 《旧唐书》卷一八四《李辅国传》，第4759—4760页。
⑥ 《旧唐书》卷一八四《程元振传》，第4761—4762页。

贞召集无素，是时并无至者，唯文场、仙鸣率诸宦者及亲王左右从行"，因此回京后德宗对文臣武将多有猜忌，而对身边的宦官则颇为信任。贞元十二年（公元796年），"特立护军中尉两员、中护军两员，以帅禁军"，以宦官窦文场为左神策护军中尉，以霍仙鸣为右神策护军中尉，以右神威军使张尚进为右神策中护军，以内谒者监焦希望为左神策中护军，①自是禁军之权归宦官掌握。另外，宦官监军最初仅"监视刑赏，奏察违谬"②，不参与地方政务；到德宗贞元年间，"天下军镇节度诸使皆以内臣一人监之，谓之监军使"，由过去的临时派遣改变成为常设；"宪宗元和中，始置枢密使二人"。③枢密使设置，不仅标志着唐朝新中枢体制的形成，而且宦官执掌机要，参与国家大事的决策更加名正言顺了。这样，宦官参军、参政就逐渐制度化④。此外，宦官还出任许多使职，形成内诸司使系统，侵夺南衙诸司之权。甘露之变后，更是"威柄下迁，政在宦人，举手伸缩，便有轻重。至膘士奇材，则养以为子；巨镇强藩，则争出我门"⑤。随着宦官权力的膨胀，宦官所在的内侍省由依附宫廷的服务机构变成掌握禁军、参与朝政的"北司"权力机构，不断上演着南衙与北司的权力之争，这也构成了唐代后期中央政局变化的主题之一。

四、十二卫

府兵制是隋至唐朝前期最主要的兵制，十二卫是其中重要的组成部分。十二卫的形成是一个漫长的演变过程。西魏大统八年（公元542年），宇文泰仿《周礼》"天子六军"之制，初置六军；到十六年（公元550年）逐步形成六柱国分统六军的制度，每军下有二大将军，共十二大将军。隋初，沿用西魏、北周旧制，将原来的禁兵系统和府兵系统结合在一起⑥，置十二府以统禁卫之兵。大业三年（公元607年），隋炀帝对府兵制进行改革，改骠骑府为鹰扬府，将开皇时期的十二府扩充为十六府，十六府中形成了以十二卫分统鹰扬府。十六府为左、右翊卫，左、右武卫，左、右候卫，左、右屯

---

① 《旧唐书》卷一八四《窦文场、霍仙鸣传》，第4766页。
② 《唐会要》卷七二《京城诸军》，第1535页。
③ 《册府元龟》卷六六五《内臣部·总序》，第7955页。
④ 马良怀：《士人 皇帝 宦官》，岳麓书社，2003年，第246页。
⑤ 《新唐书》卷二〇七《宦者传序》，第5856页。
⑥ 谷霁光：《府兵制度考释》，中华书局，2011年，第100页。

卫，左、右御卫，左、右骁卫，左、右备身，左、右监门，后来亦称十六卫。其中左、右备身和左、右监门不领府兵，领府兵的为十二卫。李渊建立唐朝之初，即任命"元从功臣"和招降军将为诸卫大将军、将军，恢复了开皇十二卫府的组织。武德二年（公元619年），"以天下未定，事资武力"①，将关中府兵分为十二军，每军将一人，副一人。在此基础上，贞观十年（公元636年）唐太宗对府兵制进行重新厘定，使其更加完善，十二卫的职责更加明晰。龙朔二年（公元662年）省"府"名，统称为"卫"。至玄宗开元时期，正式形成中央十二卫：左、右卫，左、右骁卫，左、右武卫，左、右威卫，左、右领军卫，左、右金吾卫。另有左、右监门卫和左、右千牛卫不领府兵，实际上府兵的领导机构为十二卫，也是长安城宫苑警卫、城市治安的管理机构。卫设大将军一人，皆有卫署。所有折冲府都隶属于十二卫，左右卫皆领六十府，诸卫领四十至五十，其余以隶东宫六率。下面就十二卫的组织设置和职掌等做简要叙述。

（一）左、右卫

左、右卫，即隋代左、右翊卫。左卫位于皇城承天门街之东，第二横街之北，从西第四，本为隋左监门卫、左翊卫二府之地，武德初合并为左卫之地；右卫位于承天门街之西，宫城之南第二横街之北，从东第五。②

左、右卫，各有上将军一人，大将军一人，将军二人，职掌宫廷警卫，领导亲、勋、翊五中郎将府及所隶属的折冲府③。皇帝御正殿，则守卫诸门及内厢宿卫仗。非上日，亦将军一人押仗，将军缺，以中郎将代将军，辅助上将军。长史各一人，掌判诸曹、五府、外府禀禄、卒伍、军团之名数、器械、车马之多少，小事得专达；每年秋季，协助大将军进行考课。

录事参军事各一人，掌受诸曹及五府、外府之事，勾稽抄目，印给纸笔；仓曹参军事各二人，掌五府文官勋考、假使、禄俸、公廨、田园、食料、医药、过所；兵曹参军事各二人，掌五府武官宿卫番第，受其名数，由大将军分配；骑曹参军事各一人，掌外府杂畜簿账、牧养，凡府马承直，以远近分七番，每月一易之，以敕出宫城者，给马；

---

① 《通典》卷二八《职官十》，第782页。
② 《唐西京城坊考》卷一《西京·皇城》，第11—12、15页。
③ 唐代，亲卫府有一：亲府，勋卫府有二：勋一府、勋二府，翊卫府也有二：翊一府、翊二府，共五府。每府中郎将一人，正四品下；左、右郎将一人，正五品上；亲卫，正七品上；勋卫，从七品上；翊卫，正八品上。总四千九百六十三人。《新唐书·兵志》记载：左、右卫皆领六十府，其余诸卫领四十至五十折冲府。

胄曹参军事各一人,掌兵械、公廨兴缮、罚谪,大朝会行从,则受黄质甲铠、弓矢于卫尉;奉车都尉,掌驭副车,有其名而无其人,大陈设则他官摄。

五府中郎将率校尉、旅帅、亲卫、勋卫之属宿卫者,总其府事;左、右郎将为其副职。番上者,以名簿上于大将军而配以职。武德、贞观世重资荫:二品、三品子,补亲卫;二品曾孙、三品孙、四品子、职事官五品子若孙、勋官三品以上有封及国公子,补勋卫及率府亲卫;四品孙、五品及上柱国子,补翊卫及率府勋卫;勋官二品及县男以上、散官五品以上子若孙,补诸卫及率府翊卫。王府执仗亲事、执乘亲事,每月番上者数千人,宿卫内庑及城门,给禀食。执扇三卫三百人,择少壮肩膊齐、仪容整美者,本卫印臂,送殿中省肄习,仗下,每番三卫一人,为太仆寺引辂。后来其入官路艰,三卫非权势子弟辄退番,柱国子有白首不得进者;流外虽鄙,不数年给禄禀,故三卫益贱,人罕趋之。①

(二)左、右骁卫

左骁卫位于承天门街之东,第三横街之北,从西第三;右骁卫位于承天门街之西,第三横街之北,从东第二。

左、右骁卫,各有上将军一人,大将军一人,将军二人,其职掌和职官设置同左、右卫。在皇城四面、宫城内外诸门与左、右卫分兵驻守。

(三)左、右武卫

左武卫位于皇城承天门街之东,第三横街之北,从西第二;右武卫位于承天门街之西,第三横街之北,从东第一。

左、右武卫,各有上将军一人,大将军一人,将军二人,其职掌和职官设置同左、右卫。

(四)左、右威卫

左威卫位于皇城承天门街之东,第五横街之北,从西第二;右威卫位于承天门街之西,第五横街之北,从东第二。右威卫卫署门本南向,开元七年(公元719年)御史中丞李尚隐以此卫南门与御史台门相对不便,遂移门北向。②

左、右威卫,各有上将军一人,大将军一人,将军二人,掌同左、右卫,分兵主

---

① 《新唐书》卷四九上《百官志四上·十六卫》,第1279—1282页。
② 《唐两京城坊考》卷一《西京·皇城》,第15页。

守,则兼理皇城东面助铺的职务。

(五)左、右领军卫

左领军卫位于皇城承天门街之东,第五横街之北,从西第一;右领军卫位于承天门街之西,第五横街之北,从东第一。

左、右领军卫,各有上将军一人,大将军一人,将军二人,掌同左、右卫,分兵主守,则兼理皇城西面助铺的职务和守卫京城、苑城诸门。

(六)左、右金吾卫

右金吾卫在朱雀门街西布政坊东北隅;左金吾卫本在街东崇仁坊,神龙年间迁到永兴坊。

左、右金吾卫,各有上将军一人,大将军一人,将军二人。职掌宫中、京城昼夜巡警,"执御非违"①,维护京城治安。翊府之翊卫及同轨等五十府番上,都归它领导。皇帝车驾出入,率其兵卒以清游队建白泽旗、朱雀旗为前导,以玄武队建玄武旗以殿后;若巡狩师田,则执左、右营设置禁区,翊卫翊府、同轨、宝图等五十府矿骑、卫士应番上者,都配属金吾卫领导。

兵曹参军事各二人,掌翊府、外府武官,兼掌猎师;骑曹参军事各一人,掌外府杂畜簿账、牧养之事;胄曹参军事、录事参军事各一人,仓曹参军事各二人,掌同左、右卫。长史各一人,左、右司阶各二人,左、右中候各三人,左、右司戈各五人,左、右执戟各五人,左、右街使各一人,判官各二人。左、右翊中郎将府中郎将,率领府属督导京城左、右六街铺巡警,以果毅二人助巡探;左、右街使,掌分察六街徼巡。城门、坊角都有武候铺,由卫士、矿骑分守,大城门有一百人,大铺三十人,小城门二十人,小铺五人。长安城中的夜禁也是由左、右金吾卫具体执行的。晚唐李庚在《两都赋》中云:"至乃辨晓警昏,主在金吾。鼓列六条,外传通衢,备以严兵,罗以周庐,禁动息人,用戒不虞。"②左金吾卫巡察朱雀门街以东诸街坊,右金吾卫巡察朱雀门街以西诸街坊。傍晚街鼓响八百声后各门关闭;夜间,街使以骑卒巡行叫呼,武官暗探;五更二点,鼓自大内响起,诸街鼓依次响起,坊市门开启。长安城日常治安的维护也是由金吾卫负责。开成时,杜中立历任左、右金吾大将军,时长安城中有"恶少优戏道中,

---

① 《唐六典》卷二五《诸卫府》,第639页。
② 《全唐文》卷七四〇,第7645页。

具驺唱呵卫……驱放自如",中立率从吏"捕系,立棰死"。①

由于唐代没有近代式的维护公共安全的职业警察,所以负责维护京城的公共安全警卫和社会治安的左、右金吾卫实际上就承担了长安城市警察的职能。由于左、右金吾卫作用重要,权势地位显赫,因而是唐前期人们向往的官职,唐代诗人王翰《饮马长城窟行》称"长安少年无远图,一生惟羡执金吾"②,就是这种羡慕心态的写照。

府兵制历经长期的发展演化,其结构与功能不断分化,军事政令与执行机构逐渐分开。由皇帝和宰相组成最高决策机构,而尚书兵部作为最高军事行政机构,最高军事执行机构由中央十二卫与东宫十率府构成。十二卫,作为府兵的领导机关,负责府兵的日常训练和征发,但是不能随意调动兵马,调兵权由皇帝亲自掌握,"凡发府兵,皆下符契,州刺史与折冲勘契乃发"。所有府兵都要番上宿卫,即轮番到所隶卫府或京师及边防重镇服役,兵部根据距离京师远近派发番上次数,每番一月。府兵制是以均田制的有效推行为基础的,自高宗、武后开始,随着均田制的逐渐破坏,再加上唐王朝常年对外战争,"府兵之法浸坏,番役更代多不以时,卫士稍稍亡匿,至是益耗散,宿卫不能给"。到开元十一年(公元723年),宰相张说奏请"募士宿卫",从京兆、蒲、同、岐、华等州招募十二万士兵,号"长从宿卫",次年更名为"彉骑"。从此,诸府士兵就不再补充,折冲将官又多年不得迁,因此人们都以担任府兵为耻。十三年(公元725年),以彉骑分隶十二卫,为六番,每卫万人。天宝以后,彉骑逐渐衰废。至八载(公元749年),折冲诸府甚至无兵可交,李林甫遂请停上下鱼书。此后徒有兵额、官吏,而兵器、驮马等都废弃了,十二卫已名存实亡了。而招募来的六军宿卫都是一些市井无赖,毫无战斗力,安史之乱爆发后,"皆不能受甲"。③

此外,唐代中央还有所谓的"天子禁军"。武德时,有"元从禁军"。高宗时,从府兵中挑选越骑、步射置左、右羽林军。到天宝末年,"禁兵浸耗"。安史之乱中,中央禁军耗散殆尽,乱后肃宗又从元从、扈从官员子弟中挑选,设置左、右神武军。泾原兵变,神策军扈从有功,贞元二年(公元786年)改神策左、右厢为左、右神策军,神策军逐渐从一支地方部队升为唐代后期最主要的中央禁军。但是,神策军的领导权被宦官攫取,成为宦官操纵朝局、专权擅政的武力工具。

---

① 《新唐书》卷一七二《杜中立传》,第5206页。
② 《全唐诗》卷一五六,第1603页。
③ 《新唐书》卷五〇《兵志》,第1326—1328页。

第四节
监察机构

隋唐长安城监察机构以御史台为主。御史台，位于承天门街之西，第六横街之北，从东第二。御史台门向北开，其原因史载不一。《御史台记》称："御史台门北开，盖取肃杀就阴之义"；《谭宾录》曰："北开者，或云自隋初移都之时，兵部尚书李图通兼御史大夫，欲向省便近，故开北门"。御史台内有佛舍，元和四年（公元809年）曾发生过火灾。[1]唐龙朔二年（公元662年），更名宪台；光宅元年（公元684年），改曰左肃政台，专知在京百司，更置右肃政台，按察诸州官吏；神龙元年（公元705年），改为左、右御史台；先天二年（公元713年）十月，废右台。

御史台，御史大夫一人，中丞二人。大夫掌以刑法典章纠正百官之罪恶，中丞为之贰。人有冤而无处状告者，命御史大夫在内的三司审理，大事奏请裁决，小事专断处理；弹劾百官违法不轨之事，御史先告知大夫，大事以方幅，小事署名进奏；皇帝下制命按覆审理囚犯，则与刑部尚书平阅；皇帝行幸时，乘路车为向导。其属有三院：台院、殿院、察院。

台院，侍御史六人，掌纠举百僚，推鞫狱讼。具体来讲其职有六："一曰奏弹，二曰三司，三曰西推，四曰东推，五曰赃赎，六曰理匦"。[2]侍御史的六项职权中，奏弹大臣，则大夫、中丞押奏，事情重大时，要衣法冠、朱衣、纁裳、白纱中单，小事常服即可；三司理事，与给事中、中书舍人更直朝堂，若三司所按而非其长官，则与刑部郎中、员外郎、大理司直、评事前往讯问。以侍御史一人知西推、赃赎、三司受事，号副端，一人知东推、理匦等，有不纠举者罚之。

---

① 《唐两京城坊考》卷一《西京·皇城》，第16页。
② 《唐六典》卷一三《御史台》，第380页。

殿院，殿中侍御史九人，掌殿庭供奉之仪。冬至、元正大朝会，具服升殿；若皇帝郊祀、巡幸，亦具服跟从，在旌门间往来检察，查看其文物，有亏阙则纠正；两京城内则分知左、右巡，各察其所巡之内的左降、流移停匿不去，以及妖讹、宿宵、蒲博、盗窃、狱讼冤滥、诸州纲典贸易隐盗、赋敛不如法式等不法之事，都要举按而奏之。以一人同知东推，监太仓出纳；一人同知西推，监左藏出纳。

察院，监察御史十人，掌分察百官，巡按州县。狱讼、军戎、祭祀、营作、太府出纳都要派使监临；将帅战争获胜，数其俘获，审功赏，辨其真伪，然后奏之；诸道屯田、铸钱、岭南、黔府选补，也视功过纠察；决囚徒，则与中书舍人、金吾将军莅临监察；国忌日行斋，则与殿中侍御史分察各寺观情况。开元十九年（公元731年），以监察御史二人监临太仓、左藏库出纳；二十五年（公元737年），以监察御史检校两京馆驿；大历十四年（公元779年），两京以御史一人知馆驿，号馆驿使；兴元元年（公元784年），监察御史分察尚书省六司，纠其过失，以第一人察吏部、礼部，兼监祭使，第二人察兵部、工部，兼馆驿使，第三人察户部、刑部，岁终评议各部工作情况。

御史台作为隋唐王朝的国家监察机构，对长安城管理中官吏的失职违法行为也负有监察督导之责。苏颋的《对劝学犯夜判》记载：百姓王丁"从师授书，不觉日暮"而犯夜被拘留，长安令杜虚认为"鞭挞宁越以立威名，非政化之本"，派县吏将其送回家中，御史知道后，"弹金吾郎将不觉人犯夜"。①唐代御史台设置台狱，鞫审诏狱，掌有部分司法审判权。龙朔二年（公元662年）十月，秦令言任监察御史，推审洛州长史许力士子犯法；垂拱元年（公元685年）四月，监察御史苏珦按韩、鲁王狱；长安三年（公元703年）九月，张易之使人诬告太子仆射崔贞慎、东宫率府独孤祎之，武则天令监察御史马怀素推问；元和五年（公元810年）四月，唐宪宗命监察御史杨宁往东都调查大将令狐运事。②而且，御史台还可以和其他机构一起鞫审大狱、重狱，即所谓"三司推事"③。三司推事，首见于高宗时期。龙朔三年（公元663年）四月，李义府下狱，唐高宗命司刑太常伯（即刑部尚书）刘祥道与御史、详刑（大理寺）共同鞫审。④通过三司推事，御史台将刑部的一部分司法权和大理寺的一部分审判权分割了过来。御史

---

① 《全唐文》卷二五六，第2592页。
② 《唐会要》卷六二《御史台下·推事》，第1272—1274页。
③ 唐代所谓的"三司"有大小之分，由御史台、中书、门下组成的为大三司，具体由侍御史、给事中、中书舍人组成，而由御史台、刑部、大理寺组成的则为小三司。
④ 《资治通鉴》卷二〇一，唐高宗龙朔三年四月，第6449页。

台初无监狱，贞观二十二年（公元648年），李乾祐为御史大夫，"别置台狱，有所鞫讯，便辄系之"，开元十四年（公元726年）崔隐甫奏请罢去，但不久又复置。①宝历元年（公元825年），鄠县发生宦官殴打百姓事件，县令崔发依法拘捕肇事宦官，唐敬宗知道后大怒，"收发，系御史台。是日，发与诸囚立金鸡下，忽有品官数十人执梃乱捶发……上命复系发于台狱"。台狱，胡三省注称"御史台狱也"。②御史台对部分司法权的获得，不仅有利于维护封建法制，减少冤假错案，而且也使得御史台由原来行使监察权的单一职能机构，发展成拥有监察权和司法权双重职能，封建法制得到进一步的加强。③此外，唐代的御史台还通过对国家仓廪、藏库的监察，通过充任括田户使、租庸使、铸钱使等各种使职，通过对经济违法行为的察访和弹劾，大大加强了对财政经济工作的监督。④

唐代后期，随着使职的扩散和宦官势力的膨胀，他们开始逐渐侵夺御史台的权力。其中，御史台与宦官争夺监军权的斗争就是重要的表现。唐初，御史经常作为监军随军出征。高宗要平定邕、岩二州獠叛乱，诏监察御史李峤为监军，"峤入洞喻降之"⑤。开元、天宝时，已经开始有宦官出任监军。天宝六载（公元747年），高仙芝讨击小勃律，宦官边令诚任监军。⑥宦官出任监军逐渐成为定制。贞元时，河东节度使李自良死，监军王定远奏请以行军司马李说为留后，李说为感谢王定远，请铸监军印，"监军有印自定远始"⑦，监军权力越来越大。

---

① 《旧唐书》卷一八五下《崔隐甫传》，第4821页。关于唐代御史台狱的设置存废，可参考胡留元、冯卓慧：《唐〈御史台精舍碑〉初探》，载《人文杂志》1983年第2期，第68—72页；王素：《唐代的御史台狱》，见武汉大学历史系魏晋南北朝隋唐史研究室编：《魏晋南北朝隋唐史资料》第11辑，武汉大学出版社，1991年，第138—145页；毛健：《唐御史台狱考述》，载《湖南社会科学》2007年第2期，第212—214页；康华全、王旭：《唐代御史台狱置废探析》，载《河北师范大学学报》（哲学社会科学版）2013年第5期，第92—98页。
② 《资治通鉴》卷二四三，唐敬宗宝历元年正月，第7963页。
③ 胡沧泽：《唐代御史台司法审判权的获得》，载《厦门大学学报》（哲社版）1989年第3期，第104页。
④ 胡沧泽：《唐代御史台对财政经济工作的监督》，载《中国社会经济史研究》1989年第4期，第26页。
⑤ 《新唐书》卷一二三《李峤传》，第4367页。
⑥ 《新唐书》卷一三五《高仙芝传》，第4576页。
⑦ 《资治通鉴》卷二三五，唐德宗贞元十一年五月，第7690—7691页。

第五节 地方机构

隋大兴城、唐长安城不仅是王朝中央百司所在之地，而且城内也设置有地方行政管理机构，以此来处理一些地方性事务。但是，由于"京师者，四方之腹心，国家之根本"①的重要政治地位，其官职设置也有独特之处。

一、京兆府

隋初，大兴城沿用北周之制，置京兆郡，开皇三年（公元583年），隋文帝废郡，置雍州；大业三年（公元607年），隋炀帝又改为京兆郡，置尹；武德元年（公元618年），又改为雍州，置牧一人，常以亲王担任，以别驾领州事，太宗为秦王、中宗为英王、睿宗为相王时都担任过雍州牧；贞观二十三年（公元649年），改别驾为长史，领州事；开元元年（公元713年），改雍州为京兆府，长史为尹，就更加凸显了其作为京师重地的独特地位。京兆府廨在长安外郭城光德坊东南隅，原为雍州廨舍，府内屋宇房舍多为隋开皇中建都时所置。②

京兆尹一人，"掌清肃邦畿，考核官吏，宣布德化，抚和齐人，劝课农桑，敦谕五教"③。每年巡察属县，观风俗，问百姓，录囚徒，恤鳏寡，阅丁口，了解民间实情。部内有笃学异能闻于乡间者，要举荐上报；有不孝悌、悖礼乱常、不率法令之人，要依法惩治。监察属下官吏是否公廉正己、清直守节或贪秽诡谀、求名徇私，附于考课，以为褒贬，特别是对各种治安、灾害等影响社会稳定的事件有着不可推卸的责任。

---

① 《全唐文》卷五四九《御史台上论天旱人饥状》，第5560页。
② 《唐两京城坊考》卷四《西京·外郭城》，第107页。
③ 《唐六典》卷三〇《三府督护州县官吏》，第747页。

贞元十四年（公元798年），京畿地区发生旱灾，人口大量流亡，京兆尹韩皋因处置不当而被贬黜。开成三年（公元838年），亲仁里发生刺杀宰相李石的事件，因凶手出自禁军，京兆尹崔珙不敢抓捕，因而被罚没俸禄。会昌三年（公元843年）五月，京兆府奏："两坊市闲行不事家业，鯨刺身上，屠宰猪狗，酗酒斗打，及傱构关节、下脱钱物，樗蒲赌钱人等。伏乞今后如有犯者，许臣追捉。若是百姓，当时处置。如属诸军、诸使、禁司，奏闻。"①此外，京兆尹对长安城的道路桥梁的修护、市场秩序的管理都负有一定责任。天宝三载（公元744年），京兆尹萧炅奏请"于要道筑甬道，载沙实之，至于朝堂"②。大历五年（公元770年），敕：长安城内的桥梁"如岁月深久，桥木烂坏，要修理者，左右街使与京兆府计会其事，申报中书门下计料处置。其坊市桥令当界修理，诸桥街京兆府以当府利钱充修造"③。元和四年（公元809年），长安富人状告左神策军吏李昱借钱八千贯，三年不偿还，京兆尹许孟容不畏权贵，依法将李昱抓获，限期还钱，"不及期当死"④。

隋本有京兆郡丞一人，武德元年（公元618年）改为治中，贞观二十三年（公元649年）改为司马，大足元年（公元701年）加一员，分左、右司马；开元元年（公元713年）改为少尹。少尹协助尹处理府事，以纪纲众务，通判列曹，年终更入奏计。元和十三年（公元818年），京兆少尹、知府事崔元略奏："诸司、诸军、诸使追府县人吏所由及百姓等，比来府县除贼盗外，所有推勘公事相关者，皆行公牒。近日多不行文牒，率自擒捉，禁系之后，府县方知。其中人吏所由，亦有奸猾，为无凭据，妄生推柱，又难辨明。其百姓等听被追捕，缘无公牒，多加恐动，致有逃匿"，针对京城诸司、诸军、诸使不按程序，不行公牒，随意捉拿百姓，导致人口逃匿的现象上奏朝廷，请求"令行移文牒"，以免侵扰百姓。⑤

司录、录事参军事二人。武德初，改主簿为录事参军事；开元元年（公元713年）改为司录。录事参军事掌京兆府内付事勾稽，省署抄目；纠察非法违制行为，监督守护印符；若列曹事有异同，则由其上报。

---

① 《唐会要》卷六七《京兆尹》，第1403、1405页。
② 《唐会要》卷八六《道路》，第1864页。
③ 《唐会要》卷八六《桥梁》，第1869—1870页。
④ 《旧唐书》卷一五四《许孟容传》，第4102页。
⑤ 《唐会要》卷六七《京兆尹》，第1404页。

功曹司功参军事二人，掌京兆官吏的考课、假使以及府属祭祀、礼乐、学校、表疏、书启、禄食、祥异、医药、卜筮、陈设、丧葬等事务。

仓曹司仓参军事二人，掌租调、公廨、度量、庖厨、仓库、市肆等事务。

户曹司户参军事二人，掌户籍、计账、道路、过所、蠲符、杂徭、逋负、良贱、刍藁、逆旅、婚姻、田讼、旌别孝悌等事务。另外，在外郭城永宁坊有京兆府籍坊①，或为京兆府存放户籍、计账等文档之处。

兵曹司兵参军事二人，掌京兆府所属武官的选任、兵甲器仗的保管、门禁管钥、传驿等事务。

法曹司法参军事二人，掌律、令、格、式，鞫狱定刑，督捕盗贼，纠察奸邪非法之事，具体负责京兆府地区的治安维护。

士曹司士参军事二人，掌津梁、舟车、舍宅、工艺等事务。

市令、丞，掌市廛交易，禁斥非违之事，管理扰乱市场秩序的行为。

经学博士二人，掌以五经授诸生。武德初，置经学博士、助教；德宗时，改博士曰文学。然而由于官学的颓废，无实际职事，士人多以担任此职为耻，实际上形同虚设。

医学博士一人，掌疗民疾。贞观三年（公元629年），置医学，有医药博士及学生。开元元年（公元713年），改医药博士为医学博士，置助教，写《本草》《百一集验方》藏之。不久，博士、学生皆省。二十七年（公元739年），复置医学生，掌在府境巡游为百姓治病。永泰元年（公元765年），复置医学博士。②

二、万年、长安二县

隋大兴城、唐长安城外郭由万年、长安二县分治，二县以朱雀门街为界，万年领街东诸坊及东市，长安领街西诸坊及西市。③

万年县，隋开皇三年（公元583年）迁都时，改为大兴县；武德元年（公元618年），恢复为万年；乾封元年（公元666年），分置明堂县；长安三年（公元703年）又合入万年县；天宝七载（公元748年），一度改为咸宁县；乾元元年（公元758年），复

---

① 《唐两京城坊考》卷三《西京·外郭城》，第62页。
② 《新唐书》卷四九下《百官志四下》，第1314页。
③ 《唐两京城坊考》卷一《西京·外郭城》，第34页。

为万年县。①万年县廨位于朱雀门街东宣阳坊东南隅，县门屋宇文恺所造。②长安县，秦汉旧县，隋开皇三年（公元583年）迁都时，移入新都，唐代因袭。乾封元年，分置乾封县，长安三年亦合入。③长安县廨位于朱雀门街西长寿坊西南隅。④

万年、长安二县作为京县，有令各一人，丞二人，主簿二人，录事二人，尉六人，司功佐三人，司仓佐四人，司户佐五人，司兵佐三人，司法佐五人，司士佐四人，典狱十四人，博士二人。⑤县令之职，主要在于"导扬风化，抚字黎氓，敦四人之业，崇五土之利，养鳏寡，恤孤穷，审察冤屈，躬亲狱讼，务知百姓之疾苦"⑥，对所有的事情都要负总责。如对本县所管户口，量其资产，定为九等，三年一定，以入籍账；了解本县内五九、三疾及中、丁多少，民户贫富强弱，以及虫霜旱涝等灾害的发生，庄稼损失收获多少，貌阅年龄大小及差科簿，都亲自注定，务求赋役均齐；课役之先后，诉讼之曲直，也都要尽其情理；每年季冬之月，举行乡饮酒礼，六十以上的人坐堂上，五十以下的立侍于堂下，使人们知道尊卑长幼的礼节；其他像籍账、传驿、仓库、盗贼、河堤、道路等事务，虽有专门官员执掌，但县令有一定责任。县丞为县令之副手；主簿掌付事勾稽，省署抄目，纠正非违，监印，负责供给纸笔、杂用事务；录事掌受事发辰，勾检稽失；县尉亲理庶务，分判众曹，追催课调；博士掌以经术教授诸生，释奠于先圣、先师。他们构成了唐代长安城市管理的县级组织机构人员，根据各自的职掌处理县属的大小事务。

开皇年间，屈突盖为长安令，"以严整知名"，当时人们有谚："宁食三斗艾，不见屈突盖；宁服三斗葱，不逢屈突通"，其执法威严，为人所忌惮。⑦唐高宗时，杨德干为万年令，不畏权贵，执法严明，有宦官放鹞不避人禾稼，德干将其擒获，杖击二十，并拔去鹞头。⑧开元初，裴耀卿迁长安令，取消旧有配户和市的弊政，一切令出储蓄之家，"遂无奸欺之弊，公私甚以为便"。⑨《广异记》记载：开元末，有盗贼盗

---

① 《元和郡县图志》卷一《关内道一·京兆府》，第3页。
② 《唐两京城坊考》卷三《西京·外郭城》，第58页。
③ 《元和郡县图志》卷一《关内道一·京兆府》，第4页。
④ 《唐两京城坊考》卷四《西京·外郭城》，第119页。
⑤ 《唐六典》卷三〇《三府督护州县官吏》，第750—751页。
⑥ 《唐六典》卷三〇《三府督护州县官吏》，第753页。
⑦ 《旧唐书》卷五九《屈突通传》，第2320页。
⑧ 《隋唐嘉话》卷中，第33页。
⑨ 《旧唐书》卷九八《裴耀卿传》，第3080页。

发华妃墓,掠走其陪葬宝物,玄宗急召京兆尹、万年令"以物色备盗甚急。及盗载物归也,欲入春明门,门吏诃止之,乃搜车中,皆诸宝物,尽收群盗,拷掠即服,逮捕数十人,皆贵戚子弟无行检者"。①长安、万年二县作为京畿重地,权贵子弟多有不法行为,因此不避权贵、执法严明成为唐朝统治者选任县令的重要要求,而二县县令大多都能恪尽职守,"为政肃清,令行禁止"②,甚至出现"京城路不拾遗"③的现象,维护了京城的治安和稳定。

京兆府、长安县和万年县,这些职官组织共同构成了隋唐长安城的地方两级管理机构,为唐王朝中央权力的发挥创造了一个较好的地理空间。但是由于其处于京师之地,除与其他地方官府相同的职能外,其官员还是与中央政府和朝廷显贵接触最多的地方官员,要承担一些皇帝或朝廷所指派的其他特殊使命,与其他地方官员相比,明显地具有中央和地方官的双重性格。④

隋大兴、唐长安作为帝国的都城,是王朝各级政府机构的集中之地,城市管理机构既有中枢决策和政务机构,也有负责政令执行的具体事务性机构。隋初,隋文帝对魏晋以来比较混乱的官制进行了整顿,调整国家政治体制的基本架构,使政令的制定与执行得以分开。以皇帝为核心,以中书、门下为基础构成了国家的最高决策部门;而尚书省作为最高政务机关,往往要身兼二任,它既参与三省的联合决策,又总辖寺、监、府、县而管辖城市管理的实际事务;从秦汉以来诸卿中分化重组而来的寺、监机构,则是依事归类接受尚书六部的对口领导,尚书六部颁程度、定规章,寺、监则奉行之,尚书六部还向寺、监发出具体的指令,寺、监承受并实施之。⑤正是"九寺三监(应为五监)、东宫三寺、十二卫、及京兆、河南府,是王者之有司,各勤所守,以奉职事。尚书准旧章,立程度以颁之"⑥。具体以户部与太府寺的关系来讲,就是"总制邦用,度支是司;出纳货财,太府攸职。凡是太府出纳,皆禀度支文符,太府依符以奉行,度支

---

① 《太平广记》卷三三〇《华妃》,第2619页。
② 《旧唐书》卷一八五上《权怀恩传》,第4798页。
③ 《旧唐书》卷一八九下《邱余令传》,第4961页。
④ 张荣芳:《唐代京兆尹研究》,台湾学生书局,1987年,第166页。
⑤ 楼劲:《唐代的尚书省——寺监体制及其行政机制》,载《兰州大学学报》(社会科学版)1988年第2期,第66页。
⑥ 《唐会要》卷七八《诸使杂录上》,第1701页。

凭案以勘覆，互相关键，用绝奸欺"①。同时，长安城中的三省六部等机构作为全国最高行政机构，王朝管理长安城的各种重大决策和政策制定都在这里完成，全国最高行政机关——尚书省，负责对城市管理的官吏进行考课任免，督导府、县认真贯彻执行中央各项政令。黄宗智认为：与工业社会的政府相比，帝制时代中国皇帝拥有世袭权力，行政权威集中于中央，但是正式的政府机构止于县一级，县以下的行政和治理由基层组织来完成，并将其概括为"集权的简约治理"政府治理和控制社会的模式。②在这一模式中，长安城市管理的双层模式更凸显出其在整个帝国统治结构中的核心地位。

然而，随着经济文化的发展，原有的官制逐渐不能适应帝国政治和社会复杂化的需要，再加上宦官势力的崛起，使职差遣制度在唐代后期迅速扩张。唐代后期的使职发展，表现出两种趋势：一是使职逐渐侵夺甚至取代了原本负责该项事务的职事官的职权；二是临时差遣的使职，往往演化成为固定设置的官职。③这样，盐铁使、礼仪使、功德使、内作使、宫苑使、皇城使等就逐渐成为长安城市管理的主体，为以后宋代城市管理体制的变革做了铺垫。

---

① 《旧唐书》卷一三五《裴延龄传》，第3722—3723页。
② 黄宗智：《经验与理论：中国社会、经济与法律的实践历史研究》，中国人民大学出版社，2007年，第414—435页。
③ 余华青：《中国宦官制度史》，上海人民出版社，1993年，第14页。

第六节
城市管理制度

隋唐王朝设置三省六部和九寺、五监、十二卫以及京兆府、万年县、长安县等机构对长安城进行中央与地方的双层管理,而且还根据需要制定了一些有关城市治安和市场的管理制度。

一、禁夜制度

禁夜是隋唐长安城实行的控制居民夜间活动的治安管理制度。最初,每到黄昏,长安城内就遣人巡警禁止夜行。至贞观时,马周奏置街鼓。《大唐新语》载:"旧制,京城内金吾晓暝传呼,以戒行者。马周献封章,始置街鼓,俗号'鼕鼕',公私便焉。"① 街鼓设置以后,击鼓就代替"遣人传呼"作为禁夜开始与结束的信号。贞元时,王履贞《六街鼓赋》云:

> 惟道路兮,此有其纪纲。在昏晓兮,用警于行藏。设彼鼓节,以为人防。俾守度而知禁,咸顺时而向方。观其四门洞达,九逵攸长。不有司扃,则政或以荒;不有式遏,则人或以攘。粤惟圣唐,作法兹始,岐路分职,里用对峙,万井如棋,三条若砥,树鼛鼓也。罔不式遵,命武贲焉,各慎所履。日入于酉,俾于行者止;斗回于天,警夫居者起。……此乃守常有则,守矩不违。……是知街之设也,所以通达幽深;鼓之悬也,所以发扬声音,岂独警其当路,亦用革其非心。②

---

① 《大唐新语》卷一〇《厘革》,第149页。
② 《全唐文》卷五四六,第5534—5535页。

这表明六街街鼓作为长安城禁夜标志维护城市治安的目的。唐代长安城的街鼓有晓鼓与暮鼓（或夜鼓）之分，晓鼓声响标志着长安城夜禁的结束和新一天的开始，而暮鼓声动则意味着夜晚的来临和夜禁的开始，是维护宵禁制度的法律依据，具有报警和晨昏报时的双重功能，对长安坊市的治安管理起着积极作用。①

闭门鼓后、开门鼓前为实行禁夜的时间，禁止人们擅自在街上活动，违反者称为"犯夜"，要受到严厉惩罚。唐《宫卫令》规定："五更三筹，顺天门击鼓，听人行。昼漏尽，顺天门击鼓四百搥讫，闭门。后更击六百搥，坊门皆闭，禁人行。"如若有公事急速须行及私家吉、凶、疾病之类有本县或本坊文牒之人可以夜行，其他一切犯夜者，鞭笞二十。②京城内宵禁制度由金吾卫具体执行。大理丞徐逖曾在暮鼓声停止后于街中行走，被右金吾将军赵宜巡街时发现，奏决杖二十。③元和三年（公元808年），宦官郭里旻醉酒犯夜，被金吾巡街卫士杖杀。④《太平广记》载：崔某"饮酒归犯夜，被武侯执缚"⑤。若有人犯夜，巡街金吾未能察觉，也要受到惩罚。《唐律》规定：金吾兵士"直宿坊街，若应听行而不听及不应听行而听者，笞三十；即所直时，有贼盗经过而不觉者，笞五十"。若已经发觉而仍任听行，主司按故纵之罪处罚。⑥苏颋《对勤学犯夜判》载：长安百姓王丁，从师学习归家时犯夜，为金吾吏所拘，但被长安县令释放，因而"御史弹金吾郎将不觉人犯夜"。⑦安史之乱后，长安禁夜制度一度松弛，但统治者及时采取措施加以补救。宝应元年（公元762年），左金吾将军臧希晏奏："诸街铺鼓，比来依漏刻发声，从朝堂发远处，每至夜才到。伏望今日已后，减常式一刻发声，庶绝违犯"，唐代宗依奏。建中二年（公元781年），唐德宗敕："四月一日以后，五更三点放鼓契。九月一日以后，五更二点放鼓契。日出后二刻传点，三刻进坐牌。"⑧禁夜制度的严格执行，对长安城内居民活动的时间范围进行限制。天宝十二载（公元753年），有司戈张无是居在布政坊，行走街中，"夜鼓绝

---

① 赵贞：《唐代长安城街鼓考》，载《上海师范大学学报》（哲学社会科学版）2006年第3期，第94—99页。
② 《唐律疏议》卷二六《杂律》，第489—490页。
③ 《全唐文》卷一七三，第1764—1765页。
④ 《旧唐书》卷一四《宪宗本纪上》，第425页。
⑤ 《太平广记》卷二五四《刘行敏》，第1975页。
⑥ 《唐律疏议》卷二六《杂律》，第490页。
⑦ 《全唐文》卷二五六，第2592页。
⑧ 《唐会要》卷七一《十二卫》，第1519—1520页。

门闭",离家尚远,因害怕犯夜不得已"趋桥下而跬"。①大历中,士人韦滂于京师暮行,"鼓声向绝,主人尚远",不得不求宿于市中衣冠家。②与白日长安城街道内的繁华忙碌相比,夜鼓声响起,宵禁开始,预示着城市居民公共活动的结束。"六街鼓歇行人绝,九衢茫茫空有月"③,反映出禁夜制度对唐王朝长安居民日常行为时间上的严格控制。

二、坊里团保制度

隋唐时期,王朝还对城市居民通过坊里等基层组织进行编组,联保互防,互相纠察,对长安城市治安进行管控。开元二十五年(公元737年)令中就规定:"诸户以百户为里,五里为乡,四家为邻,五家为保。每里置正一人,掌按比户口,课植农桑,检察非违,催驱赋役。在邑居者为坊,别置正一人,掌坊门管钥,督察奸非"④。在隋大兴城、唐长安城中,诸坊都有围墙,"各立坊巷,坊皆有垣有门,随昼夜鼓声以行启闭……启闭有时,盗窃可防也"⑤。由门吏按照规定的时间启闭坊门,这种封闭式坊里管理目的就在于加强治安防范。《长安志图》中也讲:长安诸坊,"坊有墉,墉有门,逋亡奸伪,无所容足"。⑥唐代法令中对坊的治安管理职能做出具体的规定。《捕亡令》规定:"诸有贼盗及被伤杀者,即告随近官司、村坊、屯驿。闻告之处,率随近军人及夫,从发处寻踪,登共追捕。"⑦敦煌出土的《神龙散颁刑部格残卷》中就规定:"光火劫贼,必藉主人,兼倚乡豪,助成影援。……其居停主人先决杖一百,仍与贼同罪。邻保、里正、坊正各决杖六十,并移贯边州。"⑧坊里内若有人造畜蛊毒及教令者,除惩罚其本人以外,里正、坊正知而不纠者,皆流三千里。⑨坊里内有一人为盗及容止盗

---

① 《太平广记》卷一〇〇《张无是》,第673页
② 《太平广记》卷三六三《韦滂》,第2882页
③ 《南部新书》卷甲,第9页
④ 《通典》卷三《食货三·乡党》,第63页
⑤ 《雍录》卷三《唐都城内坊里古要迹图》,第53页
⑥ 《长安志图》卷上,第19页
⑦ 《天一阁藏明钞本天圣令校证 附唐令复原研究》下册《唐捕亡令复原研究》,第545页
⑧ 刘俊文:《敦煌吐鲁番唐代法制文书考释》一九《神龙散颁刑部格残卷》,中华书局,1989年,第251页
⑨ 《唐律疏议》卷一八《贼盗》,第337页

者，里正、坊正笞五十，三人加一等。① 元和年间，唐政府又在长安城内实行团保制度。元和十年（公元815年）六月，宰相武元衡被盗贼刺杀，唐宪宗下诏"京师大索坊市，居人团保"②。十二年（公元817年），成德节度使王承宗、淄青节度使李师道派人在京城内"折陵庙之戟，焚刍藁之积，流矢飞书"，使城内居民惶恐不安，宪宗敕："京城居人五家相保，以搜奸慝"③，并命朝官及官中条疏家人、部曲及在宅参从人数送府县备案登记，寺观委两街功德使团保，以此"虞二方之奸谋"④。基层坊里团保组织是唐代城市日常治安秩序的具体维护者，也是唐朝各项治安管理政策的执行者，其建立与完善对唐代城市治安管理的重要性不言而喻。

三、市场管理制度

东、西二市是长安城内最主要的商品交易场所，市场秩序的管理主要由太府寺下属的京都四市、平准等四署负责。西京两市署各有令、丞，市令掌"百族交易之事"，丞掌监印、勾稽。⑤平准署主要负责供官市易之事，"凡百司不在用之物，则以时出货；其没官物者，亦如之"，有令、丞、监事等管理者。⑥长安两市市署、平准署在《长安志》中都有明确记载⑦。

在城市坊市分离的制度下，唐朝政府对商品交易的地点、时间也都做了明确的规定。《关市令》规定：城市居民"有所市买，皆就市交易，不得坐召物主"⑧，将商品交易限制在市场内，不得在市外进行交易。在市场内，出售相同或相似货物的店铺集中布列于市，称"行"或"肆"，各行、肆必须"建标立候，陈肆辨物"，于行首建立标牌，题写行名，以明示商品类别。日本学者仁井田陞根据仿唐令制定的日本《养老令》而复原的唐《关市令》也规定："诸市，每肆立标，题行名。"⑨为了规范市场秩序，

---

① 《唐律疏议》卷二〇《贼盗》，第379页。
② 《册府元龟》卷六四《帝王部·发号令三》，第720页。
③ 《旧唐书》卷一五《宪宗本纪下》，第458页。
④ 《册府元龟》卷六四《帝王部·发号令三》，第721页。
⑤ 《唐六典》卷二〇《太府寺》，第542—543页。
⑥ 《唐六典》卷二〇《太府寺》，第544页。
⑦ 详见《长安志》卷八《唐京城二》，第291页；卷一〇《唐京城四》，第337页。市署，亦称"市局"。
⑧ 《天一阁藏明钞本天圣令校证 附唐令复原研究》下册《唐关市令复原研究》，第540页。
⑨ 《唐令拾遗》，第644页。

唐政府禁止在市内私自搭建店铺改变市场建筑模式的行为。景龙元年（公元707年）敕："两京市诸行自有正铺者，不得于铺前更造偏铺，名听用寻常，一椽偏厢。"①在市场交易时间上也有一定限制。《关市令》规定：市内设有钲鼓，"常以午时击鼓三百下而众大会，日入前七刻击钲三百下散"。②

为了保障市场商品的质量合格，唐政府对市场内使用的度量权衡做了明确的规定。《唐六典》"金部郎中"条就规定：

> 凡度以北方秬黍中者一黍之广为分，十分为寸，十寸为尺，一尺二寸为大尺，十尺为丈。凡量以秬黍中者容一千二百为龠，二龠为合，十合为升，十升为斗，三斗为大斗，十斗为斛。凡权衡以秬黍中者百黍之重为铢，二十四铢为两，三两为大两，十六两为斤……罗、锦、绫、绢、纱、绝、绸之属以四丈为匹，布则五丈为端，绵则六两为屯，丝则五两为绚，麻乃三斤为缕。③

同时，唐政府规定市场中的度量权衡要及时校正，保证市场交易过程中计量准确。开元九年（公元721年），唐玄宗颁敕："京诸司及诸州，各给秤尺及五尺度斗升合等样，皆铜为之。"④《关市令》中规定："诸司私斛斗秤尺，每年八月诣太府寺平校。……并印署然后听用。"⑤法律严禁私造斛斗秤度，"诸私作斛斗秤度不平，而在市执用者，笞五十；因有增减者，计所增减，准盗论"⑥。在日常的市场交易中由市令负责度量器物的勘验，"两京诸市署，令一人……掌财货交易、度量器物，辨其真伪轻重"⑦。在交易过程中，发现不合格的产品，"伪滥之物交易者，没官；短狭不中量者，还主"⑧。若明知产品"有行滥、短狭"而仍旧卖者，各杖六十；数额巨大则根据交易金额，准盗窃罪论，"贩卖者，亦如之"。⑨会昌中，柳仲郢为京兆尹，"置权量于东西市，使贸易用之，禁私制者"⑩。对奴婢及马牛驼骡驴等特殊商品的交易，

---

① 《册府元龟》卷五〇四《邦计部·关市》，第6050页
② 《天一阁藏明钞本天圣令校证 附唐令复原研究》下册《关市令》，第309页
③ 《唐六典》卷三《尚书户部》，第82页
④ 《唐会要》卷六六《太府寺》，第1364页
⑤ 《天一阁藏明钞本天圣令校证 附唐令复原研究》下册《关市令》，第309页
⑥ 《唐律疏议》卷二六《杂律》，第499页
⑦ 《新唐书》卷四八《百官志三》，第1264页
⑧ 《唐六典》卷二〇《太府寺》，第543页
⑨ 《唐律疏议》卷二六《杂律》，第497—498页
⑩ 《新唐书》卷一六三《柳公绰传附柳仲郢传》，第5023页

唐代规定必须有市司发给的市券才算合法。①在进行这些商品交易时，如不按规定按时立市券，就要受到法律制裁："诸买奴婢、马牛驼骡驴，已过价，不立市券，过三日笞三十；卖者，减一等。立券之后，有旧病者三日内听悔，无病欺者市如法，违者笞四十。"②从敦煌、吐鲁番出土的文书也证实了市券在市场交易中认真执行。③

唐政府对市场物价也运用多种手段进行管理。三贾均市是唐代管理市场物价的一项重要制度。《唐六典》记载：京都诸市令管理市场交易之事，"以三贾均市"管理市场物价。④所谓"三贾"即市场出售的每类商品均按质量分为精、次、粗三个类别，制定出上贾、中贾、下贾三种时价，并依据市场行情每隔十日进行调整。"诸市，每肆各标行名，市司每行准货物时价为三等，十日为一簿，在市案记，季别各申本司。"⑤如若市司官吏不认真履行职责，不能真实评估物价的以贪赃罪论处。"诸市司评物价不平者，计所贵贱，坐赃论；入己者，以盗论。"⑥在做好政府物价评估的同时，唐政府也严厉禁止串通垄断、哄抬价格的行为。"诸卖买不和，而较固取者；及更出开闭，共限一价；若参市，而规自入者：杖八十。已得赃重者，计利，准盗论。"⑦平粜（籴）是唐王朝稳定粮价的重要方式。当粮价上涨时，官府就用常平仓储藏的粮食低价出售；若粮价下跌时，官府就高价购买粮食，及时调控粮价，使市场价格保持平稳。永徽六年（公元655年），由于长时间大雨，道路不通，"京师米价暴贵，出仓粟粜之"，并在长安东、西二市置常平仓。⑧建中元年（公元780年），唐德宗颁敕云："夫常平者，常使谷价如一，大丰不为之减，大俭不为之加，虽遇灾荒，人无菜色。自今已后，忽米价贵时，宜量出官米十万石，麦十万石，每日量付两市行人下价粜货。"⑨开元十六年（公元728年），唐玄宗因"今年普熟，谷价至贱，必恐

---

① 详见《关市令》规定："诸买卖奴婢牛马驼骡驴等，皆经本部本司过价立券，未印给付。"（《天一阁藏明钞本天圣令校证 附唐令复原研究》下册《唐关市令复原研究》，第540页）
② 《唐律疏议》卷二六《杂律》，第500—501页
③ 参见国家文物局古文献研究室、新疆维吾尔自治区博物馆、武汉大学历史系编：《吐鲁番出土文书》第9册，文物出版社，1990年，第26—28页；唐耕耦、陆宏基编：《敦煌社会经济文献真迹释录》第2辑，全国图书馆文献缩微复制中心，1990年，第279页
④ 《唐六典》卷二〇《太府寺》，第543页
⑤ 《天一阁藏明钞本天圣令校证 附唐令复原研究》下册《唐关市令复原研究》，第540页
⑥ 《唐律疏议》卷二六《杂律》，第498页
⑦ 《唐律疏议》卷二六《杂律》，第500页
⑧ 《旧唐书》卷四《高宗本纪上》，第75页
⑨ 《旧唐书》卷四九《食货志下》，第2124—2125页。

伤农",下令"所在以常平本钱及当处物,各于时价上量加三五钱。百姓有籴易者,为收籴。事须两和,不得限数。配籴讫,具所用钱物及所收籴物数,具申所司,仍令上佐一人专俭校"。①唐王朝制定和完善长安东、西两市的市场管理制度,加强对交易地点和时间以及商品质量、价格的管理,有利于维护市场交易秩序,对长安城商品经济的发展有重要的意义。

---

① 《册府元龟》卷五〇二《邦计部·平籴》,第6012页

第五章 城内诸坊与郊县乡里

隋大兴城、唐长安城中，除宫城和皇城等宫殿、政府机构外，最主要的是外郭城，即贵族、官僚和百姓居住区。外郭城中有南北大街十四条，东西大街十一条。这些大街纵横交错，犹如棋盘将城区分割成一百一十坊。因曲江池占去一坊之地，东、西二市各占两坊之地，实际有一百零五坊可供居住。

坊是外郭城的基本单元。每坊四周都有坊墙，围成东西长、南北窄的长方形。坊内民居一般禁止向外街开门，坊墙四面各开一门，以供出入。但皇城以南三十六坊，为防止开北街泄气以冲城阙，只允许开东、西二门。各坊的面积因所处的位置不同而大小不一。

坊有坊正，"以司督察"之责。坊正之下有坊卒、门吏等人员，具体负责坊门的启闭。正所谓"市井邑屋，各立坊巷，坊皆有垣有门，随昼夜鼓声以行启闭……立坊之制，启闭有时，盗窃可防也"。政府借此加强对居民生活的管理，以维护城市的治安。

在大兴城、长安城城墙之外的郊区，隋唐两代设置有乡、里（或村），与城市生产、生活关系密切。

在隋唐两代三百余年间，隋大兴城、唐长安城坊里中的宅第、寺观及郊区乡里颇有变化，不可一概而论。

第一节
长安诸坊

长安城内以朱雀门街为界分别由万年、长安二县管辖，街西由长安县辖领，共有五十五坊。由于所处位置和居民的身份地位不同，各坊的特点不同，坊中的生活也不完全相同。

一、宫城西侧诸坊

长安宫城西侧共有六坊，从北第一行，自东而西依次为修德、安定、修真三坊，第二行自东而西为辅兴、休祥、普宁诸坊。文献记载每坊南北广四百步，合588米，东西宽六百五十步，合955.5米；①而根据对安定坊十字街西北隅进行的考古发掘推测，安定坊东西街全长1000余米，南北街600余米。

修德坊位于掖庭宫西门外，原名贞安坊，武周时改称修德坊。平冈武夫在《唐代的长安与洛阳·地图》中推测改名缘由为："武后号其母为太贞夫人，忌贞字，改为修德。"②贞观初，有凉州刺史郭云宅。据其墓志记载，郭云"贞观五年六月廿有七日，终于修德里第"③。唐人多坊里互称，修德里即修德坊。西北隅本有右领军大将军彭国公王君廓宅。贞观八年（公元634年）唐太宗为太穆皇后追福，立为弘福寺，广召名僧居此，高僧玄奘回到长安后，就居寺西北禅院进行佛经的翻译；神龙中又改为兴福寺。寺北有果园及莲花池二所。寺内有碑，面文贺兰敏之所写《金刚经》，阴文为怀仁和

---

① 此处文献所记数据来自《长安志》卷七《唐京城一》，第256页；《唐两京城坊考》卷二《西京·外郭城》，第34页。下面各坊范围的文献记载数据和考古实测数据都与此同，不再一一说明。
② ［日］平冈武夫编：《唐代的长安与洛阳·地图》，上海古籍出版社，1991年，第22页。
③ ［清］陆心源：《唐文拾遗》卷一六《唐故银青光禄大夫凉州刺史定远县开国子郭公墓志铭》，清光绪十四年陆心源刻《潜园总集》本影印本。

尚集王羲之字写太宗《圣教序》及高宗《述圣记》，为时人所重。左卫刘僧宅。《刘僧墓志》云："公讳僧……贞观廿一年正月廿三日终于本县真安里第"①。"真安"与"贞安"古时互通。内常侍冯士良宅。冯士良墓志云："公讳士良……永淳二年六月三日薨于真安里第。"②唐中宗韦皇后父玄贞庙，光宅元年（公元684年），中宗被废，韦玄贞被流钦州而死，中宗复辟后，遣使迎玄贞灵柩回京，"加赠玄贞为酆王，谥曰文献，仍号其庙曰褒德"③，韦后被诛后庙毁。德明兴圣庙。《长安志》引《礼阁新仪》曰："天宝二载建，在安化门内道西。贞元十九年祔献祖、懿祖神主于庙。"④《唐两京城坊考》又记有"河西陇右副元帅、同中书门下平章事李抱玉宅"⑤。李抱玉本名安重璋，唐初功臣安兴贵之后。安史之乱中，为李光弼部将，屡立战功，至德二载（公元757年）赐姓李氏，大历十二年（公元777年）卒于此第内。

另据新出土墓志可知，此坊中还有内给事大盈库副使杜希诠宅。墓志云："公讳希诠……大历九年冬十二月廿八日，遘疾卒于长安修德里之私第"。⑥杨志廉宅。据其墓志记载，"圣唐囗里万国，一百八十年有九载（即元和元年，公元806年）……社稷之臣开府仪同三司行左监门卫大将军、知内侍省事、开国公杨公薨于长安修德里之私第"⑦。张涣宅。其墓志记载："公讳涣……元和四年十二月廿二日寝疾薨于长安修德里之私第"⑧。洛阳宗夫人宅。其墓志记载："（夫人）以元和六年正月廿一日寝疾，终于长安修德里之私第"⑨。陈士拣宅。据其墓志记载，其夫人元和十一年（公元816年）四月二十六日终于修德里第，陈士拣本人开成四年（公元839年）八月二十一日也终于修德里第。⑩宫闱令充威远军监军西门珍宅。《宫闱令西门珍墓志》记载："公讳珎（按：同"珍"）……元和十二年七月一日遘疾，终于修德里之私第"⑪。宦官杜英

---

① 王翰章、尹夏清：《新出唐刘僧墓志考释》，见西安碑林博物馆编：《碑林集刊》（四），陕西人民美术出版社，1996年，第87页。
② 赵力光主编：《西安碑林博物馆新藏墓志汇编》〇七三，线装书局，2007年，第196页。
③ 《旧唐书》卷一八三《韦温传》，第4744页。
④ 《长安志》卷一〇《唐京城四》，第327页。
⑤ 《唐两京城坊考》卷四《西京·外郭城》，第102—103页。
⑥ 吴钢主编：《全唐文补遗》第6辑，三秦出版社，1999年，第96—97页。
⑦ 贺华：《唐〈杨志廉墓志〉考证》，见西安碑林博物馆编：《碑林集刊》（六），陕西人民美术出版社，2000年，第59页。
⑧ 《唐代墓志汇编续集》元和〇二五，第818页。
⑨ 《唐代墓志汇编续集》元和〇三五，第826页。
⑩ 〔民国〕武树善：《陕西金石志》卷一八《陈士拣墓志铭》，民国二十三年《续修陕西通志稿》排印本。
⑪ 〔清〕陆增祥：《八琼室金石补正》卷七〇，文物出版社，1985年，第480页。

琦宅。大和四年（公元830年），唐文宗以其年老，"许归修德里之私第"[1]。武自和宅。其墓志记载：其于"会昌元年闰九月十九日终于修德里之私宅"[2]。张士清弟宅。《大唐清河张公墓志铭》云："公讳士清……以会昌五祀季夏月廿有二日卒于长安县修德里令弟之第也。"[3]军器使、内寺伯袁公宅。据袁公夫人王氏墓志记载，夫人"以大中十四年春正月十二日，终于长安县修德里"[4]。师全介宅。其墓志记载："公讳全介……咸通四年秋七月十八日，薨于长安县修德里私第"[5]。武周礼宅。其夫人尚党郡夫人樊氏墓志云："夫人尚党郡樊氏……适太原郡武氏讳周礼……咸通六祀四月十有五日，薨于长安修德里也。"[6]魏孝本宅。《唐内侍省内府局令员外置同正员魏府君墓志》记载：咸通十年（公元869年），魏孝本"遘疾终于修德坊之私第"[7]。内侍省掖庭局宫教博士吕克积宅。其墓志记载："公讳克积……咸通十五年八月殒于修德里之私第"[8]。马公度宅。其夫人太原郡夫人王氏墓志记载："皇唐凤翔监军使特进守左领军卫上将军知内侍省事马公公度夫人王氏……咸通十五年秋九月十二日寝疾，而终于循（修）德里之第"[9]。尹言宅。杜光庭《道教灵验记》记载："尹言者，修德坊居……黄寇犯关之前，其二家皆在。"[10]"黄寇犯关"即唐僖宗广明元年（公元880年），黄巢起义军破潼关，占领长安的事件，据此知坊中有尹言宅。昭宗时，又在辅兴、修德二坊设右神策军营。

安定坊位于宫城西，北隔外郭城墙与禁苑为邻。1987年，中国社会科学院考古研究所西安唐城工作队对安定坊西北隅进行了考古发掘，发现的遗迹有小十字街、墙址及井址等。小十字街位于安定坊大十字街西北隅的正中部，街的方向与长安城一致，磁针测得南北向街为北偏东1°，东西街为91°。井址共发现两座，一座为饮水用土井，一座为砌砖窖藏井，井的时代均为晚唐时期。还发现有黑、白瓷器残片和泥质灰陶残片，器

---

[1] 景亚鹂：《新见唐代宦官〈杜英琦墓志〉疏证》，载《文博》2014年第3期，第50页
[2] 《唐代墓志汇编续集》会昌〇〇七，第947页
[3] 《唐代墓志汇编续集》会昌〇二三，第960页
[4] 《全唐文》卷七九二，第8306页
[5] 《唐代墓志汇编续集》咸通〇一九，第1047—1048页
[6] 吴钢主编：《全唐文补遗》第2辑，三秦出版社，1995年，第69页
[7] 《唐代墓志汇编续集》咸通〇六一，第1080页
[8] 《唐代墓志汇编续集》咸通一〇四，第1116页
[9] 《唐代墓志汇编续集》乾符〇〇一，第1118页
[10] ［五代］杜光庭：《道教灵验记》卷一一《尹言阴符经验》，涵芬楼影印明正统间刻道藏本

形有碗、盘、盆、罐。另有八枚"开元通宝"钱。①

安定坊东南隅，原本有章怀太子李贤宅邸。咸亨四年（公元673年），舍宅立为千福寺。《历代名画记》记载：寺额为上官婉儿书写；中三门外东行南有唐太宗御撰《大唐三藏圣教序》；西行有颜真卿书、徐浩题额的楚金和尚《法华感应碑》；东塔院院额为高力士书，有杨惠之书《涅槃》《鬼神》，门屋下内外面，杨廷光画《鬼神》，门屋下两面四五间；西塔院，唐玄宗题额，有卢稜伽、韩幹画《传法二十四弟子》，里面吴道玄画菩萨像；塔北有相传是杨廷光画的《普贤菩萨》《鬼神》，塔院门两面内外及东西向里各四间，亦有吴道玄画《鬼神》《帝释》；塔院西廊有沙门怀素草书，韩幹画《天师真》；院门北边有碑，颜真卿书，岑勋撰；南边碑张芬书；向里面壁上碑吴通微书，僧道秀撰；石井栏有李阳冰篆书；东阁东面有韩择木八分书碑、张芬书天台《智者大师碑》；佛殿东院西行南院殿内有李纶画《普贤菩萨》、田琳画《文殊师利菩萨》。②会昌毁佛中寺毁，大中六年（公元852年），改为兴元寺，不改旧额。西南隅，有福林寺，地本隋律藏寺，后将永兴坊太原寺移于此地，咸亨三年（公元672年），改为福林寺。东北隅，有五通观，开皇八年（公元588年），隋文帝为道士焦子顺所立。"子顺能驱使鬼神，受诸符箓，预告隋文受命之应"。隋文帝即位后，授其官爵，子顺坚拒，但他"常谘谋军国，出入卧内。帝恐其往还疲顿，令选近所，于此立观，仍以五通为名"。③

除寺观外，安定坊内还有许多居民宅第。有观国公杨温宅。《大唐故特进观国公墓志》载：贞观十三年（公元639年）十二月一日，特进、观国公杨温薨于京城安定里第。④郓州刺史杨续宅。据其墓志载，杨续"永徽三年六月廿五日，寝疾于安定里之第"⑤。凤州刺史杨思纳宅。《杨思纳墓志》云："君讳思纳……龙朔元年六月五日，终于安定里第"⑥。开元年间，有鲜于廉宅。其墓志云："公讳廉……开元十一年岁次癸亥六月一日甲午朔廿日癸丑薨于京兆安定里。"⑦索思礼宅。《索思礼墓志》记载：

---

① 中国社会科学院考古研究所西安唐城工作队：《唐长安城安定坊发掘记》，载《考古》1989年第4期，第319—333页。
② ［唐］张彦远：《历代名画记》卷三《记西京外州寺观画壁》，俞剑华注释，上海人民美术出版社，1964年，第65—66页。
③ 《西京新记辑校》卷三，第43页。
④ 《唐代墓志汇编续集》贞观〇二一，第22页。
⑤ 李小勇、赵超、关宁：《新出〈唐杨续墓志〉考释》，载《文博》2016年第5期，第63页。
⑥ 吴钢主编：《全唐文补遗》第7辑，三秦出版社，2000年，第268页。
⑦ 《唐代墓志汇编》开元一七一，第1274页。

索思礼"天宝三载二月十二日，不恒化于长安安定里之私第"①。贞元时，右神策军护军中尉第五守进就居住在此坊②，左神武军使梁昇卿宅也在此坊③。右神策军正将李万林宅。其墓志记载："公讳万林……开成二年夏四月六日终于安定里之私第"④。掖庭局宫教博士张叔遵宅。咸通十二年（公元871年）七月十三日，张叔遵在安定坊寝室内去世。⑤

修真坊位于长安城西北角。坊内有汉灵台。元始四年（公元4年），汉平帝所立，望云物之地。《述征记》曰："长安宫南有灵台，高十五仞，上有浑议，张衡所制。又有相风铜乌，遇风乃动。"⑥盛唐时余址仅剩五尺高，周回一百二十步。⑦隋代，坊内有积善寺，武德年间迁到义宁坊。又有左羽林大将军葛福顺宅。张说《赠郎将葛君墓志铭》称："公讳威德……夫人郭氏……开元八年十一月，薨于京兆之修真里。有子福顺"⑧。清人徐松据此认为，此郎将葛威德宅⑨，但实际上葛威德在"神功二年某月日，终于东都私第"，郭夫人开元八年（公元720年）去世时所居的修真里第，应该是其子左羽林大将军葛福顺宅⑩。另有济州司马郝君夫人达奚令婉宅。2012年，西安市文物保护考古研究院在清凉山公园内发掘了一座唐墓，出土有砖志一合，《大唐故济州司马上柱国郝君夫人/……墓志铭并序》载：夫人讳令婉"乾封二年七月三日终于西京……真里第"。虽然墓志墨书脱落严重，造成诸多字句不详，但根据能够识别的文字可知：夫人乾封二年（公元667年）七月三日卒于西京（即长安），具体里坊名称因墨书脱落仅保存一"真"字。而据《唐两京城坊考》知里坊名称中含"真"字的只有修真坊，由此推测墓主卒地为长安修真坊。⑪

辅兴坊位于宫城西第一街，从北第二坊。西南隅，窦诞宅。窦氏为关陇大族，为唐高祖太穆皇后母家，唐初窦威、窦轨、窦抗等人均任显官要职，一门之中"一品三人，

---

① 〔清〕端方：《陶斋藏石记》卷二四《索思礼墓志》，清宣统元年石印本。
② 《长安志》卷一〇《唐京城四》，第335页。
③ 《唐代墓志汇编续集》贞元〇〇二，第736页。
④ 《唐代墓志汇编续集》开成〇一〇，第930页。
⑤ 《唐代墓志汇编续集》咸通〇八六，第1100页。
⑥ 何清谷：《三辅黄图校释》卷五《台榭》，中华书局，2005年，第279页。
⑦ 《西京新记辑校》卷三，第55页。
⑧ 《全唐文》卷二三一，第2339页。
⑨ 详见《唐西京城坊考》卷四《西京·外郭城》，第122页。
⑩ 寒石：《〈唐西京城坊考〉增补质疑》，载《书品》2000年第6期，第63—64页。
⑪ 西安市文物保护考古研究院：《唐代故济州司马郝君夫人达奚令婉墓发掘简报》，载《文博》2013年第4期，第16—17页。

三品已上三十余人，尚主者八人，女为王妃六人，唐世贵盛，莫与为比"①。窦诞为窦抗第三子，娶唐高祖女襄阳公主为妻。窦诞墓志载："公讳诞……父抗……（贞观）廿二年二月寝疾，薨于辅兴里第"②。到永昌元年（公元689年）二月，武则天临朝称制后，尊其父武士彟为周忠孝太皇，"置崇先府官"③，改此地为崇先宫。景云元年（公元710年），唐睿宗女昌隆公主入道而立为观，次年公主改封玉真，称为玉真观。此坊东南隅，有金仙观，为唐睿宗第八女金仙公主出家入道所立。④二观南街东当皇城安福门，西出京城开远门，是车马往来的交通要道，所以繁闹异常。此处建筑极其庄严华丽，"门楼绮榭，耸对通衢，西土夷夏，自远而至者，入城遥望，宵若天中"⑤。会昌年间，唐武宗又在金仙观建御容殿。

　　辅兴坊内的民居宅第。咸亨时，有御史台录事解君赵夫人宅。其墓志云："夫人……咸亨元年四月八日终于辅兴里之私第"⑥。有内侍陈忠盛宅。裴士淹撰《内侍陈忠盛神道碑》记载：忠盛"天宝十三年五月二日，遘疾薨于辅兴里之私第"⑦。内侍省内寺伯刘奉芝宅。刘奉芝墓志载："公讳奉芝……上元元年十二月十九日，大渐于辅兴里之寝居"⑧。李秀琮墓志又见此坊贞元时有李秀琮私第⑨。刘升朝宅。刘升朝墓志云其"贞元十二年六月十二日，终于辅兴里私第"⑩。《故邵州别驾陇西李府君墓志》记载："府君讳通进……贞元戊寅岁夏四月廿有三日，以常疾终于禁苑……越六日迁于辅兴里私第。"⑪贞元戊寅岁即贞元十四年（公元798年），由此可知贞元年间辅兴坊有李通进宅。杨良瑶宅。《唐故杨府君神道之碑》记载：杨良瑶贞元元年（公元785年）四月，出使黑衣大食，"备判官内傔，受国信诏书。奉命遂行，不畏乎远。届乎南海，舍陆登舟。……播皇风于异俗，被声教于无垠。德返如期，成命不坠。斯又我公仗忠信之明效也"。这比郑和下西洋要早六百二十年，因而被称为中国最早航海下西洋的外交

---

① 《旧唐书》卷六一《窦诞传》，第2371页。
② 《唐代墓志汇编续集》贞观〇六一，第43—44页。
③ 《新唐书》卷四《则天皇后本纪》，第88页。
④ 《唐会要》卷五〇《观》，第1020页。
⑤ 《西京新记辑校》卷三，第30页。
⑥ 姜宝莲、秦建明、梁小青：《西安新发现唐代〈解君赵夫人墓志〉》，见西安碑林博物馆编：《碑林集刊》（十），陕西人民美术出版社，2004，第115页。
⑦ 《全唐文》卷四〇九，第4199页。
⑧ 《唐文拾遗》卷二七《故朝议郎行内侍省内寺伯上柱国刘府君墓志铭并序》。
⑨ 《唐代墓志汇编续集》贞元〇三八，第760页。
⑩ 《唐代墓志汇编续集》贞元〇四〇，第762页。
⑪ 《唐代墓志汇编续集》贞元〇四三，第763—764页。

使节。杨良瑶以元和元年（公元806年）七月廿一日终于辅兴里之私第。[1]李日荣私第。《大唐故李府君墓志铭》记载："敕凤翔陇右泾原四镇北庭兼管内诸军兵马副元帅给监使李日荣……元和四年闰三月十三日终于辅兴里之私第。"[2]左神策军护军中尉副使刘渶润宅。刘渶润妻杨珽墓志载：杨珽"大和四年六月十一日卒于辅兴里之私第"[3]；渶润次子仕俌墓志亦载：仕俌"咸通七年十二月一日，终于辅兴里"[4]。祁宪直宅。其墓志记载："大和五年五月廿三日终于辅兴里之私第"[5]。宫闱局令、充阁门使朱朝政宅。朝政母天水赵氏"大和八年四月十六日终于长安辅兴里之私弟"[6]。杜公夫人李氏宅。《杜公夫人陇西李氏墓志》云："夫人姓李氏……大和九年二月九日寝疾终于辅兴里之私室"[7]。李全度宅。《大唐故戴夫人墓志铭》载：戴夫人"开成元年闰五月六日而终于长安辅兴坊夫人之私室"[8]，全度即夫人长子。内侍省内寺伯焦仙芝宅。其墓志曰："公姓焦，讳仙芝……会昌三年十一月十五日未时寝疾薨于辅兴里私第。"[9]明州司马宋元质宅。宋元质墓志称其"会昌四年冬十月二日，终于辅兴里之私第"[10]。忠武军监军使、内侍仇文义宅。文义夫人太原王氏，以大中二年（公元848年）十月十八日殁于秦京辅兴里第。[11]内侍省内府局丞员外置同正员张府君夫人王氏宅。王夫人"咸通六年十一月十七日，终于辅兴里之宅"[12]。

休祥坊位于宫城西第二街，从北第二坊。坊内有汉顾成庙余址，庙北汉奉明园，园北汉奉明县。东北隅，隋有开府仪同三司观国公杨恭仁宅。咸亨元年（公元670年）九月，武则天母卫国夫人杨氏薨，奏请于休祥坊宅置立为太原寺，度人追福。[13]垂拱三年（公元687年），改为魏园寺。载初元年（公元690年），又改为崇福寺。寺额为武则

---

① 张世民：《杨良瑶：中国最早航海下西洋的外交使节》，载《咸阳师范学院学报》2005年第3期，第5页。
② 《唐代墓志汇编续集》元和〇一九，第813—814页。
③ 《唐文拾遗》卷二八《唐左神策军护军中尉副使兼左街功德副使金紫光禄大夫右监门卫将军上柱国高平郡开国公食邑二千户公故夫人宏农县君杨氏墓志铭并序》。
④ 《全唐文》卷八〇四，第8456页。
⑤ 《唐代墓志汇编续集》大和〇三四，第907页。
⑥ 《唐文拾遗》卷二八《大唐故兴元元从登仕郎守内侍省内侍伯员外置同正员上柱国朱公故夫人天水郡赵氏墓志铭并序》。
⑦ 《唐代墓志汇编》大和〇八八，第2159页。
⑧ 《唐代墓志汇编续集》开成〇〇四，第926页。
⑨ 《唐代墓志汇编续集》会昌〇一九，第957页。
⑩ 邰崇琳：《唐代守明州司马宋元质墓志考略》，载《文博》2016年第5期，第68页。
⑪ 《唐代墓志汇编续集》大中〇二四，第986页。
⑫ 《全唐文补遗》第7辑，第144页。
⑬ 《册府元龟》卷三〇三《外戚部·襃宠》，第3572页。

天飞白书，《历代名画记》记载，崇福寺有吴道玄、刘整、牛昭、王陀子画。裴休《玄秘塔碑铭》载：大达法师十岁依崇福寺道悟禅师为沙弥，曾禀持犯于崇福寺升律师。东南隅有万善尼寺，开皇三年（公元583年）从长安旧城迁入大兴城，度北周皇后嫔御以下千余人为尼以处之。另据《隋左光禄大夫岐州刺史李公第四女石志铭并序》记载，大业四年（公元608年），有李静训去世，葬于长安县休祥里万善道场内。[1]会昌法难中寺毁，六年（公元846年）武宗去世，长安两街在所留两寺外，各增置八寺，万善寺被改为延唐寺。[2]寺西昭成尼寺。大业元年（公元605年），元德太子杨昭为尼善惠、玄懿立慈和寺；永徽元年（公元650年），废崇德坊之道德寺，移额及尼于此寺；先天二年（公元713年），为昭成皇后追福，而改为昭成寺。又有延唐观。宝历二年（公元826年），太上老君两次显灵，唐敬宗敕：于两京造延唐观。[3]

休祥坊内的宅第。隋至唐初，有处士董僧利宅。《大唐故处士董君志铭》云："君讳僧利……隋大业四年六月三日终于休祥之第。"[4]显庆时，有庐陵县丞皇甫弘敬宅。[5]南门之西，又有驸马都尉周道务宅。神龙中，为武三思所霸占，其子武崇训尚安乐公主，大加雕饰。后武三思被诛，开元中道务子励言又居之。[6]京苑总监茹守福宅。其墓志曰："君讳守福……（开元十一年六月）六日己亥遘疾，至八日辛丑，卒于长安休祥里第。"[7]当时，还有包宝寿宅和宋运夫人王氏宅。包宝寿墓志载："君讳宝寿……开元十二年岁次甲子三月辛酉朔十九日己卯其日夜半时终于长安县休祥坊私第。"[8]而《大唐故右金吾卫翊卫宋府君夫人墓志并序》则称："府君姓宋，讳运……君夫人王氏……开元十二年二月十一日卒于京第休祥之里"[9]。唐代后期，有太子左赞善大夫李万昌宅。其母太原郡王氏墓志记载："夫人笄年十有□九，适千牛陇西郡李府君……有嗣子五人：长曰万昌……（元和）九年十有二月七日，膏肓□瘵□□□□，遂□□长安县休祥坊之□第"[10]。据《册府元龟》记载，大和二年（公元828年）五月，休祥坊百姓

---

[1] 王其祎、周晓薇编著：《隋代墓志铭汇考》（3）二九三，线装书局，2007年，第352页。
[2] 《资治通鉴》卷二四八，唐武宗会昌六年五月，第8146页。
[3] 《全唐文》卷九三三《历代崇道记》，第9719页。
[4] 《唐代墓志汇编续集》永徽〇一七，第65—66页。
[5] 《唐代墓志汇编》显庆一一四，第302页。
[6] 《长安志》卷一〇《唐京城四》，第336页。
[7] 《全唐文》卷九九五，第10306—10307页。
[8] 张蕴：《唐包宝寿墓铭考释》，载《考古与文物》1999年第4期，第86页。
[9] 《唐代墓志汇编》开元一九八，第1295—1296页。
[10] 吴钢主编：《全唐文补遗》第3辑，三秦出版社，1996年，第167页。

三百人，向宰相状告辟仗使田全操："当坊右龙武军飞骑地敕赐百姓已久，不出地课，经今四十年，被田全操并劫征索逡巡。"为了阻止百姓，全操命角觝者五十人分捕所诉者，双方斗于街衢，良久方散。唐文宗认为其地已为百姓居业，故赐左右三军钱各一千五百贯，充当军给用，而休祥坊官地，尽归于百姓。①

普宁坊位于宫城西第三街，从北第二坊，开远门东北。其地本长安故城南安门外，故坊西街有汉太学余址，次东为汉辟雍。东南隅有东明观。显庆元年（公元656年），唐高宗第五子李弘被立为太子，因立寺、观各一所，即为东明观，其"规度仿西明之制，长廊广殿，图画雕刻，道家馆舍，无以为比"②。观内有道士冯黄庭碑和李荣碑。《开天传信记》记载：开元时期，玄宗所幸美人，忽梦人邀去，纵酒密会，任饮尽而归，后尽白于玄宗，玄宗认为："此必术人所为也，汝若复往，但随宜以物识之。"后果然又往，半醉，见面前有石砚，就密印手文于曲房屏风上。玄宗派人暗地里于诸宫观查找，最后于东明观中得其屏风，手文尚在，而道士已逃遁。③张因为道士，居东明观，柳宗元有《东明张先生墓志》。在十字街东北，有灵化寺。隋开皇二年（公元582年）沙门善告舍宅所立，讲堂北有无名古冢，高五丈，僧徒中流传曾在夜里见人，"仪仗伟然，乘白马，著白袴褶，翼从甚众"④。西北隅有祆祠。

除这些宗教场所之外，坊内主要是居民住宅。在普宁坊西南隅，有李勣宅。《独异志》记载：唐初，乐悬散失，独无徵音。武周末期，御史大夫李嗣真在李勣宅附近听到砧声，后来因徐敬业谋反，李勣宅被废，李嗣真求得丧车一镡，入振之于东南隅，听到回声，挖掘获得石一段，裁为四具，补乐悬之缺。⑤北门之西，为司农卿韦机宅。又有西域胡人安万通宅。《唐骑都尉安万通墨书砖墓志铭》载："君姓安，名□，字万通，雍州长安人也。先祖本生西域安息国……永徽五年十二月一日，长安县安国乡普宁坊"⑥。龙武军翊府中郎将周思忠宅。《大唐故壮武将军□□龙武军翊府中郎将周公（思忠）墓志铭并序》载：思忠"天宝三载冬十一月十一日，坐薨于西京普宁里之私第"⑦。左龙武军将军朱保宅。据《唐故云麾将军左龙武军将军同正员上柱国朱公墓

---

① 《册府元龟》卷六六九《内臣部·恣横》，第7995页。
② 《唐两京城坊考》卷四《西京·外郭城》，第122页。
③ 〔唐〕王仁裕等：《开元天宝遗事十种》，丁如明辑校，上海古籍出版社，1985年，第58页。
④ 《西京新记辑校》卷三，第56页。
⑤ 《太平广记》卷二〇三《李嗣真》，第1535页。
⑥ 《全唐文补遗》第2辑，第129—130页。
⑦ 吴钢主编：《全唐文补遗》第5辑，三秦出版社，1998年，第375页。

志》记载，中宗崩逝，韦皇后擅权之际，朱保"扪天禁，登紫微，斩宸关，达黄屋。不盈数刻，尽殄群凶"，参加了李隆基（即唐玄宗）发动的政变，于天宝年间薨于西京普宁坊私第。① 右神策军刘将军宅。《道教灵验记》载："刘将军者，隶职右神策军，居近东明观。"因在修宅时，从东明观内取土数千车筑基，遭受报应，一日"忽得疾沉绵，旬日稍较，忽如风狂，于其阶庭之中，攫土穴地，指爪流血，而终不已"②，最终暴死。

二、皇城西侧诸坊

皇城以西有两行六坊，从北第一行，最东颁政坊，次西金城坊，最西义宁坊，第二行最东布政坊，次西醴泉坊，最西居德坊。这六坊，文献记载：南北五百五十步，合808.5米，东西六百五十步，合955.5米。考古发掘了居德坊，测得该坊南北为838米，东西为1115米。文献记载与考古实测的数据是有较大差距的，可见文献记载有不确之处。

颁政坊位于皇城西第一街，从北第三坊，安福门西侧。隋开皇年间有惠云、澄觉二寺，惠云寺有佛殿，亦有郑法轮书法。大业七年（公元611年）二寺并废。贞观五年（公元631年），太子承乾在南门东立普光寺。神龙元年（公元705年），中宗敕令两京及天下诸州并置中兴寺，遂改普光寺为中兴寺，后又改为龙兴寺。据严挺之《大智禅师碑铭并序》载，开元二十一年（公元733年），唐玄宗令大智禅师入都，至龙兴寺，大智禅师曰："此人境之静也。"遂留憩焉。许多僧人都慕名前来，坊内居民也受感化不食荤食。③ 十字街东北，有建法尼寺，隋田通所立。隋文帝初移都，出寺额一百二十枚于朝堂，下制云：有能修造，便任取之。开皇三年（公元583年），坊人田通诣阙请额而还，但田通家贫，唯有圜堵之室，因此将寺额置于所居门口，柴门瓮牖，上穿下漏。田通邻居陈临贺王叔敖母又舍宅以增扩之，其寺才逐渐营建起来。④ 十字街北之东，本为工部尚书段纶祖庙，贞观十七年（公元643年）立为真空寺，武则天改为澄空寺⑤。西北隅，大崇福观，本为武则天外祖父杨士达宅，咸亨元年（公元670年），太平公主

---

① 《唐代墓志汇编续集》天宝〇三八，第608页。
② 《道教灵验记》卷二《刘将军取东明观土验》。
③ 《全唐文》卷二八〇，第2843页。
④ 《两京新记辑校》卷三，第31页。
⑤ 韦述《两京新记》记为"澄空寺"，而宋敏求《长安志》卷一〇《唐京城四》记为"证空寺"，徐松《唐两京城坊考》卷四《西京·外郭城》承袭无改。"澄"与"证"形近，疑为传抄过程中出现笔误，实为"澄空寺"。

出家立为太平观，不久太平观移于大业坊，改此观为太清观，有唐高宗御书飞白额。至垂拱三年（公元687年），改为魏国观。当时观中道士刘宝概，善讲论，为时人所钦重，去世时御史中丞李嗣真前往凭吊，赋诗申意。① 载初元年（公元690年），改为大崇福观，武则天又御书飞白额。开元二十七年（公元739年），为昭成太后追福，改称昭成观。《云笈七签》记载：昭成观通廊下有壁画天师像，年月已久，彩粉昏剥。坊内李姓居人患痁病，多年医治不愈，日以羸瘠。忽梦一道士以大袖布衣拂其面，顿觉清凉。醒来后疾病好转，稍能饮食，遂策杖入昭成观，在天师像前凝视良久，认出所梦即为天师。拜礼数四，又命夹纻塑人刘处士塑天师像，修葺堂宇，日日供养，人们祈求之事多有所应验。② 天宝二年（公元743年），又建有显圣天王寺，咸通七年（公元866年）改为护国天王院。汉高祖庙。《新说》曰："隋迁都，移汉高祖庙于皇城开福门外颁政坊。"③ 坊内还有崇明观、右军巡院。

至于颁政坊里的居民宅第，随着时间的流逝，也是不断变迁的。隋灭陈后，大量陈朝的皇室高官被迁往大兴城，其中陈临贺王叔敖及其母便居此坊，与坊人田通为邻。开皇初，太妃曾将宅地的一部分捐赠给建法尼寺。《陈临贺王国太妃墓志铭》云："太妃姓施氏……大业五年岁次己巳／八月十一日薨于颁政里"④。李元吉之女文安县主宅。《唐文安县主墓志铭》载：文安县主下嫁工部尚书驸马都尉段纶之子段俨，"贞观廿二年二月三日，卒于长安颁政里之第"。⑤ 左卫翊卫武骑尉王行威宅。王行威墓志载："君讳行威……垂拱二年岁次景戌七月己亥朔十四日壬子遘疾，终于颁政里第。"⑥ 尚书左仆射芮国公豆卢钦望宅位于坊西南隅。唐豆卢望墓志载："公讳望……景龙三年十一月廿二日，即长安颁政里之私第，春秋八十有六。"⑦ 据墓志所记祖、父封爵职官，结合两《唐书》本传可知豆卢望即高宗、武后时期的豆卢钦望，在武则天驻洛阳期间，曾任西京留守。东南隅有右散骑常侍徐坚宅。张说撰《徐坚神道碑》称："公讳坚……开元十七年，龙集己巳，五月丁酉，薨于长安颁政里之私

---

① 《西京新记辑校》卷三，第32页
② 〔宋〕张君房纂辑：《云笈七签》卷一一九《昭成观壁画天师验》，蒋力生等校注，华夏出版社，1996年，第746页
③ 《类编长安志》卷五《庙》，第148—149页
④ 董理：《〈陈临贺王国太妃墓志铭〉考释》，载《文博》2001年第5期，第68页
⑤ 《全唐文》卷九九四，第10296页
⑥ 《唐文拾遗》卷四九《大唐故左卫翊卫武骑尉王府君墓志铭并序》
⑦ 《全唐文补遗》第7辑，第30—31页

第。"①邓公夫人王晤空宅。陕西师范大学图书馆藏墓志拓片《故内给事南阳邓公夫人琅琊郡君王氏墓志铭并序》载：夫人讳晤空，开元廿九年（公元741年）二月六日终于京兆府长安县颁政里私第。②恒州刺史张承休宅。据《恒州长史张府君墓志铭》记载，承休任恒州刺史，"婴风恙去职，就医还京。春秋六十有二，终于颁政里"。③少府监张去逸宅。天宝七载（公元748年）八月二十一日，少府监张去逸终于长安县颁政里私宅中。④辅君夫人米氏宅。《大唐故云安郡君夫人米氏墓志并序》："夫人米氏……天宝十四载八月八日殒于京师颁政坊宅"⑤。硖州司马刘宗意宅。刘宗意墓志载：刘宗意"夫人乐安孙氏……贞元二十年七月二十日，终于长安县颁政里之私第"⑥。朝议郎行凤州司仓参军司马宗宅。司马君夫人孙氏墓志云：夫人字坚静，元和十五年（公元820年）五月十六日微疾罔瘳，终于长安颁政里第。⑦内侍省奚官局令员外置同正员丁承义宅。《丁府君（承义）墓志铭并序》载："公讳承义……大和八年八月九日，终于长安颁政里之私第"⑧。刘习古宅。《唐故刘公扶风郡马氏夫人墓志并序》称：大中元年（公元847年）初，夫人"终于颁政里之第"，习古即夫人长子。⑨内侍省令史堵颖宅。《堵颖墓记》记载："维大中元年岁次丁卯闰三月景寅八日□□，故内侍省令史堵颖年卅五，其月四日一更时，卒于上京颁政坊馄饨曲东。"⑩王顒宅。《唐故太原郡王府君墓志铭并序》："公讳顒……大中二年八月十有七日殒于颁政里之私宅"⑪。

金城坊位于皇城西第二街，从北第三坊，本汉博望苑之地。隋文帝迁都之初，规划为坊。百姓分地板筑修造时，忽然"土中见金聚，欲取便没"。隋文帝听说后，就说："此朕之金城之兆。"因而以"金城"为坊名。⑫隋代曾有释梵、法众二寺，大业七年（公元611年）废弃。西北隅有匡道府，原为汉思后园，即汉武帝卫皇后墓园。武帝晚

---

① 〔唐〕张九龄撰，熊飞校注：《张九龄集校注》卷一九《大唐故光禄大夫右散骑常侍集贤院学士赠太子少保东海徐文公神道碑并序》，中华书局，2008年，第1020—1023页。
② 张萍：《由唐墓志增补西京城坊宅第（一）》，载《中国历史地理论丛》2002年第2辑，第88页。
③ 《全唐文》卷二三一，第2340页。
④ 《唐代墓志汇编》天宝一二六，第1621页。
⑤ 西安市文物保护考古研究院：《唐代辅君夫人米氏墓清理简报》，载《文博》2015年第4期，第25页。
⑥ 《全唐文补遗》第7辑，第86页。
⑦ 《唐文拾遗》卷二五《唐朝议郎行凤州司仓参军上柱国司马君夫人新安孙氏墓志铭并序》。
⑧ 《全唐文补遗》第7辑，第109页。
⑨ 《唐代墓志汇编续集》大中〇〇二，第970页。
⑩ 《陕西金石志》卷一八《堵颖墓记》。
⑪ 王其祎：《西安东郊出土唐代〈王顒墓志〉疏证》，载《考古与文物》2005年第2期，第80页。
⑫ 《西京新记辑校》卷三，第45页。

年，江充诬陷太子行巫蛊，太子与皇后发兵诛杀江充，兵败后太子被杀，汉武帝"诏遣宗正刘长乐、执金吾刘敢奉策收皇后玺绶"。卫皇后自杀，埋葬在城南桐柏亭附近。汉宣帝即位后，改葬卫后，追谥曰"思后"，并置园邑三百家奉守。《长安志》和《唐两京城坊考》记：汉思后园在金城坊西南隅，同时又记"西南隅，会昌寺"。李健超先生认为："在同一个坊内，不应当前后出现两个相同的区域。金城坊前后就有两个'西南隅'，这在《唐两京城坊考》一书中是绝无仅有的。……由此可以认定《长安志》将思后园置于金城坊西南隅是错误的"①。而唐人颜师古注《汉书》时也称：卫皇后"葬在杜门外大道东，以倡优杂伎千人乐其园，故号千人聚。其地在今长安城内金城坊西北隅是"②。由此可知，思后园应当在金城坊西北隅，不是西南隅，而真正在西南隅的应该是会昌寺，其地本隋海陵公贺若谊宅。义宁元年（公元617年），李渊率师进入关中，"唐兵攻长安，太宗屯金城坊"③，武德元年（公元618年）敕高僧空藏"于金城坊建会昌寺，并请大德十人，度僧五十人，永用主持"④。实际上，会昌寺的确切位置应该在金城坊南门道西，也不完全是西南隅。如《法苑珠林》记载：高颎玄孙高法眼居长安县，龙朔三年（公元663年）正月二十五日，到中台参选，回家途中遇到两鬼骑马前来捉拿，法眼"向西走，复至西街金城坊南门。道西有会昌寺"⑤。坊北门有汉戾园，即汉戾太子妃史良娣墓园。东南有汉博望苑。

东南隅有开善尼寺，隋开皇中宫人陈宣华、蔡容华二人所立。寺北有废太清观，本安乐公主宅。中宗时，安乐公主下嫁武延秀，"于金城坊造宅，穷极壮丽，帑藏为之空竭"⑥。公主被诛杀后，敕太清观道士史崇玄居住，改为太清观。开元元年（公元713年）史崇玄参与太平公主谋反，失败后被杀，其观就废弃了。街南之东，有乐善尼寺，本为隋开皇六年（公元586年）尉迟迥孙大师为其祖所立的舍卫寺，景龙元年（公元707年）改为温国寺，次年又改为乐善寺。又有瑞圣寺。

金城坊中也分布着不少民宅。如《大唐新语》记载：贞观中，金城坊有人家为胡所劫者。"时杨纂为雍州长史，判勘京城坊市诸胡，尽禁推问。"而司法参军尹伊则

---

① 《增订唐两京城坊考》（修订版），第225页。
② 《汉书》卷九七上，第3951页。
③ 《新唐书》卷二《太宗本纪》，第24页。
④ 〔唐〕道宣：《续高僧传》卷二九《唐京师会昌寺空藏传》，郭绍林点校，中华书局，2014年，第1186页。
⑤ 〔唐〕释道世著，周叔迦、苏晋仁校注：《法苑珠林校注》卷四六《慎过部第五》，中华书局，2003年，第1413页。
⑥ 《旧唐书》卷一八三《武延秀传》，第4734页。

认为："贼出万端，诈伪非一，亦有胡着汉帽，汉着胡帽，亦须汉里兼求，不得胡中直觅。请追禁西市胡，余请不问。"①有冠军大将军代州都督许洛仁宅。其妻襄邑县君宋善主墓志载："夫人讳善主……春秋九十有九，薨于金城坊里第"②。高宗时，坊中有空宅一所。《朝野佥载》载："中书舍人郭正一破平壤，得一高丽婢，名玉素，极姝艳，令专知财物库。……觅婢不得，并失金银器物十余事。录奏，敕令长安、万年捉……检云'金城坊中有一空宅'……婢及高丽并在其中。"③粟特人安菩宅。安菩墓志载："君讳菩，字萨。其先安国大首领。……麟德元年十一月七日卒于长安金城坊之私第"④。左威卫录事参军事孟府君夫人刘氏宅。刘夫人墓志云："夫人彭城刘氏……咸亨四年岁次癸酉闰五月乙卯朔三日丁巳，终于长安金城之里第。"⑤雍智云宅。《大唐故雍府君墓志铭》："公讳智云……开元廿八年正月廿九日卒于金城里私第"⑥。左龙武军大将军员外置同正员薛义宅。薛义墓志载其"天宝八载闰六月十日薨于西京长安金城里第"⑦。邢縡宅。《旧唐书·王鉷传》记载：天宝十一载（公元752年），王鉷弟户部郎中銲所善故鸿胪少卿邢璹之子縡谋引右龙武军万骑诛杀李林甫等人，计划泄露，玄宗令王鉷捕縡，鉷"意銲在縡处金城坊"⑧，于是令捕贼官捕之。云麾将军刘元尚宅。刘元尚墓志称："君讳元尚……天宝十二载八月十一日，遘疾薨于金城里之私第"⑨。左武卫将军张毗罗宅。毗罗"天宝十四载八月廿七日薨于金城里之私第"⑩。昭武校尉守左骁卫将军上柱国陈义宅。陈公墓版文载其"永贞元年十月六日卒于上都金城里之私第"⑪。左神武军宿卫朱庭玘宅。朱庭玘墓志记："公讳庭玘……元和三年八月廿一日奄忽殁于金城里之私第"⑫。扬州海陵县丞刘溢宅。其墓志记载："有唐彭城刘公，摄

---

① 《大唐新语》卷九《从善》，第138页。
② 《陶斋藏石记》卷一八《大唐故冠军大将军代州都督上柱国许洛仁妻襄邑县君宋氏夫人墓志并序》。墓志中虽未载具体去世时间，但《陶斋藏石记》卷一八、《八琼室金石补正》卷三八、《唐文拾遗》均有宋氏墓志，均云宋氏卒年为仪凤元年。
③ 《朝野佥载》卷五，第108—109页。
④ 《唐代墓志汇编》景龙○三三，第1104—1105页。
⑤ 《唐代墓志汇编续集》先天○○二，第452页。
⑥ 《唐代墓志汇编续集》开元一七六，第572—573页。
⑦ 《陶斋藏石记》卷二四《大唐故冠军大将军行左龙武军大将军员外置同正员上柱国薛府君墓志》。
⑧ 《旧唐书》卷一○五《王鉷传》，第3230页。
⑨ 《全唐文》卷四○三，第4118页。
⑩ 《唐文拾遗》卷六六《唐故定远将军守左武卫将军员外置同正员上柱国内长入供奉张府君墓志并序》。
⑪ 《唐文拾遗》卷二三《大唐故昭武校尉守左骁卫将军上柱国陈公墓版序文并序》。
⑫ 《唐代墓志汇编续集》元和○一五，第811页。

里时乖，膏肓迷复，遂寝瘵于长安，以元和五年十一月十九日终于金城里私第也。"①晋陵郡君雍氏宅。雍氏墓志载其元和十一年（公元816年）二月廿八日遘疾殁于金城里第。②左金吾卫长史张液宅。张液墓志云："公讳液……会昌四年九月十有七日遘微疾，终于金城里之私宅"③。翟庆全宅。《唐故右街使押衙试金吾卫长史翟府君墓志铭并序》称其咸通六年（公元865年）正月廿四日终于金城里私第。④华州柳参军宅，其年代不详。《太平广记》卷三四二《华州参军》载：华州柳参军上巳日在曲江游赏，见一女子容色绝代，多方打听得知其姓氏住处，遂自备财礼，期内结婚。婚后柳生挈妻与女婢轻红居于金城里。

义宁坊位于开远门东南，本名熙光坊，义宁元年（公元617年）改。南门之东，本隋尚书左仆射齐国公高颎宅。开皇三年（公元583年），高颎舍宅立为真寂寺，而实际上高颎只是舍其宅东半部分为寺，并非全部。到高宗龙朔三年（公元663年）时，高颎玄孙高法眼家仍"在义宁坊东南隅，向街开门。化度寺东，即是高家"⑤。朱玉麒先生也曾指出："从《两京新记》到《唐两京城坊考》，记载诸多寺观系居民'舍宅而立'，因此常常会被理解为住宅于原地无存……多数的情况可能是舍去宅院的部分地基为寺观，而主人仍在原地居住。"⑥武德二年（公元619年），改为化度寺。沙门信行创立三阶教，并于寺中建无尽藏院。京城信徒施舍，"贞观之后，钱帛金玉积聚，不可胜计。常使名僧监藏，供天下伽蓝修理"。化度寺的大量财富也引起了贼人的注意，有裴玄智潜入寺中十数年，"寺内徒众以其行无玷缺，使守此藏。后密盗黄金，前后所渐，略不知数"。裴玄智潜逃，寺众于其寝房内发现题诗云："将羊遣狼放，置骨狗前头。自非阿罗汉，谁能免作偷。"⑦武则天时，曾将此藏移到东都福先寺，后来又还移旧所。开元元年（公元713年），玄宗敕令取缔三阶教，毁除无尽藏，其所有钱帛"供京城诸寺修缉毁坏"。敬宗曾赐"化度寺经院"金字额。寺内另有僵石，直径二尺余，孔穴通连，若栏绮楼台之状，号曰蚁宫。《历代名画记》载：化度寺额殷仲容题，有杨廷光、杨仙乔画。会昌六年（公元846年）改为崇福寺。坊西北隅，又有积善尼寺，是隋

---

① 《唐代墓志汇编续集》元和〇三〇，第822页。
② 《唐代墓志汇编续集》元和〇六六，第848页。
③ 《唐代墓志汇编续集》会昌〇一七，第955页。
④ 《唐代墓志汇编续集》咸通〇二七，第1055页。
⑤ 《法苑珠林校注》卷四六《唐京卫高法眼》，第1413页。
⑥ 朱玉麒：《隋唐文学人物与长安坊里空间》，见荣新江主编：《唐研究》第9卷，北京大学出版社，2003年，第111页。
⑦ 《两京新记辑校》卷三，第57页。

开皇十二年（公元592年）左仆射高颎妻贺拔氏以其别第所立。而十字街东北，有波斯胡寺。贞观十二年（公元638年），唐太宗为波斯僧阿罗本建，诏曰："波斯僧阿罗本远将经教来献上京，详其教旨，玄妙无为，生成立要，济物利人，宜行天下。所司即于义宁坊建寺一所，度僧廿一人。"①

除寺观之外，官民住宅仍是义宁坊的主要组成部分。咸亨三年（公元672年）有处士何祎宅②。东南隅，有尚书右仆射戴至德宅。戴至德为贞观宰相戴胄兄子，累迁西台侍郎、同东西台三品，后相继转户部尚书、尚书右仆射，仪凤四年（公元679年，即调露元年）薨，百官以次赴宅哭之。③李五娘宅。唐陇西郡君李五娘墓志载："夫人讳娘，字五……长寿二年八月廿五日□于雍州长安县义宁里之私第"④。青城县令达奚思敬宅。员半千撰《蜀州青城县令达奚君神道碑》载：神龙二年（公元706年），达奚思敬终于长安义宁坊之私第；其夫人蒋氏，亦于景龙二年（公元708年）十月十六日终于义宁里。⑤冠军大将军行右武卫大将军啜禄宅。其夫人墓志记载："夫人讳实活……以开元廿八年十一月廿一日卒暴于京师义宁里之私第"⑥。云麾将军左龙武军将军郭文喜宅。《郭文喜墓志》载："皇唐天宝九载春正月乙巳，将军郭公遇疾终于西京义宁里之正寝"⑦。右龙武军宿卫间庭萼宅。间庭萼母清河张威德墓志载："夫人号威德，贞元八年二月廿日终于京长安县义宁里之私第"。又云："嗣子庭萼，右龙武军宿卫"。⑧右神策军副将张公宅。太原郡太夫人王氏墓志载："贞元八年二月廿九日，终于京长安县义宁里之私第……嗣子奉天定难功臣云麾将军守左金吾卫大将军兼试太常卿上柱国开国伯右神策军副将专知苑内都巡突"⑨。元和初，义宁坊有妇人疯狂，俗呼为五娘，常止宿于永穆墙垣下。中使茹大夫出使金陵，遇到有狂者信夫，能验未来事，忽然跑到中使马前说："我有妹五娘，在城今有少信，必为我达也。"等中使至长乐坡时，五娘已至拦马，笑曰："我兄有信，大夫可见还。"中使取信授之，五娘看完信后，大笑而

---

① 《唐会要》卷四九《大秦寺》，第1011—1012页。
② 《唐代墓志汇编》咸亨〇六〇，第552页。
③ 《旧唐书》卷七〇《戴胄传附至德传》，第2535页。
④ 《唐代墓志汇编续集》证圣〇〇一，第338页。
⑤ 《全唐文》卷一六五，第1683—1684页。
⑥ 《陕西金石志》卷一二《大唐故冠军大将军行右武卫大将军啜禄夫人郑氏墓志铭并序》。
⑦ 黄小芸：《西安新出土唐〈郭文喜墓志〉》，见西安碑林博物馆编：《碑林集刊》（九），陕西人民美术出版社，2003，第189页。
⑧ 《唐文拾遗》卷二三《大唐故清河张夫人墓志铭并序》。
⑨ 《陶斋藏石记》卷二七《大唐南阳张公故太原郡太夫人王氏墓志铭并序》。

归，复至墙下，一天与其兄同日而死。①昭陵令李昕宅。《长安昭成寺尼塔铭》记：李昕妻姜氏，在昭成寺出家为尼，元和元年（公元806年）三月十四日，归寂于义宁里私第。②长庆年间，又有慈州长史李霸宅。李霸墓志称其"长庆三年十一月廿八日终于义宁里之私第"③。何文哲宅。文哲于大和二年（公元828年）四月一日，薨于长安县义宁里之私第。④

布政坊位于皇城顺义门西，本名隆政坊，开元时期，避玄宗名讳而改。隋代有明法、道觉二寺，大业、武德之际并废。西门之南，本隋江陵总管清水公贺拔华宅，开皇七年（公元587年）为沙门法海舍宅立寺，因以法海为名。咸亨初，寺内有英禅师，言见鬼魂，云京城东高冢，俗谓吕不韦冢，实则是秦庄襄王冢。⑤北门之东，原为梁村之佛堂及隋武侯将军韦和业宅，开皇二年（公元582年）沙门法藏立为济法寺，其佛殿材料为隋光德太子杨昭的寝堂拆后施舍，西禅院为房国公苏威所立。十字街东之北，本隋御史大夫裴蕴宅，开皇中太保、河间王杨弘立为显觉尼寺，七年（公元587年）寺钟未击自鸣，散骑常侍元行冲以赞其事；神龙年间，为避中宗讳而改名"明觉"。东北隅，为隋右武侯府，即右金吾卫府。西南隅，胡祆祠，武德四年（公元621年）所立，祠内有萨宝府官，负责祭祀祆神，以胡祝充其职；又有善果寺。东南隅，本蒋王恽园地，景龙三年（公元709年）立为镇国大波若寺，景云中废。福祥观，本玄宗舅窦𬀩宅。窦𬀩为玄宗生母昭成太后弟，本名希瑾。玄宗即位后，"以舅氏，甚见优宠"，初赐爵毕国公，后改名，授开府仪同三司。子锷尚玄宗女永昌长公主，恩宠赐赉甚厚。天宝十三载（公元754年）十二月窦𬀩卒，⑥其宅立为福祥观。

伴随着人世兴衰，坊内居住的人也有变迁。隋大业五年（公元609年），有上柱国宋安公世孙、朝请郎元世斌宅。⑦唐高宗世，有尚书都官令史王璹宅。《冥报记》记载：永徽二年（公元651年）六月九日，尚书都官令史王璹被勾魂鬼误抓而暴死，后被放归，买白纸作钱并酒食，自于所居隆政坊西永安渠水上烧之。⑧左卫大将军、幽州都督王君㚟宅。王君㚟妻义丰县夫人张氏墓志记载："夫人讳廉穆……春秋五十三，以永

---

① 《酉阳杂俎·续集》卷二，第214—215页。
② 《唐文拾遗》卷五二。
③ 《唐代墓志汇编续集》长庆〇一〇，第865页。
④ 《唐代墓志汇编续集》大和〇二〇，第895页。
⑤ 《隋唐嘉话》卷中，第30页。
⑥ 《旧唐书》卷一八三《窦孝谌传》，第4725—4726页。
⑦ 王其祎：《西安新出土〈隋元世斌墓志〉考证》，载《文物》2001年第8期，第59页。
⑧ 〔唐〕唐临：《冥报记》卷下《唐王璹》，方诗铭辑校，中华书局，1992年，第69—71页。

徽五年三月十五日遘疾，卒于京安众里隆政第"①。处士索谦宅。据《大唐故索处士墓志铭》记载，索谦为敦煌人。来自中亚的胡商来华多途经敦煌，而索谦在长安又居隆政坊，近西市，多胡商聚集，故善于经营，"梯山航海之赆，崐峰丽水之珍，莫不警达因心，顾盼增重"，因而"富埒陶白，资巨程罗"，成为长安富商。他于永徽六年（公元655年）六月三口，卒于隆政里。②秘阁直司登仕郎王大方宅。王大方妻姬氏墓志铭称："夫人……永徽六年十一月十四日卒于隆政里之私第。"王大方墓志称其"龙朔三年岁在癸亥八月壬午朔十一日壬辰卒于隆政坊之私馆"③。鄂国公尉迟敬德宅。敬德于显庆三年（公元658年）十一月廿六日终于隆政里之私第，享年七十有四。④右翊卫陶后兴宅。《唐故右翊卫陶君墓志并序》记载："君讳后兴……显庆四年岁在己未七月景子朔六日辛未卒于隆政坊之第。"⑤功曹参军梁君宅。《功曹参军梁君故夫人成氏墓志》载：夫人讳淑，以麟德元年（公元664年）十二月三日，卒于隆政里第。⑥武周时期，有秋官尚书尔朱㫰宅。《大周故秋官尚书秀容县开国男尔朱府君志石文》载：㫰夫人崔氏"以垂拱四年五月廿四日终于长安县隆政里之私第"⑦。中书令萧嵩宅。张说《赠吏部尚书萧公神道碑》："公讳灌……夫人京兆韦氏……年五十有四，长寿元年十月，逝于京师布政里。"⑧萧灌、韦氏即开元名相萧嵩之父母。

开元初，坊东门之北有侍中魏知古宅，有左神武大将军、河间郡王舍利澄宅。国子祭酒、嗣韩王李讷宅。李讷为唐高祖第十一子韩王元嘉子，武则天"将诛戮宗室诸王不附己者，元嘉大惧，与其子通州刺史、黄公譔及越王贞父子谋起兵"，失败后元嘉坐诛。神龙初复爵，并封李讷为嗣韩王，官至员外祭酒。⑨《皇堂叔祖故国子祭酒嗣韩王（李讷）志文并序》："王讳讷……开元十七年十一月七日，薨于长安布政里之私宫也。"⑩私宫即为其王宅。太子宾客窦希球宅。窦希球亦为玄宗之舅，窦希瑝之兄。裴耀卿《太子宾客赠太子太师窦希球神道碑》称其"以开元二十一年正月十九日，遇疾

---

① 《唐代墓志汇编续集》永徽○三三，第73—74页。
② 《唐代墓志汇编续集》永徽○三八，第77页。
③ 《唐代墓志汇编续集》永徽○四五，第82页；龙朔○二七，第134页。
④ 《唐代墓志汇编》显庆一○○，第292页。
⑤ 《唐代墓志汇编续集》显庆○三八，第108页。
⑥ 《唐代墓志汇编》麟德○二八，第414—415页。
⑦ 李献奇：《武周尔朱㫰及夫人韦氏墓志考释》，载《中原文物》1998年第4期，第84页。
⑧ 《全唐文》卷二二九，第2315页。
⑨ 《旧唐书》卷六四《韩王元嘉传》，第2427—2428页。
⑩ 《全唐文补遗》第3辑，第62页。

薨于长安布政里之赐第"①。天宝中，此坊又有旅馆。白行简《李娃传》载：天宝中，有常州书生，进京应科举，"抵长安，居于布政里"。②又有司戈张无是宅和富叟王翁宅。《太平广记》卷一〇〇记有："唐天宝十二载冬，有司戈张无是居在布政坊，因行街中，夜鼓绝门闭，遂趋桥下而跧。夜半，忽有数十骑至桥，驻马言，使乙至布政坊，将马一乘往取十余人。其二人，一则无是妻，一则同曲富叟王翁。"③阿史那从政宅。其夫人薛突利施匋阿施墓志记载："十二姓阿史那叶护可寒顺化王男左羽林军上下左金吾卫大将军阿史那从政蕃名药贺特勤夫人薛突利施匋阿施，元年建卯月十八日染疾，终于布政里之私第，春秋卅有八"④。大唐节度副使、太常卿公曳鹘祧贤夫人金河郡夫人阿史那氏宅。《阿史那氏金河郡夫人墓志并序》载：夫人"广德二年八日薨于布政坊之里第"⑤。朝议郎行尚书仓部员外郎集贤院待制权自挹宅。自挹即权德舆之父，其墓志载："大历五年春，感风疾请告，十有二月，终于布政里私第"⑥。博陵郡君李夫人宅。《大唐故陇西李夫人墓志铭并序》："大历十年二月十日，赠博陵郡君夫人年五十有二，遇疾终于布政私第。"⑦济阳江公俭宅。《唐故济阳江君墓志铭并叙》曰："有裔孙曰公俭……元和七年七月廿四日遇暴疾，卒于京兆布政里"⑧。太原志节府折冲都尉梁朝宅。其墓志记："元和七年忽瘿疾疹，八年五月一日，终于布政坊私第"⑨。宣州司法参军王叔宁宅。其墓志曰其元和十年（公元815年）六月二十三日，终于布政里第。⑩坊内十字街南有王屠户宅。《玄怪录》记：苏州吴全素，举孝廉，屡不中第。元和十二年（公元817年），寓居长安永兴里。一日夜卧，见二人白衣执简来召。全素下床随行，行约数里，入城郭见官府，后被二吏送回。二吏问曰："何处有屠案最大？"答曰："布政坊十字街南王家案最大。"于是相与前往。⑪有内教坊，元和十四年（公元819年）正月，徙于布政里。⑫前武昌军节度押衙兼监察御史王智崇宅。王智崇父母合

---

① 《全唐文》卷二九七，第3016页。
② 《太平广记》卷四八四《李娃传》，第3985页。
③ 《太平广记》卷一〇〇《张无是》，第673页。
④ 《唐代墓志汇编续集》上元〇〇三，第683页。元年建卯月，即宝应元年（公元762年）二月。上元二年（公元761年）九月，唐肃宗下诏："去年号，但称元年；以建子月为岁首，月皆以所建为数。"
⑤ 《唐代墓志汇编续集》广德〇〇二，第687页。
⑥ 《全唐文》卷五〇二，第5111页。
⑦ 《唐代墓志汇编续集》大历〇二五，第708页。
⑧ 《唐代墓志汇编续集》元和〇三九，第828页。
⑨ 《唐代墓志汇编续集》元和〇四六，第833页。
⑩ 《唐代墓志汇编续集》开元〇五七，第841页。
⑪ [唐]牛僧孺编：《玄怪录》卷三《吴全素》，程毅中点校，中华书局，1982年，第91—94页。
⑫ 《唐会要》卷三四《杂录》，第735页。

祔墓记云:"夫人清和郡张氏,有子三人。长智崇,前武昌军节度押衙兼监察御史……夫人大中二年戊辰四月十二日,终布政里"①。

醴泉坊位于皇城西第二街,从北第四坊,西市之北。开皇初,修建此坊时,"忽闻金石之声,因掘得甘泉浪井七所,饮者疾愈,因以名坊及寺焉"②。隋代,此坊中有光宝、救度二寺,大业、武德之际毁废。西南隅,开皇七年(公元587年)立有灵应道士观。贞观二十二年(公元648年),三洞女冠观自永崇坊换所居于此。③观北,妙胜尼寺,开皇三年(公元583年)北周静帝皇后平原公主所立。十字街北之西,醴泉寺。此坊发现甘泉后,隋文帝便在此设醴泉监管理,泉水专供御厨使用。开皇十三年(公元593年)废监立为醴泉寺④。十字街南之东,有旧波斯胡寺。仪凤二年(公元677年),波斯王卑路斯奏请于此置波斯寺。尽管陈垣先生认为大秦寺及波斯胡寺均为景教寺院⑤,但从古波斯人的宗教信仰变迁来看,此波斯寺应当为琐罗亚斯德教,即祆教寺庙。《西溪丛语》也记载:贞观五年(公元631年),"有传法穆护何禄,将祆教诣阙闻奏,敕令长安崇化坊立祆寺,号大秦寺,又名波斯寺"⑥。由此也可证明,唐初的波斯寺是指祆教寺庙,只是后来随着波斯的灭亡,景教在波斯地区流行后,波斯寺才逐渐演变成景教寺院。西门之南,又有祆祠,由于同一坊内出现两座祆祠,因此景龙中宗楚客霸占此地后,将其中之一移于布政坊西南隅。隋唐时期,善于经商的粟特商人纷纷沿着丝绸之路进入中国,隋大兴、唐长安是他们最重要的目的地之一。由于"商贾所凑,多归西市"⑦,因此从隋代开始,来自中亚的商人和不少上层贵族都居住在西市及其周围诸坊,在长安城西北诸坊,形成了一个胡人聚居区。⑧除醴泉坊外,其他如普宁、义宁、居德、群贤、崇化、金城、怀远、延寿、崇贤、光德等都在这一地区,围绕在西市周围。也正是因为醴泉坊有大量胡人居住,存在着广泛的胡人文化基础,所以景龙三年

---

① 《陕西金石志》卷一八。
② 《西京新记辑校》卷三,第46页。
③ 《类编长安志》卷五《寺观》,第147页。
④ 关于隋文帝废监立寺的时间,唐人韦述在《西京新记》中记为"开皇十三年",而宋人宋敏求在《长安志》中改为"开皇十二年",不知何而改。清人徐松《唐两京城坊考》沿用《长安志》之"十二年"无改。按韦述在前,应有所据,比较可靠,而宋敏求改动,未提供证据,故今仍采用"开皇十三年"。
⑤ 陈垣:《火祆教入中国考》,载《国立北京大学国学季刊》1923年第1期。
⑥ [宋]姚宽:《西溪丛语》卷上,孔凡礼点校,中华书局,1993年,第42页。
⑦ 《长安志》卷八《唐京城二》,第291页。
⑧ 详参韩香:《唐代长安中亚人的聚居及汉化》,载《民族研究》2000年第3期,第65页;毕波:《隋代大兴城的西域胡人及其聚居区的形成》,载《西域研究》2011年第2期,第11页。

（公元709年）十二月，中宗令诸司长官看泼胡王乞寒戏的地点就在醴泉坊。①荣新江先生也曾通过对敦煌、高昌、伊州、石城镇、武威等地粟特聚落中祆祠的分析，认为："由于文献材料的缺乏，我们不可能在每一个有粟特人的地方都找到祆祠的记载，但上述材料给我们一个深刻的印象，即可能每个粟特聚落当中，都有祆祠的建筑。"②因而中亚胡人所信仰的景教、祆教和摩尼教寺庙也主要分布在这些坊里③，成为中亚粟特胡人在长安城的宗教信仰中心。

虽然醴泉坊内粟特胡人相对集中，但也有许多汉人居处，形成胡汉杂处的多民族融合格局。隋大业年间，有将作少匠任轨宅。任轨墓志云："君讳轨……以大业三季六月二日卒于长安之醴泉里"④。又有右屯卫步兵校尉解方保宅。《解方保墓志》载："君讳方保……大业六年岁次庚午十一月十四日卒于醴泉里"⑤。唐初，有辅国大将军右卫大将军扬州都督褒国公段志元宅。段志元碑载其贞观十六年（公元642年）某月十八日，薨于京师之醴泉里第。⑥荆州松资县令汤君妻伤大妃宅。伤氏墓志："夫人姓伤氏，讳大妃……永徽二年正月四日，卒于醴泉里第"⑦。此坊之东南隅，有太平公主宅。长安初公主宅内井水溢流⑧。公主死后没官，为陕王李嗣升（即唐肃宗李亨）府。公主宅北有异僧万回宅。僧万回能预知未来事，受到高宗、中宗等的崇奉，中宗号之玄通大居士，"时时出入，士庶贵贱，竞来礼拜"。因而太平公主为造宅于己宅之右，景云中卒于此宅。⑨南门之东，有宗楚客宅。楚客死后，其宅赐申王㧑居住。有烈士台，相传安金藏所居之处。王安仁宅。文林郎王君夫人墓志："夫人維州乾封人也……上元之年岁次甲戌八月戊寅朔廿二日己亥寝疾，终于醴泉里第"。王安仁即夫人之子。⑩独孤思敬宅。1956年12月，中国科学院考古研究所在西安东郊发掘了唐定王府掾独孤思敬与夫人元氏合葬墓及独孤思敬的继室夫人杨氏之墓，发现了墓志三合，志载：独孤思敬

---

① 《旧唐书》卷七《中宗本纪》，第149页。
② 荣新江：《北朝隋唐粟特聚落的内部形态》，见荣新江：《中古中国与外来文明》，生活·读书·新知三联书店，2001年，第160页。
③ 唐长安城中的祆祠分布在布政坊西南隅、醴泉坊西门之南、普宁坊西北隅、靖恭坊十字街南之西、崇化坊五处；大秦寺一处在义宁坊街东之北。这些来自西亚的宗教寺庙的分布除靖恭坊在朱雀门街以东外，其他的都在长安城的西北隅。
④ 〔民国〕罗振玉：《芒洛冢墓遗文续编》卷上《任轨墓志铭》，民国六年刊本。
⑤ 周晓薇：《西方新出土隋代墓志铭解读》，见《碑林集刊》（九），第168页。
⑥ 《全唐文》卷九九一，第10256页。
⑦ 《唐文拾遗》卷六四《大唐故荆州松资县令汤府君妻伤氏墓志铭并序》。
⑧ 《新唐书》卷三六《五行志三》，第946页。
⑨ 《西京新记辑校》卷三，第47页。
⑩ 《唐代墓志汇编》上元〇〇二，第594页。

为"唐朝散大夫，行定王府椽"，于唐景龙三年（公元709年）八月十五日，"终于京师之醴泉里第"。①孝子郭思训宅。郭思训墓志云："公讳思训……景云二年九月十三日，寝疾终于长安醴泉里之私第。"②右骁卫大将军左万骑使薛莫宅。薛莫与其夫人合葬墓志载，二人分别于开元十二年（公元724年）六月和开元十五年（公元727年）十二月，去世于醴泉坊私第。③右威卫将军李仁德宅。仁德墓志记其于"开元廿一年正月廿日葬于醴泉里之私第……即以其年四月十三日葬于高阳原，礼也"④。按仁德应是在正月廿日"终于"醴泉里之私第，而非"葬于"，其安葬时间应为后文的"其年四月十三日"。突厥降将俾失十囊宅。俾失公墓志铭载："公俾失十囊，字自牧，阴山人也"。开元之初，"望绛阙而来朝"，玄宗擢拜特进，并加授右卫大将军，封雁门郡开国公，赐锦袍钿带鱼袋二事物五百段、甲第一区，便留宿卫。开元二十六年（公元738年）十二月十三日，薨于醴泉里之私第。⑤右龙武军中郎将徐承嗣宅。徐承嗣墓志记载："府君讳承嗣……天宝三载六月廿五日终于西京醴泉之私第"⑥。太原王玭宅。《太原王府君铭一首并序》记载："王府君讳玭……天宝十四载十二月四日寝疾终于京兆府长安县醴泉坊之私第"⑦。游击将军张希古宅。张府君墓志称："公字希古……天宝十四载十月十七日，终醴泉里之私第"⑧。唐末，又有灵台司辰官高公妻陈氏宅。《唐故灵台司辰官高公妻颍川陈氏夫人墓志铭并序》载：夫人陈氏，乾符六年（公元879年）四月二十日终于京兆醴泉里从夫之私第。⑨目前史料所见醴泉坊中居住的粟特人，除安金藏外，还有安令节⑩、康府君及其夫人康氏⑪、米国人米继芬⑫。这再一次证明，隋唐长安城有胡汉杂居的民族分布特点。

居德坊位于外郭城西墙金光门东，皇城西第三街，从北第四坊，有漕渠从西南隅穿过。隋初，坊内有依法、宝岸、凝观三寺，大业中并废。凝观寺有僧法庆，塑造丈

---

① 马得志、张正龄：《西安郊区三个唐墓的发掘简报》，载《考古通讯》1958年第1期，第45—46页。
② 《全唐文》卷九九四，第10302页。
③ 《唐代墓志汇编》开元二七四，第1346页。
④ 《唐文拾遗》卷六六《大唐故冠军大将军行右威卫将军上柱国金城郡开国公李公墓志铭并序》。
⑤ 李城铮：《西安西郊唐俾失十囊墓清理简报》，载《文博》1985年第6期，第2—3页。
⑥ 《唐代墓志汇编续集》天宝〇一七，第592—593页。
⑦ 《唐代墓志汇编续集》圣武〇〇二，第667页。
⑧ 《全唐文》卷九九五，第10313页。
⑨ 《唐代墓志汇编续集》乾符〇二七，第1138页。
⑩ 《陶斋藏石记》卷二一《大唐故公士安君墓志铭并序》。
⑪ 《唐代墓志汇编续集》乾元〇〇九，第681页。
⑫ 葛文儒：《唐米继芬墓志考释》，载《西北民族研究》1989年第2期，第154—160页。

六夹纻佛像，未成而暴死。宝昌寺僧大智同日亦卒，后三日并苏，云在阎罗殿所见，法庆在前，有一像忽来，对殿上人说："庆造我未成，何乃令死？"检看文簿后发现：法庆是"食尽，命未尽"。殿上人建议："可给荷叶以终寿。"二人苏醒后，法庆遂不能再食，每日只吃荷叶六枝，斋时进八枝，如此终身。各地化缘，最终塑成佛像。寺废之后，佛像移到了先天寺。① 东南隅，先天寺，其地本汉圜丘遗址。开皇三年（公元583年），隋文帝敕令大兴、长安两县各置一寺，街西宝昌寺和街东禅林寺，东西相对，时人谓之"县寺"。毕刻本《长安志》卷一〇《居德坊》则称：先天寺"本宝国寺"。《唐两京城坊考》仍袭，而未辨别其中是非。实际上，"先天寺本名宝昌寺，作'宝国'者讹"②；先天元年（公元712年），改为先天寺。西北隅，本开府仪同三司鲜于遵义宅，开皇七年（公元587年）舍宅立为普集寺。南门之西，奉恩寺。《两京新记》《长安志》和《唐两京城坊考》都称其本将军尉迟乐宅，《宋高僧传·唐京师奉恩寺智严传》称："释智严，姓尉迟氏，本于阗国质子也，名乐。……神龙二年五月，奏乞以所居宅为寺，敕允，题榜曰奉恩是也。"③释智严即尉迟乐，神龙二年（公元706年）以所居宅为寺。然而，《历代名画记》却记："奉恩寺，中三门外西院北尉迟画《本国王及诸亲族》，次塔下小画亦尉迟画，此寺本是乙僧宅。"④从其前后文推测，奉恩寺中三门外西院北《本国王及诸亲族》和次塔下小画为尉迟乙僧所画，而"此寺本是乙僧宅"，当是张彦远误将"尉迟乐"与"尉迟乙僧"混同了。二人同为于阗国入唐质子，但二人身份不同，一个为僧人，一个为画家，不应为同一人。会昌六年（公元846年），奉恩寺改为兴福寺。⑤

根据出土墓志可知此坊中许多居民住宅的存在。仁寿元年（公元601年），有杨士贵宅。杨士贵砖刻墓记载："仁寿元年正月廿六日，长安县礼成乡洽恩里，住居德坊民，故杨士贵铭记。"⑥说明居住在城内居德坊的杨士贵葬于礼成乡洽恩里。唐初，有女子苏玉华宅。《女子苏玉华墓志铭》记："女子玉华，盖洗马苏君之季女……大唐

---

① 《太平广记》卷三七九《法庆》，第3015—3016页。
② 《隋唐两京丛考》三十《先天寺本名》，第70页。
③ ［宋］赞宁：《宋高僧传》卷三，范祥雍点校，中华书局，1987年，第41—42页。
④ 《历代名画记》卷三《记西京外州寺观画壁》，第67页。
⑤ 《长安志》《唐两京城坊考》记改奉恩寺为兴福寺在大中六年（公元852年），而《旧唐书》卷一八下《宣宗本纪》：会昌六年（公元846年），"五月，左右街功德使奏：'准今月五日敕书节文，上都两街旧留四寺外，更添置八所。两所依旧名兴唐寺、保寿寺，六所请改旧名……奉恩寺改为兴福寺。'敕旨依奏。"今据此改之。
⑥ 武伯纶：《读唐墓志随笔》，见武伯纶：《古城集》，三秦出版社，1987年，第262页。

武德二年五月九日终于居德里之第。"①贞观时，著名蕃将阿史那思摩宅也在此坊内。《唐故右武卫将军赠兵部尚书李君墓志》："公讳思摩，本姓阿史那氏……贞观廿一年岁次丁未三月丁亥朔十六日壬寅，遘疾卒于居德里第"②。阿史那思摩，本为突厥贵族，贞观三年（公元629年），唐太宗击败突厥颉利可汗后，入降唐朝，唐太宗赐姓李氏，封怀化郡王、右武卫大将军，去世后陪葬昭陵。南门东有司礼太常伯刘祥道宅，与先天寺相接，并占据汉圜丘旧址一部分，因其高，筑有亭子。还有刘应道宅。据应道妻闻喜县主李婉顺墓志载，闻喜县主为隐太子李建成第二女，玄武门之变时，因年幼而幸免于难，十七岁时封为县主，龙朔元年（公元661年）六月"薨于长安居德坊第"③。而《元和姓纂》记载："林甫，唐中书侍郎，生祥道、庆道、应道。祥道，右相、广平宣公……应道，吏部郎中"④。由此可知，刘祥道与应道乃兄弟，可能是兄弟三人同居。契苾何力女宅。《唐故契苾夫人墓志铭并序》："夫人姓契苾氏……父何力，镇军大将军、凉国公。……开元八年五月廿二日遘疾，终于居德里私第"⑤。左骁卫将军折氏宅。其夫人曹明照墓志云："夫人曹氏，讳明照……适左骁卫将军折府君为命妇……开元十一年十月八日，终于居德里之私第"⑥。右龙武军将军同正员何德宅。其墓志记载：公讳德，天宝十三载（公元754年）七月廿三日，终于金光里之私第。⑦按隋大兴城、唐长安城内无金光坊，只有金光门，因此推测金光里有可能是金光门内之居德里或群贤里，暂置于此坊待考。⑧房州刺史杜元徽宅。杜元徽碑记其以乾元二年（公元759年）夏四月十八日终于长安居德里私第，享年六十四。⑨

三、朱雀门街西侧第一列诸坊

在长安城朱雀门街西侧，皇城之南，第一列南北有九坊，从北向南依次为善和坊、

---

① 《唐文拾遗》卷一四。
② 《唐代墓志汇编续集》贞观〇五〇，第38页。
③ 《唐代墓志汇编续集》龙朔〇〇六，第121—122页。
④ ［唐］林宝：《元和姓纂（附四校记）》卷五《刘·广平阴城》，岑仲勉校记，中华书局，1994年，第683—684页。
⑤ 《唐代墓志汇编续集》开元〇三六，第478页。
⑥ ［清］王言：《金石萃编补略》卷二《曹氏谁郡君夫人墓志铭并序》，清光绪八年刊本。
⑦ 《唐代墓志汇编续集》天宝〇九四，第650页。
⑧ 《增订唐西京城坊考》（修订版），第250页。
⑨ 《全唐文》卷三九五，第4018页。

通化坊①、丰乐坊、安业坊、崇业坊、永达坊、道德坊、光行坊、延祚坊。文献记载各坊的四面均为三百五十步，合514.5米；而考古发掘测得各坊的南北从500米到590米不等，东西均为558米。

善和坊位于皇城以南，朱雀门街西第一列，从北第一坊。《长安志》对此坊失载，《唐两京城坊考》推测为光禄坊，今依黄永年先生考证定为善和坊。坊中有旧御井，起初井水甘美，开元中以骆驼驮入大内，以给六宫使用，故曰御井；后来由于受生活污水的污染，而成为"非可饮之水，地卑水柔，宜用盬灂"②。贞观时，坊中有隆州阆中县令卫规宅。卫规墓志云："君讳规……以其年（贞观十二年）二月八日，薨于京善和私第"③。李勣之孙鄜州司仓参军事李某宅。其妻裴太一墓志载：夫人"年十有八，归于李氏，即司空英武公之孙……永淳元年三月廿六日终于善和里第"④。开元、天宝时，有潞州刺史王府君夫人卢氏宅。王维撰王府君夫人荣国夫人墓志记载："夫人姓卢氏……薨于长安善和里"⑤。国子祭酒赵冬曦宅。墓志记其于"天宝九载二月丁亥薨背于西京善和里第"⑥。

唐代后期，善和坊也有许多名人宅第。如著名文学家柳宗元旧宅。柳宗元在给京兆尹许孟容的信中说过："家有赐书三千卷，尚在善和里旧宅，宅今三易主，书存亡不可知。"⑦下殇女子和娘宅。柳宗元所撰《下殇女子墓砖记》记载："下殇女子生长安善和里，其始名和娘"，和娘得病后皈依佛门，"愿以为役"，更名佛婢，去发为尼，号为初心。⑧长庆二年（公元822年），林简言赁居善和里，由于贫窭濩落，亲戚朋友罕有来往。⑨大和年间，郑注受到唐文宗宠信，于是"起第善和里，通于永巷，长廊复壁"⑩。京兆少尹孟璲宅。《唐故朝请大夫守京兆少尹上柱国孟公墓志铭》曰："公

---

① 关于朱雀门街西第一列从北第一、第二坊，现存《长安志》此处脱文，清人徐松《唐两京城坊考》中推测第一坊为光禄坊，第二坊为殖业坊，此后学者大多沿用此说。黄永年先生根据《类编长安志》等，考定此两坊应为善和、通化，徐松考订有误。详见黄永年：《述〈类编长安志〉》，见《中国古都研究》第1辑，第102—123页。今从黄先生之说。
② [唐]李肇：《唐国史补》卷下，上海古籍出版社，1979年，第65页。
③ 《全唐文补遗》第3辑《唐故东宫通事舍人隆州阆中县令卫府君（规）墓志铭并序》，第500—501页。
④ 《唐代墓志汇编》永淳〇〇三，第687页。
⑤ 《全唐文》卷三二七，第3318页。
⑥ 陈立信：《赵冬曦墓志铭》，载《中原文物》1986年第4期。
⑦ 《新唐书》卷一六八《柳宗元传》，第5135页。
⑧ 《全唐文》卷五八一，第5873—5874页。
⑨ 《全唐文》卷七九〇《言赠》，第8281页。
⑩ 《旧唐书》卷一六九《郑注传》，第4400页。

讳璲……大中十四年二月九日，终于长安善和里"[1]。饶州余干县尉郭克勤宅。郭克勤墓志曰："公讳克勤……咸通十二年十一月十六日殒于善和之私里"[2]。唐末，有许芝宅。据《云仙杂记》记载，许芝"有妙墨八厨，巢贼乱，瘗于善和里第"[3]。宦官田令孜挟持唐僖宗出逃山南，邠宁节度使朱玫与萧遘另立嗣襄王煴为帝，"时玫有第在和善里"[4]，后朱玫被王行瑜所斩。唐僖宗回到长安后，赏赐功臣，特进兼吏部尚书、领诸道盐铁转运使孔纬"赐天兴县庄、善和里宅各一区"[5]，孔纬之赐宅即为原朱玫宅第。

通化坊位于皇城以南，朱雀门街西第一列，从北第二坊，其北有漕渠通过。此坊《长安志》失载，《唐两京城坊考》推测为殖业坊，今亦据黄永年先生的考证定为通化坊。坊内有净影寺，开皇七年（公元587年），隋文帝召沙门慧远至京师讲经，"乃选天门之南，大街之右，东西冲要，游听不疲，因置寺焉，名为净影"。慧远讲论"弘叙玄奥，辩畅奔流，吐纳自深，宣谈曲尽"，因此，各地前来向他学习的达七百余人。[6]慧远初养一鹅，常随远听经，及远入京后昼夜鸣呼不止，被送入京，听到讲钟，就入堂伏听，若闻泛说他事，鸣翔而出，如是六年。坊东门之北有都亭驿，今本《长安志》原记在城东南"敦化坊"下，误。[7]贞观十九年（公元645年），玄奘从天竺取经回到长安，道俗前往观谒达数十万人，以致道路堵塞，"从故城之西南至京师朱雀门街之都亭驿"[8]不能通行。《资治通鉴》卷二六〇记载：王行瑜等杀韦昭度、李谿于都亭驿。胡三省注曰："都亭驿。在朱雀门外西街含光门北来第二坊。"[9]故可知都亭驿在通化坊而不在敦化坊。

隋代坊中有蔡王智积宅，唐时成为陨公殷开山宅。贞观、永徽之际，坊西北有秘书监颜师古宅，太常少卿欧阳询宅，又有著作郎沈越宾宅。由于殷开山、颜师古皆为南朝旧族，欧阳询与沈越宾也来自江东吴地，因此时人称此坊为"吴儿坊"。[10]曹州司法参军、秘书省丽正殿学士殷践猷宅。颜真卿《曹州司法参军秘书省丽正殿二学士殷君墓

---

[1] 王怡然：《孟珏墓志考释——兼论唐末科举家族的仕宦与婚姻》，载《山东师范大学学报》（人文社会科学版）2015年第3期，第122页。
[2] 《唐代墓志汇编续集》咸通〇九一，第1104页。
[3] [唐]冯贽：《云仙杂记》卷四《石莲匣》，《四部丛刊续编》景明本。
[4] 《旧唐书》卷一七五《昭宗诸子·嗣襄王煴传附朱玫传》，第4548页。
[5] 《旧唐书》卷一七九《孔纬传》，第4650页。
[6] 《续高僧传》卷八《隋京师净影寺释慧远传》，第284页。
[7] 详见《隋唐西京丛考》三十四《都亭驿考辨——兼述今本〈长安志〉通化坊阙文》，第80—81页。
[8] 《续高僧传》卷四《唐京师大慈恩寺释玄奘传一》，第119页。
[9] 《资治通鉴》卷二六〇，唐昭宗乾宁二年五月甲子，第8590页。
[10] 《太平御览》卷一八〇《居处部八·宅》，第879页。

碣铭》记载：践猷因叔父临黄尉子元去世，悲伤过度呕血，于开元九年（公元721年）七月九日，终于京师通化坊之私第。①武惠妃母郑国夫人杨氏宅。《郑国夫人神道碑奉敕撰》记：夫人于"开元十年三月，终于通化里"。②美原县丞元复业宅。《大唐京兆府美原县丞元府君墓志铭并序》记载："府君讳复业……开元廿八年三月廿八日于长安通化里私第瞑目"③。曹惠琳宅。有《大唐曹府君墓志之铭》记载："大历己未岁夏四月廿七日丁酉，遂葬于京兆府万年县龙首原……公讳惠琳……薨于通化里之私第。"④京兆尹兼御史大夫韦武宅。唐顺宗驾崩，韦武充任山陵桥道等使，"哀敬尽瘁，殆忘寝食"，积劳成疾，薨于长安通化里之私第。⑤元和十年（公元815年）六月，镇州节度使王承宗派遣刺客在通化坊刺杀御史中丞裴度，伤首而免，导致京城人心惶惶。⑥韦暎宅。其夫人薛琰墓志记载："河东薛夫人讳琰……元和十二年六月廿二日，终于长安通化里之私第"⑦。国子监礼记博士赵君旨宅。赵君旨墓志记："公讳君旨……大和八年十二月十九日寝疾，终于京师通化里"⑧。

丰乐坊位于皇城以南，朱雀门街西第一列，从北第三坊。西南隅，法界尼寺，隋文帝独孤皇后为尼华晖、令容所立，有"连阶双浮图"，各高一百三十尺。横街之北，隋代有胜光寺，文帝第四子蜀王杨秀所立。大业元年（公元605年）寺迁至光德坊，于此置仙都宫，即文帝别庙。武德元年（公元618年），唐高祖废宫，为尼明昭立为证果尼寺。贞观九年（公元635年），寺又迁至崇德坊，在此置静安宫，为高祖别庙。仪凤二年（公元677年），废宫复立为开业寺。⑨《宣室志》记载：至德二年（公元757年）十月，开业寺有阍人夜宿门下，梦到一个高二丈余的人，披金甲，执银槊，立于寺门外，以手轧其门，扃锸尽开，神人入寺，行至佛殿，回头看了许久后消失。到第二天便在寺内发现有神人足迹，自寺外门至佛殿。⑩元和时，魏博节度使田季安供奉绢五千匹，助

---

① 《全唐文》卷三四四，第3497页。
② 《全唐文》卷二三〇，第2329页。
③ 《唐代墓志汇编》广德〇〇一，第1756页。
④ 《唐代墓志汇编续集》大历〇四一，第720页。
⑤ 〔唐〕吕温：《吕衡州文集》卷六《唐故银青光禄大夫京兆尹兼御史大夫上柱国赠吏部尚书京兆韦公神道碑铭并序》，《粤雅堂丛书》清咸丰伍崇曜校刊本。
⑥ 《旧唐书》卷一五《宪宗本纪下》，第453页。
⑦ 《全唐文补遗》第7辑，第93页。
⑧ 《唐代墓志汇编》大和〇八七，第2158页。
⑨ 《长安志》卷九《唐京城三》，第313页。
⑩ 〔唐〕张读：《宣室志》卷二，中华书局，1983年，第17页。

修开业寺。①另据《历代名画记》记载，开业寺有曹仲达、李雅、杨契丹、郑法士画。②《唐河南府户曹参军贾洮墓志》记载：咸通十四年（公元873年）五月六日，前河南府户曹参军贾洮遘疾终于长安县丰乐里废开业寺。③但是不知开业寺废弃于何时，从上面田季安助修开业寺的情况来看，元和时可能就已经破败了。到了唐末，随着战争的破坏，包括开业寺在内的整个长安城都遭到严重破坏。目前所知此坊只有李昌符宅。许棠《题李昌符丰乐幽居》诗云："诗家依阙下，野景似山中。兰菊俱含露，杉梧为奏风。破门韦曲对，浅岸御沟通。莫叹连年屈，君须遇至公。"④

安业坊位于皇城以南，朱雀门街西第一列，从北第四坊。西南隅，资善尼寺，隋兰陵公主舍宅立。东南隅，本为隋太师、申国公李穆别宅，其妻元氏舍宅立为修善僧寺。贞观二十三年（公元649年），唐太宗去世后，济度尼寺从崇德坊迁徙到此，改名为灵宝寺，太宗未生育之嫔御尽度为尼安置在此，故推测武则天出家即在此寺而非感业寺。寺东又有道德寺，改为崇圣寺，作为太宗别庙。⑤济度尼寺寺额为太子少詹事殷令名所题。次南有唐昌观，观内有玉蕊花，为唐昌公主所种。⑥《剧谈录》记载：唐昌观有玉蕊花，花每发若琼林玉树。元和时，春物方盛，都城内前来观花者车马相继。一日，有神女及二女冠、三小仆前来观花，"令小仆取花数枝而出"，走时"举辔百余步，有轻风拥尘，随之而去。须臾尘灭，望之已在半天"，人们才明白乃神仙之游。当时严休复、元稹、刘禹锡、白居易都有诗描写此事。严休复诗曰："终日斋心祷玉宸，魂销眼冷未逢真。不如满树琼瑶蕊，笑对藏花洞里人。"元稹亦曰："弄玉潜过玉树时，不教青鸟出花枝。的应未有诗人觉，只是严郎卜得知。"刘禹锡诗曰："玉女来看玉树花，异香先引七香车。攀枝弄雪时回首，惊怪人间日易斜。"白居易曰："嬴女偷乘凤下时，洞中潜歇弄琼枝。不缘啼鸟春饶舌，青琐仙郎可得知。"⑦

安业坊位于隋唐长安城中轴线朱雀门街西，处在城市的中心位置，因此许多达官显贵的宅第都在此坊内。横街之北，郧国公主宅。公主唐睿宗女，始封荆山县主，下嫁薛儆。⑧薛儆墓志记："君讳儆……睿宗皇帝之子婿……开元八年十二月七日，春秋

---

① 《旧唐书》卷一五九《崔群传》，第4188页
② 《历代名画记》卷三《记西京外州寺观画壁》，第70页
③ 《唐代墓志汇编》咸通一〇五，第2459页
④ 《全唐诗》卷六〇四，第6989—6990页
⑤ 《雍录》卷一〇《感业寺》，第225页
⑥ 〔宋〕谢维新：《事类备要·别集》卷二三《花门》，清文渊阁《四库全书》本
⑦ 《唐西京城坊考》卷四《西京·外郭城》，第94页
⑧ 《新唐书》卷八三《诸帝公主·郧国公主传》，第3656页

二，薨于安业里"①。金乡县主宅。唐金乡县主墓志云：县主"开元十年八月廿六日薨于京安业里第"②。京兆尹张去奢宅。张去奢墓志记载：其母为唐玄宗姨母燕国夫人窦氏。睿宗即位后，"凡在戚属，溥加荣授"，张去奢拜右卫率府仓曹参军。天宝六载（公元747年）三月十二日遘疾，薨于京师之安业里第。伯曾祖张俭、张大师、张延师三兄弟，"朱紫齐列，时人荣之"，有"三戟张氏"之称。去奢与其长兄左威卫将军去疑、次兄右卫将军去惑、弟太仆卿去逸、弟驸马都尉去盈，能克己励行，清白传家，因此"冠盖之里，以为美谈"。③左龙武军统军归诚郡王程怀直宅。贞元九年（公元793年），横海军节度使程怀直入朝朝觐，德宗优容之，依前检校右仆射兼龙武统军，赐安业里甲第。④宅内有池榭林木之胜，景色宜人。乡贡进士杨瑰宅。其夫人平昌孟氏墓志记载："夫人姓孟氏……大中四年十二月廿七日，遘疾终于安业里之□舍"⑤。韦某夫人李挂宅。据《唐故京兆韦府君夫人陇西李氏墓志铭并序》记载，夫人讳挂，让皇帝李宪四世孙，乾符五年（公元878年）十月二日，终于长安安业里私第。⑥

　　崇业坊位于皇城以南，朱雀门街西第一列，从北第五坊。《唐两京城坊考》"崇业坊"条下注文："《会要》言移玄都观至安善坊，疑安善为此坊之旧名。"⑦按：安善坊乃朱雀门街之东，第二列从北第六坊，在隋唐长安城中没有发现有两个名称相同的坊，也没有一坊用另一坊旧名的，由此可推知此坊名为"崇业"。坊内有玄都观，《唐会要》称："本名通达观，周大象三年，于故城中置，隋开皇二年，移至安善坊。"⑧然而，据《长安志》记载，宇文恺"以朱雀街南北尽郭，有六条高坡，象乾卦，故于九二置宫殿，以当帝王之居；九三立百司，以应君子之数；九五贵位，不欲常人居之，故置此观（玄都观）及兴善寺以镇之"⑨。由此可见，玄都观在大兴城修建之初就已经在崇业坊，与兴善寺东西相对，何来移入之说？又再次说明了"安善为此坊之旧名"之误。玄都观有道士尹崇，通三教，积儒书万卷，开元时卒。天宝中，道士荆胐亦出道

---

① 张庆捷、张童心：《唐代薛儆墓志考释》，载《文物季刊》1997年第3期，第69—71页。按："春秋二"，《全唐文补遗》为"春秋卌二"。
② 西安市文物管理委员会：《西安唐金乡县主墓清理简报》，载《文物》1997年第1期，第18页。
③ 《唐代墓志汇编》天宝一一〇，第1608—1609页。
④ 《旧唐书》卷一四三《程日华传附子怀直传》，第3905页。
⑤ 《全唐文补遗》第7辑，第127页。
⑥ 张蕴：《关于西安南郊华原出土的韦氏墓志初考（三）——遹遹公房和李夫人墓志》，载《考古与文物》2000年第1期，第59页。
⑦ 《唐两京城坊考》卷四《西京·外郭城》，第95页。
⑧ 《唐会要》卷五〇《观》，第1026页。
⑨ 《长安志》卷九《唐京城三》，第315页。

学,为时所尚,太尉房琯也待之以师礼,当时名士无不游荆公之门。玄都观中种植有大量桃树,每到春天桃花盛开之时,游人如织。元和十年(公元815年)刘禹锡自朗州承召至京师,恰逢玄都观桃花盛开,作《戏赠看花诸君子》诗曰:"紫陌红尘拂面来,无人不道看花回。玄都观里桃千树,尽是刘郎去后栽。"十四年后他再游玄都观,"荡然无复一树,唯兔葵燕麦动摇于春风耳",因又作绝句曰:"百亩中庭半是苔,桃花净尽菜花开。种桃道士归何处?前度刘郎今独来!"①又有福唐观,本为中宗长女新都公主宅,新都公主嫁武延晖,景云元年(公元710年)生子后,出家为道士,遂立为观。新昌观,天宝六载(公元747年),玄宗女新昌公主因驸马萧衡卒,奏请出家为女冠,立此观。检校左仆射兼吏部尚书崔群家庙。《崔相国群家庙碑》载:元和十四年(公元819年),唐宪宗诏崔群立家庙于长安崇业里,庙三室。②前司空同中书门下平章事王涯家庙。刘禹锡《代郡开国公王氏先庙碑》载:长庆三年(公元823年),王涯卜庙于西京崇业里,于是上章曰:"臣涯官秩印绶,品俱第三,请如式以奉宗庙。"获得穆宗批准。③

坊中又有太常丞李嗣真宅。高宗时太常寺缺黄钟,多次铸造都不能成,"嗣真居崇业里,疑土中有之",但不知道具体地点。一日,路上遇到一车,有铎声甚厉,嗣真说:"宫声也。"于是买回家,振于空地,有应者就挖掘,终于找到了黄钟,从此唐太常寺的乐器才齐全,声音才和谐了。④

永达坊位于皇城以南,朱雀门街西第一列,从北第六坊。坊内有华阳池、度支亭子。《辇下岁时记》记载:"新进士牡丹宴,或在永达亭子。"⑤王龟园林。王龟乃王播弟子,生性淡泊名利,不乐科举仕进,"以诗酒琴书自适","意在人外,倦接朋游",于永达坊园林深僻处创书斋,吟啸其中,称为"半隐亭"。⑥

道德坊位于皇城以南,朱雀门街西第一列,从北第七坊。坊内隋有澄虚观⑦,武德中废。隋唐时期,西京长安和东都洛阳均有道德坊,《长安志》不辨,将洛阳道德坊诸事,系于长安道德坊下,《唐两京城坊考》亦未加详察,照录《长安志》,以讹传

---

① 〔唐〕刘禹锡:《刘禹锡集》卷二四《元和十年自朗州承召至京戏赠看花诸君子》《再游玄都观绝句并引》,《刘禹锡集》整理组点校,卞孝萱校订,中华书局,1990年,第308页。
② 《全唐文》卷六八二,第6977页。
③ 《刘禹锡集》卷二《代郡开国公王氏先庙碑》,第19页。
④ 《新唐书》卷九一《李嗣真传》,第3797页。
⑤ 《长安志》卷九《唐京城三》,第316页。
⑥ 《旧唐书》卷一六四《王播传附王龟传》,第4281页。
⑦ 《两京新记》称"澄虚观",而《长安志》记作"澄灵观",《唐两京城坊考》改为"澄虚观"。

讹，^①如秦王浩宅、永昌县廨、金仙公主观及长宁公主宅俱应在洛阳道德坊。永昌县，乃垂拱四年（公元688年），武则天分河南、洛阳二县所置，治于洛阳城内道德坊。^②而长宁公主宅，《新唐书》本传明确记载："长宁公主……造第东都，使杨务廉营总。……东都废永昌县，主丐其治为府，以地濒洛，筑障之，崇台、蜚观相联属，无虑费二十万。"^③金仙公主观亦在东都。《大唐故金仙长公主志石铭并序》："暨主上（睿宗）嗣升大宝，仁先友爱，进封长公主，加实赋一千四百户焉。仍于京都双建道馆。……以壬申之年建午之月十日辛巳薨于洛阳之开元观"^④。但是，长安道德坊内也是有开元观的。开元年间，唐玄宗曾召道士申元之"入上都开元观"^⑤；大历中，杨凭有《长安春夜宿开元观》^⑥诗也可证之。

坊之东南隅，有废崇恩庙。垂拱四年（公元688年），武则天于长安道德坊立崇先庙以享武氏祖考。载初元年（公元690年），武则天称帝，改唐为周，后又于东都置太庙奉武氏七代神主，改西京崇先庙为崇尊庙，享祀如太庙之仪。神龙元年（公元705年）五月，中宗复位，恢复唐朝国号，迁武氏七庙神主于西京崇尊庙；二年（公元706年），还都长安后，改武氏崇尊庙为崇恩庙；次年二月，又令崇恩庙依照天授年间仪式享祭，又特令武氏崇恩庙斋郎取五品子充，由于太常博士杨孚的谏阻，其事乃寝。景云元年（公元710年），唐睿宗复位后，崇恩庙乃废毁。^⑦成德军节度使兼中书令王武俊家庙。^⑧唐末，有罗隐宅。他有《西京道德里》诗："秦树团团夕结阴，此中庄舄动悲吟。一枝丹桂未入手，万里苍波长负心。老去渐知时态薄，愁来唯愿酒杯深。七雄三杰今何在，休为闲人泪满襟。"^⑨

皇城以南，朱雀门街西第一列从北第八、九坊为光行坊和延祚坊。光行坊本名光显坊，"显"字犯中宗讳，长安中改称光行坊，一作光仁坊。^⑩东南隅有华州刺史宇文经野宅、观军容使鱼朝恩宅。延祚坊有李氏庙。元和五年（公元810年）二月，崔慎思殁

---

① 《隋唐西京坊里谱》，1999年，第371页。
② 《旧唐书》卷三八《地理志一》，第1422页。
③ 《新唐书》卷八三《诸帝公主·长宁公主传》，第3653页。
④ 《唐代墓志汇编续集》开元一四五，第553页。
⑤ ［元］赵道一：《历世真仙体道通鉴》卷三九《申元之》，明正统道藏本。
⑥ 《全唐诗》卷二八九，第3294页。
⑦ 《旧唐书》卷二五《礼仪志五》，第944、945、949页。
⑧ 《长安志》卷九《唐京城三》，第316页。
⑨ 《全唐诗》卷六五五，第7535页。
⑩ 《唐西京城坊考》卷四《西京·外郭城》，第96页。

于长安延祚里李氏之庙舍。①延祚坊南街即长安城正南门明德门。

四、朱雀门街西侧第二列诸坊

在朱雀门街西侧,皇城之南,第二列南北有九坊,从北向南依次为太平坊、通义坊、兴化坊、崇德坊、怀真坊、宣义坊、丰安坊、昌明坊、安乐坊。文献记载各坊东西为四百五十步,合661.5米,南北三百五十步,合514.5米;考古发掘测得各坊的南北从500米到590米不等,东西为683米②。开皇初,开凿清明渠,引泬水自丈八沟分支,经大安坊东南进入京城之南,又北流经安乐、昌明、丰安、宣义、怀真、崇德、兴化、通义、太平九坊之西,向北流入宫城。

太平坊位于皇城以南,朱雀门街西第二列,从北第一坊,北抵皇城南面含光门。(见图5-1)西南隅,本隋太保薛国公长孙览宅,后来其妻郑氏舍宅立为实际

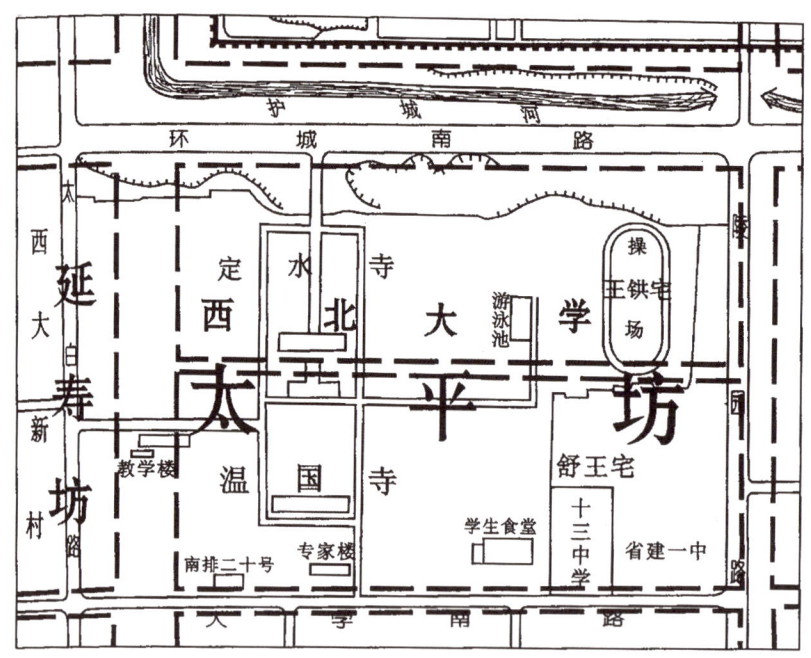

图5-1 太平坊遗址示意图

[选自〔清〕徐松撰,李健超增订:《增订唐两京城坊考》(修订版),三秦出版社,2006年,第175页]

---

① 《唐代墓志汇编续集》元和〇二六,第819页。
② 此数据出自中国科学院考古研究所西安唐城发掘队《唐代长安城考古纪略》,载《考古》1963年第11期,第604页。但1970年10月陕西省文管会钻探组对位于西安南郊何家村附近的兴化坊进行了考古钻探和实测工作,测得兴化坊实际上东西长应为654.7米,南北宽应为518.2米。(陕西省博物馆、文管会钻探组:《唐长安城兴化坊遗址钻探简报》,载《文物》1972年第1期,第45页)

寺。景龙元年（公元707年），殇帝为温王，改为温国寺。会昌六年（公元846年）①，改为崇圣寺。寺内净土院中有尹琳、吴道玄画，为京城之最妙。1982年12月下旬，西北大学修建宾馆餐厅时，挖掘出土大量唐代遗物，有束腰佛座残石、飞天线画残石（见图5-2）、贴金菩萨像残石、石经幢残片、开元通宝、方砖、板瓦、筒瓦、莲花纹瓦当等。李健超先生认为，这批文物应是隋实际寺、唐温国寺之遗物。②西门之北，本是隋荆州总管杨纪宅，开皇十年（公元590年），杨纪为慧能禅师舍宅立为定水寺。《历代名画记》记载：定水寺有王羲之题额，又有张僧繇、解倩、孙尚子之画。又有法寿寺。《太平广记》载："西京太平坊法寿寺有满师善九宫。"大理卿王璿曾经向他询问，禅师回答说："公某月当改官，似是中书门下，甚近玉阶。"又曾说："王锷一家尽成白骨。"后来都一一应验。③有武成王庙，其制如文宣王庙。④

图5-2 实际寺出土残石纹饰拓本（左为飞天线画残石，右为束腰佛坐残石）

（选自李健超：《隋唐长安城实际寺遗址出土文物》，载《考古》1988年第4期，第314页）

坊内有不少住宅。隋尚书左仆射赵芬宅。薛道衡撰《大将军赵芬碑铭》："公讳芬……（开皇）十四年薨于京师之太平里。"⑤曾某宅。《冥报记》载：隋有康抱者，其兄受杨玄感官，连坐当死，潜避于京师。大业十年（公元614年），被旧相识人曾某举发，抱因而被杀。曾宅在太平里，将入留守，忽见抱乘马前来索命，曾叩头谢罪，

---

① 《长安志》记为大中六年（公元852年）改为崇圣寺，而实际上是在会昌六年（公元846年）三月，唐武宗去世，宣宗即位后，五月左、右街功德使奏改。详参《旧唐书》卷一八下《宣宗本纪》，第615页。
② 李健超：《隋唐长安城实际寺遗址出土文物》，载《考古》1988年第4期，第316页
③ 《太平广记》卷二一五《满师》，第1649—1650页
④ 《大唐郊祀录》卷一〇《释奠武成王》，见《大唐开元礼》，第805页
⑤ 〔唐〕许敬宗编：《日藏弘仁本文馆词林校证》卷四五二，罗国威整理，中华书局，2001年，第151—152页

请为追福，才免于灾祸。①东南隅有舒王元名宅，后来为京兆府学，开元时户部尚书唐思贞居之。②卫州刺史李君夫人杨十戒宅。据其墓志记载，夫人乃隋司徒公观德王杨雄之女，贞观十八年（公元644年）十二月十日终于长安之太平里第。③袁夫人宅。按墓志：夫人袁氏，圣历二年（公元699年）十月卒于乾封县太平里第。④节愍太子妃杨氏宅。《节愍太子妃杨氏墓志铭》云：开元十七年（公元729年），中宗节愍太子李重俊妃杨氏薨于京师太平里第之内寝。⑤岐州司法参军杨点宅。杨点墓志载："公弘农华阴人，讳点……开元十七年六月廿六日终于西都太平里第"⑥。左龙武军将军施宝宅。施宝墓志记："将军讳宝……天宝五载十月一日薨于京兆太平里之私第"⑦。御史大夫王锳宅。《封氏闻见记》记载：天宝中，王锳生活奢侈，宅第华丽，太平坊有其宅。"宅内有自雨亭子，檐上飞流四注，当夏处之，凛若高秋。又有宝钿井栏，不知其价。"⑧给事中郑云逵宅，宅东国医王彦伯宅。贞元中，国医王彦伯住太平里，与给事中郑云逵比舍住。新进士萧俛忽患寒热，到彦伯家看病，误入云逵第。云逵为诊其臂说道："据脉候，是心家热风。云逵姓郑，若觅国医王彦伯，东邻是也。"⑨陆氏夫人宅。柳宗元《叔妣吴郡陆氏夫人志人》云："夫人讳则……贞元十二年十一月己亥，终于长安太平里第。"⑩户部尚书王源中宅。《唐摭言》记："王源中，文宗时为翰林承旨学士。暇日与诸昆季蹴鞠于太平里第"⑪。京兆尹罗立言宅。"甘露之变"失败后，宦官仇士良等命左、右神策副使各率禁兵五百人，大杀朝官，又遣兵大索城中，"收罗立言于太平里"⑫。邕管巡官王定保宅。《唐摭言》称："定保生于咸通庚寅岁，时属南蛮骚动，诸道征兵自是联翩，寇乱中土，虽旧第太平里，而迹未尝达京师。"⑬庐江何柽姬王桂华宅。《唐庐江何生（柽）故姬（王桂华）墓志铭并序》记载：王桂华归于进士何柽，

---

① 《冥报记》卷下，第61—62页。
② 《长安志》卷九《唐京城三》，第317页。
③ 《唐代墓志汇编续集》贞观〇四〇，第31页。
④ 《唐文拾遗》卷六五《袁氏墓志》。
⑤ 《全唐文》卷二三二，第2351页。
⑥ 《全唐文补遗》第2辑，第19页。
⑦ 《唐代墓志汇编续集》天宝〇三〇，第602页。
⑧ 《封氏闻见记校注》卷五《第宅》，第44—45页。
⑨ 《太平广记》卷二四二《萧俛》，第1867页。
⑩ 《全唐文》卷五九〇，第5970页。
⑪ 《唐摭言校注》卷一五《杂记》，第297页。
⑫ 《资治通鉴》卷二四五，唐文宗太和九年十一月，第8035页。
⑬ 《唐摭言校注》卷三《散序》，第46页。

至乾符二年（公元875年）六月六日，卒于长安太平坊。①中书侍郎同中书门下平章事裴坦②宅。释子兰有《太平坊寻裴郎中故宅》③诗，坦曾为职方郎中。骑都尉薛良佐宅。薛良佐塔铭曰："朔巳亥日辛酉，君奄然卒于西京太平里之第"④。另外，坊中还有乐官院，见安兴坊下。《乐府杂录》记载：元和中，上都广化里、太平里兼各署乐官院一所。⑤

通义坊位于皇城以南，朱雀门街西第二列，从北第二坊。西南隅，隋时有唐高祖旧宅。武德元年（公元618年），改为通义宫；六年，高祖临幸此宅时，曾"大宴群臣，引见邻里父老，班赐有差"⑥。贞观元年（公元627年），唐太宗下诏："通义宫皇家旧宅，制度宏敞，以崇神祠。敬增灵祐，宜舍为尼寺，仍以兴圣为名。"⑦立为兴圣尼寺。景云二年（公元711年），寺内堂前枯柳树重生，枝条郁茂，有敕封植。⑧

贞观时，坊中有左光禄大夫德广郡公李誉宅。李誉贞观七年（公元633年）八月十六日薨于雍州通义里。⑨西北隅，本左光禄大夫李安远宅，武周时高平王武重规居住，神龙中又为中宗女成安公主宅，开元初为右羽林大将军彭国公李思训所居，后又为蔡国公主宅。开元十八年（公元730年），蔡国公主舍宅立为九华观，即思训宅。客舍。唐皇甫慎墓志记述：监门卫长史皇甫慎因遘疾在京，以开元十九年（公元731年）三月二日终于京兆通义坊之客舍。⑩东南隅，户部尚书杨纂宅。《旧唐书·杨纂传》记载：杨纂，略涉经史，尤明时务。大业中，进士举。李渊进军关中时，杨纂于长春宫谒见。累授侍御史、考功郎中。贞观初，为长安令，又除吏部侍郎。"前后典选十余载，铨叙人伦，称为允当。"后历太常少卿、雍州别驾、尚书左丞、太仆卿，迁户部尚书。永徽初卒。⑪荆南节度使同中书门下平章事魏国公崔铉及其弟崔钋、崔谔兄弟三人宅第。崔钋墓志载："孝廉讳钋……皇考元略，郑滑节度使、检校吏部尚书、博陵郡公，赠右仆射。孝廉即博陵公之第二子。……以元和十五年四月十六日终于通义里之私

---

① 《全唐文补遗》第7辑，第425页。
② 《长安志》卷九《唐京城三》记为"裴垣"误。裴坦《新唐书》有传。
③ 《全唐诗》卷八二四，第9288页。
④ 《全唐文》卷四〇三，第4117页。
⑤ 〔唐〕段安节：《乐府杂录·熊罴部》，吴企明点校，中华书局，2012年，第121—122页。
⑥ 《太平御览》卷一七三《居处部一·宫》，第678页。
⑦ 《全唐文》卷九《舍旧宅造兴圣寺诏》，第107页。
⑧ 《西京新记辑校》卷三，第26页。
⑨ 董刚：《新见唐李誉墓志综考》，载《浙江师范大学学报》（社会科学版）2015年第6期，第105页。
⑩ 《唐代墓志汇编》开元三二四，第1381页。
⑪ 《旧唐书》卷七七《杨纂传》，第2673页。

第"。崔谔墓志载:"府君讳谔……考讳元略,皇检校吏部尚书、郑滑节度使、赠右仆射。府君仆射之第三子。"①二人墓志均出土于洛阳市伊川县彭婆镇许营村。而《新唐书·宰相世系表二下》记有:崔元略子"铉字台硕,相武宗、宣宗"②。根据唐代大族多聚族而居的习俗,崔元略三子铉、铢、谔很有可能同居通义坊。朔方节度使李进贤宅。《剧谈录》记载:"通义坊刘相国宅,本文宗朝朔方节度使李进贤旧第。进贤起自戎旅,而倜傥瑰玮,累居藩翰,富于财宝。……厥后进贤徙居长兴,其宅互为他人所有。咸通中,刘相国罢北京亚尹,复为翰林学士,数岁后,自承旨入相,尚以十千税焉。"③秘书正字徐夤寓居。按徐夤有《义通里寓居即事》诗,其诗曰:"家住寒梅翠岭东,长安时节咏途穷。"④按:唐长安城内无"义通"坊,只有"通义"坊,故推测此处应为"通义里"之误。据此可知,此处仅是徐夤寓居之所,而非其宅第。刘公宅。《太平广记》记有:陈磻叟,长庆中注《维摩经》进上,后度为道士,隶名于昊天观。咸通中,降圣日,佛、道二教论议,道教屡败,懿宗"令后辈新入内道场,有能折冲浮图者,论可自荐。磻叟摄衣奉诏。……自是连挫数辈",授至德县令。后诣阙上封事,"通义刘公引为羽翼"。⑤

兴化坊位于皇城以南,朱雀门街西第二列,从北第三坊。从1970年10月至1971年6月,陕西省文管会钻探组对兴化坊进行了考古发掘,出土了大量文物,发现了兴化坊范围(即四至):坊南路大致在当时陕西省体育学院南,在八一学校和陕西省医院北墙以内探得坊北路,坊西路从陕西省安装公司家属院北界向南至陕西省汽车运输队门前大路以南坎下,坊东路则在陵园路东边沿向东直至省体育学院室内体操房前。(见图5-3)根据探测的范围实测兴化坊实际东西长654.7米,南北宽518.2米。此外,也基本探清了坊内东西大街和地下遗迹保存情况。⑥根据文献记载,坊内隋有成道寺,大业七年(公元611年)废。西南隅,原为隋右卫大将军驸马都尉洹阳公元孝矩宅,开皇七年(公元587年)孝矩舍宅立为空观寺。《续高僧传·释慧藏传》记载:"开皇七年,文帝承敬德音,远遣征请。……杖锡京辇,仍即谒帝承明,亟陈奥旨。……以大业元年十一月

---

① 乔栋、李献奇、史家珍编著:《洛阳新获墓志续编》二二〇《唐故仆寺进马博陵崔府君(谔)墓志铭并序》、二二一《唐故前明经博陵崔府君(铢)墓志》,科学出版社,2008年,第220、221页。
② 《新唐书》卷七二下《宰相世系表二下》,第2788页。
③ 〔唐〕康骈:《剧谈录》卷下《刘相国宅》,见《唐五代笔记小说大观》(下),第1479页。
④ 《全唐诗》卷七〇九,第8158页。
⑤ 《太平广记》卷二六五《陈磻叟》,第2078页。
⑥ 陕西省博物馆、文管会钻探组:《唐长安城兴化坊遗址钻探简报》,载《文物》1972年第1期,第45页。

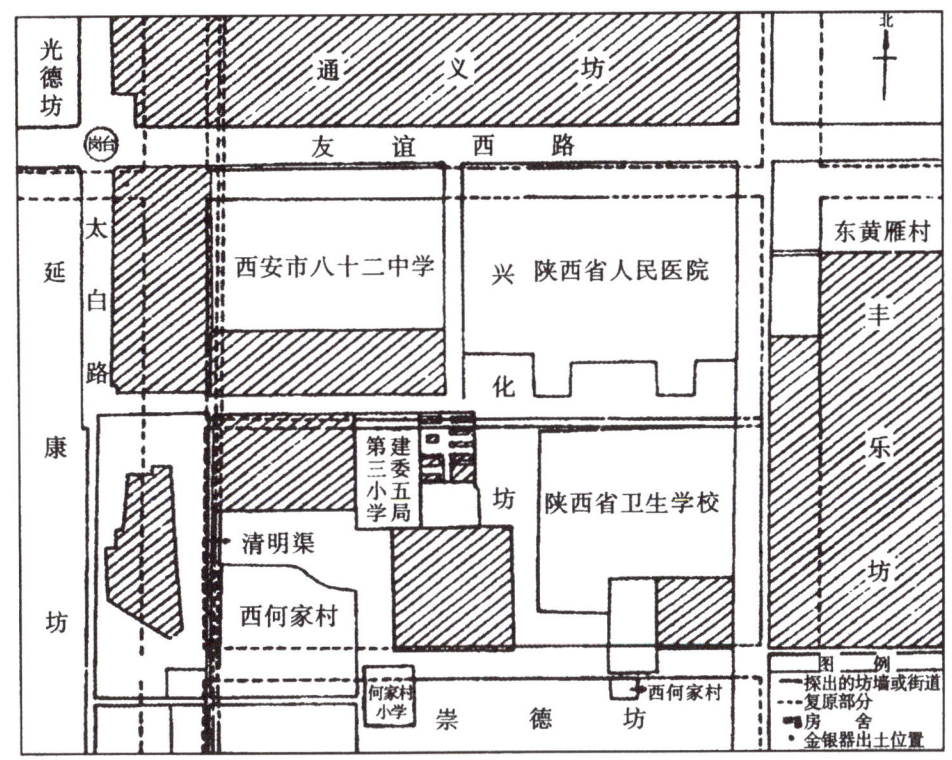

图 5-3 唐长安城兴化坊钻探实测复原图

[选自〔清〕徐松撰，李健超增订：《增订唐两京城坊考》（修订版），三秦出版社，2006年，第179页]

二十九日遘疾卒于空观寺。"①《历代名画记》记：寺有袁子昂画，又有三绝，是佛殿门扇所绘孔雀及二龙。

兴化坊西门之北，为邠王李守礼宅。李守礼为章怀太子李贤之子。据《大唐故雍王赠章怀太子墓志铭》记载，李贤"文明元年二月廿七日终于巴州之公馆"，其"妃清河房氏……以景云二年龙集荒落六月十六日遘疾，薨于京兴化里之私第"。②这里就是指其子邠王守礼之宅。又有贞观时尚书右仆射密国公封德彝宅，中宗时嗣虢王邕居之。东门之南，京兆尹孟温礼宅。正仪大夫行仪王傅上柱国奉明县开国子韦济宅。其墓志即其族叔韦述所撰。据其墓志载，韦济乃韦思谦之孙，韦嗣立第三子，天宝十三载（公元754年）十月十一日终于京城之兴化里第。③晋国公裴度宅及池亭。《独异志》曰："唐裴晋公寝疾永乐里，暮春之月，忽偶游南园，令家仆童昇至药栏"④。所谓"南园"即

---

① 《续高僧传》卷九《隋西京空观道场释慧藏传》，第321页
② 《唐代墓志汇编》景云〇二〇，第1130—1131页
③ 《唐代墓志汇编续集》天宝〇九九，第654页
④ 〔唐〕李冗：《独异志》卷上，见《唐五代笔记小说大观》（上），第917页

此池亭,从永乐坊来看在南,故称南园。《太平广记》记载:有太府卿崔洁在长安,与进士陈彤同往朱雀门街西寻亲故,过街后偶逢卖鱼。令仆人取钱买鱼,问:"何处去得?"仆从回答:"裴令公亭子甚近。"于是就到亭子做鱼吃。① 白居易有《宿裴相公兴化池亭》诗曰:"林亭一出宿风尘,忘却平津是要津。松阁晴看山色近,石渠秋放水声新。……何似抡才济川外,别开池馆待交亲。"② 《唐诗纪事》也记有:"晋公度初立第于街西兴化里,凿池种竹,起台榭。"后来贾岛下第,衔怨裴度,于是在其池亭题诗曰:"破却千家作一池,不栽桃李种蔷薇。蔷薇花落秋风起,荆棘满庭君始知。"③ 讥讽裴度生活奢侈。租庸使刘震宅。《太平广记·无双传》:唐有王仙客,为刘震外甥。泾原兵变时,刘震装金银罗锦二十驮,命仙客押领出开远门,寻一客店住下。刘震及妻女三人则随后前往会合。等到日落,仙客不见刘震至,打听得知已为叛军拘押。京城收复后,王仙客入京寻访,遇见刘震原仆人苍头塞鸿,询问舅舅家人,鸿回答:"并在兴化宅。"④ 1970年10月,西安南郊何家村发现两瓮唐代窖藏的文物,共计1000多件,其中金银器物有270件,此外还有宝玉珍饰、贵重药物、中外钱币、银铤、银饼、银板等。根据文物中的开元十九年(公元731年)的"庸调"银饼和金银器物的形制、纹饰,以及同瓮出土的中外钱币等,推断这批文物的时代下限应在盛唐晚期(约8世纪末期)。文物出土地在兴化坊的坊街以南,北距坊街55米,西距清明渠遗迹约240米,在兴化坊中部偏西南部位。因此,有人认为这批文物出土地点在唐长安城兴化坊邠王府的部位上。⑤ 然而,齐东方教授根据唐人对长安城坊内格局和各个区块的表述方法,指出何家村窖藏的地点不应在邠王府的范围内,而在邠王府的东部,而且邠王李守礼早在安史之乱前十五年已经死去,其王府已不存在,何家村出土的一些器物时代明显要晚于李守礼生活的时期,"何家村遗宝出土地点既不在邠王府,也不是李守礼的物品";他认为"何家村遗宝与租庸使刘震有关,却不是个人财产,而是收缴上来的庸调及官府的财宝,在突遇泾原兵变战乱时,刘震正是负责管理着官府的财物的官员,才有机会和条件随身携带",由此推定"何家村遗宝埋藏地点是刘震宅,埋藏时间为德宗建中四年

---

① 《太平广记》卷一五六《崔洁》,第1125页。
② 《全唐诗》卷四四九,第5057页。
③ 《唐诗纪事校笺》卷四〇《贾岛》,第1087页。
④ 《太平广记》卷四八六《无双传》,第4002—4003页。
⑤ 陕西省博物馆、文管会革委会写作小组:《西安南郊何家村发现唐代窖藏文物》,载《文物》1972年第1期,第34页。图5—3亦选自该文。

（783年）泾原兵变爆发之时"。①虽然对于何家村出土的遗物所属目前尚无定论，但齐东方先生的分析解释了前文中的矛盾之处，显然更具说服力。

都官郎中窦皋宅。卢元卿《二王书录跋尾》记：贞元十一年（公元795年）正月五日，于都官郎中窦皋兴化宅见王廙书、钟会书各一卷。太仆少卿萧遇宅。据萧遇墓志记载，萧遇"贞元十三年三月十六日终于兴化里之私第"②。长安主簿李少安宅。权德舆《长安主簿李君墓志铭并序》："君讳少安……元和三年三月乙酉，感疾不起于长安兴化里第"③。华州参军萧君夫人张氏宅。《萧君妻张氏墓志》："唐元和六年十月十二日，华州参军萧君夫人敦煌张氏，春秋卅一，疾终长安兴化里。"④职方郎中萧彻宅。《河东记》载：韦齐休，大和八年（公元834年）卒，十数日忽于三更时呼其下："萧三郎来相看，可随事具食，款待如法。"萧三郎即职方郎中萧彻，"是日卒于兴化里"。⑤光禄卿萧儹宅。《唐萧儹墓志》记载："大中十年七月五日，薨于长安兴化里之私（第）"⑥。从上面萧遇、华州参军萧君、萧彻宅皆在此来看，兴化坊可能是唐后期萧氏在长安城中聚居的重要地点。

崇德坊位于皇城以南，朱雀门街西第二列，从北第四坊，本名弘德坊，神龙初避孝敬皇帝李弘讳而改。西南隅，本隋文帝第三子秦王杨俊宅，仁寿元年（公元601年），杨俊舍宅立为济度尼寺。东门本道德尼寺，亦隋时所立。贞观二十三年（公元649年），徙济度寺于安业坊之修善寺，以其所为灵宝寺，尽度太宗嫔御为尼以处之；徙道德寺额于嘉祥坊之太原寺，以其所为崇圣宫，为太宗别庙。仪凤二年（公元677年），并为崇圣僧寺。《辇下岁时记》载：进士樱桃宴在崇圣寺佛牙阁上。崇圣寺有徐贤妃妆殿，寺西殿有董伯仁画，东殿有展子虔、郑德文画。东北隅，隋开皇二年（公元582年）立月爱僧寺，贞观九年（公元635年）徙丰乐坊之证果寺于此，改为尼寺。西北隅，废报恩寺。嗣虢王李邕，景龙中娶韦庶人妹，舍宅立寺。韦氏败，寺废。西北隅另有铸钱院。⑦

坊内民居有特进芮国公豆卢宽宅。《豆卢宽碑》曰："公讳宽……永徽元年六月四

---

① 齐东方：《何家村遗宝的埋藏地点和年代》，载《考古与文物》2003年第2期，第70—74页。
② 王梦：《唐〈萧遇墓志〉考释》，见陕西历史博物馆编：《陕西历史博物馆馆刊》第22辑，三秦出版社，2015年，第246—250页。
③ 《全唐文》卷五〇四，第5126页。
④ 《全唐文补遗》第7辑，第87页。
⑤ 《太平广记》卷三四八《韦齐休》，第2760页。
⑥ 郭桂坤：《〈唐萧儹墓志〉考释——以仕途迁转为中心》，载《文献》2012年第3期，第75页。
⑦ 《长安志》卷九《唐京城三》，第318页。

日薨于京城之弘德里第"①。范阳张氏宅。《唐故范阳张氏墓志铭》:"夫人讳某……天宝八载五月廿五日,搆(遘)疾卒于长安县崇德里之私第"②。朝散大夫守秘书少监周渭宅。权德舆撰周渭墓志载:周渭以年老致仕,"先筑室于崇德里,有嘉树修竹,休沐吟咏,以文自娱,每得一佳句,如获官禄,恬于进取"。永贞元年(公元805年)冬十一月,病终于第。③右卫率府胄曹裴君夫人元氏宅。《唐故右卫率府胄曹参军裴府君夫人河南元氏墓志铭并序》:"维唐贞元己卯岁粤正月廿有二日,故右卫率府胄曹裴君夫人河南元氏夭于京兆之崇德里"④。司勋员外郎窦巩宅。褚藏言《窦巩传》:"府君讳巩……元公(元稹)下世,公亦北归,道途遘疾,迨至辇下,告终于崇德里之私第"⑤。刘禹锡《秋日题窦员外崇德里新居》诗曰:"长爱街西风景闲,到君居处暂开颜。清光门外一渠水,秋色墙头数点山。疏种碧松通月朗,多栽红药待春还。莫言堆案无余地,认得诗人在此间。"⑥河东节度使兼侍中李光颜宅。穆宗赐第,为别宅。⑦罗隐宅。罗隐有《西京崇德里居》⑧诗为证。

怀真坊位于皇城以南,朱雀门街西第二列,从北第五坊。文献中有"怀贞"和"怀真"之异。黄永年先生在《类编长安志》"怀真坊"条下校注时有"案:宋《志》怀贞坊"⑨。辛德勇先生亦在《两京新记辑校》"怀贞坊"条的校勘记中认为:"怀贞坊,'贞'原作'真',岑校:怀真,《长安志》九、《城坊考》四及长安、咸宁两县志图均作怀贞,《城坊考》引苏颋《唐璿碑》及《许棠诗》亦同,此作怀真,当宋人讳改,然由是可见此残卷本自宋钞,非唐代钞本也。"⑩杨军凯根据近年来出土的隋唐墓志中,唐人书写时为"怀真里"或"怀真私第",未发现记为"怀贞"的墓志,排除刻工误将"贞"写为"真"的人为因素,认为"毕沅校正的《长安志》卷九所写的'怀贞坊',应写为'怀真坊'的笔误"。⑪由此来看,此坊名当为"怀真"而非"怀贞"。

---

① 张沛编著:《昭陵碑石》,三秦出版社,1993年,第117—118页。
② 《全唐文补遗》第5辑,第381页。
③ 《全唐文》卷五〇六,第5149—5150页。
④ 《唐代墓志汇编续集》贞元〇四九,第768页。
⑤ 《全唐文》卷七六一,第7911页。
⑥ 《全唐诗》卷三五九,第4053页。
⑦ 《类编长安志》卷四《宅》,第106页。
⑧ 《全唐诗》卷六五五,第7532页。
⑨ 《类编长安志》卷二,第45页。
⑩ 《两京新记辑校》卷三,第28页。
⑪ 杨军凯:《隋唐长安城怀真坊坊名考》,见荣新江主编:《唐研究》第17卷,北京大学出版社,2011年,第515—520页。

武则天曾以其母号太真夫人，讳"真"字，遂改为怀贞坊，神龙元年（公元705年）复旧。

东北隅，有施、巫等八州邸。乾封元年（公元666年），分长安县置乾封县，理怀真坊，长安三年（公元703年）废乾封县。① 西南隅，有介公庙，本御史大夫乐思晦宅。贞观初，唐太宗下诏："介国公宇文氏落、邳国公杨行恭二王之后，礼数宜隆，寝庙未修，廪饩多缺，非所以追崇先代，式敬国宾，今可令有司量置国官，营修庙宇。"② 在怀真坊修介公庙，懿宗咸通中又诏增修。惠昭太子庙。惠昭太子李宁，宪宗长子，元和四年（公元809年）立为皇太子，六年薨，谥曰惠昭。《长安志》引《礼阁新仪》称"元和八年置庙"，《册府元龟》则称"七年，立庙在怀贞坊"③，庙置官吏，四时置享。

坊里之宅第，有荥阳县令陈子绰宅。陈子绰并妻前王氏后任氏墓志称："君讳子绰……麟德元年十月廿五日，卒于怀真里之私第。"④ 尚药侍御医蒋君夫人李宝手宅。蒋夫人墓志云："夫人讳宝手……粤以咸亨四年十一月廿日终于长安之怀真里第。"⑤ 雍北府果毅都尉萧怀举宅。萧君墓志谓：萧怀举以调露元年（公元679年）十二月十九日卒于怀真里私第。⑥ 乾封县主簿樊浮丘宅。樊浮丘夫人李氏墓志记：夫人以垂拱元年（公元685年）三月廿五日，遘疾逝于西京怀真里第。⑦ 户部尚书毕构宅。横街之北，尚书右仆射唐休璟宅。苏颋《右仆射太子少师唐璟神道碑》："公讳璟，字休璟……延和元年七月戊子薨于长安怀真里第。"⑧ 彭州刺史韦慎名宅。韦慎名于开元十五年（公元727年）正月十三日寝疾，终于西京怀真里第。⑨ 尚书膳部员外郎崔藏之宅。千唐志斋藏《唐崔藏之墓志》记载："君讳藏之……天宝九载十一月廿日，遘疾终于京兆怀真私第。"⑩ 义成军节度使驸马都尉韦让宅。大中三年（公元849年），韦让侵街造舍，被御

---

① 《元和郡县图志》卷一《关内道一》，第4页。
② 《大唐郊祀录》卷一〇《飨先代帝王》，见《大唐开元礼》，第807页。
③ 《册府元龟》卷二六一《储宫部·追谥》，第3105页。
④ 《全唐文补遗》第7辑，第273页。
⑤ 杨军凯、陈昊：《新出蒋少卿夫妇墓志与唐前期的蒋氏医官家族》，见《唐研究》第17卷，第252页。
⑥ 李阳：《唐〈萧怀举墓志〉简考》，见《碑林集刊》（九），第171—172页。
⑦ 《全唐文补遗》第3辑，第473页。
⑧ 《全唐文》卷二五七，第2605—2606页。
⑨ 陕西省考古研究所、西安市文物保护考古所：《唐长安南郊韦慎名墓清理简报》，载《考古与文物》2003年第6期，第37页。
⑩ 吴钢主编：《全唐文补遗》（千唐志斋新藏专辑），三秦出版社，2006年，第224—225页。

史举劾。

宣义坊位于皇城以南,朱雀门街西第二列,从北第六坊。隋有应法、宝积二寺,后废。

东门之北,有侍中王德正宅,后来张说修葺后,为别宅。有叛臣安禄山池亭。天宝九载(公元750年),安禄山入朝,唐玄宗诏赐永穆公主池亭为游宴之地。① 刘得仁有《宿宣义里池亭》诗云:"暮色绕柯亭,南山出竹青。……此中休便得,何必泛沧溟!"② 姚合也有《题宣义池亭》诗:"春入池亭好,风光暖更鲜。……暂来还愈疾,久住合成仙。迸笋摧阶起,垂藤压树偏。"③ 杨国忠宅。《旧唐书》载:杨国忠"于宣义里构连甲第,土木被绨绣,栋宇之盛,两都莫比"④。朱祥宅。朱祥妻蔺夫人龛铭载:"夫人河西蔺氏……天宝七载秋七月……终于长安之宣义里。"⑤ 司徒致仕李逢吉宅,宅内园林甚盛。⑥ 王郎中宅。刘禹锡有《题王郎中宣义里新居》诗云:"爱君新买街西宅,客到如游鄠杜间。……门前巷陌三条近,墙内池亭万境闲。见拟移居作邻里,不论时节请开关。"⑦ 王稷亭子。元和十三年(公元818年)四月,荆南节度使王锷之子稷,进永宁里宅及宣义里亭子。王锷"累居大镇,厚殖财货,营第宅颇逾侈",又请京兆府籍坊来扩展其亭榭。⑧ 郑谷宅。郑谷有《宣义里舍冬暮自贻》⑨诗为证。此坊因位于外郭城南部,距离宫城、皇城、东市和西市等政治、经济中心较远,人烟较少,再加上其西半部的清明渠提供了充足的水源,因此坊中官僚显贵的园林池亭较多,是他们宴游的好去处。

丰安坊位于皇城以南,朱雀门街西第二列,从北第七坊,即长安外郭城南部。隋有宣化尼寺。武德中迁至永平坊。又有独孤思敬宅。《(大)周朝散大夫行定王府掾独孤府君故夫人杨氏墓志铭并序》:"夫人杨氏……垂拱三年岁次丁亥四月十日,终于丰安里之私第"⑩。杨氏为独孤思敬继室。户部尚书裴宽宅。苏郎中宅。刘禹锡有《和苏郎中寻丰安里旧居寄主客张郎中》⑪诗。王涯林亭。温庭筠《题丰安里王相林亭二首》

---

① 《安禄山事迹》卷上,第80—81页。
② 《唐诗纪事校笺》卷五三《刘得仁》,第1454页。
③ 《全唐诗》卷四九九,第5678页。
④ 《旧唐书》卷一〇六《杨国忠传》,第3245页。
⑤ 《全唐文补遗》第3辑,第82页。
⑥ 《长安志》卷九《唐京城三》,第319页。
⑦ 《全唐诗》卷三五九,第4054页。
⑧ 《册府元龟》卷一六九《帝王部·纳贡献》,第2033页。
⑨ 《全唐诗》卷六七六,第7748—7749页。
⑩ 中国社会科学院考古研究所编著:《唐长安城郊隋唐墓》,文物出版社,1980年,第55—56页。
⑪ 《全唐诗》卷三六一,第4078页。

其一:"花竹有薄埃,嘉游集上才。白蘋安石渚,红叶子云台。"①据考证王相即指王涯。②

昌明坊位于皇城以南,朱雀门街西第二列,从北第八坊。全坊本为隋文帝第五子汉王杨谅宅。杨谅被杀后,赐伶官,属家令寺。贞观中,日南王入朝,诏于此营日南王宅第。他回国后,宅遂废,复为家令寺园。

安乐坊位于皇城以南,朱雀门街西第二列,从北第九坊,西即安化门。坊中有叛臣李希烈宅。③户部侍郎兼殿中监王锷旧宅。王锷《请舍宅为观表》:"臣旧宅在城南安化门内道东第一家,祖父相传,竹树犹茂,已更数代,垂向百年。……稍远嚣尘。臣于此中选其胜处,减兼官之禄俸,回累赐之金帛,尽除遗堵,创建遵(道)堂。"④处士杜博乂宅。《唐故处士杜君之墓志铭并序》:"君讳博乂……贞观八年七月十七日寝疾,终于长安县安乐里之第"⑤。据李郢《奉陪裴相公重阳日游安乐池亭》⑥诗,可知坊中亦有池亭。

五、朱雀门街西侧第三列诸坊

在朱雀门街西侧,皇城之南,第三列从北向南九坊依次为延寿坊、光德坊、延康坊、崇贤坊、延福坊、永安坊、敦义坊、大通坊、大安坊。文献记载各坊东西为六百五十步,合955.5米,南北三百五十步,合514.5米;而考古发掘测得各坊的南北从500米到590米不等,东西均为1020米。隋开皇三年(公元583年),引交水开凿永安渠,经大安坊之西南入长安外郭城,又北流经大通、敦义、永安、延福、崇贤、延康六坊之西,在光德坊西北隅过漕渠,北流经布政等坊,又一直向北,最后北注于渭水。

延寿坊位于皇城以南,朱雀门街西第三列,从北第一坊,西市之东。隋有惠觉寺,大业七年(公元611年)废弃。南门之西,隋有刑部尚书万安公李圆通宅,开皇六年(公元586年)圆通舍宅立为慈门寺。神龙元年(公元705年),中宗为懿德太子追福,遂改名为懿德,并加以修缮。⑦寺之禅院内有大石臼,重五百斤,相传为隋末鄠县人法

---

① 《全唐诗》卷五八一,第6738页。
② 陶敏:《全唐诗人名汇考》,辽海出版社,2006年,第436页。
③ 《长安志》卷九《唐城三》,第319页。
④ 《唐两京城坊考》卷四《西京·外郭城》,第102页。
⑤ 《唐代墓志汇编续集》龙朔〇三〇,第137页。
⑥ 《全唐诗》卷五九〇,第6852页。
⑦ 《长安志》卷一〇《唐京城四》,第330页。

通自终南山扛来。法通少出家,初极尪劣,被人轻视。于是发愤,乞愿壮健。一天在树下休息,梦见大人遗三驮筋,使通吃之,刚吃一驮,便被惊醒。从此他就健壮特异,举大木石轻而易举,力兼百人,时人咸伏,以为神力。①《历代名画记》记:懿德寺三门西廊东有静眼画山水。1997年3月,西北工业大学附属小学新建教学楼挖地基时,发现唐智藏禅师舍利塔铭及舍利石函、铜函、金钵等一批重要文物。其中《智藏禅师舍利塔铭文》记载:雍州长安县丰德寺大德沙门智藏禅师,大唐(武德)三年被皇帝召入京,充十大德住持,七年四月十五日去世,次年四月弟子僧献、小昙等于慈门寺为禅师建舍利塔,并造龙华浮图一座。由于塔铭的发现,可以知道:今西安市城西南西北工业大学附属小学新建教学楼的地方,就是隋唐长安城慈门寺即懿德寺所在。②宝应经坊。大历十二年(公元777年),淮西节度兵马使李重倩舍所居延寿里宅为佛经坊,唐代宗赐名宝应一切经坊。③

坊内也有许多宅第分布。右勋卫王灵仙宅。《大唐故右勋卫王君墓志》记载:"君讳灵仙……贞观十五年岁次辛丑三月壬戌朔十日辛未终于长安延寿第"④。史诃耽宅。1986年5月,宁夏固原博物馆考古队对固原县南郊乡小马庄村唐代史诃耽夫妇墓进行发掘,出土青石质地墓志一合——《唐故游击将军虢州刺史直中书省史公墓志铭并序》。据墓志记载,史诃耽,为昭武九姓之一的史国王后裔,曾祖尼为北魏摩诃大萨宝、张掖县令;祖思,北周京左师萨宝、酒泉县令;父陀,隋左领军、骠骑将军。武德九年(公元626年),史诃耽别敕授左二监,不久奉敕直中书省翻译朝会。其夫人康氏,贞观四年(公元630年)九月十日终于雍州长安县延寿里。⑤另据《唐会要》记载,永徽元年(公元650年),中书令褚遂良抑买中书译语人史诃担宅,被监察御史韦仁约弹劾。⑥根据任职时间和姓名,可以推断这里的史诃担即墓志中的史诃耽。坊东南隅,因"土地平敞,水木清茂,为京城之最"⑦,因而先后有多位显贵的宅第位于此处。隋有齐州刺史卢贲宅。后来这所宅子"居者辄死",很少有人再敢居住。唐初,裴行俭居于此宅,

---

① 《两京新记辑校》卷三,第35—36页。法通食筋得力一事,《太平广记》卷九五《法通》引《西京记》为"懿德寺",《续高僧传》卷二七《唐京师法海寺释法通传》则记为"法海寺"。
② 呼林贵、刘合心、徐涛:《唐智藏禅师舍利塔铭的发现及相关历史地理问题探索》,见西安碑林博物馆编:《碑林集刊》(五),陕西人民美术出版社,1999年,第60—65页。
③ 《册府元龟》卷八二一《总录部·崇释教》,第9760页。
④ 《唐代墓志汇编续集》贞观〇二五,第24页。
⑤ 罗丰:《固原南郊隋唐墓地》,文物出版社,1996年,第55、69—72页。
⑥ 《唐会要》卷六一《御史台中·弹劾》,第1257页。
⑦ 《长安志》卷一〇《唐京城四》,第330页。

关于裴行俭居住此宅的时间,《两京新记》记为"高祖末",《长安志》记为"高宗末",而张说所撰《赠太尉裴公神道碑》记载:"永淳元年,诏公(裴行俭)为金牙道大总管,未行遘疾。四月二十八日,薨于京师延寿里"①。永淳元年即公元682年,为唐高宗末年的年号,据此可知《两京新记》之误。裴行俭居此宅初,"有狂僧突入,髡其庭中大柳树,中有豕走出,径入北邻。其家数月暴死尽",自此就没有人暴死之事发生了。②武周时,河内王武懿宗又居此宅。其为武则天伯父士逸之孙,父元忠,天授年被封为河内郡王。此人极其无能且残忍异常。当时契丹孙万荣寇河北,武则天命懿宗为大总管征讨,军至赵州,听闻贼将至冀州,懿宗惧,就退据相州。后又令其安抚河北诸州,对于胁从契丹又回来的百姓,"懿宗以为同反,总杀之,仍生刳取其胆,后行刑,流血盈前,言笑自若"。又曾受旨,推鞫制狱,王公大臣,多被陷成其罪,"时人以为周兴、来俊臣之亚"。③据其墓志记载,他于神龙二年(公元706年)六月十八日死于长安延寿里第。④武懿宗卒后,此宅为驸马都尉裴巽所居。据《新唐书·诸帝公主传》和《裴巽墓志》⑤记载,裴巽先后娶中宗女宜城公主和睿宗女薛国公主,初为梁王武三思府执仕,长安初尚公主后相继任左监门卫中郎将,鸿胪卿和鄜州、许州二州刺史,开元十四年(公元726年)去世。

此坊北门之西,有中书令阎立本宅。宅内西亭,有立本画水之迹。⑥武骑尉朱德珪宅。朱德珪妻李嫔墓志记她"咸亨二年七月五日寝疾,终于延寿坊之私第"⑦。皇太子侍医程伦宅。程伦墓志载:程伦,父诰为太医监,程伦子承父业,起家太医正,历任太医丞、太子侍医,上元二年(公元675年)十二月遘疾,终于延寿里第。⑧百济人祢军宅。有《大唐故右威卫将军上柱国祢公墓志铭并序》记载:祢军"熊津嵎夷人",祖、父在百济都官居一品佐平。显庆五年(公元660年),唐军灭百济,祢军降唐,被授以右武卫浐川府折冲都尉。后百济故将福信等又立扶余丰为王,伙同日本、高句丽继续顽抗,墓志记载:"日本余噍,据扶桑以逋诛;风谷遗甿,负盘桃而阻固。"龙朔元年(公元661年)三月,唐军与倭兵在白江口大战,唐军"四战捷,焚其舟四百艘,烟焰

---

① 《全唐文》卷二二八,第2306页。
② 《两京新记辑校》卷三,第36页。
③ 《旧唐书》卷一八三《武懿宗传》,第4737页。
④ 《唐代墓志汇编续集》神龙〇一五,第416—417页。
⑤ 刘连香:《唐中宗、睿宗驸马裴巽墓志考略》,载《洛阳师范学院学报》2004年第3期,第9—12页。
⑥ 《太平御览》卷一八〇《居处部八·宅》,第879页。
⑦ 《唐代墓志汇编续集》咸亨〇一〇,第191页。
⑧ 《全唐文补遗》第7辑,第297页。

涨天，海水皆赤，贼众大溃"。百济王子扶余忠胜、忠志等降。①祢军又"领大首望数十人将入朝谒"，诏授左戎卫郎将，仪凤三年（公元678年）二月十九日病逝于雍州长安县延寿里第。②雍州司马王师顺宅。《王师顺墓志》载："万岁通天二年一月六日薨于京师延寿里第"③。平州司仓姚无陂宅。《大周故平州司仓姚君墓志并序》："君讳无陂……以万岁通大二年八月十六日，卒于雍州乾封县延寿坊里第"④。成安公主宅。公主即唐中宗第八女，嫁于韦捷。陇州司马杨志诚宅。张说撰《赠太州刺史杨公神道碑》记载：杨志诚被任为陇州司马，未及赴官，卒于长安之私第。其夫人天水赵氏，景龙二年（公元708年）五月七日终于长安延寿里。⑤王薰宅。《宣室志》记载：天宝初，有王薰者，居长安延寿里中。一天晚上与三四辈会于所居饮食，灯前忽有巨臂出烛影下，索要食物，如此再三，王薰等人猜测："此必怪也。俟其再来，当断其臂。"又来之时，拔剑斩之，臂既堕，其声亦远。俯而视之，乃一驴足，血满于地。次日，根据血迹追寻到里中民家，发现民家有一驴，昨夜失其足。⑥昭武校尉右金吾卫司戈梁令珣宅。令珣墓志记载：天宝七载（公元748年）七月十七日，奄终于西京延寿里之私第。⑦新安郡长史窦说宅。窦说墓志记载：窦说为昭成顺圣太后再从弟，天宝九载（公元750年）五月五日卒于长安延寿坊之私第。⑧

左神策军散将王偕宅。王偕墓志载其于贞元八年（公元792年）八月六日寝疾于长安县延寿里私第。⑨赵州林城县令张公夫人荆氏宅。据其墓志载，夫人以贞元十七年（公元801年）六月二十五日丙辰，终于长安延寿里第。⑩检校工部尚书守右领军卫上将军兼御史大夫庐江郡开国公何文哲宅。据何文哲墓志记载，何文哲，世为灵武人，本何国王丕之五代孙。永徽初，先祖作为质子宿卫长安。何文哲历仕德宗、顺宗、宪宗、穆宗、敬宗、文宗朝，作为右领军卫上将军，被穆宗称赞为："卿翊卫心膂，为朕爪

---

① 《旧唐书》卷八四《刘仁轨传》，第2791—2792页。
② 王连龙：《百济人〈祢军墓志〉考论》，载《社会科学战线》2011年第7期，第123页。
③ 《全唐文补遗》第5辑，第239页。
④ 西安市文物保护考古所：《唐姚无陂墓发掘简报》，载《文物》2002年第12期，第80页。
⑤ 《全唐文》卷二二九，第2321页。
⑥ 《宣室志》卷二，第27—28页。
⑦ 〔民国〕罗振玉：《芒洛冢墓遗文》卷中《唐故昭武校尉右金吾卫司戈梁府君墓志铭并序》，民国六年自刊本。
⑧ 《唐代墓志汇编》天宝一五九，第1643页。
⑨ 《唐代墓志汇编续集》贞元〇二七，第752页。
⑩ 《唐代墓志汇编续集》贞元〇六五，第782页。

牙。"夫人康氏，以贞元十三年（公元797年）六月十九日终于延寿里之私第。①从姓氏考察，其妻应为康国人，由此来看居住在长安的粟特人后裔，虽在许多方面已华化，但在婚姻上仍然保留内部通婚的习俗。贾岛寓居精舍。贾岛有《延寿里精舍寓居》诗，又有《延康吟》云："寄居延寿里，为与延康邻。不爱延康里，爱此里中人。"②耿占军先生认为：延寿坊不当有独立的"贾岛精舍"，贾岛在此只属于借居。③张夫人宅。《唐赵夫人故河内张氏墓志铭并序》云："夫人……会昌三年岁次癸亥正月廿四日终于长安延寿坊之私第。"④罗士则宅。《唐故夫人敬氏墓志铭》："会昌三年九月廿一日薨于上都延寿里"⑤；又有《唐故尚辇奉御罗府君墓志铭》："有唐奉御讳士则……夫人乐安县君孙氏……长男弘绶，前八岁云亡，次男弘缉……次曰弘约，次曰弘绍……有女三人，长已适先氏……二女尚未及笄"⑥。从敬氏与罗士则二人墓志中所载子女名字相同可知，敬氏为罗士则继室，罗士则有宅在延寿坊。进士李员宅。《宣室志》记载："进士李员，河东人也，居长安延寿里。"元和初夏的一个晚上，李员在室内独睡，忽闻室之西隅有微声，又有歌者，其音极清越，泠泠然，又久不已。如是凡数夕，后在其堂之北垣发现一古缶。⑦李处士宅。《唐阙史》记载："时延寿里有水墨李处士，以精别画品游公卿门，召至辨之。"⑧玉工宅。《太平广记》记载：有胡人米亮见崇贤里小宅内有异石，人不知其为于阗玉，为报窦乂救济之恩，建议窦乂买下小宅。乂不信，亮曰："延寿坊召玉工观之。"⑨《唐阙史》记有长乐王居士，为富室危病医药不能救者治病，治愈愿得三百千修终南山佛屋。"果有延寿坊鬻金银珠玉者女，岁十余，遭病甚危，众医聚药，手不能措，愿以其价疗之。"⑩古代玉器制造业多为制售一体，二者又同处一坊之内，故疑彼玉工者，即此鬻金银珠玉者，此人不仅经营玉器，而且还兼营金银器。古池。吴融有《题延寿坊东南角古池》诗云："蔓草萧森曲岸摧，水笼沙浅露莓

---

① 卢兆荫：《何文哲墓志考释——兼谈隋唐时期在中国的中亚何国人》，载《考古》1986年第9期，第841—848页。
② 《全唐诗》卷五七一，第6622、6626页。
③ 耿占军、马珺：《〈唐两京城坊考〉校误五则》，载《中国历史地理论丛》1998年第2辑，第128页。
④ 《唐代墓志汇编》会昌○二○，第2225页。
⑤ 《唐代墓志汇编续集》会昌○一五，第954页。
⑥ 《唐代墓志汇编续集》大中○一四，第979页。
⑦ 《宣室志》补遗，第143页。
⑧ 〔唐〕高彦休：《唐阙史》卷下《贱买古画马》，见《唐五代笔记小说大观》（下），第1355页。
⑨ 《太平广记》卷二四三《窦乂》，第1877页。
⑩ 《唐阙史》卷下《王居士神丹》，见《唐五代笔记小说大观》（下），第1353—1354页。

苔。……繁华自古皆相似，金谷荒园土一堆。"①永安渠、漕渠在此坊南部交汇，似即此古池。2000年西北大学校园西南角建楼房挖地基时，在地下一米以下均为灰褐色淤泥土，是延寿坊东南角古池遗址。②僖宗迎法门寺佛骨入内道场供奉，"坊市豪家，相为无遮斋大会，通衢间结彩为楼阁台殿，或水银以为池，金玉以为树。竞聚僧徒，广设佛像，吹螺击钹，灯烛相继。又令小儿，玉带金额白脚，呵唱于其间，恣为嬉戏。又结锦绣为小车舆，以载歌舞"。③而在这些活动中延寿坊最为热闹。在崇佛的名义下，长安市民突破封建统治的严密控制，有机会纵情狂欢。

光德坊位于皇城以南，朱雀门街西第三列，从北第二坊，西临西市。隋有常法寺，大业七年（公元611年）废。东南隅先为雍州廨舍，府内建筑多为隋开皇中修建，其后随事改作。开元时，改为京兆府廨。九年（公元721年），孟温礼为京兆尹，奏以赃赎钱进行修缮。宣宗时，韦澳为尹，又赐钱加以修葺。西南隅，本隋幽州总管燕荣宅，大业元年（公元605年）自丰乐坊徙胜光寺于此。寺西院有画行僧及团花，为京城所重，又有王定、杨仙乔、尹琳画；塔东南院有周昉画《水月观自在菩萨》掩障等。武德初，有僧辩相，为秦王李世民所敬重，常延入宫中论法，"令住胜光（此寺即秦国之供养也，故以居焉）"。④由此可见，胜光寺在唐初是一座由国家供养的皇家寺院。贞观三年（公元629年），唐太宗下诏搜扬硕德备经三教者十九人翻译佛经，先于大兴善寺开设译场，后又移至胜光寺，译出《般若灯》《大庄严论》等三部三十五卷佛经。⑤这里也是新罗、日本僧人来华学习的重要寺院。贞观十二年（公元638年），新罗僧人慈藏、僧实等十有余人来长安学习佛学，蒙敕安置于胜光别院，经过五年学习，回国时"以本朝经像凋落未全，遂得藏经一部，并诸妙像、幡花、盖具堪为福利者，赍还本国"。⑥可以说，胜光寺也是唐代长安佛教文化对外交流的中心之一。十字街东北，慈悲寺。隋唐之际贫民饥馑，僧昙献常以赈济贫乏为事，故武德元年（公元618年），唐高祖以慈悲为名，为沙门昙献立寺。

此坊中的宅第变迁亦是非常复杂，今略疏而示之。隋通事舍人长孙仁宅。长孙

---

① 《全唐诗》卷六八四，第7850页。
② 《增订唐两京城坊考》（修订版），第200页。
③ 〔唐〕苏鹗：《杜阳杂编》卷下，见《笔记小说大观》第1册，江苏广陵古籍刻印社，1983年，第152页。
④ 《续高僧传》卷一二《唐京师胜光寺释辩相传十》，第420页。
⑤ 《续高僧传》卷三《唐京师胜光寺中天竺沙门波颇传》，第66页。
⑥ 《续高僧传》卷二五《唐新罗国大僧统释慈藏传》，第966页。

仁并夫人陆氏墓志记："□讳仁……武德四年七月十一日，终于雍州光德里第，春秋五十一。夫人……贞观十一年三月十二日，终于光德里第"①。从墓志中可以看出，长孙仁为长孙炽之子，这与《新唐书·宰相世系表二上》关于长孙炽所记相同②。开皇十四年（公元594年），诏举贤良，长孙仁应诏被举，授左领军府司兵，大业年间检校河南郡陕县令，杨玄感叛乱被诛，当时"余烬尚梗，三崤谷口，心膂所寄。公体国此任，弗让而行。至部布政，威惠兼举，吏伏民悦，讼息刑清，效逆之徒，讨无遗类"，清除了叛军余孽。东宫门大夫长孙家庆宅。长孙家庆墓志曰："□讳家庆……贞观九年亡于雍州光德里第"③。庆善宫大监樊方宅。据樊方墓志记载，隋末，李渊起兵太原，"公翼戎麾，屡摧强敌"。武德二年（公元619年），被授庆善宫大监，"武德四年正月三日薨于雍州长安县光德里"。④文林郎刘代宝宅。刘代宝夫人张氏墓志记载："夫人……显庆四年岁次己未三月戊寅朔六日癸未，殡于长安县光德坊之私第"⑤。南门之东，尚书左仆射刘仁轨宅，仁轨薨后，尚宫柴氏居之，后立为光德寺，柴便度为尼；景云初，追柴氏入宫寺，光德寺遂废。鄱阳公主邑司。孙思邈尝居此，庭前有梨树。卢照邻《病梨树赋并序》曰："癸酉之岁，余卧病于长安光德坊之官舍。父老云是鄱阳公主之邑司，昔公主未嫁而卒，故其邑废。"⑥嘉州长史萧寡尤宅。有《大周前益州什邡萧主簿夫人卢氏墓志铭并序》曰："夫人讳婉……万岁登封元年腊月廿四日，终于长安光德里之私第"⑦。司农卿刘公宅。苏颋有《司农卿刘公神道碑》记其"景龙三年太岁癸酉十二月十五日，薨于长安光德里之私第"⑧。侍中赠太师裴光庭宅。其夫人武氏墓志记载：武氏为武则天异母兄武元庆之孙，武三思之女，天宝三载（公元744年）八月十九日遘疾薨于京城之光德里第。⑨裴光庭之子裴稹亦居住在此宅。裴朏《大唐故朝议郎行尚书祠部员外郎裴君墓志铭并序》载："君讳稹……开元二十八年十二月十九日，

---

① 河南省文物研究所、河南省洛阳地区文管处：《千唐志斋藏志》（上）二二，文物出版社，1984年，第22页。
② 《新唐书》卷七二上《宰相世系表二上》，第2412页。
③ 《千唐志斋藏志》（上）一九，第19页。
④ 李慧、曹发展：《陕西杨陵区文管所四方唐墓志初探》，载《考古与文物》2004年第1期，第81页。
⑤ 《唐代墓志汇编续集》显庆〇三三，第105页。
⑥ 《全唐文》卷一六六，第1688页。
⑦ 吴敏霞、陈军民：《唐萧寡尤、卢婉夫妇墓志考释》，见西安碑林博物馆编：《碑林集刊》（七），陕西人民美术出版社，2001年，第95—98页。
⑧ 《全唐文》卷二五七，第2604页。
⑨ 赵振华：《唐裴光庭墓志与武氏墓志研究》，载《故宫博物院院刊》2016年第1期，第104—105页。

终于长安光德里私第"①。光庭孙裴倩,大历七年(公元772年)秋七月,终命于长安光德里第。②柳宗元《梓人传》云:"裴封叔之第在光德里"③。封叔名瑾,裴积之从孙,其夫人为柳宗元之姊,贞元十六年三月十三日甲子终于光德里第。④又有太子宾客裴垍宅。裴氏一门三代皆在此宅长期居住。定远将军右威卫翊府左郎将上柱国罗炅宅。罗炅墓志云:"公讳炅……天宝二年五月十八日,遘疾终于光德里之私第。"⑤

太常卿兼射生使李国珍宅。据墓志记载,其本姓安氏,讳昕,后来因功特赐嘉名,改氏皇姓,曰国珍,兴元元年(公元784年)九月四日薨于长安县光德里。⑥吏部尚书崔邠宅。《南部新书》记载:贞元以来,士族言家法者,以崔倕为首。倕生六子,一登相辅,五任大僚,太常卿邠、太府卿鄴、外台尚书郾、廷尉郇、执金吾鄩、左仆射平章事郸。邠昆弟同居光德里一宅。唐宣宗听说后,感叹曰:"崔郸家门孝友,可为士族之法矣。"因题其堂"德星堂"。⑦汴州百姓赵怀正宅。大和三年(公元829年),有人携石枕求售,赵怀正妻阿贺以一缎购买。赵夜枕之,觉枕中如风雨声,而其他人枕之则无声,其侄请碎视之。赵言:"脱碎之无所见,弃一百之利也,待我死后,尔必破之。"月余赵果然病死,妻令侄毁枕,中有金银各一铤,将金银铤卖后办赵丧事及偿还债务,不余一钱。⑧正议大夫行衢王府谘议参军兼右金吾街使赵群宅。有《赵府君墓志铭并序》:"维大中三年岁次己巳正月丙辰朔六日辛酉……赵府君,终京兆府光德里之私宅"⑨。兵部尚书刘崇望宅。《唐语林》称刘崇望为光德刘相⑩,《新唐书》本传也有"光德,崇望所居坊也"⑪。李洞有《题刘相公光德里新构茅亭》⑫诗,即记崇望宅。司空兼门下侍郎同平章事孔纬宅。纬又有赐宅在善和里。乾宁二年(公元895年),同州王行约作乱,昭宗出幸石门。孔纬从驾至莎城,疾渐危笃,先还京城,九月卒于光德里第。⑬右省补阙张茂枢宅。郑谷有《右省张补阙茂枢同在谏垣连居光德新春赋咏聊以寄

---

① 《全唐文》卷三九七,第4047—4048页。
② 《全唐文》卷五〇〇,第5090页。
③ 《全唐文》卷五九二,第5984页。
④ 《全唐文》卷五九〇,第5972页。
⑤ 《全唐文补遗》第7辑,第49页。
⑥ 《唐代墓志汇编续集》兴元〇〇三,第733页。
⑦ 《南部新书》卷戊,第63页。
⑧ 《酉阳杂俎·续集》卷三《支诺皋下》,第220页。
⑨ 陈安利、马骥:《西安新出唐志考释》,载《文博》1987年第5期,第22页。
⑩ 《唐语林校证》卷三《赏誉》,第282页。
⑪ 《新唐书》卷九〇《刘政会传附刘崇望传》,第3769页。
⑫ 《全唐诗》卷七二二,第8282页。
⑬ 《旧唐书》卷一七九《孔纬传》,第4652页。

怀》①诗，据此知张茂枢居光德坊，郑谷似亦连居此坊。潘将军宅。《剧谈录》曰：京国豪士潘将军初获玉念珠一串，后数年，藏镪巨万，富比陶、郑。其后列第京师，居光德坊。②又有卖粥者张氏宅。白行简《纪梦》云："长安西市帛肆，有贩粥求利而为之平者，姓张，不得名。家富于财，居光德里。其女国色也。"③光德坊临近西市，既有达官显贵，又有商贩求利者，所居人员身份复杂。

延康坊位于皇城以南，朱雀门街西第三列，从北第三坊。隋有明轮寺，大业七年（公元611年）废。西南隅，隋有尚书令越国公杨素宅。大业中，杨素子玄感诛后没官。武德中为万春公主宅。贞观中，赐濮王李泰。十四年（公元640年）太宗幸泰宅，因曲赦雍州及长安大辟罪以下，免延康坊百姓无出今年租赋。④显庆元年（公元656年），唐高宗为太子李弘病愈立为西明寺。《大慈恩寺三藏法师传》记载：显庆三年七月，"敕法师徙居西明寺。寺以元年秋八月戊子十九日造"。西明寺"寺面三百五十步，周围数里。左右通衢，腹背廛落。青槐列其外，渌水亘其间，亹亹耽耽，都邑仁祠此为最也。而廊殿楼台，飞惊接汉，金铺藻栋，眩目晖霞。凡有十院，屋四千余间。庄严之盛，虽梁之同泰，魏之永宁，所不能及也"。⑤西明寺更是唐代长安城最重要的佛教文化中心之一，这里"高僧辈出，名著斐然，林林种种，烜赫一时；如果我们说长安是当时东方的文化中心，那末，西明寺就是长安的佛教文化中心"⑥。寺内僧厨院有杨素旧井，玄感被诛，家人以金投井，有人打捞无所获，寺众称之为灵井。《历代名画记》记载：西明寺额玄宗朝南薰殿学士刘子皋书，西门南壁杨廷光画《神》两铺，东廊东第一间《传法者图赞》褚遂良书，第三间《利防》等，第四间《昙柯迦罗》，并欧阳通书。⑦《卢氏小说》记：唐德宗微行西明寺，恰逢宋济在僧院过夏。上忽入济院，方在窗下犙鼻葛巾抄书。上曰："茶请一碗。"济曰："鼎水中煎，此有茶味，请自泼之。"上又问曰："作何事业？"兼问姓行。济云："姓宋第五，应进士举。"又曰："所业何？"曰："作诗。"又曰："闻今上好作诗，何如？"宋济

---

① 《全唐诗》卷六七六，第7753页。
② 《剧谈录》卷上《潘将军失珠》，见《唐五代笔记小说大观》（下），第1464页。
③ 《全唐文》卷六九二，第7102页。
④ 《旧唐书》卷七六《濮王李泰传》，第2653页。
⑤ [唐]慧立、彦悰：《大慈恩寺三藏法师传》卷一〇，孙毓棠、谢方点校，中华书局，2000年，第214页。
⑥ [日]弘法大师原撰，王利器校注：《文镜秘府论校注》，中国社会科学出版社，1983年，前言第7页。
⑦ 《历代名画记》卷三《记两京外州寺观画壁》，第68页。

云:"圣意不测。"语未竟,忽从辇递到,曰:"官家官家。"济惶惧待罪。上曰:"宋五大坦率。"后礼部放榜,德宗命内臣看有无济名,使回奏无名。上曰:"宋五又坦率也。"[1]寺有牡丹,元稹有《西明寺牡丹》诗曰:"花向琉璃地上生,光风炫转紫云英。自从天女盘中见,直至今朝眼更明。"白居易亦有《西明寺牡丹花时忆元九》[2]诗。会昌六年(公元846年),改为福寿寺。1985年和1992年中国社会科学院考古研究所西安唐城工作队先后两次在西明寺遗址进行考古发掘,对西明寺的位置和内部构成有了基本的了解。(见图5-4)

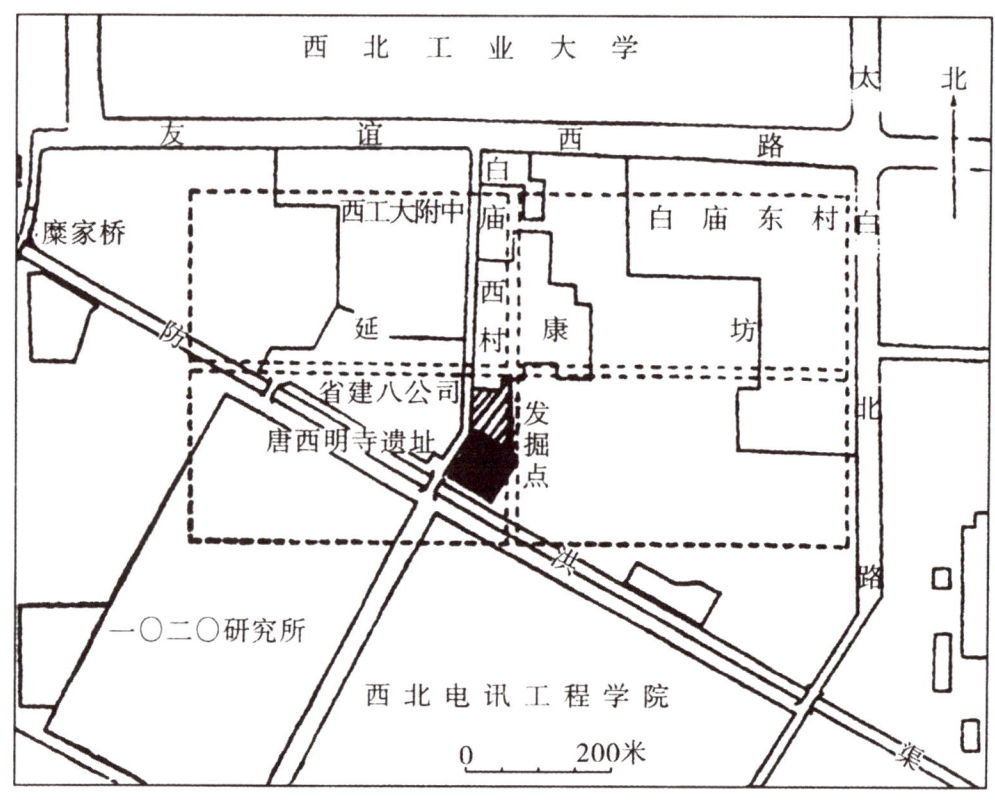

图5-4 西明寺遗址发掘范围图

(选自安家瑶:《唐长安西明寺遗址发掘简报》,载《考古》1990年第1期,第46页)

东南隅,又有静法寺,开皇十年(公元590年),左武侯大将军陈国公窦抗所立。《续高僧传》:"释慧海……大隋御宇,方践京邑。帝姊城安长公主有知人之鉴,钦其德望,为立伽蓝,遂受以居之,今之静法寺是也。"[3]寺门本抗宅荣戟门所造。西院

---

① 《太平广记》卷一八〇《宋济》,第1338—1339页。
② 《全唐诗》卷四——,第4564页;卷四三二,第4768页。
③ 《续高僧传》卷一一《隋西京静法道场释慧海传》,第377页。

有木浮屠，抗弟玭为母安成公主所建，重叠绮丽，高一百五十尺，所用木材皆伐抗园梨木。

除去西明寺和静法寺外，延康坊内的居民宅第也占据相当大的空间。唐高宗时，有张懿宅。据其墓志记载，张懿"薨于延康斯里"①。北门之西，有中书令阎立本宅，宅内西亭有阎立本所画山水的遗迹。后申王傅符太玄居之，《长安志》称为"符太玄"，《唐两京城坊考》改为"符太元"。苏航《阎立本宅与符太元宅》认为："此符太元或即徐太玄？'玄'改作'元'或由避讳，'徐'误为'符'，则以形略相近之故？"徐任申王傅在景龙四年（公元710年）后数年间，阎立本旧宅转为徐太玄宅有可能也在此时前后。②相王直司王铨宅。赵智俨夫人宗氏以长安二年（公元702年）七月二十九日终于延康坊私第，长子相王直司、上护军令铨。③严明府夫人任氏宅。《大唐故任夫人墓志铭》："神龙三年岁次丁未四月廿四日，雍州栎阳县严明府夫人任氏卒于延康里私第"④。虞部郎中右监门卫中郎将杜昭烈宅。杜昭烈墓志记载其于景龙四年（公元710年）正月五日寝疾，终于雍州长安县延康里之私第。⑤孝廉寇钧宅。寇钧墓志载：寇钧为开元时宋州刺史寇洮之子，年登弱冠，以明经擢第，开元十一年（公元723年）五月三日卒于京兆府延康里之私第。⑥王静信宅。《唐故义兴周夫人墓志铭并序》记载："夫人……适为太原王府君静信之妻。……终于延康之私第"⑦。普安郡司马韦豫宅。其墓志载：韦豫，韦机之曾孙，天宝十三载（公元754年）六月九日终于延康里之私第。⑧尼辩惠禅师居处。据《大唐法云寺尼辩惠禅师神道志铭并序》记载，辩惠禅师，九岁时，祖母去世，举行百日斋，度为沙弥尼。十八岁受半戒，二十岁受具足戒，先在东都大安国寺师从大照禅师，后隶于西京法云寺宿德尼无上律仪之首，天宝十三载（公元754年）十二月廿二日，于延康里第趺坐正念。⑨

邠宁节度使马璘宅及池亭，《旧唐书·马璘传》记载："璘之第，经始中堂，费

---

① 《陶斋臧石记》卷一九《大唐故朝请大夫张君墓志铭并序》。
② 《西京新记》读书班：《隋唐长安史地丛考》，见《唐研究》第9卷，第246—247页
③ 《唐代墓志汇编》长安〇二七，第1009—1010页
④ 《唐代墓志汇编续集》神龙〇二一，第422页
⑤ 《唐代墓志汇编》景龙〇四三，第1111页
⑥ 《唐代墓志汇编》开元二五〇，第1329页
⑦ 《唐代墓志汇编》天宝一一四，第1612页
⑧ 陈安利：《西安新出西方唐志考释》，见西安碑林博物馆编：《碑林集刊》（一），西北大学出版社，1993年，第160页
⑨ 《唐代墓志汇编续集》天宝一〇三，第657—658页

钱二十万贯，他室降等无几。"马璘卒后，子弟护丧归京，士庶纷纷以吊丧之名前往观看其中堂。德宗即位后，下诏毁璘中堂。璘之家园，没属官司，"自后公卿赐宴，多于璘之山池"。①贞元十八年（公元802年）和十九年二月、三月上巳、九月重阳节，唐德宗多次赐宰臣及中书门下两省官会于马璘池亭，并御制《丰年多庆九日书怀》诗以赐群臣。②《玄怪录》记：延康坊东北角有马镇西宅，常多怪物。③此马镇西宅即为马璘宅。④诸王府。宝历三年（公元827年），琼王府长史裴简永奏请以"请与诸王共置王府一所……伏乞赐官宅一区"，唐敬宗敕令："宜赐延康坊阎令琬宅一所，仍令所司检计，与量修改，及逐要量约什物。"⑤《唐两京城坊考》又根据"苏颋《章怀太子良娣张氏碑》：良娣张氏遘疾，弃养于京延康第之寝"，认为张良娣是居于诸王府。⑥而实际上，唐代皇子出阁后集中居住是从唐玄宗开始的，延康坊诸王府始设于宝历二年（公元826年），章怀太子为唐高宗第六子，其时皇子多自建府邸居住，尚无诸王府，因此张良娣所居不可能是诸王府。《章怀太子良娣张氏神道碑》记载："我唐章怀太子有良娣曰南阳，张氏之子也，邠王守礼之母也。……邠王锡元社，建黄扉，良娣坐华茵，驱香毂。……景龙二载孟夏之月，遘疾弃养于京延康第之寝。"⑦张良娣去世之寝应该为其子邠王守礼在延康坊之宅。太府寺主簿杨迥宅。杨迥墓志记载：杨迥有子二人，"训以义方，敦阅诗礼，咸能被服文行"，因此当时人称其"善诱善教"，大和七年（公元833年）十月十七日终于延康里之私第。⑧贺从章宅。贺从章墓志云："君讳字从章……开成元年岁次景辰十月十三日终于京第延康里"⑨。阳县主簿甘义宅。《唐故杭州司兵参军徐府君季女墓志铭并序》载："徐氏季女……季女之姊适才 阳甘义为 阳县主簿……会昌五年正月七日终于上都延康里甘氏之私 第"⑩。大理司直沈中黄宅。据《唐故承奉郎守大理司直沈府君墓志铭》记载，大中十二年（公元858年）二月九日，沈中黄终于长安延康里。⑪水部郎中张籍宅。据白居易《酬张十八访宿见赠》，好友张籍"远

---

① 《旧唐书》卷一五二《马璘传》，第4067页。
② 《册府元龟》卷一一〇《帝王部·宴享二》，第1315页。
③ 《太平广记》卷三七〇《韦协律兄》，第2942页。
④ 《两京新记》读书班：《隋唐长安史地丛考》，见《唐研究》第9卷，第247页。
⑤ 《唐会要》卷六七《王府官》，第1386页。
⑥ 《唐两京城坊考》卷四《西京·外郭城》，第109页。
⑦ 《全唐文》卷二五七，第2602页。
⑧ 《唐代墓志汇编》大和〇七六，第2151页。
⑨ 《唐代墓志汇编续集》开成〇〇六，第927—928页。
⑩ 偃师商城博物馆：《河南偃师唐墓发掘报告》，载《华夏考古》1995年第1期，第27页。
⑪ 《唐代墓志汇编》大中一四〇，第2360页。

从延康里，来访曲江滨"①，足证二人友谊之深厚。

崇贤坊位于皇城以南，朱雀门街西第三列，从北第四坊。隋有缘觉、融觉、贤觉三寺，大业、武德中废。十字街北之西，有大觉寺，开皇三年（公元583年），隋文帝为医人周子臻所立。西门之南，法明尼寺，开皇八年（公元588年），长安富商王道买舍宅所立。法明寺西有慈仁尼寺，开皇三年（公元583年），大兴公主有女出家为尼立此寺，至开元二年（公元714年）并入法明尼寺。南门之西，海觉寺，开皇四年（公元584年）淮南公元伟舍宅为沙门法聪所立。寺额欧阳询所题，又有王韶应、展子虔、郑法士画。街东之南，有弘业寺。开皇十年（公元590年），尼法觉立于法界寺之西，其地湫隘，大业三年（公元607年），合州刺史崔凤舍宅于此重置，神龙元年（公元705年）避孝敬皇帝讳改为崇业寺。

坊中官民宅第，鳞次栉比，比较多。长孙敬道宅。长孙白泽墓志记载："公子讳泽……贞观九年九月五日遘疾卒于京师崇贤里第，春秋一十有六。"②白泽即敬道之子。宣州刺史李公宅。唐宣州刺史李公夫人刘琰墓志载："夫人……总章二年九月十八日，卒于雍州之崇贤里第"③。王善相宅。其夫人禄氏于永隆元年（公元680年）十一月十七日卒于崇贤之里。④云骑尉王文义宅。据王文义墓志知，王文义以永隆二年（公元681年）正月，卒于本第崇贤之里。⑤西南隅，秘书监嗣虢王李邕宅。《旧唐书》记载：虢王李凤，为唐高祖第十五子。神龙初，李凤嫡孙邕被封为嗣虢王，后被贬沁州刺史，不知州事，削封邑。景云二年（公元711年），复嗣虢王，累迁卫尉卿，开元十五年（公元727年）卒。⑥西门之北，黄门监卢怀慎宅。《旧唐书·卢怀慎传》记载：卢怀慎，少清谨，举进士，历监察御史、吏部员外郎、御史中丞。开元三年（公元715年），迁黄门监，与紫微令姚崇对掌枢密，怀慎自以为吏道不及崇，每事推让，时人谓之"伴食宰相"。四年（公元716年），以疾笃乞骸骨，旬日而卒。卢怀慎为官清俭，不营产业，器用服饰，无金玉纹饰，所得禄俸都随时分散，家无余蓄，妻子匮乏。⑦徐州丰县尉刘惟正宅。据刘惟正墓志记载，惟正善诗，"本之以雅颂，而又济之以华秀，故五言之

---

① 《全唐诗》卷四二九，第4736页。
② 《陕西金石志》卷九《大唐故公子长孙白泽墓志铭并序》。
③ 《全唐文补遗》第3辑，第414页。
④ 《陶斋藏石记》卷一九《大唐故大都督王府君夫人禄氏墓志铭并序》。
⑤ 《陕西金石志》卷九《大唐故云骑尉王府君墓志铭并序》。
⑥ 《旧唐书》卷六四《高祖二十二子·虢王凤传》，第2432页。
⑦ 《旧唐书》卷九八《卢怀慎传》，第3064—3069页。

妙，时无与俦"，有文集五卷行于代，开元十二年（公元724年）正月十二日终于京兆府崇贤里之私第。①大内皇城判官右卫率大明长史杨忠宅。据杨忠夫人冯氏墓志记载，夫人冯氏，天宝九载（公元750年）夏五月终于崇贤里第。②

新罗质子金日晟宅。金日晟墓志称其为新罗孝成王或景德王从兄，以宿卫或质子身份入唐，大历九年（公元774年）四月二十八日，薨于长安崇贤里之私第。③光禄少卿窦瑗宅。窦瑗，昭成太后之从父。《长安志》载：咸通中河中节度使窦璟与弟河东节度使澣同居崇贤第，家富于赀，疑是瑗之后。④《北梦琐言》记："唐崇贤窦公家，罕有名第，璟仆射先人，不善治生，事力甚困。……东市有隙地一片，洼下渟污，乃以廉值市之，俾妳妪将煎饼盘就彼诱儿童，若抛砖瓦中一纸标，得一个饼。儿童奔走抛砖瓦博煎饼，不久，十分填其六七，乃以好土填之，起一店，停波斯，日获一缗。"⑤而实际上《太平广记》卷二四三《窦义》引《乾𦢺子》记其事发生在"西市秤行之南"，事件人物也变为窦义，⑥而且其事甚详，疑崇贤窦公，即指窦义。太子少师崔景晊宅。《太子少师崔公墓志铭》载：景晊夫人荥阳郑氏，吏部侍郎平章事郑愔妹，终京兆崇贤里。⑦进士独孤遐叔宅。《河东记》载：贞元中，进士独孤遐叔家于长安崇贤里，新娶白氏女。⑧绵州西昌县令常承之宅。常承之夫人史氏墓志铭并序云："惟皇唐贞元十年七月廿一日，故绵州西昌县令常君讳承之夫人河南史氏，终于长安崇贤里之私第"⑨。中郎将曹遂兴宅。《乾𦢺子》记：崇贤里有中郎将曹遂兴宅，堂下有大树，遂兴每患其枝叶有碍庭宇，伐之又恐损堂室。窦义出钱五千文买之。伐其树，自梢及根截成各长二尺余的木段，制成陆博局数百，获利百余倍。⑩集州司马裴通远宅。《集异记》载：宪宗迁葬景陵，都城人士前去观看。有前集州司马裴通远，家在崇贤里，妻女亦到通化门观看。傍晚归家途中，遇一白头妪徒步奔走，至天门街，夜鼓将动，妪忙急行。车中老青衣邀请同车回，到家发现车中有小红锦囊，车中四小女打开发现里面为白罗制为逝者

---

① 《唐代墓志汇编续集》开元〇六二，第497页
② 《陕西金石志》卷一三《大唐故大内皇城判官右卫率大明长史弘农郡杨公始平郡冯夫人墓志铭》
③ 拜根兴：《新公布的在唐新罗人金日晟墓志考析》，见杜文玉主编：《唐史论丛》第17辑，陕西师范大学出版总社有限公司，2014年，第173—185页。
④ 《长安志》卷一〇《唐京城四》，第332—333页
⑤ 〔五代〕孙光宪：《北梦琐言》卷一〇，贾二强点校，中华书局，2002年，第226—227页。
⑥ 《太平广记》卷二四三《窦义》，第1877页
⑦ 《全唐文》卷三二一，第3251页
⑧ 〔宋〕陈元靓编：《岁时广记》卷一七《惊妻梦》，商务印书馆，1939年，第190页。
⑨ 陈安利、马骥：《西安西郊唐西昌县令夫人史氏墓》，载《考古与文物》1988年第3期，第39页。
⑩ 《太平广记》卷二四三《窦义》，第1878—1879页

覆面之物。诸女弃于路，不久四女相次而卒。①崔生宅。《酉阳杂俎》记载："醴泉尉崔汾仲兄居长安崇贤里，夏月乘凉于庭际。"②祠部郎中曹邺宅。李洞有《赠曹郎中崇贤所居》："闲坊宅枕穿宫水，听水分衾盖蜀缯。"③此"穿宫水"即坊西之永安渠，曹郎中即诗人曹邺④。小宅，见上《太平广记·窦乂》引《乾腹子》：胡人米亮曾谓乂曰："崇贤里有小宅出卖，直二百千文，大郎速买之。"僦舍。河东裴澥夫人杜氏，杜黄裳之女，大和九年（公元835年）殁于崇贤里僦宅⑤。滕传胤宅。《广异记》记载："桐庐女子王法智者，幼事郎子神。大历中，忽闻神作大人语声，法智之父问：'此言非圣贤乎？'曰：'然。我姓滕，名传胤，本京兆万年人，宅在崇贤坊，本与法智有因缘，与醑对，深得物理。'"⑥陈朴宅。《酉阳杂俎》记："有陈朴，元和中住崇贤里北街。"⑦罗邺宅。罗邺有诗《春日宿崇贤里》⑧，由是知罗邺宅在此坊中。

延福坊位于皇城以南，朱雀门街西第三列，从北第五坊。隋有神通寺，大业七年（公元611年）废。西南隅，有纪国寺，开皇六年（公元586年），隋文帝独孤皇后为母纪国夫人崔氏所立，寺有郑法轮画。东南隅，有唐越王贞宅，后乾封县权治于此。又为唐中宗女新都公主宅，后舍为新都寺。寺废，乃为玄宗长子郯王李嗣直府。⑨天宝八载（公元749年）六月，玉芝产于大同殿，玄宗诏：两京各置一观，并"以真符玉芝为名"，长安所置玉芝观即在此。⑩街东之北，宣平府、真化府。杜氏私庙。杜牧《上宰相求湖州第二启》中有"某启：某幼孤贫……元和末，酬偿息钱，为他人有，因此移去……挈百卷书，随而养之，奔走困苦无所容，归死于延福私庙"⑪。沈氏家庙。《太平广记》记载："大和四年十二月九日，边上从事魏式暴卒于长安延福里沈氏私

---

① 〔唐〕薛用弱：《集异记》卷二《裴通远》，中华书局，1980年，第12—13页。
② 《酉阳杂俎·续集》卷一《支诺皋上》，第205页。
③ 《全唐诗》卷七二三，第8292页。
④ 梁超然、毛水清注：《曹邺诗注》，上海古籍出版社，1982年，第69页。
⑤ 《全唐文附唐文续拾》卷五《唐故京兆杜氏夫人墓志铭并序》，第11228页。
⑥ 《太平广记》卷三〇五《王法智》，第2414页。
⑦ 《酉阳杂俎·前集》卷一五《诺皋记下》，第140页。
⑧ 《全唐诗》卷六五四，第7507页。
⑨ 李嗣直为唐玄宗长子，先天元年（公元712年）八月，进封为郯王。开元十三年（公元725年），改封为庆王，并改名为潭；二十一年（公元733年），改名琮；天宝十一载（公元752年），去世，赠靖德太子；肃宗元年（公元762年）建寅月，追册为奉天皇帝。另外，太宗第七子李恽贞观五年（公元631年）也封为郯王，十年（公元636年）改封蒋王。顺宗次子李涣贞元二十一年（公元805年）也被封为郯王。从新都寺到王府，再到玉芝观的时间点来看，此处郯王应指玄宗之子李嗣直。
⑩ 《册府元龟》卷五四《帝王部·尚黄老二》，第602—603页。《长安志》记玉芝观立于天宝二年（公元743年），而《册府元龟》记天宝八载大同殿生出玉芝，故立此观。今改之。
⑪ 《全唐文》卷七五三，第7803页。

庙中。"①

延福坊内之宅第，有淮安王李神通宅。李神通，两《唐书》有传，为唐高祖李渊从父弟，武德元年（公元618年）拜右翊卫大将军，封永康王，后改封淮安王。1973年3月陕西省博物馆、文管会对李神通墓进行了考古发掘，出土了龟形墓志一合。其墓志称："王讳寿，字神通，陇西狄道人也。太祖景皇帝之孙，郑孝王之嫡子……贞观四季十二月寝疾薨于京城延福里第"②。王氏宅。王夫人"显庆三年九月廿七日，卒于延福里"③。西北隅，琼山县主宅。县主开元中，下嫁吐谷浑后裔慕容氏，家富于财，宅内有山池院，溪磴自然，林木葱郁，京城称之。朔方军节度副使燕王慕容曦皓宅。其妻太原郡夫人武氏为武则天侄孙女，武延寿之女，开元廿三年（公元735年）十月二日薨于京兆长安延福里第。④潞州黎城县令孔珪宅。孔珪墓志谓："公讳珪……开元十一年六月十二日遘疾，终于延福坊之私第"⑤。

尚舍奉御杜台贤宅。扶风郡夫人京兆韦氏墓志记载：夫人韦氏，有子八人，二男六女，台贤即为夫人长子。夫人以建中三年（公元782年）十月十七日终于上都延福里私第。⑥御史黄滔宅。黄滔，昭宗乾宁二年（公元895年）擢进士第，光化中除四门博士，后迁监察御史里行，充威武军节度推官，有《延福里居和林宽何绍余酬寄》⑦诗。进士何氏宅。赵嘏有《宿何书记先辈延福新居》⑧诗。进士张乔宅。张乔《延福里秋怀》诗云："终年九陌行，要路迹皆生。……一别林泉久，中宵御水声。"⑨进士孙秦宅。郑谷有《访题进士孙秦延福南街居》⑩诗。旅邸。《宣室志》记载："元和中，博陵崔彀者，自汝郑来，侨居长安延福里。"⑪岭南节度使右常侍杨发宅。《唐故岭南节度使右常侍杨公女子书墓志》记："□□讳芸，字子书，隋越国公素之裔。显考公常□□□讳发，第七女……乾符五岁夏，京师疠疫……六月七日终于延福里第"⑫。

---

① 《太平广记》卷三八五《辛察》，第3073页。
② 陕西省博物馆、文管会：《唐李寿墓发掘简报》，载《文物》1974年第9期，第84页。
③ 《唐代墓志汇编》显庆〇八三，第281页。
④ 宁笃学：《甘肃武威南营发现大唐武氏墓志》，载《考古与文物》1981年第2期。
⑤ 《唐代墓志汇编》开元一六九，第1273页。
⑥ 《唐代墓志汇编续集》建中〇〇七，第726—727页。
⑦ 《全唐诗》卷七〇五，第8114页。
⑧ 《全唐诗》卷五四九，第6354页。
⑨ 《全唐诗》卷六三八，第7318页。
⑩ 《全唐诗》卷六七四，第7712页。
⑪ 《宣室志》补遗，第149页。
⑫ 《陶斋臧石记》卷三五。

第五章　城内诸坊与郊县乡里

永安坊位于皇城以南，朱雀门街西第三列，从北第六坊。《唐两京城坊考》载永安坊中有永寿寺，同时在永乐坊中也记有永寿寺；《酉阳杂俎·寺塔记》也记"永安坊永寿寺"①；《唐会要》亦记有"永寿寺　永安坊。景龙三年，为永寿公主所立"②。但是，辛德勇先生认为："一城中不当有二寺同名，其间当有一讹。永乐坊者，乃本诸《长安志》……由其所记寺院所在相对位置十分清晰、明确这一点来看，可以认为舛错不应在此，其记载当为可信。"又说："《唐会要》与《长安志》所云实为一事，而《寺塔记》所记则本以朱雀街东为限，永乐坊在朱雀街东，永安坊则在朱雀街西。今观《寺塔记》所记均属朱雀街东寺塔，此寺亦不当独为例外。所谓'永安坊'者，当为'永乐坊'之讹。"③此说甚是，故不再列永寿寺于此坊。浙江西道都团练观察使薛苹家庙。权德舆撰薛公家庙碑铭载："元和五年，岁直庚寅，浙江西道都团练观察使润州刺史大夫河东郡公薛公苹建先庙于长安县永安里，其祠三室。"④

右卫将军李孝同宅。李孝同碑云："公讳孝同……总章二年十二月薨于京师永安之里第"⑤。昭陵令护军姬温宅。其墓志记："公讳温……上元二年七月五日遘疾，终于永安之里第"⑥。右羽林军大将军高仙芝宅。又有水亭。白居易曾与杨尚书夏日游永安坊水亭，赋诗《和杨尚书罢相后夏日游永安水亭兼招本曹杨侍郎同行》曰："道行无喜退无忧，舒卷如云得自由。……竹亭阴合偏宜夏，水槛风凉不待秋。遥爱翩翩双紫凤，入同官署出同游。"⑦希望水亭怡人的景色，能慰藉罢相赋闲的杨尚书。

敦义坊位于皇城以南，朱雀门街西第三列，从北第七坊。东北隅，开皇六年（公元586年），观德王杨雄立灵觉寺，武德初废。乾封二年（公元667年），武则天为其姊贺兰氏立为崇福寺。仪凤二年（公元677年），改福田寺，开元二年（公元714年）废。东南隅，隋有法觉尼寺，开元二年并入资善寺。山南西道节度使郑余庆家庙。太尉中书令临淮郡王李光弼宅。长孙无傲宅。2014年3月，西安市文物保护考古研究院在西安长安区高望堆村西发掘了两座唐墓。根据出土墓志记载，墓主为长孙无傲及其夫人窦胡娘。长孙无傲于咸亨二年（公元671年）十一月廿六日薨于京师敦义里。⑧

---

① 《酉阳杂俎·续集》卷六《寺塔记下》，第261页。
② 《唐会要》卷四八《寺》，第992页。
③ 《隋唐两京丛考》二十六《二永寿寺辨讹》，第66—67页。
④ 《全唐文》卷四九七，第5064页。
⑤ 《全唐文》卷九九二，第10273—10274页。
⑥ 《唐代墓志汇编续集》上元〇一五，第219—220页。
⑦ 《全唐诗》卷四五八，第5206页。
⑧ 宁琰：《西安唐代长孙无傲夫妇墓》，载《大众考古》2014年第12期，第16页。

大通坊位于皇城以南，朱雀门街西第三列，从北第八坊。东南隅，左羽林将军窦连山宅。汾阳王郭子仪园，后为岐阳公主别馆。①岐阳公主为唐宪宗女，下嫁杜悰，立第昌化坊，疏龙首池为沼，后来又以大通坊郭子仪亭为别馆。②

大安坊位于皇城以南，朱雀门街西第三列，从北第九坊，坊南街抵京城南墙。有李晟大安亭。《资治通鉴》载：李晟大安园多竹。贞元三年（公元787年）吐蕃劫盟后，有为传言称"晟伏兵大安亭，谋因仓猝为变"。为了避嫌，李晟伐其竹。③郭子仪大安亭子。吕温有《春日游郭驸马大安亭子》④诗。郭子仪园本在大通坊，但两坊相连，因此园地延至大安坊。吕诗中有"借赏彩船轻"之句，或园中引永安渠水为池。越王台。南康郡王韦皋家庙。权德舆撰韦皋家庙碑铭载："太尉中书令南康郡王……作新庙于京师大安里。"⑤永安渠，导交水从大安坊西街入城，⑥另有清明渠亦从此坊东南流入外郭城。

六、朱雀门街西侧第四列诸坊

在朱雀门街西侧，皇城之南，第四列有西市，占两坊之地，余有七坊，从北向南依次为怀远坊、长寿坊、嘉会坊、永平坊、通轨坊、归义坊、昭行坊。文献记载各坊东西为六百五十步，合955.5米，南北三百五十步，合514.5米；而考古发掘测得各坊的南北从500米到590米不等，东西均为1033米。

怀远坊位于皇城以南，朱雀门街西第四列，西市南第一坊。隋有法宝寺，大业七年（公元611年）废。东南隅，隋有光明寺，隋文帝为沙门法经所立。当时有延兴寺僧昙延，因隋文帝所赐蜡烛，自燃发光，隋文帝奇之，欲改所住寺为光明寺，昙延请更立寺，以广其教，因于此坊立寺以名焉。载初元年（公元689年）七月，寺中有和尚十人注疏《大云经》，"盛言神皇受命之事"。因而武则天颁制，在两京及诸州各置大云寺，总度僧千人，⑦长安大云寺即由光明寺改。而《两京新记》《长安志》和《唐两京城坊考》均记为"大云经寺"。饶宗颐先生根据山西猗氏县仁寿寺的天授二年（公元691年）《大云寺弥勒重阁碑》、河南河内的大足元年（公元701年）建《大云寺皇帝

---

① 《长安志》卷一〇《唐京城四》，第334页
② 《新唐书》卷八三《诸帝公主·宪宗十八女》，第3667页
③ 《资治通鉴》卷二三二，唐德宗贞元三年五月，第7608页
④ 《全唐诗》卷三七一，第4168页
⑤ 《全唐文》卷四九七，第5062页
⑥ 《雍录》卷六《唐都城导水》，第118页
⑦ 《旧唐书》卷六《则天皇后本纪》，第121页

圣祚之碑》认为作"大云寺"，无"经"字。①朱丽双在《大云经寺还是大云寺》一文中说在《金石录》中检索到三通与大云寺有关的碑，分别是景云二年（公元711年）的《唐大云寺石灯台颂》、开元十一年（公元723年）四月的《唐大云寺禅院碑》、开元十七年（公元729年）九月的《唐大云寺丈八佛像碑》②，也认为"怀远坊东南隅的寺院是大云寺，而非大云经寺，《两京新记》和《长安志》可能在撰抄中衍误了"③。寺中有宝阁，高百尺，时人称之为七宝台；又有二浮图，东西相对。东浮图北佛塔号"三绝塔"，隋文帝所立。塔内有郑法轮、田僧亮、杨契丹画迹及巧工韩伯通塑作佛像，故以"三绝"为名。④寺内有佛殿，开元初唐玄宗拆寝室施舍建造。至开元二十六年（公元738年），改为开元寺。⑤十字街东之北，功德尼寺，本在安定坊，开皇五年（公元585年）周宣帝女细腰公主所立，武德时移于此坊。

隋开皇初有狂人杨伯丑，游行市里，开肆卖卜。有人失子，伯丑卜筮，曰："汝子在怀远坊南门道东北壁上，有青裙女子抱之，可往取也。"果然在那里找到。⑥坊内高宗时有左监门大将军襄城郡公樊兴宅。樊兴于永徽元年（公元650年）四月廿三日终于雍州长安县怀远里第。⑦吕金纲宅。《唐故吕君墓志》："公讳金纲……显庆五年庚申四月辛未朔廿一日辛卯，卒于怀远里第。"⑧武骑尉赵文雅宅。《大唐故武骑尉赵文雅妻万岁乡君边夫人墓志并序》记载：夫人"仪凤二年岁次丁丑三月癸亥朔廿五日丁亥，卒于怀远私第"⑨。右威卫将军安元寿宅。1972年12月，昭陵文管所在礼泉县赵镇新寨村东南发掘了安元寿墓，出土了安元寿墓志和其妻翟氏墓志，安元寿夫人《翟六娘墓志》云："夫人讳六娘……圣历元年十月十六日薨于京怀远里第之小寝"⑩。薛刚宅。有《大周故薛府君墓志铭并序》曰："公讳刚……夫人戴氏，早丧而夫……以（原空三字）年（原空二字）月（原空二字）日终于怀远里第"⑪。僧人万回宅。《宋高僧传》

---

① 饶宗颐：《从石刻论武后之宗教信仰》，见饶宗颐：《饶宗颐史学论著选》，上海古籍出版社，1993年，第509页。
② ［宋］赵明诚撰，金文明校证：《金石录校证》卷五、二六、六，上海书画出版社，1985年，第89、474、105页。
③ 《两京新记》读书班：《隋唐长安史地丛考》，见《唐研究》第9卷，第250—251页。
④ 《长安志》卷一〇《唐京城四》，第338页。
⑤ 《唐会要》卷四八《寺》，第996页。
⑥ 《隋书》卷七八《杨伯丑传》，第1777页。
⑦ 《唐文拾遗》卷六二《大唐故左监门大将军襄城郡开国公樊府君碑铭并序》。
⑧ 胡戟、荣新江主编：《大唐西市博物馆藏墓志》六三，北京大学出版社，2012年，第139页。
⑨ 《全唐文补遗》第6辑，第320页。
⑩ 昭陵博物馆：《唐安元寿夫妇墓发掘简报》，载《文物》1988年第12期，第47页。
⑪ 《唐文拾遗》卷一八。

记载：太平公主为僧人万回造宅于怀远坊①。卢氏宅。《前定录》中记"（开元中）摖寓宿于怀远坊卢氏姑之舍"②。兵部常选孙承嗣宅。陕西省考古研究所和西安市文物保护考古所组成联合考古队，于2001年12月至2002年11月在陕西师范大学长安校区内进行了考古发掘，该地位于今西安市长安区郭杜街道茅坡村南，即隋唐长安城西南的高阳原，是都城内居民的主要墓葬区之一，发现了唐兵部常选孙承嗣和夫人高氏的合葬墓。高氏墓志记载其"开元五年岁次丁巳正月十日，殁逝于京兆怀远里之私第"。③涪州刺史李延光宅。李延光墓志记载："君讳延光……开元七年十二月十九日，终于京兆府长安县怀远里之私第"④。嗣韩王李讷宅。李讷妃杜氏墓志记："京兆杜氏，故国子祭酒、鲁郡太守嗣韩王讳讷之妃也……天宝六载丁亥十二月壬寅朔十一日壬子遘疾，薨于长安县怀远里私第"⑤。

唐代后期，怀远坊的宅第，有左金吾卫长史裴利物宅。裴利物妻窦夫人墓志记："裴利物妻窦夫人……乾元二年九月九日遂寝疾弥留，终于怀远里"⑥。太子洗马萧季江宅。其墓志记载：天宝十三载（公元754年）唐玄宗开道举，萧季江应洞晓玄经举而登第，名动京师，贞元十一年（公元795年）秋七月，终于京师怀远里私第。⑦检校户部尚书兼光禄卿张茂宣宅。其墓志曰："上谷张公讳茂宣……明年（元和九年）三月廿七日，寝疾，薨于怀远里之私第"⑧。任公瑾宅。《神仙感遇传》记载："任公瑾者，长安怀远里人也。"⑨某公主宅。《广异记》记载：有士人应举进京，途宿于关西逆旅，遇一公主来住宿，"明日相与还京。公主宅在怀远里，内外奴婢数百人，荣华盛贵，当时莫比"⑩。房开士宅。刘禹锡《伤秦姝行并引》载：河南房开士为虞部郎中，对刘禹锡曰："我得善筝人于长安怀远里。"⑪

长寿坊位于皇城以南，朱雀门街西第四列，西市南第二坊，初曰广恩坊，避隋炀

---

① 《宋高僧传》卷一八《唐虢州阌乡万回传》，第455页。
② 〔唐〕钟辂纂：《前定录·李相国摖》，中华书局，1991年，第11页。
③ 陕西省考古研究所、西安市文物保护考古所：《唐孙承嗣夫妇墓发掘简报》，载《考古与文物》2005年第2期，第18、26页。
④ 《唐代墓志汇编续集》开元〇二九，第472页。
⑤ 《全唐文补遗》第3辑，第84页。
⑥ 《唐代墓志汇编续集》乾元〇〇七，第679页。
⑦ 《全唐文补遗》第3辑，第130页。
⑧ 李宗俊、周正：《唐张茂宣墓志考释》，载《中国边疆史地研究》2015年第4期，第158—159页。
⑨ 〔前蜀〕杜光庭：《神仙感遇传》卷四《任公瑾》，涵芬楼影印明正统间刻道藏本。
⑩ 《太平广记》卷三〇二《华岳神女》，第2397页。
⑪ 《刘禹锡集》卷三〇，第413页。

帝杨广讳而改。隋有愿力寺，大业七年（公元611年）废。西南隅，长安县廨，开皇三年（公元583年）迁都时，始移至长寿坊西南隅。① 南门之东，本梁太尉吴王萧岑宅，开皇四年（公元584年），文帝为沙门昙延立为延兴寺，寺东院莒公萧琮宅，隋亡之际，舍入寺。神龙中，唐中宗为永泰公主追福改为永泰寺。寺内东精舍，有隋郑法士画释迦灭度之变，左院廊有李雅画圣僧。会昌六年（公元846年），改为万寿寺。② 北门之东，本弘法寺，武德二年（公元619年）左光禄大夫李远所立，神龙元年（公元705年），避孝敬皇帝李弘讳改为大法寺。十字街西之北，本隋延寿公于诠宅，武德二年（公元619年）桂阳公主立为崇义寺。中书侍郎、同中书门下平章事元载宅及家庙。《册府元龟》记载：元载居长寿坊，大历四年（公元769年）九月，有猛虎窜至其私庙，命金吾将军薛岌、射生将军皓发弩手射杀。十二年（公元777年），元载被诛，毁其私庙木主。③

十字街北之西，鄫国公杨温宅。开府仪同三司尉迟敬德宅。处士郑师宅。《郑师墓志》载："君讳师……殁于长寿之第"④。其妻王妃子墓志记载："夫人姓王，讳妃子……显庆四年岁次终于长寿之第。"⑤ 二人上元二年（公元675年）十一月廿六日合葬于高阳原。太子洗马杨上宅。杨上及夫人宗氏墓志记载："君讳上……夫人南阳宗氏……永淳元年九月卅日终于长寿里第。"⑥ 朝议郎行泽王府主簿梁寺宅。梁寺及其夫人唐惠儿墓志载："君讳寺……夫人晋昌唐氏，名惠儿……垂拱四年九月廿七日，终于长寿里第"⑦。贾昌宅。陈鸿《东城老父传》记："老父姓贾名昌……贞元中，长子至信，依并州甲，随大司徒燧入觐，省昌于长寿里。"⑧ 京兆府法曹参军吕翁归宅及虞部员外郎敬煦宅。敬煦所撰《吕翁归墓志》谓"府君讳翁归……会昌五年十月十一日，终于长安长寿里"，并言及"煦与府君居尝里人，情有交分"，可知敬煦与吕翁归为同里邻居，亦居长寿坊。⑨ 兴州刺史郭镠宅。《唐故兴州刺史太原郭府君墓志铭并序》："公讳镠

---

① 《元和郡县图志》卷一《关内道一》，第4页。
② 《长安志》卷一〇《唐京城四》，第338页。按：《长安志》本记为"大中六年改为万寿寺"。据《旧唐书》卷一八下《宣宗本纪》记载，唐宣宗于会昌六年（公元846年）四月即位，五月左、右街功德使奏称："准今月五日敕书节文，上都两街旧留四寺外，更添置八所，两所依旧名兴唐寺、保寿寺，六所请改旧名……永泰寺改为万寿寺"。今据此改之。
③ 《册府元龟》卷九五一《总录部·答征二》，第11191页。
④ 《大唐西市博物馆藏墓志》八八《郑师墓志》，第194—195页。
⑤ 《大唐西市博物馆藏墓志》六一《王妃子墓志》，第135页。
⑥ 《唐代墓志汇编续集》垂拱〇〇七，第284页。
⑦ 《全唐文》卷二三四，第2367页。
⑧ 《太平广记》卷四八五《东城老父传》，第3992—3994页。
⑨ 《大唐西市博物馆藏墓志》四一五，第895页。

……乾符三年十月廿三日终于长寿里之私第"①。

嘉会坊位于皇城以南,朱雀门街西第四列,西市南第三坊。西南隅,本隋太保尉迟纲宅。初,纲兄迥置妙象寺于长安故城中,移都后,纲舍宅复立于此,改名褒义寺,其殿堂屋宇并故都旧寺之材木。尉迟纲《周书》有传,北周武帝天和四年(公元569年)五月卒②,而隋文帝移新都是开皇二年(公元582年),这时在嘉会坊有尉迟家族或者尉迟纲的子孙宅第,不应称尉迟纲舍宅立寺。③褒义寺有卢稜伽、杜景祥、王元之画。十字街西之北,灵安寺,武德三年(公元620年),唐高祖为第三子卫怀王玄霸所立。唐德宗女郑国庄穆公主庙。《唐会要》:贞元十五年(公元799年)七月,追册故义章公主为郑国庄穆公主,诏令所司择地置庙于嘉会里。④窦氏家庙。《乾𦠆子》记载:"扶风窦乂年十三,诸姑累朝国戚,其伯检校工部尚书交,闲厩使宫苑使,于嘉会坊有庙院。"⑤

董君夫人戴满宅。戴满墓志云:"夫人讳满……显庆四年岁次己未囗月戊申朔廿五日壬申殡于长安县弘安乡嘉会坊私第"⑥。左清道率谯国公窦宣礼宅。《窦宣礼墓志》曰:"公讳宣礼……遘疾终于嘉会里之私第。"⑦窦希寂宅。《大唐故窦希寂铭并序》载:"公讳希寂……永隆囗年十二月廿四日遘疾,囗于嘉会里之私第"⑧。据墓志记载,窦宣礼与希寂为同族,其祖同为窦琮。管国公武嗣宗宅。武嗣宗墓志称:"神龙三年太岁丁未正月庚子朔十三日壬子,管国公薨于长安嘉会之里第",武嗣宗即武则天从父昆弟河内郡王武志元第三子。⑨据《大唐左卫高思府果毅都囗长上谯国公夫人武氏墓志》记载,武嗣宗长女,先天二年(公元713年),亦终于嘉会里私第。⑩极有可能武嗣宗去世后,其宅为其女所继承居住。通事舍人崔季梁宅。崔母独孤氏墓志载其"天宝二年十月十七日,育背于长安县嘉会里之私第"⑪。长安县尉韦讽宅。韦讽墓志记载:韦

---

① 强跃、景亚鹂:《新见唐郭子仪任孙郭锷夫妇墓志考释》,载《文博》2014年第4期,第66页。
② 〔唐〕令狐德棻等:《周书》卷二〇《尉迟纲传》,中华书局,1971年,第340页。
③ 《增订唐两京城坊考》(修订本)卷四,第239页。
④ 《唐会要》卷一九《公主庙》,第448页。
⑤ 《太平广记》卷二四三《窦乂》,第1875页。
⑥ 《陕西金石志》卷九。
⑦ 《大唐西市博物馆藏墓志》四八三,第1045页。
⑧ 《全唐文补遗》第3辑,第451页。
⑨ 《全唐文补遗》第7辑,第25页。
⑩ 《全唐文补遗》第5辑,第317—318页。
⑪ 《陶斋藏石记》卷二四《大唐故奉义郎行洪州高安县令护军崔府君夫人河南独孤氏墓志铭并序》。

讽"上元元年十月八日卒于长安县嘉会坊私第"[1]。盱眙尉顾非熊宅。顾非熊有《关试后嘉会里闻蝉感怀呈主司》[2]诗。《唐两京城坊考》又根据韦庄《嘉会里闲居》诗认为此坊中有起居舍人韦庄宅。其诗曰："岂知城阙内，有地出红尘。草占一方绿，树藏千古春。马嘶游寺客，犬吠探花人。寂寂无钟鼓，槐行接紫宸。"[3]而实际上韦庄所居应为寺院，是借居，而非其私人宅第。[4]

永平坊位于皇城以南，朱雀门街西第四列，西市南第四坊，本名永隆坊，为避唐玄宗李隆基讳而改。东门之北，宣化尼寺，《两京新记》记为"周昌乐公主及驸马都尉尉迟安舍宅立"[5]，《长安志》记为"周昌乐公主及驸马都尉王安舍宅所立"[6]。由前可知：尉迟纲早在北周天和四年（公元569年）五月薨于京师，应是纲子尉迟安与祖母昌乐大长公主所立。该寺寺门有金刚像，上人雍法雅所制，颇有灵迹，后来武则天将其移往东都。天平军节度使殷侑家庙。《天平军节度使殷公家庙碑》记载："大和甲寅岁，天平军节度使检校尚书右仆射陈郡殷公侑建家庙于京师永平里之东北隅。"[7]

《长安志》记东南隅有宣城公主宅和高安长公主宅，而实际上宣城公主和高安长公主为同一人，《新唐书·诸帝公主传》记载："高安公主……始封宣城……神龙初，进册长公主，实封千户，开府置官属。"[8]苏颋撰《高安长公主神道碑》载："开元二年龙集摄提格夏五月哉生明，高安长公主薨于长安永平里第"[9]。寇廊宅。《乾𦠿子》记载：长安永平里西南隅，有一小宅。大历年间，安太清买得，后卖与王姁，转卖十七人，买主皆暴死。后布施给罗汉寺，向外租赁，而无人敢入。元和十二年（公元817年），有日者寇廊以四十千买得。宅内有堂屋三间，甚库，东西厢共五间，地约三亩，榆槠数百株，门有崇屏，高八尺，基厚一尺。廊其夜独自一人住在此宅，月明至四更，忽然听到一人哭声，乍东乍西，无所定。天明后命僧人照作道场，满七日，僧照忽于庭如有所见，厉声逐之，命廊求七家粉水解秽。至门崇屏，洒水一杯，以柳枝扑，屏下四

---

[1] 张蕴：《西安南郊杜原出土的韦氏墓志初考——平齐公房和郧公房成员》，载《文博》1999年第6期，第69页。
[2] 《全唐诗》卷五〇九，第5786页。
[3] 《全唐诗》卷六九五，第7998页。
[4] 耿占军、马塔：《〈唐西京城坊考〉校误五则》，载《中国历史地理论丛》1998年第2辑，第128页。
[5] 《西京新记辑校》卷三，第53页。
[6] 《长安志》卷一〇《唐京城四》，第339页。
[7] 《全唐文》卷六二四，第6303页。
[8] 《新唐书》卷八三《诸帝公主·高宗三女》，第3649页。
[9] 《全唐文》卷二五七，第2607页。

尺开，中有一女，衣青罗裙红袴锦履绯衫子，枯骨籍，乃命织一竹笼子，作三两事女衣盛之，送葬渭水沙洲，勿回头，并与设酒馔，自后小大更无恐惧。①崔氏宅。《太平广记》载："鄜城尉范季辅，未娶。有美人崔氏，宅在永平里，常依之。"②宣城郡司兵参军事杨惠宅。杨惠墓志云："府君讳惠……（天宝五载）正月十二日寿终于永平里私第"③。左龙武军将军张源宅。其墓志载："公讳源……大和十二年二月廿一日，薨于永平里之第"④。元和四年（公元809年），长安县令郑易，擅自在永平坊开渠，被贬为汴州刺史。⑤

通轨坊位于皇城以南，朱雀门街西第四列，西市南第五坊。坊内有鄐公庙。义宁二年（公元618年）四月，隋恭帝逊位给唐高祖李渊后，被封为鄐国公。⑥贞观初诏："介国公宇文氏落、邶国公杨行恭二王之后，礼数宜隆，寝庙未修，廪饩多缺，非所以追崇先代，式敬国宾。今可令有司量置国官，营修庙宇。"⑦于是在通轨坊建鄐公庙。文敬太子庙。文敬太子李谌为顺宗第六子，因"见爱于帝"而过继给德宗为子，贞元初被封为邕王，十五年薨后被追赠为文敬太子，⑧初置庙于常安坊，后移至此坊。⑨

此坊内有新城公主宅。公主乃唐太宗之女，文德皇后所生，先下嫁长孙诠，诠以罪徙巂州，更嫁韦正矩，遇主不以礼，俄而主暴薨，以皇后礼葬昭陵旁。⑩三卫刘公信宅。《法苑珠林》载："唐龙朔三年，长安城内通轨坊三卫刘公信妻陈氏，母先亡，陈因患暴死。"⑪郑州荥阳县令张楚贤宅。张楚贤夫人王氏墓志载："夫人讳字……麟德元年五月二日遘疾，薨于京师通轨里第。"⑫

归义坊位于皇城以南，朱雀门街西第四列，西市南第六坊。隋开皇年间，全一坊为蜀王杨秀宅。时秀有宠，封土殷富，起第最华，秀死后宅没官。唐开元时周垣旧迹见在，为家令寺园。⑬

---

① 《太平广记》卷三四四《寇鄜》，第2725页
② 《太平广记》卷三六一《范季辅》，第2868页
③ 潘萍：《长安区出土唐杨惠墓志铭述略》，见《碑林集刊》（九），第186页
④ 《八琼室金石补正》卷七二《唐故云麾将军左龙武军将军九原张公墓志铭并序》，第501页
⑤ 《册府元龟》卷一五三《帝王部·明罚二》，第1851页
⑥ 《隋书》卷五《恭帝纪》，第102页
⑦ 《大唐郊祀录》卷一〇《缘先代帝王》，见《大唐开元礼》，第807页
⑧ 《新唐书》卷八二《十一宗诸子·德宗十一子》，第3626页
⑨ 《唐会要》卷一九《诸太子庙》，第444—448页
⑩ 《新唐书》卷八三《诸帝公主·太宗二十一女》，第3649页
⑪ 《法苑珠林校注》卷五七《负债篇引证部第二》，第1726页
⑫ 桑绍华：《西安南郊三爻村发现四座唐墓》，载《考古与文物》1983年第3期，第40页
⑬ 《两京新记辑校》卷二，第54页

昭行坊位于皇城以南，朱雀门街西第四列，西市南第七坊，本名显行，犯中宗讳改。坊南街抵京城外郭南墙。十字街之南有汝州刺史王昕园，引永安渠为池，弥亘顷亩，竹木环布，荷荇丛秀，景色优美。①

七、朱雀门街西侧第五列诸坊

在朱雀门街西侧，皇城之南，第五列从北向南九坊依次为群贤坊、怀德坊、崇化坊、丰邑坊、待贤坊、永和坊、常安坊、和平坊、永阳坊。文献记载各坊东西为六百五十步，合955.5米，南北三百五十步，合514.5米；而考古发掘测得各坊的南北从500米到590米不等，东西均为1115米。

群贤坊位于皇城以南，朱雀门街西第五列，从北第一坊，外郭金光门东，西市之西。坊内有法身、宝王二寺，大业七年（公元611年）废。东门之南，真心尼寺，开皇八年（公元588年）宦者仪同三司宋祥舍宅所立。叡川撰《佛顶尊胜陀罗尼经幢铭并序》记载：三阶教大禅祖茶毗林畔先大师，大和五年（公元831年）正月二十六日，在群贤里真心寺灭灰。②十字街东之北，真化尼寺，开皇十年（公元590年）冀州刺史冯腊舍宅所立，后武则天改为光化寺，神龙元年复旧。

坊内的宅第，隋代有监门大将军黄城公元瓒和上柱国鄘城公梁轨二宅。武周时，有沈智果宅。沈智果墓志记载：他"天授二年九月二十五日，遘疾卒于群贤之第里"③。又有处士程玄景宅。程彦先有《程玄景墓志》云："先生讳玄景……长寿三年岁次甲午正月景戌朔九日甲午遘疾，终于群贤里"④。东南隅，有上官婉儿宅，开元时为南阳县主所居。有洋州刺史独孤思行宅。独孤思行先天二年（公元713年）六月廿六日终于长安县群贤里之私第⑤。

瀚海都督右领军卫大将军经略军使回纥琼宅。《大唐故回纥府君墓铭》载：他姓回纥，字琼，阴山人，曾祖卑栗，右卫大将军。据《旧唐书·回纥传》记载，贞观二十年（公元646年），唐太宗破薛延陀，在其故地置六府七州，以回纥部为瀚海府，拜其首领吐迷度为怀化大将军兼瀚海都督。贞观二十二年（公元648年）吐迷度为其侄乌纥所

---
① 《长安志》卷一〇《唐京城四》，第339—340页。
② 《全唐文》卷九一九，第9578—9579页。
③ 《陕西金石志·补遗》卷上《大周故沈君墓志铭并序》。
④ 《陶斋臧石记》卷二〇。
⑤ 《唐代墓志汇编续集》开元〇七五，第504—505页。

杀，十月唐廷以吐迷度子婆闰为使持节回纥部落诸军事、瀚海都督。龙朔中，婆闰死，侄比粟毒主领回纥。①《新唐书》称婆闰子为比栗。②墓志中的卑栗可能就是比栗，所以墓志中称"叶盛衣冠，门承瀚海之俊；地雄庞塞，家有可汗之贵"。回纥琼"乾元三年三月廿九日，终于群贤里之私第"。③石崇俊宅。石崇俊墓志载其于"贞元十三年二月二十日，终于群贤里之私第"④。永州长史王公夫人安乡县主宅。据其墓志记载，安乡县主为唐玄宗之孙，颍王璬第四女，于元和三年（公元808年）三月廿五日，薨于京兆府长安县群贤里之私第。⑤内供奉强琼宅。据《唐故琅琊王氏夫人墓志》记载，夫人即故玉册官内供奉强琼之妻，乾符元年（公元874年）十二月廿二日，忽染重疾，终于群贤里第。⑥华州参军柳生宅。《乾𦠿子》记载：华州柳参军闲游长安，遇崔氏女，二人一见钟情，后崔氏前去探望，"柳生惊喜，又不出城，只迁群贤里，后本夫终寻崔氏女，知群贤里住"。⑦由此可知，柳生在群贤坊当有宅第。

怀德坊位于皇城以南，朱雀门街西第五列，从北第二坊，外郭金光门东，西市之西。西南隅有罗汉寺，开皇六年（公元586年）雍州牧楚公豆卢勣所立。十字街西之北，本郑孝王李亮隋代旧宅，十年，亮子淮安王神通，为沙门智凝立寺于群贤坊，以智凝辨才不滞，因名为辨才寺，武德二年（公元619年）移于此坊。东门之北，慧日寺，开皇六年（公元586年）富商张通舍宅立寺。张通妻陶氏，常于西市鬻饭，精而价贱，时人呼为陶寺。寺内有九层浮图，高一百五十尺，为贞观三年（公元629年）沙门道说所立，金泽文库本《两京新记》记作"道䛴"所立，《唐两京城坊考》"怀德坊"下注为"贞观三年沙门道□所立"⑧。朱玉麒《沙门道䛴即道说》认为"䛴"字为"说"字的俗写⑨，小野胜年《中国隋唐长安寺院史料集成》直接将其写成"贞观三年，沙门道说所立"⑩，笔者认同此说。另有弘光寺。

卢国公程知节宅。《程知节墓志铭》载："公讳知节……麟德二年二月七日遘疾，

---

① 《旧唐书》卷一九五《回纥传》，第5196—5197页。
② 《新唐书》卷二一七上《回鹘传上》，第6114页。
③ 《唐代墓志汇编续集》乾元〇一〇，第681页。
④ 吴钢主编：《全唐文补遗》第4辑，三秦出版社，1997年，第472页。
⑤ 《全唐文补遗》第7辑《唐永州长史王公夫人故安乡县主墓志铭并序》，第82页。
⑥ 《全唐文》卷九九六，第10324页。
⑦ 《太平广记》卷三四二《华州参军》，第2714页。
⑧ 《唐两京城坊考》卷四《西京·外郭城》，第124—125页。
⑨ 《两京新记》读书班：《隋唐长安史地丛考》，见《唐研究》第9卷，第253页。
⑩ ［日］小野胜年：《中国隋唐长安寺院史料集成》，法藏馆，1989年，第309页。

薨于怀德里第"①。汴州刺史胡演宅。《胡演墓志》记："公讳演……贞观廿年岁次景午七月辛卯朔一日辛卯，遘疾薨于怀德里第。"②洛州河南县陈氏王夫人宅。其墓志载：夫人以永徽六年（公元655年）三月十九日遘疾终于怀德里私第③。南门之东，旧有富商邹凤炽宅。《西京记》记载："西京怀德坊南门之东，有富商邹凤炽"，因其肩高背曲，像骆驼，因而时人称其为邹骆驼。其家巨富，金宝不可胜计，常与朝贵往来，邸店园宅，遍布海内，家中男女婢仆都是锦衣玉食，服用器物，都非常奢侈。曾谒见唐高宗，请市终南山中树，每棵估绢一匹，自称："山树虽尽，臣绢未竭。"事虽不行，但足见其富。④韩宝才宅。《大唐故韩君之墓志》："君讳宝才……咸亨四年岁次己酉十月朔廿九日，卒于京城怀德之第"⑤。天官侍郎李至远宅。李至远两《唐书》有传。李至远为人耿直，长寿中为天官郎中，内史李昭德重其才，推荐他知流内选事。有人劝他谢李昭德私恩，他回答说："李公以公见用，岂得以私谒也。"⑥如意元年（公元692年）有选人姓刁，又有王元忠并被流放，就贿赂令史减其姓名点画，"刁"改为"丁"，"王元忠"改为"士元中"，拟授官后，改回原名。李至远发觉后，就说："今年铨覆数万人，总识记姓名，安有'丁''士'者？此刁某、王某也。"究发其奸。⑦后因事出为壁州刺史，卒。泽王府主簿梁寺宅。其墓志载：梁寺以垂拱四年（公元688年）十月五日，终于长安怀德里第。⑧突厥右贤王墨特勒宅。开元十一年（公元723年）六月十一日，贤力毗伽公主阿那氏薨于亲兄右贤王墨特勤京师怀德坊之第。其父为突厥默啜可汗。⑨优婆夷张常求宅。优婆夷张常求墓志称：优婆夷张常求开元十年（公元722年）遘疾，至其年二月廿五日，逝化于怀德之私第。⑩汧阳郡华亭县令李悌宅。据李悌墓志记载，李悌以天宝四载（公元745年）十二月十七日寝疾终于长安怀德里之私第。⑪

---

① 《昭陵碑石》，第157—158页。
② 《大唐西市博物馆藏墓志》三六《胡演墓志》，第77页。
③ 《唐代墓志汇编》永徽一三〇，第216页。
④ 《太平广记》卷四九五《邹凤炽》，第4062页。
⑤ 《唐文拾遗》卷六四。
⑥ 《旧唐书》卷一八五上《李素立传附李至远传》，第4786页。
⑦ 《唐会要》卷七四《掌选善恶》，第1593页。
⑧ 《全唐文》卷二三四，第2367页。
⑨ ［清］洪颐煊：《平津读碑记·三续》卷上《贤力毗伽公主阿那氏墓志》，清光绪十二年吴其朱氏家塾刊本。
⑩ 《唐代墓志汇编》开元一四五，第1257页。
⑪ 《大唐西市博物馆藏墓志》二五六，第561页。

楚州兵曹参军刘釜宅。刘釜墓志曰："公讳釜……大和八年七月一日，逝怀德私第"①。济阴江士汪妻张氏宅。张氏墓志载："贞元五年秋八月八日，济阴江士汪妻张氏卒于上都怀德里第"②。游击贾利休宅。其夫人张氏于贞元十五年（公元799年）十一月十二日，终于长安县怀德里之私第。③陇西李潮宅。李潮墓志称"府君李氏，陇西之枝，讳潮。……积祸成瘵，药无能施"，于元和八年（公元813年）六月三日，殁于长安县怀德里之第。④

崇化坊位于皇城以南，朱雀门街西第五列，从北第三坊，本名弘化，避孝敬皇帝讳改。东南隅，本西华观，贞观五年（公元631年），太子承乾有疾，道士秦英祈祷获愈，遂立此观；垂拱三年（公元687年），以犯武则天祖讳，改为金台观；神龙元年（公元705年），又改为中兴观，三年改为龙兴观；《历代名画记》载观内有吴道玄、董谔画。东门之北，本隋长安令屈突盖宅，开皇十年（公元590年），邑人张绪买后立为经行寺；寺内有塔。《旧唐书·五行志》记载：大和八年（公元834年）六月，暴风雷雨坏经行寺塔。⑤会昌六年（公元846年），改为龙兴寺。西南隅，净乐尼寺，开皇六年（公元586年）所立，⑥《长安志》记为"静乐尼寺"⑦。坊内又有祆祠。《西溪丛语》记载："唐贞观五年，有传法穆护何禄，将祆教诣阙闻奏，敕令长安崇化坊立祆寺"⑧，名波斯寺。至天宝四载（公元745年）七月，敕改为大秦寺。河阳节度使乌重胤庙。韩愈《乌氏庙碑铭》曰："元和五年……其以庙享，即以其年营庙于京师崇化里。"⑨

此坊内亦有住宅。利州总管府司马李敩宅。《李敩墓志》记："君讳敩……（武德）六年四月十七日，卒于京师之弘化里舍。"⑩均州司户参军事柳冲宅。《柳冲墓志》载："君讳冲……仪凤三年四月廿六日，终于长安县弘化里之私第。"⑪上骑都尉方君宅。方君夫人张氏墓志载：夫人永隆元年（公元680年）十二月三日于长安弘化里

---

① 《全唐文》卷七五七，第7864—7865页。
② 《唐代墓志汇编续集》贞元〇一二，第742页。
③ 《陶斋藏石记》卷二八《唐故清河郡夫人张氏墓志铭并序》。
④ 《唐代墓志汇编续集》元和〇五〇，第835页。
⑤ 《旧唐书》卷三七《五行志》，第1362页。
⑥ 《两京新记辑校》卷三，第65页。
⑦ 《长安志》卷一〇《唐京城四》，第342页。
⑧ 《西溪丛语》卷上，第42页。
⑨ 《全唐文》卷五六一，第5682—5683页。
⑩ 《大唐西市博物馆藏墓志》三一，第67页。
⑪ 《大唐西市博物馆藏墓志》九五，第211页。

去世。①将仕郎房怀亮宅。房怀亮墓志记载：怀亮卒于弘化之第，延载元年（公元694年）十月廿三日，窆于龙首之原。②兴教府左果毅都尉元大亮宅。有元大亮墓志云："公讳大亮……景龙元年十一月廿日终卒于京崇化里第。"③长安县丞萧思亮宅。其墓志记载：思亮于景云二年（公元711年）正月二十日，终于京崇化里第。④房惠琳宅。《房惠琳墓志铭》记："公讳惠琳……开元廿年五月十六日，遘疾卒于崇化里第"⑤。左威卫京兆府临泉府左果毅都尉杨承恩宅。《杨承恩墓志》云："公讳承恩……开元廿八年二月八日，仓卒殒于京师崇化里私第。"⑥大内皇城判官右卫率大明长史杨忠宅。据其夫人冯氏墓志记载，杨忠天宝元年（公元742年）夏六月六日卒于崇化里私第⑦。陇西李协律宅。其夫人吕夫人墓志载：东平吕氏嫁于陇西李协律，大和元年（公元827年）六月十日，在夫家崇化里私第去世。⑧

丰邑坊位于皇城以南，朱雀门街西第五列，从北第四坊，坊南街西通延平门。此坊多租赁方相辒车送丧之具。武德中，坊中有一人姓房，好自矜门阀，朝廷衣冠，都认作近属。有人恶其如此，设计讥讽他，先问周隋间房氏知名者，皆云是从祖从叔，又曰丰邑公相与公远近，也说是族叔。其人大笑说："公是方相侄儿，只可吓鬼，何为诳人！"房某自是惭愧。⑨东北隅，清虚观，开皇七年（公元587年）隋文帝为道士吕师辟谷练气，故以"清虚"为名。⑩杜光庭《神仙感遇传》记载："进士王璘，大中己卯岁游边回京师。既至之日，属宣皇升遐，人心震扰，才入金光门，投诸逆旅，皆已扃锸。遂入丰邑坊，诣景云观，僦一独院。"⑪而《唐会要》记载：务本坊有司空房玄龄宅，景龙二年（公元708年）韦庶人立为翊圣观，景云二年（公元711年）改为景云女冠观，天宝八载（公元749年）又改为龙兴道士观；修业坊，景龙二年（公元708年）韦庶人立为翊圣观，景云元年（公元710年）改名景云观。⑫务本、修业、丰邑三坊俱有景云观，

---

① 《唐代墓志汇编续集》永隆〇〇二，第247页。
② 《陶斋藏石记》卷二〇《大周故将仕郎房君之墓志铭并序》。
③ 庞怀靖：《读元师奖墓志》，载《文博》1993年第5期，第59—60页。
④ 《全唐文》卷二五九，第2629页。
⑤ 《陕西金石志》卷一二。
⑥ 《大唐西市博物馆藏墓志》二三三，第515页。
⑦ 《陕西金石志》卷一三《大唐故大内皇城判官右卫率大明长史弘农郡杨公姑平郡冯夫人墓志铭》。
⑧ 《唐代墓志汇编续集》大和〇〇三，第881页。
⑨ 《西京新记辑校》卷三，第66页。
⑩ 《唐会要》卷五〇《观》，第1026页。
⑪ 《神仙感遇传》卷四《王璘》。
⑫ 《唐会要》卷五〇《观》，第1019页。

但在同一座城内不可能出现名称相同的道观,可知其必有误者,待考。

司徒兼中书令李晟林园。《旧唐书·李晟传》载:德宗赐永崇里第及泾阳上田、延平门之林园。① 与吐蕃盟坛,《旧唐书·吐蕃传》载:建中四年(公元783年),唐德宗命宰相、尚书等与吐蕃相区颊赞等会盟于丰邑里坛所。② 承议郎行秦州成纪县令韦昊宅。其墓志记载:韦昊"开元廿九年十二月廿四日,终于丰邑里之私第"③。旅舍。范孟容墓志记载:左监门卫胄曹参军范孟容夫人"大和辛亥之岁孟秋十八日,殁于长安丰邑里之旅舍"④。

待贤坊位于皇城以南,朱雀门街西第五列,从北第五坊,延平门东。此坊隋初有诸州朝集使邸,故以"待贤"名之。东北隅,开皇七年(公元587年)隋文帝为秦王杨俊在此处立有会昌观,开元二十八年(公元740年)改千秋观,天宝七载(公元748年)又改为天长观。节愍太子庙。节愍太子李重俊,唐中宗第三子,神龙二年(公元706年)立为皇太子,三年七月,与左羽林大将军李多祚、右羽林将军李思冲、李承况、独孤祎之、沙吒忠义等发动兵变,杀三思及崇训及其党羽十余人,兵变失败被杀。睿宗即位后,为其平反,赠皇太子,谥曰节愍。⑤

坊中住宅,隋有左领军大将军史万岁宅。《两京记》记载:"长安待贤坊,隋北领军大将军史万岁宅。其宅初常有鬼怪,居者辄死。万岁不信,因即居之。"夜见汉将军樊哙鬼魂,以墓近万岁居厕,常苦秽恶,希望能移到他所,万岁许诺,为改葬。⑥ 太常卿上柱国陇西公李宽宅。2013年,唐李宽碑发现于西安市长安区韦郭路西段北侧,碑文记载:"公讳宽……仪凤元年十一月廿日薨于长安县待贤里之私第"⑦。正议大夫李才仁宅。《大唐故正议大夫李府君墓志铭并序》载:"君字闻礼,讳才仁……永淳元年六月廿六日,终于乾封县待贤坊之私第。"⑧ 兴元府户曹参军韦君宅。其夫人李氏墓志云:"元和十五年五月廿二日,陇西李夫人遘疾终于京师待贤里第。"⑨

---

① 《旧唐书》卷一三三《李晟传》,第3671页。
② 《旧唐书》卷一九六下《吐蕃传下》,第5248页。
③ 王育龙、程蕊萍:《陕西西安新出唐代墓志铭五则》,见荣新江主编:《唐研究》第7卷,北京大学出版社,2001年,第451—452页。
④ 陕西省考古研究所:《唐范孟容墓发掘简报》,载《考古与文物》2005年第2期,第14页。
⑤ 《旧唐书》卷八六《节愍太子传》,第2837—2838页。
⑥ 《太平广记》卷三二七《史万岁》,第2597—2598页。
⑦ 权敏:《新见〈唐太常卿陇西公李宽碑〉考释》,载《文博》2016年第6期,第81—82页。
⑧ 《唐代墓志汇编》永淳〇〇七,第689页。
⑨ 《大唐西市博物馆藏墓志》三六三,第783页。

永和坊位于皇城以南，朱雀门街西第五列，从北第六坊，本名淳和坊，元和初避宪宗名改。东南隅，隐太子庙，①《长安志》记为"东北隅"，《唐两京城坊考》照录无改。隐太子即唐高祖长子李建成，武德元年（公元618年）立为皇太子，在武德九年（公元626年）的玄武门之变中被杀。唐太宗即位后，追封他为息王，谥曰隐，以礼改葬，贞观十六年（公元642年）又追赠他为皇太子，谥仍依旧。②宁远将军庆王府左典军尹大简宅。其墓志载：尹大简于开元二十三年（公元735年）闰十一月五日卒于淳和里之私第，享年八十有二。③

常安坊位于皇城以南，朱雀门街西第五列，从北第七坊，或称长安坊。东南隅，章怀太子庙，④神龙中所立。章怀太子李贤，唐高宗第六子，上元二年（公元675年），被立为皇太子，调露二年（公元680年）涉嫌谋逆，被废为庶人，后迁往巴州，文明元年（公元684年）左金吾将军丘神勣奉旨逼令自杀，神龙初迁陪葬乾陵。睿宗即位后，追赠为皇太子，谥曰章怀。⑤又有文敬太子庙。贞元十五年（公元799年）九月，置文敬太子庙于常安坊，祭令各一人，四时献奠，⑥后移入通轨坊。咸阳县丞郭君宅。常衮撰《咸阳县丞郭君墓志铭》载："君讳某……开元十八年四月十八日，寝疾终于长安里第。"⑦又有杨娼宅。《太平广记》载："杨娼者，长安里中之殊色也。"长安城中王公富人宴请宾客，竞相邀致席上，虽不饮者，必为之引满尽欢，长安诸儿一造其室，殆至亡生破产而不悔，因此娼之名冠诸籍中。⑧鱼玄机宅。《太平广记》有："唐西京咸宜观女道士鱼玄机，字幼微，长安里家女也。"⑨由此可知，此处为鱼玄机出生成长之地。

和平坊位于皇城以南，朱雀门街西第五列，从北第八坊。坊内南北街之东筑入庄严寺，街西入总持寺。

永阳坊位于皇城以南，朱雀门街西第五列，从北第九坊。此坊半以东，大庄严寺。隋初宇文恺置别馆于此坊。仁寿三年（公元603年），隋文帝为文献皇后立为禅定寺。

---

① 《西京新记辑校》卷三，第68页。
② 《旧唐书》卷六四《隐太子传》，第2414—2419页。
③ 《陕西金石志》卷一二《唐故宁远将军□王府左典军上柱国尹府君墓志铭并序》。
④ 《西京新记辑校》卷三，第68页。
⑤ 《旧唐书》卷八六《章怀太子传》，第2831—2832页。
⑥ 《唐会要》卷一九《诸太子庙》，第444—445页。
⑦ 《全唐文》卷四二〇，第4288页。
⑧ 《太平广记》卷四九一《杨娼传》，第4032页。
⑨ 《太平广记》卷一三〇《绿翘》，第922页。

《续高僧传》亦称："及献后云崩，于京邑西南置禅定寺，架塔七层，骇临云际，殿堂高竦，房宇重深，周闾等宫阙，林圃如天苑，举国崇盛，莫有高者。"①寺中木塔乃宇文恺所建。宇文恺以京城西有昆明池，地势微下，奏于此建木浮图，高三百三十尺，周匝百二十步。寺内复殿重廊，天下伽蓝之盛，莫与为比。大业末，此寺有僧智兴，负责寺内敲钟，常发愿云："三途六趣，闻此解脱。"时仲冬寒裂，掌中凝血，不以告倦。后有住待贤坊之人从炀帝南幸，死于途中，于地狱中受苦，托梦于妻，请求："今月初十日，禅定寺智兴师鸣钟，响彻地狱，同受苦者，一时解免。"并让妻子以绢三十匹酬谢。武德元年（公元618年），改为庄严寺。寺内有佛牙，长三寸，宋时沙门法献从乌踵国取以归，豫章王睐自扬州持入京，隋文帝改置此寺。②会昌六年（公元846年），宣宗即位后改称圣寿寺。寺有卢稜伽、尹琳画。大中七年（公元853年），宣宗幸此寺，礼佛牙，登大塔，宣问耆年，赐紫衣。后帝望寺西北废总持寺，下敕曰："朕以政闲赏景，幸于庄严，其寺复殿重廊，连甍比栋。幽房秘宇，窈窕疏通，密竹翠松，垂阴擢秀，行而迷道，天下梵宫，高明寡匹。……藩邸之时，游此伽蓝，睹斯胜事。其总持寺，大业中立，规制与庄严寺正同，今容像则毁，忍草随荒，香径芜侵，尚存基址。"③因而下令重修。大总持寺位于此坊西半部，隋大业元年（公元605年），隋炀帝为父文帝所立，初名大禅定寺，规制与庄严寺相同，也有木浮图，高下与东浮图不异，武德元年（公元618年）改为总持寺。庄严、总持，即隋文、献后在宫中之号，二寺门额并少詹事殿令名所题。寺中常贡梨花蜜，又有孙尚子、吴道元、尹琳、李仲昌画。坊中又有恭僖、贞献二太后庙。

---

① 《续高僧传》卷一八《隋西京禅定道场释昙迁传》，第666页
② 《长安志》卷一〇《唐京城四》，第343—344页
③ 《宋高僧传》卷一六《唐京兆圣寿寺慧灵传》，第392页

第二节
万年诸坊

隋大兴、唐长安外郭城内，朱雀门街以东诸坊由万年县（隋称大兴县）辖领。由于城市建设发展的需要，万年诸坊多有分合、盈缩的变化，情况较为复杂。

一、宫城东侧诸坊

在长安城东北角宫城东侧原本有六坊，后来经过两次分合，最终变为七坊，详细经过上文已有论述，不再赘述。从北第一行，自西依次为光宅坊、翊善坊、长乐坊；第二行，自西依次为永昌坊、来庭坊、大宁坊、兴宁坊。文献记载，各坊南北四百步，东西六百五十步。由于此处多被现代建筑压盖，尚未进行考古发掘，故缺乏考古实测数据。

光宅坊位于长安城宫城以东，大明宫南第一行，从西第一坊。本翊善坊之地，大明宫建成后，开丹凤门街，遂将其分为翊善、光宅二坊。坊内横街之北有光宅寺，仪凤二年（公元677年），望气者言此坊有兴气，高宗敕令挖掘，得一石函内有佛舍利骨万余粒，因而在此立光宅寺。长安三年（公元703年）武则天又在寺中置七宝台，并改为七宝台寺。七宝台是佛经中常出现的名词，是比喻世间供养佛或佛法最精致珍贵的精舍、至宝。此台由清禅寺主翻经僧德感设计监造。[①]《寺塔记》记载："宝台甚显，登之，四极眼界。其上层窗下尉迟画，下层窗下吴道玄画"[②]。宰相韦处厚每次罢朝回家，路过此台，都要焚香礼拜。上元二年（公元761年），唐肃宗征召惠中禅师至京师，初居

[①] 顾娟英：《唐长安七宝台石刻的再省思》，见《远望集——陕西省考古研究所华诞四十周年纪念文集》（下），陕西人民美术出版社，1998年，第829—842页。
[②]《酉阳杂俎·续集》卷六《寺塔记下》，第257页。

于此寺禅师影堂。又有车坊和百官待漏院。唐长安的政治重心渐移至大明宫后，百官早朝，常要立马于望仙、建福门外等待，宰相则在车坊内以避风雨，元和初始在坊内置待漏院。①又有右教坊。《教坊记》载：右教坊在光宅坊，多善歌之乐人。②

坊内的官民宅第亦有不少。张巽宅。《大唐故京兆张君（巽）墓志铭并序》记载：张巽"开元廿一年二月八日，终于光宅里之私第"③。中书侍郎、同平章事、左仆射李揆宅。李揆《谢赐光宅坊宅表》曰："中使某至，奉宣圣旨，知臣无宅，以光宅坊去内最近，赐臣宅一区。"④宰相王涯宅。王涯有文采，永贞、元和年间的诏诰制令多所起草，唐宪宗"以其孤进自树立，数访逮，以私居远，或召不时至，诏假光宅里官第"⑤。苏州长史董楹宅。董楹墓志云："公讳楹……元和元年十二月十六日寝疾终于光宅里私第"⑥。其子润州司马董岌也居于此宅。董岌夫人杨氏墓志载："夫人姓杨氏……元和六年闰十二月十四日，终于光宅里私第"⑦。将仕郎守洪州都督府仓曹参军翰林待诏毛伯良宅。其夫人弘农杨氏墓志："夫人姓杨……元和四年秋七月壬子，殁于光宅里之旧第"⑧。元和中，光宅坊百姓失名氏，其家有病者将困，迎僧持念，妻儿环守之。众人仿佛见一人入户，投于瓮间，其家以汤沃，得一鬼间搙气袋。其家因掷还，病者即愈。⑨赵爱宅。赵爱墓志云其大和二年（公元828年）二月廿四日病逝于光宅坊私第⑩。张荣恩宅。其墓志记载："公讳荣恩……（大和七年）七月十七日薨于光宅之私第也。"⑪大和九年（公元835年），李训、郑注欲诛杀宦官，失败后被杀，"郑注首悬于光宅坊西北角铺，三日而去之"⑫。营幕使判官内侍省掖庭局宫教博士刘士环宅。刘士环墓志载："公讳士环……会昌元年八月八日殁于上都光宅里。"⑬内侍省内仆局丞置同正员上柱国牛维直宅。牛维直墓志载其咸通四年（公元863年）庚申月甲寅日终于

---

① 《唐国史补》卷中，第39页
② 〔唐〕崔令钦：《教坊记（外三种）》，吴企明点校，中华书局，2012年，第11页
③ 《全唐文补遗》第5辑，第366页
④ 《全唐文》卷三七一，第3772页
⑤ 《新唐书》卷一七九《王涯传》，第5317页
⑥ 《唐代墓志汇编》元和〇一三，第1957页
⑦ 中国科学院考古研究所编著：《西安郊区隋唐墓》，科学出版社，1966年，第102页
⑧ 《全唐文补遗》第6辑，第476页
⑨ 《酉阳杂俎·续集》卷二《支诺皋中》，第210页
⑩ 《唐代墓志汇编续集》大和〇二三，第898页
⑪ 《唐代墓志汇编续集》大和〇五〇，第919页
⑫ 《册府元龟》卷九三五《总录部·构患》，第11020页
⑬ 《唐代墓志汇编续集》会昌〇〇九，第949页

光宅坊私第①。

翊善坊位于长安城宫城以东，大明宫南第一行，从西第二坊，丹凤门街之东。坊内有保寿寺，原本为宦官高力士宅，天宝九载（公元750年）舍为寺。徐松认为：《新唐书》记高力士于来庭坊造宝寿寺，而段成式称在翊善坊，盖因二坊南北毗连。②初铸钟成，高力士设斋庆贺，朝臣毕至，一击百千，有人献媚于高力士，连击二十下。寺内经藏阁规构危巧，二塔火珠受十余斛。③河阳从事李琢性好奇古，尝至此寺观库中旧物，于破瓮中发现一物如被，破旧不堪，仔细看是一幅画，因用州县图三及缣三十换得，令家人装裱，访于柳公权，得知是张萱所画《石桥图》，玄宗赐给高力士，因留寺中。后来卖画人宗牧言于左军，有小使至宅强夺而去献给文宗。文宗好古，见之大悦，命张于云韶院。④寺内又有先天菩萨帧，本在成都妙积寺，益州长史魏奉古进之，后又赐高力士。

坊内宅第，除高力士宅之外，还有益州温江县令任晃宅。杨炯撰《益州温江县令任君神道碑》记其于咸亨三年（公元672年）七月二日，终于西京翊善里私第。⑤骠骑大将军虢国公杨思勖宅。张说撰《颍川郡太夫人陈氏碑》载："颍川郡太夫人者……罗州大首领杨历之妻，骠骑大将军兼左骁骑大将军虢国公思勖之母……开元九年四月八日，薨于长安之翊善里。"⑥杨思勖墓志亦于1958年7月在西安市东南出土，墓志称："开元廿八年三月壬寅，骠骑大将军杨公薨于京师翊善里之私第。"⑦左龙武军将军渭源县开国男李忠义宅。李忠义墓志载其天宝七载（公元748年）十二月廿四日薨于翊善里私第⑧。右龙武军将军南浦县开国男屈元寿宅。屈元寿墓志记载：元寿以天宝九载（公元750年）正月廿九日薨于翊善里之私第⑨。左龙武将军员外置同正员田福仙宅。田福仙墓志记载：田福仙天宝八载（公元749年）十二月九日，病卒于翊善里私第。⑩右龙武军将军陇西县开国伯李玄德宅。李玄德墓志载："府君讳玄德……天宝十四载三月廿九日薨于

---

① 《唐代墓志汇编续集》咸通〇一六，第1045页。
② 《唐两京城坊考》卷三《西京·外郭城》，第49页。
③ 《酉阳杂俎·续集》卷六《寺塔记下》，第257页。
④ 《长安志》卷八《唐京城二》，第273—274页。
⑤ 《全唐文》卷一九四，第1964页。
⑥ 《全唐文》卷二二七，第2293—2294页。
⑦ 《唐代墓志汇编》开元五一五，第1509页。
⑧ 《唐代墓志汇编续集》天宝〇五一，第617页。
⑨ 《唐代墓志汇编续集》天宝〇六二，第626页。
⑩ 《全唐文补遗》第5辑，第385—386页。

翊善里之私第。"①彭献中宅。《内侍护军中尉彭献忠神道碑》记载：元和十二年（公元817年）二月乙巳，彭献忠薨于翊善里私第。②教坊乐人李臻绯宅。长庆四年（公元824年）十一月，唐敬宗赐教坊乐人李臻绯翊善坊宅一区。③又有仗内教坊第一部供奉张渐宅。张渐墓志记其"会昌五年五月五日终于翊善里之私第"④。义昌军监军使行内侍省掖庭局令高克从宅。高克从墓志称其"（大中元年闰三月）九日卒于万年县翊善里之第"⑤。韦蒙妻许氏宅。《仙传拾遗》载："韦蒙妻许氏，居东京翊善里。"⑥然查东都洛阳并无翊善坊，此处"东京"或为"西京"之讹。

长乐坊位于长安城宫城以东，大明宫南第一行，从西第三坊，后改称延政坊，坊之北即外郭城之延政门，故以门名坊。此坊东半部，本睿宗在藩旧宅，景云元年（公元710年）立为安国寺，以本封安国为名。宪宗时，吐突承璀对其进行修缮。寺内红楼睿宗在藩时造，当时广宣上人住此院，撰诗集号为《红楼集》。东禅院亦称木塔院，院门西北廊有吴道玄弟子释思画释梵八部，不施彩色。寺又有吴道玄、杨廷光、尉迟乙僧等人画作。刘瞻任大理评事时，饥贫乏食，曾于安国寺相识僧处谒餐。自长庆后，多有皇帝驾幸安国寺。后来因战乱破败，宣宗欲修复，逢帝崩事遂不行。咸通七年（公元866年），唐懿宗以先帝旧服御及孝明太皇太后金帛，令左神策军再建之。西南隅，本司农寺园地，开元十八年（公元730年）造兴唐观，敕令速成，遂拆兴庆宫通乾殿造天尊殿，取大明宫乘云阁造门屋楼、白莲花殿造精思堂屋、甘泉殿造老君殿。元和初年，命中尉彭忠献率三百人修兴唐观，赐钱千万，以壮其旧制，因北距大明宫较近，因而又开复道方便皇帝行幸。以内库绢千匹、柴千斤为夫役之赐，庄宅钱五千万、杂谷千石，充修斋醮之费。敬宗时，曾于兴唐观置道学会，宣扬道教。⑦内教坊，元和十四年（公元819年），迁仗内教坊于延政里。

坊内的住宅，高宗、武后时期，有秘书郎魏州贵乡县令于君宅。其妻卢舍卫墓志云："夫人讳舍卫……调露二年五月十八日，终于京师常乐里第"⑧。此"常乐"即"长乐"之异体写法。陪戎副尉刘师宅。刘师及其妻房氏墓志称："公讳师……圣历

---

① 《唐代墓志汇编续集》天宝一〇五，第659页。
② 《全唐文》卷六四四，第6523页。
③ 《册府元龟》卷一八〇《帝王部·滥赏》，第2165页。
④ 《唐代墓志汇编续集》会昌〇二四，第961页。
⑤ 《唐代墓志汇编续集》大中〇〇六，第973页。
⑥ 《太平广记》卷六九《韦蒙妻》，第431页。
⑦ 张全民：《〈唐玄济先生墓志铭〉与有关道教问题考略》，见《唐史论丛》第14辑，第227—232页。
⑧ 《大唐西市博物馆藏墓志》一〇七，第238页。

元年岁次戊戌柒月己未朔贰拾捌日景戌平旦寅，奄然卒于雍州万年县常乐里。"①通议大夫行仪王府司马韦英宅。据其墓志知，韦英于天宝九载（公元750年）患风疾，八月十二日薨于西京长乐里第。②左神武军大将守左金吾卫大将军陇西董希逸宅。其墓志载：董希逸"贞元十四年正月廿五日遘疾终于延政里之私第"③。宰相关播宅。白居易《养竹记》云："贞元十九年春，居易以拔萃选及第，授校书郎，始于长安求假居处，得常乐里故关相国私第之东亭而处之。"④关相国即指关播，曾任中书侍郎、同中书门下平章事。内侍省内给事韩国信宅。1993年11月西安东郊陕西钢厂基建工地出土《韩国信墓志》，志文记载：元和十三年（公元818年）正月一日，韩国信薨于延政里私第。⑤殿中侍御史钱方义、尚书门人王直温宅。《续玄怪录》记载："殿中侍御史钱方义……宝历初独居常乐第……尚书门人王直温者，居同里"⑥。刺臂百姓宅。《酉阳杂俎》记载："宝历中，长乐里门有百姓刺臂"⑦。崔氏宅。1986年4月西安东南郊西安国药厂基建工地中发现一座唐墓，出土《崔氏夫人墓志》，志文称：大中四年（公元850年）十月，夫人殁于长安常乐里。⑧朝请郎试太常寺协律郎萧弘愈宅。萧弘愈墓志记其咸通八年（公元867年）二月十四日殁于长安延政里之第⑨。朝议郎守括州司马何遂宅。何遂墓志记载：何遂"咸通八年丁亥岁春三月廿二日壬戌，殁于长安延政里之第"⑩。右金吾引驾守左卫翊府中郎将萧行群宅。萧行群墓铭载其咸通九年（公元868年）八月二十六日薨于长安延政里私第⑪。

在长乐坊东，本还有一坊，后尽坊筑入东内苑，为十王宅。《长安志》引《政要》曰："先天之后皇子幼则居内，东封后以年渐成长，乃于安国寺东，附苑城同为大宅，分院居之，名为十王宅。令中官押之，于夹城中起居，每日家令进膳。十王谓庆、忠、棣、鄂、荣、光、仪、颍、永、济也。"后来，盛、寿、陈、丰、恒、凉六王又就封，

---

① 《大唐西市博物馆藏墓志》一三七，第305页。
② 张安兴：《唐〈韦英墓志〉考释》，见西安碑林博物馆编：《碑林集刊》（十一），陕西人民美术出版社，2005年，第129页。
③ 《唐代墓志汇编续集》元和〇三四，第825页。
④ 《白居易集笺校》卷四三，第2744页。
⑤ 师小群：《西安郊区出土唐韩国信、康氏墓志考述》，见陕西历史博物馆馆刊编辑部编：《陕西历史博物馆刊》第4辑，西北大学出版社，1997年，第206页。
⑥ ［唐］李复言编：《续玄怪录》卷三《钱方义》，程毅中点校，中华书局，1982年，第173—174页。
⑦ 《酉阳杂俎·前集》卷八《黥》，第77页。
⑧ 陈安利、马骥：《西安新出唐志考释》，载《文博》1987年第5期，第26—30页。
⑨ 《唐代墓志汇编续集》咸通〇四三，第1068页。
⑩ 《唐代墓志汇编续集》咸通〇四四，第1068页。
⑪ 《唐代墓志汇编续集》咸通〇五六，第1077页。

入住其中。天宝中，随着诸皇孙成长，又于十宅外置百孙院。十王宫人每院四百余人，百孙院三四百人，又于宫中置维城库，供给诸王月俸物纳所用，诸皇子、皇孙的婚嫁亦在其中。[1]宅又名睦亲院，院有亲亲楼，大中元年（公元847年）改亲亲楼为雍和殿。[2]随着诸皇子、皇孙人数的增多，十王宅、百孙院不断增扩，后来将其南兴宁坊的一部分兼并。如唐棣王琰墓志就记载其"终于咸宁县兴宁里十六王之藩邸"[3]；玄宗高婕妤，颍王璬生母，其墓志记载："婕妤姓高……子颍王璬……开元廿七年岁在己卯六月壬戌朔十日辛未，终于西京别宫，移殡于兴宁里……追赠婕妤"[4]，高婕妤去世时为才人，其子女尚幼，当居住在十王宅之中，所以墓志称"移殡于兴宁里"，疑即移到其子女在兴宁坊十王宅中的居住之地；又有《唐荣王故第八女墓志铭》：荣王第八女李婆女"（天宝九载）九月□日终于大明宫兴□里之河馆"[5]；又有庆国故细人孙氏"天宝五载闰十月廿二日夭化于万年兴宁里之公馆"[6]，根据墓主的身份，怀疑这里的"河馆""公馆"当在兴宁坊十王宅中。

永昌坊位于长安城宫城以东，大明宫南第二行，从西第一坊，丹凤门街开通后，街东分出来庭坊。有万年县大明府校尉刘氏宅。其妻郝氏墓志云："武周枭镜，肃将诛讨，兰史俱焚，灭召入宫……贞观廿三年蒙简出宾，乃归于刘氏……永徽三年七月十五日终于永昌坊之本宅。"[7]给事郎李伏奴宅。其母王氏墓志曰："夫人讳婉……咸亨元年岁次庚午十二月庚午朔一日庚午，因疾卒于万年县永昌里第"[8]。元从宝应功臣奉天定难功臣开府仪同三司试太子宾客陈守礼宅。据《唐陈氏先君墓志铭》记载，守礼，本姓李，其父金紫光禄大夫、同安郡王李琳，晚年得子，害怕其早夭，因此寄养于颍川陈氏，而改姓陈。安史之乱时，陈守礼扈从肃宗至灵武，代宗为元帅，他又亲入卫幕，成为近臣。代宗即位后，以藩邸旧臣，擢升明威将军守左龙武军将知军事，执掌禁军，为政有方，使禁军藏廪实，进献糗粮万石，更请当管诸军二年不授粮赐，受到褒奖，"赐永昌近北宫第一区，以令居之……贞元二年七月三日疾，大渐，薨于上都永兴

---

[1] 《长安志》卷九《唐京城三》，第303页。
[2] 《唐两京城坊考》卷三《西京·外郭城》，第82页。
[3] 《金石录校证》卷二七，第494页。
[4] 《大唐西市博物馆藏墓志》二二七，第501页。
[5] 《唐代墓志汇编续集》天宝〇六五，第628页。
[6] 《唐代墓志汇编续集》天宝〇三一，第603页。
[7] 《唐代墓志汇编续集》永徽〇一六，第65页。
[8] 《唐代墓志汇编》咸亨〇二七，第528页。

里私第"①。幽州卢龙节度监军内侍省掖庭局令员外置同正员董文萼宅。其墓志称：元和十年（公元815年）四月十四日薨于永昌里之私第②。武季元宅。其妻张十八娘子"元和十三年三月廿日……遇疾卒于永昌里之宅"③。右神策军护军中尉知内侍省事邠国公梁守谦宅。《梁守谦墓志铭》记载：大和元年（公元827年）冬月廿日暴薨于永昌里之私第④。坊内有茶肆。大和九年（公元835年）甘露之变失败后，禁军捕杀朝官，宰相王涯"苍惶步出，至永昌里茶肆，为禁兵所擒"⑤。内侍省内府局丞员外置同正员李德义宅。李德义墓志称其"开成四年闰正月十九日寒暑生疾，终于长安永昌里私第"⑥。画工王惠宅、左神策军押衙李元佐宅。开成五年（公元840年），日本僧人圆仁到达长安，"令永昌坊王惠始画金刚界大曼荼罗四幅"⑦。会昌三年（公元843年）八月，圆仁为求归国，投左神策军押衙李元佐，"宅在永昌坊，入北门西回第一曲"⑧。内侍省宫闱局令员外置同正员王怡政宅。其夫人刘氏墓志云："大中六年十二月二日，终于长安永昌里之私第"⑨。军器使行内侍省陇西县开国男李敬实宅。李敬实墓志载："公讳敬实……（大中十三年）十月廿八日薨于永昌里之私第。"⑩左三军押衙兼监察御史何楚章宅。何楚章墓志云："公讳楚章……咸通六年十月七日殁于京永昌里之私第。"⑪王公夫人张氏宅。张氏墓志记：夫人"乾符四年……三月六日奄谢于永昌里之私第"⑫。

来庭坊位于长安城宫城以东，大明宫南第二行，从西第二坊，丹凤门街东，本永昌一坊之地，后分为二坊，丹凤门街至此而绝。坊内隋末有仁法寺，大业七年（公元611年）废。坊西北隅有庄宅司。

坊内宅第，永徽时有特进王仁祐宅。高丽人右骁卫永宁府果毅都尉府泉君宅。其夫人高提昔墓志载：本国内城人，曾祖伏仁为辽东城大首领，祖支于贞观末降唐，夫人

---

① 《大唐西市博物馆藏墓志》三〇八，第668页。
② 《唐代墓志汇编续集》元和〇六二，第845页。
③ 《唐代墓志汇编》元和一一五，第2030页。
④ 《陕西金石志》卷一七《梁守谦墓志铭》。
⑤ 《旧唐书》卷一六九《王涯传》，第4404页。
⑥ 《唐代墓志汇编续集》开成〇二三，第939页。
⑦ ［日］圆仁：《入唐求法巡礼行记》卷三，顾承甫、何泉达点校，上海古籍出版社，1986年，第146页。
⑧ 《入唐求法巡礼行记》卷四，第174页。
⑨ 《唐代墓志汇编续集》大中〇三六，第995页。
⑩ 《唐代墓志汇编续集》大中〇七八，第1028页。
⑪ 《唐代墓志汇编续集》咸通〇四八，第1070页。
⑫ 《唐代墓志汇编续集》乾符〇〇九，第1124页。

"咸亨五年六月四日卒于来庭里之私第"。①文州刺史陈察宅。陈察墓志记载："夫人河东柳氏……仪凤三年十月四日终于雍州来庭里第"②。洛阳县令郑敞宅。薛稷《唐故洛州洛阳县令郑府君碑》载："公讳敞……仪凤三年十一月十七日，终于万年县之来庭里第。"③高力士宅。其养父高福墓志载其开元十一年（公元723年）十二月廿五日终于来庭里之私第④。据《赠广州人都督冯府君神道碑铭》载，生母麦氏后来依之，居来庭里，十七年卒于来庭里舍。⑤至天宝七载（公元748年），"于来庭坊造宝寿佛寺"⑥。孙志廉宅。《唐故内侍省内常侍孙府君墓志铭并序》："公讳志廉……天宝十二载十一月十一日，寝疾终于咸宁县来庭里之私第"⑦。内侍省内常侍员外置同正员孙公宅。其妻刘氏墓志载：刘氏终于京兆府万年县来庭里之私第，大历七年（公元772年）七月廿三日葬于长乐原。⑧前行司农寺太仓署令萧公宅。萧公夫人田氏墓志载：夫人"元和十二年七月二日寝疾，殁于西京来庭里第"⑨。左神策军护军中尉兼左街功德使知内侍省事刘弘规宅。其墓志云："薨于万年来庭里之私宫。……于时宝历二年冬十一月廿八日"⑩。《刘氏太原县君霍夫人墓志铭并序》⑪、唐左监门卫大将军刘遵礼墓志⑫皆言卒于来庭里私第，霍夫人当是弘规长子行立之妻，遵礼则行深之子，他们所居当与刘弘规为同一宅第。内侍省宫闱局丞员外置同正员同国政宅。同国政墓志载："大中五年十一月一日，殁于来庭里之私第"⑬。荆南监军使行内常侍吴德鄜宅。其妻赵夫人墓志载："咸通癸未岁（四年）夏六月十七日终于京兆府万年县来庭里之私第"⑭。盐州监军使行内侍省内府局令员外置同正员吴全缋宅。其墓志曰："乾符三年岁涒滩季夏月廿五日，薨于上都来庭坊，即今之私第"⑮。给事郎行内侍省掖庭局宫教博士员外置同正员

---

① 王其祎、周晓薇：《国内城高氏：最早入唐的高句丽移民——新发现唐上元元年〈泉府君夫人高捉昔墓志〉释读》，载《陕西师范大学学报》（哲学社会科学版）2013年第3期，第55页。
② 《唐代墓志汇编》长寿〇一八，第845页。
③ 《全唐文》卷二七五，第2799—2800页。
④ 《陶斋臧石记》卷二二《高福墓志》。
⑤ 《全唐文》卷二三〇，第2332—2333页。
⑥ 《旧唐书》卷一八四《高力士传》，第4758页。
⑦ 《全唐文》卷四〇五，第4149页。
⑧ 《唐代墓志汇编续集》大历〇一九，第704页。
⑨ 《唐代墓志汇编续集》元和〇六八，第849页。
⑩ 《唐代墓志汇编续集》大和〇〇五，第883页。
⑪ 《全唐文》卷七九一，第8293页。
⑫ 《全唐文》卷七四七，第7742页。
⑬ 《唐代墓志汇编》大中〇六二，第2297页。
⑭ 《唐代墓志汇编续集》咸通〇一八，第1047页。
⑮ 《全唐文补遗》第2辑，第77页。

周孟瑶宅。《周孟瑶墓志》称："乾符四年五月十六日,终于来庭里之私第。"①内侍省内府令员外置同正员王公操宅。王公操墓志记："乾符五年壬戌月辛亥日薨于来庭坊私第。"②李氏宅。《广异记》记载："上都来庭里妇人李氏者,昼坐家堂,忽见其夫亡娣身衣白服戴布幞巾迳来逐己。"③

大宁坊位于长安城宫城以东,大明宫南第二行,从西第三坊,又称"太宁"。东南隅,神龙元年(公元705年)太平公主为武则天立罔极寺,开元二十年(公元732年)改为兴唐寺,有玄宗御容。寺中有牡丹一棵,元和中开花二千一百朵,又有吴道玄、杨廷光、周昉、尉迟乙僧、韩幹等画。西南隅,太清宫。天宝元年(公元742年),陈王府参军田同秀奏称："玄元皇帝降于丹凤门之通衢,告赐灵符,在尹喜之故宅。"唐玄宗遣使到函谷故关尹喜台西得之,于是置玄元皇帝庙于大宁坊西南角。④九月改庙为太上玄元皇帝宫,二年三月敕改为太清宫。宫内连接松竹,以像仙居,有殿十二间,四柱,前后各两阶,东西两侧各一。

此坊中宅第,唐初有大理卿孙伏伽宅。官舍。唐殿中少监唐河上墓志记载:仪凤三年(公元678年)正月六日,唐河上薨于西都大宁里之官舍。⑤凤阁侍郎李元素宅。李峤《为凤阁侍郎李元素进冬椹表》曰："闻京兆万年县大宁坊宅内,有桑树一株,暮秋生子,初冬椹熟,今谨取得,专辄进奉。"⑥黄门侍郎兼修国史韦承庆宅。韦承庆墓志曰："公讳承庆……神龙二年十一月十九日寝疾薨于京师万年县大宁里第"⑦。右武卫将军乙速孤行俨宅。其墓志称："公讳行俨……景龙元年十二月十五日,薨于大宁里第。"⑧曹国公韦玄晞宅。韦玄晞墓志记载:韦玄晞妻芮国夫人薛氏,景龙二年(公元708年)十一月廿七日薨于大宁里第。⑨坊南门之东,有宁王宪宅,东岐王范宅。右羽林军大将军上柱国彭城县开国公刘舍利宅。刘舍利墓志称其开元二年(公元714年)二月十二日终于大宁里之私第,其母阎氏开元八年(公元720年)正月十四日也薨于大

---

① 《西安碑林博物馆新藏墓志汇编》三四四,第897页
② 《唐代墓志汇编续集》乾符〇二二,第1134页
③ 《太平广记》卷三三六《李氏》,第2671页
④ 《唐会要》卷五〇《尊崇道教》,第1014页
⑤ 《唐代墓志汇编续集》仪凤〇〇八,第233页
⑥ 《全唐文》卷二四五,第2480页
⑦ 《唐代墓志汇编续集》神龙〇一九,第420—421页
⑧ 《全唐文》卷二三四,第2364—2366页
⑨ 郑旭东:《唐韦玄晞墓志释读》,载《文博》2016年第2期,第79页

宁里私馆。①方元瑾宅。1982年8月西安东郊华山机械厂内出土唐方元瑾墓志，志文称："开元二十八年九月乙酉，壮武将军，左武卫翊府中郎将，方公薨于京师大宁里之私第。"②西门之北，户部尚书陆象先宅。次北开元名相宋璟宅。亳州刺史致仕王同晊宅。青州参军杨晖宅。杨晖墓志载其"开元廿年十月廿二日，终于京兆府万年县大宁里之私第"③。尚书兵部侍郎李严宅④。内侍省内常侍刘思贤宅。《刘思贤玄堂记》载：刘思贤，天宝四载（公元745年）冬扈从玄宗到温泉宫，十一月五日遇疾，卒于官舍，后移殡于大宁里私第。⑤内侍省内给事常无逸宅。常无逸神道碑记其天宝七载（公元748年）十二月十八日遘疾终于大宁里之私第⑥。左武卫中郎将钟恭容宅。据其墓志记载，开元初，其妹为玄宗美人，"楷模中禁，帝用嘉之，特锡明命，解褐授左威卫中候"，后钟美人生济王环。天宝九载（公元750年）十月二日，钟恭容终于大宁里赐宅。⑦左威卫将军高元珪宅。墓志称其本冯氏，隋荆州长史冯盎曾孙，垂拱中，为躲避酷吏迫害，易姓高氏，天宝十四载（公元755年）仲秋薨于西京大宁里。⑧右金吾卫五原郡盐川府折冲冯思顺宅。冯思顺墓志云："天宝十三载三月卅日终于大宁里私第"⑨。张金刚宅。张金刚墓志记载："天宝十三载夏五月十九日，云麾将军左龙武军将军上柱国南阳县开国伯张公，薨于大宁里之私第"，其夫人李氏墓志亦称："天宝十载七月终于大宁里之私第"。⑩西门之南，左侍极兼右相陆敦信宅。南门之东，户部尚书许圉师宅。北门之南，太子詹事陆余庆宅。

唐代后期坊内宅第有内常侍梁归朝宅。梁归朝墓志记载：常侍讳归朝，大历八年（公元773年）十二月十日终于长安大宁里私第。⑪前中书侍郎同中书门下平章事元载别宅及私庙。大历十二年（公元777年）五月，"敕毁元载祖、父坟，剖棺弃骸，焚毁私

---

① 《唐代墓志汇编续集》开元〇三一，第474页。
② 王建荣：《唐方元瑾墓志铭考释》，见《陕西历史博物馆馆刊》第4辑，第217页。
③ 《全唐文补遗》第5辑，第358页。
④ 《长安志》卷八《唐京城二》，第290页。
⑤ 《大唐西市博物馆藏墓志》二五二，第553页。
⑥ 《全唐文补遗》第3辑，第14页。
⑦ 《唐代墓志汇编续集》天宝〇七〇，第632—633页。
⑧ 《唐代墓志汇编续集》天宝一一三，第664页。
⑨ 《唐代墓志汇编续集》天宝〇九一，第648页。
⑩ 王育龙：《唐长安城东出土的康令晖等墓志跋》，见荣新江主编：《唐研究》第6卷，北京大学出版社，2000年，第395—405页。
⑪ 汪勃：《唐代西方墓志考》，见《陕西历史博物馆馆刊》第2辑，三秦出版社，1995年，第292—293页。

庙主于大宁里"①。河西陇右副元帅并怀泽潞监军使行左监门卫大将军第五玄昱宅。墓志记载：第五玄昱在平定安史之乱的过程中，曾被任命为李抱玉监军，克复关东、抚宁河北，二人左提右挈，前唱后和，配合默契，大历十二年（公元777年）终于长安大宁里私第。②宦官王庭璨宅。《大唐故扶风郡夫人冯氏墓志铭并序》云：冯氏"即故通议大夫行内侍省内侍员外置同正员太原王公庭璨之夫人……贞元八年岁集壬申九月廿八日，终于京大宁里之私第"③。义章公主宅。德宗第三女，嫁张茂宗，赐第。元从朝议大夫行内侍省内常侍俱慈顺宅。其墓志载有：府君讳慈顺，贞元六年（公元790年）十二月十三日，终于大宁里第。④张夫人宅。张夫人墓志载：夫人张氏"元和庚子岁秋七月一日，终于京兆大宁之私第"⑤。淄青节度监军使行内侍省内给事员外置同正员宋公宅。其夫人《清河县君张氏墓志》曰："夫人号威德山……元和六年正月十六日，终于大宁里私第。"⑥内坊典内行内侍省内侍许遂忠宅。许遂忠墓志记载："公讳遂忠……（大和）三年六月廿九日薨于大宁里之私第"⑦。河中节度使兼中书令浑瑊宅。兴元元年（公元784年）九月，德宗"赐浑瑊大宁里第"⑧，其孙义昌军节度使浑侸神道碑也记载：浑侸咸通三年（公元862年）三月二日，薨于大宁里私第。⑨教坊乐官任自达宅。宝历元年（公元825年）闰七月，唐敬宗赐任自达大宁坊宅一区。⑩内侍省员外郎置同正员兼掖庭局令似先义逸宅。似先义逸墓志1993年出土于西安市东郊灞桥区务庄乡，志文称："昔周孝王□□□有酷肖其先者，命为似先氏。其后或居辽东"，可知其为高丽人，唐灭高丽后，将其人或迁至辽东，或至两京地区。似先义逸《新唐书》有载："（李）训遣宦官田全操、刘行深、周元稹、薛士干、似先义逸、刘英誗按边，既行，命师邕为诏赐六道杀之"⑪。义逸大中四年（公元850年）二月廿四日薨于大宁里之私第。⑫内侍省掖庭局宫教博士员外置同正员梁公宅。其夫人王夫人墓志称："大中八

---

① 《旧唐书》卷一一《代宗本纪》，第312页。
② 《唐代墓志汇编续集》大历〇三三，第714页。
③ 《唐文拾遗》卷二三。
④ 《唐代墓志汇编续集》贞元〇二〇，第747页。
⑤ 《全唐文补遗》第2辑，第41页。
⑥ 《大唐西市博物馆藏墓志》三五二，第761页。
⑦ 李城铮：《西安东郊出土唐许遂忠墓志》，载《考古与物》1985年第6期，第29—30页。
⑧ 《旧唐书》卷一二《德宗本纪上》，第346页。
⑨ 《全唐文》卷七九二，第8298页。
⑩ 《册府元龟》卷一八〇《帝王部·滥赏》，第2165页。
⑪ 《新唐书》卷一七九《王璠传附顾师邕传》，第5325页。
⑫ 马咏钟、张安兴：《唐似先义逸墓志考释》，见西安碑林博物馆编：《碑林集刊》（三），陕西人民美术出版社，1995年，第100页。

年四月七日，终于大宁里之私第。"①湖南监军使行内侍省内寺伯王公素宅。王公素墓志载："府君讳公素……大中十一年十二月廿九日，终于大宁里私第"②。吴夫人宅。《大唐故濮阳郡吴夫人墓志铭并序》载："夫人姓吴氏……咸通二年八月十八日寝疾，终于大宁里之私第"③。朝议郎守魏王府谘议参军郭传则宅。郭传则咸通四年（公元863年）八月廿二日终于大宁里之私第。④另有力者张干宅。《酉阳杂俎》记载：上都街肆恶少，流行文身，备众物形状。时大宁坊有力者张干，在双臂上文有"生不怕京兆尹，死不畏阎罗王"等字。⑤旅舍。《太平广记》记：唐余干县尉王立入京调选，佣居大宁里。⑥此处不是王立住宅，而是佣居之旅舍。

兴宁坊位于长安城宫城以东，大明宫南第二行，从西第四坊，其南街东出通化门。南门之东有清禅寺，开皇三年（公元583年）隋文帝为沙门昙崇所立。1986年6月，在西安市长乐路40号榆林地区驻西安办事处的基建施工中，发现一座隋代舍利墓，出土有大宗的陶瓷器物、玻璃、玛瑙、水晶、琥珀等珠玉宝器，还有一方砖刻墓志。墓志云："大隋开皇九年岁星在车井次皇龙入大□十月□□□十一日京师于兴宁坊清禅寺主人德……"⑦《续高僧传》记载：清禅寺"九级浮空，重廊远摄，堂殿院宇，众事圆成。所以竹树森繁，园圃周绕，水陆庄田，仓廪碾硙，库藏盈满，莫匪由焉。京师殷有，无过此寺"⑧。会昌六年（公元846年）改为安国寺。华封观，天宝六载（公元747年）高力士所造。大中报圣寺，《东观奏记》云："宣宗出内藏绵帛，建大中报圣寺，奉献（宪）皇后容，曰介福殿。又以休憩之所为虔思殿，由复道出造于寺。"⑨"宪皇后"《唐语林》记为"宪宗"。永穆观。据《王郊墓志》记载，其祖毓驸马都尉琅耶懿公尚永穆长公主，王郊终于万年县兴宁里永穆观之北院。⑩疑永穆观或为永穆公主追福，舍其宅一部分为观。

坊中东南隅有高丽人左卫大将军泉男生宅，咸亨元年（公元670年）六月，唐高宗

---

① 《唐代墓志汇编续集》大中〇四二，第999页
② 《陕西金石志》卷一八
③ 《唐代墓志汇编续集》咸通〇〇六，第1035页
④ 《唐代墓志汇编续集》咸通〇一七，第1046页
⑤ 《酉阳杂俎·前集》卷八《黥》，第76页
⑥ 《太平广记》卷一九六《贾人妻》，第1471页
⑦ 郑洪春：《西安东郊隋舍利墓清理简报》，载《考古与文物》1988年第1期，第65页
⑧ 《续高僧传》卷三〇《唐京师清禅寺释慧胄传》，第1224页
⑨ 《长安志》卷九《唐京城三》，第304页
⑩ 《陶斋藏石记》卷二七

所赐。[1]使持节蓬州诸军事蓬州刺史陆敬义宅。陆敬义墓志载：敬义为唐初著名文学家陆德明之子，总章二年（公元669年）十二月八日，卒于雍州兴宁里私第。[2]太子少保崔琳宅。崔琳祖义玄，父神庆，伯父神基皆为相，其父昆弟之子出参朝宴者"群从数十人，自兴宁里谒大明宫，冠盖骖哄相望。每岁时宴于家，以一榻置笏，犹重积其上"。琳与其弟太子詹事珪、光禄卿瑶俱门列棨戟，世称"三戟崔家"。[3]西南隅，开元名相姚崇宅，其东本太平公主宅，后赐安西都护郭虔瓘，宅北特进王毛仲宅。王仁忠宅。李邕《赠安州都督王仁忠神道碑》载：王仁忠"开元十年三月癸酉朔，捐馆宇于京兆兴宁里之私第"[4]。右骁卫大将军范安及宅。范安及墓志记：开元廿八年（公元740年）二月十五日终于京师之兴宁里第[5]。右龙武军翊府中郎将史思礼宅。史思礼墓志载有："君讳思礼……天宝三载岁在甲申八月辛卯朔廿日庚戌终于兴宁里之私第"[6]。内侍省内府局令刘奇秀宅。刘奇秀墓志记载："贞元十四年六月四日薨于兴宁里之私第"[7]，其夫人骆氏元和三年（公元808年）四月廿一日也在兴宁里宅中去世[8]。内侍省内给事假延信宅。其夫人渤海郡君骆氏墓志载骆氏于元和二年（公元807年）正月廿一日病逝于万年县兴宁里私第[9]。河间郡太夫人宋氏宅。其墓志载其于元和八年（公元813年）十月十八日卒于京师兴宁里之私第[10]。淄青节度使同中书门下平章事李愬宅。李愬在平定淮西吴元济之乱中立有大功，元和十五年（公元820年）九月，宪宗赐第兴宁里。[11]齐州司马冯翊鱼君夫人郑德柔宅。郑德柔墓志载："夫人讳德柔……大中二年二月廿九日，殁于上都兴宁里第"[12]。奚官局令杨公夫人左太君宅。其墓志记载：左太君乾符三年（公元876年）四月一日病终于长安兴宁里私第[13]。通过对上面诸坊进行分析，可以看出：随着唐代长安城政治中心向大明宫转移，宫城以东诸坊因距大明宫较近，在唐代后期成为达官显贵们首选的居住之地，尤其是随着宦官势力的膨胀，如杨思勖、高力士、梁守谦等众

---

[1]《册府元龟》卷九七《帝王部·奖善》，第1155页。
[2] 高淑君：《新见唐代吴郡陆氏墓志四种》，载《文献》2014年第2期，第56—57页。
[3]《新唐书》卷一〇九《崔义玄传附神基神庆琳传》，第4098页。
[4]《全唐文》卷二六四，第2682页。
[5]《唐代墓志汇编续集》开元一七八，第574页。
[6]《唐代墓志汇编续集》天宝〇一九，第594页。
[7]《唐代墓志汇编续集》贞元〇四四，第764页。
[8]《唐代墓志汇编续集》元和〇一三，第810页。
[9]《唐代墓志汇编续集》元和〇〇四，第802页。
[10]《唐代墓志汇编续集》元和〇五一，第836页。
[11]《旧唐书》卷一三三《李晟传附子愬传》，第3681页。
[12]《唐代墓志汇编》大中〇二一，第2266—2267页。
[13]《唐代墓志汇编续集》乾符〇〇五，第1121页。

多宦官的宅第都集中在距离政治中心最近的坊里中。

二、皇城东侧诸坊

在皇城以东与通化门至春明门的外郭城墙之间原本有六坊，开元时隆庆坊（后为避玄宗讳，改为兴庆坊）尽一坊之地改为兴庆宫，遂剩五坊。从北第一行，自西依次为永兴坊、安兴坊、永嘉坊；第二行自西依次为崇仁坊、胜业坊。文献记载：原来各坊南北五百五十步，东西六百五十步，随着兴庆宫的不断增扩（详见第三章第一节之"兴庆宫"），安兴、永嘉、胜业等坊之地多被侵占，范围有所缩小。通过对胜业坊的考古发掘，也发现其东墙不与东市齐，而偏西80余米，由于西部及北部全被现代建筑所压，仅探得东墙及南墙的一部分，其整体范围不详。①

永兴坊位于皇城东从北第一行，从西第一坊。坊内隋有善果寺，大业中废。十字街西北，有荷恩寺，景云元年（公元710年）睿宗所立。又有广福寺，元和四年（公元809年）僧维新等造尊胜陀罗尼经幢后记载："元和十二年二月，常政大师于永兴里广福寺迁化。"②据此可知，此坊中有广福寺，而《长安志》《唐两京城坊考》缺载。清都观，开皇七年（公元587年）文帝为道士孙昂立，武德初徙于永乐坊。③太原寺，武德元年（公元618年）置于永兴坊，以义师初起太原，因以名寺，后移至安定坊。④

永兴坊因距离皇城较近，方便官员入职，故其中中央机构官员宅第较多。有主客郎中李立言宅。李立言墓志载其"贞观五年正月四日卒于永兴里第"⑤。西门之北，本隋安平公宇文恺宅，后为唐太子太师郑国公魏徵宅。据《封氏闻见记》载，魏徵为贞观时朝廷重臣，所居室宇卑陋，太宗欲为营第，魏徵辄谦让不受，徵病重后，太宗用营殿之材为其造正堂。开元中此堂犹在，家人不谨，遗火焚之，子孙哭临三日，朝士皆赴吊。⑥元和四年（公元809年），唐宪宗阅览贞观故事，见侍中魏徵谏诤，诏令京兆尹访其子孙及故居，得其居在永兴坊，但已质卖析为九家，更无魏姓，因此出内库钱二百万

---

① 中国科学院考古研究所西安唐城发掘队：《唐代长安城考古纪略》，载《考古》1963年第11期，第603—605页。
② 〔清〕张聪贤修、董曾臣等纂：《长安县志》卷二四《金石志》，成文出版社有限公司，1969年，第609页。
③ 《长安志》卷七《唐京城一》，第264页。
④ 《长安志》卷一〇《唐京城四》，第335页。
⑤ 《唐代墓志汇编续集》贞观〇〇四，第10页。
⑥ 《封氏闻见记校注》卷五《第宅》，第44页。

购之，以赐魏徵孙稠及善，仍禁止质卖。①宣宗时，徵裔孙暮为相，仍居旧第。魏徵邻家为殿中侍医孙回璞宅。据《法苑珠林》记载，贞观时，殿中侍医孙回璞，与魏太师邻家。②太子中舍人蓨县公夫人长孙弄珪宅。长孙氏墓志称其"贞观十年五月八日，春秋年卅四，终于雍州万年县永兴里之私第"③。渔夫许俨宅。《太平广记》记载："唐龙朔麟德中，京师永兴坊许俨，取鱼为业。"④西南隅有左金吾卫，神龙中自崇仁坊迁徙至此。骑都尉赵行安宅。赵行安墓志载："君讳行安……先天二年十月二十八日卒于永兴坊第"⑤。左监门卫将军王叡宅。王叡妻彭城郡夫人刘氏墓志记夫人"开元十一年八月十六日遘疾于永兴里第"⑥。国子司业开休元宅。其墓志载：休元开元廿一年（公元733年）五月七日卒于西京永兴里私第⑦。李君妻段慈顺宅。段氏墓志载："段夫人讳慈顺……开元廿九年九月十四日，亡于永兴里之第"⑧。郭玉宅。《唐广平程府君故夫人郭氏墓志铭并序》载：夫人，将作录事兼内作判官郭玉第二女，近笄之年出适广平郡程氏，未及出嫁，于天宝五载（公元746年）建子月廿一日病终于永兴里。⑨左龙武军统军咸宁郡王戴休颜宅。右豹韬卫长史任君宅。王维撰任丹神道碑载："君讳某……春秋若干，以某年月日，寝疾卒于永兴里第。"⑩内侍省内寺伯李元则宅。《李元则墓志》载其天宝三载（公元744年）二月廿四日，终于万年县永兴里之私第。⑪秀才赵何一宅。赵何一墓志记载："君讳何一……天宝十载十二月十六日，终于永兴里之私第。"⑫左龙武将军刘感宅。刘感墓志载其天宝十二载（公元753年）二月廿一日薨于永兴里私第⑬。太常乐工宅。唐睿宗孙李瑀晓音律，"过永兴里，闻笛音，顾左右曰：'是太常工乎？'曰：'然。'"⑭

---

① 《册府元龟》卷一四一《帝王部·念良臣》，第1711页
② 《法苑珠林校注》卷九四《酒肉篇》，第2712页
③ 《唐代墓志汇编续集》显庆〇二八，第102页
④ 《太平广记》卷一一一《许俨》，第767页
⑤ 《唐代墓志汇编续集》先天〇〇三，第452—453页
⑥ 《唐代墓志汇编续集》开元〇五九，第494页
⑦ 《唐代墓志汇编》开元三九〇，第1427页
⑧ 《唐代墓志汇编续集》开元一八五，第580页
⑨ 《唐代墓志汇编》天宝〇九七，第1599页
⑩ 《全唐文》卷三二六，第3302—3303页
⑪ 黄小芸：《新出土的唐〈李元则墓志〉考析》，见西安碑林博物馆编：《碑林集刊》（十二），陕西人民美术出版社，2007年，第53页
⑫ 《大唐西市博物馆藏墓志》二六六，第581页
⑬ 《全唐文》卷三七一，第3774页
⑭ 《新唐书》卷八一《睿宗诸子》，第3599页

唐代后期，永兴坊内的官员住宅明显增多。梓州司马马朝阳宅。据其墓志知，马朝阳建中元年（公元780年）十月十八日终于万年县永兴里私第①。试太子宾客前龙武军大将军知军事陈守礼宅。陈守礼墓志载其贞元二年（公元786年）七月三日病逝于永兴里私第②。殿中少监柳昱宅。《唐故宜都公主墓志铭并序》载：宜都公主，德宗第五女，下嫁柳昱，贞元十九年（公元803年）三月廿九日薨于永兴里第。③监右银台门进奏使守内侍省掖庭局丞张明进宅。张明进墓志曰："公讳明进……贞元十九年四月廿一日，终于京兆永兴里之私第"④。左神策军华原镇遏都知兵马使检校太子詹事行嘉王府长史兼侍御史梁守志宅。梁守志墓志云：梁守志兄为大宦官梁守谦，守志开成三年（公元838年）三月薨于华原镇，文宗特许归殡于永兴里之私第。⑤百姓王乙宅。《酉阳杂俎》载：开成末，永兴坊百姓王乙掘井，过常井一丈余无水。⑥卫尉杨丞宅。其夫人梁氏墓志云："夫人梁氏……元和十年三月卅日终永兴里第"⑦。吴全素寓居所及旅舍。《玄怪录》载：吴全素，举孝廉，五上不第，"元和十二年，寓居长安永兴里。……又偕入永兴旅舍"。⑧卫尉寺丞杨峰宅。杨峰与其夫人梁氏合祔墓志称："公讳峰……元和十四年己亥岁十月十五日，殁于万年县永兴里之私第"⑨。品官阎志和及中官朱惟亮、周文晟、杨文晟宅，均为唐敬宗长庆四年（公元824年）即位之初所赐。⑩检校左散骑常侍兼少府少监郑何宅。据郑何墓志记载，郑何乃少府少监驸马都尉郑沛与纪国大长公主之子，尚唐顺宗之女普安公主，长庆四年（公元824年）十月廿五日薨于永兴里私第。⑪翼王府长史充左街副使田锧宅。墓志载其大和元年（公元827年）七月三日终于长安永兴里私第⑫。湖南监军使行内侍省内府局丞王明哲宅。王明哲墓志载："大和三年……

---

① 《大唐西市博物馆藏墓志》二九八，第647页。
② 《大唐西市博物馆藏墓志》三〇八，第668页。
③ 《唐代墓志汇编续集》贞元〇七三，第787页。
④ 《唐代墓志汇编续集》贞元〇七二，第786页。
⑤ 景亚鹂：《唐〈梁守志墓志〉考释》，见杜文玉主编：《唐史论丛》第23辑，三秦出版社，2016年，第270—271页。
⑥ 《酉阳杂俎·前集》卷一五《诺皋记下》，第145页。
⑦ 《唐代墓志汇编续集》元和〇六一，第844页。
⑧ 《玄怪录》卷三《吴全素》，第91—94页。
⑨ 《唐代墓志汇编续集》长庆〇〇三，第859—860页。
⑩ 《册府元龟》卷六六五《内臣部·恩宠》，第7965页。
⑪ 李文英、师小群：《唐普安公主及其夫郑何墓志合考》，见陕西历史博物馆馆刊编辑部编：《陕西历史博物馆馆刊》第8辑，三秦出版社，2001年，第268页。
⑫ 《唐代墓志汇编续集》大和〇〇八，第885页。

秋七月乙未，瞑目于潭府之廨署……十一月归窆于上都永兴里之私第。"①检校太子宾客充右神策军衔前正将专知两市回易武威贾温宅。贾温墓志载："大和八年二月十日寝疾，终于万年县永兴里之私第"②。右骁卫翊府左郎将李叔夏宅。李叔夏墓志称："叔夏……（大和）九年九月十四日终于万年县永兴里之私第"③。汝州襄郏等城群牧使行内侍省内府局令王志用宅。王志用墓志载其开成二年（公元837年）十一月三日，薨于本郡使官舍，诏令却赴上京永兴里私第。④鸿胪寺丞雷讽宅。雷讽墓志载："会昌四年七月二十八日遘疾，终于永兴里之私第"⑤。试右内率府长史军器使推官赵文信宅。赵文信墓志记载："会昌五年岁次乙丑三月戊申朔十四日辛酉寝疾，敛手足于永兴里之私第"⑥。河东裴氏夫人时氏宅。夫人"大中八年正月十九日终于永兴里之私第"⑦。行内侍省掖庭局令员外置同正员杨玄略宅。杨玄略墓志称："公讳玄略……咸通四年二月十六日薨于长安永兴里之私第"⑧。翰林待诏守洪州都督府长史陈克敬宅。陈君夫人杨氏墓志载：夫人"咸通八年五月十七日，终于永兴里之私第"⑨。贾湘宅。《云笈七签》载：贾湘累世好道，黄巢陷长安时，湘携妻子，避难于龙角山下，后"归京永兴里。寻其旧第，已隳拆，有小舍一二十间"。⑩神策军捧日都军营。乾宁二年（公元895年）七月，阎圭与刘继晟、同州王行实等纵火剽略东市，昭宗登承天门，捧日都头李筠率本军侍卫楼上，昭宗"下楼与亲王、公主、内人数百幸永兴坊李筠营"⑪。兴元少尹翟勋宅。翟勋夫人斛律氏墓志载其"景福元年岁次壬子三月廿三日，捐馆于上都永兴坊之第"⑫。南内留后使行内侍省内仆局令李令崇宅。李令崇墓志记："公讳令崇……光华元年十二月二十七日薨于永兴私第"⑬。据《长安志》记载，坊内还有凤翔、陈许、湖南进奏院。

安兴坊位于皇城东从北第一行，从西第二坊。辛德勇先生认为其本名可能为广化

---

① 《唐代墓志汇编续集》大和〇二五，第900页。
② 《唐代墓志汇编续集》大和〇五二，第920页。
③ 《唐代墓志汇编续集》大和〇五四，第922页。
④ 《唐代墓志汇编续集》开成〇一三，第932页。
⑤ 《唐代墓志汇编续集》会昌〇二〇，第958页。
⑥ 《唐代墓志汇编续集》会昌〇二七，第963页。
⑦ 《唐代墓志汇编续集》大中〇四〇，第998页。
⑧ 贺华：《读〈杨玄略墓志〉》，见《碑林集刊》（四），第115—116页。
⑨ 《唐代墓志汇编续集》咸通〇六七，第1085页。
⑩ 《云笈七签》卷一一八《贾湘严奉老君验》，第744—745页。
⑪ 《旧唐书》卷二〇上《昭宗本纪》，第754页。
⑫ 《大唐西市博物馆藏墓志》四七八，第1031页。
⑬ 陈全方：《两块唐墓志与唐末农民起义》，载《考古与文物》1983年第2期，第103—104页。

坊,大业年间为避隋炀帝讳改为安兴坊。安史之乱后,为避安禄山之"安"字而改。《唐会要》就记载:"至德三(原作'二',据《资治通鉴》卷二二〇乾元元年二月丁未条改——作者注)载正月二十七日,改丹凤门为明凤门,安化门为达礼门,安上门为先天门,及坊名有'安'者悉改之,寻并却如故。"①辛先生据此推测安兴坊即于至德三载又更名广化坊,而以"安兴"者有一"兴"字,较"安善""安德""安义"更宜忌讳,从而未与其他坊一道恢复旧名,"广化"(或"昌化")一直沿用下去。②此坊中隋有总化寺,大业七年(公元611年)废。十字街西北,本隋吏部尚书裴弘齐宅,开皇七年(公元587年)立为净住寺。寺有石塔,本姚苌之浴室。开元中有乐官院。《乐府杂录》记载:元和中,上都广化里署乐官院一所。③

安兴坊内唐初有太子少保户部尚书韩良宅。于志宁撰韩良碑曰:"公讳良……贞观十一年,遘疾薨于安兴里第"④。邛州别驾李绍宅。李绍墓志载其"贞观十六年八月卅日终于雍州万年县安兴里之私第"⑤。太子左内率司马叡宅。其墓志称其贞观二十三年(公元649年)二月薨于安兴里第⑥。司农卿郭嗣本夫人长孙四娘宅。据《长孙四娘墓志》可知,长孙四娘为长孙无忌、长孙皇后兄妹的近亲,"永徽三年岁次壬子六月壬辰,薨于京师安兴里第"。⑦殿中侍御医蒋少卿宅。蒋少卿墓志云:"公讳少卿……显庆二年三月己丑朔七日乙未,遘疾薨于万年县之安兴里第。"⑧金堤府统军太仆寺监张直夫人周氏宅。张直墓志载:"夫人周氏……显庆五年正月卅日,终于安兴里舍。"⑨宫府大夫兼检校司驭少卿裴皓宅。裴皓墓志载其龙朔二年(公元662年)四月十九日病逝于西京安兴里第⑩。右骁卫将军元武寿宅。元武寿墓志载:名讳缺失,字武寿,咸亨元年(公元670年)九月三日薨逝于西京安兴里私第。⑪太原王孟玉宅。太原王孟玉塔铭载其"景龙二年十月二日,奄逝于安兴坊之私第"⑫。直秘书省韦君宅。《直秘书

---

① 《唐会要》卷八六《城郭》,第1877页。
② 《隋唐西京丛考》,第44—45页。
③ 《乐府杂录·熊羆部》,第121—122页。
④ 《全唐文》卷一四四,第1459—1460页。
⑤ 《唐代墓志汇编续集》贞观〇三三,第27页。
⑥ 《唐代墓志汇编续集》贞观〇六三,第45页。
⑦ 张占民、倪润安:《唐郭嗣本与长孙四娘夫妇墓志考释》,载《文博》2013年第4期,第60页。
⑧ 西安市文物保护考古研究院:《西安唐殿中侍御医蒋少卿及夫人宝手墓发掘简报》,载《文物》2012年第10期,第30—31页。
⑨ 《大唐西市博物馆藏墓志》六四,第141页。
⑩ 《唐代墓志汇编续集》龙朔〇二八,第136页。
⑪ 《大唐西市博物馆藏墓志》七八,第173页。
⑫ 《唐代墓志汇编续集》景龙〇〇八,第431页。

省韦君妻贾氏玄堂志》云:"夫人姓贾氏……景龙四年二月廿二日寝疾终于万年安兴里第"①。尚书左仆射郇国公韦安石宅。右卫率邓温宅。邓温墓志载:"公讳温……太极元年五月十二日遘疾薨于万年县之安兴里第"②。申王㧑宅、岐王范宅。唐玄宗登基后,以兴庆坊旧邸为宫,其他兄弟宅第分布于四周,其中"申王㧑、岐王范于安兴坊东南赐宅"③。坊西门之北,有户部尚书陆象先宅。右卫长史李君宅。其夫人太原县君王氏墓志载:"开元二年闰二月十五日,遘疾终于京兆府万年县安兴坊之私第"④。亳州刺史王同晊宅。孙逖《赠太子詹事王公神道碑》:"公讳同晊……开元十六年七月十二日,遘疾终于京兆安兴里之私第。"⑤中郎将郭温宅。郭温墓志记:"开元廿七年七月十五日,中郎将郭君□于京兆万年县安兴里"⑥。太子少师韩休宅。韩休墓志谓:"公讳休……开元廿八年五月十日遘疾薨于安兴里之私第",其夫人柳氏及子滉、洄也都居住此宅。⑦内侍苏思勖宅。苏思勖墓志云:"天宝四载三月十四日遘疾,薨于安兴里私第"⑧。尚书兵部侍郎李岩宅。太华公主宅。《杨太真外传》记:杨贵妃堂弟杨锜尚太华公主,天宝五载(公元746年)七月,杨贵妃以妒悍忤旨,被送还杨铦宅,后又命高力士接回,"既夜,遂开安兴坊,从太华宅以入"⑨。河南府参军郭揆宅。颜真卿撰郭君神道碑铭载:"君讳揆……天宝八载二月十八日,终于安兴之私第"⑩。尉迟阿道宅。尉迟阿道墓志记载:"尉迟阿道……天宝九载岁次庚寅三月廿一日,卒于京安兴里之私第"⑪。盛王府谘议直集贤院朱元昊宅。朱元昊墓志记:"天宝十一载岁次壬辰闰三月戊申朔廿日丁卯……朱公长逝于京安兴里之私第。"⑫河南府士曹参军张仲晖宅。张仲晖墓志载其"天宝十二载二月九日终于安兴私第"⑬。道士卢起信宅。《故范阳郡

---

① 《唐代墓志汇编续集》景龙〇二〇,第440页。
② 《唐代墓志汇编续集》延和〇〇一,第449页。
③ 《旧唐书》卷九五《睿宗诸子》,第3011页。
④ 《陕西金石志》卷一一。
⑤ 《全唐文》卷三一三,第3175—3176页。
⑥ 《唐代墓志汇编续集》开元一七二,第570页。
⑦ 赵占锐、呼啸:《唐宰相韩休及夫人柳氏墓志考释》,见《唐史论丛》第23辑,第249—268页;《全唐文》卷五三〇《检校尚书左仆射同中书门下平章事上柱国晋国公赠太傅韩公行状》,第5382—5383页;《全唐文》卷五〇七《太中大夫守国子祭酒颍川县开国男赐紫金鱼袋赠户部尚书韩公行状》,第5158页。
⑧ 《唐代墓志汇编续集》天宝〇二一,第596页。
⑨ [宋]乐史:《杨太真外传》卷上,见《开元天宝遗事十种》,第133页。
⑩ 《全唐文》卷三四一,第3465—3466页。
⑪ 《唐代墓志汇编续集》天宝〇六三,第627页。
⑫ 马骥:《唐御书手朱元昊墓志考略——兼议唐代的隶书》,见《碑林集刊》(九),第4页。
⑬ 《唐代墓志汇编续集》天宝〇八九,第646—647页。

君卢尊师墓志铭并序》载："尊师范阳郡君，法讳起信……天宝十三载九月十日，终于京兆安兴里之私第。"[1]

安史之乱后，此坊中有左威卫武威郡洪池府左果毅都尉赵君宅。赵府君李夫人墓志载："夫人陇西李氏……大历三年六月廿九日奄然归真于安兴里第"[2]。给事中太子中允李收宅。李收墓志载：大历十二年（公元777年）八月二十四日终于长安之广化里[3]。右散骑常侍轻车都尉柳浑宅。柳宗元《柳浑行状》曰：柳浑"贞元五年二月五日，薨于昌化里"[4]。内侍省内常侍孙常楷宅。《内侍省内常侍孙常楷神道碑》曰："公姓孙氏，讳常楷……贞元五年七月二十三日，卒于广化里之私第"[5]。司农寺导官署令直殿中省尚辇局王涓宅。王涓墓志云："公讳涓……元和十三年戊戌岁五月甲申朔廿四日丁未吉终于私第广化之里也。"[6]岐阳公主宅。据《新唐书·诸帝公主传》记载，岐阳公主，宪宗女，下嫁杜悰，"开第昌化里，疏龙首池为沼"。[7]宣城公主宅。公主宪宗女，下嫁沈䚈，宝历元年（公元825年）十二月，敬宗赐"城南别墅、昌化坊贾区各一所"[8]。内侍省内给事员外置同正员骆明珣宅。据骆府君墓志载，骆明珣为大宦官骆奉仙之子，大和元年（公元827年）十一月十九日终于广化里之私第。[9]左卫上将军内侍监仇士良宅。郑薰《内侍省监楚国公仇士良神道碑》曰："（会昌三年）六月二十三日，薨于广化里之私第"[10]。内侍省内给事员外置同正员王文干宅。王文干墓志载其会昌四年（公元844年）四月终于京兆万年广化里私第[11]。宦官杨复恭宅。《旧唐书·杨复恭传》载：第在昭化里，近玉山营，假子守信为玉山军使，有人告其谋反，昭宗诏李顺节率禁军攻之，守信、复恭挈其族出通化门趋兴元。[12]据《新唐书》记载，昭化坊应为杨复恭假子守信宅，而复恭宅在昌化里。[13]因此《长安志》云："昭化"即"广化"之误。内侍省内仆局丞李从证宅。李从证墓志记载："大中四年十一月十六日，终于

[1]《唐代墓志汇编续集》天宝〇九七，第652页。
[2]《唐代墓志汇编续集》大历〇〇五，第694—695页。
[3] 郭茂育：《唐李收墓志》，载《书法》2015年第2期，第36页。
[4]《全唐文》卷五九一，第5980页。
[5]《全唐文》卷四二九，第4372—4373页。
[6]《唐代墓志汇编续集》元和〇七三，第853页。
[7]《新唐书》卷八三《诸帝公主·宪宗十八女》，第3667页。
[8]《册府元龟》卷三〇三《外戚部·袭宠》，第3575页。
[9]《唐代墓志汇编续集》大和〇一七，第891页。
[10]《全唐文》卷七九〇，第8273页。
[11]《全唐文》卷七六四，第7939页。
[12]《旧唐书》卷一八四《杨复恭传》，第4775页。
[13]《新唐书》卷二〇八《杨复恭传》，第5891页。

广化里私第。"①洪州都督府司马毛钊宅。毛钊夫人吕氏墓志载：夫人"大中五年四月二日终于京兆广化里之私第"②。宦官杨玄价宅。杨玄价夫人党氏墓志载："大中八年十月十八日遘疾，殁于广化里之私第"③。右神策军护军副使行内侍省掖庭局令阎知诚宅。阎知诚墓志谓："公讳知诚……大中十一年十二月有二日终于广化里之私第"④。同昌公主宅及旗亭。公主懿宗长女，降宰相韦保衡。公主出嫁时，唐懿宗"赐第于广化里"，其宅极其奢华，窗户皆以各种宝物装饰，井栏、药臼、槽匮用金银造，编金缕为箕筐。⑤公主"每一出游……中贵人买酒于广化旗亭"⑥。左羽林大将军知军事兼御史中丞韩处章宅。韩处章墓志称其乾符三年（公元876年）八月二十六日，薨于上都广化里之私第。⑦

永嘉坊位于皇城东从北第一行，从西第三坊，通化门南，兴庆宫北，坊南有龙首渠经过。《长安志》言："此坊隋末有方士云贵气特盛，自武德、贞观之后，公卿王主居之多于众坊"⑧。坊南靠近兴庆宫处有赠礼部尚书永兴公虞世南庙，兴庆宫扩建时，唐玄宗以世南盛德之祠，特敕不许毁废。东北隅有太子太保李纲宅。纲子孙茂盛，四代缌麻服同居，朝廷美之。西南隅，本中书令许敬宗宅。唐太宗《小池赋并序》曰："许敬宗家有小池作赋赐之。若夫素秋开律，碧沼凝光，引泾渭之余润，萦咫尺之方塘。"⑨此小池乃引龙首渠水为之。后舍宅为无量寿寺，寺废，又赐申王㧑为宅，申王宅已前见安兴坊，永嘉之西南与安兴之东南毗邻，其宅可能连跨二坊。左卫中郎将裴怀濬宅。裴怀濬墓志云其"贞观廿年八月十九日，卒于永嘉里之私第"⑩。十字街南之西，成王千里宅。南门之东，蔡国公主宅。公主睿宗女，降王守一，后又降裴巽。东门之南，侍中张文瓘宅，后并入兴庆宫。兖州都督韦元琰宅。礼部尚书窦希玠宅。李乂《奉和幸礼部尚书窦希玠宅应制》诗云："家住千门侧，亭临二水傍。贵游开北地，宸眷幸西乡。"⑪尚书右丞倪若水宅。倪若水墓志载其开元七年（公元719年）正月廿六日，薨于

---

① 《唐文拾遗》卷三一《唐故宣义郎行内侍省内仆局丞员外置同正员上柱国李府君墓志铭并序》
② 《唐代墓志汇编续集》大中〇三〇，第991页
③ 杜文玉：《唐代权阉杨玄价夫人党氏墓志铭考略》，见《唐史论丛》第14辑，第45页
④ 《唐代墓志汇编续集》大中〇六三，第1015页
⑤ 《资治通鉴》卷二五一，唐懿宗咸通十年正月，第8261页
⑥ 《杜阳杂编》卷下，第150—151页
⑦ 《大唐西市博物馆藏墓志》四六六，第1005页
⑧ 《长安志》卷九《唐京城三》，第305页
⑨ 《全唐文》卷四，第48页
⑩ 《全唐文补遗》第7辑，第248页
⑪ 《全唐诗》卷九二，第999页

京永嘉里私第。①西北隅，凉国公主宅。公主睿宗女，降薛伯阳，苏颋《凉国长公主神道碑》云："公主讳𬞟……开元十二载八月辛巳，遇疾薨于京邸永嘉里第"②。

安史之乱以后，兴庆宫的政治地位下降，此坊中的达官显宦之家渐少。任令班宅。任公夫人刘氏墓志云："夫人姓刘……贞元十九年十月十八日终于永嘉里之私第"③。左羽林军守右卫勋贰府中郎司马俭宅。司马俭墓志记载：司马俭大和九年（公元835年）十一月十二日薨于永嘉里私第④。右领军卫上将军马存亮宅。李德裕撰马存亮神道碑铭载："开成六年九月四日，薨于永嘉里第"⑤。沙州刺史张议潭宅。乾符至光启初年归义军节度使张淮深立有《敕河西节度兵部尚书张公德政之碑》，据碑文记载，张淮深父议潭，为张议潮之弟，后来"入陪龙鼎……先身入质，表为国之输忠"，皇帝赐给庄宅，"终于京永嘉坊之私第"。⑥

崇仁坊位于皇城以东，兴庆宫以西，从西第一坊，北街当皇城之景风门。此坊因靠近尚书省选院，又与东市相连接，故选人入京，无第宅者，多居住在此，坊内"工贾辐凑，遂倾两市，昼夜喧呼，灯火不绝，京中诸坊，莫之与比"⑦。西北隅本左金吾卫，神龙元年（公元705年）并为长宁公主宅，"盛加雕饰，朱楼绮阁，一时胜绝。又有山池别院，山谷亏蔽，势若自然"。中宗及韦后多次游幸，留连弥日，赋诗饮宴。⑧韦庶人败后公主奏请将宅东半部分舍为景龙观，以中宗年号为名，文人名士竞入游赏。天宝十二载（公元753年），改为玄真观。肃宗时设百高座讲法，观内有陈静心、程雅画。礼会院。本长宁公主宅，后官市为礼会院。此后公主、郡县主出嫁都在此院成礼。《长安志》引《德宗实录》曰："初，开元中置礼会院于崇仁里，自兵兴以来，废而不修。"⑨《资治通鉴》记载：至德元载（公元756年）"安禄山使孙孝哲杀霍国长公主及王妃、驸马等于崇仁坊"⑩。东南隅，本太尉赵国公长孙无忌宅，龙朔二年（公元663年）为文德皇后追福，立为资圣尼寺，咸亨四年（公元673年）改为僧寺，长安三年

---

① 《唐代墓志汇编续集》开元〇二八，第471页。
② 《全唐文》卷二五八，第2613—2614页。
③ 《唐代墓志汇编续集》贞元〇七七，第790页。
④ 《唐代墓志汇编续集》开成〇〇一，第924页。
⑤ 《全唐文》卷七一一，第7298页。
⑥ 荣新江：《归义军史研究——唐宋时代敦煌历史考索》，上海古籍出版社，1996年，第402—403页。
⑦ 《长安志》卷八《唐京城二》，第275页。
⑧ 《太平御览》卷一八〇《居处部·宅》，第879页。
⑨ 《长安志》卷八《唐京城二》，第277页。
⑩ 《资治通鉴》卷二一八，唐肃宗至德元载，第7103页。

（公元703年）七月，发生大火，仅剩经数部，不损一字。百姓施舍，又重新营造，寺额申州刺史殷仲容所题，楷法端妙，京邑所称。寺内净土院门外有吴道玄所画龙髯戟手，院门里卢稜伽画，中门窗间，吴画高僧，韦述赞，李严书；寺西廊北隅，杨坦画，近塔天女；团塔院北堂有铁观音，高三丈余；观音院两廊韩幹画四十二贤圣；东廊北头散马，团塔上李真画菩萨，四面边鸾画花鸟，塔中藏千部《妙法莲花经》。北门之东，本邑里佛堂院，隋开皇中立为宝刹寺，佛殿北魏时造，四面立柱，当中构虚起两层阁楼，榱栋屈曲，为京城之奇妙，故以宝刹为名。寺有杨契丹、陈静眼、杨廷光画。

  坊内其他住宅，除长宁公主宅外，西南隅还有尚书左仆射高士廉宅。《旧唐书》本传曰："（贞观）二十一年正月壬辰，薨于京师崇仁里私第"①。后其子孙亦多居于此宅。高续墓志亦载："君讳续……曾祖士廉……文明元年五月三日，终于崇仁里之私第。"②上柱国内给事李憨宅。《李憨碑》载其贞观二十三年（公元649年）三月廿三日薨于崇仁坊第③。司刑太常伯武安公世子奉冕直长源侧室赵懿懿宅。赵五娘墓志载：赵五娘"讳懿懿，志励冰霜，色倾城国，年十有八，适于源氏"，乾封元年（公元666年）七月十二日卒于崇仁里第。④秘阁历生刘守忠宅。刘守忠墓志载其"咸亨五年七月廿一日，遘疾终于崇仁里第"⑤。巫师阿来婆宅。《朝野佥载》记：崇仁坊阿来婆弹琵琶卜，许多达官贵人前去占卜，"朱紫填门。……下一匹绸绫，请一局卜"。⑥东门之北，尚书左仆射许国公苏瓌宅。卢藏用《太子少傅苏瓌神道碑》云："景云元年岁在庚戌十一月己巳，太子少傅许国苏公薨于崇仁里之私第"⑦。右散骑常侍褚元量宅。苏颋《赠礼部尚书褚公神道碑》云："公讳无量……开元庚申岁正月哉生魄，景命不造，遘疾薨于长安崇仁里之赐第"⑧。庆州马岭县令严令元宅。严令元墓志记载："开元九年三月廿一日春秋七十有二，寝疾，终于西京崇仁里。"⑨百姓乌那昇宅。《册府元龟》记载：开元十一年（公元723年），左金吾卫黄衣长上杨骆，持刀入乌那昇家，伤昇妻女。⑩宋州虞城县令樊晋客宅。樊晋客墓志记其"开元十一年三月廿四日，终于京兆

---

① 《旧唐书》卷六五《高士廉传》，第2444页。
② 《大唐西市博物馆藏墓志》一二〇，第267页。
③ 李子春：《唐李憨碑考证》，载《文物》1963年第3期，第41页。
④ 《唐代墓志汇编续集》乾封〇一〇，第164页。
⑤ 《陶斋藏石记》卷一八《大唐故秘阁历生刘君墓志铭并序》。
⑥ 《朝野佥载》卷三，第64页。
⑦ 《全唐文》卷二三八，第2410页。
⑧ 《全唐文》卷二五八，第2611—2612页。
⑨ 《唐代墓志汇编续集》天宝〇四〇，第610页。
⑩ 《册府元龟》卷一五二《帝王部·明罚一》，第1844页。

府崇仁里"①。裴六娘宅。《通幽录》记载：哥舒翰青年时，有爱妾裴六娘，"容范旷代，宅于崇仁"。②美妇人宅。唐余干县尉王立调选入京，因文书有误，被主司驳放，资财荡尽，穷困颇甚。一日晚归，偶与美妇人同路，因意气相投，王立因邀至其居，美妇人谓立曰："公之生涯，何其困哉？妾居崇仁里，资用稍备，傥能从居乎？"③

代宗永泰初，内侍鱼朝恩在崇仁坊南街设无遮会斋。④文林郎守将作监左校署丞员同正间守元宅。间守元墓志云其忽婴疢疾，终于崇仁里之私第，大历三年（公元768年）十二月十四日葬于龙首原。⑤凤翔观察使神策行营兵马上都留后段晏宅。段晏墓志称："大历七年四月十三日夜终于京兆崇仁里私第。"⑥吐蕃内大相论莽热宅。贞元十八年（公元802年）正月，剑南西川节度使韦皋擒吐蕃大首领论莽热献京师，唐德宗赐崇仁里宅以居之。⑦旅舍。陇西李儇伯元和初入京参加调选时，曾往崇仁里访同选人。⑧又《太平广记》记载：岐州佐史尝因事至京，住宿在兴道里，忽遇二鬼使，因移居崇仁里。⑨选人和佐史临时所居都当为旅舍。检校卫尉少卿兼监察御史张良辅宅。张良辅墓志载其夫人"元和九年四月十一日寝疾而终于崇仁里之私第"⑩。百姓石忠政宅。《唐故石府君墓志铭并序》记载："府君曰忠政……万年县人也，邑崇仁里，清闲不仕，自居其家"，长庆二年（公元822年）七月去世。⑪造乐器赵家。《乐府杂录》记载：文宗朝，有内人郑中丞善胡琴，内库有二琵琶大、小忽雷，小忽雷"偶以匙头脱，送崇仁坊南赵家修理"。⑫尚辇奉御罗士则宅。罗士则墓志云："戊辰岁（即大中二年）二月廿六日终于崇仁里第。"⑬王家店。日本僧人圆珍大中九年（公元855年）五月十九日初到长安，"权下崇仁坊王家店"⑭。检校国子祭酒兼彭州别驾御史大夫孙公宅。孙公夫人梁氏墓志载："咸通十一年正月二十九日遘疾，终于上都崇仁坊之里

---

① 《唐代墓志汇编》开元一六七，第1272页。
② 《太平广记》卷三五六《哥舒翰》，第2817页。
③ 《太平广记》卷一九六《贤人妻》，第1471页。
④ 《册府元龟》卷九二七《总录部·佞佛》，第10941页。
⑤ 《全唐文补遗》第5辑，第409页。
⑥ 《唐代墓志汇编续集》大历〇二〇，第705页。
⑦ 《旧唐书》卷一九六下《吐蕃传下》，第5259页。
⑧ 《太平广记》卷三四三《李儇伯》，第2722页。
⑨ 《太平广记》卷三三四《岐州佐史》，第2656—2657页。
⑩ 《唐代墓志汇编续集》元和〇五四，第838页。
⑪ 《陶斋臧石记》卷三〇。
⑫ 《乐府杂录》，第132页。
⑬ 《唐代墓志汇编续集》大中〇一四，第979页。
⑭ 白化文、李鼎霞校注：《行历抄校注》，花山文艺出版社，2004年，第42页。

第。"①检校太府卿兼左武卫上将军马及宅。《马及墓志》记载其于乾符三年（公元876年）九月廿四日病逝于上都崇仁里第②。坊中又有东都、河南、丰州、沧州、天德、荆南、福建、广桂、安南、邕州、黔南等地进奏院。

胜业坊位于皇城东从北第二行，从西第二坊，兴庆宫西，东市之北；隋本名宜仁坊，武德初唐高祖为沙门景晖于坊内立胜业寺，其坊因此而改为胜业。③街北之西，修慈尼寺，本弘济僧寺，隋开皇七年（公元587年）立，贞观二十年（公元646年）以与甘露尼寺相近，自昭国坊换为修慈尼寺。寺西又有甘露尼寺，隋开皇五年（公元585年）所立。

唐代前期，坊内的宅第有宗正卿安平公李百药宅。李百药贞观二十二年（公元648年）二月廿六日寝疾，薨于京师胜业里第。④通议大夫索君宅。据其墓志记载，索君与其夫人马氏分别于显庆二年（公元657年）和仪凤四年（公元679元，即调露元年）薨于胜业里第，合葬于少陵原。⑤董夫人宅。董氏墓志载：夫人"显庆六年二月十八日卒于雍州之万年胜业里"⑥。使持节八州诸军事洪州都督吴广宅。吴广碑载：武德初，其与程知节等归唐，从李世民征刘武周，破宋金刚，抄窦建、王充等，武德九年（公元626年），又参与玄武门之变，杀李建成、李元吉，帮助李世民夺取太子之位，总章元年（公元668年）十月廿九日在雍州万年县胜业里第去世。⑦何刚宅。何刚墓志云其"麟德元年岁次甲子二月己卯朔九日丁亥终于胜业私第"⑧。尚书吏部郎中张仁祎宅。张仁祎墓志称："府君讳仁祎……仪凤三年七月廿三日遘疾，终于雍州之胜业里"⑨。国子进士杨去盈宅。杨炯《从弟去盈墓志铭》云：去盈上元三年（公元676年）五月二十二日殁于京师胜业里⑩。蓬州宕渠县令王思齐宅。王思齐墓志记载："夫人平原张氏……垂拱元年四月一日遘疾，终于京兆胜业里之私第。"⑪尚书右仆射郑国公杨再思宅。杨再

---

① 《唐代墓志汇编续集》咸通〇六四，第1083页
② 贺华：《唐〈马及墓志〉略考》，见陕西历史博物馆编：《陕西历史博物馆馆刊》第11辑，三秦出版社，2004年，第219页
③ 《长安志》卷八《唐京城二》，第290页
④ 李浩：《新发现唐李百药墓志铭及其价值》，载《文学遗产》2015年第6期，第184页
⑤ 《唐代墓志汇编续集》调露〇〇二，第241页
⑥ 《唐代墓志汇编续集》显庆〇五〇，第115页
⑦ 《昭陵碑石》，第170—171页
⑧ 《唐代墓志汇编续集》麟德〇〇二，第142页
⑨ 《唐代墓志汇编》仪凤〇二九，第644—645页
⑩ 《全唐文》卷一九五，第1974页
⑪ 《唐代墓志汇编》开元二六六，第1340页

思碑云其"景龙三年岁次己酉六月戊申,薨于胜业里之私第"①。太子詹事兼修国史崇文馆学士刘宪宅。刘宪墓志载其"景云二年岁次辛亥正月丁未朔十一日丁巳寝疾薨于京师胜业里之私第"②。西北隅,薛王业宅,本赠礼部尚书韦行佺宅。开元初,宁王宪和薛王业分别赐宅于胜业坊东南角和西北角。③李宪之子李嗣庄墓志也称其"开元九年十月廿七日薨于京师胜业里之私第"④,即宁王赐宅。许州刺史姚异宅。墓志称其为"开府仪同三司、中书令、兵部尚书、赠扬州大都督、太子太保、梁文贞公崇之中子",其夫人郑氏于开元四年(公元716年)六月十日终于长安胜业里私第。⑤汉州刺史钱君宅。《钱府君妻河东郡君柳氏墓志》曰:"郡君……开元九年十月三日,遘疾薨于万年县胜业里第。"⑥严贞宅。严贞墓志载其夫人傅氏"开元十一年九月五日,卒于京兆府万年县胜业里之私第"⑦。尚书比部郎中郑绩宅。据其墓志记载,郑绩曾充任吐蕃分界使,著作丰硕,撰有《柘州记》一卷、《新文类聚》一百五十卷、《甲子记》七十篇、《古今录》二百卷。所居胜业里第,"激流为沼,延石裁峰;植果万株,艺药千品",环境优美,又有藏书万卷。开元十五年(公元727年)八月终于私第。⑧银青光禄大夫薛绘宅。《雍录》载:"薛绘宅在胜业坊。兄弟子侄数十人,同居一曲,姻党清华,冠冕茂盛,人谓之薛曲。"⑨左散骑常侍徐坚宅。礼部尚书席豫宅。席豫两《唐书》有传,长安中,制科擢第。开元时前后任监察御史、吏部侍郎。天宝六载(公元747年)进礼部尚书。及疾笃,遗令家人:"三日敛,敛已即葬,勿久留以黩公私;赀不足,可卖居宅以终事。"⑩直弘文馆侯莫陈故夫人李俸宅。李俸墓志曰:"夫人讳俸……嗣舒王津之第二女……开元廿四年四月七日,春秋廿有五,终于京兆胜业之里第"⑪。左骁卫将军员外置同正员内带弓箭射生供奉王守言宅。王守言墓志云其"天宝二年岁次癸未三月遘疾,医救无效,其年十二月十一日,薨于京兆府胜业里私第"⑫。太仆卿驸马都尉豆卢

---

① 刘向阳:《乾陵唐杨再思墓碑简考》,载《考古与文物》2010年第4期,第86页。
② 毛阳光:《新出土唐刘宪墓志疏证》,载《中原文物》2013年第1期,第82页。
③ 《册府元龟》卷四七《帝王部·友爱》,第534页。
④ 《唐代墓志汇编续集》开元〇四三,第482—483页。
⑤ 程青芬:《洛阳新出土〈姚异墓志〉考释》,载《黑龙江史志》2014年第3期,第49页。
⑥ 《大唐西市博物馆藏墓志》一九七,第437页。
⑦ 《唐代墓志汇编续集》开元〇六一,第496页。
⑧ 王关成、刘占成、吴晓丛:《〈郑公墓志铭〉及其史料价值》,载《文博》1989年第4期,第37页。
⑨ 《雍录》卷七《韦曲杜曲薛曲》,第157页。
⑩ 《新唐书》卷一二八《席豫传》,第4467—4468页。
⑪ 陕西省考古研究院:《唐李俸墓发掘简报》,载《考古与文物》2015年第6期,第19页。
⑫ 《唐代墓志汇编续集》天宝〇一三,第590页。

建宅。豆卢建墓志记载：其父为正议大夫，丹、延、坊三州刺史光祚，母为万泉县主薛氏；外祖为薛绍，外祖母即太平公主。豆卢建又尚建平公主，一家多与皇室联姻，地位显赫，天宝三载（公元744年）薨于京胜业里之私第。①羽林军大将军张义之宅。其夫人阿史那氏墓志记：夫人为突厥部落左厢第二蘩官、双河郡都督憎舍提暾啜第二女，天宝五载（公元746年）六月十六日终于万年胜业里私第。②

到唐后期，胜业坊内的主要宅第明显增多。左金吾卫大将军康阿义屈达干宅。其神道碑铭记：康阿义屈达干为突厥十二姓之贵种，天宝元年（公元742年）款塞归朝入京，广德二年（公元764年）十一月二十日感肺疾薨于上都胜业坊私第。③霍小玉宅。蒋防《霍小玉传》载：大历中，有霍小玉"住在胜业坊古寺曲"。④中书舍人朱巨川宅。朱巨川神道碑记："讳巨川……建中四年三月九日，遘疾终于上都胜业里私第"⑤。吏部侍郎彭王傅徐府君宅。其夫人侯莫陈氏墓志称：夫人本姓刘氏，永嘉之乱其始祖迁居漠北改姓侯莫陈氏，夫人"迫心玄元，坚志空寂……不茹于口者十祀，遂遘疾于胜业里"，贞元七年（公元791年）六月十日终于咸宜观。⑥司农少卿李条宅。权德舆撰李条墓志称：李条乃唐淮安靖王李神通元孙，贞元十五年（公元799年）三月，终于胜业里私第。⑦羽林军士王忠宪宅。据史载，元和四年（公元809年），唐宪宗伐王承宗，中尉吐突承璀俘获恒阳生口马奉忠等三十人，宪宗令斩之于东市西坡资圣寺侧。胜业坊王忠宪，其弟忠弁为恒阳军所杀，为弟报仇，忠宪剖马奉忠心，并割其肉，归而食之。⑧宣州司功参军魏邈居。魏邈墓志称：魏邈初入关中，"无投足之地，贾居于万年县之胜业里"。⑨抚王府典军裴华宅。裴华墓志称其元和十年（公元815年）十月六日，因遘时疾，终于上都万年县胜业里私第。⑩中书侍郎平章事韦德载宅。大和三年（公元829年）韦公去世，白居易在《祭中书韦相公文》中回忆"去年腊月，胜业宅中"，韦公传授自

---

① 《唐代墓志汇编》天宝〇五一，第1565页。
② 郭茂育、赵振华：《〈唐张义之夫人阿史那氏墓志〉与胡汉联姻》，载《西域研究》2006年第2期，第90页。
③ 《全唐文》卷三四二，第3474—3476页。
④ 《太平广记》卷四八七，第4006页。
⑤ 《全唐文》卷三九五，第4019—4020页。
⑥ 《大唐西市博物馆藏墓志》三一五，第683页。
⑦ 《全唐文》卷五〇二，第5113—5114页。
⑧ 《太平广记》卷一二二《马奉忠》，第861页。
⑨ 《唐文拾遗》卷二五《大唐故宣州司功参军魏府君墓志铭并序》。
⑩ 《唐代墓志汇编续集》元和〇五九，第842页。

己《大方广佛华严经》中《十愿品》佛经的场景。①洋王府长史吴达宅。《吴达墓志》云其"大和四年夏六月有六日遘疾终于胜业里之私第"②。司门令史辛察宅。《太平广记》云：大和四年（公元830年）十二月七日，胜业里司门令史辛察，忽患头痛而逝。③李训宅。《新唐书》本传曰：大和九年（公元835年）李训"一岁至宰相……欲先诛宦竖，乃复河、湟，攘夷狄，归河朔诸镇"，文宗赐第胜业里。④振武监军使杨公宅。其夫人曹延美墓志称：夫人乾符二年（公元875年）九月廿九日卒于胜业里第⑤。检校司徒同中书门下平章事王处存宅。《旧唐书·王处存传》称其"京兆万年县胜业里人。世隶神策军，为京师富族，财产数百万"⑥。《剧谈录》也记载：通事舍人郭郛，居京辇遇鬼，前往"胜业坊富人王氏，将往散之……知胜业王氏隶左军"。⑦王处存世隶神策军，为京师富族，故富人王氏或为其族人。缝纫母女宅。《剧谈录》载：长安豪士潘将军有玉念珠一串无故亡失，请王超代为寻找。超一日过胜业坊北街，见三鬟女子，年可十七八，于道侧槐树下，值军中少年蹴鞠，接而送之，直高数丈，跟踪"止于胜业坊北门短曲，有母同居，盖以纫针为业"。⑧李司仓宅，见《太平广记·王老》⑨。坊内又有狗脊岭，为处斩犯人之所。《资治通鉴》载：武宗斩太原将杨弁及其党五十四人于狗脊岭⑩；《旧唐书·黄巢传》亦载：高仙芝令尚君长、蔡温球、楚彦威诣朝请罪，敕斩于狗脊岭。⑪另有陕府、郑滑进奏院。

三、朱雀门街东侧第一列诸坊

在朱雀门街东侧，皇城之南，第一列有九坊，从北向南依次为兴道坊、开化坊、安仁坊、光福坊、靖善坊、兰陵坊、开明坊、保宁坊、安义坊。文献记载各坊的四面均为三百五十步，合514.5米；而考古发掘测得各坊的南北从500米到590米不等，东西均为

---

① 《全唐文》卷六八一，第6965页。
② 《全石萃编》卷一〇八《吴达墓志》，第7页。
③ 《太平广记》卷三八五《辛察》，第3073页。
④ 《新唐书》卷一七九《李训传》，第5311页。
⑤ 王自力：《西安唐代曹氏墓及出土的狮形香熏》，载《文物》2002年第12期，第69页。
⑥ 《旧唐书》卷一八二《王处存传》，第4699页。
⑦ 《太平广记》卷三四八《郭郛》，第2755页。
⑧ 《太平广记》卷一九六《潘将军》，第1470页。
⑨ 《太平广记》卷四一《王老》，第258页。
⑩ 《资治通鉴》卷二四七，唐武宗会昌四年二月，第8120页。
⑪ 《旧唐书》卷二〇〇下《黄巢传》，第5391页。

562米。

兴道坊位于皇城以南,朱雀门街东第一列,从北第一坊。景龙三年(公元709年),因避讳驸马都尉武攸暨父名而改称瑶林坊,景云元年(公元710年)恢复旧称。①坊之西南隅,至德女冠观,隋开皇六年(公元586年)立。唐宣宗曾微服出幸至德观,发现有女道士盛服浓妆,勃然大怒,诏左街功德使宋叔康令尽驱逐,进行整顿,另选男道士二人,住持其观。②

周大将军杨勇后夫人萧妙瑜宅。萧氏(妙瑜)墓志载其于仁寿三年(公元603年)正月,薨于长安之兴道里。③隋炀帝萧皇后宅。萧皇后在隋炀帝被弒杀后,随宇文化及辗转至河北窦建德和突厥处罗可汗处。贞观四年(公元630年),唐军灭东突厥,萧皇后又"归于京师,赐宅于兴道里",直到二十一年(公元647年)去世,一直居住在此。④监察御史裴炎宅。其妻刘氏墓志称:"显庆五年正月廿六日,卒于兴道里之第"⑤。周王府队正李元昭宅。其于咸亨三年(公元672年)正月二十一日病逝,寄殡于兴道坊私第⑥。太平公主宅。太平公主被杀后没官,又赐给散骑常侍李令问居之。⑦由于地势低洼,开元五年(公元717年)六月二十一日,夜降暴雨,"兴道坊一夜陷为池,一坊五百余家俱失"⑧。由此可看到此坊原来的人口居住规模。此后很长一段时间,此坊就没有人家居住,在目前出土的墓志记载中出现了空白期。直到唐文宗大和元年(公元827年)才又有此坊中宅第的记载。沔州司马郑溥宅。据郑溥墓志记载,郑溥"大和元年二月廿六日寝疾,终于兴道里私第"⑨。吏人宅。《尚书故实》记载:郭承嘏曾有一卷书法帖子,常随身携带。应举试杂文,交试卷后,发现把书法帖子递交给考官了,因而在考场棘围门外徘徊,见一老吏,以实相告。老吏说他能帮其换回来,但是他居住在兴道里,家里贫困,希望以钱三万酬谢,郭承嘏欣然答应。⑩旅馆。《广

---

① 《长安志》卷七《唐京城一》,第257页。
② 《唐语林校证》卷一《政事上》,第80页。
③ 《隋代墓志铭汇考》(3)二六七,第248页。萧氏墓志原载"道兴里",然未见其他文献著录,辛德勇先生认为是"兴道里"之误。详见辛德勇:《隋大兴城坊考稿》,载《燕京学报》2009年第2期。
④ 《通志》卷二〇《后妃传》,第403页。
⑤ 陈雁:《西安市雁塔区出土的唐墓志》,载《文博》1992年第5期,第59页。
⑥ 《唐代墓志汇编》咸亨〇四六,第542页。
⑦ 《长安志》卷七《唐京城一》,第257页。
⑧ 《旧唐书》卷三七《五行志》,第1357页。
⑨ 《唐代墓志汇编续集》大和〇〇六,第884页。
⑩ 〔唐〕李绰:《尚书故实》,见《唐五代笔记小说大观》(下),第1170页。

异记》记载：岐州佐史曾因事至京，停兴道里。①按其因公至此，应是住在旅馆内。又《乾䑶子》载：陇西李僖伯，元和初调选，在上都兴道里假居。②李僖伯假居之处也当为旅馆。庆陵台令孙师从宅。孙师从墓志载："府君丈人讳师从……咸通十一年六月十二日，以微疾所侵，终于兴道里之私第。"③吉州长史郭克全宅。郭克全墓志记其咸通十三年（公元872年）十月十日薨于兴道坊私室④。振武节度押衙李审规宅。李审规重迁祔墓记载：审规继夫人冯氏"咸通十三年九月抱疾卒于兴道里"⑤。郑相宅。黄滔有《代郑郎中上兴道郑相启》⑥，按唐代某官住某坊，世即呼其为某坊某官，故可知，郑相当住兴道坊。

开化坊位于皇城以南，朱雀门街东第一列，从北第二坊。东南隅，初为隋炀帝为晋王时旧宅，武德中赐给尚书左仆射萧瑀为西园，后瑀子锐尚襄城公主，取园地建公主府第，襄城公主薨后，官市为英王宅。文明元年（公元684年），唐高宗去世后百日立为大献福寺。天授元年（公元690年）改为荐福寺。中宗即位后，大加营饰增扩，占据此坊整个南半部分。神龙以后，官方翻译佛经多在此寺。寺东院有放生池，周回二百余步，相传为汉代洪池陂。⑦《历代名画记》载：寺额为武则天飞白书，寺内有吴道玄、张璪、毕宏等人的画作。寺周围有戏场。《南部新书》记载："长安戏场多集于慈恩，小者在青龙，其次荐福、永寿。"⑧西门之北有法寿尼寺，隋开皇六年（公元586年）立。

坊中的宅第还有司农寺丞、京城已西营田敕使郭敬善宅。郭敬善墓志载其"武德七年七月四日构疾，薨于开化里第"⑨。太傅盖文达宅。于志宁《唐太傅盖公墓碑》曰："公讳文达……（贞观十八年）薨雍州开化坊里第"⑩。又有国子祭酒韩洄宅、尚书左仆射令狐楚宅。户部尚书马总宅。长庆初，昊天观道士符契元路遇刑部尚书马总，次日符契元"即诣开化坊访马"，"因留连竟日"。⑪河东节度使兼侍中李光颜宅。唐穆宗

---

① 《太平广记》卷三三四《岐州佐史》，第2656页。
② 《太平广记》卷三四三《李僖伯》，第2722页。
③ 《大唐西市博物馆藏墓志》四六一，第995页。
④ 《唐代墓志汇编续集》咸通〇九二，第1105页。
⑤ 《唐代墓志汇编续集》咸通一〇三，第1115页。
⑥ 《全唐文》卷八二三，第8678页。
⑦ 《长安志》卷七《唐京城一》，第257页。
⑧ 《南部新书》卷戊，第67页。
⑨ 《唐代墓志汇编续集》显庆〇五二，第116页。
⑩ 《全唐文》卷一四五，第1464—1465页。
⑪ 《太平广记》卷七八《符契元》，第493页。

即位，诏李光颜赴阙，"赐开化里第"①。尚书吏部侍郎沈傅师宅。杜牧《唐故尚书吏部侍郎赠吏部尚书沈公行状》载：沈傅师"于京师开化里致第，价钱三百万"②。前司徒兼侍中崔垂休宅。右武卫将军柳嘉泰宅。《右武卫将军柳公神道碑》云其开元二十七年（公元739年）八月四日终于长安开化里私第③。尚书兵部侍郎黎干宅，韦应物有《至开化里寿春公故宅》④诗，此处的寿春公即指黎干。《唐故银青光禄大夫尚书兵部侍郎寿春郡开国公黎公（干）墓志铭并序》："公讳干，字贞固，寿春人也。……上嘉休绩，真拜京兆尹、兼御史大夫，加秩银青光禄大夫，爵为寿春县开国男。"⑤《韦应物集校注》的校注者陶敏、王友胜据两《唐书》和黎干墓志指出：寿春公即为黎干⑥。尚书屯田员外郎于申宅。于申墓志载："贞元九年岁次癸酉八月十三日，尚书屯田员外郎于君殁于开化里私第"⑦。华州潼关镇国军陇右节度支度营田观察处置临洮军等使检校尚书左仆射兼华州刺史御史大夫李元光宅。据李元光墓志知，其本姓安，安息王之后，泾原兵变中，李元光率兵击溃何望之叛军，又与副元帅李晟收复长安，德宗回京后赐以甲第，又赐姓李氏，改名元谅。贞元九年（公元793年）十一月十五日，薨于良原镇公馆，归于上都开化里之正寝。⑧段元度宅。段琮墓志记载：段琮以元和十年乙未生于上都开化里⑨。其父讳元度，按：段琮出生时，宅应属其父。王家。《续玄怪录》记载：洪州高安县尉辛公平与吉州庐陵县尉成士廉，元和末一起赴京调集，途中遇一异人，对二人说：此行乃人世不测，"入城当舍于开化坊西门北壁上第二板门王家"⑩。坊中又有漕渠经过，天宝元年（公元742年），京兆尹韩朝宗分潏水开渠，自金光门入城，置潭于西市之街，以贮材木。永泰二年（公元766年），京兆尹黎干以京城薪炭不给，又自西市将渠向东延伸，经开化坊荐福寺东街，向北流经景风、延喜门进入禁苑。⑪酒肆。《录异记》载：凤州宾祐王鄂与相国满存幕中客任三郎友善，王鄂曾在"长安开化

---

① 《旧唐书》卷一六一《李光进传附弟李光颜传》，第4222页。
② 《樊川文集》卷一四，第214页。
③ 《全唐文》卷三五一，第3562页。
④ 《全唐诗》卷一九一，第1968页。
⑤ 《全唐文补遗》第4辑，第71—72页。
⑥ 〔唐〕韦应物著，陶敏、王友胜校注：《韦应物集校注》卷六《至开化里寿春公故宅》注〔一〕，上海古籍出版社，1998年，第415页；另见同书卷二《秋集罢还途中作谨献寿春公黎公》注〔一〕，第115页。
⑦ 《唐代墓志汇编》贞元〇五五，第1876页。
⑧ 《唐代墓志汇编续集》贞元〇三〇，第754—755页。
⑨ 《唐代墓志汇编续集》咸通〇三〇，第1056页。
⑩ 《续玄怪录》卷一《辛公平上仙》，第138—140页。
⑪ 《唐两京城坊考》卷四《西京·漕渠》，第129页。

坊西北角酒肆中，复见任公"。①太中大夫王汶宅。王汶墓志记载：王汶长庆四年（公元824年）冬，弃养于上都开化里宅。②中书舍人裴璟宅。裴公夫人彭氏墓志记载：夫人"咸通二年正月廿七日终于上都开化里之私第"③，此志由其长子裴蟾所撰，而《新唐书·宰相世系表一上》"洗马裴氏"条记载："璟，生蟾。"④由此可推测，此裴公为裴璟，夫人彭氏去世之所为裴璟宅第。尚书吏部员外敦煌令狐缄宅。墓志称：咸通六年（公元865年）四月九日，令狐缄遘疾于京兆私第，十二日终于开化里。⑤韦审己宅。其夫人范阳卢氏的墓志记载：夫人卢氏讳虔懿，癸巳（即咸通十四年，公元873年）春十一日，卒于开化里第。⑥右拾遗清河崔舣宅。《崔舣与郑氏夫人墓志》中记载：崔舣，父安潜，夫人郑氏为故度支巡官监察御史荥阳郑景淋女，以大顺元年（公元890年）正月二十四日病逝于长安开化里第。⑦开府仪同三司守司空魏国公崔胤宅。朱全忠欲诛杀宦官，韩全海等宦官挟持唐昭宗西幸凤翔，长安城内大乱，官民四散，"时崔胤居第在开化坊，继昭帅所部六十余人及关东诸道兵在京师者共守卫之"，百官及士民避乱者，都前往依附。⑧

安仁坊位于皇城以南，朱雀门街东第一列，从北第三坊；此坊本名安民坊，永徽元年（公元650年）避唐太宗"世民"讳而改。坊内西北隅有荐福寺浮图院，景龙中宫人施钱所立，院门向北开，与开化坊内寺门隔街相对。⑨左武侯将军庞某宅。虞世南所撰的《左武侯将军庞某碑序一首》记载：庞某，贞观二年（公元628年）六月遘疾薨于雍州长安县之安仁里宅。⑩开府仪同三司特进户部尚书莒国公唐俭宅。唐俭墓志载：唐俭，显庆元年（公元656年）十月三日薨于安仁里第，享年七十八。⑪河南县君元万子宅。《唐尚衣奉御唐君妻故河南县君元氏墓志铭并序》云："夫人讳万子……以显庆二

---

① 《太平广记》卷八六《任三郎》，第559页。
② 《唐代墓志汇编续集》宝历〇〇三，第871页。
③ 《唐代墓志汇编》咸通〇〇三，第2381页。
④ 《新唐书》卷七一上《宰相世系表一上》，第2188页。
⑤ 陕西省考古研究院：《西安市长安区晚唐时期令狐家族墓葬发掘简报》，载《文博》2011年第5期，第17—18页。
⑥ 《大唐西市博物馆藏墓志》四六五，第1003页。
⑦ 《陶斋藏石记》卷三六。
⑧ 《资治通鉴》卷二六二，唐昭宗天复元年十一月，第8680页；类似记载亦见《新唐书》卷二〇八《韩全海传》，第5897页。
⑨ 《长安志》卷七《唐京城一》，第258页。
⑩ 《日藏弘仁本文馆词林校证》卷四五三《碑》，第162页。
⑪ 《唐代墓志汇编续集》显庆〇〇六，第89—90页。

年十二月三日遘疾，终于万年之安仁里第。"①赠尚书左仆射刘延景宅、汝州刺史王昕宅，延景即宁王宪之外祖，昕即薛王业之舅，都是亲王外家，甲第并列。万春公主宅，公主为玄宗第二十五女，初降杨朏，又嫁杨锜。户部尚书兼殿中监章仇兼琼宅。

鸿胪少卿阳济宅。其夫人彭城县君刘氏墓志记载：刘夫人"建中二年十月廿一日寝疾，终于安仁里私第"②。前中书侍郎同中书门下平章事元载宅。史载：元载权势盛时，于长安城大宁坊和安仁坊中开南、北二甲第，宅中有芸辉堂，以香草命名。后来元载被诛，唐代宗"遣中官于万年县界黄台乡毁载祖及父母坟墓，斫棺弃柩，及私庙木主，并载大宁里、安仁里二宅，充修百司廨宇"。③太子右庶子崔造宅。权德舆撰《崔公夫人河东县君柳氏祔葬墓志》记载：贞元十一年（公元795年）三月丁丑，柳夫人终命于京师安仁里。④义武军节度使上谷郡王张孝忠宅。张孝忠妻邓国夫人谷氏神道碑铭记："贞元十二年二月丁卯，以疾终于万年县安仁里私第"⑤。谷氏墓志也有相同记载⑥。奉先尉陆儒宅。《唐故处士陆公墓志》记载：陆翘"贞元十六年四月廿一日，终于京兆府万年县安仁里再从弟奉先尉儒之私第"⑦，由此可知陆儒宅在安仁坊。太子宾客燕国公于頔宅。权德舆《卫国夫人李氏墓志铭并序》载：夫人"前相国司空今户部尚书燕国于公之室……元和十年冬十二月甲辰寝疾薨于安仁里第"⑧。太保致仕岐国公杜佑宅。《唐丞相金紫光禄大夫守太保致仕赠太傅岐国公杜公墓志铭并序》记载："有唐元老太保岐公，讳佑，字君卿，年七十八，以得谢之岁，岁十一月辛未，启手足于京师安仁里。"⑨同时，杜佑之子杜式方、孙杜牧都长期在此宅居住。杜牧《上宰相求湖州第二启》中也记载："某幼孤贫，安仁旧第，置于开元末，某有屋三十间。"杜牧《自撰墓志铭》曰："年五十，斯寿矣。某月某日，终于安仁里。"⑩由此可见，从开元末到晚唐，安仁坊内都有杜氏宅第。武昌军节度使元稹宅。《云溪友议》记载："安人（应为'仁'）元相国，应制科之选"⑪。元稹《毛仙翁赠行诗》记载：毛仙翁曾对其

---

① 《唐代墓志汇编续集》显庆〇一六，第95页
② 《唐代墓志汇编》建中〇一〇，第1828页
③ 《旧唐书》卷一一八《元载传》，第3414页
④ 《全唐文》卷五〇四，第5128页
⑤ 《全唐文》卷五〇一，第5103页
⑥ 《全唐文》卷五〇四，第5129页
⑦ 《大唐西市博物馆藏墓志》三三〇，第715页
⑧ 《全唐文》卷五〇四，第5129—5130页
⑨ 《全唐文》卷五〇五，第5135页
⑩ 《樊川文集》卷一六，第244页；卷一〇，第244页
⑪ ［唐］范摅：《云溪友议》卷下《艳阳词》，古典文学出版社，1957年，第63页

说"入相之年,相侯于安仁里"①。据此知元稹入相时居此坊。集贤殿校理京兆府万年县尉卢公亮寓居处。卢公亮墓志曰:"公讳公亮……大和六年二月廿三日,终于京师安仁里之寓居"②。郑綑宅。《祥异集验》载:"唐丞相郑綑宅,在昭国坊南门,忽有物来投瓦砾,五六夜不绝。及移于安仁西门宅避之,瓦砾又随而至。"③

光福坊位于皇城以南,朱雀门街东第一列,从北第四坊。隋代此坊有圣敬寺,大业七年(公元611年)废。④坊内有大兴寺。《西京记》载:光福坊大兴寺,有阿育金像,隋灭陈,隋文帝从江南载入长安内中供养,后移置此寺。寺众以殿大像小,欲置于北面,明日像自动转向正阳,众人惊异,复置北面;明日又还转南面,众乃忏谢,不再移动。⑤坊东南隅,旧有永寿公主庙。公主乃中宗女,景云中废庙,赐姜皎为鞠场。姜皎宅在庙北隔街,本为窦怀贞宅,怀贞被诛后,赐皇后妹夫窦庭芳。李氏之庙。《范阳卢府君墓志》记载:范阳卢景修入京师,举进士,"大和五年十月二日遘疾,终于光福坊西南隅李氏之庙"。⑥

坊内的宅第,有翰林学士李泌宅。唐代宗欲重用李泌,命中使为其葬二亲,又为泌娶卢氏女为妻,而且还"赐第于光福坊,令泌数日宿第中"⑦。开府仪同三司检校户部尚书知省事御史大夫张献诚宅。张献诚墓志记载:"(大历三年)九月十五日薨于上都光福里"⑧。骧州流人窦参宅。《异闻集》记载:贞元壬申岁春三月,丞相窦参居光福里第。一天夜里闲步于中庭,有所宠青衣上清忽然对他说:"今启事,须到堂前方敢言之。"窦走到上堂,上清告诉他:"庭树上有人,恐惊郎,请谨避之。"⑨前陕府参军陇西李桔宅。《李桔亡妻河东裴氏墓志》称:新妇河东裴氏,贞元二年(公元786年)正月廿五日,终于光福私第。⑩检校司空尚书左仆射同中书门下平章事魏国公贾耽宅。郑余庆作《左仆射贾耽神道碑》曰:"以永贞元年十月一日,薨于长安光福里之私

---

① 《唐诗纪事校笺》卷八一《毛仙翁赠行诗》,第2064页。
② 胡可先:《新出土唐代卢公亮夫妇墓志考疏》,载《浙江大学学报》(人文社会科学版)2017年第1期,第6—7页。
③ 《太平广记》卷一三七《郑綑》,第989页。
④ 《长安志》卷七《唐京城一》,第259页。
⑤ 《太平御览》卷六五七《释部五·像》,第2936—2937页。
⑥ 《唐代墓志汇编》大和〇四四,第2126页。
⑦ 《资治通鉴》卷二二四,唐代宗大历三年四月,第7319页。
⑧ 《唐代墓志汇编续集》大历〇〇七,第696页。
⑨ 《太平广记》卷二七五《上清》,第2168页。
⑩ 《大唐西市博物馆藏墓志》三〇六,第663页。

第"①。右卫上将军伊慎宅。权德舆撰伊慎神道碑铭载："南充郡王讳慎……元和六年十二月晦，寝疾薨于光福里。"②礼部尚书同平章事权德舆宅。权德舆《殇孙进马墓志铭并序》曰："权氏殇子名顺孙……元和十年十一月二十二日，夭于光福里。"③另有《独孤氏亡女墓志铭并序》："元和十年岁在乙未冬十月二十一日戊午，故秘书少监赠绛州刺史独孤郁妻天水权氏，寝疾终于京师光福里。"④盖终于母家，即权德舆宅。太子宾客刘禹锡宅。刘禹锡《酬郑州权舍人见寄二十韵》诗："忆昔三条路，居邻数仞墙。"自注曰："舍人旧宅光福，时忝东邻。"⑤这里的权舍人是指权德舆之子璩。据《新唐书》载，权璩元和时任中书舍人，文宗时被贬郑州刺史，⑥刘禹锡既言为权璩东邻，自是也居于光福坊。秘书少监张荐宅。张荐《奉酬礼部阁老转韵离合见赠》（一作《和权载之离合诗》）诗有："移居既同里，多幸陪君子。"⑦权载之即权德舆，宅在光福坊，张荐与之同里，自是居于此坊。周皓宅。白居易有《宴周皓大夫光福宅座上作》⑧诗。兴元尹兼同平章事充山南西道节度使王式宅。据《新唐书》记载，仇甫作乱于东南，宰相选王式前往平乱，"式发自光福里第，麾帜皆东靡，猎猎有声"⑨。王式从子龟、起等兄弟"京城光福里第，起兄弟同居"⑩。

靖善坊位于皇城以南，朱雀门街东第一列，从北第五坊，尽一坊之地为大兴善寺。段成式认为：寺取大兴城两字、坊名一字为名。⑪《长安志》载：此寺初曰遵善寺，在旧长安城中，隋文帝承周武帝灭佛之后，大崇佛教，以收人望，移都后先置此寺，以其本封名寺。⑫而据《元和郡县图志》载，在宇文恺规划建设新都之初，就以朱雀门街南北有六条高坡附会乾卦六爻之象，"以九二置宫殿以当帝王之居，九三立百司以应君子之数，九五贵位，不欲常人居之，故置玄都观及兴善寺以镇之"。⑬由此可见，此寺是在建都之初设置的，而非从旧都移来。唐高宗总章年间，兴善寺为火灾所焚，尊像

---

① 《全唐文》卷四七八，第4888页。
② 《全唐文》卷四九七，第5071—5072页。
③ 《全唐文》卷五〇六，第5152页。
④ 《全唐文》卷五〇四，第5127页。
⑤ 《刘禹锡集》卷三六，第536页。
⑥ 《新唐书》卷一六五《权德舆传附子璩传》，第5080页。
⑦ 《全唐诗》卷三三〇，第3685页。
⑧ 《全唐诗》卷四三七，第4847页。
⑨ 《新唐书》卷一六七《王播传附王式传》，第5120页。
⑩ 《旧唐书》卷一六四《王播传附王龟传》，第4281页。
⑪ 《酉阳杂俎·续集》卷五《寺塔记上》，第245页。
⑫ 《长安志》卷七《唐京城一》，第259页。
⑬ 《元和郡县图志》卷一《关内道一》，第1—2页。

荡尽①，后重建增扩前十二亩之地。神龙中，韦庶人追赠父玄贞为酆王，改此寺为酆国寺，景云元年（公元710年）复旧。《寺塔记》载：寺中不空三藏塔前多老松，每当旱时，官府就伐其枝为龙骨以祈雨。行香院堂后壁上，元和中画工梁洽画双松，曼殊堂工塑极精妙。外壁有泥金帧，不空和尚从西域带来。东廊之南素和尚院，庭有桐树四株，元和中卿相多游此院。桐树至夏日有树脂，污人衣，浣洗不易。素和尚戏称："我种汝二十余年，汝以汗为人所恶，来岁若复有汗，我必薪之。"从此无汗。天王阁长庆中造，本在春明门内，与兴庆宫连墙，大和二年（公元828年）移到此寺。②寺内有佛殿高大，为京城之最，号曰大兴佛殿，制度与太庙同。寺内还有翻经院、大圣文殊阁，会昌元年（公元841年），日本留学僧圆仁就到大兴善寺翻经院，后又往大兴善寺，登大圣文殊阁；③《历代名画记》载：寺有刘焉、尹琳、吴道玄画。寺后先有曲池，不空临终时，忽然涸竭，因潦通泉，白莲藻自生，到晚唐又干枯。郑谷《题兴善寺》诗就言："寺在帝城阴，清虚胜二林。……烟莎后池水，前迹杳难寻。"注曰："十才子诗集，多有兴善寺后池之作，今寺在池无，每用追叹。"④寺内也有贝多树、牡丹花等植物。如张乔《兴善寺贝多树》诗云："得子从西国，成阴见昔朝。"⑤《酉阳杂俎》也记载："兴善寺素师院，牡丹色绝佳，元和末，一枝花合欢。"⑥《剧谈录》记载：唐咸通、乾符中，兴善寺有阿阇黎和尚，以教法传授世人。当时"都下翕然宗之"。所居院金碧华焕，器物俱是宝玉所制。去世时，谥为普照大师。⑦

兰陵坊位于皇城以南，朱雀门街东第一列，从北第六坊。据《长安志》记载，坊内有忠武军节度使曲环家庙⑧。又有太子宾客燕国公于頔家庙。权德舆《于公先庙碑铭并序》云："元和五年，相国司空燕国公立新庙于京师兰陵里。"⑨东南隅，有尚书右仆射韦待价宅，宅西工部尚书李珍宅。洺州司马辛公宅。其夫人韦氏墓志云：辛公夫人韦宪英，开元十六年（公元728年）十二月九日终于万年县兰陵里之私第。⑩左卫率府中郎

---

① 《大唐新语》卷一三《谐谑》，第190页。
② 《酉阳杂俎·续集》卷五《寺塔记上》，第245—247页。
③ 《入唐求法巡礼行记》卷三，第149页。
④ 《全唐诗》卷六七六，第7757页。
⑤ 《全唐诗》卷六三九，第7324页。
⑥ 《酉阳杂俎·前集》卷一九《草篇》，第186页。
⑦ 《剧谈录》卷下《真身》，见《唐五代笔记小说大观》（下），第1496页。
⑧ 《长安志》卷七《唐京城一》，第260页。
⑨ 《全唐文》卷四九七，第5065页。
⑩ 《唐代墓志汇编续集》开元〇八八，第514页。

嗣曹王李戢宅。李戢墓志载：李戢天宝四载（公元745年）献岁入朝，于西园宴客，忽遘疾，薨于京兰陵里。①洛交郡大同府果毅丘君宅。其夫人刘氏墓志曰："夫人讳至柔……天宝十四载九月辛未寝疾，终于兰陵里之私第。"②大历年间，此坊内有大菜园。《逸史》载：大历中，有王员外好道术，有除溷裴老约后三日，"于兰陵坊西大菜园后相觅"。③李舍人宅。杨巨源有《送李舍人归兰陵里》④诗。某老人宅。相传黎干为京兆尹时，曲江举行涂龙祈雨仪式，黎干至，众人避道，有老人植杖不避，黎干大怒，杖背二十，老人掉臂而去，黎干怀疑其非常人，因命老坊卒跟踪。此老人至兰陵里之内，入一小门。⑤又见《太平广记》引《三水小牍》载：唐末咸通年间，温璋为京兆尹，一黄冠亦住兰陵里，⑥与上黎干事故事情节相似，疑二者为同一事件，被安排在不同人身上进行演绎。汝州鲁山县令皇甫枚宅。《三水小牍》记载：皇甫枚居兰陵里第，咸通时有九华山道士赵知微来京师，寓居玉芝观上清院，皇甫枚日与相从。⑦萧氏池台。《三水小牍》亦载：唐僖宗广明年间，黄巢起义军占领长安后，秘省校书殷保晦"尽室潜于兰陵里萧氏池台"。⑧丞相崔公宅。《唐阙史》有"丞相兰陵崔公"⑨，按照唐人在长安多以所居住的坊里作为自己的地望，可推测丞相崔公当在兰陵坊有宅第。

开明坊位于皇城以南，朱雀门街东第一列，从北第七坊。据《长安志》记载，从朱雀门南第六横街以南，诸坊内宅第甚少，"自兴善寺以南四坊，东西尽郭，虽时有居者，烟火不接，耕垦种植，阡陌相连"。⑩《长安志》记载坊内有光明寺，然《寺塔记》载："当阳弥勒像……往往放光，因号光明寺。寺在怀远坊"。"光明寺中，鬼子母及文惠太子塑像，举止态度如生。"⑪不知二光明寺是否为同一寺院，若是则必有一误，若非则开明坊中有光明寺无疑。受史料所限，殊难判断，只好存疑。许棠友人住所。见许棠《题开明里友人居》⑫诗。

---

① 〔民国〕罗振玉：《芒洛冢墓遗文补编三卷附续补一卷·续补》，民国六年刊本
② 《唐代墓志汇编续集》天宝一〇九，第662页
③ 《太平广记》卷四二《裴老》，第265—266页
④ 《全唐诗》卷三三三，第3741—3742页
⑤ 《酉阳杂俎·前集》卷九《盗侠》，第88页
⑥ 《太平广记》卷四九《温京兆》，第307—308页
⑦ 〔唐〕皇甫枚：《三水小牍》卷上《赵知微雨夕登天柱峰玩月》，见《唐五代笔记小说大观》（下），第1175页
⑧ 《三水小牍》卷下《殷保晦妻封氏骂贼死》，见《唐五代笔记小说大观》（下），第1189页
⑨ 《唐阙史》卷下《丞相兰陵公晓遇》，见《唐五代笔记小说大观》（下），第1358页
⑩ 《长安志》卷七《唐京城一》，第260页
⑪ 《酉阳杂俎·续集》卷五《寺塔记上》，第247、248页
⑫ 《全唐诗》卷六〇三，第6965页

保宁坊位于皇城以南，朱雀门街东第一列，从北第八坊。尽一坊之地为昊天观，贞观初乃唐高宗为晋王时宅，显庆元年（公元656年）为太宗追福，立为观，高宗御书观额，并制《叹道文》。①尹尊师碑载："尊师讳文操……高宗以晋府旧宅为太宗造昊天观，以尊师为观主，兼知本观事。"②据唐《昊天观周尊师墓志铭》记载，昊天观环境幽静，"多种竹栽花"，观内"堂殿、塑像、藻绘、结构之工，皆师总领之，由是土木常新"，"风景清闲，不似在尘寰内"，京城其他道观无以为比。③观中厨后有井，据《唐语林》载，唐初，李靖饮茶好用常州惠山泉，有僧允躬对其说："京中昊天观厨后井，俗传与惠山泉脉相通。"④《唐新平长公主故季女姜氏墓志铭》记载：新平长公主季女姜氏，卒于京师昊天观。⑤昊天观环境优雅，是许多进京科考的贫困举子寓居的极佳场所。有岐阳许栖岩，举进士，就习业于昊天观，瞻仰真像，朝祝灵仙，以希长生之福。⑥《唐摭言》载：有陈磻叟弱冠度为道士，隶名于昊天观。咸通中降圣日，宫中佛、道论衡，道士挫败，磻叟奉诏入内与僧人辩论，连挫数辈。⑦

安义坊位于皇城以南，朱雀门街东第一列，从北第九坊，坊南抵京城之南面，西南即明德门。坊内有贞顺皇后庙。皇后即玄宗武惠妃，乃恒安王武攸止之女。唐玄宗即位后，渐承恩宠，王皇后被废后，特赐号为惠妃，"宫中礼秩，一同皇后"。开元二十五年（公元737年）十二月薨，玄宗追赠为贞顺皇后，葬于敬陵，立庙于昊天观南，乾元之后，祠享遂绝。⑧

四、朱雀门街东侧第二列诸坊

在朱雀门街东侧，皇城之南，第二列从北向南九坊，依次为务本坊、崇义坊、长兴坊、永乐坊、靖安坊、安善坊、大业坊、昌乐坊、安德坊。文献记载各坊东西为四百五十步，合661.5米，南北三百五十步，合514.5米；而考古发掘测得各坊的南北从500米到590米不等，东西为700米。

---

① 《长安志》卷七《唐京城一》，第260页。
② 《全唐文》卷一六五，第1684—1685页。
③ 李举纲、贾梅：《唐〈昊天观周尊师墓志铭〉考释》，载《考古与文物》2007年第5期，第92页。
④ 《唐语林校证》卷七《补遗》，第613—614页。
⑤ 《全唐文》卷三九一，第3978页。
⑥ 《太平广记》卷四七《许栖岩》，第294页。
⑦ 《唐摭言校注》卷九《四凶》，第189—190页。
⑧ 《旧唐书》卷五一《玄宗贞顺皇后武氏》，第2177—2178页。

务本坊位于皇城以南，朱雀门街东第二列，从北第一坊。景龙三年（公元709年），以驸马都尉杨慎交父名嘉本，改坊名为玉楼坊，景云元年（公元710年）复旧称。①坊内西半部为国子监，详见第四章关于国子监的内容。开成时，立石经于务本坊，即立于国子监中。坊南街之北，本房玄龄旧宅，景龙三年（公元709年）韦皇后立有翊圣女冠观，景云元年改称景云观。天宝八载（公元749年）六月廿四日，唐玄宗淑妃杨真一去世于此观，②同年改为龙兴道士观，至德三载（公元758年）又改先天观。《历代崇道记》载：乾元二年（公元759年），唐肃宗夜梦二青童导引至一宫阙谒见混元，及明，命人访诸瑞像于务本坊光天观圣祖院，果获黑髭老君之像。③《唐会要》亦称之为"光天观"④，所谓"光"乃"先"之舛误。

坊中的官僚、平民住宅非常多。度支郎中彭师德宅。彭师德墓志称其"贞观九年十一月二十七日遘疾，终于雍州万年县务本坊之里舍"⑤。韦鼎宅。《太平广记》载：景龙末，济源县尉杜鹏举，暴卒后苏醒，回忆见两人持符来召，其中一人自称姓韦名鼎，在上都务本坊。⑥左散骑常侍于德晦宅。旅舍。《羯鼓录》记：广德年间，双流县丞李琬调集至长安，僦居务本里。⑦岭南节度判官宗羲仲宅。《宗羲仲神道碑》称其永泰三年（按：永泰为唐代宗年号，元年为765年，次年十一月即改元为大历，所以无永泰三年，或为大历二年）四月六日寝疾，捐馆于上京务本里第。⑧检校司徒同中书门下平章事卢钧宅。《神仙感遇传》载："唐相国卢公钧……夏四月，于务本东门道左，忽见山人，寻至卢宅。"⑨左龙武军统军程怀直宅。贞元十年（公元794年）沧州节度使程怀直归朝，德宗赐宅务本里，有池榭林木之胜。⑩民家。《酉阳杂俎》记载：上都务本坊，贞元中，有一家因打墙掘地，发现一石函，打开后见有如丝之物满函，飞出于外，忽有一人从函内飞出，被白发长丈余，出门消失。⑪杜佑别宅。《密国夫人李氏墓

---

① 《长安志》卷七《唐京城一》，第261页。
② 雷闻：《被遗忘的皇妃——新见〈唐故淑妃玉真观女道士杨尊师（真一）墓志铭〉考释》，载《华中师范大学学报》（人文社会科学版）2016年第1期，第139页。
③ 《全唐文》卷九三三，第9718页。
④ 《唐会要》卷五〇《观》，第1019页。
⑤ 《唐代墓志汇编续集》贞观〇一二，第15页。
⑥ 《太平广记》卷三〇〇《杜鹏举》，第2380—2381页。
⑦ 〔唐〕南卓等：《羯鼓录》，古典文学出版社，1957年，第8页。
⑧ 《全唐文》卷四三九，第4482页。
⑨ 《太平广记》卷五四《卢钧》，第333页。
⑩ 《长安志》卷九《唐京城三》，第315页。
⑪ 《酉阳杂俎·续集》卷二《支诺皋中》，第211页。

志铭》记载："元和二祀岁在丁亥四月戊午朔十七日甲戌，司徒歧国公杜佑妻密国夫人李氏终于上都务本里第"①。河中节度使张茂昭宅。权德舆撰张茂昭墓志称：元和五年（公元810年）十二月，张茂昭自河中入朝，次年二月，发疡薨于京师务本里第。②杨准宅。其墓志载："亡君讳准……大和六年六月十二日，不禄于万年务本里之私第"③。朝散大夫行成都府司录参军徐公宅。徐公墓志铭曰："会昌二年十有一月五日□疾，归全于京师万年县务本里"④。吉州司法参军黄季长宅。黄季长墓志称其大中元年（公元847年）二月廿九日，终京务本里寝舍。⑤虢州长史李元玢宅。李元玢墓志载："大中元年十二月廿日，卒于长安务本里之私第"⑥。博陵崔广儿宅。《中殇女广娘子墓志铭》曰："博陵崔氏女，字广儿……大中四年十二月十五日，夭于上都务本里第。"⑦度支巡官殿中侍御史内供奉卢韬宅。卢韬夫人荥阳郑氏"大中十二年闰二月十五日，终于长安务本里第"⑧。

另外，务本坊内还有西川、齐州进奏院。据《资治通鉴》载，隋代以来，诸州长官或上佐岁首亲奉贡物入京师，称为朝集使，亦谓之考使，这些官员在京师无固定住处，多与商贾杂居旅馆，贞观十七年（公元643年），唐太宗命有司为之作邸。⑨大历十二年（公元777年）五月，诸道邸务在长安者改为进奏院。⑩坊西门附近有鬼市。《辇下岁时记》曰："俗说务本坊西门是鬼市。或风雨曛晦，皆闻其喧聚之声，秋冬夜多闻卖干柴"⑪。实际上，这并不是什么"鬼市"，而是伴随着严格的坊市制和宵禁制度的松弛出现的一种夜市现象，是唐后期长安城商品经济发展的表现。

崇义坊位于皇城以南，朱雀门街东第二列，从北第二坊。坊内横街之北，本隋正觉寺。1985年9月在西安南门外冉家村南出土有佛像、佛座等11件石造像，其中一件莲座四周有铭文："大业五年七月十五日，佛弟姚长华奉为亡父母造像一区，仰愿存□眷

---

① 王连龙：《跋唐杜佑妻李氏墓志》，载《中国国家博物馆馆刊》2012年第10期，第59页。
② 《全唐文》卷五〇五，第5140页。
③ 《全唐文补遗》第7辑，第107页。
④ 《唐代墓志汇编续集》会昌〇一二，第952页。
⑤ 《全唐文补遗》第3辑，第219页。
⑥ 《唐代墓志汇编续集》大中〇一二，第978页。
⑦ 《大唐西市博物馆藏墓志》四二二，第909页。
⑧ 李献奇、乔栋：《唐郑夫人墓志考释——兼释〈卢韬墓志〉》，载《中原文物》1995年第4期，第40页。
⑨ 《资治通鉴》卷一九七，唐太宗贞观十七年十月，第6318页。
⑩ 《旧唐书》卷一一《代宗本纪》，第312页。
⑪ 《长安志》卷七《唐京城一》，第261页。

属一切有形，普□□"，而出土地点正处于唐长安城朱雀门街东侧崇义坊内横街之北，因此这些出土文物当属隋正觉寺。①隋末唐初该寺毁于战乱，唐初在此地立第赐诸王，睿宗为豫王时居此。乾封二年（公元667年），移长宁公主佛堂于此，重建为招福寺，寺南、北门额并睿宗所题。寺内本有池，后从永乐东街运土填之。长安二年（公元702年），从大内出等身金铜像一铺，并九部乐送至寺。景云二年（公元711年），又赐睿宗在青宫真容坐像，诏寺中别建圣容院以供奉之。②先天二年（公元713年），敕出内库钱二千万、巧匠一千人，重新进行修缮改造。睿宗圣容院门外墙壁上画有鬼神，画迹甚异；库院鬼子母，为贞元中李真所画；寺西南隅僧伽像，非常有灵，百姓上幡伞不绝。③

唐代前期，此坊内的住宅有唐秘书省司辰师赵意宅。赵意墓志载："武德九年岁次景戌朔四月一日己未崩于雍州万年县崇义坊。"④西南隅，初为太子左庶子驸马都尉苏勖宅，后为英王园，因其地势低洼潮湿，无人居。⑤祭酒萧胜宅。萧胜墓志谓："永徽二年八月十五日遘疾，薨于万年县之崇义里。"⑥青州司马辛澄宅。辛府君墓志铭曰："君讳澄……显庆元年三月十五日终于崇义里第"⑦。博州刺史王约宅。王约墓志载其龙朔三年（公元663年）五月二十二日终于崇义里第⑧。姚州都督府长史柳子阳宅。柳子阳故妻皇甫氏墓志记载："仪凤二年六月遘疾，八月八日卒于万年县崇义里之私第。"⑨襄城县主李令晖宅。《大唐故襄城县主墓志铭并序》记载：县主字令晖，唐高宗孙，许王李素节长女，神龙元年（公元705年）封为襄城县主，食邑千户，出降柳彦，景云元年（公元710年）十一月十日终于万年县崇义坊私第。⑩博陵郡王崔玄晖宅。宅西秘书监马怀素宅。工部尚书韦坚宅。⑪朝议郎行尚书都事夏侯思泰宅。其墓志

---

① 韩保全：《隋正觉寺遗址出土的石造像》，载《考古与文物》1987年第6期，第57—58页
② 《长安志》卷七《唐京城一》，第262页　按：《长安志》本纪为"景龙二年"，"景龙"为唐中宗年号，二年即公元708年；而据后文"诏寺中别建圣容院，是睿宗在青宫真容也"，常理唐中宗不会为睿宗建立圣容，睿宗有年号"景云"，怀疑此景龙二年是"景云二年"之误，故此处改之
③ 《酉阳杂俎·续集》卷六《寺塔记下》，第259—260页
④ 《唐代墓志汇编续集》武德〇〇四，第4页
⑤ 《长安志》卷七《唐京城一》，第262页
⑥ 《唐文拾遗》卷六四《大唐蜀王故西阁祭酒萧公墓志》
⑦ 杜海斌：《唐〈辛澄墓志铭〉考释》，见杜文玉主编：《唐史论丛》第18辑，陕西师范大学出版社总社有限公司，2014年，第308—314页
⑧ 《大唐西市博物馆藏墓志》六八，第151页
⑨ 《大唐西市博物馆藏墓志》九六，第213页
⑩ 赵力光：《唐襄城县主李令晖墓志》，见《碑林集刊》（九），第182页
⑪ 《长安志》卷七《唐京城一》，第262页

谓："公讳思泰……开元廿六年七月廿九日卒于京兆府万年县崇义坊私第"①。洋州司马窦匪石宅。窦匪石墓志记其"夫人河东薛氏……开元二十九载四月七日殁于崇仪里私第"②。齐州司户陈子宜宅。其夫人卢氏墓志云："天宝二年三月廿五日，遘疾终于西京崇义里。"③

唐代后期，此坊中可考的宅第有崔圆宅和尚书左仆射窦易直宅。安史之乱期间，王维及郑虔、张通等人被叛军囚禁，授予伪官，乱后崔圆因召王维等到崇义坊私第，"令画数壁，当时皆以圆勋贵无二，望其救解，故运思精巧，颇绝其能"，后来此宅转为窦易直私第，其画尚在。④河中府士曹参军窦訦宅。扶风郡夫人窦氏墓志载："大历七年岁次壬子九月己卯朔九日丁亥，卒于京兆崇义里。"⑤夫人即为窦訦之女。贞元二年（公元786年）夏，京师暴雨，街道通衢水深数尺，吏部侍郎崔纵在崇义里西门被水漂浮行数十步，被街铺卒及时救起。⑥池州长史朱泳宅。朱泳墓志记其"元和七年七月二十八日，终于京师崇义里之私第"⑦。剑南东川节度使王承业宅。兴元、鄜坊、易定进奏院。⑧莒王府段参军宅。段参军夫人王氏墓志云："夫人讳僎先……大和七年五月廿五日殁于长安崇义里之私第"⑨。甘露之变中，右神策军在崇义坊抓获左金吾卫大将军韩约，斩之。⑩段秀实宅。唐德宗所赐，后被典卖，宣宗大中十年（公元856年），诏赐庄宅钱三千四百七十五贯收赎。⑪太常寺协律郎李贺宅、朔客李氏宅。李贺《申胡子觱篥歌并序》云："朔客李氏……学长调短调，久未知名。今年四月，吾与对舍于长安崇义里"⑫。薛少殷寓居处。《太平广记》载："河东薛少殷举进士。忽一日，暴卒于长安崇义里。"⑬薛少殷卒处应当是其在京师的寓居之处。王某宅。据《太平广记》卷三四二《华州参军》记载，崔氏女被官府判给王家后，经数年，金吾亡，其子移其宅于

---

① 《唐代墓志汇编》开元四七四，第1483页。
② 张翔宇：《唐洋州司马窦匪石墓志铭考略》，载《文博》2013年第3期，第55页。
③ 《大唐西市博物馆藏墓志》二四四，第537页。
④ 《太平广记》卷一七九《王维》，第1332页。
⑤ 《大唐西市博物馆藏墓志》二八三，第615页。
⑥ 《旧唐书》卷三七《五行志》，第1359页。
⑦ 《大唐西市博物馆藏墓志》三五六，第769页。
⑧ 《长安志》卷七《唐京城一》，第262页。
⑨ 《唐代墓志汇编续集》大和〇四二，第914页。
⑩ 《资治通鉴》卷二四五，唐文宗大和九年十一月，第8041页。
⑪ 《长安志》卷七《唐京城一》，第262页。
⑫ 《全唐诗》卷三九一，第4405页。
⑬ 《太平广记》卷一五二《薛少殷》，第1093页。

崇义里。①前进士司空图宅、盐铁常平院、杨琼宅。司空图《段章传》载：广明庚子岁冬十二月，黄巢起义军进犯京师长安，司空图居崇义里，自里豪杨琼所转匿常平廪（当为盐铁常平院仓库）下。②前集州衙推狄府君宅。据其夫人墓志载，其夫人骆氏咸通十二年（公元871年）五月十五日遇疾逝于京兆府万年县崇义里私第③。

长兴坊位于皇城以南，朱雀门街东第二列，从北第三坊。隋代，坊内有灵感观，武德初废。又有乾元观，《长安志》引《代宗实录》曰："大历十三年七月，以泾原节度使马璘宅作乾元观，置道士四十九人，其地在皇城南长兴里。璘初创是宅，重价募天下巧工营缮，屋宇宏丽，冠绝当时。璘临终献之，代宗以其当王城形胜之地，墙宇新洁，遂命为观，以追远之福，上资肃宗，加乾元观之名。"④乾元为唐肃宗年号，按《代宗实录》以为马璘主动进献为观，而《德宗实录》与《德宗纪》皆云帝命毁之，不知何者为是，暂且存疑。⑤

唐初，坊东北隅有侍中驸马都尉杨师道宅，师道尚唐高祖第五女长广公主，后其宅地分为左监门大将军韩琦、尚书刑部侍郎崔玄童、荆府司马崔光意等宅。⑥左领军府大将军房仁裕宅。房仁裕母清河太夫人李氏碑曰："贞观九年，授清河太夫人……其年六月七日，薨于长兴坊之第。"⑦夏官郎中慕容府君宅。府君故夫人费琬墓志称："夫人姓费氏，讳琬……上元三年八月廿九日，卒于雍州长兴里第。"⑧雍州乾封县丞崔汲宅。崔汲墓志铭记其永淳二年（公元683年）正月一日终于长兴里第⑨。叠州密恭县丞杨师善宅。杨公及夫人丁氏墓志记载：杨师善龙朔元年（公元661年）卒于军所，夫人丁氏载初元年（公元690年）五月十日遘疾终于西京长兴里第。⑩太子詹事侯知一宅。侯知一墓志称：太极元年（公元712年）三月二日，遘疾卒于长兴之里第；其夫人清河郡夫人窦氏已先于景龙二年（公元708年）卒于长兴里第。⑪坊内横街之南，本太常少卿崔日知宅，后为中书令张嘉贞宅，并立有私庙。唐德宗时，德阳郡主下嫁郭钒，诏裴延龄

---

① 《太平广记》卷三四二《华州参军》，第2714页。
② 《全唐文》卷八一〇，第8526页。
③ 《唐代墓志汇编续集》咸通〇七七，第1093页。
④ 《长安志》卷七《唐京城一》，第263—264页。
⑤ 《唐两京城坊考》卷二《西京·外郭城》，第42页。
⑥ 《长安志》卷七《唐京城一》，第263页。
⑦ 《八琼室金石补正》卷三六，第241页。
⑧ 〔民国〕罗振玉：《芒洛冢墓遗文四编》卷四，民国六年自刊本。
⑨ 《唐代墓志汇编续集》长安〇一二，第397页。
⑩ 《唐代墓志汇编》天授〇一一，第800—801页。
⑪ 《大唐西市博物馆藏墓志》一六五，第367页。

为主营第长兴里,延龄令嘉贞之子张延赏徙所置庙,嘉贞孙弘靖拜表陈情,具述祖考之德,德宗不令毁庙。①兵部郎中张具瞻宅。张具瞻墓志载其于"天宝七载岁次戊子二月四日……殁于西京长兴里之私第"②。太子宾客元行冲宅。礼部尚书致仕王丘宅。

安史之乱以后,坊中的宅第有尚书比部郎中郭雄宅。郭雄夫人李氏墓志曰:"夫人顿丘李氏……建中三年八月十一日,终于上都长兴里。"③邠宁节度使马璘宅。《旧唐书·马璘传》记载:马璘为四镇、北庭行营节度使,久将边军,在抵御吐蕃寇扰方面功勋卓著,朝廷前后赏赐无算,积聚家财。他在京师治第,尤为宏侈,仅一中堂就费钱二十万贯。后来璘卒于军,子弟护丧归京师,京城士庶,或假称故吏前往赴吊,观其中堂。德宗即位后诏毁璘中堂,其家园进属官司,自后公卿赐宴,多在马璘山池。④纪国大长公主宅。公主为肃宗第二女,降郑沛,吕温《大唐故纪国大长公主墓志铭》载:公主"元和二年九月十二日,薨于长兴里之私第"⑤。户部尚书李峘兄弟宅。《旧唐书》本传载:李峘为太宗第三子吴王恪曾孙,李恪孙信安王祎,生三子:峘、峄、岘。峘为户部尚书,岘为吏部尚书、知政事,峄为户部侍郎,"兄弟同居长兴里第,门列三戟,两国公门十六戟,一三品门十二戟,荣耀冠时"。⑥工部杨尚书宅。其夫人太原郡夫人王氏墓志记载:夫人"奄归大寂于长兴里之私第"⑦。国子祭酒郑伸宅。《南部新书》载:贞元元年(公元785年)十一月,京兆奏有人于长兴坊获得玉玺,文曰"天子信玺"。⑧工部尚书辛京杲宅。黄门侍郎同中书门下平章事杜鸿渐宅。《旧唐书》本传称:"鸿渐晚年乐于退静,私第在长兴里,馆宇华靡,宾僚宴集。"⑨太子右庶子韦聿宅。韦君墓志载:"君讳聿……元和三年九月景戌,以官寿殁于长兴里"⑩。坊之北街有礼宾院,《长安志》注曰"元和五年九月置",误;《旧唐书》《唐会要》《册府元龟》均记为:元和九年六月置⑪;敬宗初又废,以赐教场。段成式假居处。《酉阳杂

---

① 《旧唐书》卷一二九《张延赏传附子弘靖传》,第3610页。
② 毛阳光:《洛阳新出土唐张具瞻墓志考释》,载《洛阳师范学院学报》2009年第1期,第24页。
③ 《大唐西市博物馆藏墓志》三〇三,第657页。
④ 《旧唐书》卷一五二《马璘传》,第4066—4067页。
⑤ 《全唐文》卷六三一,第6364页。
⑥ 《旧唐书》卷一一二《李峘传》,第3343页。
⑦ 《全唐文》卷三二七,第3317页。
⑧ 《南部新书》卷乙,第25页。
⑨ 《旧唐书》卷一〇八《杜鸿渐传》,第3284页。
⑩ 《全唐文》卷五〇六,第5147页。
⑪ 《旧唐书》卷一五《宪宗本纪下》,第450页;《唐会要》卷六六《鸿胪寺》,第1361页;《册府元龟》卷一四《帝王部·都邑二》,第160页。

俎》记载：元和中，段成式曾假居在长兴里，庭院中有一穴蚁，蚁之大者色正黑，腰节微赤，首锐足高，走最轻迅。①光禄卿范传正宅。范阿九墓志记："光禄卿赠左散骑常侍顺阳□次女字阿九，年十六，以长庆二年十二月十九日疾终于京兆长兴里。"②查阅诸史，《旧唐书》记有："范传正字西老，南阳顺阳人也。……拜光禄卿。以风恙卒，赠左散骑常侍。"③由此可推测：志文中的"光禄卿赠左散骑常侍顺阳□"指范传正，阿九卒地当为范传正长兴里宅。镇海军节度使同中书门下平章事路隋宅。河东节度使王璠宅。据《旧唐书》记载，大和九年（公元835年）十一月，李训将诛宦官，令璠招募豪侠，授太原节度使，失败后，"璠归长兴里第，是夜为禁军所捕，举家下狱"。④驸马都尉、将作少监郭仲恭宅。据其墓志记载，仲恭，曾祖为郭子仪，祖暧，尚升平公主，父钊。仲恭"会昌四年八月廿一日寝疾，薨于京师长兴里之私第"⑤。其兄金吾将军、知街事仲文也于会昌二年（公元842年）九月一日终于长兴里第⑥。丞相、检校尚书右仆射、兼吏部尚书崔群宅。其女崔氏墓志记载：大和八年（公元834年），嫁卢缄，"获亲迎于长安长兴里夫人之私第"⑦，此私第即为崔群之宅。左神武统军史宪忠宅。河南尹驸马都尉郑颢宅。郑颢为郑絪之孙，尚唐宣宗女万寿公主，拜驸马都尉。及宣宗驾崩后，追感恩遇，曾为诗序曰："去年寿昌节，赴麟德殿上寿，回憩于长兴里第。"⑧尚书右仆射驸马都尉于琮宅。琮尚宣宗第四女广德公主。给事郎守国子监国子助教卢知宗宅。其夫人郑夫人墓志载："（大中七年）岁在癸酉十二月二十四日，终于上都长兴里第"⑨。杜牧宅。杜牧有《长兴里夏日寄南邻避暑》⑩诗。镇州进奏院。饆饠店。《酉阳杂俎》载：有国子监明经，白日"梦徙倚于监门"，有一人负衣囊，访明经姓氏，对其笑曰："君来春及第。"明经因访梦中之人，"邀入长兴里饆饠店常所过处"。⑪秘书省正字夏侯淑宅。其夫人裴瑾墓志载：广明元年（公元880年）三月大病于

---

① 《酉阳杂俎·前集》卷一七《虫篇》，第167页
② 《唐代墓志汇编》长庆〇一九，第2072页
③ 《旧唐书》卷一八五下《范传正传》，第4830页
④ 《旧唐书》卷一六九《王璠传》，第4407页
⑤ 西安市文物保护考古研究院：《唐郭仲恭及夫人全堂长公主墓发掘简报》，载《文博》2013年第2期，第16页
⑥ 陕西省考古研究院、西安市文物保护考古研究院：《西安凤栖原唐郭仲文墓发掘简报》，载《文物》2012年第10期，第54页
⑦ 《唐代墓志汇编》大中一二八，第2351页
⑧ 《旧唐书》卷一五九《郑絪传附子祗德、祗德子颢传》，第4182页
⑨ 《唐代墓志汇编》大中〇八三，第2312页
⑩ 《全唐诗》卷五二六，第6025页
⑪ 《酉阳杂俎·续集》卷一《支诺皋上》，第203页

长兴里之私第①。

永乐坊位于皇城以南，朱雀门街东第二列，从北第四坊。据《长安志》载，坊内横街之中有古冢，不详墓主为何人。②西南隅有废明堂县廨。总章元年（公元668年），分万年置明堂县，其廨地本越王贞宅。长安三年（公元703年）废，还万年。后以其廨地赐驸马都尉裴巽。县东本隋宝胜寺，开皇七年（公元587年），隋文帝为道士孙昂在永兴坊立清都观，武德初徙于此地。观东有永寿寺，景龙三年（公元709年），唐中宗为永寿公主立。《历代名画记》载：永寿寺有吴道玄画。坊内横街之北有资敬尼寺，开皇三年（公元583年），太保薛国公长孙览为其父立。坊内还有侍中王珪家庙。贞观六年（公元632年），王珪任侍中，通贵渐久，但不营私庙，四时仍在寝室祭祀，被御史所弹，太宗特为置庙于永乐坊东北角。③《唐会要》又载："贞元八年，修唐安寺，移于寺西。"④由此可见，贞元八年（公元792年）后，此地又有唐安寺。

永乐坊内除寺观、官员家庙之外，更多的是居民住宅。兰陵公主宅。《大唐故兰陵长公主碑》称：公主讳淑，高祖皇帝之孙，太宗皇帝之第十九女，下嫁太穆皇后之孙扶风窦怀悊，"显庆三年八月（阙一字）八日（阙一字）疾薨于雍州万年县之平乐里第"。⑤查唐万年县无平乐坊，只有永乐坊和常乐坊，此"平乐里"或为"永乐里"之误，暂系于此。左鹰扬卫兵曹王中孚宅。王中孚墓志中记有："君讳中孚……圣历二年壹月八日，遘疾卒于永乐里之私第。"⑥大理卿崔升宅。其夫人荥阳县君郑氏墓志载：夫人"长安三年八月廿四日，终于京兆府永乐里之私第"⑦。东南隅本侍中王德真宅，为左丞相燕国公张说所得，大加修葺，曾有善相宅者泓师曰："此宅西北隅最是王地，慎勿于此取土。"后宅西北隅被家人取土挖三坑，泓认为："祸事，令公富贵一身而已。更二十年，外诸郎君皆不得天年。"后来，张说子均赐死，垍长流。⑧尚书工部员外屯田郎中泗州刺史王同人宅。其妻河东裴郡君夫人墓志记："夫人……开元廿九年五月六日，奄弃背于永乐私第"⑨。东门之南为夏官尚书王璇宅。冀州刺史苏遏宅。《博

---

① 《大唐西市博物馆藏墓志》四七一，第1017页。
② 《长安志》卷七《唐京城一》，第264页。
③ 《南部新书》卷庚，第102页。
④ 《唐会要》卷一九《百官家庙》，第449页。
⑤ 《全唐文》卷一五三，第1563—1564页。
⑥ 《大唐西市博物馆藏墓志》一四一，第315页。
⑦ 《唐文拾遗》卷一八《大唐大理卿崔公故夫人荥阳县君郑氏墓志铭并序》。
⑧ 《长安志》卷七《唐京城一》，第265页。
⑨ 《陕西金石志》卷一二。

异志》记载：天宝中，长安永乐里有一凶宅，居此宅者多破家，有扶风苏遏贫穷，以贱价买之。①

右补阙翰林学士皇太子诸王侍读史馆修撰梁肃宅。梁肃是中唐著名的文学家，据其墓志记载，他"（贞元）九年冬十有一月旬有六日，寝疾于万年之永康里"②。然查万年县无永康里，或为永乐里之误。精舍。《崔玄华墓志》载："夫人……贞元二年五月廿六日遘疾从医，终于永乐里之精舍。"③崔生宅。《博物志》记载："博陵崔生，住长安永乐里"④。京兆尹杨凭别宅。《旧唐书·杨凭传》记：元和四年（公元809年），杨凭为京兆尹，"修第于永宁里，功作并兴，又广蓄妓妾于永乐里之别宅"，被御史劾奏前不法事。⑤朗州司马扶风窦靖宅。窦靖墓志记载：元和七年（公元812年），窦靖至京师，十月廿三日卒于长安永乐里第。⑥兵部尚书判户部事王绍宅。李绛《兵部尚书王绍神道碑》曰："元和九年冬十一月晦……彻席于长安永乐里之私第。"⑦官舍。康志达墓志记载："康公以长庆元年五月十日终于长安永乐里官舍"⑧。裴度宅。宝历二年（公元826年）二月，唐敬宗以裴度为司空、门下侍郎、平章事，拾遗张权舆上疏称："度名应图谶，宅据冈原，不召而来"，图谋不轨，又"帝城东西横亘六冈，符易象乾坤之数，度永乐里第，偶当第五冈，故权舆得以为词"。⑨《独异志》亦载：裴度晚年寝疾永乐里，暮春之月，偶游南园，⑩故知永乐坊有裴度宅。左监门卫上将军李思忠宅。会昌二年（公元842年），回鹘温没斯内属，唐武宗赐姓李，名思忠，命为左监门卫上将军，赐第永乐坊。⑪尚书兵部侍郎同中书门下平章事萧寘宅。《剧谈录》：开成中，"永乐萧相亦居谏署"。⑫赵嘏宅。其有《下第后归永乐里自题二首》⑬诗。崔侍郎宅。黄滔《代陈蠲谢崔侍郎启》有"新除永乐侍郎处"⑭语。殿中省尚药奉御段

---

① 《太平广记》卷四〇〇《苏遏》，第3218页
② 《全唐文》卷五二三，第5322页
③ 王育龙、程蕊萍：《陕西西安新出唐代墓志铭五则》，见《唐研究》第7卷，第447页
④ 《岁时广记》卷一七《掩旧墓》，第191页
⑤ 《旧唐书》卷一四六《杨凭传》，第3968页
⑥ 《大唐西市博物馆藏墓志》三八七，第835页
⑦ 《全唐文》卷六四六，第6543—6544页
⑧ 《唐代墓志汇编续集》长庆〇〇二，第859页
⑨ 《册府元龟》卷一四九《帝王部·辨谤》，第1804页
⑩ 《独异志》卷上，见《唐五代笔记小说大观》（上），第917页
⑪ 《长安志》卷七《唐京城一》，第266页
⑫ 《剧谈录》卷上《龙待诏相笏》，见《唐五代笔记小说大观》（下），第1467页
⑬ 《全唐诗》卷五五〇，第6368页
⑭ 《全唐文》卷八二四，第8680页

文绚宅。其墓志记载："大中三年二月廿二日，终于永乐里之私第"[①]。乡贡进士孙备宅。孙备妻于氏"咸通六年二月八日终于上都永乐私第"[②]。检校国子祭酒蔡州司马郭宣宅。墓志记载：乾符二年（公元875年）九月廿八日，郭宣终于永乐里私第。[③]泾原节度押衙知进奏王幼虞。王幼虞墓志载其"乾符三年丙申岁十一月甲戌四日丁丑，薨于京兆府万年县永乐里私第"[④]。梁君宅。梁府君墓志记："天祐七年正月十二日，（阙一字）于永乐坊之私第而告终。"[⑤]天祐为唐昭宗年号，哀帝李柷继续沿用，但天祐只有三年（公元904—906年），四年（公元907年）四月，哀帝禅位给朱全忠，朱全忠改国号为大梁，改年号为开平。对此，一些地方割据势力仍奉唐正朔，史载"是时惟河东、凤翔、淮南称'天祐'，西川称'天复'年号"[⑥]，不承认后梁开平年号。志文中的"天祐七年"即是如此，实际为开平四年（公元910年），然梁君宅应在此之前早已存在，所以也可以归属唐代。

靖安坊位于皇城以南，朱雀门街东第二列，从北第五坊，"靖安"又作"静安"。西南隅，本崇敬僧寺，隋文帝所立，大业中废。唐龙朔二年（公元662年），高宗为长安定安公主薨后改立为尼寺，[⑦]而《唐两京城坊考》记"为高安长公主立为尼寺"[⑧]。查《新唐书·诸帝公主传》：高祖有女安定公主，高宗之姑母；高安公主为高宗第二女，薨于开元时，高宗时不应称长公主；《唐会要》则记"高祖为长安公主立"[⑨]，然高祖女中并无长公主。综上所述，崇敬尼寺当为唐高宗为其姑母安定长公主所立，《长安志》《唐会要》和《唐两京城坊考》所记均有不妥。高宗崩后，一度改为宫，作为别庙，后又改为寺。崇敬寺有石像一躯，高五尺，制作粗恶，非常灵验，相传是阿育王第四女所造。[⑩]韩国贞穆公主庙。公主为德宗爱女，本封唐安公主，贞元十五年（公元799年）追册为韩国贞穆公主，去世后诏令所司于靖安坊置庙，十七年（公元801年）祔神主于庙。[⑪]李夷简家庙。裴度《李夷简家庙碑》于1974年在西安南郊公路学院出土，碑

---

① 《唐代墓志汇编续集》大中〇二〇，第983页
② 《唐代墓志汇编》咸通〇四〇，第2409页
③ 《唐代墓志汇编》乾符〇〇五，第2474页
④ 《唐代墓志汇编续集》乾符〇〇八，第1124页
⑤ 《全唐文》卷九九七，第10325页
⑥ 《资治通鉴》卷二六六，后梁太祖开平元年四月，第8795页
⑦ 《长安志》卷七《唐京城一》，第266页
⑧ 《唐西京城坊考》卷二《西京·外郭城》，第46页
⑨ 《唐会要》卷四八《寺》，第990页
⑩ 《太平御览》卷六五七《释部五·像》，第2937页
⑪ 《唐会要》卷一一九《公主庙》，第448页

文称:"今淮南节度等使,尚书左仆射平章事李公夷简……举国典而建庙于长安之靖安里……元和十五年九月二十三日建。"①坊内又有乐府,隋置。

隋车骑归化郡开国公尔朱端宅。尔朱端墓志曰:"公讳端……开皇十一年岁次辛亥正月,薨于京师静安里"②。唐右威卫大将军李孟常宅。李孟常碑记载:"孟常……乾封元年五月廿日暴疾,薨于静安坊里第"③。司勋郎中杨君宅。其夫人韦氏扶阳郡君墓志载:"夫人号净光严……景云二年五月十日终于静安里第"④。咸宜公主宅。公主为玄宗第二十二女,初嫁杨洄,又嫁崔嵩。使持节相州诸军事相州刺史窦思仁宅。窦思仁墓志记载:开元十一年(公元723年)正月二十日薨于静安里第⑤。其夫人李挈十四年(公元726年)春正月,也薨于靖安里之私第。⑥殿中少监唐昭宅。唐端墓志载端为殿中少监唐昭第三女,年仅十六,开元十二年(公元724年)六月廿三日终于京兆静安里之第。⑦曹州刺史韦元整宅。其夫人王婉墓志称:夫人开耀元年(公元681年)十二月六日,"终于明堂之静□里第",有一女六子,幼子绩。⑧其孙韦晃墓志云:"君讳晃……祖元整……父绩……开元十年闰五月十□日,终于京师静安之里第"⑨。据此可知,王婉之夫即为韦元整,居住静安坊,此后其子、孙继续居住此宅。著作郎张漪宅。张漪墓志记载:张漪为张柬之子,开元二十年(公元732年)十一月廿五日,病逝于靖安里私馆。⑩

给事中萧直宅。萧直墓志云:"岁在丁酉二月二日,终于静安里正寝"⑪。太子宾客崔伦宅。驸马都尉郑沛宅。郑沛墓志称:郑沛尚肃宗女纪国大长公主,贞元景子岁仲月,郑沛终于静安里私第。⑫旅舍。《河南少尹裴公墓志》载:贞元八年(公元792年)十月二十八日,前河南少尹裴济卒于京师靖安里旅舍。⑬门下侍郎同中书门下平章

---

① 董玉芬:《唐李夷简家庙碑考析》,见《碑林集刊》(一),第150—153页
② 《千唐志斋藏志》(上)五,第5页
③ 孙迟:《唐李孟常碑——昭陵新发现碑刻介绍之四》,载《考古与文物》1985年第5期,第56—58页
④ 《唐代墓志汇编续集》景云〇〇六,第445—446页
⑤ 《大唐西市博物馆藏墓志》一九二,第245—246页
⑥ 《大唐西市博物馆藏墓志》一九九,第441页
⑦ 《唐文拾遗》卷六六《大唐女子唐端墓志铭》
⑧ 《唐代墓志汇编续集》永淳〇〇三,第256页
⑨ 《全唐文补遗》第5辑,第334页
⑩ 《八琼室金石补正》卷六四,第373页
⑪ 《全唐文》卷三九二,第3989页
⑫ 崔庚浩、王京阳:《唐纪国大长公主及夫郑沛墓志合考》,见《碑林集刊》(六),第65页
⑬ 《全唐文》卷七八四,第8199页

事武元衡宅。元和十年（公元815年）六月，宰相武元衡入朝，"出所居靖安坊东门，有贼自暗中突出射之"①，宰相被刺杀，对当时的政局造成极大震动，朝臣人人自危。刑部侍郎刘伯刍宅。刘伯刍墓志云："广平刘伯刍……元和十二年青龙丁酉四月十七日，薨于靖安里之私第。"②据《刘宾客嘉话》记载，刘伯刍在安邑坊也有宅第，详见下文"安邑坊"，这种一人多宅在唐长安坊中并不罕见。邠州刺史邠宁节度使程执恭宅。元和十三年（公元818年）平定淮西吴元济之乱，横海军节度使程执恭请入朝，至京师，唐宪宗以其靖安里私第侧狭，赐地二十亩，令广其居。③检校少府少监驸马都尉张怙宅。张怙墓志载：张怙，尚代宗女乐安公主，元和十三年（公元818年）四月十九日殁于上都靖安里第。④尚书吏部侍郎韩愈宅。皇甫湜《韩愈神道碑》："（长庆）四年十二月丙子，薨靖安里第"⑤。另见《宣室志》、李翱《韩愈行状》。⑥灵州节度使李栾宅。韩愈《息国夫人墓志铭》载：贞元十五年（公元799年），李栾妻何氏封息国夫人，元和七年（公元812年）甲子夫人卒，其子"以其事乞铭于其邻韩愈，愈乃为铭"⑦。据此可知李栾与韩愈为邻，其宅亦在此坊中。郴州司马李宗闵宅。《宣室志》载：李宗闵，大和八年（公元834年）冬，再入相，"尝退朝于靖安里第"。⑧水部郎中张籍宅。张籍有《移居静安坊答元八郎中》⑨诗，张籍先居延康里，见白居易《寄张十八》⑩诗，后移居靖安。孟郊寄居处。其诗《靖安寄居》曰："卧有洞庭梦，坐无长安储。"⑪武昌军节度使元稹宅。元稹《告赠皇祖祖妣文》载：元稹祖父始赐第于靖安里⑫；元稹母荥阳郑氏墓志也称："元和元年九月十六日，故中散大夫尚书比部郎中舒王府长史河南元府君讳宽，夫人荥阳县太君郑氏年六十寝疾，殁于万年县靖安里私第。"⑬宽即元稹父；元稹《莺莺传》也有"贞元岁九月，执事李公垂，宿于予靖安里

---

① 《资治通鉴》卷二三九，唐宪宗元和十年六月，第7835页。
② 《大唐西市博物馆藏墓志》三六八，第793—794页。
③ 《旧唐书》卷一四三《程日华传附孙执恭传》，第3905页。
④ 《唐代墓志汇编》元和一二三，第2035—2036页。
⑤ 《全唐文》卷六八七，第7038页。
⑥ 《宣室志》卷二，第24页；《全唐文》卷六三九，第6461页。
⑦ 《全唐文》卷五六四，第5712页。
⑧ 《宣室志》卷一，第9页。
⑨ 《全唐诗》卷三八五，第4336页。
⑩ 《全唐诗》卷四二九，第4738页。
⑪ 〔唐〕孟郊著，韩泉欣校注：《孟郊集校注》卷四，浙江古籍出版社，1995年，第141页。
⑫ 《全唐文》卷六五五，第6669页。
⑬ 《全唐文》卷六八〇，第6950页。

第"①之语；白居易《梦与李七庾三十三同访元九》诗曰："同过靖安里，下马寻元九。"②元稹在家排行第九，故称其元九。可见，元稹及其祖、父三代一直居住此宅。京兆府泾阳县尉卢践言宅。卢践言墓志铭称其会昌六年（公元846年）正月廿九日殁于长安靖安里私室③。嗣泽王李彦回宅。海陵县丞张观墓志载：其妻李氏，嗣泽王李彦回之甥女，张观咸通癸未岁三月廿九日，卒于京兆靖安里陇西妻族之第。④桂州都督府录事参军摄贺州刺史胡芮宅。胡芮夫人刘氏墓志载："大中三年岁次己巳二月廿七日终京兆府靖安里私家"⑤。义成军节度副使检校尚书屯田郎中兼侍御史陈魴宅。陈魴夫人冯履均墓志称：二人"咸通二岁夏四月，成婚于靖安里"⑥。苗景符宅。《唐故上党苗君墓中哀词并序》曰："君讳景符……咸通辛卯岁九月四日不起于靖安里第。"⑦进士崔晔宅。《亡室姑臧李氏墓志铭并序》云：其妻李道因，乾符三年（公元876年）七月九日终于靖安里第。⑧

安善坊位于皇城以南，朱雀门街东第二列，从北第六坊。隋时，坊中有明堂。怀州王屋县令杨康宅。杨康墓志谓其开皇五年（公元585年）十月一日卒于安善之里第⑨。唐高宗时，并此坊及大业坊之半，立中市署，主要作为驼马牛驴交易市场；然而，由于偏处京城之南，交易者不便，仍前往东市，后来中市只是降出文符于署司而已。至武则天末年废为教弩场，隶威远军，《长安志》也称安善坊"尽一坊之地，为教弩场"⑩。元稹《答姨兄胡灵之见寄五十韵并序》云："醉眠街北庙，闲绕宅南营。"自注曰："予宅在靖安北街……予宅又南邻弩营。"⑪另外，《唐会要》也记载："玄都观，本名通达观，周大象三年，于故城中置，隋开皇二年，移至安善坊。"⑫但是此"安善坊"并非指此处，而是崇业坊之旧名，如《唐两京城坊考》卷四"崇业坊"注曰："按《会要》言移玄都观至安善坊，疑安善为此坊之旧名。"⑬杨鸿年先生也认为，徐松"所疑

---

① 《太平广记》卷四八八，第4017页。
② 《全唐诗》卷四三三，第4795—4796页。
③ 《唐代墓志汇编》大中〇〇三，第2254页。
④ 《唐代墓志汇编》咸通〇二八，第2399页。
⑤ 《唐代墓志汇编续集》大中〇一九，第982页。
⑥ 《大唐西市博物馆藏墓志》四五七，第987页。
⑦ 《唐代墓志汇编》咸通一〇〇，第2456页。
⑧ 李希泌编：《曲石精庐藏唐墓志》九三，齐鲁书社，1986年，第93页。
⑨ 《全唐文补遗》第3辑，第390页。
⑩ 《长安志》卷七《唐京城一》，第266页。
⑪ ［唐］元稹：《元稹集》卷一一，冀勤点校，中华书局，1982年，第124页。
⑫ 《唐会要》卷五〇《观》，第1026页。
⑬ 《唐两京城坊考》卷四《西京·外郭城》，第95页。

甚是"，他的理由有两点：①依《城坊考》所疑，玄都观在崇业坊，则与《长安志》《城坊考》前述一致；②兴善寺在靖善坊，靖善坊是朱雀门街街东自北向南之第五坊。崇业坊是朱雀门街街西自北向南之第五坊，与靖善坊处于东西同一线，言玄都观在此，便于解释"六条高坡"之说。①可见，玄都观并不在此坊。

大业坊位于皇城以南，朱雀门街东第二列，从北第七坊；本名弘业，神龙初，避孝敬皇帝讳改。②东南隅，本徐王元礼宅，《长安志》所记"宋王元礼"有误，后为太平女冠观。初则天皇后母荣国夫人杨氏死，后丐公主为道士，以幸冥福；仪凤二年（公元677年），吐蕃请太平公主和亲，后不欲弃荒蛮之地，就筑道观，如方士熏戒，以拒和亲事。③其观初在颁政坊，后移至此坊。公主后降薛绍，不复入观。④西有驸马都尉杨慎交山池，本徐王元礼之池。《唐两京城坊考》记载此坊还有新昌观，然《唐会要》记载："新昌观，崇业坊。天宝六载，新昌公主因驸马萧衡亡，奏请度为女冠，遂立此观。"⑤新昌观在崇业坊，不在大业坊，《唐两京城坊考》记载有误。

昌乐坊位于皇城以南，朱雀门街东第二列，从北第八坊。坊中隋末唐初有行台左仆射屈突通宅，后有太子太师郑国公魏徵家庙。大中年间，魏徵来孙暮为相，重修旧庙，以魏徵为封祖。崔玙《魏公先庙碑》曰："特进侍中赠太尉郑国文贞公魏氏在贞（阙一字）立家庙于长安昌乐里。"⑥山南东道节度使蒋系家庙。坊西有官园，常供进梨花蜜。⑦

安德坊位于皇城以南，朱雀门街东第二列，从北第九坊。坊南抵京城南面，东即启夏门。坊内有右武卫将军苏方宅和术士桑道茂宅。

五、朱雀门街东侧第三列诸坊

在朱雀门街东侧，皇城之南，第三列从北向南九坊，依次为平康坊、宣阳坊、亲仁坊、永宁坊、永崇坊、昭国坊、进昌坊、通善坊、通济坊。文献记载各坊东西为六百五十步，合955.5米，南北三百五十步，合514.5米；而考古发掘测得各坊的南北从

---

① 《隋唐两京坊里谱》，第90页。
② 《长安志》卷七《唐京城一》，第267页。
③ 《新唐书》卷八三《太平公主传》，第3650页。
④ 《长安志》卷七《唐京城一》，第267页。
⑤ 《唐会要》卷五〇《观》，第1027页。
⑥ 《全唐文》卷七四一，第7660页。
⑦ 《长安志》卷七《唐京城一》，第267页。

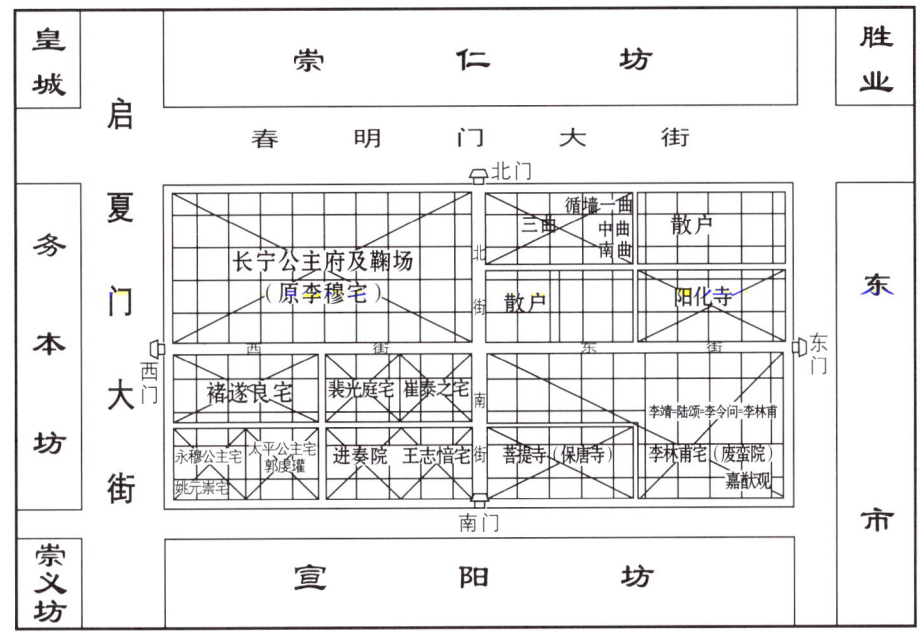

图 5-5 公元 710—740 年平康坊空间划分结构示意图

500米到590米不等，东西均为1022米。

平康坊（见图5-5）位于皇城以南，朱雀门街东第三列，从北第一坊，东市西北。坊南门之东有菩提寺，开皇二年（公元582年），陇西公李敬道及僧惠英奏请立寺。①《寺塔记》记载：菩提寺佛殿东西障日及诸柱上，有郑法士画；食堂东壁上，吴道玄画《智度论》色偈变；次堵画礼骨仙人，天衣飞扬，满壁风动；佛殿内槽后壁面，吴道玄画《消灾经》事；佛殿内槽东壁维摩变，元和末俗讲僧文淑装之，笔迹尽矣；中三门内东门塑神，吴道玄弟子王耐儿所画，其侧一鬼有灵，百姓戏犯之者常得病；寺内钟楼，因李林甫宅在东，故建于寺西；寺内有郭令玳瑁鞭及郭令王夫人七宝帐。②《历代名画记》载：佛殿壁带间有杨廷光白画，东壁董谔画《本行经变》，佛殿上构栏耿昌言画《水族》。③《宋高僧传》载：菩提寺内有束草师，吟啸自得，罕接时人，常负束藁，坐卧于两廊下；寺内纲任劝其住房，以束藁焚身，仅剩灰烬，无遗骸、污涂之臭。④会昌六年（公元846年），改为保唐寺。⑤阳化寺，隋内史舍人于宣道为其父母所立。万安

---

① 《长安志》卷八《唐京城二》，第277—278页。
② 《酉阳杂俎·续集》卷五《寺塔记上》，第252—253页。
③ 《历代名画记》卷三《记两京外州寺观画壁》，第63页。
④ 《宋高僧传》卷二三《唐京兆菩提寺束草师传》，第590页。
⑤ 《旧唐书》卷一八下《宣宗本纪》，第615页。

观,天宝七载(公元748年),永穆公主出家,舍宅置观。其地西南隅本姚崇宅,次东太平公主宅,敕赐安西都护郭虔瓘,后来都并到万安观中。①观内公主影堂有李昭道画山水。《唐会要》又记:平康坊内有华封观,并将万安观诸事系于华封观。②按:华封观为天宝六载(公元747年)高力士舍宅所立,在兴宁坊,前已有述,此不赘述,《唐会要》有误。坊东南隅有嘉猷观,本卫国公李靖宅。景龙中韦庶人妹夫陆颂所居,韦氏败后又归靖侄孙令问居之,后为右相李林甫宅。其宅有堂如偃月,号月堂。李林甫每次要诬陷他人,常常在此堂中谋划。其宅东北隅沟中至夜有火光起,有小儿持火出入。林甫恶之,因奏分其宅东南隅,立为嘉猷观。玄宗御书金字额赐之,林甫奏女为观主。观中有精思院,其中有王维、郑虔、吴道子所作画壁。后改为道士观。李林甫于月堂上见一物如人,遍体被毛,锯牙钩爪三尺余,目如电光,命弧矢射之,笑而跳入前堂,堂中青衣,遇而暴卒,不久林甫即卒,宅之其他部分后为蛮院。③

  坊中的住宅,西北隅有隋太师申国公李穆宅,唐景龙中为长宁公主府及鞠场,景云中废,卖与居人。金堤府统军太仆寺监张直宅。张直墓志称其贞观五年(公元631年)十一月一日遘疾薨于京师平康里第④。国子祭酒孔颖达宅。于志宁《孔颖达碑铭》曰:"公讳颖达……薨于万年县平康里第"⑤。西门之南,尚书左仆射河南郡公褚遂良宅,自遂良父太常卿亮就在此居住。西南隅有国子祭酒韦澄宅。上骑都尉李政宅。李政墓志载其显庆四年(公元659年)七月四日终于万年县平康之里第⑥。兰陵公主宅。据《兰陵公主碑》载,公主为唐太宗第十九女,贞观十年(公元636年)下嫁庆州刺史窦怀哲,显庆四年(公元659年)八月薨于雍州万年县平康里第。⑦尔朱夫人宅。《彭城公夫人尔朱氏墓志铭》载:夫人以某年月终于平原(康)里私第,上元三年(公元676年)十月二十日合葬于城南毕原。⑧行司府寺东市署令张堪宅。张堪妻田雁门县君墓志云:"天授二年五月十六日,薨于万年县平康坊之私第。"⑨南门之西,刑部尚书王志愔宅。户部尚书崔泰之宅。崔泰之墓志记载:"公讳泰之……开元十一年六月七日寝疾,薨于京

---

① 《长安志》卷八《唐京城二》,第277—278页。
② 《唐会要》卷五〇《观》,第1027页。
③ 〔唐〕郑棨:《开天传信记》,见《开元天宝遗事十种》,第58—59页。
④ 《大唐西市博物馆藏墓志》六四,第141页。
⑤ 《全唐文》卷一四五,第1461—1463页。
⑥ 《唐代墓志汇编续集》显庆〇三五,第106页。
⑦ 《金石萃编》卷五二,第6页。
⑧ 《全唐文》卷一九六,第1983页。
⑨ 《陶斋臧石记》卷一九《大周朝散大夫上柱国行司府寺东市署令张府君妻田雁门县君墓志文》。

平康里第。"①潞州刺史杨执一宅。其母平原郡太夫人高惠墓志记载:"景云二年二月二日遘疾,终于京师平康里私第";其妻新城郡夫人独孤开墓志也记载:"开元四年三月三十日终于平康里之私第"。②行蜀州晋原县尉薛锐宅。薛锐墓志云:"君讳锐……奄终于平康私第。"③左羽林大将军臧怀亮宅。《左羽林大将军臧公神道碑》曰:"公讳怀亮……开元十七年八月二十二日,薨于京师平康里之私第"④。侍中裴光庭宅。唐裴光庭碑铭记载:开元二十一年(公元733年)三月,遘疾薨于京师平康里私第。⑤临海郡宁海县令陈祎宅。陈祎墓志记载:其夫人段氏,开元二十四年(公元736年)十二月四日终于京平康坊私舍。⑥卢婉宅。裴公卢夫人墓志记载:"夫人讳婉,姓卢氏……开元廿七年十月廿五日,终于西京平康里第。"⑦朔州马邑县丞苏涉宅。苏涉墓志记载:开元十八年(公元730年)九月三日,终于万年县平康里私第;夫人吴氏亦于二十七年(公元739年)四月廿三日,终于平康里第。⑧旅馆。俞仁玩墓志记载:东阳郡司马俞仁玩,天宝三载(公元744年)十二月一日,在"京兆府万年县平康里之逆旅"突然去世。⑨庆州马岭县令严令元宅。严令元墓志记载:夫人成氏,天宝五载(公元746年)十月三十日在平康坊宅去世。⑩扶余大首领卢庭宾宅。据其墓志记载,卢庭宾,原名诺思计,降唐后,赐卢姓,名庭宾,天宝七载(公元748年)五月,终于京兆府万年县平康坊。⑪太子典设郎郑公宅。郑公夫人崔氏墓志载其天宝十四载(公元755年)七月二十五日病逝于西京平康里私第。⑫太子宾客分司东都张弘靖宅。《尚书故实》记载:张弘靖"平康里宅,乃崔司业融旧第,有司业题壁处犹在"⑬。虔州刺史王哲宅。《酉阳杂俎》记载:王哲在平康里西偏治第,家人挖到一石子,上面写有"修此不吉"四字。⑭

---

① 《唐代墓志汇编》开元一七四,第1277页。
② 刘向阳、李小勇:《新见〈唐高惠墓志〉考释》,载《文博》2014年第1期,第58页;《唐代墓志汇编》开元〇四〇,第1182页。
③ 《大唐西市博物馆藏墓志》二二四,第493—494页。
④ 《全唐文》卷二六五,第2691—2693页。
⑤ 《全唐文》卷二九一,第2957页。
⑥ 《唐代墓志汇编续集》天宝〇五九,第624页。
⑦ 《大唐西市博物馆藏墓志》二三二,第513页。
⑧ 《大唐西市博物馆藏墓志》二三〇,第509页。
⑨ 《大唐西市博物馆藏墓志》二四九,第547页。
⑩ 《唐代墓志汇编续集》天宝〇四〇,第610页。
⑪ 《唐代墓志汇编续集》天宝〇四一,第610页。
⑫ 《唐代墓志汇编续集》天宝一一一,第663页。
⑬ 《尚书故实》,见《唐五代笔记小说大观》(下),第1161页。
⑭ 《酉阳杂俎·续集》卷三《支诺皋下》,第226页。

沔阳郡太守王俌宅。王俌妻安喜县君成氏墓志记载：夫人薨于长安平康里之私第①。夫人子王濡，濡之父即俌。

郭子仪别宅。杨绾《汾阳王妻霍国夫人王氏神道碑》记：夫人乃汾阳王之伉俪，大历十二年（公元777年）正月终于平康里私第。②蜀州金堤府左果毅都尉张晕宅。张晕夫人姚氏墓志记："夫人姚氏……贞元四年五月八日寝疾，终于上京平康里之私第也。"③张彦远宅。《历代名画记》记载：张璪，尤工树石山水，撰《绘境》一篇，以彦远宗党，常在其家，"曾令画八幅山水障，在长安平原里"。④按：唐长安城内无平原坊，或为"平康"之舛讹。左神策军先锋突将兵马使、试太子宾客兼御史中丞权秀宅。权秀墓志云："君姓权氏，讳秀……贞元七年六月五日遇疾，卒于平康里之私第"⑤。校书郎陈苌宅。柳宗元《伯祖妣赵郡李夫人墓志铭》记载：夫人生一男三女，一女嫁给颍川陈苌，贞元十六年（公元800年）李夫人自扬州至于京师，道路遇疾，六月二十九日，终于平康里陈苌家；《亡姑渭南县尉陈君夫人权厝志》也记载：贞元十七年（公元801年）九月六日，陈苌夫人柳氏，亦终于平康里第。⑥马震宅。《续玄怪录》记有："扶风马震，居长安平康坊。"⑦邢凤宅。元和十年（公元815年），沈亚之初以记室从事陇西公军泾州，陇西公宴客，席间公曰："余少从邢凤游"，"凤帅家子，无他能，后寓居长安平康里南，以钱百万，买故豪洞门曲房之第"。⑧国子监太学博士班繇宅。班繇墓志记其宝历元年（公元825年）三月二十三日暴疾卒于平康里私第⑨。洪州南昌县丞杨士真宅。杨士真墓志载其大和二年（公元828年）三月十八日终于万年县平康里私第⑩。河南府录事赵虔章宅。赵虔章墓志曰："公讳虔章……乾符三年九月六日告终于平康里私第。"⑪据《长安志》记载，同华、河中、河阳、襄徐魏、泾原、灵武、夏州、昭义、浙西东、容州进奏院也位于此坊内⑫。潞府留后院。日僧圆仁会昌三

---

① 《全唐文》卷三二七，第3319页。
② 《全唐文》卷三三一，第3360页。
③ 《唐代墓志汇编》贞元○一八，第1850页。
④ 《历代名画记》卷一○《唐朝下》，第201页。
⑤ 《唐代墓志汇编续集》贞元○二三，第748—749页。
⑥ 《全唐文》卷五九○，第5970页。
⑦ 《太平广记》卷三四六《马震》，第2741页。
⑧ 《太平广记》卷二八二《邢凤》，第2247页。
⑨ 李举纲：《长安高阳原出土唐班繇及妻李氏墓志探考——对〈元和姓纂〉中"扶风平陵班氏"的几点补正》，载《文博》2013年第2期，第58页
⑩ 《唐代墓志汇编续集》大和○一五，第890页。
⑪ 《唐文拾遗》卷三二《唐故前河南府录事天水赵公墓志铭》。
⑫ 《长安志》卷八《唐京城二》，第278页。

年（公元843年）在长安城访学，恰遇河北道潞府节度使刘从简叛乱，其记"潞府留后院在京左街平康坊"①。楚州司马杨纮宅。杨纮妻李雅墓志记载：李雅乾符三年（公元876年）六月廿七日终于京兆平康里从夫之第②。

另外，平康坊还是长安城内诸妓聚集之地，"京都侠少萃集于此，兼每年新进士以红笺名纸游谒其中"，因此称平康坊为"风流薮泽"。③坊中诸妓所居之地三曲——南曲、中曲和循墙一曲。南曲和中曲中多为妓中有名者，而循墙一曲多为卑屑妓所居，为二曲轻斥之。南曲、中曲门前通十字街，赴京应试及第者常窃游于此，曲中堂宇宽静，各有三数厅事，前后植有花卉，或有怪石盆池，左右对设，小堂垂帘，茵榻帷幌。④据《北里志》记载，三曲中有天水仙哥、楚儿、郑举举、牙娘、颜令宾、杨妙儿、王团儿、俞洛真、王苏苏、王莲莲、刘泰娘、张住住等名妓，吸引着大量达官贵人、风流举子前来。裴思谦有《及第后宿平康里》⑤，郑合有《及第后宿平康里诗》⑥。白行简《李娃传》记载：汧国夫人李娃，本为长安之倡女，住平康坊之鸣珂曲。天宝中，有常州刺史荥阳公之子，入京应考，尝访友于平康坊西南，至鸣珂曲，见娃凭一双鬟青衣立，妖姿要妙，绝代未有，遂沉迷其间，最后钱财荡尽，流落街头。⑦唐代平康坊内也有陶窑。2004年夏，西安市太乙路北段靠近古城墙外东南角的地段——唐代属于平康坊范围内，发现大量的残破陶俑残片，有男俑、女俑、武士俑、动物俑、器皿及陶范等，同时灰坑、窑炉也能辨认出来。而从出土的唐代陶器与三彩器比较看，与部分唐墓出土的陶器与三彩器胎质是相同的，据此可推测这里所烧的陶器、三彩器曾供长安地区的人死后做随葬品；从出土陶器的时代来看，平康坊陶窑烧制时间从唐初开始一直延续到盛唐以后。⑧这些说明此地唐代为烧制陶器的手工业作坊。

宣阳坊位于皇城以南，朱雀门街东第三列，从北第二坊，东市西南。东南隅，万年县廨，门屋宇文恺所造，太平公主降薛绍在县廨设婚席，以县门隘窄，欲拆毁，高宗敕令制作多奇，不许毁拆。西南隅，净域寺，本唐高祖太穆皇后宅，开皇五年（公元585

---

① 《入唐求法巡礼行记》卷四，第175页
② 《唐代墓志汇编续集》乾符〇一五，第1129页
③ 《开元天宝遗事》卷上《风流薮泽》，第25页
④ ［唐］孙棨：《北里志·海论三曲中事》，见《唐五代笔记小说大观》（下），第1404—1405页
⑤ 《全唐诗》卷五四二，第6258页
⑥ 《全唐诗》卷六六七，第7636页
⑦ 《太平广记》卷四八四《李娃传》，第3985页
⑧ 王长启、张国柱、王蔚华：《原唐长安城平康坊新发现陶窑遗址》，载《考古与文物》2006年第6期，第51—57页

年）立为寺。禅院门外有王昭隐画，门西里面和修吉龙王有灵，有火目药叉及北方天王甚奇猛，门东里面贤门有野叉部落。东廊树石险怪，西廊万寿菩萨院门里南壁，皇甫轸画鬼神及雕。万菩萨堂内有宝塔，以小金铜塔数百饰之。大历中，将作刘监有子，合手出生，七岁念《法华经》，及卒焚之，得舍利数十粒，分藏于金铜塔中。佛殿东廊有古佛堂，堂中像设都是石作，相传隋恭帝终此堂。佛殿内西座，蕃神甚古，唐朝两次与吐蕃会盟皆于此神处立坛而誓。①奉慈寺，其地本中书令马周宅，开元中为虢国夫人杨氏宅。安史之乱期间，安禄山伪署百官，以田乾真为京兆尹，取此宅为府，后为驸马都尉郭暖宅。后为升平公主追福，奏置奉慈寺。寺内有七宝末摹阿育王舍利塔，僧惟则自明州移来。②

宣阳坊南门西，杞国公窦毅宅。毅即太穆皇后之父。宅西有皇后归宁院，后施净域寺。宅南有杞公庙。隋使持节西河郡开国公乞扶令和宅。乞扶令和墓志铭记载："公名惠，字令和……大业六年岁次庚午秋九月己未朔廿四日，在雍州大兴县宣阳坊，薨于露寝"③。旭宕岷武渭和六州刺史判岷州总管检校兰州都督贺拔亮宅。据其墓志记载，隋末，贺拔亮率所属据洮阳城，拒绝薛举的拉拢，坚守三年。唐初，率洮、叠、旭、宕四州归唐，贞观二十二年（公元648年）五月二十三日，因疾薨于京城宣阳里第。④右屯卫将军阿史那摸末宅。阿史那摸末墓志载："公讳摸末……祖启民可汗，父啜罗可汗（应为处罗可汗）。……公乃觇风雨以来仪，逾沙漠而款塞。……贞观廿三年二月十六日薨于宣阳之里第"⑤。幽州都督牛进达宅。牛进达墓志记载："君讳秀，字进达……永徽二年正月十六日薨于雍州万年县宣阳里之私第"⑥。绛州司户参军慕容知敬宅。慕容知敬墓志记其总章元年（公元668年）八月十七日终于宣阳里⑦。少府监中尚署令王定宅。据其墓志记载，隋大业中，王定以梁陈衣冠子弟，授谒者台奉信员外郎，唐初为授少府监中尚署令，以其"妙闲礼仪，尤擅丹青"，参与制定国家冠冕制度，总章二年（公元669年）四月十四日卒于雍州万年县宣阳里私第。⑧西门之北，尚书左仆射舒国公韦巨源宅，宅东有陕州刺史刘布进、少府监杨务廉宅。邛州火井县丞韦瑱别业。韦瑱墓志记

---

① 《酉阳杂俎·续集》卷六《寺塔记下》，第258—259页。
② 《酉阳杂俎·续集》卷六《寺塔记下》，第256页。
③ 付兵兵：《唐乞扶令和墓志铭考释》，载《中国历史文物》2009年第4期，第52页。
④ 《大唐西市博物馆藏墓志》四〇，第87页。
⑤ 《唐代墓志汇编续集》贞观〇六六，第47页。
⑥ 《唐代墓志汇编续集》永徽〇〇七，第58页。
⑦ 《唐代墓志汇编》咸亨〇七七，第566页。
⑧ 鲁深：《初唐画家王定墓志铭》，载《文物》1965年第8期，第45页。

其垂拱四年（公元688年）四月三十日终于宣阳坊之别业①。街之西北，秋官尚书谯国公李谐宅。1995年8月至12月，陕西省考古研究所阳陵考古队对高陵县马家湾乡马家湾村西南的唐李晦墓进行了抢救性发掘，出土有壁画、石椁、墓志及大量三彩俑，出土的墓志载：李晦乃唐河间元王孝恭第二子，永昌元年（公元689年）二月廿七日薨于私第。②《旧唐书》本传记载：李晦私第有楼，下临酒肆，其人曾对晦言："微贱之人，虽则礼所不及，然家有长幼，不欲外人窥之。家迫明公之楼，出入非便，请从此辞。"李晦即日毁其楼。③后为韦温宅，韦氏败后，赐恩国公主为宅。麟台正字陈子昂宅。《独异志》记：陈子昂居京师，不为人知。时东市有卖胡琴者，有豪贵传视，子昂对周围的人说："可辇千缗市之。"众人惊问其原因，陈子昂回答："余居宣阳里，指其第处，并具有酒"，邀请众人明日到其宅揭晓答案。④遂州司马董君宅。董君夫人天水县君赵明墓志曰："夫人讳明……圣历元年七月七日，卒于雍州万年县宣阳坊之私第"⑤。国子祭酒韦叔夏、光禄卿单思远宅。贾昌宅。陈鸿《东城老父传》记载："老父姓贾名昌，长安宣阳里人。"⑥街东之北，刑部尚书李乂宅。苏颋《唐紫微侍郎赠黄门监李乂神道碑》曰："公讳乂……开元丙辰岁仲春癸酉，薨于京师宣阳里第。"⑦益州长史李袭、太子宾客郑惟忠宅。东北隅，兵部尚书郭元振宅。张说《兵部尚书代国公赠少保郭公行状》称：郭元振"旧于宣阳里居二十余年"⑧。杜甫亦有《过郭代公故宅》诗，注云："郭元振，贵乡人，宅在京师宣阳里，此当是尉通泉时所居。"⑨潞州长子县尉王怡宅。王怡墓志记其夫人"以女氏之爱，少留咸京……是岁夫人之薨于宣阳里"⑩。驸马独孤明宅。《寺塔记》载：净域寺画金刚有灵，天宝初，驸马独孤明宅与寺相近，婢女怀香与西邻一士人，因夜晚于寺门前约会，有巨蛇束之，俱卒。⑪右相杨国忠宅。天宝初，杨贵妃兄妹大受恩宠，杨铦授银青光禄大夫鸿胪卿，"与国忠五家于宣阳里，甲

---

① 《全唐文补遗》第7辑，第313页
② 焦南峰、王保平、马永嬴：《唐〈秋官尚书李晦墓志〉考略》，见《碑林集刊》（十），第36—37页
③ 《旧唐书》卷六〇《河间王李孝恭传附子晦传》，第2350页
④ 《太平广记》卷一七九《陈子昂》，第1331页
⑤ 《唐代墓志汇编续集》圣历〇〇五，第364页。
⑥ 《太平广记》卷四八五，第3992页
⑦ 《全唐文》卷二五八，第2609—2610页
⑧ 《全唐文》卷二三三，第2356页
⑨ 《全唐诗》卷二二〇，第2317页
⑩ 《唐代墓志汇编》开元三五〇，第1398页
⑪ 《酉阳杂俎·续集》卷六《寺塔记下》，第259页

第洞开，僭拟宫掖"，其宅"每造一堂，费逾千万计"。①西门之南，右羽林军大将军高仙芝宅。东门之北，京兆尹李齐物宅。司徒薛平宅。临汝郡太守萧谅宅。萧谅墓志记载：萧谅夫人韦氏，天宝二年（公元743年）九月终于京城宣阳里。②礼部员外郎常无名宅。常衮《叔父故礼部员外郎墓志铭》称："宾客讳无名……天宝三年十二月二十日，薨于西京宣赐（阳）里之私第"③。太子詹事源光乘宅。源光乘墓志记载：府君讳光乘，天宝五载（公元746年）二月薨于宣阳里第。④

安史之乱后，宣阳坊内的官民宅第以及曾经发生过的奇闻异事也有一些见于记载。殿中侍御史张翔宅。张翔墓志云："大历十四年龙集己未十二月三日，朝议郎行殿中侍御史张公以官终于长安宣阳里之私第。"⑤建中三年（公元782年）九月的一天晚上，有猛兽闯入宣阳里，伤二人后被擒获。⑥郑国大长公主宅。公主为肃宗之女，唐德宗之姑，下嫁范阳张清，贞元二年（公元786年）十月七日薨于宣阳里私第。⑦嗣曹王李皋宅。嗣曹王妃清河崔氏墓志载：妃讳无生忍，贞元十三年（公元797年）六月二十二日，遘祸于长安宣阳里私第。⑧左领军卫上将军秦朝俭宅。秦朝俭墓志记：朝俭，安史之乱中领偏师先后破郭千仞及收复两都，建中初从马燧讨李灵曜，伐田悦，摧敌陷坚，元和十二年（公元817年）四月十日，卒于上都宣阳里私第。⑨右骁卫大将军韩公武宅。元和十四年（公元819年）公武居宣阳里北门，无疾暴卒。⑩剑南西川道运粮使韦羽宅。韦羽与夫人崔氏合祔墓志称："夫人姓崔氏，讳成简……元和十四年正月四日遘疾，殁于上都宣阳里之私第。"⑪陈嗣通宅。陈公夫人王氏墓志记载：夫人宝历二年（公元826年）五月二十八日，寝疾终于京兆府万年县宣阳里私第。⑫将作监韦文恪宅。归义军节度使张议潮宅。敦煌写本《敕河西节度兵部尚书张公德政之碑》载：咸通六年（公元865年）"其叔故前河西节度（即张议潮）""束身归阙。朝庭偏宠，官授司徒，职

---

① 《杨太真外传》卷上，见《开元天宝遗事十种》，第133页。
② 毛阳光：《洛阳出土唐书家萧谅墓志及相关问题研究》，载《中原文物》2016年第3期，第92页。
③ 《全唐文》卷四二〇，第4293—4294页；此墓志另见《大唐西市博物馆藏墓志》二九〇，第629页。
④ 《唐代墓志汇编》天宝一〇五，第1605页。
⑤ 《唐代墓志汇编》建中〇〇二，第1821页。
⑥ 《旧唐书》卷一二《德宗本纪上》，第335页。
⑦ 《唐代墓志汇编》贞元〇一二，第1845页。
⑧ 《唐代墓志汇编》贞元〇九四，第1904页。
⑨ 《唐代墓志汇编续集》元和〇六七，第848—849页。
⑩ 《旧唐书》卷一五六《韩弘传附子公武传》，第4137页。
⑪ 《大唐西市博物馆藏墓志》三七一，第803页。
⑫ 《全唐文补遗》第7辑，第100页。

列金吾，位兼神武。宣阳赐宅"。①柳晦故友宅。《太平广记》记载：咸通末，柳晦去官隐居于终南山，入城拜访故友于宣阳里。②处州刺史赵璜宅。赵璜妻上邽县君苏氏墓志记载：苏氏"咸通十五年十月九日终于上都宣阳里第"③。左神策军散兵马使押衙充昭武都都知兵马使杨公宅。《杨公夫人陇西县君李氏墓志铭》记载：李夫人于大顺二年（公元891年）正月七日，忽遭微痾，其月廿三日捐馆于宣阳里。④萧余宅。《云仙杂记》记载：萧余上元夜于宣阳里，在酒盘下发现一物，如人眼睛，类美石，光彩射人，夜间置掌中，行走在黑暗的衢巷，随身光明三尺。⑤坊内又有邠宁、东川、振武、鄂州进奏院，柳宗元有《邠宁进奏院记》⑥；另有榷盐院。

亲仁坊位于皇城以南，朱雀门街东第三列，从北第三坊。西南隅，本为唐睿宗在藩宅第，开元初置昭成、肃明二皇后庙，谓仪坤庙。后昭成皇后神主迁入太庙，仅肃明皇后留于此，开元二十一年（公元733年），肃明皇后神主也祔入太庙，此地改为肃明道士观。宝应元年（公元762年），咸宜公主入道，改称咸宜观。⑦《历代名画记》载：咸宜观有吴道玄、解倩、杨廷光、陈闳画。长安士大夫家眷入道，多在咸宜观，⑧鱼玄机即在咸宜观出家。《唐玉晨观三景法师仙宫铭》也记载：仙师姓韩，讳自明，大和五年（公元831年）三月因疾，请"复居京城亲仁里咸宜观旧院"⑨。回元观，本安禄山旧宅。《安禄山事迹》记载：唐玄宗以安禄山旧宅陋隘，于亲仁坊选宽爽之地，出御库钱为其造宅，"敕所司穷极华丽，不限财物，堂隍院宇，重复窈窱，匼匝诘曲，窗牖绮疏，高台曲池，宛若天造，帏帐幔幕，充牣其中"，注曰："今亲仁坊东南隅玄元观（即回元观），即其地"。⑩1986年11月15日，西安化工设计公司在基建施工中，于太乙路北段出土一通"大唐回元观钟楼铭碑"，其文曰："京师万年县所置回元观者，按乎其地在亲仁里之巽维。考乎其时当至德元年之正月。前此，天宝初，玄宗皇帝创开甲第，宠赐燕戎。无何，贪狼睢盱，獯豕唐突。亦既枭戮，将为污潴。肃宗皇帝若曰：

---

① 《归义军史研究——唐宋时代敦煌历史考索》，第400、402页
② 《太平广记》卷三一二《柳晦》，第2468页
③ 《唐代墓志汇编》咸通一一八，第2470页
④ 《陶斋臧石记》卷三六
⑤ 《云仙杂记》卷八《一物如人眼睛》
⑥ 《全唐文》卷五八〇，第5860页
⑦ 《长安志》卷八《唐京城二》，第281页
⑧ 《南部新书》卷戊，第67页
⑨ 马咏钟：《西安碑林新藏唐志考》，见《碑林集刊》（一），第154—159页
⑩ 《安禄山事迹》卷上，第77页

'其人是恶，其地何罪？改作洞宫。'谥曰'回元'。"大和初，道士郁玄表奏请修缮，赐铜钟一口。四年夏，中朝大僚及信士施舍十七万贯钱，在大殿前东创建层楼。①

亲仁坊中有许多官员住宅，特别是郭子仪家族的聚居。西北隅，有尚书右仆射燕国公于志宁宅，后赐唐睿宗贵妃豆卢氏。1992年出土的《唐睿宗大圣真皇帝故贵妃豆卢氏墓志铭并序》记载：贵妃豆卢氏，右武卫大将军豆卢仁业之女，十五岁为睿宗孺人，睿宗即位后册为贵妃。神龙初，伯父豆卢钦望"以妃久处禁闱，特乞出内"。开元二十八年（公元740年）四月，薨于亲仁里第。②后左金吾大将军程伯献、黄门侍郎李暠等数家分居。街东之北，太子詹事韦琨宅，次东有中书侍郎杨弘武宅和太仆卿王希隽宅。北门之东，驸马都尉郑万钧宅。东门之北，滕王李元婴宅。萧嵩宅。《唐梁国公夫人贺睿墓志》记载："夫人讳睿……归于兰陵萧氏，即金紫光禄大夫、兵部尚书、中书令、右丞相、太子太师、修国史、上柱国、徐国公之伉俪……开元廿五年七月十七日，寝疾薨于亲仁里之私第。"③据《旧唐书·萧嵩传》的记载可知，此为萧嵩夫人。右威卫兵曹参军吴巽宅。吴巽墓志记其天宝六载（公元747年）三月廿八日卒于亲仁里第④。少府监郑岩宅。《唐故少府监郑君墓志铭并序》载："天宝十一载岁在壬辰正月己卯朔十七日乙未……郑君卒于咸宁之亲仁里"⑤。杨国忠子杨暄宅。《旧唐书·杨国忠传》记载：国忠子暄、昢、晓、晞。暄尚延和郡主。昢尚万春公主。兄弟各立第于亲仁里，穷极奢侈。⑥

此坊中最重要的宅第要数郭子仪家族的住宅。郭子仪宅。据《谭宾录》记载，郭子仪"子弘广常于亲仁里大启其第，里巷负贩之人，上至公子簪缨之士，出入不问……其宅在亲仁里，居其地四分之一，通永巷，家人三千"⑦。郭子仪之子郭晞夫人鲁郡夫人长孙璀墓志载："夫人讳璀……贞元九年夏四月庚戌寝疾，终于上都亲仁里之私第。"⑧郭晞之女郭珮墓志亦载："祖子仪……皇考晞……贞元十七年十月十六日，终于亲仁里第。"⑨直到郭晞曾孙郭承嘏仍居住在此。《尚书故实》载：郭承嘏参加科举

---

① 马骥：《西安新出柳书"唐回元观钟楼铭碑"》，载《文博》1987年第5期，第4页。
② 洛阳市文物工作队：《唐睿宗贵妃豆卢氏墓发掘简报》，载《文物》1995年第8期，第50页。
③ 《大唐西市博物馆藏墓志》二二二，第489页。
④ 《唐代墓志汇编续集》天宝○四四，第612页。
⑤ 赵振华：《唐代少府监郑岩及其粟特人祖先》，载《中国国家博物馆馆刊》2012年第5期，第70页。
⑥ 《旧唐书》卷一○六《杨国忠传》，第3247页。
⑦ 《太平广记》卷一七六《郭子仪》，第1311—1313页。
⑧ 赵力光、王庆卫：《新见唐代郭晞夫妇墓志及其相关问题》，见荣新江主编：《唐研究》第16卷，北京大学出版社，2010年，第225—248页。
⑨ 《大唐西市博物馆藏墓志》三三二，第719页。

考试时，误将一件珍贵书法帖子递交给考官了，有一老吏答应可以将其换出，要求以钱三万作为报酬，"明日归亲仁里，自以钱送诸兴道"。①另外姚合也有《题郭侍郎亲仁里幽居》②诗，此郭侍郎当为郭承嘏。郭子仪之孙郭锜墓志也记载：大父讳子仪，烈考讳曜，其夫人卢士绚墓志记："元和七年十月廿九日遘疾终于亲仁里之第。"③可见郭锜亦住在此。郭子仪母弟少府监郭幼明墓志亦记载：郭幼明大历八年（公元773年）五月十四日，终于亲仁里第。④成都少尹郭幼儒宅。郭幼儒墓志云："幼儒……司徒兼中书令、汾阳郡王子仪令弟"⑤。郭幼儒子郭暄墓志曰："父幼儒，成都少尹"，大中三年（公元849年）十二月廿八日，薨于亲仁里第。⑥按：郭幼儒曾任官京城，在长安当有宅第，其子卒于亲仁里第，当为其宅，子承父宅。华州下邽县丞韦缜宅。其夫人墓志载："大历十三年三月廿五日，韦公夫人遘疾终于长安亲仁里之私第。"⑦京兆府高陵县尉吴士平宅。据吴君夫人李氏墓志记载，夫人李氏，礼部尚书、殿中监、闲厩宫苑使李齐运第四女，贞元九年（公元793年）八月十七日，终于京兆亲仁里私第。⑧昌乐公主宅。唐玄宗女，下嫁毕国公窦锷。太子太师汧国公李勉宅。兵部尚书归崇敬宅。柳宗元宅。柳宗元《先侍御史府君神道表》曰："先君讳镇……是岁（贞元九年）五月十七日，终于亲仁里第"⑨。陆贽宅。柳宗元《答元饶州论春秋书》记有："及先生为给事中，与宗元入尚书同日，居又与先生同巷，始得执弟子礼。"⑩此处的先生即指陆贽，既与柳宗元同巷，可知其宅也在亲仁坊。前进士虞九皋宅。柳宗元《虞鸣鹤诔并序》曰："某年月日，前进士虞九皋，字鸣鹤，终于长安亲仁里。"⑪剑南东川节度使冯宿宅。《卢氏杂说》载有"冯兖给事，亲仁坊有宅。南有山亭院，多养鹅鸭及杂禽之类极多。……时人谓之鸟省"⑫。冯衮为冯宿从子。《太平广记》亦载：冯衮入中书见宰

---

① 《尚书故实》，见《唐五代笔记小说大观》（下），第1170页。
② 《全唐诗》卷四九九，第5678页。
③ 西安市文物保护考古研究院：《唐太府少卿郭锜夫妇墓发掘简报》，载《文博》2014年第2期，第12页。
④ 《大唐西市博物馆藏墓志》二八五，第619页。
⑤ 《大唐西市博物馆藏墓志》二八四，第617页。
⑥ 《大唐西市博物馆藏墓志》四一九，第903页。
⑦ 《唐文拾遗》卷二三《大唐华州下邽县丞京兆韦公夫人墓志铭并序》。
⑧ 崔庚浩、王京阳：《唐高陵县尉吴士平夫妻墓志考释》，见陕西历史博物馆馆刊编辑部编：《陕西历史博物馆馆刊》第7辑，三秦出版社，2000年，第223页。
⑨ 《全唐文》卷五八八，第5942—5943页。
⑩ 《全唐文》卷五七四，第5800页。
⑪ 《全唐文》卷五九二，第5987页。
⑫ 《太平广记》卷四六三《鸟省》，第3810页。

相，看到一老官人在中书门立，等候通报。冯衮为其通报，老官人出来后感谢，并询问其宅所在，答曰："在亲仁坊。"①西华公主宅。公主为唐宣宗女，降工部尚书严祁。韩皋宅。据《续定命录》记载，大和五年（公元831年），韩皋调选入京，与岳州刺史冯芫、协律郎时元佐同约于上丁日释奠武成王庙行事，"芫住长乐，皋任亲仁，元佐任安邑"②，从上下文来看，"任"字当为"住"字之讹，若如此，则韩皋宅在亲仁坊。宰相李石宅。开成三年（公元838年）正月五日，李石自亲仁里入朝，被刺客追杀，断马尾，幸马逸得还私第。③左春坊太子典膳郎卫君宅。卫君夫人辅德一墓志记载："夫人……开成四年八月十五日，终于亲仁里之私第。"④滑州白马县令孙起宅。孙起继夫人河东县太君裴氏墓志曰："会昌元年十一月丁酉……裴氏年七十一，背代于上都亲仁里。"⑤剑南西川节度判官卢缄宅。《有唐卢氏故崔夫人墓铭并序》记载：崔夫人大和中岁二月五日捐馆于亲仁里第⑥。尚书主客员外郎、东渭桥给纳使韦洙宅，其女韦豸娘墓志记载："韦氏女小字豸娘……（咸通十二年）六月四日，终于亲仁里第。"⑦大同军节度使李国昌宅。咸通中，沙陀首领朱邪赤心参与镇压庞勋起义，"进大同军节度使，赐氏李，名国昌，预郑王属籍，赐亲仁里甲第"⑧。李国昌有子克用、克让，克让曾从讨王仙芝，"李氏自宪宗时以部族归唐，唐处之河西，尝遣一子宿卫京师，赐第于亲仁坊"⑨。金吾胄曹路谞宅。《阳平路氏中殇女墓碣》曰："咸通八年秋七月……一女名心儿……年十有五，暴疾终于亲仁里。"⑩姚合所居。姚合《亲仁里居》诗曰："三年赁舍亲仁里，寂寞何曾似在城。"⑪许棠寓居。许棠有诗《亲仁里双鹭》云："双去双来日已频，只应知我是江人。"⑫由此推测当是寓居处，而非住宅。唐彦谦亦有《亲仁里闻猿》⑬诗，不知所居是其私第还是寓居之所。

永宁坊位于皇城以南，朱雀门街东第三列，从北第四坊。坊中隋代有明觉寺，

---

① 《太平广记》卷二三四《尚食令》，第1795页。
② 《太平广记》卷一五五《韩皋》，第1117页。
③ 《旧唐书》卷一七二《李石传》，第4486页。
④ 《陶斋臧石记》卷三二《卫君夫人辅氏墓志铭》。
⑤ 《唐代墓志汇编》会昌〇一一，第2219页。
⑥ 《唐代墓志汇编》大中一二八，第2351页。
⑦ 《唐代墓志汇编》咸通〇九一，第2450页。
⑧ 《新唐书》卷二一八《沙陀传》，第6156页。
⑨ 〔宋〕欧阳修：《新五代史》卷一四《李克让传》，中华书局，1974年，第147页。
⑩ 《大唐西市博物馆藏墓志》四五五，第983页。
⑪ 《全唐诗》卷四九八，第5661页。
⑫ 《全唐诗》卷六〇四，第6983页。
⑬ 《全唐诗》卷六七二，第7686页。

大业七年（公元611年）废弃。①东南隅有京兆府籍坊。所谓"籍坊"，《长安志》不详，《唐两京城坊考》认为"或徒坊、病坊之类"②，笔者推测为京兆府存放户籍档案之所。

该坊南门之东，有隋尚书左仆射房国公苏威宅。西门之北，隋兵部尚书田弘宅，弘子仁恭、德懋及孙玄基，并居此宅，"以孝义旌表，时论美之"。南门之西，唐礼部尚书裴行俭宅。处士王太方宅。王太方墓志载其"永徽三年四月廿七日，遘疾终于万年县永宁里"③。职方员外郎宇文琁宅。其子宇文昌墓志云："宇文昌……时年一十有三，殁于永宁坊之第。"④太子右中护、使持节邢州刺史韦恽宅。其子韦庶，麟德二年（公元665年）十月十八日卒于明堂县永宁里第。⑤左卫勋卫郑贞宅。据郑贞墓志记载，上元三年（公元676年）八月六日，郑贞终于京城永宁里第。⑥其宅后被江王嚣买之，《长安志》记为"临江王"⑦，《新唐书·太宗诸子传》记载："燕妃生贞，又生第十一子嚣"⑧，十一子即为江王嚣，非临江王，《长安志》误。神龙初，宗正卿李晋居此宅，缮造廊院，称为甲第。李晋被诛后，敕赐王仁皎。幽州范阳令杨政本宅。杨政本夫人韦檀特墓志载："永隆二年八月一日，终于永宁里"⑨。雍州鄠县丞崔讷宅。据其墓志载，崔讷，永淳二年（公元683年）三月四日遘疾，终于永宁里之私第。⑩西北隅，中书令裴炎宅。光宅元年（公元684年）裴炎被杀后兹宅没官，后又为徒坊。都水监丞独孤思泰宅。独孤思泰长女独孤婉墓志载婉永昌元年（公元689年）七月九日终于京永宁里⑪。工部尚书韦顼宅。其夫人裴觉墓志载：夫人景龙三年（公元709年）二月二十六

---

① 《长安志》卷八《唐京城二》，第283页。
② 《唐两京城坊考》卷三《西京·外郭城》，第62页。
③ 中国文物研究所、陕西省古籍整理办公室编：《新中国出土墓志·陕西〔二〕》下册，文物出版社，2003年，第36页。
④ 《大唐西市博物馆藏墓志》八五，第189页。
⑤ 马志祥：《西安碑林新入藏〈唐韦庶墓志〉考释》，载《文博》2011年第4期，第40页。唐长安本以朱雀门街为界分为长安和万年二县，乾封元年（公元666年）在万年县西设明堂县，长安三年（公元703年）废，复并万年。志主虽"以麟德二年十月十八日卒于明堂县永宁里第"，但从志文"总章二年（公元669年）岁次己巳二月庚戌朔，廿三日壬申迁窆于故茔"可知，墓志作于迁葬时，此时明堂县设立四年，故用该名。
⑥ 《大唐西市博物馆藏墓志》九一，第203页。
⑦ 《长安志》卷八《唐京城二》，第283页。
⑧ 《新唐书》卷八〇《太宗诸子传》，第3563页。
⑨ 《唐文拾遗》卷六五《大唐故幽州范阳令杨府君夫人韦氏墓志铭》。
⑩ 《唐代墓志汇编》景龙〇一七，第1090页。志文原为"永淳三年"，查永淳为唐高宗年号，只有一年，二年十二月改元为弘道元年，无三年，推测"三"当为"二"之误。
⑪ 《唐代墓志汇编续集》永昌〇〇四，第300页。

日薨于永宁私第，其子行太仆少卿彭城县开国男驸马都尉韦鏶。①《新唐书·宰相世系表四上》记有：韦鏶，太子少保、驸马都尉，父顼，工部尚书，②故裴氏所居当为韦顼宅。右骁卫宝安府右果毅乙速孤直宅。乙速孤直墓志载其开元四年（公元716年）春遘疾不起，六月二十二日卒于京永宁里第。③吏部郎中杨仲宣宅。杨仲宣碑铭曰："公讳仲宣……开元二十九年七月五日，遘疾终于万年永宁里之私第"④。右金吾卫胄曹参军李符彩宅。李符彩墓志记其开元二十九年（公元741年）冬十二日终于西京永宁里私第⑤。右豹韬卫大将军独孤卿云宅。张说《独孤公夫人李氏墓志铭》记载：永宁里有先人旧庐，宅内"有通渠转池，巨石嶔崟，喷险潀潏，洞潭沈沈，殊声异状，而为形胜游衍之处者十四五"⑥。扶风郡司功参军杨顒。杨顒墓志记载："天宝九载二月甲戌，寝疾怛化于永宁里之私第。"⑦坊内又有永宁园，天宝年间曾赐给安禄山为宅邸。

唐肃宗时，又在坊内设置司天监，原位于子城内秘书省西，乾元元年（公元758年）三月，改为司天台，置于永宁坊东南角张守珪故宅。敕文曰："建邦设都，必稽玄象；分列曹局，皆应物宜。灵台三星，主观察云物；天文正位，在太微西南。今兴庆宫，上帝廷也，考符之所，合置灵台。宜令所司量事修理。"⑧饶阳郡王南单德宅。墓志载其生居平壤，贞观十九年（公元645年），"太宗总戎，亲幸问罪……分隶辽东，子弟郡县散居"，其家被迁徙至辽东；开元初留内供奉射生，大历十一年（公元776年）三月廿七日卒于永宁里私第。⑨尚书工部郎中寇锡宅。墓志记载其于大历十二年（公元777年）十月二十五日终于京师永宁里私第⑩。彭王傅徐浩宅。徐浩神道碑铭记载：徐浩建中三年（公元782年）四月二十五日薨于长安永宁里私第⑪。李晟宅。兴元元年（公元784年）六月，李晟讨朱泚，收复京城，唐德宗赐永宁里第，入赐第时，宰相及诸将会送。⑫礼部郎中杨凝宅。柳宗元《亡妻宏农杨氏志》称：柳宗元夫人杨氏，

---

① 《唐代墓志汇编》景龙〇一九，第1092页。
② 《新唐书》卷七四上《宰相世系表四上》，第3063页。
③ 《大唐西市博物馆藏墓志》一七一，第381页。
④ 《全唐文》卷二三五，第2372—2373页。
⑤ 《唐代墓志汇编》天宝〇一二，第1539页。
⑥ 《全唐文》卷二三二，第2347页。
⑦ 《大唐西市博物馆藏墓志》二六二，第573页。
⑧ 《旧唐书》卷三六《天文志下》，第1335页。
⑨ 楼正豪：《新见唐高句丽遗民〈南单德墓志铭〉考释》，见《西部考古》第8辑，科学出版社，2014年，第185—193页。
⑩ 《唐代墓志汇编》大历〇六四，第1805页。
⑪ 《全唐文》卷四四五，第4543页。
⑫ 《册府元龟》卷一三三《帝王部·褒功二》，第1609页。

即礼部郎中杨凝之女，贞元十五年（公元799年）进京求医，住在杨凝永宁里私第，八月十日病终于此。①旅舍。李藩《赵郡李氏殇女墓石记》记载：其女孙孙，年十六，贞元十七年（公元801年）十一月廿二日，遘疾终于长安永宁里之旅舍。②尚书右仆射高郢宅。白居易《高相宅》诗云："青苔故里怀恩地，白发新生抱病身。涕泪虽多无哭处，永宁门馆属他人。"③高相即指高郢。前京兆尹杨凭宅。《旧唐书·杨凭传》记载：元和四年（公元809年），拜京兆尹，"修第于永宁里"。④后来其宅为门下侍郎同中书门下平章事王涯所居。其家"财贮巨万，取之弥日不尽。家书多与秘府侔，前世名书画，尝以厚货钩致，或私以官，凿垣纳之"。后来王涯被杀，有人破垣剔取签轴金玉，书画弃毁于道。⑤河东节度使同中书门下平章事王锷宅。王锷以武将起家，"累居大镇，厚殖财货，营第宅颇逾侈"，又奏请以京兆府籍坊来拓展自己的亭榭。元和十三年（公元818年）四月，王锷殁后，其子稷进献永宁里宅。⑥《卢氏杂记》亦载：泓师认为长安永宁坊东南是金盏地，"永宁为王锷宅"，入官后王宅赐袁弘及史宪诚等。⑦羊士谔宅。羊士谔有《永宁小园即事》《永宁里园亭休沐怅然成咏》《酬卢司门晚夏过永宁里弊居林亭见寄》《永宁里小园与沈校书接近怅然题寄》等诗⑧。窦巩亦有《永宁小园寄接近校书》（一作羊士谔诗）⑨诗，但褚藏言撰《窦巩传》载："告终于崇德里之私第"⑩。因而李浩先生认为窦巩与羊士谔重出之诗当判归羊士谔，羊士谔在永宁里有宅园，而窦巩则无。⑪太子太保凉国公李听宅。《太平广记》记载："元和中，凤翔节度李听，从子琯，任金吾参军。自永宁里出游。"⑫由此可以推断李听及其从子琯宅在永宁里。卫尉卿李有裕宅。河东节度使兼侍中李载义宅。大和五年（公元831年）二月，卢龙军节度使李载义入朝，赐第于永宁里，赏赐优厚。⑬

晚唐时期，永宁坊中有不少官人宅第。太子太傅分司东都李固言宅。《唐语林》

---

① 《全唐文》卷五九一，第5973页。
② 《陶斋臧石记》卷二八。
③ 《全唐诗》卷四三八，第4863页。
④ 《旧唐书》卷一四六《杨凭传》，第3968页。
⑤ 《新唐书》卷一七九《王涯传》，第5319页。
⑥ 《册府元龟》卷一六九《帝王部·纳贡献》，第2033页。
⑦ 《唐语林校证》卷七《补遗》，第610页。
⑧ 《全唐诗》卷三三二，第3695、3699、3706、3710页。
⑨ 《全唐诗》卷二七一，第3053页。
⑩ 《全唐文》卷七六一，第7911页。
⑪ 李浩：《唐代园林别业杂考》，载《中国历史地理论丛》1997年第2辑，第241页。
⑫ 《太平广记》卷四五八《李黄》，第3752页。
⑬ 《旧唐书》卷一七下《文宗本纪下》，第540页。

载:"元和已来,宰相有两李少师,故以所居别之。永宁少师固言,性狷急,不为士大夫所称"①。罗隐有《投永宁李相公启》②,当是指李固言。太傅致仕白敏中宅。李商隐《刑部尚书致仕赠尚书右仆射太原白公墓碑铭并序》曰:"其曾祖弟,今右仆射平章事敏中,果相天子……永宁里中有兄弟家,指向健慕,以信公知人。"③《三水小牍》也记载:"外王父中书令晋国公,宣宗朝再启黄阁……于永宁里第别构书斋,每退朝独处其中",并注曰:"晋公指白敏中,为枚之外王父"。④抗战时期,唐白敏中墓志出土于陕西省渭南县渭河北五六里的程村。其墓志叙曰:"初,宰相被戊戌诏,太傅丧至凤翔,宜以朝班翼永宁里,序吊丧礼。"⑤太子中舍人严愈宅。严愈墓志载:"公讳愈……会昌二年十二月十二日殁于永宁新宅"⑥。魏王府参军李缨宅。李缨亡妻杨蕙墓志载:杨蕙,咸通癸巳岁(即十四年,公元873年)九月廿二日以疾终于永宁里之私第。⑦长安尉韦汰宅。其夫人郑霞士墓志记载:夫人在其夫去世后,随其长子长安县尉韦汰居于长安,咸通十五年(即僖宗乾符元年,公元874年,是年十一月方改元乾符)七月三十日,遘祸于长安永宁里。⑧秘书省校书殷保晦宅。《三水小牍》载:广明庚子岁,黄巢起义军进军关中,邦人大溃,校书自永宁里所居,潜藏于兰陵里萧氏池台。⑨金吾大将军张直方宅、裴休宅。中和元年(公元881年),黄巢起义军占领长安,僖宗奔蜀,宰相崔沆、豆卢瑑扈从不及,潜行入永宁里张直方之家。⑩《北梦琐言》载:"唐金吾大将军张直方……与裴相国休相对"⑪。唐昭宗大顺二年(公元891年)十二月,天威军都将李顺节恃恩骄横,被两军中尉刘景宣、西门君遂及供奉官似先知设计杀害。当天京城大乱,永宁坊被天威、捧日、登封三军乱兵抢掠,直到天黑后才停止。⑫

永崇坊位于皇城以南,朱雀门街东第三列,从北第五坊。东南隅,其地本万、夔六州之邸,总章中以为明堂县,后徙县于永乐坊。神龙初,唐中宗为长子懿德太子立庙。

---

① 《唐语林校证》卷七《补遗》,第613页。
② 《全唐文》卷八九四,第9335—9336页。
③ 刘学锴、余恕诚:《李商隐文编年校注》第4册,中华书局,2002年,第1809页。
④ 《三水小牍》逸文,见《唐五代笔记小说大观》(下),第1202页。
⑤ 武伯纶:《白敏中墓志跋》,载《文博》1990年第2期,第83页。
⑥ 李雪芳:《唐严愈夫妇墓志合考》,见《碑林集刊》(十),第138页。
⑦ 《唐代墓志汇编》咸通一〇八,第2462页。
⑧ 《全唐文补遗》第7辑,第152页。
⑨ 《三水小牍》卷下,见《唐五代笔记小说大观》(下),第1189页。
⑩ 《旧唐书》卷二〇〇下《黄巢传》,第5394页。
⑪ 《北梦琐言》卷一一《张直方誉裴休》,第231页。
⑫ 《资治通鉴》卷二五八,唐昭宗大顺二年十二月,第8541页。

天宝六载（公元747年），诏称章怀、节愍、惠庄、惠宣、惠文太子虽官为立庙，比来子孙自祭，或时物有阙，礼仪不备，宜与隐太子及懿德太子列次诸室，同为一庙，于是在永崇坊东街，就懿德太子同立庙，俗称七太子庙。宝应二年（公元763年）停祭；大历三年（公元768年），又加靖恭太子一室。①庙西灵应观，隋道士宋道标所立，本在醴泉坊，贞观二十二年（公元648年）与三洞女冠观换地至此。②宗道观，本兴信公主宅，卖与剑南节度使郭英乂，其后入官。大历十二年（公元777年），为华阳公主追福，立为观。③此观亦曰华阳观。《唐诗纪事》曰："《玩月》诗序云……贞元十二年，瓯闽君子陈可封，游在秦，寓于永崇里华阳观。"④白居易《永崇里观居》诗曰："永崇里巷静，华阳观院幽。"⑤龙兴观。李商隐撰《为马懿公郡夫人王氏黄箓斋文》亦有"今谨携私属弟子某等，诣京兆府万年县永崇坊龙兴观内"⑥之语，可证明永崇坊内有龙兴观。

此坊内也有许多官民宅第、旅馆等。坊十字街西之南，刑部尚书韦抗宅。泸川都督王湛宅。《泸川都督王湛神道碑》曰："公讳湛……咸亨三年七月十七日，薨于京师永崇里。"⑦孝廉陈岩宅。《宣室志》记载：颍川陈岩，景龙末，举孝廉到京师，居于永崇里。⑧于贤宅。《唐故一品曾孙于（贤）墓志铭并序》记载：于贤，曾祖为于志宁，垂拱二年（公元686年）九月二十三日亡于永崇里第。⑨谏议大夫吕崇粹宅。《广古今五行记》载有：开元中，谏议大夫吕崇粹，宅在京永崇坊，于家忽见数个小儿脚胫，自膝下自踝以上，流血淋沥。旬日，粹遇疾而卒。⑩《长安志》和《唐两京城坊考》记载此坊中有秘书监杨铦宅，《城坊考》并引《旧唐书·杨贵妃传》所记：贵妃以微谴，被送归杨铦宅，是夜开安兴里门入内，由此推测"明皇时在南内，故永崇北行，入自安兴里门也"⑪。事实上，永崇坊在兴庆宫西南，安兴坊在其西北，若从永崇坊到兴庆宫无须过安兴坊，故《城坊考》推测有误。而且《杨太真外传》记载：杨铦与国忠五家于宣

---

① 《长安志》卷八《唐京城二》，第284页。
② 《类编长安志》卷五《寺观》，第147页。
③ 《长安志》卷八《唐京城二》，第284—285页。
④ 《唐诗纪事校笺》卷三五《欧阳詹》，第987页。
⑤ 《全唐诗》卷四二八，第4713页。
⑥ 《全唐文》卷七八〇，第8153页。
⑦ 《全唐文》卷一九三，第1953—1954页。
⑧ 《宣室志》卷八，第104页。
⑨ 《唐代墓志汇编续集》垂拱〇一二，第287—288页。
⑩ 《太平广记》卷一四三《吕崇粹》，第1027—1028页。
⑪ 《唐两京城坊考》卷三《西京·外郭城》，第65页。

阳里①，据此可知杨铦宅不在永崇坊。兵部尚书萧昕宅。《宣室志》载：萧昕为京兆尹时，京师大旱，天竺僧不空三藏召龙兴雨，暴雨骤降。萧昕至永崇里，道中之水，已若决渠。②据此推测萧昕宅也在永崇坊。

大历年间，永崇坊内有旅馆。颜真卿《元结表墓碑铭》记载：元结为容州都督兼御史中丞本管经略使，大历七年（公元772年）朝京师，四月庚午薨于永崇坊旅馆。③《太平广记》也记载：大历中，上虞尉吕生，调集于京师，侨居永崇里，④或为住在旅馆。司徒兼中书令李晟宅。兴元元年（公元784年）七月，唐德宗赐李晟永崇里第。⑤于邵有《代谢赐永崇宅并赐酒食锦彩器物等状》⑥。杜牧有《题永崇西平王宅太尉愬院六韵》⑦诗。李愬即李晟子，二者应为同一处宅地。窦乂宅。《乾𦠆子》记载：李晟宅前，有一小宅，窦乂以二百十千买之。晟欲并之为击球之所，派人向乂购买。⑧太子宾客郭幼冲宅。郭幼冲墓志记载：贞元四年（公元788年）正月，郭幼冲归全于上都永崇里私第。⑨沈华宅。《集异记》载：贞元中，庶子沈华（"华"原作"聿"）致仕永崇里。⑩温县主簿韩慎宅。韩慎墓志称其贞元十六年（公元800年）暴病卒于长安永崇里先人之庐⑪。骁卫将军薛夔寓所。《集异记》记载：贞元末年，薛夔寓居永崇龙兴观之北，其宅夜里多妖狐，逢人不忌，后从西邻太尉李晟家里借猎犬，但作用不大，薛夔不得不搬家。⑫东都留守杜亚宅。吏部尚书充诸道盐铁转运等使李巽宅。李巽墓志记其元和四年（公元809年）五月寝疾薨于永崇里⑬。太常少卿裴次元宅。其所撰郑绍方墓志记载：绍方元和四年（公元809年）十二月廿五日，终于永崇里裴次元第。⑭司徒兼中书令韩弘宅。《旧唐书》本传记载：长庆二年（公元822年），韩弘罢河中尹、河中晋绛节度观察等使居永崇里第。⑮韩愈《司徒兼侍中中书令许国公赠太尉韩公神道碑铭》也记载：韩弘，长

---

① 《杨太真外传》卷上，见《开元天宝遗事十种》，第133页。
② 《太平广记》卷四二一《萧昕》，第3426页。
③ [唐]颜真卿：《颜鲁公集》卷一一，上海古籍出版社，1992年，第36页。
④ 《太平广记》卷四〇一《吕生》，第3228页。
⑤ 《旧唐书》卷一二《德宗本纪上》，第345页。
⑥ 《全唐文》卷四二五，第4335页。
⑦ 《全唐诗》卷五二一，第5952页。
⑧ 《太平广记》卷二四三《窦乂》，第1877—1878页。
⑨ 《大唐西市博物馆藏墓志》三一〇，第673页。
⑩ 《太平广记》卷三〇七《沈聿》，第2428页。
⑪ 《全唐文》卷五九〇，第5966页。
⑫ 《太平广记》卷四五四《薛夔》，第3707页。
⑬ [唐]权德舆：《权德舆诗文集》卷二二，郭广伟校点，上海古籍出版社，2008年，第340页。
⑭ 《唐代墓志汇编续集》元和〇二二，第815—816页。
⑮ 《旧唐书》卷一五六《韩弘传》，第4137页。

庆二年（公元822年）十二月三日薨于永崇里第。①国子监主簿裴处弼宅。其妻韦氏墓表曰："大和八年三月六日……终于上都永崇里之私第。"②河南府司录参军李璆宅。其墓志记其会昌元年（公元841年）闰九月十日终于永崇里第③。薛夫人宅。《河东薛夫人墓志》云："大中九年三月，殁于永崇里。"④起居郎李璋宅。《唐范阳卢夫人墓志铭》载：咸通二年（公元861年）九月二十七日，夫人疾殁于上都永崇里李氏之私第。⑤尚书司勋员外郎高湜宅。其妻郑氏墓志曰："郑氏……咸通四年闰六月十九日终于上都永崇里之私第"⑥。太子洗马杨府君宅。其夫人宝应县主为唐代宗孙，循王通第八女，咸通十二年（公元871年）五月十八日，薨于永崇里。⑦李商隐宅。《宋高僧传》记载：李商隐久慕僧玄道学，以弟子礼事玄，时居永崇里，苦眼疾，知玄寄《天眼偈》三章，读终疾愈。⑧前进士崔涂宅。崔涂有《上巳日永崇里言怀》⑨诗。崔氏母女宅。《太平广记》载：华州柳参军罢官，于长安闲游，见一女容色绝代。柳生骑马跟踪，见车子入永崇里，柳生访其姓崔氏，女亦有母。⑩高中丞宅。黄滔《与王雄书》曰："若复韩校书两寓沈先辈永崇高中丞安邑刘补阙"⑪。李将军宅。李洞有《赠永崇李将军充襄阳制置使》⑫诗。皮日休寓所。皮日休《内辨》云："日休自布衣受九江之荐，与计偕寓止永崇里。"⑬坊内还有放生池。

昭国坊位于皇城以南，朱雀门街东第三列，从北第六坊。此坊本犯中宗庙讳，《长安志》记载"长安中改"，然中宗直到天宝十三载（公元754年）才被追尊为"大和大圣大昭孝皇帝"⑭，只有此后才算犯讳，所以改坊名当在唐中叶后，多云"招国"，"长安中改"误。隋代，坊中有香海寺，大业七年（公元611年）废。西南隅，开皇三年（公元583年）鲁郡夫人孙氏立有慈恩寺，贞观二十三年（公元649年）以尼寺与慈

---

① 《全唐文》卷五六二，第5695页
② 《大唐西市博物馆藏墓志》三九六，第855页
③ 《唐代墓志汇编》会昌〇〇九，第2218页
④ 《大唐西市博物馆藏墓志》四二八，第921页
⑤ 《唐代墓志汇编》咸通〇一四，第2388页
⑥ 《唐代墓志汇编》咸通〇三三，第2403—2404页
⑦ 《大唐西市博物馆藏墓志》四六四，第872页
⑧ 《宋高僧传》卷六《唐彭州丹景山知玄传》，第132页
⑨ 《全唐诗》卷六七九，第7776页
⑩ 《太平广记》卷三四二《华州参军》，第2713页
⑪ 《全唐文》卷八二三，第8670页
⑫ 《全唐诗》卷七二三，第8293页
⑬ 《全唐文》卷七九八，第8371页
⑭ 《资治通鉴》卷二〇七，唐中宗神龙元年，第6695页

恩僧寺相邻，而胜业坊甘露尼寺又比于崇济僧寺，故敕换崇济僧寺于此。①《寺塔记》载：崇济寺内有天后织成蛟龙披袄子及绣衣六事，东廊从南第二院，有宣律师制袈裟堂，曼殊堂有松数株甚奇。②钱氏祖庙。《唐故吴兴钱氏女墓志》记载：乾符五年（公元878年）十一月二十九日，钱氏女乌娘终于长安昭国里祖庙之东偏。③

坊内的住宅，有太府少卿裴子余宅，在废香海寺之地。④前进士李蒙宅。《独异志》载：开元五年（公元717年）春，司天监密奏："玄象有谪见，其灾甚重。""当有名士三十八人同日冤死。今新进及第进士，正应其数。"新进士中有一人李蒙，为贵主家婿，玄宗密戒主留其婿在家。贵主居昭国里，后李蒙翻墙外出，移舟池中，暴风忽起，画舸半沉，三十八人无一生还。⑤韦应物宅。韦应物有《过昭国里故第》⑥、《昭国里第听元老师弹琴》⑦诗。尚书右丞庾敬休宅。《唐国史补》载：王维画品妙绝，昭国坊庾敬休屋壁有之。⑧将军韦青宅。《乐府杂录》云：大历中，"将军韦青所居，在昭国坊南门里"⑨。大理司直史承式宅。史承式墓志称其贞元十二年（公元796年）九月廿八日终于京兆招国里私第⑩。夏绥宥等州节度使李寰宅。寰坚守博野镇，穆宗赐其子方回昭国坊宅。山南西道节度使崔郸宅。柳玭曾云："崔氏居昭国宅，子孙昌盛，衣缨不绝。"⑪太子太傅致仕郑絪宅。《祥异集验》载：丞相郑絪宅，在昭国坊南门，忽有物来投瓦砾，连续五六夜不绝。移家安仁西门宅以避之，瓦砾又随而至，后复迁昭国。⑫检校司徒兼太子少师郑余庆宅。余庆为郑絪从子，絪第在南，余庆第在北，世谓"南郑相""北郑相"。⑬刑部尚书白居易宅。白居易《朝归书寄元八》诗云："归来昭国里，人卧马歇鞍。"又有《昭国闲居》诗⑭泾原节度使段祐宅。《酉阳杂俎》记载：会昌四年（公元844年），有老僧泰贤云："泾帅段祐宅在招国坊，尝失银器十余

---

① 《长安志》卷八《唐京城二》，第285页。
② 《酉阳杂俎·续集》卷六《寺塔记下》，第260页。
③ 《唐代墓志汇编》乾符〇二八，第2492页。
④ 《长安志》卷八《唐京城二》，第285页。
⑤ 《独异志》卷上，见《唐五代笔记小说大观》（上），第911页。
⑥ 《全唐诗》卷一九一，第1964页。
⑦ 《全唐诗》卷一九三，第1990页。
⑧ 《唐国史补》卷上，第18页。
⑨ 《乐府杂录·歌》，第126页。
⑩ 张安兴、李雪芳：《唐〈史承式墓志〉考释》，载《文博》2006年第6期，第62页。
⑪ 《长安志》卷八《唐京城二》，第285页。
⑫ 《太平广记》卷一三七《郑絪》，第989页。
⑬ 《新唐书》卷一六五《郑余庆传》，第5061页。
⑭ 《全唐诗》卷四二九，第4736、4737页。

事。"①李家南园。李商隐有《过招国李家南园二首》②，此李家为何人，俟考。易定节度押衙充知军张锋宅。其夫人史氏墓志云："夫人史氏……会昌七年正月乙丑，殁于□国里之私第"③。按：会昌为唐武宗年号，只有六年，无七年，会昌七年即为大中元年（公元847年）；查阅史籍，唐两京诸坊中，只有昭国坊中带"国"字，故推测"□国里"即为昭国里。秘书郎庾叔颖宅。庾氏二十九女墓志记载："唐新野庾氏廿九女，大中九年十一月四日，遇疾终于昭国里。"④水部员外郎李羽宅。郑谷有诗《题水部李羽员外招国里居》⑤。集贤直院官、荣王府长史程修己宅。程修己墓志记其咸通四年（公元863年）二月一日遘疾，殁于昭国里第。⑥尚书司勋员外郎苗绅宅。其妻新野县君庾氏墓志记载："咸通癸未岁（四年）冬季月既望，夫人遇疾殁于上都昭国里第"⑦。魏王府长史段璲宅。段璲亡室严氏玄堂铭载："夫人姓严氏……（咸通六年）正月廿六日，启手足于万年县招国坊之私第"⑧。秘书郎庾慎思宅。其母张氏墓志载："先妣张氏，咸通十年己丑五月一日戊卒，寿终于上都昭国里第。"⑨翰林供奉守右千牛卫将军殷琼宅。殷琼墓志记载：殷琼，乾符六年（公元879年）正月十日终于长安招国里私第。⑩

进昌坊位于皇城以南，朱雀门街东第三列，从北第七坊，唐人多云"晋昌坊"，"晋"与"进"义同。⑪此坊大部分为佛寺，整个东半部分都为大慈恩寺。此寺本隋无漏寺地，武德初废。贞观二十二年（公元648年），太子李治为文德皇后追福立为寺，故以慈恩为名。佛像幡华，都是宫中所出。慈恩寺为林泉形胜之所，南临黄渠，水竹森邃，为京都之最。寺内屋宇众多，共有十余院，总一千八百九十七间，度僧三百。寺中有柿树、牡丹、大莎罗树。⑫《唐语林》载：京师盛行观赏牡丹，慈恩浴室院有花两丛，每当盛开的时候有五六百朵。会昌时东廊院有白花可爱，还有稀有的殷红牡丹一丛，婆娑数百朵。⑬又有凌霄花，李端《慈恩寺怀旧并序》曰："余去夏五月，与耿沛、

---

① 《酉阳杂俎·续集》卷八《支动》，第276页。
② 《全唐诗》卷五三九，第6168页。
③ 《全唐文补遗》第4辑，第177页。
④ 《大唐西市博物馆藏墓志》四三二，第929页。
⑤ 《全唐诗》卷六七四，第7718页。
⑥ 《唐代墓志汇编》咸通〇二七，第2398页。
⑦ 《唐代墓志汇编》咸通〇三四，第2404页。
⑧ 《唐代墓志汇编续集》咸通〇二六，第1053—1054页。
⑨ 《大唐西市博物馆藏墓志》四五九，第991页。
⑩ 《唐代墓志汇编续集》乾符〇二四，第1136页。
⑪ 《长安志》卷八《唐京城二》，第286页。
⑫ 《酉阳杂俎·续集》卷六《寺塔记下》，第262—263页。
⑬ 《唐语林校证》卷七《补遗》，第628页。

司空文明、吉中孚，同陪故考功王员外，来游此寺。员外，相国之子，雅有才称，遂赋五物，俾君子射而歌之。其一曰凌霄花……"①寺西院有浮图六级，高三百尺，永徽三年（公元652年），玄奘大师仿效天竺窣堵波制度所立，最初只有五层，高一百九十尺，砖表土心，用来放置从天竺取回的经像。后来浮图土心内有卉木钻出，逐渐颓毁。长安中按照汉式刹表进行了改造，并比原来更高。浮图西面画湿耳狮子，仰摹蟠龙，尉迟乙僧画。另有花子钵、曼殊，都是一时绝妙。浮图东有翻经院，即玄奘为慈恩上座所居。上官婉儿、宋之问有九月九日上幸慈恩寺登浮图诗，自后唐人诗诵此甚多。神龙后又为进士题名之所，"杏园宴后，皆于慈恩寺塔下题名。同年中推一善书者纪之"②。寺有南池。韦应物有《慈恩寺南池秋荷咏》③，赵嘏有《春尽独游慈恩寺南池》④。慈恩寺塔院有吴道玄、尹琳、胡人尉迟乙僧、杨廷光、郑虔、毕宏、王维、李果奴、张孝师、韦銮画，塔前壁有湿耳狮子跌心花，为时所重。⑤坊之西南隅又有楚国寺，本隋兴道寺之地，大业七年（公元611年）废。唐高祖起义并州，第五子智云被隋留守阴世师等所害，后追封为楚哀王，因此立寺。此寺"水竹幽静，类于慈恩"。⑥寺内有楚哀王等金身铜像；长庆中，赐织成双凤夹黄袄子，镇在寺中；内有放生池；大和中，又赐白毡黄胯衫。⑦东南隅，又有兴唐寺。神龙元年（公元705年），太平公主为武则天立罔极寺，穷极华丽，为京都之名寺。开元二十六年（公元738年），改为兴唐寺，有玄宗御容在。十字街之西北，本隋吏部尚书裴弘齐宅，开皇七年（公元587年）立为净住寺，有石塔，本姚苌之浴室。⑧西平郡王李晟庙。《长安县志》引《通志》曰："唐李晟官太尉、中书令，赠西平郡王，制立庙宇，今在慈恩寺西南，贞元八年立庙。"⑨

除佛寺、私庙以外，进昌坊内还有不少民宅。十字街北之东，尚书左仆射郇国公韦安石宅。隰州刺史于随古宅。于随古墓志现存于陕西省三原县文化馆院内，据志文记载，于随古圣历元年（公元698年）五月二十九日，终于明堂县（万年县）进昌里私

---

① 《全唐诗》卷二八四，第3237页。
② 《唐摭言校注》卷三《慈恩寺题名游赏赋咏杂记》，第80页。
③ 《全唐诗》卷一九三，第1994页。
④ 《全唐诗》卷五四九，第6362页。
⑤ 《唐语林校证》卷八《补遗》，第721页。
⑥ 《长安志》卷八《唐京城二》，第287页。
⑦ 《酉阳杂俎·续集》卷六《寺塔记下》，第262页。
⑧ 《唐两京城坊考》卷三《西京·外郭城》，第69页。
⑨ 《长安县志》卷一六《祠祀志》，第467页。

第。①叛臣朱泚宅。《旧唐书·姚令言传》记载：建中四年（公元783年），泾原兵哗变，"时太尉朱泚罢镇居晋昌里第"，叛卒迎为主帅。②《寺塔记》也记有"（楚国）寺墙西，朱泚宅"③。前进士陆宾虞寓居处。《太平广记》记：陆宾虞举进士，在京师，欲罢举归乡，僧惟瑛告诉他："至七月六日，若食水族，则殊等与及第必矣。"宾虞将此话"书于晋昌里之牖"。④令狐绹宅。李商隐有诗《子直晋昌李花》⑤，而据《新唐书》可知，子直即令狐绹，子直为字，⑥故知令狐绹晋昌坊有宅。若耶溪女子寓居。若耶溪女子《题三乡诗并序》曰："余家本若耶溪东……从良人西入函关，寓居晋昌里第。"⑦其所居之地与慈恩、楚国二寺相邻，环境优美，"迥绝尘嚣，花木丛翠"，为长安游赏佳处。

通善坊位于皇城以南，朱雀门街东第三列，从北第八坊。坊内有杏园，神龙以后为新进士宴游之所。会昌年间，唐武宗禁止进士杏园宴集。大中元年（公元847年），宣宗又敕进士放榜后杏园依旧宴集。⑧杏园宴，又称探花宴，差定先辈二人少俊者，为两街探花使；若他人折得花卉，先开牡丹、芍药来者，即各有罚。⑨元稹有《杏园》诗云："浩浩长安车马尘，狂风吹送每年春。门前本是虚空界，何事栽花误世人。"⑩就是描写杏园宴集时万人空巷的热闹场景。坊内又有黄渠经过，到宋代，张礼游曲江时"倚塔，下瞰曲江宫殿，乐游燕喜之地，皆为野草，不觉有《黍离》《麦秀》之感"，其注曰："黄渠水……注曲江。由西北岸直西流，经慈恩寺而西。"⑪蔺尼宅。《大唐荆州大都督府祁□□明府故蔺夫人墓志铭并序》载：夫人讳尼，景龙二年（公元708年）二月二十二日卒于西京通善里第。⑫

通济坊位于皇城以南，朱雀门街东第三列，从北第九坊，坊南街抵外郭城之南面，即为启夏门。坊内有侍中扶阳郡王桓彦范宅。山南西道节度使令狐楚家庙。刘禹锡《东

---

① 《增订唐两京城坊考》（修订版）卷三，第110页。
② 《旧唐书》卷一二七《姚令言传》，第3572页。
③ 《酉阳杂俎·续集》卷六《寺塔记下》，第262页。
④ 《太平广记》卷一五四《陆宾虞》，第1108页。
⑤ 《全唐诗》卷五四一，第6228页。
⑥ 《新唐书》卷一六六《令狐楚传附子绹传》，第5101页。
⑦ 《全唐诗》卷八〇一，第9020页。
⑧ 《玉海》卷一七一《宫室·唐杏园》，第3136页。
⑨ 《云麓漫钞》卷七，第128页。
⑩ 《全唐诗》卷四一一，第4560页。
⑪ 《游城南记校注》，第42页。
⑫ 《唐代墓志汇编》景龙〇一二，第1085页。

都留守令狐楚家庙碑》记载：令狐楚奏请"于京师通济里"建新庙①。尚书右仆射卢钧家庙。权德舆家庙。权德舆《请祔庙状》称其按《开元礼》，符合立私庙三室的要求，上奏皇帝"已于通济坊修建"②。刘得仁宅。刘得仁《夏日通济里居酬诸先辈见访》《通济里居酬卢肇见寻不遇》③诗，描写了他在通济坊居住时与朋友交往的情景。

六、朱雀门街东侧第四列诸坊

在朱雀门街东侧，皇城之南，第四列有东市，又有七坊，从北向南依次为安邑坊、宣平坊、升平坊、修行坊、修政坊、青龙坊、曲池坊。文献记载各坊东西为六百五十步，合955.5米，南北三百五十步，合514.5米；而考古发掘测得各坊的南北从500米到590米不等，东西均为1032米。

安邑坊位于皇城以南，朱雀门街东第四列，东市南第一坊。横街之北，玄法寺，本隋礼部尚书张颖宅，开皇六年（公元586年）立为寺。据《寺塔记》记载，张颖④居此宅，尝供养一僧，僧以念《法华经》为业，积十余年，后被门人诬告通其侍婢，因以他事杀之。僧死后，宅内经常听到诵经声，张知其冤，惭愧不及，因舍宅为寺，铸金铜像十万躯，金石龛中皆满。东廊南有观音院、卢奢那堂内槽北面壁画维摩变，屏风上相传有虞世南书。西北角院内有僧怀素书，颜真卿作序，张渭、钱起作赞。曼殊院东廊，大历中，画人陈子昂画廷下象马人物，堪称一时之妙。檐前额上有相观法，拟韩混同。西廊壁有刘整画双松，不循常辙。⑤又有肃明观，据《长安志》记载，本为太真女冠观，天宝五载（公元746年），杨贵妃姊裴氏舍宅所置。⑥宝应元年（公元762年），"肃明观与太真女冠观互换其居址及观名"⑦，因而安邑坊太真观改为肃明观。

安邑坊内的宅第，有隋右武卫大将军宋国公贺若弼宅，金吾大将军杨执一宅。永徽初，有原州都督双士洛宅。士洛妻吕国夫人边氏墓志记载：夫人永徽二年（公元651年）二月十三日薨于京兆万年县安邑里第⑧。上轻车都尉王智胜宅。其母康夫人墓志

---

① 《全唐文》卷六〇八，第6146页。
② 《全唐文》卷四八六，第4969页。
③ 《全唐诗》卷五四四，第6286、6294页。
④ 《酉阳杂俎》作"张频"。
⑤ 《酉阳杂俎·续集》卷五《寺塔记上》，第251页。
⑥ 《长安志》卷八《唐京城二》，第292页。
⑦ 《隋唐两京丛考》二八《肃明观与咸宜女冠观》，第68页。
⑧ 刘志华：《〈唐双士洛夫妇墓志〉考释》，载《档案》2015年第5期，第56页。

载：康夫人仪凤二年（公元677年）六月二十八日终于安邑里私第①。张延师、大师、俭三兄弟宅。《旧唐书·张俭传》载：俭兄大师，累以军功仕至太仆卿、华州刺史、武功县男；俭弟延师，永徽初累授左卫大将军，封范阳郡公；张俭为金紫光禄大夫、营州都督。兄弟三人同时为三品以上，三院门皆立戟，时人荣之，号为"三戟张家"。②其地景龙中为司农卿赵履温居住。处士康文通宅。2002年西安市文物保护考古所发掘了唐康文诵墓，出土《周故处士康君墓志铭》，志文云："君讳文通……万岁通天元年七月十日终于安邑里之私第"③。右领军卫泾州纯德府折冲都尉邢思贤宅。邢思贤墓志云其先天元年（公元712年）九月七日卒于京兆安邑里私第④。坊内还有旅舍。《大唐故通议大夫沂州司马清苑县开国子刘府君神道记》载：刘敦行，开元七年（公元719年）奉计长安，八年正月病卒于安邑坊之旅舍。⑤豪鄂二州别驾李诞宅。李诞墓志记载其夫人开元十一年（公元723年）十一月六日薨于京师安邑里⑥。左金吾将军张嘉祐宅。张嘉祐墓志记载：嘉祐，开元时中书令张嘉贞之弟，开元二十九年（公元741年）十月终于安邑里私第。⑦

开元、天宝以后，有李辅国宅。《太平广记》载：唐肃宗曾赐李辅国二香玉辟邪，其玉能散发香气。一日，辟邪一则大笑，一则悲号，李辅国恶其怪，遂将其碎为粉末，倒于厕中，但"辅国所居安邑里，芬馥弥月犹在"。⑧左金吾卫将军臧希晏宅。臧希晏神道碑铭谓："广德二年八月五日朔，左金吾卫将军臧公薨于（阙）都安邑里之私第"⑨。李娃宅。白行简《李娃传》载：一旦大雪，郑生乞食于长安街巷，"至安邑东门，循理垣，北转第七八有一门独启左扉，即娃之第也"⑩。兵部尚书马炫宅。马炫墓志云："公讳炫……贞元七年九月二日薨于京师安邑里私第"⑪。司徒兼侍中马燧宅。权德舆《司徒兼侍中上柱国北平郡王赠太傅马公行状》云马燧贞元十一年（公元

---

① 《大唐西市博物馆藏墓志》九四，第209页
② 《旧唐书》卷八三《张俭传》，第2776页
③ 西安市文物保护考古所：《唐康文通墓发掘简报》，载《文物》2004年第1期，第29页
④ 《芒洛冢墓遗文四编》卷五
⑤ 《唐代墓志汇编续集》开元〇三三，第475页
⑥ 《芒洛冢墓遗文》卷中
⑦ 《全唐文》卷三五八，第3636—3637页
⑧ 《太平广记》卷四〇一《玉辟邪》，第3232页
⑨ 《全唐文》卷三六四，第3706页
⑩ 《太平广记》卷四八四《李娃传》，第3989页
⑪ 《唐代墓志汇编续集》贞元〇二五，第750页

795年）八月十七日薨于安邑里私第。① 马燧去世后，其子马畅善于经营，"以赀甲天下"，富有家财。其宅中有杏树，畅以大杏馈赠宦官窦文场，文场又进献唐德宗，德宗令使就第封杏树，畅惧进宅，废为奉诚园，② 以致诸子无室庐自托，"奉诚园亭观，即其安邑里旧第"③。马畅之子马继祖墓志载：其初冠，应进士贡在京师，"穷不自存，以故人稚弟拜北平王于马前，王问而怜之，因得见于安邑里第，王轸其寒饥，赐食与衣"。④ 司农卿常偕宅。柳宗元《唐故秘书少监陈公行状》载：大历中，陈京来京师，中书舍人常衮，以兄之子妻之，后贞元二十一年（公元805年）四月二十五日，终于安邑里妻党之室。⑤ 韩注云：京娶常衮兄女，兄名偕，为司农卿，故知常偕宅在安邑坊。李吉甫宅。元和三年（公元808年）八月，"吉甫尝召术士陈登宿于安邑里第"⑥。因其居安邑里，故时号"安邑李丞相"。⑦ 子李德裕亦居此宅，宅在坊东南隅，桑道茂谓为"玉碗"。其宅制度奇巧，其间怪石古松，俨若图画。⑧ 宅内有院号"起草"，亭曰"精思"，每当要谋划大事，李德裕就在其中思考，虽左右侍御不得豫。⑨ 德裕子李烨居住在此。李烨女李悬黎墓志记载：赵郡李氏女悬黎，其曾祖讳吉甫，祖讳德裕，考讳烨，咸通十二年（公元871年）七月十五日卒于安邑里第。⑩ 武元衡宅。武元衡有《安邑里中秋怀寄高员外》⑪ 诗。太子宾客卢贞白宅。《因话录》载：卢宾客贞白父曰老彭，善相人，元和初，有族子锴，举进士，"就安邑所居谒之"。⑫ 泾阳县丞韦庸宅。其夫人王媛墓志曰："王氏，讳媛……元和七年三月十日，奄终于安邑里之私第"⑬。

刑部侍郎刘伯刍宅。《刘宾客嘉话录》载：刘伯刍"所居安邑里巷口有鬻饼者"，伯刍以其贫穷可怜，"因与万钱，令多其本，日取饼以偿之"。⑭ 协律郎时元佐宅。大

---

① 《全唐文》卷五〇七，第5163页
② 《唐国史补》卷中，第36页
③ 《新唐书》卷一五五《马燧传附子畅传》，第4891页
④ 《全唐文》卷五六三，第5705页
⑤ 《全唐文》卷五九一，第5981页
⑥ 《旧唐书》卷一五五《窦群传》，第4121页
⑦ 《新唐书》卷一四六《李栖筠传附子吉甫传》，第4744页
⑧ 《剧谈录》卷下《李相国宅》，见《唐五代笔记小说大观》（下），第1480页
⑨ 《新唐书》卷一八〇《李德裕传》，第5343页
⑩ 《唐代墓志汇编》咸通〇九八，第2455页
⑪ 《全唐诗》卷三一六，第3545页
⑫ 《因话录》卷六《羽部》，第113页
⑬ 《全唐文补遗》第7辑，第87—88页
⑭ 《刘宾客嘉话录》，见《唐五代笔记小说大观》（上），第794页

和五年（公元831年），时元佐住安邑坊。①刘补阙宅。黄滔《与王雄书》有"安邑刘补阙"②之语，按：唐人多以所居坊里加官职称呼某人，可知刘补阙宅在安邑坊。户部尚书封敖宅。《唐语林》载：封敖知举，考生罗邵舆有"主司安邑住"③之语。饶州刺史吴丹宅。白居易《酬吴七见寄》诗云："君住安邑里，左右车徒喧。竹药闭深院，琴尊开小轩。谁知市南地，转作壶中天。"④按：吴七即吴丹。陆氏宅。《河东记》载："上都安邑坊十字街东，有陆氏宅"，人谓凶宅，进士臧夏僦居其中。⑤门下省主事王顼宅。其女王十六娘墓志载："大中三年劳瘝革发，至十月廿二日，终于安邑里水池曲之第。"⑥王校书居。耿沨有《安邑王校书居》⑦诗。

宣平坊位于皇城以南，朱雀门街东第四列，东市南第二坊，"宣平"或作"宣政"⑧。西南隅，本隋太保薛国公长孙览宅，开皇三年（公元583年）隋文帝为郧国公韦孝宽立为法轮寺。文明时，改称法云寺；景龙二年（公元708年），韦庶人将其改为翊圣寺；景云元年（公元710年）复旧；会昌六年（公元846年）五月，改为唐安寺⑨。又有宣慈寺，西南隅有法云尼寺。寺东义阳府，贞观中置。十字街南之西，有鼓吹署教坊，当只是鼓吹署演练打鼓之所。

坊内宅第，开元以前文献多不载。开元时，有贺知章宅、卖钱贯王老宅。《太平广记》载："贺知章，西京宣平坊有宅。对门有小板门，常见一老人乘驴出入其间，积五六年。……询问里巷，皆云是西市卖钱贯王老。"⑩相者宅。《定命录》曰："开元中有相者不知姓名，自言衡山来。人谓之衡相，在京舍宣平里。"⑪临海郡宁海县令陈祎宅。陈祎墓志载：夫人李氏，天宝八载（公元749年）八月四日遘疾终于西京咸宁县宣平坊私舍。⑫右领军卫仓曹参军李宁宅。李宁妻郑氏墓志记：夫人乾元二年（公元

---

① 《太平广记》卷一五五《韩皋》，第1117页。
② 《全唐文》卷八二三，第8670页。
③ 《唐语林校证》卷三《方正》，第216页。
④ 《全唐诗》卷四二九，第4737页。
⑤ 《太平广记》卷三四六《臧夏》，第2739页。
⑥ 《唐代墓志汇编续集》大中〇二三，第985页。
⑦ 《全唐诗》卷二六九，第3003页。
⑧ 《长安志》卷八《唐京城二》，第292页。
⑨ 《旧唐书》卷一八下《宣宗本纪》，第615页。
⑩ 《太平广记》卷四二《贺知章》，第263页。
⑪ 《太平广记》卷二二二《衡相》，第1704页。
⑫ 《唐代墓志汇编续集》天宝〇五九，第624页。《旧唐书·地理志》载：天宝七载（公元748年），万年县改为咸宁县，乾元时复旧。

759年）六月十四日于宣平坊私第去世①。英武军使兼太常卿萧论宅。其夫人李氏墓志称：夫人大历四年（公元769年）五月二十六日终于万年县宣平里私第②。晋州刺史高武光宅。《御史中丞晋州刺史高公神道碑》称：大历七年（公元772年）十二月，因病归休于宣平私第。③王生宅。《前定录》载：李揆，初以进士调集在京师，听闻宣平坊王生善易筮，前往问之。④酒馆。韦应物《陪元侍御春游》有云："何处醉春风，长安西复东。……贳酒宣平里，寻芳下苑中。"⑤姚南仲宅。权德舆《故中散大夫守尚书右仆射上柱国赐紫金鱼袋赠太子太保姚公神道碑铭并序》载：贞元十九年（公元803年）七月，姚南仲感疾薨于宣平里第。⑥宗正卿李琇宅和其弟左监门将军玩宅。尚书左仆射严绶宅。刘太白宅。白居易《过刘三十二故宅》诗曰："朝来惆怅宣平过，柳巷当头第一家。"⑦刘三十二即刘太白。京兆尹御史大夫于頔宅。于頔子妻韦懿仁墓志记：夫人元和二年（公元807年）五月十一日终于上都宣平里第⑧。太子宾客罗珦宅。罗珦墓志云："公讳珦……元和四年冬十一月，启手足于宣平里之私第。"⑨白居易宅。白居易《襄州别驾府君事状》："公讳季庚……嗣子居易等……元和六年四月三日，殁于长安宣平里第"⑩。又据《旧唐书》本传载，元和五年（公元810年），白居易奏称："臣有老母，家贫养薄，乞如公辅例。"遂除授京兆府户曹参军。⑪故可知墓志所言陈夫人就养、卒地"长安宣平里第"乃居易之第。郑余庆宅。刘禹锡有"宣平郑相"⑫之语。郑相即郑余庆，故知余庆此坊亦有宅第。

宣平坊东南隅，旧诸王府、邠宁节度使高霞寓宅。《唐会要》载：宝历二（原文为"三"）年（公元826年）六月，琼王府长史裴简永奏状称："伏见诸王府本在宣平坊东南角，摧毁多年，因循不修。……（元和十三年）八月二十五日，卖与邠宁节度使高霞寓。"⑬京兆府功曹参军庾承欢宅。庾承欢墓志云："元和十五年夏六月壬辰，前

---

① 崔庚浩、王京阳：《唐李宁妻郑氏墓志简释》，载《文博》2001年第1期，第73页
② 《唐代墓志汇编续集》大历〇〇九，第698页
③ 《全唐文》卷四四四，第4526页
④ 《前定录·李相国揆》，第10页
⑤ 《全唐诗》卷一九二，第1973页
⑥ 《全唐文》卷五〇〇，第5095页
⑦ 《全唐诗》卷四三六，第4830页
⑧ 《唐代墓志汇编》元和〇一八，第1962页
⑨ 《全唐文》卷五〇六，第5148—5149页
⑩ 《全唐文》卷六八〇，第6953—6954页
⑪ 《旧唐书》卷一六六《白居易传》，第4344页
⑫ 《太平广记》卷一八六《郑余庆》，第1394页
⑬ 《唐会要》卷六七《王府官》，第1386页 按宝历为唐敬宗年号，无三年，"三年"或为二年之误

京兆府功曹参军庾君寝疾终于长安宣平里第"[1]。太子少师郑朗宅。《东观奏记》载：郑朗自中书归宣平私第，内园使李敬实衢路冲撞，敬实因而被剥紫绶，配南衙[2]。大理卿刘遵古宅。尚书右仆射卢钧宅。《尚书故实》有"宣平太傅相国卢公"[3]之语。卢公即卢钧，其宅在宣平坊。国子祭酒窦牟宅。褚藏言《窦牟传》称："府君讳牟……长庆二年春，寝疾告终于宣平里之私第"[4]。《南部新书》载：宝历元年（公元825年）十月宣平坊北外门外发生杀人案，熊元果等三人杀人并剥人面皮。[5]薛弘实宅。薛弘实墓志载其大和六年（公元832年）十一月十三日捐馆于宣平里[6]。尚书比部郎中李蟾宅。李蟾墓志记其大和七年（公元833年）五月四日启手足于长安宣平里第[7]。诸道盐铁巡官严愈宅。其妻李夫人墓志记载：夫人六代祖太宗太子李承乾，大和八年（公元834年）八月一日以疾殁于长安宣平里私第。[8]旅舍。《前定录》载：京兆尹李敏求，应进士八就礼部试不利，大和九年（公元835年）秋旅居宣平里；[9]《唐故文林郎国子助教杨君墓志铭》亦载：大中五年（公元851年）八月，杨宇病终于长安宣平里之旅舍；[10]刘太真《顾著作宣平里赋诗序》云："宣平里环堵之宅，嘉木垂阴，疏篁孕清，友生顾君寓之所"[11]；《先姚姚夫人权葬石表》云："太夫人……大中十一年二月甲午，弃其孤于长安宣平里之寓舍"[12]。这些寓居之处非宅第，皆为旅舍。刑部郎中卢就宅。卢就墓志谓其大中五年（公元851年）四月六日终于宣平里[13]。国子助教卢当宅。卢当墓志云其大中八年（公元854年）十月十三日终于京兆府万年县宣平里之私第[14]。就与当同为范阳卢氏，或为兄弟。户部侍郎判度支刘瑑宅。大中十一年（公元857年），刘瑑旧僚高湜出任蒋系凤从事，故辞瑑于宣平里私第。[15]秘书郎李郴宅。其夫人宇文氏墓志载：咸通八

---

[1] 柯卓英、岳连建：《唐京兆府功曹参军庾承戣墓志考释》，载《考古与文物》2006年第3期，第63页。
[2] 《东观奏记》卷下，第126页。
[3] 《尚书故实》，见《唐五代笔记小说大观》（下），第1162页。
[4] 《全唐文》卷七六一，第7909页。
[5] 《南部新书》卷壬，第150页。
[6] 《全唐文补遗》第7辑，第108页。
[7] 《唐代墓志汇编》大和〇五八，第2137页。
[8] 李雪芳：《唐严愈夫妇墓志合考》，见《碑林集刊》（十），第137页。
[9] 《前定录·李敏求》，第8页。
[10] 《唐代墓志汇编》大中〇五九，第2295页。
[11] 《全唐文》卷三九五，第4017页。
[12] 《唐代墓志汇编》大中一三〇，第2353页。
[13] 《唐代墓志汇编》大中〇六四，第2299页。
[14] 《唐代墓志汇编》大中〇八八，第2317页。
[15] 《东观奏记》卷中，第105页。

年（公元867年），宇文氏病逝于长安宣平里。①《酉阳杂俎》记载：宣平坊有卖油者张帽，有官人夜归入曲，张帽驱驴不避。②

升平坊位于皇城以南，朱雀门街东第四列，东市南第三坊。坊之东北，有汉乐游庙，汉宣帝所立，因乐游苑而名，在高原上。《西京杂记》载：乐游苑有自生玫瑰树，下多苜蓿，"风在其间常肃然，日照其花有光采"，故名其为苜蓿怀风，又谓之连枝草。③唐代余址尚存。由于其地在唐长安城中地势最高，视野开阔，京城坊里如在手掌之间，因而每至正月晦日、三月三日、九月九日，京城士女接踵而至，登赏祓禊。太平公主曾在原上建置观池以供游赏，后赐宁、申、岐、薛四王。④白居易《登乐游园望》诗也云："独上乐游园，四望天日曛。东北何霭霭，宫阙入烟云。爱此高处立，忽如遗垢氛。耳目暂清旷，怀抱郁不伸。下视十二街，绿树间红尘。"⑤《大唐郊祀录》载，开元十二年（公元724年），唐玄宗追赠申王为惠庄太子，在此坊中为其立庙。⑥西北隅，又有东宫药园。

任氏宅、胡人鬻饼之舍。沈既济《任氏》载：天宝九载（公元750年）六月，有官宦子弟郑六偶遇妇人行于道中，容色姝丽。郑六随之，至乐游原，见一宅，土垣车门，室宇甚严。郑六夜宿其间，次日早上郑六行至里门，门旁有胡人鬻饼之舍，郑六憩其帘下，坐以候鼓。郑六因指宿所问之曰："自此东转，有门者，谁氏之宅？"主人曰："此隙墉弃地，无第宅也。"⑦尚书右仆射裴遵庆宅。《唐国史补》载：永泰元年（公元765年），裴遵庆罢相知选，"朝廷优其年德，令就宅注官，自宣平坊榜引仕子以及东市西街，时人以为盛事"。⑧《长安志》据此将其宅置于宣平坊，误。实际情况应是遵庆宅在升平坊，升平之北为宣平，宣平之北为安邑，安邑之北为东市，遵庆在升平私第注官，参与铨选之人自北向南由东市列队至宣平，候至遵庆处办事。⑨杨绾《裴遵庆碑》也记载：裴遵庆，大历十年（公元775年）十月二十九日，薨于万年县升平里私

---

① 《陶斋臧石记》卷三四《唐秘书省秘书郎李君夫人宇文氏墓志铭并序》
② 《酉阳杂俎·前集》卷一五《诺皋记下》，第146页
③ 《太平广记》卷四〇九《怀风花》，第3320页
④ 《新唐书》卷八三《诸帝公主·太平公主传》，第3652页
⑤ 《全唐诗》卷四二四，第4661页
⑥ 《大唐郊祀录》卷一〇《飨光代帝王》，见《大唐开元礼》，第807页
⑦ 《太平广记》卷四五二《任氏》，第3692—3693页
⑧ 《唐国史补》卷下，第50页
⑨ 《隋唐两京坊里谱》，第179页

第，①据此可确定遵庆宅在升平坊而非宣平坊。太子左庶子绛郡开国公裴昪宅。裴昪墓志载：裴昪为尚书左仆射裴冕介弟，大历六年（公元771年）七月二十九日终于升平里第。②刑部尚书魏少游宅。检校司空同中书门下平章事崔宁宅。《唐语林》记载："始建中蜀相崔宁之女，以茶杯无衬，病其熨手，取楪子承之。既啜，杯倾，乃以蜡环楪中央，其杯遂定。即命工以漆环代蜡。宁善之，为制名，遂行于世。"原注："蜀相即升平崔家"③，故知崔宁宅在升平坊。万年县丞柳元方宅。柳宗元从兄柳元方墓志曰："贞元十二年龙集景子三月日，前万年县丞柳君终于长安升平里之私第"④。灵武节度推官秘书省校书郎韦本立宅。韦本立墓志载其永贞元年（公元805年）十月暴疾终于长安升平里私第⑤。左散骑常侍潘孟阳宅，《新唐书·潘孟阳传》载：元和四年（公元809年），孟阳复旧官，盛葺第舍，"帝（宪宗）微行至乐游原，望见之"，问左右，孟阳惧，停止修治。⑥孟阳宅在乐游原附近，或在升平坊。右龙武将军知军事兼御史中丞王翊元宅。李商隐《王翊元与其夫人李氏合祔墓志铭并序》记载：王翊元，元和十五年（公元820年）闰月三日卒升平里第。⑦

国子祭酒包陈宅。包陈墓志载其终于西京升平里第，大和二年（公元828年）二月十六日葬。⑧赠尚书左仆射太子太保韩皋宅。韩皋夫人李温墓志云：夫人大和三年（公元829年）六月二十八日，病终于升平里第。⑨左羽林军大将军史用诚宅。《唐左羽林军大将军史公神道碑》曰："将军讳用诚……太和四年岁在庚戌冬十一月乙未，薨于升平里之私第"⑩。同州司兵参军杜行方宅。杜行方墓志记其大和七年（公元833年）七月十二日启手足于上都升平里私第⑪。兵部尚书柳公绰宅。其子仲郢撰《唐故柳氏长殇女墓志铭》曰："我家之殇妹，名曰老师是也。会昌五年五月二十一日，殁于升平

---

① 《全唐文》卷三三一，第3359页。
② 《大唐西市博物馆藏墓志》二八二，第613页。
③ 《唐语林校证》卷八《补遗》，第731页。
④ 《全唐文》卷五九〇，第5961页。
⑤ 张蕴：《西安南郊华原出土的韦氏墓志初考——平齐公房和郧公房成员》，载《文博》1999年第6期，第65页。
⑥ 《新唐书》卷一六〇《潘孟阳传》，第4973页。
⑦ 钟明善：《从〈王翊元夫妇墓志铭〉看李商隐的诗文与书法》，载《西安交通大学学报》（社会科学版）2011年第4期，第71页。
⑧ 《唐代墓志汇编》大和〇一一，第2102页。
⑨ 《大唐西市博物馆藏墓志》三八八，第837页。
⑩ 《全唐文》卷七四七，第7732—7733页。
⑪ 《唐文拾遗》卷二六《唐故同州司兵参军上柱国京兆杜府君墓志铭并序》。

里第"①。公绰弟公权撰《柳氏淑女墓铭》载："唐故检校左仆射兼兵部尚书赠太子太保柳公第四女讳愔愔，年一十有四。自大和八年年冬得疾，至九年冬十二月十三日终于升平里之旧宅"，其长兄即前殿中御史仲郢。②据《旧唐书·柳公绰传》所记，志文中的"唐故检校左仆射兼兵部尚书赠太子太保柳公"即指柳公绰。《旧唐书》本传另载：公绰子仲郢"每迁官，群乌大集于升平里第，廷树戟架皆满，凡五日而散"③。据此可知，柳公绰宅在此坊，其子仲郢亦居此宅。柳知微宅。其妻陈兰英墓记曰："陈氏讳兰英……大中四年十二月三日，终于升平里余之私第。"④太子太傅致仕刘沔宅。刘沔神道碑铭云其大中二年（公元848年）十一月十日遘疾薨于升平里⑤。其子刘从周撰《刘氏幼子葬铭》亦载：乾符二年（公元875年）四月二十日，刘氏幼子年七岁终于升平里私第，其祖讳沔，父曰从周。刘德章女刘定师墓铭称其于乾符二年（公元875年）七月十日，在升平里私第去世，其祖亦为刘沔，皇考德章。⑥京兆府少尹元崇简宅。元稹有《酬乐天吟张员外诗见寄因思上京每与乐天于居敬兄升平里咏张新诗》，白居易有《和元八侍御升平新居四绝句》，⑦元八即崇简，也就是元稹诗所谓居敬兄。进士张乔宅。许棠有《题张乔升平里居》⑧诗。前进士李峣宅。《唐摭言》载：李峣及第，临近起居宴，但霖雨不止，遂赁油幕以张，从其先人旧庐升平里至其所居连亘一里，用钱达七百缗。⑨

修行坊位于皇城以南，朱雀门街东第四列，东市南第四坊；本名修华，武周时，避讳改称修行坊，景云元年（公元710年）复旧，开元时又改之。⑩坊内隋有通法寺，大业七年（公元611年）废。

赠太子少保郑宜尊宅。其父郑进思墓志载：郑进思上元二年（公元675年）卒于襄陵官第，其夫人权氏开元十年（公元722年）归全于西京修华里第，"四子陪祔于新

---

① 《陶斋臧石记》卷三二《唐故同州司兵参军上柱国京兆杜府君墓志铭并序》。
② 赵力光：《唐柳公权撰〈柳愔愔墓志〉考》，载《文博》2003年第3期，第65页。
③ 《旧唐书》卷一六五《柳公绰传附子仲郢传》，第4307页。
④ 《唐文拾遗·续拾》卷六。
⑤ 《唐文拾遗》卷三一《唐故光禄大夫守太子太傅致仕上柱国彭城郡开国公食邑三千户赠司徒刘公神道碑铭并序》。
⑥ 《唐文拾遗》卷三二《刘氏室女墓铭》。
⑦ 《全唐诗》卷四一七，第4599页；卷四三八，第4865—4866页。
⑧ 《全唐诗》卷六〇三，第6967页。
⑨ 《唐摭言校注》卷三，第80页。
⑩ 《长安志》卷八《唐京城二》，第294页。

□□□□□□□一名宜尊，邠州三水令，赠太子少保"。①郑进思早卒，权氏卒地西京修华里第当为其子郑宜尊宅。蒲州刺史杜从则宅。太子右庶子刘升宅。刘升墓志云其开元十八年（公元730年）六月二十九日薨于京兆修行里私第②。郑进思墓志记载有"西京修华里"，而刘升墓志则记为"京兆修行里"，由此可知景云元年（公元710年）修行坊改为修华坊，此后改回"修行"当在开元十年（公元722年）至十八年（公元730年）之间。尉迟胜宅。据《旧唐书》本传记载，尉迟胜，本于阗王，天宝中来朝，献名马、美玉。至德初听闻安禄山反，自率兵五千入中原参与平乱，后请留宿卫，"于京师修行里盛饰林亭，以待宾客"。③刘晏宅。《新唐书》载：刘晏生活简朴，"所居修行里，粗朴庳陋，饮食俭狭，室无媵婢"。④试大理评事郑易宅。其夫人卢氏墓志曰："有唐壬申岁（贞元八年，公元792年）十有一月壬子朔四日乙卯，郑氏之妇范阳卢氏终于长安之修行里"⑤。郑氏嫡长子元和十一年（公元816年）三月二十四日，夭于修行里私第；⑥郑易本人则于元和十一年（公元816年）五月二十一日终于修行里宅⑦。工部尚书李建宅。白居易《有唐善人墓碑铭并序》曰："唐有善人曰李公，公名建，字杓直……长庆元年二月二十三日夜，无疾即世于长安修行里第。"⑧白行简《三梦记并序》亦载：元和四年（公元809年），白行简与白居易及李杓直同游曲江，"日已晚，同诣杓直修行理第"，⑨也表明李建宅在修行坊。岭南节度使胡证宅。大和二年（公元828年），胡证上表请还京师，"于京城修行里起第，连亘闾巷。岭表奇货，道途不绝，京邑推为富家"。⑩郑直宅。郑党五墓志载其小字党五，王父讳宠，列考直，"代居长安修行里"。⑪端州司马杨收宅。《北梦琐言》载：唐国相杨收、发、嘏、严兄弟四人，皆登进士第，尽有文学，同居修行里，号曰"修行杨家"。⑫太常少卿段成式宅。《酉阳杂俎》载："旧说不见辅星者将死，成式亲故常会修行里"，故修行里当有其宅。其

---

① 《唐代墓志汇编》开元三六一，第1405—1406页
② 《唐代墓志汇编》天宝〇七〇，第1580页
③ 《旧唐书》卷一四四《尉迟胜传》，第3924—3925页
④ 《新唐书》卷一四九《刘晏传》，第4796页
⑤ 《唐代墓志汇编》贞元〇六三，第1882页
⑥ 《唐代墓志汇编》元和〇九〇，第2012页
⑦ 牛红广：《唐郑易墓志考略》，载《中国国家博物馆馆刊》2014年第4期，第61页
⑧ 《全唐文》卷六七八，第6926页
⑨ 《全唐文》卷六九二，第7101页。"理"当作"里"
⑩ 《旧唐书》卷一六三《胡证传》，第4259—4260页
⑪ 《唐代墓志汇编》大和〇八九，第2160页
⑫ 《太平广记》卷一五五《杨收》，第1113页

宅大堂前有五鬣松两株，粗如碗，所结松子味与新罗、南诏所贡相同。开成元年（公元836年）春，其书斋前枯紫荆数株蠹折，至三年秋，枯根上生一菌大如斗，下布五足，顶黄白两晕，缘垂裙如鹅鞴，高尺余，至午色变黑而死。宅内还有果园数亩，会昌二年（公元842年），有蜂在庭前檐胶土为巢，大如鸡卵，色正白，其家子弟恶而坏之。①刘得仁有《初夏题段郎中修行里南园》诗，段郎中，吴汝煜、胡可先考证为段文昌。②段义昌曾任祠部郎中，成式为其子。段义昌另一子段斯立墓志亦载："公讳斯立……父邹平公文昌相……会昌壬戌岁（二年，公元842年）正月十日，终于上都修行里第"③。段伯伦宅。顾非熊有《夏日会修行段将军宅》④诗，《旧唐书·段秀实传》载："其子伯伦，累官至太子詹事。……大和四年十一月，迁右金吾卫大将军"⑤，此段将军或为段伯伦，故推测修行坊亦有段伯伦宅。刑部员外马氏宅。姚合有《题刑部马员外修行里南街新居》⑥诗。张氏宅。白居易《松声》注曰："修行里张家宅南亭作。"⑦仆射李方正宅、南阳相宅。《唐阙史》载："三峰端揆李公，有居第在长安修行里，有密邻即故日南阳相。"⑧检校太子宾客前杭州长史兼监察御史唐思礼宅。唐思礼墓志记载其咸通十二年（公元871年）六月七日亡于修行里⑨。

修政坊位于皇城以南，朱雀门街东第四列，东市南第五坊。《唐两京城坊考》认为修政坊又称"循政里"⑩；然查阅徐松所据《唐文安县主墓志》记载，文安县主"卒于长安颁政里"，颁政坊在朱雀门街西，《唐两京城坊考》误将文安县主宅列入修政坊，并以此认为修政坊或为"循政里"，误。坊内有尚书右丞相张九龄宅。有尚书省亭子、宗正寺亭子，《辇下岁时记》称："新进士牡丹宴或在于此。"⑪

青龙坊位于皇城以南，朱雀门街东第四列，东市南第六坊。东南隅，开皇三年（公

---

① 《酉阳杂俎·前集》卷一一《广知》，第108页；卷一八《木篇》，第172页；卷一九《草篇》，第187页；卷一七《虫篇》，第168—169页。
② 吴汝煜、胡可先：《全唐诗人名考》，江苏教育出版社，1990年，第556页。
③ 张小丽：《新出土唐代段斯立墓及墓志考》，载《中国国家博物馆刊》2016年第9期，第67—68页。
④ 《全唐诗》卷五〇九，第5782页。
⑤ 《旧唐书》卷一二八《段秀实传附子伯伦传》，第3588—3589页。
⑥ 《全唐诗》卷四九九，第5678页。
⑦ 《全唐诗》卷四二八，第4716页。
⑧ 《唐阙史》卷上《李仆射方正》，见《唐五代笔记小说大观》（下），第1346页。
⑨ 《唐代墓志汇编续集》成通〇七八，第1094页。
⑩ 《唐两京城坊考》卷三《西京·外郭城》，第81页。此说有误。见李恭：《唐长安城坊宅第正误一则》，载《中国历史地理论丛》1990年第4辑，第22页。
⑪ 《长安志》卷八《唐京城二》，第294页。

元583年）立有普耀寺，独孤皇后为外祖崔彦珍所立，开元二年（公元714年）废。西南隅，又有废日严寺，仁寿元年（公元601年）隋炀帝施营第材木所造。《法苑珠林》载：西京日严寺，隋炀帝造，"寺有塔，未安舍利，乃发长干寺塔下，取之入京，埋于日严寺塔下，施铭于上"，至武德七年（公元624年），日严寺废，僧徒散配。[①]

曲池坊位于皇城以南，朱雀门街东第四列，东市南第七坊，坊南街抵京城之南面，以近芙蓉苑，因以名。东北隅，隋有天宝寺，龙朔三年（公元663年）为新成公主改为建福寺。寺内隋弥勒阁，高一百五十尺，开元二年（公元714年）寺废。[②]坊北有殡宫。《秦州都督府士曹参军□瑶墓志》云：殡于雍州万年县曲池坊之北一百步；[③]京兆府功曹韦又损墓志亦载其开元七年（公元719年）八月九日卒于新昌里第，次年□月□日权安厝于城东南曲池里。[④]此坊位于长安城东南角，居宅几无，故设有殡宫，专供城内居民临时安放去世亲属遗体。

七、朱雀门街东侧第五列诸坊

在朱雀门街东侧，第五列兴庆宫以南从北向南有八坊，依次为道政坊、常乐坊、靖恭坊、新昌坊、升道坊、广德坊、立政坊、敦化坊。[⑤]文献记载各坊东西为六百五十步，合955.5米，南北三百五十步，合514.5米；而考古发掘实测各坊的南北从500米到590米不等，东西均为1125米。（见图5-6）

道政坊位于朱雀门街东第五列，兴庆宫南第一坊。隋有护持寺，大业七年（公元611年）废。[⑥]又有宝应寺，本门下侍郎王缙宅，缙沉溺于佛法，大历四年（公元769年），以嬖妾李氏疾，奏请舍道政坊宅为寺，代宗嘉之，赐以题号。每当有节度观察使朝觐，王缙都延请至寺，讽令出财修缮，纳财索贿。[⑦]寺中有韩幹画释梵天女，悉齐公

---

① 《法苑珠林校注》卷三八《东晋金陵长干塔》，第1211页。《长安志》称贞观六年（公元632年）废，恐误，不取。
② 《长安志》卷八《唐京城二》，第295页。
③ 《唐两京城坊考》卷三《西京·外郭城》，第81页。
④ 《陶斋臧石记》卷二二。
⑤ 《长安志》和《唐两京城坊考》都认为：升道坊南到曲江池之间有立政、敦化二坊，曲江占两坊之地。而实际上，曲江池仅占一坊之地，升道坊南应有三坊。今天的许多长安城里复原图绘制一百零九坊者，都是空缺曲江池北一坊名，其北以敦化坊处之，这实际上是错误的。辛德勇先生根据其他资料论证出："敦化坊南临曲江，那么立政坊就应当在广德与敦化二坊之间了。"（《隋唐两京丛考》，第23页）
⑥ 《唐两京城坊考》卷三《西京·外郭城》，第83页。
⑦ 《册府元龟》卷三三八《宰辅部·贪黩》，第3997页。

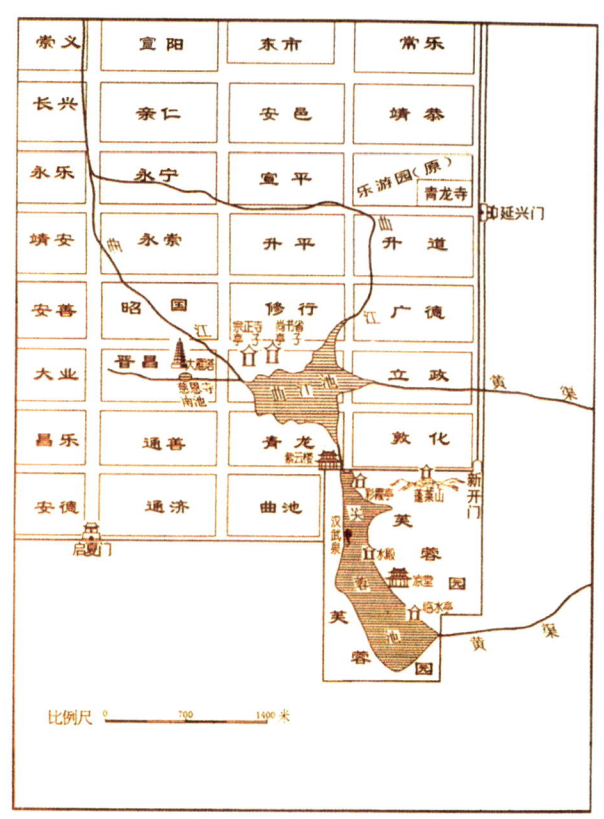

图 5-6 唐代长安城东南隅坊里分布示意图
（选自李令福、李元、耿占军主编：《曲江文史宝典》，陕西人民美术出版社，2004年，第81页）

妓小小等写真，又有所画下生帧弥勒，衣紫袈裟，右边仰面菩萨及二狮子；寺中弥勒殿，齐公寝堂，东廊北面杨岫之画鬼神。①又有张璪、边鸾画。

坊北门西，吏部尚书侯君集宅，后为申王府。南门之西，尚书左仆射张行成宅，宅西有罗国公张平高宅。国子监大学生崔韶宅。崔韶墓志载其上元元年（公元674年）二月二十六日卒于京师道政里第②。亳州长史元君宅。其夫人郭淑墓志云："夫人……开耀元年十一月廿日，终于京师之道政里私第。"③宋感宅。宋感墓志载其永淳元年（公元682年）七月十一日卒于道政坊私第④。隰州县令李嘉宅。李嘉墓志称其永淳元年（公元682年）八月二十一日终于京师道政里私第⑤。尚书考功员外郎邵炅宅。邵炅墓志记载：邵炅开元四年（公元716年）五月廿二日，遘疾终于万年县道政里第。⑥太子中舍人刘濬宅。刘濬墓志记载：夫人李氏，开元十七年（公元729年）六月三日薨于道政里私第。⑦开元二十四年（公元736年）十二月，为了扩建花萼楼前广场，玄宗下诏毁道政坊西北角。⑧长安县尉韦最宅。韦最墓志载其开元二十五年（公元

---

① 《酉阳杂俎·续集》卷五《寺塔记上》，第250—251页
② 《唐代墓志汇编》圣历〇一二，第932页
③ 《大唐西市博物馆藏墓志》一四二，第317页
④ 《唐代墓志汇编续集》永淳〇〇二，第255页
⑤ 《全唐文》卷一九五，第1978页
⑥ 高慎涛：《新出土唐邵炅墓志考释》，载《中国典籍与文化》2013年第4期，第25页
⑦ 《唐代墓志汇编》开元三〇四，第1366页
⑧ 《唐会要》卷三〇《兴庆宫》，第650页

737年）九月十四日终于道政里私第①。右司御率张令晖别业。其室人王仁淑墓志称："昔在童颜，天纵歌舞，巴渝郑卫之曲，□蔡秦齐之声，皆能练其节奏"，因而被招入宫廷乐队，"彩袖香裾，频升桂殿；清歌妙舞，常踏花筵"，表演歌舞，开元二十七年（公元739年）六月二十六日终于万年县道政里别业。②殿中省尚药奉御孙嘉宾宅。孙嘉宾与其夫人赵氏、崔氏墓志载：夫人崔氏，开元二十七年（公元739年）终于万年道正里私第。③东阿县主簿陈添宅。陈添墓志云其天宝十三载（公元754年）正月病逝于京师道政里私第④。太子左赞善大夫李朏宅。李朏墓志记其天宝十三载（公元754年）十二月十三日终于京兆府咸宁县道政里私第⑤。安禄山宅。《安禄山事迹》载：禄山旧宅在道政坊，后于亲仁坊造新宅。⑥左龙武将军梁约宅。梁约墓志称其天宝八载（公元749年）十月终于京兆咸宁县道政里⑦。工部尚书刘知柔宅。

均州刺史杨俦宅。杨俦墓志载其建中四年（公元783年）三月十日卒于上都道政里私第⑧。凶宅。《乾䐀子》载：贞元中，道政里十字街东有小宅。怪异日见，人居者必大遭凶祸，谓之凶宅。进士房次卿曾假西院住，累月无患，后为东平节度李师古买为进奏院，每贺冬正常五六十人随之，居住此宅。⑨曹乂宅。曹乂墓志云：曹乂归道政之私第卒，元和二年（公元807年）十月十九日迁窆于邙山之原。⑩镇国大将军王荣宅。《镇国大将军王荣神道碑》云其元和二年（公元807年）十月二十一日薨于道政里私第⑪。马倩宅。马倩墓志记其元和七年（公元812年）八月终于长安道政里私第⑫。幽州节度衙前兵马使王承宗宅。其夫人李元素墓志载：夫人大和六年（公元832年）二月廿九日，遘疾终于道政里私第。⑬礼部尚书左龙武军统军尚书左仆射史旻宅。其夫人董媛墓志记：

---

① 《唐代墓志汇编续集》开元一五六，第561页。
② 《唐代墓志汇编续集》开元一六八，第568页。
③ 江勃：《唐代西方墓志考》，见《陕西历史博物馆刊》第2辑，第295页。
④ 《唐代墓志汇编续集》天宝一〇〇，第655页。
⑤ 《唐代墓志汇编》天宝二七一，第1721页。
⑥ 《安禄山事迹》卷上，第77页。
⑦ 翁桱、宋联奎：《咸宁长安西县续志》卷一二《金石考上》，成文出版社有限公司，1969年，第537页。
⑧ 黄薇：《唐杨俦墓志考释》，见《唐史论丛》第18辑，第303页。
⑨ 《太平广记》卷三四一《道政坊宅》，第2707页。
⑩ 《唐代墓志汇编》元和〇一九，第1963页。
⑪ 《全唐文》卷七二〇，第7411页。
⑫ 《唐代墓志汇编续集》元和〇四七，第833页。
⑬ 《唐代墓志汇编》大和〇四八，第2129页。

"开成四年七月七日,陇西郡君董氏卒于京师道政里。"①章孝标宅。朱庆馀有《题章正字道正新居》②诗,道政坊在兴庆宫南,故有"独在御楼南畔住"之语。客舍。罗隐《吊崔县令》曰:"丁亥年夏(咸通八年),前晋阳崔县令死于通政里客舍。"③唐长安城中无"通政",应为"道政"之讹。光州长史检校国子祭酒边诫宅。其夫人杨夫人墓志载:夫人咸通十一年(公元870年)六月三日卒于道政里第④,即边诫宅第。

常乐坊位于朱雀门街东第五列,兴庆宫南第二坊。《唐两京城坊考》根据《寺塔记》所言"大同坊灵化寺"认为此坊亦名大同⑤。但李健超先生指出,唐长安城内无大同坊,也从未见唐人诗文碑志有大同坊之名,《寺塔记》"大同坊灵华寺"条上文为"常乐坊赵景公寺",因此推测《寺塔记》之大同坊为"又同坊"之舛讹。⑥按:《全唐诗》卷七九二有《游长安诸寺联句·大同坊云华寺·偶联句》,而《元河南志》卷一谓大同坊在洛阳定鼎门街之西第二街,有待进一步考证。坊内街东有大冢,旧误以为董仲舒墓,人过皆下马,谓之下马陵,后人语讹为虾蟆陵。⑦孙民柱先生指出董仲舒墓并不在此,而应是陪葬茂陵。⑧曲中出美酒,京都称之。⑨1998年西安交通大学在修建浴池时,发现一座砖砌古墓,坐北朝南,从其形制来看为中型汉墓,从其方位分析当是文献记载中的虾蟆陵故址。⑩(见图5-7)

常乐坊西南隅,赵景公寺,开皇三年(公元583年)初置,曰弘善寺,十八年(公元598年)独孤皇后为父赵景武公独孤信改名为赵景公寺。南中三门里东壁上,吴道玄白画地狱变;三阶院西廊下,范长寿画西方变及十六对事,宝池尤妙绝,视之如觉水入深壁;院门上白画树石,阎立德所画;西中三门里门南,吴道玄画龙及刷天王须,笔迹如铁,有执炉天女,其眼睛似会说话;华严院中有鍮石雕成的卢舍立像;寺有小银象六百余躯,金佛一躯长数尺,大银象高六尺余,又有嵌七宝字《多心经》小屏风,盛以宝函,上有杂色珠及白珠,安史之乱期间,藏入此寺;屏风十五牒,三十行经;黄金

---

① 《大唐西市博物馆藏墓志》四〇七,第879页
② 《全唐诗》卷五一四,第5875页
③ 《全唐文》卷八九七,第9368页
④ 《唐代墓志汇编续集》咸通〇七〇,第1087页
⑤ 《唐两京城坊考》卷三《西京·外郭城》,第84页
⑥ 《增订唐西京城坊考》(修订版),第152页
⑦ 《唐国史补》卷下,第59页
⑧ 孙民柱:《董仲舒墓址辨惑》,载《中国历史地理论丛》2000年第3辑,第181页
⑨ 《长安志》卷九《唐京城三》,第308页
⑩ 孙民柱:《白居易与交大虾蟆陵》,载《西安交通大学学报》(社会科学版)1999年第2期,第94页

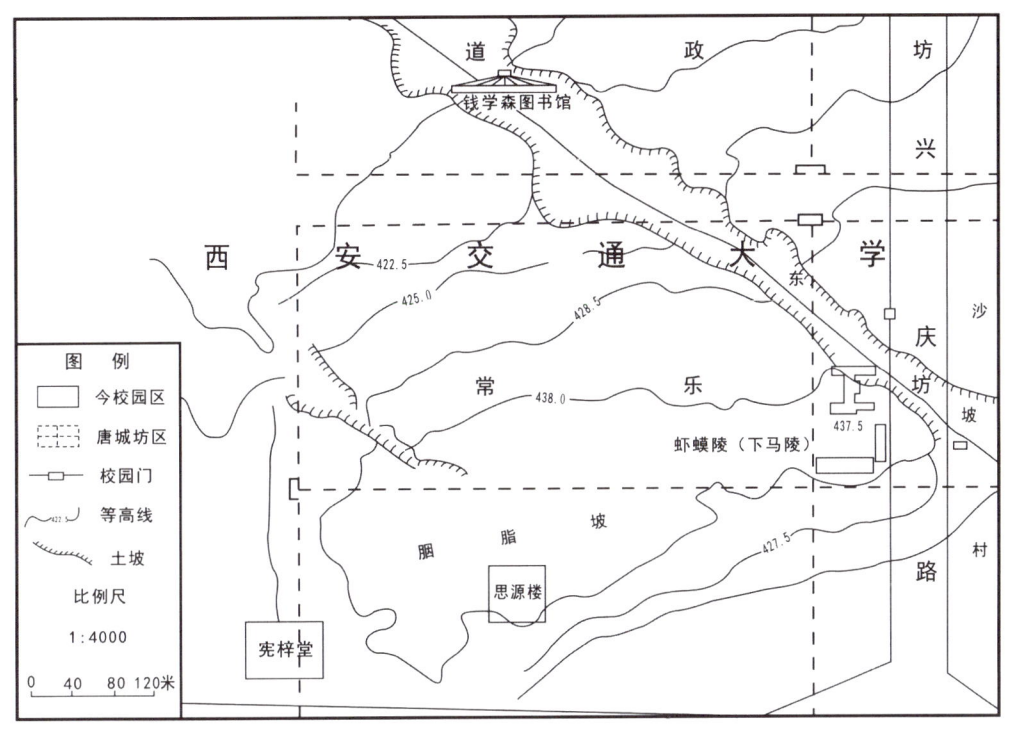

图 5-7 虾蟆陵遗址位置示意图

[选自孙民柱：《白居易与交大虾蟆陵》，载《西安交通大学学报》（社会科学版）1999年第2期，第92页]

牒经，疑为外来之物。①坊南门西，又有云华寺，《长安志》和《唐两京城坊考》均作"灵花寺"，今所见吕大防《长安图》残石则在常乐坊南门之西标为"云华寺"，与《长安志》所载不同。唐释法琳所撰《辩正论》载有"隋大司马上柱国神武肃公窦毅造云华寺"②，又唐阎朝隐撰《大唐大荐福寺故大德康藏法师之碑》、崔致远撰《唐大荐福寺故寺主翻经大德法藏和尚传》等载："时智俨法师于云华寺讲华严经藏"，是知《长安志》等书作"灵华寺"误，当从吕大防《长安图》等作"云华寺"。③其地本隋大司马窦毅宅，开皇六年（公元586年）舍宅为寺。大历初，僧俨讲经此寺，天空忽然雨花，至地咫尺而灭，夜有光照满室，敕改为云华。寺佛殿西廊立高僧一十六身，天宝初，自南内移来；寺西北隅有观音堂，建中末百姓屈患疮且死，梦云华寺一菩萨为其治疮，数日而愈，俨遂立社，建堂移之；圣画堂中，构大坊为壁，设色焕缛，本邵武宗

① 《酉阳杂俎·续集》卷五《寺塔记上》，第248—249页。
② 〔唐〕释法琳：《辩正论》卷四，大正新修大藏经本。
③ 《隋唐西京丛考》三十一《灵花寺与云华寺》，第71页。

画；菩提树东有精舍，中有如来像，右膞未完，堂中有于阗鍮石立像。[①]寺有赵武端、王知慎画。坊中还有洞灵观、赠太子太师浑瑊父浑释庙。

坊中居民宅第主要有赵隆宅。赵隆墓志称："终于京师常乐里之第"，贞观十二年（公元638年）正月廿六日葬。[②]街南之东，中书令来济宅。驸马都尉卫尉少卿豆卢逊宅。豆卢逊墓志载其显庆四年（公元659年）四月十七日卒丁万年县常乐里第[③]。魏州贵乡县令于君宅。其妻卢舍卫墓志载：调露二年（公元680年）五月十八日，夫人终于常乐里第。[④]前英王帐内李满藏宅。李满藏墓志载其垂拱四年（公元688年）三月廿三日终于常乐坊私第[⑤]。陪戎副都尉刘师宅。刘师及妻房氏墓志载：刘师圣历元年（公元698年）七月二十八日卒于万年县长乐里[⑥]。于知微、于大猷兄弟宅。姚崇《兖州都督于知微碑》云其开元二年（公元714年）六月廿五日薨于长安常乐里第[⑦]；《明堂令于大猷碑》则称其圣历三年（公元700年，是年五月改元为久视元年）七月十日终于万年县常乐里私第[⑧]，大猷即知微之弟。太史监灵台郎郭元诚宅。郭元诚塔铭记其开元十八年（公元730年）三月十二日终于常乐私第[⑨]。左威卫仓曹参军韦恂如宅。其长女韦美美墓志云："开元廿年十二月廿七日遇疾卒于京兆常乐里"[⑩]。寿州刺史郭敬之宅。郭敬之，子仪父。唐寿州刺史郭敬之庙碑铭载：敬之天宝三载（公元744年）正月十日遘疾终于京师常乐坊私第[⑪]。左补阙张之绪宅。其妻顺节夫人墓志称：夫人姓李氏，天宝十一载（公元752年）终于常乐里私第[⑫]。殿中监张九皋宅。张九皋神道碑铭记载：九皋天宝十四载（公元755年）四月二十日薨于西京常乐里私第[⑬]。

安史之乱后，有和政公主宅。颜真卿《和政公主神道碑》云：公主，肃宗第二女，代宗同母妹，天宝九载（公元750年）三月封和政公主，下嫁柳潭，广德二年（公元764

---

① 《酉阳杂俎·续集》卷五《寺塔记上》，第250页。
② 《唐代墓志汇编续集》贞观〇一九，第21页。
③ 《唐文拾遗》卷六四《大唐故驸马都尉卫尉少卿息豆卢君墓志铭并序》。
④ 《大唐西市博物馆藏墓志》一〇七，第238页。
⑤ 《全唐文补遗》第6辑，第327页。
⑥ 《大唐西市博物馆藏墓志》一三七，第305页。
⑦ 《全唐文》卷二〇六，第2088页。
⑧ 《全唐文》卷二三七，第2396页。
⑨ 《唐代墓志汇编续集》开元一三四，第545页。
⑩ 《唐代墓志汇编续集》开元一一七，第534页。
⑪ 《全唐文》卷三三九，第3437页。
⑫ 《唐代墓志汇编》天宝一九九，第1670页。
⑬ 《全唐文》卷三五五，第3599页。

年）二月二十五日，薨于常乐坊私第。①将军尉迟青宅。《乐府杂录》载：大历中，有将军尉迟青，善于吹奏觱篥，"所居在常乐坊"。②贞元四年（公元788年）四月，韦士元、卢宁等四人，白昼挟弓操剑在常乐坊抢劫。③左骁卫将军御史中丞马实宅。马实墓志记其贞元十四年（公元798年）七月十一日终于京师常乐里私第④。关播宅。白居易《养竹记》记：贞元十九年（公元803年），白居易初及第，授校书郎，在长安求假居处，"得常乐里故关相国私第之东亭而处之"。⑤据《旧唐书·关播传》载，建中三年（公元782年）十月，拜银青光禄大夫、中书侍郎、同中书门下平章事、集贤殿崇文馆大学士、修国史，贞元十三年（公元797年）正月卒，赠太子太保，⑥故推测"关相国"即指关播。白居易假居此宅时，关播已去世六年；白居易居此宅时有《常乐里闲居偶题十六韵》⑦诗。国医王彦伯宅、渭南县丞卢佩别第。《太平广记》载：贞元末，卢佩母病腰脚，不能下床榻累年，晓夜不堪痛楚，佩即弃官，奉母归长安，寓于常乐里别第，竭产以求国医王彦伯治之。⑧太常丞冯芫宅。姚合旧宅。姚合《新昌里》诗曰："旧客常乐坊，井泉浊而咸。"⑨故知姚合旧宅在常乐坊。景公寺前街中旧有巨井，俗呼为八角井，与渭河相通。元和初有公主夏中过，从婢以银棱碗就井承水时，误坠碗入井，经月余出于渭河。⑩左羽林军胄曹参军崔纮宅。崔纮墓志言其元和六年（公元811年）秋七月疾，十月殁于上都常乐里。⑪殿中侍御史钱方义宅、王直方宅。《续玄怪录》载：宝历初，方义独居长乐第，父门人王直方居同里。⑫神策军同正将壮武将军守左金吾卫大将军员外置同正员李文政宅。李文政墓志云其大和四年（公元830年）七月十日终于常乐私第⑬。河中晋、绛、慈、隰等州观察支使崔隋宅。其妻赵氏会昌六年（公元846年）五月五日终于上都常乐里第⑭。崔夫人宅。崔夫人墓志云："殁于长安常乐里"，大中

---

① 《全唐文》卷三四四，第3490—3492页。
② 《乐府杂录·觱篥》，第136页。
③ 《册府元龟》卷九三〇《总录部·寇窃》，第10968页。
④ 《全唐文》卷五九八，第6049页。
⑤ 《全唐文》卷六七六，第6901页。
⑥ 《旧唐书》卷一三〇《关播传》，第3628—3629页。
⑦ 《全唐诗》卷四二八，第4712页。
⑧ 《太平广记》卷三〇六《卢佩》，第2425—2426页。
⑨ 《全唐诗》卷五〇二，第5714页。
⑩ 《酉阳杂俎·前集》卷一五《诺皋记下》，第141页。
⑪ 《唐代墓志汇编续集》元和〇三二，第823页。
⑫ 《太平广记》卷三四六《钱方义》，第2744、2745页。
⑬ 《唐代墓志汇编》大和〇三二，第2119页。
⑭ 《唐代墓志汇编》会昌〇五三，第2249页。

四年（公元850年）十月葬于万年县常乐乡长寿里。①右神策军押衙、襄王府谘议参军何少直宅。何少直墓志载其大中九年（公元855年）五月四日终于万年县常乐里②。王居士宅。《太平广记》载：常乐王居士，常持珠诵佛，施药里巷。③

靖恭坊位于朱雀门街东第五列，兴庆宫南第三坊，"靖恭"亦作"静恭"。街南之西，有祆祠。纪王府主簿李玄济宅。李玄济墓志载其贞观十六年（公元642年）四月十日遘疾卒于静恭里第④。西北隅，驸马都尉杨慎交宅。《唐两京城坊考》将《新唐书·长宁公主传》所载长宁公主宅第的内容又误置于靖恭坊杨慎交宅下，长宁公主宅在崇仁坊西南隅，而不在靖恭坊。⑤宅南隔街有司农卿韦玢宅。右威卫将军李吉宅。李吉墓志记载其开元五年（公元717年）五月三日卒于静恭里私第⑥。薛王府典军李无虑宅。李无虑墓志载其开元十七年（公元729年）五月七日终于静恭私第⑦。中书舍人王敬从宅。王敬从神道碑铭云其开元二十八年（公元740年）五月二十八日终于西京静恭里私第⑧。寿光公主宅。韦述撰寿光公主墓志记载：公主，玄宗第二十二女，天宝九载（公元750年）三月薨于靖恭里第。⑨洛交郡长史赵怀珽宅。赵怀珽墓志曰："君讳怀珽……天宝十五载三月四日，归化于西都静恭之私第"⑩。

安史之乱以后，靖恭坊内的宅第有所增多。吏部郎中韦元鲁宅。韦元鲁墓志称其大历二年（公元767年）十二月终于京师静恭里故宅⑪。僧康藏宅。《酉阳杂俎》记载：大历初，康藏住靖恭里毡曲。⑫大历十二年（公元777年）十一月，靖恭坊南街柳树上夜降甘露，"味如饴蜜"⑬。中书侍郎同中书门下平章事崔祐甫宅。其墓志记其建中元年（公元780年）六月一日薨于京师静恭里第⑭。陕府左司马翰林待诏韩秀实宅。韩秀实墓

---

① 《全唐文补遗》第6辑、第164页。
② 马洪路：《唐何少直墓志铭考释》，载《考古与文物》1990年第3期，第88页。
③ 《太平广记》卷八四《王居士》，第542页。
④ 《西安碑林博物馆新藏墓志汇编》〇二四，第81页。
⑤ 《增订唐两京城坊考》（修订版），第156页。
⑥ 《唐代墓志汇编续集》开元一五四，第559页。
⑦ 《全唐文》卷三五一，第3559页。
⑧ 《全唐文》卷三一三，第3177页。
⑨ 郭海文、赵文朵、贾强强：《〈大唐故寿光公主墓志铭并序〉考释》，见杜文玉主编：《唐史论丛》第20辑，三秦出版社，2015年，第50页。
⑩ 《唐代墓志汇编》至德〇〇一，第1731页。
⑪ 《全唐文》卷三九二，第3984页。
⑫ 《酉阳杂俎·续集》卷五《寺塔记上》，第250页。
⑬ 《册府元龟》卷二五《帝王部·符瑞四》，第269页。
⑭ 《唐代墓志汇编》建中〇〇四，第1823页。

志记其建中三年（公元782年）十一月十一日无疾而终于靖恭里私第①。辅国大将军符璘宅。史载：李怀光反叛，符璘从马燧征讨，后入朝，册为辅国大将军，赐靖恭里第一区。②符璘神道碑铭亦载其贞元十四年（公元798年）七月二十四日终于靖恭里赐第③。秘书监致仕韦建宅。太常卿韦渠牟宅。韦渠牟墓志载："贞元十七年秋七月乙酉，太常韦公讳渠牟，年五十三，启手足于靖恭里。"④尚书司门员外郎仲子陵宅。仲子陵墓志云其贞元十八年（公元802年）六月殁于靖恭里第⑤。李谘议宅。《太平广记》记载：贞元末，渭南县丞卢佩妻"改嫁靖恭李谘议"⑥，故知靖恭坊有李谘议宅。夜来宅。《酉阳杂俎》载：靖恭坊有姬字夜来，稚齿巧笑，歌舞绝伦，京城贵公子不惜破产迎之。⑦韦夏卿宅。孟郊有《题韦少保静恭宅藏书洞》诗，韩泉欣注曰："元和元年作。是年东野方寓居长安。韦少保：谓韦夏卿，曾为东都留守，迁太子少保。"⑧翰林学士吴通微宅。《长安志》记为"吴通微集书院"，《唐两京城坊考》改作"吴通微宅"，"集书院"推测为宅内一院落。河东裴氏宅。裴氏墓志记其元和三年（公元808年）六月十八日遘疾，于静恭里私第去世。⑨骠骑大将军论惟贤宅。论惟贤神道碑记载：其高祖为吐蕃大论禄东赞，因官立姓为论氏，曾祖论钦陵曾总兵于唐蕃边境，高宗时论钦陵率部归降；论惟贤元和四年（公元809年）七月十日病逝于静恭里私第。⑩硖州司马刘宗意宅。刘宗意墓志记其元和六年（公元811年）五月十三日终于万年县静恭里私第⑪。河南府郑郯府折冲都尉张君瑜宅。张君瑜墓志载：三世以武材补官，从兵部武举举射及第，授右金吾卫长上，元和七年（公元812年）五月二日，卒于长安静恭里私第。⑫李素宅。李素墓志称其本波斯人，祖益初，天宝中以质子身份入唐，赐姓李。李素擅长古波斯的数学、历法技术，"得神灶之天文，究巫咸之□业。握算枢密，审量权衡，四时不忒，二仪无忒"，因而曾任职司天监，元和十二年（公元817年）十二月十七日终于静恭里。⑬

---

① 陈根远：《唐〈韩秀实墓志〉及其他》，载《文博》2010年第4期，第35页。
② 《新唐书》卷一九三《符令奇传附子璘传》，第5551页。
③ 《全唐文》卷七一四，第7340页。
④ 《全唐文》卷五〇六，第5145页。
⑤ 《全唐文》卷五〇二，第5110页。
⑥ 《太平广记》卷三〇六《卢佩》，第2425—2427页。
⑦ 《酉阳杂俎·前集》卷一二《语资》，第116页。
⑧ 《孟郊集校注》卷五，第196页。
⑨ 《大唐西市博物馆藏墓志》三四八，第753页。
⑩ 《全唐文》卷四七九，第4891—4892页。
⑪ 《全唐文补遗》第7辑，第86页。
⑫ 《大唐西市博物馆藏墓志》三五五，第767页。
⑬ 《唐代墓志汇编》元和一二八，第2039—2040页。

刑部尚书杨汝士兄弟宅。其父杨宁墓志载：杨宁元和十二年（公元817年）四月，寝疾薨于靖恭里第，有子汝士、虞卿、汉公、殷士四人，咸著名实。① 咸通中，杨汝士兄弟四人同居靖恭里，位皆至正卿，并列门戟，时号"靖恭杨家"。汉公子监察御史杨筹墓志载：杨筹咸通七年（公元866年）四月殁于长安静恭里私第②。孙闻礼宅。《前定录》记载：陆宾虞举进士在京师，至宝历二年（公元826年）春，欲罢举归吴，于靖恭北门候一郎官，憩于从孙闻礼之舍。③ 向君宅。向府君墓志云其大和元年（公元827年）五月十九日终于京兆府靖恭坊私第④。开州司马宋申锡宅。大和五年（公元831年），神策军中尉王守澄诬告宋申锡与漳王谋反，以二百骑就靖恭里屠申锡家。⑤ 尚书右仆射史孝章宅。据其墓志载，孝章，父史宪诚，晋、绛、慈、隰等州节度观察处置等使，孝章开成三年（公元838年）十月十三日上表入觐，廿日薨于长安静恭里私第。⑥ 湖州刺史张士阶宅。其女张婵墓志记载：张婵，湖州刺史张士阶之女，开成五年（公元840年）二月十一日，终于长安静恭里。⑦ 将作少监兼通事舍人知馆事苗缜宅。苗缜墓志云其会昌四年（公元844年）三月十七日弃代于靖恭里私第⑧。苗缜弟苗弘本也居住在此，苗弘本墓志载其大中九年（公元855年）三月六日终于静恭里第⑨。进士赵珪宅。据其墓志记载，大中元年（公元847年）二月十五日，终于长安靖恭里第。⑩ 京兆府功曹参军庾承欢宅。其夫人李氏墓志云："大中九年八月十三日遘疾，终于上都靖恭里"⑪。承欢子长安县丞游方⑫，其妻兰陵萧氏大中六年（公元852年）八月一日终于靖恭里⑬，据此可知父子两代同居于此宅。征事郎左补阙内供奉云骑尉崔璞宅。其妻李夫人墓志载：夫人

---

① 《唐代墓志汇编》元和一〇五，第2023页。
② 西安市文物保护考古研究院：《西安曲江缪家寨唐代杨筹墓发掘简报》，载《文物》2016年7期，第19页。
③ 《太平广记》卷一五四《陆宾虞》，第1108页。
④ 《唐代墓志汇编》大和〇〇九，第2101页。
⑤ 《旧唐书》卷一六七，第4370—4371页。
⑥ 郭茂育、赵振华：《唐〈史孝章墓志〉研究》，载《中国边疆史地研究》2007年第4期，第115—116页。《全唐文》卷六〇九《唐故邠宁庆等州节度观察处置使朝散大夫检校户部尚书兼御史大夫赐紫金鱼袋赠右仆射史公神道碑》（第6154页）有相同记载。
⑦ 《唐代墓志汇编》开成〇四一，第2199页。
⑧ 《唐代墓志汇编》会昌〇三一，第2232—2233页。
⑨ 《唐代墓志汇编》大中〇九三，第2322页。
⑩ 《唐代墓志汇编》大中〇一一，第2260页。
⑪ 岳连建、柯卓英：《唐京兆府功曹参军庾承欢夫人李氏墓志考释》，载《考古与文物》2005年第4期，第93页。
⑫ 《全唐文补遗》第7辑，第135页。
⑬ 《全唐文补遗》第7辑，第128—129页。

大中十年（公元856年）八月二十五日，终于上都靖恭里私第。①太子宾客卢携宅。黄滔《代郑郎中上静恭卢相启》②，卢相即指卢携，知其宅在此。太常卿崔郐宅。五方师子本在太常，靖恭崔郐为太常乐卿。傩日如方镇大享，诸司侍郎两省官同看，崔公自靖恭坊第露冕从板舆入太常寺棚中，百官皆取路回避，时论荣之。③正字余知古宅。喻凫《冬夜宿余正字静恭里闲居》④诗，陶敏考证余正字即余知古，生平活动主要从文宗至咸通初。⑤又有金州进奏院。

新昌坊位于朱雀门街东第五列，兴庆宫南第四坊，南街东出即延兴门。南门之东，有青龙寺，本隋灵感寺，开皇二年（公元582年）隋文帝移都，徙掘城中陵墓，葬之郊野，因置此寺，并以灵感为名，武德四年（公元621年）废。城阳公主患重病，有苏州僧法朗，诵《观音经》，乞愿得愈，龙朔二年（公元662年）公主奏立为观音寺。景云二年（公元711年），改为青龙寺。此寺北枕高原，南望爽垲，为登眺之美，是唐长安城著名的游赏之地。⑥唐宣宗在位期间"动遵元和故事"，以宪宗曾幸青龙寺，因命在城东复道中间开便门，至青龙佛宫，"永日升眺，追感元和圣迹，怅望久之"。⑦寺西廊近北，有毗沙门天王壁画，信众祈请辐凑。有居新昌里者因病长期身体羸弱，医巫无能为力，后至寺置绘壁下，梦有人如天王状，持筋类绠，以食病者，醒后渐觉绵骨木强，明日能步，又明日能驰，逾月以力闻。⑧青龙寺自盛唐以后逐渐发展成为唐代长安佛教密宗的主要道场，成为研究和传播密教的中心，是唐后期佛教对外交流的中心，日本的许多入唐名僧如空海、圆仁、圆珍、宗叡等都来过青龙寺。会昌元年（公元841年）四月，日本留学僧圆仁"往青龙寺，入东塔院，委细访见诸曼荼罗"⑨；大中时僧圆珍又到访青龙寺，访问高僧，入道场随喜礼拜，寺中和尚赠送《大仪轨》等经书，并略说"五大种子"及以"手印"等，珍随分记得。⑩自1973年以来，考古工作者对青龙寺遗址先后做了三次调查和发掘，共发掘了两个院落遗址，其中有佛殿和塔基、回廊等遗址，出土了佛像、经幢等佛教的遗物，其他如上、中、下三经藏院和位于西南角的传

---

① 《大唐西市博物馆藏墓志》四三六，第939页。
② 《全唐文》卷八二三，第8678页。
③ 《南部新书》卷乙，第23页。
④ 《全唐诗》卷五四三，第6276页。
⑤ 《全唐诗人名汇考》，第409页。
⑥ 《长安志》卷九《唐京城三》，第310页。
⑦ 《东观奏记》卷中，第108页。
⑧ 《太平广记》卷三一二《新昌坊民》，第2469—2470页。
⑨ 《入唐求法巡礼行记》卷三，第149页。
⑩ 《行历抄校注》，第42页。

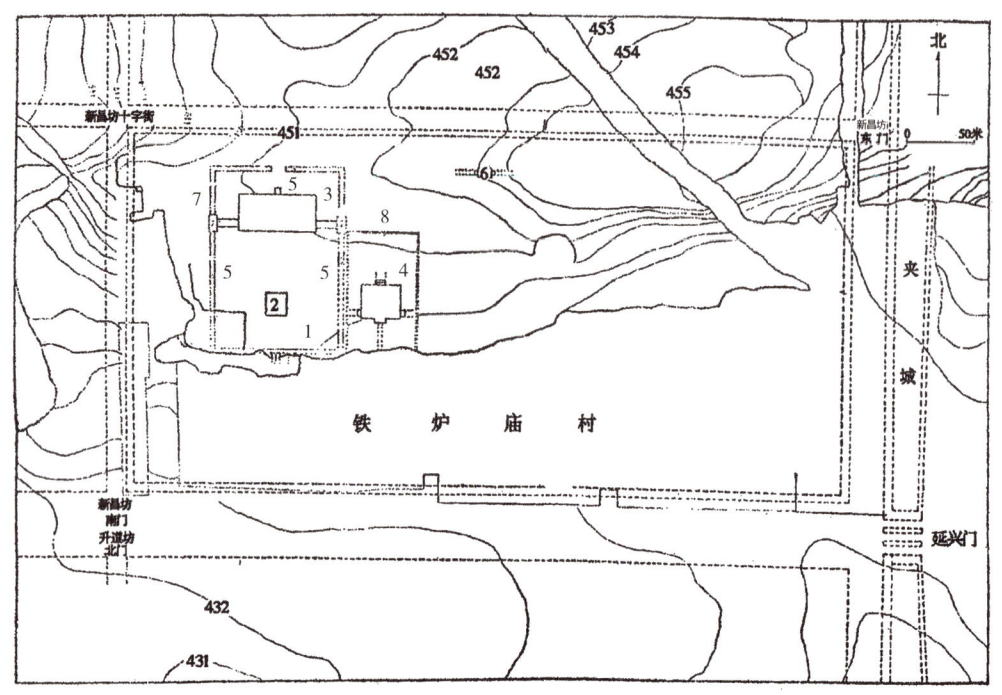

图 5-8　唐长安青龙寺遗址考古发掘平面图
1. 中门　2. 塔基　3、4. 佛殿　5. 回廊　6. 北门　7. 回廊侧门　8. 围墙
（选自马得志：《唐长安城发掘新收获》，载《考古》1987年第4期，第335页）

法院等遗址，均已破坏无遗。①（见图5-8）坊内又有崇真观，本李齐古宅，开元初立为道观。鱼玄机有《游崇真观南楼睹新及第题名处》诗云："自恨罗衣掩诗句，举头空羡榜中名。"②

《长安志》和《唐两京城坊考》对新昌坊开元以前的居民住宅情况几乎没有记载，幸而出土文物为我们保留了了解其情况的资料。1973年新疆博物馆考古工作队与西北大学考古专业协作，发掘了吐鲁番阿斯塔那墓地206号张雄夫妇的合葬墓，张雄死于贞观七年（公元633年），其妻麹氏死于垂拱四年（公元688年）。墓中出土了一批随麹氏入葬的唐代绢衣舞俑，这些被撕成条状捻作舞俑臂膀的纸，原本是唐代的一批账历。据陈国灿先生考证，这组账历是质库中的典质账，从其中提到的地名考察，它们来自京城长安，而其质库可能就设在长安东城延兴门附近的新昌坊内，该账历的年代大体上是在公元662年至689年间，即高宗后期。这组质库账历文书，记有典当物品名称、数额，典当

---

① 马得志：《唐长安城发掘新收获》，载《考古》1987年第4期，第334页。
② 《全唐诗》卷八〇四，第9050页。

人取钱数、赎付日期及其住处和年龄，其中大多数典当者，陈国灿与妹尾达彦两位先生都推定在长安的新昌坊内。据此可知高宗时期新昌坊如下一些人物的住宅和其他建筑物：质库、西门大巷卫通宅、观音寺后曲何七娘宅、南坊侯神宝宅、钗师张元爽宅、刘元感宅、西场宋守慎宅、北曲何思忠宅、杨二娘宅、曹阿金宅、王爽宅、董元宅、东头□嘉寂宅、染家杨金刚宅、崔基宅、牛婆宅。另外，妹尾达彦先生根据"南坊钗""南坊钗师""东头染家"等记载，推定新昌坊内存在着店铺。质库账历中所记的"北曲""东头""南坊"等应系新昌坊内某一地区。①开元时，有进马张延晖宅。张延晖墓志载其开元元年（公元713年）正月七日在新昌坊私第去世②。礼部尚书苏颋宅。苏颋诗题云："先是新昌小园期京兆尹一访兼郎官数子，自顷沈痾，年复一年，兹愿不果，率然成章。"③京兆府功曹韦希损宅。韦希损墓志载其开元七年（公元719年）八月九日倾于新昌里第中堂④。处士赵惠满宅。赵惠满墓志云其天宝元年（公元742年）五月三日寝疾终于西京新昌里私第⑤。吕逸人宅。王维有《春日与裴迪过新昌里访吕逸人不遇》诗，裴迪亦有《春日与王右丞过新昌里访吕逸人不遇》诗。⑥鲁郡任城县尉裴回宅。裴回墓志云其天宝二年（公元743年）正月十二日卒于西京新昌坊私第⑦。济阴郡考城县尉韦韫宅。其夫人源端墓志载：夫人源氏乃左丞相侍中乾曜之孙，天宝三载（公元744年）五月二十四日病逝于西京新昌里。⑧河南宇文琬宅。宇文琬墓志载：天宝三载（公元744年）六月五日，宇文琬终于新昌里私第。⑨将作大匠康玚宅、牛僧孺宅。《太平广记》载：天宝时，康玚为将作大匠，多巧思，尤能知地，曾对人言："我居是宅中，不为宰相耶。"有注曰："今新昌里西北牛相第，即玚宅也。"⑩此牛相即指文宗朝宰相牛僧孺，《牛羊日历》载有"（牛）僧孺新昌里第"⑪之语。

安史之乱后，新昌坊内的住宅明显增多。宗正少卿李粹宅。李粹墓志记其曾祖为

---

① 王静：《唐代长安新昌坊的变迁——长安社会史研究之一》，见《唐研究》第7卷，第229—232页。
② 《大唐西市博物馆藏墓志》二九一，第633页。
③ 《全唐诗》卷七四，第811页。
④ 《陶斋藏石记》卷二二《大唐故朝议郎京兆府功曹上柱□韦君墓志铭并序》。
⑤ 《大唐西市博物馆藏墓志》二四三，第535页。
⑥ 《全唐诗》卷一二八，第1297页；卷一二九，第1312页。
⑦ 《全唐文》卷三二七，第3317页。
⑧ 《全唐文补遗》第5辑，第374页。
⑨ 《唐代墓志汇编》天宝〇五五，第1568页。
⑩ 《太平广记》卷二六〇《康玚》，第2030页。
⑪ 〔唐〕刘轲：《牛羊日历》，清《藕香零拾》本。

恒山愍王李承乾，大历二年（公元767年）四月病终于新昌里私第。①礼部尚书李益宅。蒋防《霍小玉传》载：大历中，李益进士擢第，俟试于天官，至长安，舍于新昌里。②太子右庶子王定宅。权德舆《故太子右庶子集贤院学士赠左散骑常侍王公神道碑铭并序》载："兴元元年春二月，太子右庶子王公艰贞归全于京师新昌里。"③国子司业严公宅。《国子司业严公墓志铭》载其贞元八年（公元792年）卒于长安新昌里私第④。京兆府咸阳县丞权达宅。权德舆《再从叔故京兆府咸阳县丞府君墓志铭并序》记载：权达贞元十九年（公元803年）七月因感风疾终于新昌里。权达夫人清河张氏墓志云：贞元十八年（公元802年）四月，夫人暴婴疾疠，终于京师新昌里。⑤秘书省著作郎韦端宅。韦端玄堂志称：元和十四年（公元819年）三月二十三日，韦端终于长安新昌里私第。⑥按：端先有宅在亲仁里，后移宅于此。守右仆射、门下侍郎李绅宅。《唐语林》载：新昌李相绅性暴不礼士，曾有士人遇于中道，不避被拘。⑦他有诗题云："新昌宅书堂前有药树一株，今已盈拱，前长庆中于翰林院内西轩药树下移得……名之天上树。"⑧湖州刺史张士阶宅。其女张婉墓志云："安定张氏之女曰婉……初生于长安新昌里"⑨。《唐代墓志汇编》据志文中的"□庆三年六月十一日奄然终于吴兴郡舍"，将其定为显庆三年（公元658年），然按前靖恭坊已有张士阶宅，其另一女张婵开成五年（公元840年）终于长安静恭里，故此应为长庆三年（公元823年），据此亦可知张士阶先宅于新昌坊，后移至靖恭坊。进士卢燕宅。《河东记》载：长庆四年（公元824年）冬，进士卢燕，居新昌里，晨出坊北街，见一妇人长三丈许，衣服尽黑，驱赶一物状若羝羊，亦高丈许，不知是何物。⑩礼部尚书温造宅。《宣室志》记载：新昌里尚书温造宅，术士桑道茂尝居之，庭中有柏树甚高。大和元年（公元827年），温造居此宅，因修建堂宇，挖掘柏树下所镇之铁，后数月造即卒。⑪乡贡进士董交宅。董交墓志云其大和元年

---

① 《大唐西市博物馆藏墓志》二七九，第607页。
② 《太平广记》卷四八七《霍小玉传》，第4006页。
③ 《全唐文》卷五〇〇，第5091页。
④ 《全唐文》卷七八四，第8205页。
⑤ 《全唐文》卷五〇四，第5125、5130页。
⑥ 《唐文拾遗》卷二六《唐故朝散大夫秘书省著作郎致仕京兆韦公玄堂志》。
⑦ 《唐语林校证》卷六《补遗》，第598页。
⑧ 《全唐诗》卷四八〇，第5462页。
⑨ 《唐代墓志汇编》显庆〇七九，第278页。
⑩ 《太平广记》卷三四六《卢燕》，第2739页。
⑪ 《宣室志》卷一，第8—9页。

（公元827年）四月十四日终于新昌里私第①。吏部尚书裴向宅。《旧唐书》载：裴向年过致政，以吏部尚书致仕于新昌里第，大和四年（公元830年）九月卒。②按：其父裴遵庆宅在升平里，向复移于新昌。宅有竹园，元和中宰相武元衡遇害，贼藏匿于新昌坊向之竹林。③杨虞卿宅。《牛羊日历》载：杨虞卿宅与牛僧孺新昌里第夹街对门，虞卿别起高榭于僧孺之墙东，谓之南亭，常有朝廷官员持烛往来，里人谓之"半夜客"，号此亭为"行中书"。尚书左仆射致仕杨于陵宅。杨于陵墓志记其大和四年（公元830年）十二月以疾薨于新昌第④。于陵有子四人：景复、嗣复、绍复、师复。宝历中，杨嗣复为相继放两榜，"大宴于新昌里第"⑤。文宗时，嗣复子损为殿中侍御史，家在新昌里，宰相路岩为邻，岩以宅第狭小，欲买损马厩广之，损以"凡尺寸地，非吾等所有。先人旧业，安可以奉权臣"而拒绝。⑥有弘农杨慧墓记载："杨氏殇女慧，皇朝监察御史据之长女。……咸通十二年六月十九日殁于新昌里第"。志文撰写者为其叔父同州长春宫判官试秘书省校书郎杨擢⑦，而《旧唐书·杨于陵传》载：杨据、杨擢为杨于陵之孙，绍复之子，故知从杨于陵开始，到杨嗣复、绍复和杨损、杨据祖孙三代皆居住在此坊。秘书监张仲方宅。张仲方墓志记载：开成二年（公元837年）四月，仲方终于上都新昌里第。⑧检校左仆射兼吏部尚书崔群宅。开成三年（公元838年），刑部员外郎纥干公初及第时，于崔群新昌宅小厅中集见座主。⑨颍川郡陈夫人宅。陈氏墓志云其开成三年（公元838年）六月四日染疾，终于万年县新昌坊私第。⑩中书舍人路群宅。《唐阙史》载：中书舍人路群与给事中卢宏正相善，一日大雪，卢宏正路过其新昌第，路群正在南垣茅亭赏山雪，闻卢至大喜，急忙迎入。⑪宰相路岩宅，详见上文杨损宅。太子少傅致仕卢宏宣宅。考功郎中钱起宅，他有《新昌里言怀》⑫诗可证。侍郎侯钊宅。卢纶有《同柳侍郎题侯钊侍郎新昌里》⑬诗。凤翔尹凤翔节度使窦易直宅。白居易《惜牡

---

① 《唐代墓志汇编续集》大和〇一二，第888页。
② 《旧唐书》卷一一三《裴遵庆传附子向传》，第3356—3357页。
③ 《长安志》卷九《唐京城三》，第310页。
④ 《全唐文》卷六三九，第6451页。
⑤ 《唐摭言校注》卷三，第62页。
⑥ 《旧唐书》卷一七六《杨嗣复传附子损传》，第4560—4561页。
⑦ 《唐代墓志汇编》咸通一〇三，第2458页。
⑧ 《全唐文》卷六七九，第6944页。
⑨ 《唐语林校证》卷四《企美》，第367页。
⑩ 《大唐西市博物馆藏墓志》四〇六，第877页。
⑪ 《唐阙史》卷上《路舍人友卢给事》，见《唐五代笔记小说大观》（下），第1336页。
⑫ 《全唐诗》二三七，第2631页。
⑬ 《全唐诗》卷二七七，第3141页。

丹花二首》诗注曰："一首翰林院北厅花下作，一首新昌窦给事宅南亭花下作。"①时易直官给事中。刑部尚书白居易宅。白居易为主客司郎中知制诰时，居新昌里，有《题新昌所居》《新昌新居书事四十韵因寄元郎中张博士》，其诗云："丹凤楼当后，青龙寺在前。"宅有松数株，其《新昌闲居招杨郎中兄弟》诗曰："但有双松当砌下，更无一事到心中。"又曰："新昌七株松，依仁万茎竹。"②乡贡进士崔文龟傲第。崔文龟墓志记其大中十二年（公元858年）冬患疾，次年三月卒于长安新昌里傲第。③永州刺史孙绎别第。孙徽妻韦夫人墓志载："韦氏……适京师，馆于仲兄之私室。……大中十三年六月七日终于上都新昌里之别第"④。《新唐书·宰相世系表三下》记有：孙徽，常州刺史，其仲兄"绎，本名景章，永州刺史"。⑤因此可知，韦氏是卒于孙绎新昌里别第。秘书少监姚合新宅。其《新昌里》诗曰："新屋新昌里，井泉清而甘。"⑥处士丁重宅。《剧谈录》载：咸通、乾符以来，京城处士丁重，宅在新昌坊，善于相人吉凶，屡有奇验。⑦旅舍。舒元舆《养狸述》云："尝观虞人有生致者，因得请归，致新昌里客舍。"他又在《长安雪下望月记》中云："今年子月望，长安重雪终日，玉花搅空，舞下散地。予与友生喜之，因自所居南行，百许步登崇冈，上青龙寺门。"⑧盖元舆寓居在青龙寺北。乡贡进士路谠墓志记载：路谠，咸通七年（公元866年）五月十七日遇疾，终于新昌里旅舍。⑨《太平广记》也记载：程颜调选期间税居新昌里⑩。"税居"即出钱租赁住处，亦当是旅舍、客舍之类。

升道坊位于朱雀门街东第五列，兴庆宫南第五坊，其坊北街东出即延兴门。对于此坊《长安志》卷九记有龙华尼寺、李日知宅、紫云楼、彩霞亭、杨炎家庙、贞元普济寺和郑畋宅等建筑以及龙华尼寺"寺南曲江"，但徐松《唐两京城坊考》以《太平寰宇记》所载曲江与芙蓉苑相连，认为曲江与芙蓉苑之间不当"隔立政、敦化二坊"，因而移置曲江于敦化坊南，即长安城东南角，同时把《长安志》升道坊下除郑畋宅以外的其

---

① 《全唐诗》卷四三七，第4847页
② 《全唐诗》卷四四二，第4935、4940页；卷四四八，第5040页；卷四四五，第4994页
③ 《大唐西市博物馆藏墓志》四四一，第949页
④ 《唐代墓志汇编》大中一五一，第2369页
⑤ 《新唐书》卷七三下《宰相世系表三下》，第2949—2950页
⑥ 《全唐诗》卷五〇二，第5714页
⑦ 《剧谈录》卷上《龙待诏相笏 丁重相于驸马附》，见《唐五代笔记小说大观》（下），第1467页
⑧ 《全唐文》卷七二七，第7495、7496页
⑨ 《大唐西市博物馆藏墓志》四五三，第979页
⑩ 《太平广记》卷三七四《程颜》，第2971页

他诸条也一并移到了"曲江"下。后来的研究者对徐松关于曲江位置的看法并不盲信。夏承焘《据〈白氏长庆集〉考唐代长安曲江池》一文就考订认为:"曲江的面积,除了芙蓉园之外,实占有晋昌、青龙、曲池、敦化、立政、升道数坊的一部分,可能也侵及修政。"①其后郭声波依据考古资料和实际地形,把曲江池主体仍局限在城东南一坊余地,而以升道等坊内的水体为其下泄支流②,这应该比夏文更接近于历史实际。日人足立喜六通过实地考察,也认为曲江有两条支流:一条向北,流经敦化、立政二坊,至升道坊的龙华寺前;一条西流,经青龙、通善、进昌三坊,至慈恩寺前。在清末两条支流的痕迹还历历可辨。③辛德勇先生根据传统文献进一步考证:升道坊在龙华尼寺前的所谓曲江仅仅是"流水屈曲",而非浩瀚的陂池;从唐人在中和、上巳节祓禊的形式来分析龙华尼寺前"流水屈曲"的曲江,正适合祓禊饮乐。他指出徐松之误是由于他未曾分辨"曲江"与"曲江池"的区别。又根据考古探查,认为曲江池实际只占有东南隅一坊余地,升道坊、升平坊和其他各坊中的所谓"曲江",只是这个曲江池(芙蓉池)的下泄水道。④

升道坊西北隅有龙华尼寺,唐高宗所立,不久废,景龙二年(公元708年)复置。寺南有流水屈曲,谓之曲江。《太平寰宇记》载:初曲江为汉武帝所造,其水屈曲,有似广陵之曲江,故名之曰曲江。⑤曲江与城东南角的曲江池相连,开元中进行疏凿,曲江池南又有紫云楼、芙蓉苑,其西有杏园、慈恩寺,花卉环周,烟水明媚。都人游玩,尤其到中和、上巳节时,到曲江游玩的人更多。其时彩幄翠帱,匝于堤岸,鲜车健马,比肩击毂。上巳节皇帝还会特地赐宴臣僚,恩赐太常及教坊声乐,京兆府也大摆筵席,长安、万年两县相互竞争,锦绣珍玩无所不施。池中备彩舟数只,唯宰相、三使、北省官与翰林学士登焉,每岁"倾动皇州,以为盛观"。入夏曲江池则菰蒲葱翠,柳阴四合;碧波红蕖,湛然可爱。游人赏芳辰,玩清景,联骑携觞,亹亹不绝。⑥大和九年(公元835年),唐文宗又发左、右神策军各一千五百人,淘曲江池,修紫云楼、彩霞亭,仍敕诸司,如有力要创置亭馆者,宜给与闲地,任营造。升道坊内还有普济寺。贞

---

① 夏承焘:《月轮山词论集》,中华书局,1979年,第216页。
② 郭声波:《隋唐长安的水利》,见史念海主编:《唐史论丛》第4辑,三秦出版社,1988年,第269页。
③ 《长安史迹研究》,第178—179页。
④ 《隋唐西京丛考》十二《曲江池与昇道坊》,第31—32页。
⑤ 《岁时广记》卷一三《游曲江》,第137页。
⑥ 《剧谈录》卷下《曲江》,见《唐五代笔记小说大观》(下),第1495页。

元十三年（公元797年），唐德宗敕曲江南弥勒阁赐名普济寺。崖州司马杨炎家庙。开元中萧嵩将于曲江池侧置庙，因人言近游行之所，遂止，后杨炎置之为私庙。

坊内的居人宅第，有侍中李日知宅。太原府司录事参军李雍宅。李雍墓志载其开元十九年（公元731年）五月殁于长安升道里①。进士张庚宅。元和十二年（公元817年）张庚举进士，居长安升道里南街。②太子少保郑畋宅。《剧谈录》有"升道郑相国"③之语，郑相国即指郑畋。据《旧唐书·郑畋传》记载，僖宗中和元年（公元881年）授畋检校尚书左仆射、同平章事，充京西诸道行营都统，二年冬罢相，授太子少保。④进士谢翱寓居处。《宣室志》载：陈郡谢翱，尝举进士，寓居长安升道里，所居庭中多牡丹。⑤此应为寓居他人宅，非自己宅第。

广德坊位于朱雀门街东第五列，兴庆宫南第六坊，此坊《两京新记》《长安志》《唐两京城坊考》等均失载，唯在《类编长安志》卷二《京城外郭》"升道坊"下记有"广德坊"⑥。辛德勇先生认为：《长安志》城东南隅数坊处舛讹错漏严重，其升道坊以南记有修德、立政、敦化三坊，但修德坊应在朱雀门街西第三街，系重出于此，因而仅剩下立政、敦化二坊。但曲江只占一坊之地，升道坊至曲江池之间就总共应有三坊，《类编长安志》升道坊下列广德坊，广德坊他无所属，又与修德坊名称易混，所以很可能升道坊南本为广德门，因为与修德坊同有一个"德"字，故今本《长安志》误将修德坊列于其处，因此将广德坊置于升道坊之南与立政坊之间。⑦

立政坊位于朱雀门街东第五列，兴庆宫南第七坊。按《长安图志》此坊分为谈宁坊，非是。由于此坊地处偏远，无人居住，仅有一些寺院、家庙。隋有弘化寺，大业七年（公元611年）废。让皇帝庙。开元二十九年（公元741年）十一月，宁王李宪薨，追谥为让皇帝，立庙于立政坊，四时有司祭祀。天宝三载（公元744年）四月，敕："让皇帝今后四祭，宜为大祀。"上元二年（公元761年），礼仪使、太常卿刘晏奏请："让皇帝庙，请停四时享献，每至禘祫月，则一祭焉。乐用登歌一部，牲牢樽豆之礼，同太庙一室之仪。"开成四年（公元839年），废毁。⑧河东节度使韦凑家庙。开元中，

---

① 《全唐文》卷五〇三，第5122页。
② 《续玄怪录》卷三《张庚》，第167页。
③ 《剧谈录》卷下《刘相国宅》，见《唐五代笔记小说大观》（下），第1479页。
④ 《旧唐书》卷一七八《郑畋传》，第4634—4637页。
⑤ 《宣室志》补遗，第144页。
⑥ 《类编长安志》卷二《京城外郭》，第44页。
⑦ 《隋唐两京丛考》八《大兴城的坊数及其变化和城东南隅诸坊》，第19—20页。
⑧ 《唐会要》卷一九《让皇帝庙》，第439—440页。

韦凑于立政坊立庙，至建中四年（公元783年）亡失木主，只剩庙屋及树在。大中五年（公元851年）四月，其曾孙武昌军节度使、检校户部尚书韦损又奏请立庙，祔享前件庙，宣宗敕准。①

敦化坊位于朱雀门街东第五列，兴庆宫南第七坊，《长安志》和《唐两京城坊考》又称为敦教坊，并在其下列有净影寺、行台左仆射殷开山宅、秘书监颜师古宅、郑国夫人杨氏宅、京兆尹韦武宅等建筑，但辛德勇先生认为："今本《长安志》在敦化坊这个标题之下的原文已脱失，又把敦化坊后曲江部分的原文混进前面的升道坊，把朱雀街西第一街第二坊通化坊的内容和敦化坊这个标题接连起来，把原来通化坊的内容变成了敦化坊的内容。"②如净影寺，《续高僧传·释慧远传》就记载：开皇七年（公元587年），慧远到达大兴，初住兴善，后以"兴善盛集，法会寔繁，虽有扬化，终为事约"，于是"选天门之南，大街之右，东西冲要，游听不疲，因置寺焉，名为净影"。③天门即朱雀门，大兴城东南隅的敦化坊就与所谓的"天门之南，大街之右，东西冲要"的位置不符了，故净影寺不可能是僻处长安城东南角的敦化坊。而殷开山宅、颜师古宅、郑国夫人杨氏宅、京兆尹韦武宅等，《类编长安志》明确记载"四宅在通化坊"④，这些都印证了辛先生的推断是正确的。另外，《太平广记》记有："长安敦化坊百姓家"，大和中，有木兰一树，花色深红，后桂州观察使李勃以五千买之，宅在水北，经年，花紫色，⑤并言其出自《酉阳杂俎》。然而，查今本《酉阳杂俎》，相同事件却记为"东都敦化坊百姓家"⑥，而且二者俱言"宅在水北"。按东都洛阳定鼎门街之东第三街街东自南向北第三坊亦曰敦化坊，然其在洛水之南，与其在水北之语不符；而长安敦化坊则在曲江池北，权可称为水北。因而此事应系之于长安敦化坊，今本《酉阳杂俎》可能在传抄中出现了舛讹。

---

① 《唐会要》卷一九《百官家庙》，第452页
② 《隋唐两京丛考》三十四《都亭驿考辨——兼述今本〈长安志〉通化坊阙文》，第80—81页
③ 《续高僧传》卷八《隋京师净影寺释慧远传》，第284页
④ 《类编长安志》卷四《堂宅亭园》，第113页
⑤ 《太平广记》卷四〇九《木兰花》，第3319页
⑥ 《酉阳杂俎·续集》卷九《支植上》，第284页

第三节
郊县乡里

隋唐时期，长安城外还有广大的郊区。唐制"百户为里，五里为乡。两京及州县之郭内分为坊，郊外为村"①的规定，实行的是乡和里、村等基层行政制度。中唐以后，唐代的乡村基层组织发生重大变化，"里"的功能逐渐退缩，而原来自然居民点"村"的功能在扩张和强化，乡村组织结构从"县—乡—里"转化为"县—乡—村"。②目前，学界对隋唐长安的研究，关注重点多在城内。随着大量碑石资料的出土，一些学者对长安郊区乡里进行了许多补充、订正③，但相较而言，对长安郊区乡里的研究还相对比较薄弱，一些问题尚未厘清。隋唐长安城内以朱雀门街为界分为万年和长安二县，在城外由此界线延伸，从城南明德门延伸，直达南山石泛峪的大路，为两县郊区的界限，宋人张礼在《游城南记》中说"自翠台庄由天门街上毕原"，注解说："翠台庄不知其所以。庄之前有南北大路，俗曰天门界。北直京城之明德门，皇城之朱雀门，宫城之承

---

① 《唐六典》卷三《尚书户部》，第73页。
② 张国刚：《唐代乡村基层组织及其演变》，载《北京大学学报》（哲学社会科学版）2009年第5期，第112页。
③ 武伯纶：《唐代长安郊区的研究》，载《文史》1963年第3期；武伯纶：《唐万年、长安县乡里考》，载《考古学报》1963年第2期；[日]爱宕元：《唐代两京乡、里、村考》，见《中国聚落史の研究》，刀水书房，1980年，第58—68页；[日]爱宕元：《唐代两京乡里村考》，载《东洋史研究》1981年第40卷第3号；《唐长安县、万年县乡里分布图》，见史念海主编：《西安历史地图集》，西安地图出版社，1996年，第78页；杜文玉：《唐长安县、万年县乡里补考》，见《汉唐长安与关中平原》，第395—402页；尚民杰：《唐长安、万年县乡村续考》，见西安文物保护考古所编：《西安文物考古研究》，陕西人民出版社，2004年，第365—390页；程义：《隋唐长安辖县乡里考新补》，载《中国历史地理论丛》2006年第4辑；王灵：《隋代长安城郊地名考补——以隋代墓志铭为基本素材》，见《碑林集刊》（十二），第223—238页；[日]户崎哲彦：《唐京兆府万年县乡里补考》，载《中国历史地理论丛》2010年第2辑；高铁泰：《对〈唐京兆府万年县乡里补考〉的异议》，载《唐都学刊》2011年第4期；徐畅：《唐万年、长安县乡里村考订补》，见杜文玉主编：《唐史论丛》第21辑，三秦出版社，2015年，第151—172页；徐畅：《长安未远：唐代京畿的乡村社会》，生活·读书·新知三联书店，2012年。

天门，则界当为街，俗呼之讹耳。"①翠台庄即在今长安区韦曲街道西北塔坡附近，今名崔家庄。以此线为界，长安城郊区的诸乡、里由万年、长安二县分治。关于诸乡里的数目、位置，传世文献记载过于简练，致使许多问题难以辨清。就二县乡里数目而言，《长安志》记：万年县"唐四十五乡"，长安县"唐五十九乡"②，董曾臣在《长安县志》中引《太平寰宇记》称长安县"五十乡"③。而敦煌石室发现的《天宝初年地志残卷》则记有："长安〔赤〕，七十九〔乡〕，一千四百册〔贯〕；万年〔赤〕，六十二〔乡〕，准上。"④那么，其中何者为是呢？笔者认为：隋唐三百多年，地方行政区划多次变动，万年、长安二县也多次改名、析分、合并，其所辖乡数也会随之而变，因而应以动态发展的眼光来看待隋唐长安郊区乡里的发展变迁。

一、万年县乡里

万年县，隋称大兴县，唐武德初改，天宝七载（公元748年）改称咸宁县，后恢复。所辖乡中，《长安志》所载乡名有大陵乡、黄台乡、霸城乡，其余不传。而出土的碑志中新的乡里名不断出现，大大增加了我们对隋唐万年县的认识范围。到徐畅为止，学界实际考证出乡名共有五十二个，剔除其中猜测出来的，剩余五十乡⑤，并根据新出土碑石资料增补隋及唐代六乡。现对万年县下辖乡里略做考证。

（一）浐川乡

此乡是长安城东郊的一个重要墓葬区。新中国成立前后，特别是近十几年来出土了大量的隋唐墓志题明葬于浐川乡。这些墓志中明确出土地点的主要位于浐河东边的郭家滩和浐河西边的韩森寨和高楼村一带，因此可以断言此乡范围必跨有浐河东西两岸之地。1982年出土于西安市东郊郭家滩西北的《罗达墓志》记载："开皇十六年岁次丙辰八月辛酉朔廿九日己酉葬于大兴县浐川乡长乐里白鹿原。"⑥1954年郭家滩出土的唐右龙武军翊府中郎将史思礼墓志云："其载（天宝三载）十一月庚申朔廿三日壬午，

---

① 《游城南记校注》，第167页
② 《长安志》卷一一《县一·万年》，第356页；卷一二《县二·长安》，第381页
③ 《长安县志》卷一二《土地志下》，第369页
④ 王仲荦：《敦煌石室地志残卷考释》"唐天宝初年地志残卷考释"，郑宜秀整理，上海古籍出版社，1993年，第10页
⑤ 徐畅：《唐万年、长安县乡里村考订补》，见《唐史论丛》第21辑，第155页
⑥ 《隋代墓志铭汇考》（2）一五二，第220页

迁窆于京兆府万年县浐川乡白鹿之原",志文中有"水临灞岸,山接芷阳。风传长乐之□,日下新丰之树"等语,①芷阳原即白鹿原的别称,为浐灞两河间的高地,应为此乡东界。而1956年在韩森寨出土的唐清河张荣恩墓志则记载:"大和九年乙卯岁二月丙子九日甲申,葬于长安东浐川乡崇义里郑村北二里之地。"其铭曰:"新茔创制,松槚徘徊。东临浐逝,西接城隍",②知此乡西至长安城东垣。从目前出土的碑石资料来看,浐川乡下有崇义里、观台里、务政里、郑村里、长乐里,符合每乡五里之数。

(二) 安道乡

西安碑林博物馆藏隋《梁宽志》记有:"大隋开皇十四年岁次甲寅四月乙丑十五日己卯,大兴县安道乡常乐坊民梁宽"③。该志出土于今西安市长安区,故安道乡应位于隋大兴城南郊地区,但迄今为止未发现出土的唐代碑志中有关于此乡的记载,故推测其应为隋乡,唐代析分到其他乡。

(三) 长乐乡

此乡不见于隋代。据武伯纶先生考证,该乡位于浐川乡之北,西近唐城,东边可能跨越浐河,北到今西安东郊十里铺之北的南窑村。④目前已知属于此乡的里有纯化里,如唐段元哲墓志载:贞观十三年(公元639年)五月"廿八日葬于雍州万年县长乐乡之纯化里"⑤。春明里。唐《李崇望妻王氏墓志》云:"大周天册万岁元年九月十九日,赵郡李崇望妻王氏年二十二卒,其月二十五日权殡于京城东长乐乡春明里。"陈张里。唐《张德之墓志》云:"(会昌二年)六月一日葬于万年县长乐乡陈张里□原"⑥。另外,徐畅推测隋唐时期长乐乡保留西魏长乐乡之中原里⑦。王柴里。唐尚弘简墓志载:"咸通八年二月三日,扶护灵榇于上都万年县长乐乡王柴里"⑧。

(四) 龙首乡

根据出土墓志的记载,唐代万年县和长安县各有一龙首乡,皆因位于龙首原⑨附近

---

① 《唐代墓志汇编续集》天宝〇一九,第594页
② 《唐代墓志汇编续集》大和〇五〇,第919页
③ 《隋代墓志铭汇考》(2)一三四,第141页
④ 武伯纶:《唐万年、长安县乡里考》,载《考古学报》1963年第2期,第88页。下文中武伯纶先生关于长安郊区诸乡里的考证,均出自该文,不再一一注出
⑤ 《西安郊区隋唐墓》,第94页
⑥ 《西安碑林博物馆新藏墓志汇编》二八一,第722页
⑦ 徐畅:《唐万年、长安县乡里村考订补》,见《唐史论丛》第21辑,第158页
⑧ 《全唐文补遗》第3辑,第259页
⑨ 史念海先生考证:龙首原相当广大,东过浐水,西界达丰水下游,樊川为其南界。(史念海:《唐长安城外龙首原上及其邻近的小原》,载《中国历史地理论丛》1997年第2辑,第15页)

而得名。属于此乡的里,有神鹿里。杨思勖墓志载其开元二十八年(公元740年)"八月壬申,葬于万年县龙首乡之神鹿里"①。西安今天还有神鹿坊村,位于韩森寨东南,郭家滩直南七八里处,为此乡东界。成义里。李元素墓志云其大和六年(公元832年)"五月八日归葬于京兆府万年县龙首乡成义里凤栖原"②。凤栖原即曲江池南边高地,似为此乡的南界。另外,武伯纶先生推测此乡还有青门里,贾岛有《青门里作》③诗,朱庆馀有《寻贾岛所居》诗曰:"求闲身未得,此日到京东。"④据此,说明贾岛居住在京城东面的青门里。而贾岛在《原东居喜唐温琪频至》诗中说"曲江春草生,紫阁雪分明"⑤,又知青门里应距曲江池不远,"原东"当是龙首原或凤栖原东,而此地属龙首乡,故知青门里属龙首乡。青门里因距唐长安城青门较近而得名。但隋唐长安城四壁诸门中并无青门,所谓青门,实际上是汉长安城东面三门中最南边一门,本名霸城门,通称青门,唐人借用汉代旧称,指代京城东面城门之延兴门。

(五)崇道乡

据武伯纶先生考证,此乡位于浐川乡以东而与之相接,今郭家滩附近即属于此乡。此乡的里有齐礼里。陪戎副尉高木卢墓志载其开元十八年(公元730年)"八月廿一日葬于京兆崇道乡齐礼里白鹿原之右"⑥。夏里。1952年灞桥东南卞家村出土的唐郯王李经墓志云其大和八年(公元834年)"八月廿四日迁窆于京兆府万年县崇道乡夏里"⑦。只道里。南安郡土夫人仇氏墓志说:"(大中五年)八月四日,葬于京兆府万年县崇道乡只道里。"⑧虵村里。吉州长史郭克全墓志云:"咸通十四年二月七日卜窆于万年县崇道乡虵村里"⑨。崇道里。唐严令元墓志载:"天宝七载五月三日启故发新,合祔于万年县崇道里白鹿原蛇村"⑩。徐畅以为,已知崇道乡下有蛇村,崇道里应为乡下同名之里。⑪在没有其他证据肯定或否定的情况下,暂从徐说。

---

① 《唐代墓志汇编》开元五一五,第1509页
② 《唐代墓志汇编》大和〇四八,第2129页
③ 《全唐诗》卷五七三,第6658页
④ 《全唐诗》卷五一四,第5869页
⑤ 《全唐诗》卷五七二,第6641页
⑥ 《唐代墓志汇编续集》开元〇九六,第520页
⑦ 《唐代墓志汇编续集》大和〇四六,第916页
⑧ 《唐代墓志汇编》大中〇五五,第2291页
⑨ 《唐代墓志汇编续集》咸通〇九二,第1105页
⑩ 《新中国出土墓志·陕西〔二〕》上册,第118页
⑪ 徐畅:《唐万年、长安县乡里村考订补》,见《唐史论丛》第21辑,第158页

（六）义丰乡

从注明葬于义丰乡的墓志出土地点来看，大都位于灞桥东南惠家村、路家湾、洪庆村一带。如贞元十九年（公元803年）的唐宜都公主墓志和元和七年（公元812年）的唐李瞻亡妻萧氏墓志都记葬于"万年县义丰乡铜人原"①。铜人原位于灞水东南的高地，故知义丰乡大概也在灞水之东，崇道乡的东南面。属于此乡之里目前仅见更始里。吕翁归墓志载：会昌五年（公元845年）"府君归葬于京兆万年县义丰乡更始里"②。

（七）霸城乡

《唐故陇西董夫人墓志铭并序》载：会昌元年（公元841年）"十月十日，附于万年县霸城乡南窑村先茔之左"③。南窑村已见前长乐乡，似为二乡交界处，故知此乡位于长乐乡之北，西接禁苑，东跨灞水。唐内寺伯王公素墓志谓其大中十三年（公元859年）四月"葬于京兆府万年县灞城乡招贤里西岗"④，招贤里是目前所知此乡唯一里名。

（八）渭阴乡

《法苑珠林》卷九六《舍身篇》记：贞观十八年（公元644年）四月，西京弘福寺僧玄览"去至京东渭阴洪陂坊侧。且临渭水，称念礼讫，投身波中"⑤。武伯纶先生认为，渭阴后虽未着"乡"字，但从文意上看，似应为一乡名，并指出此乡北临渭水，应是唐万年县最北边的乡区。洪陂坊即洪陂里，唐虽规定在城曰坊，在乡曰里，但每混称。尽管《长安志》将此乡隶于长安县，但《法苑珠林》已明谓其在京东，故将其属万年县乡。

（九）龟川乡

《奉天皇帝长子新平郡王墓志铭》谓：新平郡王李俨永泰元年（公元765年）"五月七日，迁窆于万年县龟川乡细柳原"，葬地"近灞陵之高原，当细柳之古地"。⑥这不仅说明了万年县下有龟川乡，也清楚地表明了其位置在灞水之东，细柳原附近，今邵平店北一带，应为万年县最东乡区。

（十）铜人乡

铜人乡在出土碑志中又称同人或同仁，或称铜人原。今灞桥东邵平店南洪庆村和惠

---

① 《唐代墓志汇编续集》贞元〇七三，第787页；元和〇四〇，第829页
② 《大唐西市博物馆藏墓志》四一五，第895页
③ 《唐代墓志汇编续集》会昌〇〇六，第946页
④ 《唐代墓志汇编》大中一四八，第2367页
⑤ 《法苑珠林校注》卷九六《舍身篇第九十六》，第2781页
⑥ 《全唐文》卷四三九，第4479页

家村一带即为唐铜人乡所在地。目前所见明确葬地为铜人乡的墓志主要有：1953年出土于长安县灞水以东王村的隋郭荣神道碑，碑文记其"大唐武德三年□□□□十一月庚申朔十日庚午卜葬于□□县同人乡铜□里"①；《大唐故韩夫人墓志铭》，墓志云"永泰元年九月十三日卜吉葬于信义里之铜人原"②；杨公李夫人墓志，墓志云"（大顺二年正月）十七日，葬于万年县同仁乡仇白村"③。从以上碑志中可以看出，属于铜人乡的有铜人里、信义里和仇白村。

（十一）庆义乡

韩愈《李元宾墓铭》中有"年二十九，客死于京师，既敛之三日，友人博陵崔宏礼葬之于国东门之外七里，乡曰庆义，原曰嵩原"④等语，可知长安城东七里之地有庆义乡，但"嵩原"之名，查阅各种关于长安的地理志书，均不见有其他记载。

（十二）宁安乡

此乡隋代已有，1957年西安市东郊韩森寨出土的《吕武暨妻宇文氏志》云："（开皇十二年）岁次壬子十一月癸卯朔十九日辛酉遂乃合葬大兴县宁安乡。"⑤唐代继续沿用，碑志中记载属于此乡的里有：曲池里，京兆府功曹韦希损墓志言其开元八年（公元720年）正月八日"奉神舆权安厝于城东南曲池里"⑥；通安里，1955年出土于曲江池东南三兆镇附近之缪家村的杨纮夫人李雅墓志载其乾符四年（公元877年）十月十七日"葬于京兆府万年县宁安乡通安里"⑦；杜光里，李琮墓志铭云其"大和二年八月十五日窆于京兆府万年县宁安乡杜光里"⑧；姜尹里，又称姜尹村，唐贾洮墓志云："（咸通十四年）八月廿八日，窆于万年县宁安乡姜尹村"⑨。另外，出土碑刻文献里还出现过三兆里、龙游里、宁安里。⑩

（十三）洪固乡

属于此乡的里，隋代见有永寿里，《元仁宗志》："（开皇十年）十二月甲寅朔

---

① 李子春：《隋郭荣碑考释》，载《考古通讯》1957年第1期，第117页。
② 《唐代墓志汇编》永泰〇〇二，第1758页。
③ 《全唐文补遗》第4辑，第271页。
④ 《全唐文》卷五六六，第5730页。
⑤ 《隋代墓志铭汇考》（2）一二四，第102页。
⑥ 《唐代墓志汇编》开元〇九五，第1219页。
⑦ 《唐代墓志汇编续集》乾符〇一五，第1129页。
⑧ 〔清〕毛凤枝：《关中金石文字存逸考》卷五"咸宁县"，清光绪间著者手定稿本。
⑨ 吴钢主编：《全唐文补遗》第1辑，三秦出版社，1994年，第412页。
⑩ 徐畅：《唐万年、长安县乡里村考订补》，见《唐史论丛》第21辑，第162页。

二日乙卯殡于大兴县洪固乡永寿里李村东"①。唐代有：顿丘里，唐杜博义墓志云其与夫人"龙朔三年岁次癸亥十月辛巳朔十九日己酉，合葬于万年县洪固乡顿丘里高毕之原"②。韦曲里，韦君夫人胡氏墓志称其开元二十八年（公元740年）九月七日"终于韦曲里之私第"，其月二十一日"葬于洪固乡毕原"。③福润里，代宗时不空三藏和尚《降诞日请度七僧祠部敕牒》中记载："僧慧珍，年卅三。京兆府万年县洪洞乡福润里。"④延信里，左骁卫将军御史中丞马实墓志曰："某年十月一日卜葬于京兆府万年县洪固乡延信里司马村之少陵原"⑤。胄贵里，韩自明墓志曰："（大和五年四月）廿二日庚寅，迁神于京兆府万年县洪固乡胄贵里之凤栖原。"⑥此外，还曾出现过永贵里、兴宁里、黄沟里、洪固里等诸里。

（十四）高平乡

1952年西安市长安县韦曲乡出土《郁提志》："大业九年岁次癸酉十月辛未朔十五日乙酉归窆于京兆大兴县高平乡之杜原。"⑦高平乡似在小陵原西畔而近于长安县界。此乡唐有高望里，唐太府寺主簿杨迥墓志载其大和八年（公元834年）八月二十四日"安厝于万年县高平乡高望里"⑧。高望里得名与高望原有关，高望原今名高望堆，在韦曲西北原上高望堆村一带。⑨

（十五）山北乡

此乡得名大概与山北县有关，《隋书·地理志》记：京兆郡大兴县有西魏山北县，北周废。⑩隋鹰扬郎将梁罗墓志云："大业四年八月葬于京兆郡山北乡樊川之冈。"⑪志石原存杜曲，应即其附近出土。《唐韦君妻故成德县主（李瑶）墓志》载其显庆四年（公元659年）"厝于万年县山北乡长原里神和之原"⑫。又有唐牛名俊墓志载其元和五

---

① 《隋代墓志铭汇考》（1）〇九八，第376页。
② 《全唐文补遗》第3辑，第383页。
③ 《全唐文补遗》第2辑，第531页。
④ 〔唐〕圆照：《代宗朝赠司空大辨正广智三藏和上表制集》卷一《降诞日请度七僧祠部敕牒一首》，见《大正新修大藏经》（No.2120）第52册，台北财团法人佛陀教育基金会出版部，1990年，第831页。
⑤ 《全唐文》卷五九八，第6050页。
⑥ 马咏钟：《西安碑林新藏唐志考》，见《碑林集刊》（一），第155页。
⑦ 《隋代墓志铭汇考》（4）三九〇，第363页。
⑧ 《唐代墓志汇编》大和〇七六，第2151页。
⑨ 周晓薇、王其祎：《新出隋墓志所见大兴城城郊地名释证三题》，载《中国历史地理论丛》2016年第4辑，第36页。
⑩ 《隋书》卷二九《地理志一》，第808页。
⑪ 《关中金石文字存逸考》卷五"咸宁县"。
⑫ 赵君平、赵文成编：《秦晋豫新出土墓志蒐佚》一三二，国家图书馆出版社，2011年，第173页。

年（公元810年）"卜兆于京兆府万年县山北乡归明里"①。根据上面的碑石记载可知，唐代山北乡下有长原、归明二里。

（十六）大陵乡

《长安志》载：唐"霸桥东有大陵乡"②。武伯纶先生认为：此乡得名是因杜曲北原上有汉宣帝许皇后坟，相较于其北的汉宣帝杜陵体积为小，故称少陵，唐亦有少陵乡；大小相对，杜陵当有大陵之称，杜陵附近当称大陵乡，并推测大陵乡位置在少陵原上，《长安志》有误。目前还未发现有本乡属里的记载。

（十七）洪原乡

该乡隋代已存在。隋《元纶暨妻高氏墓志》载元纶与其夫人"（开皇）十五年岁次乙卯十月丙戌朔廿四日己酉合葬于大兴县之小陵原洪原乡延信里"③。又有大业十二年（公元616年）的长孙汪墓志云其与夫人"合葬于京兆郡大兴县洪源乡洪源里"④。《唐李制墓志》记其与夫人"武德元年太岁壬寅十一月壬寅朔十九日庚申，合葬于万年县洪原之乡"⑤。有唐张弼墓志及其妻杨芷墓志载：调露元年（公元679年）十月十四日二人"合窆于雍州明堂县洪源乡丰仁里"⑥。明堂县即万年县，唐高宗总章元年（公元668年）从万年县析置，长安二年（公元702年）省。杜公长女墓志载："（开成五年）秋八月二十九日，葬于万年县少陵原下洪原乡主茔之隅故土"⑦。唐元重华墓志载其"以其年（贞元十一年）十一月十六日归葬于京兆府万年县洪原乡邑阳里"⑧，据此可增补邑阳里。如上所证，隋唐时期，洪原乡有延信里、洪源里、丰仁里、邑阳里等。该乡位置，据武伯纶先生研究，在今西安南兴教寺北原上庞留村附近，山北乡东南。

（十八）义善乡

唐汉州刺史李推贤墓志载其乾符三年（公元876年）十一月"葬于京兆府万年县义善乡大仵村凤栖原"⑨。大仵村在曲江池西南原上，是知此乡在宁安乡西南。该乡的

---

① 《大唐西市博物馆藏墓志》三五〇，第757页。
② 《长安志》卷一一〈其一〉，第356页。
③ 魏秋萍：《长安新出隋开皇十五年〈元纶墓志〉释读》，载《考古与文物》2012年第6期，第101页。
④ 《秦晋豫新出土墓志蒐佚》九六，第127页。
⑤ 陈尊祥、郭盼生：《唐李制墓志考释》，见《碑林集刊》（三），第47页。
⑥ 《大唐西市博物馆藏墓志》一〇二、一〇三，第226—230页。
⑦ 李域铮：《长安县出土唐工部尚书杜公长女墓志》，载《考古与文物》1988年第4期，第85页。
⑧ 吴钢主编：《隋唐五代墓志汇编·陕西卷》第4册，天津古籍出版社，1991年，第57页。
⑨ 《唐代墓志汇编》乾符〇一三，第2481页。

里有：兴牛里，唐严愈夫妇墓志载二人"合葬于京兆府万年县义善乡兴牛里"①；鸿原里，唐张君母樊氏墓志记其龙朔二年（公元662年）四月"窆于雍州万年县义善乡鸿原里之凤栖原"②；义善里，唐姜师武墓志云其咸通二年（公元861年）"归葬于京兆府万年县义善里鲍村"③，虽未说明属于何乡，推测为乡、里同名，故暂且置于此乡。

（十九）黄台乡

《旧唐书·元载传》记：元载被杀后，代宗"遣中官于万年县界黄台乡毁载祖及父母坟墓"④，武伯纶先生推测其或与黄渠有关，西安城东南20里旧有黄渠社。唐左龙武军将军刘感墓志载其"（天宝十二载）十月卅日葬于咸宁县黄台乡之原"⑤，咸宁县即万年县，天宝七载（公元748年）改。此乡中仅见有黄台里。陕西师范大学图书馆藏《大唐大慈恩寺故大德大乘光法师墓志铭》拓片云：法师"葬于明堂县黄台里樊川之北原"。杜文玉先生据此认为唐代存在着一些乡以其界内主要村里名而命名的现象，故推断万年县黄台里当在黄台乡界内，并指出今兴教寺当在唐万年县黄台里附近，而黄台乡所管区域应是今兴教寺周围地区。⑥

（二十）崇义乡

唐沔王府谘议参军张伻墓志载其"（大和三年）十月廿三日窆于万年县崇义乡南姚里"⑦。此外，该乡下的里还有怀信里。唐茂州刺史何溢墓志记："（大中四年）十二月廿八日，葬于万年县崇义乡怀信里南姚村"⑧。

（二十一）灵泉乡

《法苑珠林》："唐永徽五年，京城外东南有陂，名独嘉嚬，有灵泉乡，里长姓程名华。秋季输炭时，程华已取一炭丁钱足"⑨。武伯纶先生据此认为灵泉乡为供应唐长安城内薪炭的乡，必是万年县东南接近南山的乡区。

（二十二）白鹿乡

1954年郭家滩出土的唐处士骞绍业墓志云："（长安三年）十一月二日卜宅于万年

---

① 李雪芳：《唐严愈夫妇墓志合考》，见《碑林集刊》（十），第138页
② 西安市长安博物馆编：《长安新出墓志》，文物出版社，2011年，第75页
③ 《大唐西市博物馆藏墓志》四四四，第955页
④ 《旧唐书》卷一一八《元载传》，第3414页
⑤ 《唐代墓志汇编》天宝二二九，第1691页
⑥ 杜文玉：《唐长安县、万年县乡里补考》，见《汉唐长安与关中平原》，第399—400页
⑦ 《唐代墓志汇编》大和〇二〇，第2110页
⑧ 《唐代墓志汇编》大中〇四七，第2284页
⑨ 《法苑珠林校注》卷五七《债负篇第六十五》，第1725页

县白鹿乡之原"①。此乡得名或与白鹿原有关，其位置也应在浐灞之间的白鹿原上。

（二十三）永宁乡

1955年西安市东郊郭家滩东出土《尹君妻王氏志》志文曰："隋大业十二年正月廿日，大兴县永宁乡住在安邑里民尹氏故人妇女王铭记。"②以出土地推之，隋代永宁乡在都城东、白鹿原西。唐代迄未见有此乡。

（二十四）云门乡

内侍省内府局令刘奇秀夫人骆氏墓志称：元和三年（公元808年）"冬十月十三日，葬于万年县云门乡"③。此乡目前仅见一例，其出土地点不详，无法判断其具体位置。

（二十五）义川乡

唐济度寺比丘尼法乐法师墓志载：法师"永隆二年岁次辛巳三月庚午朔廿三日辛卯归窆于雍州明堂县义川乡南原"④。按：明堂县为总章元年（公元668年）从万年县中析出，主要管辖原万年县南部地区，故义川乡当在唐长安城南。

（二十六）加川乡

华州下邽县丞韦端妻王氏墓志载："迁殡于万年县加川乡西原"⑤。《太平寰宇记》载："浐水，荆溪、狗枷川二水之下流也。"⑥此乡或由狗枷川而得名，其位置可能在浐水上游。

（二十七）芙蓉乡

权德舆撰户部尚书韩洄行状记载："京兆府万年县芙蓉乡龙游里韩洄年六十三状"⑦。武伯纶先生认为，此乡名当和唐长安城东南的芙蓉苑有关。

（二十八）进贤乡

1954年西安东郊白鹿原出土的《刘世恭志》称："大隋京兆郡大兴县进贤乡左备身府故骁果刘世恭……大业十一年岁次乙亥十一月己丑朔十四日壬寅葬于城东白鹿原浐川乡之原。"⑧1956年西安东郊韩森寨东南出土的吴氏女波奈罗砖墓记云："雍州明堂县

---

① 《唐代墓志汇编续集》长安〇二三，第404页
② 《隋代墓志铭汇考》（5）四六四，第281页
③ 《唐代墓志汇编续集》元和〇一三，第810页
④ 《唐代墓志汇编》永隆〇〇九，第676页
⑤ 《关中金石文字存逸考》卷二"西安府下"
⑥ 〔宋〕乐史：《太平寰宇记》卷二五《关西道一》，王文楚等点校，中华书局，2007年，第524页
⑦ 《全唐文》卷五〇七，第5157页
⑧ 《隋代墓志铭汇考》（5）四五九，第263页

进贤乡，吴氏女波奈罗碑铭，王藏子妻也。仪凤三年五月六日。"①可知隋唐进贤乡位于今西安韩森寨东南。

（二十九）御宿乡

《王摩侯舍利塔记》出土于今西安市城南百塔寺遗址，记曰："大隋大业五年岁次己巳正月己巳朔廿口，京兆郡大兴县御宿乡便子谷至相道场，建立佛舍利塔"②。隋至相道场亦名至相寺，即唐百塔寺，唐为信行禅师塔院，大历中建百塔寺。楩梓谷，在豹林谷东，石鳖谷西。《长安志》引孟康注曰："为诸离宫别观，禁御不得使人往来游观，止宿其中，故曰御宿川。"③御宿乡因川而名，"御宿"亦作"御肃"，"楩梓"作"便子"，盖音同而误。唐魏国太夫人裴觉墓志载："景龙三年岁次己酉七月乙卯，十九日癸酉，归窆于万年县御宿川大韦曲之旧茔"④。此碑石清光绪二年（公元1876年）出土于长安县韦曲西北原上李王村，故今韦曲一带乃唐御宿乡之地。

（三十）大明乡

1955年西安市东郊韩森寨出土的隋《吕昙志》载："大业三年十一月十（下阙）郡大兴县大明乡（下阙）伏波将军通议（下阙）令寺丞吕昙（下阙）。"⑤故知大明乡当位于今韩森寨周边地区。唐代迄未见有此乡。

（三十一）安盛乡

1954年西安市东郊郭家滩出土的隋《李文都志》载："大业元年岁次乙丑二月壬戌朔六日丁卯，雍州大兴县安盛乡民李文都铭记。"⑥武伯纶先生认为，李文都籍贯为安盛乡，"穷苦人民无力远求葬地，或即在安盛乡范围"，故推知安盛乡位置应在今西安市东郊郭家滩附近。唐代碑志中尚未见有此乡。

（三十二）神禾乡

《游城南记》载：张礼游至城南三门寺，有"东阁，以西有华严寺故也。今为草堂别院。下阁，至澄襟院"，张礼注曰："澄襟院唐左街僧录遍觉大师智慧之塔院也。碑云：'起塔于万年县神禾乡孙村'。"⑦据此知今樊川华严寺一带，在唐代应为神禾乡地。

---

① 《唐代墓志汇编续集》仪凤〇〇九，第234页
② 〔清〕陆耀遹：《金石续编》卷三《王摩侯舍利塔记》，清同治十三年毗陵双白燕堂刊本
③ 《长安志》卷一一《县一》，第362页
④ 《唐代墓志汇编》景龙〇一九，第1092页
⑤ 《隋代墓志铭汇考》（3）二七九，第301页
⑥ 《隋代墓志铭汇考》（3）二三八，第148页
⑦ 《游城南记校注》，第140—141页

（三十三）乐游乡

唐高祖《旌表孝友诏》中有"雍州万年县乐游乡民王世贵"①之语，故知唐初万年县有乐游乡。元李好文《城南名胜古迹图》，在荐福塔（即今小雁塔）西南列有乐游原，此乡或因原而名，在其附近。

（三十四）安福乡

前《旌表孝友诏》中还有"安福乡民宋兴贵"，从诏书前后文意连贯性，可以推知唐万年县有此乡名，但其具体位置无从考定。

（三十五）上好乡

《长安志》毕沅按："白居易撰《永穆公主墓志》云诏葬于万年县上好乡洪平原"，并谓其为古乡名。②但《白氏长庆集》无永穆公主志文，唯有《大唐故贤妃京兆韦氏墓志铭并序》，其中说："德宗圣文神武皇帝元妃韦氏……母曰永穆公主……（元和四年）四月某日，诏葬于万年县上好里洪平原。"③永穆公主是贤妃之母，毕氏所引误。

（三十六）平原乡

庾信《崔訦神道碑》曰："（建德四年）二月二十四日葬于平原乡之吉迁里"④。建德为北周武帝年号，此乡似北周长安城外之乡。武伯纶先生认为平原乡在今韦曲东之洪固原上，属万年县，但无其他证据，暂且存疑。

（三十七）青盖乡

李翱撰唐检校礼部尚书徐申行状有"京兆府万年县青盖乡交原里东海徐公"⑤之语，故知青盖乡属万年县，有交原里，但其乡具体位置不可考。

（三十八）少陵乡

《长安志》中记载：宋代万年县有七乡，除洪固乡、龙首乡、白鹿乡前已论述外，还有"少陵乡，在县南三十里……薄陵乡，在县东三十五里，管村三十六。东陵乡，在县东三十里，管村四十。苑东乡，在县东北二十里"⑥。这些宋乡名称多沿用唐代旧称，如少陵乡，虽然日本学者户崎哲彦认为：宋代确有"少陵乡"，唐时只有"少陵

---

① 《全唐文》卷一，第25页。
② 《长安志》卷一一《县一》，第356页。
③ 《白居易集笺校》卷四二，第2706页。
④ 《文苑英华》卷九〇四，第4756页。
⑤ 《全唐文》卷六三九，第6458页。
⑥ 《长安志》卷一一《县一·万年》，第357页。

原"而无"少陵乡"。①但新出唐韦应墓志明确记载：开成二年（公元837年）"葬万年县少陵原少陵乡临川里"②；另有唐人刘真仪墓志亦载其咸通七年（公元866年）"归葬于万年县少陵乡中刘村"③。这不仅证明了唐代少陵乡的存在，属于万年县，下有临川里和中刘村，而且还表明了其位置在少陵原一带。可见户崎哲彦推断有误。

（三十九）薄陵乡

见上，位置在万年县东35里，其名当与汉文帝薄太后陵有关，陵在白鹿原上，其乡亦应该在这附近。

（四十）东陵乡

见少陵乡，其在东郊，距今邵平店不远，史载邵平曾为秦东陵侯。

（四十一）苑东乡

见少陵乡，其因在唐禁苑东而得名。

（四十二）义阳乡

隋《陈叔兴志》："（大业三年）岁次丁卯六月戊寅朔七日甲申葬于大兴县义阳乡贵安里高阳之原"④。隋《宋礼墓志》亦载：大业七年（公元611年）与其妻合葬于"京兆郡大兴县义阳乡阳原里高阳之原"⑤。据此可知，隋义阳乡属大兴县，有贵安、阳原二里，其位置当在高阳原附近。

（四十三）义成乡

1997年西安市灞桥区洪庆街道办事处教委住宅楼工地出土《王昌暨妻薛氏志》："开皇九年岁次己酉十月辛酉朔十三日癸酉迁葬于义成乡孝曲里之东原。"⑥可推测义成乡在大兴城东灞水附近，当属大兴县，有孝曲里。

（四十四）卢陵乡

唐穆宜长墓志曰："仪凤三年岁次戊寅四月丁亥朔十日景申，雍州万年县卢陵乡人……改葬秦川帝乡。"⑦

---

① ［日］户崎哲彦：《唐京兆府万年县乡里补考》，载《中国历史地理论丛》2010年第2辑，第52页。
② 《秦晋豫新出墓志蒐佚》七四八，第965页。
③ 《大唐西市博物馆藏墓志》四五二，第977页。
④ 《隋代墓志铭汇考》（3）二六五，第240页。
⑤ 《秦晋豫新出墓志蒐佚》八七，第112页。
⑥ 《隋代墓志铭汇考》（1）〇七七，第302—303页。
⑦ 《唐代墓志汇编》仪凤〇二二，第640页。

（四十五）滋川乡

1980年在西安市东郊灞桥卞家村西原出土的《唐荷恩寺大德法律禅师墓志》曰："（大历五年）九月廿六日葬于滋川乡横霸原"①。1995年出土于西安东郊灞桥区官厅村的唐永王第二男新妇宇文氏墓志记："葬于京兆府万年县滋水乡原"②。"水"与"川"同义，滋水乡即滋川乡之异称。此乡大概位于浐灞交汇处，大致范围在今灞桥官厅至唐都医院一带。

（四十六）丰润乡

1993年西安市东郊灞桥区务庄乡出土的唐似先义逸墓志载："（大中四年）十一月十六日葬于京城之东万年县丰润乡之原"③。从出土地点可知今西安东郊务庄一带当属唐丰润乡地。

（四十七）凤栖乡

《韦庆复墓志》云：元和四年（公元809年）十一月二十一日"祔于京兆府万年县凤栖乡少陵原苏州府君之墓之后"，据称此墓志出土于西安市长安区韦曲街道东北原上，④故知凤栖乡应在西安市长安区韦曲街道东北一带。

（四十八）永寿乡

2008年在西安市长安区韦曲街道办事处东部的凤栖原出土的长孙公妻薛氏墓志云："仁寿三年岁次癸亥二月癸酉朔十二日甲申葬于大兴县永寿乡小陵原。"⑤另有西安南郊三爻村新出的宣城郡司兵参军事杨惠墓志载其天宝五载（公元746年）"葬于京兆府万年县永寿乡之原"⑥。然长安县也有一永寿乡，不知是误记，还是此乡处在两县交界处，容易混淆所属，有待进一步考证。

（四十九）细柳乡

唐《李□倩墓志》载其贞元十五年（公元799年）"葬于上都万年县细柳乡细柳原"⑦。唐宋公夫人张氏墓志云：元和六年（公元811年）"归葬于万年县细柳乡新店

---

① 《唐代墓志汇编》大历〇二二，第1774页。
② 马咏钟：《新出西方唐志考略》，载《文博》1998年第4期，第85页。
③ 马咏钟、张安兴：《唐似先义逸墓志考释》，见《碑林集刊》（三），第101页。
④ 马骥：《新发现的唐韦应物夫妇及子韦庆复夫妇墓志考》，见西安碑林博物馆编：《纪念西安碑林九百二十周年华诞国际学术研讨会论文集》，文物出版社，2008年，第299—314页。
⑤ 国家文物局主编：《2009中国重要考古发现》，文物出版社，2010年，第136—139页。
⑥ 《西安碑林博物馆新藏墓志汇编》一八四，第464页。
⑦ 《西安碑林博物馆新藏墓志汇编》二三二，第597页。

原"①。2000年出土于长安县王寺村的唐牛浦墓志载："会昌四年十一月十八日，归附于万年县细柳乡之原"②。"细柳"一词始见于汉代，《汉书·文帝纪》载：后元六年（公元前158年）冬，匈奴入侵上郡，"河内太守周亚夫为将军次细柳"。③徐畅考证细柳原在唐长安城西南，今西安王寺村附近，故知此乡亦当在此。

（五十）崇德乡

不空三藏和尚《降诞日请度七僧祠部敕牒一首》中记载有："僧法满，年十八，京兆府万年县崇德乡文圆里，俗姓胡"④。由此得崇德乡，下有文圆里。

（五十一）鹑首乡

贞元十四年（公元798年）士崇俊墓志载："今为京兆府万年县鹑首乡通化里之人"⑤。据此可知，鹑首乡属万年县，下有通化里。

（五十二）鄠国乡

唐韦滑墓镇墓文云："韦滑……今于雍州万年县鄠国乡汭汭里中，庇形后土"⑥。由此知万年县有鄠国乡，下有汭汭里。

（五十三）智原乡

唐徐德墓志记："显庆三年岁次戊午十月庚戌朔廿四日癸酉，安厝于雍州万年县少陵原之智原乡"⑦。据此知智原乡在少陵原之上，然少陵原是唐长安城南樊川北的一个范围广泛的大原，此乡具体位置还难以确定。

（五十四）长安乡

唐李国珍墓志载："（兴元元年）十一月十二日，葬于万年县长安乡而备礼焉。"⑧故知万年县有长安乡，或因在与长安县交界处而得名。

（五十五）淳风乡

西安东郊高楼村出土的唐沙州刺史李思贞墓志记："神龙元年七月五日迁窆于雍

---

① 《大唐西市博物馆藏墓志》三五二，第761页。
② 倪丽烨：《唐牛浦墓志》，载《文博》2002年第5期，第59页。
③ 《汉书》卷四《文帝纪》，第130页。
④ 《代宗朝赠司空大辨正广智三藏和上表制集》卷一《降诞日请度七僧祠部敕牒一首》，见《大正新修大藏经》（No.2120）第52册，第831页。
⑤ 《唐代墓志汇编续集》贞元○四六，第766页。
⑥ 《长安新出墓志》，第327页。
⑦ 《大唐西市博物馆藏墓志》五九，第129页。
⑧ 《全唐文补遗》第2辑，第31页。

州万年县淳风乡务政里□乐□"①。故知万年县有淳风乡，下有务政里。根据其出土地点，判断其当在西安东郊高楼村周围地区。

（五十六）积福乡

不空三藏和尚《请度扫洒先师龙门塔所制一首》载："田荣国，年三十三。贯京兆府万年县积福乡积德里"②。可知万年县有积福乡，乡有积德里。

二、长安县乡里

长安县，久已有之，隋开皇三年（公元583年）迁都后，领朱雀门街以西诸坊及城外乡里，唐总章元年（公元668年）析置乾封县，长安三年（公元703年）又合并。目前学术界所考证出的乡名有四十六个，其具体考证如下。

（一）龙首乡

万年县亦有龙首乡，系重名，与龙首原有关，因位于长安城西，故又称西龙首乡。隋《元世斌志》载："（大业五年五月）丁卯朔廿四日庚寅权殡于大兴城西龙首乡隆安里之山"③。清同治十年（公元1871年）陕西长安龙首乡出土《尉富娘志》载："（大业十一年五月）十七日窆于京兆郡长安县龙首乡兴台里。"④唐代长安县袭用不改，1955年西安西郊小土门村出土的唐刘世通夫人王氏墓志记：王氏永徽元年（公元650年）四月五日葬于"大唐雍州长安县龙首乡兴台里"⑤。唐皇甫文钦墓志记载："（显庆四年十月）三十日葬于龙首原隆安之里"⑥。又有龙首里。左神武军宿卫朱庭玘墓志云："（元和三年）十一月廿八日龟筮叶吉，将窆于京兆府长安县龙首乡龙首里之地合祔"⑦。金光里。唐折夫人曹氏墓志谓："（开元十一年）十一月廿三日迁窆于金光坊龙首原"⑧，里名盖从金光门而得。祁村里，即祁村。唐太原郡夫人王氏墓志云："元和十年十二月廿有三日……礼葬长安县龙首乡祁村里"⑨。《大唐故祁府君墓志铭》记

---

① 《唐代墓志汇编续集》神龙〇〇二，第407页
② 《代宗朝赠司空大辨正广智三藏和上表制集》卷二《清度扫洒先师龙门塔所制一首》，见《大正新修大藏经》（No.2120）第52册，第836页。
③ 《隋代墓志铭汇考》（3）二九五，第357页
④ 《隋代墓志铭汇考》（5）四四六，第182页
⑤ 《唐代墓志汇编续集》永徽〇〇一，第55页
⑥ 《陕西金石志》卷九
⑦ 《唐代墓志汇编续集》元和〇一五，第811页
⑧ 《金石萃编·续编》卷六，第11页
⑨ 《全唐文补遗》第3辑，第167页

载:"府君讳宪直……以其年(大和五年)十一月二日迁窆于长安县龙首乡祁村里先修茔,祔夫人"①。未央里。刘继墓志言:大中四年(公元850年)"十二月廿九日卜宅葬于长安县,在城西龙首乡未央里祁村白帝坛西南隅"②。唐内侍省令史堵颖墓志称其大中元年(公元847年)卒,"权殡于长安县龙首乡□严村",并称"其小严村即开远门外临皋驿西南",③小严村也称小严里。根据上述墓志的出土地可推知,此乡位于今西安西郊土门、枣园、阎庄一带。

(二)龙门乡

2005年在西安市长安区郭杜镇杨村出土隋《何雄墓志》:"(开皇十六年)岁次丙辰二月甲申朔七日庚寅在雍州长安县龙门乡阿城里。君恨就长泉"④。《唐刘智暨妻孙氏合葬墓志》载:"天宝十五载岁在涒滩五月甲寅朔十九日壬申,合葬于京兆府长安县国城阴西七里龙首原龙门乡怀道里"⑤。从墓志出土地来看,此乡当位于今西安长安区郭杜街道杨村、车刘村一带,东临龙首乡,有阿城里、怀道里。

(三)承平乡

唐宫闱令西门珍墓志载其元和十三年(公元818年)七月"迁窆于长安县承平乡先修之茔",且记有"遂于长安县龙首原西距阿城,东建茔域,高岗虽枕"。⑥阿城即秦阿房宫遗址,今西安市城西郊有阿房村。又有唐贺从章墓志记:"(开成元年十月)廿四日庚申,不从古之制,归葬于长安县承平乡灵安里"⑦。唐义昌军节度荆从皋墓志云:"(咸通十一年)庚寅冬十一月廿四日迁葬于长安县承平乡小刘村窆也。"⑧故知此乡当在龙首乡之南,西安西郊阿房村一带,有灵安里、小刘村等。武伯纶先生《唐万年、长安县乡里考》在长安县下,根据《忠武将军茹义忠神道碑》和《会稽贺从章墓志》指出在阿房宫遗址范围内有永平乡灵安里,然检看《隋唐五代墓志汇编·陕西卷》第二册所载《贺从章墓志》拓片中应为"承平乡"而非"永平乡"。史念海先生也曾指出:"宋敏求《长安志》卷一二《长安》毕沅《校正》引张贲然撰《忠武将军茹义

---

① 《唐代墓志汇编续集》大和〇三四,第907页
② 《陶斋臧石记》卷三三《有唐故成都府司录参军刘公墓志铭并序》
③ 《唐代墓志汇编》大中〇〇四,第2255页
④ 《隋代墓志铭汇考》(2)一五〇,第211页
⑤ 《关中金石文字存逸考》卷四"长安县下"
⑥ 《金石萃编·续编》卷一〇,第2页
⑦ 《全唐文补遗》第3辑,第205页
⑧ 《唐代墓志汇编续集》咸通〇七四,第1091页

忠神道碑》。此碑实作永平乡。永平乡应为承平乡的误文。承永字形相近，殆因此致误。"①故推测唐代长安县应有承平乡而无永平乡。

（四）青槐乡

《赵王府长史王祥墓志铭并序》云："上元二年八月十三日迁窆于青槐乡阿城原"②。武伯纶先生认为阿城原当即阿房宫遗址所在之原，据此指出此乡位置当在承平乡西。

（五）万春乡

《唐尚书祠部员外郎裴积墓志》云："辛巳岁（开元二十九年）二月癸丑廿日壬申，旋窆于长安万春乡神和原"③。王绪太夫人郭氏墓志记："神功元年拾月贰拾贰日迁葬于乾封县万春乡杜永村东李果地"④。据《新唐书·地理志一》载，总章元年（公元668年），长安县中析置乾封县，到长安二年（公元702年）省，⑤主要管辖长安县南部。杜永村之名至今尚存在，在西安城南香积寺西北，故唐万春乡当在西安城南神禾原一带。

（六）居德乡

唐金满州都督贺兰军大使沙陁公夫人阿史那氏墓志载："（开元）八年三月二十九日迁祔于长安县居德乡龙首原先公特府君之茔"⑥。龙首原在唐长安城之北，此乡在龙首原西。据《西安历史地图集》中的《唐长安县、万年县乡里分布图》，居德乡中有崇征里⑦。

（七）义阳乡

据《陈叔兴墓志》和《宋礼墓志》知，义阳乡在隋代属于大兴县（即唐万年县），有贵安里、阳原里。然唐长安县也有义阳乡，如唐孙承嗣墓志载：其夫人高氏"开元廿四年五月廿二日祔葬于长安县义阳乡高阳原"。该墓志2002年出土于陕西省西安市长安区郭杜镇茅坡村南，位于隋大兴城、唐长安城西南被称为"高阳原"的地

---

① 史念海：《唐长安城外龙首原上及其邻近的小原》，载《中国历史地理论丛》1997年第2辑，第17页页下注⑥。
② 《唐代墓志汇编》上元〇一三，第601页。
③ 《唐代墓志汇编》开元五二三，第1516页。
④ 《唐代墓志汇编》神功〇〇九，第919页。
⑤ 《新唐书》卷三七《地理志一》，第962页。
⑥ 《唐代墓志汇编》开元一〇一，第1223页。
⑦ 《西安历史地图集》，第78页。

方。①《长安志》亦载有：长安县，"义阳乡。在县西南二里，管布政里"②。由此可以看出，隋大兴县义阳乡和唐长安县义阳乡都在高阳原之上，其位置基本一致，不应该是异地同名，而是行政区划所属发生改变，由万年县（隋称大兴县）改划到了长安县，其所属村里也似乎未改变，在唐代下辖仍有贵安里、阳原里、布政里。《西安历史地图集》中的《唐长安县、万年县乡里分布图》又补充了安化里。此乡位置大致在隋唐长安城西南高阳原上，即今西安市长安区郭杜街道陕西师范大学长安校区以西、岔道口村、第五桥村一带。

（八）永寿乡

唐武部常选韦琼墓志云："（天宝）十四载五月十三日卜葬于长安县永寿乡毕原"，并称"南临太一，北带皇城"。③太一即指终南山，皇城指京师长安城，据此可知此乡在唐长安城南。而《关中金石文字存逸考》卷四"长安县下"著录有《佛顶尊胜陀罗尼经幢》，其铭曰："大中九年十二月陈鸿为亡妻武氏建于永寿乡姜村"。今西安南郊杜城村西北有村名姜村，或即此乡所在。

（九）丰乐乡

柳宗元《种树郭橐驼传》曰："其乡曰丰乐乡，在长安西。"④乡名丰乐，盖和丰水（也作"沣河""沣水"）有关。此乡不见其他记载，其地大致在今沣水以东、阿房宫以西地区。

（十）丰谷乡

《法苑珠林》载：贞观中，"京城西丰谷乡南福水南史村史呵誓，少怀善念，常诵《法华》"，而同书"唐福水史呵誓"条载："唐郊南福水之阴，有史村史呵誓者，诵《法华经》。"⑤一说京城西，一说郊南，史村应在长安城西南为是。潏水与王曲川水汇合后，流入沣水，称交水，亦称福水，福水南有丰谷水，为沣水上源之一，丰谷乡盖和丰谷水有关。

---

① 陕西省考古研究所、西安市文物保护考古所：《唐孙承嗣夫妇墓发掘简报》，载《考古与文物》2005年第2期，第18—28页。
② 《长安志》卷一二《县二·长安》，第381页。
③ 《唐代墓志汇编》天宝二六八，第1719页。
④ 〔唐〕柳宗元：《柳河东集》卷一七《种树郭橐驼传》，上海人民出版社，1974年，第305页。
⑤ 《法苑珠林校注》卷八五《六度篇第八十五》，第2455页；卷一八《敬法篇第七》，第604页。

（十一）丰邑乡

1956年在长安沣西张家坡出土的唐龙州刺史郭恒墓志记："（景龙二年）十一月十四日合葬于丰邑乡马邬原"①，由此而知，唐丰邑乡当在沣西张家坡附近。《西安历史地图集》中的《唐长安县、万年县乡里分布图》中丰邑乡下有龙台里。

（十二）孝悌乡

《唐维州刺史安侯神道碑》："永隆二年二月二十三日，葬于雍州长安县孝悌乡之原"②。《金石汇目分编》载有"唐陀罗尼经幢正书，无年月，末题：大唐京兆府长安县孝悌乡九子村焦福昌等题"③等字。这些证明唐代长安县有孝悌乡，但其具体位置难以判断。

（十三）清官乡

道宣《开壤创筑戒场坛文》："维唐乾封二年仲春八日，京师西明寺沙门释道宣，乃与宇内岳渎诸州沙门，商较律议，讨击机务，敢于京南远郊沣福二水之阴，乡曰清官，里称遵善，持律众所，建立戒坛。"④此乡亦在沣、福二水之南，与丰谷乡较近，有遵善里。净业寺在今西安西南30多公里的沣峪口内，故知此地在唐属清官乡之地。

（十四）清化乡

《秦僧伽暨妻徐氏墓志》记：隋"京兆郡长安县神泉乡表政里住在清化乡崇贤里前岷州当夷县令故秦僧伽"⑤。唐戚篡夫人赵氏墓版文曰："贞观六年五月廿九日，雍州长安县清化乡"⑥，故知清化乡在隋唐两代均属长安县，下有崇贤里。

（十五）高阳乡

《宋高僧传·玄畅传》记载：释玄畅，乾符二年（公元875年）三月二十一日圆寂，"四月二十五日窆于长安邑高阳乡小梁村"⑦，长安邑即长安县。乡名当和高阳原有关，在今西安城西南。另有出土于长安区郭杜街道长里村的唐太史监灵台郎郭元诚塔

---

① 《唐代墓志汇编》景龙〇一三，第1086页
② 《全唐文》卷四三五，第4435页
③ 〔清〕吴式芬：《历代碑志丛书·金石汇目分编》卷十二之一，江苏古籍出版社，1998年，第411页
④ 《全唐文》卷九一一，第9499页
⑤ 王其祎、周晓薇：《长安新出隋〈秦僧伽暨妻徐氏墓志〉小考——兼说北朝隋唐墓志中的"地主"一词》，载《考古与文物》2013年第6期，第82页
⑥ 《八琼室金石补正》卷三〇，第195页
⑦ 《宋高僧传》卷一七《唐京兆福寿寺玄畅传》，第431页

铭记载:"(开元二十二年)七月十四日……敬瘗于高阳原,树双塔于绩德里。"①这里只说是高阳原绩德里,并未明说属于何乡,但根据高阳乡亦在此地,可推测绩德里应属高阳乡。

(十六)灵台乡

《天下郡国利病书》卷五五引《雍谈》:"汉书云文王作丰,颜师古注曰,今长安西北界灵台乡丰水上是。"所谓灵台在长安西北,应不是周灵台,乡名乃因汉或北周的灵台而起,应是沣水下游的唐长安西郊乡区。

(十七)龙泉乡

唐守左金吾卫翊府中郎将李镐墓志:"乾元元年岁次阉茂四月廿五日归瘗于京兆府长安县龙泉乡马祖原"②。此墓志1955年出土于西安市西郊小土门村,唐龙泉乡当即在此地及其周边地区。《西安历史地图集》中龙泉乡下有金光里。

(十八)居安乡

唐行右卫长史李府君夫人王氏墓志记:"(开元二年)甲寅五月丁亥朔二十三日己酉,安厝于京兆府长安县居安乡高阳之原"③。唐王媛墓志:"(元和七年)四月廿七日,窆于长安县居安乡清明里高阳原"④。今西安市南郊长安区郭杜街道有大、小居安村,应与唐代居安乡有关。

(十九)礼成乡

《杨钦志》:"(开皇十九年)三月廿九日薨于长安县醴成乡仁训里宅"⑤。"醴成"即"礼成"的异体写法。1955年西安市西郊土门权阳村出土杨士贵砖铭记:"仁寿元年正月廿六日长安县礼成乡洽恩里住居德坊民故杨士贵铭记。"⑥唐代尚未见有此乡记载。

(二十)修仁乡

1955年西安市西郊土门权阳村出土《赵长述志》记:"开皇十七年四月十九日雍州长安县修仁乡故民赵长述铭"⑦。此志出土地点与礼成乡的杨士贵砖铭相同,王灵推断

---

① 《全唐文补遗》第4辑,第287页。
② 《唐代墓志汇编续集》乾元〇〇一,第674页。
③ 《唐代墓志汇编》开元〇〇七,第1154页。
④ 《全唐文补遗》第7辑,第88页。
⑤ 《隋代墓志铭汇考》(2)一七七,第320页。
⑥ 《隋代墓志铭汇考》(2)一八七,第360页。
⑦ 《隋代墓志铭汇考》(2)一五六,第238页。

"此地或是当时两乡接壤处，或是两乡名称有所递改"①。从二者埋葬时间来看，赵长述葬于开皇十七年（公元597年），杨士贵葬于仁寿元年（公元601年），相距时间短，而且礼成乡的杨钦葬于开皇十九年（公元599年），其志文中亦记为"醴成乡"。故此地为两乡接壤处的可能性更大。

（二十一）渭阴乡

《长安志》载：唐长安县"有渭阴乡"②。而前见万年县亦有渭阴乡，二者都记载明确，应是重名，如长安、万年各有龙首乡。

（二十二）司农乡

《长安志》引《景龙文馆记》称："安乐公主西庄在京城西延平门外二十里。司农乡……"③延平门为唐长安外郭城西面最南边的门，所指之方位和里数，当可确定此乡位置。

（二十三）合郊乡

隋扈志碑曰：开皇十四年（公元594年）"十一月十二日安厝于大兴城西南合郊乡修福里"④。唐代碑石、文献迄今未见有关此乡的记载。

（二十四）大统乡

《长安志》引李顺兴先生《古记》云："顺兴初居长安大统乡昆明池南居贤村"⑤。昆明池，在今长安区斗门街道一带，应是唐大统乡所在之地。

（二十五）礼泉乡

又称醴泉乡。《陈感意墓志》载："贞观十四年岁次庚子十二月朔十三日己巳雍州长安县醴泉乡承嗣里"⑥，此为其籍贯，而非葬地。王夫人墓志云其"葬于醴泉本乡。今志石在崇圣寺，当附近唐城西"⑦。唐长安城内有醴泉坊，盖是重名。

（二十六）华林乡

《长安志》载：宋长安县下有"华林乡，在县南一十五里，管居安里"⑧。盖宋代

---

① 周晓薇、王其祎：《片石千秋：隋代墓志铭与隋代历史文化》，科学出版社，2014年，第223页
② 《长安志》卷一二《县二·长安》，第381页
③ 《长安志》卷一二《县二·长安》，第391页
④ 《关中金石文字存逸考》卷五《咸宁县》
⑤ 《长安志》卷一五《县五·鄠县》，第471页
⑥ 《唐代墓志汇编续集》贞观〇二四，第24页
⑦ 《长安县志》卷一二《土地志下》，第369页
⑧ 《长安志》卷一二《县二·长安》，第382页

乡名沿用唐乡，华林乡既管居安里，则当和居安乡接近。

（二十七）苑西乡

《长安志》载："苑西乡，在县北三里，管崇征里。"根据其名称，推断其位置应在唐禁苑西。

（二十八）善政乡

《长安志》载："善政乡，在县西一十五里，管安化里。"《西安历史地图集》中善政乡有布政里。

（二十九）同乐乡

《长安志》："同洛乡，在县西南四十里，管安宁里。"唐胡演墓志记载：贞观二十年（公元646年），胡演与其夫人"合葬于雍州长安县同乐乡仁智里之细柳原"①。1999年长安县细柳乡高庙村出土的唐少府少监驸马都尉郑何墓志载：宝历元年（公元825年）"四月十二日乙酉，归葬于长安县同乐乡之先茔"②。同为1999年于长安县细柳乡出土的《唐李玄济墓志》亦载其"窆于雍州长安县同乐乡宁安里之细柳原"③。从以上墓志不仅可以知道同乐乡下有宁安里、仁智里，而且亦可知同乐乡大致范围在今西安市长安区细柳街道周围地区。

（三十）布政乡

2005年西安市长安区郭杜街道出土《皇甫忍志》："（开皇）九年十一月窆于长安县布政乡延侏里。"④则今长安区郭杜街道及其周边当即隋布政乡辖地。唐代亦有布政乡，位于金光门至开远门外，即今西安市土门一带。1966年西安市西郊西安钢厂出土的唐何文哲墓志载：长庆四年（公元824年）"二夫人而祔葬于长安县布政乡大郭村龙首原"⑤。唐仇文义夫人王氏墓志载：会昌元年（公元841年）八月"厝于京兆长安县布政乡大郭里龙首原，都门之西五里而近"⑥。大郭里与大郭村应属同一地点，唐人常将

---

① 《大唐西市博物馆藏墓志》三六，第846页
② 李文英、师小群：《唐普安公主及其夫郑何墓志合考》，见《陕西历史博物馆馆刊》第8辑，第268页
③ 王月华、岳绍辉：《唐李玄济墓志考略》，见《碑林集刊》（七），第64页
④ 《隋代墓志铭汇考》（1）○九二，第360页
⑤ 魏光：《何文哲墓志考略》，载《西北史地》1984年第3期
⑥ 《全唐文补遗》第2辑，第62页

村、里混称。史念海先生曾指出布政乡在唐长安城开远门外①，故此都门当是开远门。

（三十一）归化乡

《元仁宗志》："开皇十年岁次庚戌十一月乙酉朔遇患大渐，卒于长安县归化乡弘德坊宅"②。弘德坊即弘德里，唐人有将郊区的里称为坊之习惯。唐《杜道愿墓记》载：显庆五年（公元660年）有"雍州长安县归化乡故人杜道愿，柱在蒿口南头弟四家"③。由此可知，隋唐时期，归化乡有弘德坊、蒿口。

（三十二）淳化乡

2005年西安市长安区郭杜街道杨村出土的《孙观暨妻王氏志》记："从梁秦王建义归朝，因居京兆，属长安县淳化乡雅正里"④。至今未见唐代碑志中有此乡，疑此乡为隋乡，入唐后并入其他乡中。

（三十三）福阳乡

1999年西安市长安县出土的《解方保志》记："（大业六年十一月）戊午朔廿七日甲申葬于京兆郡长安县福阳乡修福里之原"⑤。长安区新出《秦僧伽暨妻徐氏墓志》记："妻徐，以大业九年二月亡，今合葬于长安县福阳乡龙仁里奉诚村辛保仁地"⑥。《隋书·地理志上》"京兆郡"条记载：长安县"有仙都、福阳、太平等宫"⑦，福阳乡或因福阳宫而得名，唐代沿用隋乡之名。唐莫丽芳墓志载：武德二年（公元619年）"窆于长安之福阳乡"⑧；唐遂安王李安墓志亦载："（贞观十六年）岁次壬寅五月乙卯朔六日庚申，葬于长安县福阳乡修福里高阳之原"⑨；唐阎庄墓志记：上元三年（公元676年）"合葬于雍州乾封县福阳乡阳原里高阳原"⑩；唐李胤墓志记：显庆元年（公元656年）"厝于雍州长安县福阳乡安定里之高阳原"⑪。据上可知，隋唐时，福阳乡有

---

① 史念海：《唐长安城外龙首原上及其邻近的小原》，载《中国历史地理论丛》1997年第2辑，第17页。
② 《隋代墓志铭汇考》（1）〇九八，第376页。
③ 《全唐文补遗》第7辑，第502页。
④ 《隋代墓志铭汇考》（2）一五八，第245页。
⑤ 《隋代墓志铭汇考》（4）三二六，第102页。
⑥ 王其祎、周晓薇：《长安新出隋〈秦僧伽暨妻徐氏墓志〉小考——兼说北朝隋唐墓志中的"地主"一词》，载《考古与文物》2013年第6期，第82页。
⑦ 《隋书》卷二九《地理志上》，第808页。
⑧ 《大唐西市博物馆藏墓志》二八，第60页。
⑨ 《全唐文补遗》第7辑，第246页。
⑩ 《全唐文补遗》第5辑，第11页。
⑪ 《秦晋豫新出墓志蒐佚》一二五，第164页。

修福里、龙仁里、阳原里、安定里。

（三十四）弘教乡

《陈叔兴志》："（大业）三年五月廿三日薨于长安县弘教乡务德里之第"①。迄今未见唐代记载此乡的碑志出土。

（三十五）昆明乡

唐少府监中尚丞刘皆墓志载其"永徽五年二月□日，葬于长安县昆明、龙门二乡界内阿城之东"②。据此可知，昆明乡与龙门乡接界，当在其南面或西南面。昆明乡或因昆明池而得名，其地当在昆明池遗址附近。《唐故赵氏夫人墓志铭并序》称：元和十五年（公元820年）"归窆于长安县昆明乡魏村"③。

（三十六）安国乡

1956年出土于西安市西郊枣园村西的《唐骑都尉安万通墨书砖墓志铭》载："永徽五年十二月一日，葬于城西龙首原"，其志文末又有"永徽五年十二月一日，长安县安国乡普宁坊"。④普宁坊为长安城朱雀门街西第五列从北第二坊，李健超先生认为"应为死于普宁坊，葬于安国乡"⑤。据此，推知安国乡当在今枣园村以西地区，东临龙首乡。

（三十七）弘安乡

《大唐故戴满墓志铭并序》载："显庆四年岁次己未二月戊申朔廿五日壬申卒于长安县弘安乡嘉会坊私第"⑥。嘉会坊位于长安城朱雀门街西第四列西市南第三坊，西临待贤坊，近延平门，推测弘安乡主要在延平门外地区。

（三十八）新昌乡

《大唐故彭国太妃王氏墓志铭并序》载："龙朔二年八月十三日薨于雍州长安县新昌乡"⑦。新昌乡仅见此例，具体位置尚不可考。

（三十九）弘政乡

《隋扈志碑》载："开皇十四年二月十九日薨于京师宏政乡敬仁里"⑧。唐王伏生

---

① 《隋代墓志铭汇考》（3）二六五，第240页
② 《全唐文补遗》第4辑，第335页
③ 《全唐文·唐文续拾》卷五，第11225页
④ 《全唐文补遗》第2辑，第130页
⑤ 《增订唐两京城坊考》（修订版），第245页
⑥ 《唐代墓志汇编》显庆〇九九，第290页
⑦ 《唐代墓志汇编续集》龙朔〇一九，第130页
⑧ 《关中金石文字存逸考》卷五"咸宁县"

洺墓志亦曰："大周雍州长安县弘政乡游击将军王伏生洺四月十五日身亡"①。故知隋唐两代长安县都有弘政乡，其乡有敬仁里。

（四十）福民乡

程义据西安市长安区郭杜街道紫薇田园都市住宅小区工地出土的《贺兰谊第四女墓志》补出②。此乡有德义里，《唐鲁谦墓志》载：大中十一年（公元857年）六月"葬于长安县胡赵村德义里之先茔"③。

（四十一）沣䣥乡

《隋李士洺墓志》记其大业五年（公元609年）葬于京兆郡长安县沣䣥乡高阳原界。从其名称上来看，其位置当在长安县西南，东跨沣水，西至鄠县，即今西安市西南郊细柳街道以南地区。进而推之，沣水与京兆郡的鄠县连接，而不与扶风郡的䣥县相邻，故墓志中的"沣䣥乡"或是"沣鄠乡"之误。④

（四十二）神泉乡

《秦僧伽暨妻徐氏墓志》："大隋大业十一年岁次乙亥正月甲午朔十六日己酉，京兆郡长安县神泉乡表政里……秦僧伽"⑤。唐代沿袭隋代乡名，如唐张通墓志云：麟德二年（公元665年）"合窆于京西神泉乡马祖之原"⑥；唐解君妻赵夫人墓志载：咸亨元年（公元670年）"迁厝于长安县马祖原神泉乡"⑦。马祖原位于今西安市鱼化寨东。故可推知，神泉乡位置大概在西安南郊鱼化寨一带。

（四十三）务德乡

《杜智墓志》载："葬于长安县务德乡马祖之原"⑧，据此补长安县务德乡。而史念海先生考证马祖原在今西安市西郊土门⑨，故可推知务德乡亦在土门附近，与同在马祖原的神泉乡相近。

---

① 《唐代墓志汇编》神功〇一一，第920页
② 程义：《隋唐长安辖县乡里考新补》，载《中国历史地理论丛》2006年第4辑，第103页
③ 《全唐文补遗》第3辑，第235页
④ 《片石千秋：隋代墓志铭与隋代历史文化》，第225页
⑤ 王其祎，周晓薇：《长安新出隋〈秦僧伽暨妻徐氏墓志〉小考——兼说北朝隋唐墓志中的"地主"一词》，载《考古与文物》2013年第6期，第82页
⑥ 王雪玲：《新发现五种隋唐墓志考证》，见《碑林集刊》（七），第62—69页
⑦ 姜宝莲、秦建明、梁小青：《西安新发现唐代〈解君赵夫人墓志〉》，见《碑林集刊》（十），第115—117页
⑧ 王雪玲：《新发现五种隋唐墓志考证》，见《碑林集刊》（七），第64页
⑨ 史念海：《唐长安城外龙首原上及其邻近小原》，载《中国历史地理论丛》1997年第2辑，第26页

（四十四）积德乡

2002年西安市南郊长安区紫薇田园都市住宅小区工地出土《大唐故云安郡君夫人米氏墓志并序》："（天宝十四载）十一月景辰朔五日庚申葬于京城西南长安县积德乡高阳之原"[1]。由此可知，积德乡亦位于西安市南长安区郭杜街道附近，与福民乡在紫薇田园都市附近毗邻。

（四十五）务道乡

唐《陆敬道墓志》："（龙朔三年）二月乙酉朔十八日壬寅合葬于城西务道乡马祖原。"[2]唐樊公墓志载其咸通九年（公元868年）"葬于京兆府长安县务道乡冯胡里马祖原"[3]。据此可增补唐长安县务道乡及其下冯胡里。

（四十六）怀阴乡

敦煌P3417《十戒经》盟文："大唐景云二年……王景仙……诣雍州长安县怀阴乡东明观里中，三洞法师中岳先生张泰，受十戒十四持身之品，修行供养。"[4]怀阴乡仅见于此，不见于其他有关隋唐长安地志的记载中，而东明观为长安著名道观，在长安城西北隅普宁坊内，故推测怀阴乡应距此不远，在开远门外。

---

[1] 西安市文物保护考古研究院：《唐代辅君夫人米氏墓清理简报》，载《文博》2015年第4期，第25页。
[2] 樊波：《新出唐〈陆敬道墓志〉疏证》，见《碑林集刊》（十一），第109页。
[3] 《长安新出墓志》，第302页。
[4] ［日］池田温编：《中国古代写本识语集录》，东京大学东洋文化研究所，1990年，第282页。

第六章 帝王陵墓与陵墓制度

关中地区是隋唐王朝的帝都所在，是帝王生前生活、理政的主要场所；同时关中也是帝王们逝后的安葬之所。关中地区共有唐代帝陵十八座，即高祖献陵、太宗昭陵、高宗乾陵、中宗定陵、睿宗桥陵、玄宗泰陵、肃宗建陵、代宗元陵、德宗崇陵、顺宗丰陵、宪宗景陵、穆宗光陵、敬宗庄陵、文宗章陵、武宗端陵、宣宗贞陵、懿宗简陵、僖宗靖陵。这些帝陵不但分布在长安城的周边，由隶属于长安的各陵署负责管理，而且唐代帝王经常要前往祭陵，因此它们也构成了长安城神圣空间的重要组成部分，与都城长安有着密不可分的关系。

第一节
帝陵概况

一、地理分布

关中唐陵均位于关中北部坦荡如砥的平原和挺拔峻秀的崇山之间。以现在的政区来说，关中唐陵分布在蒲城、富平、三原、泾阳、礼泉、乾县等六县境内。蒲城境内有四座唐陵：睿宗桥陵、玄宗泰陵、宪宗景陵和穆宗光陵；富平境内有五座唐陵：中宗定陵、代宗元陵、顺宗丰陵、文宗章陵和懿宗简陵；三原境内有三座唐陵：高祖献陵、敬宗庄陵和武宗端陵；泾阳境内有两座唐陵：德宗崇陵、宣宗贞陵；礼泉境内有两座唐陵：太宗昭陵、肃宗建陵；乾县境内有两座唐陵：高宗乾陵、僖宗靖陵。若以唐都长安为中心，东连泰陵，西连乾陵，可形成一个102°的扇面，东西长140公里，总面积将近3000平方公里，分布的地理范围相当广大。

关中十八陵中修建于初唐时期的有四座，即高祖献陵、太宗昭陵、高宗乾陵和中宗定陵。献陵是唐太宗为其父唐高祖李渊营造的陵寝。此陵在三原县东20公里的徐木原上（东经109°08′，北纬34°42′），北距定陵18公里。昭陵位于礼泉县东北20多公里的九嵕山上（东经108°28′，北纬34°38′），东北距贞陵19公里。乾陵位于乾县县城北（偏西）4650米的梁山主峰上（东经108°13′，北纬34°34′），东南距靖陵4.5公里，距西安市80公里。定陵是中宗李显的陵墓。其位于富平县北10公里处的龙泉山上（东经109°08′，北纬34°52′），东北距丰陵9公里。

盛唐时期修建的帝王陵墓主要是桥陵，此外，玄宗泰陵和肃宗建陵大体上也可以划分在这个时期以内。桥陵是唐睿宗之墓，在蒲城县西北15公里的丰山上（东经109°28′，北纬35°59′），东北距景陵4公里，距泰陵约22公里。泰陵在蒲城县东北15

公里的金粟山上（东经109°39′，北纬35°02′），西南距西安市约125公里，是关中十八陵中最东边的一座陵墓。建陵的修建大体与泰陵同时进行。建陵在礼泉县北12公里的索山石马岭上（东经108°26′，北纬34°37′），东北距昭陵5公里。

中唐时期修建的帝王陵墓计有代宗元陵、德宗崇陵、顺宗丰陵、宪宗景陵、穆宗光陵和敬宗庄陵。元陵在富平县西北14公里的檀山上（东经109°05′，北纬34°53′），东北距章陵3公里，东南距定陵5.5公里。崇陵位于泾阳县云阳镇东北15公里的嵯峨山的主峰东边（东经108°50′，北纬34°41′），东北距庄陵23.5公里。崇陵之后修建的是顺宗丰陵。丰陵在富平县东北20公里的金瓮山上（东经109°12′，北纬34°56′），东北距桥陵26公里。景陵在蒲城县西北13公里的金帜山上（东经109°31′，北纬35°01′），东北距光陵7公里，距泰陵19公里。光陵在蒲城县北15公里的尧山之阳（东经109°34′，北纬35°03′），东南距泰陵9.5公里，在政区上属尧山镇光陵村。庄陵位于三原县陵前镇柴家窑村东250米的荆原上（东经109°01′，北纬34°43′），东南距端陵5公里，东北距简陵21公里。

修建于晚唐时期的帝王陵墓有文宗章陵、武宗端陵、宣宗贞陵、懿宗简陵和僖宗靖陵。章陵在富平县西北14.5公里的宫里镇雷村西岭山上（东经109°07′，北纬34°53′），东南距定陵3.5公里。端陵在三原县徐木原西边（东经109°05′，北纬34°42′）。东距献陵5.5公里，北距元陵20公里。贞陵在泾阳县兴隆镇崔黄村北的仲山上（东经108°39′，北纬34°43′），东南距崇陵20多公里。简陵在富平县西北18公里的紫金山上（东经109°03′，北纬34°54′），东南距元陵3.5公里。靖陵在乾县东北4.5公里的阳峪镇南陵村（东经108°16′，北纬34°34′）。东北距建陵15.5公里。

从以上可知，关中唐陵的空间分布有以下特点：一是十八座陵墓都分布在首都长安以北的渭北地区。具体些说，分布在东经108°13′至109°39′，北纬34°34′至35°03′的范围之内。二是十八陵中有十四座因山而筑，四座堆土为陵，大部分位于山上，小部分位于山下。三是这些陵墓在排列上没有明显的昭穆关系。（见图6-1）

二、陵园结构

关中十八唐陵的范围大小不一，但陵园的结构基本相似，都由地面建筑和地下宫殿构成。

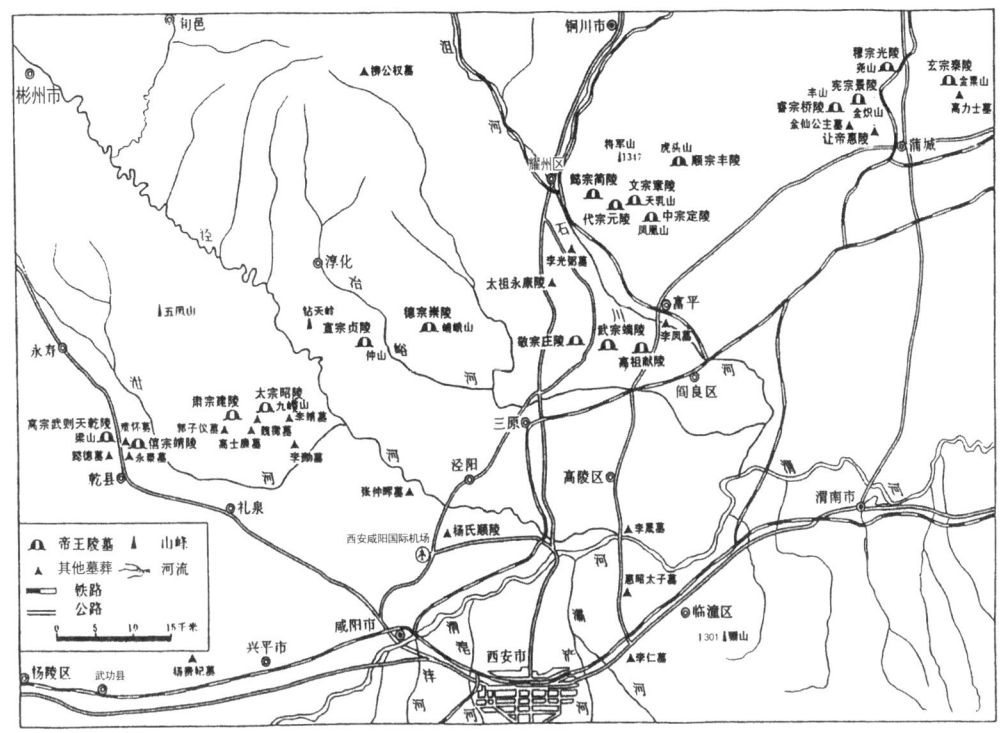

图 6-1 关中唐陵分布示意图

（一）地面建筑

城阙。唐代帝王陵墓均有围墙。陵园四周设置墙垣，最早见于秦始皇陵，其后西汉诸陵四周亦夯土筑垣。东汉、魏晋南北朝陵园四周不筑垣墙，但到唐代，又恢复了秦汉时期的做法。从元人李好文《长安志图》所绘《唐昭陵图》《唐高宗乾陵图》《唐肃宗建陵图》和有关考古资料来看，关中唐陵一般都有两重城垣。堆土为陵者城垣大体上呈方形。因山为陵者因各陵多是坐北朝南，故南墙所处位置多在山下，都比较平直，而东、西、北三面陵墙则多顺山脉而筑。城垣四面中部各开一门。门的名称均以"四象"而定，即南朱雀、北玄武、东青龙、西白虎。人们在习惯上又将青龙门和白虎门分别称作"东华门"和"西华门"。堆土为陵者东门与西门、南门与北门两两相对，而因山为陵者则很少能够做到各门完全对称。唐陵四门外往往有土阙一对，土阙上建有土木结构的楼阁。此外，唐陵城墙四角均筑有角阙，上建楼阁，有如城墙四角的角楼。鹊台和乳台上也有阙。无论是门阙、角阙还是台阙，都十分醒目，造型独特，雄壮美观。

封丘。封丘即通常所说的墓冢，也就是建在地宫上边的封土堆。关中唐陵的封丘可以分为两种类型：一种是堆土为陵，一种是因山为陵。堆土为陵即在平地上开挖墓室，修筑地宫，上面堆土，建成覆斗形的陵台。因山为陵就是把自然的山峰作为陵丘，在南面山腰开凿地宫，修建陵园，乾陵、定陵、桥陵、泰陵、建陵、元陵、崇陵、丰陵、景陵、光陵、章陵、贞陵、简陵都模仿昭陵，采用了因山为陵的形式。只有庄陵、端陵和靖陵，仿效献陵，采用了堆土为陵的形式。实测覆斗形唐陵与秦汉帝王陵墓没有什么差别，符合"以方为贵"的思想。至于封丘东西居中而偏北，则与在封丘前修建寝殿的制度有关，可能模仿唐都长安城中宫城居北部正中的布局，也与唐代帝王的统治思想有一定的关系。此外，封丘东西居中而偏北，也符合中国古代"坐北朝南"的"尊君"思想。

寝宫。寝宫又称"上宫"，位于朱雀门内正对山陵之处，象征帝王生前临朝和居住的宫殿，也是上陵朝拜和举行隆重祭祀礼仪的地方。唐人权德舆《中书门下贺八陵修复毕表》载："寝宫便殿，虔奉衣冠"①。结合其他文献，可知"寝宫"具有"寝"和"庙"的双重功能。献殿又称"享殿"，是寝宫的主体建筑。文献中在涉及唐陵时，曾多次提到过献殿。如《昭陵志》载："高力士于太宗陵寝宫，见梳箱一、柞木梳一、黑角篦一、草根刷子一，叹曰：'先帝亲正皇极，以致升平，遂身服用，唯留此物。将欲传示子孙，永存节俭。'"②元人李好文《长安志图》所载《唐昭陵图》和《唐高宗乾陵图》中都在南门内绘有"献殿"。另一方面，考古工作者也在唐陵中发现了献殿的遗址。如乾陵献殿设于朱雀门内，乾陵南神门北为长方形献殿，献殿与南神门之间的东西两边有东西阁遗址。寝殿在献殿之北，是寝宫中最重要的建筑，象征帝王生前居住的大殿，里边彩塑死者的真容或树立死者神主，安放死者的各种遗物，供养如平生之仪。

下宫。下宫即后宫，为守陵宫人所居，以供奉帝王日常饮食起居。史载汉代以来，诸帝升遐，宫人无子者悉遣诣山陵，朝夕具盥栉，治衾枕，事死如生。从宋敏求《长安志》等书的记载来看，唐陵下宫多在陵园的西南部。下宫与封丘之间的距离以五里为多，但的确有一定的差异。少者去陵三里、四里，多者达十余里。从现存下宫遗址来看，唐陵下宫是一组规模庞大的建筑群。由于文献资料缺乏，加之又未进行考古发掘，唐陵下宫的布局和陈设目前尚不清楚。宋代下宫"有正殿，置龙辇，后置御座。影殿置御容，东幄卧神帛，后置衣数事。斋殿傍，皆守陵宫人所居"③。唐陵下宫规模较宋陵

---

① 《全唐文》卷四八四，第4949页。
② [宋]洪迈：《容斋随笔·续笔》卷一四《帝王训俭》，上海古籍出版社，1978年，第380页。
③ [宋]李攸：《宋朝事实》卷一二《仪注二》，商务印书馆，1935年，第210页。

为大，其内部设置当更为丰富。

其他建筑。除了上述建筑，关中唐陵中还有一些设置。比如祭坛、栈道、神游殿、陵署等。祭坛和栈道仅见于昭陵。神游殿见于昭陵和乾陵。《唐会要》卷二〇载：昭陵顶上有游殿。开元十七年（公元729年），唐玄宗拜昭陵，"掌事者仿像遥观太宗立神游殿前"。[①]乾陵神游殿在梁山之巅，仿神宫建筑，供死者魂游。陵署是管理陵园的机构，在关中十八陵中普遍存在。唐玄宗天宝十三载（公元754年）下令："献、昭、乾、定、桥五署，改为台令，各升一阶，自后诸陵，例皆称台。"[②]乾陵陵署在陵南六里，过去当地人称之为"看墓司"。其余诸陵陵署遗址多未发现。

（二）地下宫殿

唐陵有堆土为陵和因山为陵两种形式。其外部结构有些区别，内部构造也可能有所差异，但这些差异并不很大，可以肯定它们在主要方面是一致的。

墓门与羡道。无论是堆土为陵还是因山为陵，也不管是前期还是后期，唐代帝王陵墓都有一条进入地宫的羡道。羡道也叫"埏道"，就是通常所说的墓道。唐代盛行斜坡墓道，帝王陵墓也不例外。在堆土为陵的场合，一般是从土冢之南百余米处下斜凿隧，至于墓室。因山为陵的场合，则是从山峰南腰斜凿而下，直入山腹。

唐陵羡道迄今尚未发掘，所以没有确切的数据。从有关资料分析，羡道的长度因陵而异，并无定制。《唐会要》记载：昭陵羡道长七十五丈[③]，合今232.5米。这是因山为陵者的大体情况。堆土为陵者无文字记载，因其陵园规模比因山为陵者小，羡道当在200米以下。至于宽度，各陵也不一致。据考古工作者实测，乾陵羡道宽3.9米，桥陵宽4米。

地下宫殿。经过羡道，即可进入墓室。墓室是地宫的主体。据考古学者研究，唐代以墓室多寡区分墓主人地位的高下，一般官吏为单室墓，重要的文武大臣和宗室密戚为二室墓，因而皇帝陵墓当为三室，因为皇帝的规格不可能与臣下相等。考古学者认为，唐陵的外部结构是仿照京师长安的，则唐陵地宫也有仿照内宫设计的可能。《新五代史·温韬传》载：温韬进入昭陵地宫，见"宫室制度宏丽，不异人间"。[④]这说明，上述推测至少有一定的可靠性。关于墓室的形状，从唐人的宇宙观念和已发掘的王公大

[①] 《唐会要》卷二〇《亲谒陵》，第405页
[②] 《唐会要》卷二〇《陵议》，第460页
[③] 《唐会要》卷二〇《陵议》，第458页
[④] 《新五代史》卷四〇《温韬传》，第441页

臣、皇亲国戚及六朝五代帝王陵墓分析，当是上圆下方，顶部为穹隆式，底部呈四方形的。至于墓室的大小，虽然目前尚无具体材料可资说明，但肯定不是像唐太宗所说的那样"足容一棺"而已，相反，比我们看到的永泰公主墓、懿德太子墓及南唐二陵的墓室都要大得多。

地宫中的一般陈设，据《大唐元陵仪注》载，地宫的前室或前部则设有"宝帐"，帐内设有神座；神座之西，放着玉制的"宝绶""谥册"和"哀册"；神座之东，放着一些"玉""币"。中室或中部，有所谓"棺床"，棺床上停放着皇帝的"梓宫"，也就是棺椁；棺椁的底部有防潮材料及珍宝之类，上加"七星板"；板上有席、褥，旁置衣物及珪、璋、璧、琮、琥、璜"六玉"；皇帝穿一百二十套大殓之衣，口含贝玉，仰卧于褥上，面对棺盖；棺盖内侧镶有黄帛，帛上画着日月星辰及龙龟等物。后室或后部设有石床，石床及其周围放置着衣冠、剑佩、千味食及死者生前的玩好之物。此外，地宫中还置有"白佩""素幡"和"明器"等等。[1]当然，各陵的具体情况因各个帝王的"平生玩好"不同而势必有所差异。

三、石刻艺术

在唐关中十八陵中，有数以千计的石刻。这些石刻或高大雄伟，气势磅礴，或鬼斧神工，玄妙莫测，或造型逼真，栩栩如生，都是珍贵的艺术品。无论从数量还是质量上来看，它们都远远地超过了前代陵墓石刻，并对后世产生了重要影响。

唐陵石刻组合的基本模式是从乾陵确定的。乾陵四门外各有石狮一对。南面神道宽25米，长约1公里，由南向北有华表、瑞兽（天马）、祥鸟（鸵鸟）各一对，仗马和控马者五对，石人十对，石碑两通，蕃酋像六十一尊。石刻分东西排列，对称布置。乾陵以后的唐代诸陵，在遵从乾陵石刻制度的同时，曾经进行一些小的变革，因而诸陵石刻及其组合并不是完全一致的，也存在着一些差异。定陵四门外石狮的排列与乾陵基本相同。神道石刻原来较多，由乳台二阙址向北依次有华表一对，翼马一对，仗马三对，石人五对，蕃酋石像一对，无字碑一通。石刻总数少于乾陵，形制也较乾陵石刻为小。桥陵东门外二狮相顾而视，其他则与乾陵石狮相似。神道很宽，达60余米，两侧的石刻由南向北计有华表、翼兽和祥鸟各一对，仗马五对，石人十对。所有石刻都很高大，石

---

[1]《通典》卷八四至八七引《大唐元陵仪注》，第2266—2416页。

刻南北之间的距离一般在28~29米之间。崇陵、丰陵石刻组合同泰陵。但崇陵又多了一些小石人。景陵、光陵神道石刻组合同泰陵，石刻之间的距离大体上在22~24米之间。景陵北门外又有小石狮两对。庄陵神道石刻计有华表、翼兽和祥鸟各一对，石人6个。石刻东西列间距67.5米。章陵石刻组合原同泰陵，现均被破坏，已无从考证。端陵神道石刻现有华表1个、翼兽和仗马各2个、翁仲（石人）4个，祥鸟1个，翁仲（石人）形制同庄陵。但东列石人的左侧不佩剑，腰带下无前后花结长帛。贞陵神道石刻组合略同泰陵。石刻间的距离约23米。北门外仗马与神道仗马相似。简陵神道石刻组合与贞陵相似，有小蕃酋石像5个，小石人2个。靖陵神道石刻组合略同庄陵。从石刻的内容来看，唐陵石刻可分为四类，即神道标志石刻、祥瑞动物石刻、仪卫人马石刻和纪念性石刻。每种石刻都有不同的象征意义。

（一）神道标志石刻

唐代帝王陵墓中的标志性石刻只有一种，那就是华表。华表又叫"石柱""石望柱"，在唐陵中位于神道的最南端，大气磅礴，十分醒目，是陵墓神道的标志。从高祖献陵开始，唐陵中即有华表，昭陵以下十六陵也有华表存在，唯独昭陵不见华表的痕迹。有人怀疑昭陵没有华表。但从唐陵华表的分布情况来看，昭陵也应该是有华表的，只是华表可能已被破坏。我们不能因为现在昭陵没有华表就断定当初也没有华表。关中十八陵应有36个华表，经过千百年的破坏，现在只剩下21个，其中11个已残破，只有10个是完整的。尽管如此，我们还可以通过这些华表，看出唐陵华表的演变情况，以及唐陵华表的雕刻艺术。

（二）祥瑞动物石刻

唐陵石刻中的祥瑞动物计有祥鸟、瑞兽、狮子等。唐陵祥鸟的设置可能与朱雀、鸾鸟有关。所以不少人都认为它是鸵鸟而不把它和凤凰联系起来。关中唐陵中原有32件祥鸟，现存14件，其中5件已经残破。从有关资料来看，最先设置祥鸟的是唐高宗乾陵。总的来看，乾陵祥鸟比较特殊，其他各陵祥鸟在形态上大体相似。从个体上来说，前期祥鸟较大，后期较小。从雕刻艺术方面来说，虽各有千秋，但前期精品较多。（见图6-2）唐陵的瑞兽一般位于石鸟和华表之间，看上去形状古怪，似马非马，似鹿非鹿，很难给它下一个确切的定义。有人把它叫作"天马"，有人把它叫作"翼马"，有人把它叫作"天禄""麒麟"，还有人把它叫"獬豸""独角兽"。虽然称谓不同，说法有异，但都认为它是一种表示吉祥的动物。（见图6-3）关中唐陵有136尊狮子。经过

图 6-2 乾陵中的祥鸟石刻

图 6-3 乾陵中的天马石刻

一千多年的风雨沧桑,有些狮子被毁坏了,但仍有110多尊狮子被保存下来。狮子不在神道,而在陵园四门之外,也是唐陵中十分醒目的石刻。此外,唐陵中还有犀牛。犀牛仅见于高祖献陵,在唐陵石刻中不具有普遍性,可以说是一个特例。

(三)仪卫人马石刻

唐陵中的仪卫人马计有两种:一种是文武侍臣,一种是立仗马。侍臣,即通常所说的翁仲。唐代诸陵翁仲布局大体相同,但造型颇有差异。如乾陵翁仲位于仗马之北,共十对,每对南北间距18.5米,东西列石人形制相同。身高一般为3.87米,头戴帻冠,长袖阔带,脚着长靴,双手拄剑,神态各异。定陵石人现存有二,均头戴高冠,身着长袍,双手拄剑。桥陵翁仲十对,每对南北间距29米。身高一般都在3.8米左右。头戴冠,冠上有一鸟饰,两侧为鸟翅形纹饰,身穿斜领宽袖袍,袖胡过膝,腰中系带,双手拄四节剑,足着高头分梢履。唐代诸陵在祥鸟之北均有五对醒目的高头大马,人们在习惯上称之为"石马"。这些石马不是战马,也不是普通的马匹,而是充当仪卫角色的"仗马"。唐陵置仗马可能开始于太宗昭陵。唐人封演说:"国朝因山为陵,太宗葬九嵕山,门前亦立石马。陵后司马门内,又有蕃臣曾侍轩禁者一十四人石象,皆刻其官名。"① 但昭陵石马已不存在,究竟是否仗马,很难做出判断。乾陵以下,仗马和"进马"(即控马者)犹存,很可玩味。仗马是唐代从"六闲"中挑选出来的体形、毛色、个性最好的马,也是最聪明的骏马。马头一般不大,而马肌均较发达。腿部因要支撑庞

---

① 《封氏闻见记校注》卷六《羊虎》,第58页

大躯体显得较为粗壮，其余部分比例匀称，看上去很有精神。当然，唐代近三百年，仗马的造型也发生过一些变化。前期的仗马高大、雄壮、粗犷、有神；后期的仗马则变得清秀、逼真。无论是前期的马还是后期的马，在雕刻上都是值得称道的。

（四）纪念性石刻

唐陵中的纪念性石刻也不少，主要有六骏、蕃臣和石碑等。"六骏"是指唐太宗在建立唐朝和统一全国的过程中所乘过的六匹骏马。唐太宗在隋唐之际南征北战，驰骋疆场，冲锋陷阵，出生入死，与战马结下了深厚的感情。贞观十年（公元636年），他在为自己营建昭陵时，想到了曾经与他屡立战功的六匹战马，决定用青石雕刻六骏的形象，并亲自为之作"赞"，以展现六骏的雄姿，同时炫耀他的武功。这些骏马雕成以后，安置在昭陵北面献殿前的东西两厢，故人们在习惯上称之为"昭陵六骏"。昭陵六骏即特勤骠、飒露紫、青骓、拳毛騧、什伐赤、白蹄乌。昭陵六骏采用了浮雕的手法，每匹马都有一段动人的故事，每匹马都是珍贵的艺术品。唐陵设置蕃臣像始于太宗昭陵。唐高宗在为太宗皇帝举行葬礼时，率先在昭陵设置了蕃像。乾陵中蕃臣像大量增加，并分为两组，每组南北四行，东西八排，分别侍立于南门阙内的东西两侧，其总数达到六十余人。除昭陵和乾陵以外，定陵、桥陵、泰陵、建陵、崇陵、庄陵和简陵也有一些石刻蕃像。这些蕃像的形制、服饰和所在位置与乾陵相似，但其背部不见刻文，文献中也未对这些蕃像做任何记载。唐代立碑之风甚盛。但唐代帝王陵墓上却很少立碑。唐陵立碑者只有乾陵和定陵。这主要是自古帝陵"礼无神道碑"的缘故。

第二节
前期诸陵

唐代前期的帝王陵墓包括高祖献陵、太宗昭陵、高宗和武则天乾陵、中宗定陵、睿宗桥陵和玄宗泰陵。

一、献陵

献陵在三原县东20公里的徐木原上。徐木原南宽北窄,西高东低,海拔高度约500米。献陵位于徐木原东西居中位置,北距定陵18公里。陵墓系堆土而成,封域周20里,在关中十八陵中最小。《长安志》载:"封内二十里,下宫去陵五里。"①献陵修建于贞观九年(公元635年),是唐高祖李渊的陵寝。唐高祖在遗诏中说:"既殡之后,皇帝宜于别所视军国大事。其服轻重,悉从汉制,以日易月。陵园制度,务从俭约"②。也就是说,要按照俭约的原则,对他进行薄葬。而唐太宗为了行孝,决定按西汉长陵的旧例给高祖修建陵寝,要求丧事"务在崇厚"。唐太宗派术士为其父李渊占卜墓地,结果选中了三原荆原上的风水,遂决定在荆原上为李渊营建献陵。按照唐太宗的旨意,献陵由匠作大将阎立德设计,并如期开工。由于陵园工程浩大,又为葬期所迫,"功役劳敝",秘书监虞世南上书请按高祖遗诏务从节俭。太宗内心很矛盾,想按遗诏办事,但不忍心顿书为俭素,想厚葬,又怕百世之后有废毁之忧,进退两艰,不能自决,遂将虞世南的奏章交给房玄龄等大臣讨论,最终太宗采纳了虞世南等人的建议,下诏说:"朕既为子,卿等为臣,爱敬罔极,义犹一体,无容固陈节俭,陷朕于不义也。今便敬依来议。"于是山陵制度颇有减省。③

---

① 《长安志》卷二〇《县十·三原》,第594页。
② 《旧唐书》卷一《高祖本纪》,第18页。
③ 《唐会要》卷二〇《陵议》,第457页。

献陵系堆土为陵,封土夯筑,为覆斗形,位于陵园中部偏东处,高六丈。陵园四面筑有墙垣。每边各置一门。南为朱雀门,北为玄武门,东为青龙门,西为白虎门。四角各角楼一座。陵园四门外有石狮(虎)四对。朱雀门南为神道,即所谓"司马道"。神道南北长576米,宽39.5米。其两侧列置大型石刻犀牛一对、石人三对、华表一对。(见图6-4)此外,陵园中还有献殿、寝殿、下宫等重要建筑。经过一千三百多年的风雨沧桑,献陵的地面建筑已荡然无存,但陵冢基本上还保持了原来的面貌。献陵石刻数量较少。在陵区所能看到的只有一只石狮(虎)和一个华表。

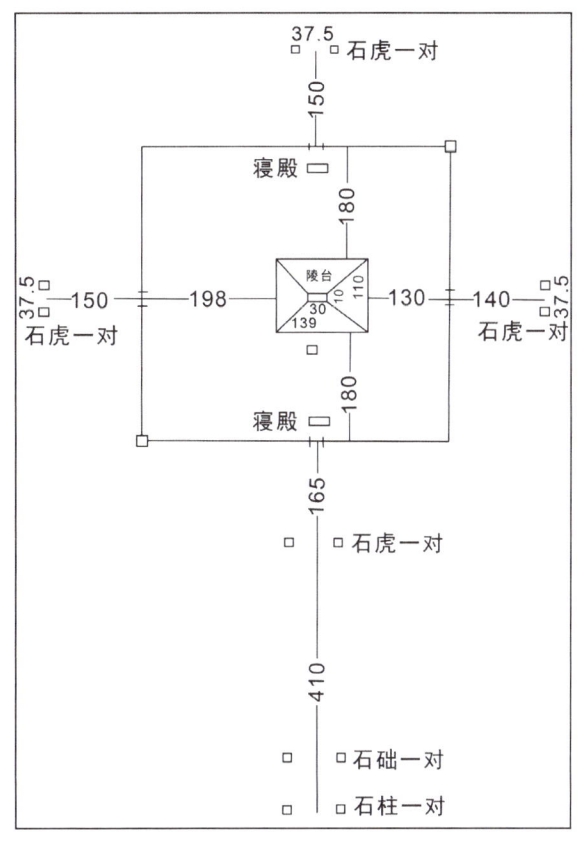

图6-4 唐高祖献陵平面图

另有一只石狮和一只石犀陈列于碑林博物馆。石犀体形高大,凝重自然。石狮(虎)造型别致,颇为凶悍。

献陵初无陪葬墓。贞观十八年(公元644年),唐太宗以为:"佐命功臣,义深舟楫。追念在昔,何日忘之。汉氏相将陪陵,又给东园秘器,笃终之义,恩意深厚。自今以后,功臣密戚及德业佐时者如有薨亡,赐茔地一所,及赐以秘器,使窀穸之时丧事无阙。凡功臣密戚请陪陵葬者,听之,以文武分为左右而列。若父祖陪陵,子孙从葬者亦如之。"①此后陪葬献陵者凡二十余人。据《唐会要》卷二一记载,献陵有二十五座陪葬墓,《长安志》卷二〇则说献陵的陪葬墓为二十三座。②据考古工作者调查,献陵的陪葬墓达五十二座之多,其中有封土者二十六座,无封土者二十座,还有六座已被破坏。综合相关记载可知献陵陪葬墓分为三类:一类是后妃墓,有二座,即太穆皇后窦氏

---

① [元]马端临:《文献通考》卷一二五《王礼二十》,中华书局,1986年,第1124页
② 《唐会要》卷二一《陪陵名位》,第480页;《长安志》卷二〇《县十·三原》,第594页

墓、楚国太妃万氏墓；一类是宗室墓，有十七座，即河间王李孝恭墓、襄邑王李神符墓、清河王李诞墓、韩王元嘉墓、彭王元则墓、道王元庆墓、郑王元懿墓、虢王元凤墓、鄷王元亨墓、徐王元礼墓、滕王元婴墓、邓王元裕墓、鲁王灵夔墓、霍王元轨墓、江王元祥墓、密王元晓墓、馆陶公主墓；还有一类是功臣墓，有墓六座，即并州总管张纶墓、平原郡公王长楷墓、荣国公樊兴墓、谭国公邱和墓、巢国公钱九陇墓、刑部尚书刘德威墓。考古工作者曾对虢王李凤墓和房陵大长公主墓进行了科学发掘。

献陵曾经被盗。目前尚未进行科学发掘，遗物主要是陵园中的大型石刻和陪葬墓出土的一些文物。

（一）石狮（虎）

朱雀门外的一对石狮（虎）位于门址南165米处。东侧的石狮（虎）向西而立，保存完好。身长2.75米，胸宽1米，通高1.8米，颈下有"武德拾年九月十一日石匠小汤二记"铭文。西侧的石狮（虎）大小与东侧的相同，于1959年移至西安碑林博物馆展出。青龙门外的一对石狮（虎）位于门址东140米处，二者南北相对，相间37.5米，南侧者已埋于地下，北侧者在"文革"时被毁。玄武门外的一对石狮（虎），在门址北150米处，二者东西相对，间距37.5米，东侧者埋于地下，地表仅余石座，西侧者半埋土地中，保存完好。白虎门外的一对石狮（虎），在门址西150米处，二者南北列置，相间37.5米，南侧者与基座分离，腿、嘴残破，身躯完好，北侧者半掩土中。

（二）石犀

石犀位于石狮（虎）之南、华表之北，东西相对。东侧石犀高2.12米，长3.35米，体态硕大，造型逼真，现存西安碑林博物馆，保存完好。其右前足下石板上刻有"高祖怀远之德"六字，"高"字已漶泐不清。西侧石犀被掩埋于地下，情况不明。

（三）华表

献陵华表位于南门外神道的尽头，原为一对，东西相距39米。东者保存较好，西者现已残毁。东边华表由上中下三部分组成，通高7.23米。下部包括础石和石座，显得厚重稳当。石座略成覆钵形，质底十分坚硬。石座中部有卯，以接柱身。中部柱身为八棱形，向上收杀。每面线刻绕枝花团，通身又有S形对舞双龙。上部柱顶有八棱形石盖，盖上雕有一尊避邪，挺胸，昂首，耸耳，披鬣，小巧玲珑，看上去很有趣。西边华表倒埋在水沟中，刨开泥土，舞龙和花瓣清晰可见。西边华表的盘龙石座在1958年大炼钢铁时，被砸成了石子，殊为可惜。

二、昭陵

昭陵是唐太宗的陵寝，位于礼泉县东北20多公里的九嵕山上。九嵕山海拔1188米，孤耸回绝，气势雄伟，树木葱茏，风景绮丽，是渭北山系中最有代表性的大山。昭陵因山而置，封域周120里，总面积达三十万亩，是关中十八陵中规模最大的一座。

昭陵是由唐代著名建筑设计大师阎立德、阎立本兄弟精心设计的。其平面布局仿照唐长安城设计。当年昭陵有富丽堂皇的地面建筑和地下宫殿。高大的朱雀门、雄伟的献殿和庄严的祭坛，构成地面建筑的主体。陵寝因山而建，居于陵园的最北部，相当于长安的宫城。在地面上围绕山顶堆建为方形小城，城四周有四垣，四面各有一门。（见图6-5）

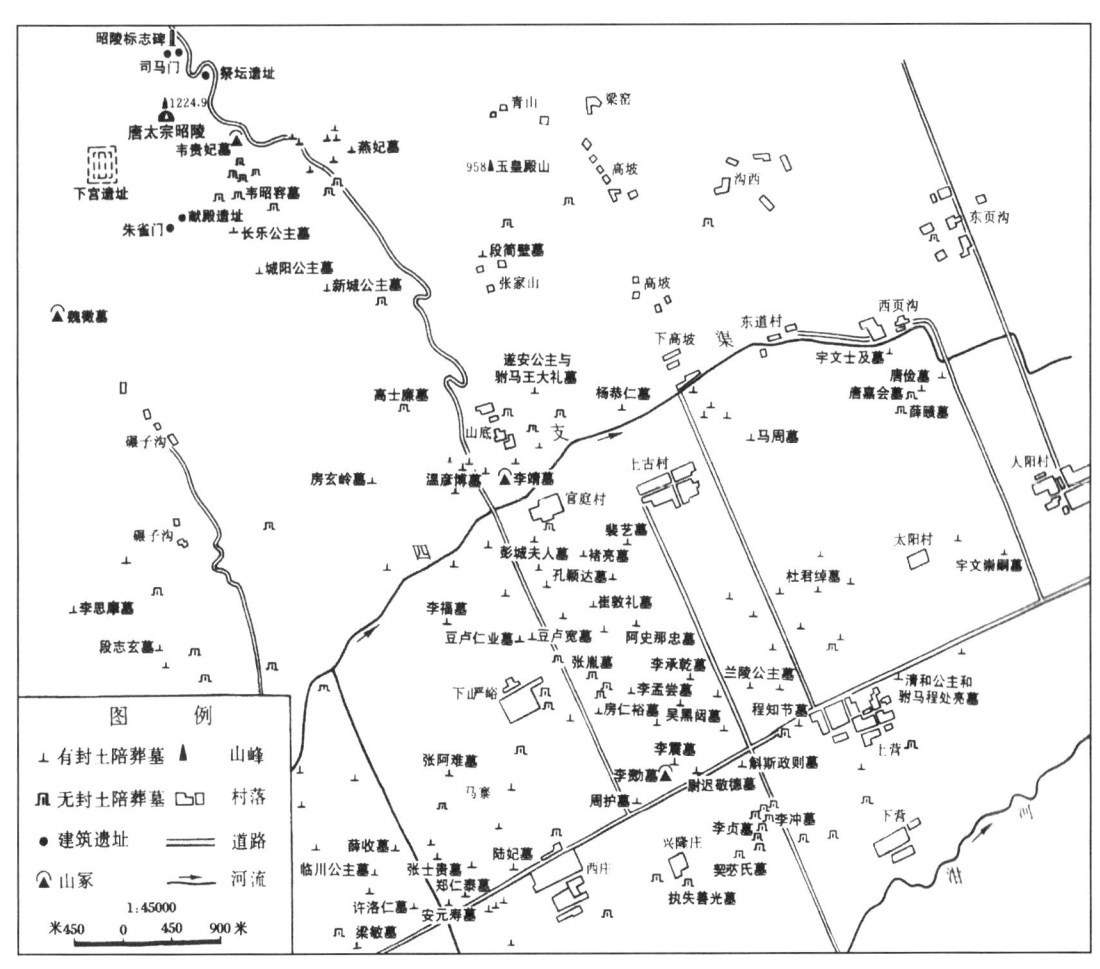

图 6-5 唐太宗昭陵平面图

玄宫建筑在山腰南麓。初建时驾设栈道，"缘山傍岩，架梁为栈道，悬绝百仞，绕山二百三十步，始达玄宫门"①。栈道长二百三十步，约合400米。玄宫深七十五丈，石门五道，中间为正寝，是停放棺椁的地方，东西两厢排列着石床。床上放着许多石函，里面装着殉葬品。墓室到墓口的通道上，用3000块大石砌成，每块石头有二吨重，石与石之间相互铆住。

在主峰地宫山之南面，是内城正门朱雀门，朱雀门之内有献殿，是朝拜祭献用的地方，与门阙距离很近，整个遗址约10米见方，加门阙南面约20米见方的场地，仍然是一个狭小的遗址。在这里曾出土残鸱尾1件，经复原后高1.5米，宽0.65米，长1米。门阙之间约5米，恰在献殿正中。在北面，是玄武门，设置有祭坛，紧依九嵕山北麓，南高北低，由五层台阶组成。在南三台地上有寝殿、东西庑房、阙楼及门庭，中间龙尾道通寝殿，是昭陵特有的建筑群。在司马门内列置了十四国君长的石刻像。

贞观二十三年（公元649年）五月，唐太宗积劳成疾，在终南山翠微宫溘然长逝，终年五十二岁。同年八月十八日，唐高宗为太宗举行了隆重的葬礼，安葬在昭陵之中。

昭陵陪葬墓分布于昭陵的东南方向，陪葬区很大，实际上是一个庞大的陪葬墓群。关于昭陵陪葬墓的数量，文献中有不同的记载。现在可以确定墓主的陪葬墓有六十三座，自北至南依次为韦贵妃墓、燕妃墓、韦昭容墓、长乐公主墓、段简璧墓、城阳公主墓、新城公主墓、魏徵墓、宇文士及墓、唐俭墓、唐嘉会墓、薛赜墓、遂安公主与驸马王大礼墓、杨恭仁墓、高士廉墓、马周墓、房玄龄墓、温彦博墓、李靖墓、裴艺墓、宇文崇嗣墓、彭城夫人墓、褚亮墓、孔颖达墓、杜君绰墓、崔敦礼墓、李思摩墓、李福墓、阿史那忠墓、阿史那社尔墓、豆卢宽墓、豆卢仁业墓、段志玄墓、张胤墓、李承乾墓、清河公主与驸马程处亮墓、兰陵公主墓、李孟常墓、吴黑闼墓、房仁裕墓、程知节墓、姜遐墓、姜简墓、李震墓、斛斯政则墓、张阿难墓、李勣墓、尉迟敬德墓、王君愕墓、周护墓、李冲墓、李贞墓、薛收墓、契苾氏墓、张士贵墓、陆妃墓、执失善光墓、临川公主、郑仁泰墓、牛进达墓、许洛仁墓、安元寿墓和梁敏墓。

从现存封土情况来看，昭陵陪葬墓有四种类型。第一类是依山为墓，魏徵墓和新城公主墓即是如此。第二类是覆斗形墓，如太宗第五女长乐公主墓和太宗第十六女城阳公主墓，墓前均存有石人、石羊、石虎、石望柱，墓的南北两面有土阙。第三类是圆锥形墓葬，此类陪葬墓所占比重很大，文武大臣墓基本上都是这种形制。第四类是山形墓，

---

① 《唐会要》卷二〇《陵议》，第458页

此类陪葬墓的数量不多，目前只发现李靖和李勣墓。李靖墓象征阴山、积石山，现存形状略如起伏的山岭，中间有一主峰，两边各一缓丘；李勣墓象征阴山、铁山、乌德鞬山。而据文献记载还有李思摩墓和阿史那社尔墓。这种特殊形状的墓葬封土，是对有特殊功勋重臣的特殊奖赏。无论哪种类型的陪葬墓，在墓前都树有墓碑，在墓中都埋有墓志。这些墓碑和墓志都是极为重要的资料，对了解墓主人的生平事业，对认识唐代前期政治、经济、文化和社会生活，具有重要的价值。令人遗憾的是，昭陵陵园的地面建筑已荡然无存，我们现在所能看到的遗迹主要是陵园建筑遗址和数十座陪葬墓而已。

玄宫是昭陵的主体建筑，在九嵕山主峰南侧的山腹之中，其入口在悬崖上，具体位置目前尚未探测。陵园的墙垣、角楼久已废毁，四门之中，唯南面的朱雀门和北面的玄武门遗址较为清晰。朱雀门遗址在玄宫南800米处，门外有双阙残迹，门内有献殿遗址；玄武门在玄宫北侧600米处，门内有祭坛和山门遗址。

昭陵献殿在今昭陵社区皇城村昭陵南门内，殿址约40米见方，殿南有三门，殿内砖铺地面，残垣上有壁画痕迹，殿址内曾出土经复原后高1.5米、底长1米、宽0.65米的鸱尾，重约一百五十公斤。有学者据此推算，献殿的高度当在10米左右，由此可以想见当时献殿建筑之规模。下宫位于玄宫西南1150米处，基址均较为明显，整个遗址略呈长方形，东西宽237米，南北长334米，四周有墙垣残迹，南北垣墙中各辟一门，宫内有大量房层基址。祭坛位于玄武门内，遗址亦为长方形，南北长86.5米，东西宽53.5米，具体情况已在前边说明，兹不赘述。

昭陵遗物甚多，部分精品收藏于中国国家博物馆、陕西历史博物馆，大部分收藏在昭陵博物馆。在这些遗物中，影响最大的当推"昭陵六骏"。昭陵六骏即特勤骠、飒露紫、青骓、拳毛䯄、什伐赤、白蹄乌。唐太宗喜欢名马，这些马的名字可能是唐太宗根据这些马的颜色和奔跑时的形态起的。

昭陵六骏在雕刻上采用了浮雕的艺术手法，这在唐陵石刻中是一种创造。浮雕每方高约1.71米，宽2.04米左右，厚0.3米，四周有边。马身雕刻精美，神态各异。马头上侧有一尺见方的空白地带，据说是当年题刻赞语的地方。现在文字磨灭，已不可见。石座上殷仲容刻写的马赞也已模糊不清。这些石刻，以唐太宗当年所乘的六匹骏马为原型，准确、形象、生动地反映了六骏的状况，不仅形似，而且也很有神韵。在六骏中，有五匹战马颈上都有"三花纹"。战马的鞍鞯装饰也清晰可辨。通过这些战马，人们不难想见一千三百多年前的战阵场面，也不难看出当时战马的装备情况。很显然，这些战马是当时历史的见证，同时也都具有很高的艺术水平。明代诗人王云凤说："秦王铁骑取天下，六骏功高画亦优。"这种说法是有一定道理的。20世纪初，昭陵六骏遭到外国强盗的破坏，被打破运出昭陵。1914年美国文物贩子窃走了这组石刻中的"飒露紫"和"拳毛䯄"，运放在美国费城宾夕法尼亚大学博物馆陈列。其余四骏现在收藏于碑林博物馆。（见图6-6）

唐太宗在位期间，比较重视处理中央政权与周边少数民族之间的关系，实行了开明

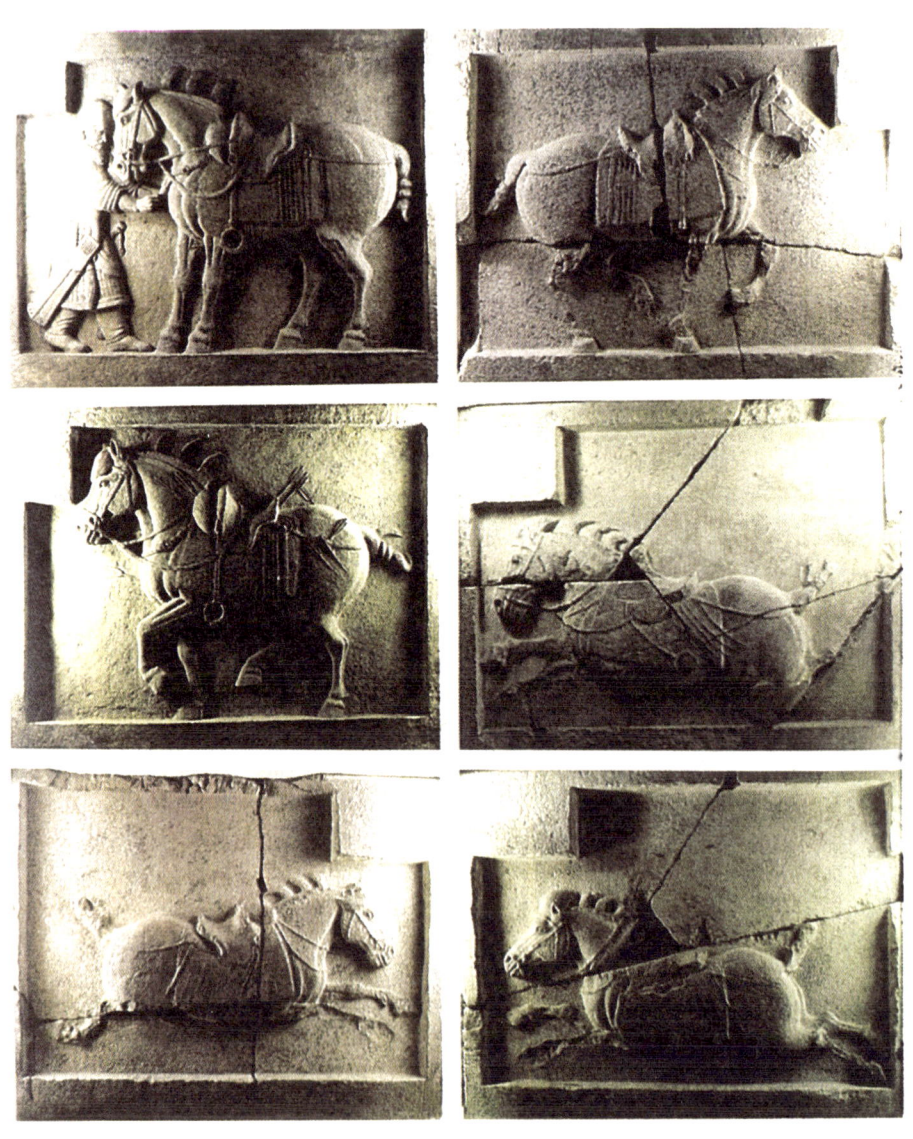

图6-6 唐昭陵六骏石刻图

的民族政策。他曾说："自古皆贵中华，贱夷、狄，朕独爱之如一"①，抛弃了对少数民族的偏见，因而受到少数民族的拥戴，被推为"天可汗"，周边民族纷纷表示归附，故唐高宗在为太宗皇帝举行葬礼时，率先在昭陵设置了蕃像。当时雕刻的蕃像共有14个，人称"十四国君长像"。他们是：突厥颉利可汗右卫大将军阿史那咄苾、突厥突利可汗右卫大将军阿史那什钵苾、突厥乙弥泥孰俟利苾可汗右武卫大将军阿史那思摩、突厥都布可汗右卫大将军阿史那社尔、薛延陀真珠毗伽可汗、吐蕃赞普、新罗乐浪郡王金贞德、吐谷浑河源郡王乌地也拔勒豆可汗慕容诺曷钵、龟兹王诃黎布失毕、于阗王伏阇信、焉耆王龙突骑支、高昌王左武卫将军麴智盛、林邑王范头黎、帝那伏帝国王阿罗那顺。从宋人游师雄《题唐太宗昭陵图》和元人李好文《昭陵图说》来看，宋元间十四国君长像保存完好。其后逐渐被毁，现在已看不到一个完整的蕃酋像了。

三、乾陵

乾陵是渭北唐十八陵最西边的一个，位于今乾县县城北（偏西）4650米的梁山主峰上，东南距靖陵4.5公里，距西安市80公里。梁山海拔1069米，西为南北向沟壑，漠西河河道从沟中穿过，高程640米；梁山东、北麓较平缓，南面山势较陡。乾陵因梁山主峰而筑，封域周80里，气势极为宏伟，被称为"关中唐陵之冠"。

乾陵实际上是唐高宗与武则天的合葬墓。营建工作是从唐高宗去世后开始的，武则天将陵墓的名称确定为"乾陵"，命吏部尚书韦待价摄司空，为山陵使，发兵民十余万营建乾陵。②乾陵的主体工程由地下宫殿和地面建筑组成。地下宫殿以墓室为主，结构复杂；地面建筑包括城阙、献殿、寝殿、游殿等设施。文明元年（公元684年）八月，武则天命侍中刘齐贤和霍王元轨知山陵葬事，为唐高宗举行隆重的葬礼。八月十一日葬高宗于乾陵。③为了确保地宫的安全，在埏道口外塞满石条，"其石缝铸铁，以固其中"④。葬礼结束后，武则天打破帝王陵前不立石碑的惯例，在乾陵朱雀门外为唐高宗树立"述圣纪碑"，把永徽以来唐王朝所取得的成就全部推到唐高宗身上。据说此碑刻成后，复嵌金屑，碑文在阳光照射下闪闪发光，使宏伟的陵园显得十分壮观。

神龙元年（公元705年）十一月二十六日，武则天于洛阳上阳宫仙居殿去世，临

---

① 《资治通鉴》卷一九八，唐太宗贞观二十一年五月，第6360页。
② 《旧唐书》卷七七《韦挺传附韦待价传》，第2672页。
③ 《旧唐书》卷五《高宗本纪下》，第112页。
④ 《唐会要》卷二〇《陵议》，第459页。

终遗言要求与唐高宗合葬。二年（公元706年）正月，唐中宗"护则天灵驾还京"。此时，国家政治比较混乱。武三思为了借助武则天亡灵庇护自己，劝韦后、中宗对武则天实行厚葬。韦后欲仿效武则天，也赞成武三思之意见。中宗为了表示孝道，亦主张一切从优。虽然他们各自的目的不同，但都打算为武则天举行一个隆重的葬礼；五月十八日，武则天的灵柩葬入乾陵地宫，葬礼结束后，乾陵的营建工程才最终完成。

乾陵是唐王朝在关中地区修建的第三座帝王陵墓，采用了因山为陵的形式。其陵园基本呈方形，东、南、西、北四面神墙的长度分别为1582米、1438米、1450米和1450米。虽历经千百年的风风雨雨，地面建筑已不存在，但相对而言，乾陵是关中十八陵中保护最好的一座，其规模之大、文物之多、景色之美，都是罕见的。乾陵大体上是模仿唐高宗生前的生活环境设计的，所以在封域之内有两重城郭。第一重城郭是地宫和寝殿的所在地，相当于皇帝居住的宫城；第二重城郭是朝仪的所在，相当于国家机关所在的皇城；皇城之外，封域之内的大片地方为陪葬墓区，相当于外郭城或百姓居住的地方。从文献记载和考古资料来看，乾陵的布局是陵墓坐北朝南，建筑是以神道为南北中轴线来安排的，主要有城阙、封丘、寝宫、游殿、下宫和陵署等。

乾陵四周均有围墙，主要是为了保障陵寝的安全。墙垣原来都比较高大，墙基宽约3米，往上层层收分，至顶部宽度为2米左右，墙高则在5~8米。但由于这些墙垣都是用夯土筑成的，经过长期的自然侵蚀和人为的破坏，到现在绝大部分都已夷平，只有少数墙垣若断若续，尚能窥见昔日的规模。20世纪以来，考古工作者曾对乾陵的墙垣进行探测，得知：南墙东起沈家池村之北，向西经石马道村、黄巢沟至上坡岭，全长1450米，东偏北3°；北墙由东华门村北842米处起，向西经后宰门村，到村西708米处止，全长1450米，东偏北2°；东墙南起沈家池，向北经东华门村西，到村北842米处止，全长1582米，北偏西2°；西墙由西华门村北842米处起，向南经西华门村、下沟上坡而止，全长1438米，北偏西2°；东南城角高7.5米，东北城角高5.1米，西北城角高5.5米，西南城角高10米，均为夯土筑成，特别是西北城角和东北城角，均有石条砌筑的地基。[①]从现存城垣遗迹来看，乾陵墙垣的建筑主要有两种方式：一是用石条砌筑墙基，上面再以土夯筑墙；墙顶铺有板瓦，做成双坡，以利排水；墙身则涂为白色或淡红色。二是下挖土壕，打造墙基，直接在墙基上夯筑城垣，仅在四角及四门有阙处用石条作基。

乾陵城垣四面中部各开一门。门的名称以"四象"而定，即南朱雀、北玄武、东

[①] 陕西省文物管理委员会：《唐乾陵勘查记》，载《文物》1960年第4期，第58页。

青龙、西白虎。青龙门和白虎门习惯上又称作"东华门"和"西华门"。由于是因山为陵，故四门只是大体对称。四门外各有土阙一对，上建有土木结构的楼阁。此外，城墙四角均筑有角阙，上建楼阁，有如城墙四角的角楼；鹊台和乳台上也有阙。阙的大量存在，不仅烘托了乾陵的气氛，而且增加了乾陵的气势。乾陵内城四门则清晰可辨：朱雀门在司马道北端的二峰之间，门外25米处有残高约10米的土阙两个，阙间距为41.5米。玄武门在梁山北麓，门前28米处有高约5米的遗阙两个，阙间距为40米。青龙门在梁山东麓，门外38米处有土阙两个，北边的高6.5米，南边的高5米。白虎门在梁山西麓，门外31米处也有遗阙两个。鹊台位于城关镇张家堡村，有东西二阙，二阙址东西间距100米，阙址基部置石条。乳台在梁山主峰以南的东西对峙二山峰上，东阙址高19.3米，底部东西18米、南北8.5米，西阙址高8米，底部东西9.5米、南北3米。唐陵城门可能有阙楼式、过殿式、过洞式和混合式四种。乾陵"门楼均为三出阙（一个母阙、两个子阙）……门楼为土木结构，楼基和墩台均系夯筑，外用砖包砌，墩台上建楼"。①

封丘即通常所说的墓冢，即建在地宫上边的封土堆。考古学家习惯称之为"陵台"。称"陵台"比较形象，但却易与文献中所说的"陵台"相混。文献中所说的陵台实际上往往是指"陵署"而言。为了避免混乱，这里姑称之为"封丘"。乾陵借助梁山的自然山峰为冢，不存在修建封丘的问题。但为使乾陵更有气势，当时也曾对梁山的顶端进行若干修饰。乾陵"封丘"在陵园中的位置，大体是东西居中而偏北。文献记载乾陵内城中有献殿、寝殿等建筑，已为考古工作者所证实。献殿等建筑群落即位于封丘之南，则封丘所处的位置自然要偏北一些。否则，陵园布局就显得不够合理。此外，封丘东西居中而偏北，也符合当时"坐北朝南"的"尊君"思想。

寝宫又称上宫，位于朱雀门内正对山陵之处。唐人权德舆曾说："寝宫便殿，虔奉衣冠"②。结合其他文献，可知"寝宫"具有"寝"和"庙"的双重功能。史书在记载唐代皇帝"亲谒陵"时，都提到"寝宫"。从这些记载来看，寝宫在陵园中所处的地位是相当重要的。但是长期以来，学术界对寝宫的认识很不一致。有些人认为唐陵中只有献殿，没有寝殿；有些人认为有献殿和寝殿而无寝宫；有些人则认为献殿就是寝宫。事实上，寝宫是一个较为庞大的建筑群，包括献殿、寝殿等建筑在内，规模宏大，门外列戟数十竿，显得十分庄严。

---

① 贺梓城、王仁波：《乾陵》，载《文物》1982年第3期，第86页。
② 《全唐文》卷四八四《中书门下贺八陵修复毕表》，第4949页。

献殿又称"享殿",是寝宫的主体建筑。文献中在涉及乾陵时,曾提到过献殿。元人李好文《长安志图》所载《唐高宗乾陵图》中就在南门内绘有"献殿"。另一方面,考古工作者也在乾陵发现了献殿的遗址。乾陵献殿位于朱雀门内,为长方形建筑。献殿与南神门之间的东西两边还有东西阁遗址。献殿是依照朝堂建筑的,象征皇帝生前处理朝政之地,规模宏大,尤为壮观。从《宣室志》卷三所载张洗的经历来看,献殿内的陈设一如朝堂之制。因为大臣的拜陵和祭祀活动均在此殿举行,故有"献殿"之名。又因此殿类似帝王生前处理朝政的大殿,所以也有人称之为"衙殿"。

寝殿在献殿之北,是寝宫中最重要的建筑。象征帝王生前居住的大殿,里边彩塑死者的真容或树立死者神主,安放死者的各种遗物,供养如平生之仪。凡帝王拜陵,在献殿行礼之后,都要到寝殿来献食,并瞻仰遗物。《大唐开元礼》卷四五《吉礼·皇帝拜五陵》详细记载了当时皇帝拜陵的仪程。其中有不少地方涉及寝殿及其他建筑。这些记载至少可说明:寝殿有东西二廊;殿中有神位,陈设一如帝王生前所居,床帐、冠冕、衣服,应有尽有。

下宫即后宫,为守陵宫人所居,以供奉帝王日常饮食起居。"下宫"在陵园中的位置并不确定。唐陵下宫只是在柏城之内择便地修筑,具体方位并没有什么严格的规定。从宋敏求《长安志》等书的记载来看,唐陵下宫多在陵园的西南部。乾陵下宫在乳台西南,北距梁山2500米。今严家嘴村东,陵前村南,邀驾宫村北有大面积建筑遗址,唐代砖瓦甚多,疑为乾陵下宫遗址。从现存遗址来看,乾陵下宫是一组规模庞大的建筑群。由于文献资料缺乏,加之又未进行考古发掘,乾陵下宫的布局和陈设目前尚不清楚。

乾陵陪葬墓位于陵园东南方向。《唐会要》载乾陵有十六座陪葬墓,《长安志》载六座,《文献通考》《关中陵墓志》俱载十七座,《乾州志稿》则称有四十一座。据《唐会要》卷二一载,陪葬乾陵者有章怀太子李贤、懿德太子李重润、泽王李上金、许王李素节、邠王李守礼、义阳公主、新都公主、永泰公主、安兴公主、特进王及善、中书令薛元超、特进刘审礼、礼部尚书左仆射豆卢钦望、右仆射刘仁轨、左卫将军李谨行、左武卫将军高侃。另据《文献通考》和《关中陵墓志》等,陪葬乾陵者还有左仆射杨再思。这就是说,乾陵陪葬墓至少有十七座。乾陵陪葬墓的封土形式有两种类型:第一类为覆斗形墓,共有五座,其中懿德太子墓和永泰公主墓为二层台覆斗形,封土规模较大,且有陵园,陵园南面还建有土阙,土阙之南排列有石狮、石人、石华表等。章怀太子墓亦为覆斗形,但没有二层台,墓前的石刻是石羊。第二类为圆形封土,规模较小，无陵园和石刻。已发掘的陪葬墓有懿德太子墓、永泰公主墓、章怀太子墓、李谨行墓和薛元超墓。墓葬形制均为带斜坡墓道多天井、多过洞带小龛的砖砌双室或单室墓。（见图6-7）

乾陵陵园在关中唐十八陵中保存最好，故留下的遗迹较多。内外城墙基址，献殿、阙楼遗址，北门遗址，下宫遗址均已发现，出土文物也极为丰富。其中尤以众多精美的石刻而闻名。在陵园中，有数以百计的石刻。这些石刻或高大雄伟，气势磅礴，或鬼斧神工，玄妙莫测，或造型逼真，栩栩如生，都是珍贵的艺术品。从有关资料来看，乾陵石刻是按照唐代帝王生前的仪卫制作的，主要有华表、瑞兽、祥鸟、仗马、侍臣、狮子、蕃像和石碑等十余种。可以看出，这些石刻以现实生活中的侍臣和仗马为主，又增加了体现符瑞思想的祥鸟、瑞兽。根据这些石刻所反映的内容，大体上可将这些石刻划分为四类，即陵墓标志、祥瑞鸟兽、仪卫人马和

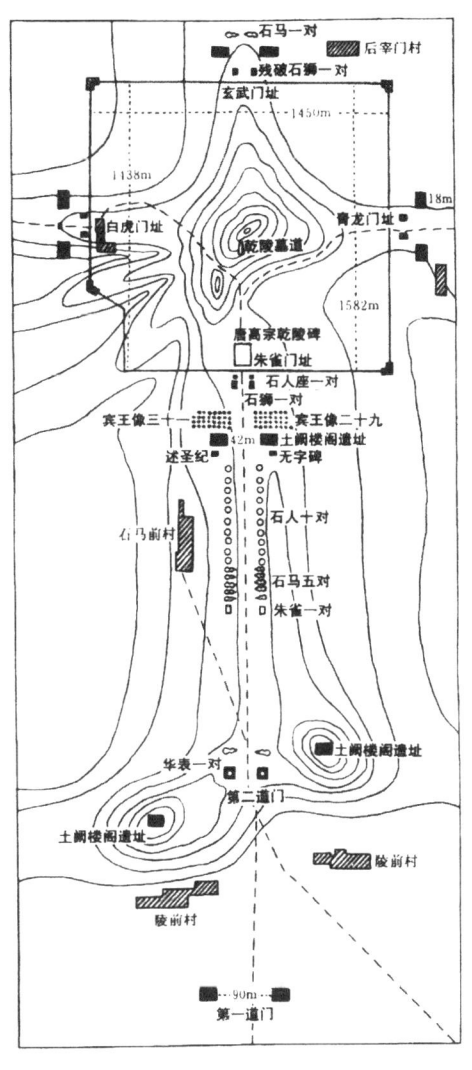

图6-7 唐高宗、武则天乾陵平面图

纪念性石刻。无论从数量还是质量上来看，这些石刻都远远地超过了前代陵墓石刻，集中反映了唐代石刻艺术的最高成就，同时也从侧面反映了唐代的历史状况和文化特点。

四、定陵

定陵位于今富平县北10公里处的龙泉山，此山因形状像凤凰，故又名凤凰山。其主峰海拔751米。定陵即修于主峰上，封域周40里。

《旧唐书》载：景云元年（公元710年）七月"甲子，右仆射许国公苏瓌、兵部尚

书姚元之、吏部尚书宋璟、右常侍判刑部尚书岑羲并充使册定陵"①。定陵因凤凰山而建，陵园基本呈方形，东西1250米，南北1180米。其玄宫位于凤凰山南腰腹中。城垣东西南北四边正中有青龙、白虎、朱雀、玄武四门，门前有阙，城垣四角有楼。城垣中有献殿、下宫等建筑。《长安志》载：定陵"封内四十里，下宫去陵五里"②。景云元年（公元710年）十一月二日，中宗下葬；唐玄宗天宝八载（公元749年），追尊为中宗孝和大圣皇帝；十三载（公元754年），加尊为中宗孝和大圣大昭孝皇帝。

定陵陪葬者各书记载不一，主要有和思皇后赵氏、节愍太子、宜城公主、长宁公主、成安公主、定安公主、永寿公主及驸马王同皎等。在这些陪葬墓中，唯节愍太子墓的位置得到确定。

定陵地面建筑损坏已久，现在所能看到的遗迹主要有四门基址和乳台、鹊台基址。青龙门阙台遗址在东门外34米处，南北二阙相距约70米。南阙底残长14米，宽8米，高4米；北阙底长12米，宽10米，高5米。白虎门阙台遗址在西门外24米处，南北二阙相距约60米。南阙已被剥平；北阙底长12米，宽约8米，残高4米。朱雀门阙台遗址在南门外23米处，东西二阙相距78米。东阙底长13米，宽8米，高5米；西阙底长14米，宽7米，高5米。玄武门阙台遗址在北门外37米处，东西二阙相距49.5米。东阙底长14米，宽7米，残高3.5米；西阙底长18米，宽12米，高5米。四边门阙均为夯筑，夯层厚度在7~10厘米之间。乳台在南门外623米处，现存东西二阙，间距为175米。东阙底长14米，宽12米，高6米；西阙底长15米，宽11米，高7米。鹊台在南门外2863米处，现存东西二阙，间距约为180米。东阙底长15米，宽11米，高4米；西阙底长15米，宽10米，高5米。乳台和鹊台均为夯筑，夯层在9厘米左右。

定陵遗物主要是陵园中石刻和陪葬墓中出土的文物。在陵园四门之外，原有石狮四对。现东门、南门、北门外各存石狮一尊，其余石狮均已残毁。实测各门石狮相距27米至30米不等，与门址的距离在4米至10米之间。石狮的高度为2.4米，均作蹲踞之状，看上去比较凶猛。除门狮之外，在南神道两侧，还有石人、石马等大型雕刻。20世纪60年代，尚有华表、翼马、仗马、翁仲（石人）及巨型无字碑等石刻25件。可惜这些石刻在"文革"中多已被毁。今仅存翁仲（石人）一对，东西相距90米，距朱雀门约300米，通高2.9米，戴鹖冠，穿长袍，双手挂剑。其身躯半埋土中，可清楚地看出其头部特征。

---
① 《旧唐书》卷七《睿宗本纪》，第155页
② 《长安志》卷一九《其九·富平》，第584页

五、桥陵

桥陵是唐睿宗李旦的陵寝，在今蒲城县西北15公里的丰山上，东北距景陵4公里，距泰陵约22公里。

桥陵的营建工作开始于开元四年（公元716年）六月，由御史大夫李杰护作，将作少监李尚隐具体负责。《新唐书·李杰传》载：李杰"以护作桥陵，封武威县子"；同书《李尚隐传》载："尚隐以将作少监营桥陵，封高邑县男。"① 开元四年（公元716年）十月二十八日，唐睿宗葬于桥陵。当时唐王朝已进入全盛时期，经济发达，文化繁荣，国力强大，有能力修建规模宏丽的陵园。所以尽管唐睿宗在遗诏中强调说："厚葬伤生，可以深诫。其丧纪及山陵制度，一依汉制故事"②，但唐玄宗还是按照自己的想法给睿宗修建了庞大的陵寝。石刻种类与乾陵相似，但更加高大雄伟。所有这些，都显示出盛唐的时代特征。

桥陵因山而筑，封域周40里，在山腹开凿地宫，并在四周建造城阙。因此陵修建于"开元盛世"，故制度严谨，规模宏大，气度非凡。史载：陵园地面城垣因山势而筑，略呈正方形，唯东北部突出，不甚规则；实测南墙长2871米，西墙长836米，东墙长2303米，北墙长2883米，周长约11公里，陵区总面积达852.7万平方米。四边各置一门，以四神命名，青龙门与白虎门东西相对，朱雀门居中，玄武门位于北墙偏西处，各门两侧均有门阙。朱雀门外有神道长625米，宽110米，两侧列有高大的石刻。但实际上四门互不对称，南、东和西三门基本对着山陵，北神门偏西。当地人传说，四门的位置是在凤凰的头尾和两翅的中心，实际上不过是因地制宜而已。陵园中有献殿、寝殿、下宫等大型建筑及数十件高大的石刻，还有不少陪葬墓。桥陵玄宫凿于山腹，考古探测羡道全长70米，宽3.78米，由南向北以石条叠砌封固，石条大小不一，以千字文编序，推测石条总数约3900块。石条上下铺有0.1米厚的黄土，以石灰灌缝。因埏道无扰动痕迹，故专家推测桥陵玄宫未曾被盗。

桥陵陪葬墓，《唐会要》及《长安志》所载计有八座，即惠宣太子李业墓、惠庄太子李㧑墓、惠文太子李范墓、金仙公主墓、凉国公主墓、代国公主墓、鄎国公主墓及云麾将军李思训墓。《文献通考》所载为九座，《关中陵墓志》所载为十二座，《蒲城县

---

① 《新唐书》卷一二八《李杰传》，第4462页；卷一三○《李尚隐传》，第4499页
② 《唐大诏令集》卷一二《睿宗遗诰》，第73页

图6-8 唐桥陵华表

志》所载为十三座。现在可以确定位置的陪葬墓主要有以下几座：让皇帝李宪墓、惠庄太子墓、王贤妃墓、金仙公主墓、李思训墓。

桥陵乳台北距南门门址641米，现存东西二阙址相间180米。东阙址底长21米，宽18米，高约5米；西阙址底长20米，残宽8米，高约5米。

桥陵石刻自南而北计有华表一对，獬豸一对，祥鸟一对，石马五对，石人十对。现存华表通高8.64米，由座、身、顶三部分组成。座为方形，上雕覆莲十二瓣；柱身为八棱形，线雕缠枝卷叶纹及各种祥禽、瑞兽图案；柱顶为仰莲承桃。（见图6-8）

獬豸身高约3米，体形硕壮，怒目露齿，身有双翼，保存完好。祥鸟位于瑞兽北28米，身高1.96米，长约2米，回首贴附于翅外下部，两腿行进于山间，身上毛羽较细密。其构图美观，以后诸陵祥鸟大体上都采用了这样的模式，但造型不同，神态各异。

桥陵五对仗马大小基本相近，马体肥美，唯马饰有所不同。石马身高1.7米至2米，身长2.3米至2.6米，均立于石台上，形态不一，栩栩如生。东列仗马鞍鞯所系饰物，除南数第三仗马为珂形装饰外，其余均为唐代流行的杏叶，叶中实以宝相花。南数第三仗马有圆形马镫，鞍鞯侧系五鞘孔绦带，鞍后马背上置火珠，形如覆莲盆，直径约20厘米，其他仗马未置马镫。西列南数第四仗马，马头转向北（左），马栽短鬃，前有攀胸，系挂杏叶，但后无鞦，有鞍，无镫；南数第三、第五仗马均披鬃，鞍鞯俱全，鞍鞯齐备，其侧均有五鞘孔绦带。除南数第三仗马的鞍鞯系挂珂形装饰外，其余仗马均无此类装饰。桥陵北门外仗马共三对，除西列南数第一仗马为缚尾外，其余仗马的形制、大小均与神道仗马无异。

石人身高3.67米至4.28米不等，头戴鹖冠，中饰飞鹰，褒衣博带，足蹬高头履，双手拄剑，面部表情庄严肃穆。其体型之高大，为诸唐陵之冠。（见图6-9）

此外，桥陵四门外均有石狮。石狮呈蹲踞状，雌雄分明，张目露齿，挺胸昂首，形态各异，镌刻细腻，肌肤丰满，造型雄伟，高达2.8米，堪称石刻艺术的珍品。青龙门外石狮蹲坐回首，为唐陵石刻所罕见，其他各门石狮也均保存完整。由于桥陵是在开元年间修建的，因此石刻高大宏伟充分显露出充实、富丽、博大、雄浑的盛唐景象。

图6-9 唐桥陵石人

六、泰陵

泰陵在蒲城县东北15公里的金粟山上，西南距西安市约125公里，是关中十八陵中最东边的一座陵墓。金粟山因山上"有碎石若金粟"而得名，是五龙山的支脉，海拔852米，山势突兀，与西岳华山遥遥相望。

泰陵因金粟山主峰而筑，前有东西二峰环拱，封域周76里，气势非凡。此地是唐玄宗生前亲自选定的风水宝地。《旧唐书·玄宗本纪》载：开元十七年（公元729年），唐玄宗至桥陵之东，见金粟山有龙盘凤翥之势，又靠近他父亲的陵寝，便对侍臣说："吾千秋后宜葬此地，得奉先陵，不忘孝敬矣。"①这说明金粟山一带的自然形势很好，唐玄宗生前就希望把这里作为自己身后的归宿之地。唐玄宗于宝应元年（公元762年）四月五日死于长安，不久其子肃宗亦因病去世，所以玄宗的陵墓实际上是由唐代宗主持修建的，他的葬礼也是在代宗的主持下进行的。按照玄宗生前的愿望，以严武为山陵桥道使，在金粟山上修建了泰陵；宝应二年（公元763年）三月十八日，唐玄宗葬入泰陵。《新唐书·苏诜传》载："诜子震……为泰陵、建陵卤簿使，以劳封岐国公，拜

---

① 《旧唐书》卷九《玄宗本纪下》，第235页。

太常卿。"①据此可知，苏震是泰陵丧葬活动的主要负责人之一。

泰陵陪葬墓据《唐会要》《长安志》《文献通考》及《关中陵墓志》记载只有一座，即扬州大都督高力士墓。另据《新唐书》记载，元献皇后杨氏葬泰陵②。考古调查发现陪葬墓一座。杨贵妃死于马嵬，最终未能陪葬。清人毕秋帆（毕沅）有诗即曰："鼎湖龙去卧遗弓，地久天长誓不终。占得泰陵杯土在，到头恩眷让高公。"③综合来看，泰陵陪葬墓至少有两座无疑。

泰陵的陵园规模较大，分为内外两城，平面布局较为严整，遗址东西1680米，南北1700米。内城四面各开一门，四门外亦有双阙，门与阙的距离在29米至39米之间，两阙间的距离最近44米，最远70米。城内有献殿及其他建筑。南神门北20米为献殿遗址，东西120米，南北80米；下宫去陵5里，遗址在泰陵南2250米的敬母山村南，遗址范围东西250米，南北200米。殿宇建筑已荡然无存，石刻多被破坏，仅存三四十件。泰陵门狮与桥陵基本相同，但体形变小；神道两侧布列象生卤簿，有许多大型石刻，由南向北亦为华表、翼兽和祥鸟（鸵鸟）各一对，仗马五对，石人十对；北门外仗马与乾陵、桥陵相同，只是造型又有一定的变化。陵园内广植松柏，与城阙浑然一体，显得庄严而又肃穆。

---

① 《新唐书》卷一二五《苏瑰传附子诜传》，第4403页。
② 《新唐书》卷七六《玄宗元献皇后杨氏传》，第3493页。
③ 〔清〕毕沅：《灵岩山人诗集》卷三一《马嵬十首》，清嘉庆四年经训堂刻本。

第三节
中期诸陵

唐代中期的帝王陵墓包括肃宗建陵、代宗元陵、德宗崇陵、顺宗丰陵和宪宗景陵。

一、建陵

建陵在礼泉县北12公里的索山石马岭上，东北距昭陵5公里。索山一名武将山，海拔783米。陵园因山而筑，封域周40里。

建陵的修建大体上与泰陵的修建同时进行。但代宗对建陵较为重视，他曾下《厚奉建陵诏》说："人子之道，存乎色养……欲报之心，不胜罔极，务崇兆宅，庶竭哀怀。应缘山陵监护卤簿等事，宜令有司备其厚礼，不得节减。尽库藏之所有，成迁厝之大仪。"① 因此，建陵实行了厚葬。但因时值安史之乱之后，国家财政困难，故陵墓制度已不能与盛唐时期的桥陵相比。肃宗于宝应二年（公元763年）三月二十七日葬于建陵。

建陵陵园按因山为陵的制度因索山而筑，受索山地形的限制，陵园略呈梯形，南宽北窄，东南与西南角阙址间距1050米，东北与西北角阙址间距879米，东南与东北角阙址间距1524米，西南与西北角阙址间距1373米，总面积15万平方米。城垣上有四座城门：东青龙、西白虎、南朱雀、北玄武，门外各筑门阙一对，并置石狮一对。玄宫位于索山主峰的小山包中，入口位置即在山包南面的半山腰处。南门内有献殿、角楼等建筑，城南有下宫。

建陵陪葬墓，《唐会要》《长安志》所载只有汾阳王郭子仪墓。据《新唐书》等文

---

① 《唐大诏令集》卷七六《厚奉建陵诏》，第431页。

献记载，还有章敬皇后墓和李怀让墓，而现存圆锥形墓址也是三处。

二、元陵

元陵是唐代宗李豫的陵寝，位于今富平县西北14公里的檀山上，东北距章陵3公里，东南距定陵5.5公里，檀山海拔851米。大历十四年（公元779年）五月，唐代宗死于大明宫紫宸殿，十月十三日葬于元陵。

代宗临终前，曾在遗诏中说："其丧仪及山陵制度，务从俭约，并不得以金银锦彩为饰"①；但德宗初却违背代宗遗诏，要求："应缘山陵制度，务从优厚"，但被刑部员外郎令狐峘谏止②，故元陵规模，略如建陵，并无多大改变。

元陵依山而筑，陵园平面呈不规则矩形，封域周40里。元陵陵园虽然破坏严重，但城垣遗址依稀可辨，实测东西二门相距2500余米，南北二门相距2700余米。内城四面各置有一门，四隅均建角楼。南门外设神道及乳台，神道两侧列置大型石刻，形制与建陵相仿。元陵无陪葬墓，唯以睿贞皇后（德宗生母）祔衣祔葬。③

三、崇陵

崇陵是唐德宗李适的陵寝，位于泾阳县云阳镇东北15公里的嵯峨山的主峰东边，海拔955米，东北距庄陵23.5公里。

崇陵是由中唐著名理财家杜佑担任山陵使主持修建的，主要负责人还有礼仪使杜黄裳、礼仪副使李廊、按行山陵地副使李抒、卤簿使郑云达等。杜佑深明礼典，因而陵园的各种设施都比较合乎礼度。永贞元年（公元805年）十月十四日，德宗入葬崇陵。《新唐书·后妃传》载：贞元三年（公元787年），德宗昭德皇后王氏去世，初葬于靖陵；至永贞元年（公元805年），改葬于崇陵。据此，崇陵为唐德宗与昭德皇后的合葬之所。

崇陵因嵯峨山而建，陵园分为内外两城，内城东西长，南北短，东西二门间距2500米，南北二门间距1670米，封域周40里。玄宫位于嵯峨山南麓中峰的山腰间。此处为九

---

① 《唐大诏令集》卷一一《代宗遗诏》，第68页。
② 《唐会要》卷二〇《陵议》，第460页。
③ 《旧唐书》卷五二《代宗睿贞皇后沈氏传》，第2190页。

条山脉的交会处，有如九瓣莲花之心，古人称之为"莲花穴"。

崇陵陵园东西北三门及门外双阙均筑于山上。内城遗址附近散布古旧瓦砾残片甚多。其次有石狮一对，并有毕沅所立"唐德宗崇陵"碑。碑的北边是正方形的献殿遗址，酷似高宗乾陵。但此陵在石狮与毕沅碑之间，有基础四个，与献殿基底平行，呈直线排列，较为特别。崇陵陵园石刻保存较多，虽有损坏，但颇为精美。（见图6-10）

四、丰陵

丰陵是唐顺宗李诵的陵寝，位于富平县东北20公里的金瓮山上，东北距桥陵26公里。金瓮山俗称"虎头山"，海拔851米。元和元年（公元806年）正月十九日，唐顺宗死于兴庆宫咸宁殿，同年七月十一日葬于丰陵。

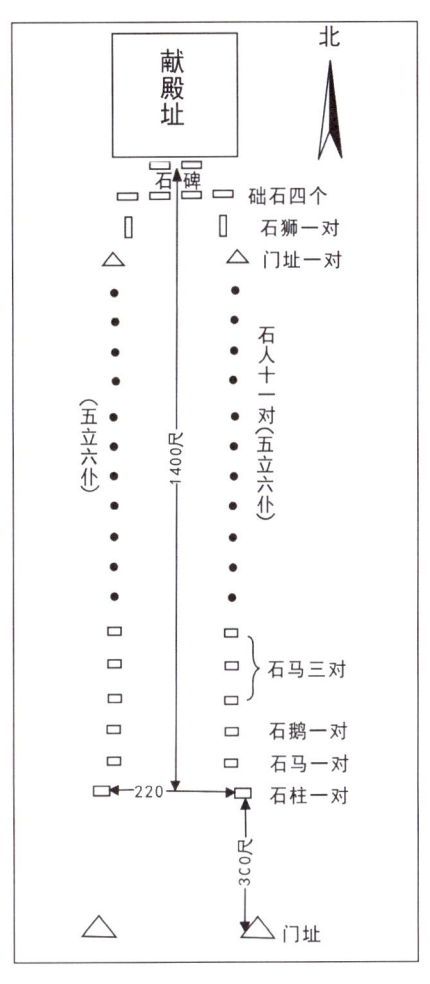

图6-10 唐德宗崇陵平面图

顺宗临死，在遗诏中说："伏以崇陵仙寝，复土才旋，甸邑疲人，休功未几，今又重劳营奉，朕所哀矜，况汉魏二文，皆著遗令，永言景行，常志夙心。其山陵制度，务从俭约，并不得金银锦彩为饰。"①当时距德宗崇陵竣工才两个多月，在这么短的时间内又要修建丰陵，的确是不容易的。顺宗死后，宪宗以杜佑摄山陵使，以杜黄裳为礼仪使，主持修建丰陵。杜佑深明礼制，有主持修建崇陵的经验，故丰陵建设过程较为顺利。

《文献通考》称丰陵无陪葬者，但实际上有陪葬墓一座。据《新唐书·后妃传》等文献所载，为庄宪皇后墓。

陵园依金瓮山而筑，制度略如崇陵，封域周40里。玄宫位于山之南麓中腹。陵园呈

---

① 《唐大诏令集》卷一二《顺宗遗诰》，第74页。

不规则矩形。四面有墙垣，各辟一门。门有门阙，角有角楼。门阙内有石狮。南门外神道列置石象生，即所谓石人、石马之属。据实地勘测，丰陵内城遗址东西长约1500米，南北长约1700米。门阙、角楼破坏殆尽，唯白虎门和玄武门外的阙台较为清晰。白虎门阙台南北二阙相距30余米。南阙台底长8米，宽4米，高6米。北阙台底长6米，宽5米，高约5米。玄武门外阙台东西相距56米。东阙台底长6米，残宽2米，残高3米。西阙台底长11米，宽8米，高5米。周边有残砖瓦存在。

丰陵在唐代诸陵中规模相对较小。但唐王朝对它的管理一如其他陵寝，故在唐代，丰陵保护较好。五代时，丰陵被温韬盗掘。其后陵园建筑损毁。今陵园遗迹所存无几，石刻仅余数件。玄武门外石狮一对，通高1.75米，做蹲踞状，尚属完整。白虎门外石狮一对，已残；仗马2件，残；华表1件，残。

五、景陵

景陵是唐宪宗李纯的陵寝，在蒲城县西北13公里的金帜山上，东北距光陵7公里，距泰陵19公里。金帜山海拔872米，山势高耸，犹如一面旌旗。景陵因金帜山主峰而筑，坐北朝南，封域周40里。

唐宪宗死后，其子穆宗即位，以宰相令狐楚为山陵使，柳公绰为山陵副使，开始在金帜山为唐宪宗修建景陵。金帜山为青石构造，开凿地宫的工程十分艰巨，但整个陵园的修建仅仅用了四个多月时间。元和十五年（公元820年）五月十九日，唐宪宗入葬景陵。灵车行至半道，忽然风雨大作，文武百官都去避雨，只有山陵使令狐楚扶着灵柩没有离开，以显示他的忠心。但令狐楚在当山陵使期间私自扣压工匠报酬十五万贯不发，导致工徒怨诉盈路，唐穆宗只好撤销了他的宰相职务，在《景陵优劳德音》中也没有提到他的名字。[①]

景陵陪葬者墓，据《唐会要》《文献通考》记载有四座，即郭皇后墓、郑皇后墓、王贤妃墓和惠昭太子李宁墓。目前只在陵园南1200米屈家村北和陵园南2050米西南庄西北各发现陪葬墓一座，墓主尚未确定。惠昭太子实际上并未陪葬。惠昭太子李宁，宪宗长子，元和四年（公元809年），册封为太子，改名李宙，不久又改回原名；六年（公

---

① 《唐大诏令集》卷七七《景陵优劳德音》，第435页。

元811年）闰十二月病逝，谥号惠昭太子；七年（公元812年）二月葬于骊山之北原（今陕西西安市临潼区西泉街道椿树村）。1990年11月至1992年2月，陕西省考古研究所秦陵工作站与临潼文管会等单位，对临潼区西泉乡椿树村一座被破坏的古墓进行了清理。出土文物有铜、铁、陶、唐三彩、石器、玉器各类文物180件，棺床上发现汉白玉册文和哀册195段（块），经研究修复为136节段，其中完整的17件，从墓中出土的玉册文字得知，此墓为唐宪宗长子惠昭太子陵。这也证实了惠昭太子并未陪葬景陵。

景陵因金帜山而建，陵园略呈不规则矩形。东南和西南角阙址间距及西南和西北角阙址间距均为2400米，南北二门间距2500米，东西二门间距2900米。玄宫开凿在金帜山南麓的山腹中。城墙四神门外皆有阙台，四隅皆有角楼。南神门外为神道所在，长约626米。神道两侧列置石象生。陵园中有献殿、下宫等建筑。

至今景陵东南、西南和西北角阙址尚在，角阙址附近唐代砖瓦碎块甚多，四门外阙址、乳台和鹊台也都有遗址存在。

第四节
后期诸陵

唐代后期诸陵包括穆宗光陵、敬宗庄陵、文宗章陵、武宗端陵、宣宗贞陵、懿宗简陵和僖宗靖陵。

一、光陵

光陵是唐穆宗李恒的陵寝,位于今蒲城县北15公里的尧山之阳,东南距泰陵9.5公里。尧山海拔1091米,亦名浮山。光陵即因尧山为陵,封域周40里,柏城坐北向南,与尧山合为一体,显得较有气势。

穆宗长庆四年(公元824年)正月死后,敬宗诏神策六军及奉先等县百姓修建光陵。根据唐穆宗的遗诏,唐敬宗遣堪舆者赴渭北陵区勘卜茔兆,结果选中了尧山。此处离景陵较近,也算是父子死后有缘。茔兆选定后,即委派山陵使、礼仪使、山陵副使、按行使、桥道置顿使、内山陵使、监修桥道使、修筑使、修筑副使、卤簿使、仪仗使等负责修筑山陵,准备葬礼。神策六军官修、官健和奉先、栎阳、美原、高陵、富平等县百姓共同参与了山岭的修建。到这年十月,光陵基本修好,唐敬宗颁发《光陵优劳德音》,对参与修建光陵的各级官吏进行了奖励,同时减免了奉先等县百姓的青苗钱。十一月十五日,穆宗入葬光陵。

据《唐会要》《文献通考》等书记载,光陵有陪葬墓两座,即恭僖皇后王氏和贞献皇后萧氏。现在仅存墓址一处,墓主尚不能确定。

光陵因尧山而建,规模较泰陵为小,陵园占地十六顷九十二亩八分,封域周40里,下宫去陵5里。陵园有内外二城,略如泰陵之制。内城南北二门距离2900米,东西二门距离2350米，陵园呈东西窄、南北长的形势。石刻亦多集中在南门外神道两侧。光陵南神门北20米为献殿遗址，范围东西300米，南北150米。城垣角楼遗址仅存西南一处，底径约12米，残高1.5米。四神门外阙台清晰可见。光陵乳台遗址在南神门外592米处。东西二阙相距182米，东阙址底长11米，宽8米，残高3米。鹊台在乳台南1900米处，均已残破。目前陵园残存石刻20余件。神道石刻东西列间距60米。石刻损失严重，多已残缺，亟待保护。

二、庄陵

庄陵是唐敬宗李湛的陵寝，位于三原县陵前镇柴家窑村东250米的荆原上，附近地面海拔515~520米。东南距端陵5公里，东北距简陵21公里。

敬宗死后，文宗即位，以宰相裴度摄冢宰，主持庄陵的营建事务。庄陵为唐代第二座堆土为陵的陵墓，其建造方法与因山为陵者有所不同。经过半年时间的努力，主体工程大体完成。大和元年（公元827年）七月十三日，敬宗灵柩葬于庄陵。

庄陵积土为陵，封域周40里。陵台底部呈方形，边长57米，高17米，呈覆斗形。陵园东西490米，南北480米。陵台大体在陵园中部，东西居中，陵南较陵北宽47米。陵园四面有墙，各辟一门。门阙角楼，略如献陵之制。神道在南门外，东西两侧列置石象生。

庄陵有陪葬墓一处，为悼怀太子李普墓。庄陵现存石刻20余件，多已残破。

三、章陵

章陵是唐文宗李昂的陵寝，在今富平县西北14.5公里的宫里镇雷村西岭山，东南距定陵3.5公里。西岭山本名天乳山，海拔783米，孤耸于雷村西南部的塬地上。

文宗开成五年（公元840年）正月初四死于大明宫太和殿，由宰相杨嗣复为山陵使，主持陵墓的修建工作。唐文宗临死前实际上处于被软禁的状态。仇士良等宦官在伪造的遗诏中说："汉文薄葬，朕实慕之，营奉山陵，务从俭约，勿以金银彩缎饰丧具"[①]。故章陵制度，略同丰陵。同年八月十九日，文宗灵柩入葬于章陵。

章陵因天乳山而建，玄宫开凿于天乳山南麓。封域周45里，陵园平面略呈方形，东

---

① 《唐大诏令集》卷一二《文宗遗诏》，第71页

西约1350米,南北约1300米。城垣四面各辟一门,门有门阙,四隅建有角楼。实测陵园东南至西南角阙址840米,东北至东南角阙址832米。神道长500余米。南门内设献殿等建筑,南门外设置神道,列置石象牛。此外,还有下宫、陵署等建筑。

据宋敏求《长安志》记载,章陵有陪葬墓一座,即贤妃杨氏墓。

四、端陵

端陵是唐武宗李炎的陵寝,位于三原县徐木原西边。陵近南边断崖,海拔540米,陵南1500米即徐木原下的平川,海拔约400米。东距献陵5.5公里,北距元陵20公里。

会昌六年(公元846年)三月,唐武宗病死于大明宫,宣宗继位,以宰相李德裕为山陵使,负责端陵的修建事宜。端陵因是堆土为陵,因而工程量较大。但修建过程只用了四个多月时间,八月陵寝竣工,武宗灵柩埋入端陵。

陵园形制与献陵略同,封域周40里。封丘底部东西58米,南北60米,高15米。陵园东西540米,南北593米,实测端陵陵园占地约32万平方米。陵内原有石刻数量与丰陵相同。(见图6-11)

《新唐书·后妃传》载:"武宗贤妃王氏……审帝已崩,即自经幄下。当时嫔嫱虽常妒才人专上者,返皆义才人,为之感恸。宣宗即位,嘉其节,赠贤妃,葬端陵之柏城。"①据此可知,端陵为武宗与王贤妃的合葬之处。

现存建筑遗址三处,即青龙门阙遗址、白虎门阙遗址和乳台遗址。

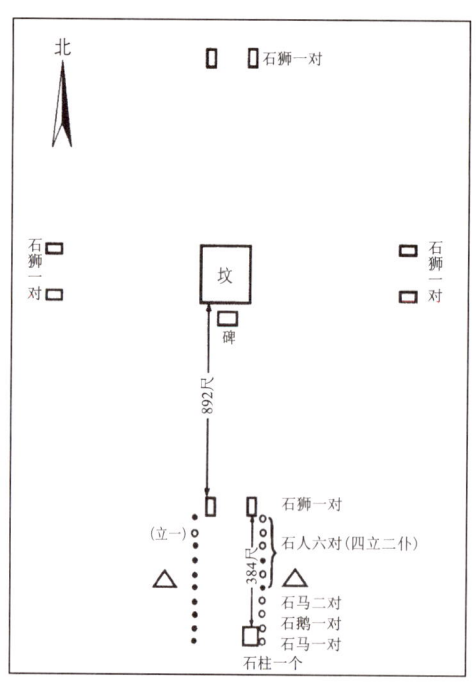

图6-11 唐武宗端陵平面图

五、贞陵

贞陵是唐宣宗李忱的陵寝,位于今泾阳县兴隆镇崔黄村北的仲山上,东南距崇陵20

---

① 《新唐书》卷七七《武宗贤妃王氏传》,第3509—3510页。

多公里。仲山海拔1003米，东、西、北三面群山环绕，山南地势较平缓。

大中十三年（公元859年）八月，唐宣宗崩于大明宫，懿宗即位，令门下侍郎、同平章事令狐绹摄冢宰，具体负责贞陵的营建工作。贞陵设计宏大，施工艰难。但陵墓主体工程的修建只用了不到半年时间就完工了，次年二月，宣宗葬于贞陵。

贞陵因仲山而建，封域周120里，与昭陵相同。玄宫开凿于仲山主峰的走马岭上，东距青龙门1150米，西距白虎门840米，南距朱雀门1120米，北距玄武门2705米。内城平面略呈曲尺形，总面积629万平方米。南墙沿仲山南麓东西直线构筑，其余三面皆随山脉的自然走向而修，实测城基的宽度均为3米。南城基横跨两条峡谷，现在保存最长的一段为380米；北城基亦跨两条山谷，现存最长的一段为1000米；东城基自青龙门以南沿山麓直线构筑，青龙门以北随山势蜿蜒而筑，现存最长的一段为140米；西城基现存最长的一段为1500米。四门建有门阙，四隅建有角楼。神道长505米，宽68米，置乳台、鹊台各一对。神道两侧列置大型石刻。虽陵内建置与昭陵相去甚远，但在唐代后期诸陵中算是最有气派的。

贞陵现存石刻计36件，包括华表一对、翼马一对、祥鸟一只、石马五对、石狮四对、石人十三尊。

六、简陵

简陵是唐懿宗李漼的陵寝，位于富平县西北18公里的紫金山上，东南距元陵3.5公里。紫金山也叫虎头山，海拔889米。山南、山北地势较平坦，东西两边有峰比翼。

懿宗咸通十四年（公元873年）七月死于大明宫咸宁殿，遗诏以司空、门下侍郎、平章事韦保衡摄冢宰修建陵寝，要求"其山陵制度，切在俭约，并不得以金银锦绣文饰丧具"[1]。僖宗欲大修陵寝以尽孝道，但当时社会矛盾尖锐，农民起义迫在眉睫，国库空虚，政局不稳，故整个简陵工程显得较为粗放、简陋。次年二月五日，懿宗葬于简陵。

简陵因山而筑，玄宫即开凿于紫金山南腹。陵园有城，四边置门，并建门阙、角阙。东西二神门外阙址筑于山上，其所在山峰海拔分别为814米和883米；北门外阙址所在的石马岭地势较平坦、开阔，南北二神门和东西二神门的直线距离均为200米左右，

---

[1]《旧唐书》卷一九上《懿宗本纪》，第684页。

封域周40里。陵内石刻略如丰陵之制，唯北门外增设小石狮二对。

遗址主要有四门阙址及乳台遗址。

七、靖陵

靖陵为唐僖宗李儇的陵寝，位于今乾县东北4.5公里的阳峪镇南陵村，海拔806米，隔豹峪沟与乾陵相望，东北距建陵15.5公里。

文德元年（公元888年）三月，唐僖宗死于太极宫武德殿，昭宗即位，以韦昭度摄冢宰，负责修建山陵事务。僖宗临终遗诏称："约锦绣金银之饰，禁奢华雕丽之工，皆例作空文，而并违先旨。今者流离若是，痛毒堪悲，仗百姓即百姓一空，捐国用则国用无取，不可踵从前之计度，困此日之生灵，俾朕厚颜，下见先帝。应缘山陵事务，宜令中外商量。比从来每事十分各减六七，桐棺瓦器，朕所慕之，况在今晨，勿欺大夜。"① 由于刚刚经历了唐末农民战争，唐王朝财政拮据，加之时局动荡，靖陵的规模与制度在唐陵中最为简率，不能与其他诸陵同日而语。十月二十七日，唐僖宗灵柩葬入靖陵。

靖陵亦系堆土而成，封域周40里。陵台为覆斗形，底部边长40米，封土高8.6米；顶部亦为方形，边长8米左右。陵园呈方形，边长480米。陵台在陵园里，东西居中，距南神墙264米，距北神墙176米。

陵园四边各有一门，门外有阙，四隅有角楼。现存东北、西北和西南角阙址。东北角阙址高3米，底长16.1米，宽8米；西北角阙址高3米，底长5.5米，宽4.5米；西南角阙址已被夷平，现存角阙址残迹长6.7米，宽5.5米。乳阙在南神门外325米处，现存东西二阙相距100米。东阙底长11.3米，宽9.8米，残高4米；西阙底长11.5米，宽9.5米，残高5.5米。

考古发掘显示，定陵地宫由墓道、甬道和墓室三部分组成，水平全长仅44.18米，比唐陵中普通陪葬墓的规格还低。墓道位于封土南侧正中，南北走向，长35.6米，宽2.4~2.9米，呈45°附梯，腰部有二层台，两侧绘有壁画。顶部被盗洞破坏。墓室为土洞构造，穹隆顶，底部南北长4.5米，东西宽5.8米。东西两壁各有三个壁龛，龛内绘画有兽首人身的生肖图案。墓室的地面用石碑、石块、方砖铺成东西4.4米、南北3.1米的棺

---

① 《唐大诏令集》卷一二《僖宗遗诏》，第72页

床。棺床与北壁间有两个石函。

陵内原有石刻与丰陵相同，现多已残毁，仅存石狮、华表、仗马残迹。南神门外石狮已残，现存华表、翼马、石马和石人，东西列间距60米。华表位于乳台阙址北24米，已倒伏。另一华表仅存底座。翼马在华表北26米，现存3匹，东面2匹，西面1匹；东列南数第一匹在华表北44米，第二匹在第一匹北105米。西列石马大部分已残毁。

靖陵出土文物100余件，主要有石碑、石函、龙凤玉璧、玉佩、哀册玉残片、鎏金铜锁、鎏金宝石铜花等。由于该陵多次被盗，破坏严重，墓内的壁画已不足原来的三分之一，壁画的艺术水平远不能和盛时的相比。值得注意的是，用来铺设棺床的石碑竟是乾陵陪葬者杨再思和豆卢钦望的墓碑。由此可见，关中唐陵的命运是与唐帝国的兴衰紧密相连的。唐前期，政局稳定，经济繁荣，国库充盈，所以帝陵的修建极尽奢华，其管理维护得比较好；而安史之乱后，特别是经过黄巢起义后，唐王朝已衰败不堪，王政不出国门，财政拮据，修建帝王陵墓，居然还要从其他陵墓中掘取材料。

第五节
陵墓制度

古人多有视死如生的观念，唐人将帝陵视为皇权延续的重要象征，因而非常重视帝陵，皇帝亲自谒陵，或派遣公卿前往祭拜，从日常的维护管理到祭祀都形成了一套有效的制度。

一、帝陵管理制度

唐代帝王陵墓，最初是由太常寺下属的诸陵署负责日常管理。诸陵署，各设令一人，"掌先帝山陵，率户守卫之"[1]；另设有丞、录事、府、史、主衣、主辇、主药、典事、掌固等具体管理人员；又有陵户若干，乾、桥、昭三陵各四百人，献、定、恭三陵各三百人，以供日常维修和杂事驱使。至开元二十五年（公元737年），濮阳王李彻为宗正卿，奏请以陵寝隶属宗正寺；天宝十二载（公元753年），驸马都尉张垍为太常卿，又改诸陵署隶太常寺；天宝十三载（公元754年），改诸陵署为陵台；至德二载（公元757年），又将诸陵台改隶宗正寺；永泰元年（公元765年），太常卿姜庆初再次奏请诸陵署隶属太常寺；大历二年（公元767年），又复属宗正寺。[2]无论诸陵署还是陵台，隶属于太常寺或者宗正寺，主要职责皆为"守卫山陵"，负责管理陵园日常修缮、供奉等事务。另外，唐代诸陵还设置有留守，其职责是率领甲士巡警陵园，守卫帝陵安全。[3]贞元十四年（公元798年），因昭陵园内的寝宫、陵寺等建筑"经野火烧爇，摧毁略尽"，因此唐德宗下诏修葺陵园，遣右谏议大夫平章事崔损充修八陵使，负责修缮诸

---

[1]《旧唐书》卷四四《职官志三》，第1874页。
[2]《新唐书》卷四八《百官志二》，第1251页。
[3]《唐会要》卷二一《陪陵名位》，第479—480页。

陵、献、昭、乾、定、泰五陵"各造屋三百七十八间"，桥陵造一百四十间，元陵造三十间，对建陵也进行了修葺。①大和八年（公元834年），因大雨雹，定陵东廊下出现地裂，文宗诏宗正卿李仍叔前往修塞。②

唐王朝对诸帝陵的管理也是非常严格的。诸陵封域之内非经准许，已有坟墓可以不用迁移，但建陵之后"诸陵柏城四面，合各三里内不得葬"③。诸陵园内还栽种有大量的松柏。会昌二年（公元842年）四月，唐武宗敕令：诸陵柏树的栽种，"今后每至岁首，委有司于正月、二月、七月、八月四个月内，择动土利便之日"，然后下令奉陵诸县征发百姓，按时设法栽植，全部种植完成后县司与守茔使还要"同检点，据数牒报"，其所需费用和佣钱折算本户税钱。④陵园内的一草一木也是神圣不可损毁的，严禁私自纵火。《唐律》中就规定："诸于山陵兆域内失火者，徒二年；延烧林木者，流二千里。"⑤若损毁陵园内的树木，会受到严厉的惩罚。仪凤元年（公元676年），左威卫大将军权善才、左监门中郎将范怀义"误斫昭陵柏"，大理寺按律奏请除名，但唐高宗"特命杀之"，因大理丞狄仁杰的极力谏止，高宗才怒气稍解，最终二人依律被除名，流放到岭南。⑥

帝陵的管理与唐王朝的兴衰有密切关系。唐前期，王朝强盛、制度健全之时，帝陵的各项管理制度都能得到严格执行，而到了唐末中央权力衰落后，不仅日常管理难以执行，甚至昭陵等帝陵还遭到盗掘。

二、祭祀礼仪制度

礼是中国古代重要的行为规范，国家以之理国治民，个人用之约己束行。唐初，先是沿用隋礼。从贞观年间开始，统治者不断修改完善国家礼制，先后制定出《贞观礼》《显庆礼》《大唐开元礼》。《大唐开元礼》的制定，标志着"唐之五礼之文始备"⑦。帝陵祭祀礼仪属于吉礼中的一种，日常祭祀和供奉在唐礼中都有相关规定。

---

① 《唐会要》卷二〇《陵议》，第461—463页。
② 《唐会要》卷二一《诸陵杂录》，第487页。
③ 《唐会要》卷二一《诸陵杂录》，第487页。
④ 《唐会要》卷二一《诸陵杂录》，第488页。
⑤ 《唐律疏议》卷二七《杂律》，第508页。
⑥ 《资治通鉴》卷二〇二，唐高宗仪凤元年九月，第6380—6381页。
⑦ 《新唐书》卷一一《礼乐志一》，第308—309页。

关于诸陵上食，最初只是在朔、望日及冬至、寒食等日子供奉祭祀。永徽二年（公元651年），太常寺奏称：贞观时，"惟朔、望、冬至、夏伏、腊、清明、社"等日子上食供奉献陵，因请昭陵日常"上食如献陵"，高宗从之。武周时，又出现四季、忌日、生日等时节祭祀，至景龙二年（公元708年）左台侍御史唐绍上书奏请"停四季及生日、忌日、节日起居，准式二时巡陵"。唐中宗手敕曰："乾陵岁冬至、寒食以外使，二忌以内使朝奉，它陵如绍奏"，因此献、昭、乾陵都实行日祭。太常博士彭景直上疏奏请"诸陵日祭请停如礼"，中宗最后决定"乾陵宜朝晡进奠如故。昭、献二陵日一进"。①开元二十三年（公元735年），玄宗颁敕规定：献、昭、乾、定、桥、恭六陵"朔望上食，岁冬至寒食日，各设一祭"。②二十八年（公元740年），又敕令：兴宁、永康等陵每年四时八节，派遣有司与陵署相知，造食进献。至此，形成"朔望、元正、冬至、寒食，皆修享于诸陵"，桥陵则日献羞的制度。③大历十四年（公元779年），礼仪使颜真卿请奏："元陵请朔、望、节祭，日荐，如故事；泰陵惟朔、望、岁冬至、寒食、伏、腊、社一祭，而罢日食。"元和元年（公元806年），礼仪使杜黄裳奏请："丰陵日祭，崇陵唯祭朔、望、节日、伏、腊。"次年，大臣建议："诸陵以朔、望奠，亲陵以朝晡奠，其余享及忌日告陵皆停。"④日祭帝陵最终停止，只在每月朔、望日上食，在元日、冬至、寒食、伏日、腊日和社日进行祭奠。

供奉的物品种类，唐代不同时期也不太一致。唐代原有"荐新于诸陵"的制度，即每年将皇帝第一次狩获的猎物和最先收获的庄稼先向帝陵供奉，其程序为：所司先将食物进献给太常寺，太常寺交给尚食进行选择，"以滋味与斯物相宜者配之"，共有冬鱼等五十六种。高宗时，还向诸陵别献鹰、狗等动物，至开元二年（公元714年）敕停。二十三年（公元735年），又令桥陵每日进半只羊。天宝二年（公元743年）七月，唐玄宗下敕："自今以后，每至九月一日，荐衣于陵寝。"至大历十四年（公元779年），颜真卿奏请元陵每日更供半口羊充荐。元和十五年（公元820年），殿中省奏称："尚食局供景陵千味食数，内鱼肉委食，味皆肥鲜，掩埋之后，薰蒸颇极"，因而请求"移鱼肉食于下宫，以时进飨"，并令尚药局据数以香药代之，宪宗敕令："脯醢猪犊肉

---

① 《新唐书》卷一四《礼乐志四》，第362—364页。
② 《通典》卷五二《礼十二·沿革十三》，第1451页。
③ 《唐六典》卷一四《太常寺》，第401页。
④ 《新唐书》卷一四《礼乐志四》，第364—365页。

等，皆宜以香药代。"①

三、上陵制度

唐代帝王葬入帝陵后，虽然空间上距离长安城已远，但是帝陵与长安城的关系仍然密切。唐代帝王有时亲自谒陵，或派遣公卿大臣代已巡陵，表达对先祖的崇敬和孝思，也可服务于现实政治。

据《唐会要》卷二〇《亲谒陵》记载，唐代帝王亲自谒陵共有三次。第一次是贞观十三年（公元639年）正月，唐太宗朝拜献陵。当日，宿卫设黄麾仗，守卫陵寝，七庙子孙及诸侯百僚、蕃夷君长陪列于司马门内，太宗"降舆纳履，哭于阙门，西面再拜，恸绝不能兴"，礼毕后进入寝宫，亲自执馔供奉，看到"高祖及先后服御之物"，又"匍匐床前悲恸"。第二次是永徽六年（公元655年）正月，唐高宗亲谒昭陵。文武百官、宗室子孙并陪位，高宗"行哭就位，再拜擗踊"，礼毕入寝宫，"哭踊，绝于地"，至东阶"进太牢之馔，加珍羞具品"，引长孙无忌、李勣、赵王福、曹王明及程知节等人"执爵进俎"。第三次是开元十七年（公元729年）十一月，唐玄宗十日朝桥陵，十二日朝定陵，十三日朝献陵，十六日朝昭陵，十九日朝乾陵。②

皇帝谒陵属于吉礼中的非常祀，唐代也有一套祭拜的礼仪程序。《新唐书·礼仪志四》记载：皇帝谒陵，出发前两日要派遣太尉报告于太庙；然后，在距陵10里的地方建行宫，设坐于斋室，设小次于陵所道西南，大次于寝西南；侍臣列队于大次西南，陪位者又站在侍臣西南，皆面向东，文武官员分列于北、南，朝集使立于武官南。皇帝祭祀时，陵令先以玉册进献给皇帝，设御位于陵东南角向西，又设位于寝宫之殿东陛东南西向，百官、行从、宗室、客使位神道左右；祭祀当日未明五刻，陈黄麾大仗于陵寝，行事官及宗室亲五等、诸亲三等以上并客使当陪者就位，皇帝素服乘马，华盖、伞、扇至小次；下马步行至御位，再拜，又再拜；少时，太常卿请辞，皇帝再拜，又再拜；皇帝回到小次，乘马诣大次，仗卫列立以随行，百官、宗室、诸亲、客使等按次序站于次前，皇帝步行至寝宫南门，进入寝宫，然后沿东序进殿陛至东南位，再拜；从东台阶上，北向再拜，又再拜；瞻仰先帝服玩，扠拭帐簟，进献太牢之馔及珍羞；皇帝出尊

---
① 《唐会要》卷二一《缘陵礼物》，第471—475页。
② 《唐会要》卷二〇《亲谒陵》，第464—465页。

所，酌酒，再进入祭奠三爵酒，面北而立；太祝二人持玉册在户外，面向东跪读；皇帝再拜，又再拜，然后出户，当前面北而立；太常卿请辞，皇帝再拜，出东门，还大次，宿行宫，谒陵礼毕。皇后随从皇帝谒陵，也有自己的一套礼仪。①这样烦琐的礼仪程式，不仅是礼法中的规定，在唐代有记载的三次皇帝谒陵活动中也得到了较好的贯彻实行。

  作为展示仁孝的一种行为仪式，唐代帝王谒陵也与当时长安城的政治形势有关。玄武门之变后，李世民逼迫唐高祖让位，父子之间的关系变得非常微妙，世人对其皇位来源合法性的质疑从未间断。贞观九年（公元635年）唐高祖去世后葬于献陵，此时太宗的统治虽已比较稳固，但通过谒陵塑造自身孝顺的形象，赢得人心，对于巩固帝位十分有必要；谒陵期间，太宗表现得无比悲伤，百官随从亦受感动，本来风雪交加的天气，在祭祀完成后也"风静雪止，天色开霁"，"咸以为孝感之所致"，②是太宗的至孝感动了天地，从而树立起太宗贤德仁孝的形象，增强了他帝位继承的合法性和神圣性。唐太宗去世后，太子李治即位。太宗在临终前遗命长孙无忌和褚遂良为顾命大臣辅佐高宗，但长孙无忌自恃功臣兼元舅的身份和拥立之功，以高宗监护人自居，高宗虽为名义上的天子，而事实上长孙无忌独擅朝政，使永徽初年出现了一个"二元政治"的局面，皇权与相权之间的矛盾产生了。永徽五年（公元654年），高宗欲废王皇后，立武昭仪为后，但受到长孙无忌等人的强烈反对，矛盾进一步激化。"仁孝"强化了唐高宗皇位继承人的合法性③，在此斗争的关键时刻，高宗亲自前往昭陵拜谒，展现自己孝子的形象，以便巩固自身的统治权威；而且武则天也随高宗前往谒陵，在途中生皇子李贤。④这次谒陵即是为"废王立武"所做的准备，不久高宗便不顾长孙无忌等人的反对，立武则天为皇后。唐朝自高宗去世后的几十年内，经历了武韦之乱，政局动荡，礼制混乱，李唐统治权威受到极大冲击。唐玄宗即位以后，励精图治，权力逐渐巩固，国家日益昌盛，他认为需要承担起重塑李唐天命正统的使命。于是，他开展了编撰《大唐开元礼》、封禅泰山、郊庙祭祀等活动，开元十七年（公元729年）

---

① 《新唐书》卷一四《礼乐志四》，第360—361页。
② 《唐会要》卷二○《亲谒陵》，第464页。
③ 贞观十七年（公元643年），唐太宗废太子李承乾，罢黜魏王李泰，以"晋王仁孝"而立李治为太子（《资治通鉴》卷一九七，唐太宗贞观十七年四月）；太宗临终前又强调"太子仁孝"，命长孙无忌和褚遂良等辅佐高宗（《旧唐书》卷八○《褚遂良传》）。
④ 《旧唐书》卷四《高宗本纪上》，第73页。

的谒陵就是这一系列礼仪活动中的重要一环。金子修一就曾指出：唐玄宗的这次谒陵"与开元十一年一系列祭祀以及十三年的封禅具有相同的性质"。[1]通过这次谒陵，表达了唐玄宗对李唐先祖的崇敬，向天下臣民展示了一个孝亲仁爱、安定社稷、继往开来的贤君明主形象。

但是，皇帝亲自谒陵毕竟是少数，尤其是安史之乱后，政局动荡，唐代帝王再无亲自谒陵之举，大部分时间只能派公卿大臣前往巡陵。唐代帝王不能谒陵时，一般是由太常卿代为巡陵，"天子不躬谒，则以太常卿行陵"[2]。显庆五年（公元660年），唐高宗以太常卿巡陵，"事重人轻，文又不备，卤簿威仪有阙"，因此下诏"三公行事，太常卿、少卿为副"。[3]公卿巡陵的时间原定为每年春、秋仲月两次，但武则天时改为每年四季之日及忌日、降诞日，即每年六次，景龙二年（公元708年）左台侍御史唐绍奏请停止四季及忌日、降诞日并节日所派起居陵使，仅保留春秋二时巡陵，最后唐中宗回复说："乾陵每岁正旦、冬至、寒食遣外使去，二忌日遣内使去。其诸陵并依来奏。"公卿巡陵"率皆乘辂，以备其仪"，也有一套礼仪制度。[4]《新唐书·礼乐志四》记载有详细的公卿巡陵礼仪：

> 天子不躬谒，则以太常卿行陵。所司撰日，车府令具辂车一马清道，青衣、团扇、曲盖伞，列俟于太常寺门。设次陵南百步道东，西向。右校令具剿器以备汛扫。太常卿公服乘车，奉礼郎以下从。至次，设卿位兆门外之左，陵官位卿东南，执事又于其南，皆西向。奉礼郎位陵官之西，赞引二人居南。太常卿以下再拜，在位皆拜。谒者导卿，赞引导众官入，奉行、复位省牲。出，乘车之它陵。有茔治，则命之。[5]

公卿巡陵仪仗所需车马，原本以所经地区驿马充。开元二十七年（公元739年），玄宗下敕："古者分命公卿，巡谒陵寝，率皆乘辂，以备其仪。虽礼则是常，不可废阙，而事有适要，亦在变通。宜令太仆寺司，每陵各支辂两乘，并仪仗等。送至陵所贮掌，既免劳烦，无亏肃敬。其公卿出城日如常仪，至陵所准此。"天宝六载（公元747

---

[1] [日] 金子修一：《中国古代皇帝祭祀研究》，徐璐、张子如译，西北大学出版社，2018年，第251页。
[2] 《新唐书》卷一四《礼乐志四》，第361页。
[3] 《唐会要》卷二〇《公卿巡陵》，第465页。
[4] 《唐会要》卷二〇《公卿巡陵》，第465—466页。
[5] 《新唐书》卷一四《礼乐志四》，第361—362页。

年），又对公卿巡陵的人员组成进行了改革，由原来"巡谒诸陵，差公卿各一人，奉礼郎一人，右校署令一人"，停止奉礼郎、右校署令参与巡陵。[1]公卿巡陵，除祭祀陵寝外，还要对陵寝进行打扫，"春则扫除枯朽，秋则芟剃繁芜"[2]。公卿巡陵是对帝王谒陵的一种补充，肩负着祭祀前代帝王和修缮陵园的双重使命。

作为唐代帝王逝后安身之所，不论从陵墓营建、管理，还是其礼仪秩序和承担的深层功能，都与长安城有着紧密的联系。从某种意义上来看，关中十八唐陵可以说是长安城市生活的一种延伸。

---

[1] 《唐会要》卷二〇《公卿巡陵》，第467页。
[2] 《唐会要》卷二〇《公卿巡陵》，第468页。

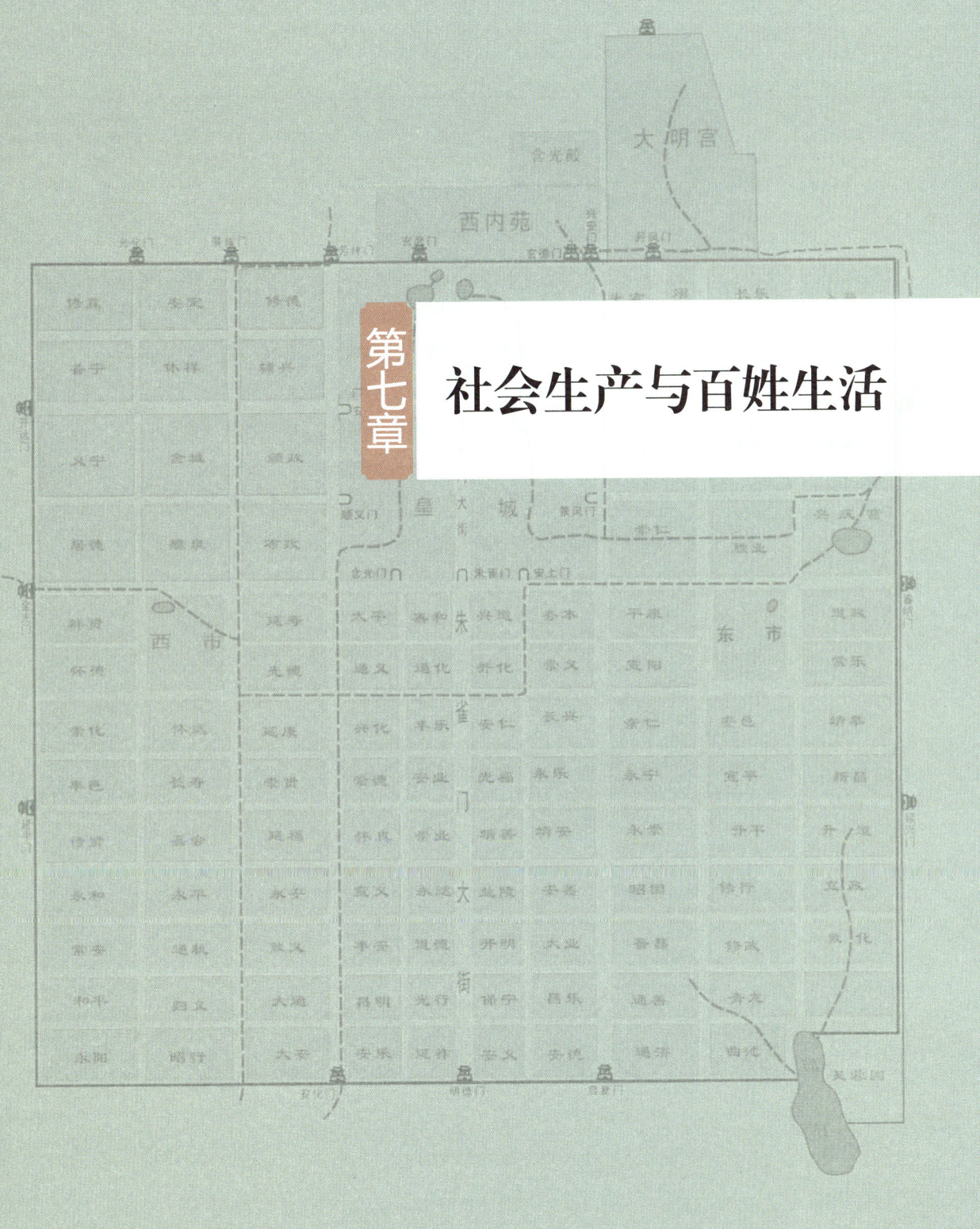

第七章 社会生产与百姓生活

人是城市的主体，人类社会的生产和生活活动是城市发展的根本动力。与汉长安城相比较，隋唐长安城布局最大的特点在于居民生活和生产交易的坊、市区域成为城市的主体。根据考古资料分析，隋唐长安城总面积达84.1平方公里，外郭城坊、市面积有73平方公里，占总面积的87%。①在这广大的空间内，最多时生活着近百万人。②长安城作为市民活动的空间，不仅是他们的居住地，而且也是他们从事生产和其他各种活动的重要场所。贵族官僚在此追逐名禄，豪邸斗富；文士举子在此跨马赏花，赋诗吟唱；僧尼道冠在此宣讲圣言，三教论衡；贩夫走卒在此生产劳动，奔波易货。正是这些居民的生产和生活活动，使长安城成为一座充满人间烟火的生活之都。③

---

① 宿白：《隋唐长安城和洛阳城》，载《考古》1978年第6期，第409页。
② 关于唐代长安城人口总数，已有不少研究，但结论不一，众说纷纭，一般认为唐代长安人口在100万上下，少者认为只有50万左右，多者认为盛时达一百七八十万。详见张天虹：《再论唐代长安人口的数量问题——兼评近15年来有关唐长安人口研究》，载《唐都学刊》2008年第3期，第11页。
③ 《长安的都市规划》，第182—235页。

第一节
社 会 生 产

一、农业

隋唐时期，农业是长安最主要的生产活动。长安所在的关中平原发展农业有得天独厚的优越条件。关中平原地处渭河中下游，是渭河冲积形成的黄土地带，地形平坦开阔，坡度一般在5°以下，非常适于耕种；[1]而且历代都比较重视关中地区的农田水利建设，兴建了许多大型水利工程。在关中平原北部，战国有郑国渠，西汉时又在其南北两岸开凿有白渠和六辅渠，西部有成国渠、灵轵渠，东部地区有引洛水东南流的龙首渠、从长安东流至潼关的漕渠，隋代开凿有永丰、普济二渠，唐代有升原渠、贺兰渠、沿白渠所开的三白渠、在韩城引黄河水溉田的龙门渠、在华阴的敷水渠和罗纹渠等，再加上长安周围的自然河流，关中地区就形成了以长安为中心的农田灌溉网（见图7-1），可灌溉耕地面积占总耕地面积的10%。[2]因此，隋唐时期关中农业获得了快速发展，被称为"天府之国"[3]，可从粮食作物和经济作物的种植两个方面一窥其貌。

（一）粮食生产

隋唐时期关中地区的气候是非常温和的，年均气温高出现在1℃左右，具有北亚热带气候的某些特征。[4]在此优越的气候条件下，关中地区种植的粮食作物主要有粟、小麦、水稻等。

粟，古代又称禾、稷、谷或谷子，其籽去壳后俗称"小米"，黍、稷也属于黍属。

---

[1] 曹尔琴：《论唐代关中的农业》，载《中国历史地理论丛》1989年第2辑，第45页。
[2] 《唐都长安》，第4页。
[3] 王双怀：《"天府之国"的演变》，载《中国经济史研究》2009年第1期，第75页。
[4] 吴宏岐：《隋唐时期关中地区的温暖气候及其影响》，见《汉唐长安与关中平原》，第325页。

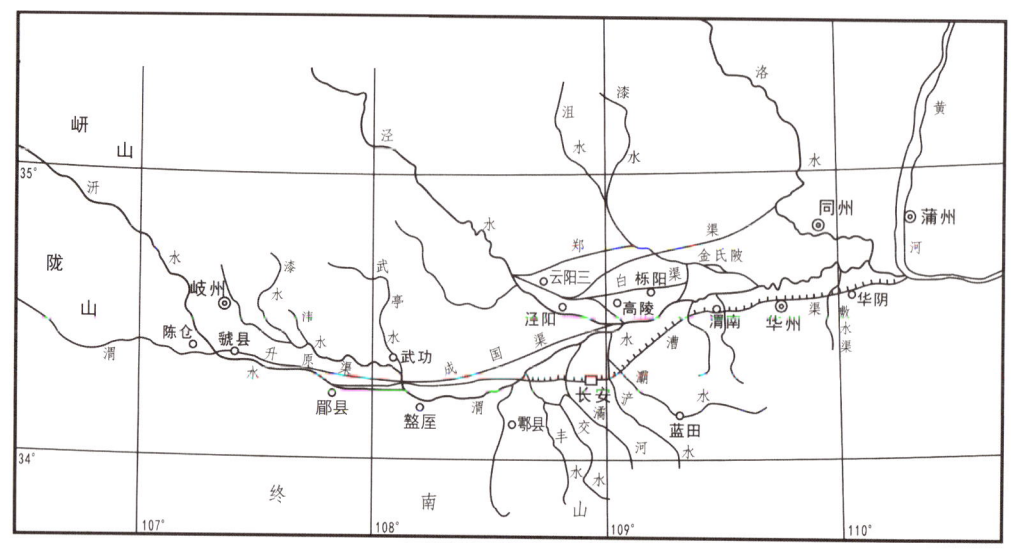

图 7-1 唐代长安附近水道及灌溉网络示意图

(选自史念海:《唐代历史地理研究》,中国社会科学出版社,1998年,第65页)

关中地区种植粟的历史非常悠久,早在西周建立以前,周人的祖先弃被称为"后稷",被尊奉为农神,就反映了粟在关中农业种植中的重要地位。隋唐时期,粟依然是关中地区种植的主要粮食作物。隋唐的赋税制度——租庸调制中,隋代"丁男一床,租粟三石"①,唐代则规定"每丁岁入租粟二石"②,都以粟作为农民纳租的主要实物,这必然是以其广泛种植为前提的。关中地区粟的广泛种植,在唐人的诗文中也多有反映。韦应物《谢栎阳令归西郊赠别诸友生》诗就云:"晨起西郊道,原野分黍稷。"③当时白居易的家乡下邽(今陕西渭南市临渭区北),农民也大量种植粟,《村居卧病二首》曰:"种黍三十亩,雨来苗渐大。"④卢纶《晚到盩厔耆老家》曰:"冒雨看禾黍,逢人忆子孙。"⑤由于关中广泛种植粟,因此当时不论是官仓还是民仓都存有大量的粟米。关中西北的会州,因盛产粟,仓储殷实,故在贞观八年(公元634年),改为粟州⑥;安史之乱中,唐玄宗逃往成都的途中,到金城县时,随从"俄得智藏寺僧进刍粟"⑦;贞元十四年(公元798年)十月,唐德宗"以岁凶谷贵,出太仓粟三十万石,开场粜以惠

---

① 《隋书》卷二四《食货志》,第680页。
② 《旧唐书》卷四八《食货志上》,第2088页。
③ 《全唐诗》卷一八九,第1935页。
④ 《全唐诗》卷四三三,第4787页。
⑤ 《全唐诗》卷二八〇,第3185页。
⑥ 《元和郡县图志》卷四《关内道四》,第97页。
⑦ 《旧唐书》卷九《玄宗本纪下》,第232页。

民"；次年二月，又"出太仓粟十八万石，粜于京畿诸县"；①元和六年（公元811年）二月，唐宪宗又"以京畿民贫，贷常平义仓粟二十四万石"②。这足以证明，当时关中地区粟的广泛种植。

隋唐时期，关中地区另一种大量种植的粮食作物是冬小麦。商周时期，中原地区开始有了种麦的文字记载，汉代麦的种植在关中地区得到推广；③到唐代，由于生产力的发展和耕作技术的进步，麦的种植已经一年两熟，种植面积也在不断扩大；唐代中后期，关中地区小麦的产量已经赶上了粟的产量，小麦在人们饮食生活中的重要性与日俱增。仪凤三年（公元678年），唐高宗巡幸九成宫，曾对霍王元轨说："去冬无雪，今春少雨，自避暑此宫，甘雨频降，夏麦丰熟，秋稼滋荣。"④永泰元年（公元765年）五月，"京兆麦大稔"，京兆尹第五琦奏请效法什一之税，"每十亩官税一亩"，唐代宗从之。⑤德宗建中元年（公元780年），唐政府正式实行两税法，分夏、秋两季税，夏税所征收的主要是小麦。唐代诗文中亦有对关中冬小麦种植情况的描述。张说的《奉和圣制初入秦川路寒食应制》诗记述了他在渭南地区看到的麦田景象："渭桥南渡花如扑，麦陇青青断人目。"王维的《渭川田家》也描写了他看到的"雉雊麦苗秀，蚕眠桑叶稀"。韩愈的《游城南十六首·赛神》诗中"麦苗含穗桑生葚，共向田头乐社神"，描写的是暮春，麦苗抽穗时，农民祭神祈祷丰收的场景。当麦子快要成熟时，皇甫冉《沣水送郑丰鄠县读书》写道："麦秋中夏凉风起，送君西郊及沣水。"现实主义诗人白居易的《观刈麦》更是描写了收麦季节的场景："夜来南风起，小麦覆陇黄。"⑥这些都表明，隋唐时期，关中地区广泛种植冬小麦。

隋唐时期，由于气候温和，降雨充沛，再加上农田水利设施的完善，关中地区也种植了不少水稻。开元初，同州刺史姜师度在朝邑、河西二县界引黄河水溉田，开垦稻田二千余顷，到开元八年（公元720年）已经是"原田弥望，畎浍连属。繇来榛棘之所，

---

① 《旧唐书》卷一三《德宗本纪下》，第389、390页。
② 《旧唐书》卷一四《宪宗本纪上》，第434页。
③ 卫斯：《我国汉代大面积种植小麦的历史考证——兼与（日）西嶋定生先生商榷》，载《中国农史》1988年第4期，第22—23页；赵淑玲、昌森：《论两汉时代冬小麦在我国北方的推广普及》，载《中国历史地理论丛》1999年第2辑，第40—43页。
④ 《旧唐书》卷五《高宗本纪下》，第103页。
⑤ 《旧唐书》卷四八《食货志上》，第2091页。
⑥ 《全唐诗》卷八六，第938页；卷一二五，第1248页；卷三四三，第3850页；卷二四九，第2800页；卷四二四，第4656页。

遍为粳稻之川"①。为了在关中推广水稻种植，开元十年（公元722年），唐玄宗任命鄠县尉王锽为京兆尹稻田判官，负责开垦稻田事宜；②到开元二十六年（公元738年），唐玄宗在诏书中称："顷者栎阳等县，地多碱卤，人力不及，便至荒废。近者开决，皆生稻苗，亦既成功，岂专其利"，下令将京兆府界内，新开稻田，无偿分给贫困丁夫和逃还百姓，以为永业，③这对在关中推广水稻种植是极大的鼓舞，此后关中地区的水稻种植又有所增加。当时咸阳古城下，就有"万顷稻苗新"④。苏颋的《奉和圣制至长春宫登楼望稼穑之作》就赞颂了关中开垦稻田的事迹："变芜粳稻实，流恶水泉通。"⑤而白居易的《太和戊申岁大有年诏赐百寮出城观稼谨书盛事以俟采诗》诗描写了他陪同皇帝到郊区察看稻田的场景："清晨承诏命，丰岁阅田间。膏雨抽苗足，凉风吐穗初。早禾黄错落，晚稻绿扶疏。"⑥韦庄的《鄠杜旧居二首》"一径寻村渡碧溪，稻花香泽水千畦"⑦则是描写了他在鄠杜旧居看到周围稻田的情景。

除粟、麦、稻以外，隋唐时期关中地区还种植有大麦、荞麦、豆等许多粮食作物。⑧

（二）经济作物

在中国古代，农桑结合是小农家庭主要的产业模式，"农"代表着满足基本生存条件为主的粮食生产，而"桑"则代表着经济作物的种植，千万个体农民通过种桑养蚕，将丝织品拿到市场上出售，成为封建农民与市场的重要联系。古代关中地区的自然条件适于种桑养蚕，蚕桑事业历史悠久。《诗经·七月》中就记载了西周时泾河流域人们采桑、饲蚕、缲丝和织染的过程。隋唐时期，人们的衣着材料仍以丝和麻为主，而且丝不单是衣着必需品，也被当作货币使用，在唐代社会使用非常广泛。隋唐政府对蚕桑事业极为重视，甚至对田亩植桑的棵数都有规定："永业之田，树以榆、枣、桑及所宜之木，皆有数。"⑨元和七年（公元812年），唐宪宗也下敕："天下州府民户，每田一

---

① 《册府元龟》卷六七八《牧守部·兴利》，第8102页。
② 《旧唐书》卷一〇五《王锽传》，第3229页。
③ 《唐大诏令集》卷七三《亲祀东郊德音》，第408页。
④ 《全唐诗》卷一五三《咏史十一首》，第1587页。
⑤ 《全唐诗》卷七四，第810页。
⑥ 《全唐诗》卷四四九，第5055页。
⑦ 《全唐诗》卷六九八，第8038页。
⑧ 详见：《全唐诗》卷一三三《送陈章甫》，第1353页；卷二八六《暮春寻终南柳处士》，第3275页；卷四二七《村夜》，第4854页。
⑨ 《新唐书》卷五一《食货志一》，第1342页。

亩，种桑二树，长吏逐年检计以闻。"①唐代田令也规定："户内永业田，每亩课植桑五十根以上，榆、枣各十根以上"，并有所在里正造簿登记，若有"应课植桑、枣而不植，如此类违法者，每一事有失，合笞四十"。②因此，桑是唐代关中地区的重要经济作物，长安周边地区就有大片的桑树林。《资治通鉴》记载：长安城安远门以西广大地区"间阎相望，桑麻翳野"③；唐代诗人也多以长安城郊野的桑园作为咏诵的对象。李峤在前往九成宫途中看到道路两边"郁郁桑柘繁，油油禾黍积"④。李白《古风》描写了陇山东西的蚕桑情况："昔视秋蛾飞，今见春蚕生。袅袅桑柘叶，萋萋柳垂荣。"⑤白居易《孟夏思渭村旧居寄舍弟》中就有"兔隐豆苗大，鸟鸣桑椹熟……日暮麦登场，天晴蚕坼簇"⑥。虚中在华山一带看到农民院子里"桑椹污闲庭"⑦。耿沣路过好畤时看到的是"广川桑遍绿，丛薄雉连鸣"⑧。权德舆前往昭陵时在咸阳看到的是"涂涂沟胜雾，漠漠桑柘烟"⑨。这些都说明，唐代关中地区桑树的广泛种植使蚕桑事业有了较大发展。

隋唐时期，长安周围除了种植桑树，还种植许多果树和花卉，出现了一些种植专业户。《唐六典》中就记载："禁苑在大内宫城之北，北临渭水，东拒浐川，西尽故都城，禽兽、蔬果，莫不毓焉。"⑩皇宫禁苑内水果蔬菜的种植由司农寺下的上林署具体负责管理，主要是供应皇室日常食用和宴会、祭祀所用，基本不在市场上出售。长安周围也有许多私营果蔬种植。柳宗元《种树郭橐驼传》中载：郭橐驼以种树为业，"凡长安富豪人为观游及卖果者"，都争迎取养。⑪文献中对于长安周围的花卉种植的记载就更多了。《唐国史补》中记载："京城贵游，尚牡丹三十余年"，故金吾铺围外有寺观就种以求利，一本有价值数万者。⑫大中时，司马扎《卖花者》就对一花农世家的生产经营做了详细的描述："少壮彼何人，种花荒苑外。不知力田苦，却笑耕耘辈。当春

---

① 《旧唐书》卷一五《宪宗本纪下》，第442页。
② 《唐律疏议》卷一三《户婚》，第249页。
③ 《资治通鉴》卷二一六，唐玄宗天宝十二载八月，第7038页。
④ 《全唐诗》卷五七《奉教追赴九成宫途中口号》，第686页。
⑤ 《全唐诗》卷一六一，第1674页。
⑥ 《白居易集笺校》卷一〇，第560—561页。
⑦ 《全唐诗》卷八四八《寄华山司空图二首》，第9606页。
⑧ 《全唐诗》卷二六八《旅次汉好畤》，第2981页。
⑨ 《全唐诗》卷三二〇《拜昭陵过咸阳墅》，第3607页。
⑩ 《唐六典》卷七《尚书工部》，第219页。
⑪ 《柳河东集》卷一七《种树郭橐驼传》，第305页。
⑫ 《唐国史补》卷中，第45页。

卖春色，来往经几代。长安甲第多，处处花堪爱。良金不惜费，竞取园中最。一蕊才占烟，歌声已高会。自言种花地，终日拥轩盖。农夫官役时，独与花相对。那令卖花者，久为生人害。贵粟不贵花，生人自应泰。"①因种植花卉比粮食更有利可图，许多农民纷纷改种花木。刘言史《卖花谣》："杜陵村人不田穑，入谷经豁复缘壁。每至南山草木春，即向侯家取金碧。……豪少居连鹓鹊乌，千金使买一株红。院多花少栽未得，零落绿娥纤指中。咸阳亲戚长安里，无限将金买花子。"②郑谷《感兴》也载有："禾黍不阳艳，竞栽桃李春。翻令力耕者，多作卖花人。"③此外，长安城中还有专门的蔬菜种植，《太平广记》中就记载：唐大历中，兰陵坊西有大菜园。④长安作为首都，人口众多，而且聚集了很多的达官显贵，他们巨大的消费需求是促进长安周边水果、蔬菜、花卉等经济作物广泛种植的最主要因素。

二、手工业

隋唐时期，长安的手工业按照所有权可分为官营手工业和私营手工业。它们由于性质不同，其生产目的、生产规模、技术水平以及对社会生产发展的推动作用等都存在着差异。

（一）官营作坊

长安的中央手工业生产是整个官营手工业的主体。京师是封建王朝的统治中心，是皇帝及王公贵族、文武百官的聚集地，政府的主要消费在此。隋唐政府都对其实施了一系列严格的生产经营管理制度，不论其机构设置、工匠配备，还是生产规模、原料供应、产品质量等都是其他手工业无法比拟的，以保证尽可能地满足京师统治者的需要和奢侈消费。

隋唐时代，长安官营手工业的最高管理部门是工部，有尚书、侍郎各一人，"掌山泽、屯田、工匠、诸司公廨纸笔墨之事"。工部是全国手工业政策的制定和规划机关。其下属部门有工部司，郎中、员外郎各一人，掌城池土木之工役程式，为尚书、侍郎的助手。凡京都长安各类公共建筑的营建修缮，都由工部司领导少府、将作二监施工，工匠主要从州县征发，"以州县为团，五人为火，五火置长一人。四月至七月为长功，二

---

① 《全唐诗》卷五九六，第6900页。
② 《全唐诗》卷四六八，第5323页。
③ 《全唐诗》卷六七四，第7705页。
④ 《太平广记》卷四二《裴老》，第266页。

月、三月、八月、九月为中功,十月至正月为短功",若工程量大,征发不足,则可以从民间和雇,"日为绢三尺"为雇价。①如永徽五年(公元654年),为增筑长安外郭城墙,"和雇雍州夫四万一千人",施工三十余日而毕。②

少府监不仅是王朝管理手工业的最高事务机构,而且还是长安城中主要的官营手工业生产部门。少府监主要执掌"百工技巧之政",下属机构中的中尚、左尚、右尚、织染、掌冶五署及诸冶、铸钱等监为具体的手工业生产机构。它生产的产品主要是皇帝、后妃及高级官员的服饰、礼器等,其原材料主要来自各地的贡物,"诸州市牛皮角以供用,牧畜角筋脑革悉输焉","五署所须金石、齿革、羽毛、竹木,所入之物,各以名数州土为籍"。其技术工匠要经过严格的培训考核,"钿镂之工,教以四年;车路乐器之工,三年;平漫刀稍之工,二年,矢镞竹漆屈柳之工半焉;冠冕弁帻之工,九月。教作者传家技,四季以令丞试之,岁终以监试之"。为了保证产品质量,生产过程实行严格的质量责任制,所有产品"皆物勒工名"。"短蕃匠五千二十九人,绫锦坊巧儿三百六十五人,内作使绫匠八十三人,掖庭绫匠百五十人,内作巧儿四十二人,配京都诸司诸使杂匠百二十五人",人数众多。③具体来讲,中尚署负责生产供应郊祀所用圭璧及天子器玩、后妃服饰雕文错彩;左尚署负责生产供应翟扇、盖伞、五路、五副、七辇、十二车及皇太后、皇太子、公主、王妃、内外命妇、王公之车路以及画素刻镂与宫中蜡炬杂作;右尚署专门负责生产供应十二闲马所需之辔及五品三部所用之帐、刀剑、斧钺、甲胄、纸笔、茵席、履舄等;织染署则负责生产供应皇家所需的冠冕、组绶及织纴、色染;掌冶署负责生产范镕金银铜铁及涂饰琉璃玉作;诸冶监则负责铸造军队及官府屯田所需的器具。

军器监是唐王朝制造兵器的兵工厂,主要"掌缮甲弩,以时输武库",下领弩坊和甲坊二署,有武器监一人,掌兵仗、厩牧。光禄寺下有良酝署,负责酿制供应祭祀时所需三酒,即享太庙所用郁鬯,进御时所用春暴、秋清、酴醾、桑落之酒,其中有掌酝二十人,酒匠十三人,奉觯一百二十人;④唐后期,随着使职的发展,出现了"酒坊使",兴元元年(公元784年),唐德宗赐宴翰林学士,其间即由"酒坊使供美酒"。⑤

---

① 《新唐书》卷四六《百官志一》,第1201页。
② 《唐会要》卷八六《城郭》,第1876页。
③ 《新唐书》卷四八《百官志三》,第1268—1269页。
④ 《新唐书》卷四八《百官志三》,第1248页。
⑤ 《翰林志》。

此外，太子府属官家令寺负责太子府的床几、茵席、器物等的供应①。掖庭局也掌管一些宫人女工，负责植桑养蚕，进行一些丝织品生产，宫中"供奉物皆取焉"，其女工来源于因罪配没掖庭有缝巧技术之人；天宝年间，宫中还有专供杨贵妃的"贵妃院"，主要织锦刺绣，其工人大约有七百人，雕刻、镕造又数百人。②

由上可知，隋唐长安的官营手工业机构庞杂，其原材料的采购、工匠的使用、生产过程的管理都是建立在封建中央集权的官僚制度基础上，其生产的产品也主要是满足皇室成员的享乐和统治的实际需要，并不在市场上流通交易，"具有很强的政治干预和自给自足的特点，是典型的封建经济"③。

（二）私营作坊

除官营手工业之外，长安城还存在许多大小私营手工业生产，其经营范围广泛，生产规模和技术水平参差不一，但有一个基本的共同点：为交换而生产。

陶器制造业是隋唐长安城重要的手工业，在城内及周边地区都有一些私营陶器烧制作坊，于近些年的考古发掘中屡被证实。1999年，陕西省考古研究所在西安西郊民航机场建筑工地发现了残存的唐代窑址，其中心位于今西安市西门外西关正街西北民航局家属楼区，即隋唐长安城醴泉坊的范围内，其年代大致确定在天宝四载（公元745年）前后的几十年，共发掘出唐代残窑4座、灰坑10个，发掘面积140平方米，出土有模具、窑具、素烧器、釉陶器、三彩器和陶器残片、坩埚、染料矿物质碎块等13000余件，④这些足以说明此地当年是长安城中一个较大规模的陶器、三彩器烧制手工工场。2004年夏季，考古工作者又在西安市太乙路北段市政管道改造工地发现大量的残破陶俑残片，有男俑、女俑、武士俑、动物、器皿及陶范等，从所挖深沟壁面看，残陶片多夹杂在上半部，同时灰坑、窑炉也能辨认出来。三彩类残俑及三彩盘残片分绿、黄、褐、白四色，胎为红陶泥质。还有残石臼、釉料罐残片等制作工具，釉料罐残片内带红色釉原料（可能是氧化铁一类原料）与绿色釉原料（可能是氧化铜一类原料），并发现小块状釉原料。残窑共发现5个，内有砖，外有红烧土。三彩器胎质分为白陶胎与泥质红陶胎两种，这与在西安唐墓出土的陶俑中常能见到的胎质基本一样。由此推测这两窑所烧的陶

---

① 《新唐书》卷四九上《百官志四上》，第1297页。
② 《旧唐书》卷五一《杨贵妃传》，第2179页。
③ 刘玉峰：《试论唐代官府手工业的发展形态》，载《首都师范大学学报》（社会科学版）2001年第5期，第13页。
④ 陕西省考古研究院：《唐长安醴泉坊三彩窑址》，文物出版社，2008年，第23—111页。

器、三彩器曾供长安地区的人死后做随葬品。①从两处窑址发现的地点来看，其在唐代属于长安城醴泉坊和平康坊，而这两坊都紧邻唐代长安的西市、东市，其生产的主要目的在于就近运往市场销售，它们是营利性的，应该属于私人性质。

丝织业也是长安非常重要的手工业部门。关中地区养蚕业的发展为丝织业的发展提供了充足的原料，大量富裕人口的聚集又为丝织业的发展提供了广阔的市场，这些都为长安丝织业的发展创造了良好的条件。唐高宗时期，雍州就有"异色绫锦，并花间裙衣"，商贾富人"紫服赤衣，闾阎公然服用"。②开元十七年（公元729年），唐玄宗诏："违样绫锦等频有处分，如闻尚未惩革，宜令府县申明前敕一切禁断。"③而这正说明了唐代长安民间织绫锦业的蓬勃发展。大历年间，唐代宗在《禁断织造淫巧诏》中说："在外所织造大张锦、硬软瑞锦、透背及大䌷锦、竭凿六破已上锦、独窠文纱四尺幅及独窠吴绫、独窠司马绫等，并宜禁断。其常行高丽白锦、杂色锦及常行小文字绫锦等，任依旧例造。其绫锦花文所织蟠龙、对凤、麒麟、狮子、天马、辟邪、孔雀、仙鹤、芝草、万字双胜及诸织造差样文字等，亦宜禁断。两都委御史台、诸州府委本道节度观察使，切加觉察，如违犯，具状奏闻。"④敕文中提及唐代名目繁多的绫锦，其生产地就有包括长安在内的两都。敕令中对某些品种允许依旧生产，而一些技术复杂，在统治者看来容易助长奢侈之风，有害农业生产的织锦则禁止再生产。无论如何，上面如此众多的绫锦种类的存在，本身已经说明包括长安在内的唐代丝织业技术水平之发达，而且后来的历史表明，禁令并未能阻止织锦业的发展。

长安城人口众多，对粮食的需求量很大，因此粮食加工业也发展很快。碾硙作为粮食加工工具在隋唐时期广为流行，它主要是利用水流推动石磨转动进行去壳、磨粉等粮食加工，胡三省在《资治通鉴》注中也说：碾硙"激水为之，不劳人工而自运"⑤，水力的应用大大提高了粮食加工的生产效率。隋炀帝为晋王时，就曾向清禅寺"前后送户七十有余，水硙及碾上下六具，永充基业"⑥。永徽六年（公元655年），雍州长史长孙祥奏言：长安附近的郑、白渠上"富商大贾竞造碾硙"，以致妨碍农田灌溉。⑦由

---

① 王长启、张国柱、王蔚华：《原唐长安城平康坊新发现陶窑遗址》，载《考古与文物》2006年第6期，第51—57页。
② 《全唐文》卷一三《令雍州长史李义元禁僭侈诏》，第161页。
③ 《册府元龟》卷一五九《帝王部·革弊一》，第1924页。
④ 《全唐文》卷四七，第518页。
⑤ 《资治通鉴》卷二〇八，唐中宗神龙二年十一月，第6724页。
⑥ 《续高僧传》卷一七《隋京师清禅寺释昙崇传》，第639页。
⑦ 《通典》卷二《食货二》，第39页。

于长安市场对粮食的需求量大，利用碾硙进行粮食加工利润丰厚，"硙碾者，兴利之业"①，王公权要之家不顾政府禁令，竞相缘渠立硙，②从事粮食加工。太平公主就曾与僧寺争碾硙③；宦官高力士"于京城西北截沣水作碾，并转五轮，日碾麦三百斛"④。到大历十三年（公元778年），白渠上已有水硙八十余所。⑤由此可见，唐代中期以后，粮食加工业的迅速发展。

中国古代对金银器的加工出现很早，但在隋唐以前金银容器很少见，只有到了唐代才开始发达，夏鼐先生认为"这种发展可能是受到了萨珊王朝金银器工艺的影响"⑥。隋唐时期，长安是著名的国际大都市，沿着丝绸之路，来自西域的各种金银器输入的越来越多，同时长安的金银匠人也开始模仿制作，萨珊式器形的八棱带柄杯、高足杯、带柄壶、多瓣椭圆盘多有出土。到了唐代后期，长安金银容器的制作已经基本摆脱模仿阶段，而将本土文化风格融入其中，常见的器形有碗、盘、盒之类，花纹也以缠枝花、团花、花鸟纹为主。1977年，西安南郊何家村（系唐长安城兴化坊范围内）发现唐代两瓮窖藏文物，其中金银器物有270件，其时代下限被认定在盛唐晚期（约8世纪末期）；这些金银器中有碗、盘、碟、壶、罐、锅、盒、炉等各种类型的器物，它们的工艺极为复杂、精细，器物成形以钣金和浇铸为主，切削、抛光、焊接、铆、镀、刻凿等工艺已普遍使用，仅焊接就有大焊、小焊、两次焊、掐丝焊等几种工艺，技巧纯熟，焊口平直，焊缝不易发现。⑦从这些金银器的出土地点和加工工艺来判断，其生产地点当在长安，只有长安才有技术如此高超的工匠和实际需求。从何家村发现的金银器中，我们可以看到唐代长安金银器加工业发展的概况。

隋初实行禁酒政策，"官置酒坊收利"，禁百姓私自酿造；到开皇三年（公元583年），罢酒坊，"与百姓共之"⑧，废除酒禁，民间酿酒业才有了一定发展。《新唐书·食货志》和《文献通考·征榷》都称"唐初无酒禁"，实则不准确。⑨唐代在出现

---

① 《册府元龟》卷七〇《帝王部·务农》，第791页。
② 《旧唐书》卷九八《李元纮传》，第3073—3074页。
③ 《资治通鉴》卷二〇八，唐中宗神龙二年十一月，第6724页。
④ 《旧唐书》卷一八四《高力士传》，第4758页。
⑤ 《唐会要》卷八九《碾硙》，第1924页。
⑥ 夏鼐：《近年中国出土的萨珊朝文物》，载《考古》1978年第2期，第112页。
⑦ 陕西省博物馆、文管会革委会写作小组：《西安南郊何家村发现唐代窖藏文物》，载《文物》1972年第1期，第30—42页。
⑧ 《隋书》卷二四《食货志》，第681页。
⑨ 张泽咸：《唐五代赋役史草》，中华书局，1986年，第208页。

自然灾害、粮食供应紧张的时候也曾多次禁酒。由于长安为都城所在，人口密集，不仅会集许多达官显贵，而且还是各地富商文士以及外国使节聚集之所，各种宴饮聚会频繁，对酒的消耗量也很大。史载"天宝已来，海内无事，京师人家多聚饮"①。刘禹锡《百花行》写道："长安百花时，风景宜轻薄。无人不沽酒，何处不闻乐。"②唐代的个体酿酒作坊大都是集酿酒与售酒于一体的店铺，常称酒肆、酒楼、酒家、酒舍、旗亭等。据《唐国史补》记载，唐代长安及附近地区的名酒有富平之石冻春、京城之西市腔、虾蟆陵郎官清、阿婆清等，还有从波斯传来的三勒浆酒，所谓"三勒者，谓菴摩勒、毗梨勒、诃梨勒"③。韦应物《酒肆行》："豪家沽酒长安陌，一旦起楼高百尺。碧疏玲珑含春风，银题彩帜邀上客。回瞻丹凤阙，直视乐游苑。四方称赏名已高，五陵车马无近远。……主人无厌且专利，百斛须臾一壶费。初酿后薄为大偷，饮者知名不知味"④，就是对唐代长安私营酿酒业的生动描写。城内坊里也有酒店经营，张籍《寄元员外》诗中就有"夜静坊中有酒沽"⑤之句。长安东门俗称"青门"，也是民营酒业的主要聚集地之一，并以胡姬酒肆而闻名，李白就有诗《送裴十八图南归嵩山二首》云："何处可为别，长安青绮门。胡姬招素手，延客醉金樽。"⑥岑参诗《送宇文南金放后归太原寓居因呈太原郝主簿》亦云："送君系马青门口，胡姬垆头劝君酒。"⑦在都城外围，灞陵、虾蟆陵、新丰镇诸处也是民营酒业的密集区。随着酿酒业的发展，唐政府开始征收酿酒税。广德二年（公元764年），唐代宗敕令"天下州各量定酤酒户，随月纳税"，不纳税者一切禁断。大历六年（公元771年），又将酿酒业定三等，逐月税钱。建中三年（公元782年），直接禁民间酤酒，有官府置店自酤，垄断酿酒，收利以助军费。⑧直到元和十四年（公元819年）七月，由于湖州刺史李应的奏请，唐政府才"许令百姓自酤，取旧额，仍许入两税，随贯均出，依旧例折纳轻货，送上都"。⑨唐文宗《太和八年疾愈德音》又称："京邑之中，本无榷酤。属贞元用兵已后，费用积广，始定店户等第，令其纳榷。况万方所聚，私酿至多，禁令既不可施，榷利自无所

---

① 〔宋〕江少虞：《宋朝事实类苑》卷六一《酒令》，上海古籍出版社，1981年，第803页。
② 《全唐诗》卷三五四，第3963页。
③ 《唐国史补》卷下，第60页。
④ 《全唐诗》卷一九四，第1999页。
⑤ 《全唐诗》卷三八五，第4331页。
⑥ 《全唐诗》卷一七六，第1797页。
⑦ 《全唐诗》卷一九九，第2061页。
⑧ 《通典》卷一一《食货十一·榷酤》，第246页。
⑨ 《唐会要》卷八八《榷酤》，第1906页。

入,徒立课额,殊非惠人。其长安、万年两县见征纳榷钱一万五千一十贯八百文,若先欠者并宜放免。其榷酒钱,起今日已后,亦宜并停。"①正式废除了榷酒政策,许令民间酿酒。总体来讲,由于受唐王朝榷酒、禁酒政策的影响,唐代长安酿酒业的发展并不顺利,所取得的进步也非常有限。

此外,还有崇仁坊的乐器制作业②和长安通化门长店的车辆制造业。特别是长店的车辆制造,已有比较细的分工,车坊内广备其材,募人集车,轮、辕、辐、毂都有定价,"每治片辆,通凿三窍,悬钱百文,虽敏手健力,器用利锐者,日止一二而已"③。从中我们可以看到,车坊主在购买原料、招募工匠、制定质量标准、监督生产、定价方面有一套完善的管理体系,从侧面反映了当时作坊手工业的发达。此外,在东市、西市内也存在着许多手工业生产,在下文会有详论,兹不赘述。

从上面我们可以看到,隋唐长安私营作坊手工业已有一定规模,其分工较细,生产专业性较强,生产规模较大,而且出现一定的雇佣工匠;由于其产品质量比较高,往往成为贵族、地主及外商竞相购买的对象,甚至成为皇室攫取奢侈品的重要来源,所以私营作坊手工业的存在是有一定社会和经济基础的。与官营手工业相比,"私营手工业作坊的生产是属于商品性质的,其产品作为商品而进入流通领域,系一种追求利润的生产,而非自给自足的生产形式。同时,这种生产者在生活方面与市场之间发生着千丝万缕的联系"④。私营手工业作坊的原料采购、生产管理和销售价格也都遵循了市场规律的支配,技术和规模在一定时期内都有了相当程度的发展,对推动长安城经济发展有积极作用,也有助于我国古代手工业生产技术的发展进步。但是,唐代作坊手工业在当时以家庭副业手工业为主导的汪洋大海中,生产总量微不足道,并且也经常受到封建政府的各种政策限制,其发展是比较缓慢的。因此,对唐代长安私营手工业不宜估计过高。

三、商业

随着农业和手工业的发展,长安城的商业也日渐繁荣起来。长安城内不仅有国内各地的大小商人往来贩运,而且还有沿着丝绸之路远道而来的欧洲、西亚和中亚的外国商人。隋唐长安的商业活动主要集中在东市和西市两大专业集贸市场,商业的发展也冲破

---

① 《全唐文》卷七五,第785页。
② 《乐府杂录·琵琶》,第132页。
③ 《太平广记》卷八四《姜皎山》,第541—542页。
④ 鲍明孔:《唐代私营作坊手工业之管见》,载《中国经济史研究》1998年第2期,第88页。

了坊市制的限制，诸坊内出现了许多旅舍、酒店等商业经营活动场所。

　　隋唐长安城内商业交易集中的地点是在东、西二市，而在一些居民坊里也分散着一些小型的市场，二者共同构成了隋唐长安城的商业交易空间。

　　东市，隋称都会市，位于朱雀门街东第四列从北第四坊，兴庆宫西南，南北居二坊之地，东、西、南、北各六百步，四面各开二门，市内大街宽百步。其北皇城南大街，东出春明门。市内中部有市局、平准局等市场管理机构。尽管东市的繁荣稍逊于西市，但市内商铺仍有二百二十行，"四面立邸，四方珍奇皆所积集"①。市内有口马牛驴行、铁行。《乾膜子》记载："唐东市铁行，有范生，卜举人连中成败，每卦一缣。"②另外，根据敦煌发现的印刷品可知长安东市有印刷业生产作坊。1973年陈祚龙发表的《唐代西京刻印图籍之一斑》③介绍了敦煌遗品中的唐代长安东市3件印刷品，有民间历的印刷"上都东市大刁家大印"的历书（可能为9世纪末），"京中李家于东市印"的《新集备急灸经》一卷（本书在《阴阳书》的背面，《阴阳书》末尾有"咸通二年……二人写记"文字。所以《新集备急灸经》是在咸通二年以前印刷抄写的），以及"上都李家印"的婚姻时母亲给女子的《崔氏夫人训女文》，其出版地为东市，出版年代也为唐末。3件印刷品在敦煌被发现，说明长安东市印刷作坊的印刷品，不但在长安城内买卖，且在长安城外很远的地方也广泛流通。从中我们可以知道：9世纪时，长安东市已经成为当时的印刷业中心之一；唐末长安东市商业已有高度发展，为了全国性需要，制造印刷品的专门印刷业已经诞生了。④2004年，张国柱在西安东郊太乙路市政管道改造工地的土堆中发现了大量的陶俑、二彩器和陶模残片，经研究、对比古今地图，呼林贵、尹夏清认为，发现、出土唐三彩窑址的地方应属于唐长安东市的西部，根据出土陶俑的特征可以判定这批陶俑的大多数属于盛唐以前制作的⑤，这说明唐前期，东市西部存在着民营三彩制陶作坊。2015年，考古工作者对唐长安东市遗址进行了发掘。此次发掘发现了3条唐代道路遗迹、3条水沟遗迹、店肆后作坊遗迹1片、水井4口、窖井2口、渗井11口、灰坑12个、活土坑3处以及卧泥池、陶瓮坑各1处；在一条唐代道路的东侧发现了密集分布的水井、窖井、渗井、灰坑和卧泥池等遗迹，并出土砺石、石臼、骨

---

① 《长安志》卷八《唐京城二》，第291页。
② 《太平广记》卷二六一《郑群玉》，第2043页。
③ 陈祚龙：《敦煌资料考屑》下册，台湾商务印书馆股份有限公司，1979年，第253—266页。
④ [日] 妹尾达彦：《唐代长安东市的民间印刷业》，见《中国古都研究》第13辑，第226—234页。
⑤ 呼林贵、尹夏清：《唐长安东市新发现唐三彩的几个问题》，载《文博》2004年第4期，第10—14页。

器残料、玉石废料、陶器残件等，专家推断此处为临近道路的店肆后坊遗迹，中国社会科学院考古研究所的龚国强结合出土的遗物判断，认定这应是唐代东市内一处店肆后院的玉器和骨器加工地点。在总共500平方米的探方中累计出土砖瓦、陶器、三彩器、玉器、骨器、铜器、玻璃器、宝石戒面、开元通宝以及写有"□家酒店"字样的瓷壶底片等唐代遗物450件。在出土的器物中，还有一块虹化玻璃残片，这是一种表面有镀膜的玻璃，经玻璃器专家鉴定后，推断这并非唐代我国制造的玻璃，应该是沿着丝绸之路而来的外国玻璃器皿残片，由此可以推断：虽然唐代胡商多集中在西市，但东市也有对外贸易。文献中并没有记载东市内的店铺总数，但是日僧圆仁在《入唐求法巡礼行记》中曾记载：会昌三年（公元843年）六月二十七日，"夜三更，东市失火，烧东市曹门已西十二行，四千余家，官私钱物、金银绢药等总烧尽"[1]，仅西十二行就有4000多间商铺被烧毁，整个东市二百二十行，其店铺之多就可想而知，综合考古发现的成果推测整个东市商铺数量可能达73000多家[2]。由此我们可以看到，隋唐时期东市商业之繁荣程度。（见图7-2）

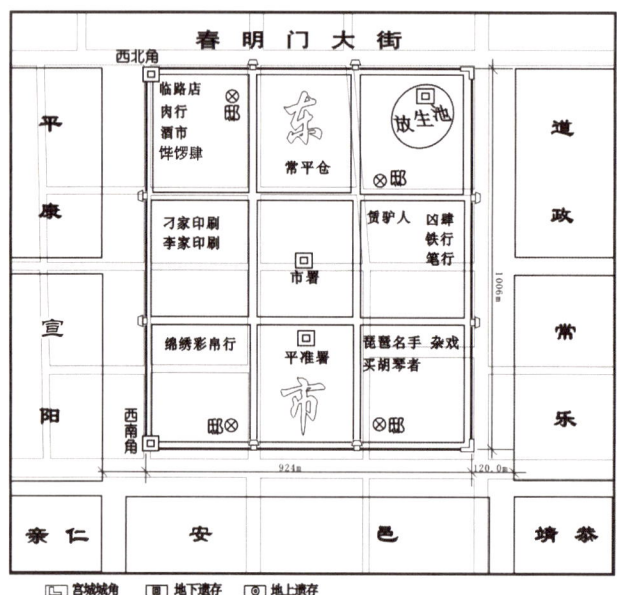

图7-2 唐长安东市文献与考古对比示意图

与东市相对的是西市，隋曰利人市，南北占两坊之地，市内亦有西市局和平准局、市署等市场管理机构，店肆如东市之制。长安县所辖户口比万年县多，更有来自西域的胡人在此聚集贸易，因此西市比东市更繁荣。韦述《两京新记》记载：西市"市署前有大衣行"[3]，沈既济《任氏传》记载：郑子游，入西市衣肆，见任氏[4]，此衣肆或

---

[1]《入唐求法巡礼行记》卷四，第172页
[2] 张佳：《唐长安城东市重要考古成果公布》，载《西安晚报》2015年11月19日第1版
[3]《两京新记辑校》卷二，第49页
[4]《太平广记》卷四五二《任氏》，第3693页

即大衣行。鞦辔行，《逸史》载：江陵副使李君事，游西市鞦辔行。①秤行、窦家店，《乾饌子》载：先是西市秤行之南，有十余亩低洼积水第，曰小海池，窦乂买下此地，填平后造店二十间，"日收利数千，甚获其要"，号为窦家店。②食店张家楼，《会昌解颐录》有"西市食店张家楼上坐"③。寄附铺候景先宅，蒋防《霍小玉传》载有：霍小玉常私令侍婢潜卖箧中服玩之物，多托于西市寄附铺候景先家货卖④，此寄附铺推测为"质库"之类，乃经营物品抵押借贷性质的金融机构。西市中也有药市，柳宗元《宋清传》云："宋清，长安西部（当为'西市'）药市人也。"⑤又有绢行，《玄怪录》载有吴全素"引入西市绢行南人家"之语⑥。麸行，《续玄怪录》云："麸行王胡子"⑦。此外，文献中所见的西市店铺和行业，还有油靛店、饼团子店、柜坊等。实际上，长安西市的商业行类远不止这些，只是缺乏文献记载。1960年至1962年、2005年至2006年、2008年至2009年和2016年对西市的四次大规模考古发掘中，发现了酒肆、食店和卖铁器、陶器、石刻及专卖明器的"凶肆"等遗迹，在西市南大街北部发现了一处规模较大的手工业骨器作坊，出土了大量骨料与少量骨器半成品；在南大街中部的一个店铺遗址中，发掘出了大量用骨料、玛瑙、水晶制作的装饰品，以及料珠、珍珠和少量金饰品，⑧这说明此处可能是一个珠宝饰品加工作坊。大量考古发现证明了西市主干道框架内的规划布局中曲巷与主干道规划布局基本类似，同为临街设店铺，店铺后为加工作坊的整体布局模式，构成了"前店后坊"制作加工、销售一条龙的格局，也说明西市（东市类似）不仅是商品交换与贸易的集散地，而且是集加工（手工业作坊）、住宿（邸店）、娱乐（杂戏、胡姬酒肆等）、漕运等多功能一体的大型商业综合体。（见图7-3）

---

① 《太平广记》卷一五七《李君》，第1130页。
② 《太平广记》卷二四三《窦乂》，第1877页。
③ 《太平广记》卷三四八《牛生》，第2759页。
④ 《太平广记》卷四八七《霍小玉传》，第4009页。
⑤ 《柳河东集》卷一七，第304页。
⑥ 《玄怪录》卷三《吴全素》，第93页。
⑦ 《续玄怪录》卷四《驴言》，第184页。
⑧ 徐苹芳：《唐代两京的政治、经济和文化生活》，载《考古》1982年第6期，第650页；中国科学院考古研究所西安唐城发掘队：《唐长安城西市遗址发掘》，载《考古》1961年第5期，第250页；中国科学院考古研究所西安唐城发掘队：《唐代长安城考古纪略》，载《考古》1963年第11期，第607页；中国社会科学院考古研究所陕西第一工作队：《大唐西市2006年考古发掘报告》，左崇新：《大唐西市2008—2009年考古工作简报》，见胡戟主编：《西市宝典》，陕西师范大学出版社，2009年，第25—39页、第434—450页。

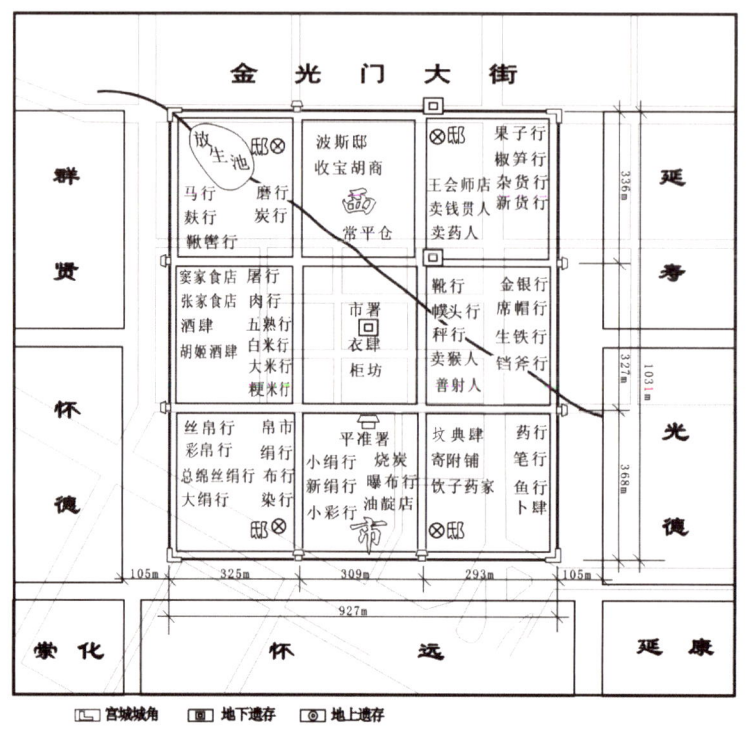

图 7-3 唐长安西市文献与考古对比示意图

西市还聚集了许多外商,是一个国际性的交易市场。这里有来自中亚、南亚、西亚、东南亚及朝鲜半岛上的新罗、日本等不同地区、国家的商人,尤其是来自中亚粟特、波斯、大食的"胡商"最多,他们在西市内经营着珠宝店、货栈、酒肆等。《南部新书》就记载:"西市胡人贵蚌珠而贱蛇珠。蛇珠者,蛇所吐尔,唯胡人辨之。"①《寺塔记》载:平康坊菩萨寺寺主元竟将一如朽钉、长数寸之物"携至西市,示于商胡",经鉴定为价值千万的宝骨。②《玄怪录》载:老人约杜子春"明日午时俟子于西市波斯邸"③,"波斯邸"即由波斯人经营的邸店。大历时,"回纥留京师者常数千人,商胡伪服而杂居者又倍之"④,可见唐长安城中胡商之多。一些长途贸易的商人则沿着丝绸之路将香料、药物、宝石、金银器等贩运至西市销售,再将中国的丝绸、瓷器、铁器等运往中亚、西亚乃至遥远的欧洲和非洲,从而实现中外之间商品的互联互通。

随着城市商业的日益繁荣,两市已经不能满足工商业的发展需要。因此,大约从唐高宗时两市之外一些新的商业交易地点在坊里之间陆续出现。如高宗时,将靖善坊

---

① 《南部新书》卷已,第80页。
② 《酉阳杂俎·续集》卷五《寺塔记上》,第253页。
③ 《玄怪录》卷一《杜子春》,第1页。
④ 《资治通鉴》卷二二五,唐代宗大历十四年七月,第7384页。

及大业坊之半合并设立中市，设市署，"领口马牛驴之肆"①。丰邑坊中"多假赁方相辒车送丧之具"②。宣平坊有张帽驮桶卖油，"其油好而贱"③。此外，平康坊有卖姜果的，长兴坊有饆饠店，升平坊有卖胡饼的，延寿坊有卖金银珠玉的，开化坊有酒肆，永昌坊有茶肆，永兴坊有卖鱼的，特别是崇仁坊，因北近皇城景风门，南当春明门大街，隔街与东市相对，进京的选人、举子多在此住宿，"因是工贾辐辏，遂倾两市，昼夜喧呼，灯火不绝，京中诸坊，莫之与比"④。顺宗时，王叔文、王伾掌权，"候见叔文、伾者，至宿其坊中饼肆、酒垆下"，胡三省注曰："长安城中分为左右街，画为百有余坊。饼肆，卖饼之家。酒垆，卖酒之处。"⑤在务本坊还有所谓的"鬼市"，《辇下岁时记》云："俗说务本坊西门是鬼市，或风雨曛晦，皆闻其喧聚之声。秋冬夜多闻卖干柴，云是枯柴精也。"⑥而实际所谓的"鬼市"是"夜市"的雏形与发端⑦，只不过是为了防止官府的阻挠，而故意宣称"鬼市"以保护夜间交易活动的顺利进行。《李娃传》记载：李娃与郑生"至（安邑坊）旗亭南偏门鬻坟典之肆，令生拣而市之"⑧，这是一种专门销售书籍的店铺。由此可见，随着长安居民生活需求的多样化，坊里之间不仅有一般的食品等生活必需品的买卖，而且还出现了较高级的精神文化消费。

隋唐长安城东市、西市以外，坊里间商业交易市场和夜市的出现，不仅方便了唐长安城居民的生活需要，更是从时间和空间上突破了原来的商业和居住区分、交易时间固定的严格坊市制，是唐代长安城工商业繁荣的重要表现，也为后来城市管理制度的变革打开了缺口。

四、旅馆、酒店

（一）旅馆

隋唐时期，长安城既是全国的政治、经济和文化中心，又是丝绸之路上重要的国

---

① 《长安志》卷七《唐京城一》，第266页。
② 《长安志》卷一〇《唐京城四》，第342页。
③ 《太平广记》卷四一七《宣平坊官人》，第3400页。
④ 《长安志》卷八《唐京城二》，第275页。
⑤ 《资治通鉴》卷二三六，唐顺宗永贞元年二月，第7610页。
⑥ 《唐两京城坊考》卷二《西京·外郭城》，第40页。
⑦ 刘志远：《雏议唐代"夜市"经济的雏形：鬼市》，载《中北大学学报》（社会科学版）2009年第2期，第24页。
⑧ 《太平广记》卷四八四《李娃传》，第3990页。

际交流中心,拥有多达百万的人口,其中大部分是来自全国各地,甚至异邦绝域的外来人口,"浮寄流寓,不可胜计"①。这些外来人员在长安首先面临的就是住宿问题,他们大多数人在长安并没有宅第,只有选择投宿旅馆。在唐代,旅馆亦称旅舍、客舍、逆旅。如李白自蜀至京师,就"舍于逆旅"②。许多唐诗中也提及长安的旅馆,钱起《下第题长安客舍》、刘驾《长安旅舍纾情投先达》、周贺《暮冬长安旅舍》等,白居易的《有感三首》诗云:"第宅非吾庐,逆旅暂留止。"③《河东记》载:大和初,李敏求应进士在"长安旅舍中,因暮夜,愁惋而坐"④。

据《唐两京城坊考》记载,长安外郭城的兴道坊、务本坊、长兴坊、靖安坊、亲仁坊、永崇坊、宣平坊、道政坊、布政坊、崇贤坊、延福坊十一坊中都有旅舍。⑤此外,永兴坊也有旅舍,《玄怪录》记载:"吴全素,苏州人,举孝廉,五上不第,元和十二年……偕入永兴里旅舍"⑥。永宁坊旅馆,《赵郡李氏殇女墓石记》载有:秘书省秘书郎李藩女,贞元十七年(公元801年)十一月二十二日,终于长安永宁里旅舍⑦;丰邑坊旅舍,《范孟容墓志》载:其"'大和辛亥岁(五年)孟秋十八日'……逝于长安丰邑里之旅舍"⑧;开化坊旅舍,《唐监察御史李挺墓志》记载:大历二年(公元767年),"终于长安开化里之客舍"⑨;崇仁坊旅舍,《太平广记》载:陇西李僖伯,元和初,调选赴长安,"早往崇仁里访同选人"⑩,此选人所居崇仁里,当为旅舍,《长安志》就有载:崇仁坊北街当皇城景风门,与尚书省选院最近,因此"选人京城,无第宅者,多停憩此"⑪;昭国坊客舍,《唐范阳卢氏(直)殇女墓志》记其"大和元年三月二十六日,疾热卒于长安招国坊客舍"⑫;安邑坊旅舍,《大唐故通议大夫沂州司马清苑县开国子刘府君(敦行)神道记》:"开元七年,奉讣长安,□以八年春正月

---

① 《长安志》卷一〇《唐京城四》,第337页
② [唐]孟棨:《本事诗》,见《唐五代笔记小说大观》(下),第1246页
③ 《全唐诗》卷四四四,第4977页
④ 《太平广记》卷一五七《李敏求》,第1126页
⑤ 《唐两京城坊考》卷二《西京·外郭城》,第35、40、43、47页;卷三《西京·外郭城》,第62、66、79、84页;卷四《西京·外郭城》,第105、112、113页
⑥ 《玄怪录》卷三《吴全素》,第91—94页
⑦ 《增订唐两京城坊考》(修订版)卷三,第103页
⑧ 陕西省考古研究所:《唐范孟容墓发掘简报》,载《考古与文物》2005年第2期,第15页
⑨ 杨作龙、赵水森等编著:《洛阳新出土墓志释录》,北京图书馆出版社,2004年,第275页
⑩ 《太平广记》卷三四三《李僖伯》,第2722页
⑪ 《长安志》卷八《唐京城二》,第275页
⑫ 《全唐文补遗》(千唐志斋新藏专辑),第343页

旬有二日，遘疫终于安邑坊之旅舍"①；靖恭坊僦舍，《唐澧州刺史崔公墓志》："咸通十五年后四月六日，终于上都靖恭里之僦舍"②；升道坊旅舍，金车美人《与谢翱赠答诗序》记："陈郡谢翱，举进士，寓居长安升道里，庭中多植牡丹"③，据此可知，升道坊内或有旅舍；新昌坊客舍，舒元舆《养狸述》中记：曾见卖狸猫，"因得请归，致新昌里客舍"④；通义坊客舍，《唐皇甫慎墓志》曰："开元十九年三月二日告终于京兆通义坊之客舍"⑤。另外，一些寺观也提供住宿。长安城内佛寺、道观众多，一些寺观住宿对外租赁，住宿服务是属于商业性质的，进京应试的贫穷举子在京多寓居于佛寺。⑥如元和初年，牛僧孺应举，韩愈和皇甫湜就建议他"于客户坊税一庙院"⑦。《唐故乡贡进士范阳卢府君墓志》："大中三年二月六日，遘疾奄终于上都永乐坊开元观之旅舍。"⑧《神仙感遇传》记载：进士王璘，大中时至长安，"入丰邑坊，诣景云观，僦一独院，月租五百文"。⑨贾岛也有《延寿里精舍寓居》⑩，而精舍是道士、僧人修炼居住之所，故可知贾岛所居亦应属寺观所经营的旅舍。

从坊内旅舍的地理空间分布来看，唐代长安城外郭城中的商业旅舍以朱雀门街东居多，有十五坊都有旅舍；而街西仅有通义、布政、崇贤、延福、丰邑五坊中存在旅舍，多集中在西市周边诸坊。其中，距离皇城比较近的有兴道、务本、开化、永兴、崇仁、布政、通义诸坊，离东市比较近的有亲仁、永宁、永崇、昭国、安邑、宣平、道政、靖恭、新昌、升道、永兴、崇仁等街东诸坊。从中我们可以看出，唐代长安城旅舍分布的空间特征：一是东、西两市作为长安城最重要的商业贸易中心，其周边坊里是旅舍分布的集中地区；二是靠近皇城的诸坊内也是旅舍的主要分布区，因为入住旅舍的外地人中，参选的官吏和参加科举的举子比较多，他们都要到尚书省吏部、礼部参加铨选或考试，故多选择在距离皇城较近的地方住宿，久而久之就形成了旅舍集

---

① 《全唐文补遗》第6辑，第35页
② 洛阳市第二文物工作队：《洛阳新获墓志》，文物出版社，1996年，第304页
③ 《全唐诗》卷八六六，第9807页
④ 《全唐文》卷七二七，第7495页
⑤ 《唐代墓志汇编》开元三二四，第1381页
⑥ 梁克敏：《寓居长安佛寺的唐代举子们》，载《文史知识》2014年第2期，第51—58页
⑦ 《唐诗纪事校笺》卷三九《牛僧孺》，第1053页
⑧ 《全唐文补遗》（千唐志斋新藏专辑），第378页
⑨ 《神仙感遇传》卷四《王璘》
⑩ 《全唐诗》卷五七一，第6622页

中在皇城附近的局面；三是唐长安城旅舍分布以延兴门至延平门大街以北、通化门至开远门大街以南这一地带为主，外来人员一般多从东西方向出入都城，因而东西城门是人员出入比较频繁的地区。①当然，这些只是目前能够看到的文献中存在的，并不是隋唐长安城全部的旅舍。

（二）酒店

由于酿酒业和城市经济的发展，隋唐长安城的酒店也有较大发展，酒店开设相当普遍和繁盛，从城市到郊野，"处处有旗亭"②，各种大大小小的酒肆如雨后春笋般出现。

隋唐长安酒类的品种很多，大体上可分为米酒、果酒和配制酒三大类。米酒即为谷物发酵酒，这种酒最常见，产量最多，饮用范围也最广，是长安用酒的主体。果酒主要是葡萄酒，《南部新书》记载："太宗破高昌，收马乳蒲桃种于苑，并得酒法。仍自损益之，造酒绿色，芳香酷烈，味兼醍醐，长安始知其味也。"③配制酒是在发酵原酒的基础上，加入动植物的芳香物料或药材，采用浸泡、掺兑等方法加工而成的酒，唐代长安名酒有屠苏酒、菊花酒、蒲黄酒、松酒、椒酒、桂酒等。④随着酒肆的发展，在隋唐长安及其附近地区形成了几大名酒。唐人李肇《唐国史补》就记载："酒则有……京城之西市腔、虾蟆陵郎官清、阿婆清，又有三勒浆类酒，法出波斯。"⑤虾蟆陵，位于长安常乐坊内，"曲中出美酒，京都称之"⑥。长安近郊的新丰镇也是酒肆林立，多产好酒，时人名之曰新丰酒，也是非常有名的，李白《结客少年场行》写道："买醉入新丰，笑尽一杯酒。"王维《少年行》亦云："新丰美酒斗十千，咸阳游侠多少年。相逢意气为君饮，系马高楼垂柳边。"⑦可见，随着隋唐长安酒肆业的发展，不论是酒的种类，还是酒的品牌都是丰富多样的。

长安酒肆的分布也是非常广泛的，东市、西市等商业繁华区自是酒肆的集中区。东市有很多酒肆。如天宝初，卫庭训累举不第，遂以琴酒为乐，"恒游东市，遇友人饮

---

① 韩香：《唐代长安的旅舍》，见《唐研究》第15卷，第51—73页
② 《全唐诗》卷二三九《江行无题一百首》，第2681页
③ 《南部新书》卷丙，第32页
④ 王慕时：《唐代长安的酒品供应与饮酒氛围》，载《扬州大学烹饪学报》2009年第2期，第4页
⑤ 《唐国史补》卷下，第60页
⑥ 《长安志》卷九《唐京城三》，第308页
⑦ 《全唐诗》卷二四，第324页

于酒肆";①另有穆将符，好饮酒，与"长安东市酒肆姚生"友善，二人常饮酒话道；②西市的酒肆同样不少，贞观时李淳风曾奏："北斗七星当化为人，明日至西市饮酒"，太宗就派人前往察看，发现"有婆罗门僧七人，入自金光门，至西市酒肆"。③随着商业活动的扩张，外郭城诸坊里也形成许多酒肆。沈既济《任氏》记载：韦崟好饮酒，与其从父妹婿郑子偕行于长安陌中，"将会饮于新昌里"；④贞元二年（公元786年），关中地区发生严重旱灾，粮食短缺，禁军骚动不安，恰逢韩滉运米三万斛至陕，唐德宗听到消息后，与太子非常高兴，"命于坊市取酒为乐"；⑤有贾人妻，居大宁坊"夫亡十年，旗亭之内，尚有旧业，朝肆暮家，日赢钱三百"⑥。此外，在长安青门及昭应县都有不少酒肆。岑参《送陈子归陆浑别业》诗云："青门酒垆别，日暮东城鸦"⑦；李频《送人归吴》言："未饮青门酒，先如醉梦身"⑧，指的就是分布在东三门之间的酒肆；《开元天宝遗事》记载：盛唐时期，自昭应县至都门，"官道左右村店之民，当大路市酒"，量钱数多少饮之，故路人号为"歇马杯"。⑨

随着隋唐长安酒肆业的兴盛和发展，其经营方式也日益多样化，与前代相比有了很大的提高。黎虎先生将唐代酒肆的经营方式和特点总结为：第一，多以妇女当垆。陆龟蒙《酒垆》诗中就有："锦里多佳人，当垆自沽酒。"⑩第二，"酒家胡"空前兴盛。随着中外经济交往空前频繁，长安城中大量来自西域的胡人经营酒肆，当时称这些胡人为"酒家胡"，如王绩《过酒家》："有客须教饮，无钱可别沽。来时常道贯，惭愧酒家胡。"⑪第三，夜间经营蓬勃发展。这与唐代后期坊市制的松弛有密切的关系，《太平广记》载：唐有人姓崔，饮酒晚归，犯夜被武侯执缚，五更初犹未解。⑫此人饮酒至五更才回，其饮酒地点当不是在家里，极有可能是在某酒肆，说明此酒肆夜间也照常经

---

① 《太平广记》卷三〇二《卫庭训》，第2395页
② 《太平广记》卷四四《穆将符》，第275页
③ 《太平广记》卷七六《李淳风》，第479页
④ 《太平广记》卷四五二《任氏》，第3692页
⑤ 《资治通鉴》卷二三二，唐德宗贞元二年三月，第7590页
⑥ 《太平广记》卷一九六《贾人妻》，第1471页
⑦ 《全唐诗》卷二〇〇，第2073页
⑧ 《全唐诗》卷五八九，第6835页
⑨ 《开元天宝遗事》卷下《歇马杯》，第46页
⑩ 《全唐诗》卷六二〇，第7141页
⑪ 《全唐诗》卷三七，第484页
⑫ 《太平广记》卷二五四《刘行敢》，第1975页

营。第四，交易方式多样化。隋唐时期长安酒肆出现现钱买卖、以物换酒、质酒、赊贷等多样化的交易方式。第五，酒肆的促销服务方式多样化。各酒肆之间的激烈竞争，使酒家促销服务方式也日益多样化，使用酒旗，以酒妓助兴，允许客人先品尝，甚至不惜出售劣质酒。①

隋唐长安酒肆业在空间上的广泛分布和在酒的种类上的多样化发展，都是长安商业发展的重要表现，也为满足长安市民日益增长的多元化消费需求提供了良好的条件。而且，长安酒肆业的发展，也丰富了唐代长安的文化。如唐代风俗，端午节要饮蒲黄酒，重阳节要饮菊花酒，元日要饮屠苏酒。李白被唐玄宗召入翰林院，"日与饮徒醉于酒肆"，唐玄宗召他，他正醉卧于酒肆。②唐诗的发展也与酒肆业的发展联系密切。李白嗜酒，自称"酒中仙"，杜甫的嗜酒程度也不亚于李白。郭沫若曾说："我曾经就杜甫现存的诗和文一千四百多首作了一个初步的统计，凡说到饮酒上来的共有三百首，为百分之二十一强。作为一个对照，我也把李白现存的诗和文一千五十首作了一个初步的统计，说到饮酒上来的有一百七十首，为百分之十六强。"③酒肆业的发展还改变了唐代长安社会的风气。长安浓烈的饮酒娱乐风气，使以酒为媒介而进行的宴饮聚会更加频繁，席间娱乐活动情趣多变，觥筹交错间文人们把文学艺术溶入酒中，饮酒的境界得到升华，更使得长安保持着高雅的宴饮氛围。

---

① 黎虎：《唐代的酒肆及其经营方式》，载《浙江学刊》1998年第3期，第108页。
② 《旧唐书》卷一九〇下《李白传》，第5053页。
③ 郭沫若：《李白与杜甫》，人民文学出版社，1971年，第306页。

第二节
衣食住行

衣食住行是人们生存的基本要求，是社会生活中重要的一部分。人们衣食住行消费量的多少和足够与否，不仅关系着国家经济政策的制定和调整，更是推动社会经济发展的根本动力；而且衣食住行的生活方式更影响着社会习俗、风气乃至社会秩序的稳定。因而，对城市居民衣食住行的重视，是研究隋唐长安城市发展史不可或缺的组成部分。

一、服饰

（一）男子服饰

隋唐时期，长安的服饰继承了魏晋南北朝以来的发展趋势，并通过法令的形式将其固定下来形成了一定的服制。当时，人们的服饰一般分为冠服和常服两类。冠服也称礼服，是参加正式活动所穿的服装，包括朝服、公服、祭服，律令上所规定的也主要是冠服制度；常服又称便服，是人们日常所穿之衣，一般由幞头、袍衫、靴带组成。隋唐《衣服令》的修订多是针对天子等上层贵族的服饰，普通百姓的服饰多不载于国家法令。

隋文帝即位初，就下诏采用北齐之法，颁定《衣服令》规定：皇帝的服饰有衮冕、通天冠、绛纱袍、武弁、白纱帽、白帢等，皇太子服饰也有衮冕、玄衣、远游三梁冠、绛纱袍、远游冠、金缕鞶囊、白帢等，王公大臣的服饰也各有规定。这一套北朝服饰制度多混杂有魏晋以来的北方胡族因素，且多有不备。当时，皇帝郊丘、宗庙祭祀都只能穿龙衮衣，"大裘冕，皆未能备"。开皇九年（公元589年）平定陈朝后，获得南朝"衣冠法服，始依礼具"，又改用汉魏服饰制度，但是这一服制"皆藏御府，弗服用焉"，并未真正实行。直到大业元年（公元605年），隋炀帝又诏牛弘、宇文恺、虞世基、许善心、袁朗等人参详古制重新制定了服饰制度，"创造衣冠，自天子逮于胥皂，服章皆有等差"①，规定：皇帝服饰有大裘冕以下八等，大裘冕无旒；其他的太子、诸王、百官等服饰都做了设计整理；并将前代所用而实际已不再使用的建华、鹦鹉、鹖冠、委貌、长冠、樊哙、却敌、巧士、术氏、却非等服饰都予以废除，次年正式颁行。（见图7-4）

唐初，冠服制度多用隋制。武德四年（公元621年），唐高祖始颁布《衣服令》。天子服饰有十二种：大裘冕（祭天神地祇之服）、衮冕（诸祭及庙、遣上将、征还、饮至、践阼、加元服、纳后、元日受朝之服）、鷩冕（有事远主之服）、毳冕（祭海岳之服）、绣冕（祭社稷、帝社之服）、玄冕（蜡祭百神、朝日夕月之服）、通天冠（冬至受朝、诸祭

图7-4 《历代帝王图》（局部）
（唐阎立本绘，摹本现藏于美国波士顿博物馆）

还、临轩拜王公、元会、冬会之服）、武弁（讲武、出征、四时蒐狩、大射等之服）、黑介帻（拜陵之服）、白纱帽（视朝听讼、宴见宾客之服）、平巾帻（乘马之服）、白帢（临大臣丧之服）；皇太子、百官据品级差异各有数种不等。此后，太宗、高宗及玄宗时又对服饰制度进行过一些调整，但都只是对武德《衣服令》的一些调整和补充。太宗时又制定翼善冠，朔望视朝时与常服搭配穿；显庆元年（公元656年），长孙无忌与礼官奏请：皇帝十二等服饰中仅保留大裘冕和衮冕，"诸祭并用衮冕"，其他的白帢、玄冕等并停用；开元十一年（公元723年），中书令张说建议废除大裘冕，从此元正朝会服用衮冕和通天冠，大祭祀亦用冠冕，"自余诸服，虽在令文，不复施用"，后来翼善冠也废而不用。②太子服饰，武德《衣服令》规定有衮冕、具服远游三梁冠、公服远

---

① 《隋书》卷一二《礼仪志七》，第262页。
② 《旧唐书》卷四五《舆服志》，第1939—1940页。

游冠、乌纱帽、平巾帻等五种；贞观时又添加弁服、进德冠；永徽以后，只有衮冕、具服、公服而已，其他的都被弃而不用。大臣服饰有衮、鹭、毳、绣、玄冕及爵弁、远游、进贤冠、武弁、獬豸冠等十种。

除冠服以外，隋唐时期人们经常穿着的是常服。它又称宴服，即古代的亵服。由于常服穿着舒适、方便，因此深受人们喜爱。隋开皇年间，帝王贵臣多着黄文绫袍、乌纱帽、九环带、乌皮六合靴；百官、平民皆着黄袍；后来乌纱帽渐废，才"贵贱通服折上巾"。大业元年（公元605年），隋炀帝诏令改定服制，自天子至胥吏，服饰皆有等差，并将常服也正式纳入国家法令规范体系，使其具有的等级性更加明显。然而，由于隋炀帝频繁在外巡幸，随从文武官皆穿戎衣，贵贱异等，杂用五色，五品以上通着紫袍，六品以下兼用绯绿；胥吏以青，庶人以白，屠商以皂，士卒以黄。唐初，沿用隋制，天子常服有黄袍及衫，后来改成赤黄色，并禁止士庶百姓用赤黄色为衣服及杂饰。武德四年（公元621年）下敕："三品已上，大科䌷绫及罗，其色紫，饰用玉。五品已上，小科䌷绫及罗，其色朱，饰用金。六品已上，服丝布，杂小绫，交梭，双䌷，其色黄。六品、七品饰银。八品、九品鍮石。流外及庶人服䌷、绝、布，其色通用黄，饰用铜铁。"①对常服也做了统一的规定，而折上巾、乌皮六合靴则贵贱通用。贞观四年（公元630年），唐太宗重新规定：三品以上服紫，五品以下服绯，六品、七品服绿，八品、九品服以青；"自贞观已后，非元日冬至受朝及大祭祀，皆常服而已"。②唐高宗时，禁止一切流内官着黄袍。上元元年（公元674年），又进一步完善了服色制度，规定：文武三品以上服紫，金玉带；四品服深绯，五品服浅绯，并金带；六品服深绿，七品服浅绿，并银带；八品服深青，九品服浅青，并鍮石带；庶人并铜铁带。白居易《琵琶行》中就有"江州司马青衫湿"③，唐代官员常服的服色都是按其散官品级为准，当时白居易虽身为从五品下的江州司马（职事官），但他的散官将仕郎仅为从九品下，故只能服浅青，故称"青衫"。④光宅元年（公元684年），武则天又对常服进行改革：八品以下并改服碧色；在京文官五品以上、六品以下和七品清官入朝以及州县长官在公廨常服袴褶服。袴褶服是隋唐时期一种比较常见的常服，源于胡服，武德《衣服令》中就有规定，其主要是头戴平巾帻，上身穿紫褶（五品以上）或绯褶（六品以下）加裲裆，下身穿白袴，腰束起梁带，

---

① 《旧唐书》卷四五《舆服志》，第1952页。
② 《旧唐书》卷四五《舆服志》，第1938页。
③ 《全唐诗》卷四三五，第4822页。
④ 黄正建：《唐代衣食住行研究》，首都师范大学出版社，1998年，第57页。

图7-5 唐文官俑（袴褶服）
（1991年河南偃师唐墓出土）

脚穿靴。但是，由于袴褶服既非传统的冠服，又没有常服方便，因而就逐渐被常服取代。唐代宗宝应元年（公元762年），归崇敬以"百官朔望朝服袴褶非古"，奏请停罢。① （见图7-5）

隋唐时期的常服主要是受北朝影响发展而来，主要由幞头、袍衫、靴带组成。幞头，又称折上巾，是"用全幅皂而向后襆发，俗人谓之襆头"②，北周武帝将其裁为四脚，两脚系于头前，两脚垂于脑后，隋代以后这种幞头贵贱通戴。在初期，幞头直接裹在发髻上，外观比较低平；隋末唐初，又出现了一种叫"巾子"的东西（见图7-6），罩在发髻上，外面再裹上绢罗制的幞头，外观上变得直立起来，因而后人多将幞头和巾子统称为幞头。自初唐至盛唐，巾子的样式也多有变化。武周时，武则天赐群臣高头巾子，呼为"武家诸王样"；中宗也赐宰臣以下内样巾子，其样高而踣，为中宗为英王时所戴，故号为"英王踣样"；开元十九年（公元731年），唐玄宗赐供奉及诸司长官"官样圆头巾子"；永泰元年（公元765年），裴冕为左仆射，自创巾，号曰"仆射样"。③而幞头的变化主要是幞头罗的厚薄、幞头脚的软硬和长短的变化。（见图7-7、图7-8）一般而言，地位尊贵者其幞头脚长，平民百姓的脚短。由于每天裹头比较麻烦，因而到晚唐，出现了一种幞头形的木帽子，刷上漆，外面蒙上一层纱，可以随戴随取，非常方便，其幞头脚加上铁丝之类，使其变得硬起来，可以向外平伸。

隋唐时期，男子最常穿的衣服是袍、衫。二者都为圆领，较长过膝，所不同的是衫薄为春夏穿，袍较厚为冬天穿。《朝野佥载》记载：潦州刺史杜景佺在路上碰到一个看相的，告诉他能够入相，得三品，但不能着紫袍，结果"是夏中服紫衫而终"。④这也说明了袍与衫的季节差别。士人在穿着袍衫时，往往在近膝处加有横襕，称为襕衫。在袍衫上加襕始于何人，传统史籍记载有三人：北周宇文护、唐代马周和长孙无忌，黄正

---

① 《旧唐书》卷一四九《归崇敬传》，第4015页。
② 《隋书》卷一二《礼仪志七》，第272页。
③ 《唐会要》卷三一《巾子》，第675页。
④ 《朝野佥载》卷一，第1—2页。

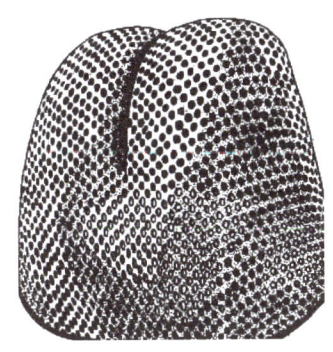  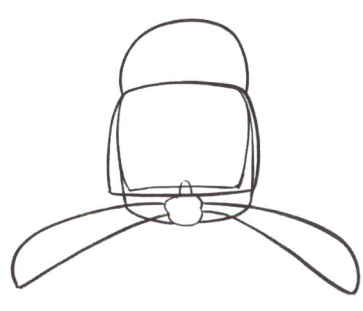

图 7-6 唐代巾子　　图 7-7 唐代软脚幞头　　图 7-8 唐代硬脚幞头

（选自杨志谦、张臣杰、杭关华等编辑：《唐代服饰资料选》，北京市工艺美术研究所，1979年，第81页）

建先生根据考古资料推测北周宇文护最为可信，而马周只不过是将襕衫作为士人专用罢了。[①]另外，隋唐时期，还有一种汗衫，是作为贴身内衣穿的。中宗时，刘幽求曾"著白襕衫，底著短绯白衫"[②]，这里的短绯白衫即是穿在内的汗衫。

隋唐时期，男子的服饰还有靴。隋初，皇帝贵臣多穿乌皮靴。这种靴是用七块皮子拼接在一起，中间有六条缝，故称"六合靴"。唐初，马周改靴之长靿为短靿，并增加靴毡；开元时，裴叔通又以羊皮为之[③]，并允许上朝时穿，因而才有高力士为李白脱靴之事。后来，更是贵贱通穿。贞元中，李程应举不中，遇员外郎杨于陵，杨询问应举情况，李程"探靿中，得赋藁示之"[④]。除六合靴以外，还有吉莫靴、蛮靴等。这些都是上层贵族和富商地主所穿，而一般平民则多穿麻鞋（见图7-9）、藤鞋、草履、木屐等比较容易得到的。

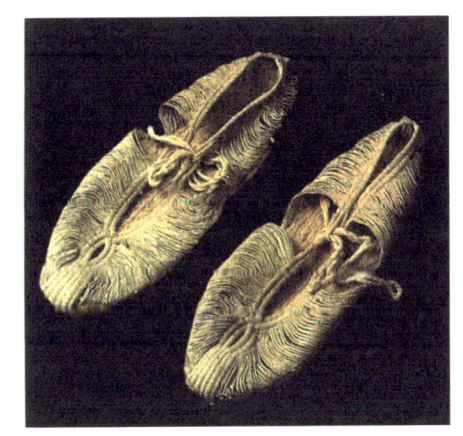

图 7-9 唐代麻鞋
（1968年新疆吐鲁番唐墓出土）

（二）妇女服饰

隋唐时期，虽然在男尊女卑的男权社会中，国家法令对妇女服饰规定比较简单，但

---

① 《唐代衣食住行研究》，第63页。
② 《唐语林校证》卷三《夙慧》，第320页。
③ ［宋］高承撰，［明］李果订：《事物纪原》卷三《靴》，金圆、许沛藻点校，中华书局，1989年，第158页。
④ 《唐摭言校注》卷八《已落重收》，第167页。

妇女服饰仍是整个社会服饰不可忽视的重要组成部分。隋唐时期妇女的服装也有礼服和便服，此外还有各种首饰、面饰等妆饰。

隋唐时期，《衣服令》都对以皇后为主的内外命妇的服饰做出了规定，不同的场合要穿不同的衣服。如隋初就规定：皇后有袆衣（祭及朝会等大事服之）、鞠衣（亲蚕服之）、青衣（以礼见皇帝服之）、朱衣（宴见宾客服之）。皇太后的服饰基本与皇后相同。此外，皇帝嫔妃、皇太子妃，公主，王妃，三师、三公及公侯伯夫人和其母的服饰，根据其夫及子的品阶各有规定。大业元年（公元605年），重订《衣服令》时基本沿用开皇之制而无改。唐初，将隋代妇女的服饰制度进行了简化。皇后的服饰减为袆衣、鞠衣、钿钗礼衣三等，其他的服饰也都有所精简。袆衣，以深青织成，受册、助祭、朝会诸大事则服之；鞠衣，以黄罗织成，参加亲蚕典礼时服之；钿钗礼衣宴见宾客时服之。皇后以下，皇太子妃等与皇后服制相同而降等。武德《衣服令》规定：内外命妇五品以上有青色翟衣，内命妇受册、从蚕、朝会则服之，外命妇出嫁、受册、从蚕、大朝会等亦服之；钿钗礼衣，制与翟衣相同，内命妇寻常参见、外命妇朝参辞见及礼会时穿；宴服则准令各依夫色。自武德定令后，历次修令对妇女服饰的法令改动不大，一直到晚唐也没发生大的变化。

便服是妇女日常所穿之服。就隋唐时期而言，妇女的便服主要有衫（襦）、裙、帔等。衫、襦为短袖上衣，衫一般较薄，而襦则相对较厚。隋及唐初衫、襦比较短小，窄袖，后来变得越来越宽大，甚至有宽达四尺的，以至唐文宗不得不下诏规定：襦袖不得超过一尺五寸。衫、襦一般用布裁剪而成，高档的则以罗织成，上缀金银线，唐诗中就有"薄罗衫子金泥缝"[①]。其颜色常见的有白、青、绯、绿、黄、红等，红色尤多。隋唐时期，妇女的裙子是比较长的，隋炀帝曾作长裙十二破，名仙裙。[②]唐代流行将裙子系在胸上，就显得裙子更长了。唐朝前期的裙子上面有许多褶，有单色裙，也有间色，唐高宗就曾说：武则天"常著七破间裙"[③]。后期带褶的间色裙逐渐被宽大的裙子取代。裙的材料有绸、纱、罗、百鸟羽毛等，颜色以红、黄、绿为主，红裙即石榴裙。据《全唐诗》统计，提及石榴裙的诗有二十首。帔是妇女披在肩背上的长条帛巾，当时称为"帔子""披帛""领巾"，早前由西域传入中原，在盛唐时颇为盛行。《事物纪

---

① 《全唐诗》卷八八九《阳台梦》，第10041页。
② 《事物纪原》卷三《长裙》，第149页。
③ 《全唐文》卷一三《令雍州长史李义元禁僭侈诏》，第161页。

原》记载:"唐制,士庶女子在室搭帔帛,出适披帔子"①。帔子的材料有帛、绫、丝、罗等,颜色以红、绿、黄较多;不同颜色的帔子与各种衣服相搭配,增添了长安城妇女五彩缤纷的服装色彩。(见图7-10)

对爱美的女性而言,各种头饰和脸妆也是必不可少的。隋唐时期颁布的律令中对妇女,特别是皇后、公主等内外命妇的头饰做出了具体的规定。开皇初,《衣服令》中就有:皇后首饰,花十二树;皇太子妃,公主,王妃,三师、三公及公夫人,一品命妇,并九树;侯夫人、二品命妇,并八树;伯夫人、三品命妇,并七树;子夫人、世妇及皇太子昭训、四品以上官命妇,并六树;男夫人、五品命妇,五树;女御及皇太子良娣,三树;自皇后以下,小花如大花之数,并两博鬓。②此后,大业元年(公元605年)服制、武德《衣服令》等也都对妇女首饰做出了明确的规范。

图7-10 初唐上穿衫、下着长裙侍女像(永泰公主墓棺椁内线刻画,选自杨志谦、张臣杰、杭关华等编辑:《唐代服饰资料选》,北京市工艺美术研究所,1979年,第1页)

而现实中存在的头饰当然不止这些,要比这复杂得多,有插梳的,有插金钗、搔头、步摇的。隋炀帝时,宫人多插钿头钗了。唐代诗人王建的《宫词》中就有"玉蝉金雀三层插,翠髻高丛绿鬓虚",施肩吾的《收妆词》说"枉插金钗十二行",③都形容了当时妇女头饰之多,所以大和二年(公元828年),唐文宗就降旨要求:公主"今后每遇对日,不得广插钗梳"④。(见图7-11)除钗梳之外,当时妇女头上还流行插花。插花又称为"头花"。据说,杨贵妃就非常喜欢在头上戴牡丹花。也有在头上插石竹花、栀子花的,即主要以红花和白花为主。(见图7-12)当时,妇女头发的样式,即发髻也是多种多样的。《中华古今注》中就记载:隋唐时期,有凌虚髻、祥云髻、朝云近

---

① 《事物纪原》卷三《帔》,第150页。
② 《隋书》卷一二《礼仪志七》,第260页。
③ 《全唐诗》卷三〇二,第3443页;卷四九四,第5604页。
④ 《旧唐书》卷一七上《文宗本纪上》,第528页。

图7-11　唐代葵形金钗　　　　　图7-12　《簪花仕女图》（局部）

（唐周昉绘，现藏于辽宁省博物馆）

香髻、归秦髻、奉仙髻、归顺髻、朵子、愁来髻、飞髻、百合髻等。①另外，从史籍中的描写来看，唐代还有交心髻、鸾凤髻、抛云髻、慵来髻、倭堕髻等，如唐玄宗曾梦见凌波池内龙女"梳交心髻"拜于床前②，杜甫《即事》有"秋思抛云髻"，温庭筠《南歌子》有"倭堕低梳髻"。③此外，盛唐时期，上层妇女还流行戴假发髻。杨贵妃就曾戴过假发髻，《杨太真外传》记载她"常以假髻为首饰"④。假发髻有用头发做的，也有用木头做的。1972年吐鲁番阿斯塔那184号唐墓出土的假发髻，高13.5厘米，宽6.5厘米，呈棕色，发丝精细匀称，该发髻以麻布为衬里，用棕毛缠绕在麻布上制作成型，后经染色完成。

除头饰以外，隋唐长安城的妇女还注意面部的妆饰，常在面部涂脂抹粉。如在额头涂黄粉，唐诗中就有"半额微黄金缕衣""额黄侵腻发"。⑤画眉自古以来就是女子化妆必不可少的，唐人甚至把它作为女子化妆的代称，朱庆馀诗就称："妆罢低声问夫婿：画眉深浅入时无？"⑥据《清异录》记载，开元时，有开元御爱眉、小山眉、五岳眉、垂珠眉、月棱眉、分梢眉、涵烟眉等数种。⑦受吐蕃影响，唐代长安还一度流行八

① 〔五代〕马缟：《中华古今注》卷中《头髻》，吴企明点校，中华书局，2012年，第101页。
② 《太平广记》卷四二〇《凌波女》，第3421页。
③ 《全唐诗》卷二二五，第2420页；卷八九一，第10060页。
④ 《杨太真外传》卷下，见《开元天宝遗事十种》，第143页。
⑤ 《太平广记》卷二〇〇《李群》，第1500页；《全唐诗》卷八九二《女冠子四首》，第10080页。
⑥ 《云溪友议》卷下《闺妇歌》，第79页。
⑦ 〔宋〕陶穀：《清异录》卷二《装饰》，民国景明宝颜堂秘笈本。

字眉,据说武则天就曾画过八字眉,白居易《时世妆》中就有"双眉画作八字低"①。另外,也有女子在眉间贴花子,把嘴唇涂成红色的"朱唇",《时世妆》中也提到过一种"乌膏注唇唇似泥"的乌唇,即嘴唇涂成黑色,这种时尚也是受吐蕃的影响。还有不施脂粉时妆,这是受到吐蕃的影响,元和年间(公元806—820年)流行"妇人为圆鬟椎髻,不设鬓饰,不施朱粉,惟以乌膏注唇,状似悲啼者"②的时世妆。当然,也有妇女自恃貌美不涂脂粉的。天宝年间,虢国夫人就"不施妆粉,自炫美艳,常素面朝天"③。

(三)服饰风尚

隋唐三百余年,长安服饰在不同时期有不同的风尚。在这些时代风尚中,服饰的奢侈化和胡化趋势贯穿其中,对隋唐服饰制度构成了极大冲击,也对社会发展产生了重要影响。

一方面,隋唐长安服饰经历了一个由朴变奢的发展趋势。隋初和唐初,由于社会经济发展的限制、统治者的大力提倡,长安服饰总体上比较朴素。然而,随着社会经济的恢复和繁荣,长安居民的服饰风尚也逐渐走向奢华。这种变化往往是从统治阶级上层发端,长安作为都城是统治集团成员聚居的地方,各地贵族士人、富商大贾、少数民族上层往往云集于此,他们都拥有较平民更为雄厚的经济能力,他们的服饰消费需求也更高,主导着城市服饰风尚的变化。特别是高宗之后社会财富积累增加,这个阶层人数扩大,特权优厚,他们已不甘于礼制的约束,纵情享乐成为一种社会风气,长安服饰的奢侈化就是这种享乐风气的重要体现。服饰上的奢靡之风主要表现在:服饰面料日益精巧,造价昂贵;面料使用愈发铺张,服装宽大;服装配饰繁多。这种去朴趋艳的社会风尚,在贞观末年就已初见端倪,唐太宗在《定服色诏》中就说:"自末代浇浮,采章讹杂,卿士无高卑之序,兆庶行僭侈之仪,遂使金玉珠玑,靡隔于工贾,锦绣绮縠,下通于皂隶,习俗为常"④。从武则天到中宗、睿宗期间,社会奢靡之风日甚一日。《旧唐书·舆服志》记载:"风俗奢靡,不依格令,绮罗锦绣,随所好尚。上自宫掖,下至匹庶,递相仿效,贵贱无别。"⑤中宗时,安乐公主曾织成一件百鸟毛裙,"正看为一

---

① 《全唐诗》卷四二七,第4705页。
② 《新唐书》卷三四《五行志一》,第879页。
③ 《杨太真外传》卷上,见《开元天宝遗事十种》,第133页。
④ 《全唐文》卷五,第60—61页。
⑤ 《旧唐书》卷四五《舆服志》,第1957页。

色，旁看为一色，日中为一色，影中为一色，百鸟之状，并见裙中"，造价达百万之多，此后"百官之家多效之"。太极元年（公元712年）正月十五夜，唐睿宗在长安安福门外举办灯展，出宫女数千人"衣绮罗，曳锦绣，耀珠翠，施香粉。一花冠，一巾帔，皆至万钱"，装束歌舞妓女，一件衣服有三百贯，又从长安、万年县挑选年少妇女千余人，其衣服、花钗、媚子等服饰也是花费不菲，她们在灯下踏歌狂欢。[1]虽然开元初，唐玄宗曾命宫中拿出奇服，焚于殿廷，禁止士庶服锦绣珠翠等奢华之服；但是社会经济繁荣，人们的生活方式就不可抑制地要冲破朝廷的刻板束缚，开元中叶服饰的奢靡之风就又重新抬头成为潮流，各种服饰又在长安城内争奇斗艳。安史之乱后，唐朝的服饰制度更加松弛，长安居民的奢华之风就一发而不可收。文宗曾对宰相李石说："吾闻禁中有金鸟锦袍二，昔玄宗幸温泉，与杨贵妃衣之，今富人时时有之。"[2]虽然唐朝统治者一再禁止服饰的奢侈，但是这些禁令往往只是对平民士庶等底层劳动人民的限制，其目的就是维护服饰上的等级差别，如唐高宗在《禁僭服色立私社诏》就明确说："采章服饰，本明贵贱。升降有殊，用崇劝奖。如闻在外官人、百姓，有不依令式，遂于袍衫之内，着朱紫青绿等色短小袄子，或于闾野公然露服，贵贱莫辨，有蠹彝伦。自今已后，衣服上下，各依品秩，上得通下，下不得僭上，仍令所司，严加禁断，勿使更然。"[3]这种等级差别对待，使上层贵族官僚的奢侈服饰行为被纵容默许，而上层的"示范"作用，使禁令对服饰奢侈化的约束显得苍白无力。而且长安城居民服饰的变化也是与社会经济发展水平相适应的。社会生产的最终目的就是满足人们日益增长的物质文化需求，随着经济的发展，人们对服饰多样化的样式、高品质的面料的追求是一种必然，这种消费需求的出现在一定程度上反而能促进社会经济的持续发展；而且长安居民服饰的"奢侈"其实也并不是真正的奢华，只不过是统治者出于维护等级秩序的有意限制，这也注定了唐王朝对服饰"禁奢令"作用的有限性。

另一方面，隋唐长安城的服饰受外来文化影响也特别明显，即胡化现象。对于隋唐时期长安的胡化现象，向达先生曾论述道："开元、天宝之际，天下升平，而玄宗以声色犬马为羁縻诸王之策，重以蕃将大盛，异族入居长安者多，于是长安胡化盛极一时，此种胡化大率为西域风之好尚：服饰、饮食、宫室、乐舞、绘画，竞事纷泊；其极社会

---

[1] 《朝野佥载》卷三，第69页。
[2] 《新唐书》卷一三一《李石传》，第4514页。
[3] 《全唐文》卷一三，第159页。

各方面，隐约皆有所化，好之者盖不仅帝王及一二贵戚达官已也。"①当时，长安作为一个国际性大都市，聚集了大量的外国使节和胡商，其国际化程度远过于前朝，这些来自异域之人以自己独特的生活方式影响和吸引着汉族市民，他们又不受唐朝礼法的束缚，服饰没有严密的等级规定，无须严格区分尊卑身份，在等级森严的封建社会内部，至少符合人们心中对贵贱无别的平等理想的追求，因此穿戴胡服成为一时之风。《新唐书》记载：唐太宗长子李承乾就"好突厥言及所服"②，并令东宫仆人仿效穿戴，使之在长安流行一时。随着胡服在长安的盛行，与之相适应的靴也颇受欢迎，《中华古今注》有载："靴者，盖古西胡也"；贞观时，马周改制长靿为短靿，使文武大臣得着入殿省，而且穿靴也便于乘车骑马出行，故"文武百僚咸服之"；贞观三年（公元629年），安西国进绯韦短靿靴，太宗诏内侍省分发给诸司官员穿。③天宝初，长安"贵游士庶好衣胡服，为豹皮帽，妇人则簪步摇，衩衣之制度，衿袖窄小"④。隋唐长安女性服饰胡化明显。唐初，妇人外出多戴羃䍦将全身遮蔽起来以防他人窥视；永徽时，贵族妇女开始戴帷帽，只将脸部遮住，朝廷数次下诏仍禁而不止；武周时，帷帽更加流行，中宗后已经没有人再戴羃䍦了，"宫人从驾，皆胡冒乘马，海内效之"；开元中，士女衣胡服更加普遍了。⑤受西域胡服的影响，长安妇女还流行穿男装，坊市中女子，乃至宫廷内的宫女、贵妇们也喜欢穿男装出行。章怀太子李贤墓中的壁画上就有戴幞头、穿圆领袍的女子（见图7-13），充分印证了这一风尚。开元、天宝之际，长安妇女"或有著丈夫衣服靴衫……太常乐尚胡曲，贵人御馔，尽供胡食，士女皆竞衣胡服"⑥。安史之乱后，随着陇右、西域地区的沦陷，唐朝与西域的官方交往逐渐减少，而与回纥关系则日益加强，使长安城内服饰的胡化也有一个方向的转变，回纥服装开始逐渐在长安地区流行。元稹《法曲》诗云："自从胡骑起烟尘，毛毳腥膻满咸洛。女为胡妇学胡妆，伎进胡音务胡乐。……胡音胡骑与胡妆，五十年来竞纷泊。"花蕊夫人《宫词》中直接说道："回鹘衣装回鹘马，就中偏称小腰身。"⑦唐代服装胡化方向的转变，表明唐代

---

① 《唐代长安与西域文明》，第44页。
② 《新唐书》卷八〇《李承乾传》，第3564页。
③ 《中华古今注》卷上《靴笏》，第93页。
④ 《安禄山事迹》卷下，第107页。
⑤ 《新唐书》卷二四《车服志》，第531页。
⑥ 《旧唐书》卷四五《舆服志》，第1957—1958页。
⑦ 《全唐诗》卷四一九，第4617页；卷七九八，第8978页。

社会在吸收外族文化时,虽然是从异族文化中汲取异质,但却以民族的、社会的效果作为检验服装的基础,并深深植根于汉民族文化传统之中。①

一个时代服装的变迁,是与其社会文化的发展紧密相连的。隋唐长安服饰的奢侈化和胡化趋势,不仅使长安城市居民的生活变得丰富多彩,满足了城市居民不断增长的服饰消费需求,而且突破贵贱界限,冲破封建朝廷对城市的束缚,展现出隋唐城市社会开放包容的姿态和长安市民的精神气质。

二、饮食

隋唐长安饮食的发展,首先与关中地区农业的发展密切相关。当时关中地区的粮食种植仍以粟、麦、黍为主,稻米较少,这就决定了长安大多数普通人的饮食结构也以粟、麦为主。开成元年(公元836年),户部度支《请贵籴便农奏》中所讲:朝廷每年

图 7-13 捧盆景仕女图

(选自《中国墓室壁画全集》编辑委员会编:《中国墓室壁画全集·隋唐五代》,河北教育出版社,2011年,第73页)

供给京城诸司官员以及附近诸镇兵士军粮"计粟麦一百六十余万石"②,韩愈《元和圣德诗》也说:"天锡皇帝,多麦与黍"③。普通百姓食用的多是比较粗糙的脱粟米,沈既济《枕中记》即写有:卢生借枕入梦之时,旅邸主人"方蒸黍",等他在梦中度过一生醒来时,"主人蒸黍未熟"④,这里的"黍",就是俗说的黄黏米,又称"黄粱"。杜甫《赠卫八处士》诗也有"夜雨剪春韭,新炊间黄粱"⑤之语,"间黄粱"就是将稻

---

① 葛承雍:《唐代服装与长安气象》,载《文博》1988年第4期,第52页。
② 《全唐文》卷九六七,第10039页。
③ 《全唐诗》卷三三六,第3760页。
④ 《文苑英华》卷八三三《枕中记》,第4395—4396页。
⑤ 《全唐诗》卷二一六,第2257页。

米与黍米同煮，即今所谓"二米饭"，这些便是一般百姓比较粗简的主食。稻米关中生产较少，多是从江南漕运而来，因而主要供上层贵族以及官僚阶层人员食用，《唐六典》就记有："凡在京诸司官人及诸色人应给仓食者，皆给贮米，本司据见在供养。九品以上给白米。"①另外，隋唐时期，烹调技术也有了进一步发展，人们对不同燃料、火候与烹饪的关系有了更深的了解。隋代王劭就曾说："温酒及炙肉用石炭、柴火、竹火、草火、麻荄火，气味各不同。"②贞元中，有一将军家出饭食，说"无物不堪吃，唯在火候，善均五味"③。随着对外经济交流的频繁，烹调食材佐料也越来越丰富，增加了从国外引进的蔗糖以及胡椒等调料，其中胡椒深受长安贵族喜欢。大历十二年（公元777年），宰相元载被诛后，从其家里就抄没"胡椒至八百石"④。隋唐时期，关中农业的发展、烹饪技术的进步都为长安社会的饮食发展奠定了坚实的基础。

宴会是长安社会饮食消费的重要形式，也最能反映社会饮食文化的水平。隋唐时期，宴会的类型众多。当时，社会上的宴会大致可分为皇帝赐宴、官员会食、私人宴饮等三类。唐代皇帝大酺多达六十二次⑤，是中国古代有记载最多的，其他的宴会就更加频繁了。如每年新进士都要在曲江举行的"烧尾宴"，《封氏闻见记》记载："士子初登荣进及迁除，朋僚慰贺，必盛置酒馔音乐以展欢宴，谓之'烧尾'。"⑥官员升职也要宴请同僚朋友，陶穀《清异录》中记载有韦巨源在拜尚书左仆射后，举行宴会时留下的一份不完全的食单，使人们得以窥见这次盛宴的概貌。食单中的饭食、点心多达五十余种，主要有：单笼金乳酥（蒸制酥点）、曼陀样夹饼（炉烤饼）、巨胜奴（酥蜜徹子）、贵妃红（加味红酥）、婆罗门轻高面（笼蒸面）、御黄王母饭（多味盖浇饭）、七返膏（七卷四花糕点）、金铃炙（酥油饼）、生进鸭花汤饼（鸭杂臊子面）、光明虾炙（生虾则可用）、通花软牛肠（胎用羊膏髓）、生进二十四气馄饨（二十四种花形、馅料的馄饨）、见风消（油炸饼）、火焰盏口馇（花色点心）、唐安餤（斗花糕饼）、玉露团（雕酥）、水晶龙凤糕（枣馅蒸糕）、双拌方破饼（花角饼）、汉宫棋（煮印花圆面片）、长生粥（黑米粥）、天花饆饠（花式燕饼）、赐绯含香粽子（蜜淋粽子）、甜雪（蜜饯面）、八方寒食饼（木模制饼）、素蒸音声部（面蒸，像蓬莱仙人，上刻

---

① 《唐六典》卷三《仓部郎中》，第84页
② 《隋书》卷六九《王劭传》，第1602页
③ 《酉阳杂俎·前集》卷七《酒食》，第72页
④ 《资治通鉴》卷二二五，唐代宗大历十二年春三月条，第7242页
⑤ 陈雯：《论唐代大酺中的社会动员意义》，见《唐史论丛》第11辑，第141页
⑥ 《封氏闻见记校注》卷五《烧尾》，第42页

字）、同心生结脯（先结后风干）、金银夹花平截（剔蟹细碎卷）、冷蟾儿羹（冷蛤蜊）、白龙臛（治鳜肉）、金粟平䭔（鱼子）、凤凰胎（杂治鱼白）、羊皮花丝（长及尺）、逡巡酱（鱼羊体）、乳酿鱼（完进）、丁子香淋脍（醋别）、葱醋鸡（入笼）、吴兴连带鲊（不发缸）、西江料（蒸甗肩屑）、红羊枝杖（蹄上裁一羊得四事）、升平炙（治羊鹿舌拌三百数）、八仙盘（剔鹅作八副）、雪婴儿（治蛙豆荚贴）、仙人脔（乳沦鸡）、小天酥（鹿鸡糁拌）、分装蒸腊熊（存白）、卯羹（纯兔）、清凉臛碎（封狸肉夹脂）、箸头春（炙活鹑子）、暖寒花酿驴蒸（耿烂）、水炼犊（炙尽火力）、五生盘（羊兔牛熊鹿并细治）、格食（羊肉肠脏缠豆荚各别）、过门香（薄治群物入沸油烹）、缠花云梦肉（卷镇）、红罗钉（䏑血）、遍地锦装鳖（羊脂鸭卵脂副）、蕃体间缕宝相肝（盘七升）、汤浴绣丸（肉糜治隐卵花）。① 由此可见，唐代长安贵族宴会饮食之丰富，长安城内的大大小小的餐饮店铺大部分是为他们服务的。《唐国史补》也记载：长安"自贞元侈于游宴，其后……或侈于服食，各有所蔽"②。唐德宗时，吴凑为京兆尹，急令赴任，凑当即邀请诸客至其府上，客人到时宴席已经摆好，有客人好奇地问如何如此迅速，家人回答道："两市日有礼席，举铛釜而取之，故三五百人之馔，常可立办也。"③ 由此可见，隋唐长安餐饮业之发达。

另外，作为一座国际化大都市，长安的来自国内外的食物也是丰富多彩的。下面介绍几种唐代长安比较流行的美食。

其一，胡饼。胡饼是在隋唐长安常见的一种外来食物。日僧圆仁开成六年（公元841年，开成无六年，应为会昌元年）在长安，立春节"赐胡饼、寺粥。时行胡饼，俗家皆然"④。当时，在长安富豪之家，流行一种被称为"古楼子"的胡饼，"起羊肉一斤，层布于巨胡饼，隔中以椒豉，润以酥，入炉迫之，候肉半熟食之"⑤。长安制作胡饼的铺舍也相当多，不仅在东、西二市，而且不少坊的曲巷口都有规模不等的胡饼摊，沈既济《任氏传》就写到任氏所居之坊，里门旁有胡人卖饼之舍，清晨即已张灯起炉准备营业，这显然是制作胡饼的。当时，长安辅兴坊的胡饼是最负盛名的，因此白居易才有《寄胡饼与杨万州》诗："胡麻饼样学京都，面脆油香新出炉。寄与饥馋杨大使，尝

---

① 《清异录》卷四《馔羞门》，第356—357页。
② 《唐国史补》卷下，第60—61页。
③ 《唐国史补》卷中，第35页。
④ 《入唐求法巡礼行记》卷三，第146页。
⑤ 《唐语林校证》卷六，第556页。

看得似辅兴无？"从诗中不但可以领略胡麻饼的香脆，而且可以看出，当时长安胡饼颇有名气，为京城人所喜爱。1969年，考古工作者在吐鲁番阿斯塔那唐墓中发现了一个直径19.5厘米的胡饼，呈圆形，出土时碎为十二块，土黄色，已经脱水干化，其原料为小麦粉。

其二，汤饼，即今天的面条。汤饼在唐代是一种相当普及的大众食品，朝廷与贵族官僚也经常食用。《唐六典》就记载：光禄寺太官署的职责之一就是"冬月则加造汤饼及黍臛，夏月加冷淘粉粥"①，这里指出冬月要给长安的官员供应汤饼，提到的另一种面食冷淘，是一种夏季吃的冷面，用小麦面粉制作，唐代时以槐芽槐叶挤汁和面，然后切成粉条状，以沸汤煮之，捞出拌入佐料冷食之，是唐代长安夏季的应时美食。杜甫《槐叶冷淘》诗有生动的描写："青青高槐叶，采掇付中厨。新面来近市，汁滓宛相俱。入鼎资过熟，加餐愁欲无。碧鲜俱照箸，香饭兼苞芦。经齿冷于雪，劝人投此珠。"②

其三，饆饠。"饆饠"一词来自波斯，早在南北朝时"饆饠"就已传入中国。《玉篇》中记载："饆饠，饼属。用面为之，中有馅。"③它是一种带馅的面点。根据出土的实物，可知其形状颇粗大。到了唐代，饆饠更是风靡长安城，当时长兴坊就有胡人开的饆饠店④；《卢氏杂说》也记载："翰林学士每遇赐食，有物若毕罗，形粗大，滋味香美"⑤。据史料，唐代长安有樱桃饆饠、天花饆饠等不同种类。《酉阳杂俎》记载：韩约能做樱桃饆饠，能长期保持不变色。⑥饆饠还是军队宴饮时必备的主食，《太白阴经》说："饆饠，一人一枚，一万二千五百枚。一斗面作八十个，面一十五石六斗二升五合。"⑦由此可见，饆饠在唐代长安城流行，已成为人们日常主要的食物。

其四，蒸饼。蒸饼，也是隋唐长安一种常见的面食，类似今天的馒头，其形大概上圆下平，《酉阳杂俎》记载：明经范璋家厨中"地上危累蒸饼五枚"⑧。长安城中也有沿街卖蒸饼的。长安人邹骆驼"常以小车推蒸饼卖之"⑨；张衡上朝途中"路旁见蒸饼

---

① 《唐六典》卷一五《光禄寺》，第446页。
② 《全唐诗》卷二二一，第2342页。
③ [明]张自烈：《正字通·戌集下·食部》，清康熙二十四年清畏堂刻本。
④ 《酉阳杂俎·续集》卷一《支诺皋上》，第203页。
⑤ 《太平广记》卷二三四《御厨》，第1792页。
⑥ 《酉阳杂俎·前集》卷七《酒食》，第71页。
⑦ [唐]李筌撰，刘先廷译注：《太白阴经译注》卷五《宴设音乐》，军事科学出版社，1996年，第211页。
⑧ 《酉阳杂俎·续集》卷二《支诺皋中》，第213页。
⑨ 《朝野佥载》卷五，第119页。

新熟，遂市其一，马上食之"①。蒸饼也是皇帝赐食臣下的常见食物，白居易《社日谢赐酒饼状》中就记载"今日蒙恩，赐臣等酒及蒸饼、环饼等"②。由此可见，蒸饼在唐代长安也是非常受人们欢迎和喜爱的。

其五，饆子。又称饆饼、饆头，也是一种面食，但它与蒸饼不同。敦煌文书P4693《付面造饼等物册》中提到"饆子头索员昌、氾定兴、阴章祐，付面一斗八升油一升半粟一斗"③。可见，它的制作原料不仅需要面，还需要油等。《太平广记》中就记载：某新除尚食局令，本是尚食局造饆子手，为感谢冯给事，愿意上门为其做饆子，冯给事问需要准备何物，回答曰："要大台盘一只，木楔子三五十枚，及油铛、炭火、好麻油一二斗、南枣烂面少许"，冯给事素来讲究饮食，便令家人准备炊具。次日，造饆子手到后，先换四面察看台盘，有不平处以一楔填之，然后"取油铛、烂面等调停，袜肚中取出银盒一枚，银篦子、银笊篱各一，候油煎熟，于盒中取饆子馅，以手于烂面中团之，五指间各有面透出，以篦子刮却，便置饆子于铛中。候熟，以笊篱漉出，以新汲水中良久，却投油铛中，三五沸取出，抛台盘上，旋转不定，以太圆故也"。这样的油炸饆子味脆美，不可名状。④长安城中还有专门售卖饆子的店铺。贞观宰臣马周初到长安，就住在一"卖饆媪肆数日"，并得到其帮助，后来马周娶这个卖饆姑娘为妻。⑤饆子的美味吸引了不少官僚士人购买品尝，颜真卿有诗描写与李崿、李昼、张荐等人在食店吃饆子的情形："拈饆舐指不知休，欲炙侍立涎交流。过屠大嚼肯知羞，食店门外强淹留"⑥，对饆子的喜爱之情跃然纸上。甚至连出家的僧人也贪吃油炸饆子，"贪他油煮饆，爱若波罗蜜"⑦。由此可见，饆子是一种十分鲜美的油炸食物，深受长安各阶层的喜欢。

实际上，隋唐长安城中的美食远不止这些，史籍中出现的还有煎饼、环饼、薄饼、烧饼、米饼、二仪饼、鸣牙饼等饼类，以及有黄米饭（粟米）、稻米饭、麦饭（荞麦、大麦）、雕胡饭等饭类。粥也名目众多。德宗时，翰林学士每年寒食节皇帝赐物有酒

---

① 《朝野佥载》卷四，第94页。
② 《全唐文》卷六六八，第6794页。
③ 《唐代衣食住行研究》，第7页。
④ 《太平广记》卷二三四《尚食令》，第1795页。
⑤ 《太平广记》卷二二四《卖饆媪》，第1719页。
⑥ 《全唐诗》卷七八八《七言嚵语联句》，第8886页。
⑦ 张锡厚校辑：《王梵志诗校辑》卷六《粗行出家儿》，中华书局，1983年，第190页。

饧、杏酪等①；《云仙杂记》就记载："白居易在翰林，赐防风粥一瓯"②。其他还有云母粥、胡麻粥、地黄粥、茶粥、葱粥、粉粥等。隋唐长安中的肉食消费种类也是非常多的，有羊、猪、牛、鱼等，其食用方法以蒸、煮、烙、烧、煎、炸、烤为主，肴馔可分为炙品、鲙品、脯鲊品等品种。当时的"衣冠家名食"中就有"驼峰炙"③；前面提到的韦巨源食谱中就有"升平炙"；咸通九年（公元868年），同昌公主出嫁，唐懿宗赏赐食，"其馔有灵消炙、红虬脯"④；隋开皇中，杨伯丑在京师开肆卖卜，有人丢失马，请其卜卦，他说："可于西市东壁南第三店，为我买鱼作鲙。"⑤食用的蔬菜有萝卜、荠菜等。杜甫《病后遇王倚饮赠歌》中就有"长安冬菹酸且绿，金城土酥净如练"⑥，"土酥"即指萝卜；上元年间，高力士被流放途中，到巫州见其地多荠菜不食，感叹说"两京作斤卖，五溪无人采"⑦。隋唐长安居民的饮食，除上面所述的各种食物之外，还有许多酒、茶等饮料。从唐代开始，长安等北方地区开始流行喝茶，《封氏闻见记》中记载：茶叶产自南方，"南人好饮之，北人初不多饮"，开元时期，北方地区开始逐渐盛行饮茶，当时"人自怀挟，到处煮饮，从此转相仿效，遂成风俗。自邹、齐、沧、棣，渐至京邑，城市多开店铺煎茶卖之，不问道俗，投钱取饮"⑧由此开始，长安城逐渐形成饮茶的风俗。

隋唐长安居民的主食、副食花样之多不胜枚举，许多食品都湮没在历史之中，我们今天能从史籍中了解到的只是一小部分，但这些已足以使我们领略到长安饮食文化之丰富。

三、宅第

在隋大兴城、唐长安城中，各种居住空间占据了整个城市的大部分。其中西内太极宫、东内大明宫和南内兴庆宫是皇帝、嫔妃以及宫女、太监等特殊人群居住的主要场所，这一部分在前文已有论述，兹不赘述。而各级官员、贵族以及平民居住的宅第则主要分布在外郭城的坊里之间和城郊附近地区。而城内宅第的具体位置，在第五章中已有

---

① 《翰林志》。
② 《云仙杂记》卷五《防风粥》。
③ 《酉阳杂俎·前集》卷七《酒食》，第71页。
④ 《杜阳杂编》卷下，第151页。
⑤ 《太平广记》卷一八《杨伯丑》，第126页。
⑥ 《全唐诗》卷二一七，第2280页。
⑦ 《旧唐书》卷一八四《高力士传》，第4759页。
⑧ 《封氏闻见记校注》卷六《饮茶》，第51页。

考证,在这里主要讨论城内宅第的分布、规模、结构和城郊别墅等问题。

(一)城中宅第

在各种史籍中关于隋大兴城各种住宅空间分布情况的记载极为有限,但我们仍可以从《两京新记》《长安志》《唐两京城坊考》等资料中收集到一些零散记载,而且陆续出土的大量隋唐墓志,也为我们提供了一些有关大兴城住宅空间分布的信息。对于这些信息,一些学者已做过统计整理。日本学者妹尾达彦在《唐长安城的官人居住地》中收录大兴城官员贵族住宅六十一所,其中朱雀门街东有十六所,其余则全部集中于街西,街西为街东近3倍之多。[1]辛德勇也在《隋大兴城坊考稿》《〈冥报记〉报应故事中的隋唐西京影像》[2]两篇文章中,对大兴城官员贵族住宅空间分布问题进行过一些探讨,在前者中收录官员贵族住宅三十六所,其中街东十二所,街西二十四所,后者中收录五十一所,其中街东十三所,街西三十八所,通过对两文的整理,去其重复,结果在数量上与妹尾达彦完全一致,亦共计六十一所。因妹尾达彦在文中没有公开其所收录住宅的具体情况,很难断定两者收录是否完全一致,但两人所收录住宅的空间分布完全一致,都是街东十六所,街西四十五所,街西为街东近3倍之多。由此我们可以发现,隋大兴城官员贵族住宅空间分布,存在明显的"西密东疏"的特点。[3]进入唐代以后,这种城市住宅分布的格局逐渐发生了逆转。作为一座政治性为主导的城市,其城市空间功能受政治性因素变化的影响是非常大的。随着唐代长安城市建设的发展,特别是大明宫和兴庆宫的兴建,整个城市的政治中心逐渐向东转移,由此也引起了城内住宅空间分布格局的变化。根据相关的统计和研究,唐长安城内共有官僚贵族、文人学士的宅地五百一十四处,其中三百八十七处坐落在朱雀门街以东各坊,开化、安仁、光福、务本、崇义、长兴、永乐、靖安、来庭、崇仁、平康、宣阳、亲仁、永宁、永崇、昭国、大宁、安兴、胜业、安邑、宣平、升平、修行、兴宁、永嘉、道政、常乐、靖恭、新昌、敦化等三十坊,每坊都有超过五处达官贵人和文人学士宅第,共三百六十二处宅地,约占东部宅地总数的94%;而朱雀门街以西各坊只有一百二十七处,只有太平、通义、兴化、颁政、布政、光德、崇贤、延福、怀德九坊内的达官贵人和文人学士宅第超

---

[1] 〔日〕妹尾达彦:《唐长安城的官人居住地》,载《东洋史研究》1996年第55卷第2号。
[2] 辛德勇:《隋大兴城坊考稿》,载《燕京学报》2009年第2期,第1—42页;辛德勇:《〈冥报记〉报应故事中的隋唐西京影像》,载《清华大学学报》(哲学社会科学版)2007年第3期,第29—41页。
[3] 刘兴成:《隋大兴城官员贵族住宅"西密东疏"空间分布格局》,见《唐史论丛》第21辑,第83—95页。

过五处，共有宅地五十八处，整个街西官员贵族宅第分布相对稀少。①由此可以看出，若以朱雀门街为界，与隋代的"西密东疏"相反，唐代长安城中的官员贵族宅第分布为东多西少，街东诸坊相对集中，是街西的近3倍。与官员贵族集中居住在街东相对，街西主要居住的是平民百姓、外国商人等，其中中亚诸国上层人物也多居住在街西诸坊，除通化坊在长安朱雀门街西从北第二坊外，其他如普宁、义宁、居德、群贤、崇化、金城、醴泉、怀远、延寿、崇贤、光德等胡人宅第所在坊第，均位于长安城西北隅，呈环绕分布于西市周围。这说明唐代长安城西北隅应是一个包括商胡和不少中亚上层贵族在内的胡人聚居区。②这种分布格局在一些文献中也有所反映。如9世纪中期曾到长安的阿拉伯商人伊本·瓦哈卜在《中国印度见闻录》中就讲：长安城"人口众多，一条宽阔的长街把全城分成了两半。皇帝、宰相、禁军、最高判官、宫廷宦官以及皇家总管、奴婢，都住在这条大街右边的东区。在这里，既没有任何百姓同他们杂居，也没有任何市场。在这个区域，沿街开凿了小河，淌着潺潺流水；路旁，葱茏的树木整然有序，一幢幢邸宅鳞次栉比。在大街左边的西区，住着庶民和商人；这里有货栈和商店"③。若以南北来看，唐代长安城中的官员贵族宅第主要分布在长安城中北部，特别是通化门和开远门横街与兰陵坊北部横街之间诸坊，而城南诸坊人居稀少。《长安志》记载：朱雀门南第六横街以南，"率无居人第宅"，兴善寺以南四坊，"东西尽郭，虽时有居者，烟火不接"，甚至出现农业耕垦种植。④这种北多南少的分布特点，是由唐代长安城的政治、地形以及交通等多种因素造成的。城北诸坊靠近宫城、大明宫等政治中心，"便于朝谒"，因而百官宅第，多布列坊中，"栋宇悉皆连接"。⑤而且城北也是唐长安城的交通要道所在。在长安城的几条主要对外道路中，东西向的渭水道作用最为重要，它东出函谷关，黄河中下游和长江流域经济发达地区的漕粮和其他商品主要是通过它来运抵长安；西出关陇，通过丝绸之路与西域及欧亚各国进行联系，这条道路到达长安，因城北为禁苑，普通百姓是不能通过的，因此只能穿过长安城，城东面北第一门通化门和西面北第一门开远门是这条道路入城的主要通道，但由于宫城和皇城之间的横街不允许随便通行，故一般商旅行人抵达延喜门和延福门后就只好向南拐，绕道朱雀门前之横街，

---

① 王社教：《隋唐长安城的选址及其内部结构的形成与原因》，见《中国古都研究》第13辑，第241页
② 韩香：《唐代长安中亚人的聚居及汉化》，载《民族研究》2000年第3期，第65页
③ 《中国印度见闻录》，第107页
④ 《长安志》卷七《唐京城》，第260页
⑤ 《唐会要》卷一九《百官家庙》，第454页

久而久之，有的商旅就干脆由长安城东面的春明门和西面的金光门出入，直接走朱雀门前的横街了。因此，通化门和开远门横街与春明门和金光门横街之间的地区成为唐长安城交通中轴所在，它正偏于长安城的北部。辅兴坊东当皇城安福门，坊南街则可西出开远门，因此"车马往来，实为繁会"①。而位于朱雀门街以东第五列从北第三坊的永嘉坊，更是兼具政治、交通及地势三种优势，既紧邻兴庆宫，并靠近大明宫，又位于长安城东最北通化门内，交通便利，而且其地势也比较好，隋末就有方士称此坊"贵气特盛"，因此"自武德、贞观之后，公卿王主居之多于众坊"，②成为官员贵族聚居的地方。

隋唐长安城中住宅的规模，主要是指住宅面积的大小。然而文献对此的记载极为匮乏，住宅能够记于文献或镌刻于碑文，多是各级官吏和皇亲贵族之家，对普通百姓宅第的记载非常少，这就导致可利用的数据比较少，且具有很大的局限性，这就给研究带来了不小的困难。隋唐长安城中的住宅规模与居住者的身份地位有密切关系。一般官员贵族的住宅面积广大，具有相当的规模。如保宁坊的睿宗在藩宅邸就尽一坊之地，据考古实测此坊东西514米，南北477米，面积约245平方千米，可见其宅面积之大；而且睿宗藩邸不止一处，另一处在长乐坊，也是以半坊为住宅，面积高达228平方千米；亲仁坊的郭子仪宅占有四分之一坊，面积也达114平方千米。③而一般百姓住宅面积根本无法与此相比，如隋代颁政坊田通之宅"孑然唯有环堵之室……柴门瓮牖，上穿下漏"④。元和时，长安永平坊有一小宅"有堂屋三间，甚庳，东西厢共五间，地约三亩"⑤。这些都表明隋唐长安城中，与贵族官员的豪宅相比，一般平民的住宅是比较狭陋的。而且平民宅第还面临着随时被权贵之家兼并的危险。中宗之女成安公主就曾"夺民园，不酬直"⑥，而唐睿宗为金仙公主和玉真公主建道观的过程中"逼夺民居甚多"⑦。

关于隋唐长安城中住宅的结构，传世文献记载很少。目前对唐代长安城内官员宅邸的考古发掘，由于受现实条件的限制而无法进行。根据一些文献的零星记载和绘画等资料，可大致推测当时官员贵族的宅第大门有些采用乌头门形式，宅内主要房屋之间用具

---

① 《两京新记辑校》卷三，第30页
② 《长安志》卷九《唐京城三》，第305页
③ 曹尔琴：《唐代长安住宅的规模》，见《中国古都研究》第13辑，第222—225页
④ 《长安志》卷一〇《唐京城四》，第328—329页
⑤ 《太平广记》卷三四四《寇鄘》，第2725页
⑥ 《新唐书》卷一二九《李朝隐传》，第4480页
⑦ 《资治通鉴》卷二一〇，唐睿宗景云二年五月，第6783页

有直棂窗的回廊连接，形成三合院或四合院结构，多数具有明显的中轴线和左右对称的平面布局；而且这一时期的贵族官僚宅第还继承了南北朝传统，在住宅后部或宅旁掘池造山，建造山池院或宅内园林。《长安志》中就记载：延福坊琼山县主宅，"宅内有山池院，溪磴自然，林木葱郁，京城称之"。①天宝年间，御史大夫王铁的宅第中就有自雨亭子，檐上水流四注，夏天处于中间，凉风嗖嗖，有若凉秋。②这些贵族、富商的宅第不仅面积大，而且极为奢华。杨贵妃姊妹韩国夫人、秦国夫人、虢国夫人与杨铦、杨锜五家，"竞开第舍，极其壮丽，一堂之费，动逾千万"；③长安富商王元宝"宅中置一礼贤堂，以沉香为轩槛，以碱砆甃地面，以锦文石为柱础"，又用铜线穿钱铺在后园花径上，以防雨天地滑。④此外，晚唐时期的甘肃敦煌莫高窟85号窟壁画法华经变中就描绘了一座以廊庑围合、前后两院的唐代宅邸，前院横长，后院方阔，中间一座两层的楼阁，在前廊与中廊的正中设有大门和中门，在宅院的外侧还建有马厩，⑤在一定程度上反映了当时住宅建筑的布局情况。（见图7-14）而1959年，在西安西郊中堡村发现一座唐墓，也出土了一些建筑模型，其中假山1件，八角亭1件，四角攒尖亭1件，房子共8座，均为悬山式，通檐用二柱7座，用四柱1座，有栏额，有直棂窗、门槛框。⑥（见图7-15）这些都使我们能对唐代长安住宅有比较直观的认识。

（二）城外别业

隋唐长安的贵族以及富商大贾除在城内建有豪宅外，多在城郊也拥有别业。据李浩先生在《唐代园林别业考论》⑦中对关内道京兆府园林别业的整理，除去位于城中的以及重叠之处，唐代长城郊区共计有九十二处别业、庄园、山亭，其中：南郊有四十九处，占总数的53.26%；东郊二十四处，占总数的26.08%；西郊有六处，占总数的6.53%；北郊五处，占总数的5.43%。另有八处不知具体方位。这说明了南郊地区是唐代长安官员贵族别业园林的集中分布区。这主要是由于城北存在皇家禁苑，而皇家园林是禁止一般人随便进入的；城东、城西地处交通要道，人流、车辆往来频繁，比较嘈杂，不适宜建造园林别业；只有南郊南望终南，"土地宽敞，往往有山有水有坡有天然的林

---

① 《长安志》卷一〇《唐京城四》，第333页。
② 《唐语林校证》卷五《补遗》，第498页。
③ 《资治通鉴》卷二一六，唐玄宗天宝七载十一月，第7011页。
④ 《开元天宝遗事》卷下《富窟》，第37页。
⑤ 刘敦桢主编：《中国古代建筑史》，中国建筑工业出版社，1980年，第114—117页。
⑥ 陕西省文物管理委员会：《西安西郊中堡村唐墓清理简报》，载《考古》1960年第3期，第38页。
⑦ 李浩：《唐代园林别业考论》（修订版），西北大学出版社，1996年，第151—200页。

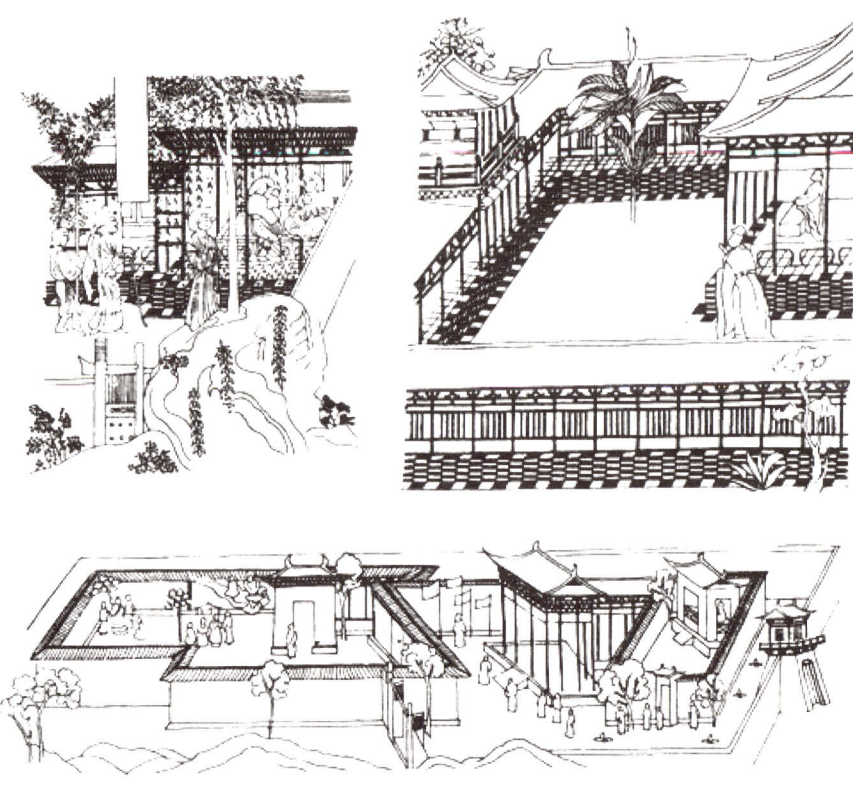

图 7-14 敦煌莫高窟壁画中的唐代宅第结构图

（选自刘敦桢主编：《中国古代建筑史》，中国建筑工业出版社，1984年第2版，第126页）

图 7-15 唐三彩庭院模型

（选自何岁利：《唐长安城考古笔记》，陕西师范大学出版社，2018年，第74页）

木，地形富有变化，便于造园时因其所宜，比起城市来，郊外人烟稀少，空气清新，令人舒畅"①。城南杜城附近的韦司马别业"杜城南曲，斯近郊之美者也，背原面川，前崎太一；清渠修竹，左并宜春；山霭下连，溪气中绝，此皆韦公之有也"②。杜佑别墅亦在城南杜曲朱陂一带，"路无崎岖，地复密迩。开池水，积川流，其草树蒙茏，冈阜拥抱，在形胜信美，而跻攀莫由。……终南之峻岭，青翠可掬；樊川之清流，逶迤如带"③。南郊终南山下辋谷口有王维的辋川别业，亦称终南别业。《旧唐书·王维传》记载："（王维）得宋之问蓝田别墅，在辋口，辋水周于舍下，别涨竹洲花坞，与道友裴迪浮舟往来，弹琴赋诗，啸咏终日，尝聚其田园所为诗，号《辋川集》。"④这里山环水绕，建筑朴素，景色幽邃自然，是王维晚年栖身隐逸之所。沣水边有苏氏别业，祖咏《苏氏别业》诗曰："别业居幽处，到来生隐心。南山当户牖，沣水映园林。屋覆经冬雪，庭昏未夕阴。寥寥人境外，闲坐听春禽。"⑤从这些我们可以看出，长安城南郊环境优雅，非常符合士大夫在紧张的城市生活中对清静恬适环境的追求。

纵观隋唐三百余年，从长安城市住宅发展趋势来看，长安住宅也经历了一个由俭到奢的过程。唐初，社会承隋末丧乱之后，人口稀少，经济凋敝，人尚俭素。贞观名臣魏徵，当朝重臣，"所居室宇卑陋"；高宗时，中书侍郎李义琰虽居相位，而为官清俭，其宅"至褊迫"，最后竟去世于方丈室内。从武周时期开始，随着社会经济的恢复，"王侯妃主，京城第宅，日加崇丽"，至天宝时，长安贵族官僚日渐豪奢。杨贵妃诸姊妹第宅"竞为宏壮"；安史之乱中长安城惨遭战火摧残，但到代宗即位后，朝中宰辅及朝士又"争修第舍"，⑥邠宁节度使马璘之堂尤其奢华，"计钱二千万贯，他室称是"⑦；据《杜阳杂编》记载，唐懿宗女同昌公主宅"房栊户牖，无不以珍异饰之，又以金银为井栏……水精、火齐、琉璃、玳瑁等床，悉攒以金龟银鳖……百宝为圆案"⑧，极其奢华。而一般百姓仅有狭隘的居住之室，墙徒四壁，空无一物；贫穷百姓则是室无完堵，四面透风；更有甚者，连容身之地也没有，四处流浪，一遇天寒雪冷就

---

① 《唐代园林别业考论》（修订版），第20页
② 《全唐文》卷二九〇《韦司马别业集序》，第2948页
③ 《全唐文》卷四七七《杜城郊居王处士凿山引泉记》，第4878页
④ 《旧唐书》卷一九〇下《王维传》，第5052页
⑤ 《全唐诗》卷一三一，第1334页
⑥ 《封氏闻见记校注》卷五《第宅》，第44—45页
⑦ 《长安志》卷七《唐京城一》，第263页
⑧ 《杜阳杂编》卷下，第150页

会出现"路有冻死骨"①的悲惨景象。

四、交通

交通是人们实现社会交往的最重要途径，构成人们社会生活的重要内容。在出行活动中，出行路线和出行工具是两个最基本的内容。由于关于隋大兴城交通的资料留下得非常少，故以唐代为主，从出行道路、出行工具和交通规则三个方面对隋大兴城、唐长安城的交通略做述论。

（一）驿站与道路

长安是隋唐两代全国道路交通系统的中心，从这里出发有通往全国各地的驿站与道路。《元和郡县图志》中，每州都要记其"八到"，即四面八方通往的道路，无论何州都首先要记录其通往都城长安的道路里程，中央集权的政治结构决定了政治中心也是交通道路中心，同时这也是社会经济发展的选择。

唐代长安的交通系统中，发达的驿站是其重要的特点。据《唐六典》记载，唐代的驿站由兵部驾部郎中、员外郎执掌；每三十里设一驿站，"若地势险阻及须依水草，不必三十里"，全国共一千六百三十九所驿站，其中二百六十所水驿，一千二百九十七所陆驿，八十六所水陆相兼；每一驿置驿长一人，根据驿站所处交通位置、地位的不同配置数量不等的马匹，都亭有七十五匹，诸道之第一等减都亭之十五，第二、第三皆以十五为差，第四减十二，第五减六，第六减四；水驿亦量事闲要以置船，交通繁忙的每驿有四只船，闲者三只，更闲者二只；凡马三名给丁一人，船一给丁三人；有资格乘驿者皆为各级官吏及其家属，在京官员由门下省发给凭券，在外地的由留守及诸军、州给券。②唐代驿站制度之发达前越古人，后世唯元代可比。高适就曾言道："皇唐之兴，盛于古制。自京师四极，经启十道。道列以亭（驿），亭实以驷，而亭惟三十里，驷有上中下。丰屋美食，供亿是为。人迹所穷，帝命流洽。用之远者，莫若于斯矣。"③据严耕望先生《唐代交通图考》考证，唐代长安城及周边的馆驿有都亭驿、长乐驿、滋水驿（灞桥驿）、临皋驿、秦川驿、太宁驿（城东驿）、五松驿、故驿、钟阳驿、细柳驿

---

① 《全唐诗》卷二一六《自京赴奉先县咏怀五百字》，第2265页。
② 《唐六典》卷五《尚书兵部》，第163页。
③ 《全唐文》卷三五七《陈留郡上源新驿记》，第3629页。

等十个。①其中都亭驿位于唐长安城内朱雀门街西第一列从北第二坊通化坊内②，配置有马七十五匹，位于城中心地带，为全国驿站网之枢纽，亦为使臣、官员出入会聚之地。长安城外东郊有长乐驿，武后圣历元年（公元698年）置，在长安城通化门东七里，长乐坡上，东临浐水，《两京道里记》曰："圣历元年，敕滋水驿去都亭驿路远，马多死损，中间置长乐驿，东去滋水驿一十三里，西去都亭驿一十三里"③。长乐驿为长安东行主干道上的第一个驿站，是从潼关、武关、蒲津关而来进入长安的总道口，因此公私送迎筵饯多在此地。长乐驿东有滋水驿，隋开皇十六年（公元596年）置，以水为名，因滋水又名灞水，河上有石桥，名之灞桥，驿近桥，故又名灞桥驿，其地为长安城东面交通之咽喉、军事之要冲。又有太宁驿或城东驿，在长安城东门外草市，西至秦川驿四里，东至昭应县四十六里。长安城西郊有临皋驿，隋时已见，在长安城开远门西约十里，濒临渭水，靠近中渭桥处，东去都亭驿、西去咸阳县皆二十里，为长安西出主干道第一驿，从长安西行越陇坂前往西域，西北赴奉天至朔方，西南出散关至剑南，都从此驿出发，也是公私饯别西行之地。城南则有秦川驿，具体在长安城南门外或稍偏东之近处，西南至鄠县（今陕西西安市鄠邑区）七十里，东北至昭应县（今陕西西安市临潼区）五十里。五松驿，见于白居易、李涉、李商隐诗④，推测此驿在长安东南赴蓝田道中望秦岭之北。故驿，自盛唐至晚唐皆有故驿之名，在京师长安城赴蓝田道中，严耕望先生特别强调"是驿名，非故旧之泛称"⑤。钟阳驿，见于卢照邻《奉使益州至长安发钟阳驿》⑥，严耕望先生推测此驿在长安西南至鄠县道中之秦社镇、钟官故城，已入鄠县境。细柳驿，见权德舆诗⑦，在京师郊外，但具体方位不详。（见图7-16）

长安周边也有一些桥梁在城市交通中发挥了重要作用。三渭桥，为唐长安城北渭河上的东、中、西三座桥梁的总称。东渭桥，即在万年县东四十里渭桥镇李晟屯兵处；

---

① 严耕望：《唐代交通图考》第1卷，"中央研究院"历史语言研究所，1985年，第1—9页。
② 唐长安都亭驿，《资治通鉴》胡三省注云：都亭驿在朱雀门外西街，含光门北朱第二坊，今本《长安志》提出长安城东南角、曲江池北的敦化坊内别有一都亭驿。严耕望先生据此认为唐长安城内有两处都亭驿，辛德勇先生则指出今本《长安志》敦化坊下内容本属通化坊，此都亭驿与《资治通鉴》胡注所指都亭驿当为一亭，都亭驿在朱雀门街西通化坊而下在城东南角敦化坊。（详见辛德勇：《唐长安都亭驿考辨——兼述今本〈长安志〉通化坊阙文》，见史念海主编：《唐史论丛》第1辑，陕西人民出版社，1988年，第136—140页）
③ 《长安志》卷一一《万年县》，第358—359页。
④ 《全唐诗》卷四三一《自秦望赴五松驿马上偶睡睡觉成吟》，第4755页；卷四七七《题五松驿》，第5438页；卷五三九《五松驿》，第6176页。
⑤ 《唐代交通图考》第1卷，第8页。
⑥ 《全唐诗》卷四一，第515页。
⑦ 《全唐诗》卷三二五《细柳驿》，第3650页。

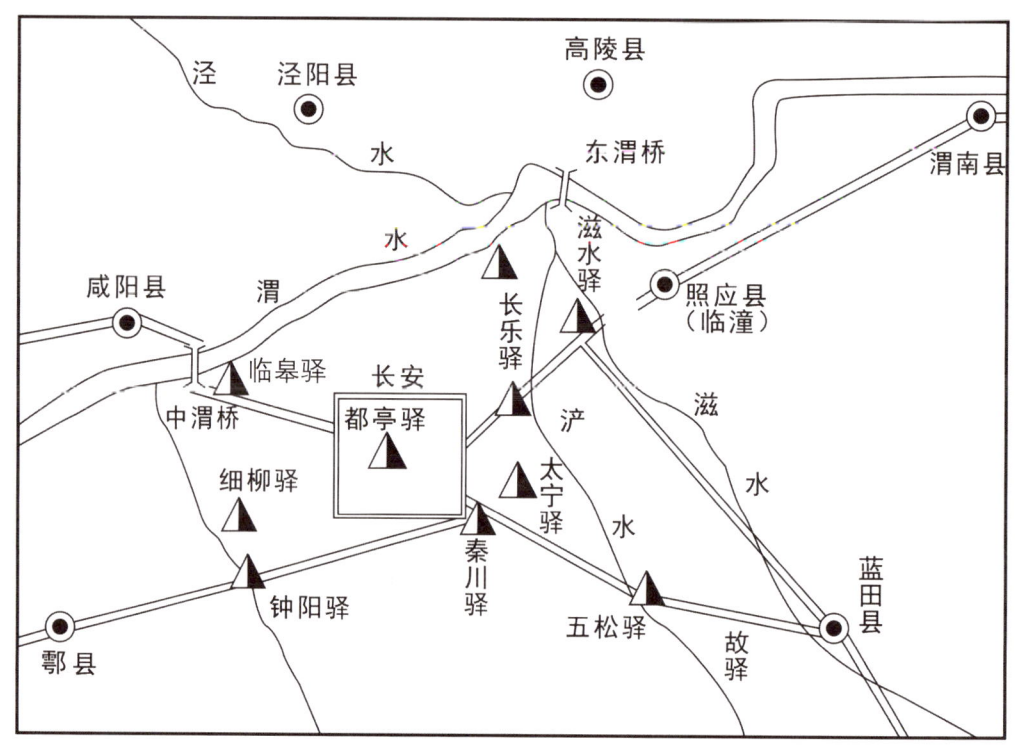

图 7-16　唐代西京长安馆驿分布示意图（改绘）
（选自严耕望：《唐代交通图考》第 1 卷，上海古籍出版社，2007 年）

中渭桥，本名横桥，《水经注》记："秦始皇作离宫于渭水南北，以象天宫……渭水南有长乐宫。北有咸阳宫，欲通二宫之间，故造此桥"，后在战乱中几经毁造，贞观四年（公元630年）移于咸阳县东南二十里渭河上；①西渭桥，又称便桥，在咸阳县西南十里渭河上，初建于武帝建元三年（公元前138年），唐末废毁。三渭桥尤其是东渭桥，中晚唐多次在长安及其周边地区发生的战乱中成为军事上防御和争夺的重地。②在长安城东灞水上，还有一座灞桥，也是长安城东行道路的交通枢纽。灞桥汉代已有，大兴城建成后，旧日的灞桥及通往汉长安城的道路均已无法适应新的需要，于是又在灞水上新造灞桥。隋唐期间，长安与关东之间往来有三条要道，即经函谷关的函谷道，沿丹江经武关的武关道和经东渭桥、蒲津关的蒲关道，这三条道路在灞水至长安城之间并为一路，灞桥为横绝灞水的唯一桥梁，三条道路在此会合，地位十分重要，故唐王朝特置勋官、

---

① 《长安志》卷一一《万年县》，第358页；卷一三《咸阳县》，第404页。
② 黄寿成：《说唐代的东渭桥》，载《中国典籍与文化》2003年第2期，第115—116页。

散官各一人专门掌治灞桥。①

除这些馆驿和桥梁之外，隋唐两代长安城周围还有十二座关隘，这些关隘根据其地理位置的重要性分为上关和中关，成为控制关中通向全国各地的要冲。其中，东行所经主要关隘有华州潼关（在今陕西潼关县东北）、同州蒲津关（在今陕西大荔县朝邑镇东）、同州龙门关（在今陕西韩城市东北），西行所经主要关隘有陇州大震关（在今甘肃清水县东陇山东）、原州陇山关（在今宁夏固原市西南，西兰公路经过的六盘山上）、会州会宁关（当在会州治所西北黄河岸旁，会州又有乌兰关，设在黄河西岸乌兰县，当与会宁关隔河相对）、原州木峡关（设在原州西南蔚茹水源头颓沙山上），南行所经主要关隘有京兆府蓝田关（在今陕西蓝田县东南）、子午关（在今陕西西安市长安区西南）、骆谷关（在今陕西周至县西南）、库谷关（在今陕西西安市长安区东南）、岐州散关（在今陕西宝鸡市南）。以长安为中心，由这十二座关隘向外辐射出去十二条道路。如由蓝田关东南行，过商州（治所在今陕西商洛市商州区），经内乡县（今属河南西峡县），至邓州（治所在今河南邓州市），再往南去，就是襄州（治所在今湖北襄阳市）和荆州（治所在今湖北荆州市沙市区西北），荆州濒长江，可以循溯江水至其上下游各处，转入湘水，经潭州（治所在今湖南长沙市）而至于岭南的广州。这条道路为长安南行的主要道路，公私行旅多从斯途。张九龄北上长安及奉使南行，往返都是从此路，"峣武经陈迹，衡湘指故园。水闻南涧险，烟望北林繁"②。韩愈为阳山（今广东阳山县）令和被贬至潮州（治所在今广东潮州市），也都是经过商山前往的，"一封朝奏九重天，夕贬潮州路八千。……云横秦岭家何在，雪拥蓝关马不前"③。东出潼关，东行可直抵洛阳，过郑州（治所在今河南郑州市）至于汴州，由汴州东行，经曹州和兖州，而至齐（治所在今山东济南市）、青（治所在今山东青州市）等州，由汴州东南行，经宋州（治所在今河南商丘市）至徐州（治所在今江苏徐州市）；由洛阳东行稍北经濮州（治所在今河南范县西南）亦可至齐、青各州，再东还可至于登州（治所在今山东蓬莱市）；由洛阳渡河东北行，循太行山东麓北行，还可直达幽州（治所在今北京市），更远至于辽东。出蒲津关东行，隔河就是蒲州（治所在今山西永济市西南蒲州城），东北经过绛州（治所在今山西新绛县），溯汾水而上，可至并州，又从并州东行，取井陉路（隋唐井陉县在今县东）至恒州治所真定县（今河北正定县）和太行山东

---

① 《新唐书》卷四八《百官志三》，第1277页
② 《全唐诗》卷四九《奉使自蓝田玉山南行》，第600页
③ 《全唐诗》卷三四四《左迁至蓝关示侄孙湘》，第3859—3860页

的南北向大道相合。唐高祖太原起兵，就是由这条道路南行，行至绛州，即西趋龙门（今山西河津市），由龙门再南至蒲州，渡河西入蒲津关。散关位于秦岭上，越过秦岭南下，可达梁州（治所在今陕西汉中市），再西南行，由兴州南下，经过利州（治所在今四川广元市），可达益州；由梁州去益州，若经西县百牢关至金牛县（在今陕西宁强县东北）故关城，可与由兴州南下的道路相会合。安史之乱中唐玄宗南至蜀中，即由散关起行，过河池郡（今陕西凤县凤州镇）而去，后来唐僖宗为黄巢所逐，再至成都，则是经过兴元府（梁州后来的改称）的。出散关的道路之东，还有出骆谷关的道路和出子午关的道路，皆能通到梁州。子午道是由子午关南行的道路。库谷关位于子午关东，故库谷路邻近子午道，出库谷关，越秦岭，其地今为柞水县，柞水县有乾佑河，下入洵水，洵水于洵阳县（今陕西旬阳县）入于汉水，这条道路盖循汉水而上，再至金州。由长安西行，经过岐州，出大震关，经陇坻的道路，更远可通到西域各处。出大震关，过陇山，经秦州、渭州、临洮和河州（治所依次在今甘肃天水市、陇西县、临洮县和临夏市），出凤林关（在今甘肃临夏市西北黄河南岸），而至鄯州（治所在今青海海东市乐都区），更循浩亹水（今大通河）而上，越祁连山，而至甘州（治所在今甘肃张掖市）。陇山关在原州。由长安至原州，是西北行经过邠州（治所在今陕西彬州市）和泾州（治所在今甘肃泾川县），还要经过弹筝峡。弹筝峡即在六盘山下，登上六盘山，就是陇山关。出陇山关的道路可能是西至渭州，再西至于临洮郡。木峡关是在原州西南蔚茹水的源头，在六盘山下，为北出道路所经之地，而陇山关是西行道路所经之地，因为相距不远，故由长安前往，实是一条道路，至六盘山下再行分途。木峡关也是通往西域的必经之地，由木峡关北行，在原州之北，折向西行，出石门关（在今宁夏固原市西北，未列入二十六座关中），再出会宁关，亦可至河西凉州，与出大震关经过兰州和凉州的道路相会合，再向西通到安西都护府以及西域各地。吐蕃占据陇右后，出大震关和会宁关的道路都阻塞不通。关中北原有萧关，就在原州的东南，唐时已经废去，但延州（治所在今陕西延安市）之北有一座芦子关，是关中北行的重要关口，杜甫《塞芦子》诗云："延州秦北户，关防犹可倚。焉得一万人，疾驱塞芦子？……芦关扼两寇，深意实在此"[1]，就描写了芦子关在长安防御中的重要地位。由延州东北行，就可到达胜州，由胜州渡过黄河东行，还可通到单于都护府（在今内蒙古和林格尔县），由丰、胜两州也可到达安北都护府（治所在今内蒙古包头市西，位于丰、胜两州之间，与中受降

---

[1]《全唐诗》卷二一七，第2274页

城同治一地）。长安交通中的水路，主要是沿渭水及其侧畔的广通渠东行，至潼关入于黄河，循河而下，进入洛水，就可抵达洛阳，由洛阳循通济渠、淮水和邗沟，可以通到长江沿岸的扬州；循永济渠亦可通到幽州。①

此外，城内的街道和桥梁更是长安城市交通设施的重要组成部分，唐代统治者也非常注意对这些街道和桥梁的维修。开元十九年（公元731年）六月，唐玄宗就敕令："京、洛两都，是惟帝宅，街衢坊市，固须修筑"，要求将作监等相关部门对长安城内的诸桥及当城门街进行维修。②天宝三载（公元744年）五月，京兆尹萧炅奏请：在长安"于要道筑甬道，载沙实之，至于朝堂"，玄宗从之，九月炅又奏广之。大历五年（公元770年），唐代宗敕：长安城内桥梁"如岁月深久，桥木烂坏，要修理者，左右街使与京兆府计会其事，申报中书门下计料处置。其坊市桥令当界修理，诸桥街京兆府以当府利钱充修造"。③对侵占、破坏街道的现象，政府出台了限制和惩罚措施。《唐律》有专条规定："侵巷街、阡陌，谓公行之所，若许私侵，便有所废，故杖七十。若种植垦食，谓于巷街阡陌种物及垦食者，笞五十。各令依旧。"④唐玄宗开元十九年（公元731年）六月敕令中也规定："城内不得穿掘为窑，烧造砖瓦。其有公私修造，不得于街巷穿坑取土。"广德元年（公元763年），唐代宗敕令："城内诸街衢，勿令诸使及百姓辄有种植。"大历二年（公元767年），又敕："诸坊市街曲，有侵街打墙、接檐造舍等，先处分一切不许，并令毁拆，宜委李勉常加勾当。如有犯者，科违敕罪，兼须重罚……并诸桥道，亦须勾当。"大中三年（公元849年），右巡使奏称：义成军节度使韦让"故违敕文，于怀真坊西南角亭子西侵街造舍九间"，唐宣宗亲自下令毁拆。⑤唐朝统治者一再颁布敕令禁止侵占、毁坏街道，保证了城市道路空间的完整性和整洁性，为长安城的交通创造了良好的条件。

唐前期，强大的中央集权国家的建立，使驿站和道路交通异常发达，形成了以长安为中心的道路交通网络。发达的馆驿交通大大提高了社会信息、物资传送的效率。岑参在《初过陇山途中呈宇文判官》中就写道："一驿过一驿，驿骑如星流。平明发咸阳，暮及陇山头。"⑥陇山距咸阳四百六十里，一日即达，可知其速之快。杨贵妃爱吃

---

① 史念海：《隋唐时期的交通与都会》，见《唐史论丛》第6辑，第1—57页
② 《唐会要》卷八六《街巷》，第1867页；卷八六《桥梁》，第1869页
③ 《唐会要》卷八六《道路》，第1864页；卷八六《桥梁》，第1869—1870页
④ 《唐律疏议》卷二六《杂律》，第489页
⑤ 《唐会要》卷八六《街巷》，第1867—1868页
⑥ 《全唐诗》卷一九八，第2024页。

荔枝，尤喜产自岭南的荔枝，因此岭南每年"驰驿以进"，竟然使这种"方暑热而熟，经宿则无味"[①]的娇果，在经过数千公里的传送后，"味未变已至京师"[②]，可见唐代驿路交通的高效率与发达。隋唐政府建设驿站，主要目的是用于官员往来和中央命令的下达以及地方情报的上传，加强了隋唐王朝对全国的统治，但是在客观上馆驿交通的高效率，也便于大兴城、长安城与各州县、边疆民族及域外国家之间的交流。

（二）出行工具

车辆自古以来就是重要的出行工具，中国古代有专门的车舆制度，特别是对皇帝以及各级官员贵族所乘车辆的等级规定，是隋唐时代服舆制度的主要内容。开皇元年（公元581年），内史令李德林奏"周、魏舆辇乖制，请皆废毁"，只留下北魏五辂。后来，颁布车服令时，皇帝之车制五辂，即玉辂（祭祀、纳后乘之）、金辂（朝觐会同，飨射饮乘之）、象辂（行道乘之）、革辂（巡守临兵事乘之）、木辂（田猎时乘之），另有安车（临幸乘之）、四望车（拜陵临吊乘之）；皇后、皇太后则有重翟（受册、从郊禖、享庙时乘坐）、厌翟（亲桑典礼时乘坐）、翟车（归宁时乘坐）、安车（临幸及吊乘坐）；皇太子车有金辂、轺车、四望车；公及一品有象辂；侯伯及二品、三品有革辂；子男及四品有木辂。但是"虽依礼制名，未及创造"。九年（公元589年），平陈后，又得南朝舆辇，旧著令有的，以付有司，所不载者，并皆毁弃。十四年（公元594年），又以"所乘车辂，因循近代，事非经典"，令更议定。大业时，隋炀帝又修订车辇制度，五辂之外增设副车。[③]唐初，舆服之制沿用隋代旧制，武德四年（公元621年）颁布《车舆令》。唐制，天子车舆有玉辂、金辂、象辂、革辂、木辂等五辂，又有耕根车、安车、四望车，并供服乘之用。其外有指南车、记里鼓车、白鹭车、鸾旗车、辟恶车、轩车、豹尾车、羊车、黄钺车，这些都是皇帝出行时仪仗之用，平时并不乘用。唐高宗不喜乘辂，每有大的典礼，则乘辇以来往，武则天后，遂以为常制。玄宗以辇不符合礼制，废而不用。开元十一年（公元723年），有事于南郊，玄宗乘辂而往，礼毕骑马而还，从此以后皇帝行幸及郊祀等事，无论远近都骑马于仪卫之内，"其五辂及腰舆之属，但陈于卤簿而已"。[④]皇后、皇太子、嫔妤、亲王及各级武职、内外命妇、公主、王妃等乘车都各有规定，但是王公大臣、公主命妇之车多"藏于太仆，受制、

---

① 《杨太真外传》卷下，见《开元天宝遗事十种》，第139页。
② 《新唐书》卷七六《杨贵妃传》，第3494页。
③ 《隋书》卷一〇《礼仪志五》，第200—212页。
④ 《旧唐书》卷四五《舆服志》，第1932—1933页。

行册命、巡陵、昏葬则给之"①，平时出行，不论男女多骑马。除这些礼制车辆外，民间还有马车、驴车、牛车等多种车辆。景龙二年（公元708年），太子左庶子刘子玄就讲道：隋代"朝士又驾牛车"②。如《隋书·牛弘传》载：牛弘弟曰弼，好酗酒，常因醉，曾"射杀弘驾车牛"③，据此可知牛弘平时是乘坐牛车的。到了唐代，犊车仍为人们出行的重要工具，如唐玄宗幸华清宫，杨贵妃姊妹各自"为一犊车，饰以金翠，间以珠玉，一车之费，不下数十万贯"④。天宝末，有韩翊举进士在长安，邻有李将妓柳氏，二人相识相从，后韩翊为淄青节度使侯希逸从事离开长安，柳氏独留京师，后韩翊又随侯希逸入朝，寻得柳氏已为人妾，柳氏告诉韩翊明日"至子城东南角，逢犊车，缓随之"⑤。为此长安城内还出现了专门制造、修理车辆的"车坊"。（见图7-17）

图 7-17 唐李寿墓中的牛车壁画

（选自张鸿修编著：《中国唐墓壁画集》，岭南美术出版社，1995年，第27页）

马也是重要的交通工具。骑马出行的流行，与唐代养马业的发展是分不开的。唐代养马业是非常兴盛的，麟德年间仅陇右牧监八坊养马就多达七十多万匹，马价也非

---

① 《新唐书》卷二四《车服志》，第514页。
② 《旧唐书》卷一〇二《刘子玄传》，第3171页。
③ 《隋书》卷四九《牛弘传》，第1310页。
④ 《明皇杂录》卷下，第29页。
⑤ 《本事诗》，见《唐五代笔记小说大观》（下），第1241页。

常低,"其时天下以一缣易一马"。除国家养马外,唐朝统治者也鼓励民间养马。开元九年(公元721年),唐玄宗颁诏:"天下之有马者,州县皆先以邮递军旅之役,定户复缘以升之。百姓畏苦,乃多不畜马,故骑射之士减曩时。自今诸州民勿限有无荫,能家畜十马以上,免帖驿邮递征行,定户无以马为赀。"此后民间养马业也获得了长足的发展,当时"王侯、将相、外戚牛驼羊马之牧布诸道,百倍于县官"。①养马业的发达为唐代能够建成中国古代最畅达的驿站交通网和骑马出行盛行奠定了重要物质基础。②景龙二年(公元708年),皇太子释奠国学,大臣都乘马随从。当时长安城内,除参加典礼和婚礼迎亲时乘辂车外,"在于他事,无复乘车。贵贱所行,通鞍马而已"。③开元、天宝时,长安侠少每到春天,"各置矮马,饰以锦鞯金辂,并辔于花树下往来,使仆从执酒皿而从之,遇好花则驻马而饮"④。而且文人士子入京赴试也多骑马出行,礼部放榜时,"九陌人人走马看"⑤;孟郊应举登科后就有"春风得意马蹄疾,一日看尽长安花"⑥之句。由于"举人仆马太盛",懿宗朝宰相奏请"举人许乘驴",⑦但并未阻止士人乘马的热情。

在唐长安城中,最值得关注的是妇女骑马的现象。早在武德、贞观之时,宫人就有骑马者。天宝年间,虢国夫人"每入禁中,常乘骢马"。唐玄宗幸华清宫,杨氏诸姊妹随行,因牛车不堪重负,"请各乘马。于是竞购名马,以黄金为衔辔,组绣为障泥"。⑧唐代画家张萱所画的《虢国夫人游春图》就生动描绘了虢国夫人及其侍女骑马春游的场景(见图7-18)。天宝时,长安名妓刘国容与士子郭昭述相爱,后郭离京赴任,"国容使一女仆驰矮驹"追送情书一封。⑨无名氏所作《咏美人骑马》:"骏马娇仍稳,春风灞岸晴。促来金镫短,扶上玉人轻。"⑩由此可见,唐代长安妇女骑马之风盛行。在封建社会严格约束妇女自由的情况下,唐代长安妇女抛头露面,骑马出行,充分反映了唐代社会的开放与宽容。

---

① 《新唐书》卷五〇《兵志》,第1337—1338页
② 《唐代马政》,第141页
③ 《旧唐书》卷四五《舆服志》,第1949—1950页
④ 《开元天宝遗事》卷上《看花马》,第24页
⑤ 《全唐诗》卷三五九《宣上人远寄和礼部王侍郎放榜后诗,因而继和》,第4052页
⑥ 《全唐诗》卷三七四《登科后》,第4205页
⑦ 《唐摭言校注》卷一二《轻佻戏谑嘲咏附》,第259页
⑧ 《明皇杂录》卷下,第29页
⑨ 《开元天宝遗事》卷下《鸡声断爱》,第43页
⑩ 《全唐诗》卷七八六,第8865页

图 7-18 《虢国夫人游春图》（局部）

（唐张萱绘，原作已亡佚，今见为宋代摹本，现藏于辽宁省博物馆）

马是上层社会和较富裕的人家出行的主要工具，而贫穷的下层之家出行，因买不起马，大多数是骑驴，有自家养的，也有租赁来的。隋代杜子春由富返贫，其出行工具也"夫马而驴，夫驴而徒"①；开皇五年（公元585年）关中遭遇灾害，隋文帝就命"买牛驴六千余头，分给尤贫者，令往关东就食"②；武德时，李义琛与再从弟义琰、三从弟上德应进士，"共有一驴赴京"③；扶风马震，居住长安平康坊，一日有人敲门，见一赁驴小儿称："适有一夫人，自东市，赁某驴，至此入宅，未还赁价"④，《酉阳杂俎》记载：开成初，东市百姓丧父，"骑驴市凶具"。⑤可见，在唐代长安城的下层社会中骑驴出行是非常普遍的。

檐子，即担子、肩舆的同物异名，是一种肩扛式的出行工具。其最初只是老、病的大臣才有资格乘坐的，上朝时允许一直抬到殿上，后来逐渐流行开来，为后世轿子的前身。咸亨二年（公元671年），唐高宗在敕文中就称："百官家口……曾不乘车，别坐檐子。递相仿效，浸成风俗。"⑥白居易有《出使在途所骑马死，改乘肩舆，将归长

---

① 《太平广记》卷一六《杜子春》，第109页。
② 《隋书》卷二四《食货志》，第684页。
③ 《太平广记》卷四九三《李义琛》，第4046页。
④ 《太平广记》卷三四六《马震》，第2744页。
⑤ 《酉阳杂俎·前集》卷一五《诺皋记下》，第147页。
⑥ 《旧唐书》卷四五《舆服志》，第1957页。

安，偶咏旅怀寄太原李相公》①诗，因坐肩舆平稳没有颠簸，他在年老时特别喜爱乘坐肩舆。中晚唐妇女流行乘坐檐子，《唐语林》载：崔枢夫人为李晟之女，晟生日，其女不顾婆婆生病前来祝贺，被李晟严厉训斥后，因即刻"遣走檐子归"②；大和年间，唐文宗也在敕文中说道："妇人本合乘车，近来率用檐子，事已成俗"③。这再一次说明了唐代长安妇女出行乘坐檐子已成不可阻挡的社会习俗。

步辇，也是一种人抬式的交通工具。《隋书·礼仪志》云：隋代的辇"制象辂车，而不施轮……用人荷之"④。唐代殿中省有尚辇局，皇帝乘坐的辇有七种：一曰大凤辇，二曰大芳辇，三曰仙游辇，四曰小轻辇，五曰芳亭辇，六曰大玉辇，七曰小玉辇。⑤传世的阎立本所画《步辇图》中，唐太宗在接见吐蕃禄东赞时，就是坐在步辇上，由四个宫人抬着；（见图7-19）如前所讲隋及唐初礼仪大典皇帝多乘辂，唐高宗后"每有大礼，则御辇以往来"；景云二年（公元711年），唐睿宗诏皇太子监国，时太平公主"于光范门内乘步辇，俟执政以讽之"⑥；开元时，唐玄宗常与姚崇论时务，"七月十五日，苦雨不止，泥泞盈尺，上令侍御者抬步辇召学士来"⑦。在唐代，步辇

图7-19 《步辇图》（局部）
（唐阎立本绘，现藏于北京故宫博物院）

① 《全唐诗》卷四四八，第5045页
② 《唐语林校证》卷一《德行》，第8页
③ 《唐会要》卷三一《杂录》，第670页
④ 《隋书》卷一〇《礼仪志五》，第210页
⑤ 《唐六典》卷一一《殿中省》，第332页
⑥ 《大唐新语》卷一《匡赞第一》，第8页
⑦ 《开元天宝遗事》卷上《步辇召学士》，第11页

是一种比较高档的出行工具，且其出行距离不宜过远，是一种近距离的出行工具，一般只有皇帝、大臣及公主等地位比较高的人才能乘坐。

兜笼，是一种最初流行于今四川地区的出行工具，主要是妇女乘坐，可能与滑竿相类似。唐肃宗乾元时，"蕃将多著勋于朝，兜笼易于担负"①，于是兜笼开始代替车舆在京城上层社会中流行起来。此外，开元、天宝时，长安城中还有来自契丹等东北少数民族的奚车。隋唐长安也有骑骆驼出行的，哥舒翰镇守青海时，"路既遥远，遣使常乘白骆驼以奏事，日驰五百里"②，但这毕竟是比较少见的。

（三）交通规则

城市是一个人口密集、交通繁忙的地方，若人们乘车走马各行其是，就会引起城市交通拥堵，影响社会安全。因此，唐王朝在长安城制定了一系列的交通法规。城门是古代城市出入的交通枢纽，唐代长安城城门出入实行的是"入由左，出由右"的规则，这项制度是由太宗朝宰相马周提出实行的。③道路行车先后避让也是重要的交通问题，唐代对此也有重要规定。《唐六典》中就有规定："凡行路之间，贱避贵，少避老，轻避重，去避来"④，体现出唐代交通规则的等级性特征。代宗时，黎干为京兆尹，曲江举行涂龙祈雨仪式，观者数千，黎干到时其他人纷纷避让，"独有老人植杖不避，干怒杖之"。⑤

此外，唐代还禁止在城内街巷间高速行车马。《唐律疏议》云："诸于城内街巷及人众中，无故走车马者，笞五十；以故杀伤人者，减斗杀伤一等"；若因公事紧急可以快速行车马，但不得借此杀伤人，否则以过失论；因马牛惊骇，不可禁止，而杀伤人者，减过失二等。⑥另外，唐长安城内实行宵禁制度，夜晚也禁止行人车马在街上行驶。《唐律疏议》又规定："闭门鼓后、开门鼓前行者，皆为犯夜"，而犯夜者，鞭笞二十；若因公事急速及吉、凶、疾病之类有故者，不坐。⑦这些交通规则的制定和执行，保证了唐代长安居民出行交通的有序性，社会安全也得到了一定的保障。

总体来看，隋唐时期长安居民的衣食住行生活方式最显著的两个特点是等级性和

---

① 《旧唐书》卷四五《舆服志》，第1957页
② 《明皇杂录·逸文》，第54页
③ 《新唐书》卷九八《马周传》，第3901页
④ 《唐六典》卷四《尚书礼部》，第116页
⑤ 《太平广记》卷一九五《兰陵老人》，第1464页
⑥ 《唐律疏议》卷二六《杂律》，第480—481页
⑦ 《唐律疏议》卷二六《杂律》，第489页

开放性。就等级性而言，一方面是由于封建统治者需要通过日常衣食住行中的差别规定来形成一种有利于其统治的等级秩序，因而他们通过国家法令的设定来强化这种等级，但这种法令规定在现实生活中随着时代的变化往往难以被遵守。《隋书》中就说："舆辇之别，盖先王之所以列等威也。"①唐太宗在《定服色诏》中也强调："车服以庸，昔王令典。贵贱有节，礼经彝训。自末代浇浮，采章讹杂。卿士无高卑之序，兆庶行僭侈之仪……其冠冕制度，已备令文。至于寻常服饰，未为差等。今已详定，具如别式。"②其中充满对"无高卑之序"和"行僭侈之仪"的斥责，一再强调车服制度的等级性。另一方面，人们衣食住行的这种等级性也是由不同人的政治、经济地位决定的，在古代政治主导型社会，政治地位越高意味着垄断的特权越大，掌握的资源越多，经济地位也越高，就越有能力满足更高等级的衣食住行。隋唐长安居民衣食住行的开放性主要体现在长安衣食住行中的胡化趋势和多民族性，这是源自对外经济文化交流的频繁和对自身文化的自信。隋唐时期对外经济文化交流的增加，使长安居民有机会接触更多的外来文化和生活方式，同时唐人对自身文化的自信，使他们在对外交流过程中能够有一种从容不迫、开放包容的心态，而不会担心外来文化对自身的损害，这两者共同构成了长安衣食住行开放性的充分必要条件。

---

① 《隋书》卷一〇《礼仪志五》，第191页。
② 《全唐文》卷五，第60—61页。

第三节
精神生活

隋大兴城、唐长安城作为统一帝国的都城，是一座五方荟萃、人物繁阜的国际化大都市。城市的持续繁荣，既需要满足人们衣食住行等基本的物质需求，也需要满足人们对信仰、文学、艺术和娱乐等精神上的需求，以纾解都城中由政治、经济问题而引起人们日益增加的精神焦虑。

一、宗教信仰

隋唐时期是一个开放的时代，长安的信仰世界也是开放的。开元年间，长安外郭城有"僧寺六十四、尼寺二十七、道士观十、女观六、波斯寺二、胡祆祠四"[1]，就在空间分布上展现了长安宗教信仰的多样性，儒、释、道三教外，新传入的祆教、摩尼教和景教等都向人们的精神世界传播着福音，丰富着长安居民的精神生活。

（一）佛教信仰

隋唐时代，佛教在人们精神信仰中的地位是无可比拟的，人们的信仰表达形式也是多种多样的。富人贵族多建寺塑像，施舍钱帛；平民百姓则拜佛诵经，积极参加佛教公共活动。

其中，舍宅为寺就是长安居民表达宗教感情的一种显著形式。早在南北朝时期就已出现有人舍宅为寺，《北史》中有"舍宅为伽蓝"的记载[2]。到隋唐时期，由于统治者的提倡和社会经济的繁荣，兴建佛寺，特别是贵族富户舍宅为寺更成为一种社会风气。如太平坊实际寺，就是由隋太保薛国公长孙览妻郑氏舍宅所立；兴化坊空观寺由隋驸

---

[1]《西京新记辑校》卷二《京城》，第12—13页
[2]〔唐〕李延寿：《北史》卷三三《李士谦传》，中华书局，1974年，第1232页

马都尉元孝恭舍宅所立；崇德坊崇圣寺是由隋秦孝王俊舍宅所立；①道政坊宝应寺，则是大历四年（公元769年）门下侍郎王缙舍宅所立。②在上层社会的带动下，甚至一些下层百姓也有舍宅为寺者，颁政坊建法尼寺是坊人田通在开皇三年（公元583年）舍宅所立。隋文帝迁都之初，出寺额一百二十枚于朝堂，下制云："有能修造，便任取之。"田通虽贫穷的只有环堵之室，但仍发愤诣阙，请额而还，置于所居，后陈临贺王叔敖母与之邻居，又舍宅以足之。③在这种大兴佛寺风气的推动下，隋唐长安城中的佛寺急剧增加。根据《长安志》《唐两京城坊考》等所载统计，隋大兴城内佛寺共有一百一十三座，其中舍宅为寺的二十六座；唐初长安城中实际遗留的隋代佛寺有七十五所，从唐初到天宝十四载（公元618—755年）一百三十七年间新增建的佛寺达五十二所，加上原有的共计一百二十七所，而唐肃宗至德元年至武宗会昌五年（公元756—845年）长安城内又新建佛寺十所④，到会昌灭佛之前，李德裕奏称："长安城里坊内佛堂三百余所"⑤。除了外郭城，长安的皇宫禁苑也有不少佛寺、道场。如贞观二十二年（公元648年），唐太宗"敕所司于北阙紫微殿西别营一所，号弘法院"，令玄奘居住；高宗时，有高祖婕妤出家为尼，高宗"为禁中别造鹤林寺而处之"，其寺侧有德业寺，尼众数百；⑥《唐两京城坊考》载：唐长安宫城东北隅有紫云阁，阁外有佛光寺；⑦大明宫宣政殿东有昭德寺；⑧大明宫左神策军球场北有护国天王寺⑨。隋唐长安城佛寺之多，令人诧异，难怪有人称"长安城是一座佛教之都"⑩，而众多佛寺的存在正是当时居民佛教信仰最直观的见证。

隋唐长安佛教的兴盛，不仅仅表现在拥有众多的佛寺，还表现在信仰的社会化、通俗化。⑪在统治者的推波助澜下，长安市民崇佛信佛达到了一种狂热的程度。贞观十九年（公元645年），玄奘取经回到长安，自朱雀门街至弘福寺门，数十里路，"都人士

---

① 《长安志》卷九《唐京城三》，第317—318页。
② 《唐会要》卷四八《寺》，第992页。
③ 《长安志》卷一〇《唐京城四》，第328—329页。
④ 龚国强：《隋唐长安城佛寺研究》，文物出版社，2006年，第49—59、66、81、84页。
⑤ 《入唐求法巡礼行记》卷四，第178页。
⑥ 《大慈恩寺三藏法师传》卷七，第154页；卷八，第180页。
⑦ 《唐两京城坊考》卷一《西京·宫城》，第6页。
⑧ 《旧唐书》卷一六五《温造传》，第4316页。
⑨ 《入唐求法巡礼行记》卷三，第142页。
⑩ 《长安的都市规划》，第173—175页。
⑪ 孙昌武：《唐代长安佛寺考》，见荣新江主编：《唐研究》第2卷，北京大学出版社，1996年，第21—22页。

子、内外官僚列道两傍，瞻仰而立，人物阗闉"，官府不得不令当处烧香散花，不得随便移动，但人们仍然"烟云赞响，处处连合"；①元和十三年（公元818年），唐宪宗迎法门寺释迦牟尼佛指骨入禁中供养，长安"王公士庶，瞻礼施舍，如恐不及。百姓有废业竭产、烧顶灼臂而云供养者。又有开肆恶子，不苦焚烙之痛，谲言供养而爇其肌肤。繇是佛骨所在，往往盗发，即擒获，皆向之自灼者。农人多废东作，奔走京城"②。长安市民对佛教的热情，还表现在施舍钱财的慷慨上。武德中，沙门信行创三阶教，在长安化度寺置无尽藏，贞观之后，长安信众"礼忏阗咽，施舍争次不得"，甚至有人将整车钱绢舍弃而去，因而"舍施钱帛金玉，积聚不可胜计"。③虽然这些行为对社会正常发展会造成不利影响，但是从侧面可以看到长安市民佛教信仰热情之高。

观音信仰是隋唐长安下层民众佛教信仰的重要内容之一，这是因为观音菩萨拥有救苦救难的法力。《妙法莲华经》中的《释观世音菩萨普门品》就说观音能救人间"七难"：火、水、风（罗刹鬼）、刀杖、恶鬼、枷锁、怨贼七种；能解人生"三毒"：贪、瞋、痴；可得人之"二求"：求男、求女。④而且获得拯救的办法也简单易行，只要口念"南无观世音"名号或造像礼拜供养、心念观音经都可以达到目的；佛教信徒也宣称，"有念观音者临刃不伤"⑤，可以起到刀枪不入的效果。这就给处在生活苦难边缘挣扎的下层民众以精神寄托，对民众有极大的吸引力。在唐代长安，这种信仰观音祛除灾病的事例很多。《太平广记》就记载：龙朔、麟德中，京师永兴坊许俨，捕鱼为业，后来患疾，身赤如火，痛似火炙，一日自云："但见火车来烧身，官府责取鱼多，遣生受罪，已经数日，午生午死"，于是有亲戚劝作功德，遂造观音像两躯，令全家潜心供养，不食酒肉，不久病就好了。⑥《酉阳杂俎》也记载：大中末，长安百姓屈岩患疮且死，忽梦一菩萨摩其疮，曰："我在云花寺。"岩惊醒，数日后疮愈，到云花寺，在圣画堂果然见一菩萨，如梦中所见，菩萨治病的事情很快传遍长安城，"倾城百姓瞻礼"，于是屈岩发起成立信奉观音的社邑建堂，联合更多的观音信仰者。⑦唐代长安城南四十里灵应台有塔，塔中供奉有观世音菩萨铁像，百姓间流传观世音菩萨曾见身于此

---

① 《大慈恩寺三藏法师传》卷六，第128页
② 《唐会要》卷四七《议释教上》，第982页
③ 《太平广记》卷四九三《裴玄智》，第4047页
④ [后秦]鸠摩罗什译经，朱封鳌校释：《妙法莲华经文句校释》下册，宗教文化出版社，2000年，第942—943页
⑤ 《续高僧传》卷二五《唐终南山龙田寺释法琳传》，第957页
⑥ 《太平广记》卷一一一《许俨》，第767页
⑦ 《太平广记》卷一〇一《云花寺观音》，第681页

台,又说塔铁像常见身光,因此"长安市人流俗之辈,争往礼谒,去者皆背负米曲油酱之属。台下并侧近兰若四十余所,僧及行童,衣服饮食有余。每至大斋日送供,士女仅至千人,少不减数百,同宿于台上,至于礼念,求见光"。[1]不管是屈岩建立信仰观音的社邑,还是数千人争相前去观看双圣灯,都表明唐代长安观音信仰活动之盛。隋唐时期,除观音信仰外,民间佛教信仰中弥勒信仰也比较流行。隋大业九年(公元613年),有桑门于扶风自称"弥勒佛出世",许多人纷纷皈依,"三辅之士,翕然称为大圣",聚众至数万人。[2]唐高宗永隆二年(公元681年),万年县女子刘凝静乘白马,着白衣,男子从者八九十人,入太史局,升令厅,床坐勘问灾异,被太史令姚玄辩执之。[3]这种崇尚"白色",服白色衣冠,就是弥勒信徒的重要标识。[4]由此可见,隋唐时期,在关中地区弥勒信仰徒众之多,这也是武则天在称帝过程中声称自己是弥勒佛转世的原因之一。

除这些史籍上记载的佛教信仰外,最近几年出土的大量唐代墓志也展示了唐代长安女性信佛的生活图景。[5]这些女性或取带有佛教色彩的名字,或直接受菩萨戒,或死后采用佛教火化尸体的丧葬方式,也有人终身未婚,甚至最后直接出家为尼。正如严耀中先生所说"唐代信佛妇女严格地将戒律约束着自己的家庭生活,从生到死,自始至终……最普通的如不杀生与吃素的戒条是大部分信佛妇女都遵循的"[6],佛教信仰已经深深融入她们的日常生活。

(二)道教信仰

道教是中国土生土长的宗教。自东汉末年产生后,历经魏晋南北朝,其理论体系不断得到完善,到隋唐时期成为仅次于佛教的宗教信仰,特别是在唐代更成为李唐皇家宗教,道教在上层社会信众颇多,都城长安也因而成为整个道教发展的核心区域。

---

[1] 《太平广记》卷二八九《双圣灯》,第2299页。
[2] 《隋书》卷二三《五行志下》,第663页。
[3] 《旧唐书》卷三六《天文志下·灾异》,第1320页。
[4] 唐长孺:《北朝的弥勒信仰及其衰落》,见唐长孺:《魏晋南北朝史论拾遗》,中华书局,1983年,第201页。
[5] 详见吴敏霞:《从唐墓志看唐代女性佛教信仰及其特点》,载《佛学研究》2002年第11期,第256—267页;万军杰:《从墓志看唐代女性佛道信仰的若干问题》,载《魏晋南北朝隋唐史资料》2002年第19辑,第109—121页;苏士梅:《从墓志看佛教对唐代妇女生活的影响》,载《史学月刊》2003年第5期,第84—88页;路学军:《佛学接入与唐代女性的寡居生活——以墓志为中心》,载《山西师大学报》(社会科学版)2009年第5期,第92—96页;焦杰:《佛教信仰与唐代女性生活形态再探——以唐代墓志资料为中心》,见《唐史论丛》第20辑,第218—232页。
[6] 严耀中:《佛教戒律与唐代妇女家庭生活》,载《学术月刊》2004年第8期,第97页。

随着长安道教信仰的发展，长安各种道教宫观也快速增加。隋朝统治者在大力提倡佛教的同时，从维护统治的需要出发也对道教采取扶持政策。隋文帝就曾对大兴城附近的道教圣地楼观台进行大规模的修缮；由于道士焦了顺能驱使鬼神，受诸符箓，并"预告隋文受命之应"，因此隋文帝即位后，不仅授其官爵，开皇八年（公元588年）又于大兴城街西安定坊为其建五通观。李唐皇朝建立后，认道教首领李耳为始祖，以"神仙之苗裔"自居，因此李唐皇室中有很多人崇信道教。贞观五年（公元631年），太子李承乾生病，太宗敕道士秦英为其治病，病愈后，于崇化坊为其立龙兴观；更有许多皇室成员出家为道士，唐睿宗之女金仙、玉真二公主就是典型代表，景云二年（公元711年），二人并出家为道士，睿宗于辅兴坊为立二道观，以公主汤沐邑为二观之名。①由于道教在唐代的特殊地位，上层贵族有不少"舍宅为观"。保宁坊昊天观，贞观初本为唐高宗为晋王时宅邸，显庆元年（公元656年）为太宗追福，立为观；安邑坊太真观，为天宝五载（公元746年），杨贵妃妹裴氏舍宅所立；平康坊嘉猷观，本为右相李林甫宅，奏请分其宅东南隅，立为嘉猷观；万安观，天宝七载（公元748年）永穆公主出家，舍宅置观；通义坊九华观，开元二十八年（公元740年）蔡国公主舍宅立；崇业坊福唐观，本新都公主宅，景云元年（公元710年），公主出家为道士，遂立为观；兴宁坊华封观，天宝六载（公元747年）宦官高力士舍宅置观。②从中我们可以发现，这些舍宅为观，在时间上大多发生在开元、天宝时期，在空间上多集中在朱雀门街东靠近兴庆宫诸坊，这主要与当时玄宗尊崇道教的社会形势有关。此外，在长安太极宫和大明宫内也有不少道观和道教建筑存在。如太极宫安仁殿后就有归真观③，贞元三年（公元787年），唐德宗"作玄英观于大明宫北垣"④；望仙观，筑于会昌三年（公元843年）⑤；紫宸殿后又有玉晨观⑥；珠镜殿东北有大角观⑦；大明宫内的一些建筑，虽未有道观之称，但实际上发挥着皇家道观的作用，三清殿就是当时"宫廷内奉祀道教的建筑之一"⑧。也有一些临时性的内道场，《大唐润州仁静观魏法师碑并序》记载：贞观九年

---

① 《两京新记辑校》卷三，第43、65、30页。
② 《长安志》卷七《唐京城一》，第260页；卷八《唐京城二》，第292、278、277页；卷九《唐京城三》，第317、315、304页。
③ 《长安志》卷六《宫室四·唐上》，第234页。
④ 《旧唐书》卷一二《德宗本纪上》，第358页。
⑤ 《旧唐书》卷一八上《武宗本纪》，第595页。
⑥ 《元稹集》卷二二《寄浙西李大夫四首》自注，第251页。
⑦ 《长安志》卷六《宫室四·唐上》，第241页。
⑧ 秦浩：《隋唐考古》，南京大学出版社，1992年，第38页。

（公元635年），道士徐昂被太宗召入京，"于内道场供奉"①；道士叶法善"显庆中，高宗闻其名，征诣京师……因留在内道场，供待甚厚"②。这些道教内道场从唐初至唐末一直常设，唐皇室通过内道场从事各种名目的道教活动，如祈雨、止雨、安置入道妃嫔宫人、祈请消弭内忧外患、皇帝行道、受箓、炼丹、问道等道教信仰活动。③据统计，唐代长安城的道观有五十一座，另外在长安附近终南山中又有会灵观、玉华观、延生观三座道观，这些道观共同铺就了隋唐长安道教信仰的空间范围。

在长期的发展过程中，道教吸收了大量民间信仰成分，将原来杂乱无章的民间法术整合成为系列的、成套的道教法术，借此使道教自身得到普及和发展。道教法术来自民间，反过来又服务于民间，常见的有禁咒、斋醮、祈雨、占卜等内容，这些深刻影响着当时民众的社会生活，成为民间道教信仰的一个重要方面。④在科学不发达的古代，民众常为疾病所困扰，而道教中有些人由于长期钻研丹药，在医药方面积累了不少经验，成为有名的"道医"，但长期以来道士行医往往以法术的名义，披着涂炭禳灾、作法驱鬼、符咒治病的神仙外衣，来从事医生的业务，进而扩大道教教义的宣传，吸引更多的信众。如唐高宗时，道士叶法善被征至长安，高宗封禅嵩山时，"扈从者多疾，凡噀咒，病皆愈。二京受道箓者，文武中外男女子弟千余人"⑤。古代中国作为农业国家，风调雨顺是农业收成的重要保证，久旱不雨或久雨洪涝都会对农业生产构成严重威胁。因而祈雨很早就成为常见的民俗，也成为道士展示法术的重要范式。唐代道士祈雨的记载和传说有很多，唐玄宗就命道士罗公远"祈雨"⑥，肃宗乾元元年（公元758年）大旱，也曾"于曲江投龙祈雨，又令道士何智通醮土神"⑦。

唐代长安道教信仰中，妇女群体是独特的一支，她们来自社会各个阶层，信仰道教的原因各式各样。妇女信道首先缘于她们内心深处对精神寄托的一种追寻以及道教教义和法术内在魅力的吸引；但是，对于一些文化素质较高的女性而言，传统社会中的女性缺乏独立的社会身份，一生都要被"三从四德"束缚在家庭的狭小范围内，身处

---

① 陈垣编纂：《道家金石略》，陈智超、曾庆瑛校补，文物出版社，1988年，第65页
② 《旧唐书》卷一九一《叶法善传》，第5107页
③ 王永平：《论唐代道教内道场的设置》，载《首都师范大学学报》（社会科学版）1999年第2期，第18页
④ 王永平：《论道教法术与唐代民间信仰》，载《首都师范大学学报》（社会科学版）2003年第6期，第1页
⑤ 《太平广记》卷二六《叶法善》，第170页
⑥ 《太平广记》卷二九八《不空三藏》，第3164页
⑦ 《册府元龟》卷五四《帝王部·尚黄老二》，第605页

道门使她们有了独立自由的生活,除静修、焚香、诵经之外,还可以游历山水、寻仙访道、广交道友,"通过奉道,她们可以选择不为人妻、不为人母的生活方式;通过奉道,她们为循环往复、单一枯燥的家庭生活注入了新的内容;通过奉道,她们发现女人还可以有另一种追求;通过奉道,她们改写了自己的人生;通过奉道,她们实践了只有男性才能享有的社会生活"①。因此,道教信仰对长安妇女,尤其是摆脱了物质匮乏所造成的生存需要的羁绊之后,追求更高的精神生活的上层妇女群体,如后妃、公主、宫人、官僚士大夫家庭的妻妾儿女等具有更大的诱惑力。据记载,唐代公主入道的有高宗之女太平公主,睿宗西城公主、昌隆公主,玄宗万安公主、新昌公主、永穆公主,代宗华阳公主,德宗文安公主,宪宗永嘉公主、永安公主,穆宗义昌公主、安康公主,顺宗浔阳、平恩、邵阳三公主,武宗寿春公主等十六位公主。后妃中也有道教信仰者,如中宗韦庶人曾立景云女冠观,杨贵妃曾为太真宫女道士。身处宫廷底层的宫人也有许多道教信奉者,每当皇帝要"出宫人"时,这些人多数会选择入居道观,终老一生。如宫人卢眉娘,顺宗永贞时入宫,深受顺宗、宪宗的赞赏,但"眉娘不愿在禁中,遂度为道士"②。开成三年(公元838年)六月,唐文宗"出宫人四百八十,送两街寺观安置"③。卢纶《过玉真公主影殿》诗中就写道:"君看白发诵经者,半是宫中歌舞人。"花蕊夫人的《宫词》中也有:"会仙观内玉清坛,新点宫人作女冠。"长安官僚的妻女中也有出家入道的,如李林甫之女就在嘉猷观入道为观主,李白《送内寻庐山女道士李腾空二首》:"多君相门女,学道爱神仙。"④对这些出家为道的女性来说,进入道门以后,诵经、焚香成为其最基本的活动,而少部分高水平的女道士还有机会登坛讲经。韩愈《华山女》就讲道:在长安两街僧道俗讲中,道士处于下风,在家奉道的华山女听说后,"遂来升座演真诀,观门不许人开扃。不知谁人暗相报,訇然振动如雷霆。扫除众寺人迹绝,骅骝塞路连辎軿。观中人满坐观外,后至无地无由听",甚至皇帝都来传召入宫讲经,"天门贵人传诏召,六宫愿识师颜形"⑤。而对居家奉道的道教爱好者来说,她们的道教信仰活动主要有静室独修、焚香诵经、研习经典、素食戒腥、熏茹不味和拜师学道等几种方式。与男性道士相比,唐代信仰道教的妇女对道教理论的

---

① 焦杰:《唐代道教女信徒的宗教活动及其生活——以墓志材料为中心》,载《陕西师范大学学报》(哲学社会科学版)2013年第2期,第129页。
② 《太平广记》卷六六《卢眉娘》,第413页。
③ 《旧唐书》卷一七下《文宗本纪下》,第574页。
④ 《全唐诗》卷二七九,第3169页;卷七九八,第8979页;卷一八四,第1884页。
⑤ 《全唐诗》卷三四一,第3823—3824页。

修习研究较少，而特别注重养生养颜、延年益寿等日常习道活动。

（三）三夷教信仰

长安是丝绸之路上最重要的国际化大都市。伴随着日益繁荣的中外人员、经济和文化的交往，一些来自西域的祆教、摩尼教和景教也传入长安城，丰富了长安居民的信仰世界。

祆教又称火祆教、拜火教，是一种古波斯宗教，南北朝时已传入中国。武德四年（公元621年），长安布政坊西南角设立祆祠，祠内设有萨宝府官，主祠祆神，以胡祝充其职。[1]《西溪丛语》记载：贞观五年（公元631年），有传法穆护何禄，"将祆教诣阙闻奏，敕令长安崇化坊立祆寺，号大秦寺，又名波斯寺"。[2]仪凤二年（公元677年），波斯王卑路斯奏请，又在醴泉坊置波斯寺，卑路斯来自波斯，其信仰当为波斯祆教，故推测此波斯寺当为祆祠。[3]出土的《唐故米国大首领米公墓志》载：志主米萨宝为米国人，"阴阳烈石，刚柔叙德，崇心经律，志行玄门"[4]，这与祆教教义有关，说明其为祆教徒，而且米萨宝于天宝元年（公元742年）终于长安崇化坊，再次印证了《西溪丛语》中所载崇化坊之波斯寺为祆祠。1955年，陕西省文管会在西安西郊土阴村附近发现咸通十五年（公元874年）左神策军散兵马使苏谅妻马氏墓志，上半为中古波斯的婆罗钵文，经翻译考证知道夫妇二人都是来自波斯的火祆教徒。[5]此外，在普宁坊、靖恭坊也都分布有祆祠。

摩尼教，又称明教、明尊教、末尼教、牟尼教。3世纪中叶，波斯人摩尼（Mānī，216—276）创立，故名，该教曾在西至埃及、北非、欧洲、小亚细亚、叙利亚、伊朗，东抵中亚、西伯利亚、蒙古高原及中国的广大地区流传，唐代始传入中国中原地区。《佛祖统纪》记载："延载元年……波斯国人拂多诞持二宗经伪教来朝。"[6]这是有关摩尼教在中国正式传播的最早记载，自此摩尼教在唐长安城内持续传播。敦煌发现的《摩尼光佛教法仪略》题记记载：开元十九年（公元731年）六月八日，"大德拂多诞

---

[1]《长安志》卷一〇《唐京城四》，第329—330页。
[2]《西溪丛语》卷上，第42页。
[3]《长安志》卷一〇《唐京城四》，第337页。
[4] 何遽：《唐故米国大首领米公墓志铭考》，载《国立北平图书馆馆刊》1932年第2号，第141—144页。
[5] 陕西省文物管理委员会：《西安发现晚唐祆教徒的汉、婆罗钵文合璧墓志——唐苏谅妻马氏墓志》，载《考古》1964年第9期，第458页。
[6]〔宋〕志磐撰，释道法校注：《佛祖统纪校注》卷三九《法运通塞志五》，上海古籍出版社，2012年，第931页。

奉诏集贤院译"。①次年，唐玄宗突然颁敕："未摩尼法，本是邪见，妄称佛教，诳惑黎元，宜严加禁断。以其西胡等既是乡法，当身自行，不须科罪者。"②禁止唐人信仰摩尼教，将其限制在胡人范围内。后来，摩尼教传入回纥，并在统治阶级上层取得主导地位，"回鹘常与摩尼议政"，由于回纥在平定安史之乱中所立之功，回纥统治者又开始向唐朝宣传摩尼教，唐王朝不得不废除禁令，在长安为其立寺。《资治通鉴》记载："是岁，回鹘入贡，始以摩尼偕来，于中国置寺处之。"胡三省注云："按《唐书会要》十九卷：回鹘可汗王令明教僧进法入唐。大历三年六月二十九日，敕赐回鹘摩尼，为之置寺，赐额为大云光明。"③之后，长安城的回鹘"大摩尼数年一易，往来中国，小者年转"④。摩尼教又开始在长安城内重新传播，贞元十五年（公元799年），关中久旱无雨，唐德宗"令摩尼祈雨"⑤。《太平广记》载：元和时，吴可久居长安，"奉摩尼教，妻王氏，亦从之"⑥。据此得知，唐代后期长安摩尼教获得一定发展，唐人中亦有信仰者。

景教，是基督教中聂斯托利派的别称，属于基督教的异端，其说因不被西欧天主教会接受，遂转而传播于波斯及中亚，贞观九年（公元635年）传入长安，十二年（公元638年），唐太宗敕令在长安义宁坊街东之北，为大秦国胡僧阿罗建立景教寺，度僧二十一人⑦，其寺初称波斯寺，波斯灭亡后天宝四载（公元745年）改称大秦寺⑧。西安碑林博物馆所藏大秦景教流行中国碑（见图7-20）记载：高宗时"于诸州各置景寺"，"法流十道，国富元休；寺满百城，家殷景福"，安史之乱后，景教徒"或仍其旧寺，或重广法堂，崇饰廊宇，如翚斯飞，更效景门，依仁施利"，郭子仪也每岁集四寺僧徒，虔诚精供。《唐左神策军散副将京兆米继芬墓志》也记载：米继芬来自中亚米国，作为质子随父来到长安，他有两个儿子，幼子"僧思圆，住大秦寺"，为大秦寺景教僧侣，暗示了其父辈、祖辈都是景教徒，至少可以肯定米继芬心中的景教信仰，否则不会将儿子送去做专职的景教僧侣。⑨《唐李素墓志》也记载：李素为波斯人，天

---

① 林悟殊：《〈摩尼光佛法仪略〉释文》，见林悟殊：《摩尼教及其东渐》，中华书局，1987年，第230页。
② 《通典》卷四〇《职官二十二》，第1103页。
③ 《资治通鉴》卷二三七，唐宪宗元和元年十一月，第7628页。
④ 《唐国史补》卷下，第66页。
⑤ 《唐会要》卷四九《摩尼寺》，第1012页。
⑥ 《太平广记》卷一〇七《吴可久》，第727页。
⑦ 《长安志》卷一〇《唐京城四》，第341页。
⑧ 《唐会要》卷四九《大秦寺》，第1011—1012页。
⑨ 葛承雍：《唐代长安一个粟特家庭的景教信仰》，载《历史研究》2001年第3期，第185页。

图 7-20 大秦景教流行中国碑
（现藏于西安碑林博物馆）

宝年间随其祖入仕唐朝，他的儿子的名字中，都有一个"景"字，荣新江先生认为选用"景"字而不用其他，似非偶然，"景"字是景教最常用的字，李素诸子以"景"字命名，或许暗示着这个家族固有的景教信仰。建中二年（公元781年）大秦景教流行中国碑建立时李素一家正在长安，李素的字"文贞"，也镌刻在大秦景教流行中国碑侧，用叙利亚文和汉文两种文字书写，作"Luka（路加）/僧文贞"①，这无疑证明了李素及其家人的景教信仰。

从整体来看，唐代长安城中三夷教的信仰者主要是来自中亚、西亚的人及其后裔，而长安土著汉人很少有此信仰。这一方面是由于统治者的有意限制，另一方面也是由于这些宗教的教义与中国传统文化之间有差距，普通民众对其不感兴趣。而三夷教信众的局限性也决定了其寺院空间分布的特征，这些寺院所在地方，除靖恭坊祆祠在街东外，其余均在街西，分布于西市周围。如西市东北部的布政坊祆祠、西南部的崇化坊祆祠、北边的醴泉坊祆祠和波斯胡寺、西北的普宁坊祆祠和义宁坊大秦寺，这些坊里当时为波斯及中亚诸国官员、商人的聚居之地。②祆祠、波斯胡寺、大秦寺的存在成为他们内部宗教信仰和文化交往的活动中心。三夷教虽然在唐代长安有了一定的传播，但是由于仍处于传入中国内地的初期阶段，信众人群和传教方式不当，使其在唐代长安信仰格局中所占比重仍然比较小。舒元舆《唐鄂州永兴县重岩寺碑铭并序》中就写道："近古而有加焉，亦容杂夷而来者，有摩尼焉，大秦焉，祆神焉。合天下三夷寺，不足当吾释寺一小邑之数也。"③而且三夷教在长安的传教也并不是一帆风顺的，除受到佛

---

① 荣新江：《一个入仕唐朝的波斯景教家族》，见叶奕良编：《伊朗学在中国论文集》第2集，北京大学出版社，1998年，第82—90页。
② 韩香：《唐代长安中亚人的聚居及汉化》，载《民族研究》2000年第3期，第66页。
③ 《全唐文》卷七二七，第7498页。

教和道教的排挤外，会昌年间的毁佛活动也对三夷教造成了沉重的打击。会昌三年（公元843年），武宗"敕天下末尼寺并令废罢"，长安城内的女末尼七十人皆死，流配诸道的回鹘摩尼也多死于途中。① 五年七月，又下敕"大秦穆护等祠，释教既已釐革，邪法不可独存。其人并勒还俗，递归本贯充税户。如外国人，送还本处收管"②。僧人被迫还俗，经卷被烧毁，寺院没为官有，此后三夷教，长安的活动基本停止。至于伊斯兰教，没有确凿证据证明其在唐代长安传播。③

（四）其他信仰

除有组织的宗教外，隋唐长安还有许多非宗教的民间信仰。这些民间信仰多是基于人们对未知世界的感性认识，与民众的日常生活关系密切，具有浓厚的原始性和实用主义色彩。这些信仰也没有完整的理论体系，而这恰恰赋予其一种包容性，民众长期传承的有关自然、祖先、神灵、鬼魅等难以解释的超自然现象都可纳入其中，因而民间信仰也就成了长安社会文化的重要组成部分。

祖先崇拜是人类最早形成的信仰之一，中国先民也非常重视祖先祭祀。《礼记·祭统》云："凡治人之道，莫急于礼；礼有五经，莫重于祭。"④ 这里的"祭"，主要是对祖先的祭祀。隋唐长安城中祖先祭祀场所主要有皇家宗庙及百官、贵戚家庙，其大致可分官立的皇室宗庙和私立家庙，皇家宗庙前有专论，在此重点关注家庙的情况。长安是各级官员聚居的地方，因而也成为品官私庙集中之地。唐代前期的《贞观礼》《显庆礼》和《开元礼》中都对官员家庙礼制、建筑形制、家庙祭祀礼仪等有关问题做了具体规定。如《开元礼》中就记载："凡文武官二品以上，祠四庙，五品以上，祠三庙。（注曰：三品以上不须兼爵。四庙外有始封祖者，通祠五庙。）牲皆用少牢。六品以下达于庶人，祭祖祢于正寝。"⑤ 若不按制立庙，就会被人非议，贞观时王珪位高权重，而不营私庙，四时祭祀于寝室"不中礼"，因而被"法司所劾"，"时论以是少之"。⑥ 而唐代家庙的具体建筑形制，《新唐书·礼乐志三》中规定："庙之制，三品以上九架，厦两旁。三庙者五间，中为三室，左右厦一间，前后虚之，无重栱、藻井。室皆为石室一，于西墉三之一近南，距地四尺，容二主。庙垣周之，为南门、东门，门

---

① 《佛祖统纪校注》卷四三《法运通塞志九》，第987页。
② 《旧唐书》卷一八上《武宗本纪》，第605页。
③ 葛承雍：《唐长安伊斯兰教传播质疑》，载《人文杂志》1996年第6期，第74页。
④ 《礼记集解》卷四七《祭统第二十五》，第1236页。
⑤ 《大唐开元礼》卷三《序例下·杂制》，第34页。
⑥ 《旧唐书》卷七〇《王珪传》，第2530页。

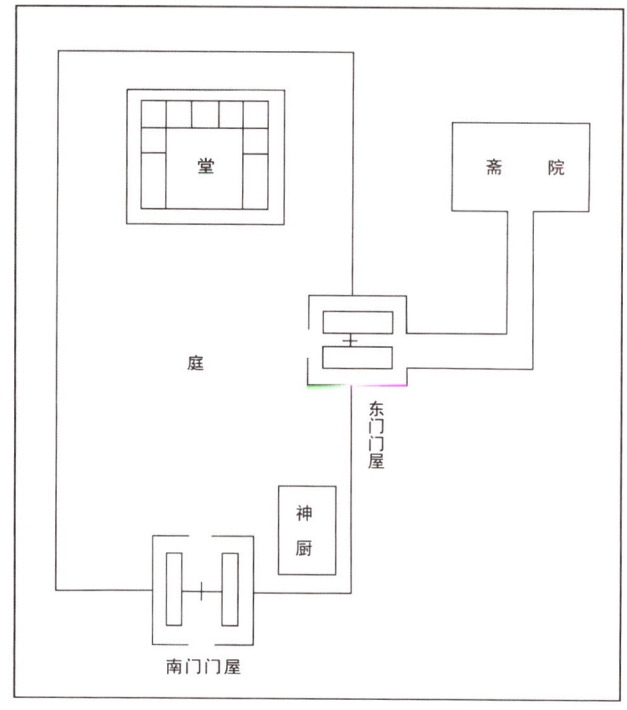

图 7-21　唐代家庙建筑平面图
（选自甘怀真：《唐代家庙礼制研究》，台湾商务印书馆股份有限公司，1991年，第63页）

屋三室，而上间以庙，增建神厨于庙东之少南，斋院于东门之外少北"①，对品官家庙平面结构做了具体论述。（见图7-21）

根据现有资料统计，唐代长安的家庙共计有37例。（见表7-1）在空间分布上，唐前期官员家庙多分布于紧邻皇城的近北诸坊或街东高敞之地，唐中后期由于城市人口增加，用地紧张，城北邻近皇城诸坊成为官员贵族宅第的密集区，官员家庙不得不向城南发展。会昌五年（公元845年），唐武宗南郊祭天途中，发现朱雀门街左右诸坊多有私庙，因此敕旨："百官并不得京城内置庙，如欲于京城内置庙者，但准古礼于所居处置，即不失敬亲之礼者。"后经中书门下奏请：朱雀门至明德门诸坊仍不得置庙，只允许威远军以南外围闲僻、无所妨碍之地置庙。②这样唐代官员营宅于城北诸坊，而立庙于城南偏僻之处，导致官员宅、庙分离，异于汉晋。③

表 7-1　唐代长安家庙分布表

编号	立庙者	立庙时间	地点	资料出处
1	魏徵	贞观时	昌乐坊	《唐两京城坊考》（下简称"《城坊考》"）卷二
2	虞世南	贞观时	永嘉坊	《长安志》卷九
3	王珪	贞观六年（公元632年）	永乐坊	《城坊考》卷二
4	段纶	贞观时	颁政坊	《增订唐两京城坊考》卷四
5	韦玄贞	神龙时	修德坊	《长安志》卷九

---

① 《新唐书》卷一三《礼乐志三》，第346页。
② 《唐两京城坊考》卷二《西京外郭城》，第42页。
③ 张萍：《唐长安官、私庙制及庙堂的地理分布》，载《中国历史地理论丛》2001年第4辑，第28页。

续表

编号	立庙者	立庙时间	地点	资料出处
6	杨玚	玄宗时	长安	《游城南记校注》①
7	韦凑	开元时	立政坊	《城坊考》卷三
8	郭子仪	乾元元年（公元758年）	长安	《金石萃编》卷九二《郭氏家庙碑》
9	浑释之	代宗时	常乐坊	《城坊考》卷三
10	元载	大历四年（公元769年）	长寿坊	《城坊考》卷四
11	颜惟贞	建中元年（公元780年）	长安	《金石萃编》卷一〇一《颜氏家庙碑》
12	杨炎	建中时	曲江附近	《城坊考》卷三
13	韦皋	贞元元年（公元785年）	大安坊	《城坊考》卷四
14	沈房	贞元七年（公元791年）	延福坊	《城坊考》卷四
15	李晟	贞元八年（公元792年）	长安（雁塔西二里）	《类编长安志》②卷一〇《石刻》
16	张嘉贞	贞元中	长兴坊	《城坊考》卷二
17	曲环	德宗时	兰陵坊	《城坊考》卷二
18	王武俊	德宗时	道德坊	《城坊考》卷四
19	于頔	元和五年（公元810年）	兰陵坊	《城坊考》卷二
20	薛苹	元和五年（公元810年）	永安坊	《城坊考》卷四
21	权德舆	元和七年（公元812年）	通济坊	《权德舆诗文集》③卷四六《请祔庙状》
22	郑余庆	元和七年（公元812年）	敦义坊	《城坊考》卷四
23	乌重胤	元和八年（公元813年）	崇化坊	《长安志》卷一〇
24	田弘正	元和八年（公元813年）	长安	《韩昌黎文集校注》④卷六《魏博节度观察使沂国公先庙碑铭》
25	袁滋	元和十一年（公元816年）	长安	《韩昌黎文集校注》卷六《袁氏先庙碑》
26	崔群	元和十四年（公元819年）	崇业坊	《城坊考》卷四
27	马惣	元和十五年（公元820年）	长安	《文苑英华》卷八八一《马公家庙碑》
28	杜佑	宪宗时	曲江附近	《城坊考》卷三
29	杜氏	宪宗时	延福坊	《城坊考》卷三
30	杨于陵	穆宗时	长安	《唐代家庙礼制研究》⑤
31	令狐楚	宝历元年（公元825年）	通济坊	《城坊考》卷三
32	王涯	宝历二年（公元826年）	崇业坊	《城坊考》卷四

续表

编号	立庙者	立庙时间	地点	资料出处
33	殷侑	文宗时	永平坊	《城坊考》卷四
34	蒋系	宣宗时	昌乐坊	《城坊考》卷二
35	卢钧	宣宗时	通济坊	《城坊考》卷三
36	李绛	大中九年（公元855年）	长安	《宝刻丛编》⑥卷七《唐赠司徒赵郡贞孝公李绛先庙碑》
37	窦氏	—	嘉会坊	《城坊考》卷四

注：
① 《游城南记校注》，第87页。
② 《类编长安志》，第288页。
③ 《权德舆诗文集》，第703页。
④ 〔唐〕韩愈撰，马其昶校注：《韩昌黎文集校注》，上海古籍出版社，1986年，第403—405页。
⑤ 《唐代家庙礼制研究》，第106页。
⑥ 〔宋〕陈思：《宝刻丛编》，清光绪十四年吴兴陆氏十万卷楼刊本。

唐礼中对家庙祭祀的具体礼仪也有一些规定。唐人庙祭多延续汉以来的宗庙享仪，用四时之祭。据《周礼》知，四时之祭称作春祠、夏礿、秋尝、冬蒸。但由于民间在一些重大节日（如元旦和冬至）也会祭祀祖先，遵行的是自家的规矩，即所谓"家传"，元稹就曾说："唐制，位五品皆庙祀，庙祀亦以求吉日。其余未庙祀者，各奉家传，疏数每异。昔我先府君……是用日至暨正旦，仲夏之五日，季秋之初九，莫不修奉祠祀"①。元稹家是在元旦、端午、重阳及冬至等四节祭祖。关于祭祀时用的供品，唐以前主人须亲自视杀牲，牲品置于庙的南门外，当场宰割。《开元礼》则规定：祭祀时主人可不亲自视杀牲，执事者于享日的清晨，于厨中将牺牲宰割烹调。关于神主的设置，规定：三品以上官人家庙有神主，四、五品无神主，只设几筵，六品以下无几筵，但设神座。唐代家庙是时人祖先崇拜的重要表现形式，也是中国祠堂制度完善的一个重要阶段，对后代祠堂制度的发展产生了重要影响。

正史文献一般对民间信仰记载很少，而一些笔记传奇对唐代民间信仰多有记载。根据相关记述，我们可以知道：隋唐长安是一个民间信仰十分复杂的城市，除家庙所体现的祖先信仰之外，还有土地信仰、阎罗信仰、毗沙信仰等。古代中国以农立国，土地是社会生产的源泉，对土地的崇拜很早就已开始。隋唐时期，民间的土地信仰有了新的发展，土地神的存在较为普遍，长安的坊里就有自己的土地神。段成式《酉阳杂俎》记

① 《元稹集》卷五九《告祀曾祖文》，第618—619页。

载：唐醴泉尉崔汾仲兄居长安崇贤里，夏夜在院中乘凉赏月，忽然出现一道士，崔生以枕投门阖警之，而惹恼道士，道士厉声斥责曰："此处有地界耶？"并遣二鬼使勾走崔生魂魄。①这里所讲的长安崇贤里地界，便是本坊的土地神。②人类长期对死亡充满恐惧，但又不得不面对，于是人们便根据现实社会中的种种苦难幻想出死后的世界，阎罗王就是其中之一。阎罗王又称阎罗、阎王、阎魔王、焰摩罗王、琰魔等，最早源于古印度的民间信仰和印度教，后被佛教借用并传入中国。由于阎罗王是地狱之王，掌握人们的生死大权，因此人们对阎罗王由恐惧而心生敬畏，进而形成一种祭祀信仰。长安聚居了众多的皇室、高官、贵族，他们掌握着社会各种权力、财富，坐享荣华富贵，对世间的一切充满留恋，惧怕死亡，便有求于能够主宰人生死的阎罗王，因此长安是阎罗王信仰最为集中的地方。开元中，长安县尉裴龄，暴疾数日，夜间被鬼使所引至城，见一朱门爽丽，奇树郁茂。前有官云主簿，须臾，阎罗王坐，王问："何故追此人？"主簿云：实求肠，不遣杀驴。王言其尚有数政官禄，不可久留，宜速放去，谓龄曰："令放君回，当万计修福。"③

隋唐长安的民间信仰多与民众的日常生活密切相关，人们自身的需要在现实社会中无法得到满足，而将其寄托于鬼神。从某种意义上讲，民间信仰的鬼神并不是来自神界幽冥，而是来自人自身，人们欲望的多样性造就了民间信仰的复杂性。

二、文苑风尚

隋唐长安城作为全国的政治、经济和文化中心，自是全国各地文人士子的心驰神往之地。长安的人才聚集早在北朝末年就已开始，北周灭北齐后，来自原北齐的许多文人士子就迁徙到长安，卢思道和薛道衡就是其中代表，他们在隋初长安文坛上占有重要地位。开皇九年（公元589年），隋统一南北后，又有虞世基、王胄等大批文人学士自江南徙往长安。到了唐代，长安更是人才济济。清代所编纂的《全唐诗》录有唐代诗人两千零二十六人，近人王重民等又辑有《全唐诗外编》，又有所增添；《全唐诗》之外，清人更辑有《全唐文》，作者亦有三千零四十二人（其中包括五代十国时的作者）。④其中或有重复，但足以证明唐代文人荟萃。这些人几乎全都有在长安居住游历的经历，

---

① 《酉阳杂俎·续集》卷一《支诺皋上》，第205页
② 贾二强：《唐宋民间信仰》，福建人民出版社，2002年，第77页
③ 《太平广记》卷三八一《裴龄》，第3033—3034页
④ 史念海：《开元天宝时期长安的文化》，见《唐史论丛》第1辑，第91页

李白曾以供奉翰林的身份在长安闲居,杜甫在这里居住长达十余年,杜佑、杜牧、韦应物、韦庄等人本就生长在此,褚遂良、陈子昂、白居易、柳宗元、元稹、韩愈、刘禹锡等人长期在长安为官。繁华壮丽的长安城,在他们的笔下被如实地、生动地挥毫书写。

隋唐三百余年,长安的文苑风尚几经嬗变,形成了多姿多彩的文学盛景。隋初,文帝欲用行政手段"斫雕为朴""去浮华",改变当时的文风,然积习既久,收效甚微,绝大多数文人仍袭魏晋以来的浮艳文风,特别是来自北齐、梁陈的文人尤是如此。卢思道原任职北齐待诏文林馆,北齐灭亡后,西入长安,隋初任散骑侍郎等职,他虽为北方人,但却以南方诗风创作了颇具梁陈宫廷气息的艳诗,如《采莲曲》:"曲浦戏妖姬,轻盈不自持。擎荷爱圆水,折藕弄长丝。珮动裙风入,妆销粉汗滋。菱歌惜不唱,须持宴归时。"①来自南方的虞世基以文辞清劲著称,其《赋得戏燕俱宿》云:"千里争飞会难并,聊向吴宫比翼栖"②,显得浮靡轻佻。随着统一国家的发展,大业年间的文风已显示出一些新气象。隋炀帝初慕南朝文风,"有非轻侧之论",即位后"一变其风","其《与越公书》、《建东都诏》、《冬至受朝诗》及《拟饮马长城窟》,并存雅体,归于典制",已"词无浮荡",故当时文士多效仿之。③另外,杨素、王胄等的诗文都显示出向刚健、浑厚诗风的转变,而薛道衡的诗文则有把南北风格融合的迹象。杨素的《出塞》写塞外风光,"历览多旧迹,风日惨愁人。荒寒穷千里,孤城绝四邻。树寒偏易古,草衰恒不春"④,显出沉郁而苍凉之感。总体来看,隋代大兴城诗风显示出南北交融和过渡性特点,为唐代文学的繁荣准备了条件。

有唐一代,文学以诗为盛,中国古典诗歌达到其黄金时期。按其诗风的变化,可分为初、盛、中、晚唐四期。初唐,陈叔达、杨思道、虞世南、李百药等诗人多是陈、隋遗老,诗风也多沿袭齐梁旧体,唐太宗也颇喜这种诗体,写出了《帝京篇》十首等浮丽呆板的宫体诗。诗中描写的壮丽的长安城成为帝国强盛与繁荣的象征,使唐初的文人士大夫"不仅感受到眼前的辉煌,而且产生了一种对于历史的浪漫幻想,为繁荣与衰败的对比而深深感动",从而在文人中"激发起了一批歌颂长安的诗",产生出一些初唐优秀的诗歌。⑤在此带动下,齐梁宫体诗一时成风,逐渐发展出"绮错婉媚"的"上官

---

① 〔明〕张溥编:《汉魏六朝百三家集》卷一一五《卢思道集·乐府》,清光绪五年信达堂重刻本。
② 《文苑英华》卷二二九《寓兽二·燕》,第1712页。
③ 《隋书》卷七六《文学传》,第1730页。
④ 《文苑英华》卷一九七《乐府六》,第973页。
⑤ 〔美〕宇文所安:《初唐诗》,贾晋华译,生活·读书·新知三联书店,2004年,第46页。

体"。上官仪自幼浸工文辞,贞观初进士及第,授弘文馆直学士,迁秘书郎,太宗宴私未尝不预,高宗时为秘书少监,人多效仿其诗,谓为"上官体"。① 上官仪之后出现的是李峤、苏味道、崔融、杜审言四位宫廷诗人,号称"文章四友"。与其同时或稍晚,还有沈佺期、宋之问二人,尽管他们的诗歌仍未完全摆脱齐梁诗风的影响,但已透露出一定的生活气息,且语言流畅,与齐梁浮艳诗风有所不同,他们在韵律方面把前人运用格律的实践经验、成熟形式肯定下来,规范化,完成了律诗"回忌声病,约句准篇"的最后任务。② 初唐诗坛,最值得一提的是被称为"初唐四杰"的王勃、杨炯、卢照邻、骆宾王和陈子昂,他们在创作上有意识地摆脱齐梁诗风的影响,主动开拓诗歌的新领域,突破了宫体诗的狭窄内容,赋予诗歌以更加积极的新生命,推动诗歌向盛唐的转变。闻一多先生认为:宫体诗"在卢骆手里是由宫廷走向市井,五律到王杨的时代是从台阁移至江山与塞漠",这种对宫体诗的改造"背面有厚积的力量撑持着。这力量,前人谓之'气势',其实就是感情。有真实感情,所以卢骆的来到,能使人们麻痹了百余年的心灵复活"。③ 杨炯《从军行》:"宁为百夫长,胜作一书生。"稍后的陈子昂在反对齐梁宫体诗上更加坚决,他在诗歌理论和创作实践上都表现出革新精神。在诗歌理论上,陈子昂主要继承了刘勰、钟嵘及"初唐四杰"所提倡的"比兴""风骨"之说,他的《登幽州台歌》:"前不见古人,后不见来者。念天地之悠悠,独怆然而涕下"④,追古抚今,慷慨悲凉,将诗人的个人感受与天地融为一体,没有了齐梁宫体诗轻靡浮薄的气息,在今天仍能引起人们的共鸣,成为千古绝唱。中宗时,诗歌在社会上更加流行,宫廷里经常举办赛诗会,尤其是上官仪的孙女上官婉儿,历则天而为中宗昭容,劝中宗增扩文学馆,增加学士员额,引大臣名儒充选,"数赐宴赋诗……赐金爵,故朝廷靡然成风",因此当时的文人"大抵虽浮靡,然所得皆有可观"。⑤

经历了初唐的准备和探索,诗歌在盛唐时期走向了鼎盛。这一时期,流派纷呈,群星璀璨,佳作迭出。孟浩然、王维的山水田园诗,表现了乡间宁静恬淡的生活场景;高适、岑参、王昌龄的边塞诗更体现出蓬勃向上、开拓进取的盛唐气象。另外,出现了"诗歌史中的双子星座"——李白和杜甫⑥。李白幼居蜀中,善诗赋,喜击剑、纵横

---

① 《新唐书》卷一〇五《上官仪传》,第4035页。
② 赵文润:《隋唐文化史》,陕西师范大学出版社,1992年,第207页。
③ 闻一多:《唐诗杂论》,上海古籍出版社,2006年,第23、14页。
④ 《全唐诗》卷五〇,第611页;卷八三,第902页。
⑤ 《新唐书》卷七六《上官婉儿传》,第3488页。
⑥ 郭沫若:《诗歌史中的双子星座》,载《光明日报》1962年6月9日第3版。

术,还深受神道教的影响。开元十四年(公元726年),二十六岁的李白便"仗剑去国,辞亲远游"①,开始了漫游兼求仕的生涯;开元十八年(公元730年)第一次到达长安,然有志难酬,失意而返,《行路难》《蜀道难》就是他在这一时期的作品,反映了他在长安的遭遇和思想的变化;天宝元年(公元742年),因吴筠推荐,被玄宗征召入朝,李白再次前往长安,这时的作品有《清平调三首》等;但玄宗只是欣赏他的文才,把他看作点缀升平和宫廷生活的御用文人,再加上当时朝政已开始逐渐腐化,李白仍有志难伸,他蔑视权贵的孤傲作风也招致权臣的诋毁,最后玄宗又将其赐金放还。而杜甫少年便有远大志向,弱冠之年就开始远游吴越、齐赵;三十五六岁时,他怀着"致君尧舜上,再使风俗淳"的志向到达长安,在此居住达十年之久,但唐玄宗仅使他"待制集贤院,命宰相试文章"②,他郁郁不得志,生活穷困。在此期间,他细心观察长安社会,先后写了《丽人行》《兵车行》《出塞》《自京赴奉先县咏怀五百字》等诗篇,"朱门酒肉臭,路有冻死骨","朱门任倾夺,赤族迭罹殃。国马竭粟豆,官鸡输稻粱",③揭露了统治者生活的骄奢淫逸和对下层百姓的残酷压榨,展示了他现实主义的诗歌创作风格,且诗风有了明显转变,为其后来的诗歌创作奠定了基础。安史之乱爆发后,杜甫颠沛流离,对社会现实有了更深刻的认识。肃宗即位灵武,他欲前往,怎奈途中陷于叛军,因而独居长安,当时长安的离乱、百姓生活的艰辛,成为他的新题材,《哀王孙》《悲陈陶》《月夜》《悲青坂》《春望》《塞芦子》等就是这一时期的诗作,他的写作题材更加广阔,对现实生活的揭露更加深刻,诗歌艺术更加成熟。

安史之乱后,唐王朝由盛转衰,社会的变迁促使文人士大夫更加关注社会现实问题,诗歌也成为反映这个转变的形式之一,开始由盛唐向中唐过渡。大历前后,元结、顾况等诗人接过杜甫现实主义的大旗,使诗歌更多地反映现实。到德宗、宪宗、文宗时期,出现了杜甫之后另一个伟大的现实主义诗人——白居易,他进一步强调诗歌为现实政治服务,发起了新乐府运动,元稹、孟郊、张籍、王建等人也与之呼应。白居易是这次新乐府运动的巨匠,他总结了《诗经》以来中国古典诗歌中的现实主义创作经验,建立了一套现实主义的诗歌理论,对新乐府运动起了指导作用。他在《与元九书》中强调

---

① 瞿蜕园、朱金城校注:《李白集校注》卷二六《上安州裴长史书》,上海古籍出版社,1980年,第1545页。
② 《新唐书》卷二〇一《杜甫传》,第5736页。
③ 萧涤非主编:《杜甫全集校注》卷三《自京赴奉先县咏怀五百字》,人民文学出版社,2014年,第669页;卷一四《往游》,第4084—4085页。

诗歌要能够"补察时政""泄导人情",并提出"文章合为时而著,歌诗合为事而作"的口号。在诗歌的性格上,白居易指出:"感人心者莫先乎情,莫始乎言,莫切乎声,莫深乎义。诗者:根情,苗言,华声,实义"①,强调诗歌要反映真情实感,以树木成长过程为喻,提出了诗的四要素:情、言、声、义,情、义是内容,言、声是形式,内容与形式要统一,主张形式为内容服务,要求"非求宫律高,不务文字奇。惟歌生民病,愿得天子知"。②他在生活中也创作出了数量众多的现实主义诗歌,将其理论付于诗歌创作实践,他认为自己诗歌中最有价值的就是那些通俗易懂、能够反映底层劳动人民真实生活的"讽喻诗"。

文宗之后至唐亡,唐王朝日益沉沦,诗歌也表现出忧时悯乱、感叹时世的无奈,流露出一种浓厚的末世感伤气氛。这一时期的诗人有李贺、皮日休、杜荀鹤、陆龟蒙等,而被称为"小李杜"的李商隐、杜牧是杰出代表。李、杜的咏史诗尤其值得重视。李商隐的《汉宫词》《楚宫》《贾生》《隋宫》《马嵬》等都寄托吊古伤今之情。杜牧《过华清宫》云:"长安回望绣成堆,山顶千门次第开。一骑红尘妃子笑,无人知是荔枝来"③,是借历史题材讽刺统治者骄奢荒淫,而《赤壁》《题乌江亭》则是对历史上的兴亡成败发独特之议论。

除唐诗之外,长安文学还有散文、传奇以及变文、俗讲等通俗文学,在唐代后期也都逐渐兴起。特别是中唐时,由韩愈和柳宗元发起的古文运动,号召以先秦两汉时代的"古文"来代替六朝以来的骈体文,其影响深远。而古文运动之所以能够成功流布四方,促成唐宋文风的整体转变,长安在其中发挥的作用不容忽视。长安作为都城,古文运动在此发起,能够形成一种高屋建瓴之势,全面影响着会聚到此的全国各地的文化精英,再由这些文化精英将古文运动之风及其理论散播各地,终成举国之风。而传奇小说、俗讲等都是伴随着长安城市市民阶层的崛起而兴起的,并以长安城为舞台来展开创作的。

三、艺术追求

隋唐经济的发展和对外交流的频繁,也带动了文化艺术的繁荣。长安更是艺术发展

---

① 《白居易集笺校》卷四五《与元九书》,第2789—2796页。
② 《白居易集笺校》卷一《寄唐生》,第43页。
③ 《樊川文集》卷二,第28页。

的中心，来自国内外的乐舞、书法、绘画艺术家都云集在此。根据相关研究，唐代艺术家的籍贯以关中地区最多，在关内道的京兆府（治所在长安）、凤翔府（治所在今陕西凤翔县）、同州（治所在今陕西大荔县）和华州（治所在今陕西渭南市华州区）辖境，有艺术家一百四十二人，其中长安、万年两县（含隶籍京兆府者）就有九十七人，约占整个关内道人数的十分之七①，艺术工作者集中的现象特别明显，正是这些人的努力创作，推动了长安艺术的繁荣，丰富了长安人民的精神生活。

（一）乐舞

乐是中国古代礼乐文化的重要组成部分，通常它分为音乐和舞蹈两部分。隋唐的音乐分为雅乐和燕（宴）乐。雅乐是祭祀天地、宗庙以及朝会时演奏的音乐。隋朝建立之初，雅乐沿用周、齐旧乐。开皇二年（公元582年），太常卿牛弘、国子祭酒辛彦之、国子博士何妥等奏请修正，但是由于"沦谬既久，音律多乖"，无果而终。九年（公元589年）平陈后，获得宋、齐旧乐，隋文帝诏于太常置清商署以管理，并访寻陈太乐令蔡子元、于普明等居其职。②于是，牛弘又奏请改乐，至十四年（公元594年）隋朝雅乐最终确定。唐朝建立之初，"军国多务，未遑改创"，仍沿用隋朝旧制，直到武德九年（公元626年）太常少卿祖孝孙考定雅乐。贞观二年（公元628年）"作大唐雅乐"，以十二律各顺其月，制十二和乐，共32曲、84调，用以祭圜丘、方泽、宗庙、五郊、朝贺、飨宴则随月用律为宫。不久，张文收又依《周礼》对雅乐进行改革，祭昊天上帝以圜钟为宫，黄钟为角，太簇为徵，姑洗为羽，奏元和之舞。若封泰山，也用此乐，其他不同的场合各用不同的乐章。麟德二年（公元665年），唐高宗诏改郊庙享宴等所奏宫悬，文舞宜用《功成庆善乐》，武舞宜用《神功破阵乐》。上元三年（公元676年），高宗敕：自今以后，圜丘、方泽、太庙祭祀用新造的《上元舞》。到开元十三年（公元725年），唐玄宗又诏张说改定乐章，玄宗自定声度，张说为作词，并定封禅、郊庙词曲及舞，此后唐代雅乐都行用此乐。③

燕乐是指宴会中所奏的音乐。隋唐燕乐的发展大致经历了七部乐、九部乐和十部乐三个阶段。隋初，隋文帝定乐令，置七部乐：国伎、清商伎、高丽伎、天竺伎、安国

---

① 费省：《唐代艺术家籍贯的地理分布》，见《唐史论丛》第4辑，第117页。
② 《隋书》卷一四《音乐志中》，第345页；卷一五《音乐志下》，第349页。
③ 《唐会要》卷三二《雅乐上》，第688—689、692、696页。

伎、龟兹伎、文康伎。大业年间，隋炀帝又定清乐、西凉、龟兹、天竺、康国、疏勒、安国、高丽、礼毕为九部乐，至此隋代燕乐始为完善。[①]唐初，因隋旧制，亦为九部乐：燕乐、清商乐、西凉乐、扶南乐、高丽乐、龟兹乐、安国乐、疏勒乐、康国乐。贞观十四年（公元640年），唐太宗伐高昌，收其乐交付太常寺演奏，增九部为十部伎，至十六年（公元642年），宴会群臣时，正式演奏十部乐。[②]玄宗时，十部乐又分为立部伎和坐部伎两种。立部伎是指"堂下立奏"者，主要有八部：安乐、太平乐、破阵乐、庆善乐、大定乐、上元乐、圣寿乐、光圣乐；坐部伎为"堂上坐奏"者，其有六部：燕乐、长寿乐、天授乐、鸟歌万岁乐、龙池乐、小破阵乐。[③]此外，燕乐中还有大曲和法曲。大曲是大型的歌舞，是乐、舞的综合，著名的有《霓裳羽衣曲》《玉树后庭花》《凉州》《破阵子》《水调》《绿腰》等。法曲是源于清商，始于隋而盛于唐。隋法曲清淡而近雅；唐玄宗酷爱法曲，曾选坐部伎三百人于梨园，亲自教授训练法曲；文宗时，法曲改为仙韵曲。

乐舞在古代是相连的，自唐初起，庙堂之上就已制定了一些舞蹈，以《七德舞》《九功舞》《上元舞》最为典型。《七德舞》是贞观年间的舞蹈。太宗为秦王时，南征北讨，民间有《秦王破阵乐》曲，及其即位，享宴奏之。贞观七年（公元633年），太宗制《破阵乐舞图》，诏魏徵、李百药等改制歌词，更名《七德舞》。其舞由乐工一百二十人被甲执戟为之，"凡为三变，每变为四陈，有来往疾徐击刺之象，以应歌节"，主要是展示李世民在李唐建立和统一过程中的武功，唐太宗认为此乐"发扬蹈厉，虽异文容，功业由之，致有今日，所以被于乐章，示不忘本"，"观者睹其抑扬蹈厉，莫不扼腕踊跃，懔然震悚"。高宗即位，以"破陈乐舞者，情不忍观"，令所司不再演奏，因而《秦王破阵乐》逐渐失传。《九功舞》是贞观时所制。贞观六年（公元632年）九月，唐太宗幸庆善宫，大宴从臣于渭水之滨，并赏赐闾里，赋诗十韵云："寿邱唯旧迹，鄌邑乃前基。……共乐还乡宴，歌此大风诗。"起居郎吕才配制以音律，名曰《功成庆善乐》，由童儿八佾（八行八列，共六十四人），戴进德冠，服紫袴褶而舞之，[④]名曰《九功舞》，是一种显示文德的舞蹈。《上元舞》制作较晚，是用于

---

① 《隋书》卷一五《音乐志下》，第376—377页。
② 《唐会要》卷三三《燕乐》，第710—711页。
③ 《新唐书》卷二二《礼乐志十二》，第475页。
④ 《唐会要》卷三三《破阵乐》，第714—716页；同卷《庆善乐》，第716—717页。

圜丘、方泽、太庙祀享的。这三大舞蹈主要是用于宫廷宴享和皇家祭祀的，每次表演要用舞者数十人。武则天时，宫廷盛行《圣寿乐》《鸟歌万岁乐》等乐舞。而唐代历史上最著名的乐舞要属《霓裳羽衣曲》，相传为唐玄宗所作，刘禹锡有《伏睹玄宗皇帝望女几山诗，小臣斐然有感》诗云："开元天子万事足，惟惜当时光景促。三乡驿上望仙山，归作霓裳羽衣曲。"而《逸史》云：天宝初，八月十五日夜，唐玄宗在宫中赏月，道士罗公远问玄宗："陛下能从臣月中游乎？"取一枝桂化为一桥，二人同登，遂至月宫，见仙女数百，素练宽衣舞于广庭，玄宗问曰："此何曲也？"曰："《霓裳羽衣》也。"于是玄宗偷偷记其声调，回到宫中后，命伶官象其声调，作《霓裳羽衣曲》。① 实际上《霓裳羽衣曲》源于印度舞曲，经西域传入长安，《新唐书·礼乐志十二》记载："河西节度使杨敬忠献《霓裳羽衣曲》十二遍，凡曲终必遽，唯《霓裳羽衣曲》将毕，引声益缓。"② 此舞曲旧谱天宝以后久已失传，今所见《霓裳羽衣曲》为唐文宗命冯定重制，目前只能从一些唐人的文字描述中来一窥其略，其舞"皆执幡节，被羽服，飘然有翔云飞鹤之势"③，白居易在《长恨歌》中也写道："风吹仙袂飘飘举，犹似霓裳羽衣舞。"④

唐代所谓的散乐中，有大面、拨头、踏摇娘、窟䃟子等舞戏。唐代的民间舞蹈有健舞、软舞、字舞、花舞、马舞。健舞曲有棱大、阿连、柘枝、剑器、胡旋、胡腾，软舞曲有凉州、绿腰、苏合香、屈柘、团圆旋、甘州等，⑤其中的胡旋舞、胡腾舞、柘枝舞被誉为"唐代三大流行乐舞"，都来自西域诸国。胡旋舞，主要来自康国等昭武九姓。据文献记载，开元时西域的米国、俱蜜、史国等都向长安贡献过胡旋女；胡旋舞的特点是弦鼓配乐，节奏明快，速度迅疾，快速连续地旋转，舞者头裹皂丝布头巾，身穿绯丝布袍，有二人对舞，绯袄，锦领袖，"舞急转如风，俗谓之胡旋"⑥。白居易的《胡旋女》诗描写了胡旋女的舞姿，可以反映出其特点："胡旋女，胡旋女，心应弦，手应鼓。弦鼓一声双袖举，回雪飘摇转蓬舞。左旋右转不知疲，千匝万周无已时。人间

---

① 《杨太真外传》卷上，见《开元天宝遗事十种》，第131—132页。
② 《新唐书》卷二二《礼乐志十二》，第476页。
③ 《唐语林校证》卷七《补遗》，第656页。
④ 《白居易集笺校》卷一二《长恨歌》，第660—661页。
⑤ 《乐府杂录》，第128页。
⑥ 《旧唐书》卷二九《音乐志二》，第1071页。

图 7-22 敦煌壁画中的唐代胡旋舞
（莫高窟第 220 窟南壁下方《阿弥陀经变》壁画局部）

物类无可比，奔车轮缓旋风迟。"①（见图7-22）胡腾舞源于西域昭武九姓之一的石国，大约在北朝后期，已传入中原，至唐代盛极一时。李端的《胡腾儿》诗曰："胡腾身是凉州儿，肌肤如玉鼻如锥。桐布轻衫前后卷，葡萄长带一边垂。帐前跪作本音语，拾襟搅袖为君舞。安西旧牧收泪看，洛下词人抄曲与。扬眉动目踏花毡，红汗交流珠帽偏。醉却东倾又西倒，双靴柔弱满灯前。环行急蹴皆应节，反手叉腰却如月。丝桐忽奏一曲终，呜呜画角城头发。"②从诗中可知，胡腾舞者着胡衫，戴蕃帽，脚登锦靴，腰缠长带，在一个毛毯上腾跳起舞，长带飘动，很是壮观。（见图7-23）胡腾舞与胡旋舞的主要区别是舞姿不同：一个是"腾"，是急蹴的跳跃腾空，动作刚劲健捷，要求力道更大，适合男性，因而罕见有女子舞者；一个是"旋"，乃飞速地旋转，灵动轻盈。柘枝舞亦源自石国，其首府为柘枝城，其舞以鼓伴奏，节奏鲜明，气氛热烈，是刚健与婀娜兼而有之的舞蹈，特点是以轻盈灵活的体态和流转含情的眼波，带给人们美的享受。柘枝舞传入长安，深受朝野欢迎和喜爱，因而唐代有关柘枝舞的诗歌远远超过其他任何一种舞蹈的。章孝标的《柘枝》诗曰："柘枝初出鼓声招，花钿罗衫耸细腰。移步锦靴空绰约，迎风绣帽动飘飖。亚身踏节鸾形转，背面

图 7-23 西安东郊唐苏思勖墓东壁壁画中的胡腾舞

（选自申秦雁主编：《神韵与辉煌：陕西历史博物馆国宝鉴赏·唐墓壁画卷》，三秦出版社，2006 年，第 212 页）

---

① 《全唐诗》卷四二六，第 4692—4693 页
② 《全唐诗》卷二八四，第 3238 页

羞人凤影娇。只恐相公看未足,便随风雨上青霄。"①白居易曾与刘禹锡一起观赏了柘枝舞的精彩表演,白居易赋诗一首《柘枝妓》,刘禹锡则和一首《和乐天柘枝》,两首诗生动地再现了这种异域舞蹈的艺术魅力。张祜咏柘枝舞的诗最多,比如《柘枝》《双舞柘枝伎》《金吾李将军柘枝》等,都反映唐代诗人对此舞的偏爱。

隋唐长安乐舞的发展,离不开众多乐舞者的努力,尤其是开元、天宝之际,长安更是聚集了一大批的优秀音乐家。韦青"能唱歌",官至金吾将军;公孙大娘,善舞剑器;许和子,开元末选入宫,改名永新,隶籍于宜春院,"善歌,能变新声","喉啭一声,响传九陌",玄宗赐大酺于勤政楼,观看者数千万众,喧闹声高涨,把鱼龙百戏之音都湮没了,玄宗欲罢宴,宦官高力士奏请命永新出楼歌一曲,永新"乃撩鬓举袂,直奏曼声,至是广场寂寂,若无一人,喜者闻之气勇,愁者闻之肠绝";念奴者,有姿色,善歌唱,每啭声歌喉,则声出于朝霞之上,虽钟鼓笙竽嘈杂都不能遏;②大历中,有才人张红红,本为沿街卖唱女,被韦青纳为姬,后被召入宜春院,宠泽隆异,宫中号"记曲娘子",寻为才人;贞元中,有田顺曾;元和、长庆以来,有李贞信、米嘉荣、何戡、陈意奴;武宗以降,有陈幼奇、南不嫌、罗宠;咸通中,有陈彦晖。③

(二)绘画

隋唐绘画,在魏晋南北朝的基础上有了巨大进步,更加成熟。人们对绘画的社会作用也有了新的认识,"夫画者:成教化,助人伦,穷神变,测幽微,与六籍同功,四时并运,发于天然,非繇述作"④。尤其是长安成为这一时期绘画艺术的中心。隋唐时期,长安绘画兴盛的原因主要有四点:一是继承汉魏以来中国绘画艺术的理论与经验,并在此基础上进行了大胆的探索,不仅使原有的绘画技巧更加臻熟,而且还开创了新的画法;二是国家的统一和相对稳定,社会经济、文化的发展,为绘画的繁荣创造了有利的物质条件和社会环境;三是隋唐时期对外来文化大都持一种开放包容的心态,随着频繁的对外经济、文化交流,积极学习外来绘画技术,并将其与本土文化进行融合、再创新,从而丰富和发展自己的绘画风格;四是隋唐长安吟诗作画成为一种风尚,唐太宗就

---

① 《全唐诗》卷五〇六,第5755页。
② 《开元天宝遗事》卷上《眼色媚人》,第21—22页。
③ 《乐府杂录》,第126页。
④ 《历代名画记》卷一《叙画之源流》,第1页。

对古今名画"特所耽玩,更于人间购求"①,上层统治者的提倡,吸引了来自全国各地的优秀画家聚集在长安。《历代名画记》中所记大部分来自不同地区的各个时期的画家似乎不约而同地出现于长安这个大舞台,展露各自的才艺。正是这些原因才使长安成为一座艺术之都,点亮了中古时期大唐帝国乃至欧亚大陆的艺术之光。

隋大兴城有不少绘画能手,据张彦远《历代名画记》记载,隋代画家有二十一人:阎毗、何稠、刘龙、刘衮、展子虔、郑法士、郑法轮、郑德文、孙尚子、董伯仁、杨契丹、刘乌、陈善见、江志、李雅、王仲舒、阎思光、解倞、程瓒、尉迟跋质那、僧昙摩拙义。其中最值得一提的是展子虔,其主要贡献是在山水画方面的突破,僧悰说他"触物留情,备皆妙绝,尤善台阁、人马、山川,咫尺千里"。其作品有《长安车马人物图》《弋猎图》等②,流传至今的只有《游春图》(现藏北京故宫博物院),是我国现存最早的山水画。(见图7-24)此画先用墨线勾勒出景物的轮廓,然后根据不同的事物进行着色,主要表现了万物复苏的春天,几个贵族子弟踏青出游的场景,画中白云、山峦、瀑布、湖水布局合理,人物情态各异,设色古艳,极富典丽,总体上给人以金碧辉煌之感。此画作结束了魏晋以来,"画山水,则群峰之势,若钿饰犀栉,或

图7-24 《游春图》(局部)

(隋展子虔绘,现藏于北京故宫博物院)

---

① 《历代名画记》卷一《叙画之兴废》,第10页。
② 《历代名画记》卷八《叙历代能画人名·隋》,第160页。

水不容泛，或人大于山，率皆附以树石，映带其地，列植之状，则若伸臂布指"①的原始绘画技法，为唐李思训父子"金碧山水"的创立积累了经验。

初唐，随着社会的稳定与经济的逐渐恢复，长安的绘画艺术也重新走上发展的道路。当时，长安的画家有阎立德、阎立本、汉王李元昌、韩王李元嘉、滕王李元婴、李绪、韦鉴、韦偃以及尉迟乙僧、薛稷等，其中以阎立本的成就最大。阎立本，其父阎毗在隋就以擅长丹青而闻名，阎立本与其兄立德继承父业，也都擅长绘画。阎立本之画远承张僧繇，近学郑法士。据说，他曾在荆州观看张僧繇之画，徘徊数日，反复临摹。他尤善人物画，代表作有《秦府十八学士》《凌烟阁功臣二十四人图》《步辇图》和《历代帝王图》等，有"丹青神化"之誉。《历代帝王图》中共画了唐以前的十三位帝王，虽然多数人物并非他亲眼所见，但是他根据文献记载各个帝王的功过是非、个人性格而赋予了每个皇帝不同的形象，刻画出他们各自的性格、面貌，张彦远称其"六法备赅，万象不失"②。（见图7-25）另一位著名画家是尉迟乙僧，他是于阗（今新疆和田一带）人，其父为尉迟跋质那，也是著名画家，人称其父子为"大小尉迟"。贞观初入居长安，他善画外国人物、佛像和花鸟，朱景玄《唐朝名画录》称其"凡画功德

图7-25 《历代帝王图》（局部）
（唐阎立本绘，摹本现藏于美国波士顿美术馆）

① 《历代名画记》卷一《论画山水树石》，第26页。
② 《历代名画记》卷二《论传授南北时代》，第31页。

人物花鸟，皆是外国之物像，非中华之威仪"，表明其画风带有明显的异域民族的特点，而且他画外国人物和佛像时，"小则用笔紧劲如屈铁盘丝，大则洒落有气概"，①善用天竺的凹凸画法，所画之物具有立体感，同时他又吸取中国传统的线形勾勒画法，使画面层次分明，形成自己的独特画风，《唐朝名画录》记载：尉迟乙僧在慈恩寺塔前所画功德像，"凹凸花面中间千手眼大悲，精妙之状不可名焉"。②令人遗憾的是，尉迟乙僧没有一幅画作流传至今。

盛唐时期，长安绘画更加繁荣，不仅画家队伍壮大，而且绘画题材广泛，绘画技艺更加成熟。当时，长安的宗室贵族中有李思训、李思海、李林甫、李昭道等擅长丹青，文人画家有吴道子、王维、张萱、周昉、韩幹等。其中人物画以吴道子为代表，据《宣和画谱》记载，北宋御府藏有吴道子的《天尊像》《孔雀明王像》《托塔天王像》《佛会图》等几百件作品，他也是盛唐时期成就最大的画家，在绘画艺术上有许多突破。吴道子的绘画打破了魏晋画家所创造的"循环超忽，紧劲联绵"的描法，而是利用笔起落轻重缓急的变化，使已经作为独立造型元素的线描法进一步丰富起来，这种笔法"早年行笔差细，中年行笔磊落，挥霍如莼菜条"③，也就是后来所谓的以"兰叶描"为代表的有粗细变化的一类描法，实际上是吴道子所创立的。吴道子的用笔，不但造就了后来皴、擦、点、染的全面开拓与发展，更造就了中国画用笔从"描"走向"写"的可能性契机；④另一方面，他所创的轻盈飘逸的"吴带当风"佛像绘画样式，被后世尊称为"吴家样"，它为中国画中众多形象的创造与构图规范化的确立奠定了基础。（见图7-26）人物画中另一类是仕女画，盛唐时期仕女画在题材上逐渐突破了汉魏至六朝时期贞女、烈妇的范围，而更加偏重于描绘上层妇女的生活情态，仕女多是浓妆艳抹、身穿锦罗，异常华丽的贵妇形象。这类画家以张萱和周昉为代表。张萱擅长画仕女，"朱晕耳根"是其鲜明的特色，张萱的画流传至今的有宋徽宗所临摹的《虢国夫人游春图》《捣练图》；周昉主要生活在中晚唐，他的仕女画不仅能体现出女性的丰腴之美，更注重对其神情的细腻刻画，其作品今存的有《簪花仕女图》《调琴啜茗图》《挥扇仕女图》等。

盛唐时期，除原有的人物画日渐成熟外，山水画、花鸟画等也逐渐兴起。

---

① 《历代名画记》卷九《叙历代能画人名·唐朝上》，第172页。
② 〔唐〕朱景玄：《唐朝名画录》，清文渊阁《四库全书》本。
③ 〔元〕汤垕：《画鉴·唐画五代附》，明万历程氏丛刻本。
④ 陈绶祥：《隋唐绘画史》，人民美术出版社，2001年，第31页。

图7-26 《天王送子图》（局部）
（唐吴道子绘，现藏于日本大阪市立美术馆）

山水画中以李思训父子和王维为代表。李思训为唐宗室，曾因功封为右武卫大将军，故人称"李将军"，其弟思诲、子昭道、侄林甫等都擅长丹青，成为佳话。其中，李思训、李昭道成就最高。《旧唐书》称：李思训"尤善丹青，迄今绘事者推李将军山水"①，其代表作有《江帆楼阁图》《九成宫纨扇图》等，《历代名画记》评价李思训"画山水树石，笔格遒劲，湍濑潺湲，云霞缥缈时，睹神仙之事，窅然岩岭之幽"；李昭道能够"变父之势，妙又过之"，②在继承其父之风貌的同时，进一步发展了工致精妙的特色，在对山水的描绘方面有新的创造。绘画史上将其父子二人并称为大小李将军，他们对山水画发展的贡献，主要在于将人物故事画中山水作为陪衬地位的中国绘画发展成了山水为主而人物故事为辅的一种绘画定式，为此他们总结了一系列的画面布局方式，创造出以勾、填为基本方法的山、水、树、石、台、阁等题材的造型样式，并将这些方式巧妙地组合成场景深广、气魄宏大的山水画。王维是一位诗、书、画、乐兼通的艺术才子，其尤精于山水画，"书画特臻其妙，笔纵措思，参于造化，而创意经图，即有所缺，如山水平远，云峰石色，绝迹天机，非绘者之所及也"③。王维的水墨画独具风格，笔墨精彩，笔迹遒劲，以渲染见长，用笔上有独到之处，而且他还把诗和画有机地结合在一起，以画家和诗人的眼光观察周边世界，在作品中营造了一种浓郁的诗情画意的境界，形成了自己独

---

① 《旧唐书》卷六〇《李思训传》，第2346页。
② 《历代名画记》卷九《叙历代能画人名·唐朝上》，第181页。
③ 《旧唐书》卷一九〇下《王维传》，第5052页。

有的风貌，苏轼赞其曰："味摩诘之诗，诗中有画，观摩诘之画，画中有诗。"①其代表作有《山居图》《雪山图》《群峰雪霁图》等。

唐代骑马出行之风盛行，马成了人们生活中重要的交通工具，因而出现了以马为题材的绘画。韩幹就以画马擅长，其有《明皇观马图》《八骏图》《内厩御马图》《圉人调马图》《老骥图》等代表作。曹霸、韦偃也是唐代画马名家，李公麟所摹韦偃的《放牧图》中，千余匹马，有奔驰者、安歇者、饮水者、吃草者、嬉戏者，神态各异，观察细致入微。德宗时期的韩滉擅长画牛，代表作为《五牛图》。花鸟画代表有开元初的薛稷和中晚唐的边鸾，薛稷擅长画鹤，边鸾以折枝花鸟画擅长。边鸾曾奉旨画新罗进贡的孔雀起舞，他画的折枝花、蜂蝶及名贵的花卉禽鸟俱为妙品，他的画"精于设色""无斧凿痕"。②

另外，隋唐长安众多寺院道观的墙壁上以及周边贵族墓葬中也都画有壁画。据研究，盛唐时期，有壁画寺观分布的州府为四十七个，占开元二十八年（公元740年）州府总数的14.33%，其中京兆府有寺观六十四个，占总数的30.92%，有壁画寺观占32.85%，现已发掘的隋唐壁画墓更是占全国的76.12%，而且这三项数值均居于全国的首位。③《唐朝名画录》引《两京耆旧传》云：长安"寺观之中，图画墙壁，凡三百余间。变相人物，奇踪异状，无有同者"。长安唐兴寺御注金刚经院，妙迹颇多；慈恩寺塔前文殊普贤西面庑下，有降魔盘龙等壁；赵景公寺有地狱壁帝释梵王龙神；永寿寺中三门两神及诸道观寺院，"皆妙绝一时"。④长安作为京师所在，聚集了许多皇室、贵戚、京畿大族及高官，他们许多人去世后都埋葬在长安周边地区，其中帝王、贵族等较大的墓葬一般都绘有壁画。与前代墓室壁画多画天上的星相图以及表示四方神灵的四神图等题材不同，隋唐时期的墓室壁画中描绘人间生活情境的题材不断增多，各类城阙、楼阁、佛寺、道观、庭院，或者直接画一些斗拱、柱、枋、平棋图案等装饰，以及屏风、床榻等生活环境，还有社会生活中的农耕、放牧等生产活动，猎骑、架鹰、驯豹等狩猎场面，各种步行仪仗、车马出行、骆驼载架等出行仪仗，再有就是各类官员、侍从、宾客、乐舞、马球、宴乐等与墓主人有关的日常生活场景，这些内容从不同角度反

---

① 〔宋〕阮阅编著：《诗话总龟》卷八《评论门》，周本淳校点，人民文学出版社，1987年，第94页
② 潘运告主编：《宣和画谱》卷一五《花鸟一》，岳仁译注，湖南美术出版社，1999年，第317页
③ 赵振宇：《试析隋唐绘画创作的地理分布》，载《美术观察》2010年第1期，第100页
④ 《唐朝名画录》，清文渊阁《四库全书》本

映墓主人的身份和日常生活，体现了唐人对现实生活的无限留恋，希望死后能继续享受生前的生活。如贞观五年（公元631年）的李寿墓从墓道到过洞、天井的壁面都绘有壁画：上栏，墓道最前方画飞天引导，其后是出行游猎、农牧生产和炊厨设备等内容；下栏，画骑步仪卫和为墓主人准备好的鞍马扇盖，这部分主要是描绘墓主人外出游猎的场面。后面即甬道和墓室的壁面则描绘有属史进谒的形象，后部（石门内）东壁画寺院，西壁画道观，墓室西壁上栏残存马厩和仓廪，北壁残存具有多层院落的宅第，宅第右侧有园林，宅第前后院中都绘出了歌舞正酣的情景，这座宅第应是墓主人李寿的私邸。①

  2014年在西安市长安区郭新庄村南发掘的玄宗朝宰相韩休及其夫人柳氏的合葬墓，在墓室及甬道内发现大量精美壁画，墓室除入口外，其他三面也都绘有精美壁画：东壁上绘有乐舞图、西壁绘屏风山水图、南壁绘有玄武图。②西壁上的屏风山水图中是一段幽深的山谷，中央是一条清溪，在远处由右而左进入画面，两岸舒缓的山石层层后推，近处的溪岸由画面左端斜下，延伸到右下角，使得画外之人有了观赏的立足点，右岸一些大小不一的山岩前前后后跳突而出，右下角两块巨大的山岩显现出结构明确的两个面，富有体积感，整个画面显示出一种"自山前而窥山后"的深远，结合了高远、平远的技法。③乐舞图绘在墓室整个东壁上，以墨线勾勒，藤黄着色，图正中为一芭蕉树，树的前、左、右各绘有两名正在小圆毯上舞蹈的舞伎。左边的女舞伎头梳盛唐流行倭堕髻，身着斜领长袖裙襦，肩披有团花之长披肩，右肩抬起，手下垂，左手斜下，两手长袖下垂，舞姿婀娜；与女舞伎相对应的右边男舞伎，头戴黑色幞头裹红抹额，幞头脚扎上翘，身着圆领胡服，束带，舞姿与右女舞伎相同，唯其左肩抬起，右手下垂，正好与女舞伎相对，说明男女舞伎之舞蹈合拍，相对而舞。在女舞伎左边的方毯上坐有四名女乐伎，从右至左依次为弹筝伎、拍板伎、吹笙伎和弹奏竖箜篌伎，在乐伎的左边站立女歌者一人；与之相对的是，男舞伎右边的方毯上跪坐有四名男乐伎和一名站立的执小铜钹的男乐伎，以及两名唱歌的伎人，服饰与男舞伎基本相同，头饰略有差别，四名跪坐乐伎从左至右依次为执角形竖箜篌伎、曲项琵琶伎、吹排箫伎及吹奏筚篥伎，后两乐伎前方毯上，绘有一筝。在两方毯的前方绘花草、景石，周围绘有竹林或各种树木等。④（见图7-27）

---

① 宿白：《西安地区唐墓壁画的布局和内容》，载《考古学报》1982年第2期，第137—154页。
② 郭青：《唐韩休墓发现大量精美壁画》，载《陕西日报》2014年11月18日第1版。
③ 邢岩：《唐韩休墓壁画山水图刍议》，载《故宫博物院院刊》2015年第5期，第89页。
④ 周伟洲：《唐韩休墓"乐舞图"探析》，载《考古与文物》2015年第6期，第73—74页。

图 7-27 唐代乐舞图

(选自杨岐黄:《"唐韩休墓出土壁画学术研讨会"纪要》,载《考古与文物》2014 年第 6 期,第 109 页)

安史之乱后,长安局势开始日渐动荡,大量画家纷纷逃离长安。宋人文同《丹渊集》就记载:唐玄宗、僖宗逃亡蜀地时,"随驾以画待诏者,皆奇工"。①如盛唐著名画家卢楞伽,京兆人,玄宗入蜀之日入蜀;赵公佑,长安人,善画人物,尤其善画佛像、天王、神鬼,"宝历中寓居蜀城";孙位,东越人,"僖宗皇帝车驾在蜀,自京入蜀";常粲,咸通年间"自京入蜀","粲善传神杂画,有《七贤像》、《六逸像》、女娲、伏羲、神农像"。②此外,唐末,随僖宗入蜀的画家还有吕嶧、竹虔、韦偃等。随着大批画家的逃离,盛唐时期长安画坛的盛况也一去不复返了。

(三)书法

隋唐时期的书法在中国书法史上有着承前启后的独特地位,长安汇聚了一大批书法名家,成为当时书法艺术的一颗璀璨明珠。长安书法的发展除与其社会经济的繁荣有关以外,也与统治者采取的政策有密切关系。唐代长安设有专门的书法学校——书学,书学为国子监六学之一,设书学博士二人,教授文武官八品以下及平民子弟中善

---

① 〔宋〕文同:《丹渊集》卷二二《彭州张氏画记》,《四部丛刊》景明汲古阁刊本。
② 〔宋〕黄休复:《益州名画录》卷上,何韫若、林孔翼注,四川人民出版社,1982 年,第 23、13、10、40 页。

于书法者为生，限额三十人，主要学习《石经》《说文》《字林》等，每位学生"日纸一幅"①，以供练习。唐太宗还亲自撰写《笔法》《指意》《笔意》三部书，作为教材供学生学习，又置弘文馆，选拔贵游子弟对书法有悟性和地方善书法之人学习，从禁中拿出所藏书法真品供其临摹学习，"由是十年间，翕然向化"。②而且唐代把身、言、书、判作为官吏铨选的标准，其中"书"就是指书写要"楷法遒美"③。另外，唐代帝王也以身垂范，勤练书法，大多数有一笔好字。唐太宗"工隶书、飞白，行草得二王法，尤善临古帖，殆于逼真"，"后世子孙尚得遗法"，④高宗、中宗都"善飞白书"，睿宗"工草隶书"，玄宗"工八分章草"，顺宗"善隶书"。⑤在统治者的带动下，长安收藏、临摹名家书法成风，名家云集，终成隋唐长安书法发展之盛世。纵观隋唐长安书法发展历程，大致可分为四个阶段：

第一阶段：隋代书法。隋代书法上承南北朝，下启唐代，具有一种过渡性的特点。隋代书法既继承了北朝书法的雄劲豪放，同时又吸收了六朝书法的秀媚、雅致之美。康有为就曾说："隋碑内承周、齐峻整之绪，外收梁、陈绵丽之风，故简要清通，汇成一局，淳朴未除，精能不露……皆荟萃六朝之美，成其风会者也。"⑥隋祚虽短，然其书法成就，为唐代长安书法的繁荣奠定了基础。

第二阶段：初唐书法。这一阶段的书法主要是对隋代书法的继承和创新，著名书法家有虞世南、欧阳询、褚遂良等。虞世南以隋代书法大家释智永为师，"专心不懈，妙得其体"，其晚年正书甚至可以和王羲之的相比，当时的人将其与另一位书法家欧阳询并称，谓"欧之与虞，智均力敌"。虞世南书法内含刚柔，"立意沉粹，若登太华，百盘九折，委曲而入杳冥。或以比罗绮娇春，鹓鸿戏海；层台缓步，高谢风尘"，唐太宗称其有"五绝"，书翰即为其一。⑦他的代表作有《孔子庙堂碑》《千佛铭》《师子赋》《昭陵刻石铭》《嘉瑞赋》等。欧阳询也是贞观年间的著名书法家，他初学王羲之书法，但后来渐变其体，笔力险劲，形成了自己独特的风格。他曾看到索靖所书碑，

---

① 《新唐书》卷四四《选举志上》，第1160页。
② 潘运告主编：《宣和书谱》卷一，桂第子译注，湖南美术出版社，1999年，第3—4页。
③ 《新唐书》卷四五《选举志下》，第1171页。
④ 《宣和书谱》卷一《历代诸帝·唐德宗》，第14页。
⑤ 〔宋〕陈思：《书小史》卷一《纪》，清文渊阁《四库全书》本。
⑥ 崔尔平注：《广艺舟双楫注》卷二《取隋第十一》，上海书画出版社，1981年，第139页。
⑦ 《宣和书谱》卷八《行书二·虞世南》，第163—164页。

初睡之而去，后又来观看，悟其妙，于是观看三天三夜，"由是晚年笔力益刚劲，有执法面折庭之风，或比之草里蛇惊，云间电发；至其笔画工巧，意态精密俊逸处，而人复比之孤峰崛起，四面削成"。其书法为世所宝，甚至鸡林国遣使求其书法。张怀瓘又称其"飞白、隶、行、草入妙，大小篆章草入能"[1]。他的传世之作有《九成宫醴泉铭》（见图7-28），有"楷书第一"之称，还有《化度寺邕禅师舍利塔铭》《皇甫诞碑》《张翰帖》等。褚遂良善隶书，其"下笔遒劲，甚得王逸少体"[2]。薛稷"书学褚公，尤尚绮丽媚好，肤肉得师之半，可谓河南公之高足，甚为时所珍尚"[3]。锺绍京善草、隶，当时呼为小锺，其字"妍媚

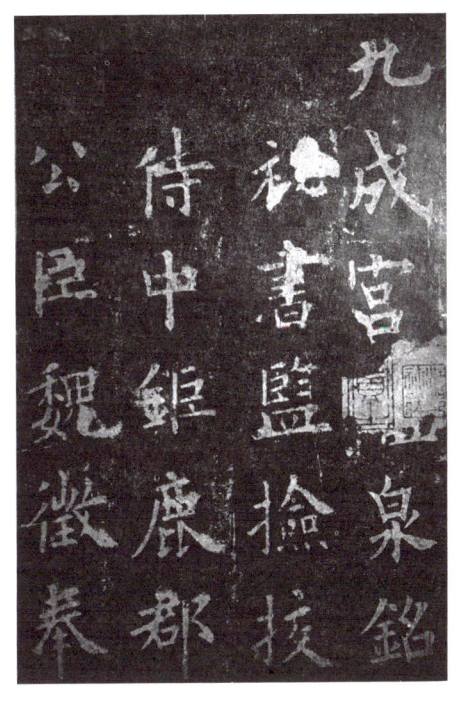

图7-28 《九成宫醴泉铭》（局部）
（唐欧阳询作，碑石现藏于陕西麟游县碑亭景区）

遒劲"[4]。总体来看，这一阶段之书法多处于二王氛围的笼罩下，各家多先从临摹二王字帖入手，再形成自己的特有风格。然而随着时间的推移，书法的自省，要求突破二王书法，如李邕就说过"似吾者俗，学我者死"[5]，就反对单纯地模仿，有一种求变的创新意识。

第三阶段：盛唐书法。长安书法在用笔、字体结构等方面都有新的突破，草书也出现了不同风格，产生了颜真卿、张旭和怀素等名垂青史的大书法家。颜真卿，青年时勤学好书，然其家清贫，纸笔不足，就"以黄土扫墙，习学书字"[6]，先学二王书法，并参褚遂良笔法，陆羽曾评论"其体得羲之之筋骨心肺"[7]。后来他又向张旭、怀素学习书法，"颜鲁公书雄秀独出，一变古法，如杜子美诗，格力天纵，奄有汉、魏、晋、

---

[1] 《宣和书谱》卷八《行书二·欧阳询》，第166—167页
[2] 《旧唐书》卷八〇《褚遂良传》，第2729页
[3] 〔唐〕张彦远辑：《法书要录》卷九，洪丕谟点校，上海书画出版社，1986年，第238页
[4] 《书小史》卷九《传八·唐》
[5] 〔明〕董其昌：《容台集·别集》卷三《书品》，明崇祯三年董庭刻本
[6] 《全唐文》卷五一四《颜鲁公行状》，第5224页
[7] 《书小史》卷一〇《传九·唐》

宋以来风流，后之作者，殆难复措手"①。后代有论其书法特点说："点如坠石，画如夏云，钩如屈金，戈如发弩"，其作品如《中兴颂》之闳伟，《颜氏家庙碑》之庄重，《仙坛记》之秀颖，《元鲁山墓志铭》之深厚，又独具特色。②安史之乱以后，他的笔力迥与前异，愈发成熟老练。盛唐时期，草书也获得了新的发展，其中重要的贡献者之一就是被称为"草圣"的张旭。他喜欢饮酒，每于酒酣之时，叫呼狂走，方才落笔，时人称其"张颠"，以发濡墨写大字，醒来看到，"自以为神，不可复得"。他曾经说：初见担夫争道，又闻鼓吹而知笔意，及观公孙大娘舞剑，然后得其神。其草书"虽奇怪百出，而其源流无一点不该规矩者"，因此有人称"张颠不颠"。③颜真卿评价张旭草书"真草用笔，悉如画沙，则其道至矣。是乃其迹可久，自然齐古人矣"。韩愈也评价张旭草书曰："观于物，见山水崖谷，鸟兽虫鱼，草木之花实，日月列星，风雨水火，雷霆霹雳，歌舞战斗，天地事物之变，可喜可愕，一寓于书。故旭之书，变动犹鬼神，不可端倪，以此终其身而名后世。"④盛唐另一位草书大家是僧人怀素。他初学律法，晚年精意于书法，勤练不辍，磨坏的笔头堆成了一座小山。一天傍晚，他"观夏云随风，顿悟笔意，自谓得草书三昧"。怀素虽为和尚，但亦嗜好饮酒，他平日得酒发兴，所写书法"欲字字飞，动圆转之妙，宛若有神"，当时著名的诗人，如李白、戴叔伦、窦臮、钱起等人都有诗赞美其书法之势"若惊蛇走虺，骤雨狂风"。有人评论："张长史为颠，怀素为狂，以狂继颠，孰为不可？"⑤在书法史上，二人合称"颠张醉素"。《自叙帖》（见图7-29）是怀素狂草的代表作，自叙其学书的经历及当时十余位诗人对其书法的赞誉之辞，此帖书法线条圆润而略显劲道，富有弹性，给人以力量饱满、精神勃发之感，苏辙称："世传怀素书，未有若此完者。"以张旭和怀素为代表的盛唐草书名手，在继承汉张芝奇险、有循环之趣的风格基础上，又大胆变革、创新，注重草书笔法自然之意，突破了汉字方正的古板印象，使狂草更加成熟、完美，形成了中国书法史上一种狂放的自然美。草书之贵在于其无羁束，能够任情达性，将盛唐文人那种豪放胸怀充分展示出来，从一个侧面反映了"盛唐气象"。

---

① 〔宋〕苏轼撰，〔明〕茅维编：《苏轼文集》卷六九《书唐氏六家书后》，孔凡礼点校，中华书局，1986年，第2206页。
② 《宣和书谱》卷三《正书一》，第58—59页。
③ 《宣和书谱》卷一八《草书六·张旭》，第328页。
④ 《全唐文》卷三二七《张长史十二意笔法记》，第3419页；卷五五五《送高闲上人序》，第5622页。
⑤ 《宣和画谱》卷一九《草书七》，第342页。

第四阶段：中晚唐书法。中唐书法以李阳冰为代表，晚唐则以柳公权为代表。李阳冰以善书小篆而闻名，其初见李斯《峄山碑》与仲尼《延陵季子字》，遂得其法，笔画平滑而媚动，"能变化开合，自名一家"。当时，颜真卿以书法著称于世，每当真卿书碑，必得阳冰题其额，以得连璧之美。有人评价其篆书有"虫蚀鸟迹语其形，风行雨集语其势，太阿龙泉语其利，嵩高华岳语其峻"，"有唐三百年以篆称者，惟阳冰独步"。舒元舆《玉箸篆志》也称："阳冰之书，其格峻，其力猛，其功备，光大于秦斯倍矣。此直见上天以字宝瑞吾唐。"①可见对李阳冰篆书赞誉之高。柳公权，历仕穆宗、敬宗、文

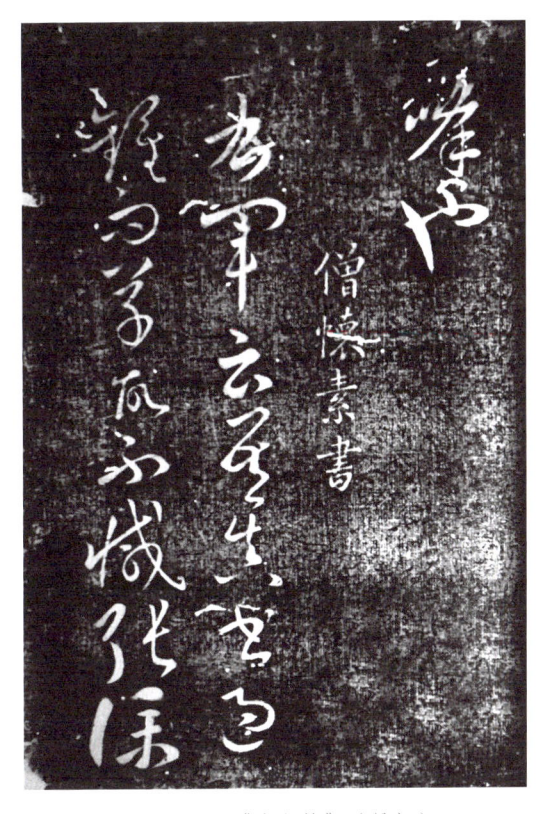

图 7-29 《自叙帖》（局部）
（唐怀素书，现藏于台北故宫博物院）

宗三朝，穆宗曾对他说："朕常于佛庙见卿笔迹，思之久矣。"因此而拜右拾遗、侍书学士，帝问公权用笔法，公权回答："心正则笔正。"帝因之而改容，故有"笔谏"之誉。②柳公权"初学王书，遍阅近代笔法，体势劲媚，自成一家"，他虽初师二王及初唐名家书法，但并不拘泥于此，而是能够大胆创新，"极力变右军法，盖不欲与《禊帖》面目相似，所谓神奇化为臭腐，故离之耳。凡人学书，以姿态取媚，鲜能解此。余于虞、褚、颜、欧皆曾仿佛十一，自学柳诚悬，方悟用笔古淡处，自今以往，不得舍柳法而趣右军也"。③书法自盛唐以来，经颜真卿的探索，柳公权汲取颜体之妙，其书刚正有余而温和不足，而独成一家之体，故书法史上称"颜筋柳骨"，既表明二者的区别，也证明了柳公权对前辈的超越。当时公卿大臣之家亲人去世，其碑石若非公权手写，其子孙就会

---

① 《宣和书谱》卷二《篆书·李阳冰》，第29—30页
② 《宣和书谱》卷三《正书一·柳公权》，第69页
③ 〔明〕汪砢玉：《珊瑚网》卷二〇《法书题跋》，清文渊阁《四库全书》本。

被认为不孝。柳公权书法还名播海外,外邦蕃国入贡时,使团成员都大量购买柳书带回本国。①

隋唐长安书法诸家在从事书法创作实践的同时,也都非常重视实践经验的总结和理论的思考。虞世南的《笔髓论》、欧阳询的《结体三十六法》和《用笔论》、唐太宗的《论书》、孙过庭的《书谱》、李嗣真的《后书品》、张怀瓘的《书断》、颜真卿的《张长史十二意笔法记》、韩方明的《授笔要说》等从不同角度阐明自己的见解,从而在实践和理论两个方面奠定了隋唐长安书法在中国书法发展史上的重要地位。

四、旅游娱乐

隋唐长安城市文化娱乐生活的繁荣与城市经济和对外交流的发展是密切相关的,同时也离不开统治者开放包容的政策。唐代统治者"不仅在政策上废除了历代封建统治者对文娱生活的禁锢,而且皇帝的亲自参与亦推动了群众性文娱生活的发展"。②在隋唐长安的文化娱乐生活中,既有打球、拔河、角抵和围棋等体育性的娱乐活动,也有上元节、上巳节等众多的节日习俗,还有斗鸡、歌舞戏等其他娱乐活动,这些共同构成了隋唐长安城市的娱乐文化生活。反过来,城市居民文娱生活也清楚地折射出了整个长安社会的发展状况和文明程度。

(一)体育娱乐活动

击球,唐代长安的球常见的有蹴鞠和马球两种。蹴鞠,早在汉代就已产生,类似现代的足球;唐代蹴鞠更加流行,并有所改进,球改用轻质木制成,中间掏空,外面有彩绘或雕饰,称"珠毽""彩毽""画毽",或以皮革制成,中间充气。对球门的改进,据《文献通考》记载,唐代的球门"植两修竹,高数丈,络网于上,为门以度球。球工分左右朋,以角胜负"③。打球有两人对踢,三人"角踢",还有若干人参加的"会"(又称员社)。④在唐代皇室中蹴鞠就特别流行。神龙二年(公元706年),李重俊立为皇太子,秘书监杨璬、太常卿武崇训为太子宾客,整日"以蹴鞠猥戏"⑤;敬宗即位

---

① 《旧唐书》卷一六五《柳公绰传附弟柳公权传》,第4311—4312页。
② 王雪飞:《唐朝繁荣的城市文化娱乐生活及对今天的启示》,载《大连大学学报》1997年第5期,第19页。
③ 《文献通考》卷一四七《乐二十·散乐百戏》,第1288页。
④ 〔清〕陈元龙:《格致镜原》卷六〇《珠附毽子》,清文渊阁《四库全书》本。
⑤ 《旧唐书》卷八六《节愍太子重俊传》,第2837页。

初，就先后两次击球于中和殿和飞龙院；①唐武宗"好蹴鞠、角抵"②；唐僖宗尤善蹴鞠，甚至对人夸耀说："朕若应击球进士举，须为状元。"③一些官员平日也喜欢蹴鞠娱乐，文宗时，翰林承旨学士王源中"暇日与诸昆季蹴鞠于太平里第"④。蹴鞠不仅在上层社会流行，而且在民间也深受欢迎。王维在寒食节就看到长安城东郊有人蹴鞠，写道："蹴鞠屡过飞鸟上"⑤；唐玄宗《初入秦川路逢寒食》诗也云："公子途中方蹴鞠"⑥；《剧谈录》记载：京兆府停解所由王超路过胜业坊时，看见道旁槐树下有三女子在观看"军中少年蹴鞠"，当球飞来时，女子"接而送之，直高数丈"，可见其球技之高。⑦除了蹴鞠，马球在唐代长安也非常盛行。贞观时，唐太宗就曾观看马球比赛，后来又看到"群胡街里打球"；中宗也喜好击球，"由是风俗相尚"，驸马武崇训、杨慎交甚至洒油以筑球场；⑧景龙年间，吐蕃和亲金城公主，中宗在梨园亭子举办马球比赛，由皇家卫队与吐蕃球队进行比赛，唐玄宗时为临淄王，与嗣虢王邕、驸马杨慎交、武秀等四人组成球队，与吐蕃十人比赛，玄宗在比赛场上"东西驱突，风回电激，所向无前"，大胜吐蕃；开元、天宝中，玄宗又曾数次御楼观看马球比赛。⑨在章怀太子李贤墓道口西壁就发现了"马球图"，壁画中共有二十多匹马，骑马人左手执缰，右手执偃月形鞠杖，驰骋飞奔，击球回旋，最南面飞驰的马上坐一人，做回身反手击球状，另一人回头看球，后面的两人做驱马向前抢球之态，不觉使人感受到当时马球比赛紧张激烈的场景。⑩（见图7-30）马球不是男子的专属，有些贵族妇女也喜欢马球。张籍参加宫中宴会时，曾看到宫中女子"殿前香骑逐飞球"⑪，正在进行马球比赛。1958年2月，在西安市长安县南里王村发现的唐韦洞墓内出土了唐代女子骑马击球陶俑（见图7-31）⑫，就为我们展示了唐代妇女进行马球比赛时的场景。为了进行比赛，唐代长安

---

① 《旧唐书》卷一七上《敬宗本纪》，第508页。
② 《新唐书》卷一六〇《崔元略传附子铉传》，第4974页。
③ 《资治通鉴》卷二五三，唐僖宗广明元年二月，第8342页。
④ 《唐摭言校注》卷一五《杂记》，第297页。
⑤ 《全唐诗》卷一二五《寒食城东即事》，第1259页。
⑥ 《全唐诗》卷三，第29页。
⑦ 《剧谈录》卷上《潘将军失珠》，见《唐五代笔记小说大观》（下），第1464页。
⑧ 《资治通鉴》卷二〇九，唐中宗景龙二年七月，第6741页。
⑨ 《封氏闻见记校注》卷六，第52—54页。
⑩ 陕西省博物馆、乾县文教局唐墓发掘组：《唐章怀太子墓发掘简报》，载《文物》1972年第7期，第16页。
⑪ 《全唐诗》卷三八五《寒食内宴二首》，第4337页。
⑫ 陕西省文物管理委员会：《长安县南里王村唐韦洞墓发掘记》，载《文物》1959年第8期，第9页。原图示为"陶骑马男俑"，明显为女俑，恐为标示错误。

图 7-30　唐章怀太子墓壁画中的马球运动

（选自《中国墓室壁画全集》编辑委员会编：《中国墓室壁画全集·隋唐五代》，河北教育出版社，2011 年，第 70 页）

图 7-31　唐墓出土的女子骑马击球陶俑

（选自陕西省文物管理委员会：《长安县南里王村唐韦洞墓发掘记》，载《文物》1959 年第 8 期，第 9 页）

专门建立了许多球场，见诸史籍的有含元殿球场、麟德殿球场、大明宫东苑球场、太极宫球场、太极宫西内苑球场、兴庆宫球场、梨园亭球场、驸马武崇训之私家球场、驸马杨慎交之私家球场等九个球场①，这些球场的建设既说明唐代长安蹴鞠、马球等活动的兴盛，也为长安球类运动的发展创造了良好的条件。

拔河，古代又称牵钩，最初是流传于襄汉地区的风俗，主要在军队中流行。到唐代，拔河在长安也颇为盛行。《封氏闻见记》记载：唐代的拔河"以大麻绳长四五十丈，两头分系小索数百条挂于胸前，分二朋，两向齐挽。当大绳之中立大旗为界，震声叫噪，使相牵引，以却者为胜，就者为输"②。唐中宗就特别喜欢观看拔河比赛，景龙三年（公元709年）二月，中宗与韦皇后在玄武门"观宫女拔河"③。次年，又令中书门下供奉官五品以上、文武三品以上并诸学士等在梨园球场，"分朋拔河，帝与皇后、公主亲往观之"④，当时七宰相、二驸马为东朋，三宰相、五将军为西朋，仆射韦巨源、少师唐休璟年老，扑倒在地上不能起。因传说拔河比赛"必致年丰"⑤，因而玄宗多次举办拔河比赛，"挽者至千余人，喧呼动地，蕃客士庶，观者莫不震骇"。⑥薛胜《拔河赋》生动地记载了玄宗时拔河比赛的热烈场面：

> 皇帝大夸胡人，以八方平泰。百戏繁会，令壮士千人，分为二队，名拔河于内，实耀武于外。伊有司分，昼尔于麻，宵尔于纼。成巨索兮高轮围。大合拱兮长千尺，尔其东西之首也；派别脉分，以挂人胸腋。各引而向，以牵乎强敌。载立长旗，居中作程。苟过差于所志，知胜负之攸平。于是勇士毕登，嚣声振腾。大魁离立，麾之以肱。初拗怒而强埴，卒畏威而伏膺。皆陈力而就列，同拔茅之相仍。瞋目蹴顶，壮心凭陵。执金吾袒紫衣以亲鼓……然后一鼓作气，再鼓作力，三鼓兮其绳则直。……孰云遇敌迁延，相持蓄缩而已。左兮莫往，右兮莫来……彼壮士之始至，信其锋之莫当。洎标纷以校力，突绳度而就强。㦗绝倒而臆仰，

---

① 帅培业：《唐代长安球场小考》，载《成都体育学院学报》1980年第2期，第17页；耿占军、马塬：《唐代长安城的球场》，载《唐都学刊》1998年第4期，第19—20页。
② 《封氏闻见记校注》卷六《拔河》，第54页。
③ 《新唐书》卷四《中宗本纪》，第111页。
④ 《旧唐书》卷七《中宗本纪》，第149页。
⑤ 《全唐诗》卷三《观拔河俗戏序》，第32页。
⑥ 《封氏闻见记校注》卷六《拔河》，第55页。

壮乘势而头抢。纷纵横以披靡,齐拔刺而陆梁。"①

天宝以后,骁骑逐渐废弛,中央六军宿卫的兵士,平日无事,"壮者为角抵、拔河、翘木、扛铁之戏"②。可见,唐代长安拔河比赛的盛行。

角抵戏,又称"相扑"或"角力",类似于今天的摔跤,是唐代宫廷和民间的主要体育娱乐项目,帝王大多喜欢观赏角抵戏表演。其实早在隋代的时候,角抵就在城市中非常盛行,《隋书·柳彧传》中就记载:"近代以来,都邑百姓每至正月十五日,作角抵之戏,递相夸竞"③。唐代角抵在民间更加流行,唐玄宗敕令中就说道:隋代以来,"广场角抵,长袖生风,聚而观之,浸而为俗"④。每当宫廷中举行盛大的宴会或节日庆祝,也都有角抵表演。元和十五年(公元820年)二月,穆宗"幸左神策军观角抵及杂戏,日昃而罢";宝历二年(公元826年),唐敬宗御三殿,观看两军、教坊、内园分朋角抵,有人因而碎首折臂受伤;开成四年(公元839年),文宗"幸勤政楼观角抵、蹴鞠"。⑤角抵在长安的盛行还引起了一些赴京文人的注意,咸通初湖南人周缄就作有《角抵赋》⑥。

围棋在中国有悠久的历史,春秋战国时期就已产生,由于它集智力、竞技与娱乐为一体,故成为唐代长安最为流行的一种娱乐活动。唐代皇帝几乎都对围棋非常感兴趣。贞观时,吏部尚书唐俭与唐太宗下棋,因争道而被贬为潭州刺史。⑦唐玄宗时,翰林院中专门设有"棋待诏"一职,将天下的围棋高手召集在长安,以陪皇帝平时下棋取乐。李泌幼年,玄宗曾召入宫中,见"帝方与燕国公张说观弈",玄宗命张说以围棋方圆动静试其能,说因曰:"方若棋局,圆若棋子,动若棋生,静若棋死。"李泌即刻回答道:"方若行义,圆若用智。动若骋材,静若得意。"⑧由此可见,围棋在唐人生活中的作用以及唐人对围棋的了解之深。当时,有王积薪酷爱围棋,每次出游都要携带围

---

① 《全唐文》卷六一八,第6240—6241页。
② 《新唐书》卷五〇《兵志》,第1327页。
③ 《隋书》卷六二《柳彧传》,第1483页。
④ 《唐大诏令集》卷八一《禁断女乐敕》,第466页。
⑤ 《旧唐书》卷一六《穆宗本纪》,第476页;卷一七上《敬宗本纪》,第520页;卷一七下《文宗本纪下》,第577页。
⑥ 《唐摭言校注》卷一〇《海叙不遇》,第210页。
⑦ 《朝野佥载》补辑,第173页。
⑧ 《新唐书》卷一三九《李泌传》,第4632页。

棋，路上遇到会下棋的平民百姓也与其对弈。①大中八年（公元854年），日本国王子来朝，要求与唐朝国手下棋，宣宗令棋待诏顾师言与之对手，二人难分胜负，王子问礼宾官："此第几手也？"礼官伪称："第三手。"王子曰："愿见第一。"礼宾曰："胜第三可见第二，胜第二可见第一，今欲躁见第一，其可得乎？"王子抚局感叹曰："小国之一，不敌大国之三，信矣。"②晚唐李讷，性格急躁，但酷爱围棋，下棋时就变得安详宽缓，所以每次他要发怒时，家人就把棋盘摆在他跟前，讷看到后就会忻然改容，取棋子布弄，忘其恚。③唐僖宗时，有翰林待诏滑能，棋品非常高，少逢敌手，有张小子，年方十四，前来与之对弈，滑生沉吟良久，下棋缓慢，而张生随手应之，都不介意，④棋艺远在滑能之上，这说明了围棋在唐代长安社会中的普及程度，高手尽在民间。除围棋之外，唐代长安还有象棋、弹棋等多种棋类活动。

双陆是一种很古老的游戏活动，在唐代也很盛行。唐代双陆"有局有子，子有黄黑各十五，掷采之骰有二，其法生于握槊，变于双陆"。武则天曾梦到双陆不胜，因召狄仁杰解说，狄仁杰回答说："宫中无子之象是也。"⑤中宗时，韦皇后曾引武三思入宫，坐在御床上，"与后双陆"，中宗为二人点筹，以为欢乐。⑥唐代长安的双陆，随着对外文化交流的频繁，还传入日本，因此今天日本的双陆还保留着唐代双陆的形制。

（二）节日习俗

中国古代节日众多，多是源于古代历法和季节气候变化的岁时节日。从主要内容来看，这些节日可分为农事节日、祭祀节日、纪念节日、庆贺节日、社交游乐节日等五类。⑦唐代节日众多，大概有二十个节日，⑧而且每个节日都有丰富的习俗活动，在人们的生活中占有重要的地位。随着城市经济的发展，城市节日习俗娱乐化趋势日益明显，"隋唐以后，特别是经过由贞观到开元近百年的休养生息，农业、手工业、商业得到空前发展，科学技术也有长足的进步。经济繁荣、文化昌盛，节日风俗也以极快的速度向

---

① 《云仙杂记》卷六《出游必携围棋桓具》。
② 《册府元龟》卷八六九《总录部·博弈》，第10318页。
③ 《南部新书》卷庚，第104页。
④ 《北梦琐言》卷一〇《天帝召棋客》，第213页。
⑤ 《唐国史补》卷下，第61页。
⑥ 《旧唐书》卷五一《中宗韦庶人传》，第2172页。
⑦ 乌丙安：《中国民俗学》，辽宁大学出版社，1985年，第300页。
⑧ 张宏梅：《唐代的节日与风俗》，山西人民出版社，2010年，第6页。

娱乐方向发展"①。隋唐长安的节日主要有元日、上元节、上巳节、寒食节、清明节、乞巧节、中秋节以及重阳节等。

元日，也叫元旦，是一年中的第一天。根据《汉官仪》《后汉书·礼仪志》等记载，从汉代起每年元旦，群臣都要给皇帝朝贺，称为"正朝"，皇帝大摆筵席款待群臣，君臣饮宴欢度佳节。在魏晋南北朝时期，元旦朝贺已成为定制。唐代国家统一，经济文化繁荣昌盛，元日朝会成为国家非常重大的节日庆典。皇帝不仅要受百官朝贺，而且来自域外异邦的首领及使臣也要参加。唐代元日朝会在沿袭旧俗的基础上，礼制规范相当完善。据《大唐开元礼》的规定，唐代元日朝贺礼仪程序大致包括两个阶段。朝贺：①皇帝出御（服衮冕），②朝贺礼仪（百官依品入座，群官三拜皇帝），③由中书令上奏诸州镇上表文，④由黄门侍郎上奏祥瑞，⑤由户部尚书上奏诸州贡物，⑥由礼部尚书上奏诸蕃贡物；朝贺仪式后，还有朝会：①皇帝出御（服通天冠），②群臣向皇帝上寿礼，③行酒礼，④皇帝赐羞饭及酒。②贞元十九年（公元803年）元旦，唐德宗在含元殿受南诏使臣朝贺；③元和五年（公元810年）正月一日，唐宪宗"御含元殿受朝贺，令所司准式"④。百官元旦朝贺时若有失礼，轻则罚俸，重则贬官，大中十二年（公元858年），宣宗含元殿受朝贺，太子少师柳公权为百官首，由于路途太远，公权年逾八十，至殿下力已绵惫，称贺之后，将尊号"圣敬文思和武光孝皇帝"读成"光武和孝"，被御史弹劾，罚一季俸禄。⑤元旦除朝廷举行朝贺仪式外，民间也有许多习俗，《荆楚岁时记》载：正月一日先于庭前爆竹，贴画鸡户上，悬苇索于其上，插桃符其旁；长幼都要正衣冠，相互拜贺，进椒柏酒，饮桃汤；进屠苏酒，胶牙饧；下五辛盘；进敷于散，服却鬼丸；进一鸡子。虽然《荆楚岁时记》所记载的主要是南北朝时期江汉地区的节日习俗，但是唐代对前代节日习俗多有沿用。在唐代，每当正月初一，长安城内家家也都贴门神、挂桃符、放爆竹，人们相互拜年，祭祖祈福。日僧圆仁会昌二年（公元842年）正月一日，在长安就看到了"家家立竹杆悬幡子，新岁祈长命"⑥的热闹

---

① 李惠芳：《传统岁时节日的形成及特点》，载《武汉大学学报》（哲学社会科学版）1994年第5期，第116页。
② 《大唐开元礼》卷九七《皇帝元正冬至受群臣朝贺》，第452—455页。
③ 《旧唐书》卷一九七《南蛮传》，第5284页。
④ 《册府元龟》卷一〇七《帝王部·朝会一》，第1281页。
⑤ 《东观奏记》卷下，第132页。
⑥ 《入唐求法巡礼行记》卷三，第153页。

场景。

上元节，即正月十五日，又称元宵节。每当上元之夜，人们走出家门，宴饮观灯，欢乐无限。隋大兴城"都邑百姓每至正月十五日，作角抵之戏，递相夸竞"，"充街塞陌，聚戏朋游。鸣鼓聒天，燎炬照地，人戴兽面，男为女服……高棚跨路，广幕陵云，袨服靓妆，车马填噎。肴醑肆陈，丝竹繁会……无问贵贱，男女混杂，缁素不分……浸以成俗"。① 到了唐代，随着经济的繁荣和社会风气的开放，每当上元之夜，长安城内宵禁取消，人们彻夜狂欢，崔液《上元夜》诗云："玉漏铜壶且莫催，铁关金锁彻明开。谁家见月能闲坐，何处闻灯不看来。"②《大唐新语》记载：神龙时，正月望日，长安城举办大型灯会，金吾弛禁，特许夜行，故"贵游戚属，及下隶工贾，无不夜游。车马骈阗，人不得顾。王主之家，马上作乐以相夸竞"。③ 到开元、天宝时，上元夜的娱乐就更加热闹了，此时唐玄宗御勤政楼，"观作乐。贵臣戚里，官设看楼"，宫人于此夜也被允许外出观灯游乐。④ 上元夜最热闹的活动是踏歌，这是一种以脚踏地为节、载歌载舞的群众性自娱歌舞活动，其动作简单，即兴歌舞，娱乐性极强，所以深受社会各阶层人们的普遍喜爱。先天二年（公元713年）正月十五、十六日夜，睿宗在长安安福门外举办大型灯会，"作灯轮高二十丈，衣以锦绮，饰以金玉，燃五万盏灯，簇之如花树"，同时以宫女千数和长安、万年少女妇千余人在灯轮下"踏歌三日夜，欢乐之极"。⑤ 有张说、苏味道等数百文十作诗记载了踏歌时的热闹场面。张说《十五日夜御前口号踏歌词二首》诗云："花萼楼前雨露新，长安城里太平人。龙衔火树千重焰，鸡踏莲花万岁春。……西域灯轮千影合，东华金阙万重开。"⑥ 苏味道诗曰："火树银花合，星桥铁锁开。……游伎皆秾李，行歌尽落梅。金吾不禁夜，玉漏莫相催。"⑦ 安史之乱后，虽然大唐帝国曾经的繁华不再，但丝毫没有影响人们追求欢乐的心情，每到上元夜人们继续尽情欢乐。白居易《长安正月十五日》就描写了正月十五日夜，长安城内

---

① 《隋书》卷六二《柳彧传》，第1483—1484页
② 《全唐诗》卷五四，第667页
③ 《大唐新语》卷八《文章第十八》，第127—128页
④ 《明皇杂录》卷下，第26页
⑤ 《朝野佥载》卷三，第69页
⑥ 《全唐诗》卷八九，第982页
⑦ 《全唐诗》卷六五《正月十五夜》，第753页

车马攘攘,"万人行乐"之景。①诗人张祜也写道:上元节之夜"千门开锁万灯明,正月中旬动帝京。三百内人连袖舞,一时天上著词声"②。由此可见,上元节已经成为唐代长安居民纵情欢乐的狂欢节。

春天气候适宜,万物复苏,春暖花开,是人们出游踏青的好时节。因此,外出游赏就成为唐代长安居民在寒食节和清明节以及上巳节等春天节日的重要娱乐活动。寒食节一般在夏历冬至后的第105天,原本是为了纪念春秋时晋国的介子推,主要习俗是禁止生火,只吃冷食。寒食节后便是清明节,清明是二十四节气之一。从唐代开始,这一天有上坟扫墓的风俗③,唐政府规定:"官户、奴婢,元日、冬至、寒食放三日假"④,《入唐求法巡礼行记》也记载:唐代寒食节"前后一日,都三日暇,家家拜墓"⑤。但是人们除扫墓外,更是借此机会出游踏青,出游踏青逐渐成为长安居民在节日里不可或缺的一项活动。杨巨源诗云:"清明千万家,处处是年华。榆柳芳辰火,梧桐今日花。祭祠结云绮,游陌拥香车。"胡曾的《寒食都门作》也有:"二年寒食住京华,寓目春风万万家。金络马衔原上草,玉颜人折路傍花。轩车竞出红尘合,冠盖争回白日斜。"⑥二人都描写了长安居民在清明扫墓后,结伴乘车出游的愉悦场景。清明节过后是上巳节,在节日期间长安的人们或在水流旁修禊,或曲水流觞,或踏青赏花,乐趣无穷。唐人记述这方面的诗歌很多。如崔颢的《上巳》就载:"巳日帝城春,倾都被禊晨。停车须傍水,奏乐要惊尘。弱柳障行骑,浮桥拥看人。犹言日尚早,更向九龙津。"⑦到开元、天宝时,长安上巳节的游乐之风更加盛行。杜甫的《丽人行》:"三月三日天气新,长安水边多丽人"⑧,描写的是三月三日长安佳丽聚集水边进行祓禊的场景;《开元天宝遗事》记载:长安春时,盛于游赏,园林树木无闲地,人满为患,苏颋应制诗云:"飞埃结红雾,游盖飘青云",受到玄宗嘉赏;而长安的贵家子弟,春时

---

① 《全唐诗》卷四三六,第4836页。
② 《全唐诗》卷五一一《正月十五夜灯》,第5838页。
③ 开元二十年(公元732年)四月,唐玄宗制:"寒食上墓,礼经无文,近代相传,浸以成俗,士庶有不合庙享,何以用展孝思?宜许上墓同拜扫,礼于茔南门外,奠祭馔讫,泣辞。"(《通典》卷五二《礼十二·吉礼十一》,第1451页)
④ 《唐六典》卷六《尚书刑部·都官》,第194页。
⑤ 《入唐求法巡礼行记》卷三,第153页。
⑥ 《全唐诗》卷三三三《清明日后土祠送田彻》,第3720页;卷六四七,第7417页。
⑦ 《全唐诗》卷一三〇,第1327页。
⑧ 《全唐诗》卷二五,第336页。

游宴则"供账于园圃中,随行载以油幕,或遇阴雨,以幕覆之,尽欢而归"。杨国忠子弟每到游春之际,"以大车结彩帛为楼,载女乐数十人,自私第声乐前引,出游园苑中",长安城中的豪民贵族看到后都纷纷效仿。长安士女在春天"各乘车跨马,供帐于园圃或郊野中",举行探春宴。①唐朝政府也鼓励人们在节日游乐,贞元四年(公元788年),德宗敕:"今海隅无事,蒸庶小康。其正月晦日、三月三日、九月九日,宜任文武百僚择胜地追赏为乐,仍各赐钱,以充宴会。"②曲江池是唐代长安居民上巳节游赏的重要地方,开元时,对其进行疏凿,"遂为胜境",其南有紫云楼、芙蓉苑,西有杏园、慈恩寺,"花卉环周,烟水明媚",都人游玩"盛于中和、上巳之节"。当时的达官贵人彩幄翠帱设于堤岸,鲜车健马比肩击毂,"每岁倾动皇州,以为盛观"。③唐代长安春季游乐活动的盛况,从社会各阶层参与的广泛性就可看出,游乐活动已深入和普及各阶层之中。

乞巧节,即七夕节,时间为农历七月初七,源于牵牛会织女的美丽传说,东晋以后发展成为民间节日。晋周处《风土记》记载:七月七日夜,人们在庭院中,"施几筵,设酒脯时果,散香粉于河鼓(尔雅曰河鼓即牵牛)、织女",讲述牛郎、织女的爱情故事,观看天空中二星会合,传说见二星合者,许愿就能实现,因此人们多在此时守夜,以乞富、乞寿,无子的乞子。④唐代七夕节的习俗也非常流行。陈鸿在《长恨传》中就说:"秋七月,牵牛织女相见之夕。秦人风俗,夜张锦绣,陈饮食,树瓜华焚香于庭,号为乞巧。宫掖间尤尚之。"⑤开元、天宝之际,宫中女眷除于庭院中陈列瓜花酒馔祭祀牵牛、织女星外,还"捉蜘蛛于小合中,至晓开视蛛网稀密,以为得巧之候。密者言巧多,稀者言巧少",宫中也以锦结成高百尺的楼殿,陈以瓜果、酒炙,设坐具,以祀牛、女二星,嫔妃们各以九孔针、五色线向月穿之,过者就能变得灵巧,整夜演奏清商乐,宴饮达旦,民间士民之家都效仿宫中习俗。⑥一些相爱的男女也在此夜相会于月下,以定终身,唐玄宗就曾与杨贵妃"七月七日长生殿,夜半无人私语时。在天愿作比

---

① 《开元天宝遗事》卷下《游盖飘青云》,第44页;同卷《油幕》,第49页;同卷《楼车载乐》,第53页;同卷《探春》,第56页。
② 《南部新书》卷丁,第51页。
③ 《剧谈录》卷下《曲江》,见《唐五代笔记小说大观》(下),第1495页。
④ 〔唐〕徐坚等:《初学记》卷四《岁时部下·七月七日第九》,中华书局,1962年,第76页。
⑤ 《太平广记》卷四八六《长恨传》,第4000页。
⑥ 《开元天宝遗事》卷下《蛛丝卜巧》,第38页;同卷《乞巧楼》,第50页。

翼鸟，在地愿为连理枝"①，写下了超越政治、年龄的凄美爱情故事。

中秋节，即农历八月十五，唐代中秋节已成为一个较大的民间节日。除民间一家一户团圆、祭月外，长安的文人学士多于是夜，"备文酒宴"玩月、赏月。开元时，苏颋与李乂对掌文诰，八月十五夜，于禁中直宿，"诸学士玩月，备文字之酒宴"。②对唐人来说，无诗不成事，面对皎洁的圆月，文人士大夫们诗兴大发，吟诗作赋，留下了许多脍炙人口的动人诗篇。刘禹锡有《八月十五日夜玩月》曰："天将今夜月，一遍洗寰瀛。暑退九霄净，秋澄万景清。星辰让光彩，风露发晶英。能变人间世，倏然是玉京。"③白居易也邀请朋友在开元观中一同赏月，诗云："我与二三子，策名在京师。官小无职事，闲于为客时。"④元稹八月十五日夜在禁中宿直也以诗玩月，并与白居易相互酬唱。⑤

重阳节，又称重九，是一个古老的节日。唐代重阳节的主要习俗有吃重阳糕、饮菊花酒、插茱萸和登高等，《齐人月令》中载有："重阳之日，必以糕酒登高眺迥，为时宴之游赏，以畅秋志。酒必采茱萸、甘菊以泛之，既醉而还。"⑥《景龙文馆记》记载：景龙三年（公元709年），中宗登慈恩寺大雁塔，群臣献菊花酒祝寿，萧至忠有《奉和九月九日登慈恩寺浮图应制》诗云："登高凌宝塔，极目遍王城"⑦，写了他与中宗九月九日登慈恩寺大雁塔的情景。升平坊附近的乐游原是长安城内地势最高的地方，"四望宽敞，京城之内，俯视指掌"，因而成为长安城内帝王后妃、官僚贵族和文人学士重阳登高游赏之佳处，太平公主就在原上置亭游赏，每到九月九日，"京城士女，咸就此登赏祓禊"。⑧诗人李商隐在重阳节登临此地后，写下了《乐游原》诗，曰："向晚意不适，驱车登古原。夕阳无限好，只是近黄昏。"⑨而其中的"夕阳无限好，只是近黄昏"更是成为千古名句。重阳节还要吃糕，"糕"与"高"同音，取"百事皆高"之意。据史籍载，重阳节所吃的糕有麻葛糕、米锦糕、菊花糕等。

---

① 《全唐诗》卷四三五《长恨歌》，第4819—4820页。
② 《开元天宝遗事》卷下《撤去灯烛》，第36页。
③ 《全唐诗》卷三五七，第4017页。
④ 《全唐诗》卷四二八《首夏同诸校正游开元观因宿玩月》，第4713页。
⑤ 《全唐诗》卷四一二《酬乐天八月十五夜禁中独直玩月见寄》，第4572页。
⑥ 《太平御览》卷三二《时序部一七》，第154页。
⑦ 《全唐诗》卷一〇四，第1091页。
⑧ 《长安志》卷八《唐京城二》，第293页。
⑨ 《全唐诗》卷五三九，第6149页。

（三）其他娱乐活动

隋唐长安的娱乐活动除体育项目和岁时节日习俗外，还有散乐百戏、斗鸡、赏花等多种形式。由于城市经济的繁荣和各种文化的交流，唐代长安的戏剧比前代有了较大的发展。虽然唐代戏剧仍被视为散乐杂戏，但已有"歌舞戏"的类名，《旧唐书·音乐志二》中就称："歌舞戏，有《大面》、《拨头》、《踏摇娘》、《窟礧子》等戏。"①长安也有很多戏场，以慈恩寺周边最多，青龙寺附近也有不少，荐福、永寿等寺附近也有戏场。②宣宗时，万寿公主就"在慈恩寺看戏场"③。当然，由于唐代的戏剧仍处于从杂戏表演中刚分离的初级阶段，所以长安的戏场内除戏剧表演外，还伴有杂技表演。《独异志》就记：贞元时，有乞者解如海，他手足残疾，但善击球、樗蒲戏，又善剑舞、数丹丸，"在长安戏场中日集，数千人观之"。④《尚书故实》也记载："京国顷岁街陌中有聚观戏场者"，原来是二刺猬对打，既合节奏，又中章程，因此吸引不少人观看，座中就有前将作少监李韫。⑤

唐代长安的斗鸡活动也是比较盛行的，从帝王将相至平民卒吏无不喜好这种游戏。唐太宗就非常喜欢观看斗鸡；唐玄宗更是亲自参与，《资治通鉴》记载：他和诸王"退则相从宴饮，斗鸡，击球"⑥；唐后期的敬宗、文宗、宣宗更是痴迷于斗鸡。上有所好，下必甚焉，在最高统治者的引导下，长安民间的斗鸡活动更是进行得如火如荼，在玄宗时达到极盛。陈鸿《东城老父传》就记载了长安宣阳坊人贾昌靠斗鸡获得玄宗赏赐的故事。当时玄宗"乐民间清明节斗鸡戏"，治鸡坊于两宫间，搜寻长安雄鸡千数，养于鸡坊，选六军小儿五百人驯养，故当时的诸王世家、外戚、贵主、侯家等富贵者，倾帑破产以市鸡。贫穷之家只能摆弄假鸡，都中男女，以弄鸡为事。玄宗出游，见贾昌弄木鸡于云龙门道旁，因召入为鸡坊小儿，衣食右龙武军，贾昌"入鸡群，如狎群小，壮者、弱者、勇者、怯者，水谷之时，疾病之候，悉能知之。举二鸡，鸡畏而驯，使令如人"，护鸡坊中谒者王承恩言于玄宗，召试殿廷，皆中玄宗意，贾昌遂被封为五百小儿长，玄宗非常爱幸，赐其家金帛。开元十三年（公元725年），贾昌带着斗鸡三百随

---

① 《旧唐书》卷二九《音乐志二》，第1073页。
② 《南部新书》卷戊，第67页。
③ 〔唐〕张固：《幽闲鼓吹》，见《唐五代笔记小说大观》（下），第1449页。
④ 《独异志》卷上，见《唐五代笔记小说大观》（上），第910页。
⑤ 《尚书故实》，见《唐五代笔记小说大观》（下），第1162页。
⑥ 《资治通鉴》卷二一一，唐玄宗开元二年五月，第6819页。

从玄宗东封泰山,其父忠死泰山下,玄宗特许奉尸归葬雍州,县官为葬器,丧车乘传洛阳道,因此当时人语曰:"生儿不用识文字,斗鸡走马胜读书。贾家小儿年十三,富贵荣华代不如。能令金距期胜负,白罗绣衫随软舆。父死长安千里外,差夫持道挽丧车。"①张说《奉和圣制寒食作应制》中也写道:寒食节期间,长安百姓"斗敌鸡殊胜,争球马绝调"。李山甫《寒食》诗语"绣袍驰马拾遗翠,锦袖斗鸡喧广场"②,也描写了寒食节长安居民广场斗鸡的热闹场景。除了斗鸡,唐代长安还有斗蛩(蟋蟀)、斗鹅等赌博性游戏。

赏花也是唐代长安居民娱乐生活的重要部分。《剧谈录》载:安业坊唐昌观有玉蕊花,盛开时"若瑶林琼树",美丽异常,因此每当春物方盛,花树繁盛之际,"车马寻玩者相继",甚至有神仙也忍不住前来观看。当时在场的严休复、元稹、刘禹锡、白居易等诗人都有《闻玉蕊院真人降诗》记述这件奇事。③牡丹无疑是唐人的最爱,"京城贵游,尚牡丹三十余年矣。每春暮车马若狂,以不耽玩为耻"。甚至有专门种植牡丹花以牟利的,一棵牡丹价值数万钱。④由于长安对牡丹的追捧,一些种有牡丹的佛宇、道观就能吸引更多的游览者,慈恩浴室院有花两丛,每次开花多达五六百朵,会昌中,朝士数人来此赏花,有人感叹云:"世之所见者,但浅深紫而已,竟未见深红者。"老僧笑曰:"安得无之?但诸贤未见尔!"在众人的百般恳求下,老僧答应带众人观看自己培育的红牡丹,引众人至一小院,见"殷红牡丹一丛,婆娑数百朵。初日照辉,朝露半晞"。众人嗟赏不已,直到天黑才离去。⑤

唐代长安风俗,除斗鸡走马、赏花宴饮外,自贞元以后,或醉心于书法绘画收藏,或沉迷于博弈游戏,或崇信于卜祝,或爱好于华服美食。时代不同嗜好亦有所异,各种娱乐轮番登台,竞争风流。

---

① 《太平广记》卷四八五,第3992—3993页。
② 《全唐诗》卷八八,第963页;卷六四三,第7364页。
③ 《剧谈录》卷下,见《唐五代笔记小说大观》(下),1483页。
④ 《唐国史补》卷中,第45页。
⑤ 《唐语林校证》卷七,第628页。

第八章 城市人口与粮食供应

唐都长安作为全国的政治、经济和文化中心，拥有数量众多的皇亲国戚、官僚政客以及大批的军队，同时也容纳和吸引了各地的士民、商贾、僧道、使节，从而形成了一个庞大的消费群体。这样的群体，对粮食和其他生活用品的需求量之大是可想而知的。

第一节
城市人口的发展

长安城的供需关系与城中人口的数量密切相关。唐代长安的人口数量,因史料记载贫乏,引起了古今史学家的种种猜测。据笔者所知,对唐代长安人口数量的研究,目前至少有如下说法:50万左右说[1];50万至60万之间说[2];70万说[3];80万说[4];100万说[5];盛时长安人口达170万至180万[6]。可见,目前学术界对长安人口的认识存在很大的差异。究其原因,主要有两点。其一,缺乏足够的史料根据。史料记载长安人口具体数字的地方极少,论者多是根据残存的、间接的史料进行推测。其二,研究的方法不同。因此,尽管以往学者对长安城的人口已经进行了长期的研究,但尚未达成统一的认识。事实上,在唐代二百八十九年间,长安城的人口还存在波动。前期、中期和后期人口不尽相同,因而供需关系亦呈现出不同的状态。[7]长安的实际人口,由在籍人口和其他人口组成。在籍人口是指州县政府调查、统计的人口,即主管人口或赋役人口。长安的人口除有户口登记者外,还有相当一些人由于种种原因而未被列入政府版籍。政府官员无权

---

[1] 李之勤:《西安古代户口数目评议》,载《西北大学学报》(哲学社会科学版)1984年第2期,第48页

[2] 郑显文:《唐代长安城人口百万说质疑》,载《人文杂志》1991年第2期,第91页

[3] [日]妹尾达彦:《唐都长安城的人口数与城内人口分布》,见《中国古都研究》第12辑,第187页

[4] 龚胜生:《唐长安城薪炭供销的初步研究》,载《中国历史地理论丛》1994年第3辑,第143页

[5] [日]外山军治:《唐长安的人口》,载《学海》1947年第4卷第5期;[日]日野开三郎:《论唐代大都邑的户数规模——以首都长安为中心》,见《日野开三郎东洋史学论集》第13卷,三一书房,1993年

[6] 严耕望:《唐代长安人口数量之估测》,见中国唐代学会主编:《第二届唐代文化研讨会论文集》,台湾学生书局,1995年

[7] 本章主要参考借鉴了徐宏件的研究。唐代前期指公元618—712年,中期指公元713—761年,后期指公元762—907年

对这些人口进行登记，他们分别归属于政府各部门。我们姑且称他们为其他人口。

一、前期人口

（一）在籍人口

唐初，刚刚经历了隋末农民战争，社会经济凋敝，人口急剧耗减，长安的人口并不多。《通典》卷七《食货七》"历代盛衰户口"录杜正伦奏言称，武德年间天下户数仅200余万，即使到贞观十三年（公元639年），全国十道总计也只有3041870户，12351681口，[①]与隋大业户口相比下降甚多。关中长安一带在唐初受到战争破坏严重，再加上唐初自然灾害频繁，人口外迁不少。贞观十三年（公元639年），魏徵上疏中说："贞观之初，频年霜旱，畿内户口并就关外，携负老幼，来往数年。"[②]这时的京兆府，领18县，户仅20余万，92万余口。[③]若平均计之，京师所在的长安、万年二县辖户才2.3万户，口10.26万。纵然京师所在的长安、万年二县人口密度要大于其余16县，但不会相差太大。因为长安城经历了改朝换代的战争，破坏较大，况且京师长安只是长安、万年二县的一小部分，城外还有广大的郊区。这样算来，唐初长安城的在籍人口不会超过15万。

（二）其他人口

以往学者对于其他人口的归类以及各类人口的数量分歧较大，究其原因主要是对唐律的理解不同，导致分类混乱。笔者认为，依照唐律，长安的杂籍人口主要应包括宿卫军、宦官、宫女、奴婢、官户、工户、乐户与太常音声人、僧道人口以及皇室宗支人员。

唐都长安的宿卫军主要有屯驻在宫城、禁苑地区的北军和驻扎在宫城以南的南衙十六卫。他们在建置和数量上都有一个发展演变的过程。关于长安城内的驻军数量，妹尾达彦先生根据唐代兵制的演变和禁军的构成推算有10万左右，严耕望估计有20万，薛平拴先生认为玄宗开元至天宝初年，驻守京师长安的宿卫兵约有10万人，其中北衙禁军

[①] 《旧唐书·地理志》所记贞观十三年（公元639年）全国十道户口相加之数，参见冻国栋：《中国人口史》第2卷《隋唐五代时期》，复旦大学出版社，2002年，第199页
[②] 《贞观政要集校》卷 ○《论慎终》，第540页
[③] 《旧唐书》卷三八《地理志一》，第1396页

3万多人，骑兵66000人，[1]而王社教先生认为南北两军合计最多时也不过3.5万人，少时仅3万人。

京师宿卫军的数量及兵种在有唐一代变化明显。大体来说，"所谓天子禁军者，南、北衙兵也。南衙，诸卫兵是也；北衙者，禁军也"。北衙禁军是从"元从禁军"发展而来的。武德年间，"高祖以义兵起太原，已定天下，悉罢遣归，其愿留宿卫者三万人"，号称"元从禁军"，[2]即唐初北衙军就有3万人。南衙宿卫兵主要是隶属诸卫的府兵和三卫。三卫的宿卫情况，《新唐书·百官志四上》"左右卫"条略云："（五府）总四千九百六十三人……每月番上者数千人，宿卫内庑及城门"[3]，即番上者只有数千人。宿卫的府兵数，初唐时期人数不详。开元十一年（公元723年），因当番卫士逃亡，张说奏请置长从宿卫兵12万于南衙，一年两番。但这只是为十六卫挑选后备人员，并非全部当值，驻屯于皇城之内。唐代当宿卫者番上，以一月为率，两番为两个月。这样实际在京当值的宿卫兵仅2万人。唐代前期在京宿卫的府兵也不过此数。由此可知，唐前期驻扎在长安的宿卫军约有6万人。

唐制：设内侍省专门负责宫闱内务，下辖掖庭局、宫闱局、奚官局、内仆局和内府局五局，皆以宦官为之。他们的名籍不归州县管理。学界关于唐代宦官数量的看法基本一致。唐初宦官并不多，武则天称制，差增员位。中宗神龙年间，宦官达3000余人。因此，唐前期宦官在3000人左右。

宫女是宫廷内数量最多的。她们的名籍同样归内侍省掌管。据载，内侍省"掖廷局掌宫人簿籍"[4]。武德九年（公元626年）八月，太宗即位，放出宫人3000余人。贞观二年（公元628年），李百药上书说："往年虽出宫人，未为尽善。窃闻大安宫及掖庭内，无用宫人，动有数万"[5]。王社教先生据此认为早在唐初，宫女就已达三四万人。[6]这是切乎实际的。

唐代奴婢有官、私奴婢之分。私奴婢是王公贵族、官吏、地主和商人等拥有的私家奴婢。唐律规定他们作为主人的私有财产而附属于主人的户籍，而不以人口数编入

---

[1] 薛平拴：《陕西历史人口地理》，人民出版社，2001年，第118页。
[2] 《新唐书》卷五〇《兵志》，第1330页。
[3] 《新唐书》卷四九上《百官志四上》，第1281—1282页。
[4] 《唐会要》卷六五《内侍省》，第1336页。
[5] 《唐会要》卷三《出宫人》，第40页。
[6] 王社教：《论唐都长安的人口数量》，见《汉唐长安与关中平原》，第88—116页。

户籍。长安高官富商云集，私奴婢亦不少。皇帝也经常赏赐奴婢给大臣。薛平拴先生对此有详细论证，认为长安地区王公百官等拥有的私奴婢应在5万人以上，甚至可能达七八万。①

官奴婢的来源很多，社会地位同样很低。唐朝规定："凡反逆相坐，没其家为官奴婢"，即将反逆之家的男女罚没为官奴婢，为官奴婢者，无技艺的分配给诸司，妇人手巧者配入掖庭，诸行宫与监、牧及诸王、公主应给奴婢者，也是从司农寺所属官奴婢中挑选。②因此，官奴婢也是不被州县官员登记入籍的。至于官奴婢的数量，史无记载，更难以窥知整个唐代前后期官奴婢的增减情况。薛平拴先生估计约有3万人。③今从此说。

官户也属于贱民，不过他们的社会地位高于奴婢，受田为良口的一半，"官户隶属司农，州、县元无户贯"④。《唐六典》卷六《尚书刑部·都官郎中》载："诸律、令、格、式有言官户者，是番户之总号，非谓别有一色"，故知官户亦称番户，是由官奴婢赦免而来，官奴婢"一免为番户，再免为杂户，三免为良民"。⑤长安的官奴婢很多，经赦免而来的番户亦应较多，估计约有2万~3万人。

工户、乐户和太常音声人等，社会地位亦较低。唐中央政府经常役使大量工匠。工户隶属于少府监和将作监。乐户等人的身份比官工匠更低，户籍不属州县。唐代前期他们具体有多少人，没有史料记载，很难得知。唐代中期，工户、乐户等人数明显增加，笔者下文考证认为约有5万人，唐代前期不会超过此数。今以5万计。

唐代长安佛、道二教也发展迅速。僧道在唐代不同时期先后隶祠部、宗正寺、鸿胪寺和左、右街功德使等部门⑥，不列入州县户籍之内。关于僧道人口数量，推测结果差异较大。妹尾达彦先生认为长安僧尼、道冠等与宗教有关的人口约有2万~3万，严耕望先生推算多达13万人。二者在寺观数量和规模上看法都有所不同。严先生认为，长安寺观盛时共三百余所，平分为大小两等，大寺平均约400人，小寺平均约150人；又各寺有奴婢，约为僧尼的60%。妹尾先生则按韦述《两京新记》卷三所载开元年间寺观数

---

① 《陕西历史人口地理》，第110页。
② 《唐六典》卷六《尚书刑部》，第193页。
③ 《陕西历史人口地理》，第110页。
④ 《唐律疏议》卷六《名例》，第131页。
⑤ 《唐六典》卷六《尚书刑部》，第193页。
⑥ 《唐会要》卷四九《僧尼所隶》，第1006页。

量一百一十三所，每寺有关人口约二三百人计算。就全国而言，武德九年（公元626年）"天下僧尼，数盈十万"①。《新唐书》卷四八记载开元年间有僧75524人，尼50576人，共计126100人。②睿宗在位时，寺院"度人不休，免租庸者数十万"③。长安城的僧道人口数变化也很明显。开元时，按韦述所记，寺观数量达一百一十三所，若每寺以200人计之，则有2万多人。唐代前期长安的寺观人口有2万人左右。

此外，值得一提的是李唐皇室成员也有不少。据《新唐书》卷七九至八三关于唐代诸帝子女情况的记载，每个皇帝平均有活到成年的子女20.8人，子孙相继，繁育尤多。④他们在宗正寺注籍，州县政府无权过问。唐长安城还聚集着外国侨居人、举选应试者等流动人口，他们影响着长安的人口数量变化，应当也有三四万人，但大多是季节性的。

综合以上所述，唐前期长安城有在籍人口15万，宿卫军6万，宦官0.3万，宫女3万~4万，官、私奴婢11万，官户等8万，僧尼2万，流动人口3万~4万，总计50万人左右。

二、中期人口

（一）在籍人口

唐高宗、武则天以后，全国户口呈现回升并持续增长，长安由于其独特的地理位置，人口增加更加迅速。唐高宗永徽年间，唐全境著籍户数达380万⑤，中宗神龙元年（公元705年）增加到6156141户⑥。到唐玄宗天宝十二载（公元751年），全国有9619254户，52880488口，⑦达到唐代著籍户口数的最高额。关于这一时期长安城的在籍人口数，前辈学者有多种看法。平冈武夫、张永禄等据《长安志·西市》载"长安县所领四万余户，比万年为多，浮寄流寓，不可胜计"，得出两县合计约8万户，平均每户10口，两县口数有80万。佐藤武敏先生则以平均每户5口计之，推算出县管辖口数只有40万。郑显文又按每户5.5口计算，认为唐代长安共有市民44万多。李之勤则认为，天宝

---

① 《旧唐书》卷七九《傅奕传》，第2716页。
② 《陕西历史人口地理》，第114页。
③ 《旧唐书》卷一〇一《辛替否传》，第3159页。
④ 费省：《唐代人口地理》，西北大学出版社，1996年，第16页。
⑤ 《通典》作380万，《唐会要》作385万。
⑥ 《旧唐书》卷八八《苏瓌传》，第2878页。
⑦ 《旧唐书》卷九《玄宗本纪下》，第229页。

末年，长安所在的京兆府共辖23个县，有362921户，1960188口，平均每户5.4口。而除长安、万年外的21县应有20多万户，150多万口。长安、万年两县只剩下10多万户，40万~50万口。龚胜生据《太平寰宇记》载23县当时共分为467乡和120坊，以平均数计，长安、万年二县应得户138500，其中城内120坊有74200户，估计长安城内编户至少在75000家，以每户8口计，则有60万人。严耕望先生认为，东、西二市的人口即逾40万，或至50万以上，全城市民应有80万以上。由上可知，长安城内每户的人口数量是影响长安城在籍人口数的关键因素。虽然唐律禁止子孙与祖父母、父母别籍异财，但认为平均每户达10口，未免估计过高。天宝末年，长安所在的京兆府有户362921，口1960188，平均每户5.4口。长安城内每户理应多些，笔者认为也不过6口左右。至于长安城的户数，我们认为《长安志》所载8万户是基本可信的。这样估算，唐代中期长安城内在籍户数约8万，人口达48万。

（二）其他人口

唐代中期宿卫军仍由南北衙兵组成。北衙军建制发生了变化。贞观中置北衙七营，后置飞骑，高宗龙朔二年（公元662年），因飞骑置左、右羽林军。唐太宗时又在飞骑中别择百骑，永昌元年（公元689年）发展为千骑，景龙元年（公元707年）改为万骑，开元二十六年（公元738年）组成左、右龙武军。至此，北衙禁军以北门四军为主。《唐会要》卷七二《京城诸军》载：天宝七载（公元748年）七月二十日敕，左、右羽林军飞骑定额1.5万人。则唐中期北门四军在3万人左右，南衙府兵变化更大。"自高宗、武后时，天下久不用兵，府兵之法浸坏，番役更代多不以时，卫士稍稍亡匿，至是益耗散，宿卫不能给。"[1]张说乃奏请一切募士宿卫，玄宗从之。当时京师的宿卫军有6.6万人[2]。因此，长安的宿卫军，在唐代中期近11万人。

玄宗时，宦官权势益重，人数大增，"品官黄衣已上三千人，衣朱紫者千余人"[3]。据此估计，当时宦官至少有5000人。

中宗景龙四年（公元710年）正月，"放宫女数千人看灯，因此多有亡逸者"[4]。玄宗时，宫人益众，《旧唐书》卷一八四"宦者传叙"云："开元、天宝中，长安大

---

① 《新唐书》卷五〇《兵志》，第1326页。
② 《陕西历史人口地理》，第117页。
③ 《旧唐书》卷一八四《宦官传》，第4754页。
④ 《旧唐书》卷七《中宗本纪》，第149页。

内、大明、兴庆三宫,皇子十宅院,皇孙百孙院,东都大内、上阳两宫,大率宫女四万人"。当时长安、洛阳两都宫女约4万人。其中玄宗并非常驻洛阳,宫女员额自然较长安要少。又据史载,"十王宅、百孙院。十王宫人每院四百余人,百孙院三四十人"①。此自皆在长安,即诸王诸孙院宫人已在六七千人以上。估计长安的宫女在3万人以上。

官、私奴婢的数量,史无记载,更不可能得知其变化情况。薛平拴先生认为天宝时长安地区王公百官等拥有的私奴婢应在5万人以上,甚至可能达七八万以上,官奴婢约有3万人。

官户、工户等数量,很难确知。薛平拴先生考证认为,天宝时期长安地区有官户2万~3万人。工户的数量,据《唐六典》卷七记载,玄宗时少府监匠19850人,将作监匠1.5万人,合计约3.5万人。乐户和太常音声人队伍也相当庞大,"唐之盛时,凡乐人、音声人、太常杂户子弟隶太常及鼓吹署,皆番上,总号音声人,至数万人"②。据此,天宝时期长安的乐人等多达数万人。则工户、乐户和太常音声人合计有5万人左右。

按韦述所记,开元时期长安寺观数量达一百一十三所,若每寺以200人计之,则有2万余人。但开元以后寺观的规模不断扩大,每寺平均达300人,则有近3.5万人,如果加上寺院役使的奴婢,其人数在4万以上。

总之,唐代中期长安城有在籍人口48万,宿卫军11万,宦官0.5万,宫女3万,官、私奴婢11万,官户、工户、乐户等8万,僧尼4万,再加上流动人口3万~4万,总计约90万人。

三、后期人口

(一)在籍人口

唐代后期,长安的在籍人口不但没有增长,反而减少了。公元756年,安史叛军攻入长安,唐玄宗出走成都,长安城的人口也大量逃散。虽然唐肃宗至德二年(公元757年),唐军夺回了长安,但杜甫《无家别》诗称:"寂寞天宝后,园庐但蒿藜。我里百

---

① 《唐会要》卷五《诸王》,第60页。
② 《新唐书》卷二二《礼乐志十二》,第477页。

余家，世乱各东西。……四邻何所有，一二老寡妻。"①《旧唐书》载：大历四年（公元769年）诏称："今连岁治戎，天下凋瘵，京师近甸，烦苦尤重，比屋流散，念之恻然。人寡吏多，困于供费……且京畿户口，减耗大半，职员如旧，何以堪之？"②大量人户逃亡，或死于兵革之中，长安的户口减损严重。尔后，因唐政府把河西、陇右的军队大批征调以镇压安史之乱，西北边防空虚，导致广德元年（公元763年）吐蕃军队乘机攻入长安，退出时掳掠了一些人口。不过因畿内是唐朝赋役征敛的重要地区，政府对民户的控制始终严格。《元和郡县图志》载：元和时，京兆府著籍户尚存241202户，较之天宝末年少了约三分之一。至于这时长安具体有多少户口，很难估算。若按天宝时期的人均户口数推测，元和年间长安在籍人口仅30余万。唐朝末年，长安的人口数量继续减少。藩镇相继战于长安，宫室坊市，焚毁殆尽，人口的丧亡自不待言。

（二）其他人口

唐后期，京师宿卫军变化很大。广德元年（公元763年）因吐蕃入侵，由郭子仪统领的神策军由戍边军队演变为禁军，并在京师宿卫军中逐渐居于主导地位。原来的南北衙军则日渐萎缩。至于屯驻在京师的神策军数量，《册府元龟》载："（贞元）十五年四月诏，应在城诸州军及畿内诸县镇，兼京西步铎并奉天行营杂职掌所由，兼长行官健，共五万八千二百七十二人。"③即贞元中长安城内及周边禁军近6万人。僖宗时，"（神策军）众号七万，皆长安豪民以货赂求隶六军"④，在城禁军达7万左右。除神策军外，唐后期京师屯戍军队尚有左、右羽林、龙武、神武六军及左、右金吾卫、威远营、城将士等。他们名存实亡，大约只有1.5万人。⑤因此，唐后期驻扎在长安的宿卫军约8.5万人。

自贞元之后，宦官威权日炽，宦官之数应有大幅增加。因此，笔者认为唐初宦官达3000人，玄宗时有5000余人，唐后期应在万人以上。

后期宫女数额无史料明确记载，但《旧唐书·文宗本纪》载：宝历二年（公元826年）十二月文宗即位，诏"内庭宫人非职掌者，放三千人"⑥，间接说明此时宫女并不

---

① 《全唐诗》卷二一七，第2284页。
② 《旧唐书》卷一一《代宗本纪》，第292页。
③ 《册府元龟》卷一三五《帝王部·愍征役》，第1632页。
④ 《册府元龟》卷三三六《宰辅部·识鉴》，第3968页。
⑤ 《唐代财政史稿》下卷，第771页。
⑥ 《旧唐书》卷一七上《文宗本纪上》，第523页。

少。又《旧五代史·郭崇韬传》曰："本朝长安大内，六宫嫔御，殆及万人"[①]。唐末衰微，宫女仍及万人。因此，我们大致认为，唐前期和中期长安城有宫女3万人，唐后期减至1万人。

唐后期奴婢的数量不会超过唐中期。依前推算，此时长安约有官奴婢3万人，私奴婢七八万。

唐后期官户、工户等数量也很难确知，依唐中期计，估计也有8万人。

武宗时期，据日僧圆仁记，会昌灭佛时长安城内佛堂有三百余所，寺观的规模也在不断扩大，估计此时僧道人口达八九万。但会昌灭佛后，寺观人口剧减，长安仅留慈恩、荐福、西明和庄严寺等几座大寺。在此以后，虽有所回升，但也不能同日而语。

由上计之，唐代后期长安城有在籍人口30万，宿卫军8.5万，宦官1万，宫女1万，官、私奴婢11万，官户、工户、乐户等8万，僧尼9万，再加上流动人口3万~4万，总计70余万人。

---

① ［宋］薛居正等：《旧五代史》卷五七《郭崇韬传》，中华书局，1976年，第766页。

第二节
粮食供需

俗言曰：民以食为天。吃饭穿衣是人类生存最基本的需求，生活在长安城中的大量人口，每天都要吃饭，故粮食供需是长安城供需关系中的重大问题。

一、粮食需求

关于唐都长安城人口对粮食的需求量，文献中没有直接的记载。粮食的需求是与人口数量密切相关的，但又不是简单的正比例关系，需要根据不同时期不同的情况进行具体分析。

（一）唐代前期长安人口对粮食的需求

一般来说，粮食需求量是人口数乘以人均年消耗粮食数量。但在都城长安，政府除要供应宿卫军队粮食外，还有一些特殊人群的粮食消费量要多于人均年耗粮量，如皇族与官吏等的消费量。在唐初官员人数少的情况下[①]，除军队用粮另行计算外，笔者不打算采用分类统计的方法把官吏等特殊人物的消费量另外计算。因为即使他们获得的粮食很多，但是他们的消耗量和常人并没有什么差别，剩下的作为亲属、仆役之流的食粮，也是在这个区域内消费。故采用统一计算的简捷方法还是可取的。

首先，计算唐代前期军队的耗粮量。军队用粮包括士兵的用粮和战马的粮料。如前所说，唐前期约有3万北衙禁军和3万南衙兵。北衙禁军始终是职业兵，由政府供粮。唐代士兵"成丁而入，六十而免"，故给粮和普通成丁相同，人均每天耗米2升左右[②]，

[①]《通典》卷一九《职官一·历代官制总序》载："贞观六年，大省内官，凡文武定员，六百四十有三而已。"

[②]《唐六典》卷一九《司农寺》，第527页。

年耗米7.2石，3万北衙禁军一年耗米21.6万石。北衙兵由飞骑演变而来，故战马也有3万匹。以一马岁食米21.6石计①，则3万战马岁耗米64.8万石。南衙兵是由自备粮食番上的府兵组成，只需提供战马的粮料。在诸卫兵中，每十人六匹马②，3万南衙兵约有1.8万匹战马，年耗米约38.9万石。综上，唐前期军队耗米达125.3万石。

唐前期长安城的粮食需求除军用粮外，还包括其他约44万人的粮食需求。今以人均日耗米1.67升计③，年耗米约6石，合计约264万石。加上军队用粮125.3万石，唐前期长安城总需粮约390万石。

那么，长安中央政府的粮食需求量又是多少呢？唐中央政府的粮食主要用于皇室、京师百官、诸司以及军队四方面的开销。皇室、京师百官和诸司公粮主要是提供给皇族、中央官员、宦官、宫女、奴婢以及官户、工户、乐户等人的粮食，依前计算，他们在唐初约有23万人，以人均年耗米6石计，一年用米138万石。加上军队一年用粮125万石，总计263万石。

（二）唐代中期长安人口对粮食的需求

唐中叶长安人口的粮食需求不同于唐前期的是，在京官员的耗粮量剧增。封建统治者奢侈腐化，"天子骄于佚乐而用不知节，大抵用物之数，常过其所入"④。开元年间，京师文武官员2620人。⑤他们的禄米总量，《通典》卷三五注云："凡京文武官每岁给禄，总一十五万一千五百三十三石二斗"⑥，然《新唐书·食货志五》云："自后以地租春秋给京官，岁凡五十万一千五百余斛"⑦，李锦绣先生考证应当为15万余石⑧，今从此说。天宝年间的宿卫京师部队耗粮同样较前期增加不少。天宝时期，府兵制已瓦

---

① 唐代一马粮料当三兵口粮，见王朝中：《唐朝漕粮定量分析：兼论粮食问题同唐中央政权盛衰的关系》，载《中国史研究》1988年第3期，第57—61页。
② 《新唐书》卷五〇《兵志》，第1325页。
③ 唐代人口的给粮标准，《唐六典》卷一九《司农寺》"太仓署"记载："给公粮者，皆承尚书省符丁男日给米二升，盐二勺五撮，妻、妾、老男、小则减之。若老、中、小男无官及见驱使，兼国子监学生、针医生，虽未成丁，亦依丁例。"《唐会要》卷九一《内外官料钱上》记载的诸卫上将军"随身"每月给粮数亦相同。关于官奴婢给粮问题，《唐六典》卷六《尚书刑部》"都官郎中员外郎"载："（官奴婢）其粮，丁口日给二升，中口一升五合，小口六合。"因此，长安其他人口的粮食需求量是有男女老幼之别的。但是，唐代长安人口构成中的男女老幼之比例是无法确知的，只能另辟蹊径。笔者发现一条重要史料，《全唐文》卷八〇〇《送小鸡山樵人序》记载了小鸡山一樵人家的耗粮情况："余家大小之口二十，月费米十斛。"由此计算，人均日耗米约1.67升。应当说这和唐代人口的平均日耗粮量是相接近的。
④ 《新唐书》卷五一《食货志一》，第1346页。
⑤ 《通典》卷四〇《职官二十二》，第1106页。
⑥ 《通典》卷三五《职官十七·俸禄》，第962页。
⑦ 《新唐书》卷五五《食货志五》，第1395页。
⑧ 《唐代财政史稿》上卷，第814页。

解,宿卫京师的士兵都是招募而来的职业兵。一兵一年用米约7.2石,11万京师卫兵一年用米79.2万石。战马的耗粮若依唐前期制度,3万北衙禁军有马3万匹;近8万南衙兵,每十人6匹,共有马4.8万匹,南北衙兵共有马7.8万匹,一马年耗米21.6石,合计耗米168.5万石。人马每年共耗米247.7万石。

这时长安城的粮食耗费量,除11万京师宿卫兵用粮248万石和京官消耗15万石外,还包括近79万人的用粮。同样以人均年耗米6石计算,还需粮食474万石。综上,唐中期长安总需粮食737万石。长安中央政府除需提供京师宿卫人马247.7万石和在京官员15万石粮食外,还需提供宫女、奴婢以及诸色人等约23万人的用粮,约合138万石。故此时长安中央政府的粮食需求量达400万石。

(三)唐代后期长安人口对粮食的需求

按上述计算方法,唐代后期长安人口的粮食需求量仍可分三类计算。

1. 长安官员耗粮

官吏的用粮较开元、天宝时期有所增加。玄宗时,京师文武官员二千六百二十人,而德宗时增加到二千七百八十六人①,每岁禄米应达到16万石左右。

2. 禁军人马耗粮

长安城有神策军7万,左、右羽林军、龙武军、神武军等1.5万。将士耗米以一人一年7.2石计,总约61万石。当时的战马数量缺载,不过诸道节度使的军队一般平均四人一匹马②,神策军士卒大多是托名遥录的边镇驻兵③,故战马比例数当与诸道兵相近,7万神策军有马约1.8万匹。左、右羽林、神武、龙武等军一人一马,1.5万人则有马1.5万匹。总计有战马3.3万匹,一马一年耗米21.6石,合计需粮食约71万石。京师军队一年总计消费粮食约132万石。

3. 剩余在京人口耗粮

其他在京人口大约还有61.5万人,年耗米约369万石。其中由长安中央政府供粮的宦官、宫女、奴婢以及诸色人等约21万,一年需要粮食126万石。

综上所述,唐代后期长安人口大约需要粮食517万石,其中长安中央政府的粮食需求量也达到274万石。

纵观有唐一代,长安在前期需粮390万石,中期增加到737万石,后期也达到517万

---

① 《册府元龟》卷五〇五《邦计部·俸禄一》,第6066页。
② 据《旧唐书》卷二八《地理志一》所载士兵和马匹数计算得之。
③ 《新唐书》卷五〇《兵志》,第1332页。

石。影响长安粮食需求量的因素，归纳起来主要有三个：一是人口数量。长安人口的增减直接影响着长安粮食的需求量，唐代长安人口从初期的50万增加到中期的90万，净增40万，粮食需求量随之增加240万石；到唐代后期，长安人口减少到70万，比中期少20万人，粮食需求量也应当会减少120万石左右。二是军制的变化。唐初实行府兵制，宿卫京师的士兵大多自备军粮，到唐玄宗天宝时而改为募兵制，政府要负担宿卫兵的全部军饷，军队的粮饷无疑增加，在一定程度上增加了长安的粮食需求量。三是统治集团的用粮增加。唐初统治者"用物有节而易赡"，粮食需求不大；但自唐高宗、武则天以后，因中央官吏增多，统治阶级日益腐化，长安政府的粮食需求量急剧增加，李锦绣已指出唐天宝年间宦官的禄米每年就达15万石。可见封建统治阶级的奢侈腐化，也是长安粮食需求增加的重要因素。长安人口的粮食需求量主要是由上述三方面因素共同决定的。

二、粮食供应

关中平原农业素称发达，是长安城粮食的基本的供应源。但长安人口密集，机构庞大，仅靠周边的关中地区供给粮食是不够的，不得不仰给于华北、江淮以及其他一些地区。不同地区在唐代不同时期对长安的粮食供应量是不同的。

（一）关中地区对长安的粮食供应

唐代关中是指汧陇以东，至于黄河西岸、秦岭以北的泾渭河流域。这里是渭河冲积形成的黄土地带，沃野膏壤，自古就有陆海之称。唐代前期长安的粮食需求量达390万石，关中的粮食总产量又有多少呢？这是我们首先要解决的问题。兹估算如下①。

1. 唐代前期关中课丁数

史籍中有关唐代课丁的记载仅《通典》卷七记载天宝十四载和乾元三年两组数据。天宝十四载（公元755年），全国户891万余，课丁近821万，平均一户还没有一课丁；乾元三年（公元760年），在籍户数193万余，课丁达237万口，平均每户1.2口课丁。按以上比例估算，贞观年间每户有课丁1口左右。据《旧唐书》卷三八记载，贞观十三年（公元639年），与关中地区畛域大致相当的京兆府、华州、同州、岐州、邠州和陇州

---
① 这里所算的粮食总产量是理想化的正常条件下所产，并没有考虑自然灾害等因素的影响。农业经济在很大程度上受自然灾害、社会动乱等的影响，有唐一代亦如此。

共有近33万户。①以每户一课丁计,贞观十三年(公元639年)关中地区有课丁33万口。

2. 唐代前期关中课丁占有田亩数

按唐代均田制,丁男及中男人授田一顷,其中八十亩为口分田,种植粮食作物,二十亩为永业田,树以榆、枣、桑等所宜之木。②实际上,授田数并没有这么多。关中地狭人稠,不可能每丁授田百亩。唐太宗贞观十八年(公元644年)巡幸临潼灵口村时,"问其受田",每丁"三十亩"。③不过有学者指出,唐代有以二百四十步为亩的大亩和百步为亩的小亩之分。田令中的亩虽指大亩,但实际上授田数和耕作数似乎是按小亩来操作。④八十亩露田按大亩计算,约合33.3亩。唐政府不会按大亩授予一丁八十亩,很可能实授是按小亩计算的八十亩,按大亩只有三十多亩而已。这样,灵口村每丁报三十亩,按小亩算则有七十二亩。杜佑在计账天宝收入时,地税也以每户七十亩统计,⑤当然是按小亩来统计的。因此笔者认为,贞观年间关中每丁授田按小亩计约七十亩,按大亩计约三十亩。

3. 唐代的粮食亩产量

这个问题已有许多学者研究过。胡戟先生认为唐代粮食亩产量一般为一石至两石,平均不少于一石。⑥吴慧先生进一步指出,唐时亩产粟一石。这个亩是百步为亩之小亩,不可能是二百四十步为亩之大亩,⑦今从之。

由上的课丁总数、课丁占田数和粮食亩产量,贞观年间关中粮食总产量可计算如下:

关中粮食总产量=课丁数×人均田亩数×亩产量

=33万 × 70亩 × 1石/亩

=2310万石

唐代通常"每米六升,折粟一斗"⑧。2310万石粟折米1386万石。唐前期长安人口

---

① 《旧唐书》所记旧领户口数实际为贞观十三年(公元639年)户口数,考证详见岑仲勉:《〈旧唐书·地理志〉"旧领县"之表解》,见岑仲勉:《岑仲勉史学论文集》,中华书局,1990年,第563页。
② 《新唐书》卷五一《食货志一》,第1342页。
③ 《册府元龟》卷一〇五《帝王部·惠民一》,第1257页。
④ 吴慧:《中国历代粮食亩产研究》,农业出版社,1985年,第150页。
⑤ 《通典》卷六《食货六·赋税下》,第110页。
⑥ 胡戟:《唐代粮食亩产量——唐代农业经济述论之一》,载《西北大学学报》(哲学社会科学版)1980年第3期,第75页。
⑦ 《中国历代粮食亩产研究》,第153页。
⑧ 〔唐〕陆贽:《陆贽集》卷一八《请减京东水运收脚价于缘边州镇储蓄军粮事宜状》,王素点校,中华书局,2006年,第598页。

年耗米390万石，若按此计算来看，关中地区完全能够满足长安城的粮食需求。但不要忘记，这个是关中地区所有的粮食总产量，要除去农民自身及其家庭其他成员满足农业生产可持续最基本的粮食需求，剩余的才能缴纳赋税和出售。

唐前期长安政府需要粮食260多万石，长安政府是否能在关中搜刮到这么多的粮食呢？《新唐书·食货志三》记载："唐都长安，而关中号称沃野，然其土地狭，所出不足以给京师，备水旱，故常转漕东南之粟。高祖、太宗之时，用物有节而易赡，水陆漕运，岁不过二十万石，故漕事简。"①由此推算，唐前期长安政府粮食需求量中的240万石皆来自关中。它们主要通过税收与和籴而来。唐前期的赋税实行的是租庸调制，按武德令，每丁纳租粟二石②，贞观十三年（公元639年），关中课丁33万，交租66万石，折米约40万石。始于贞观二年（公元628年）的亩纳二升以备灾年的"义仓米"也被政府挪用，成为正式税收——地税。③每丁授田七十亩，亩纳二升，计1.4石。33万课丁总纳46.2万石，折米约28万石。以上两项总计约68万石，还有170余万石米依靠和籴等方式而来。和籴是唐中央政府征集粮食的重要措施，唐前期中央政府所需的263万石粮食中，多达170万石和籴自关中。④当然，这是在农民丰收的情况下，实际上因自然灾害和社会动乱频发，中央政府经常陷入缺粮困局。

开元、天宝年间，是关中经济的转折时期。连年丰收，极少自然灾害，关中经济呈现出前所未有的强盛势头。整体经济实力上升后，长安城的粮食供应也得到极大的改善。依前面计算，唐中期中央政府的粮食需求量高达400万石，其来源主要有三。

第一部分是税收。依唐制，课丁负担政府的税收依然是每丁岁租二石和每亩二升的"义仓米"。天宝十四载（公元755年），全国户891万余，课丁约821万。按这个比例，天宝年间关中56万余户⑤，课丁约52万口。租粟有104万石，折米62万石。课丁占田

---

① 《新唐书》卷五三《食货志三》，第1365页。
② 《唐会要》卷八三《租税上》，第1813页。
③ 《通典》卷一二《食货十二》，第291页。
④ 和籴是古代官府收购征集农民粮物的一项重要财政措施。关于唐代和籴的源流及唐前期和籴推行的范围及性质，史学界存在种种分歧。陈寅恪先生在《隋唐制度渊源略论稿》七《财政》中认为："关中用和籴法，乃特创之大事也……其渊源所在疑含西北边隅莫属也。"（商务印书馆，2011年，第166页）而岑仲勉先生在《隋唐史》中写道："和籴之法，隋之前早行于北魏，实由常平、均输演变而来……贞观在开元前百年，京师已设许多和籴专官。"（中华书局，1982年，第387页）笔者赞同岑先生的观点，陈寅恪先生可能因客观条件的限制没看到敦煌、吐鲁番的不少出土文书而误解了。其直接证据有清代陆心源所辑的《唐文续拾》卷一〇《和籴粟窖砖文》记载："贞观十四年十二月廿四日……纳和籴粟六千五百石"，"贞观廿三年十二月廿九日……纳和籴米四千四百石"。
⑤ 据《旧唐书》卷三八《地理志一》统计。

仍以七十亩计，"义仓米"有73万石，折米44万石。又开元二十五年（公元737年）二月敕："江淮苦变造之劳，河路增转运之弊。……自今已后，关内诸州庸调资课，并宜准时价变粟取米，送至京。"①按《通典》记载，岁输绢二匹，绫、绝二丈，布加五分之一为调，即庸调输布每丁2.25端，1端布折粟0.67石，每丁折粟为1.5石，52万口庸调折粟78万石，折米47万石。以上三项总计153万石。

第二部分是漕运。漕运数各年不一，余蔚认为，在有效集中了关中民间的余粮后，每年100万石的漕粮已足够了。裴耀卿、韦坚等人每年漕粮折米200多万石，结果导致天宝末年太仓有二十年之蓄，②今以每年漕粮100万石计。

第三部分是和籴。唐中央政府400万石用粮中，税收和漕运合计得到253万石粮食，还有147万石来自和籴。实际上，开元后连年丰收，政府在关中地区和籴的粮食量应远远多于此数。

但好景不长，安史之乱打乱了这一局面。安史乱军攻入长安，昔日繁华的长安被夷为废墟，不但破坏了周围的农业生产，而且直接摧毁了经济发展的条件。代宗广德元年（公元763年），吐蕃铁蹄又踏破长安，农业生产再次遭到破坏。德宗继位，战火不停，建中四年（公元783年）泾原节度使朱泚反唐，长安再度失陷。关中几经战乱，民不聊生。即使如有些学者所说，关中地区的粮食生产自贞元中期以后得到恢复③，但也不可能达到安史之乱前的水平。至于当时关中地区能提供给中央政府的粮食量，已找不到能够说明问题的统计资料。唐后期长安政府需粮食274万石。若以玄宗年间关中上交税收153万石的能力，仍有120万石粮食来自漕运与和籴。安史之乱后，每年漕运进京的粮食数量是十分有限的。一般每年只能运漕粮40万石，到元和中期以后，更降到20万石以下。④故还有100万石粮食出现亏空，只能在关中和籴。但是这时关中粮食生产能力大不如前，表面上实行和籴，实际上是强夺农民的生活必需用粮，完全超越了关中地区农民的粮食负担能力。

（二）华北地区对长安的粮食供应

华北地区包括长城以南、太行山以东、淮河以北的黄河中下游地区。唐代属河北、

---

① 《唐大诏令集》卷一一一《关内庸调折变粟米敕》，第579页。
② 余蔚：《浅谈唐中叶关中地区粮食供需状况——兼论关中衰弱之原因》，载《中国农史》1999年第1期，第5页。
③ 史念海：《河山集》一集，生活·读书·新知三联书店，1963年，第208页。
④ 《新唐书》卷五三《食货志三》，第1370页。

第八章 城市人口与粮食供应

河南二道管辖,其范围大致相当今北京、天津两直辖市和河北、河南、山东及山西的部分地区。自东汉以来,华北逐渐成为最大的经济发达地区,至唐前期成为最重要的赋税来源地。

华北地区对长安的粮食输入,并非始于唐代。开皇三年(公元583年),隋文帝就以"京师仓廪尚虚,议为水旱之备",于是下诏从蒲、陕、虢、熊、伊、洛、郑、怀、邵、卫、汴、许、汝等十三州运米入京师;又于卫州置黎阳仓,洛州置河阳仓,陕州置常平仓,华州置广通仓,通过转相递运的方式,漕运关东及汾、晋地区的粮食,供给京师。① 这十三州都在山西、河南境内,说明输往隋代关中长安的粮食主要来自黄河中下游地区。唐代,华北地区对长安的粮食输入明显分为两个阶段:安史之乱前,华北地区是输入长安的主要粮食供应地;安史之乱后,华北地区输往长安的粮食急剧减少,有时甚至完全停运。

唐初由关东运来的粮食总计不过20万石,主要来自华北地区。安史之乱前,华北地区的租赋输往长安的记载屡见于史书。如:高宗咸亨三年(公元672年),关中饥,监察御史王师顺奏请"运晋、绛州仓粟以赡之,上委以漕运"②。景龙三年(公元709年),关中又饥,政府下令"运山东、江、淮谷输京师"③。"山东"当指山西太行山以东地区。开元时,裴耀卿主漕运,"漕晋、绛、魏、濮、邢、贝、济、博之租输诸仓,转而入渭",三年共输700万石,年均运粮200万石;天宝初年,韦坚"治汉、隋运渠,起关门,抵长安,通山东租赋",当年漕山东粟亦达400万石之巨。④ 上述输出粟、谷之地多属华北地区。从数量上看,华北地区输往长安的粮食是稳步上升的。唐初期关东总计输往长安20万石,开元时,年运达200万石;天宝初,韦坚主漕时山东地区年输粟400万石,折米240万石。虽然江淮地区也有输往长安的粮食,但因路途遥远,运输困难,华北地区始终居于上供京师粮食的主导地位。我们知道,唐中期长安人口的每年总耗粮量是737万石,中央政府的年粮食需求量也有400万石左右。而华北地区一年输入长安的粮食最多达240万石,占长安政府用粮的60%,是长安人口总耗粮的32%。这一数字是惊人的。

安史之乱的爆发彻底扭转了这一局面。安史之乱,前后历时八年,所扰乱地区,虽

---

① 《隋书》卷二四《食货志》,第683页。
② 《唐会要》卷八七《漕运》,第1891页。
③ 《资治通鉴》卷二〇九、唐中宗景龙三年,第6756页。
④ 《新唐书》卷五三《食货志三》,第1366、1367页。

不过河北、河南、河东、关内四道,然河北、河南两道所遭受的破坏尤为严重,人口流散,农田荒芜,水利设施弃毁。元结《问进士》中说:"当今三河膏壤,淮泗沃野,皆荆棘已老,则耕可知。"①陆贽《赈恤诸道将吏百姓等诏》也说:"自戎役繁兴,两河尤极,农桑日废,井邑为墟。"②可见到德宗贞元年间,两河地区的农业经济仍未得到恢复。事实上,华北经济的凋敝只是导致华北地区粮食输出减少的次要因素,其根本原因是乱后藩镇割据的形成。"安、史乱天下,至肃宗大难略平,君臣皆幸安,故瓜分河北地,付授叛将,护养孽萌,以成祸根。乱人乘之,遂擅署吏,以赋税自私,不朝献于廷。"③藩镇在经济、政治、兵权上独立,赋税不上缴中央。《资治通鉴》载:"初,安史之乱,数年间,天下户口什亡八九,州县多为藩镇所据,贡赋不入朝廷,府库耗竭。"④华北地区正是藩镇割据之地,贡赋不入朝廷,输入长安的粮食减少是完全正常的。

总之,安史之乱后,因黄河下游地区经济的衰退和藩镇割据的形成,华北地区的税粮向长安的供应链发生断裂,江淮以南地区便成为关外输往长安的主要粮食供应地。

(三)江淮地区对长安的粮食供应

江淮地域概念,经历了一个历史演变过程。历史上的江淮地域,原来多指淮南江北之地,而唐代的江淮地域概念,已扩大到江南地区。⑤本文论及的江淮地区,包括唐代淮南道的全部、江南道的大部分及山南道的东南部,大致相当于今日江苏、安徽两省淮水以南部分,浙江、江西、湖南三省的大部分及湖北省的东南部。江南地区原本是经济比较落后的地方,经过魏晋南北朝时期的开发,南方经济才迅速发展起来。到隋唐时期,南方的经济地位越来越高。隋炀帝开通南北大运河,在经济上就是为方便江淮物资漕运进京。

唐代前期,华北地区虽是京师漕粮的主要来源地,但也有从江淮地区漕运粮食的记载。《新唐书·食货志三》载:"唐都长安,而关中号称沃野,然其土地狭,所出不足以给京师,备水旱,故常转漕东南之粟。"⑥所谓东南之漕,习惯上指长江下游地区。最早记载唐代江淮漕运入京的是《册府元龟》:"(高祖武德八年)扬州都督李靖运江

---

① 《全唐文》卷三八〇,第3860页。
② 《陆贽集》卷四《赈恤诸道将吏百姓等诏》,第107页。
③ 《新唐书》卷二一〇《藩镇魏博传》,第5921页。
④ 《资治通鉴》卷二二六,唐德宗建中元年七月,第7402—7403页。
⑤ 林志华:《唐代江淮地区经济地位刍议》,载《安徽大学学报》(哲学社会科学版)1986年第3期,第78页。
⑥ 《新唐书》卷五三《食货志三》,第1365页。

淮之米，以实洛阳。"①当然，这次只是一种非常举措，不能视作江淮漕运入京的制度性行为。贞观、永徽年间尚未见江淮的租米漕运入京的记载。武则天统治时期，官吏人数激增，军粮、宫廷用粮增加，长安政府的粮食需求量显著增加，初次出现了从江淮运米的记录②，这说明随着江淮经济的发展和京师长安粮食需求的增加，江淮税粮开始外运，但此时江南谷米上供京都还没有形成固定的制度。③

玄宗时期，唐政府对江淮地区的掠取较武后时期明显加强，江淮税谷每岁上供成为定式，其标志是开元二十一年（公元733年）裴耀卿完成漕粮运输线的调整，唐政府始设江南淮南转运使。④在此以前，由于运河和黄河的枯水期，漕路多梗，得行日少，阻滞日多，江南各州所送租粮及庸调等物资从正月上道，往往至八九月才能运到长安⑤，裴耀卿采取节级运输法，设置若干转运粮仓，分段转运，大大缩短了时间，降低了运输成本，增加了运至长安的粮额，三年共运700万石粮食。当然，这700万石粮食并非全部来自江淮地区，其中来自江淮地区的数量并不多。因为这时华北地区经济处于高峰期，粮食丰富，相对易于运输，关中又得到丰收，以至天宝十四载（公元755年）玄宗下诏停运江淮粮食："所运粮储，本资国用，太仓今既余羡，江淮转输艰劳，务在从宜，何必旧数！其来载水陆运入京，宜并停。"⑥还有一个原因与当时的仓储制度有关。自唐高宗起，唐政府就基本恢复了隋代开创的漕运转运线，在启用隋代修筑的位于运河沿线的洛口仓、广通仓（大业初改为永丰仓）、黎阳仓和太原仓等仓的同时，又在漕运沿线增置了几处粮仓：在汴河和黄河的交汇口置武牢仓；咸亨元年（公元670年），置河阳仓；三年（公元672年）于洛州柏崖置敖仓，容20万石。⑦这些仓库主要是用来转运河北、河南税粮的，由于江淮水系转运的仓储设施尚不完善，从江淮地区来的漕船至汴口，不得不先输入武牢仓，再由河船经黄河入洛水，将漕米输入位于洛水入黄河之口的洛口仓，然后溯洛水入含嘉仓，也有一部分沿黄河经柏崖仓运往京师长安。早在隋大业年间，"东都含嘉仓积江淮之米，载以大兴而西"⑧，即江淮地区的租税由漕船运抵东都洛阳，输入含嘉仓，必要时再运往关中长安。《唐六典》亦曰："凡都之东租纳于都

---

① 《册府元龟》卷四九八《邦计部·漕运》，第5966页。原系为"武德二年八月"有误，考证详见张荣强：《初唐时期的江淮漕运》，载《中国社会科学院研究生院学报》2005年第1期，第113页。
② 〔唐〕陈子昂：《陈子昂集》卷八《上军国机要事》，徐鹏校，中华书局，1960年，第180页。
③ 《唐朝仓廪制度初探》，第48页。
④ 《唐朝仓廪制度初探》，第48页。
⑤ 《新唐书》卷五三《食货志三》，第1366页。
⑥ 《册府元龟》卷四九八《邦计部·漕运》，第5968页。
⑦ 《唐会要》卷八八《仓及常平仓》，第1912页。
⑧ 《旧唐书》卷四九《食货志下》，第2116页。

之含嘉仓，自含嘉仓转运以实京之太仓。"①所谓"都之东租"应当主要是指江淮地区租赋。陈子昂在《上益国事》中也曾建议：山南、江南诸道的和籴所得谷物"令漕运委神都太仓"②，神都太仓当然就是洛阳含嘉仓。这样江淮地区的租米基本上全都储存在洛阳含嘉仓，只有少部分必要时转运至长安。

安史之乱的爆发打破了这种局面。战乱期间河北、河南的农业生产遭到严重破坏，漕路断绝，且乱后恢复缓慢，河北藩镇又割据自立，财赋不上供中央。这样，由于河南、河北粮食输入的减少，江淮地区就成为唐后期长安粮食的主要来源地。唐代君臣也认识到江淮漕运对稳定关中粮食供应乃至中央政局的重要性。唐宪宗指出："天宝已后，戎事方殷，两河宿兵，户赋不入，军国费用，取资江淮"③。权德舆说："赋取所资，漕挽所出，军国大计，仰于江淮。"④宣宗制书也说："禹贡九州，淮海为大，幅员八郡，井赋甚殷……通彼漕运，京师赖之。"⑤其实，江淮每年能输至京师的粮食也十分有限。肃宗末年，刘晏疏浚汴水，"凡岁致四十万斛，自是关中虽水旱，物不翔贵矣"⑥。虽有个别年份漕运量逾百万石，但一般仅40万石左右。户部侍郎裴休任转运使后，要求沿河县令亲自负责漕运事务，故"自江达渭，运米四十万石。居三岁，米至渭桥百二十万石"；元和年间，江淮米运至京师才20万石。⑦文宗大和后，"漕米岁四十万斛，其能至渭仓者，十不三四"⑧，每年才10余万石。

总之，安史之乱后，由于运河运输经常受到沿岸藩镇的干扰，漕运时断时续，作为上供京师的主要粮食供应地，江淮地区每年也只能漕运40万石，少者仅一二十万石。粮食供应的大幅减少，也从经济上削弱了唐朝中央政府的实力，后期中央政府在应对地方藩镇和西部少数民族政权的挑衅时，经常显得力不从心。

（四）其他地区对长安的粮食供应

有唐一代，关中、华北和江淮等地区是三个主要的经济区，也是长安政府的主要粮食供应地。受交通地理、政治、经济及军事诸方面的影响，它们对长安的粮食供应分别在不同时期起着重要作用。除此之外，还有其他一些地区向唐政府供应过粮食。

---

① 《唐六典》卷三《尚书户部·仓部郎中》，第84页。
② 《陈子昂集》卷八《上益国事》，第177页。
③ 《全唐文》卷六三《上尊号赦文》，第677页。
④ 《全唐文》卷四八六《论江淮水灾上疏》，第4962页。
⑤ 《全唐文》卷七六三《授杜悰淮南节度使制》，第7928页。
⑥ 《新唐书》卷一四九《刘晏传》，第4795页。
⑦ 《新唐书》卷五三《食货志二》，第1371、1370页。
⑧ 《旧唐书》卷四九《食货志下》，第2122页。

巴蜀之地，秦汉以来就是有名的"天府之国"，经济富庶，粮食充裕。但与关中长安有秦岭、巴山之隔，水运、陆运艰难异常，其租赋在通常情况下很少调运入京，仅仅在非常时期调拨过几次。武德二年（公元619年），太府少卿李袭誉就运过剑南之米以实京师，当时唐朝仅据有关中、巴蜀之地，只能从巴蜀运了粮了。唐太宗贞观二十二年（公元648年），开斜谷道水路运米以至京师①，所运之米当来自巴蜀地区。但由于交通条件恶劣，这条运道也很快被弃用，巴蜀之租赋，顺江而下，再转运至关中。②建中初，李纳、田悦、梁崇义等阻绝江淮漕运，江淮水陆转运使杜佑"以秦、汉运路出浚仪十里入琵琶沟，绝蔡河，至陈州而合，自隋凿汴河，官漕不通，若导流培岸，功用甚寡；疏鸡鸣冈首尾，可以通舟，陆行才四十里，则江、湖、黔中、岭南、蜀、汉之粟可方舟而下，繇白沙趣东关，历颖、蔡，涉汴抵东都，无浊河溯淮之阻，减故道二千余里"③。

此外，河西也曾运粮到关中。西北边地地广人稀，经济欠发达。但它是唐王朝的边防重地，屯有重兵。为从根本上解决军粮问题，唐王朝注重发展西北农业，高宗、武后时期，河西、陇右的屯田已经很发达。河西、河套和河、湟之间比较富实，开元年间"河州燉煌道，岁屯田，实边食，余粟转输灵州，漕下黄河，入太原仓，备关中凶年"④。但河西向长安转输粮食相对还是很少见的，毕竟河西经济实力有限，边防军队又多，所能输出的粮食十分有限。

岭南地区也曾转输粮食至长安。唐代岭南道大致包括今广东、广西两省区以及越南北部各地，多以山地丘陵为主，人口稀少，仅珠江三角洲一带自然条件较好，农业有一定基础。历年对长安的赋税供应并不多，前面提到的建中初年杜佑把"江、湖、黔中、岭南、蜀、汉之粟可方舟而下"，岭南的粮食也运往关中。德宗时户部侍郎元琇和侍郎吉中孚主管财政，从江西、湖南、鄂岳、福建、岭南运米120万石。⑤岭南是运米地之一。岭南地区一直是唐朝控制地区，需上供粮食，只是在唐后期江淮割据，上供时断时续。

总之，在唐朝的统治下，凡势力之所及，赋之所出，全被中央政府调用以满足长安的粮食需求，但因各地区的经济发展水平、交通地理之远近以及政治军事形势不同，所能上供的多少不等，其在长安粮食供应中的作用也不同。

---

① 《册府元龟》卷四九八《邦计部·漕运》，第5966页。
② 《旧唐书》卷一九〇中《陈子昂传》，第5022—5023页。
③ 《新唐书》卷五三《食货志三》，第1369页。
④ 《太平广记》卷四八五《东城老父传》，第3994页。
⑤ 《新唐书》卷五三《食货志三》，第1369页。

第三节
供需矛盾

城市人口对粮食的需求与社会的粮食供应是一对矛盾的两个对立面。在有唐二百八十九年间，长安粮食供需关系，因为自然的或者人为的因素而一直处于动态的变化过程中。

一、供需矛盾的变化

在唐代二百八十九年间，长安城的供需矛盾是在不断发展变化的。前期、中期、后期的供需矛盾有联系，也有变化。

（一）唐代前期长安粮食的供需矛盾

唐代前期长安人口的粮食需求总量达390万石，其中中央政府需要粮食263万石。这些粮食大多来自关中，中央政府通过税收、和籴等方式筹集粮食，但这都需要建立在关中农业发展，农民有足够的粮食的基础上。唐代前期关中的自然灾害频仍，平均两年多就发生一次[1]，给粮食生产带来极大的威胁，因而导致长安的粮食大多数年份处于供不应求的状态。

唐初，京师长安的粮食严重匮乏。唐朝建立初，粮荒频繁，价格飞涨，时时威胁着新生的政权。武德元年（公元618年），因为出现严重粮荒，唐高祖下令"四面入关者，车马牛驴各给课米，充其自食"[2]；次年，谷价踊贵，朝廷不得不禁止用粮食酿酒；贞观初，旱蝗与水灾相继，"关辅绵及三河之地，米价腾贵，斗易一缣，道路之

---

[1] 曹尔琴：《论唐代关中的农业》，载《中国历史地理论丛》1989年第2辑，第56页。
[2] 《旧唐书》卷一《高祖本纪》，第8页。

间，馁殍相藉"①，甚至有人卖儿女以存活②。

但此后，情况有所好转。至贞观末，关中自然灾害相对减少，经过休养生息，"风调雨顺，年登岁稔，人无水旱之弊，国无饥馑之灾"③。粮食的丰收，供应的充足，致使粮食价格不断下降。贞观八年（公元634年）"米斗四五钱"，十五年（公元641年）"米每斗值两钱"，④直到唐高宗麟德二年（公元665年）仍是"斗米至五钱"，而豆、麦甚至不列于市。⑤虽然个别年份仍有自然灾害导致粮食歉收，米价昂贵，⑥但大体上来说，贞观五年至高宗麟德二年（公元631—665年）的三十余年间，关中自然灾害相对较少，粮食供应充足，没有大饥饿之年出现。

唐高宗乾封元年至睿宗延和元年（公元666—712年），唐王朝内部发生了多次政治风波，社会动荡，异常气候也频繁出现，粮食生产大幅减少，社会粮荒再度发生。这一时期不仅长安的市民粮食缺乏，中央政府的缺粮程度也相当严重。麟德二年（公元665年）以后唐高宗四次巡幸洛阳，其中有三次都是因为长安粮食供应紧张而前往洛阳就食，⑦这在高宗巡幸洛阳的诏书中说得很清楚。高宗死后，武后拟护送灵驾返长安，陈子昂阻止说："三辅……顷遭荒馑，人被荐饥。自河而西，无非赤地。……去岁薄稔，前秋稍登，使羸饿之余，得保沉命。……然而流人未返，田野尚芜，白骨纵横，阡陌无主。至于蓄积，犹可哀伤。陛下不料其难，贵从先意，遂欲长驱大驾，按节秦京。千乘万骑，何方取给？"⑧可见关中农业生产的脆弱性，稍有一点灾情，长安的粮食供应就紧张了，皇帝也成"逐粮天子"。当时，长安的粮食储备也很少，韦嗣立就曾对此感到忧虑："今陛下仓库之内，比稍空竭，寻常用度，不支一年。倘有水旱，人须赈给，征发时动，兵要资装，则将何以备之？"⑨当朝廷政局紊乱时，僧寺膨胀，食禄者滥增，

---

① 《陆贽集》卷二二《均节赋税恤百姓六条》，第748页。
② 《旧唐书》卷二《太宗本纪上》，第33页。
③ 《旧唐书》卷五一《太宗贤妃徐氏传》，第2167页。
④ 《通典》卷七《食货七》，第149页。
⑤ 《唐会要》卷七《封禅》，第113页。
⑥ 如：永徽六年（公元655年），因大雨，造成"京师米价暴贵"（《旧唐书》卷四《高宗本纪上》，第74页）；显庆二年（公元657年），唐高宗对长安父老说："自从去岁，关中旱俭，禾稼不收，多有乏绝，百姓不足。"（《全唐文》卷一四《赐京城父老敕》，第165页）
⑦ 梁克敏：《隋唐时期皇帝巡幸洛阳探析》，见樊英峰主编：《乾陵文化研究》（八），三秦出版社，2014年，第109—110页。
⑧ 《陈子昂集》卷九《谏灵驾入京书》，第197—198页。
⑨ 《旧唐书》卷八八《韦思谦传》，第2870页。

导致政府粮食支出增加，更加剧了长安粮食供需之间的紧张。这种供需紧张关系从公元666—712年长安发生饥年的次数就能看出①。饥年是粮食极度缺乏的结果。笔者检索史籍，把唐代前期关中长安的饥年记载列表如下：

表 8-1 唐代前期关中的饥年表

年份	饥馑实况	资料来源
贞观元年（公元 627 年）	关中饥，至有鬻男女者	《旧唐书》卷二《太宗本纪上》
贞观二年（公元 628 年）	关中旱，大饥	《贞观政要·仁恻第二十》
总章二年（公元 669 年）	诸州四十余饥，关中尤甚	《新唐书》卷三五《五行志二》
咸亨元年（公元 670 年）	天下四十余州旱及霜虫，百姓饥乏，关中尤甚	《旧唐书》卷五《高宗本纪下》
咸亨二年（公元 671 年）	时属大旱，关中饥乏，令取廊下兵士粮视之，见有食榆皮蓬实者，乃令家令等各给米使足	《旧唐书》卷八六《孝敬皇帝弘传》
咸亨三年（公元 672 年）	关中饥，监察御史王师顺奏请运晋、绛州仓粟以赡之，上委以运职	《旧唐书》卷四九《食货志下》
调露元年（公元 679 年）	关中饥	《新唐书》卷三五《五行志二》
永隆二年（公元 681 年）	关中旱，霜，大饥	
永淳元年（公元 682 年）	关中及山南州二十六饥，京师人相食	
永淳中	时关中大饥，人相食，盗贼纵横	《旧唐书》卷七五《苏世长传》
垂拱三年（公元 687 年）	天下饥	《新唐书》卷三五《五行志二》
神龙二年（公元 706 年）	京师、山东、河北、河南旱，饥	
景龙二年（公元 708 年）	饥	
景龙三年（公元 709 年）	关中饥，米斗百钱。运山东江淮谷输京师，牛死什八九	《资治通鉴》卷二〇九"中宗景龙三年"条

从表中统计情况发现，唐武德年间无饥年记录，但这并不意味着关中粮食充裕，前已论及，估计当时刚刚立国，记载不及于饥馑状况。直到贞观元年（公元627年）、二年才有明确记载发生大饥荒。贞观五年（公元631年）后的三十余年，粮食供应良好，长安没有大饥年出现。恰恰在唐高宗总章二年至中宗景龙三年（公元669—709年）的四十年间，就有十二年发生大饥馑，平均三至四年发生一次，饥年发生率接近30%。这反映了唐代前期长安地区粮食供不应求的尴尬局面。

---

① 唐朝定都长安，位于关中中部，关中发生饥荒时，长安饥的可能性非常大，故为统计的方便，笔者对二者不做区分，都视为京师长安饥。

（二）唐代中期长安粮食的供需矛盾

唐代中期，长安的粮食供需以开元二十五年（公元737年）为分界线，前后呈现出两个明显不同的状况。

唐玄宗即位初年，长安的粮食供不应求的矛盾仍然突出。这时的军事制度府兵制逐步瓦解，募兵制全面实行。士兵的粮食由原来的自备变为政府供应，京师宿卫兵数量又有增加，由长安政府提供的军粮增多。长安政府的用度严重膨胀，每年政府用粮从唐前期的263万石增加到开元、天宝时期的400万石，长安城的粮食总需求量同时增加到730多万石。先天二年（公元713年）冬，京师又发生饥荒；①开元二年（公元714年）正月，"关中自去秋至于是月不雨，人多饥乏"。整个开元初年，关中粮食不济，玄宗也不得不于五年（公元717年）就食于东都。但开元年间，唐玄宗励精图治，加之自然灾害相对减少，关中粮食产量大增，粮价亦随之而降。开元五年（公元717年）后的二十余年间，仅仅开元二十一年（公元733年）因"久雨害稼，京师饥"②，导致长安粮食紧缺，谷价踊贵。其他年份农业发展稳定，未出现粮价上涨的记录。开元二十五年（公元737年）是长安粮食供需关系的一个转折点。一方面，裴耀卿自开元二十一年（公元733年），改革漕运后，从关东三年运粮700万石入长安，大大充实了长安的粮食储备；再加上关中无灾害发生，岁岁丰稔，各地粮食产量增加，开元二十六年（公元738年），中央政府在关中开始和籴，玄宗敕"以岁稔谷贱伤农，命增时价什二三，和籴东、西畿粟各数百万斛"，仅天宝八载（公元749年）关内道就和籴509347石③，"自是关中蓄积羡溢，车驾不复幸东都矣"④。漕运的扩大、连年的丰收以及关中和籴之法的推行，使得长安粮食供应长期供不应求的局面得到扭转，粮食供给颇足，唐玄宗也告别了"就食"洛阳的日子。此后直至安史之乱前，长安都无饥年出现，唐朝出现了兴盛的景象。杜甫的《忆昔》诗："忆昔开元全盛日，小邑犹藏万家室。稻米流脂粟米白，公私仓廪俱丰实"⑤，就描写的是开元全盛时期，农业连年获得丰收，公私仓库粮食充盈的情形。到天宝八载（公元749年）全国的官仓中，诸色米共96062220石，足够1400万人食用一年，其中长安北仓储粮6616840石，太仓储粮71270石。⑥北仓是太仓的一部分，位

---

① 《新唐书》卷三五《五行志二》，第898页。
② 《旧唐书》卷八《玄宗本纪上》，第172、200页。
③ 《通典》卷一二《食货十二》，第291页。
④ 《资治通鉴》卷二一四，唐玄宗开元二十六年九月，第6950页。
⑤ 《杜甫全集校注》卷一一，第3240页。
⑥ 《通典》卷一二《食货十二》，第291—292页。

于东渭桥，其收贮的税粮供应长安百司、诸卫、诸军、备荒等，而太仓所贮供给皇室之膳和百官之禄等，①二者所储之粮达6688110石。此外，还有关内的正仓、义仓和常平仓等所储之粮。可见，天宝年间长安的粮食供给应该是颇为充足的。

安史之乱结束了天宝时期粮食丰储的时代。战争的破坏，社会的动荡，导致粮食流通受阻，供给紧张，价格不断上涨，"京师米斗八百文"，再加上旱灾的发生，米价更是"斗直数千，死者甚多"，甚至皇帝亦"禁膳不兼时"。②从中可以看出安史之乱期间长安粮食供应开始逐渐恶化。

但是，从整体来看，唐代中期长安的粮食供需还是较唐代前期要好。唐玄宗开元前期，长安的粮食供需基本上趋于平衡，开元末年至天宝时期的二十余年间，长安的粮食供给更加充裕，供大于求，而安史之乱结束了供需之间的良好关系。

（三）唐代后期长安粮食的供需矛盾

安史之乱后的一百四十多年间，关中屡遭兵祸，田亩荒芜，气候条件恶化，灾害频仍，农业生产衰败，而来自华北的粮食供应也大幅减少，江淮漕运量又十分有限，因而唐代后期长安粮食的供应量大幅减少；而唐代后期长安粮食的需求量却并未减少多少，仍多达517万石，其中长安政府就需要274万石，每年约有100万石粮食缺额，长安粮食供应与需求之间的关系日益恶化。

随着粮食供需关系的恶化，唐代后期长安饥年发生得更加频繁。为更好地说明唐代后期长安的粮食供需矛盾，笔者结合相关资料制表如下：

表 8-2 唐代后期关中的饥年表

年份	饥馑实况	资料来源
广德二年（公元764年）	关辅饥，米斗千钱	《新唐书》卷三五《五行志二》
永泰元年（公元765年）	饥，京师米斗千钱	
大历四年（公元769年）	是岁，自四月霖澍，至九月。京师米斗八百文，官出太仓米贱粜以救饥人	《旧唐书》卷三七《五行志》
大历五年（公元770年）	夏，复大雨，京城饥，出太仓米减价以救人	
兴元元年（公元784年）	关辅大蝗，田稼食尽，百姓饥，捕蝗为食，蒸曝，飏去足翅而食之	

---

① 《唐朝仓廪制度初探》，第59页。
② 《旧唐书》卷二七《五行志》，第1361页；同书卷一二一《李皋传》，第3637页；《新唐书》卷一四九《刘晏传》，第4794页。

续表

年份	饥馑实况	资料来源
贞元元年（公元 785 年）	时关东大饥，赋调不入，由是国用益窘。关中饥民蒸蝗虫而食之	《旧唐书》卷一二《德宗本纪上》
贞元二年（公元 786 年）	春正月壬辰朔，以岁饥罢元会，礼也。丙申，诏以民饥，御膳之费减半，宫人月共粮米都一千五百石，飞龙马减半料	
贞元十四年（公元 798 年）	京师饥	《新唐书》卷七《德宗本纪》
贞元十五年（公元 799 年）	二月，以久旱岁饥，出太仓粟十八万石，于诸县贱粜	《唐会要》卷八八《仓及常平仓》
贞元十六年（公元 800 年）	是岁，京师饥	《新唐书》卷七《德宗本纪》
贞元十九年（公元 803 年）	秋七月戊午，以关辅饥，罢吏部选、礼部贡举	《旧唐书》卷一三《德宗本纪下》
贞元二十年（公元 804 年）	关辅饥	《新唐书》卷一六七《李实传》
元和九年（公元 814 年）	诏以岁饥，放关内元和八年已前逋租钱粟，赈常平义仓粟三十万石 是月（五月）旱，谷贵，出太仓粟七十万石，开六场粜以惠饥民	《旧唐书》卷一五《宪宗本纪下》
元和十二年（公元 817 年）	出太仓粟二十五万石粜于西京，以惠饥民	《旧唐书》卷一五《宪宗本纪下》
咸通九年（公元 868 年）	江左及关内饥	《新唐书》卷三五《五行志二》
乾符三年（公元 876 年）	京师饥	
中和二年（公元 882 年）	关中人饥	《新唐书》卷九《僖宗本纪》
中和三年（公元 883 年）	时仍岁大饥，民无积聚，贼俘人为食，其炮炙处谓之"舂磨寨"，白骨山积，丧乱之极，无甚于斯	《旧唐书》卷一九下《僖宗本纪》
中和四年（公元 884 年）	关内大饥，人相食	《新唐书》卷三五《五行志二》
天祐元年（公元 904 年）	十月，京师大饥	

由上可知，代宗在位期间（公元762—779年），延续了安史之乱时粮食供给紧缺的局面。连年的水旱灾害，造成米价长时间处于每斗千文的高价位。此时有四次饥年记载，平均四年半遭遇一次。德宗在位时期，长安粮食供需矛盾达到空前严重的程度。按理说，安史之乱后，经过十几年的恢复，粮食供应应该会好转起来，但此时的粮食供应

更加紧张。建中元年至贞元二十一年（公元780—805年）的二十五年间，明确记载的饥年就达八次，饥年发生率高达32%，平均三年发生一次，超过了唐高宗乾封元年至睿宗延和元年（公元666—712年）间的饥荒发生率，这样的高发生率是历史上少有的。

具体来说，唐德宗即位后，先后发生朱泚、李怀光之乱，"德宗出居，及归京师，军用既繁，道路又阻，关中饥馑，加之以灾蝗，江南、两浙转输粟帛，府无虚月，朝廷赖焉"①。加上严重的自然灾害的影响，长安缺粮是理所当然的了。因此，贞元初，长安"米斗千钱，太仓供天子六宫之膳不及十日，禁中不能酿酒，以飞龙驼负永丰仓米给禁军，陆运牛死殆尽"②，连中央禁军的粮食都得不到保障。贞元二年（公元786年），关中仓廪竭，禁军几至发生暴乱，德宗惶恐不安而无对策，恰韩滉运米3万斛至长安，德宗对太子说："米已至陕，吾父子得生矣！"③可见当时关中的粮食连护卫朝廷的禁军都不能满足。

元和年间（公元806—820年），长安的粮食供应有所改善，粮食价格持续下落。史载，十五年间仅发生过两次饥荒。然而，中唐以后农业发展的基础已经遭到极大破坏，没有多少粮食储备以备不测。当时，书判科有一道题目《廪无积粟》云："得景领县，府无蓄，廪无储"④，反映了地方州县没有积蓄的普遍现象。奇怪的是，从穆宗长庆元年到懿宗咸通八年（公元821—867年）近五十年的时间里，居然没有饥年记录，但这并不表明这期间没有饥荒发生，而可能是由于政局不稳，导致史官阙载而已。

唐僖宗时期（公元873—888年），由于政治衰败，战争频发，灾害频仍，短短十五年间，长安地区就有四年遭遇饥荒，平均三年半发生一次。黄巢起义爆发时，漕路再次中断，长安的粮食供需矛盾已不可调和，加速了唐王朝的覆灭。

综上所述，唐后期长安的粮食供需矛盾愈来愈严重。因天灾人祸不断，关中自身粮食供应能力下降，漕粮减少，长安上下常常面有菜色，民生憔悴。粮食的短缺已对唐后期的政治产生了深远的影响。如果说，安史之乱后，唐王朝的衰亡已成为不可逆转的历史趋势，那么，漕路阻梗、粮食供应短缺问题就是一种催化剂，加速了唐王朝的灭亡。

---

① 《旧唐书》卷一二九《韩滉传》，第3601页。
② 《新唐书》卷五三《食货志三》，第1369页。
③ 《资治通鉴》卷二三二，唐德宗贞元二年三月，第7589页。
④ 《全唐文》卷六七三，第6871页。

二、影响供需矛盾变化的因素

影响长安的粮食供应量的因素是非常复杂的，大致来说，可以分为自然的和社会的，归纳起来也就是农业生产能力。它们始终在总体意义上发挥影响。下面重点对此进行论述。

（一）自然灾害的影响

在古代社会农业技术十分有限的情况下，粮食生产在很大程度上受到自然条件的制约。自然灾害对粮食生产有着直接而广泛的影响。唐代自然灾害主要有水灾、旱灾、地震、风灾、冰雹、霜冻、蝗虫、牛疫等多种。据《新唐书·五行志》统计，唐代二百八十九年间，仅关中各种自然灾害就有136次。其中旱灾46次，雨灾51次，霜灾8次，雹灾13次，雷电灾2次，风灾1次，雪灾2次，蚜蚰虫灾2次，牛疫1次，蝗灾10次，平均每两年多就发生2次。有些年份甚至是多种灾害并发。持续几年亦有之。①伴随各种自然灾害的发生，粮食产量下降，饥年频发。下面笔者着重以水灾、旱灾和蝗灾为例，详细论述自然灾害对唐代长安粮食供应的影响。

1. 水旱灾害

准确地讲，水灾可分为洪水灾害和渍涝灾害两种类型，故亦可称之为"洪涝灾害"。其中，洪水为害人类涉及生产生活的各个方面，凶猛突然；渍涝为害则以农作物为尤，相对缓和。水灾作为"第一农业灾害"，其主要影响是"害稼"，即水灾直接破坏农作物，特别是粮食作物的生长发育，导致粮食减产或绝收，从而引起粮食供应紧张，粮价上涨，甚至饥荒。

关中地区的水灾将直接影响长安的粮食供应。如永淳元年（公元682年）六月，关中大霖雨，麦苗涝损，产量大幅下降，一束只收获一二升麦子，京师米斗至三百，民大饥，加以疾疫，死者不可胜数；②景龙三年（公元709年）七月"澧水溢，害稼"③，结果造成"是岁，关中饥，米斗百钱"④；开元十六年（公元728年），"关中久雨，害

---

① 曹尔琴：《论唐代关中的农业》，载《中国历史地理论丛》1989年第2辑，第56页。
② 《旧唐书》卷三七《五行志》，第1352—1353页。
③ 《新唐书》卷三六《五行志三》，第930页。
④ 《资治通鉴》卷二〇九，唐中宗景龙三年，第6756页。

稼"①；开元二十一年（公元733年），"关中久雨害稼，京师饥"②；天宝十三载（公元754年），"京城连月澍雨，损秋稼"③；贞元二年（公元786年），京畿地区"麦将登而雨霖，米斗千钱"④；永贞元年（公元805年），"京兆府长安等九县山水泛涨，害田苗"⑤；元和八年（公元813年），京畿水、旱、霜损田三万八千顷；元和十一年（公元816年）五月，"京畿大雨，害田四万顷"⑥；元和十二年（公元818年），"奉先等十一县水害麦田"⑦；宝历元年（公元825年）秋，"京畿奉天等六县水，害稼"⑧。水灾阻碍了农作物的正常生长，直接导致长安粮食供应不足。当然，全国其他地区水灾也时有发生，一定程度上导致往长安输送粮食的能力下降，但影响并不明显。

与水灾一样，干旱对唐代农业生产，尤其是粮食生产，也产生了十分严重的危害。据《新唐书·五行志二》记载，唐代二百八十九年间全国先后发生过79次较为严重的旱灾，平均不到四年发生一次。唐代旱灾对粮食供应的影响也主要通过破坏粮食作物正常生长，导致粮食减产或绝收。而关中又是一个旱灾频发的地区，对长安粮食供应同样有着重要影响。有关关中旱灾对粮食生产的影响的记载比较多。贞观二年（公元628年），"关内旱饥，民多卖子以接衣食"⑨；永隆二年（公元681年），关中旱霜，结果"大饥"；永淳元年（公元682年），关内大旱，以至于"京师人相食，寇盗纵横"⑩；永泰元年（公元765年），京师地区"春、夏，旱"，粮食歉收，"米斗千钱"；贞元元年（公元785年），关中地区"旱，无麦苗，至于八月，旱甚，灞、浐将竭，井皆无水"⑪；又《册府元龟》卷一四四《帝王部·弭灾二》记载，贞元六年（公元790年）春天，由于大旱，"京畿、关辅、河南大无麦苗"；大和三年（公元829年）七月，"京畿、奉先等九县旱，损田"⑫。严重的旱灾造成小麦等农作物减产，乃至绝收，引发了

---

① 《新唐书》卷三四《五行志一》，第876页
② 《旧唐书》卷八《玄宗本纪上》，第200页
③ 《旧唐书》卷三七《五行志》，第1358页
④ 《新唐书》卷三五《五行志二》，第898页
⑤ 《唐会要》卷四四《水灾下》，第918页
⑥ 《旧唐书》卷三七《五行志》，第1360页
⑦ 《唐会要》卷四四《水灾下》，第919页
⑧ 《新唐书》卷三六《五行志三》，第934页
⑨ 《资治通鉴》卷一九二，唐太宗贞观二年三月，第6161页
⑩ 《旧唐书》卷五《高宗本纪下》，第110页
⑪ 《新唐书》卷三五《五行志二》，第917页
⑫ 《旧唐书》卷一七上《文宗本纪上》，第532页

严重的饥荒。据统计，唐代关中共发生旱灾47次，平均6.17年就有一次[①]，一般持续时间为两三个月或者半年，有时甚至达到一年以上毫无降水，并且大多发生在春季和夏季，正值小麦、水稻等作物需要充足水分的生长季节，这时发生旱灾容易造成农作物减收甚至无收，从而引起饥馑。

2. 其他灾害

在唐代，除水旱灾害外，其他灾害中最主要的是蝗虫灾害。和水旱灾害一样，蝗灾亦是破坏粮食生产、影响粮食供应的重要因素，而且蝗灾常与严重的旱灾相伴而生，大的蝗灾往往出现在干旱之后。

据《新唐书·五行志三》统计，唐代二百八十九年间全国先后发生蝗灾33次，平均九年左右发生一次蝗灾。关中地区严重的蝗灾有：永淳元年（公元682年）三月，"京畿蝗，无麦苗"；广德二年（公元764年）秋，"蝗，关辅尤甚，米斗千钱"；咸通七年（公元866年）夏，京畿蝗；咸通九年（公元868年），关内蝗。[②]关中地区发生蝗灾，导致粮食减产，直接影响着长安粮食的供应。

总之，自然灾害的发生，特别是关中地区水灾、旱灾、蝗灾的频发，直接影响着唐代长安的粮食供应，饥年的发生大都是由这些灾害引起的。

（二）战争的影响

如果说农业灾害是影响长安粮食供应的主要自然因素的话，那么战争则是影响长安粮食供应的主要社会因素。战争对唐代长安粮食供应的影响主要是通过两种途径：一是破坏粮食的生产供给；二是破坏粮食的正常流通。

1. 战争对粮食生产的破坏

战争对粮食生产的破坏主要表现在两个方面：一是破坏农业生产环境；二是减损农业劳动力。但二者对粮食供应的影响最终集中在对粮食生产量的影响。

战争对农业生产环境的破坏是多方面的。战争期间，统治者忙于战事而无心进行农田水利建设和调整土地分配；农业劳动力大部分又被征调参战，无法从事农业生产；而且严重的战争还常常造成农业生态的巨大破坏和农民财力的重大损失，最终导致农民日

[①] 薛平拴：《唐代关中地区的自然灾害及其影响》，载《陕西师范大学学报》（哲学社会科学版）1998年第4期，第116页。
[②] 《新唐书》卷三六《五行志三》，第939—940页。

益贫弱，农业生产萎缩。在这样的背景下，粮食供应必然紧张。例如隋末，兵革屡兴，人口锐减，耕地荒芜，农业生产遭到极大破坏，社会粮食资源严重匮乏。唐朝建立后，战争并没有停止，唐朝统治者一方面要镇压尚存的农民起义军，同时还要逐步削平其地方割据势力，因而"革车屡动，继以灾歉，人多流离"[1]，农业劳动力不足，生产受到极大影响。安史之乱期间，叛军曾占领长安，与唐军在关中进行了长期的争夺，关中人口逃散，田园荒芜，农田灌溉设施废弃。德宗时期，李希烈叛乱，唐朝政府从关中征调军队平叛，陆贽上书指出："一人征行"，须"十室资奉"，使"居者疲馈转，行者苦锋镝"，造成"去留骚然，而闾里不宁矣"。[2]唐末黄巢起义，战火蔓延全国，处处"鱼烂鸟散，人烟断绝，荆榛蔽野"[3]，对农业生产的破坏就毋庸置疑了。

战争对唐代粮食供应的破坏还表现在减损农业劳动力上。劳动力是粮食生产的必需要素，战争不仅会直接杀伤农业劳动力，而且还会造成人口避乱逃亡，劳动力与土地的分离，必然会影响到粮食生产。如唐代诗人岑参在描述安史之乱后的情况就写道："积尸若丘山，流血涨丰镐。……村落皆无人，萧条空桑枣。"[4]劳动力的损失严重影响粮食生产和供应。

2. 战争对粮食流通的影响

战争对唐代长安粮食流通的破坏主要体现在阻断外地向长安运输粮食，从而打破长安城内的粮食供需平衡，造成粮食供应紧张。如前所述，唐代长安的粮食供应除来自关中地区之外，还来自华北、江淮等地区，并且主要通过漕运方式运至长安。因此，在战争期间，叛乱势力自然会企图切断长安政权的粮食运输线，使唐政府陷入缺粮困境。

唐前期，强大的中央集权能够协调各地，保障通往长安的漕路畅通；到了唐后期，藩镇与中央、藩镇与藩镇之间的战争往往阻断地方税粮运往长安的交通。隋炀帝修凿了贯通南北的大运河，把政治中心长安与河北、江南这些经济发达地区联系起来。唐代实现了王朝的更迭，却继承了隋朝的大运河，用于将关东税粮运往长安，并且逐年增加。在和平安定的唐前期通过大运河的漕运基本能够满足长安的粮食需求。安史之乱爆

---

[1] 《全唐文》卷四六五《均节赋税恤百姓六条》，第4754页。
[2] 《新唐书》卷一五七《陆贽传》，第4914页。
[3] 《旧唐书》卷二〇〇下《秦宗权传》，第5398页。
[4] 〔唐〕岑参著，陈铁民、侯忠义校注：《岑参集校注》卷三《行军》，上海古籍出版社，2004年，第221页。

发后，中原为乱兵盘踞，淮、汴水路断绝，向长安运送粮食受阻；虽然唐政府曾用汉水运粮，但汉水运量有限，代替不了运河。因此，肃宗、代宗时，形成"凶荒相属，京师斗斛万钱，官厨无兼时之食，百姓在畿甸者，拔谷接穗，以供禁军"①的困局。此后，唐政府克服困难重新开通运河，还沿河设置了一些军队，所以虽时有叛乱藩镇偶尔劫掠漕运物资甚至阻断漕路的状况发生，如建中三年（公元782年）李希烈的淮西军攻陷汴州就切断了运河运输，但在运河沿岸唐朝中央势力与地方藩镇势力始终能维持着一种微弱的平衡，使运河漕运基本畅通。然而，黄巢起义打乱了运河沿岸的这种平衡，运河被阻断后，无法再恢复通行，运往长安的粮食急剧减少，唐王朝彻底丧失了对藩镇势力的制衡能力，加速了它的衰亡。总之，在唐代，战争、动乱通过对农业生产环境的破坏、对农业劳动力的减损以及对长安粮食流通的破坏，直接地影响着长安的粮食供应。与自然灾害一样，社会动乱也是影响长安粮食供给的重要因素，并且在战争年代其影响更严重更持久，从根本上破坏了粮食生产和粮食运输。

　　某一时期的粮食生产丰富与否是由社会生产力水平、自然条件以及社会状况共同决定的。对唐都长安来说，首先，社会生产力水平的提高是保障长安粮食供应的根本。只有关中和其他地区农业生产力提高了，才能有足够的粮食提供给长安政府；也只有生产力水平提高了，才能为农业生产创造更加有利的环境条件，增强应对自然灾害的能力。其次，社会状况，特别是国家政治发展状况也与长安的粮食供应密切相关。只有社会稳定，才能为农业持续发展提供良好的环境。政治制度的改革完善能够提高国家应对自然灾害和粮食供应危机的能力，强大的中央集权又能够协调全国各地粮食的运输畅通，保证都城长安的粮食供应。而安史之乱、唐末战乱恰恰相反，不仅削弱了粮食生产能力，还阻碍了粮食运往长安的道路。纵观有唐一代，只有开元、天宝年间长安粮食供应比较充足，正是这三种因素比较完美结合的结果。

---

① 《唐会要》卷八七《转运盐铁总叙》，第1885页。

第四节
应对措施

唐代长安人口众多，粮食需求量大，粮食供应问题一直是长安中央政府密切关注的焦点问题。长安的粮食主要依靠关中地区供应，漕运入京的税粮也占有重要地位。但受自然灾害和社会动乱等影响，漕粮数量有限且不稳定。为尽可能增加长安的粮食供给，缓解粮食的供需矛盾，唐王朝采取的措施主要有两种：一是大力发展关中地区经济以提高关中的粮食供应量，二是加大漕运的力度。此外，也有其他的一些应急办法。

一、发展关中经济

总的来说，唐代长安城的粮食来源有二：一是来自关中地区，二是外地输入。在古代社会，无论是陆运还是水路漕运，都非常艰难，并且成本也高。这些实际的问题使当时的统治者不能不考虑就地解决的办法。因此，他们将发展关中农业作为解决长安粮食供需矛盾最切实的办法。

关中地区农业发展历史悠久，自然条件优越。关中地区处于渭河下游的冲积平原地带，土地肥沃，水源充沛。同时，唐关中地区的气候较现在更为温暖，对关中农业的发展是一个有利的条件。唐代关中的降水量没有科学的记载，未知确数，但从有限的历史记载来看，唐代关中的降水量还是能满足农业生产的。这些都有利于发展关中的农业生产。

对农业生产来说，生产工具、劳动力和可供耕种的土地（生产资料）是发展农业的三个基本要素。由于劳动力是相对稳定的，关中土地面积的扩大和农业生产工具的改进成为提高关中农业生产的决定性因素。

在唐代，扩大关中的耕地面积，主要途径还是兴修关中水利，恢复旧有的耕地，提高耕地质量。关中地区水资源丰富，是兴修水利的前提条件。长安周围的泾、渭、沣、滴、灞、浐、潏、涝八条河流，被称为"长安八水"，至迟在汉代已经见于记载。[①] 到了唐代，人们依然称赞长安八水，并对这八条水道都做了充分的利用，兴建的农田灌溉渠道相当多，尤其是泾、渭两河源远流长，水量较大，两岸唐人修复或新建了许多水利工程，使关中地区形成了一个以长安为中心的农田水利灌溉网。

唐代关中的水利工程按性质可分为复旧工程、扩建工程和新建工程。复旧工程就是维修恢复前代旧渠，发挥渠道的引水灌溉作用，其中最重要的要属郑、白渠。郑、白渠是秦汉时的旧渠，年代久远，多有损坏，但它们灌溉耕地广泛，对关中农业发展至关重要，渠旁农田的丰与歉，直接影响到关中粮食的供给，所以一直受到人们的关注。开元初，郑、白渠受到王公碾硙的侵害，玄宗令京兆尹李元纮"一切毁之"，修复渠道，使"百姓大获其利"。[②] 扩建工程是在原有基础上扩建的水利工程，新修工程就是唐时新创建的水利工程。新建水利工程比较多，据《新唐书》卷三七《地理志》，将关中地区修建的主要水利工程列表如下：

表8-3 唐代关中地区修建的主要水利工程表

州名	县名	设施名	建成年代
京兆府	长安	渭水引渠	天宝二年（公元743年）
	长安	南山漕渠	大历元年（公元766年）
	蓝田	南山渠	武德六年（公元623年）
华州	郑	利俗渠	开元四年（公元716年）
	郑	罗文渠	开元四年（公元716年）
	华阴	漕渠	天宝三载（公元744年）
	华阴	敷水渠	开元二年（公元714年）
	下邽	金氏二陂	武德二年（公元619年）
同州	朝邑	通灵陂	开元七年（公元719年）
	韩城	龙门引黄渠	武德七年（公元624年）
	郃阳	阳班湫	贞元四年（公元788年）
凤翔府	虢	高泉渠	如意元年（公元692年）
	虢	昇原渠	垂拱初
陇州	汧源	五节堰	武德八年（公元625年）

---

① 〔西汉〕司马迁：《史记》卷一一七《司马相如传》，中华书局，1959年，第3017页。
② 《唐会要》卷八九《碾硙》，第1622页。

上表所列水利设施共十四处，大多用作灌溉农田，也有用来航运的。这些水利设施对关中农业的发展起到了至关重要的作用，减轻了自然灾害所造成的损失。

唐初，高祖为了满足长安的粮食供应，着力恢复关中农业，兴修水利就是其中的重要措施。上表所列十四处关中水利工程中，就有四项兴修于武德年间（公元618—626年），约占总数的30%。自唐太宗统治到玄宗即位前，关中兴修的水利工程不多，并不表明这段时期不注重关中农业的发展，而是在维持原有水渠的基础上积极发展关中农业。但因自然灾害的影响，关中的农业生产经常歉收，加之唐政府的粮食消费急剧增多，关中长安的粮食供需矛盾越来越大。开元时，唐玄宗君臣就意识到应该发展关中水利事业，提高关中的粮食供应能力，从根本上解决长安的粮食问题。唐玄宗十分重视水利建设，在全国范围内修建了许多水利工程，每年平均完成的工程数量超过了以往任何朝代，大大提高了粮食产量。[①]表中所列的关中十四处水利工程中，其中有六项建于玄宗时期，占总数的43%，这些水利建设必将促进关中农业的发展。唐后期由于社会的动乱，虽然也注重发展关中农业，但结果已大不如前。我们再从全国范围来看，据说隋唐时期，全国兴修水利的次数，以现在省区来计算，最多的要算浙江和陕西，浙江为46次，而陕西为41次，[②]这都表明隋唐统治者很重视发展关中的农业。

除兴修水利工程外，改进生产工具也是发展关中农业的重要措施。生产工具的改进，提高了生产效率，增加了粮食的产量，它对农业生产的作用是巨大的。史书中关于这方面的记载虽少，但我们不能因此而否定它对关中农业生产所起的作用。如耕犁的改进，曲辕犁在关中地区的推广，虽然陆龟蒙的《耒耜经》所记曲辕犁为江东田器，但从敦煌壁画和关中唐墓壁画（见图8-1）中可以看到曲辕犁

图8-1　唐李寿墓壁画牛耕图
（选自张鸿修编著：《中国唐墓壁画集》，岭南美术出版社，1995年，第26页）

---

① 王双怀：《论盛唐时期的水利建设》，载《陕西师大学报》（哲学社会科学版）1995年第3期，第54—60页。
② 冀朝鼎：《中国历史上的基本经济区与水利事业的发展》，朱诗鳌译，中国社会科学出版社，1981年，第36页。

在包括关中在内的北方地区的应用。总之，唐朝统治者都很注重关中的农业生产，积极改进农业生产工具，为农业生产提供了有利条件。

二、加大漕运力度

唐都长安的粮食供应除从关中地区就地取材外，还有另一重要途径，即漕运粮食入京。因此，加大漕运是解决唐代长安粮食供需矛盾的重要措施。

唐代前期漕运入京的粮食并不多。唐高祖、太宗、高宗时期，漕粮年运量不大，一二十万石便足。《通典》也说："贞观、永徽之际，禄廪数少，每年转运，不过一二十万石，所用便足"[①]。开元、天宝年间，因长安粮食需求量剧增，必然加大漕运力度，漕粮数量达到了最高，漕运事业蓬勃发展。王朝中先生对有唐一代历年运入关中的漕粮数量有过研究[②]，为更好地说明问题，兹转载如下：

表 8-4　唐代运入关中的漕粮数量表

年代	漕运年运量	资料出处
武德至永徽	一二十万石	《通典》卷一〇，《旧唐书》卷四九，《新唐书》卷五三
开元初	八十至一百万石	《通典》卷一〇
开元二十二年至二十四年（公元734—736年）	二百数十万石	《通典》卷一〇，《旧唐书》卷四九，《新唐书》卷五三，《资治通鉴》卷二一四，《唐会要》卷八七
开元末	一百数十万石	《新唐书》卷五三
天宝三载（公元744年）	二百四十万石	《旧唐书》卷四九，《新唐书》卷五三
天宝七载（公元748年）	二百五十万石	《通典》卷一〇
天宝中	二百五十万石	《通典》卷一〇，《元和郡县图志》卷二
广德二年至建中元年（公元764—780年）	四十万石	《旧唐书》卷四九，《唐会要》卷八七
贞元初	四十万石	《资治通鉴》卷二三四
贞元十五年（公元799年）	四十万石	《旧唐书》卷一三，《册府元龟》卷四九八
元和初	四十万石	《旧唐书》卷四九，《新唐书》卷五三，《唐会要》卷八七

---

① 《通典》卷一〇《食货十》，第222页。《新唐书》卷五三《食货志三》亦有相似记载。
② 王朝中：《唐代安史乱后漕粮年运量骤降原因初探》，载《中国社会经济史研究》1984年第3期，第67—68页。

续表

年代	漕运年运量	资料出处
元和中	二十万石	《新唐书》卷五三
大和至大中	十余万石	《旧唐书》卷四九，《唐会要》卷八七，《资治通鉴》卷二四九
大中初	四十万石	《旧唐书》卷四九，《新唐书》卷五三，《唐会要》卷八七
大中中期以后	失载	

由上表可知，唐代运入关中的漕粮年运量从唐初到大宝中基本呈上升趋势，即由一二十万石逐渐升到250万石，达到全唐顶点；在代宗广德以后又骤然大幅下降。虽然如此，但也反映了唐代政府一直力求加大漕运入京。

唐代自高宗以后，政府组织扩大，官员人数激增，俸禄开支加大；统治阶级开始奢侈腐化，支出日益膨胀。还有府兵制变为募兵制后的军队给养问题，自然增加了长安粮食的需求数。长安的粮食需求量，由唐前期的390万石增加到737万石，几乎增加了一倍，关中地区的粮食供应量不能同比增加，迫使唐朝统治者必须加大漕运力度，进行漕运改革。唐前期从华北或江淮地区漕运的粮食运抵洛阳后，先陆运至陕州，再装船溯河入渭，抵达京师长安。洛阳与陕州之间的黄河有三门底柱之险，"多风波覆溺之患，其失尝十七八"，故这两地间的运输不经黄河，多从陆路；但由于当时交通运输技术的限制，陆路运输非常昂贵，由洛阳运米至陕州，才三百里，每两斛花钱一千文。[1]显庆元年（公元656年），苑西监褚朗"请开底柱三门，凿山架险"，"发卒六千人凿之"，[2]收效甚微。后杨务廉又在三门峡开凿栈道，以挽漕舟，但"河流湍急，所顾夫并未与价直，苟牵绳一断，栈梁一绝，则扑杀数十人。取顾夫钱籴米充数，即注夫逃走，下本贯禁父母兄弟妻子。牵船皆令系二釱于胸背，落栈着石，百无一存，满路悲号，声动山谷"[3]，效果并不理想，通漕仍有困难。面对日益增长的粮食供应压力，为更多地把华北和江淮地区的粮食转入关中，唐玄宗君臣积极设法解决漕运问题。

开元二十一年（公元733年），唐玄宗拜裴耀卿为宰相兼江淮河南转运都使，负责解决漕粮问题。针对此前弊端丛生的直运法，裴耀卿提出了"节级转运"法，即在黄河沿岸的河口置武牢仓、巩县置洛口仓，"使江南之舟不入黄河，黄河之舟不入洛口"，

---

① 《新唐书》卷五三《食货志三》，第1365页。
② 《唐会要》卷八七《漕运》，第1891页。
③ 《朝野佥载》卷二，第36页。

又在从洛阳到长安的途中设河阳、柏崖、太原、永丰、渭南诸仓，节级转运，"水通则舟行，水浅则寓于仓以待"，这样"舟无停留，而物不耗失"，最后漕粮"自太原仓浮渭以实关中"，[1]既提高了运输效率，又节省了人力、物力。裴耀卿还把部分漕运由民运改为由官府雇船运行，在河阴以西"官自顾载，分入河、洛"[2]。江南百姓把租米运到河阴就可转回南方，不必像以前那样转雇河师水手在黄河航运，江南百姓自可省下一部分运费与时间。这些改革措施，虽不甚完美，但效果还是很明显，"凡三年，运七百万石，省脚三十万贯"，年均运量达200余万石。

此后，陕州刺史李齐物、河南尹裴迥和陕州太守兼水陆转运使韦坚等人继续改革漕运。其中，韦坚的成效较为显著。天宝初年，韦坚在渭水之南开凿了一条与渭水平行的漕渠，并利用东南运河和漕渠，将大量物资运入关中，以解决长安粮食的供需矛盾。《旧唐书·食货志上》说："（韦坚）请于江淮转运租米，取州县义仓粟，转市轻货，差富户押船，若迟留损坏，皆征船户。关中漕渠，凿广运潭以挽山东之粟，岁四百万石。"[3]韦坚的漕运改革，解决了过去洛阳与长安间交通困难的问题，改变了江淮、华北物资多半集中于洛阳，而难于大量运到关中的局面，为长安的粮食供应做出了巨大贡献。

遗憾的是，当漕运和国势达到顶峰的时候，爆发了安史之乱，从此，漕粮量明显减少，唐王朝也走向了衰落。天宝十五载（公元756年），叛军攻占了东都洛阳和西京长安，漕运断绝。韦坚重开的关中漕渠自然停止使用。后来，唐军虽然收复了长安和洛阳，但漕运仍然未能畅通。史思明再度攻占洛阳，史朝义分兵攻宋州（今河南商丘市南），淮运再度阻绝，"租庸盐铁泝汉江而上"。有鉴于此，唐代宗任的通州刺史刘晏为吏部尚书、同平章事，兼度支盐铁转运使，专门负责漕运事务。刘晏首先命人疏浚汴渠，然后改革漕运制度，"始以盐利为漕佣"雇人运输，采用纲运法以武官押运，改进裴耀卿的分段运输法，又专门制造适合汴河与黄河三门峡航道的优良船只，等等。自此，岁运米达数十万石，最高达110万石。但刘晏所整顿的改革漕运的措施也并未维持多久。建中元年（公元780年），因宰相杨炎诬陷，刘晏被赐死；次年，田悦、李惟岳、李纳、梁崇义连兵反叛，李纳、田悦兵守涡口，梁崇义亦扼住襄阳、邓州，"南北漕引皆绝，京师大恐"；建中四年（公元783年），泾原兵变，朱泚占领长安，德宗出

---

[1]《新唐书》卷五三《食货志三》，第1366页。
[2]《新唐书》卷一二七《裴耀卿传》，第4453页。
[3]《旧唐书》卷四八《食货志上》，第2086页。

走奉天；淮西叛将李希烈又攻陷汴州，漕运完全断绝。宪宗元和年间，唐王朝平定"淮西之乱"，以武力迫使藩镇暂时归附中央，经李巽、王播等人整顿，一度恢复了漕运的畅通。但文宗大和初年，"岁旱河涸，掊沙而进，米多耗，抵死甚众"，在如此情况下，咸阳令韩辽疏奏重开漕渠，"堰成，罢挽车之牛以供农耕，关中赖其利"。①宣宗大中时难于运转，又改为渭河运输。之后，唐王朝逐渐走向衰弱，江淮漕运几绝。唐末，黄巢起义军和藩镇势力的战乱给长安以毁灭性破坏，往关中长安漕运粮食再也没有必要了。值得注意的是，唐后期虽然转入长安的漕运粮食不多，但绝不意味着长安粮食供需关系就改善了，也并不表明唐政府没有尽力采取措施加大漕运的力度；相反，唐后期江淮漕运在长安粮食供应中的地位更重要了，形成"赋出于天下，江南居十九"②的局面，唐王朝也千方百计地采取了诸多有利于漕运的措施，只因为社会局势的限制，漕运经常被切断，有粮也无法运抵。

总之，因长安粮食需求的增加，唐代中期以后，唐政府积极采取措施，加强漕运，在很大程度上缓解了长安粮食的供需矛盾。漕运关系到唐王朝的政治兴衰、社会安定、国家统一和京师的安危。开元盛世的出现，与裴耀卿、韦坚等人极力加强漕运是分不开的。安史之乱后，唐王朝能苟延残喘一个多世纪而不坠，从江淮到关中的漕运畅通是其最主要的原因。陈寅恪先生曾言："唐代自安史乱后，长安政权之得以继续维持，除文化势力外，仅恃东南八道财赋之供给。"③唐王朝能维系近三百年的统治，创造出一个大唐盛世，绝不是一件偶然的事，是运河把唐朝的军事政治中心长安和经济重心江南密切地联系起来，因此，运河对维持唐帝国的国运起了至关重要的作用。

当然，随着长安粮食需求的增加，为提高粮食的供应量，缓解长安人口粮食供需矛盾，除发展关中经济与加大漕运力度外，唐政府也采取过其他的应急措施。如高宗、玄宗赴东都洛阳就食，就是在缺粮情况下采取的应急措施。有时唐政府采取减少官吏俸禄以降低粮食消费等措施，在此不详细论述了。

---

① 《新唐书》卷五三《食货志三》，第1368—1371页
② 《韩昌黎文集校注》卷四《送陆歙州诗序》，第231页
③ 陈寅恪：《唐代政治史述论稿》，商务印书馆，2011年，第204页

第九章 唐长安城的毁灭与国都位置的转移

唐都长安，曾是当时世界上规划科学、结构合理、管理有序的城市，也是当时人口最多、规模最大、经济文化最发达的城市。她不仅是大唐帝国的都城，更是丝绸之路最重要的东方起点，是当时亚欧大陆最重要的政治、经济、文化相互交流的国际化大都市，在整个世界城市发展史上具有无可替代的地位。但令人遗憾的是，这座伟大的城市因为环境的恶化和战乱的破坏，在唐朝末年开始走向了衰落、毁灭。唐都长安的毁灭对关中历史产生了巨大的影响，值得进行深入研究。

第一节
战乱对长安城的破坏

唐都长安的毁灭与战乱有着很大的关系。唐代长安城所历战祸始自安史之乱,此后有吐蕃的袭扰,有朱泚之乱,但这些都未对长安城造成大的破坏,只是焚毁了个别的坊市庐舍,宫殿仍旧完好,乱后也都迅速修复。正如清人赵翼所说:"安禄山兵陷长安,宫殿未损,收京时战于香积寺,贼将张通儒守长安,闻败即遁,未暇焚剽,都会之雄丽如故也。代宗时,吐蕃所燔惟衢衖庐舍,而宫殿仍旧。朱泚之乱,李晟收京时,诸将请先拔外城,然后北清宫阙。……乃自光泰门入,泚果遁去。远方居人至有越宿始知者,则并坊市亦无恙矣。故晟表有云:'钟虡不惊,庙貌如故。'"① 而对长安城真正造成破坏的是唐末进入长安的藩镇军队,但长安城最终毁灭的原因是朱温的毁灭性破坏。

一、藩镇军队对长安城的破坏

唐末,长安城的破坏始于黄巢起义军。广明元年(公元880年),黄巢率军攻陷长安。起义军初入长安,纪律尚好,对城内宫室民舍并无毁坏,然不久之后,起义军便"各出大掠,焚市肆,杀人满街,巢不能禁"②。(见图9-1)藩镇军队对长安城的破坏更为严重,文献多有记载。广明元年(公元880年)十二月,黄巢在长安建立大齐政权。中和元年(公元881年)三月,逃往四川的唐僖宗任命宰相兼凤翔节度使郑畋为京城四面诸军行营都统。郑畋调集关中禁军及邻近藩镇兵力,以唐弘夫、王重荣、王处

---

① [清]赵翼著、王树民校证:《廿二史劄记校证》卷二〇,中华书局,1984年,第444页
② 《资治通鉴》卷二五四,唐僖宗广明元年十二月,第8240页

图 9-1　黄巢起义图

（选自俞辉主编：《中国帝王将相才子佳人全传》，北方妇女儿童出版社，2003年，第57页。）

存等人为将帅，从西、北二面逼进长安。黄巢主动撤出长安，以保存实力。当官军蜂拥入城，在长安烧杀抢掠的时候，黄巢回兵反击，官军退出长安。中和二年（公元882年），唐僖宗又命王铎为诸道行营都统，对大齐政权进行第二次围剿。黄巢被封锁在长安及其附近一隅之地，与官军及地主武装展开了长期的拉锯战。由于大军无食，加之朱温叛变，又遇到李克用率领的沙陀族劲敌，不得不于中和三年（公元883年）弃城东归。诸藩镇兵入城后，抢掠纵火，对长安城进行了大规模的破坏。《新唐书·黄巢传》载："至巢败，方镇兵互入房掠，火大内，惟含元殿独存，火所不及者，止西内、南内及光启宫而已。"①各藩镇进入长安的军队如入敌境，"争货相攻，纵火焚剽，宫室居市闾里，十焚六七"②，最后使长安城出现"荆棘满城，狐兔纵横"③的凄凉景象。

乱后，唐僖宗曾令王徽充任大明宫留守京畿安抚制置修奉使，修复长安宫殿，"徽外调兵食，内抚绥流亡，逾年，稍稍完聚，兴复殿寝，裁制有宜"④，取得了一定的成绩。但光启元年（公元885年），河中节度使王重荣联合太原节度使李克用与田令孜所率禁军战于沙苑，沙陀军逼近京师，田令孜挟持唐僖宗出逃凤翔，长安陷入无政府的混乱状态，溃败的神策军"入京师肆掠"，"乱兵复焚，宫阙萧条，鞠为茂草矣"，大明

---

① 《新唐书》卷二二五下《黄巢传》，第6462页
② 《旧唐书》卷一九下《僖宗本纪》，第722页
③ 《资治通鉴》卷二五六，唐昭宗光启元年三月，第8442页
④ 《新唐书》卷一八五《王徽传》，第5409页

宫被焚毁,仅存昭阳、蓬莱三殿。①唐昭宗乾宁三年(公元896年),李茂贞军队又攻入长安,杀人放火,"宫室廛闬,鞠为灰烬,自中和已来茸构之功,扫地尽矣"②。唐末韦庄《秦妇吟》中写道:"长安寂寂今何有,废市荒街麦苗秀。采樵斫尽杏园花,修寨诛残御沟柳。华轩绣毂皆销散,甲第朱门无一半。含元殿上狐兔行,花萼楼前荆棘满。昔时繁盛皆埋没,举目凄凉无故物。"③由此可见,经过唐末藩镇军队的多次破坏,长安城已经残破不堪,荒芜凄凉,衰败之势已成。

二、朱温对长安城的毁灭

天祐元年(公元904年),军阀朱温(见图9-2)强迫唐昭宗迁都洛阳,对长安城进行了彻底的破坏。关于朱温破坏长安城的情况,文献中有明确的记载。《旧唐书》《新唐书》都有记载,而《资治通鉴》所载颇为详细:朱全忠引兵屯河中,称邠、岐兵迫长安,请昭宗迁都。全忠先移书"促百官东行";戊午,又"驱徙士民,号哭满路,……

图9-2 后梁太祖朱温

---

① 《旧唐书》卷一九下《僖宗本纪》,第722页;《新唐书》卷二〇八《田令孜传》,第5888页。
② 《旧唐书》卷二〇上《昭宗本纪》,第759页。
③ 〔五代〕韦庄著,聂安福笺注:《韦庄集笺注》之《浣花集补遗·秦妇吟》,上海古籍出版社,2002年,第317页。

老幼襁属，月余不绝"；壬戌，昭宗车驾被迫从长安出发，朱全忠以其将张廷范为御营使负责护卫，同时"毁长安宫室百司及民间庐舍，取其材，浮渭沿河而下，长安自此遂丘墟矣"。[1]五代人刘从乂也回忆说："昔唐之季也，四维幅裂，九鼎毛轻。长庚袭月以腾芒，大盗寻戈而移国。帝车薄狩，夜逐流萤；民屋俱焚，林巢归燕。银阙绮都之壮丽，坐变丘墟；螺宫雁塔之精严，仅余煨烬。"[2]朱全忠在长安的暴行，使一代名城被彻底毁灭，化为灰烬。关中地区也遭受了巨大的创伤，到处是残破的景象。长安城毁灭是唐末政局混乱的结果，是唐朝走向灭亡的一个表征。从区域发展来讲，长安城的毁灭也是关中历史发展的一个转折。

---

[1]《资治通鉴》卷二六四，唐昭宗天祐元年正月，第8746页。
[2]《金石萃编》卷一二三《重修开元寺行廊功德碑并序》，第4页。

第二节
关中环境的变化

由于长安城的毁灭，加之唐末战乱的影响，五代时期关中的生态环境迅速恶化，人文景观和自然景观都呈现出与隋唐时期截然不同的景象。这种变化，在城市规模、郊区村落和水文林木方面表现得最为突出。

一、城市规模的缩小

五代时期，宏伟壮丽的长安城已不复存在，代之而起的是所谓的"新城"。"新城"是五代前夕由佑国军节度使韩建主持修建的。天祐元年（公元904年），迁都后，朱温命佑国军节度使韩建镇守关中。韩建至长安，见长安城千疮百孔，残破不堪，已无法据守，遂对长安城进行了改建，"去宫城，又去外郭城，重修子城（即皇城也），南闭朱雀门，又闭延喜、安福门，北开玄武门，是为新城"，改建后的"新城"有内外二重，四门，门各二重，城东西又有二小城，作为长安、咸宁县的治所。①至此，唐末长安城的惨景才有了一点改变。

但是，新城的规模比唐都长安要小得多，仅与原长安皇城大致相同。考古实测东西宽2820.3米，南北长1843.6米，周长9327.8米，面积约5.2平方公里，仅及当年长安城的十六分之一。②这样的面积与隋大兴城、唐长安城相差悬远。长安城已失去了昔日宏伟壮观的城市面貌，规模较前大大缩小，已经算不上国际性的大城市。另一方面，唐末

---

① 《长安志图》卷上，第20页。
② 中国科学院考古研究所西安唐城发掘队：《唐代长安城考古纪略》，载《考古》1963年第11期，第598页。

以来长安城的内部建筑也不能与盛唐时期相比，唐末"新城"仅有五座城门，即东边的景风门，北边的玄武门，西边的顺义门，南边的含光门和安上门；城中官署、学校、市肆、寺观及民居等建筑也非常少，文献中提到的只有数十处，目前能够确定方位的只有横街、含光门街、朱雀门街、安上门街、草场街、景风街、府衙、府学、文庙、北市、菜市、草场、秦川驿、大社坛、太庙院、通城巷、樗里庙、真武庙、迎祥观、天宁寺、开元观、香城寺、资圣院、仁王院、杜祁公庙、显圣侯庙等等。①

五代时期，在后梁、后唐、后晋、后汉、后周的政权更替过程中，关中一带又发生了一系列的战争。如后梁开平二年（公元908年），蜀主王建与岐王李茂贞联兵五万攻入关中腹地，与后梁大将刘知俊、王重师大战于幕谷；三年（公元909年），刘知俊叛梁，以同州归附李茂贞，进攻华州、长安，梁太祖令杨师厚讨伐，刘知俊则引岐兵据长安与之对抗，刘鄩、牛存节等围长安，久攻不克；后杨师厚出奇兵攻破长安西门，迫使刘知俊大败而归。②后梁均王乾化元年（公元911年），岐王以温韬为节度使，进攻长安，与后梁同、华、河中之兵大战于长安附近。后唐明宗长兴三年（公元932年），潞王李从珂反于凤翔，西京留守王思同率兵讨之。后汉乾祐元年（公元948年），赵思绾夺取长安，"集城中丁壮得四千余人，浚池隍，修楼橹"，与后汉军队对抗。这些战争，都曾造成大量伤亡。如赵思绾入城时，有丁口十万，"及开城，惟余万人而已，其饿殍之数可知矣"。③关中地区在唐末久经战乱，本来已经残破不堪，加上五代时期的这些战乱，就更加残破了。

五代时期，长安城外建筑极少，除东边的万年县和西边的长安县外，没有什么新的设置。太极宫早已荡然无存。兴庆宫周围也已辟为农田，长安百姓地契中甚至有"'某处至花萼楼，某处至含元殿'者"④。大明宫"旧迹悉废，唯复道洎含元、蓬莱殿、蓬莱山遗址略存"⑤。曲江池、昆明池等地建筑被毁，池水干涸，"宫殿乐游燕嬉之地，皆为野草"。至于"新城"的人口，最多时不过十余万，也是无法与唐都长安相提并论

---

① 《西安历史地图集》，第108—109页。
② 《资治通鉴》卷二六七，后梁太祖开平三年六月，第8830—8831页。
③ 《旧五代史》卷一四九《赵思绾传》，第1112、1444页。
④ ［宋］陆游：《老学庵笔记》卷一，李剑雄、刘德权点校，中华书局，1979年，第23页。
⑤ 《长安志》卷一一《县一》，第371页。

的。此时"新城"周围仍然是满目疮痍。正如诗人荆叔在《题慈恩寺塔》诗中所说："汉国山河在，秦陵草木深。暮云千里色，无处不伤心。"①

二、郊区村落的衰败

经过唐末五代的战乱，长安郊区也急剧衰落。这首先表现在各县人口大量流失。有些人被迫离开故土，流落他乡。《重修文宣王庙记》载："昔唐之季也，人监寻戈，权臣窃命，地维绝纽。八銮迁胁于东周，天邑成墟，三辅悉奔于南雍"②，即指唐末朱温毁坏长安，胁迫唐昭宗及长安居民迁往洛阳，而关中百姓为避战乱大量南迁的事。有些人则在战争中死亡，《资治通鉴》卷二八九载：乾祐三年（公元950年），"遣使诣河中、凤翔收瘗战死及饿殍遗骸，时有僧已聚二十万矣"，胡三省注称："已聚者二十万，史言其未聚者尚多，大兵攻围积久，其祸如此！"③此类记载可反映出唐末五代的战争中，关中百姓大量死于非命。迁徙和死亡的结果导致关中人口急剧下降。到北宋初年，京兆府人口降至52720户④，关中全部户数相加才十几万，根本不能与唐朝时期的情况相比。与此同时，地方基层组织也大量减少。五代时期，在今西安辖区内的基层组织，到五代初仅存47乡。⑤由于人口锐减，土地大片荒芜，因而到处是一派残破荒凉的景象。在动乱时期，关中地区的许多名胜古迹都遭到了破坏，就连地处渭北的唐代帝王陵墓也未能幸免。后周时人张泌《题华严寺木塔》诗中写道："六街晴色动秋光，雨霁凭高只自伤。一曲晚烟浮渭水，半桥斜日照咸阳。休将世路悲尘事，莫指云山认故乡。回顾汉宫楼阁暮，数声钟鼓自微茫。"⑥这种荒凉的情形直到北宋初也无多大改变。宋人张礼在城南樊川一带"寻所谓何将军山林，而不可见"，岑参的杜陵别业、郎士元的吴村别业、段觉的杜村闲居、元稹的终南别业、梁昇卿的安定庄皆已湮没，"漫不可寻。盖不特何将军山林而已"。⑦

---

① ［清］刘於义等监修：《（雍正）陕西通志》第5册卷九七，兰州古籍书店，1990年，第455页
② 《金石萃编》卷一二三《重修文宣王庙记》，第3页。
③ 《资治通鉴》卷二八九，后汉隐帝乾祐三年正月，第9547页
④ 《长安志》卷一《管县》，第136页
⑤ 《长安志》卷一一至卷一七及各县旧志
⑥ 《（雍正）陕西通志》卷九六，第434页
⑦ 《游城南记校注》，第111—112、113页

三、自然环境的恶化

在人文景观发生变化的同时，关中一带的自然景观也发生了很大的变化。关中位于黄土高原的南端，自然景观本来是很好的。据文献记载，唐代前朝关中气候虽有变化，但总的说来还是温暖宜人的。这里地势平衍，号称"八百里秦川"，又有白鹿、少陵、神禾、铜人、细柳、洪渎等原，土质肥美，《禹贡》定之为"上上"等，居全国之冠。河湖众多，水源丰富，有泾、渭、灞、浐、丰、滈、潏、涝八水，纵横交错，形成"八水绕长安"的格局。植被丰富，古称"陆海"，非常适宜农作物的生长。但经过长期的战乱，这里的自然环境恶化，已不能和从前相比。一则树木植被大量减少，在唐末即已相当严重。唐人韦庄在《秦妇吟》中写道："长安寂寂今何有，废市荒街麦苗秀。采樵斫尽杏园花，修寨诛残御沟柳。……破落田园但有蒿，摧残竹树皆无主。"[1]再则河道湮塞，流量减小。由于乱砍滥伐，森林减少，水土流失加剧，河水含沙量大增，河渠淤浅，唐末以来，泾、渭、灞、浐等水流量变小，龙首、清明等人工渠道相继干涸，居民生活主要依靠井水。譬如，宋敏求《长安志》记载：宋朝时，"升原渠，在县南一十五里……溉田七十余顷。……唐垂拱初连岐陇水，今涸。"又记载："普济渠，在县南一十里……溉田七十余顷。……今涸。"[2]城市地下水也受到严重污染，长安一带"井水焦咸，凡阙膳羞烹饪，皆失其味，求其甘者，略无一二"[3]。三则耕地质量大幅度下降。由于人口锐减，水利失修，灌溉能力减弱，土壤沙化和盐碱化日益严重，不少地方又走上了粗放经营的老路。上述情况表明，五代时期关中的人文景观和自然景观与唐代相去甚远，关中地区的生态环境已趋于恶化。

---

① 《韦庄集笺注》之《浣花集补遗·秦妇吟》，第317页
② 《长安志》卷一四《兴平县》，第428页
③ 《善感禅院新井记碑》，藏西安碑林博物馆

第三节
国都位置的转移

一、长安国都地位的丧失

关中本是建国立都的理想场所。据统计,中国古代统一王朝、割据政权和周边少数民族政权共建立过二百一十七处都城。其中立都时间最长的地方就是长安。五代以前先后有西周、秦、西汉、新莽、绿林、赤眉、东汉献帝、西晋惠帝和愍帝、前赵、前秦、后秦、西魏、北周、隋、唐以及黄巢的大齐等十一个王朝、三位流亡皇帝和三个农民起义政权建都于此,总计历时长达一千零七十五年,这在中国古代都城史中是绝无仅有的。①这说明,长安一带在五代之前是最适宜建都的地方。但是,从五代到清朝灭亡,除农民领袖李自成外,再也没有人把国都建在长安,国都的位置逐渐向东转移。五代时,后梁、后唐、后晋、后汉、后周分别以开封和洛阳为都。其后,两宋分别以开封、杭州为都,元建大都,明朝先居南京,后徙北京,清朝亦以北京为都,中国古代政治重心逐步向东、向北转移。定都立制乃国之大事,都是经过深思熟虑才做出的决定。在唐末以后的千余年间,所有王朝都不再选择关中作为国都,这一事实本身就说明了一个问题,那就是关中已不再是理想的建都之地。很显然,唐末五代时期是关中建都史的一个转折点。

二、长安失去国都地位的原因

为什么从五代开始,长安丧失了首都的地位?一种观点认为,长安失去首都地位,

---

① 史念海:《中国古都和文化》,中华书局,1998年,第136页。

主要是由于长安的地理位置不太适中。从中国古代都城的地理分布情况来看，这种观点是比较片面的。地理位置固然重要，但都城的确立是由多种因素决定的，地理位置并不是决定性因素。若我们全面考察中国古代都城的演变，会发现地理位置适中的都城是很少的，以"七大古都"而言，南京、杭州地处江南，开封偏东，安阳、北京偏北，都不能说是"适中"。另一种观点认为，长安丧失国都地位，是经济方面的原因，即由于唐朝中期以后，经济重心南移，关中距江南悬远，漕运不便。这有一定道理，但似乎也不够全面。唐宋之际中国经济重心逐渐南移是客观的事实，但这并不意味着政治中心也必须移到江南去。明清之际江南经济的发展超过了以往任何时期，但都城就不在江南，而是在偏北的北京。至于漕运的问题，则是任何一个统一王朝都不可避免的，不论都城设在哪里，都需要得到漕粮的接济，只是漕粮所占的比重不同而已。关中地区本来就是一个经济区。这个经济区面积不大，但当关中经济繁荣之时，漕运并不占有重要的地位；当关中经济区遭受破坏后，漕运才显得重要。这些因素虽然对长安失去都城地位有一定的影响，但都不是根本原因，长安失去都城地位是内外双重因素共同作用的结果。

长安失去国都地位的真正原因是什么呢？史念海先生曾认为，导致中国古代都城萧条与破坏的因素大致有四个方面：一是政治变化的作用，二是战争的冲击，三是自然条件的变化，四是民族关系的影响。[①]纵观唐代前后的历史，唐以后长安之所以失去国都地位，其原因也无出此四者。从政治的变化来看，五代以前定都关中的周、秦、西汉、隋、唐等王朝皆兴起于关陇地区，如西魏、北周、隋、唐最高统治者皆属于关中、陇东籍的政治军事集团，他们所依靠的主要统治基础也是这些关陇门阀大族，从而将统治中心置于关中也是必然；而从唐代开始，关陇门阀大族不断受到打击，科举制的完善，使大量来自河北、河南、江淮地区的文人士子得以进入统治阶层，山东文人官僚逐渐取代关陇军事勋贵成为王朝统治的基础，他们必然要求政治中心更加接近自己所代表的地域，从而使中国古代的政治中心逐渐东移。唐后期以来，关中地区的气候逐渐转冷，变得干旱[②]，水旱灾害频仍，自然环境逐渐恶化。关中地区生态环境恶化的根本原因在于人类长期的过度开发。自周人开始，关中平原历经两千

---

① 《中国古都和文化》，第425页。
② 朱士光、王元林、呼林贵：《历史时期关中地区气候变化的初步研究》，载《第四纪研究》1998年第1期，第5—9页。

多年的开发，土壤肥力不断下降，自然资源开发过度，尤其是隋唐三百余年间，关中地区为都城所在，人口繁多，垦荒种植，农业生产经营方式粗放，草地退化，再加上修建宫殿和城市薪柴需要对周边山地的森林进行长期开发，使得黄土高原和秦岭山地植被大量减少，水土流失严重，土壤肥力进一步降低，地下水污染逐渐加重，关中地区的生态环境恢复困难，持续恶化。从中原王朝与周边民族关系的变化来看，唐代及其以前中原王朝面临的外部威胁主要来自北方蒙古草原上的匈奴、突厥等游牧民族，关中地区接近抵御这些游牧民族进攻的前线，便于中原王朝指挥战争和为前线运送物资；然而，这种民族关系在唐末五代开始改变，北方的突厥被灭、回鹘汗国崩溃，而东北地区的半游牧、半渔猎的民族开始崛起，成为中原王朝的主要外部威胁。如赵翼曾指出："当长安夷为郡县之时，契丹阿保机已起于辽，此正地气自西趋东北之真消息。……而气之东北趋者，则有洛阳、汴梁为之迤逦潜引，如堪舆家所谓过峡者。至一二百年，而东北之气积而益固，于是金源遂有天下之半，元、明遂有天下之全。至我朝不惟有天下之全，且又扩西北塞外数万里，皆控制于东北"①。赵翼遂将这种变化归结为"地气"的转移，实则揭示了唐以后东北民族的崛起对长安失去国都地位、中国古代政治中心东移的影响。唐末以来长期的战争不仅直接破坏了举世闻名的长安城，而且导致关中人口大量死亡、流散，往日富庶的关中地区经济逐渐凋敝，中国古代经济重心逐渐转移到江南，长安距离经济重心更远，交通条件又不如洛阳、开封便利；五代时期，政权更迭频繁，战乱尤剧，统治者无暇顾及城市建设；至宋代，关中又先后成为宋与夏、宋与金对峙的前线，已处于帝国的边疆，统治者更不在意长安的建设和关中的发展。因此，关中地区社会经济恢复发展缓慢，至宋元时仍然是残破的景象。宋代西北用兵时，关中之民"畜产荡尽""十室九空"。②及金人占据关中，长安再遭兵燹，时人李献甫在《长安行》中写道："长安大道无行人，黄尘不起生荆棘。"③在这种情况下，长安逐渐失去往日作为国都的魅力，统治者自然不会在关中建都了，长安也下降成为一般性的地方都会。

---

① 《廿二史劄记校证》卷二〇《长安地气》，第444页。
② 〔元〕脱脱等：《宋史》卷二七七《张鉴传》，中华书局，1977年，第9416页；同书卷三二〇《余靖传》，第10408页。
③ 《（雍正）陕西通志》卷九五，第412页。

三、失去国都地位后的长安

虽然唐朝末年以后长安不再是国都,但长安一带毕竟是周秦汉唐诸朝的中心所在,地理位置仍然是相当重要的。因而无论是哪一个王朝,都不能不重视长安一带的问题。如后梁开平元年(公元907年)四月,改京兆府为大安府,以长安县为大安县,万年县为大年县;三年(公元909年)七月,改佑国军为永平军;后唐废永平军,复以大安府为西京京兆府,以大安县为长安县,大年县为万年县;后晋又废西京,设晋昌军;后汉改晋昌军为永兴军;后周仍以京兆府永兴军为管理关中地区事务的重要机构。宋元以降,建置不一。元时称"奉元城",明清改称西安,亦为西部重要的军事重镇。

中华人民共和国成立后,西安逐渐恢复了自身的活力,发展成为西部地区最重要的城市。西安曾经有辉煌的过去,随着关中地区生态环境的恢复和社会经济的发展,借助"一带一路"建设的东风,在中国面向欧亚大陆扩大对外开放的新形势下,西安必将成为对外经济、文化交流的国际化大都市,再度迎来城市发展的新辉煌。

第十章 隋大兴城、唐长安城的历史地位

隋大兴城、唐长安城作为都城，自然是全国最重要的政治中心，而随着对外交往的频繁又成为当时中外经济和文化交流的中心。而且隋大兴城、唐长安城在城市建设上的鲜明特点使其在中国都城史中具有重要的历史地位。

第一节
隋唐政治中心

政治中心作为一个政治地理概念，是指国家或地区最高政治权力所在地，一般是一个城市。[①]隋大兴城、唐长安城作为都城，最主要的城市职能就是承担全国政治中心的功能。然而，这种城市职能随着王朝政治形势的变化和城市自身条件的改变，也会有一个起伏变化的过程。

一、长安作为政治中心的表现

都城长安作为隋唐专制主义中央集权国家的政治中心，主要体现在以下几个方面。

首先，长安城是隋唐帝王及主要官员的常居之地。隋唐长安城由宫城、皇城、外郭城三部分组成，其中宫城就是专门供皇帝及其嫔妃居住生活和处理朝政的场所；除宫城以外，长安城内后来还新建了大明宫、兴庆宫专供皇帝居住。在专制主义帝制时代，皇帝作为最高统治者，是一切军国大政的最高决策者，成为国家政治生活的重心，因此皇帝所在即为国家政治中心所在。隋唐时期，除个别皇帝曾巡幸洛阳、江都等地之外，各个帝王大部分时间都居住在长安。而且，隋唐时期的官僚普遍存在"重京官，轻外职"的观念，不愿任地方官吏，甚至有的官员认为"生作长安草，胜为边地花"[②]，导致帝国的政治精英们也多集中在都城长安，这就加重了长安政治中心的地位。

其次，长安城是隋唐中央政府机构的常驻之地，也是王朝中央控御地方的中枢。隋

[①] 林校生：《关于政治中心与中国政治史的初步思考》，载《福州大学学报》（哲学社会科学版）2012年第2期，第82页
[②] 《全唐诗》卷八二五《长安言怀寄沈彬侍郎》，第9295页

唐中枢皆为三省并立，隋为尚书、门下、内史三省，唐改内史为中书，实际内容未变；中书、门下掌管皇朝政令的制定和审核，尚书则司执行。长安城内的尚书省六部二十四司机构都集中在宫城之南的皇城内，皇城之中另有门下外省和中书外省，分别在承天门街之东第二横街之北和承天门街之西第二横街之北；门下省和中书省初期实际上在宫城之内太极殿（隋时称大兴殿）前的东西两侧，太极殿即为帝王朝望视朝之所，日常听政视朝则在其北的两仪殿（隋时称为中华殿），门下省和中书省设在这两殿之前，正显示出皇朝政治重心的所在；后来大明宫建成，大明宫的丹凤门相当于太极宫的承天门，门内为含元殿，为大朝会之所；含元殿后的宣政殿则为帝王常朝之所；门下省和中书省也随之迁到大明宫，分列于含元殿和宣政殿之间的东西两侧，这样大明宫就逐渐取代太极宫，成为皇朝政治重心的所在。王朝中央于此处从人事、财经和军事上对地方进行控制。地方主要官员由皇帝与宰相商议选拔、任命，吏部和御史台进行考核监督。在财政上，隋唐王朝都对地方进行严格控制，地方征收的赋税要上缴朝廷。如开皇三年（公元583年），隋文帝因"京师仓廪尚虚"，下诏"漕关东及汾、晋之粟，以给京师"。[1] 唐代地方政府征收的租庸调也要上缴入京师太仓，"凡都之东租纳于都之含嘉仓，自含嘉仓转运以实京之太仓"[2]。而且地方的财政收支情况也由户部进行审计。《唐六典》规定：度支郎中、员外郎职掌"支度国用、租赋少多之数，物产丰约之宜，水陆道路之利，每岁计其所出而支其所用"，地方"每岁所费，皆申度支而会计之"，"诸州刺史、县令改替日，并令递相交付者"。[3] 在军事上，隋唐前期，各地置折冲府，"分置于诸州，而名隶诸卫及东宫率府"[4]，由中央十二卫及东宫诸率府统管。折冲府的分布上也明显呈现出以京师长安为中心。《唐会要》记载：贞观时，全国有折冲府633个，60万人，而长安所在的关内道就有361个，16万府兵，占总数的57%，这样就可以"举关中之众，以临四方"[5]，实现中央对地方军事的控制。长安作为中央机构的集中地，从人事、财经、军事上对地方实现中央集权，巩固了国家的统一、稳定。

再次，长安城是隋唐全国性政策和重大事务的决策源地。隋唐王朝的中央政府机

---

[1]《隋书》卷二四《食货志》，第683页。
[2]《唐六典》卷三《尚书户部》，第84页。
[3]《唐六典》卷三《尚书户部》，第80—81页。
[4]《通典》卷二九《职官十一·武官下·折冲府》，第810页。
[5]《唐会要》卷七二《府兵》，第1537—1538页。

构即在长安城内,故许多关系到王朝政治、经济生活的重要决策也都是在这里制定的,许多重大决定和号令都是从这里发布的。开皇八年(公元588年)年十月,"将伐陈,有事于太庙"①,隋文帝就是在大兴城太庙做出伐陈统一全国的决策的。建中元年(公元780年)正月,唐德宗御丹凤门,大赦天下,颁布了实行"两税法"的诏书,规定:"自艰难以来,征赋名目颇多,今后除两税外,辄率一钱,以枉法论。"②大明宫内的延英殿,虽然在唐前期默默无闻,但是自安史之乱后在国家政治生活中的地位却日渐提高,皇帝经常开"延英召对",召集宰相重臣在此商讨军国大事,还有群臣向皇帝问起居、延英奉觞、延英奉慰、延英中谢、召见官员、面授官职、召见外来使者、举办宴乐等活动也都在这里进行。在唐后期,延英殿的重要性,不仅超过了其他殿阁,甚至超过含元、宣政、紫宸三大殿,在唐代的政治生活中具有十分重要的地位。③

最后,长安城是隋唐时期政治活动最密集的地方。作为专制主义中央集权国家,中央与地方关系中,中央政府始终掌握着主导权,王朝都城长安与地方诸州的关系也就成了中央与地方政治关系的一种象征,地方官员前往长安就有了向中央表达忠诚的意义。以隋唐时期的朝集使为例,这是一种在秦汉以来的上计制度基础上演化而来的官制,是隋唐地方与中央保持联系的重要方式之一。开皇六年(公元586年)二月,隋文帝制:"刺史上佐每岁暮更入朝,上考课"④,朝集使初步形成。到了唐代,朝集使制度就更加完善。贞观十七年(公元643年),唐太宗下诏:在京城内闲置坊为诸州朝集使建造邸第三百余所。⑤《唐六典》中规定:"凡天下朝集使皆令都督、刺史及上佐更为之;若边要州都督、刺史及诸州水旱成分,则佗官代焉。皆以十月二十五日至于京都,十一月一日户部引见讫,于尚书省与群官礼见,然后集于考堂,应考绩之事。元日,陈其贡篚于殿庭。凡京都诸县令,每季一朝。"⑥从中我们看出,诸州朝集使每年都要在十月二十五日之前到达长安,其任务有二:一为参与吏部对所部官员的考课,二为参加元日朝贺的典礼。这两种使命具备事务上和精神上体现中央集权的双重意义。同时,长安作

---

① 《隋书》卷二《高祖纪下》,第31页。
② 《旧唐书》卷一二《德宗本纪上》,第324页。
③ 杜文玉:《论唐大明宫延英殿的功能与地位——以中枢决策及国家政治为中心》,载《山西大学学报》(哲学社会科学版)2012年第3期,第196页。
④ 《隋书》卷一《高祖纪上》,第23页。
⑤ 《唐会要》卷二四《诸侯入朝》,第535页。
⑥ 《唐六典》卷三《尚书户部》,第79页。

为最高政治权力所在地，自然成为各种政治斗争的角力场。隋唐二朝的定鼎建国就是在此，为争夺最高权力的玄武门之变、唐隆政变也都发生在此，除武则天、肃宗、哀帝以外，其他皇帝都是在长安登基继位的。这种政治活动的高密度性是其他地方无法比拟的。

二、长安政治中心地位的变化

虽然长安城作为隋唐时期最重要的政治中心，但是由于政治、经济等条件的变化，其政治地位也会有一个兴衰起伏的变化过程。首先，长安政治中心地位与隋唐中央集权对地方控制能力的变化有密切的关系。隋唐时期，中央对全国的政治控御力之强弱，前后是有所变化的。隋朝及唐朝前期，国家统一，专制主义中央集权空前强大，中央政权的各种制度、法令都能够在地方有效执行，因此长安长期作为全国的政治中心，地位非常稳固；安史之乱后，虽然都城城阙依然，但中央集权的能量已经极大地削弱。唐代后期，藩镇林立，地方分裂势力抬头，河北三镇奉行"河朔故事"，独立割据，其所在的定州、恒州、魏州实际上已成为河北地区的政治中心[①]，尤其是幽州城（先后有金中都、元大都、明清北京城）后来成为中国封建社会后期最重要的政治中心。

在隋代以及唐代前期，国家统一，社会稳定，经济文化繁荣，因此皇帝频繁巡幸。以皇帝巡幸洛阳为例，在有隋一代及唐朝前期，隋文帝、炀帝和唐太宗、高宗及玄宗前后二十五次巡幸洛阳，在洛阳的时间共计二十八年，再加上光宅元年至神龙元年（公元684—705年）武则天迁都洛阳，天祐元年（公元904年）朱全忠强迫昭宗将唐都从长安迁到洛阳，皇帝在洛阳的时间约有五十一年又八个月，约占隋唐两代（公元581—907年）的六分之一，使洛阳成为与长安并立的两大政治中心之一。特别是唐代后期，随着关中地区环境的变迁、人口的增殖和战乱的不断发生等多种因素的作用，唐朝灭亡后，长安就彻底丧失了作为全国政治中心的地位，沦落为西北地区的一个区域中心和军事重镇。

---

① 李孝聪：《论唐代后期华北三个区域中心城市的形成》，见北京大学中国传统文化研究中心编：《北京大学百年国学文粹·史学卷》，北京大学出版社，1998年，第659—670页。

第二节
中外文化交流中心

隋唐两代对外奉行和平、开放的友好政策，如武德五年（公元622年），唐高祖李渊在给高丽王建武的书信中就说道："朕恭膺宝命，君临率土，祗顺三灵，绥柔万国。普天之下，情均抚字，日月所照，咸使乂安。……方今六合宁晏，四海清平，玉帛既通，道路无壅。方申辑睦，永敦聘好，各保疆场，岂非盛美。"[1]唐朝统治者也摒弃了"自古皆贵中华，贱夷、狄"的狭隘民族偏见，而采取"爱之如一"的平等民族政策。[2]隋唐两代还积极发展与周边国家政权的友好关系，周边国家不远万里前来朝贡，中原王朝则有报聘、册吊，对来华外国使节则根据路程远近发给路费。证圣元年（公元695年），武则天敕令："蕃国使入朝，其粮料各分等第给：南天竺、北天竺、波斯、大食等国使宜给六个月粮，尸利佛誓、真腊、诃陵等国使给五个月粮，林邑国使给三个月粮。"[3]隋唐时期，中外交通也有了进一步的发展，形成了以长安为中心的通往域外的海陆交通网络。从长安出发向东、经河北、辽东，可通往朝鲜半岛的高句丽、百济、新罗。朝鲜半岛以东是日本，东去日本有三路：北路是从山东半岛的登州或莱州出海，横渡渤海、黄海，沿辽东半岛和朝鲜半岛西海岸到日本难波，日人称为"新罗道"；南岛路是由长江口的明州、扬州等出海，横渡东海，沿日本南部的阿儿奈波（冲绳岛）、奄美（奄美大岛）、夜久（屋久岛）、多禰（种子岛），沿九州西岸到难波；南路从楚州出海，横渡东海，直达日本难波。从长安出发向南到达广州，从广州入海，经中国南部到东南亚的林邑、真腊、罗越等国家，再穿过马六甲海峡进入印度洋，可到达师子国

---

[1]《旧唐书》卷一九九上《高丽传》，第5320—5321页。
[2]《资治通鉴》卷一九八，唐太宗贞观二十一年五月，第6360页。
[3]《唐会要》卷一〇〇《杂录》，第2136页。

（今斯里兰卡）、天竺（今印度）、大食（阿拉伯帝国）、波斯（今伊朗）等地区和国家。从长安出发向西，经河西走廊，出阳关或玉门关西行的通道有三条：北道沿天山北麓，经伊吾（今新疆哈密市）、蒲类海（今巴里坤湖）、西突厥可汗庭（今巴尔喀什湖南），向西至东罗马帝国出地中海，可达欧洲；中道是沿天山南麓的北道，经高昌（今新疆吐鲁番一带）、焉耆、龟兹（今新疆库车一带）、疏勒，翻越葱岭而达波斯；南道是沿天山南麓的南道，经鄯善、于阗，过葱岭及吐火罗（今阿富汗北部）至北婆罗国（今印度北部）。积极的对外政策和便利的交通吸引了大批的外国使节、商人、僧侣入唐寻求人生的价值，出现了"九天阊阖开宫殿，万国衣冠拜冕旒"①的局面，都城长安就成为中外之间政治、经济和文化交流的中心，许多外来文化都是首先在长安被接受，进行本土化，然后才逐渐传向国内其他地方。

一、与东亚诸国的交流

隋及唐初朝鲜半岛有三个国家：高丽、百济、新罗，这三个国家都与隋唐王朝有密切交往。开皇初，就不断有高丽使臣入朝，后来因高丽向东北扩张与隋朝产生矛盾，故从隋文帝时开始征伐高丽，隋炀帝更是三征高丽。唐朝建立后，于武德二年（公元619年）、四年（公元621年），高丽先后两次遣使来朝，唐高祖还"命道士以像法往，为讲老子"，高丽国王建武非常高兴，率国人共同聆听讲经，日数千人。②到贞观十九年（公元645年），唐太宗开始征伐高丽，直到唐高宗总章元年（公元668年），唐军攻克平壤，高丽亡国。当时，在朝鲜半岛东南有百济，隋平陈时，有船飘至其国，国王扶余昌遣使送回，并入朝祝贺，开皇十八年（公元598年）又遣使供方物，大业年间也多次遣使入朝。唐武德四年（公元621年），其王扶余璋遣使来献果下马，唐高祖遣使册封其王为带方郡王、百济王③，此后朝贡更加频繁。后来，百济与高丽连兵屡次侵略新罗，拒绝太宗、高宗的调停，显庆五年（公元660年）唐高宗派苏定方率兵灭其国。与隋唐并存持续时间最长的是新罗，其位于朝鲜半岛的东北，从大业年间开始，岁遣使朝

---

① 〔唐〕王维撰，陈铁民校注：《王维集校注》第2册卷六《和贾舍人早朝大明宫之作》，中华书局，1997年，第488页。
② 《新唐书》卷二二〇《高丽传》，第6187页。
③ 《旧唐书》卷一九九上《百济传》，第5329页。

贡；贞观五年（公元631年），遣使献女乐二人。后来，因受到高丽、百济的侵略，遣使向唐朝求救，经太宗、高宗两朝，在唐军的帮助下最终统一朝鲜半岛。统一后的新罗与唐朝的政治、经济和文化联系更加紧密。有唐二百八十九年间，新罗向唐朝贡53次，朝见8次，贺正22次，献物24次，表谢6次，献女3次，请援5次，请文1次，告捷1次，告哀1次，谢罪1次，贺平乱1次，共126次；唐向新罗册封15次，答赍1次，诏谕5次，吊祭10次，求报1次，求物1次，求作武器1次，共34次。① 贞观二十二年（公元648年），新罗遣使来朝，"因请改章服，从中国制，内出珍服赐之。又诣国学观释奠、讲论，帝赐所制晋书"。在中国学习的外国留学生以来自新罗的人数最多。开元时，数次入朝，进献果下马、朝霞绸、鱼牙绸、海豹皮等特产，又遣贵族子弟进入长安太学学习经术，玄宗赏赐瑞文锦、五色罗、紫绣纹袍、金银精器等物品。开元二十五年（公元737年），其国王金兴光死，玄宗命邢璹以鸿胪少卿的身份前往吊祭，并对邢璹说："新罗号君子国，知诗、书。以卿惇儒，故持节往，宜演经谊，使知大国之盛。"同时派国手率府兵曹参军杨季鹰一同前往，与其国人切磋棋艺。② 唐代后期新罗仍大量派留学生入唐求学，其中一些人还在唐朝参加科举考试，甚至有金可记、崔致远等人金榜题名③。据严耕望先生研究，自唐穆宗长庆年间（公元821—824年）至五代中叶（公元930年前后），新罗上子登唐宾贡科者已达九十人，其仅留学而未能登第者，则是此数的数倍或数十倍；从太宗贞观十四年（公元640年）新罗始派遣留唐学生起至五代中叶，新罗所派遣留唐学生最保守估计当有两千人，这是留唐学生中其他诸国留唐学生之数量远不能比的。④ 除了留学生，新罗还有大批的僧人入唐求法，新罗僧人义湘，"闻唐土教宗鼎盛"，与元晓法师于总章二年（公元669年）入唐求法，义湘在长安终南山从智俨三藏学习《华严经》，后来学成回国，立寺传法，被称为"海东华严初祖"。⑤ 严耕望先生《新罗留唐学生与僧徒》一文考证：新罗留唐僧徒法号可考者超过一百三十人；这些求法僧侣学成返国传教，不但使隋唐佛教各宗派在新罗先后形成，而且使佛教发展成为新罗的国教，为三国统一后的新罗社会提供了共同的精神信仰，奠定了三国统一后的思想

---

① 杨昭全：《唐与新罗之关系》，见《中朝关系史论文集》，世界知识出版社，1988年，第10页。
② 《新唐书》卷二二○《新罗传》，第6203—6205页。
③ 《太平广记》卷五三《金可记》，第329页；《唐文拾遗》卷三四《崔致远》。
④ 严耕望：《新罗留唐学生与僧徒》，见严耕望：《唐史研究丛稿》，新亚研究所，1969年，第441页。
⑤ 《宋高僧传》卷四，第75—76页。

意识形态，维护了国家的统一。

在朝鲜半岛以东是日本列岛，隋唐时期也与中国交往密切。开皇二十年（公元600年），日本列岛上的倭国王阿每多利思比孤，遣使到大兴城朝贡，文帝令所司访其风俗。大业三年（公元607年），其王又遣使朝贡，使者曰："闻海西菩萨天子重兴佛法，故遣朝拜，兼沙门数十人来学佛法"，其国书则曰"日出处天子致书日没处天子无恙"云云，试图在外交中保持独立平等的地位，次年隋炀帝遣文林郎裴清出使倭国，受到其王盛情款待。①这是史书关于中日之间互派使节的最早记载。到了唐代，中日之间的交往更加频繁。贞观四年（公元630年），舒明天皇第一次派出遣唐使，此后在二百六十四年中，日本先后共任命遣唐使18次，其中日本国使正式到达唐都长安的只有13次。②遣唐使团的规模初期较小，每次为一二只船，每船一百二十人；到8世纪以后，每次四只船，总人数在五百人左右，而且每次都有一二十名留学生与三十至七十名学问僧随行。遣唐使在长安期间的官方活动主要是朝见皇帝和进献贡物。贞观五年（公元631年），日本遣使者入朝，太宗又遣新州刺史高仁表回访。长安元年（公元701年），其王文武遣朝臣真人粟田贡方物，武则天在大明宫麟德殿设宴款待，并授司膳卿，遣还之。开元初，粟田再次入朝，"请从诸儒受经"，玄宗诏四门助教赵玄默到鸿胪寺教授，其副朝臣仲满慕华留在长安，改名曰朝衡，与诗人李白、王维关系友好，③李白在《送王屋山人魏万还王屋》诗中写道："身著日本裘，昂藏出风尘。"李白自注曰："裘则朝卿所赠，日本布为之。"④后来，李白听说阿倍仲麻吕不幸遇难，还专门写了一首《哭晁卿衡》的诗以示怀念，诗曰："日本晁卿辞帝都，征帆一片绕蓬壶。明月不归沈碧海，白云愁色满苍梧。"⑤与阿倍仲麻吕一起入唐的吉备真备在长安苦读十九年，在经史、法律、军事、音乐、天文等许多学科方面都有很深的造诣，回日本时已是满腹经纶，又带回二百多卷书，后进入日本最高领导集团，官居右大臣，是留学生归

---

① 《隋书》卷八一《倭国传》，第1826、1827—1828页。
② 武安隆：《遣唐使》，黑龙江人民出版社，1985年，第31页。关于日本遣唐使的次数，学术界目前尚有争议，木宫泰彦《日中文化交流史》写作19次，是把公元667年日本派伊吉博德等送唐驻百济镇将刘仁愿的使者法聪也算作1次，实际上这次仅为送客而派遣的使者只到百济，并未入唐，故以不算作遣唐使；而在18次中，有3次（第12、13、18次）未能成行，所以真正到达中国的只有15次。15次中又有1次（第10次）是迎入唐大使，1次（第15次）是送唐客大使，所以真正意义上的"遣唐使"只有13次。
③ 《新唐书》卷二二〇《日本传》，第6208—6209页。
④ 《全唐诗》卷一七五，第1789页。
⑤ 《全唐诗》卷一八四，第1886页。

国后任职最高的一个，他采用汉字楷书偏旁创造的片假名成为日本新体文字表示法之一。新发现的日本人井真成墓志也记载：日本人井真成于开元时随遣唐使团"衔命远邦，驰骋上国"出使唐朝，到达长安，井真成后进入太学"蹈礼乐，袭衣冠，束带立朝"，"强学不倦"，努力学习唐朝的礼乐文化。[1]日本所进贡物主要有琥珀、玛瑙、宝器和当地的一些土特产品等，称为"国信物"，1970年西安出土的日本"和铜开珍"银币可能就是贡物之一。唐朝回赐大量"答信物"，日本奈良市东大寺内正仓院至今保存的唐代乐器、铜镜、大刀等文物，不少应该是"答信物"。在唐朝国子监学习的日本留学生总数有二三百人，很多人成绩卓著，"播名唐国"，最著名者为阿倍仲麻吕、吉备真备、橘逸势、大和长冈等；而在入唐的僧人中，最为著名的有最澄、空海、常晓、圆行、圆仁、惠运、圆珍和宗睿八个人，被称为"入唐八大家"。长安作为唐代佛教兴盛之地，是不少入唐学问僧学习的地方，如道昭、智通、智达等在长安从玄奘学习法相宗，空海在长安青龙寺从惠果学密教，圆行在长安青龙寺从义真学密教，圆仁在长安从元政、义真学密教，惠运在长安青龙寺从义真学密教，圆珍在长安从法全学密教，等等。

通过遣唐使，日本积极学习唐朝的先进文化，如前四次遣唐使入唐正适大化改新前后，日本仿照唐朝制度，推进大化年间的政治、经济、文化的改革，确立了以天皇为核心的专制主义中央集权体制，以至日本学者都认为："日本中古之制度，人皆以为多系日本自创，然一检唐史，则知多模仿唐制也。"[2]通过遣唐使和留唐学生、学问僧的努力，盛唐时代的文化大量输入日本。遣唐使、留学生、学问僧都相继将唐朝的各种典籍带回日本，使日本的图书收藏量快速增长起来。据《日本国见在书目录》所载，日本保存有大量的汉籍，可分为易、诗、乐、孝经、异说、尚书、礼、春秋、论语、小学、正史、杂史、起居注、职官、刑法、土地、簿录、道、名、纵横、农、兵、历数、医方、别集、古史、霸史、旧事、仪注、杂传、谱系、儒、法、墨、杂、小说、天文、五行、楚辞、总集，共四十家计一千五百七十九部一万六千七百九十卷，这些汉籍大部分都是遣唐使和留学生带回的。在此基础上，又经过对唐文化的吸收、消化逐渐创立了具

---

[1] 贾麦明：《新发现的唐日本人井真成墓志及初步研究》，载《西北大学学报》（哲学社会科学版）2004年第6期，第12页。

[2] [日]木宫泰彦：《中日交通史》上册，陈捷译，商务印书馆，1931年，第195页。

有日本特色的国风文化。以汉诗为主体的日本汉文学在此期间有了很大的发展，从公元814年到公元827年，先后出现了《凌云集》《文华秀丽集》和《经国集》三部大型的敕撰汉诗文集。此外，还有如《本朝文粹》《本朝无题诗》《朝野群载》等私家撰汉诗文集。

二、与东南亚诸国的交流

隋唐时期，在今中南半岛地区诸国林立，部族密集，其多数都与隋唐王朝保持密切的交往。大业中，东南亚诸国"朝贡者十余国"①。其实早在隋朝平陈时，今越南南部的林邑国就遣使到大兴城朝贡；仁寿末年，隋文帝遣大将军刘方为骧州道行军总管，率步骑万余及囚徒数千人击之，其王梵志遣使谢罪，于是朝贡不绝。大业十二年（公元616年），有林邑国、婆利遣使贡献。有环王者，本属林邑，武德中，遣使献方物，唐高祖为设九部乐以飨之；贞观时，王头黎献驯象、镠锁、五色带、朝霞布、火珠等物，与婆利、罗刹二国使者一同到达长安；永徽至天宝时，3次前来朝贡；今柬埔寨境内，隋唐时被称为真腊，自武德至圣历，4次来朝；开元、天宝时，真腊王子率二十六部属来朝；大历中，副王婆弥及妻来朝，献驯象十一，代宗赐名宾汉；贞观中，诃陵与堕和罗、堕婆登遣使者入贡，唐太宗以玺诏优答，赐与良马；大历时，诃陵使者3次朝贡；元和八年（公元813年），有进献僧祇奴四、五色鹦鹉、频伽鸟等；咸通中，又遣使献女乐；在今印尼苏门答腊东南有室利佛逝，咸亨至开元年间，数次遣使朝贡，献侏儒、僧祇女各二及歌舞；②而在今缅甸有骠国，贞元中，其国王雍羌听说南诏归唐，有心内附，遣其弟悉利移城主舒难陀献其国乐，即为骠国乐，有十二曲，以乐工三十五人来朝，乐曲以佛教经论为歌词。③随着唐与东南亚诸国交往的密切，东南亚的物产也有许多输往长安。天宝元年（公元742年）三月，韦坚在长安城东长乐坡下凿广运潭以通舟楫，潭成之后，取小斛底船三二百只置于潭侧，每只船上都载有各地的物产，其中南海郡船上物产即为"玳瑁、真珠、象牙、沉香"，④这些东西本非广东物产，实为通过海

---

① 《隋书》卷八二《南蛮传序》，第1831页。
② 《新唐书》卷二二二下《环王传》《真腊传》《诃陵传》，第6298—6303页。
③ 《旧唐书》卷二九《音乐志二》，第1070页。
④ 《旧唐书》卷一〇五《韦坚传》，第3222页。

上贸易，来自东南亚地区，如当时在广州交易的沉香中，柬埔寨的沉香和越南中南部的黑沉香均为上品。①李翱所撰《唐故金紫光禄大夫检校礼部尚书使持节都督广州诸军事兼广州刺史兼御史大夫充岭南节度营田观察制置本管经略等使东海郡开国公食邑二千户徐公行状》就记载：贞元十八年（公元802年），其任职广州时，"蕃国岁来互市，奇珠、玳瑁、异香、文犀，皆浮海舶以来，常贡是供，不敢有加，舶人安焉，商贾以饶"②，即足证明。

除使节、货物贸易交往之外，隋唐时期，长安佛教盛行，是当时佛教传译的中心之一，而地处中西海上交通必经之地且盛行佛教的东南亚诸国，在长安佛教文化的发展中自然起到了十分重要的作用，长安与东南亚的佛教交往非常密切。如隋平定林邑时，从其国所获佛经合五百六十四夹，一千三百五十余部，并昆仑书多梨树叶经卷，"有敕送馆，付琮披览，并使编叙目录，以次渐翻。乃撰为五卷，分为七例，所谓经、律、赞、论、方字、杂书七也；必用隋言以译之，则成二千二百余卷"③。这些从林邑得到的已译为昆仑语的贝叶经，被翻译为汉文，对当时长安佛教有一定的影响。④东南亚诸国与长安佛教的交往主要表现在：许多天竺高僧经南海诸国（或曾停留于此弘法）到长安等地弘法，或者中国内地僧人不畏艰险由海路经南海诸国，到天竺求法。据研究，经南海诸国到达长安弘法的天竺僧人主要有那提三藏、释极量、金刚智、不空、释智慧、释莲花，而经南海诸国到印度求法的中国僧人则有以义净为代表的三十八人。如中天竺僧人那提三藏，历游诸国，"曾往执师子国，又东南上楞伽山，南海诸国，随缘达化"，搜集大小乘经律论五百余夹，合一千五百余部，于永徽六年（公元655年）到达长安，唐高宗敕令于慈恩安置，有司供给；显庆元年（公元656年），又敕往昆仑（中国古代对东南亚地区的异称）诸国采取异药，"既至南海，诸王归敬，为别立寺，度人授法，弘化之广，又倍于前"，于龙朔三年（公元663年）重新回到长安。⑤这种双向的佛教交流，促进了南海诸国佛教和长安佛教的共同发展。

---

① 温翠芳：《汉唐时代南海诸国香药入华史研究》，载《贵州社会科学》2013年第3期，第142页。
② 《全唐文》卷六三九，第6459页。
③ 《续高僧传》卷二《隋东都上林园翻经馆沙门释彦琮传》，第52页。
④ 周伟洲：《隋唐长安与南海诸国的佛教文化交流》，见周伟洲主编：《西北民族论丛》第2辑，中国社会科学出版社，2003年，第68—87页。
⑤ 《续高僧传》卷四《唐京师大慈恩寺梵僧那提传》，第137页。

三、与西域诸国的交流

西域有广义、狭义之分,狭义的西域仅指今新疆地区,而广义的西域则指玉门关以西的广大地区,不仅包括新疆地区,而且还西至中亚、南亚、西亚,甚至东欧地区诸国。西域地区与长安的交往早在张骞通西域、开通丝绸之路后,就一直持续不断。有唐一代,周边诸国与长安交往者无如西域之密切。丝绸之路既通,西域诸国之使者、商人、宗教徒入长安者络绎不绝。

隋唐大一统国家的形成,为长安与西域诸国的政治交往创造了良好条件。大业三年(公元607年),隋炀帝欲通西域,"令(裴)矩往张掖,引致西蕃,至者十余国"①。到了唐代,西域诸国与中原的政治交往更加密切。据韩香《隋唐长安与中亚文明》一书"唐代中亚诸国通使朝贡一览表"中所列,唐代中亚各国都有前往长安朝贡的记载,其中康国从公元624年至公元772年朝贡32次,安国从公元638年至公元772年朝贡16次,石国从公元634年至公元762年朝贡20次,波斯从公元638年至公元771年朝贡28次,吐火罗从公元635年至公元758年朝贡23次,拔汉那、勃律各朝贡17次,罽宾遣使朝贡14次,护密遣使朝贡13次,曹国朝贡11次,米国朝贡9次,骨咄朝贡8次,史国、谢䫻朝贡各6次,火寻、识匿、俱密、阿拔斯单朝贡各4次,俱位朝贡2次,何国、俱兰、石汉那、解苏国、羯师、悒怛、帆延、乌苌则朝贡只有1次。唐代西域各国遣使到长安朝贡从武德初一直持续到代宗大历七年(公元772年)。唐朝势力彻底退出西域之后,其间前来朝贡最频繁是在太宗贞观年间(公元627—649年)、高宗时期(公元649—683年)以及玄宗开元、天宝时期(公元713—755年),其中又以昭武九姓——康、石、安、曹、米、史、火寻、何、戊地等国与唐朝关系最为密切。②除了中亚诸国,当时西域还有天竺、泥婆罗、拂菻、大食等国家,也与唐长安有比较密切的交往。当时,天竺分为中、东、南、西、北五天竺。贞观十五年(公元641年),中天竺国王尸罗逸多遣使朝贡,太宗降玺书慰问,又遣卫尉丞李义表报使,尸罗逸多复遣使献火珠及郁金香、菩提树;沙门玄奘游历天竺时曾至其国,将梵本经论六百余部携带回国;又有伽没路国,王玄策至,其王发使贡以奇珍异物及地图,因请老子像及《道德经》;那揭陀国、西天竺、南天

---

① 《隋书》卷六七《裴矩传》,第1580页。
② 《隋唐长安与中亚文明》,第41—60页。其中武周迁都洛阳期间前来朝贡的排除在外,还有些是时间非常接近的,疑是同一次,也进行合并。

竺、北天竺也多次来朝。泥婆罗国即今尼泊尔，李义表出使天竺时都曾到过此国，永徽二年（公元651年），其王尸利那连陀罗遣使朝贡。拂菻即我国唐代对东罗马帝国的别称，贞观十七年（公元643年），其王波多力遣使献赤玻璃、绿金精等物，太宗降玺书答慰，赐以绫绮；开元七年（公元719年），其主又遣吐火罗大首领献狮子、羚羊各二。①大食，即新兴的阿拉伯帝国，永徽二年（公元651年）初次遣使朝贡，长安中又遣使献良马，睿宗、玄宗时两次来朝。隋唐长安与西域之间的政治交往是双方交流的重要组成部分，也是经济、文化交流的保障。

伴随着长安与西域政治交往的频繁，西域的商人、僧侣等也沿着丝绸之路到达长安，西域文化亦随之而至，诚如向达先生所论："开元、天宝之际……异族入居长安者多，于是长安胡化盛极一时，此种胡化大率为西域风之好尚：服饰、饮食、宫室、乐舞、绘画，竞事纷泊；其极社会各方面，隐约皆有所化，好之者盖不仅帝王及一二贵戚达官已也。"②与西域诸国的文化交流对唐长安社会文化影响至深，前文亦有对服饰、饮食、宗教、乐舞、绘画等方面的论述，兹不赘述。唐代长安各种皇家苑囿、私家园林众多，这些园林中就充满着西域文明元素。许多原产西域的动植物物种成为长安园林的构景素材，不少西域产的花出现在唐代长安的园林中，例如蘑卜花，原产印度或中亚地区，其传入与僧侣有关，传入后，一般种植于寺庙园林中，贯休描写造微禅师所在的寺院云："詹卜气氤氲，门深圣泽重。"③卢纶描写静居法师讲道场景则云："蘑卜名花飘不断，醍醐法味洒何浓。"④此外，长安园林中还有郁金香、石榴等。另外，中国园林建筑构造和泉石设计也沾染了不少西域文化特色，具有西域风化内涵的壁画塑像、文化活动等也在长安园林空间有所展示。⑤长安著名的慈恩寺大雁塔，最初为玄奘于永徽三年（公元652年）所立，"仿西域窣堵波制度，以置西域经像"⑥，当时其建筑形式应该是印度覆钵式塔身。此外，唐玄宗曾建造凉殿，"时暑毒方甚，上在凉殿座后，水激扇车，风猎衣襟。知节至，赐坐石榻。阴雷沈吟，仰不见日，四隅积水成帘飞洒，座

---

① 《旧唐书》卷一九八《天竺传》，第5307—5309页；同卷《泥婆罗传》，第5290页；同卷《拂菻传》，第5314—5315页。
② 《唐代长安与西域文明》，第44页。
③ 《全唐诗》卷八三四《赠造微禅师院》，第9405页。
④ 《全唐诗》卷二七六《送静居法师》，第3136页。
⑤ 刘永连：《唐代园林与西域文明》，载《中华文化论坛》2008年第4期，第22页。
⑥ 《唐两京城坊考》卷三，第68页。

内含冻"。天宝中，御史大夫王铱太平坊宅，也有"自雨亭子，檐上飞流四注"。①凉殿、自雨亭都借鉴了利用人工喷泉避暑纳凉的建筑技术，较早出现在比较干燥的两河流域以西的东罗马帝国，《旧唐书·拂菻传》也记载：当地人在盛夏炎热之际，"引水潜流，上遍于屋宇，机制巧密，人莫之知。观者惟闻屋上泉鸣，俄见四檐飞溜，悬波如瀑，激气成凉风，其巧妙如此"。②显然，凉殿、自雨亭的建筑技术应该就是借鉴东罗马帝国的。窥一斑而知全豹，通过对隋唐长安园林建筑中的西域元素的分析，可以知道与西域的文化交流对隋唐长安城市社会生活的巨大影响。长安城作为中原王朝与西域进行交往的集中地，也是西域文化进入中原的前站和交流的中心。

---

① 《唐语林校证》卷四《豪爽》，第327—328页；卷五《补遗》，第498页。
② 《旧唐书》卷一九八《拂菻传》，第5314页。

第三节
世界著名都市

一、规模宏大

  隋唐两代是中国历史上繁荣昌盛的大一统时代，与这种大一统相适应，其都城大兴城、长安城的规模也是非常宏大的。关于隋唐长安的规模，传统史籍中所记载基本一致，东西一十八里一百一十五步，南北一十五里一百七十五步①，按唐代里程尺度分大、小，"调钟律、测晷景、合汤药，及冕服制用之外，官私悉用大者"②。唐代大尺合今29.494厘米③，五尺为一步，即为1.47米，三百六十步为一里，即529.2米。据此可知，长安城东西长9694.65米，南北宽8198.25米；而根据中国科学院考古研究所唐城工作队考古实测，唐长安外郭城东西广（由春明门至金光门的直径）9721米（包括东西二城墙厚度在内，以下同），南北长（由明德门至宫城北面之玄武门偏东处）8651.7米。④由此而知，长宽面积广大，达84平方公里，是我国历史上规模最为宏伟壮观的都城，是35平方公里的汉长安城的2.4倍，是73平方公里的北魏洛阳城的1.2倍，是45平方公里的隋唐洛阳城的1.8倍，是50平方公里的元大都的1.7倍，是43平方公里的明南京城的1.9倍，是60平方公里的明清北京城的1.4倍。

  隋唐长安不仅是总体面积上广大，而且它的城墙、街道等城市基础设施也是非常宏伟的。隋唐长安城墙高达一丈八尺，合今5.31米。关于长安城的街道，各种传世文献

---

① 《长安志》卷七《唐京城一》，第254页；《旧唐书》卷三八《地理志一》，第1394页；《唐两京城坊考》卷二《西京·外郭城》，第33页。而《新唐书》卷三七《地理志一》记载为"长六千六百六十五步"，即十八里一百八十五步，疑其所载有误，应为六千五百九十五步。
② 《唐会要》卷六六《太府寺》，第1364页。
③ 杨际平：《唐代尺步、亩制、亩产小议》，载《中国社会经济史研究》1996年第2期，第33页。
④ 中国科学院考古研究所西安唐城发掘队：《唐代长安城考古纪略》，载《考古》1963年第11期，第596页。以下考古数据皆出于此文。

的记载也都是基本一致的,东西向的街道共十四条,宽度有六十步、一百步和四十七步三种;根据考古实测得知,由外郭城北城内的第一条顺城街向南至第三街(即由西城北边的开远门通至东城北边的通化门的大街),由于全被现代建筑所压,故这三条街道的宽度不得而知;第四街(即通皇城西边顺义门与皇城东边景风门的一街),仅探得其中1000余米长的一段,街宽75米;第五街(即皇城南之第一横街,向西通金光门,向东直通春明门),两侧均有水沟遗迹,从两侧水沟的内距实测街宽达120米;第六、第七、第八三街,保存得也都比较完整,它们的宽度分别是44米、40米、45米;第九至十三五街,就已探得的部分所知,第九和第十街均宽55米,第十一街宽45米,第十二街宽59米,第十三街宽39米。南北向的街道共十一条,宽约为一百步,从考古发掘来看,在皇城以南的部分保存较好,尤其朱雀门街和朱雀门街左右的四街为最好,在春明门与金光门大街以北的部分,均被压在现在城区之下,多已探不出迹象;根据考古实测,朱雀门街由明德门(外侧)至皇城的朱雀门(南侧)长为5316米,南部宽155米,北部(朱雀门以南约200余米处)宽150米;朱雀门街东侧第一街实测宽67米,第二街实测宽134米,第三街实测宽68米,第四街最宽处也是68米,第五街即沿东外郭城内的顺城街实测宽25米;朱雀门街西侧第一街实测宽63米,第二街实测宽108米,第三街实测宽63米,第四街残存宽42米,第五街即外郭西城内的顺城街实测宽20米,比东城之顺城街窄5米。这些街道根据其位置、重要性各不相同,宽度也从20米至155米不等。宽阔笔直的街道,构成了隋唐长安城市交通的基本网络格局,方便了市民的出行,也给居民从事公共活动提供了广阔的舞台。[①]

二、特色鲜明

隋大兴城、唐长安城的规划建设在中国都城建设史上具有鲜明的特点:在布局规划上,采用了"九宫格局"的模式;在规划思想上,继承了中国古代都城建设中"象天法地"和"因地制宜"的传统思想。

隋大兴城,即唐长安城,始建于隋文帝开皇二年(公元582年),其实际的规划设计者为当时著名的建筑家宇文恺。从建成后的布局来看,宇文恺采用的是中国古代常见的"九宫格局"的规划模式。"九宫格局"始于井田制度,在井田制发达的西周时代,以九宫格局为特点的中国古代都城的营建模式出现了。《周礼·考工记》就记载:

[①] 宁欣:《街:城市社会的舞台——以唐长安城为中心》,载《文史哲》2006年第4期,第80—85页。

"匠人营国，方九里，旁三门。国中九经九纬，经涂九轨。左祖右社，面朝后市，市朝一夫。"①此后，在历代都城建设中都有所体现。在隋大兴城的规划营建过程中，宇文恺将原来的"九宫格局"做了放大化的处理，以适应大一统国家在都城宏大气势上的要求。对隋大兴城、唐长安城来讲，"九宫格局"主要体现在两个方面：一方面，源于中国传统建筑美学中对平衡和谐之美的追求，隋大兴城的整体布局采用轴线对称的结构，宫城、皇城和外郭城都以朱雀门街及其延伸线为对称轴，各种宫殿建筑、坊市都左右对称分布，甚至后来修建的大明宫也都是沿着一定的轴线对称布置殿堂楼阁。另一方面，"九宫格局"还体现在城内的网格状道路系统和坊里格局，宇文恺在规划之初将《周礼·考工记》的"九经九纬，经涂九轨"放大为十一纵、十四横街的都城道路系统，以缓解日益增加的城市人口对城市公共空间和交通的压力。唐代诗人白居易的诗句就对这种道路系统有形象的描写："百千家似围棋局，十二街如种菜畦。"②在当时的社会形势和技术条件下，采用"九宫格局"是非常有利于城市建设和管理的。从城市建设来讲，"九宫格局"将城市各层次级单元都划分为一个个方形的单元格，有利于城市建设的标准化，加快营建速度，隋大兴城于开皇二年（公元582年）六月颁布营建新都诏书，开始正式建设，到次年正月基本建成，就迁入新都，之所以能够如此快的建成，就是因为采用了"九宫格局"这种标准化建设；它规划出来的地块也有利于建筑布局，有利于建筑选择良好朝向；此外，笔直宽敞的道路系统和整齐划一的坊里格局不仅有利于城市交通的通畅，而且在当时相对落后的政治管理制度下，有利于加强城市的治安管理，维护城市良好的秩序。

在中国古代，"建邦设都，必稽玄象"③，象天法地成为古代都城建设中的一种传统。这主要是为了"借天象以达人欲"，统治者借助天象之神秘，来神化自己统治的合法性。日本学者妹尾达彦先生就认为："隋唐长安城，是基于当时认识世界的宇宙论而建成的一座奉承天命的宇宙之都，旨在依据宇宙论来将王都圣化，以确立其统治的合法性。"长安城被认为位于天和地的中心交叉点上，交叉点就是宫城中央的隋大兴殿和唐太极殿所在。④唐王朝将隋大兴殿改为太极殿就是借重构宇宙秩序来再确认自己统治的正当性，从天文星占思想来看，太极意味着北极（北斗星）的星座，而北斗又在中国古人心目中占重要地位。《论语·为政》中孔子曰："为政以德，譬如北辰，居其所而众

---

① 《十三经注疏·周礼注疏》卷四一《冬官·考工记下·匠人》，第1149—1151页。
② 《全唐诗》卷四四八《登观音台望城》，第5041页。
③ 《旧唐书》卷三六《天文志下》，第1335页。
④ 《长安的都市规划》，第141—142页。

星拱之",将天象与帝王德政结合在一起。《史记·天官书》中也说道:"中宫天极星,其一明者,太一常居也;旁三星三公,或曰子属。……环之匡卫十二星,藩臣。皆曰紫宫。……北斗七星,所谓'旋、玑、玉衡以齐七政'。……斗为帝车,运于中央,临制四乡。分阴阳,建四时,均五行,移节度,定诸纪,皆系于斗。"①长安宫城中央的太极殿就是通过宇宙之轴与北极相连,将天上的秩序与地上秩序相对应,赋予现实统治秩序一种神圣的合法性。《长安志》中明确记载:长安城坊市布局中体现出这种象天法地的思想,"皇城之东,尽东郭东西三坊。皇城之西,尽西郭东西三坊。南北皆一十三坊,象一年有闰。每坊皆开四门,有十字街四出趣门。皇城之南东西四坊,以象四时"。②正是这种象天法地的规划思想在隋唐长安城中的处处体现,才使妹尾达彦先生将隋唐长安城称为一座神圣的"宇宙之都"。

因地制宜是中国古代都城建设中的另一个优良传统。人类所处的环境是先天形成的,因地制宜是人们适应环境的一种实事求是的正确态度。《管子·乘马》云:"凡立国都,非于大山之下,必于广川之上,高毋近旱而水用足,下毋近水而沟防省。因天材,就地利,故城郭不必中规矩,道路不必中准绳。"③首次提出都城要根据环境和人类的需要进行建设,而不必受各种礼法条条框框的约束。隋初营建新都,在选定龙首原作为建都地址后,宇文恺根据朱雀门街南北有六条高坡的实际地势,附会《易经》乾卦之象,做出了合理规划,"以九二置宫殿以当帝王之居,九三立百司以应君子之数,九五贵位,不欲常人居之,故置玄都观及兴善寺以镇之"④。

综上所述,在隋唐长安城的规划建设过程中,宇文恺等建筑家们继承了传统优秀规划思想,并进行大胆的创新。他们继承了先秦以来中国都城建设中的象天法地、重礼制和九宫格局等规划思想,同时又根据形势的发展和实际的地理环境,改变了汉魏以来都城内民居与宫殿官署杂处的混乱局面,将宫城和皇城等政治中心置于城市的正北中央,并与居民区隔离开来,"皇城之内,唯列府寺,不使杂人居止。公私有辨,风俗齐肃,实隋文新意也"⑤,从而使隋唐长安城成为一座充满秩序的一代名都,更是中古时期我国都城建设的集大成者。

---

① 《史记》卷二七《天官书》,第1289—1291页。
② 《长安志》卷七《唐京城一》,第256页。
③ 《管子校注》卷一《乘马第五》,第83页。
④ 《元和郡县图志》卷一《关内道一》,第1—2页。
⑤ 《长安志》卷七《唐皇城》,第248页。

三、影响深远

隋唐长安城的设计与规划，上承秦汉及魏晋南北朝以来中国古代都城建设的优良传统，同时受北魏孝文帝营建之洛阳都城及东魏、北齐之邺都南城以及南朝建康的影响。[①]可以说，隋唐长安城是中国封建社会前期优秀文化和丰富的营国建都经验集大成式的典范，不仅城市规模宏大，而且在城市规划布局上也有鲜明的特色。因此，在中国都城史上和世界城市发展史上，隋唐长安城对后代以及周边国家都城建设的影响之深远，恐怕无出其右。

隋唐长安城采用东西对称、南北向的中轴线，宫城、皇城与居民区分离，集中分布在城市的北部正中中轴线北端，这是为了突出皇权，加强中央集权，巩固统一，"唐代长安这种棋盘格式的中轴线布局的出现，就是统一王朝的权力达到高度集中的一种标志"[②]。因而，唐代以后的统一王朝的都城，宋之开封，元之大都，明、清之北京城，无不受其影响，采用这种东西对称、南北向的中轴线，宫城、皇城集中分布的都城规划布局。当然这只是其中一点，隋唐长安城对后代都城的影响远不止于此。

隋唐帝国作为当时世界最强盛的国家，声威远播异域，其都城宏大、整齐的气势，必然对当时到过长安城的各国使者产生了深刻的印象，也必然会成为他们都城建设模仿学习的榜样。特别是当时的渤海、新罗、日本、吐蕃等东亚地区政权纷纷仿效唐都长安建造自己的都城。譬如唐代东北地区靺鞨人建立的渤海国，其文化深受唐文化的影响，考古发掘的结果表明：渤海国的都城上京龙泉府整体略呈长方形，由外城、内城和宫城三部分组成，坐北朝南。外城是市民居住区，四周共设十门，南北作三，东西各二，城内有五条宽阔笔直的大街，南北向平行三条，东西向平行两条，尤其是由内城正南门到外城正南门的朱雀大街，宽达88米，把外城分成东西两区，这些纵横交错的街道将外城分成方形的居民区——坊；内城位于外城北部中间，呈长方形，是官府衙署、官僚府宅所在地，在内城东垣以西、宫城东垣以东还有禁苑，俗称"御花园"；在内城北部中间是宫城，又称"紫禁城"，呈长方形，是渤海王室居住和行使统治权力的地方。[③]龙泉府三环套的城市形制与唐都长安城非常相似。吐蕃是公元7—9世纪藏族先民建立的一个地方政权，贞观十五年（公元641年），唐太宗应吐蕃的请求，将文成公主嫁于吐蕃

[①] 《隋唐制度渊源略论稿》二《礼仪附：都城建筑》，第69页；雍际春：《隋唐都城建设与六朝都城之关系》，载《中国历史地理论丛》1997年第2辑，第1页。
[②] 杨宽：《中国古代都城制度史研究》，上海古籍出版社，1993年，第200页。
[③] 陈显昌：《唐代渤海国上京龙泉府遗址》，载《文物》1980年第9期，第85—89页。

赞普松赞干布，开启了唐与吐蕃之间的文化交流。据《柱间史》《西藏王统记》等藏文文献记载，文成公主入藏时，不仅从长安城带去大量的工匠、植物种子，还带去了中原地区的风水、占卜、历算等方面的书，文成公主本人甚至利用中原的风水术参与逻些城大昭寺等建筑的设计、建造。如《贤者喜宴》记载："文成公主查看了地相，（发现）藏地犹如罗刹女仰卧，在其八大关节和四肢处，首先要建寺镇伏之。沃唐湖是魔鬼的心脉，是恶道之门，填充后建造寺庙。八大恶地各修一寺镇伏之。"来自泥婆罗的墀尊公主建造大昭寺需要考察地形，便派女仆携带金粉一升，去找文成公主，"指示建造我的神殿之地形"，于是，文成公主利用来自中原的"五行算图"和"八卦"理论组合而成的"博塘"术对吐蕃地形进行勘查，提出了驱鬼镇魔、破除不利地势的方法，寻找建寺的地址。文成公主"考察的地方为一百零八处，已了解的地方为七十二处，宝地有四十五处"，认为："吐蕃王土，地处仰卧之岩魔女身上"，"岩魔女之两臂、头、两胯、两肘、两膝盖及四肢等等，当需逐一建以镇压之神殿，即使不成，亦当施以铁橛"，"至于卧塘湖乃岩魔女之心血，系恶趣之门，故当除之，建以神殿"。①在此基础上修建了大昭寺和"十二镇边寺"等早期的寺院，以镇压魔女的身体。而这些风水、占卜等堪舆理论都来自唐都长安，在长安城的建设规划中已有应用，反映了唐都长安城对吐蕃逻些城早期建设的影响。日本奈良时期的都城平安京，其城市形制就直接模仿了唐长安城，其"'越田池和松林苑'、'大学寮'、'大安寺'、'东市和西市'、'十六坪'、'朱雀大路'、'罗城门'、'道路设施'、'朝堂'、'朱雀门'、'四禽叶图和三山作镇'等方面都与长安城中的'曲江池和西内苑'、'国子监'、'西明寺'、'东市和西市'、'十六区'、'朱雀大街'、'明德门'、'道路设施'、'朝堂'、'朱雀门'、'横亘六岗'等方面，存在着许多惊人的相同之处"。②上京龙泉府、逻些城、平城京等都城的建设及其城市形制、建筑景观等对唐都长安城的模仿，再加上政治、经济和文化上的频繁交流，反映了隋唐长安城对当时东亚城市的广泛影响，从而在7—8世纪诞生了东亚的都城时代。③

---

① 巴卧·祖拉陈瓦著，黄颢、周润年译注：《贤者喜宴：吐蕃史译注》，中央民族大学出版社，2010年，第64—65页。
② 王维坤：《日本平城京模仿隋唐长安城原型初探》，载《文博》1992年第3期，第35页。
③ ［日］妹尾达彦：《东亚都城时代的诞生》，见《唐史论丛》第14辑，第298—300页。

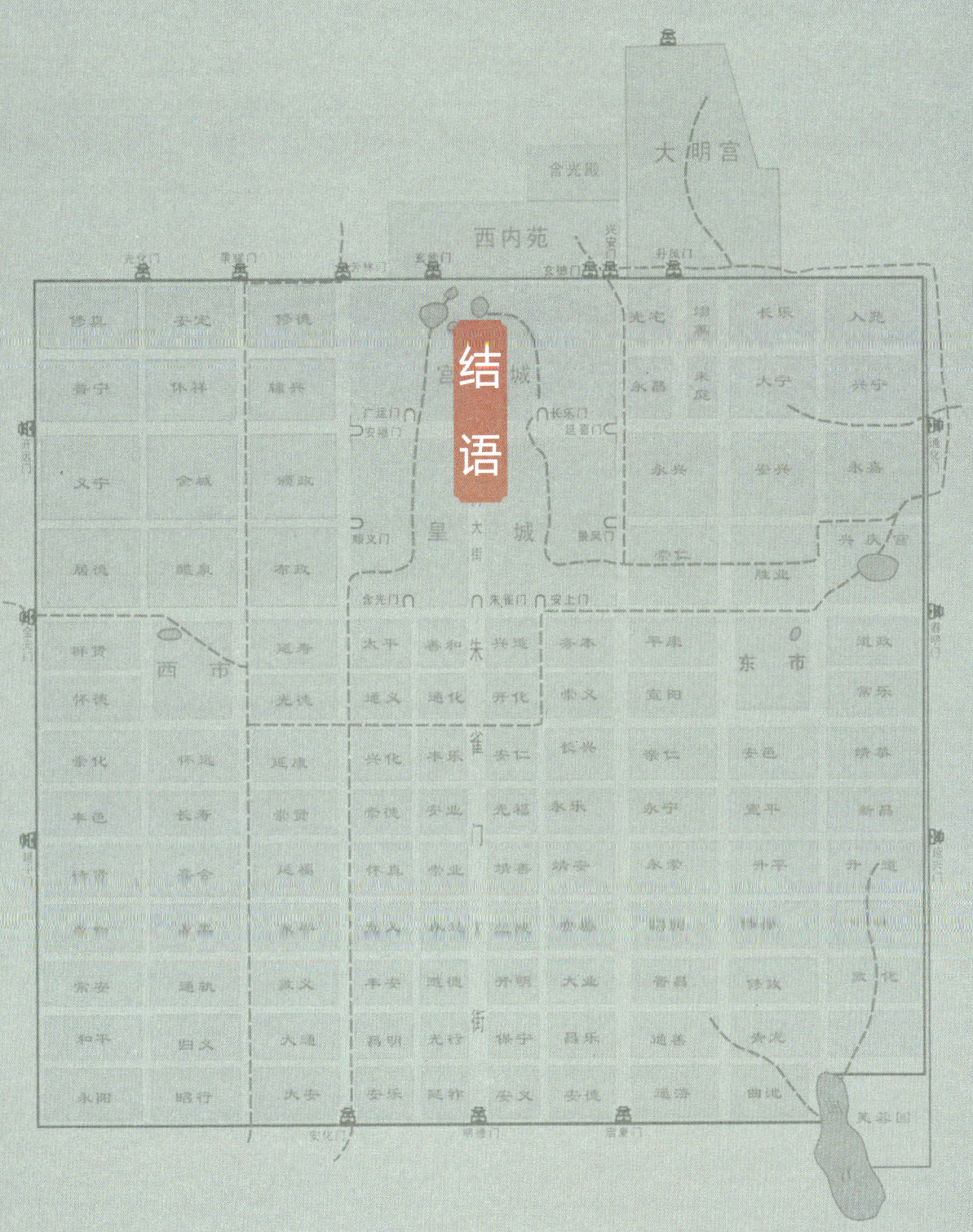

结语

城市是人类社会发展的产物，也是一个社会政治、经济和文化发展水平的集中体现。在隋唐三百余年的发展过程中，隋大兴城、唐长安城经历了一个兴起、发展、繁荣、衰落，直至最后毁灭的完整过程，为我们提供了一个观察中国古代城市生命发展周期的完整样板。前文我们根据历史文献和考古资料，在前人研究的基础上，对隋大兴城、唐长安城的兴衰过程进行了全面、细致和系统的研究，使我们对隋唐长安城有了全面的了解，也使我们对中国古代城市的发展历程有了深刻的认识。

一、隋朝定鼎　营建大兴

隋唐长安城的历史是从隋大兴城的兴建开始的，她是我国帝制时代兴建的一座具有典型意义的都市。隋文帝即位之后，有志于结束魏晋南北朝长期分裂的局面，实现全国的统一。鉴于汉长安城经历了七百八十余年的风雨沧桑，已经相当破败，不能满足新的大一统王朝都城的需要，遂下令在汉长安城东南二十里的龙首原上兴建了大兴城，作为新的国都。

隋大兴城是由杰出的建筑学家宇文恺规划设计的。宇文恺在规划大兴城前不仅系统地总结了先秦以来国都建设的理论，汲取了《周礼·考工记》礼制思想、《周易》象天法地思想和《管子》因地制宜思想的精华，而且对汉长安、汉魏洛阳城等前代都城的建筑规则进行了实地考察。在此基础上，利用龙首原的地形地貌，创造性地把皇宫、衙署与民居区分开来，按照天人合一、君臣有序的原则，将大兴城规划为城阙方正、道路平直的九宫格局，在中国城市规划史上写下了浓墨重彩的一笔。

为了大兴城建设的顺利，隋文帝组建了一个高规格的建设团队，左仆射高颎总揽全局，将作大匠刘龙、巨鹿郡公贺娄子干、太府少卿高龙义等负责具体的建设工程，调配了充足的人力、物力，因而大兴城的建设速度很快，仅用一年的时间就完成了。这座城市的总面积达80多平方公里，规模宏大，特色显明，充分显示了隋代城市建设的成就，成为中国古代都城中的一座丰碑。

二、规模宏大　特色显明

隋大兴城在历史上存在了三十五年，便被唐长安城取代。唐长安城是在隋大兴城的基础上形成的，与隋大兴城实际上是同一城市。

　　隋朝末年，大兴城落入李渊之手。大业十四年（公元618年），李渊建立唐朝，仍以大兴为都，改名"长安"。唐初长安城中的建置基本上因袭了隋朝之旧，没有进行大的改作。只是把大兴宫、大兴殿、大兴门、大兴县、大兴苑的名称分别改成了太极宫、太极殿、太极门、万年县、禁苑。从唐太宗时开始，才对长安城进行了一系列的维修和扩建。太宗贞观八年（公元634年），在宫城东侧北郭墙外增修了大明宫。高宗永徽五年（公元654年）重新修筑了长安城郭。玄宗开元二年（公元714年）修建了兴庆宫。十八年（公元730年）再次对长安城进行了修葺和扩建，使长安城比大兴城更加宏伟壮丽。

　　唐代长安是世界上规模最大的城市，面积达到了84平方公里，这比同时期世界上其他城市都要大得多。不仅如此，唐代长安还是当时世界上结构最好的城市。唐代长安城的结构与隋大兴城基本相同：城垣方正，街道平直，城内建筑以宫阙为主，呈东西对称状态。太极宫坐落在全城北部正中，体现出帝王至高无上的地位。皇太子居住的东宫和后妃居住的掖庭分布东西两侧，如同太极宫的两翼，反映了太子、后妃与帝王之间的特殊关系。皇城位于宫城之南，与太极宫紧紧相连，是帮助帝王治理天下的权力中心。外郭城则是官吏和百姓的生活区域。显然，宫城、皇城和外郭城的分布包含着深刻的哲学思想。宫城南面正中的承天门、皇城南面正中的朱雀门和外郭城南面正中的明德门恰成一条南北垂线，以承天门街和朱雀门街为中轴，将长安城分为东西两半。东部和西部各有一个县衙、一个市场和若干坊里。由于突出了对称的原则，因而各种建筑排列整齐有序，给人一种美的感受。

　　唐长安城的城门和街道也很有特点。城门分布在外郭城的四面，每面各有三座城门。南面三门：东为启夏门，正中明德门，西为安化门；东面三门：北为通化门，中为春明门，南为延兴门；北面三门：东为芳林门，中为景曜门，西为光化门；西面三门：北为开远门，中为金光门，南为延平门。十二座城门分东西南北遥相对应，除北面三门与禁苑相通、规模较小外，东、西、南三面九门均有高大的城门楼。明德门是长安城的正门，位于今西安市南郊杨家村西南。据考古实测，这座城门东西52.5米，南北16.5米，面积866.25平方米，在长安诸门中规模最大。其他各门面积大小不等，一般都在400平方米以上。城内街道很多。皇城中有五条南北向大街，七条东西向大街，纵横交错，将皇城划分为若干网格状地段。外郭城中有东西向大街十四条,南北向大街十一条。二十五条大街呈东西南北垂直分布,将外郭城划分为若干坊里。无论是皇城中的街道还是外郭城中的街道,都是宽广平直的大街。丹凤门街宽170多米,朱雀门街宽150米,其他与城门相通的大街,宽度也都在100米以上,最狭窄的顺城街,宽度也有20多米。街道两侧均有排水设施,并且进行了统一的绿化。所有这些,在中国古代都城中都是罕见的,反映出隋大兴城、唐长安城在中国古代城市建设史上的历史地位。

三、建筑精良　环境优美

唐都长安城的建筑种类极其繁多,无论是宫城、皇城还是外郭城,都有不少著名的建筑。太极宫、大明宫和兴庆宫是唐长安的三大宫殿群,被称为"三大内"。太极宫修建于隋朝,唐初被列为京师正宫,有"京大内"之称,因位置在大明宫西,又被称作"西内",是唐高祖李渊和唐太宗李世民处理天下大事的地方。该宫位于宫城中部,故址在今西安市北部,面积史书上没有明确的记载,考古实测东西1285米,南北1492米,面积约1.9平方公里,相当于明清故宫的2.7倍。宫中有太极殿、两仪殿、甘露殿、凌烟阁等殿阁亭院三十余所。大明宫在长安宫城的东北部,被称作"东内",是唐初新建的宫殿区。自高宗之后,历代皇帝多在此听政。该宫南宽北窄,略呈楔形,总面积约3.3平方公里,在三大宫殿群中规模最大。建筑布局以丹凤门、含元殿、宣政殿、紫宸殿和玄武门构成南北轴线,有四省、七阁、十院、二十六门、四十殿以及为数众多的楼台亭观,总计数量多达一百余处。含元殿异常高大、雄伟、豪华,是长安城中最杰出的建筑。含元殿前宽阔的广场和壮观的"龙尾道",常常是举行国家大典的地方。王维有"九天阊阖开宫殿,万国衣冠拜冕旒"的诗句,可见含元殿的确规模宏大,气势非凡。宣政殿及其附属建筑是皇帝听政和百官办公的行政中心。至于紫宸殿和延英殿也多与政治活动有关。兴庆宫在春明门内,因位于大明宫之南,被称作"南内"。此宫营建于盛唐时期,是唐玄宗开元、天宝年间的政治中心。兴庆宫中的建筑有殿、楼、亭、阁二十多所,亦多鬼斧神工,雄伟壮丽。宫殿多集中于北部,著名的宫殿有兴庆殿、大同殿、南薰殿等。南部为园林区,有勤政务本楼、花萼相辉楼和沉香亭等,此外,还有被称作"龙池"的小湖。可以说,"三大内"是唐长安城中最有代表性的建筑,都在一定程度上反映了唐代高超的建筑水平。

　　唐长安城不仅有高大雄伟的建筑，而且有不少景色宜人的园林。这些园林大体上可以分为官方园林、私人园林和寺院园林三种类型。官方园林除东内苑、西内苑和禁苑外，主要有曲江池和昆明池。曲江池位于长安城的东南隅，一半在城内，另一半在城外，面积约70万平方米，是唐代最有名的游览胜地。池中碧水荡漾，烟波明媚，岸上楼亭相望，垂柳成荫。每当春和景明或秋高气爽，都人游赏，络绎不绝，画舫彩舟，"倾动皇州"。进士及第，则设宴于曲江亭子，"曲江流饮""雁塔题名"，往往在朝野引起轰动。昆明池在汉代即享有盛誉，唐代经过重新整治，烟波浩渺，水天一色，景色更加优美。上自达官贵人，下至平民百姓，多喜来此观光。唐中宗时，安乐公主欲将昆明池据为己有，结果未能如愿，遂在昆明池东边开凿定昆池。定昆池"累石为山，以象华岳；引水为涧，以象天津"，广袤十余里，"穷天下之壮丽"。安乐公主被杀后，该池也成为"士女游观，车马填噎"的风景区。私人修建的园林景点很多。郭子仪、李晟、裴度等许多名人都在城内建有园林。这些园林规模相对较小，但小巧精美，结构奇特，往往以"山水"取胜。寺观中也多有园林，其中大慈恩寺、大荐福寺、兴福寺和玄都观中的园林影响最大。尽管这些园林并非都是开放园林，但都在一定程度上起到了美化城市的作用。

四　宫阙巍峨　功能齐备

　　城市为国家政权提供了天然的安全场所，隋唐两代的中央政权机构也大都集中在大兴城和长安城内。这里有国家决策机构中书省和门下省，有政令的执行机构——尚书省及下辖的吏、户、礼、兵、刑、工六部，有国家事务性机构宗正寺、太府寺、鸿胪寺、卫尉寺、太常寺、光禄寺、太仆寺、大理寺、司农寺等九寺和将作监、少府监、都水监、国子监、军器监等五监，以及专为皇帝服务的殿中省、秘书省和内侍省，有府兵的领导机构十六卫，有负责纠察官员不法行为的御史台，还有京兆府和长安、万年（隋称大兴）二县等地方机构的存在。在隋唐时期缺乏专门的城市管理机构的情况下，这些政府机构就成为城市管理活动的具体执行者。

　　隋大兴城、唐长安城内的各级政权机构之间职能不同，既有分工合作，又有相互监督。长安城市管理的重大事务和方针政策由宰相在政事堂（后称为"中书门下"）做出决策建议，报请皇帝做出最后裁决，再由中书省拟定诏书，门下省负责审驳，再经由尚书省六部或直接交由九寺、五监相关部门执行，或下发给京兆府和长安、万年二县等地方机构执行。此外，十六卫领导的府兵则负责保障长安城的安全和维持社会治安。御史台是对城市管理者非违行为的监察机构，中书省之右散骑常侍、右常侍、右补阙、右拾遗和门下省之左散骑常侍、左谏议大夫、左补阙、左拾遗等谏官亦负有监督官员之责。这样，隋大兴城、唐长安城就形成了中央机构和地方机构共治共管的双层管理模式。

在封建时代，专制皇帝是政治权力的核心，长安城内的各级政权机构因其性质和地位不同，与皇帝的空间距离也各不相同。中书省、门下省作为城市管理的中枢决策机构，距离皇帝最近，中书内省、门下内省本身就位于皇帝居住的太极宫或大明宫内，即使是中书外省和门下外省也是位于皇城北部靠近宫城的位置。而作为城市管理最高行政机关的尚书省以及所属的六部又位于中书外省和门下外省之南，至于国家事务性机构的九寺、五监更分布于皇城之南部，远离宫城。作为地方管理机构的京兆府和长安、万年二县则干脆被安置在外郭城，距离宫城就更远了。显而易见，与皇帝所在宫城的远近，反映了其在城市管理运行机制中的不同地位。各机构的职能不同，在城市管理中的作用亦不相同。

隋大兴城、唐长安城内聚集着各级政权机构，其密度之高远远领先于国内其他地区。尤其是各中央政治机构，其制定的各种政策、法令决定着王朝的兴衰，影响着长安城的社会发展。这些决定了隋唐两代长安城的政治空间的格局，反映了隋大兴城、唐长安城在全国独一无二的政治作用，突出了其作为都城的地位。

五、坊里密布　人才济济

在隋大兴城、唐长安城内，外郭城诸坊里占据了大部分的城市空间，是城市的主体，也是城市居民生活居住、生产的主要场所。隋唐三百余年间，随着城市的发展，这些坊里及其内部必然会有一定的变化。

关于城中坊的数目由隋代的一百零九坊，到唐初增加到一百一十一坊，由于开元时隆庆坊改为兴庆宫，永福坊被圈入禁苑改造为十六王宅，而最终又减为一百零九坊。在坊里内部建筑问题上,我们将万年、长安二县城内诸坊划分为宫城东西诸坊、皇城东西诸坊、皇城南朱雀门街东西两侧第一列诸坊、皇城南朱雀门街东西两侧第二列诸坊、皇城南朱雀门街东西两侧第三列诸坊、皇城南朱雀门街东西两侧第四列诸坊、皇城南朱雀门街东西两侧第五列诸坊等十四个区域,结合最新的考古资料分别对各坊的位置、规模以及坊内的佛寺、道观和居民宅第的变迁进行了细致的考证和辨析,补充了一些前史中未见的平民住宅,纠正了前人记载中出现的一些不当之处。如关于朱雀门街西第一列从北第一坊、第二坊,现存《长安志》此处脱文,清人徐松《唐两京城坊考》中推测第一坊为光禄坊、第二坊为殖业坊,此处考定应为善和坊和通化坊,并且指出朱雀门街以东第五列的修德坊应在朱雀门街西第三街,又在升道坊与立政坊之间补广德坊。同时对发生在各个坊里宅第中的故事进行梳理,丰富了对长安坊里居民生活的认识。

城郊乡里是长安城市发展不可或缺的组成部分,通过对隋大兴城、唐长安城城郊乡里的系统研究,考证出隋大兴县、唐万年县共出现过五十六个乡的名称,隋唐长安县有乡四十六个,并对这些乡的大致位置进行了大胆推断,考证了乡下辖的里。由此我们对隋大兴城、唐长安城郊的乡村社会有了较为系统的了解。

六、帝陵高大 气势雄伟

长安是帝都所在,曾是帝王的归宿之地。关中有一座隋陵和十八座唐代帝王陵墓,即隋文帝泰陵,唐高祖献陵、太宗昭陵、高宗武则天乾陵、中宗定陵、睿宗桥陵、玄宗泰陵、肃宗建陵、代宗元陵、德宗崇陵、顺宗丰陵、宪宗景陵、穆宗光陵、敬宗庄陵、文宗章陵、武宗端陵、宣宗贞陵、懿宗简陵、僖宗靖陵。

关中唐陵的修建可以分为两种类型:一种是堆土为陵,一种是因山为陵。昭陵、乾陵、定陵、桥陵、泰陵等大多数帝陵都是采用因山为陵的模式,把自然的山体作为陵丘,在山腰开凿地宫,修建陵园,这利用了自然山岳,显得高大、雄伟,很好地体现了帝王的宏大气派,而且还在一定的程度上能防止盗掘。只有庄陵、端陵和靖陵,仿效献陵,采用了堆土为陵的形式。

关中十八陵的范围大小不一,大者如昭陵和贞陵周长达60公里,小者如献陵仅10公里。北宋游师雄在《题唐太宗昭陵图》中曾经论述因山为陵的好处,他说:"自古帝王山陵……固不若唐代之因山也。昭陵之因九嵕，乾陵之因梁山，泰陵之因金粟，皆中峰特起，上摩烟霄，冈阜环抱，有龙蟠凤翥之状。民力省而形势雄，何秦汉之足道哉。"虽然关中唐陵有堆土为陵和因山为陵之分，各个陵墓的情况也有一定的差异，但每座陵墓都有地面建筑和地下宫殿，建筑风格基本上是一致的。

关中隋唐帝陵是隋唐帝国的缩影。尽管其地面建筑已荡然无存，但陵园中仍保存了大量的文物，包括陵园石刻及陵墓中大量的随葬品。这些遗迹和文物，在一定程度上反映了隋唐帝国的物质文明和精神文明。

七、居民生活　丰富多彩

人是城市社会的主体，城市居民的生产、生活活动是隋唐长安城市发展的根本动力。农业、手工业和商业构成了隋唐长安主要的生产活动。在农业方面，长安所在的关中地区拥有得天独厚的优越条件，形成了以粟、麦、稻为主的粮食作物种植和以桑、果蔬、花卉为主的经济作物种植的农业生产格局；在手工业方面，长安作为都城是各种官营手工业生产的主要集中地，并有一套严密的原料供应、人员管理和产品供应的管理制度，私营手工业主要是为供应市场、获取利润而生产，也有了进一步的发展；在商业方面，长安有以东、西二市为主的正规市场以及诸坊内的零散交易活动地点，而且长安作为丝绸之路的东方起点，不仅是当时国内贸易的中心，更是欧亚大陆上最重要的国际贸易中心。

衣食住行是人类生存发展的基本需求。隋唐长安上层社会的服饰一般分为冠服和常服两类。冠服是参加正式活动所穿的服装，包括朝服、公服、祭服，国家舆服制度也主要是对冠服的规定；常服又称便服，是人们日常所穿之衣，一般由幞头、袍衫、靴带组成。对于妇女而言，除服装以外，还有头饰、脸妆等。隋唐长安的服饰因所穿之人的政治地位不同而具有明显的等级色彩。另外，随着社会经济的发展，服饰有一个由朴到奢的趋势，受外来文化影响也特别明显，胡服盛行。隋唐时期，农业的发展、烹饪技术的进步促进了长安社会饮食的发展，长安社会宴饮成风，菜肴丰富，餐饮业发达，胡饼、汤饼、饆饠、蒸饼、馂子等外来食物也深受长安居民喜爱。隋唐长安的官僚宅第分布重心经历了一个由西到东的转移过程，来自西域的胡人宅第主要分布在街西西市周围诸坊，长安城西北角是胡人聚居区；长安城内的宅第规模因人的地位、财力不同而大小各异；除城内的豪宅外，许多贵族富人在城郊也有园林别业，城南终南山下环境优美，是城外别业的主要分布地区。由于隋唐中央集权强大，当时形成了以长安为中心的交通网络，发达的驿站、关隘构成这一交通网络的重要节点，通往全国各地，乃至中亚、西亚、东南亚等域外地区。隋唐长安人们出行的工具也多种多样，常见的有马、驴、犊车、檐子、步辇、兜笼等。

人们从事生产的根本目的就是满足其日益增长的生活需要，随着隋唐社会经济的发展和城市人口的增加，长安居民的社会生活也日益变得丰富多彩。手工业规模宏大，门类齐全，技术先进，而商业贸易尤为发达。东、西二市各占两坊之地，是长安城中的商业中心。东市"货财二百二十行，四面立邸，四方珍奇皆所积集"。西市也有二百二十行，其中衣肆、坟典肆、药材肆、绢行、帛行相当有名。这两个商业中心集中了全国乃至世界各地的产品，商贾云集，货物山积，交贸往还，充满生机。唐代长安的文化生活也是十分丰富的。长安城既是全国教育最发达的地方，同时也集中了一大批思想家、文学家、艺术家、科学家和宗教界人士。诗歌、散文、书法、绘画、音乐、舞蹈、杂技、体育各有名家，呈现出百花齐放的动人局面，创造了令人惊叹的精神文明。

八、供需关系　基本和谐

在唐代的鼎盛时期，长安城物华天宝，人文荟萃，呈现出欣欣向荣的景象。唐代长安城的人口众多，前后存在明显的波动。唐代前期长安有居民50万左右，中期增加到90万，后期又减少到70万。在人口数量、军制的变化以及统治集团用粮增加的共同影响下，整个唐代长安居民和长安政府的粮食需求量都有较大变化。唐前期长安城总需粮约390万石，其中长安政府就需要粮食263万石。唐中期长安总需粮737万石，长安中央政府的粮食需求量达400万石。唐后期长安需粮517万石，其中长安政府的粮食需求量达274万石。

唐都长安巨额的粮食消费，仅靠周边的关中地区供给粮食是不够的，不得不仰给于华北、江淮以及其他一些地区。有唐一代，长安所需粮食主要来自关中。关中之外，华北地区对长安的粮食输入明显分为两个阶段：安史之乱前，华北地区是长安城所需粮食的主要供应地；安史之乱后，华北地区输往长安的粮食急剧减少，有时甚至完全停运。江淮地区在唐前期漕运粮食进京较少，武则天统治时期漕运入京的数量随之增多，安史之乱后，江淮地区成了上供京师的主要粮食供应地。此外，巴蜀、河西与岭南地区也曾运粮到关中。

唐代长安人口繁多，粮食需求量大，即使有全国各地往长安输送粮食，但仍然很难满足长安人口的粮食需求。唐代前期的长安用粮大多数年份处于供不应求的局面。唐初十余年间，京师长安的粮食严重匮乏；贞观五年（公元631年）到高宗麟德年间，京师长安的粮食供应稍微好转；唐高宗乾封元年至睿宗延和元年（公元666—712年），社会粮荒再度发生。唐代中期长安的粮食供需总体上较唐代前期要好。唐玄宗开元前期长安的粮食供需基本上趋于平衡，开元末年至天宝时期的二十余年间，长安的粮食供给达到前所未有的盛况，供大于求，安史之乱结束了此前的良好局面。安史之乱后的一百四十多年间，长安政府缺粮成为正常现象，开元、天宝时期粮食盈屋的时代一去不复返了。唐后期长安的粮食供需矛盾愈来愈严重，长安下层平民常常脸有菜色，民生憔悴。粮食的短缺对唐后期政治产生了深刻的影响。

影响长安的粮食供应量的因素是非常复杂的，归纳起来就是自然灾害和战争动乱的影响。水旱灾害和其他自然灾害对粮食生产有着直接而广泛的影响。战争和动乱是影响长安粮食供应的主要社会因素，体现在破坏粮食的生产供给和影响粮食的正常流通方面。为尽可能满足长安的粮食需求，缓解粮食的供需矛盾，唐政府采取了一些措施，主要是大力发展关中地区经济以提高关中的粮食供应量和加大漕运的力度。此外，唐政府也采取过其他的一些应急措施，在很大程度上缓解了长安粮食的供需矛盾。

九、一代名都　毁于战乱

唐朝末期，长安一带发生了天翻地覆的变化。这种变化首先表现为长安城范围大大缩小。唐昭宗天祐元年（公元904年）正月，军阀朱温强迫唐昭宗迁都洛阳，令长安居民按籍迁居，毁坏了长安的宫室和民间庐舍，致使一代名都化为丘墟，两朝繁华，荡然无存。时人子兰在《悲长安》诗中写道："何事天时祸未回，生灵愁悴苦寒灰。岂知万顷繁华地，强半今为瓦砾堆。"韦庄在《长安旧里》中也说："满目墙匡春草深，伤时伤事更伤心。车轮马迹今何在，十二玉楼无处寻。"这些诗篇都形象地反映了当时长安城的残破景象。天祐元年（公元904年）三月，朱温以唐昭宗的名义，命佑国军节度使韩建镇守关中。韩建至长安，见长安城千疮百孔，残破不堪，已无法据守，遂对长安城进行了改建：去掉原来的宫城和外郭城，重新修建子城，也就是通常所说的皇城，封闭朱雀门、延喜门和安福门，在皇城的基础上建成"新城"，作为佑国军的治所，另在"新城"的东西两侧各建一座小城，作为长安、万年二县的治所。至此，长安城的惨景才有了一点改变。然而，由于唐以后中国古代经济重心的南移、长期战乱的破坏，关中地区的自然环境恶化，再也没有王朝在关中定都，长安城失去了国都的地位，中国古代政治中心逐渐东移。

十、遗存丰富　影响深远

作为一个繁盛时代的都城，隋大兴城、唐长安城的政治、经济和文化的发展都在中国城市史上具有重要的历史地位。作为都城，大兴城、长安城是隋唐帝王及主要官僚等政治人物的常居之地，也是隋唐三省六部、九寺五监等中央政治机构的常驻之地，更是隋唐全国性政治、经济和文化政策的策源地和重大事务的决策中心，也是隋唐时期政治活动最密集的地方。因而，可以说隋大兴城、唐长安城是当时当之无愧的全国性的政治中心。当然，由于王朝中央集权和长安政治、经济环境的变化，长安城作为政治中心的地位经历了一个由强到弱的变化过程，这也是整个中国政治中心变格的过程。随着隋唐两代对外交往的密切，处于丝绸之路东方起点的长安城也逐渐发展成为一个中外文化交流中心的国际化大都市。隋唐时期，长安与朝鲜半岛上的高丽、百济、新罗和日本，与东南亚诸国，与西域诸国，在使节来往、经济贸易交换、宗教文化交流等方面关系密切，这些交流不仅扩大了人们的视野，丰富了人们的生活，而且促进了彼此文明的共同进步，凸显了隋唐长安城作为全球化之前的一座国际化大都市在人类文明相互交往中的独特作用。隋唐长安城不仅是一个政治中心和中外文化交流的中心，而且在中外城市史上也具有鲜明的特色和深远的影响。在城市规模上，隋唐长安城面积达84平方公里，不仅远超中国历代都城，就是与当时世界其他国家的都城相比，它也是最大的城市，而且它的街道、建筑也是非常宽广宏伟的。隋大兴城、唐长安城的规划建设在中国都城建设史上具有鲜明的特点：在布局规划上，采用了"九宫格局"的模式；在规划思想上，继承了中国古代都城建设中象天法地和因地制宜的传统思想。以宇文恺等为代表的中国古代优秀建筑家们继承了传统优秀规划思想，同时又根据形势的发展和实际的地理环境，大胆创新，从而使隋唐长安城成为一座充满秩序的一代名都，更是中古时期我国都城建设集大成者。隋唐长安城作为中国封建社会前期中国古代优秀文化和丰富的营国建都经验集大成式的典范，对后代城市建设及周边国家的都城建设都有深远的影响。它所采用的东西对称、南北向的中轴线，宫城、皇城与居民区分离、集中分布在城市北部正中中轴线北端的规划布局模式，突出了封建皇权，适应了加强中央集权、巩固统一的需要，因而后来的宋之开封，元之大都，明、清之北京城都深受其影响；同时，隋唐长安城的建筑模式和城市管理制度也对当时其他国家的都城建设产生了广泛的影响，尤其是新罗的都城、日本的平城京、平安京，渤海国的上京龙泉府等城市都仿照唐朝京城长安的形制建造。

参考文献

[1] 朱金城. 白居易集笺校[M]. 上海：上海古籍出版社，1988.

[2] 班固. 汉书[M]. 北京：中华书局，1962.

[3] 毕沅. 关中胜迹图志[M]. 张沛，点校. 西安：三秦出版社，2004.

[4] 陈铁民，侯忠义. 岑参集校注[M]. 上海：上海古籍出版社，2004.

[5] 陈子昂. 陈子昂集[M]. 徐鹏，校. 北京：中华书局，1960.

[6] 陈垣. 道家金石略[M]. 陈智超，曾庆瑛，校补. 北京：文物出版社，1988.

[7] 陈鳣. 虎跸厂记[M]. 上海：商务印书馆，1939.

[8] 陈元龙. 格致镜原[M]. 清文渊阁《四库全书》本.

[9] 程大昌. 雍录[M]. 黄永年，点校. 北京：中华书局，2002.

[10] 程俊英，蒋见元. 诗经注析[M]. 北京：中华书局，1991.

[11] 崔令钦. 教坊记：外三种[M]. 吴企明，点校. 北京：中华书局，2012.

[12] 道宣. 续高僧传[M]. 郭绍林，点校. 北京：中华书局，2014.

[13] 董诰，等. 全唐文[M]. 北京：中华书局，1983.

[14] 辛德勇. 大业杂记辑校[M]. 西安：三秦出版社，2006.

[15] 萧涤非. 杜甫全集校注[M]. 北京：人民文学出版社，2014.

[16] 杜光庭. 道教灵验记[M]. 涵芬楼影印明正统间刻道藏本.

[17] 杜光庭. 神仙感遇传 [M]. 涵芬楼影印明正统间刻道藏本.

[18] 杜牧. 樊川文集 [M]. 上海：上海古籍出版社, 1978.

[19] 杜佑. 通典 [M]. 王文锦, 王永兴, 等点校. 北京：中华书局, 1988.

[20] 段安节. 乐府杂录 [M]. 吴企明, 点校. 北京：中华书局, 2012.

[21] 段成式. 酉阳杂俎 [M]. 方南生, 点校. 北京：中华书局, 1981.

[22] 端方. 陶斋臧石记 [M]. 石印本, 1909（清宣统元年）.

[23] 范摅. 云溪友议 [M]. 上海：古典文学出版社, 1957.

[24] 赵贞信. 封氏闻见记校注 [M]. 北京：中华书局, 2005.

[25] 冯贽. 云仙杂记 [M].《四部丛刊续编》景明本.

[26] 高承, 李果. 事物纪原 [M]. 金圆, 许沛藻, 点校. 北京：中华书局, 1989.

[27] 顾炎武. 历代宅京记 [M]. 北京：中华书局, 1984.

[28] 马其昶. 韩昌黎文集校注 [M]. 上海：上海古籍出版社, 1986.

[29] 河南省文物研究所, 河南省洛阳地区文管处. 千唐志斋藏志：上 [M]. 北京：文物出版社, 1984.

[30] 何清谷. 三辅黄图校释 [M]. 北京：中华书局, 2005.

[31] 王利器. 文镜秘府论校注 [M]. 北京：中国社会科学出版社, 1983.

[32] 洪迈. 容斋随笔 [M]. 上海：上海古籍出版社, 1978.

[33] 洪颐煊. 平津读碑记：三续 [M]. 刊本. 吴县：朱氏家塾, 1886（清光绪十二年）.

[34] 胡戟, 荣新江. 大唐西市博物馆藏墓志 [M]. 北京：北京大学出版社, 2012.

[35] 黄休复. 益州名画录 [M]. 何韫若, 林孔翼, 注. 成都：四川人民出版社, 1982.

[36] 慧立, 彦悰. 大慈恩寺三藏法师传 [M]. 孙毓棠, 谢方, 点校. 北京：中华书局, 2000.

[37] 江少虞. 宋朝事实类苑 [M]. 上海：上海古籍出版社, 1981.

[38] 朱封鳌. 妙法莲华经文句校释：下册 [M]. 北京：宗教文化出版社, 2000.

[39] 崔尔平. 广艺舟双楫注 [M]. 上海：上海书画出版社, 1981.

[40] 瞿蜕园, 朱金城. 李白集校注 [M]. 上海：上海古籍出版社, 1980.

[41] 李调元. 全五代诗 [M]. 清函海本.

[42] 李昉, 等. 文苑英华 [M]. 北京：中华书局, 1966.

［43］李昉，等. 太平广记［M］. 北京：中华书局，1961.

［44］李昉，等. 太平御览［M］. 北京：中华书局，1960.

［45］李复言. 续玄怪录［M］. 程毅中，点校. 北京：中华书局，1982.

［46］李吉甫. 元和郡县图志［M］. 贺次君，点校. 北京：中华书局，1983.

［47］李林甫，等. 唐六典［M］. 陈仲夫，点校. 北京：中华书局，2014.

［48］刘先廷. 太白阴经译注［M］. 北京：军事科学出版社，1996.

［49］李冗. 独异志［M］. 张永钦，侯志明，点校. 北京：中华书局，1983.

［50］贺次君. 括地志辑校［M］. 北京：中华书局，1980.

［51］李希泌. 曲石精庐藏唐墓志［M］. 济南：齐鲁书社，1986.

［52］李肇. 唐国史补［M］. 上海：上海古籍出版社，1979.

［53］李肇. 翰林志［M］. 清知不足斋丛书本.

［54］李延寿. 北史［M］. 北京：中华书局，1974.

［55］李攸. 宋朝事实［M］. 上海：商务印书馆，1935.

［56］黎翔凤. 管子校注［M］. 梁运华，整理. 北京：中华书局，2004.

［57］林宝. 元和姓纂：附四校记［M］. 岑仲勉，校记. 北京：中华书局，1994.

［58］令狐德棻，等. 周书［M］. 北京：中华书局，1971.

［59］刘轲. 牛羊日历［M］. 清《藕香零拾》本.

［60］刘庆柱. 三秦记辑注［M］. 西安：三秦出版社，2006.

［61］刘餗. 隋唐嘉话［M］. 程毅中，点校. 北京：中华书局，1979.

［62］刘肃. 大唐新语［M］. 许德楠，李鼎霞，点校. 北京：中华书局，1984.

［63］刘学锴，余恕诚. 李商隐文编年校注：第4册［M］. 北京：中华书局，2002.

［64］刘昫，等. 旧唐书［M］. 北京：中华书局，1975.

［65］刘禹锡. 刘禹锡集［M］. 《刘禹锡集》整理组，点校. 卞孝萱，校订. 北京：中华书局，1990.

［66］柳宗元. 柳河东集［M］. 上海：上海人民出版社，1974.

［67］陆心源. 唐文拾遗［M］. 影印本. 陆心源刻《潜园总集》本，1888（清光绪十四年）.

［68］陆增祥. 八琼室金石补正［M］. 北京：文物出版社，1985.

［69］陆贽. 陆贽集［M］. 王素，点校. 北京：中华书局，2006.

［70］陆耀遹. 金石续编［M］. 刊本. 毗陵：双白燕堂，1874（清同治十三年）.

[71] 陆游. 老学庵笔记［M］. 李剑雄，刘德权，点校. 北京：中华书局，1979.

[72] 罗振玉. 芒洛冢墓遗文［M］. 自刻本，1917（民国六年）.

[73] 罗振玉. 芒洛冢墓遗文续编［M］. 自刻本，1917（民国六年）.

[74] 罗振玉. 芒洛冢墓遗文四编［M］. 自刻本，1917（民国六年）.

[75] 吕温. 吕衡州文集［M］.《粤雅堂丛书》清咸丰伍崇曜校刊本.

[76] 骆天骧. 类编长安志［M］. 黄永年，点校. 西安：三秦出版社，2006.

[77] 洛阳市第二文物工作队. 洛阳新获墓志［M］. 北京：文物出版社，1996.

[78] 马端临. 文献通考［M］. 北京：中华书局，1986.

[79] 马缟. 中华古今注［M］. 吴企明，点校. 北京：中华书局，2012.

[80] 毛凤枝. 关中金石文字存逸考［M］. 清光绪间著者手定稿本.

[81] 韩泉欣. 孟郊集校注［M］. 杭州：浙江古籍出版社，1995.

[82] 中国印度见闻录［M］. 穆根来，汶江，黄倬汉，译. 北京：中华书局，1983.

[83] 南卓，等. 羯鼓录［M］. 上海：古典文学出版社，1957.

[84] 牛僧孺. 玄怪录［M］. 程毅中，点校. 北京：中华书局，1982.

[85] 欧阳修. 新五代史［M］. 北京：中华书局，1974.

[86] 欧阳修，宋祁. 新唐书［M］. 北京：中华书局，1975.

[87] 裴庭裕. 东观奏记［M］. 田廷柱，点校. 北京：中华书局，1994.

[88] 彭定求，等. 全唐诗［M］. 北京：中华书局，1960.

[89] 钱易. 南部新书［M］. 黄寿成，点校. 北京：中华书局，2002.

[90] 权德舆. 权德舆诗文集［M］. 郭广伟，校点. 上海：上海古籍出版社，2008.

[91] 仁井田陞. 唐令拾遗［M］. 栗劲，等编译. 长春：长春出版社，1989.

[92] 阮阅. 诗话总龟［M］. 周本淳，校点. 北京：人民文学出版社，1987.

[93] 上海古籍出版社. 唐五代笔记小说大观［M］. 上海：上海古籍出版社，2000.

[94] 司马光. 资治通鉴［M］. 北京：中华书局，2011.

[95] 司马迁. 史记［M］. 北京：中华书局，1959.

[96] 周叔迦，苏晋仁. 法苑珠林校注［M］. 北京：中华书局，2003.

[97] 释法琳. 辩正论［M］. 大正新修大藏经本.

[98] 宋敏求. 长安志［M］. 辛德勇，郎洁，点校. 西安：三秦出版社，2013.

[99] 宋敏求. 唐大诏令集［M］. 北京：中华书局，2008.

[100] 苏鹗. 杜阳杂编[M]//笔记小说大观：第1册. 扬州：江苏广陵古籍刻印社，1983.

[101] 苏轼. 苏轼文集[M]. 孔凡礼，点校. 北京：中华书局，1986.

[102] 孙光宪. 北梦琐言[M]. 贾二强，点校. 中华书局，2002.

[103] 孙希旦. 礼记集解[M]. 沈啸寰，王星贤，点校. 北京：中华书局，1989.

[104] 唐临. 冥报记[M]. 方诗铭，辑校. 北京：中华书局，1992.

[105] 汤垕. 画鉴[M]. 明万历程氏丛刻本.

[106] 陶穀. 清异录[M]. 民国景明宝颜堂秘笈本.

[107] 天一阁博物馆，中国社会科学院历史研究所天圣令整理课题组. 天一阁藏明钞本天圣令校证：附唐令复原研究[M]. 北京：中华书局，2006.

[108] 脱脱，等. 宋史[M]. 北京：中华书局，1977.

[109] 王昶. 金石萃编[M]. 北京：北京市中国书店，1985.

[110] 周勋初. 唐语林校证[M]. 北京：中华书局，1987.

[111] 姜汉椿. 唐摭言校注[M]. 上海：上海社会科学院出版社，2003.

[112] 王夫之. 读通鉴论[M]. 北京：中华书局，1975.

[113] 王溥. 唐会要[M]. 上海：上海古籍出版社，2006.

[114] 中敕. 大唐开元礼[M]. 北京：民族出版社，2000.

[115] 王其祎，周晓薇. 隋代墓志铭汇考[M]. 北京：线装书局，2007.

[116] 王钦若，等. 册府元龟[M]. 北京：中华书局，1960.

[117] 王仁裕. 开元天宝遗事[M]. 曾贻芬，点校. 北京：中华书局，2006.

[118] 陈铁民. 王维集校注[M]. 北京：中华书局，1997.

[119] 王仲镛. 唐诗纪事校笺[M]. 成都：巴蜀书社，1989.

[120] 王仲荦. 敦煌石室地志残卷考释[M]. 郑宜秀，整理. 上海：上海古籍出版社，1993.

[121] 王应麟. 玉海[M]. 南京：江苏古籍出版社，1987.

[122] 王言. 金石萃编补略[M]. 刊本，1882（清光绪八年）.

[123] 魏徵，等. 隋书[M]. 北京：中华书局，1973.

[124] 辛德勇. 两京新记辑校[M]. 西安：三秦出版社，2006.

[125] 聂安福. 韦庄集笺注[M]. 上海：上海古籍出版社，2002.

[126] 陶敏，王友胜. 韦应物集校注[M]. 上海：上海古籍出版社，1998.

[127] 温大雅. 大唐创业起居注[M]. 李季平, 李锡厚, 点校. 上海: 上海古籍出版社, 1983.

[128] 翁柽, 宋联奎. 咸宁长安两县续志[M]. 台北: 成文出版社有限公司, 1969.

[129] 谢保成. 贞观政要集校[M]. 北京: 中华书局, 2003.

[130] 吴式芳. 历代碑石丛书: 金石汇目分编[M]. 南京: 江苏古籍出版社, 1998.

[131] 吴钢. 全唐文补遗: 第1辑-第7辑[M]. 西安: 三秦出版社, 1994-2000.

[132] 吴钢. 全唐文补遗: 千唐志斋新藏专辑[M]. 西安: 三秦出版社, 2006.

[133] 吴钢. 隋唐五代墓志汇编: 陕西卷[M]. 天津: 天津古籍出版社, 1991.

[134] 武树善. 陕西金石志[M].《续修陕西通志稿》排印本, 1934 (民国二十三年).

[135] 谢维新. 事类备要: 别集[M]. 清文渊阁《四库全书》本.

[136] 许敬宗. 日藏弘仁本文馆词林校证[M]. 罗国威, 整理. 北京: 中华书局, 2001.

[137] 徐坚, 等. 初学记[M]. 北京: 中华书局, 1962.

[138] 徐松. 唐两京城坊考[M]. 张穆, 校补. 方严, 点校. 北京: 中华书局, 1985.

[139] 薛居正, 等. 旧五代史[M]. 北京: 中华书局, 1976.

[140] 薛用弱. 集异记[M]. 北京: 中华书局, 1980.

[141] 赞宁. 宋高僧传[M]. 范祥雍, 点校. 北京: 中华书局, 1987.

[142] 赵道一. 历世真仙体道通鉴[M]. 明正统道藏本.

[143] 赵君平, 赵文成. 秦晋豫新出土墓志蒐佚[M]. 北京: 国家图书馆出版社. 2011.

[144] 赵力光. 西安碑林博物馆新藏墓志汇编[M]. 北京: 线装书局, 2007.

[145] 李肇. 唐国史补[M]. 上海: 上海古籍出版社, 1979.

[146] 金文明. 金石录校证[M]. 上海: 上海书画出版社, 1985.

[147] 王树民. 廿二史劄记校证[M]. 北京: 中华书局, 1984.

[148] 赵彦卫. 云麓漫钞[M]. 傅根清, 点校. 北京: 中华书局, 1996.

[149] 长孙无忌, 等. 唐律疏议[M]. 刘俊文, 点校. 北京: 中华书局, 1983.

[150] 张聪贤. 长安县志[M]. 董曾臣, 等纂. 台北: 成文出版社有限公司, 1969.

[151] 张读. 宣室志[M]. 北京: 中华书局, 1983.

[152] 熊飞. 张九龄集校注[M]. 北京: 中华书局, 2008.

[153] 史念海, 曹尔琴. 游城南记校注[M]. 西安: 三秦出版社, 2003.

[154] 张沛. 昭陵碑石[M]. 西安: 三秦出版社, 1993.

[155] 张溥. 汉魏六朝百三家集[M]. 重刻本. [出版地不详]：信述堂，1879（清光绪五年）.

[156] 张君房. 云笈七签[M]. 蒋力生，等校注. 北京：华夏出版社，1996.

[157] 张锡厚. 王梵志诗校辑[M]. 北京：中华书局，1983.

[158] 张鷟. 朝野佥载[M]. 赵守俨，点校. 北京：中华书局，1979.

[159] 张彦远. 历代名画记[M]. 俞剑华，注释. 上海：上海人民美术出版社，1964.

[160] 张彦远. 法书要录[M]. 洪丕谟，点校. 上海：上海书画出版社，1986.

[161] 郑处诲. 明皇杂录[M]. 田廷柱，点校. 北京：中华书局，1994.

[162] 郑樵. 通志[M]. 北京：中华书局，1987.

[163] 王仁裕，等. 开元天宝遗事十种[M]. 丁如明，辑校. 上海：上海古籍出版社，1985.

[164] 释道法. 佛祖统纪校注[M]. 上海：上海古籍出版社，2012.

[165] 钟辂. 前定录[M]. 北京：中华书局，1991.

[166] 周生春. 吴越春秋辑校汇考[M]. 上海：上海古籍出版社，1997.

[167] 周绍良. 唐代墓志汇编[M]. 上海：上海古籍出版社，1992.

[168] 周绍良，赵超. 唐代墓志汇编续集[M]. 上海：上海古籍出版社，2001.

[169] 朱景玄. 唐朝名画录[M]. 清文渊阁《四库全书》本.

[170] 颜真卿. 颜鲁公集[M]. 上海：上海古籍出版社，1992.

[171] 杨仕朗，赵小林. 洛阳新出土墓志释录[M]. 北京：北京图书馆出版社，2004.

[172] 姚宽. 西溪丛语[M]. 孔凡礼，点校. 北京：中华书局，1993.

[173] 姚汝能. 安禄山事迹[M]. 曾贻芬，点校. 北京：中华书局，2006.

[174] 叶梦得. 石林燕语[M]. 宇文绍奕，考异. 侯忠义，点校. 北京：中华书局，1984.

[175] 叶廷珪. 海录碎事[M]. 李之亮，校点. 北京：中华书局，2002.

[176] 潘运告. 宣和画谱[M]. 岳仁，译注. 长沙：湖南美术出版社，1999.

[177] 潘运告. 宣和书谱[M]. 桂第子，译注. 长沙：湖南美术出版社，1999.

[178] 沈青崖. （雍正）陕西通志：第5册[M]. 兰州：兰州古籍书店，1990.

[179] 圆仁. 入唐求法巡礼行记[M]. 顾承甫，何泉达，点校. 上海：上海古籍出版社，1986.

[180] 白化文，李鼎霞. 行历抄校注[M]. 石家庄：花山文艺出版社，2004.

［181］元稹. 元稹集［M］. 冀勤, 点校. 北京: 中华书局, 1982.

［182］乐史. 杨太真外传［M］//王仁裕, 等. 开元天宝遗事十种. 丁如明, 辑校. 上海: 上海古籍出版社, 1985.

［183］乐史. 太平寰宇记［M］. 王文楚, 等点校. 北京: 中华书局, 2007.

［184］拜根兴, 樊英峰. 永泰公主与永泰公主墓［M］. 西安: 三秦出版社, 2004.

［185］岑仲勉. 岑仲勉史学论文集［M］. 北京: 中华书局, 1990.

［186］岑仲勉. 隋唐史［M］. 北京: 中华书局, 1982.

［187］陈安利. 唐十八陵［M］. 北京: 中国青年出版社, 2001.

［188］陈绶祥. 隋唐绘画史［M］. 北京: 人民美术出版社, 2001.

［189］陈寅恪. 隋唐制度渊源略论稿；唐代政治史述论稿［M］. 北京: 商务印书馆, 2011.

［190］程喜霖. 唐代过所研究［M］. 北京: 中华书局, 2000.

［191］冻国栋. 中国人口史: 第2卷 隋唐五代时期［M］. 上海: 复旦大学出版社, 2002.

［192］杜文玉. 大明宫研究［M］. 北京: 中国社会科学出版社, 2015.

［193］樊英峰, 王双怀. 线条艺术的遗产: 唐乾陵陪葬墓石椁线刻画［M］. 北京: 文物出版社, 2013.

［194］费省. 唐代人口地理［M］. 西安: 西北大学出版社, 1996.

［195］傅璇琮. 唐人选唐诗新编［M］. 西安: 陕西人民教育出版社, 1996.

［196］甘怀真. 唐代家庙礼制研究［M］. 台北: 台湾商务印书馆股份有限公司, 1991.

［197］勾利军. 唐代东都分司官研究［M］. 上海: 上海古籍出版社, 2007.

［198］谷霁光. 府兵制度考释［M］. 北京: 中华书局, 2011.

［199］国家文物局. 2009中国重要考古发现［M］. 北京: 文物出版社, 2010.

［200］郭沫若. 李白与杜甫［M］. 北京: 人民文学出版社, 1971.

［201］韩香. 隋唐长安与中亚文明［M］. 北京: 中国社会科学出版社, 2006.

［202］黄景略, 叶学明. 中国历代帝王陵墓［M］. 北京: 商务印书馆, 1998.

［203］黄永年, 贾宪保. 唐史史料学［M］. 西安: 陕西师范大学出版社, 1989.

［204］黄正建. 唐代衣食住行研究［M］. 北京: 首都师范大学出版社, 1998.

［205］黄宗智. 经验与理论: 中国社会、经济与法律的实践历史研究［M］. 北京: 中国人民大学出版社, 2007.

［206］贾二强. 唐宋民间信仰［M］. 福州: 福建人民出版社, 2002.

［207］姜波. 汉唐都城礼制建筑研究［M］. 北京：文物出版社，2003.

［208］李浩. 唐代园林别业考论［M］. 修订版. 西安：西北大学出版社，1996.

［209］李健超. 增订唐两京城坊考［M］. 修订版. 西安：三秦出版社，2006.

［210］李锦绣. 唐代财政史稿［M］. 北京：北京大学出版社，1995.

［211］李令福，李元，耿占军. 曲江文史宝典［M］. 西安：陕西人民美术出版社，2004.

［212］黎虎. 汉唐外交制度史［M］. 兰州：兰州大学出版社，1998.

［213］林悟殊. 摩尼教及其东渐［M］. 北京：中华书局，1987.

［214］刘敦桢. 中国古代建筑史［M］. 2版. 北京：中国建筑工业出版社，1984.

［215］刘向阳. 唐代帝王陵墓［M］. 西安：三秦出版社，2006.

［216］龚国强. 隋唐长安城佛寺研究［M］. 北京：文物出版社，2006.

［217］罗哲文，罗扬. 中国历代帝王陵寝［M］. 上海：上海文化出版社，1984.

［218］马俊民，王世平. 唐代马政［M］. 西安：西北大学出版社，1995.

［219］马良怀. 士人　皇帝　宦官［M］. 长沙：岳麓书社，2003.

［220］秦浩. 隋唐考古［M］. 南京：南京大学出版社，1992.

［221］饶宗颐. 饶宗颐史学论著选［M］. 上海：上海古籍出版社，1993.

［222］人民美术出版社. 唐永泰公主墓壁画集［M］. 北京：人民美术出版社，1963.

［223］荣新江. 中古中国与外来文明［M］. 北京：生活·读书·新知三联书店，2001.

［224］荣新江. 归义军史研究：唐宋时代敦煌历史考索［M］. 上海：上海古籍出版社，1996.

［225］陕西省博物馆，陕西省文物管理委员会. 唐李贤墓壁画［M］. 北京：文物出版社，1974.

［226］陕西省博物馆，陕西省文物管理委员会. 唐李重润墓壁画［M］. 北京：文物出版社，1974.

［227］张鸿修. 唐墓壁画集锦［M］. 西安：陕西人民美术出版社，1991.

［228］陕西省地方志编纂委员会. 陕西省志：第75卷　黄帝陵志［M］. 西安：陕西人民出版社，2005.

［229］陕西省考古研究院. 唐长安醴泉坊三彩窑址［M］. 北京：文物出版社，2008.

［230］陕西省考古研究所. 唐惠庄太子李㧑墓发掘报告［M］. 北京：科学出版社，2004.

［231］陕西省考古研究所. 唐李宪墓发掘报告［M］. 北京：科学出版社，2005.

[232] 陕西省考古研究院. 唐嗣虢王李邕墓发掘报告［M］. 北京：科学出版社，2012.

[233] 史念海. 河山集［M］. 北京：生活·读书·新知三联书店，1963.

[234] 史念海. 中国古都和文化［M］. 北京：中华书局，1998.

[235] 史念海. 唐代历史地理研究［M］. 北京：中国社会科学出版社，1998.

[236] 孙中家，林黎明. 中国帝王陵寝［M］. 哈尔滨：黑龙江人民出版社，1987.

[237] 唐长孺. 魏晋南北朝史论拾遗［M］. 北京：中华书局，1983.

[238] 陶敏. 全唐诗人名汇考［M］. 沈阳：辽海出版社，2006.

[239] 周晓薇，王其祎. 片石千秋：隋代墓志铭与隋代历史文化［M］. 北京：科学出版社，2014.

[240] 王双怀. 荒冢残阳：唐代帝陵研究［M］. 西安：陕西人民教育出版社，2000.

[241] 王双怀. 陕西帝王陵［M］. 西安：西安出版社，2010.

[242] 王双怀. 古史新探［M］. 西安：陕西人民出版社，2013.

[243] 王永兴. 唐勾检制研究［M］. 上海：上海古籍出版社，1991.

[244] 闻一多. 唐诗杂论［M］. 上海：上海古籍出版社，2006.

[245] 乌丙安. 中国民俗学［M］. 沈阳：辽宁大学出版社，1985.

[246] 吴宏岐. 西安历史地理研究［M］. 西安：西安地图出版社，2006.

[247] 吴慧. 中国历代粮食亩产研究［M］. 北京：农业出版社，1985.

[248] 吴汝煜，胡可先. 全唐诗人名考［M］. 南京：江苏教育出版社，1990.

[249] 吴宗国. 中国古代官僚政治制度研究［M］. 北京：北京大学出版社，2004.

[250] 武安隆. 遣唐使［M］. 哈尔滨：黑龙江人民出版社，1985.

[251] 武伯纶. 古城集［M］. 西安：三秦出版社，1987.

[252] 肖爱玲，等. 隋唐长安城［M］. 西安：西安出版社，2008.

[253] 夏承焘. 月轮山词论集［M］. 北京：中华书局，1979.

[254] 向达. 唐代长安与西域文明［M］. 北京：商务印书馆，2015.

[255] 辛德勇. 隋唐两京丛考［M］. 西安：三秦出版社，1991.

[256] 薛平拴. 陕西历史人口地理［M］. 北京：人民出版社，2001.

[257] 薛平拴. 长安商业［M］. 西安：西安出版社，2005.

[258] 赵文润. 隋唐文化史［M］. 西安：陕西师范大学出版社，1992.

[259] 张弓. 唐朝仓廪制度初探［M］. 北京：中华书局，1986.

[260] 张宏梅. 唐代的节日与风俗 [M]. 太原：山西人民出版社，2010.

[261] 张鸿修. 中国唐墓壁画集 [M]. 广州：岭南美术出版社，1995.

[262] 张荣芳. 唐代京兆尹研究 [M]. 台北：台湾学生书局，1987.

[263] 张泽咸. 唐五代赋役史草 [M]. 北京：中华书局，1986.

[264] 张永禄. 唐都长安 [M]. 西安：西北大学出版社，1987.

[265] 中国科学院考古研究所. 西安郊区隋唐墓 [M]. 北京：科学出版社，1966.

[266] 中国科学院考古研究所. 唐长安大明宫 [M]. 北京：科学出版社，1959.

[267] 中国社会科学院考古研究所. 唐长安城郊隋唐墓 [M]. 北京：文物出版社，1980.

[268] 中国文物研究所，陕西省古籍整理办公室. 新中国出土墓志·陕西〔二〕[M]. 北京：文物出版社，2003.

[269] 朱士光，吴宏岐. 西安的历史变迁与发展 [M]. 西安：西安出版社，2003.

[270] 严耕望. 唐代交通图考：第1卷 [M]. 台北："中央研究院"历史语言研究所，1985.

[271] 杨鸿年. 隋唐两京坊里谱 [M]. 上海：上海古籍出版社，1999.

[272] 杨鸿勋. 宫殿考古通论 [M]. 北京：紫禁城出版社，2001.

[273] 杨宽. 中国古代都城制度史研究 [M]. 上海：上海古籍出版社，1993.

[274] 杨宽. 中国古代陵寝制度史研究 [M]. 上海：上海古籍出版社，1985.

[275] 俞鹿年. 中国政治制度通史：第5卷 隋唐五代 [M]. 北京：人民出版社，1996.

[276] 余华青. 中国宦官制度史 [M]. 上海：上海人民出版社，1993.

[277] 袁刚. 中国古代政府机构设置沿革 [M]. 哈尔滨：黑龙江人民出版社，2003.

[278] 陈祚龙. 敦煌资料考屑 [M]. 台北：台湾商务印书馆，1979.

[279] 安家瑶. 唐长安西明寺遗址的考古发现 [M]//荣新江. 唐研究：第6卷. 北京：北京大学出版社，2000.

[280] 安家瑶. 西安隋唐圜丘的考古发现 [J]. 文物天地，2001（1）.

[281] 拜根兴. 新公布的在唐新罗人金日晟墓志考析 [M]//杜文玉. 唐史论丛：第17辑. 西安：陕西师范大学出版总社有限公司，2014.

[282] 保全. 唐重修内侍省碑出土记 [J]. 考古与文物，1983（4）.

[283] 毕波. 隋代大兴城的西域胡人及其聚居区的形成 [J]. 西域研究，2011（2）.

[284] 曹尔琴. 论唐代关中的农业 [J]. 中国历史地理论丛，1989（2）.

[285] 查明昊. 从唐五代功德使一职的变迁看宦官势力的消涨[J]. 宗教学研究, 2009（3）.

[286] 陈安利, 马骥. 西安新出唐志考释[J]. 文博, 1987（5）.

[287] 陈安利, 马骥. 西安西郊唐西昌县令夫人史氏墓[J]. 考古与文物, 1988（3）.

[288] 陈安利. 西安新出两方唐志考释[M]//西安碑林博物馆. 碑林集刊·1. 西安: 西北大学出版社, 1993.

[289] 陈立信. 赵冬曦墓志铭[J]. 中原文物, 1986（4）.

[290] 陈根远. 唐《韩秀实墓志》及其他[J]. 文博, 2010（4）.

[291] 陈明光. 唐代后期并存着两个户部司吗: 对《唐代户部使司与原户部司异同辨》的质疑[J]. 历史研究, 1992（6）.

[292] 陈全方. 两块唐墓志与唐末农民起义[J]. 考古与文物, 1983（2）.

[293] 陈雯. 论唐代大酺中的社会动员意义[M]//杜文玉. 唐史论丛:第11辑. 西安: 三秦出版社, 2009.

[294] 陈尊祥, 郭盼生. 唐李制墓志考释[M]//西安碑林博物馆. 碑林集刊: 3. 西安: 陕西人民美术出版社, 1995.

[295] 陈雁. 西安市雁塔区出土的唐墓志[J]. 文博, 1992（5）.

[296] 陈垣. 火祆教入中国考[J]. 国立北京大学国学季刊, 1923（1）.

[297] 程义. 隋唐长安辖县乡里考新补[J]. 中国历史地理论丛, 2006（4）.

[298] 崔庚浩, 王京阳. 唐纪国大长公主及夫郑沛墓志合考[M]//西安碑林博物馆. 碑林集刊: 6. 西安: 陕西人民美术出版社, 2000.

[299] 崔庚浩, 王京阳. 唐高陵县尉吴士平夫妻墓志考释[M]//陕西历史博物馆馆刊编辑部. 陕西历史博物馆馆刊: 第7辑. 西安: 三秦出版社, 2000.

[300] 崔庚浩, 王京阳. 唐李宁妻郑氏墓志简释[J]. 文博, 2001（1）.

[301] 董刚. 新见唐李誉墓志综考[J]. 浙江师范大学学报（社会科学版）, 2015（6）.

[302] 董理. 《陈临贺王国太妃墓志铭》考释[J]. 文博, 2001（5）.

[303] 窦培德, 罗宏才. 唐兴庆宫勤政务本楼花萼相辉楼复原初步研究: 下[J]. 文博, 2006（6）.

[304] 朴海斌. 唐《辛澄墓志铭》考释[M]//杜文玉. 唐史论丛: 第18辑. 西安: 陕西师范大学出版总社有限公司, 2014.

［305］杜梭.唐代户部使司与原户部司异同辨［J］.历史研究，1990（2）.

［306］杜文玉.唐代权阉杨玄价夫人党氏墓志铭考略［M］//杜文玉.唐史论丛：第14辑.西安：陕西师范大学出版总社有限公司，2012.

［307］杜文玉.论唐大明宫延英殿的功能与地位：以中枢决策及国家政治为中心［J］.山西大学学报（哲学社会科学版），2012（3）.

［308］樊波.新出唐《陆敬道墓志》疏证［M］//西安碑林博物馆.碑林集刊：11.西安：陕西人民美术出版社，2005.

［309］费省.唐代艺术家籍贯的地理分布［M］//史念海.唐史论丛：第4辑.西安：三秦出版社，1988.

［310］傅熹年.隋唐长安洛阳城规划手法的探讨［J］.文物，1995（3）.

［311］高慎涛.新出土唐邵炅墓志考释［J］.中国典籍与文化，2013（4）.

［312］高淑君.新见唐代吴郡陆氏墓志四种［J］.文献，2014（2）.

［313］葛承雍.唐代服装与长安气象［J］.文博，1988（4）.

［314］葛承雍.唐代长安一个粟特家庭的景教信仰［J］.历史研究，2001（3）.

［315］葛承雍.唐长安伊斯兰教传播质疑［J］.人文杂志，1996（6）.

［316］耿占军，马珺.《唐两京城坊考》校误五则［J］.中国历史地理论丛，1998（2）.

［317］耿占军，马珺.唐代长安城的球场［J］.唐都学刊，1998（4）.

［318］龚胜生.唐长安城薪炭供销的初步研究［J］.中国历史地理论丛，1991（3）.

［319］郭海文，赵文朵，贾娟娟.《大唐故寿光公主墓志铭并序》考释［M］//杜文玉.唐史论丛：第20辑.西安：三秦出版社，2015.

［320］郭桂坤.《唐萧儹墓志》考释：以仕途迁转为中心［J］.文献，2012（3）.

［321］郭茂育，赵振华.《唐张羲之夫人阿史那氏墓志》与胡汉联姻［J］.西域研究，2006（2）.

［322］郭茂育，赵振华.唐《史孝章墓志》研究［J］.中国边疆史地研究，2007（4）.

［323］寒石.《唐两京城坊考》增补质疑［J］.书品，2000（6）.

［324］韩保全.隋正觉寺遗址出土的石造像［J］.考古与文物，1987（6）.

［325］韩香.唐代长安中亚人的聚居及汉化［J］.民族研究，2000（3）.

［326］韩香.唐代长安的旅舍［M］//荣新江.唐研究：第15卷.北京：北京大学出版社，2009.

[327] 郝二旭. 敦煌曲辕犁新考 [J]. 敦煌研究, 2010 (2).

[328] 贺华. 读《杨玄略墓志》[M] //西安碑林博物馆. 碑林集刊: 4. 西安: 陕西人民美术出版社, 1996.

[329] 贺华. 唐《马及墓志》略考 [M] //陕西历史博物馆. 陕西历史博物馆馆刊: 第11辑. 西安: 三秦出版社, 2004.

[330] 贺梓城, 王仁波. 乾陵 [J]. 文物, 1982 (3).

[331] 何汝泉. 从会昌元年《中书门下奏》看唐后期户部的使职差遣 [J]. 中国社会经济史研究, 1994 (3).

[332] 何汝泉. 唐代户部使的产生 [J]. 历史研究, 1995 (3).

[333] 何遂. 唐故米国大首领米公墓志铭考 [J]. 国立北平图书馆馆刊, 1932 (2).

[334] 胡沧泽. 唐代御史台司法审判权的获得 [J]. 厦门大学学报 (哲社版), 1989 (3).

[335] 胡沧泽. 唐代御史台对财政经济工作的监督 [J]. 中国社会经济史研究, 1989 (4).

[336] 胡戟. 唐代粮食亩产量: 唐代农业经济述论之一 [J]. 西北大学学报 (哲学社会科学版), 1980 (3).

[337] 胡可先. 新出土唐代卢公亮夫妇墓志考疏 [J]. 浙江大学学报 (人文社会科学版), 2017 (1).

[338] 胡留元, 冯卓慧. 唐《御史台精舍碑》初探 [J]. 人文杂志, 1983 (2).

[339] 呼林贵, 刘合心, 徐涛. 唐智藏禅师舍利塔铭的发现及相关历史地理问题探索 [M] //西安碑林博物馆. 碑林集刊: 5. 西安: 陕西人民美术出版社, 1999.

[340] 黄寿成. 说唐代的东渭桥 [J]. 中国典籍与文化, 2003 (2).

[341] 黄永年. 述《类编长安志》[M] //中国古都学会. 中国古都研究: 第1辑. 杭州: 浙江人民出版社, 1985.

[342] 黄小芸. 西安新出土唐《郭文喜墓志》[M] //西安碑林博物馆. 碑林集刊: 9. 西安: 陕西人民美术出版社, 2003.

[343] 黄小芸. 新出土的唐《李元则墓志》考析 [M] //西安碑林博物馆. 碑林集刊: 12. 西安: 陕西人民美术出版社, 2007.

[344] 黄薇. 唐杨偁墓志考释 [M] //杜文玉. 唐史论丛: 第18辑. 西安: 陕西师范大学出版总社有限公司, 2014.

[345] 姜伯勤. 唐贞元、元和间礼的变迁: 兼论唐礼的变迁与敦煌元和书仪文书 [M] //敦

煌艺术宗教与礼乐文明：敦煌心史散论. 北京：中国社会科学出版社，1996.

[346] 姜宝莲，秦建明，梁小青. 西安新发现唐代《解君赵夫人墓志》[M]//西安碑林博物馆. 碑林集刊：10. 西安：陕西人民美术出版社，2004.

[347] 焦杰. 唐代道教女信徒的宗教活动及其生活：以墓志材料为中心[J]. 陕西师范大学学报（哲学社会科学版），2013（2）.

[348] 介永强. 关中唐代行宫考[J]. 中国历史地理论丛，2000（3）.

[349] 景亚鹂. 新见唐代宦官《杜英琦墓志》疏证[J]. 文博，2014（3）.

[350] 景亚鹂. 唐《梁守志墓志》考释[M]//杜文玉. 唐史论丛：第23辑. 西安：三秦出版社，2016.

[351] 康华全，王旭. 唐代御史台狱置废探析[J]. 河北师范大学学报（哲学社会科学版），2013（5）.

[352] 柯卓英，岳连建. 唐京兆府功曹参军庾承欢墓志考释[J]. 考古与文物，2006（3）.

[353] 雷闻. 被遗忘的皇妃：新见《唐故淑妃玉真观女道士杨尊师（真一）墓志铭》考释[J]. 华中师范大学学报（人文社会科学版），2016（1）.

[354] 李百进. 唐兴庆宫平面布局和勤政务本楼遗址复原研究[J]. 古建园林技术，1999（1）.

[355] 李子春. 隋郭荣碑考释[J]. 考古通讯，1957（1）.

[356] 李浩. 唐代园林别业杂考[J]. 中国历史地理论丛，1997（2）.

[357] 李慧，曹发展. 陕西杨陵区文管所四方唐墓志初探[J]. 考古与文物，2004（1）.

[358] 李惠芳. 传统岁时节日的形成及特点[J]. 武汉大学学报（哲学社会科学版），1994（5）.

[359] 李健超. 隋唐长安城实际寺遗址出土文物[J]. 考古，1988（4）.

[360] 李举纲. 长安高阳原出土唐班䂮及妻李氏墓志探考：对《元和姓纂》中"扶风平陵班氏"的几点补正[J]. 文博，2013（2）.

[361] 李举纲，贾梅. 唐《昊天观周尊师墓志铭》考释[J]. 考古与文物，2007（5）.

[362] 李文英，师小群. 唐普安公主及其夫郑何墓志合考[M]//陕西历史博物馆馆刊编辑部. 陕西历史博物馆馆刊：8. 西安：三秦出版社，2001.

[363] 李小勇，赵超，关宁. 新出《唐杨续墓志》考释[J]. 文博，2016（5）.

[364] 李孝聪. 论唐代后期华北三个区域中心城市的形成[M]//北京大学中国传统文

化研究中心. 北京大学百年国学文粹：史学卷. 北京：北京大学出版社，1998.

[365] 李献奇. 武周尔朱呆及夫人韦氏墓志考释[J]. 中原文物，1998（4）.

[366] 李献奇，乔栋. 唐郑夫人墓志考释：兼释《卢韬墓志》[J]. 中原文物，1995（4）.

[367] 李之勤. 西安古代户口数目评议[J]. 西北大学学报（哲学社会科学版），1984（2）.

[368] 李子春. 唐李憼碑考证[J]. 文物，1963（3）.

[369] 李宗俊，周正. 唐张茂宣墓志考释[J]. 中国边疆史地研究，2015（4）.

[370] 李域铮. 西安东郊出土唐许娭忠墓志[J]. 考古与文物，1985（6）.

[371] 李域铮. 长安县出土唐工部尚书杜公长女墓志[J]. 考古与文物，1988（4）.

[372] 黎虎. 唐代的酒肆及其经营方式[J]. 浙江学刊，1998（3）.

[373] 廖健琦. 试论唐代国子监在国家文化礼制建设中的作用[J]. 河南师范大学学报（哲学社会科学版），2005（1）.

[374] 梁子，程云霞. 何家村窖藏：制作机构及其世界性意义[J]. 西北大学学报（哲学社会科学版），2016（1）.

[375] 梁克敏. 寓居长安佛寺的唐代举子们[J]. 文史知识，2014（2）.

[376] 梁克敏. 隋唐时期皇帝巡幸洛阳探析[M]//樊英峰. 乾陵文化研究：8. 西安：三秦出版社，2014.

[377]《两京新记》读书班. 隋唐长安史地丛考[M]//荣新江. 唐研究：第9卷. 北京：北京大学出版社，2003.

[378] 林校生. 关于政治中心与中国政治史的初步思考[J]. 福州大学学报（哲学社会科学版），2012（2）.

[379] 林志华. 唐代江淮地区经济地位刍议[J]. 安徽大学学报（哲学社会科学版），1986（3）.

[380] 刘向阳. 乾陵唐杨再思墓碑简考[J]. 考古与文物，2010（4）.

[381] 刘向阳，李小勇. 新见《唐高惠墓志》考释[J]. 文博，2014（1）.

[382] 刘兴成. 隋大兴城官员贵族住宅"西密东疏"空间分布格局[M]//杜文玉. 唐史论丛：第21辑. 西安：三秦出版社，2015.

[383] 刘啸. 从门第到学问的转变：隋代秘书省官员的任职条件析论[J]. 福建师范大学学报（哲学社会科学版），2012（5）.

［384］刘志华.《唐双士洛夫妇墓志》考释［J］. 档案，2015（5）.

［385］刘志远. 雏议唐代"夜市"经济的雏形：鬼市［J］. 中北大学学报（社会科学版），2009（2）.

［386］刘玉峰. 唐朝官营工商业的经营管理［N］. 学习时报，2008-06-16（9）.

［387］刘玉峰. 试论唐代官府手工业的发展形态［J］. 首都师范大学学报（社会科学版），2001（5）.

［388］楼劲. 唐代的尚书省：寺监体制及其行政机制［J］. 兰州大学学报（社会科学版），1988（2）.

［389］鲁深. 初唐画家王定墓志铭［J］. 文物，1965（8）.

［390］卢兆荫. 何文哲墓志考释：兼谈隋唐时期在中国的中亚何国人［J］. 考古，1986（9）.

［391］洛阳市文物工作队. 唐睿宗贵妃豆卢氏墓发掘简报［J］. 文物，1995（8）.

［392］马得志，张正龄. 西安郊区三个唐墓的发掘简报［J］. 考古通讯，1958（1）.

［393］马得志. 唐大明宫发掘简报［J］. 考古，1959（6）.

［394］马得志. 唐长安兴庆宫发掘记［J］. 考古，1959（10）.

［395］马得志. 唐长安城发掘新收获［J］. 考古，1987（4）.

［396］马得志. 再论唐兴庆宫勤政务本楼的位置：兼与秦建明同志商榷［J］. 考古，1994（6）.

［397］中国社会科学院考古研究所西安唐城工作队. 唐长安城安定坊发掘记［J］. 考古，1989（4）.

［398］马骥. 西安新出柳书"唐回元观钟楼铭碑"［J］. 文博，1987（5）.

［399］马骥. 新发现的唐韦应物夫妇及子韦庆复夫妇墓志考［C］//西安碑林博物馆. 纪念西安碑林九百二十周年华诞国际学术研讨会论文集. 北京：文物出版社，2008.

［400］马洪路. 唐何少直墓志铭考释［J］. 考古与文物，1990（3）.

［401］马正林. 唐长安城总体布局的地理特征［M］//中国地理学会历史地理专业委员会，《历史地理》编辑委员会. 历史地理：第3辑. 上海：上海人民出版社，1983.

［402］马志祥. 西安碑林新入藏《唐韦庶墓志》考释［J］. 文博，2011（4）.

［403］马咏钟. 新出两方唐志考略［J］. 文博，1998（4）.

［404］马咏钟，张安兴. 唐似先义逸墓志考释［M］//西安碑林博物馆. 碑林集刊：

3. 西安：陕西人民美术出版社，1995.

[405] 毛健. 唐御史台狱考述 [J]. 湖南社会科学, 2007 (2).

[406] 毛阳光. 新出土唐刘宪墓志疏证 [J]. 中原文物, 2013 (1).

[407] 毛阳光. 洛阳出土唐书家萧谅墓志及相关问题研究 [J]. 中原文物, 2016 (3).

[408] 倪丽烨. 唐牛浦墓志 [J]. 文博, 2002 (5).

[409] 宁笃学. 甘肃武威南营发现大唐武氏墓志 [J]. 考古与文物, 1981 (2).

[410] 牛红广. 唐郑易墓志考略 [J]. 中国国家博物馆馆刊, 2014 (4).

[411] 宁欣. 街：城市社会的舞台：以唐长安城为中心 [J]. 文史哲, 2006 (4).

[412] 庞怀靖. 读元师奖墓志 [J]. 文博, 1993 (5).

[413] 齐东方. 何家村遗宝的埋藏地点和年代 [J]. 考古与文物, 2003 (2).

[414] 强跃, 景亚鹏. 新见唐郭子仪侄孙郭镣夫妇墓志考释 [J]. 文博, 2014 (4).

[415] 秦建明. 唐兴庆宫勤政务本楼位置考 [J]. 考古, 1994 (2).

[416] 权敏. 新见《唐太常卿陇西公李宽碑》考释 [J]. 文博, 2016 (6).

[417] 任育才. 析论唐代中央官学教育的特性 [M] // 杜文玉. 唐史论丛：第11辑. 西安：三秦出版社, 2009.

[418] 荣新江. 一个入仕唐朝的波斯景教家族 [M] // 叶奕良. 伊朗学在中国论文集：第2集. 北京：北京大学出版社, 1998.

[419] 桑绍华. 西安南郊三爻村发现四座唐墓 [J]. 考古与文物, 1983 (3).

[420] 陕西省博物馆, 文管会钻探组. 唐长安城兴化坊遗址钻探简报 [J]. 文物, 1972 (1).

[421] 陕西省博物馆, 文管会革委会写作小组. 西安南郊何家村发现唐代窖藏文物 [J]. 文物, 1972 (1).

[422] 陕西省博物馆, 文管会. 唐李寿墓发掘简报 [J]. 文物, 1974 (9).

[423] 陕西省博物馆, 乾县文教局唐墓发掘组. 唐章怀太子墓发掘简报 [J]. 文物, 1972 (7).

[424] 陕西省考古研究所. 唐范孟容墓发掘简报 [J]. 考古与文物, 2005 (2).

[425] 陕西省考古研究所, 西安市文物保护考古所. 唐长安南郊韦慎名墓清理简报 [J]. 考古与文物, 2003 (6).

[426] 陕西省考古研究所, 西安市文物保护考古所. 唐孙承嗣夫妇墓发掘简报 [J].

考古与文物，2005（2）.

［427］陕西省考古研究院，西安市文物保护考古研究院.西安凤栖原唐郭仲文墓发掘简报［J］.文物，2012（10）.

［428］陕西省考古研究院.唐李倕墓发掘简报［J］.考古与文物，2015（6）.

［429］陕西省考古研究院.西安市长安区晚唐时期令狐家族墓葬发掘简报［J］.文博，2011（5）.

［430］陕西省文物管理委员会.唐长安城地基初步探测［J］.考古学报，1958（3）.

［431］陕西省文物管理委员会.长安县南里王村唐韦泂墓发掘记［J］.文物，1959（8）.

［432］陕西省文物管理委员会.西安西郊中堡村唐墓清理简报［J］.考古，1960（3）.

［433］陕西省文物管理委员会.唐乾陵勘查记［J］.文物，1960（4）.

［434］沈旸.唐长安国子监与长安城［J］.建筑师，2010（3）.

［435］史念海.开元天宝时期长安的文化［M］//史念海.唐史论丛：第1辑.西安：陕西人民出版社，1988.

［436］史念海.唐代长安外郭城街道及里坊的变迁［J］.中国历史地理论丛，1994（1）.

［437］史念海.唐长安城外龙首原上及其邻近的小原［J］.中国历史地理论丛，1997（2）.

［438］史念海.隋唐时期的交通与都会［M］//史念海.唐史论丛：第6辑.西安：陕西人民出版社，1995.

［439］史云贵.外朝化与边缘化：中国古代光禄勋研究：以秦汉魏晋为主体［J］.求索，2006（1）.

［440］宿白.隋唐长安城和洛阳城［J］.考古，1978（6）.

［441］宿白.西安地区唐墓壁画的布局和内容［J］.考古学报，1982（2）.

［442］孙昌武.唐代长安佛寺考［M］//荣新江.唐研究：第2卷.北京：北京大学出版社，1996.

［443］孙迟.唐李孟常碑：昭陵新发现碑刻介绍之四［J］.考古与文物，1985（5）.

［444］孙民柱.董仲舒墓址辨惑［J］.中国历史地理论丛，2000（3）.

［445］孙民柱.白居易与交大虾蟆陵［J］.西安交通大学学报（社会科学版），1999（2）.

［446］唐雯.由吏部到礼部：试探开元二十四年贡举考试改革的深层原因［J］.兰州学刊，2006（1）.

［447］唐华清宫考古队.唐华清宫汤池遗址第二期发掘简报［J］.文物，1991（9）.

[448] 王长启,张国柱,王蔚华.原唐长安城平康坊新发现陶窑遗址[J].考古与文物,2006(6).

[449] 王朝中.唐代安史乱后漕粮年运量骤降原因初探[J].中国社会经济史研究,1984(3).

[450] 王朝中.唐朝漕粮定量分析:兼论粮食问题同唐中央政权盛衰的关系[J].中国史研究,1988(3).

[451] 王连龙.百济人《祢军墓志》考论[J].社会科学战线,2011(7).

[452] 王连龙.跋唐杜佑妻李氏墓志[J].中国国家博物馆馆刊,2012(10).

[453] 王关成,刘占成,吴晓丛.《郑公墓志铭》及其史料价值[J].文博,1989(4).

[454] 王建国.略论隋唐长安禁苑的作用[J].三门峡职业技术学院学报,2009(1).

[455] 王静.唐代长安新昌坊的变迁:长安社会史研究之一[M]//荣新江.唐研究:第7卷.北京:北京大学出版社,2001.

[456] 王其祎,周晓薇.长安新出隋《秦僧伽暨妻徐氏墓志》小考:兼说北朝隋唐墓志中的"地主"一词[J].考古与文物,2013(6).

[457] 王其祎.西安东郊出土唐代《王顗墓志》疏证[J].考古与文物,2005(2).

[458] 王其祎.西安新出土《隋元世斌墓志》考证[J].文物,2001(8).

[459] 王赛时.唐代长安的酒品供应与饮酒氛围[J].扬州大学烹饪学报,2009(2).

[460] 王社教.隋唐长安城的选址及其内部结构的形成与原因[M]//中国古都学会.中国古都研究:第13辑.太原:山西人民出版社,1998.

[461] 王世平,朱捷元.西安东郊新发现的唐法津墓志及塔铭[C]//《考古与文物》编辑部.陕西省考古学会第一届年会论文集.西安:《考古与文物》编辑部,1983.

[462] 王双怀.论盛唐时期的水利建设[J].陕西师大学报(哲学社会科学版),1995(3).

[463] 王双怀.曲江风景区的环境变迁[J].西北大学学报(自然科学版),2000(6).

[464] 王双怀."天府之国"的演变[J].中国经济史研究,2009(1).

[465] 王素.唐代的御史台狱[M]//武汉大学历史系魏晋南北朝隋唐史研究室.魏晋南北朝隋唐史资料:第11辑.武汉:武汉大学出版社,1991.

[466] 王维坤.日本平城京模仿隋唐长安城原型初探[J].文博,1992(3).

[467] 王雪玲.新发现五种隋唐墓志考证[M]//西安碑林博物馆.碑林集刊:7.西

安：陕西人民美术出版社，2001.

［468］王自力. 西安唐代曹氏墓及出土的狮形香熏［J］. 文物，2002（12）.

［469］王政军. 唐代畜牧业领导机构太仆寺研究［J］. 农业考古，2016（4）.

［470］王怡然. 孟珏墓志考释：兼论唐末科举家族的仕宦与婚姻［J］. 山东师范大学学报（人文社会科学版），2015（3）.

［471］王永平. 论唐代的官邸饮膳管理［J］. 饮食文化研究，2005（3）.

［472］王永平. 论唐代道教内道场的设置［J］. 首都师范大学学报（社会科学版），1999（2）.

［473］王永平. 论道教法术与唐代民间信仰［J］. 首都师范大学学报（社会科学版），2003（6）.

［474］王育龙. 唐长安城东出土的康令恽等墓志跋［M］//荣新江. 唐研究：第6卷. 北京：北京大学出版社，2000.

［475］王育龙，程蕊萍. 陕西西安新出唐代墓志铭五则［M］//荣新江. 唐研究：第7卷. 北京：北京大学出版社，2001.

［476］王月华，岳绍辉. 唐李玄济墓志考略［M］//西安碑林博物馆. 碑林集刊：7. 西安：陕西人民美术出版社，2001.

［477］汪勃. 唐代两方墓志考［M］//陕西历史博物馆馆刊：第2辑. 西安：三秦出版社，1995.

［478］魏光. 何文哲墓志考略［J］. 西北史地，1984（3）.

［479］魏明孔. 唐代私营作坊手工业史管见［J］. 中国经济史研究，1998（2）.

［480］魏秋萍. 长安新出隋开皇十五年《元纶墓志》释读［J］. 考古与文物，2012（6）.

［481］温翠芳. 汉唐时代南海诸国香药入华史研究［J］. 贵州社会科学，2013（3）.

［482］吴宏岐. 隋唐时期关中地区的温暖气候及其影响［M］//史念海. 汉唐长安与关中平原. 西安：陕西师范大学中国历史地理研究所，1999.

［483］武伯纶. 白敏中墓志跋［J］. 文博，1990（2）.

［484］武伯纶. 唐万年、长安县乡里考［J］. 考古学报，1963（2）.

［485］西安市文物保护考古研究院. 唐代辅君夫人米氏墓清理简报［J］. 文博，2015（4）.

［486］西安市文物保护考古研究院. 唐代故济州司马郝君夫人达奚令婉墓发掘简报［J］. 文博，2013（4）.

［487］西安市文物保护考古研究院. 西安唐殿中侍御医蒋少卿及夫人宝手墓发掘简报［J］. 文物，2012（10）.

［488］西安市文物保护考古研究院. 唐郭仲恭及夫人金堂长公主墓发掘简报［J］. 文博，2013（2）.

［489］西安市文物保护考古研究院. 西安曲江缪家寨唐代杨筹墓发掘简报［J］. 文物，2016（7）.

［490］西安市文物保护考古所. 唐姚无陂墓发掘简报［J］. 文物，2002（12）.

［491］西安市文物保护考古所. 唐康文通墓发掘简报［J］. 文物，2004（1）.

［492］西安市文物保护考古研究院. 唐太府少卿郭锜夫妇墓发掘简报［J］. 文博，2014（2）.

［493］西安市文物管理委员会. 西安唐金乡县主墓清理简报［J］. 文物，1997（1）.

［494］夏鼐. 近年中国出土的萨珊朝文物［J］. 考古，1978（2）.

［495］辛德勇. 隋大兴城坊考稿［J］. 燕京学报，2009（2）.

［496］辛德勇. 唐长安都亭驿考辨：兼述今本《长安志》通化坊阙文［M］//史念海. 唐史论丛：第1辑. 西安：陕西人民出版社，1988.

［497］辛龙. 花萼相辉楼的功能性质研究［J］. 文博，2011（2）.

［498］徐畅. 唐万年、长安县乡里村考订补［M］//杜文玉. 唐史论丛：第21辑. 西安：三秦出版社，2015.

［499］徐苹芳. 唐代两京的政治、经济和文化生活［J］. 考古，1982（6）.

［500］薛平拴. 唐代关中地区的自然灾害及其影响［J］. 陕西师范大学学报（哲学社会科学版），1998（4）.

［501］赵力光. 唐柳公权撰《柳憘憘墓志》考［J］. 文博，2003（3）.

［502］赵力光，王庆卫. 新见唐代郭晞夫妇墓志及其相关问题［M］//荣新江. 唐研究：第16卷. 北京：北京大学出版社，2010.

［503］赵望秦. "独柳树"地点考实［J］. 中国历史地理论丛，1999（1）.

［504］赵占锐，呼啸. 唐宰相韩休及夫人柳氏墓志考释［M］//杜文玉. 唐史论丛：第23辑. 西安：三秦出版社，2016.

［505］赵振华. 唐裴光庭墓志与武氏墓志研究［J］. 故宫博物院院刊，2016（1）.

［506］赵振华. 唐代少府监郑岩及其粟特人祖先［J］. 中国国家博物馆馆刊，2012（5）.

［507］赵振宇．试析隋唐绘画创作的地理分布［J］．美术观察，2010（1）．

［508］昭陵博物馆．唐安元寿夫妇墓发掘简报［J］．文物，1988（12）．

［509］张安兴，李雪芳．唐《史承式墓志》考释［J］．文博，2006（6）．

［510］张佳．唐长安城东市重要考古成果公布［N］．西安晚报，2015-11-19（4）．

［511］张萍．由唐墓志增补两京城坊宅第（一）［J］．中国历史地理论丛，2002（2）．

［512］张萍．唐长安官、私庙制及庙堂的地理分布［J］．中国历史地理论丛，2001（4）．

［513］张庆捷，张童心．唐代薛儆墓志考释［J］．文物季刊，1997（3）．

［514］张全民．《唐玄济先生墓志铭》与有关道教问题考略［M］//杜文玉．唐史论丛：第14辑．西安：陕西师范大学出版总社有限公司，2012．

［515］张荣强．初唐时期的江淮漕运［J］．中国社会科学院研究生院学报，2005（1）．

［516］张十庆．麟德殿"三面"说试析［J］．考古，1992（5）．

［517］张天虹．再论唐代长安人口的数量问题：兼评近15年来有关唐长安人口研究［J］．唐都学刊，2008（3）．

［518］张铁宁．唐华清宫汤池遗址建筑复原［J］．文物，1995（11）．

［519］张翔宇．唐洋州司马窦匪石墓志铭考略［J］．文博，2013（3）．

［520］张小丽．新出土唐代段斯立墓及墓志考［J］．中国国家博物馆馆刊，2016（9）．

［521］张占民，倪润安．唐郭嗣本与长孙四娘夫妇墓志考释［J］．文博，2013（4）．

［522］张雨．大理寺与唐代司法政务运行机制转型［J］．中国史研究，2016（4）．

［523］张蕴．唐包宁寿志铭考释［J］．考古与文物，1999（4）．

［524］张蕴．关于西安南郊毕原出土的韦氏墓志数方（二）：通直散骑常侍韦绚及妻［J］．考古与文物，2000（1）．

［525］郑洪春．西安东郊隋舍利墓清理简报［J］．考古与文物，1988（1）．

［526］郑旭东．唐韦玄晞墓志释读［J］．文博，2016（2）．

［527］郑岩．唐韩休墓壁画山水图刍议［J］．故宫博物院院刊，2015（5）．

［528］郑显文．唐代长安城人口百万说质疑［J］．人文杂志，1991（2）．

［529］中国科学院考古研究所西安唐城发掘队．唐代长安城考古纪略［J］．考古，1963（11）．

［530］中国科学院考古研究所西安唐城发掘队．唐长安城西市遗址发掘［J］．考古，1961（5）．

[531] 中国科学院考古研究所西安工作队. 唐代长安城明德门遗址发掘简报[J]. 考古，1974（1）.

[532] 中国社会科学院考古研究所西安唐城工作队. 唐大明宫含元殿遗址1995—1996年发掘报告[J]. 考古学报，1997（3）.

[533] 中国社会科学院考古研究所西安唐城工作队. 陕西西安唐长安城圜丘遗址的发掘[J]. 考古，2000（7）.

[534] 中国社会科学院考古研究所西安唐城队. 西安市唐长安城大明宫丹凤门遗址的发掘[J]. 考古，2006（7）.

[535] 中国社会科学院考古研究所汉长安城工作队. 西安市汉唐昆明池遗址的钻探与试掘简报[J]. 考古，2006（10）.

[536] 中国社会科学院考古研究所、日本独立行政法人文化财研究所奈良文化财研究所联合考古队. 西安市唐长安城大明宫太液池遗址[J]. 考古，2005（7）.

[537] 钟明善. 从《王翊元夫妇墓志铭》看李商隐的诗文与书法[J]. 西安交通大学学报（社会科学版），2011（4）.

[538] 王其祎，周晓薇. 国内城高氏：最早入唐的高句丽移民：新发现唐上元元年《泉府君夫人高提昔墓志》释读[J]. 陕西师范大学学报（哲学社会科学版），2013（3）.

[539] 周晓薇，王其祎. 新出隋墓志所见大兴城城郊地名释证三题[J]. 中国历史地理论丛，2016（4）.

[540] 周伟洲. 唐韩休墓"乐舞图"探析[J]. 考古与文物，2015（6）.

[541] 周伟洲. 隋唐长安与南海诸国的佛教文化交流[M]//周伟洲. 西北民族论丛：第2辑. 北京：中国社会科学出版社，2003.

[542] 朱玉麒. 隋唐文学人物与长安坊里空间[M]//荣新江. 唐研究：第9卷. 北京：北京大学出版社，2003.

[543] 陕西省文物管理委员会. 西安发现晚唐祆教徒的汉、婆罗钵文合璧墓志：唐苏谅妻马氏墓志[J]. 考古，1964（9）.

[544] 严耕望. 新罗留唐学生与僧徒[M]//严耕望. 唐史研究丛稿. 香港：新亚研究所，1969.

[545] 严耕望. 唐代长安人口数量之估测[M]//中国唐代学会. 第二届唐代文化研讨会

论文集.台北:台湾学生书局,1995.

[546] 严耀中.佛教戒律与唐代妇女家庭生活[J].学术月刊,2004(8).

[547] 阎文儒.唐米继芬墓志考释[J].西北民族研究,1989(2).

[548] 偃师商城博物馆.河南偃师唐墓发掘报告[J].华夏考古,1995(1).

[549] 颜娟英.唐长安七宝台石刻的再省思[M]//远望集:陕西省考古研究所华诞四十周纪念文集:下.西安:陕西人民美术出版社,1998.

[550] 杨际平.唐代尺步、亩制、亩产小议[J].中国社会经济史研究,1996(2).

[551] 杨军凯.隋唐长安城怀真坊坊名考[M]//荣新江.唐研究:第17卷.北京:北京大学出版社,2011.

[552] 杨军凯,陈昊.新出蒋少卿夫妇墓志与唐前期的蒋氏医官家族[M]//荣新江.唐研究:第17卷.北京:北京大学出版社,2011.

[553] 杨岐黄."唐韩休墓出土壁画学术研讨会"纪要[J].考古与文物,2014(6).

[554] 杨希义.唐延英殿补考[J].文博,1987(3).

[555] 杨鸿勋.唐长安大明宫含元殿复原研究报告(下):再论含元殿的形制[J].建筑学报,1998(10).

[556] 杨鸿勋.唐长安大明宫丹凤门复原研究[J].中国文物科学研究,2012(3).

[557] 雍际春.隋唐都城建设与六朝都城之关系[J].中国历史地理论丛,1997(2).

[558] 余蔚.浅谈唐中叶关中地区粮食供需状况:兼论关中衰弱之原因[J].中国农史,1999(1).

[559] 岳连建,柯卓英.唐京兆府功曹参军陕州欣夫人米氏墓志考释[J].华中与文物,2005(4).

[560] 池田温.中国古代写本识语集录[M].东京:东京大学东洋文化研究所,1990.

[561] 户崎哲彦.唐京兆府万年县乡里补考[J].中国历史地理论丛,2010(2).

[562] 冀朝鼎.中国历史上的基本经济区与水利事业的发展[M].朱诗鳌,译.北京:中国社会科学出版社,1981.

[563] 妹尾达彦.长安的都市规划[M].高兵兵,译.西安:三秦出版社,2012.

[564] 妹尾达彦.唐代长安东市的民间印刷业[M]//中国古都学会.中国古都研究:第13辑.太原:山西人民出版社,1998.

[565] 妹尾达彦.唐长安城的官人居住地[J].东洋史研究,1996,55(2).

[566] 妹尾达彦. 宇宙の都生活の都[J]. 月刊, 1996(9).

[567] 妹尾达彦. 唐都长安城的人口数与城内人口分布[M]//中国古都学会. 中国古都研究: 第12辑. 太原: 山西人民出版社, 1998.

[568] 外山军治. 唐长安的人口[J]. 学海, 1947, 4(5).

[569] 日野开二郎. 论唐代大都邑的户数规模: 以首都长安为中心[M]//日野开三郎东洋史学论集: 第13卷. 京都: 三一书房, 1993.

[570] 木宫泰彦. 中日交通史[M]. 陈捷, 译. 上海: 商务印书馆, 1931.

[571] 小野胜年. 中国隋唐长安寺院史料集成[M]. 京都: 法藏馆, 1989.

[572] 沟口雄三, 小岛毅. 中国的思维世界[M]. 孙歌, 等译. 南京: 江苏人民出版社, 2006.

[573] 足立喜六. 长安史迹研究[M]. 王双怀, 淡懿诚, 贾云, 译. 西安: 三秦出版社, 2003.

大事记

一、隋（公元581—618年）

开皇元年（公元581年）

· 二月甲子（十三），杨坚即皇帝位于长安临光殿，是为文帝，改元开皇，都长安，建立隋朝。

· 九月，重铸五铢钱，统一货币。

· 十月，颁行《开皇律》。

开皇二年（公元582年）

· 六月丙申（二三），文帝命左仆射高颎、将作大匠刘龙等于龙首原创造新都。

· 十一月丙午（初六），高丽遣使至长安朝贡，献方物。

· 十二月丙子（初六），文帝为新都定名大兴城。

开皇三年（公元583年）

· 正月庚子（初一），新都初成，大赦天下。

· 三月丙辰（十八），文帝以常服，正式入驻新都。

· 四月甲午（二六），突厥遣使至大兴城，前来朝贺。

· 五月乙巳（初八），后梁太子萧琮来贺迁都。丁未（初十），靺鞨遣使贡方物。

· 六月戊寅（十一），突厥遣使请和。

· 十二月庚辰（十六）[1]，陈遣散骑常侍周坟、通直散骑常侍袁彦

---

[1] 史书所记"十一月庚辰"有误，据《中华通历》研究，开皇三年十一月无庚辰日，"庚辰"日应为"十二月庚辰"即夏历"十六"日。

来聘。甲午（三十），改地方行政区划为州、县二级。

开皇四年（公元 584 年）

- 正月壬辰（二九），颁《开皇历》。
- 四月丁未（十五），文帝宴突厥、高丽、吐谷浑使者于大兴殿。
- 六月壬子（二一），命宇文恺开渠，自渭河至潼关黄河口，名曰广通渠。
- 八月甲午（初四），文帝遣十使巡省天下。
- 九月乙丑（初六），广通渠成，文帝幸灞水，观漕渠，赐督役者帛各有差。

开皇五年（公元 585 年）

- 正月戊辰（十一），文帝下诏，实行新礼。
- 五月甲申（二九），文帝下诏天下诸州置义仓。
- 七月壬午（二七），突厥沙钵略可汗上表向隋称臣。

开皇六年（公元 586 年）

- 正月甲子（十二），党项羌内附。庚午（十八），颁历于突厥。
- 二月丙戌（初五），文帝下制要求诸州刺史上佐每岁暮更入朝，上考课。
- 七月乙丑（十六），京师大兴雨毛，如马鬃尾，长者二尺余，短者六七寸。
- 八月辛卯（十三），关内七州旱，文帝免七州百姓赋税。

开皇七年（公元 587 年）

- 正月乙未（十九），文帝下制：诸州岁贡三人。
- 四月癸亥（十九），颁符于天下总管、刺史。东方以青龙，西方以驺虞，南方以朱雀，北方以玄武。
- 八月庚申（十八），后梁皇帝萧琮来朝。
- 九月辛卯（十九），废梁国，曲赦江陵。以萧琮为柱国，封莒国公。

开皇八年（公元 588 年）

- 三月戊寅（初九），颁诏历数陈后主之过，下诏伐陈。
- 十月甲子（二八），将伐陈，有事于太庙。命晋王杨广等领兵伐陈。

开皇九年（公元 589 年）

- 二月丙申（初二），制令五百家为乡，置正一人；百家为里，置长一人。

・四月乙巳（十二），三军凯旋，献俘于太庙。庚戌（十七），文帝亲御广阳门，宴伐陈将士，赐各有差。

开皇十年（公元590年）

・五月乙未（初九），文帝颁诏，对府兵制进行改革。

・六月辛酉（初五），文帝下制：人年五十，免役收庸。

・八月壬申（十七），遣韦洸、王景持节巡抚岭南，百越皆服。

・十月甲子（初十），颁木鱼符于京师官五品以上。

・十一月辛卯（初七），文帝亲幸国学，颁赐各有差。

开皇十一年（公元591年）

・正月辛丑（十八），高丽遣使朝贡。丙午（二三），太子妃元氏薨，文帝举哀于文思殿。

・二月戊午（初六），吐谷浑遣使贡方物。己卯（二七），突厥遣使献七宝碗。

・四月戊午（初七），突厥雍虞闾可汗遣其特勤来朝。

・五月，高丽遣使贡方物。

・十二月丙辰（初九），靺鞨遣使贡方物。

开皇十二年（公元592年）

・七月壬戌（十八），文帝游幸昆明池。

・八月甲戌（初一），令天下死罪，诸州不得使决，皆由大理覆治。乙亥（初二），文帝游幸龙首池。

开皇十三年（公元593年）

・二月戊子（十八），文帝宴诸州考使于嘉则殿。丁酉（二七），制私家不得隐藏纬候、图谶。

・五月癸亥（二四），诏人间有撰集国史、臧否人物者，皆令禁绝。

・七月丁巳（十九），文帝游幸昆明池。

开皇十四年（公元594年）

・五月辛酉（二八），京师地震。关内诸州旱。

・六月丁卯（初四），诏省府州县，皆给公廨田，不得治生，与人争利。

- 八月辛未（初九），关中诸州旱，人饥。文帝率领百姓前往洛阳就食。
- 十一月壬戌（初二），规定州县佐吏，三年一代，不得重任。

开皇十五年（公元595年）

- 二月丙辰（二七），敕收天下兵器，敢有私造者，坐之；关中缘边，不在其例。

开皇十六年（公元596年）

- 六月甲午（十三），制工商不得进仕。辛丑（二十），诏九品以上妻，五品以上妾，夫亡不得改嫁。
- 八月丙戌（初六），诏决死罪者，三奏而后行刑。

开皇十七年（公元597年）

- 十月辛未（二八），京师大索。
- 十一月丁亥（十四），突厥遣使来朝。

开皇十八年（公元598年）

- 七月丙子（初七），诏京官五品以上，总管、刺史，以志行修谨、清平干济二科举人。

开皇二十年（公元600年）

- 十月乙丑（初九），皇太子勇及诸子并废为庶人。
- 十一月戊子（初三），天下地震，京师大风雪。以晋王广为皇太子。
- 十二月辛巳（二六），诏："敢有毁坏偷盗佛及天尊像、岳镇海渎神形者，以不道论。沙门坏佛像，道士坏天尊者，以恶逆论。"

仁寿元年（公元601年）

- 正月乙酉（初一），大赦，改元。
- 六月乙卯（初三），遣十六使巡省风俗。乙丑（十三），诏简省儒学生，国子学唯留学生七十人，太学、四门及州县学并废。同日，颁舍利于诸州。

仁寿二年（公元602年）

- 四月庚戌（初三），岐、雍二州地震。
- 七月丙戌（初十），诏内外官各举所知。

- 八月己巳（二四），皇后独孤氏崩，①谥曰文献皇后。
- 闰十月壬寅（二八），葬文献皇后于太陵。
- 十二月癸巳（二十），废蜀王杨秀为庶人。

仁寿四年（公元604年）
- 正月甲子（二七），文帝幸仁寿宫。乙丑（二八），诏赏罚支度，事无巨细，并付皇太子。
- 七月丁未（十三），文帝崩逝于大宝殿，年六十四。皇太子杨广即皇帝位。
- 八月丙子（十二），文帝梓宫殡于大兴前殿。并州总管、汉王杨谅起兵，遣尚书左仆射杨素征讨之。
- 十月己卯（十六），合葬于太陵，同坟而异穴。

大业元年（公元605年）
- 正月壬辰（初一），大赦，改元。废诸州总管府。戊申（十七），炀帝发八使巡省风俗。
- 三月丁未（十七），炀帝诏：尚书令杨素、纳言杨达、将作大匠宇文恺营建东京，徙豫州郭下居人以实之。

大业二年（公元606年）
- 正月丁卯（十二），遣十使并省州县。
- 二月丙戌（初一），诏尚书令杨素、吏部尚书牛弘、大将军宇文恺等制定舆服。

大业三年（公元607年）
- 三月辛亥（初二），炀帝车驾还京师。癸丑（初四），遣羽骑尉朱宽使于流求国。
- 四月甲申（初六），颁布《大业律》，大赦天下，关内给复三年。壬辰（十四），改州为郡。改度量权衡，并依古式。

大业五年（公元609年）
- 正月戊子（二十），炀帝自东都还京师。己丑（二一），制民间铁叉、搭钩、鑹刃之类，皆禁绝之。

---

① 关于独孤皇后死亡的时间，《资治通鉴》卷一七九，文帝仁寿二年八月条作"甲子"，即八月十九日。此据《隋书》卷二《高祖本纪》。

- 二月丙辰（十九），宴耆旧四百人于武德殿，颁赐各有差。
- 三月己巳（初二），炀帝自大兴城西巡河右。
- 九月癸未（十九），车驾入长安。
- 十一月丙子（十三），炀帝巡幸东都。

大业九年（公元613年）
- 三月丁丑（初三），征发丁男十万城大兴。

大业十年（公元614年）
- 十月己丑（一五），炀帝车驾还京师。
- 十一月丙申（初二），支解斛斯政于金光门外。
- 十二月壬申（初九），炀帝前往东都，此后再未回到大兴城。

大业十三年（公元617年）
- 五月甲子（十五），李渊起兵于太原，向关中进军。
- 十一月丙辰（初九），唐军进入大兴城。辛酉（十四），李渊立代王杨侑为帝，改元义宁，遥尊炀帝为太上皇。

义宁二年（公元618年）
- 三月，右屯卫将军宇文化及等以骁果作乱，弑杀炀帝于江都宫。
- 五月戊午（十四），隋恭帝下诏，禅位于唐。

二、唐（公元618—907年）

武德元年（公元618年）
- 五月甲子（二十），改大兴城为长安城。李渊即位，建立唐朝，是为唐高祖，大赦天下，改元武德。罢郡置州。壬申（二八），命裴寂等修律令。
- 十一月己酉（初八），以京师谷贵，令四面入关者，车马牛驴各给课米，充其自食。

武德二年（公元619年）
- 六月戊戌（初一），令国子学立周公、孔子庙，四时致祭。
- 七月壬申（初六），置十二军，分统关内诸军。西突厥叶护可汗及高昌并遣使朝贡。

- 九月乙未（三十），京师地震。

武德四年（公元621年）
- 五月，秦王李世民大破窦建德于武牢，王世充举东都降。
- 七月甲子（初九），秦王凯旋，献俘于太庙。丁卯（十二），大赦天下。废五铢钱，行开元通宝钱。

武德六年（公元623年）
- 三月乙未（十九），高祖游幸昆明池，宴百官。

武德七年（公元624年）
- 二月丁巳（十七），幸国子学，亲临释奠。
- 四月庚子（初一），大赦天下，颁行《武德律》。
- 八月戊辰（初一），突厥寇并州，京师戒严。乙未（二八），突厥退，京师解严。

武德九年（公元626年）
- 三月辛卯（初三），高祖幸昆明池。
- 六月庚申（初四），秦王李世民发动"玄武门之变"，取得太子地位。
- 八月癸亥（初八），高祖传位于皇太子，自称太上皇，太子即位于东宫显德殿。癸未（二八），突厥颉利至于渭水便桥之北，太宗率房玄龄等六骑在渭水便桥上，责其负约。乙酉（三十），太宗又至便桥，与颉利刑白马设盟，突厥退兵。
- 九月壬子（二七），诏私家不得辄立妖神，妄设淫祀，非礼祠祷，一皆禁绝。其龟易五兆之外，诸杂占卜，亦皆停断。
- 十月癸亥（初八），立中山王承乾为皇太子。
- 是岁，新罗、龟兹、突厥、高丽、百济、党项并遣使朝贡。

贞观元年（公元627年）
- 正月乙酉（初一），改元。辛丑（十七），燕郡王李艺据泾州反，寻为左右所斩，传首京师。
- 三月癸巳（初十），皇后亲蚕。

贞观二年（公元628年）
- 四月己卯（初三），诏骸骨暴露者，令所在埋瘗。丙申

（二十），初诏天下州县并置义仓。

- 六月庚寅（十五），皇子治生，宴五品以上，赐帛有差，仍赐天下是日生者粟。

- 八月甲戌（初一），幸朝堂，亲览冤屈。

- 九月丁未（初四），诏遣尚书左丞戴胄等，于掖庭宫西门简出宫人，任其婚嫁。

- 十一月辛酉（十九），太宗亲祀于圜丘。

贞观三年（公元629年）

- 正月辛亥（初九），契丹渠帅至长安朝贺。戊午（十六），太宗亲谒太庙。癸亥（二一），太宗又亲耕籍田。

- 二月戊寅（初六），以房玄龄、杜如晦为尚书左、右仆射，李靖为兵部尚书，魏徵为守秘书监，参与朝政。

- 四月辛巳（初十），太上皇徙居大安宫。

- 六月戊寅（初八），关内旱，太宗亲录囚徒，并遣长孙无忌等祈雨于名山大川，中书舍人杜正伦等往关内诸州慰抚，又令文武官各上封事，极言得失。

- 八月己巳（初一），薛延陀遣使朝贡。

- 十一月丙午（初九），西突厥、高昌遣使朝贡。庚申（二三），以并州都督李世勣为通汉道行军总管，兵部尚书李靖为定襄道行军总管，以击突厥。

贞观四年（公元630年）

- 正月乙亥（初九），定襄道行军总管李靖大破突厥，获隋皇后萧氏及炀帝之孙正道，送至京师。癸巳（二七），武德殿北院火。

- 三月庚辰（十五），大同道行军副总管张宝相生擒颉利可汗，献于京师。甲申（十九），尚书右仆射、蔡国公杜如晦薨。甲午（二九），以俘颉利告于太庙。

- 四月丁酉（初二），太宗御顺天门，军吏执颉利以献捷。自是西北诸蕃咸请上尊号为"天可汗"。

- 八月丙午（十四），规定三品以上服紫，五品以上服绯，六品七品以绿，八品九品以青；妇人从夫色。

- 十一月戊寅（十七），太宗以"明堂孔穴针灸之所"，下制决罪人不得鞭背。
- 十二月甲寅（二四），高昌王麹文泰至长安朝贺。
- 是岁，断死刑二十九人，几致刑措。东至于海，南至于岭，皆外户不闭，行旅不赍粮。

贞观五年（公元631年）

- 正月癸酉（十三），太宗狩猎于昆明池，蕃夷酋长皆随从。
- 八月戊申（二一），规定天下决死刑必三覆奏，在京诸司五覆奏，其日尚食进蔬食，内教坊及太常不举乐。
- 九月乙丑（初九），赐群官大射于武德殿。

贞观六年（公元632年）

- 二月戊子（初四），初置律学。
- 十二月辛未（二二），太宗亲录囚徒，放归死罪者二百九十人回家与家人见面。

贞观七年（公元633年）

- 正月乙酉（初七），薛延陀遣使来朝。戊子（初十），太宗制《破阵乐舞图》。癸巳（十五），李淳风铸浑天黄道仪，置于凝晖阁。
- 十一月丁丑（初三），太宗颁布新定《五经》。

贞观八年（公元634年）

- 正月壬寅（二九），命尚书右仆射李靖，特进萧瑀、杨恭仁，礼部尚书王珪等使于四方，观省风俗。
- 十二月辛丑（初三），命特进李靖、兵部尚书侯君集等为大总管，各率师分道以讨吐谷浑。乙卯（十七），太宗从太上皇阅武于长安城西。
- 是岁，龟兹、吐蕃、高昌、女国、石国遣使朝贡。

贞观九年（公元635年）

- 三月壬午（十六），每乡置长一人，佐二人。庚寅（二四），敕天下户立三等，未尽升降，置为九等。
- 四月壬寅（初六），康国献狮子。
- 五月庚子（初六），太上皇崩于大安宫。

・七月甲寅（二一），增修太庙为六室。

・十月庚寅（二七），葬高祖太武皇帝于献陵。

・十一月戊申（十六）①，祔高祖于太庙。

贞观十年（公元636年）

・正月壬子（二一），尚书左仆射房玄龄、侍中魏徵上梁、陈、齐、周、隋五代史，诏藏于秘阁。

・六月己卯（二一），皇后长孙氏崩于立政殿。

・十一月庚寅（初四），葬文德皇后于昭陵。

・十二月壬申（十六），吐谷浑河源郡王慕容诺曷钵至长安朝贺。

贞观十一年（公元637年）

・正月庚子（十四），颁《贞观律》。甲寅（二八），房玄龄等进所修《五礼》，诏所司行用之。

贞观十三年（公元639年）

・四月戊寅（初五），太宗巡幸九成宫。甲申（十一），阿史那结社尔犯御营，伏诛。

・五月甲寅（十二），太宗以去冬以来不雨，避正殿，令五品以上官上封事，减膳罢役，分使赈恤，申理冤屈，乃雨。

・十月甲申（十五），至自九成宫。

・十二月丁丑（初九），侯君集为交河道行军大总管，率军伐高昌。②壬午（十四），诏于洛、相、幽、徐、齐、并、秦、蒲等州并置常平仓。

・是岁，高丽、新罗、西突厥、吐火罗、康国、安国、波斯、疏勒、于阗、焉耆、高昌、林邑、昆明及荒服蛮酋，相次遣使朝贡。

贞观十四年（公元640年）

・正月庚子（初二），初命有司读时令。甲寅（十六），幸魏王泰宅。

・二月丁丑（初十），幸国子学，亲释奠，赦大理、万年系囚，国

---

① 《旧唐书》记为"（十月）戊申"，据《中华通历》研究，贞观九年十月无戊申日，"戊申"日应为"十一月戊申"，《新唐书》有缺，故将此系为"十一月戊申（十六）"。

② 关于太宗令侯君集伐高昌的时间，《新唐书》卷二《太宗本纪》作十二月壬申（初四），此据《旧唐书·太宗本纪》及《资治通鉴》卷一九五。

子祭酒以下及学生高第精勤者加一级，赐帛有差。

·八月癸巳（二八），交河道行军大总管侯君集平高昌，以其地置西州。

·九月乙卯（二一），唐政府于西州置安西都护府。

·十二月丁酉（初五），交河道旋师。侯君集执高昌王麹智盛，献捷于观德殿，行饮至之礼，赐酺二日。

贞观十五年（公元641年）

·正月丁卯（初五），吐蕃遣其国相禄东赞前来迎娶和亲公主。丁丑（十五），礼部尚书、江夏王道宗送文成公主嫁于吐蕃赞普松赞干布。

贞观十六年（公元642年）

·正月辛未（十五），诏在京及诸州死罪囚徒，配西州为户；流人未达前所者，徙防西州。

·六月辛卯（初七），太宗诏复隐王建成曰隐太子，改封海陵剌王元吉曰巢剌王。

贞观十七年（公元643年）

·正月戊辰（十七），魏徵去世。

·二月戊申（二八）①，诏图画司徒、赵国公无忌等勋臣二十四人于凌烟阁。

·四月庚辰（初一），皇太子李承乾被废为庶人，汉王李元昌、吏部尚书侯君集谋叛与连谋，被杀。丙戌（初七），立晋王李治为皇太子。癸巳（十四），魏王李泰以罪降爵为东莱郡王。

·五月乙丑（十七），诏诸州举孝廉茂才异能之士。

·七月庚辰（初三），京城讹言云："上遣枨枨取人心肝，以祠天狗。"流言四起，引起长安百姓恐慌。太宗遣使遍加宣谕，月余乃止。

贞观二十一年（公元647年）

·四月乙丑（初九），营建太和宫于终南山，后改称翠微宫。

·五月戊子（初三），幸翠微宫。

·七月庚子（十六），建玉华宫于宜君县之凤凰谷。

---

① 《旧唐书》记为"（正月）戊申"，据《中华通历》研究，贞观十六年正月无戊申日，"戊申"日应为"二月戊申（二八）"。

贞观二十二年（公元648年）
- 二月乙亥（二四），幸玉华宫。
- 闰十二月癸未（初七），新罗王遣其相伊赞千金春秋及其子文王来朝。

贞观二十三年（公元649年）
- 正月辛亥（初六），昆山道总管阿史那社尔破龟兹，俘其王诃黎布失毕及其相那利等，献于社庙。
- 二月丙戌（十一），唐政府置瑶池都督府，隶安西都护府。丁亥（十二），西突厥肆叶护可汗遣使来朝。
- 三月丁卯（二三），敕皇太子于金液门听政。
- 四月己亥（二五），太宗幸翠微宫。
- 五月己巳（二六），太宗崩逝于翠微宫含风殿，时年五十二。遗诏皇太子即位于柩前。庚午（二七），遣旧将统飞骑劲兵从皇太子先还京，发六府甲士四千人，分列于道及安化门，翼从乃入；大行御马舆，从官侍御如常。壬申（二九），发丧。
- 六月甲戌（初一），殡于太极殿，皇太子即皇帝位。
- 七月己酉（初六），于阗王伏阇信至长安朝贡。
- 八月丙子（初四），百僚上谥曰文皇帝，庙号太宗。庚寅（十八），葬太宗于昭陵。

永徽元年（公元650年）
- 正月辛丑（初一），高宗不受朝，颁诏改元永徽。壬寅（初二），高宗御太极殿，受朝而不会。丙午（初六），立妃王氏为皇后。
- 五月丁未（初九），吐火罗遣使献鸵鸟，高宗遣人献于昭陵。
- 七月丙寅（二九），高宗以旱，亲录京城囚徒。
- 九月癸卯（初七），右骁卫郎将高侃执车鼻可汗诣阙，献于社庙及昭陵。
- 是岁，雍、绛、同等九州旱蝗。

永徽二年（公元651年）
- 八月乙丑（初四），大食国始遣使朝献。
- 九月癸巳（初三），改九成宫为万年宫，废玉华宫以为佛寺。

- 闰九月辛未（十一），颁新定律、令、格、式于天下，律即《永徽律》。

永徽三年（公元652年）
- 正月癸亥（初五），因去秋至此不雨，高宗避正殿，降天下死罪及流罪递减一等，徒以下咸宥之。丙子（十八），亲祠太庙。丁亥（二九），籍十千亩，赐群官帛有差。
- 二月庚申（初三），高宗幸观德殿，赐文武群官大射。
- 七月丁巳（初二），立陈王忠为皇太子，大赦天下，五品以上子为父后者赐勋一转，大酺三日。
- 十一月乙亥（二二），驳马国遣使朝贡。
- 十二月庚寅（初七）①，弘化长公主自吐谷浑来朝。

永徽四年（公元653年）
- 正月丙子（二四），新除房州刺史、驸马都尉房遗爱等人谋反。
- 二月乙酉（初三），房遗爱、薛万彻、柴令武等并伏诛。戊子（初六），特进、太常卿、江夏王道宗配流桂州，恪母弟蜀王愔废为庶人。
- 三月壬子（初一），颁孔颖达所撰《五经正义》于天下，每年明经令依此考试。丙辰（初五），御观德殿，陈列房遗爱等口马资财为五垛，引王公、诸亲、蕃客及文武九品以上射。
- 四月戊子（初七），林邑国王遣使来朝，贡驯象。壬寅（二一），以旱避正殿，减膳，亲虑系囚，遣使分省天下冤狱，诏文武官极言得失。
- 十一月癸丑（初五），颁新律疏于天下，史称《唐律疏议》。

永徽五年（公元654年）
- 三月戊午（十二），幸万年宫。辛未（二五），令工部尚书阎立德领丁夫四万增筑长安罗郭。
- 十一月癸酉（初一），筑京师罗郭，和雇京兆百姓四万一千人，板筑三十日而罢，九门各施观。
- 十二月癸丑（十二），倭国献琥珀、玛瑙。戊午（十七），发京

---

① 《资治通鉴》原记为"（永徽三年）冬，十一月，庚寅"，但查《中华通历》永徽三年十一月无庚寅日，"庚寅"应为"十二月初七"，故知《资治通鉴》有误，今改之。

师谒昭陵,在路生皇子贤。

永徽六年(公元655年)

·六月,大食国遣使朝贡。

·八月,关中大雨,道路不通,京师米价暴贵,令出常平仓粟粜之,以平物价,京师东、西二市置常平仓。

·十月己酉(十三),废皇后王氏为庶人,昭立仪武氏为皇后,大赦天下。

·十一月丁卯(初一),临轩,命司空勋、左仆射志宁册皇后,文武群官及蕃夷之长,奉朝皇后于肃义门。

显庆元年(公元656年)

·正月辛未(初六),废皇太子忠为梁王,立代王弘为皇太子。壬申(初七),大赦,改元显庆。

·四月戊申(十四),高宗与武则天御安福门,观僧玄奘迎御制并书慈恩寺碑文。

·五月己卯(十六),太尉长孙无忌进史官所撰梁、陈、周、齐、隋《五代史志》三十卷。

·九月癸酉(十二),诏户满三万以上为上州,二万以上为中州;先为上州、中州者各依旧。皇后制《外戚诫》。

显庆四年(公元659年)

·二月乙亥(二八),高宗亲策试举人,共九百人。

·五月戊戌(二二)①,太尉、扬州都督、赵国公无忌带扬州都督于黔州安置,依旧准一品供给。

龙朔二年(公元662年)

·四月庚申(初一),高宗、武则天自东都回到长安。

·五月乙巳(十七),复置律、书、算三学。

·六月乙丑(初七),初令道士、女冠、僧、尼等,并尽礼致拜其父母。乙亥(十七),下诏建蓬莱宫,高宗亲制宫内诸门殿亭等名。

---

① 《旧唐书》记:显庆四年"夏四月……戊戌,太尉、扬州都督、赵国公无忌……",但查《中华通历》显庆四年四月无戊戌日,"戊戌"应为"五月二十二",今改之。

龙朔三年（公元663年）

- 二月丙戌（初二），陇、雍、同、岐等一十五州户口，征修蓬莱宫。丁酉（十三），减京官一月俸，助修蓬莱宫。庚戌（二六），诏以书学隶兰台，算学隶秘阁，律学隶详刑寺。
- 四月丙午（二三），蓬莱宫含元殿建成，高宗亲幸之。
- 八月戊申（二七），诏百僚极言正谏，命司元太常伯窦德玄、司刑太常伯刘祥道等九人为持节大使，分行天下，仍令内外官五品以上各举所知。
- 十月丙午（二六），含元殿前麟趾见。
- 十二月庚子（二一），诏改来年正月一日为麟德元年。

麟德元年（公元664年）

- 八月己卯（初四），高宗降万年县系囚，因幸大慈恩寺。

麟德三年 乾封元年（公元666年）

- 五月庚寅（二五），改铸乾封泉宝钱。
- 六月壬寅（初七），高丽莫离支盖苏文死。其子男生继其父位，为其弟男建所逐，使其子献诚诣阙请降，诏左骁卫大将军契苾何力率兵以应接之。
- 十月己酉（十七），命英国公李勣为辽东道行军大总管，以伐高丽。

乾封二年（公元667年）

- 正月丁丑（十六），以去冬至是月无雨雪，高宗辟正殿，减膳，亲录囚徒。罢乾封钱，复行开元通宝钱。
- 二月辛丑（初十），改万年宫依旧名九成宫。

乾封三年 总章元年（公元668年）

- 二月丙寅（十二），高宗制明堂图。下诏大赦，改元为总章元年。戊寅（二四），幸九成宫。己卯（二五），分长安、万年置乾封、明堂二县，分理于京城之中。癸未（二九），皇太子弘释奠于国学。
- 九月癸巳（十二），李勣破高丽，拔平壤城，擒其王高藏及其大臣男建等以归。境内尽降，其城一百七十，户六十九万七千，高宗以其地为安东都护府，分置四十二州。

总章二年（公元669年）

- 十一月庚辰（初五），高宗下令，征发九州人夫，转发太原仓米粟转运入京师长安太仓。

总章三年　咸亨元年（公元670年）

- 三月甲戌（初一），大赦天下，改元为咸亨元年。丁丑（初四），改蓬莱宫为含元殿。
- 五月丙戌（十四），诏诸州县修补或增筑孔子庙堂及学馆。
- 十月癸酉（初四），关中大雪，平地三尺余。令行人冻死者赠帛给棺木，雍、同、华州贫窭之家，有年十五以下不能存活者，听一切任人收养为男女，充驱使，但不得将为奴婢。
- 十二月庚寅（二一），诸司及百官各复旧名。
- 是岁，天下四十余州旱及霜虫，百姓饥乏，关中尤甚。诏令任往诸州逐食，并令转运江南租米以赈给灾民。

咸亨二年（公元671年）

- 正月乙巳（初七），高宗巡幸东都，留皇太子弘于京监国，令侍臣戴至德、张文瓘、李敬玄等辅之。
- 二月丁亥（二十），雍州人梁金柱请出钱三千贯赈济贫人。

咸亨四年（公元673年）

- 正月甲午（初七），诏咸亨初收养为男女及驱使者，听量酬衣食之直，放还本处。
- 十一月丙寅（十五），高宗亲制乐章，有《上元》《二仪》《三才》《四时》《五行》《六律》《七政》《八风》《九宫》《十洲》《得一》《庆云》之曲，诏有司诸大祠享即奏之。

咸亨五年　上元元年（公元674年）

- 八月壬辰（十五），高宗颁诏：追尊宣简公为宣皇帝，懿王为光皇帝，太祖武皇帝为高祖神尧皇帝，太宗文皇帝为文武圣皇帝，太穆皇后为太穆神皇后，文德皇后为文德圣皇后。皇帝称天皇，皇后称天后。改咸亨五年为上元元年，大赦。戊戌（二一），敕文武官三品以上服紫，金玉带；四品深绯，五品浅绯，并金带；六品深绿，七品浅绿，并银带；八品深青，九品浅青，鍮石带；庶人服黄，铜铁带；一品以下文官，并带手巾、算袋、刀子、砺石，武官欲带亦听之。

- 九月辛亥（初五），百官穿新官服，高宗宴之于麟德殿。

上元三年　仪凤元年（公元 676 年）

- 十一月丁卯（初三），高宗下敕：新造《上元舞》，圜丘、方泽、享太庙用之，余祭则停。壬申（初八），以陈州言凤凰见于宛丘，改上元三年曰仪凤元年，大赦。
- 十二月丙申（初三），皇太子贤上所注《后汉书》，赐物三万段。戊午（二五），遣使分道巡抚：宰相来恒河南道，薛元超河北道，左丞崔知悌等江南道。

仪凤二年（公元 677 年）

- 正月乙亥（十二），高宗躬籍田于东郊。庚辰（十七），京师地震。壬辰（二九），幸司竹园，即日还宫。

开耀二年　永淳元年（公元 682 年）

- 正月乙未（初一），因关中年饥，罢停朝会。关内诸府兵，令前往邓、绥等州就谷。
- 六月，关中初雨后旱，京兆、岐、陇螟蝗食苗并尽；民多疫疠，死者枕藉于路。诏所在官司埋瘗。丁丑（十六），以岐州刺史苏良嗣为雍州长史。京师人相食，寇盗纵横。

大足元年　长安元年（公元 701 年）

- 十月，武则天巡幸京师长安，大赦天下，改元为长安。

长安二年（公元 702 年）

- 十月，日本国遣使贡方物。武则天宴其使臣、朝臣、真人于大明宫麟德殿，真人好读经史，解属文，容止温雅，则天授司膳卿，放还本国。
- 十一月戊子（二五），武则天亲祀南郊，大赦天下。

长安三年（公元 703 年）

- 九月，京师大雨雹，人畜有冻死者。
- 十月丙寅（初八），武则天驾还神都洛阳。

神龙元年（公元 705 年）

- 正月，凤阁侍郎张柬之等发动政变，迎皇太子监国。甲辰（二三），皇太子命地官侍郎樊忱往京师告庙陵。乙巳（二四），则天传位于皇太子。丙午（二五），即皇帝位于通天宫，大赦天下。

· 二月甲寅（初四），复国号，依旧为唐。社稷、宗庙、陵寝、郊祀、行军旗帜、服色、天地、日月、寺宇、台阁、官名，并依永淳以前故事。

神龙二年（公元706年）

· 十月己卯（初九），车驾还京师。戊戌（二八），至自东都。

神龙三年　景龙元年（公元707年）

· 正月丙辰（十七），关中大旱，中宗亲录囚徒。己巳（三十），遣武攸暨、武三思往乾陵祈雨于则天皇后，既而雨降，中宗大感悦。

· 四月辛巳（十四），以嗣雍王守礼女为金城公主，出降吐蕃赞普。庚寅（二三），幸荐福寺，曲赦雍州。

· 七月庚子（初五），皇太子李重俊与羽林将军李多祚等率羽林千骑兵三百余人，诛武三思、武崇训，引兵自肃章门斩关企图攻入宫城，中宗与韦皇后、安乐公主等仓皇登玄武门楼拒之，中宗自临轩晓谕，众遂散去，杀李多祚。重俊出奔至鄠县，为部下所杀。癸卯（初八），大赦天下。

· 八月丙子（十一），改玄武门为神武门，楼为制胜楼。

· 九月庚子（初五），上皇帝尊号曰应天神龙，皇后尊号曰顺天翊圣，大赦天下，改元景龙。壬戌（二七），改左、右羽林卫千骑为万骑，仍分为左右。

景龙二年（公元708年）

· 二月辛未（初八），皇后自言衣箱中裙上有五色云起，令画工图之，以示百僚，乃大赦天下。

· 十一月己卯（二一），安乐公主出降，假皇后仗出于禁中，中宗及皇后御安福楼以观之。

景龙三年（公元709年）

· 正月癸酉（十五），中宗与皇后幸荐福寺。乙亥（十七），宴侍臣及近亲于梨园亭。

· 二月己丑（初二），中宗与皇后又幸玄武门，与近臣观宫女大酺。遣宫女为设置市肆，鬻卖众物，令宰臣及公卿为商贾，与之交易，因为忿争，言辞猥亵。上与后观之，以为笑乐。

·七月辛酉（初七），中宗与皇后幸梨园亭，宴侍臣学士。壬戌（初八），中宗于安福门外设无遮斋，三品以上行香。

·十二月乙酉（初三），中宗下令诸司长官都要前往醴泉坊观看泼胡王乞寒戏。

景龙四年 唐隆元年 景云元年（公元710年）

·正月乙卯（初三），中宗于化度寺门设无遮大斋。丙寅（十四）上元夜，中宗与皇后微服外出观灯。丁丑（二五），命左骁卫大将军、河源军使杨矩为送金城公主入吐蕃使。己卯（二七），幸始平，送金城公主归吐蕃。

·二月庚戌（二九），令中书门下供奉官五品以上、文武三品以上并诸学士等，自芳林门入，集于梨园球场，分朋拔河，帝与皇后、公主亲往观之。

·三月甲寅（初三），中宗幸临渭亭修禊饮，赐群官柳棬以辟恶。丙辰（初五），游宴桃花园。庚申（初九），京师雨木冰，井溢。壬戌（十一），赐宰臣以下内样巾子。

·四月丁亥（初六），中宗游樱桃园，引中书门下五品以上诸司长官学士等入芳林园尝樱桃。乙未（十四），幸隆庆池，结彩为楼，宴侍臣，泛舟戏乐，因幸礼部尚书窦希玠宅。

·六月壬午（初二），中宗中毒，崩于神龙殿，年五十五。皇后秘不发丧，亲总庶政。癸未（初三），以吏部尚书张嘉福、中书侍郎岑羲、吏部侍郎崔湜并同中书门下平章事；立温王重茂为皇太子。甲申（初四），发丧于太极殿，宣遗制。皇太后临朝，大赦天下，改元唐隆。丁亥（初七），皇太子即帝位于柩前，时年十六。皇太后韦氏临朝称制。壬辰（十二），遣使诸道巡抚。庚子（二十）夜，临淄王李隆基等举兵诛诸韦、武，皆枭首于安福门外，韦太后被乱兵所杀。辛丑（二一），睿宗挟少帝御安福门楼慰谕百姓，大赦天下。甲辰（二四），少帝下诏逊于别宫，睿宗即皇帝位，御承天门楼。

·七月己巳（二十），册平王隆基为皇太子，其日景云见，大赦天下，改元景云。追废皇后韦氏为庶人，安乐公主为悖逆庶人。

景云二年（公元711年）

·二月丁丑（初二），睿宗令皇太子监国。

·四月癸未（初八），诏自今每缘法事集会，僧尼、道士、女冠等宜齐行道集。

·五月辛酉（十七），①改西城公主为金仙公主，昌隆公主为玉真公主，置金仙、玉真两观。

·六月壬午（初八），依汉代故事，分置二十四都督府。

·闰六月，初置十道按察使。

·七月，新置都督府并停。

·八月丁巳（十五），皇太子释奠于太学。

太极元年　延和元年　先天元年（公元712年）

·正月辛未（初一），睿宗谒太庙。癸酉（初三），睿宗始释慘服，御正殿受朝贺。辛巳（十一），南郊。戊子（十八），躬耕籍田。己丑（十九），大赦天下，改元太极。

·二月辛酉（二二），废右御史台官员。己巳（三十），颁新格式于天下。

·五月辛未（初三），大赦天下，改元延和。

·七月己卯（十二），睿宗观乐于安福门，以烛继昼，经日乃止。

·八月庚子（初三），睿宗传位于皇太子，自称太上皇帝，五日一度受朝于太极殿，自称曰朕，三品以上除授及大刑狱，并自决之，其处分事称诰、令。皇帝每日受朝于武德殿，自称曰予，三品以下除授及徒罪并令决之，其处分事称制、敕。甲辰（初七），大赦天下，改元先天。

·十月庚子（初四），玄宗亲谒太庙，礼毕，御延喜门，大赦天下。

先天二年　开元元年（公元713年）

·正月上元日夜，上皇御安福门观灯，出内人联袂踏歌，纵百僚观之，一夜方罢。

·七月甲子（初三），玄宗诛杀太平公主、窦怀贞、岑羲、萧至

---

① 《旧唐书》原文记载为"辛丑"，但查《中华通历》景云二年五月无辛丑日，只有辛酉（十七）日，《资治通鉴》即作辛酉。今暂改之。

忠、常元楷等人。翌日睿宗诰：自后军国刑政，并取皇帝处分。

·九月己卯（十九），玄宗宴王公百官于承天门，令左右于楼下撒金钱，许中书门下五品以上官及诸司三品以上官争拾之，仍赐物有差。

·十二月庚寅（初一），大赦天下，改元开元，内外官赐勋一转。改尚书左、右仆射为左、右丞相，中书省为紫微省，门下省为黄门省，侍中为监。雍州为京兆府，洛州为河南府，长史为尹，司马为少尹。

开元二年（公元714年）

·正月，关中自去秋至于是月不雨，人多饥乏，玄宗遣使赈给，并下制求直谏昌言弘益政理者，名山大川并令祈祭。丙寅（初七），紫微令姚崇奏请检责天下僧尼，以伪滥还俗者二万余人。

·闰二月癸亥（初五），令道士、女冠、僧尼致拜父母。丁卯（初九），复置十道按察使。

·七月丙午（二一），昭文馆学士柳冲、太子左庶子刘子玄刊定《姓族系录》二百卷，上之。以兴庆里旧邸为兴庆宫。

·八月戊午（初三），西天竺国遣使献方物。

开元三年（公元715年）

·正月丁亥（初四），立郢王嗣谦为皇太子。

·二月，禁断天下采捕鲤鱼。

·十二月庚午（二二），以军器使为军器监，置官员。

开元四年（公元716年）

·正月癸未（初六），尚衣奉御长孙昕恃以皇后妹婿，与其妹夫杨仙玉殴击御史大夫李杰，玄宗令朝堂杖杀昕以谢百官。

·二月丁卯（二十），以关中旱，遣使祈雨于骊山，应时澍雨。以少牢致祭，仍禁断樵采。

·六月癸亥（十九），太上皇崩于百福殿。

·十月庚午（二八），葬睿宗大圣贞皇帝于桥陵，以同州蒲城县为奉先县，隶京兆府。

开元五年（公元717年）

·正月癸卯（初二），太庙屋坏，移神主于太极殿。玄宗素服避正殿，辍朝五日，日躬亲祭享。

- 十月丙子（初十），京师修太庙成。戊寅（十二），祔神主于太庙。
- 十一月己亥（初三），契丹首领松漠郡王李失活来朝，玄宗以宗女为永乐公主以妻之。

开元六年（公元718年）

- 十一月丙申（初六），玄宗亲谒太庙，回御承天门。

开元七年（公元719年）

- 正月，吐蕃遣使朝贡。
- 七月丙辰（二九），因亢阳日久，关中大旱，玄宗亲录囚徒，多所原免。诸州委州牧、县宰量事处置。
- 九月甲子（初九），改昭文馆依旧为弘文馆。
- 十二月丙戌（初三），置弘文、崇文两馆雠校书郎官员。

开元八年（公元720年）

- 正月乙丑（十二），皇太子谒太庙。丙寅（十三），玄宗会百官于太极殿，赐物有差。
- 五月丁卯（十五），南天竺国遣使献五色鹦鹉。

开元九年（公元721年）

- 九月丁巳（十三），玄宗亲御丹凤楼，宴突厥首领。
- 十一月丙辰（十三），左散骑常侍元行冲上《群书目录》二百卷，藏之内府。

开元十年（公元722年）

- 六月己巳（三十），增置京师太庙为九室，移孝和皇帝神主以就正庙。
- 九月己卯（十一）夜，京兆人权梁山伪称襄王男，自号光帝，与其党权楚璧，以屯营兵数百人，自景风、长乐等门斩关入宫城进行谋反，至次日早晨兵败被斩，传首东都。

开元十一年（公元723年）

- 四月丙辰（二二），迁祔中宗神主于太庙。
- 八月戊申（十五），尊八代祖宣皇帝庙号献祖，光皇帝庙号懿祖，始祔于太庙之九室。
- 九月己巳（初七），玄宗颁布亲撰的《广济方》于天下，仍令诸州各置医博士一人。

开元十六年（公元728年）

- 正月庚子（初三），玄宗始听政于兴庆宫。
- 七月丙辰（二二），新罗王金兴光遣使至长安，贡方物。
- 八月己巳（初六），僧一行等编撰《开元大衍历》成，特进张说进呈，玄宗诏命有司颁行之。

开元十七年（公元729年）

- 八月癸亥（初五），玄宗以降诞日，宴百官于兴庆宫花萼楼下，百官上表请以每年八月五日为千秋节，王公以下献镜及承露囊，天下诸州咸令宴乐，休暇三日，仍编为令。玄宗从之。以皇帝生日为节日自此始。
- 十一月庚寅（初四）①，玄宗亲飨九庙。辛卯（初五），玄宗自京师出发拜谒诸帝陵。丙申（初十），谒桥陵，制奉先县同赤县，以所管万三百户供陵寝，三府兵马供宿卫，曲赦县内大辟罪以下。戊戌（十二），谒定陵。己亥（十三），谒献陵。壬寅（十六），谒昭陵。乙巳（十九），谒乾陵。戊申（二二），车驾还宫。

开元十八年（公元730年）

- 正月丙午（二一），玄宗幸薛王业宅，即日还宫。
- 二月丙寅（十一），大雨雪，俄而雷震，左飞龙厩灾。
- 三月辛卯（初七），改定州县上中下户口之数，依旧给京官职田。
- 四月乙卯（初一），筑京城外郭城，凡十月而功毕。壬戌（初八），幸宁亲公主第，即日还宫。是春，命侍臣及百僚每旬暇日寻胜地宴乐，仍赐钱令所司供帐造食。丁卯（十三），侍臣以下宴于春明门外宁王宪之园池，上御花萼楼邀其回骑，便令坐饮，递起为舞，颁赐有差。
- 闰六月辛卯（初八），礼部奏请千秋节休假三日，及村闾社会，并就千秋节先赛白帝，报田祖，然后坐饮，从之。
- 八月丁亥（初五），上御花萼楼，以千秋节百官献贺，赐四品以上金镜、珠囊、缣彩，赐五品以下束帛有差。上赋八韵诗，又制《秋景诗》。辛亥（二九），幸永穆公主宅，即日还宫。

---

① 《旧唐书》卷八《玄宗本纪》作十一月庚申。此月丁亥朔，无庚申。《唐会要》作十一月四日，《册府元龟·帝王部》作十一月"庚寅"，即十一月四日。

开元十九年（公元731年）

·正月丙子（二七），玄宗亲耕于兴庆宫龙池。己卯（三十），禁采捕鲤鱼。天下州府春秋二时社及释奠，停牲牢，唯用酒醴，永为常式。

·四月壬午（初四），于京城置礼院。丙申（十八），令两京及天下诸州各置太公尚父庙，以张良配飨，春秋二时仲月上戊日祭之。

·九月辛未（二五），吐蕃遣其国相论尚他硨至长安朝贡。

开元二十年（公元732年）

·六月，玄宗遣范安及增广兴庆宫花萼楼，并筑夹城干芙蓉苑。

开元二十一年（公元733年）

·正月庚子（初一），玄宗制令：士庶家藏《老子》一本，每年贡举人量减《尚书》《论语》两条策，加《老子》策。乙巳（初六），迁祔肃明皇后神主于庙，毁仪坤庙。

·是岁，关中久雨害稼，京师饥，玄宗下诏出太仓米二百万石赈济贫民。

开元二十二年（公元734年）

·三月，罚没京兆商人任令方资财六十余万贯。

·四月乙未（初四），废太庙署，以太常寺奉宗庙。

·是岁，断京城乞儿。

开元二十三年（公元735年）

·五月戊寅（二三），宗子请率月俸于兴庆宫建龙池，上《圣德颂》。

开元二十四年（公元736年）

·五月丙午（二七）[1]，京兆醴泉妖人刘志诚率众为乱，准备进攻京城，咸阳官吏烧便桥以断其路，京兆府尽擒斩之。

开元二十五年（公元737年）

·正月壬午（初八），玄宗颁制曰："道士、女冠宜隶宗正寺，僧尼令祠部检校。百司每旬节休假，并不须入曹司，任游胜为乐。"

·二月，新罗王金兴光卒，其子承庆嗣位，玄宗派遣赞善大夫邢璹

---

[1] 《旧唐书》原文记载"夏六月丙午"，但查《中华通历》开元二十四年六月无丙午日，另据《资治通鉴》将此事系于"五月"，故知《旧唐书》有误，今改之。

摄鸿胪少卿，遣往吊祭，并册立新罗新国王。

·七月己卯（初七），玄宗下敕诸陵庙并隶宗正寺，其宗正寺官员，自今并以宗枝为之。

·九月壬申（初一），颁布新定《令》《式》《格》及《事类》一百三十卷于天下。

·十二月丙午（初七），武惠妃薨，追谥为贞顺皇后，葬于敬陵。

开元二十六年（公元738年）

·正月丁丑（初八），玄宗迎气于东郊，祀青帝。制令京兆府新开稻田，并散给贫人；百官赐勋绢。

·四月己亥（初一），始令太常卿韦縚读时令于宣政殿，百僚于殿上列坐而听之。

开元二十七年（公元739年）

·五月，决杀李谈、崔洽、石如山于京兆府门，薛谞以国亲流瀼州，赐死于城东驿。

·是岁，北庭都护盖嘉运大破突骑施之众，擒其王吐火仙，送于京师。

开元二十八年（公元740年）

·正月，两京路及城中苑内种果树。壬寅（十五），以望日御勤政楼宴群臣，连夜烧灯，会大雪而罢，因命自今常以二月望日夜为之。

·是岁，因频岁丰稔，京师米斛不满二百，天下乂安，虽行万里不持兵刃。

开元二十九年（公元741年）

·三月，吐蕃、突厥各遣使来朝。

·九月壬申（二四），玄宗亲御兴庆门，试明《四子》人姚子产、元载等。

·十二月，女国王赵曳夫及佛逝国王、日南国王遣其子来长安朝献。

天宝元年（公元742年）

·正月丁未（初一），大赦天下，改元，常赦不原咸赦除之，百姓所欠负租税及诸色并免之；前资官及白身人有儒学博通、文辞秀逸及军谋武艺者，所在具以名荐；京文武官才堪为刺史者各令封状自举，改黄钺为金钺，内外官各赐勋两转。甲寅（初八），陈王府参军田同秀上言："玄元皇帝降见于丹凤门之通衢，告赐灵符在尹喜之故宅。"玄宗遣使前往函谷故关尹喜台西找到灵符，在长安大宁坊置玄元庙。

·二月丁亥（十一），群臣为玄宗加尊号为开元天宝圣文神武皇帝。辛卯（十五），玄宗亲享玄元皇帝于新庙。甲午（十八），亲享太庙。丙申（二十），合祭天地于南郊，制天下凶徒，罪无轻重并释放；流人移近处，左降官依资叙用，身死贬处者量加追赠；枉法赃十五匹当绞，今加至二十四；庄子号为南华真人，文子号为通玄真人，列子号为冲虚真人，庚桑子号为洞虚真人；其四子所著书改为真经；崇玄学置博士、助教各一员，学生一百人；桃林县改为灵宝县；改侍中为左相，中书令为右相，左、右丞相依旧为仆射，又黄门侍郎为门下侍郎；东都为东京，北都为北京，天下诸州改为郡，刺史改为太守。

·九月辛亥（初九）①，玄宗御兴庆宫花萼楼，出宫女，宴毗伽可汗妻可登及男女等，赏赐不可胜纪。丙寅（二四），两京玄元庙改为太上玄元皇帝宫，天下准此。

·是岁，玄宗命陕郡太守韦坚引浐水开广运潭于望春亭之东，以联通河、渭；京兆尹韩朝宗又分渭水入自金光门，置潭于西市之西衔，以贮材木。

天宝二年（公元743年）

·正月丙辰（十六），玄宗追尊玄元皇帝为大圣祖玄元皇帝，两京崇玄学改为崇玄馆，博士为学士。

·三月壬子（十二），亲祀玄元庙以册尊号。改西京玄元庙为太清宫，东京为太微宫，天下诸郡为紫极宫。韦坚开凿广运潭完工，盛陈舟舰。丙寅（二六），玄宗幸广运楼以观之，即日还宫。

天宝三载（公元744年）

·正月丙辰（二一），玄宗改年为载。

·十二月癸丑（二四）②，规定：每载依旧取正月十四日、十五

---

① 《旧唐书》原文记载为"九月辛卯"，但查《中华通历》天宝元年九月无辛卯日，另据《资治通鉴》系此事为"九月，辛亥"，今改之。
② 《旧唐书》原文记为"十一月……癸丑"，但查《中华通历》天宝三载十一月无癸丑日，癸丑日为十二月二十四日，今改为"十二月癸丑（二十四）"。

日、十六日开坊市门燃灯，永以为常式。玉真公主先为女道士，让号及实封，赐名持盈。甲寅（二五），亲祀九宫贵神于东郊，礼毕，大赦天下。百姓十八以上为中男，二十三以上成丁；每岁庸调，八月起征，可延至九月；诏天下民间家藏《孝经》一本。

天宝四载（公元 745 年）

- 三月壬申（十四），玄宗册封外孙独孤氏女为静乐公主，和亲契丹松漠都督李怀节；封外孙杨氏女为宜芳公主，和亲奚饶乐都督李延宠。甲申（二六），玄宗宴群臣于兴庆宫勤政楼。

- 八月甲辰（十九），玄宗册封太真妃杨玉环为贵妃。

天宝六载（公元 747 年）

- 正月丁亥（十一），玄宗亲享太庙。戊子（十二），又亲自祀昊天上帝于圜丘，礼毕，大赦天下，除绞、斩刑，但决重杖。于京城置三皇、五帝庙，以时享祭。其章怀、节愍、惠庄、惠文、惠宣等太子，宜与隐太子、懿德太子同为一庙。

- 十月戊申（初六），幸温泉宫，改为华清宫。

天宝七载（公元 748 年）

- 三月乙酉（十五），大同殿柱产玉芝，有神光照殿。群臣请加皇帝尊号曰开元天宝圣文神武应道，许之。

- 四月辛丑（初二），以高力士为骠骑大将军。

- 六月甲子（十三），玄宗御兴庆宫，受册徽号，大赦天下，百姓免来载租庸。三皇以前帝王，京城置庙，以时致祭。其历代帝王肇迹之处未有祠宇者，所在各置一庙。忠臣、义士、孝妇、烈女德行弥高者，亦置祠宇致祭。赐酺三日。

- 八月己亥（初一），玄宗下诏改千秋节为天长节。壬子（十四），改万年县为咸宁县。

天宝八载（公元 749 年）

- 正月甲申（十九），玄宗诏赐京官绢，以供其春天游赏。

- 二月戊申（十三），引百官于左藏库纵观钱币，赐绢而归。

- 五月辛巳（十八），于开远门外作振旅亭。

- 闰六月丙寅（初四），玄宗亲谒太清宫，册圣祖玄元皇帝尊号为圣祖大道玄元皇帝。高祖、太宗、高宗、中宗、睿宗五帝，皆加"大圣皇帝"之字；太穆、文德、则天、和思、昭成皇后，皆加"顺圣皇后"之字。群臣上皇帝尊号为开元天地大宝圣文神武应道皇帝。丁卯（初五），玄宗御含元殿受册，大赦天下。

天宝九载（公元 750 年）

· 七月己亥（十三），国子监增置广文馆，以教授生徒专为进士业者。

· 十一月辛丑（十六），立周武王、汉高祖庙于京城，司置官吏。

天宝十载（公元 751 年）

· 正月壬辰（初八），玄宗亲自朝献太清宫。癸巳（初九），朝飨太庙。甲午（初十），有事于南郊，合祭天地，礼毕，大赦天下。太庙置内官，供洒扫诸陵庙。己亥（十五），改传国宝为承天大宝。

· 八月丙辰（初六），京城武库发生火灾，烧毁器械四十七万件。

· 秋季西京霖雨积旬，墙屋多坏。

天宝十一载（公元 752 年）

· 二月癸酉（二五），禁恶钱流通，官府出好钱以易换之。但造成商旅交易不便，投诉于宰相杨国忠，于是停止以好换恶的货币政策。

· 三月丙午（二九），制今后每月朔望，宜令荐食于太庙，每室一牙盘，仍五日一开室门洒扫。改吏部为文部，兵部为武部，刑部为宪部，其部内诸司有部字者并改，将作大匠、少匠为大、少二监。

· 八月己丑（十五），玄宗幸左藏库，赐群臣布帛有差。

· 九月甲寅（十一），改诸卫士为武士。

天宝十二载（公元 753 年）

· 五月辛亥（十一），玄宗规定：太庙、诸陵署依旧隶太常寺。

· 八月，京城霖雨，米贵，令出太仓米十万石，减价粜与贫人；仍令中书门下就京兆、大理疏决囚徒。

· 十一月戊申（十一）[①]，和雇京城丁户一万三千人筑兴庆宫墙，起楼观。

[①] 《旧唐书》原文记载为"冬十月戊申，幸华清宫。和雇京城丁户一万三千人"，但查《中华通历》天宝十二载十月无戊申日，十一月戊申为十一日，今改为"十一月戊申（十一）"。

天宝十三载（公元754年）

- 二月癸酉（初七），玄宗亲自朝献太清宫，上玄元皇帝尊号曰大圣祖高上大道金阙玄元天皇大帝。甲戌（初八），亲飨太庙，上高祖谥曰神尧大圣大光孝皇帝，太宗谥曰太宗文武大圣大广孝皇帝，高宗谥曰高宗天皇大圣大弘孝皇帝，中宗谥曰中宗大和大圣大昭孝皇帝，睿宗谥曰睿宗玄真大圣大兴孝皇帝。乙亥（初九），玄宗御兴庆殿受徽号，礼毕，大赦天下。

- 三月丙午（初十），玄宗御跃龙殿门张乐宴群臣，赐右相绢一千五百匹，彩罗三百匹，彩绫五百匹；左相绢三百匹，彩罗绫各五十匹；余三品八十匹，四品五品六十匹，六品七品四十匹，极欢而罢。壬戌（二六），御勤政楼大酺。北庭都护程千里生擒阿布思献于楼下，斩之于朱雀门街。

- 是年秋，霖雨积六十余日，京城垣屋颓坏殆尽，物价暴贵，人多乏食，令出太仓米一百万石，开十场贱粜以济贫民。玄宗御勤政楼亲自试四科制举人，策外加诗赋各一首，制举加诗赋自此始。

天宝十四载（公元755年）

- 三月丙寅（初七），玄宗宴群臣于兴庆宫勤政楼，奏九部乐，上赋诗效柏梁体。

- 十一月丙寅（十一），范阳节度使安禄山以诛杨国忠为名，于范阳起兵叛乱，率蕃、汉之兵十余万南向长安。癸酉（十八），玄宗命郭子仪为灵武太守、朔方节度使，甲戌（十九），以常清为范阳、平卢节度使兼御史大夫，令募兵三万以抵御叛军。甲申（二九），以京兆牧、荣王琬为元帅，命高仙芝副之，于京城招募，号曰天武军，其众十万。

天宝十五载 至德元载（公元756年）

- 正月乙卯（初一），玄宗御宣政殿受朝。其日，安禄山于洛阳登基称帝，僭国号为燕。

- 六月辛卯（初九），哥舒翰至潼关，为其部下火拔归仁数十骑执之降贼，潼关失守，京师大骇。乙未（十三）凌晨，玄宗与杨贵妃在宰相杨国忠、韦见素、内侍高力士及太子的扈从下，自延秋门出城，逃往蜀郡。长安城大乱，王公、士民四出逃窜，山谷细民争相进入宫禁及王公第舍，盗取金宝，或乘驴上殿；又焚左藏大盈库。京兆尹、西京留守崔光远与将军边令诚率人救火，又募人摄府、县官分守之，杀十余人，城内局势稍定。安禄山遣部将孙孝哲领兵入长安，以张通儒为西京留守，崔光远为京兆尹；使安忠顺将兵屯苑中，以镇关中。孙孝哲豪侈，果于杀戮，王、侯、将、相扈从车驾、家留长安者，诛及婴孩。

· 七月甲子（十二），肃宗即皇帝位于灵武。改元至德。

至德二载（公元757年）

· 九月丁亥（十一），元帅广平王统朔方、安西、回纥、南蛮、大食之众二十万，东向讨贼。壬寅（二七），与叛军安守忠、李归仁等战于香积寺西北，叛军大败，斩首六万级，叛将张通儒弃京城东走。癸卯（二八），广平王收复西京。

· 十月丁卯（二三），肃宗进入长安，士庶涕泣拜伏，九庙为贼所焚，上素服哭于庙三日，入居大明宫。己巳（二五），回纥叶护自东京还至长安，肃宗宴之于大明宫宣政殿。

· 十一月乙亥朔（初一）①，肃宗御丹凤楼，下制将于太上皇返京时表彰功臣。两京诸门带"安"字者皆改之。庚寅（十六），在长乐殿举行告享活动。

· 十二月丙午（初三），玄宗自成都回到长安，自开远门至丹凤门，旗帜烛天，彩棚夹道，士庶舞忭路侧，百僚班于含元殿庭，上皇御殿，左相苗晋卿率百辟称贺，礼毕，玄宗至长乐殿拜谒九庙神主，即日幸兴庆宫。戊午（十五），肃宗御丹凤门，下制大赦。改蜀郡为南京，凤翔府为西京，西京改为中京，蜀郡改为成都府。甲子（二一），玄宗御宣政殿，授肃宗传国玺。乙丑（二二），贼将伪范阳节度使史思明以其兵众八万之籍，与伪河东节度使高秀岩并表送降。庚午（二七），制斩达奚珣等十八人于子城西南隅独柳树，陈希烈等七人赐自尽，前大理卿张均免死配流合浦郡。

---

① 《旧唐书·肃宗本纪》作十一月壬申朔，误。十一月，无壬申日，十月、十二月有之。《旧唐书·肃宗本纪》所载制文中有"待上皇到日"句，可知"上皇"（玄宗）当时尚未返回长安。玄宗到长安的时间是十二月丙午（初三），故可推定本纪中所谓"壬申"当在十月。疑肃宗在十月壬申（二八）决定于十一月乙亥朔御丹凤楼下制，《旧唐书·肃宗本纪》在壬申后有脱文。

乾元元年（公元758年）

- 正月戊寅（初五），玄宗御宣政殿，册肃宗尊号曰光天文武大圣孝感皇帝。内出宫女三千人。庚寅（十七），大阅诸军于含元殿庭，肃宗御栖鸾阁观看。

- 二月乙巳（初三），肃宗御兴庆宫，奉册玄宗徽号曰太上至道圣皇大帝。丁未（初五），御明凤门，大赦天下，改至德三载为乾元元年。

- 三月辛卯（十九），因岁饥，肃宗下令禁止酤酒，待麦熟之后，任依常式。太史监改为司天台，取承宁坊张守珪宅置，仍补官员六十人。

- 四月己酉（初八），册淑妃张氏为皇后。辛亥（初十），九庙成，备法驾自长安殿迎九庙神主入新庙。甲寅（十三），上亲享九庙，遂有事于圜丘，即日还宫。翌日，御明凤门，大赦天下。戊辰（二七），上进炼石英金灶于兴庆宫。

- 五月壬申（初一），回纥、黑衣大食各遣使朝贡，至阁门争长，诏其使各从左右门入。庚寅（十九），立成王俶为皇太子。

- 六月辛丑（初一），吐火罗、康国遣使朝贡。己酉（初九），初置太一神坛于圜丘东。是日，命宰相王玙摄行祠事。

- 七月辛未（初一），吐火罗叶护乌利多并九国首领来朝，愿出兵助国讨贼，上令赴朔方行营。丙戌（十六），铸新钱"乾元重宝"，以一当十，与开元通宝同行用。丁亥（十七），肃宗第二女宁国公主和亲回纥英武威远毗伽可汗。

- 八月甲辰（初五），玄宗诞节，宴百官于金明门楼，朔方节度使郭子仪、河东节度使李光弼、关内节度使王思礼来朝。

- 十二月丙寅（二八），上御宣政殿，读时令，常参官五品以上升殿序坐而听之。

乾元二年（公元759年）

- 正月己巳（初一），肃宗御舍元殿，受尊号曰乾元大圣光天文武孝感皇帝。丁丑（初九），亲祀九宫贵神，斋宿于坛所。戊寅（初十），有事于籍田，行九推之礼。

- 三月己巳（初三），皇后祀先蚕于苑中。

- 四月癸亥（二七），以久旱徙市，雩祈雨。

- 五月丁亥（二二），肃宗亲御宣政殿试文经邦国等四科举人。
- 九月戊辰（初五），铸大钱，文如乾元重宝，而重其轮，用一当五十，以二十二斤成贯。

乾元三年　上元元年（公元760年）

- 闰四月己卯（十九），以星文变异，肃宗御明凤门，大赦天下，改乾元为上元。追封周太公望为武成王，依文宣王例置庙。时大雾，自四月雨至闰月末不止。京师米价翔贵，人相食，饿死者委骸于路。
- 六月乙丑（初七），肃宗下诏：先铸重棱钱一当五十，宜减当三十文；开元宜一当十。
- 七月丁未（十九），玄宗自兴庆宫被迫移居西内太极宫。丙辰（二八），高力士被配流巫州，内侍王承恩流播州，魏悦流溱州，左龙武大将军陈玄礼致仕。

上元二年（公元761年）

- 正月甲午（初八），肃宗患病，皇后张氏刺血写佛经。甲寅（二八），诏府县、御史台、大理疏理系囚，死罪降从流，流以下并释放。
- 二月戊寅（二三），李光弼率河阳之军五万，与史思明之众战于北邙，官军败绩。光弼、仆固怀恩走保闻喜，鱼朝恩、卫伯玉走保陕州，河阳、怀州共陷贼，京师戒严。
- 七月甲辰（二二），延英殿御座梁上生玉芝，一茎三花，肃宗制《玉灵芝诗》。
- 八月，自七月京城霖雨，至是方止，长安城内墙宇多坏，甚至漉鱼道中。
- 九月壬寅（二一），肃宗下制自今以后，其号唯称皇帝，其年号但称元年，去上元之号。

宝应元年（公元762年）

- 四月甲寅（初五），玄宗崩于西内神龙殿。肃宗自仲春患病，听闻玄宗崩逝，悲伤不已，病情加重。张皇后无子，惧皇太子功高难制，暗中引越王系于宫中，图谋废立。乙丑（十六），皇后矫诏召太子。宦官李辅国、程元振等知之，乃勒兵于凌霄门，待太子至，即卫从太子入飞龙厩以俟其变。当夜，勒兵于三殿，收捕越王系及内官朱光辉、马英俊等禁锢之，幽皇后于别殿。丁卯（十八），肃宗崩，程元振等始迎皇太子于九仙门，见群臣，行监国之礼。己巳（二十），即皇帝位于柩前。

· 五月丙申（十八），改乾元大小钱并一当一。丁酉（十九），代宗御丹凤楼，大赦。四月十七日立功人并号"宝应功臣"。

宝应二年　广德元年（公元763年）

· 三月丁未（初四），玄宗、肃宗归祔山陵。自三月一日废朝，至于晦日，百僚素服诣延英门通名起居。

· 七月戊申（初七），群臣上尊号曰宝应元圣文武皇帝，御含元殿受册。壬子（十一），御宣政殿宣制，改元广德，大赦天下，常赦不原者咸赦除之；民户三丁免一丁庸，租税依旧每亩二升；男子二十成丁，五十入老；功臣皆赐铁券，藏名太庙，画像凌烟阁。

· 九月壬戌（二二），仆固怀恩拒命于汾州，遣宰臣裴遵庆往宣抚之。乙丑（二五），吐蕃寇泾州，刺史高晖以城降，因为吐蕃乡导。

· 十月辛未（初二），高晖引吐蕃犯京畿，寇奉天、武功、盩厔等县。丙子（初七），驾幸陕州，上出苑门，射生将王献忠率四百骑叛，胁丰王以下十王归京。戊寅（初九），吐蕃入京师，立广武王承宏为帝，仍逼前翰林学士于可封为制封拜。辛巳（十二），车驾至陕州。子仪在商州会六军使张知节、乌崇福、长孙全绪等率兵继至，军威遂振。同华节度使骆奉先聚兵城下不进，齐击街鼓于朱雀门街，蕃军震慑，狼狈奔溃。庚寅（二一），子仪收京城。癸巳（二四），以郭子仪为京师留守。

广德二年（公元764年）

· 二月癸酉（初五），代宗亲荐献太清宫、太庙。乙亥（初七），祀昊天上帝于圜丘，即日还宫。

· 九月，自七月大雨未止，京城米斗值一千文。

· 是秋，蝗食田殆尽，关辅尤甚。米斗千钱。

· 十月丁卯（初三），仆固怀恩引吐蕃二万寇奉天，京师戒严。

· 十一月乙未（初二），仆固怀恩与蕃军自溃，京师解严。丁未（十四），子仪自泾阳入觐，代宗诏令宰臣百僚迎之于开远门，代宗亲御安福寺待之。

永泰元年（公元 765 年）

- 正月癸巳（初一），代宗颁制：大赦天下，改广德三年为永泰元年。
- 二月丁丑（十五），内出宫女千人，品官六百人守洛阳宫。戊寅（十六），党项羌寇富平，焚定陵寝殿。庚辰（十八），诸陵署复隶太常寺。
- 三月庚戌（十九），吐蕃请和，诏宰臣元载、杜鸿渐与蕃使同盟于兴唐寺。
- 是春大旱，京师米贵，斛至万钱。
- 七月，久旱，京师米斗一千四百，他谷食称是。
- 九月，仆固怀恩诱吐蕃数十万寇邠州，客将尚品息赞磨、尚悉东赞等寇奉天、醴泉，党项羌、浑、奴剌寇同州及奉天，逼凤翔府、盩厔县，京师戒严。己酉（二十），郭子仪自河中至，进屯泾阳，李忠臣屯东渭桥，李光进屯云阳，马璘、郝玉屯便桥，骆奉仙、李伯越屯盩厔，李抱玉屯凤翔，周智光屯同州，杜冕屯坊州；代宗亲率六军屯苑内。庚戌（二一），下诏亲征。内官鱼朝恩上言，请括私马，京城男子悉皂衣团结，塞京城二门之一。士庶大骇，有逾垣凿窦出城者，吏不能禁。自丙午（十七）至甲寅（二五）大雨，平地水流。丁巳（二八），吐蕃大掠京畿男女数万计，焚庐舍而去。

永泰二年　大历元年（公元 766 年）

- 二月丁亥（初一），代宗释奠于国学，赐宰臣百官飧钱五百贯，于国学食。
- 九月庚申（初七），京兆尹黎干以京城薪炭不给，奏开漕渠，自南山谷口引水入京城，至荐福寺东街，北抵景风、延喜门入苑，阔八尺，深一丈。渠成，是日代宗幸安福门以观之。
- 十一月甲子（十二），日长至，代宗御含元殿，下制大赦天下，改永泰二年为大历元年。

大历二年（公元 767 年）

- 二月壬午（初二），代宗幸昆明池踏青。癸卯（二三），宰臣元载王缙、左仆射裴冕、户部侍郎第五琦、京兆尹黎干各出钱二十九，置宴于郭子仪之第。

- 三月甲戌（二四），鱼朝恩宴郭子仪、宰相、节度、度支使、京兆尹于私第。乙亥（二五），郭子仪亦置宴于其第。戊寅（二八），田神功宴于其第。
- 四月己亥（二十），以洪州刺史李勉为京兆尹。庚子（二一），宰臣内侍鱼朝恩与吐蕃同盟于兴唐寺。
- 八月丙戌（初九），渤海朝贡。壬寅（二五），敕陵庙署复隶宗正寺。
- 九月甲寅（初七），吐蕃寇灵州、邠州，京师戒严。辛未（二四），靺鞨使来朝。
- 十月戊寅（初一），灵州奏破吐蕃二万，京师解严。甲申（初七），减京官职田三分之一，给军粮。癸卯（二六），代宗御紫宸殿，策试茂才异行、安贫乐道、孝悌力田、高蹈不仕等四科举人。
- 十一月壬申（二六），京师地震，自东北来，其声如雷。

大历四年（公元 769 年）

- 正月，黑衣大食国使至长安朝贡。
- 三月壬申（初四），代宗以京畿户口，减耗大半，颁诏京兆府长安、万年宜各减丞一员、尉两员，余县各减丞、尉一员，其余委吏部条件处分。
- 五月丙戌（一九），京师地震。辛卯（二四），以仆固怀恩女为崇徽公主，嫁回纥可汗，命兵部侍郎李涵往册命。
- 七月，自四月连雨至此月，京城米斗八百文。官府出米二万石，减价粜出，以惠贫民。己卯（十四），虎入长寿坊元载家庙，射生将周皓引弩毙之。
- 十月乙卯（二一），以汝州刺史孟皞为京兆尹。
- 十一月辛未（初七），禁畿内弋猎。
- 十二月辛酉（二七），代宗敕京兆府税宜分作两等，上等每亩税一斗，下等税六升，能耕垦荒地者税二升。

大历五年（公元 770 年）

- 七月，京城斗米千文。

大历六年（公元771年）

· 四月丁巳（初一），代宗御宣政殿试制举人，至夕，策未成者，令太官给烛。

· 十一月己亥（十七），文单国王婆弥来朝，献驯象十一头。

大历七年（公元772年）

· 正月甲辰（二二），回纥使出鸿胪寺劫掠坊市，吏不能禁止，复三百骑犯金光、朱雀等门。是日皇城诸门皆闭，慰谕之方止。

· 六月丁丑（二八），代宗下诏：诚薄葬，子侄迪假借采及金子貌宝钿等物。

· 七月癸巳（十四），回纥蕃客夺长安县令邵说所乘马，人吏不能禁。

· 十月壬子（初五），代宗畋于禁苑中，矢一发贯二兔，从臣皆祝贺。

· 是秋稔，回纥、吐蕃、大食、渤海、室韦、鞑靼、契丹、奚、牂柯、康国、石国并遣使至长安朝贡。

大历八年（公元773年）

· 八月辛未（二八），幽州节度使朱泚弟滔率五千骑来朝，请河西防秋，诏千骑迓于国门，许自皇城南面出远门，赴泾州行营。

· 九月癸未（十一），晋州男子郇谟以麻辫发，持竹筐及苇席，哭于东市，请进三十字，如不称旨，请裹尸于席筐。代宗召见，赐衣，馆之禁中，内二字曰"监团"，欲去诸道监军、团练使也。丁亥（十五），贬左巡使、殿中侍御史杨护，以其抑郇谟而不上闻也。

大历九年（公元774年）

· 三月丙午（初七），诏禁畿内渔猎采捕，自正月至五月晦，永为常式。

· 四月己卯（十一），以桂管观察使黎干为京兆尹。

大历十年（公元775年）

· 九月戊申（十七），回纥白昼杀人于市，吏捕之，拘于万年狱。其首领亦心持兵入县，劫囚而出，斫伤狱吏。

大历十一年（公元776年）

· 七月戊子（初三）夜，京师暴澍雨，平地水深盈尺，沟渠涨溢，冲坏坊民一千二百家。

大历十二年（公元 777 年）

- 正月癸酉（二十），京师旱，分命祈祷。
- 五月甲寅（初四），诸道邸务在长安城内留后院，改为进奏院。庚午（二十），代宗敕毁元载祖、父坟，剖棺弃骸，焚毁私庙主于大宁里。

大历十四年（公元 779 年）

- 五月癸卯（初三），代宗患病，至辛亥（十一），不视朝。辛酉（二一），诏皇太子监国。是夕，上崩于紫宸之内殿。遗诏皇太子柩前即位。壬戌（二二），迁神柩于太极殿，发丧。癸亥（二三），皇太子即位于太极殿。
- 六月己亥（初一），德宗御丹凤楼，大赦天下。
- 八月庚申（二三），群臣上尊谥曰睿文孝武皇帝，庙号代宗。
- 十月己酉（十三），葬于元陵。
- 十二月丁酉（初一），祔于太庙。

建中元年（公元 780 年）

- 正月丁卯（初一），德宗御含元殿，改元建中，群臣上尊号曰圣神文武皇帝。己巳（初三），德宗朝太清宫。庚午（初四），谒太庙。辛未（初五），有事于郊丘。是日还宫，御丹凤门，大赦天下。颁布"两税法"，宣布"今后除两税外，辄率一钱，以枉法论"。
- 二月，日本遣唐使团至长安朝贡。
- 十一月辛酉（初一），朝集使及贡使见于宣政殿，兵兴以来，四方州府不上计、内外不朝会者二十有五年，至此始复旧制。州府朝集者一百七十三人，诏每令分番二人待诏。

建中三年（公元 782 年）

- 四月，太常博士韦都宾、陈京奏请借京城富商钱，大约每商留万贯，余并入官。甲子（十二），德宗诏京兆尹、长安万年令大索京畿富商，刑法严峻，长安令薛苹荷校乘车，于坊市搜索，人不胜鞭笞，乃至自缢。京师嚣然，如被盗贼。搜括既毕，计其所得才八十万贯，少尹韦祯又取僦柜质库法拷索之，才及二百万。
- 六月甲子（十三），京师地震。

建中四年（公元 783 年）

- 四月甲子（十八），京师地震，生黄白毛，长尺余。
- 五月辛巳（初五）夜，京师地震。
- 十月丙午（初二），德宗诏泾原节度使姚令言率泾原兵救哥舒曜。丁未（初三），泾原军出长安，至浐水，因不满朝廷赏赐，倒戈谋叛，姚令言不能禁，乱兵阵于丹凤门下，德宗促神策军拒之，无一人至者。德宗不得已与太子、诸王、妃主百余人出苑北门。戊申（初四），至奉天。乱兵既剽京城，屯于白华，乃于晋昌里迎朱泚为帅，称太尉，居含元殿，史称"泾原兵变"。

兴元元年（公元 784 年）

- 正月癸酉（初一），德宗在奉天行宫受朝贺，诏大赦天下，改建中五年为兴元元年，应赴奉天并进收京城将士，并赐名"奉天定难功臣"，奉天升为赤县。
- 五月乙未（二五）夜，李晟自渭北移军于光泰门外，大败叛军，入光泰门，遣骑将史万顷开苑墙二百余步，与叛军战，叛军大败，追击至白华，朱泚、姚令言率众万余东逃，李晟收复京城。
- 七月壬午（十三），德宗自兴元至京城。辛卯（二二），御丹凤楼，大赦天下。甲午（二五），命宰臣诸将送晟入新赐第。教坊乐，京兆府供帐食馔，鼓吹导从，京城以为荣观。

贞元元年（公元 785 年）

- 正月丁酉（初一），德宗御含元殿受朝贺，礼毕，宣制大赦天下，改元贞元。
- 二月，寒食节，德宗与诸将击鞠于内殿。
- 七月，关中旱蝗，蝗食草木都尽，灞水将竭，井多无水。
- 九月乙巳（十三），德宗御正殿，策贤良方正、能直言极谏等三科举人。
- 十一月癸卯（十一），德宗亲祀昊天上帝于圜丘。郊坛毕，还宫，御丹凤楼，大赦天下。
- 十二月戊辰（初七），德宗诏延英视事日，令常参官七人引对，陈时政得失。

贞元二年（公元786年）

- 正月壬辰（初一），德宗因岁饥罢元日朝会。丙申（初五），又诏以民饥，御膳之费减半，宫人月共粮米都一千五百石，飞龙马减半料。
- 五月丙申（初八），自癸巳（初五）大雨至于兹日，饥民俟夏麦将登，又此霖澍，人心甚恐，米斗复千钱。
- 六月辛酉（初四），大风雨，长安城街陌水深数尺，人有溺死者。
- 九月乙巳（十九），吐蕃寇好畤，京师戒严。
- 十二月壬申（十七），因度支奏请，京城畿内榷酒，每斗榷钱一百五十文，蠲酒户差役。

贞元三年（公元787年）

- 四月庚午（十六），德宗御麟德殿，试奏河东节度使马燧所献《定难乐曲》。
- 是岁，作玄英观于大明宫北垣。

贞元四年（公元788年）

- 正月庚戌（初一），德宗御丹凤楼，颁制大赦天下。是日，含元殿前阶基栏槛坏损三十余间，压死卫士十余人。京师地震。辛亥（初二），又震。壬子（初三），又震。甲寅（初五），德宗宴群臣于麟德殿，设九部乐，内出舞马，上赋诗一章，群臣属和。丁卯（十八），京师地震。戊辰（十九），又震。庚午（二一），又震。癸酉（二四），京师地震。仍延喜门北复造属永春门。
- 九月丙午（初二），德宗诏正月晦日、三月三日、九月九日三节日，宜任文武百僚选胜地追赏为乐。每节宰相及常参官共赐钱五百贯文，翰林学士一百贯文，左、右神威、神策等军每厢共赐钱五百贯文，金吾、英武、威远诸卫将军共赐钱二百贯文，客省奏事共赐钱一百贯文，委度支每节前五日支付，永为常式。癸丑（初九），赐百僚宴于曲江亭，仍作《重阳赐宴诗》六韵赐之。
- 十月，德宗颁诏中书门下选常参官曾为牧宰有理行者以名闻，宰臣奏于颀、董晋等十二人前任有治迹，诏颀等于左、右丞厅各言政要，左右丞条奏，德宗又御宣政殿亲自试其言而后任用。

贞元五年（公元789年）

·九月壬戌（二三），德宗颁诏褚遂良以下至李晟等二十七人，图形于凌烟阁，以继唐贞观时的"凌烟阁二十四功臣"之像。

贞元六年（公元790年）

·二月戊辰（初一），百官会宴于曲江亭，德宗赋《中和节群臣赐宴》七韵。当日，百官进《兆人本业》三卷，司农献黍粟各一斗。岐州无忧王寺有佛指骨寸余，先是取来禁中供养，乙亥（初八），诏送还本寺。

·三月庚子（初三），百官宴于曲江亭，德宗又赋《上巳诗》一篇赐之。

·五月丙寅（初一），德宗御大明宫紫宸殿受百官朝贺。

·十一月庚午（初八），日南至，德宗亲祀昊天上帝于郊丘。礼毕还宫，御丹凤楼宣赦，见禁囚徒减罪一等，立仗将士及诸军兵，赐十八万段匹。

贞元七年（公元791年）

·五月庚申（初一），按新礼制，德宗御宣政殿召见百官。

·七月癸酉（十四），德宗幸游章敬寺，赋诗九韵，皇太子与群臣毕和，题之寺壁。

贞元八年（公元792年）

·二月丁亥（初二），许州人李狗儿持杖闯入大明宫含元殿，被擒后诛杀。

·五月乙卯（初一），德宗御宣政殿受朝。

·十月庚戌（二八），复命金吾置门籍。

贞元九年（公元793年）

·正月庚辰（初一），朝贺结束后，德宗赋《退朝观仗归营诗》。癸卯（二四），盐铁使张滂奏请税茶，每年税钱得四十万贯，茶之有税，自此始。

·二月庚戌（初一），先是宰相以三节赐宴，府县有供帐之弊端，奏请以宴钱分给，各令诸司选胜景之地宴会。是日中和节宰相宴于曲江亭，诸司随便，自是分宴。

·四月辛酉（十三），地震，有声如雷，河中、关辅尤甚，坏城壁庐舍，地裂水涌。

- 十月癸酉（二七），环王国献犀牛，德宗令见于太庙。
- 十一月乙酉（初十），日南至，德宗亲郊圜丘。是日还宫，御丹凤楼，颁制大赦天下。

贞元十年（公元794年）

- 十月癸卯（初三），德宗御宣政殿，试贤良方正、能直言极谏等举人。

贞元十一年（公元795年）

- 三月辛未（初三），赐宰臣两省供奉官宴于曲江亭。

贞元十二年（公元796年）

- 正月，德宗制《贞元广利药方》五百八十六首，颁降天下。
- 四月庚辰（十九），德宗降诞日，命沙门、道士与儒官讨论三教，德宗大悦。
- 六月乙丑（初六），初置左、右护军中尉监、中护军监，以授宦官。
- 八月庚午（十二），增修望仙门，广夹城、十王宅、六王宅。
- 九月庚戌（二二），德宗幸游鱼藻宫，即日还内。
- 十月壬戌（初五），德宗颁诏以京畿旱，放租税。
- 十二月己未（初二），长安大雪平地二尺，竹柏多死。环王国所献犀牛，甚珍爱之，是冬亦死。德宗著《刑政箴》一首。癸未（二六），回纥、南诏、剑南西山国女国土并至长安朝贺。

贞元十三年（公元797年）

- 二月丁巳（初一），赐宰臣、两省供奉官宴于曲江亭。
- 三月戊子（初二），造会庆亭于麟德殿前。
- 四月壬戌（初七），德宗幸兴庆宫龙堂祈雨。
- 六月辛巳（二七），引龙首渠水自通化门入长安城，至太清宫前。
- 七月壬辰（初九），德宗命神策军士疏浚湖渠、鱼藻池，深五尺。
- 八月丁巳（初四），德宗诏京兆尹韩皋修昆明池石炭、贺兰两堰兼湖渠。

·九月辛卯（初九），宴宰臣百官于曲江，德宗赋诗以赐之。

贞元十四年（公元798年）

·二月戊午（初七），德宗御麟德殿，宴文武百僚，初奏《破陈乐》，遍奏九部乐，宫中歌舞伎十数人列于庭。先是德宗制《中和乐舞曲》，是日奏之，日晏方罢。德宗又赋《中春麟德殿宴群臣诗》八韵，群臣颁赐有差。

·六月乙巳（二七），京城旱俭，诏出太仓粟赈贷。

·十月，以岁凶谷贵，出太仓粟三十万石，开场粜以惠民。

·十二月已亥（二四），南诏异牟寻遣使至长安贺正旦。

贞元十五年（公元799年）

·二月乙未（二一），裴肃奏于台州擒栗锽以献，斩于独柳树。癸卯（二九）以岁饥，诏出太仓粟十八万石，粜于京畿诸县。

贞元十六年（公元800年）

·正月，南诏献《奉圣乐舞曲》，德宗阅于麟德殿前。

贞元十七年（公元801年）

·二月癸巳（初一），赐群臣宴于曲江亭，德宗赋《中和节赐宴曲江诗》六韵赐之。

·三月乙丑（初三），赐群臣宴于曲江亭。

·九月戊辰（初九），群臣宴曲江，德宗赋《九日赐宴曲江亭诗》六韵赐之。

·十月，宰相贾耽上《海内华夷图》及《古今郡国县道四夷述》四十卷。淮南节度使杜佑进《通典》，凡九门，共二百卷。

贞元十八年（公元802年）

·正月乙丑（初八），骠国王遣使悉利移来朝贡，并献其国乐十二曲与乐工三十五人。

·二月戊子（初一），德宗赐群臣宴于马璘之山池。

·三月乙丑（初九），德宗又赐群臣宴于马璘之山池。

·九月乙卯（初一），德宗赐群臣宴于马璘山池，并赋《九日赐宴诗》六韵赐之。

贞元十九年（公元 803 年）

- 二月壬午（初一），赐宴马璘山池。丁亥（初六），修含元殿。

贞元二十年（公元 804 年）

- 九月庚辰（初九），赐群臣宴于马璘山池。
- 十二月，吐蕃、南诏、日本国并遣使至长安朝贡。

贞元二十一年　永贞六年（公元 805 年）

- 正月辛未（初一），德宗御含元殿受朝贺。是日，德宗患病。癸巳（二三），会群臣于宣政殿，宣遗诏：皇太子宜于柩前即位。是日，德宗崩逝于会宁殿，享寿六十四。甲午（二四），迁神柩于太极殿。丙申（二六），发丧，群臣缟素。皇太子即皇帝位于太极殿，是为唐顺宗。顺宗自二十年九月患有风病，口不能言，既即位力疾衰服，见百僚于九仙门。
- 二月甲子（二四），顺宗御丹凤楼，大赦天下。
- 三月庚午（初一），出宫女三百人于安国寺，又出掖庭教坊女乐六百人于九仙门，召其亲族归之。癸巳（二四），诏册广陵郡王李淳为皇太子，改名纯。
- 七月戊辰（初一），吐蕃使论悉诺来长安朝贡。因顺宗患有风疾，不能延纳宰臣共论朝政，因而事无巨细皆决于李忠言、王伾、王叔文等人，朝议喧杂，以为不可，地方藩镇也屡屡上表请皇太子摄政。乙未（二八），顺宗下诏：军国政事，令皇太子勾当。皇太子见百官于朝堂。丙申（二九），皇太子于麟德殿西学台见奏事官。
- 八月庚子（初四），顺宗再次下诏：令皇太子即皇帝位，顺宗自称太上皇，居兴庆宫，制称诰。辛丑（初五），诰今月九日册皇帝于宣政殿，改贞元二十一年为永贞元年。壬寅（初六），贬右散骑常侍王伾为开州司马，前户部侍郎、度支盐铁转运使王叔文为渝州司户。

元和元年（公元 806 年）

- 正月丙寅（初一），唐宪宗率百官于兴庆宫上顺宗尊号曰应乾圣寿太上皇。丁卯（初二），御含元殿受朝贺。礼毕，御丹凤楼，大赦天下，改元曰元和。甲申（十九），顺宗崩逝于兴庆宫咸宁殿，迁殡于太极殿，发丧。

- 七月壬寅（十一），葬顺宗于丰陵。
- 十二月丙戌（二七），新罗、渤海、牂柯、回纥各遣使至长安朝贡。

元和二年（公元 807 年）

- 正月己丑（初一），宪宗亲献太清宫、太庙。辛卯（初二），祀昊天上帝于郊丘，是日还宫，御丹凤楼，大赦天下。
- 二月辛酉（初三），宪宗下诏：僧尼道士全隶左、右街功德使，自是祠部司封不复关奏。庚午（十二），司天造新历成，诏题为《元和观象历》。
- 三月辛卯（初三），宪宗又赐群臣宴于曲江亭。
- 六月丁巳（初一），始置百官待漏院于建福门外。先前，建福、望仙等门，与诸坊门一样，黄昏而闭，五更而启。至德时，有吐蕃囚自金吾仗逃亡，肃宗因敕晚开门，宰相上朝时等待刻漏于太仆寺车坊，至此始令有司据班品置院。丙子（二十），左神策军新筑夹城，置玄化门晨耀楼。
- 七月丙戌（初一），宪宗敕刑部侍郎许孟容等删定《开元格后敕》。
- 十月庚申（初六），浙西节度使李锜据润州反。丁卯（十三），以门下侍郎、平章事武元衡为成都尹、充剑南西川节度使，将行，宪宗御安福门慰劳。癸酉（十九），润州大将张子良、李奉仙等执李锜以献。
- 十一月甲申（初一），斩李锜于皇城西南隅的独柳树下，并削其属籍。
- 十二月己卯（二六），李吉甫撰《元和国计簿》十卷进呈。
- 是岁，吐蕃、回纥、奚、契丹、渤海、牂柯、南诏并遣使至长安朝贡。

元和三年（公元 808 年）

- 正月癸巳（十一），群臣上尊号曰睿圣文武皇帝，宪宗御宣政殿受册，礼毕，移仗御丹凤楼，大赦天下。
- 三月乙巳（二三），宪宗御宣政殿试制科举人。
- 四月癸丑（初一），中使郭里旻酒醉犯夜，金吾杖杀之，金吾将薛伍、巡使韦纁皆被贬逐。壬申（二十），大风毁含元殿栏槛二十七间。

· 五月壬辰（十一），兵部请复武举，宪宗准其所请。

元和四年（公元809年）

· 四月甲申（初九），宪宗令皇太子居少阳院。丙申（二一），抚州山人张洪骑牛冠履，献书于光顺门，书不足采，遣之。

· 七月乙巳（初一），宪宗御制《前代君臣事迹》十四篇，书写于六扇屏风。是月，出书屏以示宰臣，李藩等表谢之。

· 十月庚寅（十八），册邓王宁为皇太子。己亥（二七），以神策左军中尉吐突承璀为镇州行营招讨处置等使，征讨承德节度使王承宗，吐突承璀军从京师出发，宪宗御通化门劳遣。

元和六年（公元811年）

· 十二月壬申（十一），宪宗下诏委宗正卿选人门嫁十六宅诸王女，仍封为县主。

· 闰十二月辛亥（二一），皇太子宁薨逝，谥曰惠昭，废朝三日。

元和八年（公元813年）

· 二月辛卯（初七），宰相李吉甫进所撰《元和郡国图》三十卷，又进《六代略》三十卷，又为《十道州郡图》五十四卷。

· 四月丙戌（初四），以钱重货轻，宪宗颁诏出库钱五十万贯，令两常平仓收长安两市布帛，每段匹于旧估加十之一。乙未（十三），长安西市豕生三耳八足一尾。

· 六月庚寅（初九），京州大风雨，毁屋飘瓦，人多压死。

· 七月癸酉（二三），宪宗诏命神策中尉彭中献修兴唐观，扩大其规制，北拒禁城，并开复道以方便宪宗行幸。

· 九月戊午（初九），宪宗赐群臣宴于曲江。

· 十月丙申（十七），长安大雪，故而放朝，人有冻踣者，雀鼠多死。

元和九年（公元814年）

· 三月丁卯（十九），宪宗召大理卿裴棠棣男损、前昭应令杜式方男惊见于麟德殿前，各赐绯，许尚公主。

· 五月，关中大旱，谷贵，诏出太仓粟七十万石，开六场粜以惠饥民。

- 六月乙未（二十），置礼宾院于长兴里之北。
- 九月壬辰（十九），真腊国遣使至长安朝贡。

元和十年（公元815年）

- 六月癸卯（初三），镇州节度使王承宗遣刺客夜伏于靖安坊，刺死宰相武元衡；又遣刺客于通化坊刺御史中丞裴度，伤首而免。京城大索刺客，公卿节将复壁重辕者皆搜之。庚戌（初十），神策将士王士则、王士平以刺客之名上奏，称其为王承宗所指使，捕得张晏等八人诛之。
- 八月丙寅（二八），诃陵国遣使至长安，献僧祇僮及五色鹦鹉、频伽鸟并异香名宝。
- 十月，刑部尚书权德舆奏请行用新删定的《敕格》三十卷，宪宗诏准。
- 十二月庚申（二三），新造指南车、记里鼓。
- 是岁，渤海、新罗、奚、契丹、黑水、南诏、牂柯并遣使至长安朝贡。

元和十一年（公元816年）

- 三月庚午（初四），皇太后崩逝于兴庆宫咸宁殿。当日，群臣发丧于西宫两仪殿，以宰臣裴度为礼仪使，吏部尚书韩皋为大明宫留守，设次于中书。辛未（初五），敕诸司公事，宜权取中书门下处分。癸酉（初七），分命朝臣告哀于天下。甲戌（初八），见群臣于紫宸门外庑下。己卯（十三），以宰臣李逢吉充大行皇太后山陵使。出内库缯帛五万匹充奉山陵。

元和十二年（公元817年）

- 二月庚子（初十），敕京城居人五家相保，以搜奸慝。当时王承宗、李师道欲阻止朝廷用兵之势，遣人折毁陵庙之戟，焚烧刍藁之积，流矢飞书，致使京城内人心惊恐，故宪宗颁敕搜索以防奸。
- 五月，建造大明宫蓬莱池周廊四百间。
- 六月乙酉（二七），京师大雨，含元殿一柱倾斜，市中水深三尺，坏坊民二千家。
- 七月丙辰（二九），以中书侍郎、平章事裴度守门下侍郎同平章事、使持节蔡州诸军事、蔡州刺史，充彰义军节度、申光蔡观察处置等使，仍充淮西宣慰处置使。

·十月己卯（二三），李愬率师进入蔡州，执吴元济以献，淮西平。

·十一月丙戌（初一），宪宗御兴安门受淮西之俘，以吴元济徇两市，斩于独柳树。

元和十三年（公元818年）

·正月乙酉（初一），宪宗御含元殿受朝贺，礼毕，御丹凤楼，大赦天下。

·二月乙亥（二一），宪宗御麟德殿，宴群臣，大合乐，凡三日而罢，颁赐有差。

·是岁，回纥、南诏蛮、渤海、高丽、吐蕃、奚、契丹、诃陵国并遣使至长安朝贡。

元和十四年（公元819年）

·正月辛巳（初二），斩前沧州刺史李宗奭于独柳树。壬午（初三），复置仗内教坊于延政里。丁亥（初八），迎凤翔法门寺佛骨至京师，留禁中三日，乃送诣寺，王公士庶奔走舍施如不及。刑部侍郎韩愈上疏极陈其弊。癸巳（十四），贬愈为潮州刺史。

·二月甲子（十六），宪宗御宣政殿受俘，己巳（二一），又御兴安门受田弘正所献贼俘，群臣贺于楼下。

·三月丁酉（十九），宪宗以平定淄青节度使李师道之乱，宴群臣于麟德殿，赐物有差。

·七月辛巳（初五），群臣上尊号曰元和圣文神武法天应道皇帝，宪宗御宣政殿受册，礼毕，御丹凤楼，大赦天下。

·十一月丁酉（二三），以郑权为右金吾大将军，充右街使。当时，宪宗服方士柳泌金丹药，起居舍人裴潾上表切谏，被贬为江陵令。

·十二月庚戌（初六），国子祭酒郑余庆奏：见任文官一品至九品，外使兼京正员官者，每月于所请秋钱每贯抽十文，修国子监。宪宗诏从之。

元和十五年（公元820年）

· 正月甲戌（初一），宪宗因服食金丹不豫，罢元会。丙申（二三），义成军节度使刘悟来朝。庚子（二七），宪宗崩于大明宫中和殿，享年四十三。时以暴崩，皆言内官陈弘志弑逆，史氏讳而不书。辛丑（二八），宣遗诏。

· 闰正月丙午（初三），皇太子即皇帝位于太极殿东序。丁未（初四），集群臣班于月华门外。戊申（初五），穆宗见宰臣于紫宸门外。辛亥（初八），始御延英对宰臣。戊辰（二五），群臣始朝于宣政殿正衙。

· 二月丁丑（初五），御丹凤楼，大赦天下。陈俳优百戏于丹凤门内。丁亥（十五），又幸左神策军观角抵及杂戏，日昃而罢。壬寅（三十），敕举贤良方正、直言极谏等科目人，宜令中书门下尚书省四品以上于尚书省同试。

· 三月壬子（初十），召侍讲学士韦处厚、路随于太液亭讲《毛诗·关雎》《尚书·洪范》等篇。既罢，并赐绯鱼袋。

· 五月庚申（十九），葬宪宗于景陵。

· 六月癸巳（二三），皇太后移居兴庆宫，穆宗与六宫侍从大合宴于南内，回幸右军，颁赐中尉等有差。自是凡三日一幸左、右军及御宸晖、九仙等门，观角抵、杂戏。

· 七月乙巳（初五），诏今月六日是其诞辰，奉迎皇太后于宫中上寿，百僚、命妇宜于光顺门进名参贺，皇帝于光顺门内殿与百僚相见，永为常式。丙午（初六），敕停载诞受贺仪。丁未（初七），禁苑内假山崩毁，压死役者七人。甲寅（十四），穆宗御新成永安殿观百戏，极欢而罢。乙卯（十五），穆宗幸游安国寺观盂兰盆。新作宝庆殿。壬戌（二二），盛饰安国、慈恩、千福、开业、章敬等寺，纵吐蕃使者观之。丙寅（二六），以新成永安殿，与中宫贵主密宴以乐之，嫔妃皆预宴。

· 八月乙亥（初六），穆宗御兴庆宫勤政楼，问人疾苦。壬辰（二三），幸鱼藻池，发神策军二千人浚鱼藻池。

· 九月辛丑（初二），大合乐于鱼藻宫，观竞渡。戊申（初九），以重阳节曲宴郭钊兄弟、贵戚、主婿等于宣和殿。辛酉（二二），宴李光颜、李愬于麟德殿,颁赐优厚。

· 十月庚午(初一),阇婆国遣使至长安朝贡。辛巳(十二),金公亮修成指南车、记里鼓车。

· 十二月戊寅(初十),穆宗召故女学士宋若华妹若昭入宫掌文奏。壬午(十四),又幸右军击鞠,遂畋于城西。

长庆元年(公元821年)

· 正月己亥(初二),穆宗亲荐献太清宫、太庙,法驾并赴南郊。辛丑(初四),又祀昊天上帝于圜丘,即日还宫,御丹凤楼,大赦天下,改元长庆。礼毕,群臣于楼前称贺。仗退,穆宗朝太后于兴庆宫。

· 二月丙子(初九),穆宗观杂伎乐于麟德殿,欢甚。辛卯(二四),寒食节,穆宗宴群臣于麟德殿,颁赐有差。

· 五月戊戌(初三),以刑狱淹滞,立程:凡大事,大理寺三十五日详断讫,申刑部,三十日闻奏;中事,大理寺三十日,刑部二十五日;小事,大理寺二十五日,刑部二十日。所断罪二十件以上为大,十件以上为中,十件以下为小。刑部四覆官、大理六丞每月常须二十日入省寺,其厨料令户部加给。癸亥(二八),以皇妹太和公主和亲回纥登罗骨没施合毗伽可汗。

· 七月壬子(十八),群臣上尊号曰文武孝德皇帝,穆宗受册于宣政殿,礼毕,御丹凤楼,大赦天下。辛酉(二七),公主自长安出发赴回纥,穆宗以半仗御通化门临送,群臣班于章敬寺前。

· 十一月戊午(二五),穆宗御宣政殿,试制科举人。

· 十二月辛巳(十九),李光颜赴镇,百官饯于章敬寺,穆宗御通化门临送,赐玉带名马。

长庆二年(公元822年)

· 三月戊申(十七),裴度来朝,穆宗对于麟德殿。

· 九月,先有诏广芙蓉苑南面,居人庐舍坟墓并发移之,群情骇扰。癸丑(二二),穆宗降敕罢之。

· 十一月庚辰(二四),穆宗与宦官击鞠于禁中,有内官忽然坠马,如被物所击,穆宗罢鞠升殿,遽足不能履地,风眩就床。

· 十二月辛卯(初五),穆宗于紫宸殿御大绳床见百官,李逢吉奏景王成长，请立为皇太子，左仆射裴度又极力言之。癸巳（初七），穆宗颁诏立景王为皇太子。甲午（初八），内出绢二百匹，赈两市癃残穷者。丙午（二十），穆宗御宣政殿册皇太子。受册毕，百僚谒太子于东宫，太子举帘，执笏答拜，宫僚拜则受之。

长庆三年（公元823年）

· 三月丁巳（初二），宰臣百僚赐宴于曲江亭。傍晚，有贼入通化门，斗死者一人，伤者六人。

· 八月，穆宗由复道幸兴庆宫，至通化门，赐持盂僧绢二百匹。因幸五坊，赐从官金银铤有差。

· 九月，赐宰臣百僚重九宴于曲江亭。

· 十月，宰相杜元颖罢知政事，除成都尹、剑南西川节度使，赴镇蜀，穆宗御安福门饯别，因赐皇城留守及金吾卫率等帛有差。

· 十一月，穆宗御通化门，观作毗沙门神，因赐绢五百匹。

长庆四年（公元824年）

· 正月辛亥（初一），穆宗御殿受朝如常仪。上饵金石之药。辛未（二一），穆宗病重，诏皇太子监国。壬申（二二），崩于寝殿，时年三十。癸酉（二三），皇太子即位枢前，时年十六。丙子（二六），群臣准遗诏奏皇帝宝册，礼毕，诏赏神策诸军士人绢十四、钱十千，畿内诸军镇绢十四、钱五千，其余军镇颁给有差。

· 二月辛巳（初一），敬宗縗服见群臣于紫宸门外。壬午（初二），渤海送备宿卫大聪叡等五十人入朝。辛丑（二一），敬宗始御紫宸殿受朝。既退，幸飞龙院，厚赐内官等物有差。以米贵，出太仓粟四十万石，于两市贱粜，以惠贫民。乙巳（二五），敬宗率群臣诣光顺门册皇太后。丁未（二七），御中和殿击球，赐教坊乐官绫绢三千五百匹。戊申（二八），击球于飞龙院。己酉（二九），大合乐于中和殿，极欢而罢，内官颁赐有差。

· 三月壬子（初三），御丹凤楼，大赦天下。六宅、十宅诸王女，宜令每年于选人中选择降嫁。甲寅（初五），始于延英对宰臣。庚午（二一），赐内教坊钱一万贯，以备游幸。乙亥（二六），幸教坊，赐伶官绫绢三千五百匹。

- 四月丙申（十七），染坊役夫张韶等百余人闯至右银台门，杀阍者，挥兵大呼，进至清思殿，登御榻而食，攻弓箭库。左神策军兵马使康艺全率兵入宫讨平之。敬宗闻变，急幸左军。己亥（二十），九仙门等监共三十五人，并笞之。辛丑（二二），染坊使田晟、段政直流天德军。
- 六月庚辰（初二），大风吹坏延喜、景风等门。
- 十一月庚申（十五），葬穆宗于光陵。
- 十二月癸未（初九），回纥、吐蕃、奚、契丹遣使至长安朝贡。

宝历元年（公元825年）

- 正月辛亥（初七），敬宗亲祀昊天上帝于南郊。礼毕，御丹凤楼，大赦，改元宝历。
- 三月壬子（初八），敬宗宴群臣于三殿。辛未（二七），敬宗御宣政殿试制举人二百九十一人，以中书舍人郑涵、吏部郎中崔琯、兵部郎中李虞仲并充考制策官。
- 四月癸巳（二十），群臣上徽号曰文武大圣广孝皇帝，敬宗御宣政殿受册。礼毕，御丹凤楼，大赦天下，大辟罪以下，无轻重咸赦除之。
- 五月庚戌（初七），敬宗幸鱼藻宫观竞渡。庚申（十七），正衙册使朋九姓回纥登里啰汨没密施毗伽昭礼可汗。
- 闰七月甲申（十三），敬宗诏度支进铜三千斤、金薄十万翻，修清思院新殿及升阳殿图障。
- 八月，两京、河西大稔，敕度支和籴折籴粟二百万石。

宝历二年（公元826年）

- 正月甲戌（初六），以诸军丁夫二万入内穿池修殿。
- 二月丁巳（十九），寒食节，三殿宴群臣，自戊午（二十）至庚申（二二）方止。
- 三月甲戌（初七），敬宗赐宰臣百僚上巳宴于曲江亭。戊寅（十一），幸鱼藻宫观竞渡。丙戌（十九），昆明夷遣使朝贡。
- 五月戊辰（初一），上御宣和殿，对内人亲属一千二百人，并于教坊赐食，各颁锦彩。辛未（初四），秘书省著作郎韦公肃注太宗所撰《帝范》十二篇进，特赐锦彩百匹。戊寅（十一），幸鱼藻宫观竞渡。

庚辰（十三），中使自新罗取鹰鹞回。辛巳（十四），神策军苑内古长安城中修汉未央宫，掘获白玉床一张，长六尺。甲午（二七），赐兴唐观道士刘从政修院钱二万贯。

· 六月丁巳（二一），减放苑内役人二千五百。当时，敬宗性好土木兴造，自春至冬，兴作相继。辛酉（二五），幸凝碧池，令兵士千余人于池中取大鱼，长大者送入新池。甲子（二八），御三殿，观两军、教坊、内园分朋驴鞠、角抵。

· 九月丁丑（十三），大合宴于宣和殿，陈百戏，自甲戌（初十）至丙子（十二）方已。

· 十一月甲子（初一），以太清宫道士赵归真充两街道门都教授博士。敬宗爱好深夜亲自猎捕狐狸，宫中谓之"打夜狐"。

· 十二月辛丑（初八），敬宗夜猎还宫，与宦官刘克明、田务成、许文端打球，军将苏佐明、王嘉宪、石定宽等二十八人饮酒。帝方酣，入室更衣，殿上烛忽灭，刘克明等同谋害帝，即时殂于室内，时年十八。苏佐明等矫制立绛王勾当军国事。枢密使王守澄、中尉梁守谦率禁军讨贼，诛绛王，迎穆宗第二子江王李昂于府邸。癸卯（初十），江王见宰臣于阁内，下教处分军国事。甲辰（十一），宰臣百僚三上表劝进。乙巳（十二），文宗即位于宣政殿。

宝历三年　大和元年（公元 827 年）

· 二月乙巳（十三），文宗御丹凤楼，大赦，改元大和。①

· 七月癸酉（十三），葬敬宗于庄陵。

大和二年（公元 828 年）

· 二月庚戌（二四），敕李绛所进则天太后删定《兆人本业》三卷，令所在州县写本散配乡村。

· 三月辛巳（二五），文宗御宣政殿亲试制策举人。以左散骑常侍冯宿、太常少卿贾𣗅、库部郎中庞严为考制策官。

· 闰三月丙戌（初一），内出水车样，令京兆府造水车，散给缘郑

---

① 《旧唐书》原文记载为"大和元年春正月……乙巳，御丹凤楼，大赦，改元大和"，但查《中华通历》大和元年正月无乙巳日，而《资治通鉴》记载为"太和元年春，二月，乙巳，赦天下，改之"，今改之。

白渠百姓，以溉水田。

・五月，命中使于汉阳公主及诸公主第宣旨："今后每遇对日，不得广插钗梳，不须著短窄衣服。"庚子（十六）敕："应诸道进奉内库，四节及降诞进奉金花银器并篆组文缬杂物，并折充铤银及绫绢。"

・十一月甲辰（二二），禁中巳时昭德寺发生火灾，延烧至宣政殿之东，至午未间，北风起，火势益甚，至傍晚火势稍息。

大和三年（公元 829 年）

・五月丁亥（初九），御兴安楼，受沧州所献。李佑送李同捷母、妻及男元达等赴阙，诏并宥之。

・九月辛巳（初四），文宗下敕两军、诸司、内官不得着纱縠绫罗等衣服。

・十一月甲申（初八），文宗亲祀昊天上帝于南郊，礼毕，御丹凤门，大赦。

大和四年（公元 830 年）

・五月己卯（初六），通化南北二门锁不可开，钥入，如有持之者。文宗令铁工破锁。

・八月戊辰（二七），文宗幸梨园亭、会昌殿奏新乐。

大和五年（公元 831 年）

・二月壬辰（二三），卢龙军节度使李载义失地入朝，赐第于永宁里，仍赐优厚。

・五月戊戌（初一），太庙第四室、第六室破漏，有司不时修葺，各罚俸。

大和六年（公元 832 年）

・正月壬子（十八），因京城久雪，诏"京畿诸县，宜令以常平义仓斛斗赈恤。京城内鳏寡癃残无告不能自存者，委京兆尹量事济恤，具数以闻"。

・二月己丑（二六），寒食节，文宗宴群臣于麟德殿。

・十月甲子（初五），诏鲁王永册为皇太子。

大和七年（公元 833 年）

・二月己卯（二一），麟德殿对吐蕃、渤海、牂柯、昆明等使。

・八月甲申（初一），文宗御宣政殿，册皇太子永。

・十月壬辰（初十），文宗降诞日，僧徒、道士讲论于麟德殿。翌日，文宗御延英殿，宰相路随等奏请以十月十日文宗诞辰为庆成节。

・十二月己亥（十七），刑部详定大理丞谢登新编《格后敕》六十卷，令删定为五十卷。

大和八年（公元 834 年）

・正月丁巳（初五），文宗病情痊平，御太和殿见内臣。甲子（十二），御紫宸殿见群臣。丙寅（十四），修太庙。令太常卿庾承宣摄太尉，遍告九室，迁神主于便殿。

・三月甲寅（初三），上巳节，赐群臣宴于曲江亭。

・五月己巳（十九），修奉太庙毕，以吏部尚书令狐楚摄太尉，遍告神主，复正殿。飞龙神驹中厩火。

・六月辛巳（初二），徙市。

・九月己未（十一），宰臣李德裕进《御臣要略》及《柳氏旧闻》三卷。

大和九年（公元 835 年）

・二月丁亥（十二），发神策军一千五百人修淘曲江。如诸司有力，要于曲江置亭馆者，宜给予闲地。

・四月辛丑（二六），大风，含元殿四鸱吻被吹落，坏金吾仗舍，废楼观城四十余所。

・六月乙亥（初一），西市火灾。

・七月戊申（初五），填龙首池为鞠场，曲江修紫云楼。

・八月丁丑（初四），幸左军龙首殿，因幸梨园，含元殿大合乐。

・九月癸卯（初一），李训、郑注专权，不附己者，即时贬黜，朝廷悚震，人不自安。

・十月乙亥（初三），内出曲江新造紫云楼彩霞亭额，左军中尉仇士良以百戏于银台门迎之。壬午（初十），文宗赐群臣宴于曲江亭。

・十一月，李训、郑注等人谋诛宦官，发生"甘露之变"。

・十二月癸未（十二），仪仗使田全操巡边回京，驰马入金光门，街市中讹言相惊，纵横散走，金吾大将军陈君赏以其兵士立望仙门下，至晚方定。

开成元年（公元 836 年）

- 正月辛丑（初一），文宗常服御宣政殿受贺，宣诏大赦天下，改元开成。乙巳（初五），御紫宸殿。
- 二月乙亥（初五），京师地震，屋瓦皆坠。
- 三月庚申（二一），文宗幸龙首池，观内人赛雨，因赋《暮春喜雨诗》。
- 九月辛卯（二五），文宗敕秘书省、集贤院应欠书四万五千二百六十一卷，配诸道缮写。

开成二年（公元 837 年）

- 二月戊申（十四），王彦威进所撰《唐典》七十卷，起武德，终永贞。
- 五月壬申（初十），文宗幸十六宅，与诸王宴乐，决杖十六宅宫市内官范文喜等三人，以供诸王食物不精的缘故。
- 七月乙亥（十四），以久旱徙市，闭坊门。
- 十月庚子（初十），庆成节，赐群臣宴于曲江，上幸十六宅，与诸王宴乐。癸卯（十三），宰臣判国子祭酒郑覃进《石壁九经》一百六十卷。史称"开成石经"。
- 十一月癸亥（初三），狂病人刘德广闯入含元殿，付京兆府杖杀。乙丑（初五），京师地震。己丑（二九），契丹朝贡。
- 十二月丙申（初七），内阁对左、右史裴素等，文宗自开成初复故事，每入阁，左、右史执笔立于螭头之下，君臣论奏，得以备书，因此在唐代政治史记载中开成政事最详。

开成三年（公元 838 年）

- 正月甲子（初五），宰臣李石遇刺客于亲仁里。乙丑（初六），常参官入朝者只有九人，其余皆避祸于家，累日方安。
- 九月壬戌（初七），文宗以皇太子慢游败度，欲废之，中丞狄兼谟垂涕切谏。
- 十月甲午（初十），庆成节，命中人以酒醢、《仙韶乐》赐群臣宴于曲江亭。庚子（十六），皇太子薨于少阳院，谥曰庄恪。

开成四年（公元839年）

· 正月丁卯（十四）夜，文宗于咸泰殿观灯作乐，三宫太后诸公主等毕会。

· 闰正月戊申（二五），阇婆国朝贡。

· 二月丙寅（十四），寒食节，文宗御通化门以观游人。戊辰（十六），幸勤政楼观角抵、蹴鞠。

· 三月乙酉（初三），文宗赐群臣上巳宴于曲江。

· 六月庚申（初十），文宗幸十六宅宴王、颍王院宴乐，赐予颇厚。

· 十月戊午（初十），庆成节，赐群臣宴于曲江亭。丙寅（十八），制以敬宗第六男陈王成美为皇太子。

· 十二月辛酉（十三），文宗患病，百僚赴延英殿问起居。乙亥（二七），宰臣入谒，见文宗于太和殿。

开成五年（公元840年）

· 正月己卯（初二），因文宗患病，宰相李珏、知枢密刘弘逸奉密旨，以皇太子监国，而两军中尉仇士良、鱼弘志矫诏迎亲弟颍王瀍于十六宅，立为皇太弟，权勾当军国事，百官谒见于东宫思贤殿。皇太子成美复为陈王。辛巳（初四），文宗崩逝于大明宫太和殿，宣遗诏：皇太弟宜于柩前即皇帝位。

· 二月，武宗御正殿，降德音，仇士良封楚国公、鱼弘志为韩国公，太常卿崔郸、户部尚书判度支崔珙并本官同中书门下平章事。

· 八月，葬文宗于章陵。

· 武宗在藩时，既已颇好道术修摄之事。是秋，召道士赵归真等八十一人入禁中，于三殿修金箓道场。武宗亲幸三殿，于九天坛亲受法箓。

会昌元年（公元841年）

· 正月辛巳（初九），有事于郊庙，礼毕，御丹凤楼，大赦，改元。①

---

① 《旧唐书》原文为"会昌元年正月壬寅朔，庚寅……改元"，但查《中华通历》会昌元年正月无庚寅日，《资治通鉴》记载为"会昌元年春，正月，辛巳，上祀圜丘，赦天下，改元"，今改之。

- 二月壬寅（初一），武宗车驾幸昆明池。

会昌二年（公元842年）

- 四月乙丑（初一），光禄大夫、守司空、兼门下侍郎、平章事李德裕等上章，请加尊号曰仁圣文武至神大孝皇帝。戊寅（十四），御宣政殿受册。
- 八月，武宗御麟德殿，见室韦首领督热论等十五人。

会昌三年（公元843年）

- 二月，先诏百官之家不得于京城置私庙者，其皇城南向六坊不得置，其闲僻坊曲即许依旧置。是日，武宗御宣政殿，百僚称贺。制在京外宅及东都修功德回纥，并勒冠带，各配诸道收管。回纥及摩尼寺庄宅、钱物等，则委功德使与御史台及京兆府各差官点检收抽，不得容诸色人影占。如犯者并处极法，钱物纳官。摩尼寺僧委中书门下条疏闻奏。
- 三月，太和公主至京师，百官班列于章敬寺迎谒，令所司告宪宗、穆宗二室。
- 五月，筑望仙观于禁中。
- 六月，西内神龙寺灾。
- 八月壬戌（初六），万年县东市火。

会昌四年（公元844年）

- 八月戊戌（十八），王宰传昭义节度使刘稹首与大将郭谊等一百五十人，露布献于京，武宗御安福门受俘，百官于楼前称贺。

会昌五年（公元845年）

- 正月己酉（初一），敕造望仙台于南郊坛。时道士赵归真特承恩礼，举罗浮道士邓元起有长年之术，武宗遣中使迎至京师。由是与衡山道士刘玄靖及归真共排毁佛教，终有灭佛拆寺之请行。李德裕、杜悰、李让夷、崔铉、孙简等文武百僚上徽号曰仁圣文武章天成功神德明道皇帝。辛亥（初三），有事于郊庙，礼毕，御承天门，大赦天下。
- 四月，敕祠部检括天下寺及僧尼人数，共检得寺四千六百，兰若四万，僧尼二十六万五百。

· 七月丙午（初一），并省天下佛寺。① 中书门下奏："据令式，诸上州国忌日官吏行香于寺，其上州望各留寺一所，有列圣尊容，便令移于寺内；其下州寺并废。其上都、东都两街请留十寺，寺僧十人。"敕曰："上州合留寺，工作精妙者留之；如破落，亦宜废毁。其合行香日，官吏宜于道观。其上都、下都每街留寺两所，寺留僧三十人。上都左街留慈恩、荐福，右街留西明、庄严。"中书又奏："天下废寺，铜像、钟磬委盐铁使铸钱，其铁像委本州铸为农器，金、银、鍮石等像销付度支。衣冠士庶之家所有金、银、铜、铁之像，敕出后限一月纳官，如违，委盐铁使依禁铜法处分。其土、木、石等像合留寺内依旧。"又奏："僧尼不合隶祠部，请隶鸿胪寺。如外国人，送还本处收管。"

· 八月壬午（初七），再次颁制灭佛，天下所拆寺四千六百余所，还俗僧尼二十六万五百人，收充两税户，拆招提、兰若四万余所，收膏腴上田数千万顷，收奴婢为两税户十五万人。隶僧尼属主客，显明外国之教。勒大秦穆护、祆三千余人还俗，不杂中华之风。

· 十一月甲辰（初一），敕："悲田养病坊，缘僧尼还俗，无人主持，恐残疾无以取给，两京量给寺田赈济。诸州府七顷至十顷，各于本管选耆寿一人勾当，以充粥料。"

会昌六年（公元846年）

· 三月壬寅（初一），武宗患疾，服食药躁，喜怒失常，疾既笃，旬日不能言。是月二十三日，宣遗诏，以皇太叔光王柩前即位。是日武宗崩逝，时年三十三。翌日，宣宗柩前即帝位。

· 五月，左、右街功德使奏："准今月五日敕书节文，上都两街旧留四寺外，更添置八所。两所依旧名兴唐寺、保寿寺。六所请改旧名，宝应寺改为资圣寺，青龙寺改为护国寺，菩提寺改为保唐寺，清禅寺改为安国寺，法云尼寺改为唐安寺，崇敬尼寺改为唐昌寺。右街添置八所。西明寺改为福寿寺，庄严寺改为圣寿寺，旧留寺。二所旧名，千福

---

① 关于武宗下敕并省天下佛寺的时间，《旧唐书》卷一八《武宗本纪》认为是会昌五年七月"庚子"。此月丙午朔，无庚子，误。《佛祖历代通载》卷一六认为是会昌四年五月庚子（十八），与诸史不合。今从《资治通鉴》卷二四八武宗会昌五年七月条所载。

寺改为兴元寺，化度寺改为崇福寺，永泰寺改为万寿寺，温国寺改为崇圣寺，经行寺改为龙兴寺，奉恩寺改为兴福寺。"敕旨依奏。

大中元年（公元847年）

· 正月戊申（十一），宣宗有事于郊庙，礼毕，御丹凤门，大赦，改元。

· 二月，宣宗雅好儒士，留心贡举。敕："自今进士放榜后，杏园任依旧宴集，有司不得禁制。"

· 闰三月，敕："其灵山胜境、天下州府，应会昌五年四月所废寺宇，有宿旧名僧，复能修创，一任住持，所司不得禁止。"

· 八月，神策军奏修百福殿成，名其殿曰雍和殿，楼曰亲亲楼，凡廊舍屋宇七百间，以会诸王子孙。

大中二年（公元848年）

· 正月壬戌（初一），宰臣率文武百僚上徽号曰圣敬文思和武光孝皇帝，宣宗御宣政殿受册讫，宣德音。神策军修左银台门楼、屋宇及南面城墙，至睿武楼。

· 三月，日本国王子入朝贡方物，王子善棋，宣宗令侍诏顾师言与之对手。

大中三年（公元849年）

· 七月，三州七关军人百姓数千人见于阙下，宣宗御延喜门抚慰，令其解辫，赐之冠带，共赐绢十五万匹。

· 十月辛巳（初一），京师地震，河西、天德、灵夏尤甚，戍卒压死者数千人。

· 十二月，追谥顺宗曰至德大圣大安孝皇帝，宪宗曰昭文章武大圣孝皇帝。初以河、湟收复，百僚请加徽号，至是，宣宗御宣政殿行事，及册出，俯偻目送，流涕呜咽。

大中五年（公元851年）

· 四月癸卯（初一），刑部侍郎刘瑑奏：自唐初至当年四月十三日以前二百二十四年颁布的杂制敕计六百四十六门，二千一百六十五条，议轻重，编纂成册，名曰《大中刑法统类》。

· 七月，宰相监修国史崔龟从续柳芳《唐历》二十二卷上之。

·八月，沙州刺史张议潮遣兄议泽以瓜、沙、伊、肃等十一州户口至长安来献，自安史之乱后河、陇陷吐蕃百余年，至是悉收复陇右故地。以义潮为瓜、沙、伊等州节度使。

·十一月，太子詹事姚康献《帝王政纂》十卷；又撰《统史》三百卷，上自开辟，下尽隋朝，帝王美政、诏令、制置、铜盐钱谷损益、用兵利害，下至僧道是非，无不备载，编年为之。

大中七年（公元 853 年）

·五月，左卫率府仓曹张戣集律令格式条件相类一千二百五十条，分一百二十一门，号曰《刑法统类》，上之。

·十月，尚书左仆射、门下侍郎、平章事、太清宫使、弘文馆大学士崔铉进《续会要》四十卷，修撰官杨绍复、崔瑑、薛逢、郑言等，赐物有差。

大中十三年（公元 859 年）

·五月，宣宗患疾，月余不能视朝。

·八月七日，宣遗诏立郓王为皇太子，勾当军国事。是日，崩于大明宫。

大中十四年　咸通元年（公元 860 年）

·正月，懿宗御紫宸殿受朝，对室韦使。

·二月，葬宣宗皇帝于贞陵。

·十一月丁丑（初二），有事于郊庙，礼毕，御丹凤门，大赦，改元。①

咸通四年（公元 863 年）

·正月庚午（初七），懿宗有事于圜丘，礼毕，御丹凤楼，大赦。

咸通七年（公元 866 年）

·十一月辛亥（初十），懿宗御宣政殿，大赦，以高骈收复安南之故。

咸通十二年（公元 871 年）

·正月戊申（初一），宰相路岩率文武百官上徽号曰睿文英武明德至仁大圣广孝皇帝，懿宗御含元殿，册礼毕，大赦。辛酉（十四），葬

---

① 《旧唐书》原文记载为"十一月……丁未……改元"，但查《中华通历》咸通元年十一月无丁未日，《资治通鉴》记载为"十一月，丁丑，……改元"，今改之。

卫国公主（即同昌公主）于少陵原。诏百僚为挽歌词，令韦保衡自撰神道碑，京兆尹薛能为外监护，供奉杨复璟为内监护，威仪甚盛，懿宗与郭淑妃御延兴门哭送。

· 五月，懿宗幸安国寺，赐讲经僧沉香高座。

咸通十三年（公元872年）

· 五月乙亥（初六），国子司业韦殷裕于阁门进状，论淑妃弟郭敬述阴事。懿宗大怒，即日下京兆府决杀殷裕，籍没其家，殷裕妻崔氏，音声人郑羽客、王燕客，婢微娘、红子等九人配入掖庭。

咸通十四年（公元873年）

· 三月庚午（初六），诏两街僧前往凤翔法门寺迎佛骨。四月八日，佛骨至京，自开远门达安福门，彩棚夹道，念佛之音震地。懿宗亲登安福门迎礼之，迎入内道场三日，出于京城诸寺。长安士女云合，威仪盛饰，古无其比。

· 七月庚午（初八），颁制立普王俨为皇太子，权勾当军国政事。辛巳（十九），遗诏：皇太子权勾当军国事，俨于柩前即皇帝位。是日，崩于咸宁殿。癸未（二一），僖宗即皇帝位。

咸通十五年　乾符元年（公元874年）

· 二月，葬懿宗于简陵。

· 十一月庚寅（初五），僖宗有事于宗庙，礼毕，御丹凤门，大赦，改元乾符。

乾符二年（公元875年）

· 正月己丑（初五），宰相崔彦昭率文武百僚上尊号，僖宗御正殿受册。

广明元年（公元880年）

· 正月乙卯（初一），御宣政殿，颁制改乾符七年为广明元年。

· 十二月辛巳（初二），黄巢起义军攻占潼关。甲申（初五），僖宗与诸王、妃、后数百骑，自皇城含光殿金光门出逃成都，文武百官皆不知，亦无从行者，京城晏然。当日傍晚，起义军进入长安城。壬辰（十三），黄巢据大内，建国号曰大齐，称年号曰金统。悉陈文物，据丹凤门伪赦。以太常博士皮日休、进士沈云翔为学士。以赵章为中书令，尚让为太尉，崔璆为中书侍郎、平章事。时宰相豆卢瑑崔沆、故相左仆射刘邺、太子少师裴谂、御史中丞赵蒙、刑部侍郎李溥、故相于琮等朝官被起义军捕杀。

中和二年（公元882年）

·正月甲辰（初一），各地唐军聚集关中，京师食尽，起义军断粮。

·二月，王处存率军二万进入京城，分占第宅，俘掠妓妾。起义军又自灞上分门再次进入长安，王处存军仓皇溃乱，为起义军所败。黄巢杀城内丁壮，坊市为之流血。

中和三年（公元883年）

·四月庚子（初四），沙陀、忠武、义成、义武等军共赴长安，起义军拒之于渭桥大败而还，李克用乘胜追击。

·五月己卯（十四），黄巢收其残众，由蓝田关而逃。庚辰（十五），唐军收复长安城。

中和五年　光启元年（公元885年）

·三月丁卯（十二），僖宗自成都还京，车驾至长安。己巳（十四），御宣政殿，大赦，改元光启。

·五月，宰臣萧遘率文武百僚上徽号曰至德光烈孝皇帝，僖宗御宣政殿受册，大赦。

·十一月，河中节度使王重荣与河东节度使李克用的军队与禁军对阵于沙苑。

·十二月癸酉（二三），官军为李克用军所败，神策军溃散，退入京师肆掠。乙亥（二五），沙陀逼京师，田令孜奉僖宗出逃凤翔。长安城再次遭到严重破坏，宫阙萧条，荒草遍地。

光启二年（公元886年）

·十二月，邠宁节度使朱玫爱将王行瑜受密诏，自凤州率众还长安。辛酉（十七），王行瑜斩朱玫及其党与数百人，纵兵大掠。是冬苦寒，九衢积雪，兵入之夜，寒冽尤剧，民吏剽剥之后，僵冻而死蔽地。

光启三年（公元887年）

·六月丙辰（十四），太常礼院奏太庙十一室并经焚毁，诏修奉太庙使宰相郑延昌修奉。但因宫室未完，国力方困，郑延昌奏请权以少府监大厅为太庙，今监五间，请添造成十一间，以备太庙十一室之数。

光启四年　文德元年（公元888年）

· 二月壬午（十四），僖宗车驾自凤翔至京师。戊子（二十），僖宗御承天门，大赦，改元文德。宰相韦昭度兼司空，孔纬、杜让能加左、右仆射，赐号"持危启运保义功臣"；张濬兼兵部尚书，左、右神策十军观军容使、左金吾卫上将军、左、右街功德使杨复恭进封魏国公，赐号"忠贞启圣定国功臣"。宰臣韦昭度率文武百僚上徽号曰圣文睿德光武弘孝皇帝。

· 三月戊戌（初一），僖宗御正殿受册。庚子（初三），僖宗暴疾。癸卯（初六），宣制立弟寿王杰为皇太弟，勾当军国事。是夕，僖宗崩逝于太极宫武德殿。八日，皇太弟柩前即位，时年二十二。

· 十二月，葬僖宗于靖陵。

龙纪元年（公元889年）

· 正月癸巳（初一），昭宗御武德殿受朝贺，宣制大赦，改元。

· 二月己丑（二七），汴州行军司马李璠监送秦宗权并妻赵氏以献，昭宗御延喜门受俘，百僚称贺，以之徇市，告庙社，斩于独柳。

· 十一月己丑（初一），将有事于圜丘。辛亥（二三），上宿斋于武德殿，宰相百僚朝服于位。甲寅（二六），圜丘礼毕，御承天门，大赦。

大顺元年（公元890年）

· 正月戊子（初一），昭宗御武德殿受朝贺，宰臣百僚上徽号曰圣文睿德光武弘孝皇帝，礼毕，大赦，改元大顺。

· 二月丁巳（初一），宰臣兼国子祭酒孔纬以孔子庙经兵火，有司释奠无所，奏请内外文臣自观察使、制使下及令佐，于本官料钱上缗抽十文，助修国学。昭宗准奏。

· 五月壬子（二七），太原四面行营兵马都统张濬、孙揆率诸策神军三千赴行营，昭宗御安喜门临送，并诫誓之。

大顺二年（公元891年）

· 九月乙卯（初八），昭宗赐左军中尉杨复恭几杖，以大将军致仕。复恭称病不受诏。

- 十月甲申（初七），天威军使李顺节率禁兵讨杨复恭，复恭假子玉山军使杨守信以兵拒之，列阵于昌化里。昭宗登延喜楼，陈兵自卫以防止兵变。相持至晚，不战而退。当夜，守信率其军护卫杨复恭由通化门逃往商州。

景福元年（公元892年）

- 正月丙午（初一），昭宗御武德殿受朝贺。丙寅（二一），大赦，改元景福。

景福二年（公元893年）

- 八月丙申（初一），以嗣覃王为京西招讨使，率军征讨凤翔节度使李茂贞。

乾宁元年（公元894年）

- 正月乙丑（初一），昭宗御武德殿受朝，宣制大赦，改元乾宁。李茂贞来朝，献妓女三十人，昭宗宴之内殿，数日还藩。

乾宁二年（公元895年）

- 五月甲子（初八），李茂贞、王行瑜、韩建等各率精甲数千人入觐，京师大恐，人皆亡窜，吏不能止。昭宗御安福门以待变，三帅既至，拜舞楼下，昭宗临轩自谕之，并召升楼，赐之卮酒，宴之于同文殿。

- 七月癸亥（初八）夜，阉圭与刘景宣子继晟、同州王行实纵火剽东市，企图胁迫昭宗出幸。昭宗闻乱，登上承天门，遣诸王率禁兵防御。捧日都头李筠率本军侍卫楼上。阉圭以凤翔之卒攻李筠，箭矢及御座前。昭宗下楼与亲王、公主、内人数百幸永兴坊李筠营。扈跸都头李君实以兵继至，与筠两都兵士侍卫出启夏门，憩于华严寺，以等候内人继至。其日晚，幸莎城镇。长安士庶从幸者数十万，至南山谷口，喝死者三之一。至暮，为盗寇掠，恸哭之声，殷动山谷。

- 十二月甲申（初二），昭宗御延喜门受俘馘，百僚楼前称贺。

乾宁三年（公元896年）

- 六月，李茂贞上章，请以兵师入觐。昭宗令通王、覃王、延王分统安圣、捧宸、保宁、宣化等四军保卫近畿。丙寅（十七），凤翔军犯京畿，覃王拒之于娄馆，接战不利。

- 七月壬辰（十三），凤翔军逼近京师，诸王率禁兵奉车驾将幸太原。

乾宁五年　光化元年（公元898年）

- 八月己未（二二），昭宗车驾自华州还京师。甲子（二七），御端门，大赦，改元光化。

光化二年（公元900年）

- 十一月，昭宗狩猎于禁苑，因置酒，夜醉归，手杀黄门、侍女数人。明旦，宫门不开，刘季述率禁兵千人破门而入，得其状，废昭宗，幽于东内问安宫，请皇太子裕监国。

光化四年　天复元年（公元901年）

- 正月，昭宗被废后，宰相与左神策指挥使孙德昭谋划，除宦官，迎昭宗。乙酉（初二），王仲先入朝，至安福门，孙德昭擒斩之，并至少阳院释放昭宗，崔胤迎昭宗御长乐门楼，百官称贺，右军清远都将周承诲擒刘季述、王彦范等，乱梃杖杀。
- 四月甲戌（二二），昭宗有事于宗庙。是日，御长乐门，大赦天下，改元天复。李茂贞自凤翔来朝，赐宴于寿春殿，进钱数万缗。
- 十月戊戌（二十），朱全忠引四镇之师七万赴河中，京师闻之大恐，豪民皆亡窜山谷。
- 十一月壬子（初四），中尉韩全诲与凤翔护驾都将李继诲胁迫昭宗出幸凤翔。

天复三年（公元903年）

- 正月己巳（二七），昭宗在朱全忠军的护卫之下回到长安。昭宗素服哭于太庙，改服冕旒，谒九庙。礼毕，御长乐楼，大赦，百僚称贺。辛未（二九），宴全忠于内殿，内弟子奏乐。是日，制宦官第五可范以下七百人并赐死于内侍省，其他诸道监军及小使，仰本道节度使处斩讫奏。
- 二月甲戌（初三），制赐全忠"回天再造竭忠守正功臣"名。己丑（十八），昭宗宴全忠于寿春殿。乙未（二四），会鞠于保宁殿，全忠得头筹，令内弟子送酒，仍面赐副元帅官告。戊戌（二七），全忠归大梁，昭宗宴之内殿，置酒于延喜门。

- 五月，宰相崔胤奏："六军十二卫名额空存，实无兵士。京师侍卫，亦藉亲军。请每军量召募一千一百人，共置六千六百人。"昭宗从之，令六军诸卫副使、京兆尹郑元规立格招收于市。

天复四年　天祐元年（公元904年）

- 正月丁巳（二一），昭宗御延喜楼，朱全忠遣牙将寇彦卿奉表请昭宗迁都洛阳。戊午（二二），驱使长安居人按籍迁居，彻屋木，自渭浮河而下，连甍号哭，月余不息。壬戌（二六），昭宗车驾自长安出发。朱全忠以其将张彦范为御营使，"毁长安宫室百司及民间庐舍，取其材，浮渭沿河而下，长安自此遂丘墟矣"。

索引

A

安福门 / 034

安国寺 / 250，258

安仁坊 / 278

安上门 / 034，264，582

B

百福殿 / 047，068

颁政坊 / 182，332

北司 / 150

兵部 / 112

波斯胡寺 / 188，192，494

布政坊 / 191

C

漕渠 / 573

长安县廨 / 161，235

长乐坊 / 247，250

长乐坡 / 188，473，600

长乐驿 / 473

长生殿 / 068

沉香亭 / 066

承天门 / 022，033，046

重玄门 / 076，077

崇福寺 / 179，187，231

崇圣宫 / 211

崇圣寺 / 200，205，211，486

春明门 / 037，613

D

大安坊 / 215，232

大安宫 / 067，077

大崇福观 / 182

大慈恩寺 / 081，319

大荐福寺 / 615

大理寺 / 127

大明宫 / 030，047

大秦寺 / 192，242，492，493

大同殿 / 061，229，614

大兴殿 / 014，046，592，613

大兴宫 / 045，613

大兴门 / 613

大兴善寺 / 281

待漏院 / 248

丹凤门 / 048，264，592

东宫 / 033

东内苑 / 077

东市 / 008，040，439，619

都水监 / 143

都堂 / 103

都亭驿 / 198，473

F

芳林门 / 038，078，613

放生池（东市）/ 276

飞龙厩 / 147

芙蓉园 / 079

G

甘露殿 / 033，047，614

感业寺 / 200

工部 / 116，432

光化门 / 038，078，613

光禄寺 / 121

光宅坊 / 247

广文馆 / 136

广运潭 / 078

国子监 / 135，285

国子学 / 135

H

含光殿 / 076

含光门 / 034

含元殿 / 047，050，059，592，614

翰林院 / 055，524

昊天观 / 284，489

弘福寺 / 173

弘文馆 / 043，053，516

鸿胪寺 / 111，128

户部 / 108

花萼相辉楼 / 064

华严寺 / 362

化度寺 / 187

黄渠 / 080，321

J

嘉猷门 / 047

索引

夹城 / 031，081
荐福寺 / 276
将作监 / 141
郊社署 / 119
教坊 / 081，325
教弩场 / 297
晋昌坊 / 319
禁苑 / 078，431，609
京城 / 021，031
京师 / 106，158，432
京兆府 / 158
京兆府籍坊 / 160，311
京兆府廨 / 158，220
京兆府学 / 206
景龙观 / 268
景云观 / 243，285

K

开元寺 / 233
开远门 / 037，613
孔子庙 / 095，135

L

梨园 / 055，078
礼宾院 / 129，290
礼部 / 109
立政殿 / 047

立政坊 / 333，350
吏部 / 106
麟德殿 / 057，060
凌烟阁 / 033，047，614
龙首渠 / 066，267，427
龙尾道 / 051，614

M

门下省 / 053，055，100，592
秘书省 / 144
明德门 / 036，613
明堂县 / 160，292，359
明堂县廨 / 292

N

南内 / 030，060，614
南薰殿 / 061，614
内教坊 / 078，191，250
内侍省 / 147，537

P

蓬莱殿 / 055，582
蓬莱宫 / 030，047
平康坊 / 299
平准局 / 439，440

Q

启夏门 / 037，327，613
千福寺 / 176

勤政务本楼 / 061

青龙寺 / 343，599

清明渠 / 204，214，232

曲江池 / 080，349，529，615

S

尚书省 / 103，162

社稷 / 093

实际寺 / 205，485

市署 / 133，440

司农寺 / 130

司天监 / 312

司天台 / 145，312

司竹园 / 131

T

太仓 / 130，554

太常寺 / 119

太府寺 / 136

太和殿 / 055，413

太和门 / 048，077

太极殿 / 014，046，592，607

太极宫 / 022，033，045，614

太极门 / 046，613

太庙 / 013，088

太庙署 / 088，125

太平坊 / 204

太平观 / 183

太平女冠观 / 298

太清宫 / 089，255

太上玄元皇帝宫 / 089，255

太社 / 119，120

太史监 / 145

太史局 / 145

太液池 / 058

太原寺 / 176，179，260

太真女冠观 / 322

通化坊 / 198，467

通化门 / 037，613

W

外郭城 / 020，022，035

万年县 / 160，353

罔极寺 / 255，320

望春宫 / 070，078

武德殿 / 032，049，415

武德门 / 046

武库 / 123

武器监 / 433

务本坊 / 285，443

X

西明寺 / 223

西内 / 033

西内苑 / 046，076

西市 / 024，440

仙都宫 / 199

先农坛 / 093

先天观 / 285

先天寺 / 195

袄祠 / 181，189，192，242，492，494

翔鸾阁 / 051

兴庆殿 / 061

兴庆坊 / 030，260

兴庆宫 / 030，060，614

杏园 / 081，321

休祥坊 / 179

修文馆 / 072

宣阳坊 / 303

宣政殿 / 054，614

玄都观 / 201，297

玄武殿 / 055

玄武门 / 031，047，391

玄元观 / 307

玄元皇帝庙 / 089，255

Y

延平门 / 037，373

延兴门 / 037，355，613

延英殿 / 055，593

延英门 / 055

掖庭宫 / 034

宜春院 / 508

永安殿 / 077

永安宫 / 029，047

永安渠 / 215，229，232

右金吾卫 / 153

右领军卫 / 153

右神策军营 / 175

右威卫 / 152

右卫 / 151

右武卫 / 152

右骁卫 / 152

御井 / 197

圜丘 / 091

Z

贞观殿 / 067

政事堂 / 056，100，616

中和殿 / 068，521

中书省 / 099，592

中兴观 / 242

中兴寺 / 182

朱雀门 / 034

朱雀门街 / 024，039

紫宸殿 / 054

紫宸门 / 054

紫云楼 / 082，348

宗正寺 / 123

左藏库 / 047

左金吾卫 / 153

左领军卫 / 153

左威卫 / 152

左卫 / 151

左武卫 / 152

左骁卫 / 152

后记

　　本书是《西安城市史》的重要组成部分。主编约我撰写《西安城市史·隋大兴城、唐长安城卷》，我感到十分荣幸。因为数十年来我一直在西安学习、生活，致力于西安历史文化的研究，对隋唐历史很有兴趣，对古都西安很有感情。

　　隋大兴城、唐长安城在中国城市史乃至世界城市史上都占有重要地位。因此，海内外曾有不少学者对它进行过研究，并出版了多部专著。在这种情况下，怎样写出自己的特点是摆在我面前的难题。尽管我以前曾翻译过日本学者足立喜六的《长安史迹研究》，参编过史念海先生主编的《西安历史地图集》，撰写过一些与隋唐长安相关的学术论文，但面对这样的写作任务，仍感到很大的压力。为了写好此书，我先在吸收前人成果、查阅原始文献、进行专题研究方面下了一番功夫。由于我的教学、科研任务较重，写作进度相对较慢。因此，只好请梁克敏博士帮忙。梁克敏是我培养的研究生，为人忠厚，勤奋踏实，勇于钻研。他的加入，提升了本书撰写的速度，使本书得以按期完成。现在大家看到的这部著作，就是我和梁克敏的共同成果。其中，绪论和第四、五、七、十章及大事记等内容主要由梁克敏撰写完成，其余部分由我撰写完成，第八章参考了徐宏件的研究成果。

　　隋唐长安城是一座伟大的城市。这座城市由宫城、皇城、外郭城三部分构成，规划科学，布局严整，人口众多，经济发达，文化繁荣，是当时世界上规模最大的城市，也是结构最好的城市。在隋唐两代三百多年间，这座城市曾出现过许多杰出人物，发生过许多重大事件，留下许多动人的故事。我们很想在这本书中全面展现隋唐长安城的立地条件、时空特征和历史风貌。但因时间仓促，加之我们水平有限，书中肯定还存在这样或那样的缺点。对此，敬请广大读者批评指正。丛书主编侯甬坚教授和许多审稿专家曾为我们提了不少好的意见和建议，陕西师范大学出版总社社长刘东风先生对本书的出版非常关心。侯海英女士和赵荣芳女士在本书的编校方面付出了大量的劳动。在此，一并表示衷心的感谢！

隋大兴城、唐长安城的魅力是永存的。希望本书能够成为了解隋大兴城、唐长安城的窗口。

王双怀

2018年12月27日